FREE CHINA

合訂本 第十八集

(第十九卷)

中華民國四十八年三月一日出版
社址：臺北市和平東路二段十八巷一號

自由中國合訂本第集要目

第十九卷　第一期

國民黨當局應負的責任和我們應有的努力……社論
由地方行政改革談一黨特權……社論
一個留美學生望大陸・念臺灣……唐德剛
一個免試升學學校教員對免試升學的意見……傅正
眞正民主的議會……李宗澤編譯
土耳其的今昔……龍平甫
墨西哥最近的政治發展……淦克超
幾度夕陽紅……陳之藩
也是秋天(二續)……於梨華
請勿濫用多數決!……陳維民
籲請澈查臺中女中溺斃學生案……巫禔川
我要追問「標準教科書」盈餘欵項問題……孔祥之

第十九卷　第二期

期望中的憂慮……社論
自由民主是反共的活路……社論
停止無聊的日內瓦大使談判……社論
梁任公先生年譜長編初稿序……胡適
由出版法談到委任命令及自由裁量……薩孟武
創設講理俱樂部……殷海光
展開民主政治討論的風氣……董鼎山
民意是不是在立法院?……丁堅
中共對中國傳統思想的綏靖政策……劉富蘭
從義大利大選說起……魯冀
最後的微笑……夏菁
也是秋天(三續)……於梨華
「今檮杌傳」片感……崇仁
「惡性補習」與「惡性收費」……王世鈞
誰是「惡性補習」的禍首?……伍家邦

第十九卷　第三期

新閣的作風與人事安排……社論
從伊拉克政變看美國的中東政策……社論
論二分法……社論
我對於知識分子大結合的看法和寄望……牟力非
對「革命」的一個看法……杜蘅之
臺灣的利率問題……趙岡
非洲世紀的開端與東西冷戰……宋文明
戴高樂組閣的前前後後……孔治
文字的命運……思果
也是秋天(四續)……於梨華
駁正省立臺中女中溺斃學生案更正函……巫禔川

第十九卷　第四期

對梅部長的低調希望……社論
工商業倒風的對策……社論
日本的「欲樂沒氣外交」……余蒼柏
由倒風看經濟的改善……陳式銳
反對黨勢在必組……黎復
論狄托在拉賓演說對大陸的影響……王厚生
中東危機、納塞主義、與高階層會議……丁堅
西方的島國:西印度羣島聯邦……華明譯
欣賞與了解……梁實秋
也是秋天(五續)……於梨華
籲請政府澈查基隆中正堂案……程玉
請廢止師大專修科……陳斐玲
谷鳳翔還不該撤換嗎?……陶潤之

第十九卷　第五期

以沉着與機智應付臺峽緊張局勢……社論
從速救助中國大陸流亡學生!……社論
急救臺灣地方政治……社論
五論反對黨……朱伴耘
美國證券市場的管理(上)……楊志固
今日家庭教育的沒落……喻血輪
杜勒斯對中東問題的幾個錯誤觀念……鼎山
請看香港「聯合評論」……方望思
夜窗詩草……徐訏
也是秋天(六續)……於梨華
請速制止農藥漲價!……楊昆明
我們的呼聲……一羣中國大陸流亡學生

第十九卷　第六期

爲教師爭人格……社論
扼殺民營報紙的又一辦法……社論
與內政部田部長論警察權……李聲庭
今日教育的方向……金溟若
個性・獨立思考・與今後的世界……羅業宏譯
美國證券市場的管理(中)……楊志固
泛評僑務決策……孟戈
黎巴嫩問題……龍平甫
感恩日……秋楊
也是秋天(七續)……於梨華
請監察院愼選大法官!……林縝
陽明山公園爲何不開放?……俞朱錢
退除役官兵待遇直言……丁開誠

第十九卷　第七期

論臺海危機……社論
爲政不在於擺排場逞威風……社論
論民主文化的培養……葉時修
臺灣人對陳內閣的期望……秋水
自由中國東西橫貫公路的建設……文農
美國證券市場的管理(下)……楊志固
中共在香港搞「計劃輿論」……厚生
伊拉克政變及其後果……紀夢平
逃亡夜……宴寒松
也是秋天(八續)……於梨華
看官方的違章建築!……盧華英
也談「人才下鄉」……一羣讀者

第十九卷　第八期

認清當前形勢‧展開自新運動……社論
由證券市場之設立以覘新內閣行政效率……社論
人口增加與資本累積……瞿荆洲
從華沙談判談到美國「不得使用武力」政策……宋文明
勉新任大法官……李聲庭
論赫魯雪夫其人及其爲政……董鼎山
當前僑務的檢討與策進……喬迺南
賣麵茶的哨子……聶華苓
也是秋天(續完)……於梨華
關於敎育部的機構和人事……李偉
請看如此兼職!……楊生、陳名

第十九卷　第九期

呼籲從速召開反共救國會議……社論
論放棄主動使用武力之承諾……社論
營利事業所得稅應該廢止……趙岡
分析中美會談結果及「不使用武力」聲明……施治華
讓胡適牽着鼻子走是好漢嗎?……金承藝
評蘇俄集團與南共「綱領」之爭……金一鴻
西歐輿論對臺灣海峽事件的反響……紀夢平
聯合國匈牙利問題特別調委會特別報告……孫靜琪譯
梅老師……童眞
發薪日……勞影
請外滙貿易審議會答覆……一羣大學生
關於省立大學敎師送審問題……張葆眞

第十九卷　第十期

如此司法——「奉命不上訴」……社論
敎育的轉機……社論
從本屆美國大選看美國政治及外交動向……社論
後設歷史學試論……殷海光
討論「大膽假設、小心求證」之我見……劉家璧
法治與武斷……簡暢
「人民公社」是怎麼回事?……厚生
緬甸政變與政黨形勢……佘陽
學生時代救國活動的回憶……雷震
聯合國……李經
如此中央日報玉里分銷處主任!……白鵬

第十九卷　第十一期

你要不要做人?……社論
共產統治與人權……社論
從官方的報道再論「奉命不上訴」……社論
政府不應用經濟方法打擊民營報紙!……社論
世界人權宣言之淵源及其意義……胡秋原
理論與事實——漫談人權保障問題……朱文伯
世界人權宣言十週年……李聲庭
如何保障基本人權……李鈞
請政府切實保障人權!……王建邦
紀念人權節應把臺灣建爲保障人權模範省……金承藝
世界人權宣言(附錄)
從人權保障談到孫秋源被捕……汪文瑞
奉命不上訴的新論證……史濟人
請看這樣無法無天的事!……宇俊英

第十九卷　第十二期

從憲法保障人身自由說到取締流氓辦法……社論
三論谷鳳翔對「奉命不上訴」案應負的法律責任……社論
日美修約談判與遠東大局……社論
蔡元培先生對我國敎育的貢獻……沈雲龍
儲蓄與儲蓄存款……楊志希
國是問題與出版法……屈堯庭
從「齊瓦哥醫生」論蘇俄知識份子……董鼎山
暴力國會與日本人……郭恒鈺
紅樓夢後四十回的考證問題(上)……嚴明
如此省立大學——省立法商學院……求直
省立農學院學生的哀鳴……王有守　凌天賜
請勿製造少年犯……貴仁

定價： 精裝每冊七十元　平裝每冊五十元

FREE CHINA

第十九卷 第一期

目錄

社論
(一) 國民黨當局應負的責任和我們應有的努力
(二) 由地方行政改革談一黨特權
一個留美學生——「望大陸‧念臺灣」…… 唐德剛
一個免試升學學校教員對免試升學的意見…… 傅正
眞正民主的議會…… 李宗澤編譯
通訊
土耳其的今昔…… 龍平甫
墨西哥最近的政治發展…… 涂克超
幾度夕陽紅…… 陳之藩
也是秋天(二續)…… 於梨華
讀者投書
(一)請勿濫用多數決!…… 陳維民
(二)籲請澈查臺中女中溺斃學生案…… 巫祺川
(三)我要追問「標準教科書」盈餘欵項問題…… 孔祥之
僑務委員會秘書室來函

中華民國四十七年七月一日出版
社址:臺北市和平東路二段十八巷一號

半月大事記

六月十日（星期二）

艾森豪函覆赫魯雪夫，建議下月在日內瓦舉行禁止核子試驗的談判，談判開始階段拒絕印度參加。

六月十一日（星期三）

安理會辯論黎巴嫩對阿拉伯聯合共和國「大規模干涉」的控訴案，並通過瑞典提案，派監察團赴黎巴嫩，確保黎國不被阿聯共和國顛覆。

美衆院多數通過延長互惠貿易法案。

六月十二日（星期四）

艾森豪、麥米倫同意在兩項條件下與俄開高階層會議，其一：會議中有達到一項協議的合理可能性；其二，議程須廣泛包括世界各項問題。

日衆院投票選出岸信介蟬聯日首相。

「蘇維埃愛國者」報透露，俄正擴大民防計劃，所有青年納入組織，均將予以特別技術訓練。

六月十三日（星期五）

赫魯雪夫分函美英首長，提出高階層會議新藍圖。

六月十四日（星期六）

俄同意下月起舉行停試核子技術會談。

六月十五日（星期日）

美國務院發表小冊分析，蘇俄侵略世界策略，轉向進行經濟滲透，較軍事侵略威脅尤大。

六月十六日（星期一）

英首相麥米倫會晤美大使，商討黎巴嫩與塞浦路斯島的危機。

蘇俄突召回大半西方國家大使；中共亦召回駐各共黨國家「大使」。

六月十七日（星期二）

匈牙利前總理納琪，慘遭匈共殺害，抗俄革命英雄馬勒特等同被害，納琪同僚數人均分別被處徒刑。

六月十八日（星期三）

美國務院斥匈共，指納琪之死達到了俄共出賣匈人民悲劇的頂峯。

六月十九日（星期四）

英相麥米倫宣佈塞浦路斯島七年計劃，由英希土三國政府共同參加塞島統治，允許希、土居民分設代議機構，放寬緊急條例，被逐者可以返還。

聯合國秘書長哈瑪紹抵黎巴嫩，分別與黎總統及視察團會商。

俄向中東國家建議，廉價供應產油設備。

美參衆兩院聯席會議通過下年援外款項，共計卅六億七千餘萬。

美國防部長表示，美如必須軍援黎巴嫩，將使用氫彈轟炸機，俄威脅要派志願軍赴黎。

美參衆兩院通過抗議納琪被殺害。

六月廿日（星期五）

哈瑪紹與黎總理密商，不同意美英出兵。

立法院三讀通過出版法修正案。

六月廿一日（星期六）

聯合國匈牙利委員會開會，以謀阻止匈擴大流血，將對俄匈提出强硬抗議。

六月廿二日（星期日）

塞島英總督表示，英決不顧土希反對，實行塞島共管計劃。

聯合國匈案調查委員會對納琪被殺害事發表公報，指責匈共政權違反鄭重保證，證明俄共恐怖統治尚在繼續。

西歐政治領袖發動建立六國共同政府，由煤鋼聯營進入政治組合。

六月廿三日（星期一）

黎巴嫩總理指責埃及與敍利亞已實際參戰，促安理會速採行動，否則即請美英軍事干涉。

六月廿四日（星期二）

黎巴嫩總統稱，黎叛軍恐將發動猛攻，將促安理會派警察部隊。政府軍已撤出巴爾柏克城。

『自由中國』的宗旨

第一、我們要向全國國民宣傳自由與民主的真實價值，並且要督促政府(各級的政府)，切實改革政治經濟，努力建立自由民主的社會。

第二、我們要支持並督促政府用種種力量抵抗共產黨鐵幕之下剝奪一切自由的極權政治，不讓他擴張他的勢力範圍。

第三、我們要盡我們的努力，援助淪陷區域的同胞，幫助他們早日恢復自由。

第四、我們的最後目標是要使整個中華民國成為自由的中國。

社論

（一）國民黨當局應負的責任和我們應有的努力

中華民國四十七年六月二十日上午十點四十五分，引起海內外一致譴責的出版法修正案，終於不幸在立法院秘密會之內，完成了所謂立法程序，而為中華民國的出版自由，敲下了最後的喪鐘！

說來眞令人驚駭，此項轟動海內外的法案，從行政院於三月二十八日提出，直至六月二十日在立法院最後通過，時間歷程雖有八十四天之久，立法院審議雖也經過了三讀程序；然而，在以議事為主要職責的立法院內，此項被輿論界視為關係出版自由生死存亡的法案，初由內政等三委員會審查，却不足五小時；繼由院會二讀，更不到十小時；末由院會三讀，也只有半小時；其態度之草率，已為全自由中國人民所共見共聞，事到如此，正如「星島日報」六月二十一日社論所云：「一切嚴重的後果，應由他們去負責。千秋萬世，史家將不會放寬他們！」

在自由中國的土地上，像這種關係出版自由的法案，竟由內政部「秘密」擬訂，由行政院「秘密」通過，並用「秘密」方式送達立法院審議，以至立法院兩度決議「秘密」審議，終於在「秘密」方式下通過，這種不應秘密的「秘密」，充分表現國民黨當局對於這件事的態度之不光明磊落。

但是，在這裏却不得不特別提出來稍加說明的，就是所謂防止「黃色新聞」之說，既然根本不成為理由，但當此一法案在立法院交付二讀後，由於各方面的猛烈抨擊，國民黨當局明知其為反憲法、反自由、反民主的做法，已走上了與民意背道而馳的歧途，却又不願接受大家的忠告，懸崖勒馬，竟在防止「黃色新聞」的欺人藉口外，不惜更進一步極盡顛倒是非之能事，以期掩飾天下人耳目於萬一。

例如國民黨當局明知其為反憲法的，又明知憲法條文是不應違反的，却託詞於憲法第二十三條之規定；此一條文明定須在「為防止妨礙他人自由，避免緊急危難，維持社會秩序，增進公共利益所必要」的四種情形下，始得以法律限制人民自由權利；而對付「黃色新聞」，並無另定法律之必要。今以「不必要」來代替「必要」，顯然是違反憲法的！出版法修正案第三十二條所列舉的各種罪名，早在刑法上規定得清清楚楚。按法理而言，刑法所定之罪，自應由法院依刑法判決，罪名才能確立。現在，却不待法院審判，行政官署便可以直接審判，逕行對出版品作有罪無罪的認定而加以處罰；結果是，行政官署兼操司法大權，而侵犯了司法權力，違背憲法所明定的司法獨立制度。即此一事而論，已足證其為違反憲法了！

又如國民黨當局也明知其為反自由的，又明知自由原則是不可違反的，却託詞於旨在「保障正當的言論自由」；然在一個號稱自由的國家，行政官署竟以整個出版界為對象，可不經司法審判，而逕予出版品以警告，罰鍰，禁止出售、散佈、進口或扣押，沒入，定期停止發行，以至於撤銷

立法院第二十一會期秘密會通過的出版法條文摘要

第六章　行政處分

第三十六條　出版品如違反本法規定，主管官署得為左列行政處分。
一、警告。
二、罰鍰。
三、禁止出售、散佈、進口或扣押、沒入。
四、定期停止發行。
五、撤銷登記。

第三十七條　出版品違反第三十二條第三款及第三十三條之規定，情節輕微者，得予以警告。

第四十條　出版品有左列情形之一者，得定期停止其發行。
三、出版品之記載違反第三十二條第一款之規定者。
四、出版品之記載違反第三十二條第二款及第三款之規定，情節重大者。
五、出版品之記載違反第三十四條之規定，情節重大者。
六、出版品經依第三十七條之規定連續三次警告無效者。

第四十一條　出版品有左列情形之一者由內政部予以撤銷登記。
一、出版品之記載，觸犯或煽動他人觸犯內亂罪、外患罪、情節重大，經依法判決確定者。
二、出版品之記載，以觸犯或煽動他人觸犯妨害風化罪為主要內容，經予以三次定期停止發行處分而繼續違反者。

第四十二條　出版品經依法註銷登記或撤銷登記或予以定期停止發行處分後，仍繼續發行者，得沒入之。

編者按：在此項出版法未廢止之前，本刊決將上項條款繼續刊登，一方面用以自我警惕，一方面讓世人知道我們的出版自由，受到怎樣的限制。

登記等行政處分。行政官署權力之大，一至此極，又怎能說不是反自由的？

再如國民黨當局也明知其爲反民主的。又明知民主精神是不能違反的，却託詞於由立法院通過，卽是符合民主的要素；然一個眞正的民主國家，比這種民主形式更重要的，是民主的實質，代議士在立法機關裏面，是須以人民的意見爲意見，而制定人民所需要的法律；而我們的立法委員，由於無法改選，人民已對之失去控制的能力和作用，在國民黨當局操縱之下，大多數已淪爲「黨意」代表，一味以「黨意」爲依歸，致使民主徒具形式，顯然與民主的眞意不符！

末如國民黨當局明知其與民意背道而馳，又明知民意是不容違背的；然竟不願接受民意，循由正當途徑，透過行政院將此法案從立法院自動撤回，或請求停止審議；反而透過各級黨部，利用若干人民團體的名義，紛紛大搞其宣言、通電，這種由國民黨活生生製造出來的把戲，活在二十世紀看慣了各種政治巫術的人民，又怎會相信這會是民意？

關於撤銷登記這一規定，內政部部長田炯錦以堂堂主管部長的身份，在親見親聞海內外一連串猛烈抨擊後，竟說這一規定「事實上沒有甚麼了不起」；在一個號稱法治的自由民主國家，行政官署竟可不經司法審判，而對出版品逕予以定期停止的行政處分，其對人民基本自由的侵犯，已到了駭人聽聞的地步；而撤銷登記這一處分，確如立法委員成舍我所說，較軍閥時代的作風更爲蠻橫。但內政部長田炯錦竟敢把這一處分，說得如此輕鬆，這使我們感覺到，在今日黨政當局之前，幾乎沒有是非可講了！

時至今日，出版法修正案雖已按國民黨當局的意旨通過，而迫使大家不得不接受這一既成事實，然海內外各地區，非但不衷心擁護，而且繼續激烈反對。例如臺北市民營報業發表公開聲明說：「我們至今仍然認爲新出版法實與憲法保障言論出版自由的基本精神相違背……仍將不斷的要求政府與立法院至適當時機，能對新出版法重加考慮，再事修正。」而香港「星島日報」在六月二十一日的「悲自由中國」社論中，更以極沉痛的心情表示：

「自撤出大陸以來，昨日爲自由中國最悲慘的一日！是最使人失望的一日！薄海同悲，吾人爲自由中國之命運危！爲自由中國哀！謹此致最沉痛的哀悼！天乎！降禍我國，何至此之極也！」

這些話，眞是一字一淚。事實上，環顧海內外每一個憂時憂國之士，無不抱着同樣沉痛而悲憤的心情。老實說，國民黨當局在一意孤行之餘，面對海內外此種反應，假使還以爲只憑立法院的人多手多而戰勝民意的行爲，算是一次莫大的勝利，一如內政部田部長發表所謂「自由裁量權」的談話時，以統治者勝利的姿態，得意忘形，那只是自我毀滅而已！

在現代民主國家，政府如欲制定一種關係人民自由的法律，無不先探求人民公意之所在，作爲立法的依據，絕不敢置民意於不顧，僅根據一黨甚至一黨以內絕少數人的私意。事實上，一種法律，儘管在制定的過程中，具有了法定的形式，如得不到民意的支持，甚且爲民意所堅決反對，則其基礎之脆弱，非但勢難發生預期的效果，且可能發生相反的作用，以至相激相盪，終不幸而演變爲政治的悲劇。在人類政治史上，這種悲劇，眞是數見不鮮，我們安得不引爲鑒戒？

很明顯，這一出版法修正案事件，實爲中華民國立法史上寫下了最可恥的一頁。就中華民國議會史來講，正如本刊第十八卷第十期社論所說的，這次留下的恥辱或汚臭，僅次於民十二的「紅羅廠賣身事件」。不僅可恥而已，而實際的嚴重後果，更是可怕的。在國內方面：近幾年來，由於政府的一些不民主、反民主的做法，已使海內外自由反共人士逐步失望，而造成了反共力量的裂痕。然而，海外反共人士，面對此一局勢，儘管嚴厲指責，甚且在失望的時候，表示「對臺灣不宜多存幻想」以及「與臺灣各行其是」；但是，只要政府對於出版言論自由，還有幾分幾毫尊重的話，他們仍願以政府爲對象進逆耳之言，而不願作最後的分手。現在，由於出版法修正案的通過，左舜生先生就在六月十四日「自由人」撰文公開指出：

「香港有兩種政治性的刊物，正在積極籌備中，最多不出兩個月便會同時出版，假定這個不合理的出版法一旦通過，他們便打算在報頭旁邊標出六個大字：『本報不銷臺灣』！」

香港這兩種刊物所表現的態度，怎不使人爲我們空喊多年的反共團結而悲痛！長此以往，這種局面，如不幸而在海外逐漸擴大，轉而影響了海外整個的僑胞，以至於又不幸從接近鐵幕邊緣的香港，從而影響大陸上的反共力量，而造成了中國反共力量的全部澈底分裂，則後果就太嚴重了！況「防民之口，甚於防川」，卽在王朝專制時代，尙且明瞭此種道理，所以總設法疏導民意，絕不敢一味以堵塞民意爲能事，以免一旦爆發，終成不可收拾的慘局！而現代民主政治，本質上原又是一種民意政治，所以人民具有一種發表意見的習慣和權利，政府如用法律的力量加以限制和壓抑，則其後果將如何，就更不待言了！

在國際方面：這些年來，一般自由民主國家，對於我們這個也號稱爲自由民主國家的政治，總覺得內容各異，實質不同，而不免發生若干疑懼和批評；然儘管如此，仍在盡力勉勵和規勸我們這個民主學步的國家，希望我們終能一步步向民主的大道邁進。最近，有見於出版法案的提出，由國際新聞學會的抨擊，以至於國際報紙發行人協會更公然指出我們是沒有新聞自由的國家。其情形之嚴重，確如胡適先生在六月十二日一次晚宴上所表示的。他說中華民國有一部出版法，一般自由民主國家，原來不知道。現在由於此次出版法修正案鬧得滿城風雨，大家才曉得中國非但已經有一部所謂出版法，而現在居然還認其爲不足以控制出版品，竟企圖進一步加強控制！他進而指出：這部出版法修正案如果通過，不只是國家的損失，政府的損失，也是國民黨的損失，希望立法院不要通過，或者由政府撤回。胡適先生因鑒於事態之嚴重，據說在其臨行前一日曾向政府某要員重行强調此項意見，尤其鄭重指出將來可能在國際上發生非常不良的影響，而希望其轉達最高當局作最後的挽救。最後胡先生在臨上飛機離臺之前，並且公開答覆新聞記者說：他還抱有一點最後的希望，那就是出版法修正案在立法院不要通過，行政院最好把它撤回來。（詳載六月十七日「聯合報」。）現在，出版法修正案居然通過，誰敢擔保不會在國際上發生惡劣後果？十年來，我們退守孤島，在聯合國的地位，其所以還能保持，而大多數自由民主國家，其所以還沒有承認共匪，原因之一，是由於大家總認為我國也是自由民主陣營的一分子。而今而後，如果由於出版法修正案通過，不幸而授與同情共匪國家一項有利的藉口，用以迫害我們在聯合國的固有地位，又不幸而有增加相繼承認共匪之事實發生，則後果更不堪設想了！

但是，將來在國內和國外，不管因此事而發生何種嚴重的後果，則一手導演此一悲劇的國民黨當局，自應負全部責任。我們作為一份民間的刊物，已追隨於海內外所有反對此一法案的民間報刊和民意代表之後，在整個出版法修正案事件的過程中，盡了我們所應盡和所能盡的責任了！雖然我們還要繼續努力，以盡言責，但那是另一個新的開始。

現在，大錯雖成，但國民黨當局諸公，若能面對現實，認清後果之嚴重，責任之重大，則以勇於認錯的精神，速謀補救，為時未必太晚。作為一個國民黨黨員的，不要說是為了挽救中華民國的反共命運，即使是為了挽救國民黨的政治命運，也不應再聽憑國民黨當局的少數人任意任性而行，該發揮國民黨籍立委們反對此一法案的精神，共同要求國民黨當局，速將此項有百害而無一利的出版法廢止。

不過，話得說回來，我們民間報刊以及每一位愛憲法、愛自由、愛民主的中華民國國民，仍要把廢止出版法的一切希望，寄託在我們自己永恒不斷的努力上。大家都知道，現代民主政治之下，人民的各種基本自由權利，原是靠無數人經過無數次的奮鬥，才爭取得來的。我們這次反對出版法修正案的奮鬥，雖然是失敗了，但中國人六十年來追求自由民主的運動，大家絕不能承認已接近最後失敗的境地。相反的，我們正因為反憲法、反自由、反民主的力量在抬頭，更要充分發揮這次爭取出版自由的精神，繼續努力奮鬥。

社論

(二)

由地方行政改革談一黨特權

「總統府臨時行政改革委員會」的地方行政考察團，近在各縣市考察地方政治實況。自該會成立以來，各方人士對它頗為重視；尤以關心地方政治的人，幾乎把地方政治之能否澈底改革，視作臺灣前途吉凶禍福的關鍵。因為縣市地方政治在現存的大問題中，所佔的比重太大；許多腐敗惡化的事實告訴我們，再不改革，實在不能維持下去了。

我們對於改革問題，一向持有兩種看法：第一，我們總覺得政府對政治改革的決心不够，信心不堅，而且在觀念上也不够和民意的要求相配合。本刊第十八卷第七期社論（一）「改組與改革」一文中，曾明白表示過我們的懷疑態度：「……我們基於過去的經驗，很難相信今後不會言詞多於行動，計劃多於實踐。」第二，我們更覺得，今天欲謀改革，決不能避重就輕敷衍了事，要老老實實檢討並承認當前的病害根源，特別要不諱飾過去一手造成的錯誤。本刊第十八卷第三期社論(一)「近年的政治心理與作風」一文中，曾詳陳縷舉當前政治上種種弊害的根源，乃在於先養成了不健全的非民主的政治心理，而後始產生了那樣惡劣的作風。根據這兩種看法，所以我們雖也極願很樂觀地來期待改革的前途，但我們決不憑空盲信籠統的口號和美麗的文字魔術；我們有一個相對的權衡標準，第一先看政府(包括在後面的執政黨中央)有無誠意，第二再看有無決心，第三要看他們究竟肯不肯在病根所在處下手開刀。

今天政治改革的諸問題中，地方政治應居首位，必須優先開刀治病。這並不是我們太偏愛於地方政治，實在是因為地方政治若做不好，則自由中國的全盤政治等於懸空。政府十年來所宣傳的兩大口號是「建設臺灣」和「反攻大陸」；而建設臺灣的目標，是要把臺灣建設成為民主憲政的「模範省」。據一般常識的瞭解，欲够資格稱為「模範省」，當然是地方政治修明(不是亂糟糟的黨治)，人權獲得充分的保障（不是隨便亂帶帽子或實行配給自由），民生安定康樂（不是生活的資料盡操之在政府手中，不是任意加重稅負或盤剝敲詐而造成民不聊生）。然而十年來，只見到喊口號、貼標語；所謂「模範省」的成果如何，一向沒有全面的檢討和考驗（憑空喊進步是演劇的行為）。直到去年（四六）三月，行政院設置「權責研討委員會」從事調查實況，並提出了四十多個建議案，這總算是對十年施政作了部分的檢討和考驗。然而不知何故，後來竟沒有了下文。今年三月，「總統府臨時行政改革委員會」成立，根據過去行政院的調查資料再作進一步的考察研究，並限期六個月提出改革建議；這又算是一次檢討和考驗。如此，我們有理由相信，經過了兩次大檢討大考驗的「模範省」地方政治，其「模範」到何種程度，應該會有一個明白確實的結論產生出來。我們對後一委員會的期待更深，於是要求更切；我們總不能讓它也沒有下文。現距該會結束之期不遠，因之我們要爲地方政治問題提出緊急呼籲，一爲供給改革委員會作調查研究的參考，二爲促起國人給予鄭重的注意。

我們幾經熟籌，並經實地採訪的結果，認爲今天地方政治的大問題，是所有的公務並不依照民主憲政的原則正常運行。爲什麼不能？請看過下述的實況再作判斷。

㈠今天地方所有的政務，統統須符合黨的要求。

古代有句「民所好者好之，民所惡者惡之」的施政信條，現在恰好易「民」爲「黨」：「黨所好者好之，黨所惡者惡之」。凡遇有黨的利害和民的利害發生衝突時，寧捨民而就黨。這是由於今日地方黨幹的素質普遍低落，有的人還帶着義和團氣質的成分，以致權勢在握，戾氣凌人。積之成習，就成了「天下無不是的黨官」。這顯然是反民主的。但是黨幹們似乎反因此而得到上級的鼓勵：越能厲揚黨權，越足以表示他們的黨性强，越可以邀功受賞。於是地方公務無一不在他們操縱下任意爲之。根據事實來統計，臺灣二十一個縣市，那一縣市的黨幹最蠻橫最爲衆人所深惡，則此人不但不會受申斥懲戒，反能逐步調升。老實長法者則反是。臺南葉廷珪（無黨派）當選了市長，臺南黨部的主委立被撤免。當選乃由人民之投票（民權）所決定，此是民主正軌；但不能以黨權勝民權的黨幹，却因之而被撤差。此僅一例。他如嘉義縣活活逼死了一個議會的議長，新竹縣集體軟禁投票前夕的黨籍議員，而兩地的「主委」却穩居原職安如磐石。這都是衆所周知的事實。有此事實，便是獎勵黨員去橫幹蠻幹，越能反民意，越是好幹部。有人說，這是過去省級黨部指示的作風。但我們知道，地方上怨憤冲天，對中央黨部也並不諒解。所謂「符合黨的要求」，結局如此，實令人不寒而慄！

㈡今天地方所有的公務人員，已不像在爲國家工作，而是在替一黨服務。

縣市的公務人員，不論是否爲執政黨員，都必須在公務執行和決定上接受黨的指示。那管是在執行中或已經開會決議了的公務，只要黨方有意見，都須改絃更轍。一個公務員既沒有在自己權責上處理事務的自由，當然會養成「算盤珠作風」，不撥不動。這是一種消極的抵抗行爲，社會上流行著「多做多錯，少做少錯，不做不錯」的論調，實起因於「算盤珠作風」。瞭解這點，我們實不該責公務員們爲「麻木」，爲「鬼混」。我們知道，公務員中含辛茹苦、明理通情者佔多數；他們消極不肯多做，乃因他們的是非標準大多不合乎黨部的是非標準；與其做對了的反被說錯，毋寧乾脆不做。這種干涉主義；在黨員受之猶可忍氣，非黨員則忍受不了。於是大家都做了算盤珠。由此可知，要鼓勵公務員多做事，先須替他們恢復爲國服務而非爲黨服務的自由。不恢復此一自由，公務人員的恐懼感永遠壓在心頭，責任感永遠提不起來。另擧一例：某校長叫一位敎員向學生解釋國歌中的「黨」字應作「廣義」的「鄉黨」來講；這位敎員很氣憤說：「我不能昧着良心曲解騙我的學生！」校長告以：「此乃教育部長的妙解，如不聽從，黨部會注意你」。請看這一件小事，其中包含着很嚴重的問題：第一，一個教員沒有不聽命曲解文字的自由；第二、沒有不騙學生的自由；第三、前有教育部長的威脅，後有「黨部注意」的恐懼。教員如此，公務員所遭遇的恐懼和威脅之多，可想而知了。

㈢今天縣市政治已被一些非政府的機關所侵擾，陷於癱化。

今天任何一個縣市政府所在地，除了縣市政府之外，還設有大批具有與縣府平行乃至踞高臨下的權威機關。這些機關，究其實際，都不過是些普通的人民團體；然而它們對地方政治的侵擾，却足以駭人驚聞。因爲事實上，這些機關的本質和作風已非人民團體，而成了各有後臺、各具權勢的大衙門。例如：民衆服務處、軍友社、民防指揮部、婦女會、國民黨縣市黨部、青年反共救國團團部、警民協會、以及不及其數的「車輛動員大隊部」「中隊部」和什麼游動小組等等，招牌充斥在每一個縣城，勢力伸展到僻壤窮鄉。這裏需作簡略的說明：

①民衆服務處(站)——民衆服務處是縣市地方黨部的面具。凡是黨部對外的一切活動，都藉民衆服務處來作掩護。這可以說，發生了黨化效果的「功績」屬於黨部，惹出了亂子則由民衆服務處來擔受指責。至於民衆服務站，則普遍配屬在民衆服務處之下，設置在各鄉鎮村。

民衆服務處(站)，今天是全省各縣市鄉鎮村黨化的唯一指揮部，它直接歸黨部幹部兼辦——縣市黨部主委兼民衆服務處主任，區黨部主委兼民衆服務站主任。這完全是一體二物。

它們的所謂「服務」，以辦黨務爲主體，根本不做什麼「爲人民服務」的工作。縣鄉鎮人民最初以爲它至少是能給人民解除麻煩和代辦文書的機構，但後來才明白；它是牽著縣市鄉鎮長底鼻子走的特權機關！臺灣的地方自治，實際上操在它的手上，從選擧到一般行政，完全不能自主自治。如果有的鄉鎮長不先經請示而擅自作任何地方行政的決定時，則該鄉鎮長的厄運立卽逼臨——一個電話的通知，便有警察特務人員馬上來給你加上一項罪名，不逮捕坐牢，也會嚇得半身不遂。

各縣市長如屬執政黨籍者，大部分有一誤解，以爲身屬執政黨員，則一切(包括個人自由)均須獻給「黨」，黨要如何便如何。所以縣市長根本無權，要聽「民衆服務處」的命令。鄉鎮的民衆服務站主任，就是鄉鎮長的太上皇。民衆服務處人員在他的「統治範圍」內，到處以統治主的姿態君臨商民，商民畏之如虎狼。(警察特務也要讓三分！)

一個縣市所負擔民衆服務處的經費，是列在縣市預算裏的！普通一個縣市，平均要爲它負擔二百萬元新臺幣,臨時補助費尚不在內(動輒十至廿萬元)。但若在縣預算中却找不出「民衆服務處」的項目；那是包含在「人民團體補助費」及其他可以挪用的項目下來支付的。反正任何一個縣市的主計人員及財政科人員都是聽命於上級的黨員，怎樣編列預決算的技巧，早已在「受訓」時敎授好了，故任何名稱都可以列入預算而絲毫不露痕跡。只苦了納稅的平民，他們胼手胝足而日夜辛勞，大部分要繳出稅金，而稅金中却有相當多的新臺幣是用來養活這批特權統治階級的「民衆服務處」(站)！

②軍友社——軍友社乃人民團體，惟公然長期附征「娛樂捐」和筵席捐。各地「娛樂捐」，省轄市每票附征四角(電影院、戲院、同樂晚會及其他娛樂聚會均須附征)，縣轄市及鄉鎭影劇票附征二角。日積月累，儼然成爲人民對此一人民團體的一種「納稅」負擔。各縣市筵席捐原僅規定按營業額百分之十征收，但現在實征竟有高達百分之廿八者。這兩種捐繳給軍友社作何用途？據說是作「勞軍經費」(亦卽軍友社職員之開支——包括用人費及辦公費)。實則他們的開支統由一般所籌大批勞軍捐欵及晚會義演之收入項下支付，根本用不着附征筵席捐及娛樂捐。退萬步言，縱使附征所得確係用於該社經費支出，但我們實在不懂：何以一個「人民團體」的職員人事費及辦公費而竟可以向人民長期征稅，由人民長期負擔？並非我們反對勞軍，而是我們不贊成這樣馬馬虎虎增加人民負擔，於理於法都說不過去。要勞軍，須依正路(合法合理)去籌欵，不得如此變成征稅機關，更不得如此蔑視人民納稅的意義而任意征斂。該社各縣市賬目從不公開。收入多少，用去多少，軍中所得實惠如何，迄今成爲一個不可解的死結。這個謎不破，人民永不會祛除「假勞軍之名而行征斂之實」的軍友社。這與人民對敬軍勞軍之事的誠意無關。

此外尚有攤派臨時捐欵。如春節、端節、中秋等等，地方商戶士紳例須認繳其已經預定的捐欵數字。大家懾於「勞軍」的金字招牌，不敢言亦不敢怒。如此作風，究何所助益於人民建立敬軍的誠意？結果適正相反，徒使社會視「勞軍」爲畏途，認爲比正式國稅都厲害，因其漫無標準也。

至於軍友社若干職員之素質低下，態度之惡劣，各縣市有目共睹，他們根本不以「人民團體」自居，儼然是比國家的公務人員更有權勢的階級。因之，他們在地方自治的一環中，竟然成爲與縣府、法院等國家公務機關並列的衙門了。

③民防部——「民防指揮部」(縣市單位名稱)職員之多，與事務之淸淡，成一强烈的對比。他們所司何事，無人知道。可得而聞者，屬於他們的工作範圍的，只是大大小小奇臭黑暗的街頭防空洞而已。況縣市以下，各鄉鎭普設「民防指揮所」，又是一批人，又是要花一大批錢。現在飛彈時代，這些人究有何益於社會之防護，這是不須解答也無法解答的奇異問題。實際上，他們主要的工作，還兼辦黨訓民衆、社會敎育、及與地方自治有關的特殊工作。這是更不可解的特殊機關，除了對地方政治發生「裂權」作用之外，再也不能有絲毫對地方自治助益之處。

④婦女會——它也具有和民衆服務處同樣的「職權」。婦女們爲了家庭糾紛去「告狀」的，它可以「傳知」另方當事人及有關證人到會應訊；去打離婚或强姦官司的，更不在少數；它可以判定是非曲直要某方認輸或賠償；如認當事人不能寬有時，它也像民衆服務處一樣，可以「將案移送法院起訴」。因爲它也是兼辦警察和司法的。

⑤警民協會——據說宗旨在溝通警民之間的感情，而實際上則是經常無事可做，只在季節作週期性的攤派地方捐欵。它如果純在爲警察籌措福利金或生活補助，用意未嘗不善；但在一個民主國家，特設這樣機構，毋寧是多餘的。因爲事實上，民主國家的警民關係和警民感情，並不靠這樣的機構就可以維持的。

至於黨部和救國團在地方政治上的權威和侵擾，本刊過去已曾屢次爲文詳敍；它們是構成「黨、團、軍、政」——訓政時期地方權威機關的序列——的重要一環。茲不再贅。

根據上述實況，讀者不難想像，一個縣市的政治，被這些「機關」七分八裂之後，縣市政府能全權處理的事情實在不多；何況所主管的事情，經常在被侵擾之下，也沒有一件能辦得好。有人把這些機關比作一隻大章魚，伸長了八條蜿蜒的大觸脚將縣市政治牢牢地縛住。這樣的縣市政治，如何能不陷於麻木、痙攣和殭化呢？同時，我們在此要特別指出的，假使這些機關單純是一些人民社團而不干涉或影響到縣市政治和司法，則它幾乎都喪失了存在的條件。骨子裏，它們大多都與黨治有其密切的關係。這就是說，今天不談改革地方政治則已，如謀改革，先須淸理縣政周圍的龐雜的黨治機構，然後才可望地方政治明朗淸新。

我們仍然要像過去一樣地再作聲明：我們並不敵視國民黨，更不是反對國民黨；但足以扼殺民主憲政的黨治措施，我們要反對；我們絕不反對國民黨推行黨務，但須在守法的範圍內，做合法的事情。因之，我們希望政治改革的第一步，是斷然廓淸縣市地方的黨治氣氛，否則改革不會成功。要掃除黨治的劣跡，就必須放棄黨治的觀念和作風，讓在野黨得與執政黨處於平等的地位，允許民青兩黨及無黨派人士公開活動。這並不是我們要幫在野黨來對付國民黨；而是在說明民主政治之下，各黨應公平在地方上設置黨部，推行黨務，有向人民作合法活動及宣傳的均等機會。執政黨並沒有特權，更沒有干涉或打擊他黨言行活動的特權。製造特權、掌握特權，都不是普通民主政黨。有的人呼籲國民黨「退」爲普通政黨，其實，我們更要求它「進」步而爲普通政黨。消滅特權，是這一世紀民主政黨必備的一基本觀念和起碼條件。任何政黨在中國執政，我們都反對它製造特權、掌握特權，並非獨對現今執政的國民黨如此。

一個留美學生「望大陸・念臺灣」

唐德剛

「懷念祖國」，這幾乎是所有久居「異國」的人底共同心境。去國愈久，其對故國的懷念亦愈深。這種心境發展的結果，不但那遠在萬里外的家人骨肉，祖宗廬墓，朝夕在念；就是祖國所特有的一草一木，一根油條，一塊燒餅；老祖母的粑粑頭，孩子們的開襠褲，每一念及，都足以令你欣然色喜。日有所思，往往就夜有所夢。可是當你午夜夢回的時候，忽然發現你自已十載棲遲，如今仍然羈身異域，你會立刻感到一種茫茫無歸的心緒。朋友！這時湧上你心頭的思潮，不是你一已的得失榮辱；你所想念的只是一個自由、安定、和平、富庶的祖國，你可徜徉其間作一個盛世的公民。這樣你就不自覺地想到了大陸，想到了臺灣。

大陸和臺灣的現狀究竟怎樣了呢？這一問題對那些久離大陸，根本未到過臺灣的旅外僑胞和久寄異邦的留學生們來說，簡直是個謎。筆者不敏，便是這批對祖國現狀苦思渴慕而仍然只是一知半解的一位。然而，由于我們底故國之思，十多年來對大陸和臺灣出版的各項報刊的閱讀實未嘗間斷，蒿目時艱，加以在被中共搞得家破人亡之後，對祖國政事每覺有所欲言。雖自知見聞有限，所言未必有當；然自思動機純正，求善心切，故亦不敢藏拙。竊以區區之見，就正于邦人君子。

二十年政治競賽

臺灣和大陸的現狀究竟怎樣呢？詳情我們不敢妄測，但是從表面上看，大規模的戰爭總算暫時停止了。祖國現狀形成了國共兩黨，一在臺灣，一在大陸，武裝對峙的局面。由于這「太空時代」國際局勢發展的微妙，牽一髮可以動全身，這種武裝對峙，備而不戰，政治競賽的局面可能再繼續十年以上。我不是說我們政府在十年之內不能反攻大陸，或沒有反攻大陸的機會，我是說可能而不可必！凡事應向艱難處準備；現在偏安臺灣的政府，避冦海隅的父老，至少也應作再「挨」十年的「準備」！中共席捲大陸後已轉瞬十年；再挨十年便是二十年。二十年臺灣大陸備而不戰，武裝對峙的結果，將演成一個什麼樣的局面呢？寄跡海外的青年若以此質諸祖國父老，竊恐身臨其境的父老兄弟們亦茫然不知所對耳！

將來十年的發展既不可知，鑑乎往而知來者，且看過去十年武裝對峙，和平競賽的局面，兩處有些什麼變化。由此或可推出將來發展的趨勢來。

今日大陸

過去十年中，中共在大陸上幹些什麼呢？第一件大事，該是「殺人」！為鞏固其以暴力得來的政權，中共想把大陸上所有可能反共而且具有組織反抗能力的人全部殺光。十年之內被殺的數總在千萬以上，眞是千古奇寃。前年匈牙利革命時，大陸上亦有響應的趨勢，其所以沒有爆發的原因，據中共自已的招供便是由于大規模屠殺（所謂「澈底鎭壓反革命」）的成功。簡言之，即過去十年之內，中共以血腥的手段相當地鞏固了他「警察國家」的暴力政權。如今這暴力更在日益增漲中。

其次，中共在內政上值得提起的，便是它底「五年計劃」和「土改」。這些其實即是以暴力搜刮了全部人民的財產，沒收了所有農民和地主的土地，集全國財富于一個惡覇集團的政黨，供其揮霍！在今日亞洲，中共已變成第一號大財閥，第一號大地主，第一號大軍閥。全國人民都變成了中共的農奴、工奴，失去了一切做「人」的自由和權利。因而國內社會上舊有的各種不同的階級（如地主階級，僱主階級，自耕農階級，大班階級，小資產階級等等），不同的公開的或秘密的社團（如靑紅幫，哥老會，一貫道等）和各種有形或無形的社會力量（如宗族制度上的家長；宗教上的住持、長老、主敎；城鄉有特殊社會力量的縉紳等）全給它消滅了。所有這些階級、社團、個人以前所具有的社會力量，全被中共黨徒取而代之。原來我國固有的那樣錯綜複雜的社會，居然在中共血腥的統治下，十年之內，「玉石俱焚」。現在大陸上只剩下兩個階級：一個「六萬萬」（？）老百姓所組成的被壓迫階級，或奴隸階級；另一個是擁有一千萬黨徒，以數十萬新惡覇作骨幹的中共統治階級，亦即是奴隸主的階級。

這個新的統治階級是中華五千年歷史上最殘酷最嚴厲的統治集團。它是眞正的「富有四海」，擁有最龐大的武備。它也是受過科學洗禮的，不特善于用各種科學方法統治奴隸，搾取勞力，他更會用各種科學方法殘酷地防止本身的分化和沒落。因而只要一聲令下，全黨眞能如臂使指，操縱自如。大，可以于一年之內把五萬萬農民變成集體農場的農奴；可以發動百萬奴工治淮、治黃、築路、開礦。小，可以指揮人民驅蠅、捕鼠、捉麻雀；可使一個小家庭之內夫妻反目，父子失和；黨的一紙命令可以控制到每一個人民剃頭洗澡之微，可以干涉夫婦床第之私。中共直承希特勒、墨索里尼、斯大林之衣鉢，眞是我國歷史上空前絕後的暴力政權。但是大陸上如今雖然民不堪命，道路以目，然而想短期內由人民揭竿而起，公然反抗，實非易事。我不是說中共在十年之內不會發生內部變化，我們仍然說是可能而不可必！

新起的「革命對象」

然而通過共產黨的暴政，祖國社會現代的發展亦有其意想不到的另一種收穫。因爲中共是中國歷史上最暴烈的破壞力量，它在短期內把我國歷史上留下來的社會制度給澈底的摧毀了。不喜用暴力的孫中山先生曾經感歎的說：「破壞難于建設。」孰意這次假中共之手，一切好的壞的舊制度被它不分皂白的統統破壞了，破壞到無可補救的境地。這樣因而亦有其反效果。因爲這個新的統治階級雖然萬般兇惡，然而「六萬萬」人民所組成的奴隸階級中，奴隸與奴隸之間的關係反而完全平等了。盧梭所謂：「暴君之下，人人平等」(before the despot all are equal)，正是此義。因而此後一階段中國革命的「對象」反而單純了。近百年來我國現代化革命運動中所呼的各種響亮的口號，(大多數都是國民黨先烈所發明後爲中共所竊取) 如「反地主」，「打倒土豪劣紳」，「反對高利貸」，「反對資本家剝削工人」，「反對官僚資本」等等現在都完全失去了意義。加以年前中共竟出兵侵韓，與十六國之師相對抗，因而數十年來最響亮的「打倒帝國主義」的口號也失去了號召力。目前中共已叫不出任何響亮的「打倒張三」，「打倒李四」的口號。目前大陸上人民所需要打倒的，不是別人，正是它自己——這獨裁專制，殺人如麻的共產黨！它是現階段中國革命中，新起的「革命對象」！

現階段革命運動的重心

最近大陸接着「大鳴，大放」一幕活劇之後，在所發生的所謂「反右派」的「鎮壓」運動中，這一趨勢表現得尤爲明顯。在這些「鳴」「放」和「鎮壓」之間，吾人可以看出大陸上如今最響亮的口號便是反對中共的「黨天下」；反對那包辦一切的一黨專政，一黨統軍的制度；反對共產黨及青年團控制工農、監視學校，要求多黨普選；要求言論自由，出版自由，人身自由；要求有秘密警察作用的黨團退出工廠、農場和學校等等。簡言之，這新興的反共運動就是奴隸或奴隸的同情者要奴隸主和奴隸主的走狗們放下鞭子的運動！也就是被壓迫階級向新統治階級爭取自由的運動！

中山先生說得好，國民革命的目的是「在求中國之自由平等」。這「自由平等」四字在現階段的意義應該就是中國人民的「政治自由」和「經濟平等」。在今日大陸上人民的私有財產已全部被沒收，全國人民都已變成無產的奴隸；奴隸與奴隸之間經濟不平等的問題已無形消滅。因而現階段大陸上革命運動的重心只剩下一個單純的「政治自由」的問題。一旦這剝奪人民「政治自由」的新的統治階級被摧毀，則中國人民的「政治自由，經濟平等」便同時實現，而畢百餘年來我國革命運動未竟之功于一役。所以現階段大陸上的反極權的革命運動，實是中國近代革命運動之「最後階段」，是結束革命的革命，而「爭取政治自由，實施民主憲政」，便是現階段革命運動的重心所在！

但是爲防止這一運動擴大，中共其後勢必變本加厲，加以「鎮壓」。然而這一反抗運動勢必亦因「鎮壓」而愈加擴大而終至摧毀這新階級的統治。

「偏安」乎？「革命」乎？

我們政府今日是「僻處一隅」，其口號則爲「反攻大陸」。由僻處一隅而想光復大陸，在中國歷史上例子甚多，綜合其性質則只有兩種。一種是商湯誅桀、武王伐紂式的「革命」；另一種是東晉和南宋的「偏安」。

湯武「革命」自有其「革命」的作風，晉宋「偏安」亦自有其另一套偏安的辦法；「革命乎？」「偏安乎？」今日臺灣當何捨何從呢？吾人今日當然希望其爲「革命」，而不希望其爲「偏安」。因爲「革命」自湯武到孫文有許多是成功的 (荒謬的洪秀全亦成功了一半)。偏安則未有不瓦解的，縱有檀道濟、岳飛、史可法、鄭成功等蓋世的英雄，亦無濟于事！

然則「革命」的勝利亦未可倖致，其進攻，退守，積德，行仁，亦均自有其法度。武王伐紂時初會諸侯于「盟津」，諸侯皆曰：「紂可伐矣！」武王曰：「女未知天命也。」因退而積德行仁，直至「紂殺王子比干，囚箕子，大師疵少師彊抱其樂器犇周」，弄得衆叛親離，民怨沸騰之後，武王才開始用兵，一擧而滅商國，「商之百姓，皆迎于郊。」

但是，其初諸侯皆曰可伐而武王何以不伐呢？就是因爲武王知道紂在倒行逆施；他自己在「積德行仁」。但是目前仍然只是五十步笑百步，彼此懸殊有限，如「不知天命」冒冒然用兵，民心向背不知，則鹿死誰手，殊未可必！所以武王要等到紂的倒行逆施，和他自己的積德行仁都同時發展到最高峯，然後才「一擧而滅商國」。換言之，他要在政治戰中先佔了上風，而後用武。這就是開八百年江山的周武王比「諸侯」高明的地方。

臺灣今日 如果要把「反攻大陸」自比于武王「革命」，其道亦應 如此。「立刻反攻論」者可能是「未知天命也。」既未能及時反攻，就要積德行仁。但是怎樣才算是「積德行仁」的現代化的意義呢？這一答案在今日自由中國，顯然是言人人殊。但是就原則上說，今日臺灣的政治設施應該趨向于中共倒行逆施的反方向；而不是和中共循同一方向去「改造」，去「建設」。換言之，我們政府和中共的分別，不應該是「明君」和「暴君」，或「開明專制」與「獨裁專制」的分別，不是五十步笑百步，爾有三分自由，我有五分自由的區別；而應該是根本不同的兩種政治體制上的分別。

就技術上立論，臺灣和中共的政治上的設施則應强調「比賽」。在全國人民面前施行兩種不同的政體，三年，五年，八年，十年。眞金不怕火，看誰的政體優良，足以贏得全民的擁護！

老實說，在這種政治比賽上，臺灣太上算了，以一個偌大的有經驗的國民黨來治理區區的臺灣，理該綽有餘裕。使全國人民引領而望，在這種比賽中共產黨應該是最吃虧的。

自由中國的改革運動

在這場「比賽」中，過去十年內自由中國的改革運動，究有些什麼成就呢？這些成就的發展，將來是否就可以挽回大陸既失的人心呢？這些發展是否就可以鑄造出一個新的政治體制來，將來帶回大陸足以完全替代中共現行的一黨獨裁的所謂「民主專政」呢？筆者未嘗涉足臺灣，除在報章雜誌上看到一些往日就聽說過的人名地名之外，其他都不知其詳。但就報章所載，親友所傳，我們確知自由中國是有極大的「進步」。卽就近日我國駐聯合國常任代表蔣廷黻先生爲駁斥一篇荒謬文章致美國「外交季刊」主編阿姆史特朗的信中，吾人亦可知臺灣數項具體的進步的建設，如土地改革，如紡織、肥料等工業之擴展，如電力之增加，如美援之適當運用，以及各級教育之普及等等。

但是這些成就如行之于大陸棄守之前，則我們政府或不致有今日乘桴浮海之厄；所不幸者，今日這點成就是得之于大陸既失之後，既失而想復得，則這些成就是否就够了，這也是很誠實的疑問。因爲縱使丟開原則性的問題不談，就從純技術觀點來看，過去十年臺灣和大陸的政治比賽上，臺灣在比賽的方法上似亦未能抓住重心，所以未能轟轟烈烈地把共產黨從政治戰場上壓下去。比賽之重心何在，請以賽馬爲喻：

和共產黨賽馬

戰國時代，大軍事家孫臏敎齊將田忌如何賽馬的故事，殊可引以爲例。這故事是：

『忌數與齊諸公子馳重射。孫子見其馬足不甚相遠。馬有上、中、下、輩。於是孫子謂田忌曰：「君弟（弟，且也）重射，吾能令君勝！」田忌信然之。與王及諸公子逐射千金。及臨質，孫子曰：「今以君之下駟與彼上駟，取君上駟與彼中駟，取君中駟與彼下駟。」既馳；三輩畢，而田忌一不勝而再勝，卒得王千金。』

在今後臺灣與大陸的十年政治競賽中，致勝之道，其策略也就是孫子的避重就輕，以長擊短的原則。在現時這種「大丈夫鬬智不鬬力」的膠着狀態下，臺灣至少也應做到「一不勝而再勝」的局面，然後庶幾可使敵方不戰自潰，終至一敗塗地。

避重就輕・以長擊短

今日我政府和中共政治賽馬上，「上中下三輩」是怎樣的一個情況呢？

中共的拿手好戲便是把他用暴力搜刮來的全國的財富，運用起來從事其所謂「五年計劃」。武漢修了大橋，西藏通了汽車，治淮治黃，造船造砲。最近更高唱其「十五年趕上英國」的高調；並宣傳要放射人造衛星。這些宣傳在國內可鼓舞民氣，榨取勞力；在國外亦可使洋人側目，僑胞另眼相看；收效甚宏。此外中共最拿手的便是以暴力統制全國人才國寶，搬弄那些富有「民族形式」的東西向好奇的洋人作國際宣傳，中共的平劇可以在藝術之都的巴黎大出風頭，卽其一例。這些亦可收招搖之功以傲洋人，以鼓舞狹義的民族主義，以欺騙人民，爲其驅使。這些都是中共的「上駟」，它最拿手的好戲。但是這些却是臺灣的「下駟」。臺灣限于先天條件，限于政治體制，都無法和它比。臺灣固然不能宣傳「十五年趕上英國」，更無法和中共比唱「平劇」，其理甚明，毋須多贅。這種競賽便是以「下駟」比「上駟」，比起來臺灣不一定沾光。

等而下之，中共所自吹自擂的例如所謂「廢除剝削制度」的「土改」；例如廣開「博學鴻詞科」，以利祿收買一些曾經有過號召力的文人學者如郭沫若、章士釗等爲之幫兇；例如普及教育；例如公共衛生之改進，火車輪船之準時開行與到達等，都可說是中共的「中駟」。在這場比賽中，臺灣似乎是佔上風。不用說臺灣的土改比中共的暴政爲合理；「禮聘」的胡適亦遠較高呼「蘇俄伯伯，史達林爺爺」的郭沫若爲高明。其他各項建設亦遠駕中共以暴力施行者而上之。但是老實說，這些亦只可說是以「中駟」對「中駟」。至于那決定最後勝利的最後一場馬賽，則至今遲遲沒有出場。因而這過去十年的政治比賽可說既不熱鬧，更無精彩之可言，賽起來使全世界的觀衆都覺頹然欲睡！

臺灣的「煞手鐧」

在這場政治比賽上，臺灣眞正的「煞手鐧」是什麼呢？這一着可以使中共在政治戰上潰不成軍的利器便是「民主憲政」。臺灣「聯合報」說得好：「反共本來就是民主自由對極權奴役之爭……不民主而反共，反共就缺乏意義與價值……所以爲了反共，我們要鞭促政府切實實踐民主憲政。」（錄自四十七年四月二十日「中央日報」「時論選輯」欄）

這一段確是全國人民（包括共產黨黨內的「右派」）一致的呼聲，也是國民黨的旗號和三民主義革命最後的政治體制。這也是「否定」共產黨一黨獨裁，一階級專政乃至「領袖獨裁」的唯一的武器。「領袖獨裁」事實上是今日共產黨的眞正的政治形式。今日赫魯雪夫、毛澤東等的「領袖玉照」掛遍共產世界，就是望之不似人君的小犬金日成也如法泡製。其行雖然如此，然其言則也是滿口「民主憲政」。因爲這四個字是現時代的時代精神，共產黨何物，敢批其逆鱗!?因而共產黨也有其「憲法」，也把它的制度叫「新民主」。這樣一來，我們原來便不明瞭「民主憲政」爲何物的東方民族，對「民主憲政」一辭的解釋便弄不清了。

所以吾人如要高談「民主憲政」切不可專抓住一個名辭來亂喊；也不要拿張三派李四派政治學的大帽子來嚇人。我們最切要的是抓住現在問題的重心，我們要同共產黨對比。看我們的眞「民主憲政」是些什麼；它們的假「民主憲政」是些什麼。換言之，也就是以眞正的兩黨或多黨政治對抗中共的一黨專政；以眞正的言論自由、出版自由對抗中共官辦的「輿論」；以眞正的無恐怖自由對抗中共以「失踪」方式爲政治武器的綁匪政治；以眞正國家化了的國軍對抗中共的「黨軍」。這些都是「國民革命」現階段的內容和主旨。違反這項主旨的便是「反革命」，便是「反動」，至少也是「落伍」。

事實，就現階段和未來革命內容上說，共產黨在理論上、在行動上、都是不折不扣的「反革命」；掛羊頭賣狗肉的政治騙子。所以如果要打倒反革命的共產黨，臺灣要負起實行現階革命內容的責任。拿出這套「煞手鐧」把反革命的共產黨鎭壓下去，這就是臺灣今日當務之急的政治方向！

我們更要强調一點便是：臺灣是彈丸之地，駐有重兵六十萬。治安可無問題，是民主憲政最好的實驗區。如果國民黨在臺灣對民主憲政的建設，一籌莫展，而說在反攻大陸勝利之後便可實行，那就是騙孩子們的話；如果說現在的政府組織和施政已經是切切實實的「民主憲政」，那說這話的人一定有點臉紅；如果說所謂「民主憲政」目前「只能做到這一步」，那就是由于國民黨和領袖們的政治低能！

爲「反右派運動」解嘲

就目前的需要，就國民黨的歷史和能力，它都應該如此做，並可把臺灣建成一個亞洲的民主憲政示範區。但是吾人所奇怪的是，國民黨顯然沒有走這條路。它寧願和中共比賽唱戲（以下駟比上駟）；搬胡適以壓郭沫若（以中駟比中駟），它不願打出最利害的「煞手鐧」，在政治比賽上和中共「攤牌」。

更可歎的便是最近中共「反右派的鬪爭」達到最高潮的時候，臺灣應該如何大膽地放出一條千里駒，發動一個大規模的「民主自由」運動，以響應大陸上「右派」的反極權運動，如此可立刻使全國耳目一新，反客爲主，在政治上採强烈的攻勢。矯枉過正，更不妨來一套「過份」的民主自由，以反映中共的獨裁專制。

誰知舍此路而不由，政府反爲中共的「反右派運動」解嘲，搞其所謂「修正出版法」，鬧出全臺民營報紙聯合向政府登啓事請願的怪事！抱薪救火，倒行逆施，莫此爲甚！吾人身居海外，每日閱讀大陸和臺灣寄來的報刋，對照之下，眞覺是天大的怪事！

抑有甚者，四月九日紐約華文報轉載，政府的官方通訊社——中央社——臺北電所發的向海外宣傳有關臺灣各項成就的報導，竟有立法院長張道藩對「開口民主，閉口自由」儘說譏諷話的一則新聞。（見四月九日紐約「華美日報」）這眞令人百思不解。

試讀近世世界史，三百餘年來，在無數爭取民主自由的革命中（如美國革命，法國革命，辛亥革命等），那一位革命志士不是「開口自由，閉口民主」的！反抗滿清專制的「同盟會」，其別號即是「自由黨」。宣傳反抗專制最烈的同盟會機關報——「民報」——更是滿紙「自由」。「誓將滿腔血，化作自由花」的七十二烈士，更是爲「自由」而犧牲的。那時作專制鷹犬的淸吏無不畏滿口自由的「自由黨」如虎！

今日中共之專制百倍于淸廷，向這種專制惡魔王爭自由，我們更要矯枉過正，我們在「自由中國」的旗號下，更應滿口的自由民主，看看今日民主國家的反共宣傳，聽聽聯合國的反蘇辯論，無不如此。吾人提倡之不遑，惡可把「自由民主」說成惡意的諷語！如此則吾人尊稱國府所在地的臺灣爲「自由中國」，亦將何以自解乎？身爲全國民意馬首是瞻的立法院長的張先生，如何能說出這種毫無見識的話來！

今日自由中國的政治家們，實在應該睜開眼睛看看大陸，看看世界，不可閉門造車！坐井觀天！縱使我們不相信「天賦人權」，「民主憲政」那一套「鬼話」，就爲響應和領導大陸上現時風起雲湧的「右派」反極權運動，採用現時最有效的反共策略，也應該把「民主憲政」搬出來和中共的「民主憲政」比比！不要掩耳盜鈴，以五十步笑百步！何況「民主憲政」本是三民主義中之「一民」呢！

三民主義憲政的癥結

根據國父遺敎，國民黨政權的最高形式便是三民主義的憲政，亦卽是依照一部根據三民主義的憲法，組織民主政府，實行民主政治。這也就是三民主義的澈底實現。

臺灣今日已有一部合乎三民主義的憲法，但是臺灣今日並沒有三民主義的憲政，所以自由中國今日在政治建設上尙不能搞得有聲有色，在政治戰上向中共採取强烈的攻勢！

自由中國今日何以但有憲法，而無憲政呢？很多不明原委的政論家都「吠錯了目標」(barking up the wrong tree)。有的甚至流于譭謗個人而採取徒收反效果的謾駡方式。

其實這問題甚爲淸晰。其重心不在少數領袖的個人，而在那任何從事改革運動的政黨所共有的「政治惰性」。國民黨在我國近百年改革運動中貢獻最大。因而他在解決不同種問題時所用的不同種的策略亦最多。但是在各種不同的問題圓滿解決之後，對那些已失時效的策略和組織形態，却一時無法擺脫，此之謂「政治的惰性」(Political Inertia)。

現在它已經進入它黨義上所預爲安排的「憲政時期」，頒佈了一部憲法，但是它本身一時不能擺脫其已失時效的舊策略，舊形式。因而國民黨今日還沒有進化到成爲一個實行憲政的民主政黨。國民黨今日的組織形式就黨義來說，仍然停滯「在軍政時期黨的組織形式」，其特點卽是在「黨」和「政府」的關係上，國民黨是一個「包辦一切的軍政時期的黨」。這也就是孟德斯鳩所怕的所謂「使其行權，則久假而不歸」的毛病。它還沒有進步到具有三民主義憲政時期民主「政黨」的特點。這種民主政黨的特點，卽是在「黨」和「政府」的關係上，「政黨的作用只是推擧政府的官吏候選人，如此而已。」有些不明黨義的人反而誤認爲此種「進化」爲「退化」，而圖竭力阻止這種蛻變，這便是「政治惰性」在作祟，非一二人之過。有見識的革命領袖，如國父中山先生、如華盛頓等，可以使這一政治惰性及時化除；固執的革命領袖，則每好促使此種惰性殭化，而使其變成革命進行中的魔障。

因而自由中國今日「民主憲政」的癥結就在此。亦卽是國民黨以一個軍政時期革命黨的組織形態，來從事憲政時期的政治設施。這樣自然有鑿枘不投之弊，勉强行之，則謬誤百出，貽笑大方了。「憲政時期」還是換湯不換藥的一黨「包辦」一切，那還是什麼憲政呢？

兩個階段・兩種政黨

但是公正的歷史家們，他們決不會譏評某一時期國民黨的包辦一切！國父當年建黨之初，分明把中國革命的程序分成三個階段——軍政、訓政、憲政。在「軍政時期」這一階段，他老人家也是主張領袖獨裁，一黨專政的。在「中華革命黨」時代，中山先生公開要黨員「盲從」他，主張國家大事由一黨包辦一切！

自孫總理逝世以後，黨的組織形態一直是墨守陳規，「不愆不忘，率由舊章」，黨的領袖們認爲總理以前怎樣做，我們現在也應該怎樣做，以爲這樣就是奉行「先總理遺敎。」這種盲目的「法祖」便是國民黨「政治惰性」的最高表現。因而一部活的三民主義被變成死的敎條，實爲中國現代史上最可感歎的一件大事；因而時至號稱行憲的今日，國民黨的組織形態和黨務活動仍然停滯于「軍政時期」的落伍狀態；因而它應做的「訓政時期」的工作，如灌輸人民民主思想，敎育人民行憲和執行「政權」等，它都沒有做。相反地這些三民主義的敎育工作却落到所謂「民主人士」手裏，而國民黨員如張道藩先生等却要從而反對之，從而譏笑之，並把這種不知不識的言論，由國家通訊社浪費國帑向海外宣揚，眞是咄咄怪事！

但是一言以蔽之，這也就是「政治惰性」在作祟。所以今日「黨」和「政府」仍然疆界不明的糊塗現象，未必是國民黨領袖們無行憲誠意，而是三十年未變組織形態的國民黨，今日想變于旦夕之間，實非易易。他的領袖們固亦不知何所措其手足！

其實，國民黨的領袖們未嘗不想把「國民革命」進行到「憲政時期」；至少他們也知道「民主憲政」是反共最利害的武器。他們之所以把民主憲政做得毫無成績可言者，「政治惰性」之外，還有三種心理——不敢，不願，不知——在作祟。

不敢・不願・不知

最高層的國民黨的領袖們是屬于「不敢」一流的。從一個「包辦一切」蛻變到「只推選官吏候選人」，這一興革，對那三十年來組織形式沒有性質上的變化，大家庭吃飯人口太多的國民黨說來，實在問題太大了。他們「不敢」一下「放手」。做革命領袖的人們個性都是最倔强的，他們有高度的責任心和優越感。具有「天下無孤，不知幾人稱帝，幾人稱王」的想法，他們深恐一下放手，便要立刻天下大亂，其所以「不敢」也。

再者久作領袖的人們都有「作之君，作之師」的自尊心。都有舍我其誰乎的懷抱，所以秦皇漢武都要覓方士求長生，否則一旦作了「大行皇帝」，豈不天下大亂。這種責任感和自尊心使他們也「不願」放手。盧梭說：「國家愈大，權力的誘惑愈多，有權的人無不濫用其權的。」也是這種心理的分析。老實說，古往今來雄才大略的英雄（孫中山華盛頓除外），未有不歡喜獨裁的。美國第一流的總統華盛頓之外，桀克遜、林肯、羅斯福等都是獨裁胚子，「朕卽國家」的好徒弟。所以近三百年的民主革命中先知先覺者發現了一套統治孫悟空的辦法，那便是所謂三權分立或五權分立的「制衡制」(check and balance)。既有了這三根或五根擎天大柱子，那跳不出去的孫行者只好在柱子上拉泡尿。但是你如要一個開國的英雄，來作繭自縛，自己頒佈了三權或五權分立的憲法，自己躬自奉行，這無異于要一個木匠，造了一隻枷再自己套在頭上，這樣他自然就「不願」了。翻遍人類的歷史，只有一個人這樣做過，那便是華盛頓。他拒絕了已經送來了的「大美帝國」的「黃袍」，而甘願做一個頂枷的木匠，此卽華盛頓之所以不朽！歷史還有一個人可能這樣做的便是中山先生。可惜國父中道崩殂，未竟全功。

如果在上者不願，此時淸議厚責于下流那就更不該了。那些「不可一日無權」的「大丈夫」們，本來就唯恐「今上」不作昏君。如果在上者眞要雷厲風行來一套改弦更張，說不定諸位「元老」還要組織一個「東山會議派」來加以反對呢？因而與其眞來一套不可捉摸的民主憲政，倒不如息事寧人，因陋就簡，掛起招牌，大家一同喊喊口號算了。這就是今日自由中國的「民主憲政」。

「不知」的可怕

在這三「不」之中，最大的「不」，還是「不知」。國父所說的「知難行易」。現階段國民黨的領袖們和黨員們，生于斯，長于斯，受敎育于斯，對于胡適之先生所謂「兩種根本不同的政黨」，不能有所領悟。他們只對其中一種有所認識，那便是「包辦一切」的政黨。「憲政時期政黨唯一的作用便是推擧官吏候選人」這一概念，對今日國民黨員——上至高層領袖下至「青年反共救國團」的小頭目們——說來，簡直是不可想像的事！

在他們看來，政黨是要革命的，革命就要有領袖，有主義，有秘密行動，有鐵的紀律，稍息，立正，喊萬歲，效忠領袖，死而無悔。不如此，將何以革命？將何以對付有鐵的紀律的共匪？以牙還牙，以共匪之道還治共匪之身，便是最理想反共政黨的戰鬪的組織。大陸上的失敗就是黨未組織好，亡羊補牢，未爲晚也。抓住失敗的敎訓，今後要好好搞一下，因而過去十年來國民黨在臺灣的一切「改造」運動，都是循這個方向前進的，也就是要把國民黨恢復到軍政時期黨組織的最高形態。因而在這種發奮雪恥的氣氛籠罩之下，黨員們對黨義的信仰，就只到「軍政時期」爲止了。

國民黨一方面要循此方向「改造」其黨；另一方面又要實現總理遺敎實施三民主義的憲政，眞是南轅北轍，緣木求魚，其不焦頭爛額者幾希！

民主效率問題

其實這種「不知」，實起于數種强不知以爲知的誤解。第一種誤解是認爲民主政黨的政治效率甚低，不足以「反共抗俄」。這種誤解實是侮辱民主政治，把「民主自由」解釋成「自由散漫」。這也就是嚴幾道所說的「名義一經俗用，久輒失眞」的緣故。事實上不但政黨不如此，連軍隊亦不一定如此。

我國漢代的李廣和程不識同爲名將，然二人用兵行陣的方式則完全不同。廣是「行無部伍行陣，就善水草屯舍，人人自便。……」不識則「正部曲行伍營陣，擊刁斗，士吏治軍簿至明，軍不得休息……。」兩位將軍的辦法完全不同而同爲名將，未嘗遇害。「然匈奴畏李廣之略，士卒亦多樂從李廣而苦程不識。」足見天下事，未有一成不變者，運用之妙，實在相度時勢，存乎一心。

現代的情形亦如此，我們操過德日式「正步」的人，乍看美國兵哥兒在西點軍校操場上扭「花旦步子」，委實不順眼。殊不知德日的陸軍都是這種扭「花旦步子」的人打敗的。同樣在「昏君」杜魯門領導下搞民主自由的民主黨，也打垮了一代梟雄希特勒領導下的紀律森嚴的「國社黨」，黨之是否有力量皆以其是否合乎時代精神，不在其組織形式。一個現代化的民主國家所需要的，不是一個有「行政效能」的政黨，而是一個有「行政效能」的政府，歡喜搞「專政」不喜歡搞「民主」者，非以其眞無效率也，「不順眼」而已！

「多黨」和「分裂」的問題

國民黨對民主憲政還有一個誤解，便以爲多黨政治一定要把那些「小黨」抬高了，和龐然大物的國民黨揖讓進退。因而在國民黨領袖的眼光中，這些「小黨」實在本錢太小，「要價太高」。與他們在政治上來一個「輪流坐庄」，揆諸情理，豈可謂平！

其實這也是一種誤解，民主憲政，本是三民主義革命的最後的政體，與各「小黨」之存在與否何有？假若卅八年大陸淪陷時，「民」「靑」兩黨也跟着「民主同盟」向中共靠攏了，難道政府今日便不要搞「民主憲政」了？這顯然是講不通的。中山先生當年講憲政，並沒有料想到後來有這些向國民黨爭民主的小黨。美國憲法頒佈之時，其時制憲者（如華盛頓等）亦未想到美國後來會演變成政黨政治，尤未料想到「兩黨政治」。美國獨立之時，可以說沒有「政黨」，也可說只有一個以華盛頓爲首的主戰黨（war party）。後來憲法頒佈了，華盛頓做了兩任總統。其後爲推擧繼華盛頓之任的總統候選人，這一個黨之內，不同的政團因政見不同而推出兩名候選人，這樣才由一個黨分化成兩個政黨。

這個例子頗足以爲借鑑。國民黨行憲史上亦發生過類似的事。大陸時代競選副總統之爭便是這種例子之一。將來國民黨如允許黨內各政團自由提出總統候選人，因而發生激烈的競選，各政團與各「小黨」爲爭取選票，很自然的便會各自聯絡形成兩黨對峙之局，以開我國眞正民主政治兩黨制之先河。胡適主張把國民黨分而爲二，亦無非是這個用意。

所以國民黨的行憲不是和「小黨」討價還價的問題。最主要還是洗刷它本身的「政治惰性」的問題。國民黨要搞「民主憲政」就一定要拋棄它「軍政時期」和「聯俄」期間所剩餘的一些「俄國傳統」和「共產黨作風」！它要擺脫「包辦一切」的惡習，從一個帶有列寧氣味的「軍政時期」的獨裁政黨進化到近似華盛頓的「憲政時期」的民主政黨。因爲偉大的孫中山先生的黨，原是要在不同階段分採兩者之長的。

因而國民黨要行憲，其先決條件便是把「黨」和「政府」的界線劃淸。一步一步地自政府之內把黨抽出來，使政府得以厲行法治，而不致成爲一個黨的「專政」的工具。如是黨爭才不會牽連到政府；這才是眞正無私的民治、民有、民享的政府。如果黨與政府的界線不清，則在朝黨必然要濫用政府的權力，尤其軍權、警權、財政權和司法權以維持其一黨專政。這樣的政黨因而最怕「派系鬪爭」，尤其怕黨的「分裂」。因爲在這種情況下，所謂「鬪爭」，所謂「分裂」，都是爭權奪利，分錢分槍之爭，最易惹起流血的內亂。這樣的黨則必須採用領袖有決定一切之權的集權制或家長制。如是則大領袖使小領袖；小領袖使黨員，黨員使人民，而搞其「專政」。其實這種黨不能叫做「政黨」(Political Party)。(因爲 Party 一詞是含有「對比」的意思，獨搞則不能算 Party。)而是「君子朋而不黨」的「黨」，或是「幫會」(Gang)。把這種「黨」或「幫會」的效能發展到最高峯的領袖是希特勒，其次便是斯大林，再其次便是今日的毛澤東。

我們更要重複强調一點便是，在三民主義的革命中，對這種黨的組織形式在「軍政時期」要借用；在「訓政時期」要逐步化除；在「憲政時期」要澈底的反對。因爲他與民主憲政的精神和原則，是根本上相衝突的。它是納粹或共產主義的「一國之內的社會主義」的「最高」政治形態；但是他却是三民主義革命中「最低」的政治形態。古希臘哲人有言：「吾人不能于同一泉流中濯足兩次。」(We can not step twice into the same river.) 國民黨洗第二次脚的時候，顯然已非第一次洗時的潮流了！

而國民黨的高層領袖們則沒有理解到這一層，誤以爲「多黨政治」便是敦請和它有同樣組織形態的「小黨」入閣。因此在他們心目中，小黨入閣「共赴國難」或「共襄國是」則可，「要價太高」則不可。其實這是共產黨要李濟琛、羅隆基、章伯鈞等，做人民官的辦法。趙孟能貴之，趙孟能賤之，與「民主憲政」何有哉！

因而十年以來國民黨蔽于無知，扭于積習，在黨政改革運動上完全在開倒車。如果掌舵者方向錯了，則划船的人愈是努力，則離目標愈遠。不客氣的說，這就是國民黨在政治上毫無起色的主因。搞來搞去，只可搞一點消極的「防共」，維持個不死不活的「偏安」而已。這在反極權反專制的從事結束革命的立場來看，說國民黨「落伍」，還算是最保守的說法呢。

理論破產和護短

事實上，國民黨的落伍不止于其只能「防共」，不足以「反共」，其最可怕的壞影響，還是在弄到整個反共理論的破產。

因爲要應付黨外的責難，國民黨的領袖們和黨內的理論家，不得已都要找出一些理論來爲現行的制度作辯護。國民黨以一個軍政時期的組織形態和包辦作風，如何能負擔憲政時期之政治建設呢？爲辯護這一非牛非馬的政治體制，黨的理論家們便不得不以理論來遷就事實，這樣反而使西子蒙塵，遮沒了三民主義原有的光輝。

老實說，在今日中國反共理論百家爭鳴的情況下，最完整的，和在人民心頭上刻得最深的還只是孫中山這一家。但是國父學說完稿于「容共」階段；身死于「軍政時期」，所以國父所倡導的一些概念和學理，極容易爲君子所誤解，爲小人所曲解。

所以自命爲總理信徒的國民黨的領袖和理論家們，應如何發憤鑽研，使中山學理成爲反共理論戰的正規軍。相反的，它却因爲在行動上護短，而在理論上也失去反共產主義、反唯物論的領導權。有見地的三民主義的理論家，局于時勢，都多磕頭少說話，明哲保身，沒有馬丁路得撕毀「贖罪卷」的勇氣。不通的黨的宣傳家，則專爲事實辯護，信口胡說。因而一切反共反極權的響亮口號，到他們嘴裏都成爲毫無活力的反共八股，形成理論上的總破產！

「各自為戰」的局面

由于作爲反共主力的國民黨，在行動上、在理論上，都不能自圓其說，國民黨以外的理論家和學者們遂各執一說，各是其所是，衆說紛紜，莫衷一是。甚至搞宗教的朋友們，則忙着祈請反共的上帝下凡；主張祭孔讀經的先生們也恨不得養起辮子來反共。因而在共產黨焚書坑儒的今日，那四處逃命的九流十家，爲着生存，爲着眞理，在理論上和唯物主義者展開了各自爲戰的局面。這一場可泣可歌的游擊戰，不但有被中共各個擊破的危險，而楊朱、墨翟之間亦難免自有其學理上的磨擦，而對消力量。祖述堯舜、憲章文武的朋友，談到耶穌在水上走路難免眉頭打皺；搞的了嗎呢的後生，讀到「謹呈」「敬稟」「鈞座」「×公」也要搖頭歎息。

要言之，現在在自由世界搞文化反共的一羣，都是在大陸上「脫褲子，割尾巴」運動中，幸運跑掉了的一羣。今日他們跑到自由世界裏，在文化上形成了反共統一陣線。但是他們在文化過渡時代中所共有的彼此對立的現象，並沒有因爲共同反共而化除。因而今日自由世界裏，中國人的社會中形成無數種不同的生活方式，說着不同種的語言，企念着不同種的政治遠景，各是其所是。這種自我重心的習性，表現在守舊的國民黨包辦的政治上，便益發顯其保守與頹廢。今日自由中國的官場上，在上者不用說仍然相信其「君君臣臣父父子子」的儒家哲學；做大官的仍然搞其做壽送禮鄉寅世戚門生故舊的官僚政治；因而爲五斗米折腰的低級職員也就不能不抱其「守衙門」、「守上司」式的紹興師爺的老傳統。總之，今日我們自由中國的政治經濟制度；社會生活，學術思想，統統在一起仍然是「漆黑一團老先生」，我們還沒有建立出一個現代化的立國體制，我們還沒個一致生活的標準。要有一天我們的武裝同志發揮神勇，打回大陸，那我們這樣便可以取共產黨而代之，建立一個自由平等的中國，而不流于混亂，那才是怪事。其實這種各自爲戰的局面，以及官場上的落伍現象，國民黨均應負全責。這些種對立的生活方式和思想，在國民黨的理論上都可找到他適當的位置，或適當的處置。國民黨如忠實于他的主義，他可以把他們融會貫通，使其相輔相成，造成一個一整套的新社會、新學理以和共產黨相對抗。然而國民黨就因爲目前在行動上護短，不敢、不願和不知怎樣眞正地有計劃地走向民主憲政的建設，因而樞機失節，全盤皆鬆！

老人運動的「公車上書」

國民黨這種失策，是今日全國上下一致的看法。這也是今日自由中國中最沉痛的呼聲。但自海外側耳遠聽，有時亦不免令人莞爾而笑。因爲在這運動中搞得最起勁的都是一批老先生，他們以爲要反共必自自由中國政治改革始。要改革則必須要在上者下求賢之詔，頒維新之令。因而這批「公車上書」的作品，實是今日自由中國政治論文中最精彩的一部份。其中更有一部份老先生們憤其言之不用也，甚至連西太后，袁世凱都罵了出來。讀其文而思其人，吾人閉目沉思，這些老丈們，吹鬍子、瞪眼睛的神態都活現于眼前。這批人都是熟讀中國經史的人，試問自東漢太學生伏闕上書，到孫中山，康有爲，到五四運動，那一次「上書」是有了結果的？

民主啓蒙運動

須知搞民主憲政，搞反集權反專政，原是青年人的事。如果生為這個時代的主人的青年們，甘心做奴隸、做臣妾，則「兒孫自有兒孫福」，何勞「老輩」關心。所以今日的問題不是一些「老輩」們自己爭民主的事；他們的主要工作應該是如何教導「後輩」不做「奴隸」，不做「臣妾」。胡適之先生說：「民主是一種生活習慣。」如果我國的青年沒有這種生活習慣，則徒有其表的政治形式，或將招致一些預料不到的混亂。再者，這種生活習慣之養成原不可一蹴而幾，同時還要其他種更重要的生活習慣不與這一種生活習慣相抵觸。在「軍政時期」的革命中，「服從領袖，團結禦侮」的生活習慣，顯然就要壓倒青年人特立獨行的生活習慣。「忠臣」和「奴才」兩概念，原即是極易混淆的。

要把民主自由養成生活習慣，則必須要民主自由成為這一時代至高無上的時代精神。在中國近百年史上，其時機實未有過于今日者。遙望大陸，遠念臺灣，這一時代精神已貫注到每一角落，祖國各地實充滿了自由民主的呼聲，大陸上更已經有成千成萬的青年弟兄們為其而流血而坐牢而犧牲了性命。這種蓬蓬勃勃的青年運動，在大陸上已有燎原之勢。它終必燒燬那惡貫滿盈的獨裁專制的政權！

我們幸運地生存在自由中國、自由世界裏的青年，更應携起手來，響應大陸上這一新興的反共、反集權、反迫害的自由民主運動。我們要揮起自由女神的火炬，燒掉獨裁者的集中營，搗毀巴斯蒂獄，拯救出那千千萬萬受奴役受迫害的弟兄們！

我們更要發揚我們的智慧之光，照遍黑暗世界，發動一大規模的民主啓蒙運動，把那些讓人家牽着鼻子走，做奴才做臣妾而不自知，還要在天安門前遊行，喊萬歲，報皇恩的青年弟兄姐妹們度出愚昧的苦海！

中國近代史告訴我們，任何改革運動都是由青年人推動的。「五四」運動之前，為迎接一個新時代新文化的到來，北大的教授們曾發行過那千古不朽的「新青年」；學生們也自動發行其「新潮」。這樣才鍛鍊出一些新青年，導引出一股新潮流來。為響應這一啓蒙運動，全國青年學生為發表自己的意見，所發行的報刊達四百餘種。這樣才掀起了那一個人類現代史上轟轟烈烈的文化運動。青年人搞起了五四運動，中山先生便想到了發動青年力量，改組了國民黨。終于打垮了軍閥，改造了中國。

今日的時代，已進入百年來中國革命運動的最後階段。開五百年太平的民主憲政的新政體，即將實現于中國，我們要掃除魔障，擴大民主啓蒙運動，讓民主青年，站在民主運動的最前線！

自命先知先覺的「老輩」們，你們今後要目光向下！

自信敢作敢為的青年兄弟們，我們要扭斷我們自己鼻子上面的鎖鍊，挺起胸膛來，做個正正堂堂頂天立地底自由人，我們不是奴才，不作臣妾，我們是中國的主人，我們要說出我們自己是主人的意見。

讓我們海內外青年携起手來，走向政治自由，經濟平等，和安定、富强康樂的民主中國。

四十七年五月于紐約赫貞江畔。

僑務委員會秘書室來函

自由中國半月刊編者先生惠鑒，敬啓者：

貴刊第十八卷第十期登載喬酒南先生大作：「固步自封的僑務」一文，對海外華僑當前處境及朱毛匪幫對華僑統戰陰謀分析詳盡，拜讀之下，深以社會人士對僑務日見重視為幸。喬先生大作關於涉及僑務政策部份，仁智之見，雖各有不同，但足證喬先生對當前僑務關懷之切，倘因此而引起社會人士熱烈之討論，以助政府對各項僑務問題之思考，此亦為一可喜的現象。

至喬先生大作觸及本會施政上若干實際問題，與事實則頗有出入，茲就喬先生所指：僑團回國觀光，僑資回國生產及僑生回國升學各點，加以扼要說明，並藉此以助社會人士研究當前僑務問題之參證：

關於僑團回國觀光問題：喬先生在其大作中指出較重要者有二、第一：「自由中國既然歡迎僑胞回國觀光，僑胞遠涉重洋，人地生疏，給予合理招待，乃屬義無容辭……但若每年要費三千餘萬元，則未免裝濶浪費」（見原文第四節首段，原文太長，故撮錄）似此，喬先生對招待僑團的政策原則是贊同的，但所舉招待費的數目則與事實相去甚遠，查本會自民國三十九年起至現在止，八年當中，所支付僑團僑胞接待費總數尚不足一千四百萬元不及三千萬元之半。而本會本年度全部業務費，包括用於海外及國內者，亦包括用於一般僑務，僑民教育及華僑經濟者，亦不足二千萬元，故喬先生謂僑團回國觀光年費三千萬元，顯係基於傳聞失實所致。第二：「因此借觀光之名走私牟利者有之，運毒販毒者亦有之。泰國某觀光團的母女販毒案，香港某僑團部份團員的集體運毒走私案，固已破獲有案；星馬某工商團體部份團員挾帶私貨，以「原機撤回」要挾海關人員放行之場面，星洲報上亦曾喧騰一時」（見原文第四節中段）此種現象正如喬先生所言：「這固然是個人的不良行為，不足影響全體僑團熱愛祖國之聲譽」，本會向亦以政府招待回國僑團僑胞政策原則既屬正確，似不能以一二不快事件而因噎廢食，且報載泰國華僑翁許惠玉翁蘭芳母女於四十六年十一月一日乘泰國航空公司班機回國走私販毒案，其所指之許翁母女二人係自行回國，並未參加旅泰華僑任何觀光團體，其兩人入境證，亦非由本會代辦，至星馬工商考察團部份團員挾帶私貨，以「原機撤回」要挾海關人員放行一事，本會迄今尚無所悉，後查據臺北國際機場安全協調中心(47)際伯字第六三一號函復以海外歸僑與機場各檢查單位相處甚為協調，並無星馬僑團團員挾帶私貨以「原機撤回」要挾情事。此外，喬先生並提及本會招待僑團僑胞之對象及態度問題，查本會對回國僑團僑胞之招待，向一視同仁，其中因限於人力物力招待欠週則或有之，例如各僑團到臺後住地，多係借用各機關團體招待所或租用各旅社，其設備自難求一致，此種客觀條件之限制，實難克服，但我們決無厚此薄彼之分，則可斷言。

關於僑資回國生產問題：喬先生在其大作中頗多積極性之建議，足見喬先生對此一問題瞭解之深刻與關懷之熱切，但有若干事實亦須加以說明：第一：喬先生說：「平日僑務當局重歐美輕東南亞的作風，實屬輕重倒置」這兩句話，無論是指政府對一般僑務或對僑胞回國投資言，均全非事實，即以投資為例，以喬先生在原文所舉僑胞投資一三六家中之投資總額港澳佔百分之四一强，日本、星馬、印尼、泰國、菲律賓、緬甸、越南佔百分之五六强美國佔百分之〇・五八强，紐西蘭佔百分之二・四〇强（均據自喬先生原文第五節首段所指）可知亞洲各地華僑回國投資地位之重要，至喬先生引立法委員林競忠先生在立院質詢本會鄭委員長去年赴歐美一事，而指為本會重歐美輕東南亞作風之例證，查本會鄭委員長去年奉命赴美，並就便訪問歐美若干地區僑胞，與此次赴菲的情形正復相同，查本會向以當前僑務為一戰鬥性全面性的工作，對海外任何地區決無輕重之分。第二：喬先生引立法委員林競忠先生等之質詢，對於華僑信託公司的籌設，由僑聯總會籌備，認為「不足

（下轉第25頁）

一個免試升學學校教員對免試升學的意見

傅正

新竹縣從四十五年七月十二日正式奉到省政府命令，而匆匆承擔教育部所擬「國民學校畢業生免試升學初級中等學校實施方案」的任務以來，現已是第四學期，轉眼快滿兩個學年了。這一號稱「劃時代」的「免試升學」，雖然無人反對其立意，但究竟有無實效，而該立刻停止試辦抑或普遍實施？個人願以一個試辦免試升學學校教員的身份，就親眼所見和親耳所聞的客觀事實，坦坦白白的提供一點意見，公諸社會，並就教於教育部張部長。

我所服務的學校是新竹縣立關西初級中學。這所學校，實際上是創辦於四十四年秋，初稱為新竹縣立新埔初級中學關西分部，直到四十五年秋試辦免試升學時，才正式改為今天的名稱。現在，我們這所學校，歷史已有三年之久，規模也有十一班之大，學生人數又有四五四人之多，所以在新竹全縣試辦免試升學的二十一個學校中說來，算得上是歷史較久、規模較大、人數較多的學校了。因此，在檢討免試升學問題時，就一般實情說明之餘，且進一步舉出我們這一學校的實例作證，必可獲得更可靠的結論。

記得張部長當初堅持試辦免試升學的主要目的有二：一是延長義務教育年限，一是消滅國校惡性補習。現在，不妨先就這兩項原始目的，加以檢討。

先就延長義務教育年限而言：按理說來，既稱為義務，則不僅應免收學費，免費供應圖書，且連各項文具用品如筆墨紙張以至勞作家事等用具材料之類，都應一律免收費用才對。否則，又有何義務之可言？實際上，我國似乎是限於財力，即在國民學校，還沒有達到此種理想，何況現在竟要推之於初級中學？於是乎，所謂延長義務教育的結果，變成有名無實。現在一個免試升學學校的學生，除掉「自由中國」第十六卷第十期刊載立法委員張希之考察報告所說「捐獻」的情形：「據調查新生入學，每人最低要捐獻建校費一百元，多至四百元、五百元、一千元不等。」即以每學期註冊時繳費數字而言，亦十分可觀。

試以我們學校為例，收費項目包括九項之多，非但實驗費及家事實習材料費不能豁免，即勞動生產用具費以至於雜費學費也不能免繳；共計應繳「講義及教材補充費」一〇元，「體育衞生費」二〇元，「圖書費」一〇元，「雜費」五〇元，「實驗費」一〇元，「勞動生產用具費」二〇元，「童字軍費」一〇元，「學費」六〇元，女生的「家事實習材料費」一五元，統計女生應繳二〇五元之多，男生也須繳一九〇元之多；而且新生尚須另繳「家長會費」一〇〇元，舊生亦須另繳「家長會費」三〇元；所以一個新生在每學期註冊入學時，便要繳納為數三百元之巨的費用；至於平時各式各樣的硬性「捐欵」，以至強銷書籍欵，還不包括在內。但一個國立臺灣大學法學院的學生，非但入學前不需「捐獻」，即就是每學期註冊繳費數字也十分有限；僅須繳「講義費」四〇元，「雜費」三〇元，二年級以下者另繳「體育費」一〇元；「學費」則分為甲乙兩種，甲種為一五〇元，乙種為五〇元；而享受公費待遇者根本一律免費，即領有大陸救災總會奬學金者亦可免繳學費，大多數家境清寒的學生也只要繳納五〇元便已可以；結果是，大部份學生總計僅須繳八〇元或一三〇元，絕少數學生須繳二三〇元。由此可知，一個接受高等教育的大學生，所應繳納的欵項，卻較接受義務教育的初中生為少，令人對於免試升學號稱為延長義務教育的道理，百思不得其解；但不知道此所謂「義務」兩字，究何所據而云然？在今年二月底這一學期註冊時，我們學校裏的學生，由於家境貧寒，大多數無力按期繳費，弄得註冊截止的日期，不得不一延再延，直到開課之後，還有三分之一的學生沒有辦完註冊手續。有些學生的家長，因為實在拿不出錢來，深怕學校裏依法處置，便紛紛跑到學校裏向行政主管哀求。記得就在三月一日的上午，有一位一年級丙班學生的母親，在操場上與校長說來說去，到最後，終於說得淚流滿面。此情此景，令人想到號稱義務教育者，原不過如此，眞不勝感慨系之！假使張部長也有機會親眼看到這種事實，恐也不敢誇稱免試升學是延長義務教育了吧？

次就消滅國校惡性補習而言：在這個免試升學的地區，國校的惡性補習之風，雖已較前略為減低，但由於教室荒的緣故，早已淪入二部制三部制以至四部制的境地，勢不得不如同各縣市的國民學校一樣，賴補習的方式來補救，所以並未達到消滅的理想。但是，一般免試升學的學校，眼見學生雖在免試之下進入初中，而高中並未辦理免試升學，於是無論為學校當局或學生家長，深知學生程度原就不好，如不在課程方面予以特別加强，將來投考高中的難關，勢難渡過，因此一致認為只有加强補習一法，終於相率而走上了惡性補習之途。

我們的學校，當然也難例外；除掉寒假暑假，都要開班給學生補習外，即在平時開課期內，也不放鬆補習機會。在去年的下半年，也就是四十六學年度第一學期，二年級的補習班，每週利用下午放學以後及星期日休息時間，便要補習十八小時之多。終因這種補習的效果不大，到了這一學期，乾脆一律增加上課鐘點，進行變相的惡性補習。按照教育部在四十五年九月十五日以臺四五普字第一一二一八號令頒佈的「初級中學教學科目及每週教學時數表」規定，各項科目的教學時數，均有硬性的限制。但在我們學校裏，迫於學生急需補習的事實，不得不根據學生家長的普遍要求，變更規定，額外增加教學時數。先就初中一年級下學期而言：部定國文每週原爲六小時，現則增爲八小時；部定英語每週原爲三小時，現則增爲六小時；部定數學每週原爲三小時，現亦增爲六小時；其他各課時數還略有增加。再就二年級下學期而言：部定國文每週原爲五小時，現則增爲七小時；部定英語每週原爲三小時，現則增爲六小時；部定數學每週原爲三小時，現亦增爲六小時；其他各課時數亦略有增加。總之，主要科目的教學時數，都已增加到一倍左右。到現在，學生每週上課時間，竟達四十小時之多；從星期一到星期六，除一小時的週會和一小時的班會外，每天都是整整七小時的課。學生們在這種變相的惡性補習之下，一般的健康，已被損害到可怕的程度！現在，每逢週會，站的時間稍久一點，總有學生會暈倒；甚至是幾分鐘的朝會，也有學生支持不住而倒下來。看到這種現象，想起初中階段的學生，年齡通常在十三歲到十八歲之間，如同幼兒初生期一樣，是生理各部分發展最快的階段，所以心理學家曾稱之爲新生期或再生期；現由於免試升學所造成的變相惡性補習，健康之壞，竟一至於此！這種活生生的事實，使我們認識號稱消滅國校惡性補習的下場，原來如此，眞是不勝其惶恐！如果張部長也能到我們這種窮鄉僻壤，親眼看看這些面有疲容的學生們，便知道原期消滅國校惡性補習的「德政」，已是利未見而弊先至，恐也不好意思再以這一理由來堅持辦理免試升學了吧？

根據上述事實，證明教育部張部長在堅持試辦免試升學之初，原期達到的兩項目的，不是落空，便是造成了嚴重弊害！

事實上，非但免試升學的兩項目的，根本便沒有達到，且還連帶造成了很多嚴重的問題。其中最嚴重的，要算是校舍問題和學生程度問題。

本來，要辦理免試升學，必先有充足的財力做基礎，使得各項設備，大致具有，至少也有一所足够容納學生的校舍。對於這一點最起碼要求，相信張部長總不至於反對吧？但新竹試辦免試升學的情形怎樣呢？事實告訴我們，絕大多數的學校，竟弄到連校舍也沒有。據「自由中國」第十六卷第十期所載立法委員張希之在四十五年十二月二十四日提出的考察報告指出：「只有五個學校沒有問題，其他學校都有問題。」這校舍問題已經够嚴重，但更嚴重的是這問題却沒有辦法很快解決。直至四十六年十二月二十七日據「聯合報」報導，在國民學校鬧嚴重教室荒的情形下，借用國校校舍上課的，居然還有新竹第二中學、新竹第二女中、關西初中、關西初中石光分校、香山分校、新埔初中竹北分校、竹東中學橫山分校、竹東中學二重分校、北埔初中峨嵋分校、竹東中學五峯分校等十個學校。換言之，免試升學整整試辦了三個學期，還有半數的學校沒有校舍，這眞是一件不可想像的事！

現在，不妨進一步以我們這所學校的情形來詳細說明。我們這所學校，雖早在四十四年秋卽成立，然因建校經費無着落，便一直佔據在關西國民學校校舍內，到了四十六年下半年，竟佔用達十三個教室之多，擠得國民學校的學生，有時只有在走廊下面上課。直到四十六年五月，這時學校成立已經兩年，才勉强開始第一期建校工程，預定興建教室八間，另外一間小小厠所的經費，還是靠農復會的補助。這一期工程的經費，雖僅約七十萬元，但由縣政府補助下來的，却只有二十一萬元，其餘的實際上全由地方負擔。然而，小小的關西，本來就很貧困，加以鎭有的一點公產又變賣不了，所以實在無力負擔；於是這區區八間教室，因不能按期付欵給承包商，便做做停停，停停做做，足足耗費了九個月，一直拖到今年的二月，才算勉强完成，但還拖欠承包商一筆債。由於第一期工程，只完成了八間教室，以一間用作全校辦公之用後，剩下的便只有七間了；然編制上是十一個班，七間教室當然無法分配，於是在現實環境限制之下，被迫而採取合班的辦法。結果是，一年級原有四班這時便打一個對折，合併爲兩班；二年級原有五班，現在也打一個六折，合併爲三班。但是合班以後的人數，雖增加了一倍光景，教室却無法放大到一倍；於是原來預計只容納四十人到五十人之間，現在最多的却需容納到八十二人，一個小小教室，儘管塞得滿滿的，連走路也十分困難，仍無法塞下時，餘下的學生，便只有亂坐在教室門口，亂坐在講臺側面，弄得連黑板上的字也無法看了！現在，第二期建校工程雖已開工，教室雖也只有五間，但看情形，這個學期準又是一直合班到底了！

按理說，要辦理免試升學，又須有良好的國民教育做基礎，使得國民學校畢業學生的程度，個個合乎理想的標準，至少也得具有一種必不可少的起碼水準。對於這一說法，相信張部長也不至於反對吧？但今天臺灣的國民教育情形又怎樣呢？事實擺在眼前，全省至少約有三分之一的小學班級，由於空前的教室荒，而被迫實施二部制、三部制、乃至四部制。在這種情形之下，我們的國民教育，名義上雖然有六年，實際上卽以二部制來說，最多也不到四年；至於實施三部制甚至四部制，就更不用說了！所以縱然學生個個是「天才兒童」，先生也人人是「模範教師」，恐也很難收到國民教育所預期的起碼水準。何況很多班級的人數太多，教師的負擔超過了限度，以至於連應付敷衍都有些困難。更何況「設備標準」和「課程標準」也根本談不上，一切都在因陋就簡的得過且過之中。由於這些原因，造成了國民教育水準之日漸低落，使得絕大多數受完國民教育的學生，連一種起碼的水準也沒有。新竹的情形，當然也無法例外。現在，試辦免試升學的結果，却不管國民學校辦理的成績如何，更不管學生的程度如何，縱然都糟得無法再糟，反正只要是國民學校畢業的學生，都可在免試之下進入初中，弄到免試升學學生的平均程度，低落到可怕的地步。據四十七年一月二日「聯合報」的報導：「去年七月間，由教育部中等教育司會同教育廳及竹縣教育科在新竹舉辦了一次規模龐大的學科測驗，全縣二十一所中學的初一年級學生八十五班三八七二人(均爲免試升學者)都參加測驗，測驗的學科爲國文、數學、英語、公民、歷史、地理、博物七科。這項測驗成績，經部廳雙方五個多月的評閱，近已全部評定，一般成績情形，可說不太理想，以國、英、數三主科言：二十一校中國文科最高平均分爲五六・一五分（新竹一女），最低平均分爲二七・九五分（尖石分校）；英語科最高平均分爲五四・六分（新竹一女），最低平均分爲二一・四分（五峯分校）；數學科最高平均分爲四八・四五分（新竹二女），最低平均分爲二〇分（尖石分校）。」根據上面這項統計數字看來，足見新竹所有試辦免試升學學校的學生，參加測驗的平均成績，便沒有一個學校有一門主科是及格的。

我們學校的情形也大體一樣，學生程度好的固然也有，但壞的實在太多，甚至於有跡近白痴的學生在內，一年級有一個姓李的學生，便是這樣。據說當他去年在這裏某所國民學校畢業時，學校老師便勸這位學生的家長，不要送到初中讀書；但父母總是愛兒女的，認爲既然是免試升學，爲甚麼要放棄這個讓自己的孩子多受點教育的機會，於是他也在免試之下，進入了我們的學校，結果弄到全校老師對他哭笑不得。可怕的是，成績較這位姓李的學生還差的，也並不太少。一般程度的低落，確實已超出了想像。現在，不妨進一步列擧四十六學年度第一學期的各項測驗成績爲例。先就全校一年級歷次主科的平均分數來說：第一次臨時測驗，國文平均爲六二・六分，英文平均爲六八・七分，數學平均爲六四・一分。第二次臨時測驗，國文平均爲七三分，英文平均爲四二・四分，數學平均爲四二・一分。期終測驗，國文平均爲七七・四分，英文平均爲五四・八分，數學平均爲五六・四分。次就全校二年級歷次主科的平均分數來說：第一次臨時測驗，國文平均爲六七・九分，理化平均爲五二・五分，英文平均爲四九・九分，數學是包括代數和幾何，代數平均分只有九・八分，幾何平均分也只有三二分，在全部應試人數二三三人之中，代數在〇分到五分的，便佔有一三二人之多，共計在五〇分以下者有二一三人之多，幾何在五五分以下者，也有一八八人。第二次臨時測驗，國文平均爲六六分，理化平均爲五四・八分，英文平均爲四一・四分，數學如仍將代數幾何分別言之，代數平均只有二三・五分，幾何平均也只有三四分，在全部應試的二三三人之中，代數在五五分以下者，有一九八人之多，幾何在五五分以下者，也有一八八人之多。期終測驗，由於老師們盡量放寬命題評分的結果，成績似略有進步，國文平均爲七〇・二分，理化平均爲五七分，英文平均爲五四・八分，數學整個平均也只有四六・六分。以上這項統計告訴我們，在各項主科之中，除國文以外，幾乎很難有平均及格的。

根據以上所列擧的事例，既然證明免試升學存在着這麼多的問題，又何怪乎試辦免試升學的結果，離開理想還有十萬八千里呢！現在，新竹地區各試辦免試升學的學校，無論是學校當局、學校教員、學生家長、以及學生本身，已共同面臨着一個最嚴重的問題，那就是畢業後的出路問題。照道理說，普通初中並非職業學校，原該以升學爲主要出路；但由於目前高中還沒有辦理免試升學，以現在平均成績來看，要想考取理想的高中，固然絕少可能，就是想考取不入流的高中，也沒有足夠的把握。據說上學期終考試時，教育部派來視察的督學，便已對學校主管面授機宜，表示對將來打算升學的特別加强，而對於不打算升學的則不妨放寬，另加一點甚麼職業訓練。假使事實果眞如此去辦，那還成甚麼教育？最近，教育部已知道將面臨重大考驗，據四十七年一月十四日「聯合報」載：「在計劃中將實施職業訓練，使不能繼續升學的初中畢業生可以就業謀生。」這種措施，其眞正的目的，恐只是企圖掩飾試辦免試升學學生的升學率而已！在大專畢業生就業困難的此時此地，一個普通初中學生，即使兼受了良好的職業訓練，也未必便眞能就業；何況現有的功課，已經接受不了，又那裏還有餘暇另接受一種專門的職業訓練？

不過，以上所說，還只是免試升學的一部份問題，沒有說到的，當然還多的是。然僅就以上所說觀之，便可想見試辦免試升學的實情爲如何了！

教育部部長張其昀先生堅持試辦免試升學的原意，我們都不願懷疑，但可惜太忽視了現實環境和情形。假使不能從充實教育經費，尤其是充實國民教育，首先使得二部制以至四部制的情形澈底消滅，則辦理免試升學，根本是捨本逐末的做法。我們必須承認一項事實，就是國民學校的惡性補習，主要是由於國民教育的內容太不充實，尤其是連國民學校的教室荒都沒有能解決。現在，事實極其明顯，假使連校舍問題和學生程度問題都不能加以適當的解決，則試辦免試升學的結果，便將隨時間愈久，而愈來愈糟，愈來愈不堪想像。

做老師的，總是把希望寄托在學生身上，希望其都能靑出於藍。現在，我們這些免試升學學校的教員，眼見學生們的平均程度，竟如此令人失望，怎不感到無限的痛苦！假使張部長處在我們的地位，恐也不能無動於衷吧！

但是，這裏有一點要特別提出來說明的，就是我們所看到的這些程度使人失望以至痛苦的學生，並非全是些不可雕的朽木，相反的，絕對的大多數却如同現在臺灣最好的初中學生一樣，只要我們循由一種正常的教育途徑去加以適當教育，都是些可教之人和可造之材。現在，多半由於教育措施的失當，而使他們無辜的承擔了惡劣的後果！白白的被當做「試驗品」而犧牲了！

好在新竹縣原是「試辦」性質，現經兩年試辦的結果，既然全不如張部長當初所希望的，且已經利未見而弊先至，當然絕不能再推廣到其他各縣市，以「試辦」之名而行「普遍實施」之實。我之所以不致貿然贊同張部長的這一項「劃時代」的「創擧」，而說了這許多老實話，唯一的目的，就是希望張部長能面對現實，快決定從四十七學年度起停止試辦，並把現有因試辦免試升學而受累的所有學校，切切實實的加以整頓改進。等到國民教育已辦理得相當理想，以及政府的財力已經相當的充實，再行依法妥擬方案試辦免試升學初中，也不太遲。假使僅僅爲了追求一種虛無縹緲的理想，甚至於僅僅爲了維護張部長個人的體面，而不肯停止試辦，甚至還要擴大辦理；則我作爲一個教育工作者，尤其作爲中華民國的一份子，對於這種足以貽害國家教育前途的措施，不得不向張部長提出嚴重的抗議。

四七年四月十日夜於新竹關西。

真正民主的議會

李宗澤編譯

法國人說：“J'écris à mon député.”。英國人說：“I shall write my M.P.”。美國人說：“My congressman will hear about this.”。不論其所操者爲何種語言，凡屬民主國家都有一種强烈的傳統，卽人民可以個人名義向本選擧區的代表提出訴願。這些訴願，有時可能是爲了公益，有時可能是爲了私利。但不論其屬於那一種性質，民主國家總是由人民所統治的。

在美國，有話要說的公民，不但可以在國都和國會議員接觸，而且可以在家裏和他們的代表接觸。在每一個州裏，州議會按時開會，提出有關校舍修建、公路改良、和其他數以百計的地方性議案，先交各種委員會去審查，然後進行辯論，最後投票予以表決。投票的結果，隨時公佈於掛在牆壁上的紀錄板上。在這些過程中，議員們都能普遍地獲得很多選民的有價值的協助。

這些民主事實，可由一位著名的法籍記者，亨利·卡第爾·布烈遜 (Henri Cartier-Bresson) 氏的一篇報導加以證明。亨利氏是美國生活雜誌社派到在中西部平原上的尼布拉斯加州 (Nebraska)，觀察該州議會的實際活動情形的。

以下是亨利氏的報導：

尼布拉斯加州議會有一種特殊的活力。因爲該州的公民均能認識，州議會所通過的法案與自己有直接的利益關係，而加以非常的注意。該州議會只有一院——這是美國所僅有的。每兩年開會一次，每次會期爲六個月。當會議期間，首府林肯城便在一片歡樂之中，這是國都華盛頓難得有的現象。由各地來的選民們，可以走進在林肯城裏有十四層高的州議會議事廳，聽取議員們的辯論。如果他們對某一議案有什麼意見或主張，可以盡量發表，不受禁止。

現在是尼州議會的第六十八屆會期。所有五百九十八件議案中，很多是屬於範圍狹隘的。例如其中有一議案是要求允許公民在酒店裏喝他們的啤酒時，可以站起來。雖然如此，但在選民們的衆目睽睽之下，議員們也處理了更爲迫切的問題。其中有一關於綜合銷貨及所得稅議案，會使該州議會分裂爲二。

雖然大多數州議會的議員是兩個大黨(民主黨和共和黨)所提出的候選人中選出來的，但尼布拉斯加州議會的議員却是基於無黨無派的原則選出來的。雖然有時候選人有派系之分，但政黨從無指揮或從事競選運動，更無政黨提名之事。雖然無黨無派的選擧可使投票有自由獨立的意志，但却發生了其他的問題。由於缺乏政黨的約束，有時會使選擧延宕甚至混亂；就是一個州長，拿出民主黨或共和黨黨員的名義出來競選，也因得不到組織的協助而發生困難。

在林肯城的六個月期間，議員們都有極繁重的工作。他們每天早晨都要開祈禱會，因爲他們都是教會的職員或教友。祈禱通常以當日要辯論的議案內容爲題材。祈禱會後，便進行辯論並處理議案訴訟事宜。大多數議員都至少兼有兩個以上的委員會的委員，每星期要花四個下午聽取報告和參加行政會議。一個議員要想偷一日之閑，必須獲得同事們的同意才行。因爲議員們做這些工作後，每年可得八百七十二元零九分的報酬，且可免去其他費用。議員的職業成份，有一小部份是退休的各業人士，但大部份是各種職業界人士。他們在會期以外的時間，甚至在會期中的每週週末休會時間，都得做活，以維生計。

美國公民，除必須繳納聯邦所得稅外，每州得就本州的需要，有權另行課稅。各州最普遍的籌欵方法有三種：一是財產稅，一是所得稅，一是零售稅。美國只有三個州，既無銷貨稅又無所得稅。尼布拉斯加州就是其中之一。爲了改善州立大學和增設學校起見，尼州刻正設法增加收入；目前大部份靠財產稅來維持。

在本屆會期中，由本州西部有勢力的農業地區來的議員，領導爭取第一百三十四號議案之通過。該議案係要求征收百分之二的銷貨稅，和百分之八的所得稅。那些認爲自己所負擔的財產稅不公平的農民們和牧人們，都支持本議案。而那些認爲這議案如果通過，將增加其納稅負擔的城市商人，則反對這議案。經過二天的激烈辯論之後，這議案終於被否決了。本議案辯論中間，曾一度中止辯論，讓議員們可以參加唯一女性議員的兒子的週歲生日慶祝會，以緩和議會裏的緊張空氣。

美國國會和各州議會，都有一種叫做議案遊說者的人 (Lobbyist)。他們是由一些公民或工商團體所僱用的臨時代表。因爲這些公民或工商團體想利用他們來使某一議案通過或否決。這些所謂議案遊說者，在州的首府比在國都華盛頓更爲吃香。在地方性的問題上，他們能够發揮更大的力量。在林肯城來講，議案遊說者有一百二十七個之多，約爲州議會議員的三倍。任何議案，倘若違反了任一議案遊說者的利益時，很少能够獲得通過。但議案遊說者很少使用直接方式加壓力於議員身上。他們通常只是提供有利的資料，以支持自己的意見或主張，並說服議員們；或則請那些待遇較低的議員們吃吃飯；或則請議員們到夜總會去玩玩；或則送運動會的或電影或戲劇的門票給議員們。議事廳的最後三排座位，是專供這些議案遊說者使用的。他們儼然是非正式的議員。

每當辯論進行之時，場外的活動更形活躍。選民們常常召開緊急會議，研究對策，期能使議案通過或否決。(此項緊急會議，通常是在「玉蜀黍」旅舍的餐廳裏擧行，因大多數議員是在該旅舍寄宿。)或則逕入會場，或到會場後臺，和本選擧區的議員們談論，表達自己的意見或主張。而議案遊說者和議員們，也來到會場後臺活動。形形色色，不一而足。選民們也常有不客氣的公開譴責議員們，縱使一件無關重要的法案。

土耳其的今昔

龍平甫

一 歷史一瞥

土耳其卽是我國歷史上的突厥。根據中國歷史的紀載，突厥民族本是居住在平涼(甘肅)的匈奴民族的支派，姓阿史那，後魏太武帝滅北涼，阿史那族以五家百奔蠕蠕，世居金山(卽新疆北部阿爾泰山)，以山的形狀而稱突厥。這段關於突厥民族的淵源的紀載，其可信程度如何是難以確定的。但是匈奴人、突厥人、回紇人(卽畏吾兒人)、都蘭人 (Touranien) 彼此間有密切的關係，他們都是在蒙古新疆及中亞細亞的遊牧民族。因此我們認爲突厥民族很可能淵源於以阿爾泰山爲中心的地區。無論如何，我們難以接受一九二九年起土耳其官方修改歷史後對土耳其民族來源所持的論調。根據這種論調，在西亞發揮燦爛文化的蘇美爾 (Sumerian) 與喜泰 (Hittite) 兩民族，都被包括在土耳其民族的祖先之列。

突厥在隋朝時代已在中國西北建立一個廣大的帝國，不但與中華帝國分庭抗禮，並且一度左右中國政局。唐高祖起兵反抗隋煬帝時曾向突厥借兵。及至唐朝統一中國方用外交及武力對付强鄰。突厥帝國分爲東西兩部，後來爲回紇所滅。餘衆向西亞移殖。爲大食帝國(卽阿拉伯帝國)的哈里發(回敎敎宗)服務。因而由佛敎改信回敎。不久塞爾柱 (Seldjoukides) 突厥人突漸得勢，更向西發展。於一〇七一年佔領小亞細亞半島的阿那托利亞 (Anatolia) 高原。後來滅羅姆 (Roum) 國，以柯尼亞 (Konya) 爲首都建立王國。不久內部分裂，勢力衰微。十三世紀末期奧托曼 (Osmalis 或 Ottomans，係 Osman 的後裔) 土耳其人繼之興起。一四〇二年元裔鐵木耳 (Tamerlan) 西征，在今日安哥拉 (Angora 或 Ankara) 古城之下大敗奧托曼土耳其人，並俘虜 Bayazid 一世。土耳其國似告滅亡。但是鐵木耳勝後揚長而去，土耳其人自廢墟中再建國家，並且繼續向西發展。一四五三年 Mehmed 攻下君士坦丁堡，滅亡東羅馬帝國，並以該城(後易名伊斯坦堡 Istanbul)爲土耳其帝國的首都，十六世紀蘇里曼 (Soliman) 大帝時代，土耳其帝國的勢力發展到最高峯，當時土耳其帝國的版圖包括阿拉伯半島、埃及、北非(一直至突尼西亞)、俄國南部、巴爾幹半島，一五二九年蘇里曼大帝進攻奧地利首都維也納，未能攻下。此後土奧兩帝國爲爭奪中歐兩地帶而作戰多年，這時期的土耳其帝國是歐洲的最大威脅。

自十八世紀中期起，土耳其帝國逐漸衰微而成爲「病夫」，俄國蠶食北部疆土，巴爾幹半島各民族紛紛獨立，法英意等國分別佔領北非各地，並迫使土耳其接受領事裁判權，各債權國共管土國財政。第一次世界大戰土耳其參加德奧陣營，大戰失敗，於一九二〇年在巴黎附近簽訂塞無爾 (Sèvres) 條約，協約國祇給土耳其留下黑海沿岸十二萬方公里的土地，首都國際化，英人佔領摩蘇爾 (Mossoul)，法人佔領西里西 (Cilicie)，希臘人佔領南部士美那 (Smyrne)，意大利人企圖佔領阿那托利亞及柯尼亞。領事裁判權不但維持而且予以加强。土國且須負擔盟國軍隊的佔領費用，並得由協約國直接管理其財政。

塞無爾條約給土耳其人以空前的刺激，全國軍民在民族英雄凱末耳 (Mustapha Kemal) 將軍號召下羣起反抗。一九二二年凱木耳下令對希臘軍實行總攻擊，九月九日希軍戰敗，土軍進入士美那。一九二三年洛桑 (Lausanne) 條約使土耳其獲得今日的領土範圍。塞無爾條約所規定的苛刻待遇一律廢除，而成爲眞正的獨立國。

凱末耳執政後廢除穆罕默德六世 (Mohamet VI)，並於一九二三年十月二十九日宣佈共和。旋廢除哈里發制度，使政敎分離。凱木耳對土耳其的制度予以澈底的改革：實行西化，採用西曆及拉丁字母，改易服裝，不許男子帶回敎帽，不許婦女遮面，極力普及敎育，掃除文盲，取消回敎法典，採用瑞士民法及意大利刑法。凱木耳並將首都移至內陸中心安哥拉。在一個荒蕪的城市上建立一個現代化的首都。安哥拉的歷史與命運亦可謂土耳其民族的歷史與命運，雖歷經浩刼，終能在廢墟中復興。

一九三八年十一月十日凱木耳逝世，全國國民同聲哀悼。雖然他在世時不免獨裁專斷，使許多人對他不滿意，但是他的死耗傳出無不對他頌揚追念，他已被人稱爲 Ghazi (勝利者)，死後由土耳其國會尊之爲 Atatürk (土耳其人之父)。

二 經濟現狀

今日土耳其面積共七十六萬七千方公里，一九五五年全國人口二千四百萬人，農民佔四分之三。近年以來耕地面積逐漸增加。耕地、休耕地及菓園面積有如後表(單位——英畝)。

年度	耕種地	休耕地	菓園葡萄園橄欖園菜園
一九四六	二三,五〇〇,〇〇〇	一二,三三五,〇〇〇	一,四九五,〇〇〇
一九五三	三二,五〇〇,〇〇〇	一五,八七五,〇〇〇	一,七〇七,〇〇〇
一九五六	三六,五〇〇,〇〇〇	一七,八〇〇,〇〇〇	一,八五八,〇〇〇

土耳其的農產品以小麥、大麥、玉米、棉花、菸草爲主。其中小麥的栽培面積由一九三四年至一九三八年的平均面積三四、五〇〇・〇〇公頃增至一九五四年的六四、〇五〇・〇〇公頃，產量由一九三四年至一九三八年的平均產量三四、一二〇・〇〇公噸增至一九五四年的四九、〇〇〇・〇〇公噸（一九五三年產量爲八一、三四〇・〇〇公噸，達最高紀

錄），礦產以煤、鐵、鈷、鎂、銅爲主。

土耳其的經濟仍是農業經濟，故出口貿易以農產品爲主。同時因當局積極從事工業建設，故進口以機械等工業生產品爲主。近年來土耳其主要輸出品如後表統計。

類別＼輸出＼年度	一九五三年		一九五四年		一九五五年	
	量（千噸）	值（百萬土鎊）	量（千噸）	值（百萬土鎊）	量（千噸）	值（百萬土鎊）
穀物	九五四·九	二四八·七	一,〇八四·〇	二一五·八	三一八·八	六六·七
煙草	七一·七	二三八·八	六四·四	二四〇·五	六〇·〇	二四九·二
棉花	一〇〇·八	二二〇·三	六〇·六	一四六·八	五三·七	一三八·一
菓品	一〇〇·六	一〇四·四	一三九·三	一三三·八	一一八·二	一七七·二
油籽	八一·四	二六·三	一〇八·一	二五·四	一〇四·五	三〇·二
礦品	九〇五·〇	一三五·九	九〇八·〇	八三·七	一,〇〇六·三	一〇八·九
其他	二四一·八	一三四·六	—	九一·八	—	一一七·〇
合計	—	一,一〇九·〇	—	九三七·八	—	八七七·三

土耳其進口物資幾全是工業生產品，以機械、鋼鐵、石油、車輛、布匹、木材及其製造品，羊毛及毛線，以及各種化學工業品爲主，其中最重要的是機器、鋼鐵、石油。其近年輸入統計如後（單位——百萬土鎊）。

類別	一九五三年	一九五四年	一九五五年
機器	三四五·六	三四三·五	三四九·六
鋼鐵	二〇七·二	一四五·五	一九一·九
石油	一三四·六	一一五·二	一一八·一
小計	六七七·四	六〇四·二	六五九·六
其他	八七七·四	七三五·二	七三三·七
合計	一,四九一·二	一,三三九·四	一,三九三·三

第二次世界大戰以來土耳其的對外貿易一直是入超，而且自一九五一年起入超數字增加甚鉅，其入超數字可由後表見之（單位——百萬土鎊）。

年度	出口	進口	入超
一九四七	六二五·二	六八五·〇	五九·八
一九四八	五五一·〇	七七〇·一	二一九·一
一九四九	六九三·九	八一二·六	一一八·七
一九五〇	七三七·五	七九九·八	六二·三
一九五一	八七九·四	一,一二五·八	二四六·四
一九五二	一,〇一六·二	一,五五六·六	五四〇·四
一九五三	一,一〇九·〇	一,四九一·二	三八二·二
一九五四	九三七·八	一,三三九·四	四〇一·六
一九五五	八七七·四	一,三九三·四	五一六·〇

土耳其政府因蘇俄的威脅不得不維持大量軍隊（常備軍五十萬人），同時從事大規模經濟建設，支出龐大，雖有美援仍無法平衡，於是發生通貨膨脹現象。在前幾年，農民對於輕微的通貨膨脹並無怨言，因爲他們感覺農產品售價提高，收入增加。但近來農民已開始發生反感，去年大選結果，反對黨勢力增加便是一證明。

三　政黨生活

凱木耳最初領導土耳其復興運動時組織阿那托利亞與魯美利亞權利保障協會（Association for the defence of the rights of Anatolia and Rumelia），以之爲決策與行政機構。他於一九二三年九月十一日將這個組織改組爲土耳其國民黨（People's party），以執行下述任務：㈠推行一切改革，訓練政治幹部，㈡向民衆灌輸改革思想，㈢監督行政機構俾使其實現改革。由一九二三年至一九四六年土耳其國民黨一專黨政二十三年。中間凱末耳曾容許反對黨出現，但是他的性格難容忍反對黨的存在。因此一九二四年成立的進步黨及一九三六年出現的自由黨均生命甚短，幾個月後即被解散。

一九四六年巴雅爾（Jelal Bayar，現爲土耳其共和國總統），科拉爾坦（Refik Koraltan，現爲土耳其國民大會議長），孟德勒士（Adnan Menderes）（現任土耳其政府總理），科普魯呂（Fuat Korprülü，後來任數年的土耳其外交部長）成立民主黨（Democratic party），他們本是國民黨的黨員，因不滿意該黨而退出另組新黨，並以孟德勒士爲黨魁。

一九五〇年土耳其舉行第一次由反對黨參加的自由普選。事前國民黨信心很高（有人甚至聲稱國民黨可以維持三千年的政權），在大選前夕沒有任何觀察家可以預料民主黨的勝利。選舉結果，民主黨獲選票四百萬張，國民黨三百二十五萬張，選舉法本是國民黨制定的，任何選舉區的候選人如獲簡單多數即可獲選，例如伊士坦堡選區共可產生議員三十九名，如任何一黨獲一票的多數即有佔有三十九席。因此一九五〇年選舉結果，國民黨僅獲六十九席，民主黨獲四百零七席，（議會全部議席爲四百八十七席）。土耳其總統伊努魯（Inonü）在競選中敗北。但是他作風磊落大度，雖然兵權在握，却未策動政變，很公平的讓出政權，退居在野黨。而民主黨執政後也按期舉行普選，訴諸民意，這種民主作風，實爲土耳其的憲政樹立良好的楷模。

民主黨執政後由巴雅爾任總統，孟德勒士任內閣總理，以迄今日，八年間曾舉行普選兩次。一九五四年五月二日的普選，民主黨獲五百萬張選票，國民黨獲三百五十萬張選票，在全部五百四十一議席中民主黨獲四百九十席，國民黨的議席減至三十二席。民主黨之所以勝利並且加强其議會地位是由於它能推行大膽的農業政策，對農民儘可能優待，不徵收農產品直接稅，政府和農民銀行協助農民組織合作社，以購買農業機械，實行低利貸款，農產品局（Toprak Ofis）以很公道的價格收購農產品，同時政府以公產分給無土地的農民。自一九五〇年以來政府分發的公地已達五十萬英畝。在建設方面政府更改良港口設備（如 Trebizond, Samsun, Zonguldak, Istanbul, Izmir, Mersine, Iskenderun）

建設水閘(如 Sariyer, Seyhan, Irfanli, Gediz 及 Menderes 等，成績頗爲可觀。

民主黨雖因反對國民黨而勝利，但該黨的作風仍免不了國家多年的傳統習氣。政策往往由民主黨創立人制定，國民大會照例通過。民主黨執政後對國民黨並不甚客氣。國民黨專政多年，在國內各處以特殊地位獲得鉅額動產與不動產，民主黨認爲這些資產是國民黨以政治力量獲致，因此於一九五三年十二月十四日由國民大會通過議案，將當時爲止的國民黨動產與不動產全部充公。國民黨黨魁伊努魯於法律通過後宣稱該法律違憲，和其他國民黨議員離席，但是國民黨中央委員會仍訓令各地支部將被沒收的資產限期內移交政府。移交的資產內有 Ulus (國民黨黨報，曾經一度是凱末耳的私人資產)，此事引起國民黨的最大指責，說民主黨的領袖本是國民黨黨員，應對國民黨的過去行動負責。

民主黨內部分中間偏左派、極右派、及投機派 (Backchich)，後者利用通貨膨脹，囤積物資，進行投機。民主黨政府的建設成績固然可觀，但一些建設工程是在選擧前着手，大選一過便無人過問，或將其變爲軍事地帶，一九四七年動工的歌劇院，至一九五三年仍未完成，索性將它停工。一九五五年發生貪污案，一度成爲軒然大波。

民主黨領袖於第二次大選勝利之後，擬定一些法律，設法由國民大會通過。其中最重要的爲：㈠加重違犯新聞法規的處分，㈡修改選擧法，使反對黨不能成立聯合陣線，或提出超黨派的競選人，㈢降低法官及大學教授的退休年齡（藉以爲控制或對付他們的手段），㈣其他使批評者沈默的法令。其中加強違犯新聞法規的處分使許多民主黨議員頗爲不滿，他們尤其反對一九四九年最高法院的判例，根據這個判例，新聞記者指責閣員或公務員所提出的證據應向最高法院或國家會議 (Council of State 即行政法院) 提出，一些新聞記者因發表新聞指責部長或公務員的不法行爲，往往因不能在普通法院提出證據而被判罪，因此民主黨議員十二名提出法律草案要求修正上述判例。一九五五年十月民主黨在首都開年會時簽署此提案的共十九人，但是黨中央反對，它利用壓力或開除黨籍辦法對付。於是十九名議員另行組織自由黨，後來自由黨議員增加到三十餘人。民主黨年會並通過議案規定任何民主黨議員如被開除黨籍或退出該黨，即同時放棄國會中的議席。此議案引起黨內重大反感，因此在下次國民大會開會時許多民主黨議員在經濟問題方面找發洩，猛烈地抨擊政府的經濟政策，遂引起若干部長辭職，政府重新改組。

至一九五七年第三次大選前夕土耳其國民大會各黨所佔議席如後：

民主黨	四四三席
國民黨	三一席
自由黨	三四席
國家黨	四席
無黨派	八席
未經補充的議席	二一席

一九五七年十月二十七日的大選實際是提前八個月擧行，是年九月間國民黨、自由黨及國家黨 (National party) 成立聯合陣線，擬定共同綱領，主張：㈠成立兩院制，㈡根據所獲選票比例分配議席制，㈢新聞記者因刊載新聞而被控訴時，得有權提出證據爲自己辯護，㈣成立憲法法院，㈤罷工權，㈥言論集會自由，㈦保障司法。

在野黨聯合競選自然爲在朝黨所懼，因此民主黨設法在議會通過法律，使聯合競選不能實現。結果反對黨不能不各自爲戰，於是國民黨成爲主要的反對黨，以「物資缺乏，通貨膨脹」攻擊民主黨，提出這樣的競選公式：缺乏十排隊＝民主黨，國民黨並提出一套完整的政綱：㈠國民黨執政後六個月再行普選；㈡現行國民大會改爲制憲會議；㈢取消一切反民主的立法（包括獨裁式的新聞法及限制個人行動的法律）；㈣成立兩院制；㈤採用比例選擧辦法，㈥制止通貨膨脹。實際上朝野兩黨在競選中以㈠經濟政策，及㈡個人自由與新聞自由爲主要辯題。

一九五七年十月二十七日大選，登記選民共一千二百萬人，實際參加投票的共九百二十萬人，選擧結果各黨在國民大會所獲議席如後：

民主黨	四二四席
國民黨	一七八席
國家黨	四席
自由黨	四席

民主黨在四十六個選區獲勝，國民黨在十九個選區獲勝，其他兩黨各得一選區的議席。最大的選區如 Istanbul, Smyrne, Bursa 爲民主黨所擁有，而 Ankara 及 Adana 則歸於國民黨。民主黨的主要支持者爲農民，這次選擧結果表示農民一部分因通貨膨脹的繼續而不滿意民主黨，民主黨雖稱這次選擧爲第三次大勝，但是國民黨人士在私人談話中甚爲樂觀，認爲在三四年後可以再度執政。

第三次大選後的孟德勒士改組內閣，但改組後的內閣和前幾次的內閣相似，並沒有重大的變化，其中最重要的部長如下：㈠國防部長 Shemi ERGIN，㈡內政部長 Namik Gedik，㈢財政部長 Hanan Polatkan，㈣外交部長 Fain Zorlu，㈤農業部長 Nedim Okmen。

四　對外關係

一國的外交決定於地理的位置和歷史的因素，土耳其的外交尤其是一個最明顯的例子。茲將土耳其的對外關係與外交政策分析於後：

(A)對俄關係——幾百年來土耳其人和俄國人一直是對立的。一九二〇年後凱末耳和蘇俄的合作僅是一時利害關係的偶合。由莫斯科大公征服喀山 (Kazan) 汗國起四百年來，俄土兩國進行十四次大戰，我們可以說，每一個土耳其家庭都有一二親戚死在俄土戰爭，因此土耳其人對俄國人 (Moskof) 一直持反感。土耳其人可以告訴你說，俄國南部大片土地本是土耳其的領土，蘇俄境內尚有三千萬未解放的突厥人。但是這些問題與韃靼尼爾海峽問題相較，遠不如後者的迫切與重要。俄國人由喀德琳女皇二世(Catherme II)「海峽是我家的門戶」，杜斯妥也夫斯基 (Dostoiewsky 小說家)、以至史大林、莫洛托夫，沒有不念念不忘這個海峽而要設法佔領的。一九四五年蘇俄乘戰勝餘威向土政府要求在海峽一帶建立軍事基地，於是雙方進行冷戰，土國不得不放棄二次大戰中所採取的中立立場，與美英接近，於是杜魯門於一九四七年發表其援助希臘土耳其的政策。一九五〇年北韓侵略南韓，土耳其派兵援助南韓，一旅土軍表現卓著戰功(韓戰中麥克阿瑟軍隊全面撤退之際，土耳其軍隊白刃血戰，獨撐危局，一日之內損失兵員三分之一)。總之，土耳其不但反共，同時反俄，凡是反共抗俄的都是土耳其的友人，如果將來俄國共產政權垮台，繼起的政權不改變俄國的傳統政策，土耳其仍將是反俄的。

(B)對希關係——自洛桑條約簽訂後，土耳其和希臘的關係日趨改善，第二次大戰以後因站在同一反共陣營並同時加入北大西洋公約組織，土希的關係可謂達到空前友好階段。但是好景不常，近年來塞埔露斯島希臘人的歸宗運動(E. O. K. A.)不但使英希關係惡劣，並且使土希關係緊張以至演至今日將趨於決裂的局面。在希臘各處可以看到「塞浦露斯島永遠是希臘的」(Cyprus is always Greek)的標語，在土耳其則有相反的口號：Kybris Türk(塞浦露斯是土耳其的)。塞島問題就事實與法律言是一個相當複雜的問題。就事實言，該島居民百分之八十是希臘人，其餘是土耳其人，根據民族自決原則，該島應歸屬希臘，並予少數民族以應有的保障，或者為避免不斷地發生摩擦，雙方按人口分佈及比例實行土地分割，一勞永逸。就法律言，土耳其其人是振振有詞的，因為該島從來未曾在希臘統屬下，土耳其蘇爾丹治理塞島三百年，一八七八年六月四日英國與土耳其訂立防俄聯盟，由蘇爾丹允許英當局統治塞浦露斯島以使英國易於執行其條約義務，同年七月一日英土簽訂關於英國「佔領管理」塞浦露斯島的附件，規定「俄國如退出其所佔領的亞美尼亞的土耳其土地 (Kars 等地區)，則英國應撤出塞島，一八七八年六月四日卽告失效」。由此言之，英國佔領塞島僅是軍事同盟下的軍事租借。何況，土耳其蘇爾丹在簽約時更註明：「朕准予簽訂此約，但在任何情形下此約不能防害吾國對塞島之主權」。英國在條約換文時更正式接受此項保留。由事實與法律的分析，我們很可以了解土耳其對塞島問題的關心。三年前，土耳其人因塞島問題將許多在伊斯坦堡開設的希臘人商店搗毁，近來土耳其當局很怕英國將塞島交與希臘，本年五月下旬土耳其外交部長 Zorlu 宣稱「塞島問題不應當作英國殖民地問題予以解決，而應以國際問題處理之，祇有在此情形下方能維持英土友誼」。接着許多土耳其報紙發表若干關於塞島問題的論文，塞島土耳其人領袖 Fazil Kutchuk 堅持分割塞島，他說：「這是土耳其所能接受的唯一條件」。六月七日夜間，塞島希臘人與土耳其人在尼可西亞 (Nicosia) 城因土耳其新聞處被炸事件大起衝突，死希臘人二名，受傷甚多。十一日晨塞島利馬索爾 (Limassol) 及勒夫喀(Lefka) 城希臘人與土耳其人又起衝突。塞島土耳其人堅持分割，他們的口號是：「不分割毋寧死」，近來伊斯坦堡人舉行同情示威予以援助，土耳其外長因塞島土希人衝突發生，遂邀晤英大使促請英政府注意「塞島的嚴重局勢」，而希臘首相喀拉曼里士 (Caramanlis) 則聲明希臘政府全力支持塞島居民，同時要求人民鎮靜忍耐。塞島希臘人歸宗運動領導者則指責這次衝突是英國人在幕後作祟促成。英國是否有意促成土希不協，藉以保持它在塞島的地位？是在目前難以證明的。不過英國當局在其他地區的作風，不能不使人懷疑它在塞島也採取離間的策略。在今日的情形下，盟友自相衝突，將使蘇俄獨佔便宜。最聰明的辦法是英希土三國開誠布公，從事談判，以求得一解決辦法。

(C)對回教國家的關係——在奧托曼帝國時代土耳其蘇爾丹是回教世界的教宗，自土耳其改建共和，廢除哈里發以後，回教世界不再有統一的精神領袖，土耳其的西化，使之成為歐洲國家(至少是半歐半亞的國家)，因而與其他中東國家不免有相當距離。土耳其雖想組織中東回教國家共同對付蘇俄的威脅，但是新興的阿拉伯民族主義却採取所謂中立立場。結果土耳其僅能和巴基斯坦伊拉克訂立巴格達公約。在今日危險動盪的中東，土耳其是唯一安定的回教國家，而且是最不易受蘇俄引誘的回教國家。

(D)對中華民國的關係——土耳其是目前自由中國少數可靠盟友之一。孟德勒士不久以前訪臺之行，更加強中土友誼，土耳其對新疆回族同胞素來同情。今日土耳其境內有許多中國僑民，他們大多數是新疆回族，於抵抗中共失敗後歷盡千辛萬苦九死一生逃出匪區，經由印度而至土耳其。其中有些人士和在臺灣的某些新疆回族人士並不諧合。他們在自治問題方面持不同的看法。無論如何，當局應設法羅致，獲取合作，以增加反共陣營的力量。

四七、六、十二。

墨西哥最近的政治發展

淦克超

一　墨西哥革命後之局勢

本年五月十日美京合衆社電，美國參議院國內安全小組今天說，該會調查結果，墨西哥是蘇俄間諜活動的一個中心。所以墨西哥的政治發展情形如何，很值得我們作簡要的分析。

墨西哥革命起于一九一零年之推翻狄亞士總統之專政。所經歷的十年期間雖曾使用過各式的暴力，但等到俄國共產黨的革命似乎有希望時，墨國的革命家似乎已經並駕齊驅，甚至還要幹得更好些。墨國的農業改革、工業國有和社會安全，都是墨國人以自己的力量實施的，並未嘗借助共產黨。至於勞工理論方面，墨西哥革命所根據的是無政府工團主義，而不是馬克斯主義。在二十世紀的最初十年內，馬剛兄弟(Flores Magon)曾是該國革命的先覺，他們雖尊重馬克斯，其所接受的主要影響却不是馬克斯，而是第二國際。

墨西哥的革命理想包含在一九一七年的憲法中，經過了四十年，憲政已使墨西哥的實際接近理想了。這些理想亦籠罩着軍隊。除早期有一兩位將軍不滿政府者外，共產黨迄未能成功的滲透入墨國軍隊。這一點是很重要的，因爲共產黨在任何國家所獲的勝利，未有不先贏得軍隊的信心，然後使用軍事力量的。

墨國的共產黨亦缺乏領導人才。墨西哥的革命首領沒有一個是打着共產旗幟的。最接近共產黨的要角倫巴度(Vincent Lombardo Toledano)是知識階級出身的，而非軍人或工人出身的。他生活濶綽，從不敢與政府破裂。其結果，則工人們把他看做另一政客和投機份子。

墨國共產黨的規模甚小，而且愈來愈小了。該黨及其所支持的POCM黨，上次都未獲得適當的支持，以登記競選。人民黨係由倫巴度領導，較為活動，但倫氏亦感難以控制。上次選擧中，該黨得票僅爲七萬五千票。實際上墨國政權全在政府黨——革命制度黨(PRI)——掌握中。又墨國主要的工會組織——尤以墨西哥全國工聯會和礦工聯合會——均在反共者之手。

二　墨西哥之防共

共產黨在墨西哥之所以無進展，而反形萎縮，並不是因爲他們沒有作嘗試性的努力，至少二十年來是如此的。蘇俄或第三國際早在一九一七年就派員到墨西哥了。其中有一位(後來到過中國的)是印度人路易(Manabendra Nath Roy)和從美國軍中脫逃的格爾 (Linn E. Gale)。他們初着手時稍有進展，後竟互相水火，終被墨政府以其干預工會組織而予以驅逐出境了。蘇俄另派的人員尚有日本人片山(後來曾到過中國的)，鮑羅廷，美國人哈伯曼(Roberto Haberman)，俄國女人希支羅娜 (Natasha Hichelowna)，後來還派有拉丁美洲其他人員赴墨。終因他們都起內訌，哈伯曼控制了的一派擧發其他人員爲蘇俄的間諜，結果就被墨國的工會開除了。

一九二四年，墨西哥承認蘇俄，蘇俄使館隨即在墨京設立。該使館後來陸續邀請不少的墨國工農首要訪俄。他們從莫斯科歸來後，就參加「蘇俄之友社」。

共產黨至少在表面文章上組織了一個「拉丁美洲工會聯合會」(Confederation Latino-Americano de Trabajadores)和充爲該會會員的「墨西哥統一工會聯合會」(Confederacion Sindical Unitaria de Mexico)。後來這兩個機構的莫斯科關係暴露了，機構就瓦解了。蘇俄干預墨國的農村改良運動，和共產黨滲透而形成一九二六年的鐵路罷工時，墨政府就採取手段以壓制他們的活動。一九二八年底，鮑特斯任墨國臨時總統期間，俄國人曾獻慇懃，但一年後，奧廸斯任總統，即發動反共運動，並驅逐蘇俄所派的兩員：勃蘭克威和羅柯夫斯基，不久更斷絕邦交，驅逐俄使館全部人員。

一九三六年，卡德那任總統時，俄國人又圖干預墨國政事。卡氏最初予以拒絕。後來卡氏和前任總統柯勒斯發生衝突，國民革命黨(PQNR)竟容許共黨份子加入，而卡氏亦予共產黨以承認。倫巴度既與卡氏携手，就被邀訪俄；當他從莫斯科返國時，曾公然在羣衆中擁抱共黨首領拉波德。在此期間，共產黨曾圖建立人民陣線，並圖說服若干方面，以政權之後臺老板自居。卡德那之左傾及其承認共黨，使許多人亦因之親共，冀圖在政府獲得一官半職。

卡德那的左傾政策，如土地改革及沒收各石油公司的產業，固與共產份子的路線相類，實則源于墨西哥本國。此類政策係根據一九一七年的憲法所包含的原則。卡德那在根本上具有反美的外形，他實亦不過利用共產黨以抵制美國的聲勢。但他並沒有恢復對俄邦交。他之不願全受國際共產主義的牽制，可從其邀請托洛茨基來墨國避難一事見之。當托氏被刺殺後，卡氏即痛詆史達林主義。俄國侵入芬蘭時，卡氏亦力評俄國之不當。他在一九四○年任期完畢前，攻擊共產黨，確使他在墨國的處境頗爲困難，而史達林和希特勒的條約更使情勢混淆。卡德那並非維持其一成不變的左傾政策，可由其遴選繼承人一事見之。伽馬柯之右傾態度是人所共知的，伽氏雖不一定是卡氏實行遴選出來的，卡氏固堅決贊成他哩。

當德國進攻蘇俄時，墨國的情感改變了；珍珠港事變發生後，墨國更承受了美國的壓力，而對俄復交了。蘇俄派駐墨西哥的大使是奧曼斯基，他公然宣稱要在墨西哥以及拉丁美洲各國境內發展共產主義。可是不久奧曼斯基便因飛機失事而死亡，其計畫亦因之無從推進。

三　共產黨何以不能在墨西哥發展

共產黨何以在墨西哥多年來弄巧反拙，蹙蹙靡所騁呢？據論者分析，有下列幾種原因。

第一、墨西哥人的宗教信仰頗深。墨西哥的革命固然有幾分係對教會的權力之革命，固然政府常用政治權力來處置教會，尤其是在柯勒斯總統任內，但墨西哥人民的宗教信仰並不因之而減少。宗教之於墨西哥人係與民族主義相連的，比單純的愛國主義還要深些，亦比任何對革命的忠心還要深些。墨西哥革命固然使教會受犧牲，但那革命仍充滿着基督教似的精神的；其目的在協助被壓迫者。宗教並沒有被摧毀，而因為宗教仍係墨西哥人的寄託。在墨西哥並沒有無神論的空虛現象，以等待共產信仰之來臨。

第二、共產主義之另一障礙為墨西哥人所具有的一種顯著的特性——傲視而不信外來的事物(desconfianza)。這大約是鑒于歷代西班牙人、法國人、英國人、和美國人的統治印第安人，而白人常自命優越，而鄙視有印第安人血液者的結果。在純粹的印第安人中，因為土著的藝術和手工業之漸被承認，這心理已被抵消一部份了。今日佔墨西哥人口百分之五十五並操着政權的是西班牙和印第安的混合種，他們之不信外來事物，更多少具有西班牙祖先的自負心和個人主義的遺傳。這複合的特性可以執拗為代表。這種心理使墨國人以從本國自行發動的革命所獲得的為滿足，而不信外國人所主持的組織或理論。人民黨首領倫巴度即因被認為與蘇俄共產主義關係密切而聲望大減。

第三、美國的影響。美國固然常為墨西哥人批評之對象，但若謂一切墨西哥人都是反美的，却是錯誤。墨國人對美國是既稱讚而又害怕。所稱讚的是美國的民主政治，所害怕的是美國的「帝國主義」。墨國人自以為在種族上不及美國人之優秀，又在經濟發展和政治發展方面落後些，但在文化及精神方面優越些。無論如何，美國文化對于墨西哥影響之大，乃是事實，尤以對于墨國的新興的富裕階級為然。墨國的上中層青年都好模倣美國人的習慣。過去墨國人高興送子弟去法國留學，現在則送往美國留學了。

墨西哥人有許多政治觀念都是來自美國的。學例來說，墨西哥的最初制憲就是以美國憲法為根據的。但美國的主要影響是從經濟方面來的，而最後就影響到政治方面。墨國的大衆可能還沒有感到美國的影響，但因墨國的經濟愈發展，更多的人們就了解：他們在經濟方面至少是間接倚賴美國的，單就美國佔墨國的進出口總值各四分之三而言已可概其餘。近年來墨政府已鼓勵私人企業，而此項大部份的私人企業乃恃美國資本之金融周轉；他們更形成對墨政府的壓力，促使改變其對美政策。

至於墨西哥之和美國壤地相接，美國的實力亦為一重要因素，間接使墨西哥抵抗共產主義，尤其是在一千九百二十幾年中。像其他的人們一樣，墨西哥人是尊重實力的，而美國又甚接近。雖則墨西哥人可以在其國內容許共產主義和共產黨，他們却害怕美國干涉其內政，他們相信美國人不會坐視共產主義在墨國境內得勝的。

第四、墨國中產階級之興起。現時墨國最低層的人民生活，不見得較一九一〇年狄亞士總統時代好些，而且他們的絕對數字還較那時增加了。可是就相對的數字來看，中產階級已經發展得快得多了。墨國的革命制度黨正致力于建立一個混合種的資產階級，來取代過去外國資本家在墨的地位。

因為過去十五年以來，墨西哥一直在經濟進步中，中產階級之興起自係可能的。在二次大戰期間，墨國的原料甚合若干國的迫切需要，而自二次大戰後，墨西哥之欣欣向榮與美國的情形相彷彿。其繁榮之比較情形，可以墨國一九四二年的預算為三億披索，一九五六年的預算增至五十七億披索一事為證。縱計算披索之貶值——由每美元合四點六五披索改為合十二點五披索——仍可算出該預算係由美元六千四百五十萬增至四億五千六百萬。雖則這繁榮不能認為抵禦共產主義之永久因素，但其在戰後若干年間確關重要。(主要資料來源：美國外交季刊四月號 Mexican Resistance to Communism)。

五月廿九日

(上接第15頁)

取信於華僑，難負籌設華僑信託公司之重責」。查華僑信託公司籌備工作之進行，乃根據僑聯第一次代表大會的決議，「交由各地區僑領蔡功南等七十五人組織籌備委員會，依照所定原則籌劃進行。」後即照此一決議辦理，且目前所組織的籌備委員會，亦僅是一個臨時性的推動機構，因為該公司的籌備工作，係分為兩階段進行，第一階段由籌委會徵求發起人及認股，籌委會的組織純屬過渡性質，負責辦理正式籌備以前之籌劃工作，第二階段則俟各地區發起人徵求後，推定人選，組設籌備處，辦理籌備工作。財政部及有關機關擬訂設立原則，是準備工作之一種，僑聯代表大會決議成立的籌備委員會，也是準備工作之一種，都是過渡時期不可少的步驟，華僑信託公司，顧名思義，當然是由華僑自己負責主辦，政府核定該公司設立原則，規定資本額中僑胞之資本，應不少於百分之七十，可為證明。同時被推出的七十五位籌備委員，無一不是各地區僑界的知名人士，對國家向有貢獻，對籌備責任，自可勝任，喬先生的高見，與目前實際進行情形，正相符合。

關於僑生回國升學問題：喬先生最所顧慮的第一為：「政府視回國僑生為天之驕子，溫愛無所不至，在好的方面而言，自然足以鼓勵僑生踴躍回國升學，而在壞的方面而言，則愛之過甚，不免陷於驕縱、姑息，遂於有意無意之中，造成僑生的特殊化。」查所謂僑生特殊化問題，一向為社會人士所重視，本會鄭委員長亦曾就此一問題，將眞實情形多次公開予以說明，因海外僑生回國升學，遠離家庭，我政府對彼等學業與一般生活予以適當之照顧，乃屬合情合理之常，但向無使之「特殊化」及「驕縱姑息」之意。僑生中如間有在校犯規或在社會犯法，均依法定程序處分，從無任何人為之袒護。至喬先生文中所指，「清寒補助」，「醫藥補助」，「旅費補助」，「優惠滙率」等事，是我政府為着鼓勵及便利僑生回國升學之適當措施。至僑生回臺升學，當其最初入學時，雖稍為放寬標準，但到臺入學前後，仍由政府設法予以補習；數年來僑生品學成績特別優良者大有其人，間有品學低劣者，亦由各校視同其他品學低劣之學生一律待遇或處置，各校建築宿舍以供僑生居住，亦為事實上所必需。膳食方面，僑生在校搭食者，與國內學生相同，亦毫無二致。第二：喬先生所指所謂「教育體系」問題：關於僑教管轄，照政府華僑教育職權劃分管理辦法之規定：「一、海外僑民教育文化，以僑務委員會為主管官署，教育部、外交部為協助官署。二、國內僑民教育文化，以教育部為主管官署，僑務委員會為協助官署。」教育部與本會向依規定，互相尊重職權分工合作配合辦理，並無「喧賓奪主」或「政出多門」之事實。本會對于就讀於

(下轉第29頁)

幾度夕陽紅

陳之藩

我左看一看，只有兩個顏色。西邊全是紅的，那是夕陽；東邊全是綠的，那是校園。噴泉處處如金絲銀縷，在繡一幅紅綠各半的披錦。

車，一輛一輛的湧來，人，一堆一堆的團聚，然而，依然很少聲音。這是一個繁華，美麗，而也寂寞的黃昏。

今天是畢業典禮的日子，典禮是黃昏時舉行。畢業是學生們的事，而在這樣熱的天，教授們還得披披掛掛一堆紅紅綠綠的東西，來盡量渲染這顏色已够燦爛的人間。

屋裏太熱，而會尚未開，在校園裏散步，向東一堆西一堆的學生們點點頭，向老一堆少一堆的家長們打打招呼。

「陳教授，我給你介紹，這是我父親，這是母親。」傑克如此介紹，我握握他們的手。傑克的父親一邊撫摩他的肚子，一邊繼續說他對兒子的勉勵的話。

「孩子，今天是最後一天，我們已盡了我們所有的最大努力，以後要看你的了！」

「謝謝，爸爸。」

「孩子，今天是最後一天，我們已盡了我們所有的最大努力，以後要看你的了！」母親不折不扣的把話重說一遍，只是聲音提高了好幾倍，她是一邊喘，一邊擦汗。

傑克說：「媽咪，小些聲音，大家全看我們呢！」

「母親對兒子說話，有什麼怕羞怕看的呀！」於是她又重新再說一遍，「孩子，今天是最後一天，以後……，」顯然這句話她是準備了好多日子了的。

我一邊拍一拍傑克的肩膀，一邊將今晚不知重複了多少次的一個字，向傑克說一遍，「恭喜你！」

父母給子女的叮嚀是不變的，正如禮服的顏色是不變的；教授給學生的贈言是不變的，正如典禮的季節是不變的。而人却像河裏的波浪，向前滾，像林間的花朵，向下落，像天上的雨珠，從雲彩裏來到泥土裏去。

我在學生們的影子裏，看到我的過去，在家長們的叮嚀中，看到我的未來。在時間的長流中，往日的記憶與來日的夢想，似乎同時呈現在這校園的空間裏。

我大學畢業的那年，喔，已是十年了。十年前，那是多災多苦的中國；十年後，這是多金多色的美國。而人間的寂寞却有什麼不同嗎？沒有。

十年了，十年前多像這目前！雖然我的大學沒有任何典禮，我的家長沒有任何人去校。我的校園裏沒有這樣多的綠樹，但却比這校園多些東西，是學校外圍的城防工事，倒處是鐵絲網，是堡壘，是彈痕，我的學校如一隻甲板上的箱子，而那時的都市却如紅海裏的沉船。我畢業的那天前夕，還聽到校牆外，人海浪潮的捲地滔天與子夜裏愴痛的呼聲之此起彼伏。然而古今中外人世的荒涼，又有什麼不同呢？沒有。

十年前，我在傳達室裏領了個文憑，肩着我的行李，邁過鐵絲網，走出校門，四顧茫然。

「我到哪兒去呢！」

可是現在我又知道到哪兒去嗎？我的學生又知道到哪兒去嗎？

十年前，我默念王國維的詞句：

「天末白雲暗四垂
失行孤雁逆風飛
江湖寥落爾安歸！」

這幅破墨山水似的詩人心境，現在看來却歷久而愈新了。

十年了，像一個夢，我現在究否醒來？

「陳教授，修士在請你去呢！」

我隨着修士教授們的行列魚貫入場，坐在高台上，面對着前後左右的人海。觀衆的掌聲呼應着，學生的行列蜿蜒着，神父將學位披肩一個一個爲年青的孩子們披上。祝福的話不會不同的，是「前程如錦！」而它的眞義却是「往事如夢」而已。

我隨着人流，帶着透汗，走出禮堂，曲終以後，繼之是人散的。修士們回到他們的修房替衆生們祈禱；贖罪求憐！家長們回到他的住舍替幼孩們作工：喂奶燒飯；學生們走到工廠或商號，將他們父親的故事，教授的技巧，重新改編上演。

是的，這就是人生。人生的寂寞是不分東西的，人世的荒涼是不分今古的！

我走出校門，右有明月，左有身影，三人手挽手的回到住舍。屋子是一團悶熱，這悶熱的小屋，頗像我童年時的家。

我記得兒時，在這麼熱的夏夜是不能入睡的，總是坐在蚊帳裏看小說！當然是揀最熱鬧的小說看。──線裝繡像三國演義。

首頁照例不看它，但越不愛看，却越映入眼簾。所以至今還記得那扉頁上的開場詩：

滾滾長江東逝水
浪花淘盡英雄
是非成敗轉頭空
青山依舊在
幾度夕陽紅

民國四十七年六月一日於曼城。

也是秋天（二續）

於梨華

正雲和廸克是在同年的聖誕節前結婚的，婚禮是在麻省理工學院的新教堂舉行的。離結婚儀式還有四十分鐘，廸克和他的伴郎陸正明在教堂口站着，教堂是建築在一個淺水池內，池中的水一片沉綠，厚甸甸的，水面上飄着枯葉死蟲，像一件陳舊的、沾滿了油漬的綠襖，水裏映着廸克和正明的倒影，一高一矮，一絲不動。忽然那個矮的倒影顫了一下，廸克忙去看他，見他的眼睛定定地望着校門，他順着他的眼看去，只見從入口處進來一對中國男女，男的高大挺直，鬢邊幾處白髮和地上的白雪互相映照。女的是一個矮小的老婦人，背了一襲狐皮大衣，大衣下露出一段半蓋着脚面的紅旗袍，她一手高吊在她丈夫的手臂上，露出旗袍下的脚，像兩隻低首啄米的小麻雀，匆促地發怒似地向前跳着，廸克不禁看得發了呆。

「廸克，我們進去吧，時候快到了，」正明見他這副樣子，忙拉一拉他白色上裝的袖口說，他的臉因爲發窘，有點漲點。

教堂是長方形的，牧師臺上有一條條穿着金片的細練從屋頂的一塊方玻璃上一直垂下來，映着從玻璃板上射下來的陽光，像是一串串自天而降的，灑金的雨點，叮叮噹噹地和着緩慢的結婚進行曲，和着新娘莊重的細步在空氣裏飄。站在牧師臺下的廸克微轉過上身去迎接他的新娘，不意他的眼睛正好和坐在右邊第一排家長座上，那個穿紅衣服瘦小的老婦人的尖眼相遇，那雙眼睛正狠狠地盯着他，這難道是他的岳母？他的可愛的妻子的母親？他伸出手去扶正雲，他的眼睛搜索地看她，但是正雲的臉深藏在白紗裏，眼睛深藏在睫毛裏，她看起來比平時更純美得多，嬌小得多，他情不自禁地去握她的手，她的手是冷的、顫的。

冷的、顫的，也就是他們婚後的生活。

新婚不久，正雲的母親借題她是雙身子，要她移下樓搬入她的房裏去住，廸克每週回來孤另另地睡在樓上的新房裏，氣得好幾次要發作都被正雲的一片柔情止住了。每星期一清晨正雲急匆匆起來，跑上樓去想和廸克溫存一下，樓下她母親就一連串找她的人。廸克上學後她在家陪着母親，幫嫂子做些家事，替未來的孩子織點毛衣，好容易盼到星期五，廸克回來了，她心裏一百個要趕上樓去和他在一起，她母親總是把她支使到廚房裏去了。吃完晚飯大家照例在起坐室裏坐着，父親吸烟，母親拿了一根玉色長柄的耳爬掏耳朶，正剛在燈下翻中國報，正明在樓上書房預備功課，文英在廚房收拾，正芳正芬夾着幫忙，廸克板着臉坐在一旁，也不說話，也不看人，正雲手裏拿着毛衣，心裏七上八下的，眼睛求饒似的望着廸克，兩根針不停地動着，却一針也織不上來，她母親不時乾咳一聲，惡狠狠地掃她一眼，她總是大吃一驚地低下頭去。臨睡前她上樓替廸克鋪床，迪克一把抱住了她，把頭埋在她頬子裏，只是不肯放她走，她總是一手拭淚，一面喃喃地說：「快了，親愛的，快了，等你一畢業找到事，我們就自由了，忍耐一點，廸克，看在我面上，」話未說完，正芳就在樓梯口嚷道，「二姐，姆媽要妳下來，儘賴在樓上做什麼？」正雲答應一聲，就柔聲求廸克放開她，臨走時還問道。

「廸克，你還愛不愛我？」

廸克咬咬牙，狠狠地吻着她，不說話，半天才喃喃地說，「我愈近不得妳，愈愛妳，妳這個磨人的小魔鬼。」

正雲這才放了心，無力地走出房門，在樓梯上把淚擦乾髮攏好，才敢進入她母親的房。

星期六星期日他們也難得在一起，廸克想帶正雲出去，陸太太總是拒絕，推說正雲身子不方便，不放她出去。有時正雲哀求不過，她母親放她出去，正雲和廸克就會像久不見面的戀人一樣，躱在公園裏消磨一天或是到電影院去，在暗裏輕吻着，到快吃晚飯時，正雲要苦苦哀求廸克半天，他才肯回家。

好容易挨到第二年暑假，廸克畢業了，在波斯頓找到了事，就催着正雲火速搬出去。正雲流着淚要求她母親讓她走，她母親說：

「急什麼，等生了孩子再搬出去也不遲，妳是十個手指連起來的人，怎麼會弄孩子！」

廸克畢竟是美國人，不像中國人那麼會容忍，受了幾個月啞子吃黃蓮的苦，現在找到了事，那肯再將就陸家的人，更何況他母親在他耳邊嘮叨着說他不該不聽她的話，現在吃苦也活該。一聽正雲母親還不肯放他們走，廸克氣得暴跳如雷，衝着陸志聽的臉嚷道。

「你們講不講道理？正雲是我的妻子，你們憑什麼不放她？她現在不姓陸，姓安得生，你們知不知道？孩子是我的，正雲會不會弄孩子也不用妳管，不要以爲你們用種種可笑的中國規矩就可以把我的孩子霸住。」

陸志聽聽不懂，要正雲翻出來，正雲不敢，由正芳一字一句地翻給他聽，陸志聽正待回答，陸太太坐在一旁冷冷地插口道。

「阿雲肚子裏的種是不是他的，誰也不曉得呢！要我是他，我才不敢這樣肯定，等生出來以後才知分曉呢！」

一句話把正雲氣得連指尖都冰冷的，連跑帶逃地上了樓，把自己摔在床上失聲大哭起來，廸克不知就裏也跟上樓來，看見她哭得傷心，又是氣，又是急。

「妳只曉得哭，哭哭！哭有什麼用，走，我們今天就搬出去。」

正雲把頭埋在臂彎裏，還是哭個不停，肩頭一起一落，一心以為他會去撫慰她的，不料廸克因為在氣頭上，見她沒有反應，火更上來了。

「我沒有想到妳竟這樣懦弱，起初我還以為妳是為我的畢業着想呢！原來妳是眞捨不得妳的寶貝父母！妳怕我們搬出去了，我要欺侮妳不成？」

正雲把頭搖了一陣，哭得更傷心。

「那妳怕什麼？我們結婚半年，過了半年的分居生活，這叫什麼新婚？妳的父母有精神病，妳知不知道？妳再要我和他們住下去，我寧願和妳離婚。」

離婚兩字像一把刀似的刮着正雲的心，她寧願死也不肯和他離婚的，她飛快地從床上爬起來，一把抓住廸克的膀子，泣聲說。

「當然我和你走，廸克，請你不要生這樣大的氣，我屬于你，我當然和你一起走，但是我們不要賭着氣走，他們究竟是我的父母，他們年紀大了，免不了固執老派一點，我們這樣一氣而走是很不孝的，你等着，我再去求他們。」

「不行，什麼孝不孝，這種父母也值得妳對他們孝？我不要妳去哀求，妳是我的妻子，我不要我的妻子向這種不講理的人哀求，我們現在就走。」

但是正雲畢竟硬不起心來這樣無情地離家，經過了她的哭泣與柔情，廸克終于答應她自己先搬出去，在波斯頓找好房子，買好傢俱，一切却舒齊了再來接她。他走的時候只有正剛送他出門，正雲躲在樓上哭。一幌一個月過去了，廸克來看過她三次，報告她一切都舒齊了，却沒有催着要她搬，正雲也因為臨盆在卽，有點心怯，一切需要娘家人的照料，所以也沒有提要搬。生孩子的那天，廸克到醫院裏等消息，正眼也不看陸家的人。孩子下了地，是男的，有爸爸的灰眼睛，媽媽小巧的鼻子。陸家人圍着床，水洩不通，廸克不屑和他們擠，只遠遠地站着。正雲抬着一雙疲倦的眼睛，巴巴地朝他望着，眼睛裏又是笑，又是淚影。廸克眼睛直直的看着她，咬着下唇，沒有走過去，最後，把自己的手指放在唇邊吻了一下，吹給她，就走了。

走了以後沒有再來。

孩子的中文名字是韜光，外祖父取的，英文名字是查理士安德生，是正雲取的，為了紀念她和廸克在查理士河上那段鬘光波影的初戀日子。孩子長得很結實，一身肥結結的肉，膝蓋上有兩個小渦，吸乳時灰眼睛盯着媽媽看，又是驚訝又是迷惑的樣子，活像廸克初見她時的神情。小手握着拳在空中搖幌着，似在向世界挑戰。陸家的人除了陸老夫婦以外，個個都愛抱他，正芳週末回來總是摟着他，一則藉以遮掩自己平坦的部分，二則安慰一下自己慢慢滋長的母性。

正雲抱着他時就像抱着一個太陽似的，滿身都是光和希望，晚上還伏在搖籃邊，目不轉睛地看着他，看着，看着，就想起廸克。白天房子裏有人聲，她還不太想，可是晚上，晚上她想得他快發瘋了，她滿望着他身上的氣息，他抱她時肌肉怒張的手臂，他看她時又恨又愛又憐的表情，以及他吮吸着她頸子時，他呢喃的低語和充滿了要求的喘息，他呢？他呢？他怎麼不來看看他的孩子？她一面喂乳一面絕望地想着猜測着。

有一個週末，正雲在她母親房裏喂牛乳給孩子吃，屋裏靜靜的，只有孩子吸乳的聲音，她眼睛看着孩子，心裏想着廸克，恨不得馬上就能把他找回來，來看看他的兒子。

突然，她聽見正芳尖細的聲音在起坐間響着，她從學校回來了。

「姆媽，我昨天又看見廸克了。」

「誰呵？」

「那個，二姐夫，那個毛子。」

「那怎麼啦？」

「他又和那個女人在一起，兩人在街上摟着腰，粘在一起，眞不怕丟人。」

「妳怎麼看見的？妳難道也瞞着我在外面野？」

「我才不呢，我和褒麗兩人去看電影，她本來和二姐住在一間房的，妳記得嗎？姆媽妳猜她怎麼說？」

「我不要猜，她說什麼，妳說就是啦。」

「她說廸克和那女書記好了很久了，現在打得火熱呢？他預備和二姐離婚，他向他的朋友講我們陸家是一個瘋人院，姆媽和阿爸是十對老瘋子！」

「住嘴：這種野毛子放的屁也值得搬來說給我聽，他要和阿雲分開，我求之不得呢？最好把那個小雜種也還給他。我早就跟妳阿爸講過這種毛子最不受抬擧，玷汚了我們陸家的門，擾得人家鷄犬不寧，還在外面亂放屁！我們自有辦法對付他，阿芳，不用向妳二姐多嘴，聽見沒有？」

但是正芳用不着多嘴，正雲已經聽到了，她怔怔地聽着，只覺得身上一陣冷似一陣，冷得眼都快失去知覺了，最後兩眼發黑，手一鬆，孩子和乳瓶一起滾到地上，孩子的前額撞在她母親花梨木雕刻的梳裝臺脚角上，僅僅短促地，劇烈地尖哭一聲就不響了，這以後的事她就不知道了。正芳和她母親正在起坐間說話，忽然聽見正雲慘叫一聲，等她們急步趕到陸太太的屋裏，只見正雲站在房中央，雙臂緊緊摟住了孩子，韜光的前額有一個又圓又深的洞，鮮血滴流，正雲的旗袍前襟上一片血，正雲全身抖得像狂風中的柳絲一樣。

「阿雲，這……」

正雲抬眼看着她的母親和妹妹，像癡子似的，眼珠一動也不動。

「二姐，毛頭怎麼了？」

話猶未了，正雲忽然縱聲狂哭起來，一面笑，一面把已死的孩子平攤在兩臂上，向她母親走來，「姆媽，妳看，他自己已經走了，妳用不着操心把他送掉，他已經走了，妳看他多聽話，」一面慘笑，一面把血淋淋的孩子雙手托到她母親眼前，——這血好紅呀：好紅的血呀，姆媽，妳看清楚，這是廸克和我的血，妳看看清楚，不要弄錯……這是我的血……還有妳的血呢？姆媽，原來妳的血也是紅的，我還以為它是黑的……哈哈……哈，姆媽，妳看，紅的血……」

陸太太嚇得一把抓住正芳的肩，閃到她身後，一邊氣急敗壞地說：「這丫頭瘋了，快打電話給阿爸，快，快找那個老德國醫生來，阿雲瘋了。」

等到正明從普大辦完註冊手續回家，他心愛的二姐已被送入波斯頓一個有名的神經病療養院去了，那是一九五〇年的初秋，正雲正好是廿四歲。

四

車子快到家時，陸正明使勁地把頭搖了兩下，搖落了那些傷心的回憶，然後就把車在離家門不遠的馬路邊停了下來。

「這就是我家。」正明向路旁那座白色，兩層樓的房子指了一下，「我父母親是老派人，又沒有受過多大教育，說話也許……你不要見笑。」

「嗯…那兒話，老一輩的人總是那樣兒，我媽還不是挺囉嗦的，」葉葦忙接口說。他是一個謙遜有禮的青年，長得十分秀氣。白白的臉上架着一副咖啡色寬邊的眼鏡，紅潤的嘴唇有禮地微閉着，笑時露出一副光潔的牙，又可親又稚氣，態度總是那麼謹慎，站着時兩手很服貼地下垂着，從來不肯隨意插入褲袋裏，講話時從不急促，總是用「嗯…」字開頭，嘴上嗯時，腦子裏迅速地把得體的字眼組織起來，講出來既婉轉又有禮，學校裏的先生們都暗暗讚賞他的風度，同學們可不，他們覺得他像一塊奶油蛋糕，光滑輭甜，一啞就粉碎了。他們覺得女孩子不會喜歡他的。葉葦却從來也不在乎女孩子，在學校時用功爭取獎學金，放假和週末，如覺得寂寞無處可去，就可以回家。他的家在紐約，他的父親葉拜中原是淸華出身，如今在中國招商局做事，另外做點股票，爲人沉默，沉默得一天講不上三句話。他的太太却十分健談，健談得一天閑不了三秒鐘。她的樣子圓胖福泰，見了人眯着眼就笑，一付樂不可支的樣子。其實也難怪她，因爲她生了三女四男，女兒們都有了大學文憑，結婚證書及長期飯票了，四兒子葉葦是普大的高材生。下面三個兒子也一個個出類拔萃，時機一到，都到常春藤下做四年大學夢是毫無問題的。所以葉太太操着一口又快又滑的北平話，逢人就誇她的兒女們，誇得連她自己的丈夫子女都嫌她囉嗦。

「我的母親倒不是囉嗦，你見了她就曉得了」。正明一面說一面走下車來。

「你家今兒請客？這麼些車？」葉葦指一指陸家門口的車說。

「唔」。

自從去秋他二姐發瘋以後，正明就儘量躲在學校裏很少回家，他怕看他母親陰暗的臉，他四姐情不自禁的笑容。後來他二姐被他父親從療養院移回家來休養以後，他更不敢回家，因爲他怕聽正雲像粉筆在黑板上劃過似的刺耳的狂笑。他總是推說功課忙不能回家，這個暑假他推說要在學校看參考書，就留在普大，正好葉葦暑假裏幫一個副教授做點研究，賺點錢，也沒有回家。兩個人在綠蔭滿地，悄然無聲的校舍裏呆着倒也蠻淸靜，一直到前天，他父親長途電話，說是替正芳招女婿，家裏請客，一定要他回家陪客，他急中找不出話來推托，就衝口說要帶他的同學葉葦一起來。他父親在電話裏唔了一聲，沒有表示歡迎，却也沒有反對，於是他就邀了葉葦一起回家。

陸家的房子是一種所謂西流式，一樓一底，很寬敞，進了木柵門，就是一大片用平頂的常青樹圍起來的花園，園的一角有一顆桃樹和一顆梨樹，中央有兩個圓形的花圃，一個是謝了的鬱金香，一個是遲暮的山杜鵑，兩個花圃中間熱烈地開着大紅的芍藥。沿着廊前，種着一排嬌小的翠綠、淡紫、脂紅，鵝黃的三色堇。正雲愛花，往時常來園中澆弄，如今花園乏人照拂，三色堇多半都垂着頭，風來時嘆息不已。前廊圍着粉白雕工細欄，地上舖着紅灰相間的方磚，幾張紅灰相間的鋁架帆布椅零落地放着，前廊中擺着一張嵌着雲母石的圓桌，桌上孤另另地擺着一個玲瓏的紅磁煙灰缸，缸裏沒有煙灰，陸家的人除了陸志聰外都不抽煙，陸志聰又從來不愛坐在前廊欣賞花卉的。廊前掛着一排細密竹簾，這時已被高高捲起，但是從前廊到客廳的門上，一捲小竹簾却低垂着，所以一進客廳，就令人覺得又涼又陰。

客廳很大，進門的右首沿牆擺着一套古老的紫檀色巴西花梨木的桌椅，它的對面是壁爐，對着門的牆上掛着鄭板橋的兩張畫，一張是竹，一張是梅花，壁爐上牆上有一個橫匾，匾上用魏體寫的「淺受益，滿招損」虎目眈眈地向下俯視着，使每個進來的人不由自主地微微躬着腰。壁爐兩側沿牆擺着一套沙發，長沙發對着門，短的靠着朝廊前開的兩扇大窗之間，沙發也是古老的，罩着咖啡色裙葉邊的套子。沿窗是一排凝重垂地的紫綾窗幔，壁爐的左端有一隻兩尺來高的藍磁花罇，上面插着幾朶玫瑰，被深色的窗幔襯得白雪也似的，近前一看，才知道是白紙做的。長沙發左端的門通到隔壁的起坐間，起坐間裏除了兩張維多利亞式的沙發和一張長方形的中國書桌以外，其餘的都是日本擺設，低小的咖啡桌，漏斗式的小藤椅，菱形的紙燈，兩張沙發椅是陸老夫婦慣坐的，中間書桌的一邊放着一個灑金的雀嘴小茶壺，一面是一柄玉色長頸的耳爬，桌中間却擺着一個白磁觀音，對人生不感興趣似的垂着眉。起坐間後面是飯廳，廳中央是一張桃花心木、纓龍細腿的長飯桌，從天花板上垂下叮噹透明的水晶宮燈，沿牆擺着碧沙櫥，和十幾張同色的直背椅。(待續)

(上接第25頁)
各學校之僑生，只是採取相當于家長之地位，照顧其生活與學業，對於學校行政，向無干預，即偶或有對僑生管教之意見，亦只由本會提請教育部參考，斟酌辦理。

至謂海外僑校困難之扶助，政府數年來對於海外若干地區僑校教材讀物之供應，教師之介派，及若干僑校設備之補助，均已克盡心力，雖無赫赫之功，却已收聯系之效。

綜閱喬先生大作，可資商榷之處仍多，因限於篇幅，未能一一研討。總之，僑務工作，至爲艱鉅，同仁才智有限，能力薄弱，叢脞自所難免，尙希社會人士時賜督勉，以匡不逮，並請將本函在貴刊公開刊登，藉表微誠，幸甚，幸甚！此上，順頌

撰安

僑務委員會秘書室敬啓

六月十二日

讀者投書

(一) 請勿濫用多數決！

陳維民

編者先生：

有人說，民主政治是數人頭的政治。這句話的意思，就是說民主政治是用多數決的方法來解決政治問題。對一件問題，如果有數種不同意見時，便取決於多數，而且少數要服從多數。因爲如果事事都要全體一致同意，這是不可能的，這將變成少數專制；少數控制多數，這與民主政治反對專制和特權的精神，是背道而馳的。所以多數決爲民主政治所必需，多數決使民主政治成爲可能，沒有多數決的制度，民主政治根本不能存在。

可是多數決的運用是有條件，是有範圍的。多數決的先決條件，就是參加表決的人有充分發表意見的自由。文明社會所以異於原始社會者，就是在解決公共問題時，前者說理，後者格鬪，前者動口，後者動手。而動口說理的目的，在申辯曲直，權衡輕重，讓大家在各種不同意見中，作一明智的抉擇，使每一個人在理智的判斷下，產生一種說服的作用。經過這種說服作用而產生的多數意見，才是眞正代表多數人利益的意見；同時有了此種說服的機會，多數才不會永遠是多數，少數才有變成多數的機會。如果沒有說服作用，則多數永遠是多數，少數永遠是少數，且這種多數意見可能就是愚昧昏庸的湊合，那麼這種多數意見還有什麼價值？這種多數決還有什麼意義？但是說服作用的產生，端賴有發表意見的自由。然而這次立法院三委員會在討論報業公會的請願案時，竟有阻止發言的情事，未經充分討論即行表決，試問既然沒有發言自由，不能充分討論，結論早已擬定，則又何必容許各人參加表決？

其次，多數決的運用有其一定的範圍，它只能用之於「應否」的政治問題的解決，而不能用於「是否」的事實問題的解決。譬如出版法應否修改是政治問題，報業公會的請願案是否已經決議「不付審查」了，這是事實問題。事實問題如果用多數決方法來解決，那就是多數決的濫用。試問一個人是男的或是女的，怎能用多數決方法來決定呢？如果一個人本來就是男的，那儘管一千人中有九百九十九人說他是女的，他仍然是男的，絕不能變男爲女。所以多數決的原則，絕不能用之於事實問題的解決！

很不幸的，本月四日立法院內政、教育、民刑商法三委員會在處理報業公會請願案時，竟製造會議決議案，將本未決議的報業公會請願案，擅改爲「不付審查」的決議，更妙的是主席竟用表決方式，決定「上次會議記錄，有無錯誤？」(見六月五日聯合報)嗚呼！會議記錄有無錯誤竟可用表決方法來決定，試問記錄何用？反正多數人說對就對；多數人說錯就錯；多數人指鹿爲馬，鹿就變成馬；不用說這種記錄無用，就是連會議也根本用不着開了！這種不講道理的濫用多數決，會在專門以表決裁決議案的議會出現，尤其在國家最高立法機關出現，誠令人遺憾嘆息！

昔日英國國會具有最高無上的權力，所以羅爾謨 (De Lolme) 說：「英國國會只不能變男爲女，或變女爲男，除此之外，未有不能做的事。」而今日我國立法院的權力更爲英國國會所不及，「它不但可以剝奪憲法所保障的人民基本自由和憲法所賦予人民的權利，更能將男變女，將女變男。」這種神通廣大的國會，恐怕是空前絕後，世界上再也找不到第二個了！

爲國家的榮譽，也爲立法院的榮譽，爲全國人民的榮譽，我們誠懇地恭請那些好用多數決的多數立法委員諸公，平心靜氣地再溫習溫習民主政治最基本的一課——「多數決」，或者請一位政治學教授給您們開個「多數決」講座，以免再做出這種貽羞中外的大笑話，則國家幸甚！立法院幸甚！

某國立大學學生陳維民謹上
六月十日

讀者投書

(二)籲請澈查臺中女中溺斃學生案

——救救孩子們

巫禩川

編輯先生：

查省立臺中女子中學，自四十三年夏，沈雅利（現任教育部部長張其昀之學生）接任以來，倒行逆施，排除異己，造成人事極度不安，校政因以日衰，貪汚瀆職，時有所聞。（民國四十五年十月及四十六年九月先後被人檢舉，經臺灣省教育廳對該校所收學生講義費，學期結束未找還明令糾正在案。）每屆夏天，該校游泳池，竟不注意衞生，往往隔三、四週，尚不換水或派工清洗一次，學生入水游泳，常有因池內青苔而滑倒者，對游泳池開放、關閉，亦無專人管理，以致上(五)月廿九日下午四時餘，有該校初三丙學生張玉芝（年十九歲，安徽廬江人）游泳滑入深處，慘遭溺斃。因該池無人管理，待同游之高二乙學生任蓉等發覺，呼喊高一游技較好同學將張生救起，訓導主任始行駕到，校方慌亂一團，又未作適當之急救；延至六時許，始用「擔架」抬至省立臺中醫院，迨醫生到院，已回生乏術！噩耗傳來，全體學生家長，莫不悲憤異常！

該校校長沈雅利平時僅做表面工作，不務實際，對校內游泳池事前疏於管理，臨時又不急謀拯救，艸菅人命，是應注意而不注意，過失致人於死，已構成刑事上重大責任。該校長竟更利用其丈夫鄭森棨（國民黨中央黨部第五組秘書）之權勢，控制新聞，全省各大報均未准刊載該校溺斃女生新聞報導；僅對死者匆匆安葬，並致其家屬慰問金二萬元，死者家長自大陸來臺，家境清苦，目覩慘狀，痛不欲生；對死者含冤未雪，飲恨無涯！本人與死者誼屬同鄉，不忍緘默，為教育前途計，為今後學生安全計，惟冀省教育當局及司法機關，澈查溺斃學生責任，處以應得之咎，救救孩子們！

溯教育廳劉廳長視事伊始，對本省教界風氣，亟思有所整飭，曾書告省立各級學校校長曰：「竊思學校辦理之良窳，繫之於學校主管者至鉅，是必專心致志，勿怠勿荒，以鍥而不舍之精神，樹身教言教之模楷……」不知劉廳長對如此疏忽職守之學校主管，又作何感想與處置？

讀者　巫禩川拜上
六月十日

(三)我要追問「標準教科書」盈餘欵項問題

孔祥之

近閱貴刊十八卷十一期刊載教育部中學標準教科書編印委員會來函，對於前期刊載讀者投書「我們應當查究部編標準本教科書的盈餘欵項」一文有所說明。

現在有幾個問題，我們應當再問問教育部。

一、中學標準教科書之編輯，組織有各科編輯委員會，有關編輯事宜係由國立編譯館負責。其發行事宜則委之臺灣書店。那末，中學標準教科書編印委員會之設置，究竟是為了什麼？行政院是幾時核准設置的？據我們所知，教育部設這個委員會的作用，就在把握標準教科書的經費。其運用情形，編書的編譯館不知道，賣書的臺灣書店不知道，就是教育部的主計室，原也不管，根本無帳，如果有帳，為什麼幾年來在教育部的預算和決算裏看它不出呢？

二、我們知道審計部對於各機關經費的審核，都是根據預算。標準教科書發行了幾年，一直未列預算，這是事實。那麼，審計部憑什麼審核？為什麼會去審核？聽說最近主計處及審計部看見標準教科書有了問題，曾經向教育部調查過，但並非如原函所說經主計處審計部審查核定。如果是經審查核定，請教育部將其文號及內容公開出來，豈不是更有力的答復嗎？

三、我們知道教育部對於教科書有編輯審定之權，但教科書由部印行，則無法律依據。如果要印行，也要和其他公營企業一樣，有一套辦法，詳細規定各種手續，及其在財政收支系統上應行注意之點。試問教育部訂了辦法沒有？究是憑什麼可以主持發行，而壟斷教科書的市場？這是在法律上所應該追問的。

我們希望負有監督國家財務的主計處和審計部，看了教育部的說明之後，也有一個說明。像標準教科書這樣一筆糊塗帳，為時有了好幾年，為數有上千萬贏利，對國家，對社會，都是不可以馬虎過去的。我們也希望監察院注意這個事實，再切切實實加以調查。教育部對於立法委員的質詢，可以幾句官話搪塞過去，對於監察院的調查，我想是應該從頭到尾拿出眞憑實據來看的。還有總統府的行政改革委員會，我們也要請其注意，這是不是應該也在行政改革之列？

給讀者的報告

鬧得轟動世界的出版法修正案，在海內外的共同抨擊之下，終由於國民黨當局的一意孤行，而經立法院「秘密會議」用超速度的速度通過。現在，出版界雖只有接受這一事實，但海內外卻繼續表示反對，其結果惡劣，不難預見。本刊作爲一份民間刊物，已追隨海內外民間報刊及民意代表之後，盡了我們所應盡和所能盡的責任。茲以情形嚴重，特發表社論㈠「國民黨當局應負的責任和我們應有的努力」，希望國民黨當局明瞭責任之重大，速謀補救；尤望我們民間報刊以及每一位愛憲法、愛自由、愛民主的中華民國國民，把廢止出版法的一切希望，寄托在我們自己永恒不斷的努力上。

自由中國雖以實行地方自治對外作號召，但目前的地方行政，却存在着嚴重的問題，即所有的公務並不依照民主憲政的原則正常運行，而造成地方行政須符合黨的要求，並爲黨服務，以至被黨控制的各色機構所破壞之現象。我們特在社論㈡「由地方行政改革談一黨特權」中，坦切指陳各項實情，希望取消一黨特權，使地方自治走上正軌，以求增加我們在政治上的號召力。

唐德剛先生是一位遠在美國哥倫比亞大學的留學生。唐先生去國十年，雖從未涉足臺灣，却對這一反共抗俄的基地不勝懷念。從本期所發表唐先生「一個留美學生望大陸・念臺灣」的大作裏，即可明白其對臺灣寄望之殷切。文內認爲臺灣對大陸的「殺手鐧」是厲行「民主憲政」，可謂不易之論。而其希望海內外的青年們，要做個正正堂堂頂天立地的自由人，站在民主運動的最前線，則尤爲語重心長。但願政府當局及這一代的中國青年，能三復斯言！更願海外的每一個中國知識份子，都能隨時關心國家大事，並提供高見，共同促使中國早日走上民主自由的大道。

新竹自試辦「免試升學」以來，瞬忽兩年，其實效如何，究該立刻停止「試辦」抑或「普遍實施」，諒必爲海內外人士所關心。本期所發表傅正先生「一個免試升學學校教員對免試升學的意見」一文，便是根據各種實例，而對這一問題所提出的意見。教育當局近正擬將「免試升學」在各縣市「普遍實施」，已引起輿論界熱烈評論，大家在看過一個參加實際工作者的意見後，相信即使是當初堅持「試辦」的教育部張部長，恐也只有承認「試辦」失敗而決定從四十七學年度起停辦了！

在美國，有話要說的公民，不但可在國都和國會議員接觸，且可在自己家裏與其代表接觸。本期所發表李宗澤先生編譯的「眞正民主的議會」一文，可以幫助我們了解美國州議會的實際活動情形，以資我們這個還在民主學步的國家借鏡。

最近讀者投書日漸增多，我們基於爲讀者先生服務的一貫態度，極願刊登，但因篇幅有限，歉難全部發表，敬請原諒。同時，請諸位讀者先生今後來稿時，儘可能寫得簡單扼要一點；如需退稿，務希說明，並將通信地址寫清楚。

自由中國 半月刊　總第二〇八號　第十九卷第一期

中華民國四十七年七月一日出版

發行人兼主編：『自由中國』編輯委員會

出版者：自由中國社

社址：臺北市和平東路二段十八巷一號

Free China Fortnightly, 1, Lane 18, Ho Ping East Road (Section 2), Taipei, Taiwan.

電話：二八五七〇

航空版：友聯書報發行公司（香港九龍新圍街九號）

總經銷：自由中國社發行部

經售者：

美國：紐約友方圖書公司 Hansan Trading Company, 65, Bayar D Street, New York 13, N. Y. U. S. A.；紐約光明雜誌社 Sun Publishing Co., 112 Mulberry St, New York 13, N. Y. U. S. A.

韓國：漢城裕昌德號
馬尼剌：新疆書店
印尼：泗水文光圖書公司
緬甸：仰光振成書報店
印度：阿拉哈巴中印文化出版社
北婆羅洲：西利亞坡青年書店
星加坡：友聯書報發行公司（小坡大馬路四六九號）
吉隆坡：友聯書報發行公司（馬華公會大廈三樓七室）
怡保：友聯書報發行公司（希尼華沙甘街十六號）
檳城：友聯書報發行公司（林連登律七十二號）
澳門：友聯圖書公司

印刷者：精華印書館股份有限公司
廠址：臺北市長沙街二段七一號
電話：二三四二九號

本刊經中華郵政登記認爲第一類新聞紙類　臺灣郵政管理局新聞紙類登記執照第五九七號　臺灣郵政劃撥儲金帳戶第八一三九號　(每份臺幣四元，美金三角)

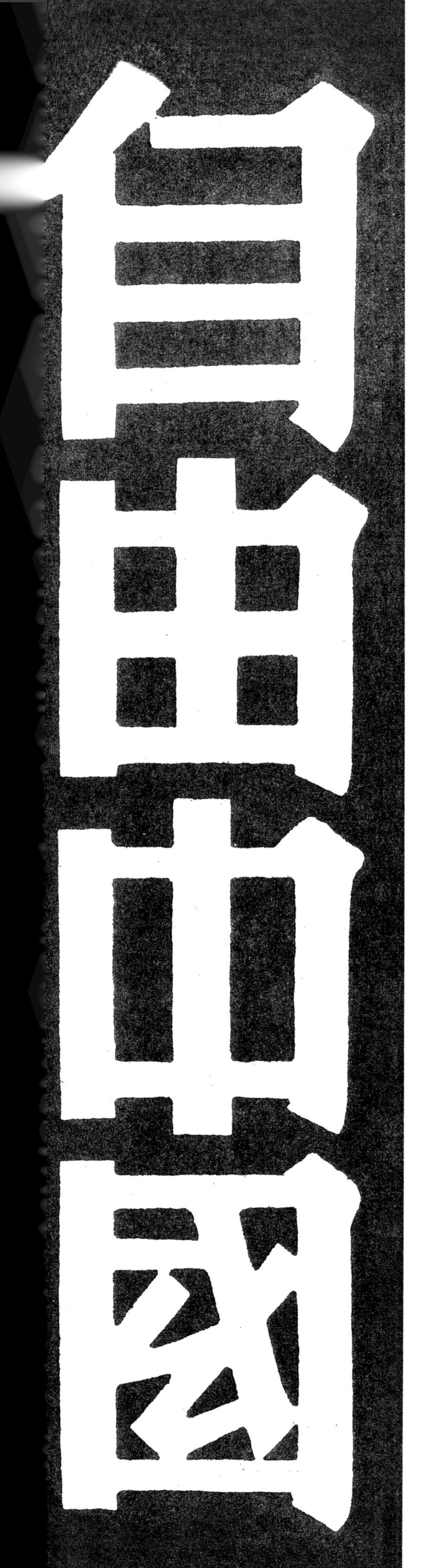

FREE CHINA

第十九卷　第二期

目錄

社論

(一) 期望中的憂慮——進言於新任行政院長陳誠氏

(二) 自由民主是反共的活路

(三) 停止無聊的日內瓦大使談判

梁任公先生年譜長編初稿序……胡　適

由出版法談到委任命令及自由裁量……薩孟武

創設講理俱樂部……殷海光

展開民主政治討論的風氣……董鼎山

通訊

民意是不是在立法院？……丁　堅

中共對中國傳統思想的綏靖政策……劉富蘭

從義大利大選說起……魯　冀

最後的微笑……夏　菁

也是秋天（三續）……於梨華

書刊評介　「今檮杌傳」片感……崇　仁

讀者投書

(一)「惡性補習」與「惡性收費」……王世鈞

(二) 誰是「惡性補習」的禍首？……伍家邦

中華民國四十七年七月十六日出版

社址：臺北市和平東路二段十八巷一號

半月大事記

六月廿五日（星期三）

中共要求聯合國軍隊自韓撤兵，韓戰盟國斷然拒絕。

俄致美一新照會，確定七月一日在日內瓦就偵察核子爆炸問題開始談判。

黎巴嫩要求聯合國派兵封鎖黎敍邊界。

六月廿六日（星期四）

義大利、加拿大等十國已同意派志願軍赴黎巴嫩，在黎敍邊境擔任巡邏觀察工作；英表示可能應黎請求派兵干涉。

俄威脅要破壞七月一日在日內瓦的核子專家會議，除非美先行同意禁試核子武器。美英法態度一致，仍繼續準備派員參加日內瓦會議。

六月廿七日（星期五）

貝魯特情勢緊張，政府軍與叛軍激戰。

美助理國務卿勞勃森在衆院撥欵委員會作證時稱：美在遠東各盟國間必須維持強大的軍力，以嚇阻中共可能發動的侵略。

美衆院撥欵委員會對美政府援外欵項削減七億五千餘萬。

六月廿八日（星期六）

總統明令公布修正出版法。

黎巴嫩軍在特黎波里續與叛軍進行激戰。

俄漁民擅登英海島追捕逃員，英國向俄提強硬抗議。

六月廿九日（星期日）

美一軍機在俄境亞美尼亞上空遭兩俄機攔截攻擊，被迫降落。俄指爲犯境，向美提出抗議。

俄又向美提備忘錄，表示參加日內瓦會議，但仍要求就停試核子成立協議。

麥米倫赴巴黎，與戴高樂會談。

六月三十日（星期一）

麥米倫戴高樂會談結束，對兩國間密切合作，業已取得共同態度，同意防衞自由世界爲最重要事。

美否認侵俄領空，謂美機越俄境係由於迷失方向，促俄釋放九飛行員。

對於日內瓦技術會談，美再照會蘇俄，重申美國立場。

七月一日（星期二）

停試核子技術會談今在日內瓦開始舉行。

行政院兪院長辭職核准，總統提名陳誠繼任。

杜勒斯向黎巴嫩提新保證，美繼續支持黎國獨立。

蘇俄表示願與南斯拉夫會商經濟協定。

艾森豪簽署一法案，使盟國分享原子秘密。

七月二日（星期三）

關於最高層會議，艾森豪函復赫魯雪夫，斥俄中斷外交談判，認俄如有誠意，應接受程序建議。麥米倫、戴高樂分別函復赫魯雪夫，英責俄拒絕和解計劃。

七月三日（星期四）

黎巴嫩決要求安理會，組織聯合國警察部隊，封鎖黎國邊境，以防止非法滲透。

赫魯雪夫致美新函件建議，由東西雙方軍事代表，擬訂防止核子突襲計劃。

七月四日（星期五）

聯合國駐黎巴嫩觀察團，向安理會提出報告，謂有人經由邊界入黎參加叛變，惟無證據可以證明。

在核子技術會議中，俄又以退會威脅，迫美停試核子。

俄提研討預防突襲方法，西方即將會商。

七月五日（星期六）

埃敍駐黎使館館員七人，因協助黎顚覆份子，黎國將其驅逐出境。

日內瓦會議研究蘇俄所提以電磁波及音響訊號偵察爆炸的方法，但距離協議仍極遙遠。西方專家主張設全球管制站。

杜勒斯與戴高樂在巴黎舉行會談，戴氏強調法國仍爲盟國忠實的一員，要求使法成爲原子國家。

七月六日（星期日）

土耳其建議開三國會議，解決塞島糾紛問題。

阿拉伯聯合國納塞總統與狄托會談，討論內容大部涉及黎國危機。

蘇俄在南極設立科學基地，南印度洋法屬小島將來可能具有戰略價值。

杜勒斯、戴高樂關於遠東問題會談，美法同意不承認北平僞組織。

七月七日（星期一）

赫魯雪夫前往東德，企圖加強控制附庸國。

黎巴嫩危局益趨緊迫，黎總理表示仍不放棄爭取國際警察部隊。

莫斯科電臺廣播，俄已釋放美飛行員。

「自由中國」的宗旨

第一、我們要向全國國民宣傳自由與民主的真實價值，並且要督促政府(各級的政府)，切實改革政治經濟，努力建立自由民主的社會。

第二、我們要支持並督促政府用種種力量抵抗共產黨鐵幕之下剝奪一切自由的極權政治，不讓他擴張他的勢力範圍。

第三、我們要盡我們的努力，援助淪陷區域的同胞，幫助他們早日恢復自由。

第四、我們的最後目標是要使整個中華民國成為自由的中國。

社論

（一）

期望中的憂慮

——進言於新任行政院長陳誠氏

行政院因兪鴻鈞院長之辭職獲准而改組，副總統陳誠被提名爲繼任人選，現已順利贏得立法院的同意投票，日內卽可就職視事。我們首先感覺，副總統兼任行政首長，就國家體制而言，可能不是一個十分適切的安排，而且在世界各國，亦甚少先例。記得四年以前當陳氏當選副總統之時，各方對這問題，卽曾有過一番硏討。認爲可以兼任所依據的最大理由是：憲法於此並無明文規定，兼任並不違憲。認爲不宜兼任的理由是：副總統爲國家的副元首，有繼任元首的可能，應該儘量培養他萬衆歸心的威望，避免捲入任何足以損害其威望的政治糾紛，而行政院長却正是一個無法避免糾紛的職位，處此職位者甚難保持其超然獨立的態度。四年以前，陳氏也正是爲了當選副總統而離開行政院長的職位，此似可反證不宜兼任的觀點，在當時曾確佔上風。但此次陳氏再度組閣，於總統提名之時以及立法院擧行同意投票之時，始終無人提出這個問題，海內外的輿論，也始終沒有提出這個問題，使我們多少感覺意外。我們看不出任何足以使觀點改變的情勢，唯一可據以解釋的理由，祗是在於近年來因行政首長之優柔寡斷，諸般必要的改革，均感事與願違，而陳氏在我國政壇，則素有「健者」(strong man) 之稱，我們無法不借重他的「鐵腕」。照此說法，國家人才之被反陶汰，眞是到了極點，竟無處不要用到這張唯一的王牌，如何不叫人生出無窮感喟。旣如此，我們對兼任問題，亦不擬予以苛責。這畢竟祗是不「宜」，而非不「該」（祗要不是違憲，就非不該），我們祗能本成事不諫之義，把它按下不談。

陳氏過去從政多年，有他豐富的經歷，有他卓越的成就，而他那種敢作敢爲、任勞任怨的魄力與意志，早在國人心目中留下深刻印象。他此番再度組閣之所以能獲得普遍支持，並引起各方面的殷切期望，主要就依恃這一分聲譽。但倘若容許我們對當前情勢作深一層的觀察，我們實不能不指出，一般人對陳氏這一種魄力與意志，在內心還是一則以喜，一則以懼的；大家在興奮之餘，仍不免感覺一種難以言說的困惑。誠然，在政治綱紀敗壞、百弊叢生的今日，沒有人再願見政府長期的處於一種軟體狀態，善善而不能從，惡惡而不能去，徘徊瞻顧，一事無成；僅僅爲整飭風氣，就需要雄偉的魄力與堅强的意志來推動，爲此大家對陳氏之提名，異口同聲的認爲適當人選。但同一分意志與魄力，可使用於種種不同的處所，它足以成事，亦足以敗事，而關鍵則在於所選擇的政策方向是否正確。截至今日爲止，我們還不能獲得充分保證，可以相信所選擇的，一定是正確的方向。最使我們感覺憂慮的一點是：今天海內外人民的一致要求與執政黨領導階層的心理狀態這二者之間，已發生了一天比一天更爲顯著的距離。這海內外人民的一致要求是什麼，似已用不到我們在這裏細說，祗要看看陳氏提名以後各方面的輿論反應，就可以知道。就原則方面說，大家幾乎絕無例外的要求政府應以恢宏的氣度，在民主自由的大前提之下，推行種種革新，以達成廣大的反共團結。就具體方面說，已經有人提請陳氏不要忘記在四年以前所作召開反共救國會議的主張，應促其儘早實現，以充實團結的基礎；我們更希望陳氏能把最近才通過實施的新出版法廢除，以補救政府因此一法案之通過所遭逢的道義力量之損失。諸如此類的要求，都明白的指示着同一個方向。大家莫不堅信，政府唯有憑藉民主自由的號召，才能贏得海內外大衆的歸心，贏得大陸同胞的嚮往，並從而影響國際的觀感，贏得更多的支持。不僅反共之道，捨此莫由，甚至眞正有意義的改革，亦必以此爲起點。關於這一番道理，各方面曾經反覆闡釋，舌弊唇焦，大概連執政當局，也已經聽得「耳朵裏起繭」。但我們感覺非常遺憾，這一番道理雖已成爲大衆所接受的常識，却竟還沒有把執政黨的領導階層人物說服。

儘管說，今天執政黨領導人物確已能意識到我們旣號稱「自由」中國，忝居「民主」集團之列，不方便在公開的場合反對民主自由的原則，但是他們內心，仍然對民主自由的實踐充滿恐懼、厭惡，甚至於仇恨。儘管說，執政黨員之中也早有一部分人完全醒覺，亟圖改弦更張，但是黨內的主流却仍然與此相反，而把醒覺的趨向視爲黨內莫大的憂患，要用種種方法來把它消滅。執政黨領導分子的基本觀念，仍然是固執而狹隘，他們仍然企圖經由對黨的嚴格控制來達到對人民的全面掌握。直到今日，如「一個領袖、一個主義、一個政黨」之類的說法，仍然是不容懷疑的教條。直到今日，他們還是相信反共要採取共黨的手段，尤其是在黨政方面更是亦步亦趨，那邊來一個坦白運動，這邊就來一個自淸，那邊來一個交心運動，這邊就準備來一個效忠登記。近半年間，經過監察院對行政院長的彈劾案與出版法修正案這兩場風波，一方面人民大衆對民主自由的要求較諸過去更顯得迫切，而另一方面，執政黨內那種反民主自由的氣氛却較諸過去更顯得濃厚。我們不能無視於此類事態，我們不能忽略陳氏是在這樣一種情況之下重膺行政首長的重任。一方面，人民大家對他抱持殷切的期望，另一方面，執政黨內的固執分子也同樣對他抱持殷切的期望，而這兩種期望，可能竟是背道而馳，無法取得調和。在四年以前陳氏當政時期，類似的形勢雖然已經存在，却還沒有像今天這樣的尖銳。究竟何去何從，不僅使陳氏遭逢空前嚴重的考驗，同時還使國家前途臨到安危禍福的決定關頭。

(4)

我們從不懷疑陳氏的魄力與意志，但處今日的局面，更需要的還是開朗的政治風度與卓越的政治智慧。以陳氏的才識，當不致昧於今日的世界潮流與人心趨向；陳氏應能瞭解，唯有順應此種趨向與潮流，一切偉大事業才有堅實的基礎。在確切掌握了這個大原則以後，陳氏所需要擔任的第一步工作，是要設法改變，彌漫於執政黨上層分子之間的那種違反世界潮流與人心趨向的、不健康的、落伍的、偏狹的心理狀態。陳氏在政府爲副總統，現在又兼行政院長，在執政黨內爲副總裁，地位之高與影響之大，僅次於總統蔣公，他儘可利用其地位與影響向他的同志進行說服，曉之以大義，縱或暫時尚不能使固執分子由衷接受，亦必動之以利害，無論如何要把這一可怕的潛在阻力破除。要使大家都瞭解，倘若仍然頑强拒絕這個民主自由的大前提，則不僅無以反共，甚至有一天會發現竟無以自存；必須執政黨有此普遍而澈底的醒覺，今後諸般施政，才能把力量使用於正確的處所。

在確定了民主自由這個大前提以後，我們才能談到諸般改革，因爲凡是基本的改革，幾乎事事都與這個大前提有血肉的關聯，大前提不能切實把握，則一切重要措施都將無法找到正確路線，充其量祇能做一些枝節的補綴工作而已。當前應做的事，誠屬經緯萬端，但如化繁就簡，僅擧其綱要，則可歸併於下列的三個項目：

㈠是保障人權　一個民主國家的最基本條件，是要在政府與人民之間維持一種適切而良好的關係；爲維持適切而良好的關係，政府首先應對以身體自由爲主，以居住、言論、信仰、集會等自由爲輔的基本人權，予以切實的尊重與保障。我國憲法，在總綱以後，開宗明義即規定人民之各種權利義務，即可見憲法對人權之重視。人權(human rights)之保障，實較諸民權(civil rights)之擴展，尤爲重要；人權不被尊重，則如選擧、罷免等項民權，縱令件件齊備，也都祇是形式而已，這一切都可以被權力者操縱控制，成爲有名無實。我國在今日，表面似無人反對憲法對人權的規定，也沒有人公開主張要加以限制；即使要加以限制，也會找出種種遁詞來加以掩飾。但事實上，我們距離人權之充分保障，尚極其遙遠。首先，我們的司法至今未能做到獨立而健全，它不僅時時受到行政干擾，且其本身亦殊多積弊，這已經使人權保障打了一個很大折扣。更嚴重的是，軍法管轄，至今沒有受到嚴格限制，軍法審判的程序與方式，也未能作必要的改善，諸如逮捕之浮濫，審決之延遲，甚至於非法逼供等等，已非偶見之事，使憲法所特別予以保障的人民身體自由，成爲完全的具文。再加以警察人員、治安人員、特務人員之權力擴張，隨時可以給予人民生活以種種非法的干擾，甚至進而對其安全予以威脅。在這樣的情形之下，人民自然會從恐懼政府而變得仇視政府，良好而適切的關係，又如何能建立得起來！我們於此，要特別提醒大家把憲法第八條的全文重讀一遍(註二)，這就能發現今天的行政與司法已置此一憲法條文於何地。我們要特別呼籲新任行政首長注意改革司法，並限制軍法之管轄範圍以及偵查審判程序，爲守法人民確立不虞恐懼之自由。

抑有進者，我們過去曾經强調法治之重要，以爲祇要能做到法治，就一切都無問題，但仔細想來，如果政府與立法機關缺乏切實保障人權的誠意，而僅言法治，則對人權保障，將仍然無所補益。在我們眼前就擺着一個實例。新出版法明明是損害了言論出版自由的，但它居然也成爲法律，政府就可以憑藉其所謂「自由裁量權力」，對人民的自由依「法」而「治」之。今天，違反民主自由精神的立法，尚不止新出版法一項而已。在所謂「非常時期」這個名義下訂定的法律，幾乎都沾染一些妨礙基本人權的色彩，我們縱不能在旦夕之間全部予以廢除，但至少應爭取其逐步而局部的合理修正，除新出版法以外，諸如「戒嚴法」與「國家總動員法」等，我們均盼新政府能一一予以審愼的檢討。

㈡是樹立體制　這裏所謂體制，意義至爲廣泛，大如政府組織機構之調整，小如程序手續之改善，幾乎無不包含在內。但主要的，我們是意味着切實對立法院負責的責任內閣制之確立而言，此一基本體制未能確立，我們終不能算是業已走上憲政的軌道。關於這一點，我們眞覺遺憾，在俞鴻鈞院長四年零一個月的任期以內，不僅絲毫無所成就，甚至變得一天比一天更加離譜。由於俞氏之缺乏擔當力量，責任內閣竟至貶質而爲「請示內閣」，而其請示對象，並不是他所應該對之負責的立法院。結果是，命令可以替代立法，也可以修改立法。重要機構之設立，不必經過立法程序，以致非建制機構，多如牛毛；國家的財政預算不能由立法院完全控制，以致手續難清，浪費無度。立法院中部分委員，爲行使合法權力，在殷臺公司案、揚子公司案的幾次爭持中，企圖對日趨敗壞的體制有所補救，但仍然經由種種特殊路線，斡旋疏通，立法院的合法權力，始終未能伸長；甚至於立法院已經成立的決議案，也延遲拖擱，既不誠意執行，亦不依法提請覆議。長此以往，立法院殆將成爲民主裝飾，而完全失却其實際意義。我們要求新政府應儘速力矯此弊，對過去的非建制機構，不列入預算的支出，沒有根據的行政命令等，一一清理出來，或予廢除，或正式補行立法手續，對今後則更應竭力避免類似事件之再度發生。

我們完全知道，今天的中央民意機關，並不健全。它完全爲一個政黨所掌握，以致喪失了制衡作用。委員又因特殊情勢無法改選而幾已成爲終身職，就更喪失了新陳代謝的機能。單單這兩點，就已經使我們的民意代表不容易眞正的代表民意。爲此，即使在當前的特殊情形之下，我們也仍然要爭取立監兩院以至國大代表之改選。但我們應知道，立法院之未能健全，主要就是起因於上文所說疏通斡旋的作風。行政長官爲贏得立法院的支持，上焉者，利用所謂「黨紀」予以約束，下焉者，甚至對個別要員誘以特權與私利，暗相結納，從根本上腐蝕了對方的人格。我們常聽到，民意代表不免有營私舞弊的醜行，事實上，民意代表沒有執行權力，倘不與行政人員有所勾結，他們理應無私可營，無弊可舞。新政府倘能做到對立法院的一切交涉，都能冠冕堂皇的在光天化日之下行之，公事公辦，直往直來，則即使立法院改選暫時尚未能做到，也多少可以使它變得比過去更健全一點。

㈢是整飭政風　今天政風之敗壞以及由此而引起的人心之不滿，似已用不

(5)

到我們在此細說，幾乎任何人提及此事，都爲之痛心疾首。省府疏遷，從土地的徵購一直到傢具的採辦，幾乎沒有一件事不造成嚴重的貪污，眞是駭人聽聞；循至於任何機關，祇要有所興建，都照例發生偷工減料，假公濟私等類情事。風氣至此，幾乎已經積重難返，非大力無以挽回。政府在過去，當然並沒有公開的縱容貪污，而且也辦過幾次貪污案件，使一部分不肖官吏，受到法律的懲罰。但是這些案件之處理，類多淺嘗卽止，愈是牽涉廣泛，就愈加審愼，愈是連帶到權威人物，就愈要掩飾。甚至於在某些場合，無形中還以貪污爲忠貞效勞之酬庸，由意爲之廻護。如此而空喊澄清吏治，豈非緣木求魚。在今天，倘能把政府風氣澈底整頓，的確是一件足以振奮人心的大事；我們甚盼陳氏能在這一方面施展其鐵腕，有一番顯赫的建樹。

說起政風，我們又無法不聯帶想起軍公教人員的待遇；說起軍公教待遇，又無法不聯帶想起精兵簡政。這些誠然是最令人頭痛的課題，却同時也是必需要予以解決的課題，卽使短期間內不能解決，至少也得努力去找尋逐漸解決的有效途徑。我們決不相信在政府人員求最低限度的仰事俯蓄以至一身溫飽且不可得的情形下，尙能維持一種良好的風氣。縱令待遇在目前尙不能切實調整，新政府誠能做到眞正的精簡，儘量在預算中剔除國防經費掩蓋之下的不必要的浮濫費用，並廢止高級主管官吏的種種供給與特支，當多少可以籌措若干財源，略舒軍公教人員生活的困苦，同時亦可消解不平之感，而有所補益於風氣之整飭。

以上所述，當然祇是一個提綱挈領，至於由此而申引的枝節問題，自非本文所能列擧。總之，在民主體制之下，凡百施政，應儘可能以民意爲歸依，爲政者能對民意勤搜博訪，多加採擇，自能受到廣大的擁戴。民意誠然主要表現於輿論，但在今天的情形下，新聞事業尙受到種種束縛，未能成爲眞正的民衆喉舌，報紙與論，還祇能代表一部分人的意見。我們要在這裏提醒，說到民意，本省人士對政府的觀感，實應受到特別的重視。我們現在祇有臺灣一省，本省同胞是自由中國基地的主要構成分子，政府倘不能在本省人士之間建立信心，基礎就無法穩固。本省人士對政府的觀感究竟如何，我們可以擧出省議員郭雨新氏於本年六月十日在中央行政改革委員會所召集的座談會中的發言爲例；郭氏曾列擧「三妙」「五害」與「七不可思議」(註二)，剴切陳詞，而其內容多爲一般報紙與論所未道。政府這從一類的資料，可以更深切的瞭解本省人的願望與要求，並且由此可以知道要怎樣才能贏得多數人民的由衷支持。

陳氏憑藉他過去在省政府主席與行政院院長任內所表現的政績，已在國內民間以至海外知識分子之間，建立了很少有人能够企及的聲譽。這分聲譽，今天成爲陳氏的一項重要政治資本。此番他再度執政，倘能就前述的方向，奮發精進，定然可以獲得多方面的合作與協力，收事半功倍之效，爲復國建國的偉大事業開拓新的機運，而陳氏本人，亦可永垂不朽。

我們相信，陳氏如能把握正確方向，決心要有所作爲，他決不會遭逢任何外界的阻力，但是如前所述，這個阻力，却可能發生於陳氏所屬的執政黨內部。萬一不幸陳氏並不能扭轉彌漫在執政黨上層的那種反民主、反自由的潛在心理狀態，或甚至爲這一種心理狀態所帶走，以致於走錯了方向，則在人民間所造成的結果，將不僅是一種無可奈何的失望而已，此種失望將爲國家帶來一場很大的災禍。近年來海內外人心離散的情形，政府與執政黨不是全無瞭解，今後倘不能有效收拾人心，反而更進一步的造成分裂，則不僅反共團結爲之破壞無餘，恐怕卽連執政黨自身亦將無以自全。執政黨起用陳氏，事實上已是打出它最後的一張王牌。他不僅是現在的行政首長，並且還是兩年以後最可能的國家元首。今總統的任期屆滿以後，依據憲法已不得連任，我國現無第二個強大的政黨，兩年後的總統，除陳氏以外，我們尙看不出有第二個較爲可能的人選。像這樣一張王牌，是不許隨意毁棄的，不僅執政黨要珍惜他，我們爲了國家也要特別的珍惜他。在今天這種決定人心向背的緊要關頭，政府已不能再叫人民失望，而陳氏所領導的政府，尤其不能再叫人民失望。因爲這一失望，將是最後的，可能再也找不出什麼方法來予以補救。而最後失望所可能造成的事態，我們殊不忍在此預測。

(註一) 憲法第八條的全文是：「人民身體之自由，應予保障。除現行犯之逮捕由法律另定外，非經司法或警察機關依法定程序，不得逮捕拘禁。非由法定程序，不得審問處罰。非依法定程序之逮捕、拘禁、審問、處罰，得拒絕之。人民因犯罪嫌疑被逮捕拘禁時，其逮捕拘禁機關應將逮捕拘禁原因，以書面告知本人及其本人指定之親友，並至遲於二十四小時內移送該管法院審問，本人或他人亦得聲請該管法院，於二十四小時內向逮捕之機關提審。法院對於前項所請，不得拒絕，並不得先令逮捕拘禁之機關查覆。逮捕拘禁之機關，對於法院之提審，不得拒絕或遲延。人民遭受任何機關非法逮捕拘禁時，其本人或他人得向法院聲請追究，法院不得拒絕，並應於二十四小時內向逮捕拘禁之機關追究，依法處理。」

(註二) 郭氏之言，略爲介紹如下，並請看參六月十一日公論報：

所謂「三妙」，「第一個莫明其妙是地方政府與地方黨部的黨政劃分不清。諸如民意代表在議場的發言，各級工會、公會和農會及合作社理監事的選擧，地方政府都得向地方黨部請示，甚至連三輪車牌照的發給與否，都要徵求黨部的同意。第二個莫明其妙的是民衆服務站的所謂服務，服務站未替人民服務，可是人民每年必需負擔一百萬元以上的服務經費，而服務站的主任比鄉鎮長更要權威些。第三是安全室的所謂安全，更是莫明其妙。安全人員的調查，可以控制一切人，甚至捕風捉影，虛造報告。現在全省各機關有七百五十五個安全室，還打算增設二百八十九個安全室。」

「五害」是指流氓、警察、稅務員、特務和司法。

至於「七不可思議」，則爲：「一、臨時省議會的『臨時』，而省政府爲何不是臨時省政府呢！二、省政府的『疏遷』，省府疏遷至中興村是歷史上行政區最不利的地點。三、中央與地方的所謂選擧，地方省縣市民意代表及縣市鄉鎮長三年一任改選一次，而中央的監察院、立法院、國大代表爲何不改選？四、自治通則共僅一百二十七條，竟審查了一百三十二個月，還未完成立法。但是耕者有其田的條例却都通過，自治通則的審議是不可思議的。五、日據時代到光復後的得意人物，過去「效忠天皇」的份子，光復後搖身一變，成爲忠黨愛國的「忠貞」份子，實在不可思議。六、改組後的農會、水利會、是越改越糟，更不可思議。七、統一發票及購買證，省議會一致認爲應該廢除，商民也莫不怨聲載道，但省府却堅持要存在，難道課稅捨此便沒其他辦法？這些情形簡直不可思議。」

社論

(二)

自由民主是反共的活路

本月二日，蔣總統以中國國民黨總裁的身份，舉行茶會招待中國國民黨籍的立法委員。在這個茶會結束以前，蔣總統會對自由民主問題有所論列。報載他說：「講自由民主的同志們，不要忘記反共復國；反共復國亦不要忘記民主自由。」這一宣示，可謂至理名言。我們知道，自遷臺以來，關于「自由民主」與「反共復國」的位置關係問題，政府人士與反共的自由人士之間的看法頗有距離。因爲二者頗有距離，於是政府人士的作法與反共的自由人士的作法也頗不一致。現在蔣總統的這一宣示，係從基本觀念上澄淸了這一思想上的紛歧。這一宣示在一長遠的歷程中將有助于自由民主與反共復國。因此，我們亟需本着我們的了解，將這一宣示之應有的正確涵義加以尋繹。

我們知道，自由民主與反共復國，這是中國今後兩個基本重要的課題。這兩個課題，從概念上分析，誠然是兩個，從實踐的節目上看，也有各不相同之處；然而，從實質上看，二者只是同屬今後中國整個發展裏的兩個方面而已。離開反共復國，自由民主的果實不可能壯大。但是，離開自由民主，反共復國根本無從實現。自由民主與反共復國，二者是合則兩利，尅則兩傷的。

自由民主與反共復國二者之相需既是這樣密切，那末，近八九年來爲什麼未能作和諧的發展呢？問題的癥結何在？問題的癥結在：自由民主的反共人士在爲自由民主努力奮鬪的同時，從來沒有忽視反共復國的重要；可是，一部分政府人士則於致力反共復國的同時，却昧於自由民主之重要。二者的認識不能銜接。因爲二者的認識不能銜接，於是步調也就未能一致。這個問題，始終是民主與反共途程中，政府與在野的反共自由人士之間扞格的關鍵。這個問題，現在已由隱伏而發展到表面化的程度。這個問題如果得不到適當的解決，一定使自由民主與反共復國的前途蒙受決定性的不利影響。所以，這個問題非予以澈底疏導不可。蔣總統這一次的宣示，可以說是這一疏導工作的開端。眞是値得歡迎的。反共復國的重要，說的人很多了。我們在這裏要着重分析的，是反共復國不能離開自由民主而行。

現在，全世界人民的普遍政治趨向，除了改善並提高生活水準以外，就是要求自由民主。這類要求，鐵幕人民並不例外。自由中國及其政府是站在自由民主這一邊的。她應該順應人民的這一要求來實現自由民主，這應是十分順理成章的事。然而，近八九年來，自由中國在自由民主的道路上，却寸步維艱，左顧右盼，有時甚至開開倒車，走兩步退三步。這是什麼原因呢？

第一、歷史的原因。共產黨這個性格極端的東西，本來是仇視民主的。可是，自一九三六年共產國際組織「人民陣線」以來，國際共黨卽本着利用的動機放棄對自由民主的政治團體和人士的敵視態度，轉而聯合這些力量，共同對付法西斯勢力。中國共產黨在抗日戰爭中卽充分運用這一政策，高喊「民主，抗日」，聯絡「各民主黨派」，利用「民主同盟」，孤立並打擊在朝黨。這一政策與軍事暴動密切配合，加以蘇俄援助，於是抗戰勝利後大陸變色。經此鉅創，在朝人士，一聽到「民主」，就心懷戒懼。他們深恐舊事重演。現在，反共的自由民主人士要他們相信，民主政治在本質上是反共的，而不是助共的。可是他們的心理反應習慣一下子還轉不過來。

第二、他們認爲講自由民主就不好辦事。現在是反共制俄的時期。在此時期，貴乎齊一意志，高度集中事權。政府主要的負責人士認爲，講自是「不聽話」，談民主就是七嘴八舌。這麼一來，意見參差，力量分散，掣肘多端，於是什麼事都辦不成了。所以，他們認爲，爲了好辦事，爲了集中事權，就不能講自由民主。

第三、提倡自由民主，就把自由民主背後的思想意識拖帶出來。這類思想意識與近八九年來官方人士藉宣傳、組織、與教育所製造的思想意識大相扞格。近八九年來官方人士所製造的思想意識是「權威主義的」，是「父親意像」式的，是人身崇拜的，是傳統主義的。可是，自由民主背後所依據的思想意識是非權威的；是認爲人生而平等的；是非人身崇拜的。自由民主人士不相信「權位使人成爲神聖」的「哲學」。自由民主人士，在氣質上也不太接近傳統主義。自由民主人士的思想與臺灣近八九年來官方人士所希望造成的思想意識是這樣處處相反。所以，官方人士一聽到講自由民主，就認爲他們不够「忠貞」。

第四、還有一部分政府人士聽到有人「鬧民主」，腦海中立刻浮起一個印象，以爲這些人是要來「分肥」的。但是，臺灣地狹人稠，席次有限，「自己的人」尙且「照顧不了」，那裏還有「餘肥」分給「外人」？所以，他們一聽到有人談民主就頭痛。基于這種想法，他們連自由民主本身的重要功能也否認了。

由于上述四種因素之交相作用，所以政府中主要的負責人士聽到「自由民主」，就不自覺地在心理上產生相當强烈的抗阻作用。但是，如前所述，自由民主是全世界人民普遍的要求，也是自由中國人民一致的要求。同時，自由中國的政府又宣稱自己是站在自由民主這一邊的。既然如此，自由中國的政府總不好意思彰明較著地反自由反民主。面臨這一「矛盾」，政府的主要負責人士怎樣處理呢？這是政府遷臺以來遭遇的一個基本難題。近八九年來政府人士的許

(7)

多心機、時間、精力、金錢、宣傳、建制，都消磨在對付這一難題上。這幾年來，政府人士對于自由民主的基本政策，可用這八個字來敍述：「一面敷衍，一面抑制」。但是，因爲他們表裏不能如一，認識與行爲不能和諧，表面上談自由民主，骨子裏阻抑自由民主，所以做起來總是破綻百出，馬脚畢露，吃力不討好。卽令只提地方選擧一端，已足把這種毛病暴露無遺。

但是，政府人士的這種兩面派的手法愈來愈不靈了。從近年海內外的普遍反應看來，實現貨眞價實的自由民主之要求愈來愈高。官方人士這種對自由民主「一面敷衍，一面抑制」的政策，越來越成爲海內外離心傾向發展的基本原因。所以，如果這種政策一日不改，那末這種離心傾向便一日不會停止。這種離心傾向不僅一日不會停止，而且我們敢于斷言，由于反攻大陸的軍事行動不知何時可以開始，這種離心傾向只有一天一天加强下去。「事有必至，理有固然」。瞻望國家前途，心所謂危，吾人不忍不據實直陳。

顯然得很，自由中國憑以與共黨匪徒周旋的只有兩張王牌：一張是「反攻大陸」；另一張是「自由民主」。「反攻大陸」是爲的「救民於水火」。「自由民主」是爲的對抗「極權暴政」。將近十年了，「反攻大陸」這張王牌因受種種條件的限制尙未能打出來，那末我們就應該趕快把「自由民主」這張王牌打出去。這就是「政治反攻」。我們出兵「反攻大陸」，共黨匪徒可以調兵遣將來抵禦。可是，如果我們藉實行自由民主向他們作政治進攻，那末他們簡直無法招架。因爲自由民主這一筆本錢，他們是一點也拿不出來的。我們以軍事力量「反攻大陸」會受到種種條件的限制，也許因條約義務之故還須取得美國的同意。但是，如果我們實行自由民主，我們總不能說美國會來「干涉內政」吧！「自由民主」這張王牌握在手裏，打不打出去，其權全操之在我，而且打出去了敵人不能還手。既然如此，我們還有什麼理由不打出去呢？

也許有人說：「政府並不是不實行自由民主。政府已經一再宣示，將來打回大陸以後，把大陸建設成自由民主的國家。」這種說法眞是令人大惑不解：擺着「現在」該做的事不做，而必留待「將來」才做；放下「眼面前」應行的事不行，而必在「遙遠的地方」去行，這不知是何道理！難道說臺灣省沒有實行自由民主的條件，只有大陸才有？難道說臺灣省實行自由民主的客觀阻力比大陸要多？難道說臺灣人民對實行自由民主的渴望不及大陸人民？難道說就近在臺灣實行自由民主比就遠在大陸實行自由民主較困難些？難道說在那不可知的未來實行自由民主比在目前實行自由民主更靠得住些？難道說在幾億人口中實行自由民主比在一千萬人中實行自由民主更容易些？難道說在幾億人口中去實行自由民主才有價値，而在一千萬人中實行自由民主沒有價値？是不是我們只應該把自由民主永遠保持在「理想」階段？是不是自由民主只應懸着作一獎品？

政府主要負責人士之所以不願放手讓大家走上自由民主的康莊大道，最自然的藉口是說「反共復國」的工作尙未完成。是的，許多敵視自由民主的人士常拿「反共復國」的口號來抵消「自由民主」的要求。他們所持的理由，係以爲自由民主之實行與反共復國之措施是不相容的。我們現在必須指出：自由民主是反共復國的眞正目標，同時是反共復國力量的泉源。離開了自由民主而談反共復國，則去純粹的權利之爭和感情的衝突殆不甚遠。離開了自由民主而談反共復國，也不會滋長出有生的力量。無有生的力量來從事反共復國，則反共復國的措施，無可避免地流於「形式的擺設」。

何以呢？

共黨與反共者之間最大的分別只在有無自由民主。共黨摧毀自由民主；反共者應堅持自由民主。如果共黨講一黨專政，反共者也是一黨專政；共黨對于財政、經濟、教育、交通，全部控制；反共者也是對于財政、經濟、教育、交通，全部控制；共黨壓制言論自由，反共者也制定出版法壓制言論自由；共黨蔑視基本人權，反共者也蔑視基本人權；……這樣一來，反共者與所反對象的相似點愈多。如果反共者與所反對象的相似點愈多，那末二者之相反豈不顯得只是爲了權利與感情的衝突？如果反共者只是爲了權利與感情而反共，那末他反共的理由便非常脆弱。持這樣脆弱的理由來反共，便很不容易博取多數人的同情。但是，如果反共者揭櫫爲了自由民主而反共，那末一來可以顯示反共者與共黨在實質上確乎不同；二來可以昭告天下，反共者之所以反共，並非爲了自己的權利和感情，而係爲了大家反極權反奴役。所以，我們說反共復國的眞正目標應是自由民主。

達到自由民主這種目標的手段，也必須是自由民主的。世上決無經由共產制度、納粹制度、或任何形態的極權制度能够實現自由民主之理。目的與手段是不能截然劃分的。離開了實際的過程，幾無理想可言。將手段的向量與目標的向量分開，常常造成手段遠離目標的結果，甚至手段在實際的過程裏毀棄了原有的目標。這樣的實例，古往今來，眞是更僕難數。卽以共產勢力之興起爲例：當共產勢力方興未艾之初，何曾不是提供「共產主義的天國」這樣美麗的遠景。這個美麗的遠景曾使多少人憧憬，多少人追尋！可是，共產黨徒却又明言「爲了目的不擇手段」，而且說「目的可以使手段成爲正確」。大家都可知道，在運用手段上，共產黨徒可謂集古今中外厚黑之大成。這麽一來，「無產階級革命」的結果，是一個一個的極權暴政先後出現。這些極權暴政之去其所提供美麗的遠景，眞不知幾千萬里！經過這一番經驗教訓，可知手段的向量必須與目標一致。依此，如果有人說，中國現在不能實行自由民主，此時大家應該放棄自由民主，等到反共復國以後才能實行，這話是根本不通的。自由忌眞空。民主是連續的。如果政府的主要負責人士眞有誠意將來在大陸實行自由民主，那末不必捨近而求遠，應該讓大家現在從臺灣開始。

稍一分析，我們就可知道，「等待反共復國成功以後實行自由民主」，這話簡直近于幻想，一點也不切合實際。爲什麼呢？自由中國並不是一個大軍事國。就自由中國今後所處的形勢而論，要「反共復國」的事業能够展開，而不像目前這樣限于一黨和局于一隅，那末必定要經由自由民主之路。因爲，今後要展開「反共復國」事業，我們得解決兩個問題：第一個問題是怎樣培養有生的力量；第二個問題是怎樣實現團結。解決這兩個問題的根本樞機就是自由民主。如果不拿自由民主來做解決這兩個問題的鑰匙，而一味講求控制之術，那末只有離題日遠。這八九年來的經驗事實應該足以教訓我們了！

「反共復國」應該是自由中國每個人的「理想」。自由中國每個人應將這個「理想」列爲人生的第一個考慮，自發自動地貢獻才智和能力。這也就是說，「反共復國」這個大目標，不應僅僅是官方衙門裏的事，而且也應該是社會上的事。祇有反共復國成爲社會上的事，才能在一般人心中生根。「反共復國」能在一般人心中生了根，才能產生出有生的力量。然而，我們這裏的「反共復國」事業却成了「煙酒公賣」：只許官製，私製便是犯罪。「反共復國」完全行政化、「公文程式」化了。官方人士之所以這樣做，主要的着眼點有二：第一是防範；第二是標準化。自遷臺以來，官方與民方發生任何接觸時，官方的第一個考慮就是防範。

今日臺灣所謂「保密」與「安全」的範圍之大，在世界是罕見的。隨便那一個鄉間的小公路汽車站也納入「保密」範圍以內。中等學校也被編入「安全」網中，設有「安全室」。這裏所謂「標準化」就是一言一動都要合于官方一式一律的「規定」：連寫標語也不例外。這麼一來，論「安全」的確是够「安全」了；論「整齊劃一」的確是够「整齊劃一」了。但是，人民的創造力和自發自動的能力也隨之窒息了。有生的力量從何產生？靠一部官製的沒有生命的行政機器怎樣去「完成」這樣「偉大的歷史使命」？我們要使這個僵化的社會解凍，滋長出新的生機和力量，只有實行自由民主。

近幾年來，政府的主要負責人士也常喊出「團結」的口號。可見他們也知道僅憑武力和命令是不够的，「團結」乃今日反共抗俄客觀形勢之所需。但是，「團結」一直沒有成爲事實。癥結何在呢？政府的主要負責人士有沒有想一想？顯然得很，僅僅喊出「團結」這個口號並不能使人團結。而要使人團結，需有大家同意的藉以團結的「團結原理」。提到「團結原理」，海內外人士的看法與政府主要負責人士的看法頗有距離。因有這個距離，所以雖然喊了幾年的「團結」，而團結的事實，依然「只聽樓梯響，不見人下樓」。雙方的距離何在呢？政府人士每一提到「團結」，總是擺出「正統架子」，念念不忘以「自我爲中心」，而要四面八方向他來朝拜。可是海內外反共的自由人士對于這一點却並不見得十分感到興趣。所以雙方總是談不來。我們絲毫無意在此打擊政府人士的「正統感」。但是，我們願意在此指出：在今日的情勢之下，「名分」要緊，還是「利于事功」要緊？

吾人須知，「實至名歸」。只要有所成就，還怕別人不承認「名分」？就「團結」一事而論，只要政府人士眞能够促成海內外反共的自由人士大團結，政治的影響力增强，大家還會不承認他們的「正統」地位嗎？既然如此，何必一定在事情尙未成功以前，處處擺出「正統」架子，使人退避三舍呢？遷臺以來，我們在政治方面有一種難治之症，就是：我們明明是處於劣勢，這也是無可爭辯的事實，然而官方人士由于自卑感在作怪而硬是不肯承認這一點，却要處處裝出「偉大超凡」的樣子，官氣凌人。這種辦法，行之于臺灣一島，也許可以換得一部分人仰鼻息，換得另一部分人的沉默；可是，行之于臺灣以外，就沒有人願意買賬了。結果，生意越來越清淡。咱們要挽救這一頹勢，還得從自我心理改造着手：我們不要表面裝得過分壯大，而要以矜愼的態度，以「哀兵」的心情，來與人接觸。政府人士果眞要「團結」而不是口裏喊喊的話，那末就要洞悉海內外反共的自由人士的心理狀態，暫時把「正統架子」隱藏起來，拿出民主作「團結原則」。政府人士如能拿民主作「團結原則」，那末就容易與這些人士接近。這些人士容易接近，許多問題就好商談。許多問題好商談，就實質地向團結之路前進了一步。

根據以上陳示的種種，我們知道，談「反共復國」而不談「自由民主」，則滿盤都是死子。這個樣子的「反共復國」，在一段時間以內似乎看得過去；可是，力量由僵凍而趨于萎縮；朋友由較多而減少。這樣下去，顯然不會有什麼積極的結果的。反過來說，如果我們把「自由民主」當「反共復國」的基本目標和手段，那末滿盤都變成活子：自己的力量由解凍而生機蓬勃；朋友由少數而增至多數。老實說，我們今日要與共黨匪徒比暴力、比物量、比狠氣，已經沒有取勝的希望了。推廣言之，只要我們與共黨匪徒走在同一條路上作平行發展，我們就沒有勝利可言。我們今日要制勝共黨，只有在政制方面與它相反，只有行它所不能行的事。我們與共黨匪徒根本相反之處何在？我們能行而它不能行的事是什麼？並不是有「主義」、有「黨」、有「組織」、……這一套；而是自由民主。自由民主一行，既合于世界大勢，又合于全體人民的要求；既能培養有生的力量，又能團結海內外反共的力量。所以，自由民主是反共復國的活路。這條道路之正確性是毫無問題的。問題只看今日當權的反共人士是否願意照着走。

社論

（三）停止無聊的日內瓦大使談判

美國與北平僞組織間的日內瓦談判，開始於一九五五年八月一日。這一談判初則每週舉行兩次會議，嗣後卽逐漸改爲每週一次，兩週一次，每月一次，兩月一次，自去年十二月十二日起，這一會議乾脆停頓不開了。而美國對於這一談判的興趣與熱情，亦隨着這種會期的逐漸拉長而日形冷淡，去年底這一談判的停頓，亦表示美對這一會議已不存什麼太多的幻想了。

當這一會談尚未正式舉行之前，美國曾聲明這一會議將商討解決美國被拘留平民釋放問題，及其他雙方爭執有關的各種實際問題。所謂實際問題者，就後來的事實所表示的而言，計有對臺灣擯棄武力問題，大陸上美國政府及公民財產賠償問題，解除貿易限制及文化交流問題，交換記者及新聞採訪問題，及最後所提出的簽訂司法援助協定問題等。但經過三年以後的今天，這些問題中沒有一個會獲得了像樣的成就，甚至除了對臺放棄使用武力一事外，沒有一個問題曾有過任何認眞的討論。對臺擯棄武力爲談判重心所在，用力最大，費時最久，而成就毫無。要求賠償大陸上美國政府及公民財產問題，在美國心目中頗屬重要地位，但以會談氣氛不佳，美國始終未敢正式啓口。至於解除貿易限制及簽訂司法援助協定一事，美國已鄭重表示拒絕。在交換記者與新聞採訪方面，美國雖作若干讓步，允許部份記者赴大陸作短時停留，而北平僞組織爲防止大陸不安情況洩漏於外，却反過來拒絕這批記者進入。所以除非美國改變對北平僞組織的這種根本態度，或世局發生重大變化，我們深信美國與北平僞組織間的這種談判將永遠不會有何結果的。當然，我們並不以爲美國將會改變對北平僞組織的這種態度，也並不以爲圍繞着美與北平僞組織的遠東大局將會有什麼重大變化。過去三年的事實並沒有證明這種談判會有何種結果，同樣未來三年也不會證明這種談判將會出現奇蹟。假若杜勒斯國務卿要對這一談判加以徹底檢討以決定究應繼續與否的話，我們該指出這三年來的實際經過，便是一個最好的回答。

不過儘管如此，而美國對於這一談判的幻想並未完全消除淨盡。當上月三十日北平僞組織突發表聲明，以警告口吻要求美國於十五日內同意恢復大使級談判，否則便宣布撤銷這一會談時，美國方面的反應竟是那樣的含混其辭，使人很難分辨美國的態度究是拒絕抑是接受。美國一面表示說不接受這十五日的最後通牒式的限期，一面又表示說早在北平發出這一聲明前，美自已已經在積極準備恢復大使級談判。這種態度就無異告訴北平僞組織，卽使沒有它這一要求，美國亦照樣要恢復大使談判。（這是一種多麼軟弱與可憐的態度！）接着便提議把這一談判由日內瓦移至華沙，換一新地舉行。等到本月三日北平僞組織發表另一聲明，針對美國說法發出更強硬的姿態時，美國的反應又是那樣的軟弱無力。凡此種種，已明顯表示出雖然過去三年的日內瓦會談已完全失敗，雖然美國亦衷心瞭解這一會談不會有何成就，但杜勒斯國務卿爲了堅持成見，不願在全世界面前公開承認其錯誤，所以寧願這一談判在拉鋸戰中拖延下去。

杜勒斯國務卿所以作此堅持，在表面上自有他的一套解釋。第一，杜勒斯可能認爲這一會談雖沒有解決任何重大問題，但這一會談開始時被拘留於大陸的四十一位美國平民，其中除尚留四人外，大部已獲釋放。在最近一次記者會上，杜勒斯確曾有此表示。第二，杜勒斯認爲這一會談在使北平僞組織對臺擯棄武力一事上雖未獲得成功，但亦由這一會談使北平僞組織不敢公開對臺海峽使用武力，所以得能保持臺峽局勢的相對穩定。第三，杜勒斯因爲美國大部份被拘平民雖獲釋放，而尚有四人仍在共黨監獄中，爲求這少數人終能恢復自由，所以美國不願就此放棄與北平僞組織的談判政策。杜勒斯這種看法，在表面上也許能自圓其說，但實際上，完全站不住脚的。照美國平民的釋放來說，卽令根本沒有日內瓦大使談判，美國不作這種犧牲，祇要美國經其他方式如國際紅十字會的從中安排和第三國的間接協助，而作此努力，照樣亦可達到釋放平民的目的。而這種大使談判，事實上並非使北平僞組織在釋放平民一事上表現得比它所預定的步驟更快，也許反而更慢。就臺灣海峽局勢的比較平靜而言，這是由於中美條約，美國會的緊急授權，與屠牛式飛彈駐臺的結果，而不是日內瓦談判的結果。假若沒有以上這些措施，不從實際作法上加強臺峽防務，任何人都知道單靠談判來維持一種和平，是絕對不可能的。再就求釋尚拘大陸的四位平民說，我們在道義上不反對美國對它的公民履行保護責任，但北平僞組織既已聲明這四人的釋放並不在一九五五年九月十日所獲協議範圍之內，所以不論美國是否恢復大使談判，這四人絕不會因此就會獲得釋放。如此就連這一談判所能繼續的最後一點理由，亦由此不存在了。

美國所以繼續與北平僞組織虛與委蛇，再三屈就，也許有內政上的理由。表示美國政府爲維持和平與保護美國權益，不惜竭盡一切可能。但這一內政上的些許收穫，遠不如外交上的重大損失。試問美國既爲了四位平民而謀取與敵人妥協，那麼遠東國家爲其國家的貿易利益與安全就不能向北平僞組織屈膝嗎？美國因小失大，自取其咎，它還能責怪別的國家不反共嗎？事實上，就我們所知道的，北平僞組織的所以要以撤銷談判來威脅美國，正表示它正急迫需要恢復談判；所以要急於恢復談判，就因爲準備要從這種談判中繼續謀取宣傳利益，向全世界表現美國對它的這種屈就態度。最近北平僞組織的所以反對這一談判由日內瓦移至華沙舉行，也就因爲日內瓦具有更多的宣傳方便而華沙則無之故，難道美國國務院和杜勒斯國務卿連這點道理都不懂嗎？總之，我們希望美國不要再繼續這種有百害而無一利的無聊的大使談判。

梁任公先生年譜長編初稿序

胡　適

梁任公先生死在民國十八年一月十九日。那天晚上我從上海到北平，很想見他一面，不料我剛下火車就聽見說任公先生已死了八個鐘頭了。次日，任公先生的遺體在廣慧寺大斂，我和丁在君先生，任叔永先生，陳寅恪先生，周寄梅先生去送他入斂。任公先生的許多老朋友，如貴州蹇季常先生等，都是兩眼噙着熱淚。在君和我也都掉淚了。

二月初，在任公先生的追悼會上，大家都注意到丁在君的一副輓聯：

「生我者父母，知我者鮑子。

在地爲河嶽，在天爲日星。」

這副輓聯最可以寫出在君對于任公先生的崇敬，也最可以表示任公先生和在君的友誼。

梁先生死後，許多朋友都盼望丁在君擔任寫任公傳記的事。在君自己也有決心寫一部新式的「梁啓超傳記」。爲了搜集這部大傳記的資料，在君替梁氏家屬計劃向任公先生的朋友徵求任公一生的書札。這個徵求遺札的計劃的大旨是請任公的朋友把他的書札眞蹟借給梁家鈔副本，或照相片送給梁家。

當時徵求到的任公先生遺札，加上他的家信，總計大概有近一萬封之多。這樣的大成功是由于幾個原因：第一、任公先生早歲就享大名，他的信札多被朋友保存，是很自然的。第二、他的文筆可愛，他的字也很可愛，他的信札都是紙精，墨好，字跡秀逸，值得收藏的。第三、當時國中沒有經過大亂，名人的墨蹟容易保存。

這近萬封的信札，就是這部「梁任公先生年譜長編初稿」的最重要的一批原料。此外，這部年譜還充分採用了許多同時人的記錄，如「南海先生自編年譜」，如任公的兄弟仲策(啓勳)的「曼殊室戊辰筆記」等等。這些記錄在當時只有稿本，到現在往往還沒有印本流傳，都是不易得的材料。(戊辰是民國十七年，梁仲策先生這部「戊辰筆記」作于任公先生死之前一年，是一部很可靠的傳記材料。可惜這部稿本後來已失落了。我舉仲策此書爲例，要人知道在君編的這部年譜裏保存了不少現在已很難得或已不可得的資料。)

在君開始聚集任公先生的傳記材料的時候，他是一個很忙的人，不能用全力來寫任公先生的傳記。民國十八年到十九年之間，在君領導了一個大規模的「西南地質調查隊」，直到十九年夏天才從西南回到北平。民國二十年他做了北京大學的地質系研究教授，從二十年秋季開學起，到二十三年六月，他在北大教了三年書。從二十三年六月起，他接任中央研究院的總幹事。二十四年十二月他在湖南衡陽得病，二十五年一月五日，他死在長沙。

梁任公先生的年譜是在君先生在北京大學做教授的時期開始編纂的。在君自己是主編人，他請了一位青年學者趙豐田先生做他的助手，幫助他整理編寫他在那幾年裏搜集的資料。因爲材料實在很多，又因爲在君自己實在太忙，所以這部年譜有些地方還可以看出這是一部草稿，沒有經過最後的整理寫定。例如頁五二引「李宣龔與丁在君書」，本文說是「李宣龔氏給編者的一封信」。這是很清楚的在君自稱「編者」。但頁十二引梁思成「致在君先生書」，本文說是「梁思成先生給丁在君文江先生的一封信」，頁十六也說是「梁思成致丁在君先生書」。這兩處都不稱「編者」了。

※　　※　　※

在君死後，他的朋友翁詠霓把這部沒有經過最後整理修改的初稿本油印了幾十部，分送給任公先生的家屬和朋友，請他們仔細審查一遍，附加評注，然後寄回——寄回給誰作綜合的整理修改，我現在已記不清楚了。我當年也收到一部油印本，後來好像是寄還給梁家了。事隔多年，我彷彿記得是由梁令嫻女士、思成、思永兩先生、思莊女士各位彙齊收到的油印本上簽注的意見，然後由他們決定請一位老輩朋友擔任修改這部初稿的鉅大工作。丁月波先生(文淵)在此書的「前言」裏曾提及林宰平先生「正在整理這部著作」。很可能的，林宰平先生就是梁家姊妹弟兄委託修改此稿的人。

油印本好像是題作「梁任公先生年譜長編初稿」，這個題名可能是翁詠霓改題的，也可能是在君的本意。在君最初的意思是要寫一部現代式的「梁啓超傳記」，年譜不過是傳記的「長編」而已；不過是傳記的原料依照年月的先後編排着，準備爲寫傳記之用。

油印本的底本就是中央研究院歷史語言研究所保藏的這部初稿本。這部初稿本原藏地質調查所，後來歸史語所收藏。

丁月波先生在他的「前言」裏，曾稱此本爲「藍晒本」，那是不很正確的。這部「初稿」本是一部毛筆清鈔本。但其中引用的信件，或任公先生的詩文，或他種文件，都是剪黏的晒藍本。當初編纂的計劃必定是把準備引用的傳記資料，如信札及他種文件，一概都用晒藍複寫，以便剪下來分黏在各個稿本裏。最早的草稿本的引文必定也是晒藍剪黏的。後來這部清鈔本的引文也就照樣用晒藍的資料剪黏了。

月波又說，「其中經(在君)二哥修改的筆跡，都歷歷可考。」我細看全部「初稿」清鈔本，上面只有塗抹的筆跡，沒有修改的文字，實在無法可以指定那毛筆的鉤抹是在君先生和趙豐田先生的草稿本，上面必定有在君親自修改的筆跡。據我的記憶，那部草稿本是送還給任公先生的家屬了。

※ ※ ※

這部「長編初稿」的主編人是丁文江，編纂助理人是趙豐田。全部書有一致的編纂體例。除了最早幾年之外，每年先有一段本年的大事綱領，然後依照各事的先後，分節敍述。凡引用文件，各注明原件的來源。因為文件是晒藍剪黏的，故偶有模糊不能辨認的字。又因為原料實在太多，趙君句讀標點也不免偶有小錯誤。

但這部「長編初稿」是大致完成了的一部大書。其中最後的一小部分可能是在君死後才趕完成的。（這是我的追憶，我不能斷定那一部分是在君死後才完成的。最後一年記任公先生之死，以及身後情形，都很潦草，顯然不像是在君看過的。）這部「長編初稿」保存了許多沒有經過最後刪削的原料，所以任公先生的兒女們在當時都感覺，這一大批原料應該再經一遍刪削，方才可以付印流傳。

但我們在二十多年後，不能不承認，正因為這是一部沒有經過刪削的「長編初稿」，所以是最可寶貴的史料，最值得保存，最值得印行。

世界書局的楊家駱先生受了丁文淵先生身前的委託，費了大力量把這部清鈔本重鈔了一部，用鈔本排印流傳，這件大工作費了兩年的時間，這是梁任公先生的朋友們和丁在君先生的朋友們都應該誠心感謝的！任公先生的兒女們在當時也許有種種的顧慮，不願意把這部沒有經過最後修改的原料長編印行出來。但在梁任公死後二十九年，丁在君死後二十二年，還沒有一部根據這部「長編初稿」寫出來的「梁任公年譜定本」，或「梁任公傳記」——我們不應該再等候了。我們感謝楊家駱先生把這一大部「梁任公先生年譜長編初稿」排印出來。我們相信這部大書的出版可以鼓勵我們的史學者和傳記學者去重新研究任公先生，去重新研究任公和他的朋友們所代表的那個曾經震盪中國知識份子至幾十年之久的大運動。我們盼望，這部原料「長編」出版之後不久，就可以有新的、好的「梁啓超傳記」著作出來。

我們最感覺悲哀的是為這部稿本的流傳曾出了大力的丁月波先生竟不能親自看見這部大書的出版了！

胡 適 四七、六、十。

最後的微笑

夏 菁

蔣夢麟夫人陶曾穀女士彌留時，夢麟先生陪伴在側。聞先生曾語夫人云：「我倆之愛，始終勿渝。」夫人聆言，含笑而逝。乃有感作此。

像一年中最後一朵薔薇，
這淡淡地一笑。
以一生的清芬作蓓蕾。

當生之火燄將熄滅，
愛的光輝突自心底亮起——
為了幾個字瑩瑩在耳際。

催促的天使已暫時迴避，
昔日的甜蜜重再醞釀，
邱比特如蜜蜂的縈飛。

人生原是一條長長的塵路，
在愛的脚步下却感到短促。
數十年手攜手的同行，
只像是一個散步的黃昏。

在逐漸微弱的呼吸中，
嗅到家鄉溪畔的花香；
於行將停頓的心跳裏，
覺出早歲臉紅的振盪。

現在，一切的記憶，
已埋在白髮厚厚的雪裏。
唯有想到這世界上，
有一個可靠的春天，
封凍的冰河中
遂湧出暖流一線。

這時，臉上不由得開出
一朵最後的微笑，
(與第一朵同樣神秘)
剎那凋落在黑色的泥裏。
但她純白的花影，
將永生閃爍在
哲人深沉的眼底。

生命短暫如游牧人的篷帳，(註)
唯愛的精神像希臘石柱般久長。

(註)追思禮拜時，周牧師所引聖保羅之言。

由出版法談到委任命令及自由裁量

薩孟武

我們現在暫且不談自由，也不談民主。一般人民所要求於政府的是「法治」二字，所以現在不妨單談法治。

所謂「法治」並沒有什麼高深的理想，不過希望政府公布法律之後，行政必須根據法律。

法律的內容不外兩種：一是命令，命令人民爲其應爲的事，以出版法爲例言之，出版法第九條第十四條第十五條都是命令發行人應爲的事項。二是禁止，禁止人民爲其不應爲的事，以出版法爲例言之，第三十二條第三十三條都是禁止出版品登載的事項。這種命令，這種禁止，一方是拘束發行人，同時又是拘束行政機關。卽行政機關除第九條第十四條第十五條所列舉的事項之外，不得命令發行人再有其他作爲，例如命令發行人將其每次發行之書籍送與當地國立大學一份，這在教育經費支絀的時代，固然可以充實大學圖書館的內容，由文化觀點言之，也許是合理的，而由法律觀點言之，却是違法(註一)。因爲出版法關於書籍，單單規定分送內政部與國立中央圖書館(第二十一條)，而未曾提及當地國立大學之故。同樣，行政機關除第三十二條第三十三條所列舉的事項之外，不得再禁止出版品登載其他事項。例如刑法第二百九十二條云：「以文字、圖書或他法公然介紹墮胎之方法或物品……者，處一年以下有期徒刑、拘役或科或併科一千元以下罰金」。某雜誌爲提倡防止人口過剩，而介紹墮胎之方法，此際法院固然可依刑法規定，對於著作人或編輯人，處以刑事上的制裁，甚至根據刑法第三十八條之規定，沒收「違禁物」。但行政機關對於雜誌社並不得加以任何行政上之處分，例如一年以下之停刊等是。因爲出版法第三十二條所列舉的七種犯罪，並不包括「墮胎罪」(刑法第二十四章，卽第二百八十八條至第二百九十二條)在內。由此可知：

國家制定一種法律，並不是單單拘束人民，而且同時亦拘束行政機關(註二)

行政機關若謂有了出版法，便可自由行動，眞是幼稚極了。

說到這裏，我們不能不談委任命令及自由裁量兩個問題。

法律只能規定大綱，當其實際施行之時，委任行政機關規定細則，以補充法律未及明白詳盡之點，在立法技術上固然妥當。這種施行細則就是所謂「委任命令」(註三)，形式上雖係命令，實質上乃是法規。制定法規的權本來屬於立法機關，立法機關要委任行政機關制定法規，應受憲法上的限制：凡憲法明文規定某些事項以法律定之，而立法機關乃委任行政機關以命令定之，例如憲法第十九條云：「人民有依法律納稅之義務」，第二十條云：「人民有依法律服兵役之義務」，卽租稅和兵役必須用法律定之（這叫做法律的保留），倘立法機關將制定租稅法規或兵役法規的權委任於行政機關，則爲違憲的事。因爲憲法不但拘束行政機關，且亦拘束立法機關。立法機關固不得將憲法所指定爲自己的權限委任於行政機關(註四)。

立法機關雖然依法委任行政機關制定命令，然而我們須知委任命令只得對於該項法律已經規定的事項，作補充的規定，不得規定該項法律所未規定的事項，尤其該項法律所未規定的人民的權利和義務。以出版法爲例言之，出版品的內容受到限制的乃是煽動(註五)刑法上七種犯罪，因此，施行細則須受下列三種限制。

①施行細則不得於七種犯罪之外，另加其他犯罪以作行政處分的根據。

②那一種行爲爲七種犯罪，刑法已經規定了，施行細則不得以刑法所未規定的行爲爲七種犯罪之一。

③出版法既然明文規定犯罪了，施行細則不得以「尚未構成犯罪」的行爲爲行政處分的根據。

苦呀！苦呀！有了出版法，反受出版法的拘束，沒有出版法又如何呢？刑法第一條云：「行爲之處罰，以行爲時之法律(請注意法律二字，卽不是單指刑法)有明文規定者爲限」，所以沒有出版法，行政機關對於出版品不得加以任何處罰。

命令不得違反法律，處分應依法(法律)令(命令)而爲之。法令若不苛暴，行政機關所作處分，只要其能根據法令，人民儘可安心。法令縱令苛暴，然而愼子有言：「法雖不善，猶愈於無法」，人民亦得預先警戒。固然行政機關執行法令之時，尙得自由裁量，然而自由裁量不能離開法令。在司法方面，例如刑法第三百二十二條云：「以犯竊盜罪爲常業者處一年以上七年以下有期徒刑」。法官適用本條之時，固有自由裁量的餘地，但裁量仍有一定範圍。何謂「常業」，應依一般觀念判斷，而如民國三十年上字第三二八號判例解釋，常業「指以竊盜爲職業者而言」。故凡遇便行竊，雖有數次，苟非以行竊爲謀生之職業，只可視爲累犯，不得論以常業竊盜之罪。對這常業竊盜罪，宣告徒刑，不得比一年少，亦不得比七年多。這是法官自由裁量之例。行政官呢？行政法規之中若有「伸縮性概念」(dehnbare Begriff)，例如土地法第一百九十三條所謂「調劑社會經濟狀況」，或有「概括條欵」(Generalkrauseln)，例如建築法第十七條所謂「於必要時」等語，以作行政行爲之要件，此際行政機關固然可依自己判斷而作自由裁量(註六)。但是自由裁量也有一定原則：卽行政機關所作處分必須有助於公共福利。以建築法第十七條爲例言之：「私有建築未經申請核定，並領得建築執照以前，擅自興工建築者」，倘其所建築的房屋高而不甚堅固，一遇颱風，即將倒壞，傷及鄰舍及行路的人。行政機關自可「拆除」該建築物，以策公共安全。否則只能「處以建築物造價百分之一以下罰鍰」。不必拆除而強行拆除，這是濫用職權 (detournement de ponvoir)，在法治國，國家對於受害人應負賠償責任(註七)。

但是「公共福利」一語，意義多端而不確定，且依各人之主觀的見解而不同，所以現代法治國又進一步，凡行政機關欲侵害人民的權利或增加人民的義務，必須根據法令。卽凡行政機關欲作此種行爲之時，必須具有法規所規定的要件，至於要件是否具備，則由行政機關裁量之。這種裁量稱爲羈束裁量 (gebundenes Ermessen)。反之，行政機關欲增進人民的福利，或其所作行爲與人民的權利義務沒有直接關係者，除法律有特殊規定外，行政機關可依自己判斷而作自由裁量 (freies Ermessen)。由此可知：

自由裁量只能積極的增加人民的福利，不得消極的禁止人民的作爲。

出版法條文只惟第九條有「除情形特殊者外」一語，其他條文皆甚確定，沒有「伸縮性概念」及「概括條欵」，所以行政機關很少有行使自由裁量權的餘地。不得自由裁量，而擅自自由裁量，這是破壞法律。行政機關驅逐人民於法域之外，人民便由政治社會回歸到自然世界，結果如何呢？我不禁爲之憂愁。

（註一）有人告我，今日行政官往往不能區別合法與合理。他們每以自己認爲合理者，視爲合法，這是一切問題發生的原因。

（註二）請參閱拙著增訂新版政治學三〇頁。

（註三）依吾國憲法規定，只惟總統才有發布命令的權（憲法第三十七條）。其他機關必須法律委任，而後才得發布命令。這裏所謂命令當然是指「法規命令」，不是指「行政命令」。參閱拙著前揭書四三二頁。

（註四）參閱拙著前揭書四三四頁。凡事已由憲法明文規定者，立法機關不得用法律變更之，當然更不得委任行政機關用命令改變之。例如義務教育，吾國憲法（第一百六十條）明文規定爲六年（六歲至十二歲），倘行政機關依立法機關之委任，或不待立法機關之授權，把它延長或縮短，都是違憲。

（註五）出版法第三十二條規定出版品不得爲左列各欵之記載，各欵均有「觸犯或煽動」五字，吾人細讀刑法各章所載，出版品不過白紙之上印了黑字，何能强姦婦女（刑法第二百二十一條），所以「煽動」猶可說也，「觸犯」不成意義。其他條文亦然。

（註六）參閱拙著前揭書一八七頁。

（註七）參閱拙著前揭書四六二頁。

軍人之友社總社來函

自由中國半月刊編輯委員會公鑒：

貴刊第十九卷第一期社論㈡論涉本社業務，足證對勞軍工作至爲關懷，深表欽敬，惟以論據與事實頗多出入，難免以訛傳訛影響社會勞軍敬軍風氣。特函說明俾明眞象：

一、筵席捐爲政府財源之一，其稅率如何，自有法令依據，與本社毫無關係，本社不僅從未征收是項稅捐，且亦無權征收，政府亦從未將此稅捐撥交本社作勞軍經費，貴刊社論所稱此項稅捐繳給軍友社一節，全屬子虛，至所稱「娛樂捐」省轄市每票附征四角（電影院、戲院、同樂晚會及其他娛樂聚會均須附征）縣轄市及鄉鎮影劇票附征二角一節恐係勞軍救災附勸耳食誤傳，查勞軍救災附勸，係大陸救災總會，婦聯總會，及本社等三團體共同舉辦者，案經臨時省議會通過，臺灣省政府核准爲期一年，實施地區僅爲九市，並不普及鄉鎮，（花蓮市亦沒有，）更無「同樂晚會及其他娛樂聚會均須附征」情事。所得捐欵，係充勞軍，救災與建軍眷住宅，等所需（尚有部份撥補紅十字會），並無分文用作「軍友社職員開支」，（經常費另立有預算）自本年七月起復經省臨時議會通過，延長一年，全部撥建軍眷住宅自後與本社更無關係，貴刊社論所稱與事實不符，至爲顯然。

二、本社縣市分社收支預算及決算，例必經各該分社理事會通過並經監事會審核，如係各界捐欵至其使用情形復須經各界推派代表會同審查通過後，印發徵信錄，分送有關單位或登報公告征信，間有一二分社，因人少事繁，辦理較遲，容或難免，但絕無如社論所稱「帳目從不公開」情事，貴刊不知有無勞軍捐欵未收到是項征信錄否，請卽惠告。

三、本社職員素質計大專學校畢業者佔七九%，中學畢業者二一%，一部份係由有關機關調兼，一部份係專任過去多曾主持地方行政機構，或曾任軍師旅團主官，無論其學識水準、工作經驗、個人修養，均不低於一般機關工作人員水準，貴刊所謂本社「若干職員素質低下」未知何所據而云然。至工作人員態度方面，本社向要求全體同仁以服務犧牲爲本分，以刻苦耐勞相勉勵，並以謙和誠懇爲重要信條之一，貴刊所論所稱「若干職員態度惡劣」必有所本，敬盼惠示具體事實，以憑從嚴糾正。

勞軍工作，乃全國同胞應盡責任，敬軍風氣，端賴社會各界宣傳倡導，本社同仁，深感才智棉薄力有未逮，尚希貴刊多予積極鼓勵與支持，倘荷指教，尤所歡迎。前列諸端並請依出版法第十五條之規定惠予原文刊登，以正視聽，毋任企幸，此頌

撰安

中華民國軍人之友社總社啓七月八日

張希文等來函

編輯先生：近閱貴刊第十八卷第十二期讀者投書㈡陳偉士先生的「爲甚麼要教員强銷書刊。」函中第三段，內有「該書編著者—張希文—等先生，校訂者—何容、齊鐵恨二先生。」讀後因爲陳先生奇怪的是「書是什麼人發下來的？」並不是「該書內容有什麼問題。」所以我們認爲「不必多說話」。不料最近許多朋友，紛紛來函問到「這是怎麼一回事？」只好也借貴刊一角，略作說明。

首先我們要說明的「張希文等」，也是服務於國民教育界的。而編著「說話範本」只是爲了「本身工作崗位的需要」。

我們都知道，中華民族語文的最大優點是「書同文」，而最大缺點是「語」不同「音」。教育部爲了使全國語言統一，並能做到「言文一致」，特於民國九年將國民學校的「國文科」改爲「國語科」。這些年來，國民學校的課程，雖時有修訂；但國語科的內容，却始終沒有什麼改變。它包括着「說話，讀書，作文，寫字」四個目標；「讀書」是有課文可以依據教學的。但是「說話」，尤其臺灣當光復之初，各國民學校的同仁們，對於上說話課時「說什麼？」「怎麼說」？感覺非常困難！—因而許多到我們學校—臺灣省國語推行委員會附設實驗小學—來參觀的，常常向我們提出：「你們怎樣教低年級說話？」「你們高年級說些什麼」？等等問題。……後來我們自己也覺得「這確是一個值得研究的問題」。就把研究「說話教材」也定爲本校研究實驗的工作項目之一了。從民國三十九年開始，由一部份同仁分工合作，整整經過了兩年，才算完成了這一套，由一年級至六年級共十二册的「說話範本」。……其初，我們不過是油印成册，給本校的同仁作爲上說話課的參考資料。民國四十一年冬東方書店負責人，表示願意購買這份稿子的出版權。我們深怕稿子內容，或有不妥的地方，於是又請語文專家何容齊鐵恨兩位前輩，替我們校閱了一番。就把這書的版權賣給東方書店了。（民國四十二年一月初版說話範本是由東方書店出版的。）至於版權賣掉之後，買主如何處理這份稿子？當然我們無權干與。特此申明，尙希代爲刊出，以正視聽爲感。

張希文等同上六月廿五日

創設講理俱樂部

殷海光

本年五月二十七日晚七時的餐敍上，胡適先生發表他對于這幾年來許多自由民主反共人士所鼓吹的組織反對黨問題的看法。他說：

「我個人對此問題，認爲最好不要用『反對黨』這個名詞。一講『反對黨』就有人害怕了。不明道理的人，以爲有搗亂、有顚覆政府的意味。所以最好是不用『反對黨』這個名詞。今天大家覺得一黨當政的時間太久了，沒有一個制裁的力量，流弊甚多，應該有一個別的黨派出來。……現在可否讓敎育界、靑年、知識分子出來組織一個不希望取得政權的『在野黨』。一般手無寸鐵的書生或書獃子出來組黨，大家總可相信不會有什麼危險。政府也不必害怕，在朝黨也不必害怕。我想如能從這個新的方向走，組織一個以知識分子爲基礎的新政黨，這樣一個在野黨，也許五年十年甚至二十年都在野也無妨。」

在這一番議論之中，胡適先生所着重的在野黨底性質之一，是要沒有「危險」性。這一着重，可說是洞悉近幾十年來中國在朝人物底基本心理狀態。他們認爲，只要是在野的組織，都是有危險性的。這種心理狀態，自經過重大地挫敗于一種在野勢力而播遷來臺以後，發展到了最高峯。近八九年來，在朝人士最基本的課題是怎樣保衞政權和抑制在野力量之抬頭。幾乎我們所見的一切口號，一切訓練，一切設施，一切活動，無非是從這一最基本的課題所推衍出來的節目而已。因此，如果有人要組織反對黨或在野黨，即令他不是存心在短時期內「取而代之」，只要在朝黨「認爲」他們有這種「野心」，一定集中力量予以打擊，直到根本不發生作用才止。所以，爲了袪除在朝勢力底疑忌，談到組織在野黨，胡適先生就先打這一個招呼。

由胡適先生底這一個招呼，作者想到一個基本問題。這個基本問題含藏在中國文化的傳統中，而特別顯著地暴露于歷代的改朝換代的政治衝突裏面。自秦漢以後的改朝換代，我們可以看出一個公式：每一次朝代底改換動力 (Dynamics) 都是在朝勢力與在野勢力之對演。如果有在野的帶政治性的勢力起來而且有「問鼎」的模樣，在朝勢力總是「使盡渾身的解數」把在野的勢力壓着或是消滅掉。否則，就是在野的帶政治性的勢力起來把在朝勢力消滅掉，另建新朝。在中國傳統中，「正統感 (Sense of orthodoxy)」似乎特別强烈。在朝勢力總是以「正統」自命，拼命保住這個「正統」。在野勢力總是拼命爭「正統」，或自行建立新的「正統」。下一代又照樣重演。這眞個「不是東風壓倒西風，就是西風壓倒東風。」二者除了較力以外，沒有什麼理好講。可是，壓來壓去，一般人民可慘了。

這是中國歷史底一個死結。這個死結並沒有因帝制換上「民國」招牌而解開。這個死結要怎樣才能解開呢？有而且只有藉着民主政治。因爲有而且只有在民主政治中，權力欲才能得到安排。權力欲得到安排，權力才能均衡。但是，民主要能眞正實行，必須講理。如果大家不願講理，或願講理而不知怎樣講理，那末民主政治不會得到最佳的實現。談到講理，是自古至今人類底一個重大的問題；對于中國人而言，尤其是一個重大的問題。所以，我們現在不能不認眞討論一下。

中國底傳統重講道德，講禮，但沒有講理這一格。中國出過倫敎家，出過禮法家；但未曾出過歐基理德 (Euclid)，未曾出過亞里士多德 (Aristotle)；至于像近代的培根 (F. Bacon)，現代的愛因斯坦 (A. Einstein) 和羅素 (B. Russell) 這類底人，更未曾出過。所以，過去的中國人還有講道德的；講禮的人則遍于社會上下。談到講理，自古至今中國一般人還未上第一課。作者在這裏所說的「理」，當然不是宋明理學中所謂的「理」。宋明理學中所謂的「理」是出自「性理」的「義理」。這是科學前期的玄談，越談越糊塗。在過去，中國社會裏人際發生糾紛的時候，你可以拿道德責備他，可以拿禮法約束他，可以動之以情，可以誘之以利，可以臨之以威，但要和他說理，却萬分困難。中國底社會是一個層級社會 (hierarchical society)。這種層級社會中的層級差別，被蒙上倫理的外衣和倫理的色彩，因而得到倫理的解說 (ethical rationalization)。在這樣的社會裏，社會底重心既在男又在老。男人與女人不是站在同一層級之上的。男人較女人高一層級。所以，男人和女人沒有理好講：女人只有聽男人的。服從被視作婦女底一種美德。老人與年青人不是站在同一層級之上的。老人較年青人高一層級。所以年青人在老人面前不能辯理。辯理就認爲「大不敬」。老人對年青人說的話都是「敎訓」。「敎訓」只有敬謹接受。在這樣的社會裏，「年資主義」是最具支配作用的行爲原則。在這樣的社會裏，如果一個人既老且男，則處處佔上風。「父親意像」眞是瀰漫六合。師生關係就被視作一種「同父子關係」。藝徒須呼藝師爲「師父」。公敎底神甫則會被譯作「神父」。平等觀念連踪影都看不見。在政治範疇中的鑑別原則，只有「順逆之分」，此外決無第三種可能：「順吾者存」，「逆吾者亡」。到了現在，講道德的傳統崩潰了，講禮的人也少得可憐。目前，若干人之講道德說仁義，不是爲了摭羞，就是當作一種鞭策別人的手段。很少講道德說仁義的人是眞正實行道德仁義的。結果，到了現在，中國人既少講道德，少講禮，又不懂講理。所以，我們面臨一個空前不得了的變局。道德而無知識是空虛和盲目的。這樣的道德之經不起時代激變之考驗，乃一個再明顯不過的事實。如果我們打算重建中國文化，那末我們底基本着手辦法也得是從講理做起。我們應須建立講理的傳統！

在沒有講理傳統的社會中，願講理尤其是能講理的人眞是寥若晨星；而難以與之講理的人則反大佔勢力。所以社會愈弄愈糟。在這許許多多難以與之講理的人中，我們且列舉幾種例樣，以明講理之難。

第一、拿槍桿的人很難與之講理。這裏所說的「拿槍桿的人」不過是一象徵的說法。這一說法所涵的意謂，卽是凡掌握不受公意及法律約束的足以威脅或消滅人之「物理的存在 (physical existence)」的力量者就是「拿槍桿的人」。換句話說，「拿槍桿的人」就是「掌握暴力的人」。用西方的話來說，「拿槍桿的人」就是「握巨棒的人」。當然，時代不同，工業不同，所握「不受公意及法律約束的足以威脅或消滅人之『物理的存在』的力量」之工具也隨之而不同。但是，工具之同否，這不是基本重要 (essential) 的因素。戈矛、刀箭、槍炮、原子武器、太空武器，並非卽是暴力。只有當這些傢伙「不受公意及法律約束」而用于威脅或消滅人之「物理的存在」時，才構成暴力。

近四五十年來，中國手握槍桿者是很難與之講理的。手握槍桿者之難與之講理，由這一民諺可以得到明證：「秀才遇到兵，有理說不清。」近幾十年來，槍桿多者，大不講理；槍桿少者，小不講理。我們簡直可以說，槍桿之多少，與講理之多少，適成反比：槍桿愈多者，講理愈少；槍桿愈少者，相形之下，反而可以多講一點理。中國要望太平，只有望何年何月手握槍桿者講理。

其實何止近四五十年來中國手握槍桿者很難與之講理。中國歷代王朝之樹立，除了禪讓與世襲以外，很少不是靠暴力征伐的。因此，中國歷代王朝樹立之基本動力多爲暴力。不過，暴力可分做兩種：一種是赤裸的暴力 (naked brutality)，另一種是建構化了的暴力 (institutionalized brutality)。黃巢、張獻忠、李自成、赤眉、銅馬、……這一類底暴力沒有經過建構化。它可以對人直接施行身體毀滅。因而受之者直接感到它底恐怖，對之惴惴不安。這類暴力很少甚至根本沒有文飾可言。所以，這類暴力叫做「赤裸的暴力」。赤裸的暴力經過建構以後，被隱飾甚或逐漸消解於一套建構以內，便成「建構了的暴力」。建構了的暴力，不直接對人身施行物理的毀滅。如果它要對人身施行物理的毀滅，必須透過一套建構爲之。例如：古代帝王要殺「覬覦神器者」，必先加一個名義，說他是「叛逆」；近代則說是「反革命」，交付「人民法庭」審判。透過一套建構爲之以後，被威脅或遭毀滅者在被威脅或遭毀滅時認爲是「合理的」。然而，最後的權力之源是不許問的。所以，追到最後還是暴力。

漢代以後，制朝儀的叔孫通等儒生文人所做的工作，就是暴力之建構化的工作。或者，從文制的觀點來說，他們所做的工作就是「暴力底馴伏 (taming of brutality)」。但是，歷代以來，把這一工作做得成功的儒生文人很少，而多半是被暴力所馴伏，至近幾十年來尤甚。於是，「權力卽是眞理 (might makes right)」。

第二、一部分拿筆桿的人也很難與之講理。近四、五十年來手握槍桿者流之橫衝直闖，我民已司空見慣矣！想不到拿筆桿的人也有難與講理的。而且這八九年來一部分拿筆桿的人之難與講理，頗有每況愈下之勢。自黨權大與以來，筆桿像槍桿一樣，也被編成整齊嚴肅的隊伍。號令一下，萬筆齊發，衝向目標。首當其鋒者，大有「萬箭穿胸」，百刄交加，中鏑而亡之概。這些筆桿說話，很少憑着經驗事實，很少就事論事，很少依理論理；而多搬弄大名詞，或對異已惡言相加，或設詞威赫，或汚蔑侮辱。從這類筆尖之下流出的，常爲「主義」，「國策」，「光榮」，「民族自尊」，「非常時期」，……這類詞彙。你碰到這些大帽子，如遇「最後的眞理」，再無辯論的餘地。這類筆桿之先天的職務，不在對事實負責，而在對權勢負責。所以，如果有人與這些筆桿對陣，想從這些筆桿底下得到一點「眞理」，那才是天字第一號的儍子！

第三、廟祝派也是很難與之講理的。廟祝派都是些絕對主義者。這類人士有時似乎不厭其煩地與人「講理」。如果你因此以爲他們眞是講理，那末你就錯了。他們同你談的時候，先已抱定一個觀念，卽以覺者自居，以不覺視你。他們懷抱「絕對精神」，並且認爲「眞理只此一家，此外別無分店」。在這些人士底言談中找不到一個「錯」字。他們都是些「無失論者 (infallibilists)」。「通體是光輝」。這些人士以爲「總持」着宇宙人生底形上基礎，於是智週萬物，作人文司命，價值標準之立極者。他們同你言談之目的，就是想啓廸你，轉化你，克服你底「邪念」，使你進於「道」，使你「體悟義理」。如果你不以這一套爲然，那末他們就會說你「慧根不够」。如果你對于這一套作不同意的表示，那末他們就會說你「叛道離經」，走入歧途。這類人士談文化，不以經驗事實爲根據，而係在尙未弄淸楚一種文化底眞相以先，就要人對之發生「同情」，懷抱「敬意」。這那裏是研究學術，這完全是廟祝底心理狀態！你到廟裏同廟祝談菩薩，只有信或不信，肅敬或不肅敬可言，還有什麼理好講！

上面所舉人士之所以難與講理，係因彼等不願講理，或不會講理，或所講的不是理。究竟什麼才算是講理呢？這是一個亟須正視的重要問題。

除了初級的知識以外，我們要形構較高級的知識是離不開語言的。我們用語言表達知識時總是用一個一個的語句 (sentence)。因此，我們要看一個人是否講理，最直截了當的方法是考察他所發出的語句之眞 (truth)，假 (falsity)，以及對 (validity)，錯 (invalidity)。任何語句底眞，假，以及對，錯，之成立的程序，通常至少有這些種：①訴諸經驗事實；②訴諸邏輯推論；③訴諸傳統；④訴諸權威；⑤訴諸敎條；⑥訴諸風俗習慣；⑦訴諸暴力；⑧訴諸情感；⑨訴諸立場；⑩訴諸利害關係；⑪訴諸多數——卽多數人說是眞的就是眞的；⑫訴諸人身。

上列十二個程序可以分作兩個類：從第①到第②併作一類。這類我們叫做

A類。從第③到⑫可以併作另一類。這類我們叫做B類。請讀者注意：這個分類是根本而又重要的。如果我們決定一個語句S底眞，假，與對，錯的程序是而且只是A類，那末我們所發出的這個語句S便可開放，任隨大家批評，交付經驗事實的檢證，或邏輯的核校。如果我們所發出的這個語句S便不是開放的，不是錯的程序是而且只是B類，那末我們決定一個語句S底眞，假，與對，任隨大家批評的，不是交付經驗事實來檢證的，或邏輯校核的。如果我們用來決定一個語句S底眞，假，與對，錯之程序是A類底程序，那末我們就是在講理。如果我們用來決定一個語句S底眞，假，與對，錯之程序是B類底程序，那末我們便不是講理。這也就是說，如果我們在判別一個語句S究竟是眞的，是假的，以及究竟是對的，是錯的時，我們只問S是否合于經驗事實，或是否可由邏輯推演的法則得到；除此以外，其他條件一概不在考慮之列，那末我們就是在講理。如果我們在判別一個語句究竟是眞的，是假的，以及究竟是對的，是錯的時，我們動輒引用權威，或投衆所好，或考慮是否傷人感情，或從利害關係出發來斟酌；……那末我們就是在講別的，而沒有在講理。

在實際上，本着B類底程序來判別一個語句S底眞，假，與對，錯者，並不是完全不訴諸經驗事實或邏輯法則，而多多少少得採取一些經驗的證據，和依據邏輯的推論法則。如其不然，則彼等所言，不足取信于人。既然這類底人多多少少採取一些經驗的證據，和依據邏輯的推論法則，那末與前述講理的人有何不同呢？問題出在何處呢？這類底人固然多多少少採取一些經驗的證據，並依據邏輯的推論法則，但是他們是以這二者爲輔，而以傳統、權威、情感，……爲主。當着經驗與邏輯可作傳統、權威、情感……等等底工具時，當着經驗與邏輯能够充實或「宏揚」這些「聖敎」時，當着由經驗與邏輯所得到的結論合于這些東西時，他們是不排斥經驗與邏輯的。可是，當着經驗與邏輯的結論不利于傳統、權威、或傷害情感，……等等東西時，他們不是放逐經驗與邏輯，便是設法曲解經驗與邏輯，或置經驗與邏輯於其所謂更大的法則之下。例如，當着我們將科學方法應用到物理題材時，時下幾乎沒有人反對。可是，當着我們將科學方法應用到人理或歷史題材時，時下反對的大有人在。例如，目前好談歷史與文化的人士，就不贊同本着科學的態度來硏究；他們認爲將情感與理智分開乃是一種「割裂」。彼輩認爲依據經驗事實來硏究這類題材，乃是「雜零狗碎」。總而言之，到了這一關頭，許多人不能接受依據經驗與邏輯所得到的結論，於是就不講理了。說這些人士不講理，他們是不服的。他們不是口口聲聲强調「理性」嗎？所謂理性是什麼呢？離開了一條一條的科學知識而談的理性，是一本空頭支票，任何人可以隨便開列一個數目上去。誰曉得你在知識銀行裏有多少存欵呢？

也許有人說：「你所謂的講理，原來就是講科學方法。照你這個樣子講理，對于古往今來的大道理排斥的未免太多，而你所得到的道理勢必太少。」

作者一點也不諱言，作者所謂講理，就是把科學方法或方法學（methodology）應用于一切題材。你所說的「古往今來的大道理」，無非是倫範，道德、價值這一類規範行爲的東西。講科學方法的人，對于這些「大道理」既不預存排斥之意，又不預存維護之意。這些「大道理」之去留，全視是否合于經驗與邏輯而定。我們並非不要倫範、道德、和價值。但是，講倫範、道德、和價值，不一定就非談玄說幻地講不可。我們是要將這些東西置于經驗的基礎之上，並且通得過邏輯的考核。依此，我們可以知道，如果我們要建立一個行爲規範或大家可欲的世界秩序，那末古往今來的大道理中許多已失時效；有的遺漏太多——不能因應需要。所以，我們必須努力重建。我們在前面說過，如果沒有眞確的知識作基礎，則所講價值、道德，等等，難免是盲目的。盲目的價值和道德，不僅行不通，而且難免導致悲劇。我們要得到眞確的知識，必須從經驗與邏輯着手。我們知道，從這一程序來重建價值與道德，較之一些人士大口口地談「大道理」要緩慢得多。但是，這種程序却也堅穩得多。

經驗使我們知道，靠着傳統來維繫這個蛻變中的社會已經不行了。訴諸暴力解決問題太痛苦。權威已經失去它底尊嚴。情感只能滿足情感。我們要學習試行藉着講理來解決問題。我們要學習講理，必須首先養成一點習慣，即在考慮問題和討論問題時，盡可能地撇開傳統、權威、情感、暴力，……等等因素在思路中的干擾，而逕直訴諸經驗和邏輯。作者之所以提議創設「講理俱樂部」，就是希望藉着俱樂生活（clubian life），養成講理的習慣。

怎樣養成講理的習慣？

我們只需兩條設準（Postulates）：

第一、「眞理面前，人人平等」。這本是一條老道理，西方人——至少硏究學術的人——都承認了。可是，在泛太平洋區域，尤其是漢語區域，要實行這條道理，眞不知何年何月！可是，如果不實行這條道理，眞理是一輩子也講不通的。許久以前，作者在一位朋友家裏吃飯。在座的客人大半是在大學敎書的人。這位朋友對某位客人提起：「某人寫的心理學眞是糟！」這位客人笑哂哂地回答道：「他是老前輩呀，我怎麼好批評呢？」作者心裏當時想道：「老前輩底作品就不能批評，故障這樣多，中國底學術怎樣發達得了？」這個例子，不過是千千萬萬例子之一而已。這個例子說明，年資主義的勢力普遍而深入到什麼程度。年資、地位、職分、頭銜、以及其他種種顧慮，只要稍微帶到一點，講理就會受到歪曲而走樣。如果有一個人正在與學生討論問題的時候，他不忘記他是一個敎授，口口聲聲說「我是一個大學敎授」，這樣道理怎樣講得通？如果一個人與另一個人討論經濟問題，正在難分難解的時候，他說：「我硏究經濟學二十年，所以你得聽我的。」這一論證可說與問題毫不相干：一個人儘管硏究經濟學二十年，他對于某一經濟問題很可能弄不清楚。如果他對于這一經濟問題弄得淸楚，他儘可以提出與這個問題相關的道理，用不着搬出「硏究經濟學二十年」一詞。年資、地位、職分、頭銜、以及其他種種顧慮，都是講理的障礙。在走進講理俱樂部的時候，我們要求任何人暫且把這些東西放在門外。有而且只有大家站在一條線上，眞理才可望講得通。我們希望在這個俱樂部裏，大學敎授與學生隨便討論。行政院長與工人同喝咖啡分析政治問題。這不是烏托邦。如果有人以爲這是烏托邦，那末請他看看西方世界。

第二、「什麼就是什麼(What is what.)」。作者在此所引的這一條語意規律脫胎于亞里士多德。他說：「我們要實在說某某事物是否是白的，那末必須它是白的或不是白的。」這條規律，乍看起來，似乎等于說水。可是，稍微想想，就可發現它底重要作用。中國人底「飾」、「諱」、「忌」，……把「是什麼就說什麼」的習慣，早已掃得無踪無影。時至今日，從西藏高原一直找到太平洋岸，能够「是什麼就說什麼」的，怕不是人生最高的享受？能够「是什麼就說什麼」的，其有幾人？萊興巴赫 (Hans Reichenbach) 慨乎言之：「邏輯只有在一個完全自由的空氣裏才能旺盛。當我們應用邏輯作種種推演時，我們對殘餘的恐懼和成見用不着存何戒心，在這樣的地方，邏輯才會發達。」我們要能眞正講理，最低限度必須能「是什麼就說什麼」。

從這一條規律，可以推演出許多有助于講理的緒論。例如：不要驕傲，但也不要謙卑。依中國底人理傳統，自來即戒驕傲而獎謙卑。然而，無論是驕傲或謙卑，都是對人的態度，與講理毫不相干。我們不能把對人的態度移用到講理上來。當我們講理而不對人時，我們固然用不上驕傲的態度，也用不上謙卑的態度。講理只有眞，假，對，錯與否的問題。如果講得不對，那末你驕傲時固然不對，你謙卑時也不對。如果你講得不眞，那末你底驕傲不能使它眞，你底謙卑也不能使它眞。謙卑無助于發現眞理。過分的謙卑近乎怯懦與畏縮。眞理厭惡怯懦與畏縮，正猶它之厭惡粗魯與莽撞。

復次，如果我們不樹立「什麼就是什麼」這一設準，那末健康而認眞的批評制度便建立不起來。目前的臺灣也有關于作品的評介。但是，這些評介，就大多數而論，不是捧，就是罵；嚴格的解析的批評眞是少之又少。之所以如此，原因之一，係因大家不願亦不能「是什麼，就說什麼」。有而且只有嚴格遵守這一設準，健康而認眞的批評制度才能建立起來。有而且只有建立一個健康而認眞的批評制度，才能促致學術進步。

在以上我們把養成講理習慣的設準大致分析了一下。我們現在要談談講理俱樂部所談的內容是什麼。講理俱樂部所談的內容是什麼呢？講理俱樂部本身底基本目標，是講求講理的方法，講理所用語言，講理所依據的基本假設。我們希望得到一種一致而又統一的講理方法，大家通用的共同語言工具——至少有通用的基本詞彙，以及大家共同承認的基本假設。如果能够做到這些事，那末講理俱樂部之講理業務底基礎就算奠定了，以後的講理實習就可比較順利地依之而展開。至于所講的內容則不拘，天南地北皆可。我們也不故意避談政治，正猶之乎我們不以談政治爲唯一目的。在這裏，政治只是許許多多題材之一而已。不過，我們談政治與自來的談法不同：大致說來，自來的談法，不是搞宣傳就是鬧偏見。我們談政治是純科學的談法。這也就是拉斯威 (H. D. Lasswell) 談「政策科學 (Policy science)」的談法。凡加入這個俱樂部的人，自然有爲他認爲眞和認爲對的論旨辯護的權利。但是，這個俱樂部更要求他，在加入本俱樂部時，必須懷抱一個態度，即是看他所持論旨，究竟是否經得起「推敲挑剔」。凡不願意經此考驗者，大可不必加入這個俱樂部。所以，凡抱持宣傳「主義」的目標而來者，凡本着大法師的態度敎訓世人而來者，凡爲做衞道的打手而來者，這個俱樂部概不歡迎。當然，這個俱樂部並不拒絕將任何「主義」、任何法師態度及打手心理，作分析研究的題材。

如果要問這個俱樂部有無危險，那末我們可以說它比胡適先生所說由知識分子所組成的在野黨更無危險。爲什麼呢？第一、這個俱樂部純粹由知識分子組成——三輪車夫還是有不少有知識的，只要他們眞肯在此講理，我們沒有理由拒絕他們參加。當然，他們不得在此打架。這些知識分子也是手無寸鐵的。第二、這個俱樂部充其量只談政治問題，永遠不是一個政黨——連在野黨都不是。因此永遠不會掌握政權。當然，這並不涵蘊，講理俱樂部底會員個人不得參加政治。如果講理俱樂部底會員中出個把大英雄豪傑，出而澄清宇內，獲致太平，也未始不是可欣喜之事。但是，如果講理俱樂部發現該會員底言行悖理，那末就通告取消他會員的資格。這一點必須嚴格維持。否則整個講理俱樂部勢必破產。

講理俱樂部與可能成立的在野黨是什麼關係呢？朋友關係。我們在上面說過，講理俱樂部底本身不從事實際政治，但是並非不談政治。可是，講理俱樂部之談政治，是解析的談法，不作任何「主張」。如果在野黨底人士提出什麼政治問題，那末講理俱樂部就像醫師分析大便一樣，作技術的解析，推演其結論。這就是講理俱樂部之講理。我們深信這個樣子講理將大有助于促進民主政治。

也許有人說：「你底講理俱樂部之設計，的確有其深遠的作用；可是在中國這種環境，怎樣行得通？」這點世故，作者並非不深。可是，作者並沒有希望講理俱樂部在旦夕之間有助于改善咱們底情況。「羅馬不是一天造成的」。問題只看是否具有熱心和能力的人開始朝這個方向着手建設。

關于怎樣講理，必須有「講理示例」。作者有機會時慢慢寫點出來。至于創設講理俱樂部的詳細計劃，這必須有雄于資財、眼光遠大、且不熱中目前功利的人士贊助才談得到。像作者這樣以敎書爲業的人，對于這個擬議只能說到這個地步爲止。

展開民主政治討論的風氣

董鼎山

胡適先生在「自由中國」社的宴會中發表「從爭取言論自由談到反對黨」的談話後，聽說臺灣的朝野之間已將這題目當作談話的資料。這情形不但在國內如此，即在海外僑胞間亦然。胡適先生的演辭會由美聯社與合衆社發電，紐約僑界在聞悉此訊後，也議論紛紛。這種可喜的現象，至少顯示在反對黨組成功之前，胡先生的談話已經點燃一個火源。因此我在這裏提出一個「展開民主政治討論的風氣」的口號。我將分爲六段討論。

一　爲什麼要展開討論民主政治的風氣？

這個問題看來似很簡單。討論民主政治乃是當然的事，那有什麼「爲什麼」的？可是我在看到「自由中國」第十八卷第十一期中所載胡先生談話的紀錄中一段，有點觸目驚心，也許是因爲在美國住得久了的關係。胡先生在這一段中有謂：「我個人對此問題，認爲最好不要用反對黨這名稱，一講反對黨就有人害怕了。不明道理的人，以爲有搗亂有顚覆政府的意味。所以最好是不用反對黨這個名詞。」胡先生這段話就證明，我們必須努力展開民主政治討論的風氣，使人人在討論的時候，養成風氣習慣，就不會再覺害怕了。展開這種風氣也含有教育的意義。稍明道理的人，都知道「反對黨」乃是一個政治學名詞，意思是與執政的政黨意見不合，並不是企圖用武力「反對」或傾覆政府。例如美國現在爲共和黨當政，民主黨即是反對黨。英國現在是保守黨當政，勞工黨即是反對黨。國內人民也許因爲多年來在一黨政治的氣氛中住慣，看見「反對黨」三字害怕，不敢談論。我們就爲要打破這種習慣，應該發展民主討論的風氣。如果害怕的是國民黨官員們，他們如連「反對黨」這個政治名詞的原意也不懂，就不配擔任行政的職務。含有教育意義的展開民主政治討論的風氣，有雙重性的目的，一是免除人民的害怕心理。這種自由討論的風氣與習慣養成後，人民自然而然的敢大膽發言，因而促成反對黨的從速組成。另一個目的是免除當政官員的害怕心理。官員之有這種害怕心理，實在與人民方面的原因相同；由于多年來一黨當政的習慣，一聽到「反對」一詞，就怕人民搗亂造反。民主政治討論的風氣不但應在人民之間彌漫，也應在官員之間鼓勵。如此在一種雙重性的教育下，官民雙方的害怕心理即可互相抵銷。這種風氣養成之後，人民敢大膽發表意見，而官方亦將心襟寬廣，對民意加以尊重，而不加懼疑。

二　所討論的應該是什麼？

在「民主政治」題目之下，所可討論的範圍無疑的極爲廣大。我個人在看到胡先生的談話紀錄後，就覺得即「反對黨」與「在野黨」二個名詞就有極珍貴的討論價值。譬如，胡先生爲什麼覺得最好還是不用「反對黨」，而用「在野黨」這個名詞。胡先生提出官民雙方害怕這個原因，我在上段中已經述及。胡先生又說，讓教育界、青年、知識份子出來組織一個不希望取得政權的「在野黨」。根據這句話，我們又可繼續展開更深入的討論。比如，在野黨如果永遠在野，不希望獲得政權，是否有實際的用場？不少人士也許和我個人的意見相同，認爲一個在野黨如果僅處在對政府提提意見的諍諫地位，雖然可以對民主政治的實施起啓蒙作用，可是總覺得還不够有勁。我們一面雖然也須顧到政府與在朝黨的「害怕」，一面也要顧到我們自己爲爭取民主政治的實際心理。我們這樣的討論下去，下面的一個問題就是，如果組成一個並不是永遠在野的反對黨，是否有以和平方式取得政權的希望？在這個問題之下，我們就不得不更進一步的對目前國民政府的政制作深入的檢討，如國民大會與立法院的構成等。以民主方式自在朝黨奪取政權的方法即是民選。反對黨必須有足够力量，在國民大會與立法院中爭取多數席位，始能有當政的希望。從上面所述的例子，我們可以看出，在民主討論的風氣展開後，單是一個名詞的討論，即可牽連到不少其他問題。這種討論，不但使討論者對政治發生更深入的興趣，而且在民主教育的啓蒙方面獲得更大的效果。

我可以再舉一個例子，借胡先生的一句話，來發展我們所可討論的題目。胡先生說：「一般手無寸鐵的書生或書獃子出來組黨，大家總可相信不會有什麼危險。政府也不必害怕，在朝黨也不必害怕。」胡先生這句話的意思是，書獃子組黨，手無寸鐵，不會握有軍隊武力用強力奪取政權。這句話明明白白說出政黨握有軍力的危險，我們可以繼而討論，爲什麼黨與軍應該完全分隔，應該沒有私人的關係？軍隊是屬于國家的，是超黨派的，必須服從政府的命令，與黨完全沒有關係。政府可以因黨的競爭而變換，軍隊則必須完全服從一個當政的民主政府。在最近法國的危機中，阿爾及利亞的法軍將領反抗巴黎政府，幾乎發生內戰危險。這種危險，一個民主政府必須加以防備。比如一個陸軍總司令，無論屬于在朝黨或在野黨，他所服從的應是政府的命令，而非黨的命令。總而言之，我們可以討論的範圍極廣，有時甚至可以借用一個外國所發生的事變作例證，分析本國政治的優點與劣點。

三　怎樣展開民主討論的風氣？

民主討論的風氣實際上已經展開。「自由中國」半月刊的言論，胡適先生的言論，出版法修正法案的正反意見，都已引起人民議論紛紛，這實是一個可喜的現象。可是我所提的「怎樣」展開這種風氣，應是積極性的，建設性的。不少人士在茶餘酒後談論時事，對所見的令人不滿現象，搖頭歎息，採取消極態度。這種討論風氣還是不够有力，我們必須對一件事案作更深入的分析與檢討，不斷討論，甚至向報章雜誌及立法委員（人民代表）投函，而引起廣大人民注意，使一件不公平不民主的事案不會無聲無息的消逝。在這種習慣養成之後，在民意獲得與論界支持之後，人民不敢談政治，對政府害怕的心理便會逐漸消失。相反的，人民越是大膽敢言，政府越是不敢壓抑民意。而且官員如亦養成討論民主政治的風氣後，其對壓抑民意的習慣也會在這種氣氛中自然而然的消失。

展開民主討論的風氣，最好的方法當然是通過報章雜誌。報紙一面反映民意，一面又可向人民灌輸教育，是一個相互溝通的最佳工具。民營報紙既是代表人民的，更應有敢言的先鋒精神。在一件不公平不民主的事案發生後，民營報紙的言論應該激發讀者對此事案討論的熱情，並造成正反二面論爭的情勢。論爭越是激烈，讀者所獲益處也越大。我們因此應該歡迎政府報紙或在朝黨報紙的辯駁文字。他們所發表的辯論文字越多，我們以合理邏輯加以反駁的資料也越多。在這種正反二面的論爭情勢下，讀者興趣大增，因此而對一樁問題的中心，更能摸索清楚，明白是非。

我在這裏可以舉出一件最近在美國所發表的事案做例，說明美國人民如何能利用報紙及與論界的意見，來瞭解一件問題的中心。

不久以前，美國一個著名富有的工業家伊頓在電視廣播節目中公開攻擊美國聯邦偵查局，稱政府有百餘個機構派偵探密佈全國各地，暗查人民思想行為，特別是政府機構中公務員的言行。伊頓稱聯邦政府所派出的特務，甚至較戰前納粹德國的「蓋世太保」尤多，實在不是一個民主國家內所應有的現象。伊頓的這種言論發表後，引起一連串的連鎖反應：一、各報以大字標題登載。二、聯邦偵查局局長胡佛向記者批評伊頓，惟謝絕廣播公司之請，不願在電視節目上與伊頓公開辯論。三、若干人士包括極端保守派的時論家立即將伊頓戴紅帽子，稱他是共黨。四、衆議院非美活動委員會主席民主黨議員華特（即歧視種族的華特麥克論移民法案提案人）公開威脅，說是要將伊頓召該委會供證，並要調查伊頓的思想背景。五、紐約各報，包括獨立性時報及共和黨機關報前鋒論壇報在內，皆著社論，批評華特衆議員的威脅，謂伊頓應有言論自由。六、民主黨參議員亨弗萊與陶格拉斯也發表同樣言論，謂伊頓之言雖有過份，但其言論自由，不應受華特委員會威脅。

從上面這個例子的分析，我們可以看出一個民主國家中的言論自由程度，與論界公正態度，民主政治的構成分子等各要素：一、毋論聯邦偵查局在實質上是不是一個特務機構，美國人民有公開批評的自由。二、這項新聞雖是批評政府的，所有報紙，包括在朝黨共和黨的報紙在內，都用大字標題登載。因為報紙對讀者的第一個義務是報導有「新聞價值」的新聞。三、廣播公司自動的邀請正反二面對全國人民作公開辯論，使人民能明眞相。四、美國朝野也不缺乏動不動即加紅帽子的人士。你如批評政府，你就是共產黨。五、美國政府中有權力的議員也有借用其權力而威脅批評政府人士的。六、有地位的報紙如紐約時報與前鋒論壇報堅持人民有言論自由立場，仗義執言，批評議員威脅舉動的不當。七、在同一個民主黨內，黨員意見也有不同，而且敢于出面發表其本人所持的意見。

根據我在寫稿時，（六月十日）獲得從華盛頓所發的電訊，在民意與與論壓力之下，華特的非美活動委員會已表示「無意」再將伊頓召詢。這就是在民主討論風氣盛行的社會中，言論自由獲得最後勝利的一個明證。從第一方面而言，這也就是在一個報紙公正執言的社會中，一樁事案的討論得能廣大展開，引起人民注意的一個明證。

四　何時努力展開這種風氣？

廣泛討論民主政治的風氣，應該趁目前「良機」迅速展開。我提「良機」一詞，至少有三個原因。第一、胡適先生的談話已經引起海內外人士的注意，當作談話資料。這種風氣實際上已經展開，我們應該趁機努力吹動這個火源，不讓它自動消滅。第二、出版法修正案的論爭，不但引起廣大民衆的注意，而且也使民營報紙團結站在一起，與黨報及政府報作對峙。民營報紙應繼續不斷發表有關言論自由的社論，並挑逗鼓勵黨報與政府報發表反駁的社論，因而引起不斷的筆戰。惟有如此，始能持續人民對這個問題的興趣。猶如胡適先生所說，言論自由「是要我們大家去爭取的」。各報應該盡量在社論上作持久戰，爭取讀者的同情。所謂「我們大家」，當然必須包括讀者在內。第三、胡先生主張組織反對黨的言論，及有關出版法的論爭，皆已由外國通訊社發電訊。我們展開民主政治討論的風氣，不但應引起國內人士大響應，而且也應引起國際人士及海外僑胞的注意與支援。由于外國通訊社的協助，目前展開這種風氣正恰是其時。

五　這種風氣應在何地展開？

在自由中國屬下的人民，臺灣不過是一部份；東南亞美洲，及其他海外各地僑胞，也無不深切希望國內民主政治的成型。因此民主政治的討論風氣不但應在臺灣展開，而且必須到蔓延海外各地。在言論方面，海外僑胞不但有更多的「不受干涉」的自由，而且其言論相當受政府當局的重視。胡適先生主張由知識份子組織一個反對黨。我認為加入這個政黨的既不一定需要政治的野心，反對黨（或在野黨）的構成份子也應包含海外僑胞。反對黨之是否能够從速構成，還是在于民主討論的風氣能否迅速展開，使人民對政治有興趣，不害怕。

六　誰應負起主動責任？

前年十月匈牙利革命之時，美國政府不斷公開發表聲明並用無線電向東歐廣播，鼓勵東歐各衛星國人民發動反俄抗暴的革命。匈牙利人民誤認美國將對革命作物質與實際上的援助，羣起作戰，而將革命聲勢擴大。可是最後終被俄軍壓沒，引起人民死傷衆多。自由世界各國與論及匈牙利人民，對美國一面加以鼓勵，一面不加支援的作法，反而引起匈人死傷的行動，頗覺不解。

這個例子當然決不能與我們知識份子在臺灣組織反對黨一事作比較。

胡適先生既已提出組織反對黨的建議，何不進一步的領導現在臺灣的教授、學者、作家、青年學生們及一部份立法委員作非正式的具體討論？我個人的意見是，胡先生不但是這個火源的點燃人，而且也應是這個火源的庇護人，使火源不致自滅，或被外來之風吹滅。胡先生曾經說過不欲參加實際政治。反對黨既是暫時是一個「在野黨」，所能供給政府者不過是意見，並不實際參政。這個知識分子政黨的組成，雖不一定迫使胡先生充當領袖，可是都需要胡先生的嚮導。除了胡先生以外，知識分子們，包括教授、學者、作家、青年學生們，當然都應該負起同樣的責任。在自由討論民主政治的氣氛中，即國民黨員和意見不同的立法委員們也可加入反對黨，使反對黨與國民黨成為如胡先生所說的友黨，而不是互不相容的敵黨。我在這裏不過替胡先生的火源煽了一下，希望各位朋友一起羣同引起火花的爆發。

六月十日于紐約。

民意是不是在立法院？

紐約通訊　六月二十二日

丁　堅

立法院于六月二十日正式通過出版法修正案，官方通訊社偏要說此案「已由全國最高民意機關之立法院通過」，這「民意」二字，實在成為疑問，令「民」不服。什麼叫做「民意」？民意即「民衆的意見」。此次從行政院提出修正案後至今，鬧得海內外人士民情激昂，羣起反對，官方還一定要說此法案是由多數人民支持，實在有點說不過去。

以常識而論，一個國家的被治人民決不會有贊成政府加緊統治的。無論政府如何強詞奪理，限制出版自由即是限制出版自由，限制言論自由即是限制言論自由。民意那有自願通過一項法律授權政府箝制自己的嘴巴的？這是人類天性，最沒有知識的人們，也有這點常識。

什麼是民意？在民主國家內，報刊雜誌是代表民意的喉舌。這次修正案提出後，報業公會立刻清清楚楚的分為二個陣營，一面是全部民營報紙，一面是官方與黨方報紙。一面表示反對，一面表示贊成。最沒有常識的人們也一目瞭然，那一方代表「民意」，那一方代表「官意」與「黨意」。黨報官報的主持人員不但違背民意，而且也違背其新聞職業，有辱于其同業者。稍稍受過新聞訓練的人士就知道從事新聞業者的第一個責任，是報導事實眞理，而反對言論自由之受束縛，更是新聞從業員的天責。特別是那些會在美國受過新聞學教育的人們，更應該懂得這項道理。行政院長俞鴻鈞本人乃是新聞記者出身，這次出版法修正案竟是他所提出，實在令人難解。

民意是代表那一方面的？請看下面一個例子。為什麼這次胡適先生返國受到那樣的歡迎？為什麼在胡先生發表演講時，演講室內總是擠得那麼水洩不通？這是人們在熱悶空氣窒息下對清涼微風的一個必有反應。胡先生曾說：「我到現在還是懷疑一個國家是否需要出版法。像美國便沒有出版法，也就一樣過去，……對國家的安全幸福毫無妨害。所以我不知道政府為什麼要修正出版法，而引起這許多風波！」上面一段話等于代表人民大衆所說的。無論官方如何解釋出版法修正案的必要，如果被官民一致尊重的胡先生尚且「不知道政府為什麼要修正出版法」，一般民衆如何能夠知道，並加以支持？立法院已經將修正案通過了，却偏要說這是民意所在，簡直是笑話！

民意究竟是在那裏？除了國內各民營報紙社論已經眞眞實實對出版法說出民衆的意見外，且看看海外僑界的意見。紐約四家僑報，銷路最大的獨立性聯合日報，民憲黨所辦的世界日報，加上國民黨老黨員潘公展主編的華美日報，及國民黨官辦的美洲日報，沒有一家贊成出版法修正案的。在美國辦的美洲日報，雖是黨報，不得不顧到「民意」，不得不顧到其在華僑社會中的銷路，不但從未出面公開支持修正案，而且在社論中婉言勸「立委諸公」三思而後行。華美日報主編潘公展是新聞界老前輩，雖然身為國民黨中堅，可是對神聖的新聞事業尚有職業性的尊重。他在六月廿一日的社論「論事須先去辟」中有言：

「自由中國以民主自由、憲政法治相倡導者非一日矣，然而內政部長必謂出版法修正案無妨于言論自由，立法院則不顧一切畢竟于日內三讀通過……授行政機關得以撤銷登記之大權。殊不知任何人或法人如未經法院依照刑法判決有罪者，即不得認為有罪。若許行政機關對于報刊未經法院判決有罪者即有權撤銷登記，政令實際上遭受封閉的處分，是明明使行政權侵害司法權。所謂司法獨立之憲法精神，殆已完全喪失。就法論法，立委薩孟武之所言，毫無誤謬。而立法院仍以多數通過修正案，臺北報刊且亦有自願附和拋棄新聞自由之怪現象。其所蔽所辟之程度，幾乎使人不敢信為確有其事。」

獨立性聯合日報在同日以「自由中國微光將熄」為題的社論中有言：「摧殘言論自由，扼殺民營報刊的出版法修正草案，已由立法院三讀通過……自由中國僅有的一點微光將被熄滅，作為反共復國的臺灣亦將陷于世紀末的黑暗，凡我愛國同胞，不能不為之同聲一哭！」

這裏所代表的是海外僑胞的一些「民意」，民意是在那裏？民意不是在立法院。

在理論上而言，立委應該是民意的代表。不少有良心的立委也許確確實實的要代表人民說話，可是却又不敢做到。據紐約所收到的合衆國際社電訊稱，六月十七日，出版法修正案在立院經二讀通過時，五百零六名立委中，官方說是有四百餘名出席，但不少出席的立委則謂，該日上午出席者僅一百五十名，下午出席者僅一百名。這大部份代表民意的立委，如果確實贊同修正案，為何不一致出席投票，而要避免到會？

立法院的通過修正案眞的是代表民意嗎？立法院是一個眞正的「全國最高民意機關」嗎？

六月廿二日于紐約。

中共對中國傳統思想的綏靖政策

香港通訊・六月二十日

劉富蘭

照說，在中共黨徒的心目中，特別是在中共宣傳家們的口頭上，馬恩列史毛的「學說」既然無所不包，無所不是，而他們對中國傳統文化，以及任何傳統文化，又深惡痛絕，則他們大可以把一切舊書刊，特別是寫載傳統思想的書刊棄絕了，但他們並沒有這樣做；而其所以沒有這樣做者，並非是他們瞭解傳統文化和愛好傳統文化，而是由於下面的兩個原因：

㈠中共黨徒雖然口頭上說甚麼「馬列主義」和甚麼「毛澤東思想」無所不包，無所不是，但在他們內心裏也並不完全確信如此；他們有時候也覺得天下之大，宇宙間的奧秘，有非「馬列主義」和「毛澤東思想」所能包含、所能解釋者。當年漢高祖馬上得天下又想馬上治之，但結果發現此路不通；中共過去是以謬說打擊傳統文化起家，而現在若仍繼續打擊傳統文化時，則只有把傳統文化「打死」。但經驗告訴他們，姑無論他們怎樣誇張，和怎樣迷信，但結果他們仍然發現，「馬列主義」和「毛澤東思想」究竟是太單調，太有限；這種單調有限的八股，不但不能滿足一般人精神上的需要，甚至於連他們自己那種簡單的頭腦亦不能滿足。這是他們沒有棄絕舊書刊的重要原因之一。

㈡由於中共領導階層的人們不深切瞭解，甚至於根本不瞭解傳統文化之價值或傳統文化之意義，因此他們自來是瞧不起傳統文化。因此，在沒有奪得政權之前，他們總覺得一旦大權在握之後，他們總會很快地把中國傳統文化消滅。但在他們奪得了政權之後，經驗又告訴他們，傳統文化的問題並不簡單；這種他們素來所瞧不起的東西，不但「不容易」消滅，甚至於根本就消滅不了。這乃構成了他們沒有棄絕舊書刊的另一重要原因。

對於舊書刊，傳統文化和傳統思想既然不應該消滅，也不能消滅，那末，怎麼辦呢？

當然最理想的是能對中國傳統思想加以利用，讓傳統思想爲「馬列主義」和「毛澤東思想」服務；這當然是不容易辦得到的。於是中共的首腦人物們乃不得已思其次，設法對中國傳統文化加以安撫，使之不要起來「叛變」；於是，這便產生了近年來中共對中國傳統思想的綏靖政策。

無論是希臘時代的畢達克拉斯的唯物論，還是後來變種的馬克斯之唯物論，總之，這些都是思想史上的產物，與傳統的中國思想全不相干。本來中國思想有中國思想發展的歷程，有其自己的特質，原不是用甚麼唯物論或唯心論等一路的概念所能包容得了的，而事實上傳統的中國思想和西方的那一套思想模式全不相干，但中共爲推行其綏靖政策起見，乃不能不對中國傳統思想作一番新的解釋。共產黨徒因在「哲學」上(姑如此說)都是辯證唯物論者，所以他們都是運用「二分法」的能手。在一般人看來，無論是西洋哲學還是中國哲學，都是衆說紛紜，派別很多，但共產黨人因特具一種寓繁於簡，或以簡馭繁的本領，因此他們乃把哲學上的派系看得非常簡單。他們恒把他們所「信仰」的哲學叫作唯物論，而對其他一切哲學概稱作唯心論或觀念論。要照共產黨人的這種分法，按說中國哲學都應該被列入唯心論的大範圍以內了；不錯，他們過去是採這種看法，最好說是採這種態度，但自從近年爲了要實行其綏靖政策起見，上述的「態度」乃忽然爲之一變。這種變自然是變得極其可笑。

除非中共們先假定在中國傳統哲學中有唯物論的成份，否則，他們的綏靖政策便根本不能實施。因爲假定中國傳統哲學都是唯心論時，即都應該是在被消滅或至少亦應該是打擊的對象，如此，則自然不能再綏靖或安撫了。中共宣傳家或「理論家」們也深知道這一點，因此他們在這上面一點也不含糊。

在假定了中國哲學史上有唯物論之後，下面他們還是把中國傳統哲學分爲兩類；自然一類是唯物論，一類是唯心論了。他們爲了使其安撫政策能夠廣汎地推行起見，被假定爲唯物論的範圍必須很大，否則在一部中國哲學史中，若只能綏靖二三子時，也就沒有甚麼意義了。因此，他們在假定了中國哲學上有唯物論的成份之後，接着又決定另一原則，這個原則是：除了那些「十惡不捨的」道地的唯心論者，如孟子、陸九淵、王陽明、羅龍溪、劉蕺山等人之外，其他諸家諸派概歸爲唯物論者。但中共的宣傳家們也深知道，把一些與唯物論風牛馬不相及的哲學家硬向唯物論的圈子裏拉，實不是一件好玩的事情，若拉之不愼或處理之不愼，便會鬧出大笑話，甚至於會陷自己於危險。譬如，假定他們中國哲學史上百分之九十的哲學家都拉到唯物論的圈子裏來，而這些哲學家自己的學說又發展的非常高非常成熟，因此，在這種情形之下，若假定那些被拉進來的哲學家都是不折不扣的唯物論者時，則在共產黨的家廟中那裏還會有馬克斯的坐位；即使有坐位，也應該排得很低。這當然不是中共黨人或任何共產黨人在精神上所能受得了的。因此他們在其綏靖政策中又加上了另一原則，這原則是：被綏靖的所有之哲學家，都只能是樸素的唯物論者，絕不足與馬克斯相提並論。如此以來，他們就覺得無論是孔丘、墨翟、老子、莊周、還是周張程朱被拉進唯物論的廟堂之後，就都不會篡奪馬克斯的靈位了。把一切被綏靖的思想家在層次上解釋爲「樸素的」唯物論者還有另一好處，此即是：中國傳統哲學本來是和西方的唯物論思想毫不相干的，因此，若硬拿唯物論的模式套自然是套不上，但現在都把它們說成樸素的唯物論思想，不成熟的唯物論思想；這些唯物論思想既然都在樸素的不成熟階段，因此，即使不能合於唯物論的模式，或是在用唯物論的觀點來解釋這些被綏靖的思想而解釋不通時，也沒有關係。

從以上的敍述中，我們可以歸納出中共綏靖政策的三個原則：

㈠先假定在中國傳統哲學中有唯物論的成份；

㈡在中國哲學史上絕大多數的哲學家皆唯物論者；

㈢中國的唯物論者或唯物論哲學，始終沒有發展得很高很成熟，斷不足與馬克斯或馬克斯的唯物論相提並論。

根據以上的三個原則，好幾年來中共的宣傳家和「理論家」們便大做其對中國傳統思想的綏靖工作。

思想出自思想家，因此，所謂對中國傳統思想做綏靖工作也者，主要地仍是做思想家的綏靖工作；只要能把思想家綏靖得住，至於其學說的不協調處或歧出處，也就無傷大雅了。

孔子是中國思想史上第一個能建立一家之言的思想家，也是到現在止，在所有中國思想家中對中國文化影響最大的思想家。一個中國人盡管在哲學上，在文化思想上，不能完全同意孔子的主張，或是在心情上不能同情孔子思想在中國歷史上的很多影響，但他無論如何亦不能不承認孔子思想是中國思想上最有力的，或至少是最有力的思想系統之一，是世界思想上最有力的思想系統之一。八路們的頭腦雖然簡單，思想雖然淺薄，但他們也深知「孔老二」的厲害，於是他們的綏靖工作便從「孔老二」開始。

中共的宣傳家和理論家們先把孔子劃歸唯物論者的範圍之內，當然孔夫子之爲唯物論者自然是「樸素的」唯物論者。中共的宣傳家們也知道，以孔子在中國思想史上的成就之大，和他對中國文化影響之深遠，若只是草草地給他一個「樸素的」唯物論者的頭銜，恐怕是綏靖不了的。但在另一方面爲了要保持他們的先知馬克斯之地位，又不能承認孔子是成熟的唯物論者，因此只有另外採取其他方式來滿足「孔老二」的要求。於是他們一方面在哲學史上許孔子爲樸素的唯物論者之外，另外尊孔子爲中國古代最偉大的教育家，並在孔子的老家山東曲阜開辦了一所師範學院，定名爲「山東省立師範學院」。當年孔子教學乃是以私人的身份，他講學的學園假定也可以稱爲學院時，那是私立學院，而現在中共則給他來一個公立學院。從「私立」到「公立」，這恐怕就是孔子「樸素的」唯物論之發展罷!?

墨家和道家都是儒家的反動，儒家的始祖孔子既然是唯物論者，則依照辯證唯物論的規律，這兩家自然也都是唯物論者，自然也都只能是「樸素的」唯物論者。其實在近年中共宣傳家的筆下，豈獨儒墨道是唯物論者，而後來的名家，陰陽家和法家又何嘗能逃脫樸素的唯物論者之牢籠。從一種意義講，在中國古代哲學家中現在只苦了一個孟軻；因爲中共宣傳家們絞盡腦汁，到現在爲止還沒有找到適當理由把孟子也列入樸素的唯物論者之行列。設若有一天孟子的問題解決，則後來孟子一系的思想家們，如王陽明和羅龍溪等人的問題也就可以迎刄而解了；但到現在爲止，記者還沒有看到中共宣傳家們可能解決此一問題的跡象。

在漢唐宋的思想家中，如董仲舒、韓昌黎、周敦頤、張載、二程和朱熹等現在都被改造爲樸素的唯物論者了。不特如此，就是清代的樸學家們，甚至於連民國後的章太炎等，也都被改造爲樸素的唯物論者了。

寫到這裏我想先向中共的宣傳家們提出兩點疑問：

第一、假定清代的樸學家和章太炎等人都可算是唯物論者，那麼，受樸學家影響頗深而又竭力提倡科學方法的胡適之先生（中共從來在口頭上不反對科學，他們甚至於說毛澤東所寫的每一個字都是科學的。）爲何單被你們視作唯心論者呢？關於這個問題我想了好久，才豁然貫通：原來胡適之先生現在既未作古，而又身不在大陸，他們無法加以改造，於是就只好發動整個的宣傳機構，終年與胡氏爲敵了。

第二、馬克斯是純粹的西方人，這一點是中共所不能更改的；馬克斯主義完全是西方文化的產物，和中國文化毫無沾染，這一點也是中共的宣傳家們所不能歪譌的；那麼，我現在要問：你們既然認爲唯物論是世界思想史的主流，是人類思想發展之必然的產物，則中國在西方的馬克斯時代之前，只能產生樸素的唯物論者，而在馬克斯之後也只能產生樸素的唯物論者；難道中國人天生低能，天生不如人嗎？

中共對中國傳統思想的綏靖政策現在可以說是剛剛開始，他們還要繼續綏靖下去；記者敢斷定；在他們沒有垮台以前，他們一直要綏靖下去。但這將是徒然的。

自來採取綏靖政策者沒有不失敗的，而以簡單荒謬的黨八股來綏靖具有深厚傳統的中國文化，或者說來綏靖具有深厚文化基礎的中國傳統思想，其失敗更是必然的。

不過，若是我們替中共想一想，除了採取綏靖政策之外，也眞沒有更好的辦法。譬如面對中國傳統思想，假定他們捨綏靖政策之外，就只有採取消滅之一途。不過假定他們採取這一途徑時，下面的一個問題必將發生：中國傳統思想能否被消滅？假定不能消滅時，他們就必須日與中國傳統思想作戰，最後歸爲疲於奔命。假定採取消滅之途而能把中國傳統思想消滅時，則所剩下來就只有馬恩列史毛們的一套黨八股，而共產黨人自己也知道，那一套黨八股究竟太單調，太空洞，專憑那一套黨八股是不足以把人類社會拖起走的。

或問：中共現在的處境不是兩難嗎？

誠然。但這種兩難之境是他們自己造出來的；假定他們不相信馬克斯的謬說，又何致自陷如此？；現在他們既已陷入此兩難之中，就只聽這兩難擺佈；被擺佈到最後是歸爲消滅。

從義大利大選說起

羅馬通訊・六月十四日

魯　冀

五月二十五日及二十六日舉行的義大利大選，與其說是義大利各政黨的勢力在民主制度的選擧下的爭奪戰，不如說是「基督敎民主黨」與「共產黨」兩黨勢力的競爭。因爲該兩黨在一九五三年擧行的上屆大選時已共掌握了近百分之六十三的選票。自蘇俄共產黨第二十屆大會清算史達林以來，及匈牙利人民革命等事件使義共實力連續蒙受打擊，在各方面均發生損削的現象。但今日情形則又有所改觀，人民對莫斯科的恐懼心情，由於時日的消長而逐漸消失，義共的地位在蘇俄人造衞星放射後，以及「和平」宣傳的運用下，又略漸形穩固了下來。本屆大選自開始競選以來卽沒有以上各屆選擧情況來得熱烈。在平靜中各政黨各自實行單獨競選。參加競選的八千餘名候選人，分別屬於六十三個不同的黨派。當然其中有四十多個團體是屬於不發生若何作用的，只爲選擧中的陪襯份子而已。主要的候選政黨除實力雄厚的基督敎民主黨及極左派的共產黨外，尙有奈尼 (Petro Nenni) 領導的社會黨，撒哈加 (Guiseppe Saragat) 領導的民主社會黨及共和暨激進黨、自由派、新法西斯黨、保皇黨的兩派等，在準備爭取爲數三二、五〇〇、〇〇〇選民（一九五三年大選時選民人數爲三〇、二〇〇、〇〇〇人）的支持。

義大利的立法機構是以「兩院制」組成的。國會有衆議院與參議院。在權限上說，不論是就立法權而言，抑或就對行政的監督權而言，兩院是完全相等的。參議院一如衆議院有權推翻主持行政的「內閣」。且兩院均以全民投票直接選擧產生。衆議員每屆任期五年，根據每八萬選民得產生衆議員一人的規定，以候選名單制的比例選擧法制，參以選擇投票辦法及以全國總剩餘選票數額分配剩餘議席辦法選擧產生。參議員每屆任期爲六年，本年三月十八日義總統哥隆希 (Gronchi) 宣佈解散國會的法令，使本屆參議員的任期被減低一年。參議員數額的規定爲每二十萬選民產生一人，但每一行政地區不得少於六名參議員，如是頗有利於人口較少的小行政地區，其選擧辦法採行比例選擧法，但剩餘選票則在行政地區範圍內實行分配。此外衆議員選民必須達二十一足歲始能參加投票，參議員選民的最低年齡則爲二十五歲。

本屆大選應選衆議員五九六名（較一九五三年多六名），參議員二四六名（較一九五三年多九名，又參議員中有七名爲終身職者，除前總統尼可拉 (Nicola) 及愛如第 (Einaudi) 外其餘五名乃由現任總統指定者）。在上屆大選時基督敎民主黨獲百分之四〇・一的選票（一九四八年爲百分之四八・五），共產黨得百分之二二・六，社會黨百分之一二・七，民主社會黨百分之四・五（一九四八年以上三黨共得百分之三一），保皇黨百分之六・八（一九四八年爲百分之二・八），新法西斯黨百分之五・九（一九四八年爲百分之二），自由派百分之三（百分之三・八）。如是看來，基督敎民主黨在一九五三年大選時所獲票數，遠較一九四八年時爲遜色，而社會黨及極右派政黨勢力則甚有增加。此次大選前，基督敎民主黨雖不敢期望重獲一九四八年的紀錄，但終自稱可掌握百分之四十四的選票。換言之，卽須贏得萬百新選民的支持。共產黨方面則認爲可把握百分之二十五的選票，其餘各黨亦均作着滿意的估計。然而事實又將如何？茲先將五月二十五日及二十六日大選結果與上屆結果列比較表如下，以資參考：

㈠衆議院選擧結果：

1. 登記選民：三二、四三六、〇二二人　2. 投票選民：三〇、三三九、七〇八人

3. 參加投票選民百分比：九三・七（一九五三年爲九三・八）

黨別	一九五八年 票數	一九五八年 百分比	一九五八年 分配議席	一九五三年 票數	一九五三年 百分比	一九五三年 分配議席
(一)中間派(卽前政府集團)						
基督敎民主黨	一二、五〇八、六七四	四二・四	二七三	一〇、八五九、五五四	四〇・一	二六一
民主社會黨	一、三五三、〇二九	四・六	二三	一、二二三、八七〇	四・五	一九
自由派	一、〇四六、一二三	三・五	一六	八一五、六八一	三・〇	一四
共和暨激進黨	四〇五、〇七三	一・四	七	四三七、八九九	一・六	五
(二)極左派						
社會黨	四、一九九、五九五	一四・二	八四	三、四四〇、二二二	一二・七	七五
共產黨	六、七〇〇、八一八	二二・七	一四〇	六、一二二、六三八	二二・六	一四三

(三)極右派						
國家保皇黨	六三六、七一四	二·二	一〇	一、八五六、六六一	六·八	四〇
人民保皇黨	七七五、八〇一	二·六	一三			
新法西斯黨	一、四〇一、七〇〇	四·七	二五	一、五八〇、三九五	五·九	二九
(四)其他	四八三、六五〇	一·七	五	七五二、二六四	二·八	四
合計	二九、五一〇、一八五	一〇〇	五九六	二七、〇八九、一八四	一〇〇	五九〇

㈡參議院選舉結果：

1. 登記選民：二九、一六一、一八二人
2. 投票選民：二七、四一九、八四〇人
3. 參加投票選民百分比：九四(一九五三年爲九三·八)

黨別	一九五八年 票數	一九五八年 百分比	一九五八年 分配議席	一九五三年 票數	一九五三年 百分比	一九五三年 分配議席
(一)中間派(即前政府集團)						
基督教民主黨	一〇、七五七、六五八	四一·二	一二三	九、八四九、七五四	四〇·七	一一六
民主社會黨	一、一三五、一五一	四·四	五	九八八、七七八	四·一	四
自由派	一、〇二四、九〇九	三·九	四	七二〇、六九八	三·〇	三
共和暨激進黨	三六九、一九二	一·四	—	二三五、六一一	〇·九	—
(二)極左派						
社會黨	三、六八三、八四五	一四·一	三五	二、九二九、九〇六	一三·一	二八
共產黨	五、六九四、八一六	二一·八	六〇	五、〇八〇、一四三	二〇·九	五四
進步派	—	—	—	四一八、九四〇	一·七	四
(三)極右派						
新法西斯黨	一、一一九、七二三	四·三	八	一、四八二、一〇一	六·一	九
國家保皇黨	五六六、二六五	二·二	二	一、七三四、二七五	七·一	一六
人民保皇黨	七八三、九三六	三·〇	五			
(四)其他	九七九、七二七	三·七	五	八二四、三四〇	三·四	三
合計	二六、一一五、三二一	一〇〇	二四六	二四、二五四、五四六	一〇〇	二三七

選舉結果揭曉後證實了義大利政治的穩定。雖此次選舉中大部份的新選民係歸併義大利後的的里亞斯得地區居民，彼等已有二十一年未曾參加大選投票；但爲數共二百萬的新選民的增加對各政黨的政治地位並未有多大的改變。基督教民主黨及社會黨當算是本屆大選中的勝利者，但進展情形亦很小。前者在衆院中由一九五三年的二六一席增至二七三席，選票增加百分之二·二；在參院內增加六席及百分之〇·五的選票，但實際上已能把握該院的絕對多數(一二四票)，因爲在七名終身職的參議員中起碼有四名是支持基督教民主黨的。後者在衆院中由七十五席增至八十四席，選票增加百分之一·五，在參院亦多獲七席及百分之一的選票。其他中間派政黨雖亦略有增進，但更形微小了。共產黨在衆院選舉所獲選票雖仍保持住一九五三年的水準，然在議席方面却損失了三席；在參院中原則上雖有六席的進展，但其附庸份子進步派四席的喪失，使義共在實際上僅多得二席而已。本屆大選中損失較重者爲極右派政黨，而以保皇黨兩派爲甚。保皇黨在分裂前於上屆大選中共得兩院五十六議席，此次選舉該黨離異派(即人民保皇黨)領導者前那波里 (Naples) 市長洛歐 (Lauro) 大肆宣傳，結果非僅落得慘敗，只在兩院中得微乎其微的十八席。即在其根據地那波里亦未能阻止基督教民主黨的進展。

本屆大選舉行投票的前一個星期，義大利的政治觀察家幾一致認爲選舉結果將有共產黨的退却；雖教會方面一再爲基督教民主黨儘事作競選宣傳，該黨勢力亦將有顯著的損失。然而事實上恰好相反。在新興民主國家如義大利者，雖不像在一般民主制度已有悠久歷史的國家如英、美、甚至是法國，在新興的民主國家中競選政綱遠不及人望來得有力。而在義大利自戴加斯培里 (Alcide de Gasperi) 去世後，基督教民主黨即一直缺少在黨內外孚有衆望的領袖人物來爭取選舉的勝利，但正當義大利競選活動到最後一刹那的時候，法國局勢的演變給義大利選舉情形帶來了新的變化。五月十三日阿爾及耳事變直接牽制住曾經飽受法西斯時代冒險政治創痛的義民的注意力，基督教民主黨方面前所認爲與已不利的競選口號：「在避免冒險性的政治原則下實現國家的進步。」一變而成爲對症下藥的靈方，使該黨得助不少。至於共產黨方面，則利用時機發出「當心傳染性！」「法西斯已重臨我們的門前！」「無產階級，警覺起來！」等口號以期製造選民錯覺而便爲其把握。

就此次大選結果分析，除奈尼領導的社會黨在選舉中的進展證實了在共產黨以外的左派勢力的逐日强大外，各政黨地位的穩固使今後政府多數問題仍不能獲得解決。自一九五三年以來義大利經產生了六位內閣總理，今後的義大利政治似仍將循此方式來渡過新國會的五年。新國會於六月十二日集會，現任左里 (Adone Zoli) 內閣將於十九日向總統正式提出辭職。就國會議席分配情形而言，由基督教民主黨來組閣乃無疑問的問題，但關於政府多數的配合，則當仍不外下列三個方式：

㈠由基督教民主黨出組少數派的清一色內閣，俟今後各政黨年會後再求決策。此一形式卽如同一九五七年五月迄今由左里組成的過渡內閣一樣。但此一種政府因缺乏絕對多數的支持，故在執政時須不時顧及左右的反應，無法作到政治上的發展。

㈡由基督教民主黨聯合中間偏右的自由派及極右派中保皇黨的一派組織內閣。此一形式就表面看來，雖已能得到國會中的絕對多數，但此舉不但無形推翻了五月二十五日及二十六日民意的表現，促使社會黨轉向共產黨重建彼等的聯合行動，同時此舉將可能導至社會秩序的不鞏固，以及促成基督教民主黨中工會份子的反感，形成該黨的分裂。

㈢由基督教民主黨聯合中間派政黨組織政府，如同過去色尼 (Antonio Segni) 內閣一樣。並可在國會掌握三百餘票的足够票數。但此種辦法或將因民主社會黨撒哈加態度的不穩固而不能持久。且民主社會黨的入閣將阻止一切有利於社會黨統一的活動。

至目前爲止，義大利新閣問題已在第三個方式着手進行，撒哈加已提出參加由基督教民主黨秘書長范尼 (Amintore Fanfani) 組織新閣的條件。至於義大利政局將如何演進，則有待今後的發展了。

四七年六月十四日

臺灣省立臺中女子中學來函

編者先生惠鑒

敬啓者：貴刊第十九卷第一期刊載巫禩川君投書涉及本校初三丙學生張玉芝因游泳不愼溺斃一文，內容與事實不符，謹就原函對本案有關各點，分別說明如次：

一、關于游泳池管理方面：訂有管理規則，並經利用各種集會一再剴切宣講，放水換水設有專人，課外活動分工指導，在開放期間，游泳池每間三天換水一次，備洗刷晒晾之用。換水洗刷工作，例由擔任勞動服務班級學生會合校工辦理。晒乾之後，再注淸水，靑苔無由滋生。此次係五月廿八日開始放水，事前曾由初一丙班學生參加服務洗刷乾淨，員工與師生辛勞所在，事實不容抹煞。

二、關於當日情形：首須說明者①本校爲使畢業班學生加强考試準備，本學期自第八週起卽將課外活動予以限制。②初三各班當日下午無課，同學毋庸來校。③游泳池水因帮浦失靈放未及半，尚未許可學生游泳。不意四時許張玉芝同學竟忽視規定，逕行來校亦未結伴擅自入池，以不諳水性，致遭窒息，本校訓導主任巡視時，適時（四時五十分）發現，立由在校校醫護士急救，並於五時廿分以擔架送達省立臺中醫院（醫院無救護車設備故抬送）請求急診，卒告不治，其間經過，並無延誤，臺中市警局及地檢處均有調查，事實具在。

三、關於所謂新聞控制部份：本校師生對此次不幸事件之發生，哀惋之情，無殊骨肉，何暇他顧。是項消息曾見大華晚報，工商日報均有刊載，所謂「控制新聞」顯非事實。

四、關於張玉芝同學身後事宜，由本校師生合力協助辦理，其父張宗厚先生及其親屬，均曾親視含殮，主持安葬，葬禮亦見隆重，並未「匆匆入葬」。並基於師生同學之誼，同情其家境淸寒，自動發起捐助慰問金共二萬二千餘元，另由家長會贈送二千元，一併致送其家長親收，用示慰問，曾接獲張宗厚先生來函致謝。

五、雅利承長本校，四年於茲，平日推進校務未敢或懈，措施上或難免有不能盡如人意之處，惟既許身教育，自有操持，毀怨本非所計，至本案以外涉及攻訐個人部份，除報請教廳澈查外，本案深恐社會人士不明眞象，不得不敍明事實，先爲函請

貴刊惠予刊載，以正視聽是荷。敬頌

撰安

臺灣省立臺中女子中學校長

沈雅利 謹啓 七月七日

臺灣省政府教育廳秘書室來函

敬啓者：貴刊十八卷十一、十二兩期讀者投書中，曾刊出「惡性畢業捐應明令禁止」及「爲甚麼要教員强銷書刊」兩文，茲將本廳對學校徵收學生費用，及學校教員强銷書刊兩事，情形說明於左：

一、關於學校徵收學生費用方面：查本廳爲減輕家長負擔，防止各校濫收費用，歷年來均於每學期開始前統一訂定本省公私立中等學校徵收學生費用標準及應行注意事項，令飭各校遵辦，自去年現任廳長劉眞先生蒞任後，對各校徵收學生費用一事，尤爲注意，曾通令省縣市立各級學校禁止對學生征收規定以外之費用，及推銷參考書與各種簿本，又曾通令各縣市教育科嚴禁向國校學生作任何捐款及利用國校學生向外募捐，中小學家長會會費亦經依省議會決議予以統一規定。上學期據報有少數學校未能按照規定超收濫收者，當卽派員至各該校調查，並按情節輕重予以懲處，如臺南縣曾有一農校超收講義費，本廳除函請臺南縣政府轉飭該校將超收部份全部發還學生外，並對該校長嚴予議處，卽其一例。又如本學期開學時，省立臺中師範學校附屬小學校長更動時，據報該校將發動學生出錢購買紀念品贈送新舊任校長，當卽以電話查明制止。前月鑒於近年來，各級學校學生，於畢業時，間有設宴或購贈紀念品酬謝教師之舉，本廳爲減輕家長負擔，曾通令各級學校應指導學生，對畢業紀念及歡送等事，萬勿鋪張，以杜浪費，（該項命令載臺灣省政府公報，四十七年夏字第六十期），如有此類情事一經查明卽予議處。總之，本廳對學校徵收學生費用一事，素極重視，凡所規定，均本減輕學生家長負擔原則辦理。

二、關於學校教員强銷書刊方面：查本廳從未要求學校教員强銷書刊，前曾通令各校禁止向學生强迫推銷參考書與各種簿本。近年來本廳爲協助文化事業之發展，每年均列有專款，訂購書刊若干種，按期免費分贈各校圖書館，供學生閱覽，此外，僅間有由出版業送請本廳推介之書刊，經本廳審核認爲內容正確且適合學生閱讀者，例由本廳開具書名函知各校參考，此種介紹祇不過供給學校一張學生可閱讀的書單，並非向學校及學生强迫推銷書刊。本廳認爲一方面應禁止學生閱讀誨淫誨盜足以爲害其心身健康之書刊，而另一方面亦須向學生推薦有益心身之優良讀物，今後本廳對此將更愼重辦理，以免發生流弊。貴刊十八卷十二期，所載「爲甚麼要教員强銷書刊」一文閱後甚感詫異，本廳業已派員查辦。今後如發現學校要求教員强銷書刊，當隨時嚴予究辦。各界如獲悉此類情事，並請向本廳具實負責檢舉。特此函達，敬希惠予披露，以明實情爲荷　此致

自由中國雜誌社

臺灣省政府教育廳秘書室謹啓

也是秋天（三續）

於梨華

陸正明帶着葉葦進客廳時正值陸志聰領着他的客人從起坐間出來，正明閃過一旁把葉葦介紹給他父親，陸志聰向葉葦點點頭，就看着正明說：

「阿五，這些客人你不是都見過的嗎？怎麼也不招呼？」

「堯伯伯，堯伯母，沈先生，沈太太，你們都好，」正明忙欠身向客人招呼，「這是我的同學葉葦，這位是……」

「這位是曲文炳先生，今年剛從耶魯拿了博士，文炳，這位是陸公的五公子，陸正明，這是他的同學，葉……噢，你不是葉邦中的兒子嗎？」那位被稱爲堯伯伯的搶出一步來說。

「是的，堯老伯，您好？」葉葦垂着手有禮貌地回答，又向別人點點頭，再去和曲文炳握了握手，然後退後一步和正明並肩站着。

等老一代的就坐以後，正明領着葉葦進去見過他的母親，然後出來和曲文炳一起坐在靠牆的圓桌邊，三個人很自然的就談他們的學校。曲文炳看起來比正明還矮，黑黑的臉頰上累墜地掛滿了小粒的紅斑，五官倒很端正，只差太厚重了一點，眼皮厚了一層，鼻尖厚了一撮，嘴唇厚了一圈，給人一種拖泥帶水的印象，講起話來，三字一停，五字一頓，尤其不爽快，好像一面講，一面品賞自己的韻調似的。葉葦倒是十分仔細的聽着，正明生性拗如牛，急如火，聽得不耐煩，只是不斷地撳自己的手指關節閣閣有聲，惹得他父親不住向他瞪眼。曲文炳却仍繼續他毫無起落的慢板：

「這個……找事末，」他是江南人，「當然沒有困難……主要的……是……這個……這個……要看自己的興趣……學我這一門的末……這個……進工業界是……沒有問題的……但是……我想來想去……留在學校末……這個……可以做做自己的實驗……這個名利兩個字比較起來末……我覺得……這個名……對我的誘惑力……這個比較大一點……因爲……這個……」

「……不過堯公，你老兄是過來人，對名利兩個字想必已看穿……」客廳的那邊陸志聰在說，他們也在談名利。堯公在紐約長島一帶的中國人圈子裏，是一個熟悉的名字。他當年曾是某省長麾下一名最得寵的人員，握有大權，某省長勢去後，他的權也隨之而去，權去了以後還有財，帶着財他到美國來避災，做起第一等的寓公，他比陸志聰大幾歲。快近七十的人看起來也不過是六十左右，中等身量，花白頭髮，因爲愛杯中物，臉常呈紫醬色，腹部隆起，他的左手總是扶着腹，以免它掉下來，看見年輕的女人他喜歡倚老賣老地拍拍她們的肩，或碰碰她們的下巴，這是老年人對小輩的親暱，即使多碰幾下也很光明磊落的。認識他的人都稱他爲堯公，有一個不太會說官話的寧波人把堯讀成鳥音，一不小心，唸成屌音，稱他爲屌公，一時傳爲笑談。從此，大家在背後都以屌公稱他，他倒也不介意。他的太太細小白淨，像一隻米老鼠，因爲生得白，臉上似蜘蛛絲般的縐紋反而明顯，看起來倒比陸老太更老，幸而她沒有後者那副辣像，倒有點可憐巴巴的，說起話來，兩眼呆呆的看着對方，兩隻乾癟的手在膝蓋上無助地揉擦着，好像要擦掉手心的冷汗似的，她不大說話，也不常笑，但每次堯公哈哈大笑時，她就會咧咧嘴，露出金牙，無邪地悶笑着。

「哈哈……」堯公這時笑道，「你老兄可說是知我深矣！不久前我接到臺灣一個要員的來信，約我出來幫忙，我立即回了一個電報敬謝了。想我堯某當年叱咤一時，那種場面沒有見過？現在，現在是哈哈……是無官一身輕，百事不想了。陸公，你我都是過來人嘍！難聽一點，我們是落伍的人嘍！這個世界，需要的是像我們祖蔭兄那樣的英才，哈哈。」

「堯公太過獎了，」沈先生不安地答道。沈祖蔭是一個謙和有禮的中年人，早年畢業于上海滬江的英文系，來美國後，學英文的吃不開，就鬱鬱地做了幾年書記，在紐約開了一個飯館「滬味樓」，自己做經理，太太任帳房，請了一個上海廚子，倒也生意隆盛，賓客滿座。他哈着腰，招呼客人，臉上笑哈哈的，倒也蠻像樣。唯有靜下來時，往日的理想，往日的計劃，像一個蚊子似的猛地裏咬他一口，令他氣得頓足長吁。幸好他太太，看得開，常常勸他說：「三百六十行，行行出狀元，開飯館也是事業，有什麼丟人的！」但他的自卑心還是不滅，在人多的應酬場中，他也哈着腰，十分謙恭，倒是他太太，出來時並不耳夾鉛筆一支，一副帳房相，而是談笑自若，比堯老太和陸老太，都大方得多。他們今天被請是因爲曲文炳之故，曲是沈先生的表弟，由堯公介紹給陸家。這時沈先生偏過頭，看着年輕的一夥，半感嘆地向堯公說：「像他們這批年輕人才是今日的英才呢？像我這樣，唉，像我這樣……」

正說間，飛進來一個穿着白色網球短褲，蘋果綠大翻領襯衫的女孩，瘦瘦巧巧的，腦後紮了一根黑黑的馬尾髮，人雖說不上好看，却有一股新鮮的朝氣，像一陣晨風似的和她一起飄進客廳，十分醒人。

「阿爸，姆媽請你們去入座。」

「阿芬，快廿歲的人了，還這麼跳跳蹦蹦的像什麼樣子？」

「好，好，這樣才好，」堯公連忙上前去拍正芬的肩，一邊笑着對陸志聰說。「這樣才像年輕人哪！不像你我，跑一步要氣喘，跳一下就抽筋，他們年輕人要活潑點才好呵！」說着，用兩個手指碰碰正芬的下巴，「來，妳領頭，阿芬。」

正芬很得意地回頭向她哥哥睞睞眼，就帶頭走了。

「你們先去，我就來，」正明向葉羣說，然後穿過起坐間，轉到走廊，三脚兩步地跨上樓梯，上樓去了。

樓上靜悄悄，黑洞洞的，只有他二姐的房裏有燈，他過去輕敲了一下門，那個高大的美國護士就從掩着的門後出來，見是正明，忙讓他進去。正雲穿着一套藕色細條的綢睡衣褲，抱着膝靠着床架坐着，一見正明，就直伸着兩臂來拉他，一面仰起頭像搜索似地看着他，細聲問：

「你有沒有看見他，阿明？」

「沒有二姐，」正明陪着笑在床沿坐下來，他知道正雲問的是廸克，他每次回家正雲總要問這句話的，「妳好不好，二姐？」

正雲沒有回答，只恨恨地摔了他的手，把頭轉到床裏去了，床裏躺着一件對襟鑲灰兎毛的紅緞短襖，她的眼睛就在那上面生了根，動也不動。遲緩地，幾乎是畏怯地，她慢慢的把衣服拿起來，雙手捧着，送到鼻尖去嗅着，一雙大眼，恐懼地向四方溜看着，半天，她忽然狠命地咬着灰色的兎毛，一面用手撕着，絞着衣服，看護忙搶上一步，正待攔她，正明向她擺擺手，一面低下身，像哄小孩似的說。

「二姐，這是妳最喜歡的短襖，冬天來了妳要穿的，現在讓我替妳收起來好不好？天氣冷了妳可以穿着這件衣服和我一起去溜冰，給我，我替妳收起來，二姐。」

正雲雙手緊抱着衣服不放，一面嚷着，「你敢你敢！你把我所有的東西都搶去了，廸克，小查理，現在還要來搶我的衣服，你敢，除非你把我的手切斷，我是不會放的，你這個强盜。」說着，眼睛惡狠狠地看着正明。

正明無奈地放下手，垂頭坐着，正雲見他放了手，就低着頭緩慢地撫弄着兎毛，低語道，「你不要怕，我在這裏保護你，沒有人敢欺侮你的，不要怕，不要怕，小查理。」說着，用臉頰去貼着衣服。

過了好久，她忽然抬頭看着正明說：「咦，你來了，阿明？」

「二姐，我來看妳來了，妳好不好？」

正雲伸手摸着正明的手背，歎口氣道：「唉，好不好，好不好，每個人都問我好不好，好像我有什麼不好似的，阿五，你怎麼和她們一樣起來了呢？你看，只有小查理最了解我，因爲他從來不問我好不好，他知道我很好。哦，阿明，你知道嗎，我第一次看見廸克的時候就是穿這件衣服的，廸克說這件衣服的顏色正好配我的臉，我說眞的嗎，我以後天天穿這件衣服好嗎，廸克沒有說話，只管把那雙眼睛盯着我看，看得我一身都熱了。後來我要生產了，廸克到醫院來，也是這樣看我的，……阿明，你知道嗎，我當時一身沒有氣力，不然我會爬起來，伏在他身上哭一場的，但是我走不動，我爬不起來，我只好看着他走，他走了以後很久都沒有來。後來，後來……」

「二姐，妳……」

「後來，阿明，小查理就死了，我把他摔死的，因爲我聽見阿芳在說廸克有了人不要我了，我不相信她，我知道廸克不會變的，不會不要我的，我知道阿芳說謊，所以我要走出去爲廸克辯，但是我把小查理摔死了，阿明，你看見我把他摔死的，是不是？呵，我把他摔得那樣子，眞可怕呀……」

「二姐，你……」

「他的眼睛和廸克一樣的，但是後來他眼睛睜不開了，他臉上都是血，都是紅的血，啊，阿明，我眞不是人呀！我把他摔死了，什麼也沒有了，後來，……呃……喔……阿……明……我什麼也沒有了，阿爸把我關在山上一個白房間裏，他們說是醫院，給瘋子住的，哈哈……阿明，他們說我是瘋子，多麼可笑，你知道我不是的，阿明，你知道的，是不是？我不是瘋子，我只想到小查理的地方去就是了，他一定餓了，冷了，可憐的小查理，但是他們不讓我去，他們把我關在山上，我天天哭，天天吵，他們也不理我。有一天，廸克來了，他來了，他穿了一件白大衣，我差一點都不認識他了，但是我認識他的灰眼睛，他的眼睛，他來了，他終于來了，我就撲過去抱住了他，我把他捉住了，我不會再放他走的，我知道他是被阿爸姆媽氣走的，但是他又回來了，回來把我帶走，所以我牢牢地抓住他，我要跟他走，但是阿明……呵……阿明……」

「二姐……」

正雲把臉埋在正明潮濕的，微顫的手掌裏，幽幽地，像一個無助的孤兒似地哭着，正明輕拍着她的肩，痛苦地啃着自己的嘴唇。

「阿明，廸克眞的變了，他不理我了，他用力把我的手摔掉逃走了，逃得沒有了，我追他，我叫他，我求他，我跪在地上求他回來，但是他不理我，他把我鎖起來了，他變了，阿明，他不要我了，後來阿爸來了，問我要不要回家，阿！回家，回家，回家，我知道家是很可怕的，但是山上更可怕，沒有廸克的山上，沒有人的山上更可怕，我怕，我怕，我怕呵。」她把臉藏在正明在手裏，索索地抖着：

「二姐，……」

「但是眞奇怪，」她忽然抬起頭，稚氣地笑起來了，「家裏人都和從前不同了，姆媽也不駡我，瞪我了，她只是天天問我，『阿雲，妳今天怎麼樣？』多麼可笑？今天有什麼怎麼樣呢？今天，明天，昨天，都是一樣的，你說是不是阿明？但是阿爸更奇怪，他天天上樓來看我，好像我眞的是她的女兒一樣，他每天要問我，『阿雲，妳今天好不好？』我覺得他太太可笑了，天天問一樣的話，所以我就忍不住笑，笑得他很不快樂，他就搖搖頭走了。阿明，只有你最了解我，你知道我很好，所以你從來不問我，妳今天好不好？對不對？我知道你最知道我的，我不要聽『好不好』，我怕聽，我聽了就想哭又想笑，我是很好的，阿明，你說，你說我很好！」她仰起頭，那雙往時會說話的眼睛小心翼翼地，疑懼地看着正明，「你說，阿明，你說。」

正明痛苦地磨着牙，伸出手去摸正雲散亂的頭髮，半晌做不得聲，好容易等他喉頭的肌肉放鬆了，他才强笑着說。「當然妳很好，二姐，他們都不懂妳，我知道妳是很好的，我去對阿爸姆媽說，要他們以後不要那樣問妳了，好了，二姐，妳現在躺下來，妳說了半天話，一定累了。」

「我說了半天話？我累了？」正雲尖銳地笑着，「我整天躺在床上沒有人和我說話，怎麼會累呢？你不要走，阿明，我要你在這裏陪我，我有很多話要和你說呢，怎麼你坐都不坐就要走了，阿明，你現在不和我好了，我知道，你總是不來看我的。」

「不是，二姐，我當然和妳好的，不過妳現在先躺下，我吃了飯再來陪妳，他們在等我吃飯，妳也該休息一下了，二姐。」正明一面說，一面示意看護過來幫他把正雲放平在床上。正雲瞪着眼，由他們擺佈，躺下後，不久就因疲倦過度而睡着了。

正明躡足走出門外，向護士囑咐了幾句，就悄悄地下樓了，心裏漲得滿滿的，不想吃飯，但是又不得不向飯廳走去。

大家早已開始了，正明告了罪，在葉葦和曲文炳之間坐下。他母親看了他一眼，也沒有問他到那裏去了。她今天顯得特別乾枯，兩個顴骨支出來，下巴和頸子間的縐皮在她咀嚼時一牽一牽的，側面看去，像蝙蝠的翅膀一樣地抽扇着。她的老態倒托出了坐在她旁邊正芳的青春。她今天穿得特別醒目，一件凝藍閃銀軟緞的鷄尾酒服，V字領開得高高的，露出她不算不細嫩的頸子，衣服在當胸打了一個結，散在兩乳上的緞子就蓬鬆地掩飾了她平板無物的胸部，她把額前的頭髮做成幾個半圓圈，爬在眉上，眉下的眼睛端莊地垂着，趁人不備時在半圓圈的掩護下向正明這一排掃來。男的都在喝中國城買來的五加皮。爲了陪曲文炳，陸志聰特許正明喝一杯。陸太太堯太太既不喝酒也不喝冷飲，就欵欵地說着話，偶而夾些菜，妳讓我推地客氣着。沈太太和陸家的小姐媳婦們前面都放着高玻璃杯，盛着汽水，文英和正芬穿梭不斷地進厨房炒一個熱菜或催老包加酒。今天是正芳的日子，故而她坐着不動，任沈太太向她開無傷大雅的玩笑。曲文炳一向是少年老成，看不慣時下一般高聲朗笑、毫無閨女風範的女性，對于正芳那種羞怯不勝的神態大爲欣賞，雖然他覺得她不够光采鑑人，但是一個女人太光芒四射了，會使她丈夫黯然失色的，還是平常一點的好，何況，平常一點的也容易追求一點。所以他覺得很有自信，心裏一樂，話就多了，這個……那個……我末……。煩惱的正明，也不顧他母親的冷眼，只是死命吃菜。葉葦因爲和長一輩的人搭不上嘴，曲文炳又不容他插嘴，又不好意思像正明一樣光是吃菜，只好低着頭喝悶酒，平素沒有酒量，幾杯以後，臉上早已紅噴噴的，惹得正芳不能自制地向他瞟着，正明儘看在眼裏，只裝不知。

堯公一瓶酒下肚，連聲打哈哈，話愈發講不完，見葉葦悶着頭喝酒，就眯細了眼，向他道：「你家老三嫁給高家的大兒子以後怎麼樣？小夫妻感情還好嗎？」

葉葦忙放下酒杯說：「謝謝您，她很好，爸爸說幾時還得謝謝您的成全，請您到舍下喝一杯呢？」

「哈哈，我堯某別的不敢吹牛，看人的本事是有的，你是老四吧，這一下要輪到你來辦喜事嘍！你書幾時讀完？」

「嗯……我希望明年夏天，如果我沒讓學校給刷出來的話。」

「明年？這麼快，唉，眞是光陰如箭哪？看樣子，你堯老伯又要忙着找一個端正的大姑娘給你預備着嘍？哈哈……沒有問題，包在我身上，你要什麼樣子的儘管和你老伯說，你自己有沒有，唔，人？」

「沒有。」葉葦的臉更紅了一層，正芳趁大家都在看他，又狠狠地瞅了他一眼。

「哈哈，倒底年紀輕臉嫩，正明，我說呀，等你阿爸辦完你四姐的事，」堯公轉移目標到正明身上，同時向正芳和文炳看了一眼說，「你也要請堯伯伯喝一杯嘍，你今年多大了？」

「廿一，我剛唸完一年級，還要好幾年才畢業，沒有資格談婚姻。」

「哈哈，有你這麼一位財神爺阿爸還怕養不起幾房媳婦嚒？」堯公醉眼惺忪地打趣道，「你要什麼樣子的，不妨先說給你堯伯伯和大家聽聽，要像你大嫂那樣的呢，還是要像……呃……」

「堯老伯。」葉葦不等他說完就插嘴道，「他早有了女朋友啦，人家大學都畢了業，等着他呢！」他平素說話很謹愼，但今天半是多喝了酒，半爲自己剛才臉紅遮醜，就說漏了話，正明想攔他都來不及了，「他們玩得挺好的，喜酒準有您喝的。」

「那很好，那很好，你們年輕人有辦法，哈哈，自由戀愛，不用媒人，我們是過時人嘍，來，陸公，來乾一杯，你也不用再爲正明躭心嘍！」

正明雖然低着頭喝酒，但是他知道有兩道寒光和兩把火箭從他父母處射來。他是不該找葉葦一起來的，更不該不預先警告他關于苑若的事。這一下，他的另一個生活，另一個安詳甜蜜的秘密，像一個口袋被戳了一個洞似的把滿袋的細沙都慢慢的倒出來了。他倒並不是怕他父母禁止他和苑若來往。事實上，他的父母自去秋正雲的婚變以後對子女們的態度已轉和婉一點了，他們的心也是肉做的，他們也不是不疼惜他們的孩子，只是他們只知道一味執行嚴厲古板的家法而在無形中把子女們隔開了，又因爲他們本身敎育的欠缺，道德修養的淺薄，使他們不願意承認自己的錯誤。正雲的事給了他們一個打擊，雖然他們至死却不會承認去年秋天的悲劇是由他們鑄成，無形中，他們對正芳等的態度在這一年中，變得和善一點了。正明也注意到他們表面上的轉變，但他因爲太愛他的二姐，故對他父母更分生了，雖然他知道他們不會反對他的交友，但是他還是不願意讓他們知道他和苑若的事，因爲他對他父母根本上已沒有尊敬和感情。

吃完晚飯，正明因爲當夜要開六七十公里的路趕回普城把車子還給普大機械系的兪先生，(他自己沒有車，一則他父親不容許他有車，二則學校裏規定研究生以下的學生都不許在普城城裏開車，所以他每次回家都要借人家的車。)略坐一下，就打算回校，他們先到起坐間向陸太太告辭，陸太太當着葉羣的面向他盤問了半天關于他女朋友的事，他小心地一一回答了，最後說：

「我們不過是普通朋友而已。」

「普通朋友不普通朋友，都可以帶回家來給我看看，誰又不會把她吃掉。」陸太太望着正明，冷冷地說。

站在她身後的正芬噗嗤一笑說。

「五哥就是怕姆媽會把她吃掉。」

「妳少胡說八道，快去幫妳大嫂洗碗，快廿歲的姑娘說話這樣沒有高低。」陸太太喝道。

正芬且不移步，先把鼻樑縐起來，伸出舌頭在陸太太腦後做了一個鬼臉，不等陸太太回頭，一扭身，捽一捽烏黑的馬尾，一溜身就竄入飯廳了，一路吃吃地笑着。

「聽見沒有，阿明，下次回家時把那個人帶來給我看看。」

正明含糊地應了一聲，就和葉羣到客廳向衆人告了辭走出門，穿過花園，往臨街的柵門走去，不想正芳也隨着跟了出來。

「咦，四姐，妳出來做什麼？我每次回學校妳都沒有送過我呵？」

「誰是來送你？往自已臉上貼金！我出來透一透空氣，來不得嗎？」正芳尖着嘴說，自顧自的走到街上去了。

正明剛在司機座上坐定，又一骨碌起來，「我還得上樓看看二姐，對不起，你在這裏等一下。」

「你二姐？怎麼我吃飯時沒見？」葉群問。

「她不太舒服，在樓上休息，對不起，我就來。」

正雲正沉睡着，正明向護士說了幾句話，又從廚房後門溜出來。走到木柵門邊，遠遠看見正芳的頭和上半身伸在車子裏，很起勁地說着話，又快又尖，本來坐在司機旁邊的葉群，縮在司機座上，手足無措的樣子，等到正明悄悄地從車後繞到司機座的門邊時，只聽見正芳半眞半假地說。

「你一定要請我去的，不然，我在阿明面前說你壞話，嘻嘻。」

「四姐要你請她到什麼地方去，葉。」車子一開動，正明就問他的同伴。

「她非讓我請她來我們學校看足球季賽，她說她是足球迷。我告訴她我可說不準兒，到那時候我功課忙，那兒還有功夫去看足球。你不怪我這麼告訴她吧！」

「我？當然不會。」正明笑着說，他知道正芳是兄弟姊妹中對球類最沒有興趣的一個。「這是你和她之間的事，我憑什麼怪你，不過我倒眞有點怪你在吃飯時說的話呢！」

「對不起，怪我一時大意。」葉群忙道：「嗯：：不過我以為你家裏知道這件事兒，你和簡小姐玩了快一年了，不是嗎？」

正明不作聲，很久不作聲。

「你又在想什麼？」

正明嘴裏應道：「沒有什麼。」心裏卻回答道：「是的，我和苑若玩了快一年了，我卻一直不願向家裏提起，他們不會有興趣的，而且……」

五

簡苑若，是去年陸正明剛進普大不久以後，在一個中國教授，俞祥家裏見到的。

俞祥是普大化學系的副教授，北方人，個子高大，膚色黝黑，不像一個教書的，說起話來聲大氣壯，他的美國鄰居們總以為他在呼喝他的太太，其實他為人再和氣謙虛不過，對他的太太尤其愛護體貼，他的太太來自吳儂軟語的江蘇，操起官話來也款聲細氣的，把尾音拉得很長，脾氣像一團糯米飯，又粘又軟，與她豪俠的丈夫正好相反。但他們倆都十分好客，家裏總是賓客滿座的。

簡苑若和俞太太的妹妹是上海民立女中的同學，俞太太未出嫁前，常和她妹妹的朋友在一起玩，所以和苑若很熟，結婚後，隨着丈夫東奔西走，就和舊日的朋友失去聯絡，到了普城，有一天偶然在街上遇到苑若，就像遇到自已妹妹一樣高興，忙把她請到家裏來，從那天以後，苑若就時常在俞家走動了。她是廣東人，從小生長在上海，講得一口流利的廣東話、上海話及普通話。抗戰勝利後，她父母回到香港，開了一爿布莊，把她送到香港大學讀書，兩年後，又千方百計的把她送到美國來。苑若在普城附近的一個教會女校畢業後，奉了父母之命沒有回香港，却和一大羣同班的女孩子們跑到普城來找事。普城是該女校學生找事的目的地，其實她們主要的目的倒不是找事，而是找人，因為她們是年已及笄的少女，普大的學生多半是未婚的富家子弟，近水樓台先得月，中外倒是一樣的。

普城沒有中國小姐，苑若來後，普大的中國男學生忽然對俞祥教的課特別熱心起來，一開學大家都選了他的課，還時常上門請教，沒隔多久，除了陸正明和葉羣以外，他們都認識了苑若。

有一天是陰曆中秋，俞祥夫婦邀請了普城所有的中國人來家過節，那時正值陸正雲神經失常不久，正明正在心痛如割，躲在宿舍裏不肯回家，更不願到熱鬧場合去，原想回絕俞祥的邀請，無奈葉羣為人靦腆，尤其怕和女太太們搭話，就把正明拖去了。(待續)

書刊評介

「今檮杌傳」片感

崇　仁

前幾天，胡適之先生在政治大學作學術講演，提到了這一部「今檮杌傳」。由於胡先生重視此書，引起大家的注意，我也想找一本來看看。不料問過幾家書店，都買不到。但有一家書店裏的一位熟朋友告訴我，這部書並未正式發行，僅由作者贈閱。剛好這位熟朋友跟作者姜貴先生也認識，願意爲我代要一本，這當然是我很感謝的。昨天，姜貴先生把書直接寄來了，並且附寄抄錄一封胡先生給他的回信。原來胡先生此次回國之前，已經在美國看到這本書，曾經復函稱勉，而此次講演中特別提到，可見亦非偶然。胡先生的論文之作，近年所見不多，這一封短信雖非正式著作，但片言居要，仍不失其精卓。現在我把它發表在這裏：（胡先生現在又出國了，不及商請同意，請原諒。）

姜貴先生：

謝謝你四十六年十一月五日的信。

大作「今檮杌傳」也寄到了。五百多頁的一本書，我一口氣就讀完了，可見你的白話文眞够流利痛快，讀下去毫不費勁，佩服，佩服！這倒不干章回不章回的事，——我就完全沒有注意到你的「對仗回目」，——這只是文字流暢不流暢的問題。你說是嗎？

你眞是有心人，可惜我沒有機會讀你以前的小說。在讀完這本小說之後，我最佩服你借方天茂嘴裏說的一句話：

「你老人家幹共產黨，是離開現實的。你所憑的只是一種理想，像修仙的人學着打坐辟穀一樣，爲了一種永遠不能實現的想像去吃苦，實在是沒有意義的。」

你用「修仙」作譬喻，再好沒有了。我去年在芝加哥城演說，也會說，「各盡所能，各取所需的無階級社會」是一個從來不曾有過、也永遠不會實現的理想。所以我特別注意到方天茂這幾句話。修仙的人爲了一個永遠不會實現的想像去喫苦，那還是自己叫自己喫苦。共產黨則是爲了一個永遠不會實現的想像去屠殺生靈，去叫整千萬的生靈吃苦！

你這本小說，誠如你自己說的，只描寫了「一個角落，」「一個土共集團」。你寫方鎭的天翻地覆，——如方冉娘子的下場，如方天艾的認母，等等，——都很有力量，所以能動人。最可惜的是你沒有用同樣的氣力去描寫方天茂。

以上都是匆匆寫的，略表敬意和謝意，不成批評，請你原諒！

敬祝

平安！

胡　適敬上　四十六、十二、八。

以上是照錄胡先生的原信。作爲關於「今檮杌傳」的介紹，這封信已經够了。胡先生自謙說「不成批評」，但事實上他已經很有分寸的指出了本書的文筆之優秀和主題之正確。難得的是言之有物，不同於空空洞洞的亂恭維。所以，我們就說這封信即是一篇很好的「批評」，亦無不可，不過稍爲簡略一點而已。

早些時，有人在雜誌上開筆戰，又是爲了小說中的「對話」問題，發生爭執。一方面是要「說中國人的話」，一方面是要「說現代人的話」。我對此愧無研究，但我覺得，他們雙方的目的都在於「求眞」，根本上並無衝突。不過因爲論點着重不同，所以形成言各有當的態勢。我以爲，「人『話』不同，各如其面」。這在小說中，不能一概而論，要看寫的是那一種人？那一個人？在我的日常生活中，就每每同時遇到滿口「之乎也者」、「媽特巴子」的人和滿口「意像」、「建構」的人。我不能說前者不是現代人，也不能說後者不是中國人。準此以觀，胡先生稱讚「今檮杌傳」白話文的流利，恐怕主要是書中人物對話的成功。作者筆下那些鄉紳、痞棍、土匪、土娼們的口吻，眞是維妙維肖，於此可以看出作者語言文字方面的天才和素養，實屬今日文壇所罕見。不過，這是一本「大書」（五百多頁四十萬字），寫的人物多了，有維妙維肖的，也就不免有「失眞」的。譬如書中那幾個SY和CP的談吐，固然也很「流利」，但同時也予人以淺薄無力的印象。事實上凡是共產黨，說起話來，尤其是「搞理論」的時候，都是非常警扭毫不「流利」的。我當然跟胡先生一樣，主張「文字流暢」，不過假如發生削足適履的問題，倒也是值得注意的。

本書以章回體爲形式，據作者自序，是基於「自由與奴役尖銳鬪爭」的觀點，希望從「雅俗共賞」中爭取更多的讀者。章回體已經是過去了的形式，是否能勝當前「戰鬪」之任？尙須從長討論。但在「一切爲反共」的今天，作者的苦心當然是可佩的。再看一看目前的現象，一方面是「新文藝」腔越唱越離譜；一方面是「鴛蝴派」和「假聊齋」層出不窮。當此時也，如果有人能好好的寫幾部規規矩矩的章回體出來，毋寧是有益的了。

「一口氣讀完」之後，有這麼一點點感想，就也匆匆寫出來，藉報作者贈書之雅，並就教於胡先生。至於詳盡的介紹和系統的批評，那都非我的力所能及，謹以俟諸賢者。

四七、六、二五。

讀者投書

(一)「惡性補習」與「惡性收費」

王世鈞

月來各報均對國校「惡性補習」問題有所評述，且已得教育當局與家長社會之普遍重視，敝人等均是貧苦階層，又是應屆畢業生之家長，面對孩子學業將要邁進一程，喜中又顯憂愁，實有難勝苛雜負擔之苦。小兒係在省立北師附小就讀，本學期以來除註冊時已繳出百來元費用外，陸續又加繳紙張費、送校禮物代金、謝師費、照相費、參考書籍費等項數目可觀，復又繳交「加强補習費」一個月四十元、(單據俱在)至須「特別指導」，則採小組式補習，仍應另月繳一、二百元不等。開始之初，頗得老師們熱心指導，每日早出遲歸，均為的「加强補習」。但自旬日以來，正當準備升學緊張期中，學校爲應付督學調查，却在「加强補習」時間上大加削減。最令人氣憤的，老師們爲奉行校長指示，教兒童如何應付督學的問話，尤其收費一項，硬要兒童說是僅收五元。這末一來，學校永遠是「奉公守法」；老師當然是「清高無比」；家長活該「花寃枉錢」；學生得到的不外「欺騙教育」，這種陽奉陰違的「惡性榨取」，實在毫無良心。對於窮家長來說，簡直是個威脅，對於國民教育來說，不知是何等的諷刺。聞該校「加强補習費」一項照每一學生一個月四十元，每班可得一千六百元，其中校長抽取五百元、教導二百元、餘爲級任所有。班數多，校長漁利更厚，而且畢業班教員成了教員心目中之肥缺，敝人有感於教育當局一再强調取締「惡性補習」，並實施「免試升學」，但未從根本上研究「惡性補習」所以形成的原因，是在「惡性收費」上，謹以沉痛心情響應教育當局五月十三日「籲請家長協助防止」之號召，特抒所感，懇賜披露，冀得當局參考改進。不勝幸甚！

出版法條文摘要

立法院第二一會期秘密會通過
總統於四七年六月廿八日公布

第六章 行政處分

第三十六條 出版品如違反本法規定，主管官署得爲左列行政處分。

一、警告。
二、罰鍰。
三、禁止出售、散佈、進口或扣押、沒入。
四、定期停止發行。
五、撤銷登記。

第三十七條 出版品違反第三十二條第三款及第三十三條之規定，情節輕微者，得予以警告。

第四十條 出版品有左列情形之一者，得定期停止其發行。

三、出版品之記載違反第三十二條第一款之規定者。
四、出版品之記載違反第三十二條第二款及第三款之規定，情節重大者。
五、出版品之記載違反第三十四條之規定，情節重大者。
六、出版品經依第三十七條之規定連續三次警告無效者。

第四十一條 出版品有左列情形之一者由內政部予以撤銷登記。

一、出版品之記載，觸犯或煽動他人觸犯內亂罪、外患罪、情節重大，經依法判決確定者。
二、出版品之記載，以觸犯或煽動他人觸犯妨害風化罪爲主要內容，經予以三次定期停止發行處分而繼續違反者。

第四十二條 出版品經依法註銷登記或撤銷登記或予以定期停止發行處分後，仍繼續發行者，得沒入之。

編者按：在此項出版法未廢止之前，本刊決將上項條款繼續刊登，一方面用以自我警惕，一方面讓世人知道我們的出版自由，受到怎樣的限制。

(二)誰是「惡性補習」的禍首？

伍家邦

我是一個臺北市國民學校現任六年級的級任，最近我實在沒有勇氣再看報了，因爲打開報紙一看，每天都有「惡性補習」的指責，有些官吏、記者、家長竟認爲「惡性補習」是教員搞出來的。

其實，那一個人願意賣着命，而去併命替學生補習呢？待遇菲薄，教科書太繁太深，二部制以至三部制四部制之不能取消，省中與市私中之程度差別，固都是形成惡性補習的原因，我們暫且不論，最大的還是教育當局的鼓勵。每年當聯合招生放榜後，教育局必以「最速件」的函件寄至各校，調查各班的錄取人數及擔任教員，並且還在各報大登各校錄取率，家長的眼光是雪亮的，當他們看別某校錄取率高時，當即把子弟轉學到該校。有的學校錄取率較低，因有報紙刊登，影響校譽至大且鉅。每年九月全市校長會議時，全市最高「教育長官」，必對那些補習最烈致錄取率才高的學校校長予以獎勵，而對於因無「惡性補習」而錄取率低的學校校長當面予以斥責，那一個人不愛惜名譽？那一個人不要面子？我們才不得不冒著「撤職」之危，去做「惡性補習」的事呀！

轉瞬七月廿九日的放榜日期又要到了，我們誠懇的呼籲教育當局，請取消這不啻是鼓勵「惡性補習」的錄取調查，尤其不要再在報紙上刊登各校錄取百分比，而在實際上從事有效的整頓與改進。

自由中國　第十九卷　第二期　內政部雜誌登記證內警臺誌字第三八二號　臺灣省雜誌事業協會會員　六四

給讀者的報告

新任行政院院長陳誠氏，素以有魄力與意志堅強著稱，但此足以成事，亦足以敗事，而其關鍵則在於所選擇的方向是否正確。所以大家對於陳氏的出傘重任，一則以喜，一則以懼。我們特發表社論㈠「期望中的憂慮」，坦白指出在爭民主自由運動與反民主自由力量尖銳對立的今日，究竟何去何從，不僅使陳氏遭逢嚴重的考驗，且使國運前途臨到安危禍福的決定關頭。所以懇切希望陳氏首先確立民主自由的大前提，然後進行諸般改革，尤其要切實做到保障人權、確立體制、整飭政風。只要陳氏眞能循此方向前進，定可獲得各方面的合作與協力，爲復國建國開拓新的機運；而陳氏本人，亦可永垂不朽。執政黨起用陳氏，這該是最後一張王牌，在這種決定人心向背的緊要關頭，實在再不能叫人民失望了！

關於「自由民主」與「反共復國」的位置關係問題，蔣總統近曾以中國國民黨總裁的身份有所論列。我們鑒於這一問題之重要，特發表社論㈡「自由民主是反共的活路」，坦白分析反共復國之所以不能離開自由民主而行。所以，談「反共復國」而不談「自由民主」，是死路一條；只有「自由民主」才是「反共復國」的活路。我們誠懇希望從新內閣開始，快由「死路」上回過頭來走向「活路」！

美國與北平僞組織間的日內瓦談判，開始於一九五五年八月一日，到現在，已是整整三年。三年來，事實證明這種談判並無預期結果，僅予北平僞組織謀取宣傳利益的機會而已。我們特在社論㈢「停止無聊的日內瓦大使談判」中，希望美國友邦不要再繼續此種無聊的談判。

今年又是戊戌年！六十年前的「戊戌政變」，發生於一無知婦人那拉氏之手，而那拉氏的「大淸王朝」，也永成爲歷史的陳迹，可是康有爲梁啓超兩先生所表現的知識分子以天下國家爲己任的精神，却永遠活在流亡海內外的這一代中國知識分子底內心深處。世界書局近將「梁任公先生年譜長編初稿」排印，全書計分三十八卷，約百萬言，卷首有康有爲手批梁任公手書贈林獻堂詩墨跡，胡適先生珍藏的梁任公墨跡，與胡適、丁文淵、楊家駱三先生序。本刊特將胡適先生「梁任公先生年譜長編初稿序」發表，用以表示對梁先生的崇拜與敬悼，並用以介紹這本書在歷史上的價值。

薩孟武教授在「由出版法談到委任命令及自由裁量」的大作中，明確指出國家制定一種法律，並非單單拘束人民，且同時亦拘束行政機關，所以，行政機關若謂有了出版法便可自由行動，那眞是太幼稚了。因此，所謂委任命令，只能對該項委任之法律已規定事項，作補充的規定；而自由裁量，只能積極的增加人民幸福，不得消極的禁止人民作爲。其解說，極爲簡要精闢，大有助於對「出版法」所引起的「委任命令」和「自由裁量」兩大問題之正確認識。

民主要能眞正實行，必須講理，但中國底傳統却沒有講理這一格。殷海光先生在「創設講理俱樂部」的大作中，特別指出在沒有講理傳統的社會中，有幾種人很難與之講理；而要養成講理的習慣，只需兩條設準：第一、「眞理面前，人人平等。」第二、「什麽就是什麽。」所以希望創設一個講理俱樂部，講求講理的方法。眞是語重心長，値得我們共同重視。

「展開民主政治討論的風氣」，顯爲此時此地的重大課題，董鼎山先生的大作，除對這一問題的討論甚爲詳盡外，而其最後建議胡適先生進一步領導現在臺灣的教授、學者、作家、學生們及一部分立法委員，對於知識份子組黨救國的問題，做一次非正式的具體討論，實更有道理。

自由中國 半月刊 第十九卷第二期 總第二〇九號
中華民國四十七年七月十六日出版

發行人兼主編　『自由中國』編輯委員會
出版者　自由中國社
社址：臺北市和平東路二段十八巷一號
Free China Fortnightly, 1, Lane 18, Ho Ping East Road (Section 2), Taipei, Taiwan.
電話：二八五七〇

航空版　友聯書報發行公司（香港九龍新圍街九號）
總經銷　自由中國社發行部

經售者
美國　紐約友方圖書公司 Hansan Trading Company, 65, Bayar D Street, New York 13, N. Y. U. S. A.
紐約光明雜誌社 Sun Publishing Co., 112 Mulberry St., New York 13, N.Y. U.S.A.
韓國　漢城裕昌德號
馬尼刺　新疆書店
印尼　泗水文光圖書公司
緬甸　仰光振成書報店
印度　阿拉哈巴中印文化出版社
北婆羅洲　西利亞坡青年書店
星加坡　友聯書報發行公司（小坡大馬路四六九號）
吉隆坡　友聯書報發行公司（馬華公會大廈三樓七室）
怡保　友聯書報發行公司（希尼華沙甘街十六號）
檳城　友聯書報發行公司（林連登律七十二號）
澳門　友聯圖書公司

印刷者　精華印書館股份有限公司
廠址：臺北市長沙街二段七一號
電話：二三四二九號

本刊經中華郵政登記認爲第一類新聞紙類　臺灣郵政管理局新聞紙類登記執照第五九七號　臺灣郵政劃撥儲金帳戶第八一三九號（每份臺幣四元，美金三角）

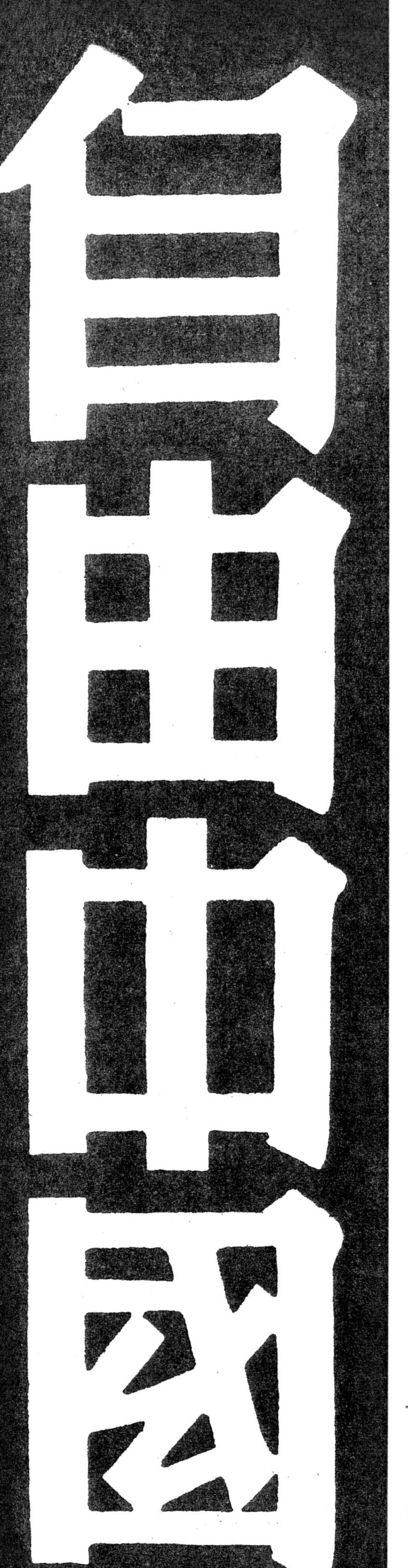

FREE CHINA

第十九卷第三期

目錄

社論

(一)新閣的作風與人事安排

(二)從伊拉克政變看美國的中東政策

(三)論二分法

我對於知識分子大結合的看法和寄望……牟力非

對「革命」的一個看法……杜蘅之

臺灣的利率問題……趙岡

非洲世紀的開端與東西冷戰……宋文明

通訊 戴高樂組閣的前前後後……孔治

文字的命運……思果

也是秋天(四續)……於梨華

讀者投書 駁正省立臺中女中溺斃學生案更正函……巫祺川

中華民國四十七年八月一日出版

社址：臺北市和平東路二段十八巷一號

半月大事記

七月八日（星期二）

美政府已向參院要求，促恢復援外削減之部份欵額。

艾森豪抵加拿大會晤狄芬貝克總理，商討供應火箭問題。

赫魯雪夫抵東柏林，促東德人「在反對西德陸軍裝備原子及火箭武器的鬬爭中」擔任領導工作。

七月九日（星期三）

黎京貝魯特展開激戰。

匈共頭目抵東柏林，參與赫魯雪夫與東德共產黨首領會晤。

美國加拿大對匪禁運問題同意作更大的合作。

七月十日（星期四）

俄再要求停試核子，美國斷然拒絕，國務院聲明日內瓦會議屬技術性。東西方核子科學家在日內瓦會議中對音響偵察法達成協議。

七月十一日（星期五）

美加同意成立聯合防務委員會。

狄托與阿拉伯聯合共和國總統納瑟會談後發表公報，呼籲舉行高階層會議。

赫魯雪夫返抵莫斯科，在東德演說會攻擊狄托。

對俄擊落美運輸機事，美向俄提強硬抗議。

艾森豪向國會報告，美國拒匪入聯合國的政策不變。

美駐黎巴嫩大使重申立場，美決繼續支持黎國完整獨立。

七月十二日（星期六）

赫魯雪夫在慶祝俄捷友好大會發表演說，詆毀裁軍管制原則。

巴格達三回教國家土耳其、伊拉克、伊朗願軍援黎巴嫩。

俄捷發表聯合公報，促開高階層會議，並再指責修正主義。

七月十四日（星期一）

伊拉克陸軍叛變，白宮緊急會商對策。

伊拉克叛軍司令部令其在黎國的伊拉克軍隊參加黎叛軍作戰。

伊叛軍新內閣由卡森姆任總理。

伊拉克兵變影響四回教國家會議，土耳其、巴基斯坦及伊朗三國元首改於土京就伊拉克叛亂緊急會商。

應美請求，安理會開緊急會議。

七月十五日（星期二）

陳誠今就行政院長職。

美軍在黎巴嫩登陸，第六艦隊抵東地中海。

開羅宣佈承認新伊拉克政權。

艾森豪向國會提報告，美將加強援黎。

七月十六日（星期三）

全球美軍奉令警戒，準備隨時應付突變。

美要求聯合國確實封鎖黎邊境。

美海軍陸戰隊續在黎境登陸。美空運陸戰隊增援地中海。

俄向美國警告立即自黎撤軍。

伊叛軍政權宣佈退出伊約聯邦。

七月十七日（星期四）

美英對中東政策協調。英駐塞埔路斯傘兵在約旦安曼着陸。

貝魯特港戰略設備已由美軍接管。

俄在土伊界外舉行大演習。

安理會繼續商討派遣聯軍赴黎。

俄附庸國家承認伊叛軍政權。

美已在土耳其境內完成核子攻擊力量。

七月十八日（星期五）

美已正式通知埃及，美軍如遭阿聯攻擊，後果將具有危險性。

伊叛軍政權與蘇俄復交。

納瑟會與赫魯雪夫舉行緊急會議，討論美軍倘不撤離黎國，蘇俄應採何種行動。

蘇俄否決美在安理會所提出派遣國際武力赴黎巴嫩的建議案。美請召開特別聯大。

蘇俄要求美英撤兵，妄言將採必要步驟；納瑟潛往莫斯科歸來，宣稱將以武力抵抗干涉。

美參院通過國防改組計劃。

七月十九日（星期六）

美傘兵兩千人飛抵黎巴嫩。

赫魯雪夫突向四國建議召開高階層會議。

七月二十日（星期日）

約旦外交部宣佈與阿聯斷絕關係；伊叛軍政權稱退出巴格達公約，與阿聯簽訂所謂抗侵協定。

「自由中國」的宗旨

第一、我們要向全國國民宣傳自由與民主的真實價值，並且要督促政府(各級的政府)，切實改革政治經濟，努力建立自由民主的社會。

第二、我們要支持並督促政府用種種力量抵抗共產黨鐵幕之下剝奪一切自由的極權政治，不讓他擴張他的勢力範圍。

第三、我們要盡我們的努力，援助淪陷區域的同胞，幫助他們早日恢復自由。

第四、我們的最後目標是要使整個中華民國成為自由的中國。

社論

(一) 新閣的作風與人事安排

陳誠氏這一次以副總統的身份受命兼任行政院長，其政績將如何，不僅關係陳氏個人的政治前途，不僅關係執政黨的興衰隆替，而最重要的，最爲國人所關切的，是關係臺灣政局與社會今後的治亂或安危。所以本刊上一期的社論，曾以「期望中的憂慮」爲題，從原則上給陳氏提供三個項目的建議，㈠保障人權，㈡樹立體制，㈢整飭政風。我們寫那篇社論的時候，眞是期望而又憂慮；這番心情是特別沉重的。因爲我們認爲陳氏所將領導的政府，再也不能叫人民失望了。如再失望，那就是最後的失望。換句話說，那就是對政府的澈底絕望。當人民對政府澈底絕望的時候，將會形成怎樣的局勢，我們還能輕鬆地想像嗎？

上述那篇社論脫稿付排的時候，陳氏正在緘默中作人事的安排，而尚未就職。所以我們只能就陳氏個人的性格和若干年來政府的積弊，提綱挈領在原則上給他三項建議。現在陳氏已於本月十五日就職，我們再就他就職後所表現的作風和人事安排，具體地提出幾點來講講。

講到作風，我們大家都知道，陳誠是不同於前任行政院長俞鴻鈞那樣敷衍因循，而是有點硬勁的。在政風敗壞、法紀蕩然的今天，我們確需要一位賢明而又有點硬勁的行政首長來挽救這一頹勢，這一危局。可是，我們在這裏必須强調一點，硬勁作風在今天之受大家歡迎，決不是無條件的；大家所歡迎的硬勁作風，是在公是公非之下的硬勁，而不是蠻幹的硬勁。關於這一點，我們從陳氏就職後第一次記者招待會上所講的一句話感到興奮而樂觀。他說：「爲政不能憑着自己的主觀去做，一定要依據大家的需要去做。」這句簡簡單單的話，其重要性是無以復加的。我們從中外古今的政治實錄中，看到不少僅憑自己的主觀來硬幹的人物。這一類的人物每每以「對得起良心」爲說詞。好像治國平天下的一套大道理，都在而且只在他的那顆「良心」裏面。「只要對得起良心，我就得如此這般地幹下去，管它什麼公是公非，什麼民意不民意！」這種人物給社會帶來大大小小的禍患太多了；現在，我們還在這種禍患中掙扎，再也不能讓它加深了。所以我們在歡迎陳氏硬勁作風的同時，也有點耽心他不能免於主觀用事。現在，他向記者們響響亮亮地講出了「爲政不能憑着自己的主觀去做，一定要依據大家的需要去做。」這是叫大家高興，叫大家樂觀的。我們希望陳氏嚴格地遵守這句話，實踐這句話。人言之謂信；民無信不立。一個有作爲有抱負的行政首長，萬萬不可失信於國人。

這是陳氏就職後在作風上表現得叫大家高興，叫大家樂觀的一方面。可是由於另一方面的表現，又不免叫我們爲他擔憂，乃至爲政局及國家的前途危懼。這就是上月十七日下午五時陳氏在中山堂光復廳招待全體立法委員的茶會上的一次拍桌罵座。這件事的本身，似乎沒有什麼嚴重性。近年來立委當中，大貶身價、向炙手可熱的官員賣身投靠者大有人在，行政官長罵罵他們，又算得什麼呢。許多人有這樣的想法，陳氏是不是也如此想，我們不得而知。我們雖不承認這種以偏概全的想法是對的，但也不得不承認這是一種很自然的想法。因爲在團體的觀念下，近年來立法院的院格，確被少數人格墮落的立委大大損害了。但是，我們對於這件事，應該還有更深一層的看法：

我們說到陳氏對立委拍桌罵座這件事，不是想就這件事的本身有所論列。因爲這件事發生在一個酬酢性的茶會上而不是發生在立法院的正式會議中，我們可以不必過於重視；同時爲避免分散我們的論點，我們只就這件事所涉及的一個根本問題——政治家的修養和風度問題——來講，而且爲着把調子拉低，使聽者容易接受，我們再把修養和風度問題濃縮到一點：別亂罵人。這裏所說的「別亂罵人」，是一象徵性的說法，它所蘊涵的意義，包括：虛心聽取反對的意見，不以權勢壓人，不妄自尊大而蔑視別人的人格……等等。

政治權力者亂罵人的結果怎樣呢？實證告訴我們，有操守、有氣節、有抱負、有才識的人，都不是甘受辱罵的。甘受辱罵的，是奴才，是宦豎；不是人才，不是政治家。政治權力者罵人的結果，必然是人才之不合作。換句自我中心主義者的話來講，就是人才不爲我用。到了人才不與合作或人才不爲我用的時候，政治權力者只是一羣奴才或宦豎所手捧的矯矯獨夫。這時，必然是政治腐敗，民不聊生，循至政權崩潰，乃至國家滅亡。這是古今中外政治實錄中所屢見不鮮的事例。

近三十年來，我國政治圈內的人才與奴才始終是在一個反淘汰作用當中一消一長。究其原因，未始不是由於政治權力者有亂罵人的惡習。這一惡習的革除，我們想，應該是政治淸明的一個契機。我們希望陳院長在這方面特別注意。同時我們還得重複一句，「別亂罵人」只是我們一個象徵的說法，我們尤希望陳院長把民主、法治、天下爲公、人格平等，等等基本觀念，具體地表現在今後的政治作風上，給國人以興奮，給國人以樂觀。

其次，就陳內閣的人事安排來說，大體上是值得贊許的。這裏，我們不擬對新舊閣員一一加以評論。我們只想指出兩事，以見新閣人事安排中的最大得失。一事是前任敎育部長張其昀的去職；一事是司法行政部長谷鳳翔的留任。

前者是大家喝采的，後者却叫大家失望。

四年來張其昀在教育部長任內一貫朦上瞞下的胡作妄爲，早已被人斥責而不稍改。淸除城狐社鼠的事功，只有有識見、有魄力、有高度政治責任的人，才能做到。陳院長憑其決心換掉了張其昀，這是他上任之初最得人心的一件大事。

今天，我們所要大聲疾呼的，是撤換乃至撤查司法行政部長谷鳳翔！近年來司法界風紀的敗壞，幾乎爲本世紀臺灣司法史所未曾前有。谷鳳翔身爲司法行政部長，不僅不能稍加整飭，而且在其任內，行政干涉，與貪汚案件之被揭發者更是增多。去年十月十三日及十二月二十五日連續發生的張金衡及林拔自殺案，可說是司法黑暗的一次大暴露。可是到了這個時候，司法行政當局既不徹底查究，也不自明責任，而仍好官自爲，以致弄得司法尊嚴一天毀壞一天，人民積憤一天加深一天。現在，司法竟變成了臺灣五害之一（請參閱本刋上期社論(一)附註二）！知道司法界詳情的人，都認爲谷鳳翔對於司法風紀的日趨敗壞，不僅要負政治上的責任，而且也要負法律上的責任。說得更明白一點，谷鳳翔不僅該撤職，而且也撤查。現在陳內閣居然把這樣一位部長留任，這是大大令人失望的。這一失望在英文中國日報 (China News)、自立晚報、公論報、聯合報等的社論中，或多或少或明或暗地表現出來。就連執政黨中央日報的社論執筆人，也激於個人的良心，不得不寫出希望「司法風紀再澄清再整飭」的徵詞來。張其昀是國人皆曰可去的部長，現在終算去職了，谷鳳翔也是國人皆曰可去的部長，爲何要留任？教育行政固重要，司法行政更重要。教育行政辦得不好，後患是漸漸發生的；司法風紀敗壞到了極點，可能逼着人民造反。這一危險性，更不容忽視。陳院長是向來標榜法治，主張勵行法治的。在民主精神下的法治，確是當前收攬民心的好號召。勵行法治，就得從撤換乃至撤查敗壞法治的司法行政部長谷鳳翔着手！而且陳院長不是說過「爲政……一定要依據大家的需要去做」嗎？現在，大家需要撤換這一位敗壞法紀的部長，陳院長爲實踐諾言，爲示民以信，也得這樣做。

最後我們還得提及的，財政部長嚴家淦的去留，陳院長似也有重行考慮之必要。嚴家淦在前任臺灣省政府主席任內的時候，因省府疏建而發生的集體貪汚，嚴家淦是應負政治責任的。那時他反而提昇中央大員，這已顯示國家已失官常了。再就嚴家淦個人的才識來講，至多是一個大公司的管帳人材或司庫人材，不足以語國家的財經大計。現任經濟部長楊繼曾早已宣示過的發展自由企業，迄今毫無有效的實際行動，其原因未始不由於財政部長的短見以致不能與之配合。像這樣的財政部長，陳內閣亦當重行考慮其去留。

社論

(二) 從伊拉克政變看美國的中東政策

伊拉克政變以及美國對於這一政變的應付態度，正代表了美國外交政策失敗的一個最典型的例子。在過去若干年內，伊拉克曾經發生過好多次的政變陰謀，巴格達街頭的反政府示威與暴動，更是司空見慣，層出不窮。但負有中東最大安全責任的美國，對於這一情勢不但沒有作深刻的分析，尋找出這種情勢的最根本的理由，而且對於這一情勢的表面發展也缺乏應有的警覺。所以在伊拉克各地雖駐有美國的各種各樣的使節及技術官員，但對於像這次如此規模如此週密計劃的政變行動，事先竟一無所知，等到政變一經發生，僅僅在數小時以內，即把美國所支持的這一盟邦政府全部推翻，連一個使美國從事考慮和實行援救的機會都未留下。這是一個歷史上的奇蹟，中東政局變遷中的奇蹟，也是美國平素外交工作缺乏深厚基礎與慘敗的奇蹟。

在伊拉克這一政變中，假若我們要完全否認納塞與蘇俄對這一情勢的影響，那是錯誤的。同樣，假若我們把這一政變完全視爲納塞與蘇俄幕後策動的結果，那也是錯誤的。就事論事，伊拉克這一政變，與其說是出於蘇俄的操縱，還不如說是出於納塞的長期鼓動；與其說是出於納塞的鼓動，亦還不如說是由於伊拉克內部存在有不滿其現政府腐敗統治的巨大反抗力之故。假若伊拉克內部沒有一種强大的反政府的力量，沒有一種具有高度政治自覺和嚴密組織的行動計劃，任何一個外來勢力，不論是出於納塞的煽動或蘇俄的主使，都無法作到像伊拉克這次政變如此的乾淨利落。二次大戰以前，希特拉曾煽動過奧國、捷克與但澤的反政府行動，一九四八年捷克共黨亦曾發動過閃電政變，但這些外力所支持的政變或反政府行動，不論其曾利用何種僞裝，事前事後都留下無法消滅的痕跡。而這次伊拉克政變，顯然不是屬於過去奧國、捷克那些政變的例子，而是屬於一九五一年伊朗莫沙德上臺和一九五二年埃及青年軍官團發動政變的例子。若說今日伊拉克政變是完全由於納塞的煽動所造成的，那麼當年埃及的政變又是受了誰的煽動？

假若我們能平心靜氣的把中東局勢作更深一層的瞭解，便可發現自從戰後以來，中東這一地區內正有一股要求變革的力量在積極滋長。這股變革力量，一則要求其國家的獨立自由，排斥一切外來勢力，一則要求內部的改革，致力促進其國家的現代化、民主化。這種變革力量在中東各國的表現方式並不一樣，但主要都是以不滿現狀的青年軍官團和受西方敎育的知識份子爲核心。在這兩種分子完全結合的國度內，這種變革力量便很快獲得政治上的成功，在這兩者尙未結合的國度，這種變革力量尚在潛伏中。不過縱使在潛伏階段，這種力量的影響仍然很大，以致形成了對各國現有政府的一種龐大敵對作用。美國過去數年的中東外交政策，可說完全疏忽了這一基本事實，既看不到各國社會低層這股力量的侵蝕作用，又看不到各國政府本身的缺點、低能與腐敗，一味把政策的重心，把這一地區安全與希望上的賭注完全下在這些失敗者的身上。等到這股地下侵蝕力量越來越大，直至公開露頭無法再行忽視時，這些被侵蝕的政府一如被白蟻吃空的一座古老建築一樣，在風調雨順時際，尚能勉强維持表面骨架於不墜，一遇驟風急雨，形勢突變，這種虛有其表的建築，便立告澈底倒塌。假若美國過去的中東外交政策，一如最近美國哈佛大學國際問題研究中心的克辛格博士所說，能適應這種「革命性情勢」，而採取主動與積極的作法，把政策重心和希望放在各地新生的一代，與這種未來的力量建立起密切聯繫，或平素督促各地現有政府力爭上游，在政治、經濟、社會各方面實行大規模改革，以爭取國內廣大人民的擁戴與支持；並同時改正尼克森在南美受辱後所指出的美國外交官員錯誤態度，卽僅與當地上層階級往來，飲宴酬酢，參加鷄尾酒會，而忽視下層民衆。則這種伊拉克政變、黎巴嫩內戰，以及約旦國王胡生的艱難處境，實在都可以避免。甚至說，只要美國過去的中東外交政策能稍注意到這一變動中的情勢的話，整個中東絕不會有今天這種情況。而事實上美國過去的作法，則恰好與此南轅北轍，背道而馳，不但沒有和這種强大的變革力量實行結合，而且亦根本沒有督促過現有政府的進步與改革，其結果如何，實早在世人意料之中。我們很知道哈希米家族如何在伊拉克建立王朝的，亦知道阿布杜拉親王和塞德總理過去長時統治伊國的成績如何，而對這種情勢，美國力促伊拉克在施政方面積極改革，日新月異，猶患不逮，若根本不求上進，其厄運自所難免。所以這次伊拉克突發政變，一面是伊拉克政府的平日措施失當，一面作爲盟邦的美國亦不能不負有若干道義上的失職責任。

我們現在的憂慮，還不在美國已經失掉了中東一個堅强的反共盟邦，失掉了一個親西方的伊拉克政府，而是在於這種不穩與變動情勢可能還要繼續蔓延到中東其他地區。七月二十二日納塞在埃及革命紀念會上的演講，便已透露出這種不幸的預兆。納塞一面指責胡生國王已踏上其祖父阿布杜拉的覆轍，一面要求把西方帝國主義從黎巴嫩、約旦、和阿爾及利亞等地驅逐出去。這就表示今後阿拉伯民族勢力鬭爭的對象，已直接指向約旦、黎巴嫩與阿爾及利亞的身上。這些地區今後內部情勢的更趨緊急，亦當可預卜。對於這一發展，西方的應付對策只有兩條路，一條是堅强的實力外交政策，以武力，以正式的聯盟條約，以大量的財政及經濟支持，使這些國家的親西方政府永遠維持其有效的統治；另一條便是高明的和解性的外交政策，相當的滿足阿拉伯民族主義的要求，與納塞妥協，通過與納塞的關係而維持西方在中東的傳統利益與反共地位。要採取前一政策，美國就得具有最大的魄力，劍及履及，不怕冒險，要有以武力貫澈諾言和義務的決心。要採取後一政策，美國就須對其一般的亞非政策作一種革命性的修正，使其具有深厚的思想上的力量才行。假若採取前一政策而不徹底，就會形成目前這種一面登陸黎巴嫩而不同時出兵伊拉克與約旦。一面像煞有介事表示不惜甘冒危險，而同時又遣派外交大員進行秘密外交談判的情形。假若採取後一政策而不徹底，也正如最近的情形一樣，一定是一面敷衍納塞而又反對納塞，一面支持夏蒙總統而又和黎巴嫩反對派接近，其結果都是非常的可悲。

所以我們認爲這次伊拉克政變及其所造成的影響，對美國是一件頗有歷史意義的教訓。美國今後的中東政策和亞非政策究應如何改弦更張，不難從這裏尋求一項正確的答案來。

社論

(三)

論二分法

在這個因政治、軍事、和經濟衝突而形成的緊張世界裏，有一種思想方式。這種思想方式加深世界的病態。這種思想方式就是二分法 (dichotomy)。持二分法的思想方式者，把這個世界分成兩橛：非此卽彼。目前，在我們這個世界上，大規模製造並且應用這種思想方式的，要數國際共產黨人。自一八四八年以來，二分法無疑已成國際共產黨人普遍採用的基本思想方式；並且成爲他們的世界觀、人生觀、和社會觀之基本骨幹。他們藉着其所謂的哲學來塑造這種思想方式；藉着其所謂的歷史來演證這種思想方式；藉着其所謂的教育來灌輸並凝固這種思想方式；更藉着其組織的力量來宣傳並且實現這種思想方式。共產黨的哲學家說，哲學只有兩種：不是唯心論，就是唯物論。這個世界是一個對演的體系。因此，這個世界充滿了矛盾、衝突、和鬭爭。共產黨的歷史家接着說，一部人類的歷史就是一部「階級鬭爭史」。共產黨的宣傳家又接着說，這個世界所包含的，不是富人，就是窮人，因此只有「資產階級」和「無產階級」。二者沒有調和的可能，於是只有鬭爭。順着這一條思路推廣下去，他們把人分成，不是「同志」，就是「敵人」；不是「共產主義的信徒」，就是「共產主義的叛徒」。就這樣，他們掀動世界規模的禍亂。

這種思想，根本就是古代左拉斯特式的 (Zoroastrian) 思想之復活。左拉斯特教創自查拉斯特 (Zarathustra)。它是古代波斯的拜火教。拜火教的宇宙觀是二元論的：將宇宙看作是光明與黑暗之戰鬪。拜火教徒崇敬光明，恐懼黑暗。拜火教徒的倫理觀和眞理論也是二元的。他們認爲善與惡是對立的；眞理與虛僞也是對立的。因此，人應該在光明與黑暗、道德與罪惡、以及眞理與虛僞之間作一選擇。凡選擇光明、道德、和眞理者必得天福；凡選擇黑暗、罪惡、和虛僞者必將受到重大的災苦。

顯然得很，這種思想之發生，係因受到日出的光明，夜臨之恐怖，等等自然現象變化的暗示。這一類型的宇宙觀和倫理觀，以各種不同的形式出現于不同的民族神話和倫理教訓之中，而且易被普遍接受。之所以如此，係因自然的暗示普遍地引搧着廣大的人類思緒，並且其中所涵蘊的二分法易于被一般人粗樸的頭腦 (näive mind) 所吸收和應用。

如果我們只是生活在一個語言文字幻構的世界裏，那末我們也許直觀地認爲上述的思想涵蘊着强烈的道德感和正義感。的確，近幾十年來，世界各地許許多多人，尤其是青年，紛紛加入共產組織，重要原因之一，就是爲這種感覺所驅使。但是，不幸得很，這種感覺是錯誤的：其錯誤在與實際的世界不符。如果我們在運思時稍能擺脫語言文字所構成的迷陣，而能略爲正視實際的世界，那末我們將會發現下列的情形：沒有任何個人和任何集團的本身完全是善的、眞的、和光明的。因此，在實際上，我們不能拿善的、眞的、和光明的這些標準來劃分人與人之間的界線。我們充其量只能說，在理想上，我們希望趨向于善，趨向于眞，趨向于光明。但是，任何人不能說，我們就代表善的、眞的、和光明的。如果有人說他們就代表善的、眞的、和光明的，那末所謂的善、眞、和光明隨時都可變成殺人的藉口。

因爲，任何人都可假借爲善、求眞、追尋光明，來達到與此相反的目標。這樣的事情，眞是史不絕書。現代共產勢力與起以後所形成的暴政局面，尤其是顯著的實例。但是，無論怎樣，國際共產黨人以二分法爲基本的思想方式。他們總是認爲「我是人非」，不能與人和平相處，勢必鬪爭，鬪到你死我活，天下只剩下他們一羣人才肯罷休。所以，這個世界自從有了共產黨以來，就擾攘不寧。

像共產黨這種性格的東西抱持二分法的思想方式，這本不足爲怪。令我們大惑不解的事是，有一部分號稱反共的人士也抱持這種思想方式。近八九年來，有一部分號稱反共的人士，藉着教育和訓練機構，把二分法灌輸給青年，教青年從二分法來看人、看事、看政治；甚至藉着政權的便利，將二分法體現于實際的政治措施之中。這類人士說：「不是信徒就是叛徒」，「不是同志就是敵人」。這話使聽到的人感覺，如果不是「信徒」和「同志」，大有天地雖大，海洋雖濶，無地容身之概。

依照這種强烈的二分法，及其引起的狹隘情緒，這類人士更進一步塑造一個公式，「非國卽共」。這個公式如此之簡單，因而可作許多不同的解釋：第一，除了國民黨以外就是共產黨，不是國民黨的就是共產黨，此外並無第三種可能。第二，反對國民黨的人就是共產黨。因此，批評或反對國民黨就成一件十分嚴重的事。由此更向前引伸出一個結論：在這反共制俄期間，國民黨有其不可反對的先天性，或神聖不可侵犯性。如果有人反對國民黨，或對國民黨作不利的批評，那末不是共產黨，也是共產黨的同路人，或共黨統戰工作的黨兇者。這一套「邏輯」似乎很順理成章。因此，他們自己說起來似乎也很理直氣壯，並且將這種想法體現于實際政治措施中：對于國民黨以外的自由反共人士，一概以敵人視之，至少以「准敵人」視之。他們對于這些「敵人」或「准敵人」，不惜採取種種手段來困擾、分化、打擊、威嚇、迫害、壓制、並進而消滅之。

這些人士爲什麼要這樣做呢？他們最響亮的答覆是：「爲了反共！」假若有人追問：「爲了反共，爲什麼一定要打擊自由的反共人士？」這是由于他們要嚴格貫徹「一切反共力量一元化」的思想。他們基于這一思想，堅持反共力量只應有一個領導中心和一個組織。在這個領導中心和組織以外的力量、言論、尤其是組織，他們都不放心，甚至認爲對這個領導中心和組織構成危害，所以必須不讓它出現或存在。至于這個領導中心和組織是否眞的以天下爲公，是否健全，是否其所作所爲乃天下悅服，這類根本問題，他們從來不願反省，甚至不願意有人提出。如果有人提出，他們就認爲這樣的人不忠不貞。這種想法，就是從二分法衍生出來的。

二分法既是共黨所强調和應用的。一部分號稱反共的人士爲什麼也强調和應用呢？這有三個原因：第一，從歷史方面觀察，這一部分人士早在一九二二年以來，卽已深受共黨的思想、行爲模式、和組織方法之感染。他們現在在情緒上雖然反共，但在實質上不易擺脫並且洗淨共黨的感染。第二，臨淵羡魚。這些人士，在一個大權力的磨練之下，在時代的驚濤駭浪衝擊之中，早已喪失了創造能力。但是，他們眼見共黨憑着那一套辦法居然造出這樣巨大的結果，於是他們認爲共黨那一套辦法可以創造奇跡。臨淵羡魚，退而思得魚之網。他們發現二分法是一個得魚之網，所以也依樣學習起來。第三，二分法簡單有效。二分法是人類最簡單的分辨起點。亞里士多德的邏輯就是從二分法開始的。效行二分法的反共人士，以爲藉着這種方法把反共者的思想活動與認識作用局限于「非此卽彼」的形式之中，可以簡單有力，因而可收思想反共的實際效果。

乍聽起來，這種說法很有道理。其實，稍一分析，我們將會發現這不過是一個簡單的「愚人策」。這個「愚人策」不僅在理論上說不通，而且在實際運用上也得不到預期的效果。二分法不僅在實際運用上得不到預期的效果，而且因被這些人士應用得太廣，就自由中國所處的形勢說，得到的是反效果。

二分法在理論上之不通，可以分做深淺兩層來闡明。深一層的闡明，這裏暫且存而不論。我們現在只作淺一層的闡明。一百五十年來，國際共產黨的理論家和宣傳家動輒說人不是「有產階級」，便是「無產階級」。「有」和「無」這兩個字之間沒有第三個可能，所以「有產階級」和「無產階級」之間也沒有第三個可能。許許多多跟着共黨跑的人也相信這一劃分。然而，稍一與事實對照，我們立刻可以看出，最富的人與最窮的人之間存在着許多中間的級序。那裏是「有產」和「無產」這兩個簡單的分類標準所安排得盡的呢？其他許許多多事例之不能用二分法來排列，可依此類推。

也許有人說：「就這類事例而論，你們所指陳的固然不錯，可是在『共』與『反共』之間也有第三種可能的實例嗎？」怎麼沒有呢？在西歐，在東南亞，在中南美洲，不是有許多「非共地區」嗎？也許有人認爲，在目前的世界上，只「應該」有「反共」與「共」之對立；除此以外，「不應」還有所謂「非共」。是的，我們對于這種「非共」情形極不放心。而且，像尼赫魯之流的行動，至少有一方面，對于自由世界是不利的。自由世界的政治家應該設法轉化這種情形，使之向着有利于反共方面發展。不過，「應不應該」是一件事，「有不有」則是另一件事。如果目前的世界除了「共」與「反共」以外，在事實上還「有」或「存在着」所謂「非共地區」，那末你的二分法，作爲一個記述方法來看，就容納不了。可見，普遍地說，二分法是站不住脚的東西。

我們知道，這一理論問題，目前這一部分主持反共事務的人士是不會感到興趣的。那末，我們再來看看二分法應用得太廣在實際上所發生的效應。一部分主持反共事務的人士以爲，製造「非國卽共」的思想形式，可收加强敵愾、淨化內部、統一意志之效。但是，效行共黨方法，只有兩個結果。一個結果是比得上共黨；另一個結果是比不上。如果比不上，那末效行之無益。如果效行之無益，徒招惹效共嫌疑，何必去學呢？如果比得上，那末就會在實質上變成共黨。何以呢？推廣地說，凡共黨行之有效的方法，反共者行之都不會眞正收效。世上沒有一個單獨的方法可以奏效的。如要共黨的某一方法奏效，那末必須把它放在共產黨化的政治、經濟、教育、交通等等條件所構成的一整套網絡之中。可是，假若這一整套網絡構成了，那末構成之者豈不就實質地變成了共產黨？而在此網絡籠罩之下的地區豈不就實質地變成共產黨化的地區？這樣一來，豈不就是以反共始，以共產黨化終？

依我們所知，易受「非國卽共」口號激動的人，決不是有頭腦和有創造力的人。這類的人只能算是「羣衆」。時勢變了！在今後，羣衆固然還是不可少的力量，但只能居于輔助地位。今後能發生主導作用的人，除了大政治家以外，就是掌握科學知識和科學技術的人。固然，共黨之從事顛覆活動是靠走「羣衆路線」的。但是，這只是在落後地區對付腐敗政權才行之有效的手段。在這類地區，共黨可以利用羣衆的生命作政治資本，編組火牛陣，或白蟻羣，搞垮腐敗的政權。然而，這一套法寶，對于自由民主的先進國邦就不靈了。所以，蘇俄拼命發展火箭武器，製造地球衛星，來威脅自由世界。美國並沒有因蘇俄共黨擁有「羣衆」而驚駭。因爲，這些羣衆只需一兩顆原子彈就可收拾了。驚震美國的，僅僅是一顆蘇俄製造的地球衛星。自由國家之反共制俄，也不是以「羣衆」做王牌，而是以科學家和工程師作王牌的。蘇俄共黨並不在乎美國「羣衆」。他們怕的是美國科學家和工程師。這樣看來，我們就可以知道「非國卽共」這樣的口號卽令有所收效，其所收到的眞正效果是怎樣微乎其微。

上面是從積極方面考察「非國卽共」這種口號所收效果爲何。如果我們從另一方面觀察，就可發現這個口號對于反共力量之削弱是如何之甚。

我們知道，近八九年來，在臺灣最居支配力的政治意識就是「排斥主義」(exclusivism)。在排斥主義的意識支配之下，臺灣的實力分子對于稍不順眼及稍不合口胃的人、物、事，排斥淨盡。如果說臺灣這幾年在政治上有什麼成就的話，我們認爲這項成就最大，行之也最爲澈底。可不是麼？在「反共需要」的大帽子之下，與他們的口胃稍微不合的自由反共人物能進出口麼？與他們的尺寸稍微不合的反共書刋能進入臺灣麼？現在臺灣的實力分子，眞是做到了三十年來未有的「快意境」！而躱藏在這「排斥主義」背後的，則是「非國卽共」這個口號所表徵的思想。基于這一思想，臺灣的實力分子將不合自己分寸的海內外的反共力量，疏遠的疏遠了，削弱的削弱了。

多少年來，反共的人士都希望「反攻大陸」成爲事實。然而，我們知道，從純軍事技術觀點來看，反攻大陸不是一時能獨力實現的事。但是，我們應該能夠實行政治反攻。當權的一部分人士不是高唱「政治反攻」麼？「政治反攻」的先決條件應該是能聯合海內外自由的反共人士。談到這一方面的工作，又是問題重重。近年來官方人士也常說要「團結海外的反共力量」。但是，如果海外反共人士據實對官方措施稍有批評，官方人士輒怫然不悅。以反共的領導中心人物自居者，好像只要掮起「反共抗俄」這塊大招牌，則所行所爲所言都成正確，不能被指責。如有指責，就是「損害反共力量」，亦卽「幫助敵人」。他們好像以爲，只要是反共的「領導中心」，大家便應該像一隊士兵，無條件地盲目服從官方頒製的「獨格碼（dogma）」。卽令這個「領導中心」箝制自由，蔑視基本人權，也應該忍受到底，也必須成爲「團結」的中心和象徵。反共者除了這個中心和象徵以外，永遠不應再有別的選擇。官方人士對于自己的原諒這樣多，對于自己要求得這樣低，而對于別人原諒得這樣少，對于別人却要求得這樣高，難怪本來是向心的人，近年來也漸漸起了離心的傾向了。官方人士之所以有這類想法，就是源于以爲「非國卽共」，此外別無其他可能的想法。須知在臺灣的威力圈內，「非國卽共」的思想可以行得通。在臺灣以外，許多人一見這個口號就避開了。就是這一念之差，而臺灣日益在政治方面陷于孤立。因此一念之差，「政治反攻」不僅沒有進展，而且呈現萎縮的態勢。

依據以上的解析，我們不難知道，以二分法作思想底子，由之而衍生出來的政治作風，和充斥于臺灣政治行市之間的情緒，產生了怎樣重大的自陷于孤立的後果。二分法像一柄利刀。這一柄借自敵人的利刀，並沒有殺着敵人，倒先把反共力量軋碎了。這一把刀一天不放棄，反共陣線中日見顯著的離散跡象只有越來越擴大，海內外反共力量的大團結更是無從談起。二分法在敵人手中是一把劈倒千年古木的利斧；但是，到了反共者手中却成了自我毀滅的武器。白晃晃的二分法握在手裏，誰個自由反共的人士不見而却步？世界上的人多得很。難道除了共產黨以外就只有國民黨嗎？拿中華民國的招牌來號召反共，不是更響亮一點嗎？不是能吸收更多的力量嗎？純軍事技術性的反攻行動既然不能馬上展開，今後重大的課題就應該是政治的反攻。如其不然，今後的局面殆難免于由僵凍而萎縮。今日以反共領導中心人物自命者，如果還想免于陷入這一局面中，那末首先必須作一次「克己服『理』」的功夫，自動從頭腦中放棄這個蘇俄舶來品——二分法。

我對於知識分子大結合的看法和寄望

牟力非

今天自由中國的知識分子太過苦悶。一方面由於經濟的壓迫，另方面對於政治看不見樂觀的遠景。如果政治可以樂觀，則他們未嘗不能忍受經濟上種種不平等的壓迫。不幸這雙重苦悶集于一身，因之便不能不籌劃打開一條出路；而最根本的出路，還是在政治方面。

一

胡適先生於本年五月廿七日在「自由中國」雜誌社宴會席上發表演說，主張知識分子、青年、教育界聯合組織一個在野黨。消息傳佈，大多數知識分子均表熱烈贊成。當此知識分子正爲經濟政治痛感苦悶之時，胡先生提議這一條出路，其受熱烈贊成和響應，自是必然之勢。惟據初步的反應來看，有幾篇文章頗以客觀方面的阻力及主觀上的缺點爲慮。蔣匀田、朱伴耘兩先生在「自由中國」半月刋，李璜、朱文伯兩先生在「民主潮」及祖國週刋所發表的文章，對組黨的基本條件所作的分析，已經面面俱到，觀察入微。諸先生從政治環境、教育、地方選舉、司法諸方面列舉現狀事實，以佐證今後知識分子組織新黨的種種障碍，認爲「荆棘滿途，並不如一般人想像那麽簡單」。但是也承認：「如果知識分子能有愛國家爭自由的誠意與決心，抱定『我不入地獄，誰入地獄』的自我犧牲精神，組織一個像樣的在野黨，並不是絕無希望」。

我總覺得，今天誰出面談反對黨問題，誰就要先被某些人視之爲「可疑的」對象，指爲「有政治野心」；於是被懷疑者鑒於多災的現實環境，不得不避開正面衝突，漸漸的，每逢演說寫文章接觸到反對黨問題時，不免先自疑神疑鬼，自覺這不是好談的；因之，憲政十年來，眞正直接而深入地論述反對黨問題的文章，竟是寥寥可數。這情形說明了，知識分子是爲了少惹麻煩而避談此問題，然而「避談」却並不表示知識分子對此問題不熱心。從胡先生倡組在野黨而立獲知識分子的支持一點來看，可知這問題不僅久已蘊藏在談反對黨的幾位作者心中，且亦蘊藏在不談反對黨的衆多知識分子心中爲時很久。由此使我們進一步看得出：大家不談這問題，既不表示這問題已不存在，也不表示種種障碍確已埋葬了衆人的願望，更不表示衆力不能克服當前的種種障碍。現在似乎只有一個大前提：知識分子能不能改變他們的緘默態度，肯不肯抱定堅強的精神來進行籌劃。

我對「種種障碍」的看法，覺得不必太那麽悲觀。說穿了，世界上大概很少有根本無障碍的反對黨誕生底環境。如果根本沒有像一般所顧慮的種種障碍，沿途不見荆棘，則反對黨三字早已不成其爲問題了，又何待我人來研討謀劃呢？這一個前提的認識，我們應該予以重視。

二

別人視談反對黨問題者爲「可疑的」，而談者本身却不應自疑。一自疑，就表明你缺乏光明磊落、正大無私的精神；就表明你蓄意偷偷摸摸暗中顚覆某一黨政權；就表明你的動機並不是爲了愛國而促建兩黨政治制度；就表明你害怕某些人的造謠誹謗和卑劣的中傷誣陷。這就是說，如果你是如此，你恰恰中了他們的詭計，那麽你也就根本不够談反對黨問題的資格。

這些年來，知識分子染患自疑症的似乎不少。他們本來並不缺乏「弘毅」的傳統教養；但由於政治上盛行着「思想調查」的緣故，調查者擅長玩弄文字魔術，不僅用以愚弄人們上當，而更厲害的是用以對付被調查人。例如，將政黨宗教化，以穩固「聖經」和「神父」的尊嚴高貴，因之勢非曲解「政黨政治」的眞義不可。又如，以「反攻復國」與「命運」相結合，而非與「努力的績效」相標榜；因爲如此可免除人們對政績的檢察和不滿。這是愚弄的手法。至於對付被調查人，喜用「某某有政治野心」、「某某言論偏激」、「某某的文章是發牢騷」、「某某唱反調」等等富於魔術性的詞語。人是政治動物，究竟何以不許其有「野心」？（野心是一種志氣和願望，並不是一項罪名。如果民主國民皆喪失掉政治野心，則這政治就很可悲了！）爲維護所持之理論，何以不許其「偏」？爲强調其理論的氣勢，又何以不許其「激」？（按「偏激」之被視作罪名，係由古時封建帝王的愚民政策而起。政治上要求「順民」，御用文人倡導「忍受」主義，故「偏激」成爲罪過。如用此尺度來量近世革命文獻及民主國民之言論，則幾乎無一不「偏激」了。）發表不同意的見解，怎能算是「牢騷」？「反調」之在民主社會，又算是什麽可驚的言論？知識分子飽受這許多使用魔術文字的罪刋和調查，神經過敏與神經衰弱已到嚴重程度，於是自疑症第一個徵候就是「先嚇阻自己」。

我無意在此列擧知識分子的病態，我只是呼籲——欲使廣闊的知識分子組黨運動發生功效，則知識分子本身應先袪除自疑症。我覺得這種病比起現存的任何組黨的種種障碍還厲害。

這就是說，知識分子應坦坦白白來組黨。過去許多年中國的兩黨政治建不起來，並不是知識分子的力量不够，實在是別人利用你自己的情感來嚇阻你自己的理性所致。

三

我並不是說這次組黨沒有阻力。請看眼前的事實——尙未着手籌組，便已有人以嘲笑的口吻武斷的說：「這怎麼行！我當年是有過組黨經驗的。結果失敗了。我不信『書生』會組黨成功！」這種先起自知識分子本身的阻力，總會多少發生作用。但我堅認，有了阻力，要去克服。如果只回憶過去某些人組黨的經驗，而沒有創造新黨的魄力和信心，則籌組新黨不要等外力阻撓，知識分子本身就先發生阻力了。這是近於自虐的作風，千萬使不得。

發自心理上的阻力之一，是懸揣執政黨將怎樣來扼制或打擊，遂致畏縮不前，看風使舵。我們必須明白：在野黨根本就不是看風使舵而可以組成的。要「順」執政黨之「風」，就永不會出現在野黨。因之，在野黨的籌組工作，實在是「逆水行舟」，困難與打擊之來，是必然的，是應然的。我們更須指出：畏懼打擊的心理，是出發自不健康的政治觀念——這些年來，人們習聞「革命口號」，習見「革命行動」；特別是「革命行動」給人以「只許一黨專政」的觀念，不許他人他黨依民主正軌干與政治。如是，誰涉及第二黨，誰就被目爲要革命，革執政黨的命。革命是種敵對的行爲，「我存敵亡」，所以執政黨害怕第二黨的出現和活動，非執政黨人也竟至將在野黨視爲革命分子，認作執政黨底革命之敵。胡適先生在臺北發表倡組知識分子在野黨之初，不少的人就大爲吃驚，驚的是他敢於倡導與執政黨爲敵。他們以爲，不管如何，新黨與執政黨是互相敵視的。這種誤解，皆係受了許多年來「革命」觀念的影響。蓋「革命政治」不同於民主政治，革命政治確實會敵視他人組黨。不過組黨的一方，如果是以民主政治作目標，用民主的和平手段(競選)承受執政權，則無須仿效革命政權那種心理來仇視對方。民主只有競爭，沒有仇視。所以憧憬新在野黨的知識分子們，不該襲用革命觀念來確定在朝與在野兩黨的反常關係。民主政治之下，執政黨視在野黨的存在爲常態，知識分子更無理由自視組黨爲反常的行爲，自視其活動爲革命行動。因之便無須自擾自虐，認參加組黨爲可驚之事。執政黨與在野黨，既如車之兩輪相輔進行，乃民主常軌，則知識分子組在野黨之先，應具有健康的政治理念，友視執政黨而非仇視。政治心理一旦正常而健康，則對組黨之事便可消除不必要的恐懼和疑慮了。

我的看法，覺得組黨的外力阻撓終不若本身心理上的阻力爲大。所以我呼籲知識分子本身先不要自餒；否則縱使沒有外來的阻力，這一新黨也怕組不成功。

四

迄今各方對外來阻力的分析，已有不少的文章發表。這裏，我不想從正面來辯難，只願從反面來檢證。

有人說，胡適先生的演講(倡組在野黨)僅是「投石問路」，看看執政黨的反應如何。我想，這極可能是一個很大的誤會。第一、在野黨的客觀條件如不具備，一向以穩健著稱的胡先生不致貿然發言。第二、如果組織在野黨的時機已臻成熟，則只要知識分子聲應氣求，很容易造成水到渠成之勢，固不須仰望執政黨的反應態度而後定其行止。第三、任何一個執政黨都不會歡迎在野黨出頭；因之，不須「投石」也可明白前面的「路」是怎樣的光景，胡先生不致做這等徒勞之事。第四、欲使政治納於民主，兩黨政制勢所必需，此乃當前反共救國要務，組織在野黨，只問我們肯不肯做，不須再問該不該做；已知其應做而再窺視執政黨的臉色行事，無異表示自己不肯作主，寧願聽命於人；這樣無力的在野黨縱使組成了，其後天的命運亦必受先天的孱弱懦怯所影響，搞不出什麼效果來。何況執政黨定然不會熱烈贊助「投石問路」，這不是以反共救國自任的知識分子所應該做的。

現在我們不宜讓知識分子、青年和教育界對胡先生演講的作用發生誤會。稍有誤會，即將削弱組織新黨的氣勢，乃至曇花一現終成泡影。這等於是自造阻力，而且定會引起外來阻力乘機散佈，以助成其打擊與分化新黨之勢。欲大家不起誤會，首先不要相信「投石問路」之說。組黨正所以協助中國政治走上民主正軌，絕對不是「叛逆」「造反」，因之毫無罪過可言。這一點，不但要知識分子本身認清，更須進一步讓執政黨瞭悟。這是減少外來阻力的第一步。

時機的成熟與否，要看條件的具備與否以爲斷。我們且就「時」「地」「人」諸條件來透視一下：

(一)「時」的條件——光陰似箭，十年過去了。回首檢討，臺灣的知識分子曾盡了艱苦的努力，從各自不同的崗位上促進民主政治；而海外的知識分子之功尤不可沒，他們無時不在配合協力邁進。然而從最近强行修正出版法的事件來考驗，很明顯的使我們看出：單靠輿情言論而沒有强力的在野黨相配合，則少數官吏仍可以制壓多數知識分子所倡的眞理。這些少數官吏的「勝利」，就是衆多知識分子的「慘敗」。知識分子的十年努力，輕輕地毀於一旦。未來沒有另一個十年供我們推拖苟安。國際間顯露一片於我不利的陰影，海內外同胞表現一片鬱悶急燥的情感，臺灣內部充滿了一片分裂不和的情調，處處告訴知識分子：事急矣，再不起而挽救頹勢，則時機一逝，將遺憾千古。而當前莫如知識分子大團結、在政治覺悟之下共同携手、爲政治建制協力奮進不爲功。歷史告訴我們，知識分子大結合者勝而共存，搪宕苟安散漫者敗而俱亡。這次立法院中優秀的立委已經毅然出而維護人民的言論自由，彌足證明知識分子的覺醒精神；他們雖敗猶榮；假如社會衆多知識分子能具同樣的覺悟精神，相信這些位立委不致在立院被「舉手攻勢」所敗。唯其敗於知識分子的散漫，更需要大家急起結合。遲則國際不利情勢及海內外的分裂不和都難以挽救了。所以「時」的條件，至少讓我們認清一點：今日人人要變，要創造，要大結合。再不結合，首先遭殃的是國家命運，繼之便是自己。

(二)「地」的條件——行憲十年，幾乎全部是在臺灣度過的。政府屢次宣佈要以臺灣作爲「模範省」，也就是要先把臺灣做到足以模範全國的「民主憲政成功省」。既要做模範，當然須不折不扣推行兩黨政治。否則，大陸羣衆便不會相信政府有實行憲政的誠意和信心。今天在臺灣要有一個强大的在野黨，以推行兩黨政治，否則模範省的招牌便掛不起來。其次，臺籍同胞要求成立在野黨的呼聲，一向就很迫切；因爲民性爽直認眞，擇善固執，他們很不習慣在政治上自造人格分裂和精神分裂——要實行民主，就不打折扣。他們過去反清抗日的精神，正足以說明他們「寧爲玉碎、不爲瓦全」的耿直性格。我覺得這正是創行眞正民主憲政的好地方。此「地」不行，或推稱等反攻大陸再行，適足敗壞這一良好的「地」的條件。老實說，在這樣的地方再搪拖推諉，事實上也怕終於阻擋不了廣濶壯大的民主潮流。此外還有一點：大陸來臺的公敎人員、青年和知識分子，莫不急於願見民主憲政能在臺灣奠定基礎；各人先有了創行的實際經驗，才好帶回大陸，也才有臉回去見人。若放棄了此「時」此「地」的方便條件而不用，顯然會使他們對「反攻」的熱情要隨之減低。因爲老實說，大家心坎裏誠然不希望回去之後還是撤退前政治上一片亂糟糟的老樣子；只有把眞本實料的兩黨政治帶回去，才能讓大陸同胞看到眞牌的憲政——兩黨政治究竟有別於共匪的一黨專政，這纔不枉反攻一番。所以今天在臺的公敎、青年、知識分子雖然表面上沒有倡組新黨的活動，却並不是心裏若無其事；正相反，他們渴望在此地早日出現强大的在野黨，推進民主憲政。

（三）「人」的條件——老實說，臺灣近十年來的得以維持於不墜，有三個因素：一是美國的軍經援助，二是國軍戰士苦守前線，三是知識分子在各方面的支撑力量。前兩者顯而易見，而後者——知識分子的力量則潛在於各階層各角落，這力量可說是無所不在，有太陽的地方就有他們底領導力量存在。他們不靠「人海戰術」爲力量，但社會羣衆支持他們，「人海戰術」者也無法制勝了他們。他們雖然天天在苦鬪，但絕大多數並不悲觀。他們並不想「革」誰的「命」，只想政治納入民主正軌，做一個民主政治下的幸福國民。他們站在反共前線爲反共文化拼命作戰，只是爲的反攻復國；但他們認得清楚，用任何非民主的方法手段反共，結果唯有自趨滅亡。因此他們看透了，非有强大的在野黨，不足以導中國政治於民主之境，所以他們要求眞正爲人民爲國家的在野黨馬上組成。請看，以這些人，面對這樣的環境，燃起這樣的熱烈要求，比起過去反清、北伐、抗日諸時期知識分子的奮鬪氣勢，有甚麼低弱的地方！以這樣毫不示弱於任何時期的壯濶氣勢，滙成知識分子的大結合，有什麼不能成功的理由！

據上三條件，可知此「時」、此「地」、此「人」來從事大結合運動，縱然有很多阻碍，也是不會失敗的。

五

客觀上的許多阻力確乎存在。但不可誤認爲組黨無望。一認無望，等於否定中國永不能在和平方式之下實現民主政治。這想法極危險。政黨政治是推進民主憲政的可靠辦法，現在世界上還沒有發明更好的辦法。有强力的在野黨，就是民主政治的標幟。如果說組黨無望，即無異說中國民主政治無望，套句胡適先生的說話：這面「招牌」更是碰不得的。民主政治無望，我們抱着的這部憲法，豈不成爲廢紙？豈不等於說中國的命運無望？這在絕大多數知識分子看來，他們不能允許，更不能忍隱接受的。

有人指出，現在組在野黨的最大阻力，不在知識分子本身的起疑，而在執政黨的不會諒解。特別明顯的，是較多數的知識分子現在捧着的飯碗乃多出於執政黨所賜，如公敎人員，一旦做執政黨所不願見的事，飯碗必將摔碎。

我覺得，關鍵在兩方面：一是知識分子如何努力讓執政黨諒解，一是執政黨本身能否對此加以諒解。這兩個問題的前提，是在野黨與執政黨相互間，究應處以「友視」抑「敵視」。如果認倡兩黨政治爲愛國之舉，則必相友視。若視政權爲禁臠，仇視兩黨政治，則必相敵視。現在知識分子以這樣衆多的人數來發動聲勢强大的組黨工作，執政黨中一些人視之爲對己不利的「解黨」活動，也是難怪的事。但如果能讓他放心，既不居心「解」誰的「黨」，也不製造敵視和仇恨，更不用非和平的方法手段來移轉政權，則執政黨實在不必害怕。理由是：任何國家在朝黨的人數，都無法與在野羣衆相比；因爲除了在野黨人之外，廣大的羣衆都屬於在野；比人數既比不過，就要靠自己往好處做，以獲公衆的歡心；如果仇視敵視在野的公衆，結果必然是在朝黨自己失敗。在野的人原本就比在朝的人多，這是常態。在野羣衆湊在一起，關切並研討批評時政，正符合民主政治的習規。何況我們政府多年來大聲疾呼團結，如今大家團結了，爲國事而關切研討批評，應無敵視仇視之理。否則等於以少數人與廣大羣衆爲敵，縱使打擊、破壞甚至陷害，亦適足自絕於國人；任何國家聰明的執政黨人是不肯做如此傻事的。在朝黨眞正值得害怕的，不是在野黨，而是怕本身做不好；尤其是應該害怕沒有在野黨以共同促進眞正的民主兩黨政治。執政黨若能看清了這個重點，友視在野黨，並促成之不遑，焉能對在野黨敵視或仇視？

這當然只是多數在野人士的想法和看法。於是有人說，現在不是已有兩個在野黨麼？還另組黨爲甚麼？黨多了，就會蹈法國多黨使政局混亂的危險。這種說法，是近來一部分視政權爲黨權的人底時與說法。記得我在去年二月「自由中國」半月刋十六卷三期寫過一點「略論反對黨問題的癥結」的意見，其着眼點還只在指出現存的兩個在野黨太懦弱，以致未能與執政黨共同運行民主的政黨政治。刋出不久，立即遭受官方刋物的攻擊，儼然以「叛逆」目之。我覺得好笑。有了兩個在野黨的政治環境中，還不許人稍微提及反對黨問題，要扣帽子，要加以「撻伐」，這不是證明現存的在野黨實在不發生任何最起碼的政黨作用麼？既不許發生作用，兩個乃至二十個又有什麼用處？更可怪的，是「撻伐」的嗓門雖然提得無限高，却總不肯談到兩黨的制衡作用。我明白，因爲若一提到兩黨政治，則那套「撻伐」的勇氣，立卽遭遇國父孫中山先生政治學說的映照而洩了氣。所以只好避開不談。所以只好不說明理由而大張「撻伐」。今天反對在野黨的擴大與强化，也是一樣，也是以「已有兩個在野黨了」作盾牌。至於「法國多黨」的說法，我祇反問：你究竟贊不贊成民主國家至少應有兩大政黨，一個執政，一個在野監督。如果不反對，則幾個政黨最後演變歸併爲兩大政黨，至少在中國是沒有問題的。恐懼「多黨」而反對知識分子組黨，縱不是遁辭，也難免「因噎廢食」之譏。

因此，問題歸結到一點，就是在朝黨對新的在野黨害怕或不害怕。怕則使出來的阻力大，不怕則阻力小。有的在野人士認爲在朝黨一定怕，因之列擧許多現存及可以預見的阻力，對組黨表示不能樂觀甚且絕望。對此我有兩點意見：

第一、這次知識分子的大結合，頗與過去一般在野黨有些不同。過去的在野黨，似都太重自己一套「主義」，而且太重「黨」的型式，特別是强調利己的「黨性」；如此便在無意中把自己限於「小圈子」之內。以革命出身的執政黨，對此難免猜忌和恐懼。如今知識分子大結合，不重黨的型式，不要求黨性，沒有主義，好像一個知識分子的公會，凡知識分子、青年、敎育界、文化人士、公務員等，都可以參加，都可以自由來去，沒有什麼秘密活動，更不搞陰謀組織，用不著監視調查。像這樣的組合，我想執政黨不致如同對過去有主義的黨那樣害怕。

第二、這一知識分子大結合，完全和已往「聲相應、氣相求」的作風沒有分別。執政黨已往不害怕知識分子，現在也自不須增加恐懼。如果已往就害怕知識分子，則今天神經過敏增加恐懼也是多餘。我總覺得，聰明的執政黨縱然會視他黨爲「敵黨」，但今天不能與知識分子爲敵。蓋今日「普天之士，莫非同道」——基於反共救國而促進民主政治之「道」——卽使要打擊或膺懲，也懲不勝懲。眞正奉行中山遺敎「天下爲公」的執政黨人，對於這樣的救國之士，我想不但不怕，甚且反而會加以獎勉和支持。心理上的恐懼一冲淡，不互相敵視，是並不難做到的。

當然有人會說我太樂觀，想法太天眞。我不否認幾位時賢所指證的阻力確實存在。但如說，等到一切阻力都不存在時，知識分子再結合，恐怕我們更成了天眞的半調子了。

我的結論是：有阻力存在，知識分子也要結合。沒有阻力存在，知識分子更要結合。阻力，阻止不了知識分子的救國大結合！

(11)

對「革命」的一個看法

杜衡之

我有一個朋友，嘴邊是終年不斷地掛着「革命」二字。當他有錢時，他說：「我的錢是革命得來的，我這一點點享受也是一個革命者應得的。」當他沒有錢時，他說：「現在搞錢眞不容易，非革命不可。」每次我聽他說出革命二字，我就感着一陣迷惑，我覺得這一個名詞非加以澄淸不可，不然我們這個社會會變成一個瘋狂世界！

一　革命與反共

在滿淸時代，孫中山先生領導一班同志，致力推翻淸廷的運動，那是革命。等到辛亥革命成功，淸廷被推翻，袁世凱當了中華民國的總統，孫先生所領導的國民黨不願在國會裏與袁世凱鬪爭，而倡導二次革命，那也是革命。這是說，革命是推翻一個正統政權的行動，「革命」也正是「正統」的一個對待名詞。因此，匈牙利的民衆反抗共產政權的行動，我們稱爲匈牙利的革命，對於目前在蘇門答臘學事反對蘇卡諾的政府的印尼叛軍，我們也稱爲印尼革命部隊。

根據這個範疇來看，民國十六年國民革命軍底定全國，在南京成立國民政府，而爲國際間承認爲代表中華民國的政府，從那時起我們就不能再談革命了。從那時起，凡是企圖以非法手段作推翻國民政府的，才可叫做革命。可是，我們的「革命」仍在繼續喊着，一直喊到今日。我想這正是革命一詞成爲大家的口頭禪，而社會上充滿了屬於我那個朋友的典型的人的原因。

現在且說我們對於反共復國運動，是否可以叫做革命呢？如果我們承認中共政權是正統的政府，我們要推翻它，我們當然是革命。如果我們認爲在臺灣的政府是正統的政府，是代表中華民國的合法的政府，則中共是革命黨，是革命，也是叛亂。由此可知我們如仍高倡革命反共，卽無異承認中共是正統，而我們自己是叛黨，這實在是一大諷刺。

或謂我們對革命有特殊的解釋，我們的「革命」是可以適用於各種的場合。這話實在奧妙，我固然不懂，我相信與我們一同反共的盟國的朋友們也都莫明其妙。我們今日自認爲世界反共的先鋒，是自由世界反共陣線的一員健將，我們所用的理論名詞總應該合乎國際水準，而與人家一致。那麼，我們看看人家是否也說反共是一種革命呢？

在美國，以及其他自由國家，我們儘管時常聽見革命這一名詞（如服裝革命，企業管理的革命，武器的革命等），却從未聽說自由世界之反共是一種革命。這個道理也很簡單。自由世界的人們都相信自己所居的社會是一個正常的合理的社會，自己的政府是一個民主的合法的政府，自己是正統，若是倡導革命，豈非是自己革自己的命？而共產黨與共產主義是一種侵略力量，決不是國際間正常的現象。如果用國際的武力加以壓制，或予以消滅，那是一種反侵略戰爭，也不是革命。

由於國際間的看法如此，我們若仍以革命者自居，實在難邀人家之瞭解。我相信一般主持國際宣傳工作的人，都有這種困惑。也就是說，我們的反共主張裏，充滿了「革命」，使西方人士讀了莫明其所以，因爲我們使用這兩個字等於輕輕地把中共扶上正統，而自己落於叛黨之列，這不是大笑話嗎？

我在這裏不是有意侮辱我們所視爲神聖的「革命」的任務，我也深深相信當局決無把中共認爲正統的意思。我是認爲國際的聽聞很重要，我們要人家與我們站在一條戰線上，甚至人家幫助我們，第一步應該使人家認清我們的立場。我們與自由世界的反共目標，原無二致，若因一字之誤，而造成彼此意念上的距離，尤爲無妄之災。

二　革命與憲政能並存嗎？

其次，我最近讀到某報的一篇社論，責備一部分國民黨黨員「誤以爲要民主卽須廢棄革命，要革命卽是反民主。殊不知我們中華民國的民主憲政乃是六十年國民革命所造成。本黨（指國民黨）如喪失革命精神，廢棄革命組織，則憲法與民主制度徒餘空洞的軀殼。」這話是說革命與憲政是可以也應該並存的。在我看來，這話不能籠統而論，應該仔細辨明。

第一，「誤以爲要民主卽須廢棄革命，要革命卽是反民主」，誠然是一種誤解。對於一個極權專制政府，採取革命行動，這種革命叫做民主革命，其目的卽在於建立民主政府，所以要民主正需要革命，要革命也正是爲了民主。

第二，「殊不知我們中華民國的民主憲政乃是六十年國民革命所造成」，這話也有一部分眞理，因爲中華民國是革命的成果，中華民國的民主憲政也是當初推翻滿清建立民國的目標。

第三，「本黨如喪失革命精神，廢棄革命組織，則憲法與民主制度徒餘空洞的軀殼」，這話却大可研究。根據前述革命的意義，是推翻一個正統政權，而另建立一個新的正統政權，則舊的正統政權被推翻之後，新的政權成立了，卽喪失革命的對象了。此時昔日的革命組織，應該遵循憲法的常軌，而成爲普通的政黨，只能說參政，而無所謂革命。昔日的革命精神應改爲民主精神；昔日以推翻與破壞爲目的，今後就要以寬容與建設爲目的。決不能有一種精神，一種組織，能適用於革命時期，也仍適用於革命完成之後的建國時期的。

再說，所謂革命原是要在正常的法律軌道之外，另尋途徑。而憲政是要全國人民以憲法爲根本大法，一切行動都要不違背這部憲法，是絕對不容許革命的。這樣看來，在憲政時期，一個革命性的政黨，正應該改變其「革命精神」與「革命組織」，才能使「憲法與民主制度」不致「徒餘空洞的軀殼」。

或說國民黨對於革命的成果——民主憲政，非常珍視，深怕有人出來破壞，所以必須一直保持其革命精神與革命組織，俾能隨時採取革命行動，來戡亂護憲。這種想法的動機是可敬佩的。不過，在一個民主國家，維護憲法，確保民主政體，是全國人民共同的責任。對於違憲者的制裁，憲法上有明文的規定，也無須革命。

從政治學理說，憲法的目的也正是防止革命。革命是破壞的、流血的，終非國家社會的正常狀態。有了憲法，全國人民一律平等，不會你多我少，縱有不同的意見，也可以循合法的途徑，得以宣洩，也不致鬱積爲造成不法行動的憤懣。這樣，革命的可能性就很少了。有了憲法，而仍講革命，不是革命爲憲法所壓制，就是憲法被革命所破壞。革命呢？憲政呢？只有一條路可走。

三　革命這個名詞

大概是近幾十年來，大家對「革命」二字聽得太多，見得太多，就像我前面所說那個朋友一樣，而隨便使用這字。我想在「革命」二字起初傳播於滿清統治下的民間時，這兩個字是多麼嚴肅，多麼神秘，誰也不敢隨便講，隨便用。

今天共產黨之濫用這一名詞，是有其作用的。因其正是要推翻中華民國的正統政權，也是要推翻一切正統的制度（如經濟制度教育制度乃至婚姻制度）。我們則是維護這個正統政權的，維護一切正統的制度的，當然不能講革命。

有許多人則是鑒於革命是一種崇高的道德表現，「革命的」就是「完美的」或「高尙的」，所以在任何時候都不能捨棄這個名詞，以示自己的思想行爲都是完美高尙的。其實這種理解是不對的。革命是破壞的、是激烈的、是不循正常途徑的。一般社會心理總是鼓勵建設，反對破壞；傾向和平，憎惡激烈；贊成正常途徑，不喜非常手段。所以在西方國家（共產鐵幕國家自屬例外），對於思想及行動激烈的人，至多稱之爲過激派（radical），而不輕易稱之爲革命黨(revolutionary)。因爲在一個守法律重秩序的社會裏，說某人是革命黨，就等於在臺灣說某人是匪諜一樣，那是太可怕的事情。

我認爲我們大家對於「革命」一詞，也應該有這樣嚴肅的看法才對。我們少談「革命」，才能養成尊重秩序，尊重法治，及尊重制度的心理。我們少談「革命」，才能激發努力建設及鞏固憲政的志趣。我們少談「革命」，才不致於對自己所不喜愛的東西，有一種輕易加以破壞的習性，而必須從合法合理的方面去尋找途徑。

最後，我要聲明一點，我之寫這篇文章，純然是澄淸「革命」這一名詞，並非對於當前的革命理論有加以研討的興趣。我也覺得政治上一切的號召，必須合乎政治科學，合乎常識，其影響力才能廣大。所以，對「革命」一詞，應順從其政治科學及常識上的意義，而加以澄淸。

臺灣的利率問題

趙岡

幾年來財經當局在金融方面一直在採行所謂「低利率政策」。金融行政主管機關不但把臺灣銀行放欵利率定得很低，而且督導各商業銀行壓低放欵利率。這個政策的理想和最終目的是要消滅金融黑市減低工商業生產成本，加速經濟建設。但是黑市暗息從民國四十二年底以來一直停留在同一水準上，未曾繼續下降。迄今黑市暗息仍爲臺銀定期放欵的四倍，較商業銀行定期放欵利率也高出一倍之譜。據說最近又有許多商號因「不堪利息負擔」而虧累倒閉。這似乎說明「低利率政策」並未能完成所預期的效果。趁現在行政院改組，各方面正力求改革之際，不妨把這個問題從新提出檢討一番，看看現行的利息政策是否合理，能否有效，如果不合理，沒有效，則應如何改變辦法。

本文將分爲三段來討論，第一段研究究竟是什麽因素使黑市利率長期居高不下，第二段討論現行的低利率政策究竟會產生些什麽作用。最後第三段中我試着提供一些建議與對策。

一

在民國三十八年時市場信用貸欵月息竟高達百分之四十。此後逐漸下降，至四十二年底降至四·五左右，以後便徘徊在三·五至四·五之間。雖然如此，還是比先進工業國的利息高出甚多。普通的市場利息大致包括三種成份，第一種成份，是使用資金的報酬，叫做純利息(pure interest)，其高低是由可貸資金(loanable funds)的供需情形決定[註一]。第二種成份，是風險補償(risk premium)，由市場上的風險或然率決定。第三個成份，是物價上漲，貨幣貶值的補償，民國四十二年以前的市場利率，恐怕貨幣貶值補償的成分最多，自此以後，物價比較平穩，市場利息水準主要是由可貸資金供需狀況與市場風險的程度決定的。

臺灣的國民所得水準很低，人民儲蓄能力不强，再加上深入民間的窖藏習慣，造成了資金的缺乏。無論長期資金，與短期週轉金之供應均感不足。不過這還不是造成市場利率極端高昂的主要原因。除開農貸不算，臺灣各銀行對工商業貸欵總額與工商業總產值[註二]的比率較一般國家的比率要大得多，(據我粗略的估計)。如果加上工商業以黑市暗息從市場中借來的貸欵數目，這個比率更要可觀。這表示臺灣工商業借貸短期週轉金的需求比一般國家都要强烈。所以儘管資金供應如此短細，利率如此高昂，工商業借貸短期週轉金總數與其產品總值之比率却仍然比別國高。以我個人對於臺灣經濟結構的瞭解，所能想像到造成這種現象的因素可能有下列幾種。此外當然還有我沒有想到的其他原因。這許多因素，有的是先天性的，有的是人爲的，制度性的，包括一般工商業的經營方針在內。

①有的廠商，尤其是公營企業，向銀行借貸擴充固定資產，成爲長期固定資產的投資。有的是將短期借貸一再展期而變成長期借貸，這些借欵在性質上已經不是供短期週轉之用。

②一般說來，落後地區的生產事業多半是多用人工的，而不是 capital-intensive，所以他們所需要的固定資金的比例比較小，而流動資金的比例較大。他們在生產期間，要經常借貸較大量的流動資金。但是在先進國家中，固定資產的集約程度高，他們需要較多的長期資金投用於購置生產器材，但是所用的工人人數之比例則較小。所以先進國家工業生產中，流動資金對固定資本的比率，以及流動資金對總產值的比率，都較落後地區生產事業小。

③第三個有關的因素是生產部門 vertical integration 的程度。在工業先進國，很多生產事業，是從原料生產直到最後的產品，每一個階段都是自行製造，不假外求。即使不是包括所有各階段，至少也包括幾個階段。在這種大規模的生產組合下，當原料或是半製成品由一個部門移轉至另一個生產部門完全是公司內部的事，既無須付現，也無須欠帳。因此，就減少許多週轉金的需求。但是在臺灣以及一般落後地區，生產單位很少有這種縱的組合。每一個單位只負責一個階段的生產。生產原料的專門生產原料，加工的專門加工，製造副件的專門製造副件。產品由一個生產階段轉移至另一個生產階段，都是廠商與廠商之間的交易與往來，也都要現欵支付，所以需要較多的流動資金。半製成品的生產者需要週轉金去購買原料。製成品的生產者需要週轉金去購買半製成品。整個工商業短期流動資金的需求便這樣一層一層地累積起來。

④臺灣一般的生產單位和商號的規模都很小，他們的內部累積能力薄弱，向外籌措資金的能力也不强，所以極少能自己提供一部份流動資金。他們絕大部份的流動資金是需要向銀行借貸。英美等國的大公司、大工廠，差不多都自己掌握着一部份流動資金。不用的時候則購成短期政府債劵和其他票據，存在庫中，需要的時候立即可以拿到市場上變現。所以他們向銀行借貸週轉金的需要就減少許多。大商號週轉容易，資金充裕，小商號週轉不易，資金短細，幾乎成了經濟上的一個定則，各國莫不如此。由這一點我們很自然地就可以推論到，一個國家的工商業單位平均規模 (average size) 大者，流動資金的借貸必少，平均規模小者，流動資金借貸之需要必大。美援貸欵能够專以小型工商業爲對象，在原則上是非常正確的。

⑤另外特別值得一提的，是現行租稅制度對於貸欵需求的影響。按照現行營利事業所得稅法的規定，「資本之利息爲盈餘之分配，不得列爲費用或損失」，但「借貸欵項之利息，其應在本期內負擔者，准予減除」(修正所得稅法第二十五條)。換言之，一個商號靠本身資本所賺的錢，無論多寡都算是「營利事業」

的利潤，依法必須納稅，但是借貸款項之利息，則視爲該商號之費用，而從稅基中減除。這樣一來，做爲一個投資者就大有斟酌的必要。如果我有十萬元現款在手中，現在想去投資，我一定要考慮究竟採取什麼方式爲佳。如果我拿十萬元在一家商號中入股，則無論賺多賺少，我都要負擔營利事業所得稅。如果我以這筆錢借給這家商號，則我可以穩收利息，而不必負擔營利事業所得稅。站在一個商號經理人的立場上，他也有類似的考慮。既然利息可以視做費用從稅基中減除，而且若有虧損還可以在以後三年的利潤中扣除，則最好的辦法是貸款做買賣，而不是籌措股金。如果一個商號可以把股金減少到最小程度，而能借得最多的貸款，則他的利潤率將最大，譬如舉一個最極端的例子，假設一個商家能够以一千元的股本，而向外借貸十萬元來經營商業，經營的結果付淸了利息，最後尚淨賺一千元，此時他的利潤率就是百分之一百。如果他不是如此而是靠十萬元股本來經營，則繳納了營利事業所得稅以後，他的利潤率可能連百分之一都不到。所以在這種稅法的規定下，商號不但不願意自行準備流動資金，甚至於不願意擴充內部固定資金，而希望從市場上得到最大數目的貸款。這種稅法是懲罰 equity financing 而鼓勵 debt financing。因此工商業對於貸款的需求便格外來得殷切。固然，其他國家也有類似的稅法，不過他們都是專門對公司組織課稅，而非普遍對各種型式的營利事業課徵所得稅。在英美等國，各大公司的股票執有人與經營公司的人是分開的。equity financing 與 debt financing 實際上沒有太大的區別，所以影響也小得多。

以上只是我所想到的幾點。僅這幾點就足以說明臺灣工商業對於貸款的需要大，市場利率之高自有其基本原因。

二

現在，再看一看我們現行的「低利率政策」，能不能够解決這些問題。在研究這個問題之前，我們必須有一個基本的認識，那就是市場利率之高低只是若干原因所造成的後果和現象。要想剷除這種現象，不能從現象本身下手，而必須從造成這種現象的成因上着手。就如像冰枕可以使發高燒的病人的熱度暫時下降，但基本上是不能治病一樣。民國四十二年以前黑市暗息確曾迅速下降，但這種下降不一定就是壓低利率直接發生的效果。物價趨於平穩，利息中補償貨幣貶值的成份大量退出是主要的原因。另外各銀行的放款數額增加，供給量的增加，是促使市場利率下降的另一個重要原因。現在這兩種趨勢都已逐漸減退，因此公定的低利率對於黑市暗息也就不再發生什麼大作用。

也許有人會說，現在低利率政策雖然無法消滅黑市，但至少不會使情形惡化，同時在另一方面，它確是減低了一部份生產者的生產成本，對於整個經濟有益而無害。我個人的看法與此有點不同。我認爲這種低利率政策對於當前的金融有害，而且爲害可能不淺。

首先讓我們檢討一下低利率政策對於市場暗息的影響。這種把銀行利率硬行壓低的辦法，使金融市場分裂爲二，一個是公開的市場，一個是所謂的黑市。「兩個市場」的出現，在資金需求和工商業生產方面造成一種不確定的情形(uncertainty)，使得廠商對於成本與利潤的計算發生嚴重的困難。這種困難，一方面增加了投資的浪費，一方面提高對黑市資金的需求。臺灣經濟結構還是屬於「古典」式的。其資金需求的利息彈性相當高。臺銀將月息壓低一點就可能使資金的需求大爲增加。但爲了顧慮物價，又不敢十分放寬銀根擴充信用，以滿足所有申請者的需求。於是不得不採取信用「配給」制。有的申請貸款者能够如願以償，有的則被拒絕。審核的標準有時會變更，貸款的對象有時會變更。譬如說，今年某種工業被列入貸款對象之一，於是有人開始籌集資本，設立工廠。等到明年一切都已籌備就緒，靜待開工，當局忽然發現這種工業太多而停止貸款，困難問題便因而發生。即使當局放款的對象不變，問題也仍然存在。因爲最後究竟能否申請到貸款還是一個疑問。現在假設這位廠商在建廠之初，曾經詳細估計過各種獲利的可能性。又假設此時黑市暗息是月息三分五，商銀貸款按官定利率是一分，這位廠商估計的結果是：三分以下的利息一定可以負擔得起而有餘利，三分以上則沒有把握。同時他又認爲他能够獲得批准貸款的可能性在百分之六十以上。在這種情形下，他自然要想法開設這個工廠。事情發展的結果，若果眞如願得到貸款，當然一切沒有問題。萬一不幸最後貸款申請被批駁，請問這位廠商將如何解決這個問題。很顯然，這位廠商最後一定要冒險，設法在黑市市場中借入這筆需要的週轉金。因爲他雖然沒有把握付得起這筆三分五的利息，但是他很淸楚的知道，若就此罷手，則已投下的固定資本必穩賠無疑。這就是「兩個金融市場」對於工商業所引起的不便。如果當時只有一個金融市場，便不會有這種情形。生產者在估計成本與利潤時便比較確定。自認爲付得起這個利息便設廠，自認爲付不起便不做這筆投資。類似這位廠商的情形，便是現行「信用配給」制度替金融黑市所創造的需求。用經濟學的術語來說，就是這種對資金的需求曲線是具有某種程度的不可逆性 (irreversible)。向下移動的時候是沿着AB線，但向上移動時則是沿着BC線。在只有一個統一自由的金融市場的情形下，利率較高，全部貸款需求是四十億，經由銀行貸放三十億，由銀行以外的市場貸放十億。如果現在政府壓低利率，但是並不增加放款數額，只是採取信用配給的辦法。此時的需求就可能增至五十億。但是既然銀行的貸款只限於三十億，一定就有二十億的需求，無法得到滿足。但是

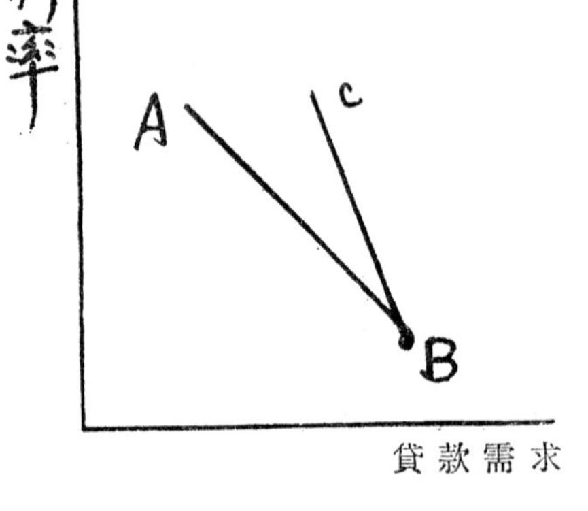

他們的一切生產工作，都已按原計劃進行，只等待這筆週轉金。所以這二十億的需求中就可能有十五億轉移到黑市去吸收資金。黑市金融市場上的貸款需求便由原來的十億增加至十五億。大家常常喜歡責備這些向黑市覓求資金的工廠商號，認爲他們是「飲鴆止渴」。但是我們忘記了他們也是不得已而去「飲鴆」，並不是先天就有這種嗜好。如果當初的情形是十分確定，則沒有人會明知自己負擔不起這麼高的利息而偏要嘗試借貸。商人們都是想將本求利，不甘心願意虧累破產。不過當情形逼到這一步，只好冒險一試。向後退是註定了要虧蝕，向前闖雖然希望也不大，但究竟是一線希望。

這種「飲鴆止渴」的情形，一方面增加了對黑市資金的需求，因而促使暗息上昇。另一方面增加了黑市金融市場的風險，使得暗息中風險補償的成分加大。進入黑市覓求資金的人，很大一部份都是這種邊際商號(marginal firms)。他們多半沒有把握能負擔這筆息金，可是又不能不要這筆週轉金。所以他們虧累和賴帳的可能性較一般商號大。風險補償是依市場上債務人倒閉與壞帳情形多寡而定。倒風愈盛，暗息便愈高，暗息日高，倒風便益盛。這也是一種惡性循環。這種人爲的風險，造成了重大的資金浪費，也是妨碍經濟速迅發展的主因之一。

「低利率政策」的第二個惡果是使自由金融市場由比較完全的競爭狀態進入不完全競爭 (imperfect competition)。低利率政策，配合上設立銀行的限制把許多本來可以變成合法信用機構的組織打入「地下」，而終于被消滅。於是在目前的金融黑市中，差不多已經沒有金融或信用機構居中吸收而後投放，而變成了儲蓄人直接貸放。這種情形是一種沒有市場組織的市場。在一個正常的金融市場上，居中吸收存款然後貸放的金融機構都是由專業人士主持。他們對於市場上的各種情況與資料比較熟悉。在選擇放款對象時，他們也可以愼查貸款者的財務狀況與業務狀況。放款的結果自然比較安全。整個金融市場的風險成分自然很小。但是在儲蓄者個別尋求貸放對象時，他們就很少能具備這些必要的知識。他們不熟悉整個金融市場的情況，同時也無法精確地審查貸放對象的財政與業務狀況，貸放的結果安全性自然小得多。這種種原因提高了黑市貸款的風險程度，使得放款者不得不索取較大的風險補償。儘管如此，放款之人還是得不到充份的保障。吃倒帳者大有人在。很多商號早已到達宣佈破產清算的地步，但是現在却能利用市場之不完全(Imperfection)，繼續不斷從黑市中獲得貸款，直到眞象被人揭穿爲止。有人說這是對在黑市中放款之人的警戒與懲罰。在法律的觀點上這樣說是可以的。但從經濟觀點上看，這是資金的浪費。無論浪費是發生在合法的市場或非法市場上，都同樣是整個社會的損失。這種風險可以使儲蓄者從金融黑市退出，但不一定能使他們將款改存於銀行。

很多人認爲現行的利率政策雖然不能消滅金融黑市，但起碼可以減輕一部份工商業的成本。這可能是事實，但也未必絕對眞實。銀行的公定利息減輕了貸款者的利息費用，可是在其他方面往往會增加其他費用，如像交際費等。這些費用雖然不在利息帳上出帳，但最後都構成生產成本之一部份是毫無疑問的。萬一眞如外間所傳，向銀行申請貸款的廠商，必須在公定利息之外，比照黑市暗息補足差額，則貸款者的成本便根本無從減低。其次，對於一個經濟政策成效之判斷，應以整個社會爲標準。我們希望減低的不是某幾個廠商的成本，而是全體廠商的成本。如果百分之七十的廠商因獲得銀行貸款而成本降低，但是另一方面有百分之三十的廠商，因金融市場被打入「地下」，暗息上昇，而負擔更高的成本，則整個政策的效果便要打一個相當數目的折扣。

更重要的是這種政策對於工商業效率的影響。現行的辦法是一種信用配給，不過這種配給制不是最理想的。一個自由、公開、統一的金融市場才是理想的配給制度。它靠着利息之高低來決定配給之範圍。它配給的標準是根據貸款者的經營效率與獲利能力。凡是經濟效率高者，獲利能力大者，便能付得起這筆利息，他們便有資格獲得貸款。經營效率差，獲利能力低者，付不起這筆利息，便沒有資格得到貸款。這是最公平合理的「信用配給」。我們現行人爲的「信用配用」制度很難達到這種公平的境界。銀行利率被壓低以後，無論效率高、利潤大的廠商和效率低、利潤小的廠商都有資格申請。可是最後獲得貸款者往往是活動能力强的廠商。對於商人們來說，活動能力與經營能力不一定都成比例。活動能力强者，經營效率未必佳。這種配給制度的效果，很可能是首先減低胡光麃者流的生產成本。其次，根據現行辦法，銀行貸款總額的絕大部份是分配給公營企業。公營企業有優先獲得貸款的權利。這樣就使得民營企業無法與公營事業站在平等的地位上來競爭。更何況公營企業的經營效率一般說來都較差。

三

根據上面的分析，我個人的結論是：

①臺灣的經濟結構有許多特徵，我們不能夢想在三年五載之內向先進工業國的利息率看齊。

②現行的「低利率政策」，無法消滅金融黑市，除非我們冒刺激物價上漲的危險，增加銀行貸款數額。

③現行政策，減低工商業生產成本的效果並不顯著，但却有導致資源分配不當 (misallocation of resources) 的可能性。

其實這也不是什麼新的看法，在過去一、二年已經先後有不少經濟學者對於臺灣利率問題提出類似的看法。我不過是在此再度强調這幾點而已。至於如何改善，我認爲可以從下面幾點着手。

①政府放棄對於銀行貸款利息率的管制，而專門利用「存款準備率」與「再貼現率」來調節整個的信用量。放棄銀行貸款利息率的管制，各銀行便可以按照市面資金的供需狀況自行決定利息率，整個的金融市場便會由分裂狀況恢復統一。銀行利率會上昇一點，黑市利率則將下降，最後終于使兩者之間的差額消失。在統一的金融市場中，廠商無論走到何處都要付同樣利息來獲得貸款，此

時工商業在計算成本與利潤時就比較確定得多。市場風險程度也將隨之減少。同時在這種自由市場上，貸欵人都是站在同等地位上競爭，經營效率高者不會遭受歧視和懲罰。當然這樣的改革不免會引起既得利益者的抗議。但是爲了整個社會的福利，這種既得利益者的抗議似乎不必過份重視。

臺灣的金融，確如應昌期先生所說，是「貨幣量與利息率脫離關係」。不過這並不是貨幣量與利息率在臺灣先天就不發生關係，而是政府的政策硬把它們的關係打斷。我們一面限制銀行利率，一面又限制整個的信用數量，二者間的關係自然無法存在。只要我們放棄對二者中任何一方的管制，它們之間的關係便會立卽恢復。在目前我們不能放棄對整個信用數量的控制（其實現在沒有一個國家放棄對信用數量的控制，這就是現代的中央銀行與貨幣政策主要目的之一），我們只能放棄對銀行利率的管制。政府應該利用「存欵準備率」與「再貼現率」來控制整個的信用量，而讓市場上的供需情形自行決定貸欵利率。

②政府既然不能消滅金融黑市，則爲了便利監督起見，最好是把金融黑市轉化爲公開合法的市場，使地下錢莊變成地上錢莊。金融黑市能够興風作浪，成爲經濟安定的大害，主要就是因爲政府既不能消滅它而又不能按一般的商業法令來監督它。在這一點上，開放新的金融機構是非常必要的。政府禁止設立新的金融機構是恐怕增加控制貨幣量的困難。不過所謂金融機構並不限於商業銀行一種，此外還有保險公司、儲蓄銀行、儲蓄公司。商業銀行可以創造貨幣、創造存欵，但保險公司、儲蓄公司等則沒有這種創造貨幣的能力。它們只是吸收個別儲蓄者的存欵，而貸放給需要資金的人。它們純粹是擔任中間人的任務，並不創造任何信用。這種機構的設立對於資金的融通只有好處而無壞處。第一、地下錢莊可以變成合法的金融機構，政府可經常監督及管理。第二、儲蓄者的利益有了合法的保障，儲蓄增加，窖藏減少。第三、有了完全的金融市場，儲蓄者不必自己單獨去尋找貸放對象。資金化零爲整，都委託給金融機構中的專業人士去負責貸放。金融機構可以有系統地審查貸放對象的信用基礎和財務狀況。貸放的風險因而大減，整個的金融市場變得更正常化。

③政府可以利用金融政策以外的手段來增加儲蓄，減少窖藏。譬如說租稅就是一個很有效的工具。

（註一）一般所接受的利息理論（此處指 pure interest rate）有兩種。一個是可貸資金說，一個是流動性偏好說。實際上這兩種理論所得出的結論是一樣，兩種理論是可以互換的（interchangeable）。這一點已由我國著名經濟學家蔣碩傑氏明證，並已爲一般學術界所接受。見 American Economic Review, Sept. 1956 所載蔣氏原文，及 W. L. Smith, "Monetary Theories of the Rate of Interest: A Dynamic Analysis," Review of Economics and Statistics, Feb. 1958。

（註二）總產值的概念與「國民生產」不同，後者只計算 final products 的價值，前者包括所有生產單位的產品價值。在估計各國流動資金的程度時，不能與國民生產或國民所得相比較，因爲各國的農工業比例不一，各生產部門需要流動資金之程度不一。理想的辦法應該是每個 sector 單獨比較，計算其銀行貸欵與總產值之比率。我本來計劃挑選幾個國家，列出一個詳細的統計表以供讀者參考。惟因時間倉促，而手頭的臺灣資料不足，未能如期完成。現在只將美國 Corporate business 的情形列表如下，以資比較。美國 non-farm non-corporate business sector 的此種比率數值較此尤小。

美國公司組織生產事業之生產總值與銀行貸款　（單位：十億美元）

	1939	1940	1941	1942	1943	1944	1945	1946	1947	1948	1949	1950	1951	1952	1953
生產總值	129	144	187	216	247	260	252	285	363	405	387	451	508	521	548
年末銀行貸欵數額	5.2	6.2	7.8	6.3	6.7	7.6	8.4	10.9	13.1	13.8	11.5	13.9	18.3	20.9	20.9
比率	1/25	1/23	1/24	1/34	1/38	1/34	1/30	1/26	1/28	1/30	1/34	1/32	1/28	1/25	1/26

資料來源：Board of Governors of the Federal Reserve System: Flow of Funds in the United States 1939-1953, pp. 96 and 333.

臺灣公民營生產事業之生產總值與銀行貸欵　（單位：新臺幣百萬元）

	42 年	43 年	44 年	45 年
工礦業生產價值	7,428	8,602	10,274	12,530
各銀行對公民營生產事業之貸欵額	1,073	1,438	1.953	2,386
比率	1/7	1/6	1/5	1/5

資料來源：自由中國之工業第八卷第一期，第五二頁及八〇頁。

上列二表中，美國資料沒有問題，兩行數字是得自同一書，都是關於Corporate business 的數字，範疇一致。臺灣部份則頗有問題，「工礦業」與「公民營生產事業」，在範疇上恐怕不一致，究竟二者間在數字上能有多大出入，無從知道。「自由中國之工業」中所列的銀行貸欵額，除了四五年者以外其他幾年究竟是 outstanding average，抑或是 outstanding at year-end 也未註明。不過這是全部可供我利用的資料。因此我不保證臺灣部份比率數的正確性。這個問題只有留待手中握有充份資料的人士來做進一步的探討。也許臺灣銀行研究室可以解答這個問題，或是提供正確的比率數。

無論如何，這兩套比率數可以告訴我們兩國之間的區別是多麼顯著。一般人認爲臺灣的高利率是由流動資金缺乏所造成。金克和司長則認爲是由於近年來的生產事業過份發展所造成。這兩種說法我都不敢苟同。從這兩套數字來看，臺灣流動資金的供給，其比率爲美國之五倍。從時間的前後來看，生產事業在「突飛猛晉」之前與「突飛猛晉」之後，銀行貸欵與總產值的比率也並沒有顯著的增加。我總覺得其中一定另有更基本的原因，如像經濟結構本身或是工商業一般的經營方針等。總之，這許多問題值得財經當局加以研討。要治病就必須先弄清楚病源。

非洲世紀的開端與東西冷戰

宋文明

一

提起非洲，一般人腦海中總要浮起一種「黑暗大陸」的舊印象。但是今天的非洲不僅已成了東西兩大集團爭奪的主要對象，而且也成了決定整個世界未來的一個重要關鍵地區。今後三十年或五十年世界局勢的如何演變，與其要看兩大集團本身的變化，還不如看整個亞非地區特別是這一非洲黑暗大陸的將來。

非洲在當前世界局勢中所以日趨重要，主要是基於三個因素。即㊀在政治上，今日非洲已因人民的廣泛覺醒，使整個非洲處於一種激烈的民族革命的前夕，正嘗試用它們自己的力量和方式，來管理它們自己的事情和解決自己的問題。㊁在經濟上，由於現代工業技術的改進與對土地財富基本觀念的重大變更，使世人逐漸認識非洲大陸蘊藏的豐富，以及在未來長遠的世界財富比重上所佔地位的重要，並不下於其他各洲，甚或猶有過之。㊂在軍事上，由於人類科學技術與新式武器的進步，以及區域或集團防衞觀念的更大擴張，使非洲在今日及未來的全球軍事鬪爭中，開始具有了一個眞正世界中心及橋樑的地位。論距離，從非洲至其他各洲可說大致相等。論位置，非洲又正扼西歐與南美的咽喉。所以蘇俄要想迂廻西歐，直接伸入南美，非洲便是一條捷徑。北大集團要想對蘇俄發動有效的攻勢，或鞏固其側翼及後方的安全，保衞非洲自然更屬必要。

在第二次世界大戰以前，在整個非洲稱得上眞正獨立的國家，祇有南非、利比里亞、和依斯莪西亞三個國家，可是時至一九五八年之初，這種獨立國家已經達到九個之多。在不遠的將來，英屬尼幾利亞與中非聯邦二者，將正式成爲大英聯邦中的自治領。至一九六零年，現義大利所託管的索瑪利蘭即將成爲獨立國。根據一九五七年二月二十六日聯大所通過的決議案，在非洲現由英法比三國所託管的坦葛及喀、多哥蘭、喀麥隆、與盧安達、烏隆得各地，亦將於最近數年內逐漸獲得獨立。法屬北非阿爾及利亞將步摩洛哥與突尼西之後，宣布從法國桎梏下解放，亦祇是時間問題而已。這就是說在今後五年至十年內，非洲將有十幾個新的獨立國家次第出現。其他現爲歐洲殖民國堅強統治的各地區，屆時亦將繼起效法，紛紛要求獨立自治。這一情勢的到來，不但使非洲得以和其他各洲並駕齊驅，相視伯仲，而且由於其資源與經濟開發上的具有更大機會與希望，亦將使非洲成爲衆所嚮往之地。因此假若我們說二十世紀的上半葉是屬於亞洲的革命世紀的話，那麼二十世紀的下半葉，應該說是非洲的革命世紀了。

二

由於非洲在整個世界鬪爭與人類前途上具有如此的重要地位與前瞻，所以今日世界兩大集團冷戰的箭頭，也自然而然一齊指向非洲大陸。一九五七年二月二十八日，美國副總統尼克森於首途參加西非迦納獨立大慶之便，開始了非洲八國訪問之行。此行由北非的摩洛哥開端，經西非各地及中非尙未獨立的烏干達，直轉至北非突尼西亞爲止。就在這同時，美國的李查茲巡廻大使和漢佛瑞參議員，也在中東和東北非洲一帶作訪問旅行。前者以艾森豪總統特使身份，正向中東和東北非洲各國推銷反共的艾森豪主義；後者正以美國參院外委會中東與非洲小組會主席的地位，考察這一地區美國外交政策的成敗，以決定未來美國的政策趨向。像如此重要的三位大員從三個不同角度同時出現這一地區，在美國歷史上還屬首次；但這正反映了美國對這一地區的特殊關注和重視。一九五七年四月三日，美參院外委會徇國務院之請，正式通過在國務院內增設一專門主管非洲事務的助理國務卿。四月六日，尼克森向艾森豪總統正式提出訪問非洲之後的報告，要求美國採取積極步驟對非洲實行一全新的外交政策，至此非洲局面便開始爲之一變。

在相反的一面，蘇俄對非洲的重視及其在這一地區的活動，比之美國還要積極。一九四三年六月三十日，蘇俄即與當時仍然流亡於倫敦的依斯莪西亞政府簽訂協定，兩國決定建立外交關係。這一行動我們可以作爲蘇俄重視非洲的一個象徵來看，亦可以作爲蘇俄正式發動對非洲外交攻勢的一個開端來看。不論如何，鑒於今日蘇俄駐依大使舘規模的龐大，人員的衆多，及其所公開進行的各種各樣的複雜活動，即可知蘇俄與依斯莪西亞建立邦交對蘇俄在非洲的發展是擔負了何等重大的任務。一九五五年夏蘇俄前外長謝彼諾夫啣命訪問埃及，與納塞擧行密談，決定以軍火售予埃及並予埃及以經濟及外交支持，便開始了蘇俄在非洲發展的一個新階段。自此以後，蘇俄不但利用埃及和西方大國間的利害矛盾，在埃及建立了堅固的外交據點，而且也緊緊把握非洲人民反殖民鬪爭的一切機會，向一般的亞非人民證明蘇俄是如何的站在落後國家的一邊。例如北非各地的反法鬪爭，聯合國對南非聯邦種族歧視的反對，肯亞的「毛毛」反英事件，蘇俄都是無所不用其極，乘機大作其宣傳活動。一九五七年二月下旬聯合國所通過的非洲各託管地限期獨立一案，實際上也是基於蘇俄所提與敍利亞修正後的一項建議而來的。這就使得這些地區的最後獲得獨立，不僅先天貼上了蘇俄的標籤，而且也使蘇俄對這些國家的未來關係上建立了一項特殊的源淵，使它更易進行籠絡工作。一九五七年七月二十八日，由共產集團所策動的世界青年第六屆大會在莫斯科擧行，全球數萬青年被誘參加，但其中最引人注意者，厥爲來自非洲各地的青年羣衆。這一現象一面表示了蘇俄在非洲活動的深入，一面亦表示了民智尙未開化的非洲人民被蘇俄誘惑程度的一斑。一九五七年十二月二十五日至五八年一月一日在開羅擧行的亞非團結會議中，蘇俄於大肆攻擊西方的核子威脅、殖民暴行與種族歧視政策後，便向參與會議的亞非各地代表提出兩點富有誘惑性的建議。這兩點建議便是：㊀答應予亞非各國以無條件的經濟援助；㈢答應予亞非各地區反殖民解放鬪爭以堅定支持。由於參加這一會議的六分之一的代表爲來自非洲尚未獨立區域的民族運動分子，所以蘇俄這一個允諾便無異鼓動非洲人民向西方「帝國主義」發動解放鬪爭。就此開始，我們可以想像今後的非洲，將在蘇俄這種煽動之下，可能有更多的「毛毛」運動出現，以與西方殖民勢力進行流血鬪爭。

三

現在蘇俄與美國爲主的西方集團在非洲的冷戰，已到了針鋒相對互不退讓的地步。但就大勢而論，美國在非洲是採取一種守勢的態度，而蘇俄則採取攻勢。

美國所以祇能採取守勢而蘇俄能採取攻勢的道理，就在㈠正如上面所說，蘇俄能百分之百的站在非洲民族解放運動的一邊，能和它們同聲一氣，共同反對西方殖民國家，而美國由於受了西歐盟國的牽制，却不能對於非洲民族獨立運動採取一個十分明顯與肯定的立場。㈡蘇俄由於反對資本主義及反對舊社會秩序的結果，能掌握非洲落後人民的情操、夢幻與想像力，而美國站在衛護舊社會的立場，便缺乏這種精神及道德的力量。㈢蘇俄所推銷的集體經濟制度，不問其本質優劣如何，在程序及手段方面比較簡單，容易爲落後人民所接受。而美國所推行的自由企業制度，即使全屬優點，亦由於在實行方面需要極複雜的經濟知識，所以很不容易爲落後人民所瞭解，連出身美國林肯大學的迦納總理克魯瑪本人，亦就有這種想法。㈣落後地區反殖民統治的民族獨立鬪爭，實際上帶有很濃厚的情感色彩。在這種鬪爭中有一種自然傾向使它往往訴諸於暴力及流血，而不訴諸於理智的長期的緩慢漸進。蘇俄的政策便迎合前一種傾向，而美國則依仗後者。

由於這四種基本條件的差異，所以不論美國如何積極努力，並在許多方面獲有西歐各國協同一致的支持，僅就這一鬪爭的趨向看，美國在非洲遠不如蘇俄的有攻擊力量。所以如何轉捩這種不利情勢，以應付蘇俄在非洲的日益加緊的政治與外交攻勢，便成了美國今日的當務之急。

四

談到美國今後的非洲政策，我們自然不能忽視上述那件尼克森報告書。這件報告書的全文，至今仍屬一個秘密；但就報界已經透露者而言，這件報告書所提各項建議，從美國立場——特別是從尼克森本人的立場——來說，總算已盡了很大的努力。

這件尼克森報告書除了對阿爾及利亞問題、巴勒斯坦難民問題及對個別國家的經援問題提出特殊建議，並要求在國務院內設立一個專管非洲事務的助理國務卿外，對一般性的局勢向艾森豪提出如下的建議：㈠美國應盡其所能，幫助各國在面對共產威脅之下，能保持其獨立。㈡美國應承認非洲各地正在發展中的工會運動，並要求美國工會與之取得聯繫。㈢美國在制定其非洲政策時，應鼓勵非洲和西歐國家之間在其共同利益攸關情形下建立其特別的聯繫。而對於非洲的援助，應由西方各國共同爲之，美國不應享有特殊地位。㈣美國應鼓勵私人在非洲投資，並儘量勸告非洲各國當局儘量接受這種私人資本。㈤美國對非洲的援助，祇有在美國與受援國雙方互利的情況下才能批准，並隨時予以檢討。㈥美國應致力消除國內的種族歧視，使美國在對非亞各國的平等談判中，不致遭遇美國本身不平等的尷尬地位。㈦積極改善美國在非洲的廣播與新聞計劃，並派稱職人員主持其事。㈧美國支持有關各國實行一「尼域安」計劃，開發尼羅河流域經濟富源。㈨積極加强美在非洲各地的使領機構，增加經費，並以年青苦幹官員代替老邁之輩，深入荒林僻壤與當地人民建立直接友誼。㈩增加美國圖書館及交換計劃的經費。

現在許多事實證明，美國對非洲的政策大致上是遵循着尼克森報告所指出的這一方向，也已獲得了若干改進。

五

不過就這一報告書所包含的內容來說，範圍廣泛，關顧到美國政策的各方面，但事實上仍然無法滿足正在激變中的非洲環境的具體需要。先就這一報告書的優點看，內中雖强調要幫助各國免除共產主義威脅的危險，但並未同時表示美國將竭盡所能，致力協助非洲各落後地區在最早期內獲得獨立。雖然亦警覺到消除美國內部種族歧視的重要，同樣並未提議將設法制止現正盛行非洲各地的種族虐待與暴行。至於這一報告書的缺點，主要在於它仍然站在美國自己的立場來瞭解非洲問題，而非站在非洲本身的觀點來看非洲的需要。譬如鼓勵美國私人資本前往非洲投資一事，在美國看來，固然是一件開發非洲的最佳方式；但在非洲人心理，這一行動便成了一件最易引起反感與排外的導火線。因照上面所作分析，美國的所以不易和非洲人民建立共鳴，其中原因之一，就在非洲落後人民不易瞭解現代化資本主義的複雜機能。今美國强調鼓勵私人投資，即等於强使這些落後人民接受這一不能理解的事物。況在某種程度上，這些落後人民往往把資本主義誤爲殖民主義的一種副產物，它們既反對殖民主義，當然在潛意識中也連帶反對一切外來的私人投資活動。至於這一報告書的所說美援計劃將基於雙方互利的前提，以及西方各國共同實行對非洲援助之說，不但使美國的援助計劃實際包含有很多條件，而且亦難免挾帶帝國主義之嫌。以這種建議比之於蘇俄的無條件援助高論，在非洲人民眼光中，自然相形見絀，難能爭一日之長短了。所以就這些方面來說，尼克森報告書仍然未能把握非洲人心，仍未替美國的非洲政策打開一條眞正的出路。

總之，現在非洲的問題，已經歸結到思想與心戰方面。假若美國除了予非洲以經援及技援之外，還能有一套强有力的心戰武器，一種道德上的滿足及希望的追求，則非洲的爭奪戰上，美國和自由世界終將獲得最後勝利。反之，美國若不從這一方面努力，徒事物質援助與經濟開發的打算，斤斤計較，强人所難，最後蘇俄勢必乘機而入，逐漸成爲非洲的眞正主人。所以非洲的問題說複雜眞複雜到難以想像，說簡單也眞簡單到祇需兩個字就可解釋一切的程度。這兩個字就是「人心」。整個非洲的前途，就看這些落後地區的人心轉向到那一邊。

巴黎通訊・七月二日

戴高樂組閣的前前後後

孔　治

本年六月一日法國國會下院以三二九票對二二四票的絕對多數通過戴高樂將軍的組閣信任案，翌日法國國會兩院連續分別通過戴高樂政府所要求的處理阿爾及利亞問題特權，六個月的全權 (Pleins pouvoirs) 授予政府及以制憲權授予政府，俾其提出修憲方案。法國國會這一連串的決定，就正面說，雖可說是企圖藉戴高樂將軍個人的聲望制止因五月十三日阿爾及利亞事變所引起的內戰危險；並重建政府的威信。然在另一方面看來，不但可以指出法國國會實已無法終止阿爾及利亞戰爭，並對付阿爾及利亞法軍的干政；同時由於予以戴高樂政府全權六個月和制憲權已將法蘭西共和國導入另一個階段，使自一九四六年所建立的第四共和的政治制度完全破產。至於戴高樂將軍出山主政一事，遠在年前卽有「社會共和派」(卽前戴高樂所領導的「法蘭西人民聯盟」)分子一再鼓吹，然因當時中間派及左派政黨反對其政見，卽在五月十三日以後，科西嘉事變發生前夕尙沒有衆議員予以附和；及至科島事變發生，局勢方急轉直下，而有國會多數的贊同。然爲了解戴高樂將軍組織政府的經過，須從蓋雅內閣辭職說起。

蓋雅內閣的辭職

法國第四共和由社會激進黨籍議員蓋雅主持的第二十二任內閣於本年四月十五日向總統提出辭職。蓋雅內閣本爲極左及極右派以外各黨聯合組成，然而政府的威望與地位並未因此鞏固。在其最後一次信任案提出國會下院投票表決時，因不少右派議員不滿意美英對法突兩國糾紛斡旋的結果而採取反對立場，以三一一票對二五五票的反對被迫辭職。

法突糾紛的白熱化，乃因本年二月八日法駐阿爾及利亞軍事當局派機轟炸位於突阿邊界的突國沙街 (Sakhiet- Sidi- Youssef) 村所促成。在一九五七年下半年，正當法國在阿境武裝綏靖工作執行順利，使「叛黨」在軍事及心理上連受打擊而感到疲憊不堪的時候，突尼西亞方面公開對阿爾及利亞「民族運動」直接間接的儘加協助，保護越境「叛黨」，使駐阿法軍及巡邏飛機時常遭遇來自突境的襲擊。因而法軍採取報復手段，炸毀藏匿阿爾利亞「叛黨」甚夥的突國沙街村及附近的舊鉛鑛坑。事件發生後，突國立卽召回其駐法大使馬斯姆第 (Masmoudi)，並採取下列措施：①要求法軍撤離突境（自突尼西亞脫離法國保護而獨立後屢向法國提出撤軍，而爲法國所拒絕），②駐突法軍事先未得突政府許可不得自由移動，③向聯合國控訴法國轟炸沙街村的行爲，④於二月十日起禁止法國軍艦進入地中海岸的畢澤爾特 (Bizerte) 軍港，等。法國當局就突方所採措施提出照會，要求後者注意局勢的嚴重性，並同時對突方行爲向聯合國安全理事會提出控訴。當時西方國家認爲法突關係的惡劣甚有利於共產集團及埃及方面的宣傳，故不願將事件擴大，而在安理會通過日本代表的提議，將法突雙方的控訴案先行無限期停止討論。事後並由法突雙方接受美英兩國出面調停。旋美國派助理國務卿莫爾費 (Robert Murphy)，英國任命畢萊 (Harold Beeley) 爲調停人，經數度往返，終因法方希望突國能接受：①建立法突邊境之管制，由中立國或聯合國委託的中立國官員負責；②突政府宣佈對阿爾及利亞境內所發生的事件不得干預。而突總統布給巴 (Habib Bourguiba) 則因政治關係，甚恐引起阿爾及利亞「民族解放陣線」的强烈反應，以及突政局將因此可能發生的危機和其個人安全將會受到危害，堅拒法方的要求，使美英調停困難。四月六日莫爾費與畢萊和蓋雅內閣總理及畢諾 (Christian Pineau) 外長會晤於 Charente 省 Barbezieux 地方，報告彼等與突方會談的結果。英美調停人提出下述結論，以爲法突雙方正式談判的基礎：①畢澤爾特港以外的駐突法軍由法突雙方協議分期撤退。②畢澤爾特港主權屬突國所有，但在駐突法軍重新佈署後，由雙方會商該港的前途。③突尼西亞南部 Sfax，Gafsa，Gabès，Remada 等軍用機場由中立國人員負責監視，俾使其僅限用於和平用途。④本年二月間由突政府關閉的法駐突領館得重行開放，在復館前則可擴大其他法領館的轄區。⑤突政府將分別審查被驅逐於原居地的六百名法人的案情，就彼等安全情形考慮允予返回原居地等項。

法國若干政黨早對美英調停發生懷疑，且甚恐怕於復活節國會休假期間造成既成事實，有如一九五五年佛爾 (Edgar Faure) 內閣時承認摩洛哥獨立的「La Celle Saint Cloud 協議」，故溫和派及社會共和派議員已予各該派黨籍的閣員以監視政府的使命，防止政府因受美英壓力而對突尼西亞讓步。社會共和派且於三月二十三日的全國大會中一致主張請戴高樂將軍主政，組織救國 (Salut public) 政府，並通過「法國保持畢澤爾特港」及「國際監視突尼西亞的非交戰國地位」等議案。及至獲悉美英斡旋結果時，雖政府尙未作結論，若干議員已表示反對。四月十一日上午莫爾費謁見法內閣總理，轉交美總統艾森豪致後者私函一件，其內容雖未公佈，據透露，大致乃艾氏對法突關係之演變表示不安，認爲應努力於法突糾紛的解決，以避免美英調停趨於失敗，致產生危險不利的局面。艾氏此擧因見於法國方面反對斡旋勢力甚大欲婉使法內閣能接受美英努力的結果，不意其效果適得其反，法國民族主義派認爲艾氏在施行壓力，視該函爲最後通諜。溫和派五部長竟因此提出辭呈。四月十二日法內閣會議的結果在接受莫爾費及畢萊兩氏所獲的結論時，雖對阿爾及利亞邊境的管制問題保留將來向國際有關機構控訴的權利，仍爲大部議員所不滿。至問題提出國會時，雖有外長解說接受斡旋結果，在避免將問題提出聯合國，且較消極的拒絕爲佳，況法突雙方談判較在聯合國辯論有利於法國。然而溫和派終認爲接受斡旋結果，即等於放棄阿爾及利亞的初步條件。社會共和派代表蘇斯特里 (Jacques Soustelle) 更激烈攻擊美國爲獲致阿刺伯國家友誼的不顧一切的態度。當時雖有社會黨及人民共和黨支持政府，但終因右派議員等反對美英斡旋，反對放棄畢澤爾特港及南部機場的權利；尤恐突國一旦收回以上各地後不利於法國在阿境的戰事，遂促成第四共和的第二十二次閣潮。

皮杜與布雷溫的失敗嘗試

蓋雅內閣辭職後，法總統旋循例召見各政黨人士，徵詢解決閣潮有關意見，於四月廿日依慣例邀請反對派人民共和黨籍的皮杜 (Georges Bidault) 組閣。這確是當時解決閣潮的第一個假設辦法。然而皮杜主張力保阿爾及利亞的政策雖與蘇斯特里，毛利斯 (André Morice) 及大部溫和派議員的意見一致，但如肯先就蓋雅內閣的三二一張反對票的來源加以分析，除去共產黨的一四八票外，孟德斯法朗士(Pierre Mendès-France)，米特昂(François Mitterrand) 等的反對蓋雅內閣的理由與蘇斯特里、皮杜等的反對逈然不同。況且社會黨激烈反對皮杜的政見，結果後者無法在國會找到足够的組閣多數，同時兩年來皮杜在人民共和黨中的地位遠不可與昔日比擬。四月十五日國會投票時僅有寇斯特富勞愛 (A. Coste Floret) 與阿勒布 (Halbout) 二人隨皮杜氏投反對票，而該黨首要分子多數不同意其「右傾政見」，故二十二日人民共和黨執行委員會開會，討論時多認爲在當時情形下該黨不應放棄與社會黨的合作，在阿爾及利亞問題作冒險行動，結果執委會以二十八票對二十五票拒絕支持皮杜的嘗試，使後者不得不放棄組閣的企圖。

抗敵民主社會同盟籍的布雷溫 (René Pleven) 在皮杜組閣企圖失敗後即被法總統提名，布雷溫徵詢各方意見後，擬就其政綱。在政治方面，布雷溫要求各黨派實行「政治休戰」，接受其有關處理阿爾及利亞問題的「共同憲章」(Charte commune)，其中主要內容爲：①拒絕阿爾及利亞問題的國際化。②反對阿爾及利亞的獨立。③切實實施阿爾及利亞政治改革綱領法律。④承認阿爾及利亞的特性 (Personnalité)。⑤向「叛黨」提出停火提議。⑥政府將使阿境軍事當局的作戰要求得到滿足等等。同時新政府並設法在年終以前實現眞正的「法非集團」。在經濟社會方面，新政府擬開闢新稅源平衡國家收支，並要求薪給階級實行社會休戰 (Trêve sociale)，不再提出加薪及擴充社會福利的要求，並計劃在組閣後要求國會予政府一年的經濟特權以整頓法國財經危機。布雷溫於五月一日向社會黨及溫和派提出其施政綱領時，宣稱如兩黨不參加其內閣，即將放棄組閣的企圖。同時因鑒於蓋雅內閣的經驗，所以布雷溫更欲邀請各黨領袖人物參加內閣以鞏固其新閣的地位。然社會黨方面會議結果，表示該黨今後不參加任何內閣，亦不再出組政府，但對布雷溫的企圖則願支持。雖如此，布雷溫仍以社會黨的拒絕入閣，不願出組過渡性的少數黨內閣，而於五月二日向法總統覆命放棄組閣企圖。

社會黨的上項表示一方面顯示出社會黨與溫和派的對立（該項決議在示意指責溫和派連續推翻第四共和第三屆國會下社會黨曾支持的三任內閣，及拒絕支持該黨書記長莫萊 (Guy Mollet) 再度組閣，而期以閣潮的發生支持其對阿爾及利亞問題所堅持的冒險理論）；而另一原因乃促使該黨議員拉寇斯特 (Robert Lacoste) 脫離阿爾及耳 (Alger)，避免再負擔阿戰的責任。因兩年來拉寇斯特的對阿政策，雖爲右派政黨所接受，但已遠離該黨的政綱，其留職雖已爲社會黨參加內閣時右派所堅持的條件，但黨內少數派的反對力量已因拉寇斯特的作風而日趨強大。爲顧及黨內的團結不得不設法將他撤退。然而由於社會黨在第三屆國會中所握的舉足輕重的重要地位，其決定對組閣一事發生甚大影響。布雷溫放棄後法總統無法覓得更適合人選，故再度召見莫萊，畢奈 (Antoine Pinay) 及人民共和黨主席傅林蘭 (Pierre Pflimlin) 後，於五月五日再邀請布雷溫打消辭意出而組閣，後者於得到人民共和黨的同意在社會黨不入閣時亦可參加新閣時，遂着手擬定新閣人事。然在新閣名單公佈後，因布雷溫邀請左翼民主黨（即社會激進黨離異派）毛利斯出長國防部而引起社會激進黨及抗敵民主社會同盟的不滿。當時布雷溫表示其有自行選擇新閣人事的自由；而社會激進黨方面則因兩黨裂痕日深，不但對毛利斯本人成見甚深，且不同意他對阿戰堅決用兵的主張。況當初該黨雖同意入閣，而社會黨尙未退出，及至社會黨缺席該黨遂成爲右派政府的左翼，使不無顧慮，故決定支持三名部長的行動不參加政府，布雷溫的第二度組閣企圖至五月八日再度流產。

傅林蘭內閣的組成與阿爾及利亞事變的發生

傅林蘭在布雷溫失敗後被正式提名，當時閣潮已經延續有二十五日了。社會黨仍僅以贊助地位而不入閣爲原則，但傅林蘭在獲得莫萊及畢奈的鼓勵下，根據布雷溫組閣的經驗，首先着手草擬新閣政綱，其在進行組閣時雖亦發生一些困難，如：①許曼(Robert Schuman) 因負有歐洲組織的重任不願出任新閣外長的職務，②教育部長一職因傅林蘭政綱並不包括學制改革，故社會激進黨前曾擔任該職的畢烈爾 (René Billères) 及百爾段 (Jean Berthoin) 拒不接受，而改請該黨參議員布爾德諾夫 (Jacques Bordeneuve) 出任，及③傅林蘭原意以超政黨的高級行政人員擔任阿爾及利亞事務，本屬意於甫自阿爾及利亞調任巴黎警察署長巴彭 (Maurice Papon) 出任，但後者堅拒而改邀溫和派中獨立份子繆特爾（André Mutter）出長阿爾及利亞部長一職等；以及社會共和派因傅林蘭在其黨內未能支持皮杜組閣的嘗試，及不滿意傅林蘭過去就阿爾及利亞問題所發表的言論，而拒絕支持傅林蘭組閣外，一切尚稱順利。傅林蘭所提出的政綱大致與布雷溫者相同，只在修憲方面其強調今日法國各方面的不振實有累於頻繁的閣潮，故新閣將要求修改憲法，使今後反對政府的議員在提出不信任政府提案時應列具其所希望的政策方案及繼任內閣總理人選，即所謂「建設性的彈劾案」。並將及早修改憲法第八章，俾樹立「法非集團」。並稱將於本年十月向國會提出修憲方案，新憲通過後其所主持的政府即辭職，俾能根據新憲法規定成立新政府。傅林蘭組閣信任案於五月十三日提出國會辯論通過時，溫和派不少議員如蒙特魯（Pierre Montel）等呼籲成立「救國政府」。但阿爾及利亞事變的發生無形減少傅林蘭的困難，共產黨竟破例於投票時棄權，使傅林蘭新閣在社會黨及中間派政黨的支持下以二七四票對一二九票通過成立。

五月十三日阿爾及耳事變，就一般報導遠在兩年前即早有醞釀。阿境中百萬餘法籍居民向受右傾極端主義的煽動宣傳的影響，其中許多人反對妥協甚烈，尤反對法國放棄阿爾及利亞。而在阿境作戰的法軍，經過連年疲憊的作戰，均頗感政府無能以對付「叛黨」，使軍隊代受其過，且甚恐阿戰再演變成越戰的結果，所以一般中上級軍官多認為惟有強有力如戴高樂將軍者出來主政纔能避免法國在軍事及政治上的失敗、阿爾及利亞的喪失及法蘭西邦聯的瓦解。及至五月十三日阿爾及耳法人所組織的「警覺委員會」（Comité de Vigilance）聞悉傅林蘭將於是日向國會提出組閣信任案甚為不安。北非法人在政見上同於社會共和派的態度，除對傅林蘭反對皮杜組閣一事不能原諒外，更認為傅林蘭主政後將放棄阿爾及利亞，並指責其過去所發表的文字，如本年四月間傅林蘭在地方報紙「新阿爾薩斯人」（Nouvel Alsacien）發表論文稱「對阿政策不應採倔強作風，亦不宜採取放棄態度……」等。而拉寇斯特不再返阿使北非法人聞之更感局面可慮。因而採取示威行動，以迫使傅林蘭放棄組閣企圖。

五月十三日下午阿爾及耳法人社團舉行示威行動，同時並對最近為阿爾及利亞「叛黨」處決的三名法軍戰俘舉行追念致敬儀式。示威行列有人大呼「傅林蘭辭職」、「軍隊執政」及「蘇斯特里主政」等口號。至六時半示威羣衆衝入阿爾及利亞總督府（即阿爾及利亞部長辦公署），一時秩序大亂，雖北非法軍總司令沙朗將軍（Général Raoul Salan）及傘兵司令馬許將軍（Général Massu）趕至，企圖發言勸阻毫無成效。旋馬許將軍入總督府與示威者談判，成立「阿爾及耳軍民救國委員會」（Comité de Salut public civil et militaire），由其任主席職；並向羣衆宣讀致法總統報告關於成立該委員會的電文及要求巴黎成立「救國政府」。當晚並廣播沙朗將軍總攬阿爾及利亞一切軍政大權。翌日晨馬許又發言呼籲戴高樂將軍打破沉默以實現救國政府的成立。自是時起，阿爾及利亞情形頗為混亂，事實上已不受巴黎法當局的控制，境內各地區紛紛響應阿爾及耳的行動，成立「救國委員會」，由軍人及法人所組織的民衆團體控制。旋蘇斯特里潛離巴黎經日內瓦赴阿爾及耳，使阿境政治活動更獲政治領導，呼籲戴高樂出山執政以拯救法國的勢力愈大。

在巴黎方面，於阿爾及耳事變發生後，皮杜、毛利斯、蘇斯特里（當時尚在法國）及溫和派秘書長杜舍（Roger Duchet）等即聯名發表聲明要求組織「聯合救國政府」（Gouvernment d'Union et de Salut public）。是日在法京雖亦有小規模示威行動，然經軍警驅散，政府且立即採取措施，逮捕極右派份子，解散四個右派極端份子組織的社團，並對蘇斯特里等人實行監護。至十四日晨法總統以三軍領袖身份電北非將士要求彼等恪守紀律，遵行共和國政府所予的任務。傅林蘭於組閣後即電令沙朗將軍負責維持阿境秩序，並發表演說指稱阿爾及耳事件係超軍隊以外人士陰謀鼓動而成，並云：「如以武力來對抗法律，則將形成國家的災禍。」另一方面，傅林蘭新閣面對緊急嚴重的局面，必需加強政府的地位及威信，故向社會黨及畢奈提出入閣要求。社會黨因局面危急接受傅林蘭的邀請；但溫和派方面原曾欲使傅林蘭辭職另組聯合政府以應局面，故以拉寇斯特返阿為畢奈出任副總理的交換條件，因未被接受，故僅保留該派原來的閣員。旋傅林蘭邀社會黨莫萊、及該黨左翼份子莫克（Jules Moch）、右派代表勒熱奈（Max Lejeune）入閣，於十六日改組內閣，計閣員有社會黨三人，人民共和黨五人，社會激進黨三人，左翼民主黨一人，左翼共和同盟二人，抗敵民主社會同盟二人，非洲民主同盟一人及溫和派三人。

傅林蘭內閣改組後，為應付北非局面及防止法國本土發生政變起見，首對參謀本部實行整肅，將平日發言不滿政府及同情阿爾及耳事變的高級軍官予以拘禁或調離法京。並於十六日向國會提出國家緊急狀態（Etat d'Urgence）提案及要求對阿爾及利亞特權的延期，經國會兩院及時通過。前者在衆院獲四六二票對一一二票的多數，後者獲四七三票對一〇〇票的多數，除大部溫和派議員表示反對外，共產黨議員則在「支持」共和國體的呼聲下全部「支持」政府。其外傅林蘭更對軍方實行懷柔態度，避免局面惡化。阿境軍隊雖已不受政府控制，傅林蘭仍謂「軍事將領在艱難的情況下，力謀維持共和國法統。」同時國會更一致通過議案向軍隊致敬。

戴高樂的態度與傅林蘭的辭職

傅林蘭內閣所採取的這一連串的緊急措施並未有補於法國嚴重的危局。而戴高樂將軍於五月十五日在巴黎向報界所發表的宣言卻無形對北非方面以重大的鼓勵，同時更打擊法國執政當局。該宣言大要如下：「國家地位的貶低勢必導致協合民族的離散、作戰部隊的不安、國家的分化和獨立的喪失。

十二年以來法國面臨遠非政黨政權所能應付的艱鉅問題，而陷入危困的途中。昔日我曾受國家衷心的信託，領導全國直至獲得拯救，今天國家重臨嚴重的考驗，應知我準備行使共和國的權力。」內閣總理聞悉上項宣言後立即召集國會，於十六日國會辯論「緊急狀態」法律時，莫萊對戴高樂將軍的宣言，認爲該宣言須得戴高樂將軍將未述明者加以補充，事後莫萊並對戴高樂將軍間接提出：①是否承認現政府爲唯一合法的政府？②是否擬斥責阿爾及利亞地區各救國委員會的領導份子？③如一旦被邀組織政府，是否願提示政綱向國會負責，如遭國會拒絕組閣信任時則行引退？等三項問題要戴高樂將軍答覆。戴高樂將軍於五月十九日舉行三年來的首次記者招待會於巴黎，彼發言略謂阿爾及利亞的嚴重局勢形成國家空前的危機，但亦可能成爲一個復興的時機；因此其自認能夠直接對國家有所貢獻。戴高樂將軍繼而指責政黨政權無法解決法國面臨的艱困問題，如是因循下去，則結果演成國家不堪設想的禍患。彼並稱：「我是一個孤獨的人，不屬於任何一黨，或任何組織，六年來從未參與任何政治活動，三年來未曾發表任何宣言。我是一個不屬於任何人的人，而是屬於所有人的人。值此國家遭遇空前危難之際，如人民希望，我將領導共和國政府……」當時記者詢及關於莫萊所提出的三個問題時，彼僅答稱情勢的特殊應以特別的程序組織政府。並云彼在法國人民的要求下，而爲法國局勢的仲裁人。及至記者詢及有人恐其一旦主政，將危及自由制度。彼則答云：「是否能相信我在六十七歲的年齡下開始建立個人的獨裁？」

值當時傅林蘭內閣的地位雖因國會廣大多數的支持而鞏固。然而政府終無法建立其威望，克服政局的混亂。相反地，繼蘇斯特里，社會共和派議員竇奈 (Raymond Dronne) 及左翼民主黨籍科西嘉議員阿立紀 (Pascal Arrighi) 先後到達阿爾及耳，加之戴高樂將軍前後發言，予阿爾及耳行動又頻添不少的鼓舞，而堅持要戴高樂將軍出山組織救國政府。

五月二十三日「阿爾及利亞及撒哈拉救國委員會」(Comité de Salut public de l'Algérie et du Sahara) 在阿爾及耳城正式組織成立，由馬許將軍及克阿 (Dr. Sid Cara 阿爾及利亞回民，曾任布爾熱斯牟奴里內閣阿爾及利亞事務政務委員) 任主席，負責領導該會在各省區的活動。二十四日阿立紀與若干傘兵降落科西嘉島省垣，於 Ajaccio 成立救國委員會，並向全省其他市鎮擴展。科西嘉事件的發生使法國局勢更突形緊張，人民聞悉尤惶惶不安而感政府無能。傅林蘭內閣除已提出國會提前進行修改憲法第九、十三及四十五三條，提議縮減國會會期，政府可由國會授權制定法律等以加強政府的權力，以及採取措施實行新聞及電訊檢查等設法保障治安外，並向國會提案要求對凡企圖盤據國土使不受中央指揮的議員一律褫奪其議員資格。旋於二十六日經國會以三九三票對一六九票（包括左翼民主黨及溫和派共一〇四票）通過議案，暫停阿立紀的議員資格。

五月二十七日國會對修憲提案提出辯論後，投票結果以四〇八票對一六五票的多數通過。然傅林蘭於投票前聲明不接受共產黨的票數，故四〇八票減去共產黨的一四二票後僅剩有二六六票，而不足二九六票的絕對多數，於是傅林蘭於二十八日晨曦向法總統提出辭呈。傅林蘭於晨四時十五分離開總統府時會宣稱：「我曾就國會投票後局勢向總統提出解釋，在減除共產黨票數後政府雖獲得國會的多數，但一個重要的團體(指溫和派)竟不支持政府，該團體的三位閣員脫離政府。如是在須要處理最棘手的困難問題的時候，政府的勢力竟爲之削弱。因此我向總統提出辭職。後者則答以僅在可能組成新政府的時候始能接受我的請求。既然在目前的嚴重局面下不能無政府，我僅於目前決定擔負政府的全部責任。」雖如此，然閣潮實已產生。

戴高樂將軍的提名

實際上，傅林蘭內閣的辭職已早經準備。溫和派領袖人士畢奈於五月二十二日在傅林蘭內閣總理的同意下，以個人名義訪問戴高樂將軍，並將談話結果即日報告內閣總理，建議政府應與戴高樂將軍取得連繫。政府因阿爾及利亞軍方的壓力，不得不考慮設法和戴高樂連繫以收拾局面。旋科西嘉事變發生，一時謠傳在法國西南部將可能有類似事變發生，而內長莫克却同時向內閣總理報告如有叛變之事發生，本土軍隊警憲能否維持治安實無把握。加以溫和派籍的閣員(阿爾及利亞部長繆特爾除外)表示辭意，並主張即時向戴高樂方面設法。當時莫萊已以社會黨議員皮埃特 (Jacques Piette) 爲媒介向戴高樂接洽，旋更致函戴高樂，並於五月二十六日晨將該函出示傅林蘭，其內容略爲勸戴高樂維持和平斥責科西嘉事變，詢其將擬採用何種方式出山執政，以及其所欲要求權力的範圍和對國會的意見。莫萊此信在向戴高樂呼籲，要求其制止嚴重事件的發生以破壞國家的統一，避免「人民陣線」的產生。當時莫萊不但表示同意傅林蘭與戴高樂將軍會晤，同時更在社會黨中爲戴高樂組織政府事開始疏通。

傅林蘭本擬請人民共和黨籍議員，國會衆院外交委員會主席徐滿 (Maurice Schumann) 往訪戴高樂將軍，以獲悉其對莫萊信函將如何答覆。然在徐滿尚未動身之前，於二十六日晨戴高樂將軍邀晤傅林蘭辦公廳專門委員狄薄魯得 (Diebold)，並面交其致莫萊的回信，以副本一份致傅林蘭內閣總理，同時囑致意傅林蘭云其願與內閣總理在當日晚間會晤，且云如被拒絕接見時，則其將向全國聲明。傅林蘭於同日下午四時徵詢莫萊同意後，原決定由莫萊和莫克陪同往晤戴高樂將軍；旋獲悉社會黨內部甚爲激動，頗多傾向於接受共產黨及其所控制的總工會 (Confédération Générale du Travail 簡稱 C. G. T.) 的建議合作，進行「人民陣線」，加之有溫和派三位部長的辭職，爲避免刺激社會黨起見，結果莫克未與同行。

是日下午七時十五分戴高樂乘車離其 Colombey-les-deux- Eglises 私寓赴巴黎，尾隨的新聞記者甚夥，至車抵巴黎的 Charenton 門時，由交通警護送始避開記者直赴近郊 La Celle Saint-Cloud 地方，同時內閣總理府辦公廳主任波尼亞托夫斯基 (Poniatowski) 乘車自大門由警衛護送而出，使記者誤認爲內閣總理而追隨，而傅林蘭則由便門乘車秘赴戴高樂之約。La Celle Saint-Cloud 會談內容不悉，僅知傅林蘭要求戴高樂斥責科西嘉事件，然後者則云僅能在其主政時始可發表聲明指責此種行動，以避免失去反對政府者對他的信心。但如就事後演變推測，當時會談中以大致決定傅林蘭的辭職，及依憲法所規定的程序使戴高樂組織新政府。翌日戴高樂將軍再發表宣言，略謂其已開始依照必要的合法規範進行成立共和政府，以保障國家的統一與獨立；同時並呼喚駐阿三軍將士在其各該統帥指揮下遵行任務。其宣言公佈後阿爾及耳方面的反應頗稱滿意。然社會黨方面的反應却完全相反，認爲傅林蘭內閣在國會多數的支持下沒有辭職的理由，人民共和黨中人士亦多因對其孤立外交政見表示懷疑而反對戴高樂者。五月二十八日由社會黨，人民共和黨等中間派及左派人士組成的「共和國防禦及行動委員會」(Comité d'action et de défense républicaine) 舉行自民族廣場 (Place de la République) 至共和國廣場 (Place de la République) 的遊行示威，參加者二十萬衆，法共及總工會份子亦自行加入行列，高呼「擁護民主共和及反對戴高樂主政」。法共更組織罷工反對「戴高樂的法西斯政權的實現」。傅林蘭於聞悉戴高樂的宣言後頗感意外，而擬發表公報答謝戴高樂的協助，及說明其對會談的結論，旋經法總統阻止而未發表。當時對傅林蘭內閣辭職藉口的找尋，若干閣員主張以溫和派部長辭職爲藉口，或由政府向國會提出規定明確的信任投票案，以迫使溫和派及共產黨投票反對。然傅林蘭却決定以修憲問題作爲辭職的主要藉口。

傅林蘭內閣的辭呈提出後，法總統再卽循例召見各黨首領人物詢及意見。並於二十八日下午召見莫萊，畢奈及特眞 (Henri Teitgen) 詢及社會黨，溫和派及人民共和黨三大政黨對提名戴高樂將軍組閣的意見後，決定請國會兩院議長就有關組織下任政府事與戴高樂將軍商討，五月二十九日將是法國第四共和歷史上的一個重要的日子。法總統在淸晨一時得到國會兩議長的回話後，於上午十時致書國會兩院議員，十九時三十分召見戴高樂將軍，至當日晚二十一時三十分正式提名戴高樂將軍組織政府。

法總統致國會議員書於當日下午由兩院議長分別宣讀，共產黨等極左派份子於聽到總統暗示如國會拒絕戴高樂將軍組閣卽行辭去總統職時，立卽高呼「共和國萬歲」,「法西斯主義者不得過去。」事實上法總統的文件在國會中並未能得到其所期望的反應。大部議員對文中措詞甚不滿意，卽皮杜亦稱該書文詞不靈。至前總統歐禮和 (Vincent Auriol) 與戴高樂將軍於二十六日交換的信扎公佈後，氣氛雖較轉緩和，但不少議員尙對戴高樂將軍出山主政表示反對。當時共產黨一再希望重建「人民陣線」以抵制「法西斯政權」的實現外，大部議員均在討論如拒絕戴高樂時，當以何人解決閣潮。參加「共和國防禦及行動委員會」的議員爲此曾召集會議，經討論而終不得要領。

法國輿論方面對提名戴高樂將軍組織政府的反應大致如下：①「費伽羅報」(Le Figaro) 稱阻止他成立某部份人的俘虜的良好辦法，是否應以他爲中心儘可能擴大團結？同時更向社會黨提出指責，云爲該黨不接受戴高樂時是否另有他策救法國於混亂。②「震旦報」(L'Aurore) 認爲戴高樂將軍出山乃救國的唯一之途。③「解放的巴黎人報」(Le Parisien libéré) 更稱儘早由戴高爾將軍組織救國政府以保障國家的統一。然而左派輿論則多反對戴高樂組織政府，共產黨機關報「人道報」(L' Humanité) 更謂人民將起而反抗。

戴高樂政府的成立

五月三十日晨法總統再度召見兩院議長及各黨派首領就戴高樂組閣事有所商談。歐禮和及莫萊前後走訪戴高樂會談，經決定於翌晨由戴高樂將軍並召集有共產黨以外各政黨領導人物二十六人，示以其所準備的政綱，並解釋稱彼並非某一派系的人物。此次集會並未能使議員們的態度有所改變。至當日下午經戴高樂保證蘇斯特里及參加阿爾及耳行動的人不致被羅入新閣後，莫萊多方努力獲得社會黨中的三票多數，決定該黨實行首次自由投票。莫萊的成就雖對其他政黨無甚影響，但就戴高樂組織政府一事而言，則情形已完全改觀。況傅林蘭早於人民共和黨中宣稱惟有由戴高樂組織政府始能保障國家的和平秩序。

戴高樂將軍組閣信任案於六月一日下午於國會提出，其施政宣言略爲：①新政府成立後卽時要求國會授予全權，以六個月爲限，期及時重建國家的秩序，②要求國會修改憲法第九十條，授權政府草擬憲法提交人民複決以修正制度上的必要改革。宣言中並指出共和政體、全民選擧及立法與行政權的分立，但政府對國會負責等三點將爲新制度的基本條件。③請求國會於通過政府提案後卽行休假至下期常會開會時止。戴高樂發表宣言後卽行離席。國會經辯論後進行投票，以三二九票對二二四票通過戴高樂政府的信任案。茲先將投票情形分黨列表如下，以資參考：

黨別	議席總額	贊成	反對	未參加投票	缺席
共產黨	一四三	—	一四二	一	—
進步派	六	—	六	—	—
社會黨	九五	四二	四九	四	—
非洲社會同盟	二	二	—	—	—
社會激進黨	四二	二四	一八	—	—
抗敵民主社會同盟及非洲民主同盟	二〇	一〇	四	六	—

共計	五五三	三二九	二二四	三二	四
左翼共和同盟	一四	一四	｜	｜	｜
左翼民主黨	一三	一二	一	｜	｜
人民共和黨	七四	七〇	三	一	｜
非洲大會黨	一六	四	｜	一一	一
社會共和派	二〇	一五	｜	三	二
社會行動獨立農民派	八九	八六	一	一	一
社會行動農民派	八	七	｜	一	｜
農民派	一一	一〇	｜	一	｜
法蘭西博愛聯盟	三〇	三〇	｜	｜	｜
無黨派	八	三	一	四	｜

戴高樂政府的組閣信任案經通過後即向國會提出：①請求繼續授予阿爾及利亞特權。②請求授予六個月全權。③修改憲法第九十條，授權政府草擬憲法等三項緊急提案，經國會及時開會連日分別研討結果，前兩項經國會衆院分別以三三七票對一九七票及三三二票對二三二票通過，並經參院表決通過。第三項提案經國會委員會提議，經政府修正後，由衆院以三五〇票對一六一票及參院以二五六票對三〇票的絕對多數通過後，國會衆院議長賴托克(André Le Troguer)即於六月四日向大會宣佈無限期休會。但休會期間國會各委員會照常工作，以執行監督政府的責任。

及至戴高樂政府的組成，六月二日的政府公報僅公佈了主要的閣員名單。到戴高樂總理阿爾及利亞之行結束後始於九日正式公佈閣員全體名單（公共衞生部長一職人選尚未決定）並決定由沙朗將軍任駐阿總代表，關於阿爾及利亞事務由內閣總理府主辦而不另設部。閣員就黨派分析如下表：

非議員：七名
社會黨：三名
人民共和黨：三名
溫和派：三名
社會共和派：二名
社會激進黨：一名
左翼民主黨：一名
抗敵民主社會同盟及非洲民主同盟：一名
共計：二十一名

其中雖包括職業行政官多人，對問題較一般議員的認識爲之深刻，同時因久任行政官故任事態度亦爲謹慎，同時由主持歐洲運動的庫屋得米爾威魯(Maurice Couve de Murville)大使出任外長，使盟國及各政黨均得到保障，贊揚歐洲運動的人民共和黨尤感稱心。但工會領袖均因會章關係爲詞謝絕被邀入閣。玆將閣員名單列後：

內閣總理兼國防部長：戴高樂將軍
國務部長：莫萊(社會黨)
傅林蘭(人民共和黨)
何夫艾薄愛尼(Félix Houphouet-Boigny，抗敵民主社會同盟及非洲民主同盟)
查奇諾(Louis Jacquinot 溫和派)
內閣行走部長：馬拉歐(André Malraux 作家)
司法部長：德柏(Michel Debré 社會共和派參議員)
外交部長：庫屋得米爾威魯(職業外交官，前駐西德大使)
內政部長：貝勒鐵(Emile Pelletier 前任省長)
三軍部長：給右馬(Pierre Guillaumat 高級行政官)
財政及經濟部長：畢奈(溫和派)
教育部長：百爾段(社會激進黨參議員)
勞工部長：巴空(Paul Bacon 人民共和黨)
海外部長：克爾奴尙悌耶(Bernard Cornut-Gentille 職業外交官)
撒哈拉部長：勒熱奈(社會黨)
公共工程、運輸及旅業部長：畢隆(Robert Buron 人民共和黨)
工商部長：阿茂耐(Edouard Ramonet 左翼民主黨)
農業部長：烏得(Roger Houdet 溫和派參議員)
建設部長：徐德諾(Pierre Sudreau 前任省長)
退伍軍人事務部長：米色勒(Edmond Michelet 社會共和派參議員)
郵電部長：托麻(Eugène Thomas 社會黨)

戴高樂政府成立後，於六月四日即赴阿爾及利亞視察。戴高樂此行到處受歐回民衆的熱烈歡迎，同時藉此行更加强其在軍隊的威望及回民間的聲譽。但阿爾及利亞的局面却不能藉此行完全澄淸。六月十日阿爾及利亞撤哈拉救國委員會通過決議，經沙朗將軍同意，反對於人民複決投票前在阿爾及利亞實行地方議會選擧，要求廢除阿爾及利亞政治改革綱領法律，撤消專爲阿爾及利亞及撒哈拉設立的行政部門，及期望政黨的消除。戴高樂總理聞悉後即電沙朗將軍指責其參與救國委員會，認爲該決議案爲不顧時宜的無理取鬧。因使巴黎因阿爾及耳的態度感到不安者得以稍安。然該決議案却證實阿爾及耳方面並未放棄其活動，今後情形實要看戴高樂總理的態度及手腕如何了。

至於修憲問題，政府已決議將於十月五日擧行人民複決，草案將由莫萊，何夫艾薄愛尼及德柏負責準備。法國的政治有人比如鐘擺，左傾後當形右向，散漫後當轉向政治的統一，然今後法國的行政權將如何擴張，將有待法國政府及人民的決定了。

四十七年七月二日於巴黎。

文字的命運

思果

畢額彭 (Max Beerbohm) 在講到法文的會話一文裏說：

不管在那兒，兩個英國人對一個法國人說法文的時候，你總可以安全地在其中一人的心裏找出恥辱、羨嫉、惡意、孱頭的憤怒、和陰沉的希望報復的心來；而且你可以假定這種情緒之深淺，和另外一個表演的精彩成正比例的。在另一位的心裏是：輕視、惡意的愉快、自大、虛榮、憐憫、和顯出本領的快樂；這些，也和他所佔的優勢成正比例。

這一番話使我很受了感動。多少年來洋文在中國很爲流行，在一個英國人面前，兩個中國人說英文，情形還不是同上面說的一樣麼？在國勢上英國並不弱於法國，但法文在國際間却佔盡了優勢。所以法文說得好的英國人會覺得自傲。卽使在今日，能說流利、高雅的法文，還是叫聞者羨慕的。中國人能說英文而且自傲，更不足怪了。共產主義的推行，可能給俄語帶來優勢，但照目前共產主義國家對英語學習的熱心看起來，英語還是要流行的，也許英文文字具有的文化傳統，還要延綿下去，誰知道呢？

敵僞的政權之下，有些會日語的人很活躍，等到日本投降，這批人又悔當初不該學會日語的了。共產黨的治下，從前中東鐵路的工人也成爲了譯員，俄語的用處之大可想。這樣看起來，一種文字的流行，眞有難以估計的命運存在。從大陸流亡到香港來的人，會說英語的要佔許多便宜，這些人若是在英國學過醫，就更幸運了。這又是難以逆料的。

我覺得學外國語是有益的，只要用心認眞學好了。我希望我能精通俄語、日語，雖然我不相信共產主義，也不崇拜日本的武士道。我略爲懂一些英文，我很快樂，因爲我可以藉此看英國的散文，和少許英文詩。我眞希望世界各國的人都懂中文，這樣他們就可以讀中國的詩文；不過這還在其次，我這怕中國人將來不讀中國書倒是眞的。下面是一段幻想的喜劇，沒有什麼深文大義；但我一部分的恐懼和希望可就包含在裏面了。這裏面的英國人當然太迂腐些，不過在中文成爲時尚的時代，像這種走極端的西洋人是免不了的，我們也不必去斤斤計較他了。

時間：一九九〇年三月四日下午三時

地點：上海

人物：楊愛華 (Edward Young) 美國人（下稱「楊」）

伍華德 (Walter Wood) 英國人（下稱「伍」）

Sze-chi Li（李思齊）中國人（下稱「李」）化學教授

楊：（指伍）李敎授，這位先生是誰！

李：Mr. Wood, please meet……

伍：（凜然）我們還是說中文吧！

李：對不起。這位是伍華德先生。伍先生是英國人。他剛剛才到這裏的。（對伍）這位是（看卡片）楊愛華先生，楊先生是美國人。

楊：How do you do?（要和伍握手，伍不理會，却拱雙手爲禮，楊不好意思地抽回手，無奈地拱拱手）伍先生對中國禮節，可謂嫺熟之至。

伍：承蒙過獎，兄弟「從衆」。（對李）思老，久仰大名，如雷灌耳，今日得見，三生有幸。弟不才，願聆敎益。

李：（聽到這種話覺得驚異）伍先生太客氣了。聽伍先生的中國話，可見得對中國文學一定下了很深的功夫。

伍：（目空一切）何曾何曾。敝國朝野，都學國語，兄弟幼習詩書，粗知禮義，還要請思老不文賜教，幸甚幸甚。弟深恨不生在中土，碧眼黃髮，自慚形穢。如今申請歸化，如果沒有人向中國政府提出反對，宿願可償矣。

楊：（好容易等他說完）伍先生剛才是說「不吝賜教」嗎？

伍：（發覺自己念錯了字，臉都紅了）啊唷唷！你看我把「吝」字都會念錯了……不過剛才楊先生把「吝」讀成「領」字了。

李：（立刻岔進來）兩位的中國文都叫我佩服。事實上中國人也讀別字的。因爲把「吝」字讀成「文」的人太多，在一九六一年我們的字典上已經把這個字注成「文」的音了，而且爲了提倡簡體字，我們就索性寫作「文」。後來漢字拉丁化，在寫法上有沒有一個「口」字也無所謂。話又說回來，如果在一九五九年以前漢字就拉丁化，倒不會有人念「文」字了。剛才若不是楊先生提起，連我都忘記了。現在只有少數德國的漢學家和少數日本人知道有「吝」這個字。還有一層，現在根本沒有人說「不吝」這個詞語。

伍：（意趣深遠地）「禮失而求諸野」——（看了楊一眼，覺得他很可憐）

楊：這可眞叫做「積非成是」了。

李：兩位的典用得確當極了！說來慚愧，這種話我們已經多年不說了。

伍：思老，貴國的人名全有意義的，有出典的，不知尊諱有什麼典。

李：（很窘）這個……兄弟是學化學的。先父是說過有的，我倒記不起來了。你看，我們的漢字已經拉丁化了，一個人的名字，有什麼意義？好比 Edward……

楊：Edward 的意思是「有價值的守衛者……」

伍：愛華兄一定很愛中華的。

楊：華德兄也一定認爲中華是有德性的國家。（兩人都大笑起來了）

伍：我猜思齊是「見賢思齊」的意思。

李：（如夢初覺）對了！對了！這我還能算是中國人嗎？

伍：此何足異？敝國現今四書一定要背誦的，孔子集大成……

楊：（懷疑地）孔子和集大莊沒有什麼關係……

伍：（笑不可仰）我是說「孔子之謂集大成」萬章上說的。

楊：兄弟和集大莊每年有幾十萬美金生意，因爲敝國很流行寫中國字，進口毛筆、墨、和宣紙很多。

李：（怕伍給楊難堪）伍先生，我覺得像楊先生這樣好的中文，在中國都很少了。現在中國的大學生不知道孟子這個人的人很多，不必提孟子這本書了。

楊：（對伍的態度痛恨之極，等機會再報復）伍先生的四書熟是熟了，兄弟倒覺得中國的小說也要看的，而且中國的語音也不能讀錯。

伍：（酸而帶怒）華德仁兄想必也是紅學家之流吧。惟不才竊以爲小說家之言卑之、卑之無甚高論。

楊：啊，兄言差矣，這種意見太落伍了，胡適之先生他……

伍：（鄙夷地）他是美國留學生——引車賣漿者流！

楊：美國人並不是不讀四書，不過中國小說也很可觀。李教授高見如何？

李：豈敢豈敢。兄弟是普林斯敦學化學的，對於中國文學實在是……

伍：思老過兼。

楊：（捉住了機會）那個過兼？

伍：（不屑多說）你的手伸過來（用手指在楊手心寫了一個「謙」字）

楊：（大笑）皇天啊！你是說過「謙」！

伍：（非常狼狽，問李）思老，此字古音爲何？

李：不清楚，不過中國人現在倒是念「兼」的。

伍：不過現在的讀法是靠不住的。

楊：如此說來，兄弟倒「落伍」了。

伍：古音總是古音，兄弟情願俯首認錯。

楊：李教授，我今天帶了一本禮記來，請問孔子大同的主張是不是可以在「禮運」篇裏找到？

李：（面紅耳赤）兄弟剛才說了的，兄弟是念化學的。而且自從漢字拉丁化以後，我們普通人只會說話，拼音，不認識漢字。這部禮記現在全國只有十幾個人能讀，就是南北各大學中國文學系的系主任，此外就只有外國的漢學家了。

伍：異哉！其實不然。敝國核子專家都能讀禮記，不光是漢學家——告訴你，思老，您別提漢學家了，這是維多利亞時代的名詞。他們比起現代英國人來算什麼呢！現在中文家傳戶曉，還有什麼漢學家？不過事實上中國的稍微有些國學根基的，甚至校對、排字工人，全都給牛津大學、哈佛大學、漢堡大學、巴黎大學等等的出版所找去了。現在能讀禮記的中國人何啻千百，不過散居世界各國罷了……

李：伍先生的見識眞廣，兄弟很慚愧。

楊：十年前白話四書在敝國倒也風行一時，可是近年來已經給教育部查禁了。不過自從敝國的阿飛男女學起寶哥哥、林妹妹來以後，社會上倒太平得多，所以兄弟不敢小覷中國小說。一九八九年奧斯卡金像獎給「魂斷瀟湘」一片包了：最佳影片、最佳音樂、最佳攝影、最佳男、女主角、最佳男配角（演焙茗的），最佳女配角（演襲人的）……啊還有最佳導演，全是這部片子的。

伍：今年起牛津大學和劍橋大學不賽船了。

李：他們賽什麼？

伍：他們舉行聯句比賽，做的是七言古詩。

楊：三十年前兄弟本有機會進淸華大學中國文學系的，沒有去。現在悔之晚矣。若說起詩，兄弟倒有幾首近作，要請李教授斧正。

伍：愛華先生不要忘記李教授是化學專家。

李：先祖是寫舊詩的，先父就只讀拜侖和濟慈了。兄弟是兩樣全沒有讀過。聽兩位提起來，兄弟倒想重到普林斯敦去讀三年中國文學才好呢。

伍：兄弟並非自傲，兄弟覺得劍大的中文系辦得很有規模。

李：那個劍大？

伍：劍橋大學。

楊：劍橋大學的中文系好是好，不過太守舊一些。

伍：楊兄之言差矣！中國文只有舊的才好，稍帶維新，就夾了西方文法進去，非純中國文矣。海禁未開前其庶幾乎？兄弟不直康梁所爲，至於胡陳，罪之魁也。

楊：伍兄高見，兄弟未敢苟同。

李：（覺得局面太緊張）讓我溫習一下英文好嗎，兩位先生？

伍：（沮喪地）今天兄弟的日子太壞了！

楊：大約也是命中注定。

李：（才鬆了口氣）My gosh!

臺灣省立臺北師範學校附屬小學來函

敬啟者：貴刊第十九卷第二期刊載王世鈞先生投書，對本校收費事有所指正，至爲感激，但所列各點，均與事實不符，謹就原函各點，分別說明如次：

一、查本校六年級家長中無王世鈞先生其人。

二、本校遵照規定，六年級學生每日復習六十分鐘，每人每月收復習費五元。此外並無所謂小組式補習。

三、至於暑假補習一事，乃六年級學生自六月十四日畢業考試完畢後，學生本應在家自修，惟距升學考試時間尚有一個月，爲恐荒廢學業，乃徇多數家長之請求，再爲學生復習一個月，所有畢業班任課教師本可稍事休息，但因復習之故，須將各科教材重行整理編印分發學生指導復習，家長爲酬謝教師辛勞，遂有提議繳交復習費三十元，材料費十元之舉，並經臺北市三省小共同商定各自通知學生家長自由參加，清寒學生亦可免費或減收。至於分配比例，以百分之八十五酬勞任課教師，百分之十五致送有關行政人員及工友。本屆畢業生二百四十一人，參加復習者二百人，實際交費者僅一百二十九人，共收五千餘元，除開支材料費二千元外，僅餘三千餘元。本校爲科任制，六年級任課教師十餘人，連同有關行政人員及工友，每人所得無幾。該函所稱校長抽取五百元，教導二百元（本校並無教導之職）如非誤傳，顯係揑造。

四、關於照相費，本校畢業生畢業紀念照片用費，向由學校辦公費開支，從未向學生收取。

五、關於惜別茶話會，本校遵奉廳令指導學生不事舖張之旨，僅由畢業學生略備茶點，舉行惜別會，招待老師及在校各班學生代表，因情意殷摯，且寓生活教育意義，故教師難以堅却。

六、關於贈送學校紀念品事，畢業班學生在校六年，臨別時表示對母校之熱愛，遂由各班學生代表發起贈送母校紀念品，用意頗佳，本校自不便拒絕。

七、關於參考書事，本校教學均以課本爲依據，未曾採用何項參考書。

八、至於開學時代辦各費情形，本校每學期註冊時爲學生代辦各費，一爲政府所規定者，如學生自治費生產勞動工具費及家長會費等共計二十九元正。二爲學生應用簿本費，按各年級一學期內所需簿本，統由消費合作社招商比價，代購分發學生備用。本學期內六年級全部簿本費共爲五十元五角正，連同上項費用，總計爲七十九元五角正，並無收費百來元之事。誠恐社會人士，以訛傳訛，特此說明眞像，請予更正，以正視聽爲荷！此致

自由中國雜誌社

臺灣省立臺北師範學校附屬小學謹啓　七月廿二日

也是秋天 (四續)

於梨華

葉羣和正明到了俞家，經主人介紹和大家見了，就入了座，那天人多，分兩桌，已結婚的夫婦們和主人一桌，男學生們與俞家的兩個小孩另一桌，由苑若代表主人招待，她一面忙着招呼客人，一面忙着照顧小孩，自己反而沒有功夫吃，坐在他旁邊的小眼睛小張低聲說：

「簡小姐，我這隻蟹肥，剝好了的給妳。」

「喲，那怎麼敢當，你自己請用，我對蟹沒有什麼興趣，怪腥氣的。」

「可不是，尤其這種海蟹，毫無鮮味，」挨着苑若另一邊的王文行忙接口道：「什麼時候我請妳到紐約杏花樓去吃，他們有香港運來的河蟹，」王請苑若出去過兩次，爲了要顯出他與別人不同之處，故意把最後兩句話說得很輕，以示親暱。

偏是尖耳朵的黃大炮聽見了，「簡小姐，不要聽他胡說啥子河蟹湖蟹，等到從香港運來，早就變成臭蟹囉，除非他們用火箭。」幾句四川話說得滿座人，除了正明以外，都大笑起來。苑若生性靈黠，早已瞟見正明悶悶不樂的樣子，她覺得她既然被委託來招待這一桌，當然要把每個人都招待得很高興才是。同時她有那種少女共有的好勝心，偏是有人不對她注意，不向她獻殷勤，她偏要去惹他一下，何況她看到陸正明雖然是一副哭喪着臉的模樣，卻有一種深沉的，成熟的神采洋溢在眉宇，襯得席間的人，除葉羣以外，特別平庸。所以她一面附和着大家，一面就在轉念頭如何引起正明對她的注意。正好這時挨着正明坐的俞小寶爬下椅子往他母親那桌跑，她借着把小寶的碗碟送過去給俞太太，回身就自然地坐在小寶的座位上，端起面前一盤回鍋肉，輪流地讓大家夾一點，最後送到正明面前，微笑着說：

「陸先生，今天的蟹不好吃，趁熱嚐一點這個，這是我炒的。」

正明茫然地轉頭看她，兩人離得很近，就把彼此都看得十分清楚，簡苑若像多數中國女孩，屬于纖細典雅一類，白淨的瓜子臉，細嫩的頸子，微削的美人肩，窄窄的腰，醉心于高乳大臀的男士們絕對不會欣賞她的。她有一頭像正雲一樣的烏亮的黑髮，利落地盤在腦後，把前額的頭髮，一齊往後刷，一絲不亂，托出她那張素淨玲瓏的臉，她的眼睛沒有正雲的媚，單眼皮，但在看人時却傳流一種文靜的靈氣給對方，臉頰很豐腴，笑起來左頰有一個很淺的酒渦，不注意看她是看不出來的，她的鼻子也不如正雲的俏，唯有她的嘴比正雲美得多，她的雙唇不像美國女孩那樣愚蠢誘惑的厚，也不像一般中國女孩那樣無動于中的薄，而是線條彎曲，嘴角微往上掀，笑起來甜迷迷的，不笑時羞怯怯的。整個說起來，她不如正雲那種光芒四射的美，正雲的美猶如一條鋼絲，嗶拉拉地射出去，飛也似的把對方細過來，放在自己的脚邊；苑若的美猶如一條細繩，不經意地把人纏起來，半天也解不開。正雲是芍藥，熱辣辣紅艷艷地開了一陣，謝得無影無踪；苑若是茉莉，淡淡的，羞怯的，舒開花瓣，送出一陣陣令人舒眉的清香。正明因爲愛他二姐至深，每見一個女孩，就不由自主的拿着和他二姐比，如今芍藥謝了，茉莉的素靜就給他一種意想不到的吸力，令他覺得有一種忽然得到解救似的寬慰。

「噢噢，謝謝妳。」

「咦，你還沒有夾呢，謝我做什麼？」苑若倩笑一聲，自己夾了幾片肉送到正明的盤子裏，大方地向大家看了一下，夾了一塊給自己，就低着頭吃菜。

「唔，棒極了，簡小姐，您的回鍋肉燒得好極了，您到過四川？」坐在正明隔壁的葉羣伸着頭問道。

「沒有，我是亂做的。我從來沒有到過四川，一直是住在上海的。」

「我們家從前也在上海，簡小姐是上海人？」正明說。

「不是，我祖籍廣東，不過我是在上海長大的，小學中學却是在上海唸的。」

「那一個中學？」

「民立女中。」

「眞的？我四姐也在民立讀過。」

「她是那一年的？叫什麼名字？」

「那一年我記不清了，她叫陸正芳。」

「哦。」

「怎麼，妳知道她？」

「是不是一個瘦小的，很會說話的那個陸正芳？她的父親是××銀行的經理。」

「唔。」

「呵，她比我低一班，」苑若興奮地接下去說。「她有一個外號，上海話叫『爛皮皂』，因爲她又懶又賴皮又喜歡找人吵架，我本來倒不知道她，後來全校同學都知道了她的外號，我才曉得原來是她，她是你的姐姐。」

正明雖然不喜歡正芳，但她畢竟是自己的姐姐，聽了心裏自然不樂，半晌沒有作聲，最後才淡淡地應了一句，「那是家姐，我倒不知道她有什麼綽號，」說完，正好他對面的小張伸着頸子和他說話，他就假裝太遠聽不見，站起來繞過桌子走過去，在苑若原來的座位上坐下來，和小張搭着話，再也不理苑若。

苑若自知失言，把人家得罪了，見正明含怒走了，心裏又羞又急，不知道該怎麼樣圓場。葉羣心細，見她窘困，就移近來和她說話，這才勉强把不愉快的場面遮過去了。

飯後，年輕的客人計劃到康納琪湖(Lake Car-negie) 去划船賞月，就亂烘烘地辭了主人向湖邊出發。苑若因爲得罪了人，想找機會解釋，所以就婉辭了其他人的邀請和正明同坐一條船。康納琪湖是橫臥在普大校舍背後的一條小河，直通到鄰城的金斯頓（Kingston），河面在普城一帶略顯圓形，稱爲湖倒是恰到好處。堤邊的柳枝雖不如西湖邊的青柳那麼婀娜多姿，却也垂絲依依，爲湖面平添一份柔美的情調，橫跨着湖的是一條綠色的大橋，湖中心有一塊菱形的綠地，春天來時，開着大朵的淡黃玫瑰，映得堤邊的柳色青翠欲滴，沿着湖有一段兩旁欄着木柵的走道，柵邊兩排古老的樹，樹葉在半空中相接，夏天時特別蔭涼，年青的情侶多數在這條路上散步，林蔭下，朦朧中，一切都比光明世界柔美的多；冬天時，湖面結了很厚的冰，女孩子們穿着雪白的冰鞋，頭上帶着雪帽，或繫着鮮紅的絲巾，隨着她們的旋轉，紅絲巾在空中飄拂着，遠看猶如一片片紅雲突然飛下來了。男孩子們套着黑冰鞋，穿着灰色的，胸前印着露齒的老虎（普大校幟）的運動衣，野蠻地在人羣中飛滑，逗得幾個初學溜冰的女孩，半害怕，半做作地叫着，她們清脆的聲音飛到枯黃的柳枝，柳枝無能地顫抖一下，像是在嘆息自已青春的老去。正明剛到普城時就十分喜愛這個小湖，希望有一天能帶他二姐來湖上盪舟，却再也沒有想到會跟另一個女孩一起來划船的，這給他一種若有所得、若有所失的感覺，所以他跳上船，把苑若扶下來坐好，就一聲不響地划着槳。湖上一片靜，湖面灑着銀，銀光被槳打得粉碎，在月光下疼痛地跳躍着，好像在無聲地向人抗議。苑若半俯着上身，用手指玩着冰涼的水。那天她穿的是一件玫瑰紅滾黑邊的綢旗袍，肩上披了一件鵝黃色的毛衣，因爲手在玩水，毛衣就滑到肩後去了，露出一截細嫩的在月光中如寒玉般的胳膊。突然從不遠處飛來半個月餅，正存擲到苑若的肩上，刷的一聲，就把毛衣打到水裏去了，苑若驀地裏受了一驚，人就失去重心，正明一伸手把她扶住了，另一手放下槳，把她的毛衣撈起來，趁勢回頭一看，只見小張一面笑得前仰後合，一面指揮着他的同伴把船如飛地划走了。

「謝謝你，不然我早做了落湯鷄。」

「小張眞是豈有此理，開這麼大的玩笑，」正明說，鬆了苑若的手臂，因爲用力過猛，苑若的胳膊上很明顯地留下一個被正明握過的紅印，她輕輕地揉了一下，就低頭去擰毛衣的水。

正明也看見了一圈紅印，忙說。「對不起，我太粗心了。」

「是我太粗心了，吃飯時得罪了你。」苑若微笑一下說。

「現在正好抵消。」

「那麼你是生了氣，是不是？」

正明不好意思地咧着嘴笑了，他平時不常笑，所以笑起來有一種特別引人好感的稚氣，和他緊着眉不說話時的神情完全不同。苑若見他一副憨態，也不再說什麼，低着頭把濕毛衣攤平在船板上，依舊用手指玩着水。

「妳好像很愛玩水，」正明搭訕地說。

「我不會划船，只好划水。」

「我本來也不會划，都是我二姐教的。」

「你二姐，陸正芳？」

「不是，她是我四姐，我二姐是陸正雲，我們倆常在一起玩的，說老實話，我也不怎麼喜歡四姐。」

「那你……」

「好了，算我錯，剛才不該生妳的氣。」正明忙搶着說。

「不是，」苑若見他發了急，不禁噗嗤一笑，就轉了話題，「我是問你排行第幾？」

「我是第五，倒數第二個，妳呢？妳有沒有兄弟姐妹？」

「我有兩個姐姐，她們不是我母親生的就是了。我倒是希望有個弟弟，有了弟弟，至少可以讓人家少批評我幾句，」說着就笑笑。

「妳們女人心眼眞窄。」

「看樣子你不見得比我們寬，好了，不說了，我們回去吧！我有點冷。」

正明連忙脫下上裝遞給她說，「妳披着吧，划回去還有一段路呢！」

「不敢當，你這樣會受涼的。」

「決不會，我划了半天船，都出汗了，妳披着好了。」

苑若只好接過來披在身上，衣服很暖，沿領有一股髮油味，倒並不刺鼻，她個子小，衣服披在身上顯得空落落的，兩臂還很冷，她就從皮包裏掏出手帕，把手抹乾，索性把衣服穿在身上。一直到正明把她送到公寓時，才脫下來還他。

隔了一星期，正明到圖書館她做事的那一部份來找她，她正在忙着打一封公文，以爲他是來借書的，所以只向他點點頭就只顧打她的字，等到她下班出來，他還在圖書館大門口徘徊，顯然是在等她。

「你好。」

「妳下班了？」

「唔，再不下班我也吃不消了，今天特別忙。你功課忙嗎？」一邊說一邊就往娜索街走。

「還有不忙的，做不完的實驗，看不完的書，」他說，也跟着走。

「那你還有時間散步。」

「我是來找妳的，妳看，這是妳的手絹嗎？」

「唉，是的，怪不得我一直找不到，我還以爲丟了呢！」

「丟在我上衣口袋裏，大概是那天划船時妳不經意放進去的。」

手絹好像洗過了，摺得平平整整的，苑若接過來，問道，「你們宿舍裏有人替你們洗衣打掃嗎？」

「有工人每星期來打掃一次，衣服可沒有人替我們洗，我和葉羣都把衣服送出去洗的，有些小東西如襪子手絹之類我們偶而也自己洗，送出去很容易失落。」

苑若心裏一動，也沒有說話了，到公寓門口，她隨口問道：「要不要進來坐坐？」

「不用了，食堂六點鐘開飯，還有一刻鐘。」

「你如果不嫌的話，我請你進來吃便飯，今天我同房的回家了，我可以做中國菜，你們今天吃什麼？如果是吃牛脯，我就不敢留你了。」

「今天是星期五，吃魚，我就是怕吃魚，」正明率直地說。

「這樣一來，我倒非請你吃飯不可了？」苑若不禁笑着說：「你也不要希望過高，我的菜不見得比美國煎魚高明多少，進來吧！」

苑若燒了一個蠔油牛肉，炒了一個蔬菜，開了一個美國罐頭湯，然後請正明進厨房吃飯。飯後，他堅持着要替她洗碗，苑若只好讓他，可是他生平沒有洗過碗，結果不但碗沒有洗乾淨，反而把襯衫袖子都洗濕了，等到他洗鍋時，苑若看不過，就上前伸手把他的袖子捲起來，把自己的圍裙脫下來，從身後替他圍上，兩人身體偶一接觸時，正明只覺得一陣痲醉，手裏的小鍋拍的一聲丟在碗盆裏，濺了一臉的肥皂沫，連自己都笑了。

苑若一面用一塊紙把他眼瞼上的泡沫擦掉，一面笑着問道。

「你們陸公館有幾打佣人伺候你？」

「一個也沒有，只有一個打雜兼司機的男工。」

「那麼你在家難道也不寓着做事？」

「家事都是由我大嫂一手包辦的，連我姊姊她們都不太做，更輪不到我了。」

「怎麼你們家這樣老派？現在在美國的男學生，差不多都會做點家事，小張他們還常到飯館裏去洗碗呢！他們家裏也不算頂壞。自己會做在美國總是好的，對不對？」

「當然，可惜我現在沒有時間和機會去學習。」

「有一天你不住在家裏，什麼事都要自己動手，那你怎麼辦？」

「我從來沒有想得那麼遠，再說，我們是大家庭規矩，結了婚多半是住在家裏。」

「眞的？那倒很好玩。」

「好玩？不見得，」正明簡短地說，把眉頭縐了一下。

洗完碗，苑若轉進臥室去了，正明坐在客廳裏翻閱雜誌，沒有要告辭的意思，隔了一陣，苑若從臥室伸出一個頭來，笑着說：「對不起，我的錶停了，現在幾點鐘？」

「八點，妳有事嗎？」

「唔，我八點半有個約會。」

「哦……」

「怎麼？」

「我還以爲我們一起去看電影。」

「看電影？我們什麼時候約好的？」

「哦，我還以爲等你一走出來就約妳呢！」

苑若噗嗤一笑道：「不行，你約得太晚了。」

「那麼，我明天晚上來約妳。」

苑若搖搖頭，縮進去了，半晌說：「對不起，這個週末我都有約了。」

正明沒有作聲，却也沒有要走之意。說也奇怪，自從前次在兪家碰到苑若之後，他並沒有把她放在心上，一則他心裏只想着他二姐，二則他功課忙，沒有餘暇去想剛見過面的女孩，他今天來送手絹還她，原想立卽回去的，但來了之後却又捨不得走，宿舍裏實在太寂寞了，尤其是星期五。晚上苑若的公寓有一片溫馨，一頓便飯與她的盈盈笑語使他愁結的心胸逐漸鬆散，他體驗到一種意想不到的恬靜，他忽然覺得苑若十分可人，他願意和她在一起，他猜想到她也願意和他在一起的，不然她上星期不會自動坐到他船上來，今夜更不會約他來吃便飯的，所以苑若拒絕與他一起去看電影是他不會預料到的，他除了吃一驚以外還有點惱怒，於是就鬱鬱不歡地坐在逐漸暗下來的客廳裏，也不開燈，也不看雜誌，却也不肯含怒而去，只好把一雙濃眉緊縐着。

「怎麼啦？睡着了嗎？」苑若走出來，捻亮了燈。她已換了一身晚裝，一套黑色絲質的西服，大裙子的下緣被撐得像一把張開的傘邊，襯出她盈盈一握的細腰，潔白的頸上圍了一圈珠練，圓髻旁插了一朶紅色的康乃馨，顯得素而不單調，艷而不俗。

「這件衣服眞好看，」正明生硬地說，站起身來，「我也該走了，希望妳玩得好，哦，對了，謝謝妳的晚飯。」

苑若微微瞟了他一眼，把他送到門口，覺得他稚氣得可愛，就忍不住柔聲說：「不是我不願意和你去看電影，下次你有興趣邀我，最好早一點通知我，我也好有個準備。」

正明不說話，低着頭去踢門口一塊擦脚的墊子。

「你如果不喜歡吃魚，只管來吃便飯，我同房的星期五總是回家的，你沒有生氣吧。」苑若平心靜氣地接着說。

「我也不至于那麼不講理，妳請我吃了飯我還生妳的氣，」正明强笑着說。「再見，謝謝妳的晚飯。」說着就推門走了。

六

這以後他很久都沒有去找苑若，然而想去找她的念頭却一直與他同在，它像一個夏日午後的蒼蠅嗡嗡不休地跟着他，捉不到却也打不開。他自己也分析不出來想去找她的理由，好奇吧，他不是一個愛管閒事的人；好感吧，前次分手時他還氣忿忿的；拿她來代替自己的二姐吧，却又不是那麼簡單。就因爲不能分析想去看她的原因，他就更想去看她，但他是一個倔强的人，不肯隨便去討沒趣，咬着牙不去看她，有時想不過，就到苑若辦公處去蹓一轉，却不肯上前與她招呼，只看了她一眼就走了，看了一眼就好像解了一層重衣似的，一身輕飄飄的，可以心安理得地過兩三天。

至于苑若呢，她起初還記得他，想起他的孩子氣有時會獨自笑一聲，每到星期五還在辦公室門上看望一下，以爲可以碰見他，幾個星期五過去了，都不見正明來打游擊，也就把他淡忘了。普城單身女孩少，看得上眼的尤其不多，苑若就自然而然的成了一個出色人物，來找她的男孩頗多，中外都有。她本來是來小城擇人而事的，約會多，機會也多，當然正中下懷，只要不太討嫌的，她都玩。但是美國男孩子，約她出去幾次以後，擧動就隨便起來，中國男孩子，又是百般奉承她，日子一久，她就覺得有點乏味。

有一個星期五她回絕了邀請，打算在家寫幾封信，所以一下班，就到娜索大街去買一點菜，預備一人在家享受，從菜場出來，却迎頭碰到葉羣和正明，葉羣見她抱了一個大袋，連忙上前來替她拿，一面招呼說。

「好久不見，您好，簡小姐，來，讓我替您拿着。」

「謝謝，好久不見，你們都好？」

「差不多，」正明淡淡地應道。

「還不是那樣兒，」葉羣接口說，「今天剛考完期半考，特別出來慶祝一下。」

「怎麼慶祝？吃一頓館子？」

「唔，到南園去吃中國飯，我們都不愛吃魚，」正明說。

「哦，對了，今天是星期五，」苑若說，瞟了正明一眼，「南園的菜也不怎麼樣，你們要不要到我公寓來吃便飯？我剛剛買了點蝦，很新鮮！」

「怎麼好打攪您。」葉羣忙道。

「沒有關係，反正我自己也要吃飯的。」

「那……」葉羣說。

「不用客氣了，我不過多煮點飯，」苑若見正明既不拒絕，也不接受，就催了一句。

「嗯……那這樣兒吧，讓我到南園去叫一個菜，算是我們一點兒意思，不然我們可不敢打攪您，陸，你覺得怎麼樣？」

「我無所謂，」正明不在乎似地說，順手接過葉羣手裏的袋子。

苑若把她的地址留給了葉羣，就和正明先回公寓了，進了廚房，正明幫着把紙袋裏的東西拿出來，只是不說話，苑若偷偷地看了他一眼，見他臉上瘦了一大圈，更顯得眉濃如墨，嘴唇也不像前次見他時那麼紅潤了，心裏倒起了一種憐惜之情。

「考得還好嗎？」

正明搖搖頭，也不說話，也不看她。

「那也不值得愁得這樣，考過了就算了，你們不是出來慶祝的嗎？應該開心一點才像慶祝，」苑若欵欵地說：「要不然，我還以爲你仍舊在生我的氣呢！」

正明這才抬起頭，委屈地，無從說起地看了她一眼，許多許多話，許多許多種感情與思念都在這一看之間傳給苑若了。

苑若吃了一驚，慢慢地就低下頭去了。一面機械地切着菜，一面告訴她自己說，「那是不可能的，那是不可能的！我可以做他姐姐，他不會的，他不會的？他只能做我弟弟！」

「我打了幾次電話給妳，妳都不在，」正明隔了半晌說。

苑若心裏一亂，就把手指切破了，連忙轉身到水龍頭前，想把血冲乾淨，不想正明早已搶上一步握着她的手指，用自己的嘴吮吸着她的傷口。血止住後，苑若在抽屜裏拿出紗布橡皮膏，由正明細心地把傷口抱紮好，他這才轉身把嘴裏的血吐掉，回頭問苑若。

「痛不痛？」

「不怎麼痛，你要不要跟我到洗臉室來嗽嗽口？」

洗臉室的鏡子裏，映着正明端方的臉，濃黑的眉，一雙大眼和緊閉的嘴，映着苑若緋紅的頰，要想說話又不知從何說起的瞳子和微啓的唇，兩雙眼睛在鏡子裏接觸了，又匆匆地分開。苑若把自己的嗽口杯給了正明，就要轉身回廚房，正明一伸手，就把她圍住了，眼睛找到了她的瞳子，又把千言萬語無聲地說了一遍。苑若能夠處置美國男孩的粗野，能夠對付中國男士的殷勤，但是對着這雙又狂野又柔情的眼睛，她除了心跳以外，竟施不出對付的手段。

「苑若，我……」他的眼睛說。

「你嗽完了口來幫我切菜，葉羣就要來了，」她移開了他的手，就快步走出洗臉室，正好葉羣提了菜進來。

等三個人七手八脚地做好飯，又愉快又忙亂地吃完，都快九點了，葉羣和正明搶着要洗碗，苑若說，「今天不洗碗了，我請你們看九點半的電影。」

葉羣忙道，「眞不巧，我得趕九點四十分的火車回家，不然，也該我們請您看電影才對。」

「哦……」苑若說，「你一定要回家嗎？」

「我答應了家裏今天回去的。你們倆可以去看，陸反正不回家。」

正明只是看着苑若不說話，苑若既已答應在先，當然不能賴，顯得自己不大方，只好說，「那麼我下次再另請你，葉羣。」

葉羣和他們一起散步到電影院門口，就告辭到火車站去了。普城一共只有兩家電影院，一到週末學生們帶着女朋友，太太們帶着先生（結了婚的男人多半不再對黑暗的電影院感興趣。）都來看電影，所以總是很擠。正明把苑若放在角落裏，就擠着去買票，回來時說，「平時總是和葉一齊來看電影，各人買各人的票，今天買兩個人的票，有種特別的感覺。」

「什麼感覺？是不是有點心痛多化了錢？」苑若取笑他道。

他狠狠地瞪了她一眼然後附着她耳朵輕聲說：「前次妳不肯和我來看電影，我才眞的心痛，痛了兩個多月，連書都考壞了。」

「那不是太孩子氣了嗎？」苑若故作鎭靜地說。

「孩子氣不孩子氣，妳總有一天會明白的。」

看完電影，正明要請她去吃消夜，苑若不顧他多化錢，推說吃不下，就直接回公寓了，走到門口，正明說：

「讓我進去替妳洗碗，妳的手指不能沾水。」

苑若見他這般細心，不免心裏一動，頓了一下說：

「那裏會嚴重到這樣，我今晚不洗碗，明天慢慢洗。」

正明不便堅持着要進去，却又不肯走，苑若不好催他走，又不好意思自顧自進去，要想找話說，一時又想不起來，正明有很多話要說却又不好開口，兩人在門口僵立了一陣，苑若半轉着身去推門，半轉着頭對正明說：

「有空請和葉羣一起過來玩。」

「我一個人能不能來？我明天就有空，我想約妳出去玩。」

「不行，明天晚上我有約會。」

「我是說白天。」

「白天，玩什麼？」

「我們可以租了脚踏車到郊外去玩。」

「我不會騎脚踏車。」

「那更好，我可以帶妳，從前我總是帶着二姐到郊外去野餐的。」一說到他二姐，他和正雲在一起玩時的舊事一一兜上心來，心裏就傷痛起來，臉上自然而然地顯出一種寂寞的神情，苑若見他說得好好的，忽然又縐起眉來，就覺得自己把他拒絕得太多次，令他太難堪，心裏不忍，就情不自禁地說：

「好吧，不過我要在六點鐘以前趕回來的，不然我不去。」

「我答應在六點鐘以前送妳回來。」（待續）

讀者投書

駁正省立臺中女中溺斃學生案更正函

巫禩川

編者先生：頃閱貴刊十九卷二期刊載省立臺中女中校長沈雅利來函，對於前一期刊載讀者投書「籲請澈查臺中女中溺斃學生案」一文作歪曲說明。爲教育前途計，爲整個社會剷除黑暗計，茲再作正確駁正，俾供社會人士評論：

一、關於游泳池管理方面，該校長沈雅利函稱：「訂有管理規則，放水換水設有專人；每間三日換水一次，青苔無由滋生。此次係五月廿八日開始放水」云云，全非事實。按各校游泳池，均訂有「規則」，管理之良窳，端賴實際能否實施；既稱「游泳池間三日換水一次」，爲何溺斃學生當日（五月廿九日）又須放水？所謂「游泳池水，因幫浦失靈，放未及半」？前後矛盾不符，顯然欲蓋彌彰！案發後，該校長竟教唆校內初一學生及少數親信員工（在校學生自必聽其指示）統一口供，藉備司法機關查訊，企圖矇蔽事實，狡卸責任！

二、關於當日情形，更正函中所列各點，亦不正確：①②兩點，初三畢業班學生下午無課，與學生在校游泳並無衝突；③「游泳池水因幫浦失靈，放未及半，尚未許可學生游泳」等語，顯非事實。查該校游泳池旁有更衣室，與死者同游泳之衆多同學，均着游泳衣入池，既未開放，更衣室何以未關閉？學生焉能入池？且死者在校品學俱優，向極遵守校規，決不敢「忽視規定，擅自入池」，同游者高初中同學皆有，並非死者一人，既有同學游泳，當時爲何無人管理？顯係該校長掩飾已身過失，混淆視聽！再者死者當日下午四時餘，經高一同學撈起，一息尚存（如氣絕當不致由校內人員亂救一陣，再送醫院，醫院對已氣絕之溺者，爲何未加拒絕？）校方如作適當之急救，當無生命危險！何以自下午四時餘撈起，延至六時（確實時間）始用「擔架」（先令學生抬往，學生力不能支，又換工人抬入臺中醫院）而不急速雇用汽車或校長座車速送醫院，爭取時間，竟如此延誤時間，坐令張生失去寶貴之生命？該校長過失，致人於死，事實昭然！

三、關於控制新聞部份，更正函中稱：「是項消息。曾見大華晚報、商工日報、均有刊載」，顯係欺人自欺；按該案發生後，該校長因其職責有虧，乃利用權勢，控制新聞：本市出刊之報紙，及闢有中部新聞版向以報導中市消息翔實見稱之各大報，對此街頭巷尾議論紛紜（經警局及臺中地檢處到場調查）之重大新聞，事前事後竟隻字未提，豈非怪事？（如七月七日臺北中正橋溺斃小學生張立裵新聞各大報均刊登）。

四、關於死者死後情形，更正函中亦不實在：死者之父張宗厚先生由臺南來中後，該校長竟一面厚予招待，裝作「猫哭老鼠」姿態，冀於寬宥，一面托人說項，由學生集募慰問金二萬元，囑其簽立「同意書」，不予申究責任；當經張父拒絕，僅同意由校方就近匆匆安葬，事後除對該校師生奠儀函謝外，當經狀請有關機關澈查刑責，事實俱在。

五、該校長既云「許身教育，……毀怨本非所計」，自應坦白承當過錯，不應「口是心非」，教唆學生等僞證，抹煞事實，影響所及，非但被人輕視，且給青年學子一惡劣榜樣！如此校長，將如何領導學生，如何辦好教育？

讀者　巫禩川拜上　七月十九日。

出版法條文摘要

立法院第二一會期秘密會通過
總統於四七年六月廿八日公布

第六章　行政處分

第三十六條　出版品如違反本法規定，主管官署得為左列行政處分。

一、警告。
二、罰鍰。
三、禁止出售、散佈、進口或扣押、沒入。
四、定期停止發行。
五、撤銷登記。

第三十七條　出版品違反第三十二條第三款及第三十三條之規定，情節輕微者，得予以警告。

第四十條　出版品有左列情形之一者，得定期停止其發行。

三、出版品之記載違反第三十二條第一款之規定者。
四、出版品之記載違反第三十二條第二款及第三款之規定，情節重大者。
五、出版品之記載違反第三十四條之規定，情節重大者。
六、出版品經依第三十七條之規定連續三次警告無效者。

第四十一條　出版品有左列情形之一者由內政部予以撤銷登記。

一、出版品之記載，觸犯或煽動他人觸犯內亂罪、外患罪、情節重大，經依法判決確定者。
二、出版品之記載，以觸犯或煽動他人觸犯妨害風化罪為主要內容，經予以三次定期停止發行處分而繼續違反者。

第四十二條　出版品經依法註銷登記或撤銷登記或予以定期停止發行處分後，仍繼續發行者，得沒入之。

編者按：在此項出版法未廢止之前，本刊決將上項條款繼續刊登，一方面用以自我警惕，一方面讓世人知道我們的出版自由，受到怎樣的限制。

自由中國　第十九卷　第三期　內政部雜誌登記證內警臺誌字第三八二號　臺灣省雜誌事業協會會員　九六

給讀者的報告

此次行政院改組，甚爲國人所重視，本刊上期特發表社論「期望中的憂慮」，從原則上提供了一些意見。現在，陳院長業已就職，且在就職後第一次記者招待會上首先表示：「爲政不能憑自己的主觀去做，一定要依據大家的需要去做。」我們聽了感到興奮而樂觀，特再在本期發表社論㈠「新內閣的作風與人事安排」，就陳院長就職後所表現的若干事實，而引起大家對作風的樂觀和憂慮，以及對人事的喝采和失望，完全老老實實的說出來，相信陳院長如有誠意實踐記者招待會所作諾言，必能接受大家的意見。

伊拉克政變以及美國的應付態度，正說明了美國外交政策的失敗。我們特在社論㈡「從伊拉克政變看美國的中東政策」，懇切希望居於自由世界領導地位的美國友邦，能接受這一血的教訓，在外交方面，對今後的中東政策和亞非政策，速謀改弦更張之道。

二分法的思想方式，是把世界分成兩橛：非此卽彼。此法自一八四八年以來，卽爲國際共產黨人所普遍採用；不幸而影響所及，現竟被一部分號稱反共人士所採用。我們鑒於事態與後果之嚴重，特發表社論㈢「論二分法」，坦白指出以二分法作思想底子，由之而衍生出來的政治作風，和充斥於臺灣政治行市之間的情緒，產生了怎樣重大而自陷於孤立的後果，誠懇希望以反共領導中心人物自命者，自動從頭腦中放棄二分法。

牟力非先生「我對於知識分子大結合的看法和寄望」一大文，旨在響應胡適先生前在本社餐會上所倡知識分子組黨的主張。牟先生認爲在目前此種環境下要組織反對黨，確有種種阻力，但覺得不必太悲觀，而歸結到：「有阻力存在，知識分子也要結合。沒有阻力存在，知識分子更要結合。」其見解之正確，值得每一有志於組黨救國的自由反共人士猛省。

「革命！」「革命！」早被某些吃「革命」飯的朋友當符咒看，而任意亂喊亂用，但其眞意如何，每多茫然不知。杜蘅之先生「對『革命』的一個看法」大文，卽在對「革命」一詞，應順從其政治科學及常識上的意義，而加以澄清。

趙岡先生在其「臺灣的利率問題」大作中，對於我們現行的所謂「低利率政策」，做了一番詳盡的檢討，指出使黑市利率長期居高的原因，及低利率政策所產生的作用，最後並針對病症提供了一些建議和對策，都極爲深刻；尤其主張開放新的金融機構一點，更有獨到之處。

非洲在當前世界局勢中的地位，現已日趨重要，而成爲世界兩大集團的冷戰點。宋文明先生在「非洲世紀的開端與東西冷戰」的大作中，對此加以簡明的剖析後，指出現在非洲的問題，已歸到思想和心戰方面。但願我們的美國友邦，能正視這一問題。本文積壓甚久，敬向作者致歉。

自由中國　半月刊　第十九卷第三期　總第二一〇號

中華民國四十七年八月一日出版

發行人兼編輯：『自由中國』編輯委員會

出版者：自由中國社

社址：臺北市和平東路二段十八巷一號

Free China Fortnightly, 1, Lane 18, Ho Ping East Road (Section 2), Taipei, Taiwan.

電話：二八五七〇

航空版：友聯書報發行公司（香港九龍新圍街九號）

總經銷：自由中國社發行部

經售者：

	經售者
美國	紐約友方圖書公司 Hansan Trading Company, 65, Bayar D Street., New York 13, N. Y. U. S. A.
	紐約光明雜誌社 Sun Publishing Co., 112 Mulberry St., New York 13, N.Y. U. S. A.
韓國	漢城裕昌德號
馬尼剌	新疆書店
印尼	泗水文光圖書公司
緬甸	仰光振成書報店
印度	阿拉哈巴中印文化出版社
北婆羅洲	西利亞坡青年書店
星加坡	友聯書報發行公司（小坡大馬路四六九號）
吉隆坡	友聯書報發行公司（馬華公會大廈三樓七室）
怡保	友聯書報發行公司（希尼華沙甘街十六號）
檳城	友聯書報發行公司（林連登律七十二號）
澳門	友聯圖書公司

印刷者：精華印書館股份有限公司

廠址：臺北市長沙街二段七一號

電話：二三四二九號

本刊經中華郵政登記認爲第一類新聞紙類　臺灣郵政管理局新聞紙類登記執照第五九七號　臺灣郵政劃撥儲金帳戶第八一三九號（每份臺幣四元，美金三角）

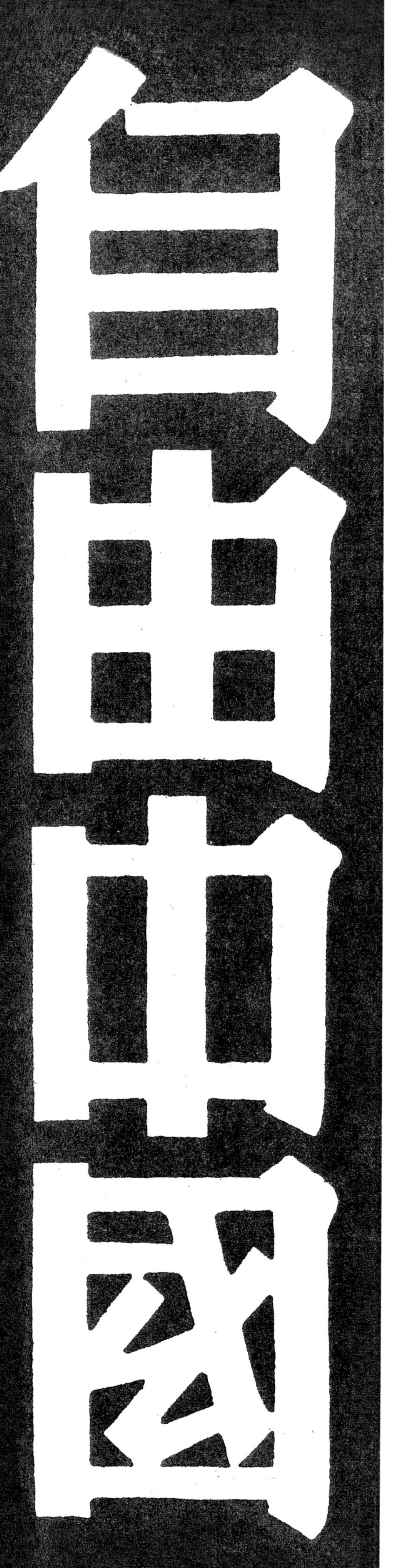

FREE CHINA

第十九卷 第四期

目錄

社論
(一)對梅部長的低調希望
(二)工商業倒風的對策

日本的「欲樂沒氣外交」……余蒼柏
由倒風看經濟的改善……陳式銳
反對黨勢在必組……黎復生
論狄托在拉賓演說對大陸的影響……王厚生
中東危機、納塞主義、與高階層會議……丁堅

通訊
西方的島國：——西印度羣島聯邦……華明譯

欣賞與了解……梁實秋
也是秋天(五續)……於梨華

讀者投書
(一)籲請政府澈查基隆中正堂案……程玉
(二)請廢止師大專修科……陳斐玲
(三)谷鳳翔還不該撤換嗎?……陶潤之

中華民國四十七年八月十六日出版
社址：臺北市和平東路二段十八巷一號

半月大事記

七月二十一日（星期一）

俄重提東西方間訂互不侵犯條約。

安理會商討日本所提關於解決中東危機的提案，該案要求聯合國採取其他的措施，「以確保黎巴嫩的領土完整和主權獨立。」

七月二十二日（星期二）

對日所提中東問題建議，俄突提出修正案，要美立即自黎撤軍。

七月二十三日（星期三）

艾森豪與麥米倫答復赫魯雪夫，美英願在聯合國中舉行最高階層會議。

匈共開始再審參加革命知識份子，七萬五千匈人被放逐俄國。

赫魯雪夫表示接受在安理會中開高階層會議，提議廿八日在紐約開始舉行，指名尼赫魯及阿拉伯代表參加，不允提出未經事前同意之建議。

英在塞浦路斯島制止暴亂，逮捕大批恐怖份子。

七月二十四日（星期四）

英決採取必要措施，對付塞島流血事件；塞島希人罷市抗議英大批捕人，英已拒絕土軍開入塞島。

七月二十五日（星期五）

艾森豪照會赫魯雪夫，高階層會議範圍應預定，開會時應遵照安理會議規則，並由安理會決定會期及與會者。

七月二十六日（星期六）

杜勒斯赴英晤麥米倫，會商加強中東防禦。

俄突向土耳其提出照會，警告勿進攻伊拉克，誣指土已有進攻伊國計劃。土加以駁斥。

美自德機場運兵中東，俄向西德提出抗議，謂西德須對「侵略」中東負責。

七月二十七日（星期日）

伊拉克公告新憲法，宣佈伊為一共和國。

七月二十八日（星期一）

巴格達公約理事會在倫敦正式揭幕。美保證與巴約國家訂立安全防禦協定，重申增強中東區域聯防力量，並派李尼茲參加巴約國軍事會議。

赫魯雪夫答復西方三國，如美恐怕紐約安全有問題，高階層會議應移歐洲舉行，並建議願在莫斯科召開。

七月三十日（星期三）

美英同意對俄提出答復，聯合國高階層會議準備八月中旬舉行，地點由安理會決定，但莫斯科除外。

美參院通過國防費四百億三千萬餘元，創平時國防費最高紀錄。

七月卅一日（星期四）

謝哈布當選黎總統，黎國戰亂可望結束。

八月一日（星期五）

杜勒斯表示若黎合法政府提出要求，美軍將自黎國撤退，並表示高階層會議商討中東爭端時，黎約兩國應該參加。

英宣佈承認伊拉克新政府。

八月二日（星期六）

美承認伊拉克新政府。

八月三日（星期日）

赫魯雪夫突飛平與毛澤東會談，會後發表「公報」，詆毀美英「侵略」，威脅美英自黎約撤兵，叫囂立即召開「大國」高階層會議。

美擊天神飛彈首次發射成功。

約旦政府宣佈解散伊約聯邦。

八月四日（星期一）

以色列因受俄強硬照會壓迫，拒絕盟機飛越領空，美英對約空運停止。

敘受俄指使，同時封閉敍約邊境。

黎叛軍領袖沙拉木宣稱，黎危機將結束，已下令叛軍停止開火。

八月五日（星期二）

美軍協防司令部宣佈，美超級軍刀機現已調駐臺灣。

中共為配合俄帝軍事侵略，全力趕築戰略鐵路，俄派大批人員往各地監督。

伊新政權總理卡塞稱，伊對巴格達公約正作審慎考慮，並表示與納塞如兄弟般合作。

黎總理索爾以辭職威脅，要求美軍立即撤離。

八月六日（星期三）

赫魯雪夫拒絕安理會高階層會議，要求開聯大特別會，美英表示可以接受。

八月七日（星期四）

臺灣海峽情況緊張，金馬前線、臺灣全省進入緊急備戰狀態。

以色列同意美機通過領空，載補給品供應約旦。

八月八日（星期五）

英首相與希臘總理會商解決塞島糾紛。

安理會通過美提案，九日開聯大緊急會議，處理中東區廣泛性的基本問題；美要求俄讓鐵幕人民收聽聯大全部辯論。

「自由中國」的宗旨

第一、我們要向全國國民宣傳自由與民主的真實價值，並且要督促政府（各級的政府），切實改革政治經濟，努力建立自由民主的社會。

第二、我們要支持並督促政府用種種力量抵抗共產黨鐵幕之下剝奪一切自由的極權政治，不讓他擴張他的勢力範圍。

第三、我們要盡我們的努力，援助淪陷區域的同胞，幫助他們早日恢復自由。

第四、我們的最後目標是要使整個中華民國成為自由的中國。

社論

（一）對梅部長的低調希望

這次陳氏組閣，在人事的配列上，尙有差强人意的地方。而其中最得人心的決定，是把前任敎育部長換掉了。前任敎育部長之換掉，敎育學術界凡屬稍明事理的人士，無不額手稱慶，無不稍微鬆了一口氣，無不對自由中國敎育的前途寄予一點新希望。陳氏組閣之初向新聞界人士宣稱，新的行政院將要着手「興利除弊」。就我們所知，民主政府之爲政，雖然不能不「興利」，但是「除弊」更屬重要。這四五年來前任敎育部長眞是造弊多端，給自由中國的敎育以莫大的創傷與損害。這一創傷與損害不是一朝一夕所能醫治的。爲了自由中國靑年的前途，我們不能不在新閣組成伊始，敎育行政由梅貽琦先生來主持之際，陳述所見。我們現在先將這四五年來前任敎育部長的作風列擧出來，然後表示我們對于今後敎育的一個最低調的希望。

前任敎育部長的作風，綜合起來，可以陳示於下：

第一，個人創霸。就這四五年來的種種跡象看，前任敎育部長那裏是在辦敎育，他簡直是在創霸！我們當然不反對人積極有所作爲。在這種年頭，如果有人眞正有所作爲，我們無寧對之十分鼓勵。我們更不反對任何人對于敎育事業有所創導。不過，我們認爲必須憑自己的力量苦幹，而且目標不在培植自己私人的勢力，只在爲社會造就有用的人才。像已故南開大學校長張伯苓先生，他並沒有什麼政治力量可資運用，單憑自己的力量苦幹，由中學辦到大學。數十年來，他造就的人才，成爲社會建設的棟梁。對于這樣獨立的人物，我們除了欽佩以外，還有什麼話可說？前任敎育部長則不然。他是利用政府職權，和其個人邀寵所得來的權力，來進行個人創霸。這就可鄙了。他之進行個人創霸，係從這幾方面着手的：㈠利用職權的便利和公家的金錢，辦一些品質低劣的刋物，僱用一些小嘍囉，來自我歌頌。㈡利用職權打擊並迫害純正的學術傳統與機構。中國自清末以來，學術重心在北方。當然，新興的南方大學，後來的貢獻也很不小。北方幾個大學掌握中國學術界的牛耳。全國的學風，悉以北方爲標準。靑年學子，大率以考入北方幾個有名大學爲榮。之所以如此，係因人文薈萃，傳統深厚有以致之。大陸淪陷以後，這一學術重心的一部分也播遷來臺。經傅斯年先生等苦心再建，胡適之先生等遙作精神領導，錢思亮先生等努力經營，這個學術重心逐漸有由離散而再興之勢。這本是國家之福，也是中國新生希望之所寄託。然而，前任敎育部長對于這一學術重心之成長視若眼中之釘，必欲拔之而後快。彼利用其職權，或明或暗，或直接或間接，多方對此重心之發展掣肘、打擊、或抑留經費、或阻止美援、或覇佔校產，總而言之，務使其由癱瘓而解體，然後再來樹立以彼爲中心的勢力。彼且以統治者自居，對于堂堂大學校長、大學敎授當面予以難堪。個中委曲，身受者難以盡道。不僅如此，他的統治魔掌，且及于私立敎會大學。對于私立敎會大學的設施，多方鉗制干涉，幾致引起國際間的不愉快。所以，這幾年來，學術敎育界的人士一談起這位先生，無不蹙首愁額，搖頭歎息。大家都認爲像這個樣子的敎育部長，即令在執政黨，也是三十年來未之前有的。

第二、好大喜空。好大喜功，未嘗不是進步的原動力。古往今來，許多立大功成大業的人都是好大喜功的。可是，好大喜功的人如果並沒有眞正的才略，又拿不出切實的辦法，一味在表面形式下功夫，廣樹招牌，搭空架子，巧立名目，以製造統計數字爲務，那末所謂「好大喜功」就貶値而成「好大喜空」。前任敎育部長所樹立的機構，從名目上說不可謂不多：例如國立歷史博物館、國立藝術館、國立科學館、中國文化研究所、地理研究所、音樂研究所、美育委員會、電影輔導委員會，等等。這些機構，只有形式而無內容。他動輒以臺灣就學人數多少多少萬，畢業人數多少多少萬自炫。至于這多少萬的素質是否精良，他就不問了。他嫌這多少萬的統計數字不够壯觀，還要辦理「免試升學」，大量製造。稍有國際眼光和知道學術是怎麼回事的人無不明瞭，目前臺灣的學術水準正在有待提高的階段，大學的設備和師資亟待充實，在這一階段，最重要的事就是埋頭努力，在二三十年後與國際學術界爭短長，而不在製造虛名。前任敎育部長的着眼點不是如此。他一心在辦廣告敎育，强令許多大學設置博士研究班，「以壯觀瞻」。至于經費如何，師資如何，以及這樣造出的博士是否够國際水準，他就不管了。

第三、政敎不分。無論如何，學術與敎育一定要獨立于政治以外，學術與敎育不能作政治的工具。稍明事理的讀書人，都是承認這一點的。西方國邦的學術之所以高度發達，敎育之所以臻于健康，主要地係因獨立于政治以外。目前在世界上，只有極權黨化政治魔掌籠罩之下的地區，學術與敎育才受到政治控制而作政治的工具。在這類地區，所謂學術機構都成黨的敎條製造所；所謂大學、中學、小學、以至于幼稚園，一級一級地成爲黨的訓練所。辦黨是可以的。辦「黨化敎育」則是罪大惡極的事。當然，以臺灣近幾年來盛行的這股歪風而論，如果說要一個以敎育部長地位和力量的人能廢除「黨化敎育」，這未免强人所難，甚至是辦不到的事。但是，如果作敎育部長的人稍識大體，知道敎育的正軌是什麼，那末他至少不會做些「推波助瀾」的事。如果他稍有良心，不願眼見千萬學子被「黨化敎育」所毁，那末他應該心中有個數，在他職權可及的範圍以內將敎育徐徐導向正軌；或者，至低限度設法減少目前這股歪風之衝勢。作敎育部長的人，只要稍微宅心忠厚，不忍把下一代的國民鑄成政治鬬爭的資本，這樣的目標多少是可以辦到的。可是，這不是對于敎育的見解同否的問題，而是懂得敎育爲何等事與否的問題。前任敎育部長則不然，他不僅完全順着臺灣目前這股歪風辦敎育，並且變本加厲，對于「黨化敎育」雷厲風行。這四五年來，臺灣敎育在課程和敎材方面黨化程度之廣與深，是中國近三十年來所未有的。而中國青年所受毒害之深，也是中國近三十年來所未有的。不僅如此，前任敎育部長搞這一套害人的把戲還意有未足，他又藉着職權之便利，在各學校灌輸青年以部族思想，誇耀已經逝去的「光榮偉大」，馴至青年只知過去的「光榮偉大」，而不知現實世界，更不知自由中國目前處境的眞情實況，其壓榨人心，製造思想的鐵幕，貽禍之大，不是短期所能消滅的。

第四，公私不分。公私不分，向爲中國官場惡劣現象。而前任敎育部長之公私不分，可謂登峯造極。他心目中毫無國家體制、法令、和預算。因此，他腦筋一動，想要做什麽就做什麽。敎育部原來的編制只有七十餘人，到他手中擴充爲三百餘人。在他卸任的前夕，忙手忙脚地把大量的敎育經費，撥給他私人所主持的出版機構定購書刋。這種現象之形成，與他進行個人創覇的動機有密切的關聯。他像一部無軌列車，在敎育界橫衝直闖，搞得亂七八糟。

這次內閣改組，敎育界的剋星已去。梅貽琦先生被延請作敎育部長。敎育界的人士沒有不一致贊許，深慶敎育主持得人的。我們對于新任敎育部長梅貽琦先生個人沒有特別的好感，正如我們對于前任敎育部長個人沒有特別惡感相同。我們立言的基本設準是「是什麽就說什麽」。我們只就事論事。梅貽琦先生今後對于敎育的貢獻怎樣，現在不能預測。可是，他過去辦敎育的成績和自上任以來所發表的談話，已足構成我們對他信任的基礎。

梅貽琦先生已是年近七十的老敎育家了。他當淸華大學校長時，已將淸華大學辦得接近國際水準。當時淸華大學在物理學、數學、哲學方面，無疑在中國居于領導地位。淸華大學對于中國現代化的努力方面，是一個起創導作用的大學。而將中國帶上現代化的根本辦法之一，就是使中國人習于現代思想方式。淸華大學則是促進中國思想現代化的創導中心。抗戰軍興，政府擬將北方三個著名大學聯合辦理，梅貽琦先生策劃將淸華大學的員生和圖書儀器撤退到西南大後方，由長沙而雲南蒙自而終于昆明；並與北京大學及南開大學聯合起來成立「國立西南聯合大學」。梅貽琦先生擔任由蔣夢麟先生及張伯苓先生三人合組的校務委員會的委員，當時蔣張二位委員事實上很少駐校。西南聯合大學的校務在實際上係由梅貽琦先生一人撐持。在整個抗戰的八年期間，梅貽琦先生謹守崗位，苦心規劃校務。毫無疑問，西南聯合大學在短短數年之間成爲中國西南大後方首屈一指的學府和思想的領導中心。這一時期，師生中人才輩出，極一時之盛。像楊振寧和李政道只是其中已知名的而已。目前西南聯合大學在美國學有專長並留在美國服務的至少在二百人以上。這份成績，主要地可以說是梅貽琦先生對于國家的貢獻。

這次梅先生在接長敎育部時對記者的談話，也很値得我們玩味。他說「敎育工作亦如辦理學校，『做法』比『成果』爲重要。」梅先生所說的話雖然簡括，可是，意義却很深長。也許有人說，從事敎育工作當然應該像辦理學校一樣，這有什麽値得特別提出的？不錯，在西方國家，或者在一個正常的社會裏，這是家喩戶曉的道理，沒有什麽可以値得特別提出的。可是，這幾年來，我們有許多事離譜了，而且離得太遠了。我們的敎育尤其是如此。當着大家迷途不知返的時候，有人提醒提醒，使大家離開歧路，走上正途，則是彌足珍貴之言。復次，自由中國這幾年來的通病就是只注重「成果」。至于這成果怎麽來的，則非所問。爲了「成果」好看，大家不擇手段。這樣的「成果」對于國家社會是一負債。現在梅先生認爲「做法」比「成果」重要，足見老敎育家巨眼觀透，力矯此弊。「做法」是「程序」，也就是「運作（operation）」。「運作」觀念是一新觀念。依此觀念，不同的運作常決定不同的成果。如果運作不善，成果也不會太佳。「成果」不能離開「運作」而獨立產生。如果近幾十年來爲政的人知道這個道理，那末就不會相信「爲了目的不擇手段」，更不相信「目的可以使手段成爲正確」的荒謬之談。如果大家都不相信這類荒謬之談，那末中國的局面何致弄成今天這個樣子。辦敎育何嘗不是如此？八月二日梅氏首次對敎育部同仁發表談話時，勉勵所屬「必須以敎育家的態度處理事務，勿拘泥於等因奉此。」這話多麽淸新可喜！臺灣近幾年來的政治就是「等因奉此」的政治。從早晨八點鐘到下午六點鐘，一大卡車一大卡車上裝滿的人，做的事就是「等因奉此」。如果「等因奉此」可以「反共復國」，那末「反共復國」在辦公桌上就可如期完成。我們知道並非所有的公務員對此有何興趣，不過扼于章制不得不爾。他們何嘗不想改革？依事實觀察，無論什麽政事，一經「等因奉此」，就公式化了，就沒有感情了，就無血無肉了。我們的政治之所以易趨官僚化，這一套「等因奉此」要負很大的責。我們眞奇怪，這一套爲什麽打雷都打不掉？難道沒有「等因奉此」中國就沒有「國魂」不成？今梅先生以新任部長的地位表示對「等因奉此」的不滿，眞是「空谷足音」。官僚巧宦是不會說這種話的。我們從他的這些言論，足以窺見他的基本思想是「實事求是」，他的基本態度是作敎育家。他不是爲做部長官而來的。這已够令人歡迎了。

這次梅氏新任敎育部長，學術敎育界許多人士對于自由中國敎育的前途存着若干希望。不過，我們在這裏只對于敎育的前途表示幾點低調的希望。請讀者注意，我們在這裏所說的是「低調希望」，並沒有說「高度希望」。這是爲什麽呢？因爲經驗事實告訴我們，近幾十年來，凡對政府存高度希望者，沒有一次不是結果失望的。希望愈大，往往失望也愈大。然而，人活在世上不能一點希望也沒有。尤其是，我們的國家處于目前這樣的狀況之下，我們更不能不存希望。但是，我們又怕我們的希望落空，所以表示幾點「低調希望」，我們確知現在辦事的種種實際困難。新任敎育部長梅貽琦先生所面臨的困難，從最根本處觀察，有這兩種：㈠怎樣收拾前任敎育部長所留下的弊病；㈡怎樣從臺灣近十年來官方人士所造成的氛圍中走出一條正路。在中國政治上，歷來「興利」固然困難，除弊尤其不易。遷臺十年以來，政府方面無論弄錯了什麽事，如要改革，便動輒扯到「政府威信」，所以錯就錯到底，於是弊政就凝固下來。臺灣這十年來，官方人士所製造的氣氛是只尙權勢，不問是非，競尙虛飾，不實事求是。這些心理狀態滙合而成的氣氛，成爲決定臺灣政治的心理發動機。敎育當然也不能完全不受它的影響。新任教育部長要在目前盛行的這股歪風中走出一條正路，談何容易！我們對于梅氏的低調希望計有下列四端：

第一、實行精簡。依前所述，我們可知教育部那些有名無實的機構是好大喜空和個人創覇的產物。世上決無撒豆可以成兵的事。機構多不見得眞實的「成果」就一定多。機構少不見得眞實的「成果」就一定少。「成果」之多少，主要地看是否做事切實而定。如果做事切實，那末相對少的機構可以做出相對多的「成果」。本着這一原則，梅先生應該把前任教育部長因求說來好聽而設立的那些機構設法歸併或予以撤消。這麼一來，可以將撙節下來的錢用在有益于教育的事項。當然，歸併或裁撤以後剩餘的人員怎樣處理，這是一個問題。中國政府歷來不能妥善解決這個問題。原因之一是不能「愼始」。不能「愼始」，便也就難以「善終」。不過，無論怎樣，政府不是救濟院，也不是收容所。

第二、減輕學生的精神負擔。近幾年來，臺灣學生的負擔之重，是過去大陸所未有的，也是中國自實行新學制以來所未有的。小學生的教材不僅繁重，而且編寫的不合兒童心理。現在臺灣的小學生，不僅要負擔新時代小學的課程，而且也要部分地負起復古的責任，負擔起從前私塾的課程。幼小的年紀，不僅要會用鋼筆和鉛筆寫字，而且也要會用毛筆寫字。在臺灣的學童，當他們剛與這個擾攘的人間開始接觸，不僅要授以歷史、地理、等等常識，而且還要開始負起「反共復國」偉大的「時代使命」。他們必須像讀聖經似地讀那些八股教條，口號標語。中學生呢？課內的習作之重遠過于美國中學生。可是他們還得參加種種硬性規定的課外活動。而且在這些課外活動之中，有許多是帶有政治性的。難道說如果十幾歲的人不參加帶有政治性的活動，「反共復國」就沒有前途麼？大學課程比起抗日戰爭時代不知增加若干倍。這些課程之增加，據說是「因應時代的需要」！

大學、中學、小學的課程之所以弄得如此繁重，是有其時代與思想背景的。這些年來，直接和間接影響教育政策的人，一會兒認爲「政治認識」要緊，一會兒認爲「反共抗俄教育」要緊；甲認爲「自然科學教育」不可少，乙認爲「民族精神教育」乃當務之急。這些都是堂堂正正的大帽子。臺灣近八九年來眞是大帽子壓得死人。在這些大帽子的高壓之下，誰敢說半個「不」字？一頂大帽子壓下來就增加一項課程。另一頂大帽子壓下來又增加一項課程。於是，課程的金字塔也就層層叠叠。到了前任教育部長便集其大成。這麼一來，我們的青年學子可苦了。

一個國家也許難免面臨非常時期，但是沒有所謂「非常時期的教育」。如果有所謂「非常時期的教育」，結果一定扭歪教育的目標。正常教育的目標是培養品格和灌輸科學知識與技術。依這樣的目標而教育出來的人才方是有用的人才。有用的人才，方可擔當大任，或應付危難。我們要能教育出這樣的人才，必須將無關甚至妨害作育有用人才的那些課程及活動一律取消，讓師生得以集中時間和精力向培養品格和究習科學知識與技術方面發展。

第三、陶鑄品格。我們剛才說過，教育的目標之一方面在陶鑄青年品格。就這一方面來說，臺灣近幾年來教育成績簡直等于零。大學教育且不具論，祇就中學而言，臺灣這幾年來教育所努力的重點有三：一、灌輸狹隘的民族意識；二、灌輸政治標語及口號；三、灌輸就業及升學的知識和技能。至于品格的陶鑄，表面上雖有，實際上則無。這個樣子的灌輸，加以近十年來社會風氣的發展方向如此，結果教育出來的青年，只好以「亂世之民」四字來形容。「亂世之民」毫無清末民初的青年那樣富于「理想」和有豪邁之氣，沒有五四時代的青年的那股朝氣，也不像抗日戰爭時代的青年那樣對前途充滿了希望和憧憬的想像力。在臺灣這種教育方式和社會溶爐裏所造出的青年，絕大多數富于「現實感」，精於利害打算，長于規避責任，稍微冒險的事不做，有的甚至以投機取巧爲得計。我們說這些話只是指出事實，絲毫沒有責備這一代青年的意思。恰恰相反，我們眼看到這一代青年如此，心中充滿了同情與悲憫。同樣是青年，爲什麼在美國就那樣活潑，那樣富于進取能力，而我們的青年就弄成這個樣子？時代與環境不同之故也。我們的青年受這個時代的支配，受臺灣這個環境的染製，當然很難得不變爲這個樣子的成品。這個時代一時不能改變，臺灣這個樣子的環境更不是辦教育的人拗得過來的。所以，我們不能苛責產生于這樣時代和環境裏的青年。

可是，教育也是青年的環境之一部分。在教育言教育，辦教育的人應能體認出像臺灣近幾年辦教育的方式對于青年心身的戕賊是多麼重大。臺灣這幾年的教育之所以辦成這個樣子，基本的原因之一，是藏在辦教育者意識深處的一項觀念，卽是不把青年當人，只把他們當工具。這一觀念發展出來，於是把整個教育都工具化了。工具當然不必要有品格。我們今後要扭轉這一趨向，而把教育拉上正軌，就得在基本觀念上不把青年當工具，要把他們當人看待。我們要把青年當人看待，在教育他們的時候，首先必須從陶鑄其品格着手。現在在學學生之大多數，除了表面敷衍老師以外，一出校門，便目無尊長，見人毫無禮貌，揖讓進退的規則，和待人接物的道理全然不睬。讀者如有不信，請于各國民小學及中學放學時觀察學生羣的擧止、動靜、言談、及表情，便可明白。讀者在公共汽車上看中小學生們搶擠的光景，也可知今日臺灣青年的品格教育失敗到什麼程度。「見微而知著」。這不是小事，將來順着這一條路發展下去就是大事。如果整個國民的品格如此，怎麼能自誇是「世界優秀的民族」？品格不如人，「優秀」又從何而來？美國人的禮貌已經够少了。然而，我們的禮貌比美國人還少。我們自誇是「禮義之邦」，禮義究竟在那裏呢？過去辦教育者心目中只有政治及統計數字，他那裏體察到這樣的問題？今後辦教育者要能挽回這一頹風，必須趕緊從陶鑄青年的品格着手。所謂陶鑄品格，就是要使青年對品格之重要有所認識；同時養成有品格的行爲。現在，學校無法與社會孤立，因此我們在技術上不能將學校設計成像做化學實驗一樣的「試驗環境」：讓學校與外界隔離起來，以便施行品格教育。不過，就教育家之份所當爲說，我們總應該先從學校做起。我們希望學校不被社會吞沒，而作社會的表率和示範。

我們希望教育當局教導學生彬彬有禮，進退有度，待人接物誠懇。怎樣實行這樣的品格教育，決不是一紙命令所辦得到的。這必須請教育專家，兒童心理專家，青年心理專家周詳設計才行。現在爲政，應須盡可能地利用專家的知識。關于這一點，富于現代知識的梅先生一定是知道得很淸楚的。

第四、試行榮譽制度。這一條與前一條密切關聯。如果品格健全，那就可以實行榮譽制度。如果品格不佳，那末榮譽制度難行。可是，如果實行榮譽制度，那末也可以有助于培養健全的品格。從概念上着想，榮譽制度可以包含在品格教育之中。不過，在實施上，榮譽制度有特別凸出實行的價値，所以我們要特別提出來陳說。現在臺灣官場尙僞之風，在全世界是不落人之後的。官方人士將尙僞之風藉其政治權力一層一層地壓下來，大家順應這一風習才能生存，違拗這一風習便無法生存。於是，這種風習瀰漫全島，也浸透着教育界。玆錄新聞一則，以證尙僞之風浸透教育界到什麼地步：「雲林縣教育科抽考國校一年級學生，評定成績，發現西螺安安國校比示範國校還好，學生總平均在九十分以上。縣府覺得意外，派督學再來一次突擊考試，試題同前，結果平均成績僅十餘分。原來上次是以二年級學生頂替的。」讀了這則新聞，我們對于雲林縣府的「意外」感到意外！人總是揀與自己有利的方向去做的。如果平常此舉不是有利，該校當局何致處心積慮如此作僞？這幾年來，誰說眞話、作實事，誰就倒霉：小之挨「官腔」，大之罹莫測之禍。而善於取巧、規避、逢迎、作僞者則常利益無窮。這麼一來，那一個傻瓜肯說眞話作實事？在作僞常得利益，尙眞常遭不利的大環境中，下一層的人之尙僞，無寧乃求生存的自然結果。如果我們擺着製造尙僞風習的上層不問，而只責備下層因求生存而作僞的蒼蠅蚊蟲，豈非有失公正？老實說，今日要有效地去僞，必須從最上一層的僞之始源開始。如果最上一層的僞不許碰，而一味向下吹毛求疵，那末我們敢斷言，臺灣的僞風不僅不能去，而且只有愈來愈熾的。就去僞來說，新的教育部應該起來作個表率。在教育方面，去僞的重要方法，就是建立與美國西點大學類似的榮譽制度。如果教育部在教育措施中，對于說假話作假事的用白話口語來反駁指斥；對于說眞話，肯質實道出自己短處的人予以同情的諒解，使人人能以本來面目相見，造成說假說者人人不齒，談眞話者才有光榮的氣氛，那末尙僞的風習可望逐步改變。當然，這並不是說要辦教育的人故意張揚自己的短處。這樣做又是作僞了。我們的意思是說，在該據實直陳時便據實直陳，是什麼就說什麼，不浮誇也不自貶，且凡說眞話做實事的酌量予以獎勵。在對學生的考試方面，除了入學考試以外，平時的考試是建立榮譽制度的好機會。現在臺灣許多學校考試規則極嚴，考試時很難作弊。這些學校的辦理人引以爲得策。殊不知這是最下之策。這些人士不稍微想一想：如果把他那雙監試之手拿開了，結果將會如何？我們認爲敎師平時應須養成學生一種觀念，知道舞弊是一種極端可恥的事；任何人作了這種可恥的事，一輩子就難得洗淸。爲了自尊，卽令沒有人監視，我們也不應舞弊。久而久之，養成自愛的習慣，榮譽制度就建立起來了。我們要知道，「試卷密封」，不僅是學生之奇恥大辱，抑對閱卷人之奇恥大辱。當然，我們在這裏所說的只是一個提議而已。至于實施的辦法，也須請教專家。

上面所說的，是我們對于梅部長的幾個低調希望。我們祇提出這幾個希望，這並不表示我們對于教育只懷抱這幾個希望而已。我們之所以暫時只提出這個希望，是因爲我們深知目前在政府中辦事，要做得表面好看，要放幾個火炮，是很容易的；要收實效，可就難了。我們只注重實效，所以暫時只提出這幾個低調的希望。我們知道，卽令是這幾個低調的希望，要眞能辦到，在臺灣目前這種環境之下，也是頗不容易的。我們深知梅貽琦先生毫無政治與趣，對于政海生涯尤其不感興趣。他這次出長教育部，完全是勉爲其難的自我犧牲。教育界的人士了解他，都願做他的後盾，貫澈他本着辦學的原則來辦教育的想法，盡可能地爲國家保留一點元氣，爲社會培養一點生機。至于其他有關學術教育的建議與看法，容以後有機會時陸續提出。

社論（二）

工商業倒風的對策

最近一個月間，本省工商界曾經過一次相當驚險的倒閉之風，據說目前已經漸漸平息下來，但祇是表面的平息而已，隱匿的危機，仍未成爲過去，挽救危機的方案仍須講求，因此我們仍然感覺有討論的必要。

爲挽救倒風，政府當局所拿出來的第一項應急措施，便是上月二十日所公布的「工廠營運資金臨時貸欵辦法」。這一措施，同時還是陳內閣登臺以後的第一場「打跑戲」，各報紛紛爲之捧場，贊美之聲，洋洋盈耳。但是不到幾天工夫，大家卽開始發現，照此辦法，健全的工廠不願申請貸欵，不健全的工廠欲貸欵而不能，幾乎完全不能生效。不僅不能生效，甚且反而引起恐慌，有資金存放於工商業的人們，競相提取，轉使倒風爲之加劇。臨貸辦法規定：必須是健全的工廠才有申請貸欵的資格，而所謂健全的標準是：一、產品無滯銷之虞；二、資產現値超過負債；三、以銀行利率計營業收支可有盈餘。這些條件，看起來似甚合理。但我們要請問：如果一個工廠能符合這些條件，何以它不能經由正常方式從銀行獲得貸欵，而必須乞援於作爲緊急措施的臨貸？誠如此，則銀行在平時究竟在做些什麼業務？辦法又規定：工廠如欲請得貸欵，必需做到使原來的債權人同意降低利率，凍結本金，要在工廠償還了銀行貸款以後才能清理舊債。這些外加的條件，祇有臨近破產的工廠才能做到，才有希望可以徵得債權人的勉强同意；倘若債權人不予同意，則不僅貸款無着，並且正好使自已的信用爲之動搖，致使本來不擬提款的債權人也要提款。結果是，工廠乃不得不視臨貸爲畏途，直至今日，申請者還是寥寥無幾。

在臨貸辦法公布以後不久，連政府當局也感覺如此的辦法，可能正好促成工廠債權人之競提存款，乃竟援引總動員法，於二十六日下令，凡申請臨時貸款的工廠，於洽商貸款期間，原有存款，一律凍結，不准清償本金。臨貸辦法要凍結存款，尙需徵得債權人同意，根據此一命令，則一經申請，就自動凍結，工廠卽可置以往的契約義務於不顧。這樣的命令，很可能造成一場嚴重的災難，一般債權人僅僅爲了恐懼工廠去申請臨貸，致遭凍結，都會有趕快把資金收回的動機。幸虧，我們的工業界卻比政府當局更爲聰明，他們知道申請臨貸並非定能獲准，一旦申請不准，將來的日子，一定會比目前更爲難過。所以，他們並不以申請臨貸來避免提款，相反的，他們是以避免申請來維護自身的信用，藉以消滅債權人的恐懼。他們寧願艱苦撑持，而不願飲酖止渴；甚至於，業已提出申請的廠家，都把申請收回。臨貸之至今乏人問津，正說明我們的工業界還是「爭氣」的；也幸虧工業界之爭氣，才使競提之風趨於平息。

我們當然也不能說，爲應付此次倒風，政府所採取的措施竟是全盤錯誤。在存款凍結令發布以後，有關方面會宣布，臨貸辦法之存在，並不妨礙銀行正常貸款之進行，同時並降低銀行準備率，强化臺銀之融通，使銀行正常放款的數額得以增加。這類表示與準備，才多少發生了一些穩定的作用。但倒風之漸成過去，主要還是由於多數債權人已漸能意識到，過於催逼債款，把事業逼垮，徒致兩敗俱傷，所以不爲已甚，寧願自動與債務人達成協議，暫緩提取，才把現象勉强維持下來。但是，引起倒風的原因，顯然並未消滅，危機仍隨時可以再度浮現。

究竟什麼是造成倒風的原因？我們曾看到一家報紙專欄，把原因列舉到十三項之多，舉凡對工商企業不利的因素，統統予以列入，因此提出的所謂對策，還是打開產品市場，提高國民所得那一套萬應良藥。我們當然不能說這些瑣細的分析是錯誤的，但它却把最主要的原因隱藏了起來，使那個最應該對倒風負責的因素，得以輕輕把責任委卸。那些對策，也正如醫生無論對那一種病症都祇開維他命丸一樣，不能說他開錯，却是遲緩而無濟於事。此番工商業之倒閉，尤其是倒閉居然成風，其主要原因，顯然是在於金融方面。人們都能指出：長期間的信用緊縮，造成了高踞世界第一位的市場利率，在這樣的高利貸壓力之下，工商業的利潤被剝奪無餘，幸能收支平衡的，也無時無刻不在波奔「頭寸」之中，虧本的就祇好以債養債，弄得積重難返。不從壓低市場利率方面去痛下工夫，危機將永遠是存在的，我們祇是不能預言它將在何時爆發而已。

有一種機械的論法是這樣說：利率係由資金之供求關係來決定，利率之高，祇是資金缺乏之自然反應而已，因此壓低利率的唯一方法，祇有增加國民儲蓄，並疏通從儲蓄變成投資的通道。此種論法，完全忽略了金融資本社會的性格，以及銀行所應能發揮的功能。利率誠然是決定於資金之供求，但健全的金融政策，應使銀行對此種供求能予以控制。據權威的估計，目前工商界所吸收民間高利資金，爲數當不下於新臺幣三十億元，超過了銀行對民營企業的貸款總額。此說明民間並非完全缺乏資金，也說明資金已進入工商業者之手，並無阻塞之虞，祇是使用此項資金所付出的代價太高而已。縱然說，此三數十億元的總數，仍然不能滿足工商業的需要，以致仍然不免於週轉困難，但銀行倘能將此項民間資金儘量予以吸收，再經由信用創造的機能，其所增加的貸款能力，當不止於所吸收存款之數，工商界週轉資金的需要，應能獲得滿足，如此就可導致市場利率之下降。金融政策倘若早就採取了這樣的路線，利率倘不致上漲到今日這樣的程度。

如果過去我們也有所謂金融政策的話，則這個金融政策是怎樣的呢？㈠政府差不多把銀行當做了吸收通貨回籠的工具，企圖藉以抵消財政膨脹所可能招來的後果，每當銀行「頭寸」稍顯充裕之時，就要用提高準備率等類方法予以緊縮，而每緊縮一次，市場利率就隨之上升一步。㈡因重視投資而忽略了週轉資金的需要，有些所謂生產貸款，指定要作建廠及擴展生產設備的用途，却忘記了那些廠家在成立或擴展以後，卽刻就陷於無法營運的困境。㈢爲執行一種虛有其表的所謂低利政策，一再降低銀行存款利率，致使民間儲蓄不復進入銀行，結果是銀行利率愈低，而市場利率則愈高。㈣銀行僅有的一點貸款能力，爲公營事業所佔去，行有餘力，民間企業才能分潤得到，工商界所必要的週轉資金能求之於銀行者，十不及一，祇好求之於銀行以外。簡言之，過去的金融政策，實爲一種有意要使銀行與產業界絕緣的政策，種瓜得瓜，自然達到了金融的窒息。

今後我們所應該確立的第一個重要觀念是：商業銀行的基本任務，就是要充分滿足民間工商業資金的需要，這裏需要特別說明，此所謂資金，是指週轉資金而言，而非長期性的產業擴建資金，擴建資金之籌措，卻應經由其它的路線與方式，非商業銀行所能承當。一家健全的企業，其週轉資金，應全部或至少大部分都能從銀行獲得融通，這才算盡了金融之能事。根據此一觀念，健全的政策原則應該使銀行儘量吸收存欵並儘量擴大放欵，使銀行得以恢復其金融中心的地位。

在目前的特殊情況之下，爲免除工商業者高利貸的壓迫，較澈底的消滅倒閉危機，我們主張應採取藉放欵以擴大存欵的方法，先行擴大放欵，把工商界所吸收的高利存欵頂替出去，然後再把這項無處可走的資金以適當的利率導誘爲銀行存欵。甚至於，卽使以增發通貨的方式來擴大貸欵，幫助工商業者清理舊債，亦並無甚大的風險，因爲在外界的活動資金，將並不因此而增加，臨時增加的，祇是從工商界抽回的死資金而已。

我們知道有人不免恐懼，如果採用先行擴大放欵的方法，是否一定有把握使銀行存欵順利的增加，會不會把那些從工商業排除出去的游資逼上投機之途？當然，我們不能保證，銀行一方面放出一億貸欵，另一方面定能不多不少的收回一億存欵。但是我們却不相信今天有什麼投機市場，可以容納得了如此龐大的資金。事實告訴我們，經過這一個月的工商業的提欵風波，銀行存欵已經增加了一億五千餘萬元，這就多少說明了民間資金可能的動向。而同時銀行所增加的貸欵，祇有四千八百餘萬元而已，顯示政府雖表示要增加貸欵，而銀行執行仍未積極。爲此，我們的憂慮，不是在於存欵之不來，反而是在於放欵之不增，致使工商業陷於比過去更爲窘迫的境地。本文不擬討論到長期投資的問題。並不是因爲它不重要，而是因爲那是屬於另一個題目。但我們仍要說明；以上所提對策，雖顯得是短期性的，卻同樣有利於長期的目的，決不會因治標而妨礙治本，事實上卻正是寓治本於治標。市場利率倘能壓低，工商界的負擔減輕，投資的預期利益就自然相對的提高，這就成爲一個最基本的鼓勵；同時，民間資金找不到高利貸的出路，就有希望移用於投資。我們縱不能說，祇要壓低利率，則整個經濟問題都告解決，但這確是非常重要的一環，甚至可說是解決一切問題的前提。工商業在如此的利息負擔之下，卽使其它條件盡能改善，我們亦斷難相信它可以達到正常的繁榮。

官方的論調，常常把倒風問題牽扯到其它方面去，說是由於我們產業的機體在根本上犯了什麼毛病。儘管這些說法有其理由，但仍不能抹煞金融政策失措這個事實。一個國家，祇要不是在通貨惡性膨脹期間，它可以生產不振，可以國民所得低微，却不會有如此高的市場利率。有這樣的利率，就明明白白是一個金融問題，如何可以不從金融方面對症下藥？現在風波表面趨於平息，正是一個澈底調整的大好機會，千萬不要以爲可暫告無事而一切無所作爲，把一個大好機會放過。

(接第15頁)

能於九月中旬發行(註十九)。其次，財政當局近開始擬訂儲蓄辦法，據說卽將分令各銀行訂定章程開始辦理，此一儲蓄存欵，將分爲一年期，月息一分七厘；二年期，月息一分九厘；三年期，月息二分一厘，每半年付息一次。當局以儲蓄存欵辦法將與保證發行公司債相互配合，各銀行可利用儲蓄存欵盡量購買公司債；據稱此一辦法可於八月中旬實行(註廿)。再者，由於去年中信局長俞國華所率領底赴美金融考察團的報告，繼之由俞氏負責組織一個研究小組，於本年五月間建議籌組開發公司，一、以吸收外國人投資，二、代辦美國開發基金的小額貸欵，三、運用相對基金，四、吸收人民儲蓄；其所草擬的方案要點：一、資本臺幣一億二千五百萬元，二、發行公司債五千萬至一億元，三、請美援貸欵及政府協助一億至一億五千萬元（代替現行美援小型工貸），四、開發基金借欵一千萬元，以轉貸五十萬元以下之申請案件，五、請政府以相當於二億元之公營事業交付經營，六、請政府指撥不用之廠房用地交付經營新企業，七、發行美金公債，以上共計新臺幣三億四千五百萬元，另美金一千一百二十萬元。據聞該案經行政院經濟安定委員會於六月十二日通過，待行政院院會通過卽可開始籌備(註廿一)。至於證券市場的建立，政府中人指出：經濟部對此問題，已派人出國考察。政府對證券市場，不但要監督市場交易，以取締投機，更須注意證券的發行，以及發行單位的財務，以獎勵及保障投資；凡此事項，當俟考察人員返國携回有關資料，始着手籌劃(註廿二)。

以上所舉各端，足見政府當局有轉變金融政策的跡象，其內容各點自不無可討論之處；且以過去官吏言多於行，或行而遲緩，富有惰性，我欲用以提醒當局速作推進，以納金融於正常之軌道。他如准許華僑銀行的創立之外，尙應擴大而開放私人銀行，以作平衡底發展。臺灣一旦資金納入正軌，工商業獲得資金的融通，自可解脫高利貸的枷鎖；譬如目下高利貸十至十五億元，僅是此數，倘轉入正規金融機構，由於受授信用所發生的放貸能力，可達四十億元以上，數目不是可觀嗎？此外，財經行政的改善、稅制的改良、及企業精神的提倡，皆是臺灣轉入「發展的有效循環」應有的努力，只在推行之中，要隨時避免通貨的膨脹。我希望行政院繼臨貸措施之後，乘機速作全面基本的有效改進，才能眞實地解除工商業的危機。

四十七年八月五日

註一：七月廿一日聯合報等。**註二**：七月六日聯合報。**註三**：七月三日徵信新聞，七月五、十日商工日報等。**註四**：七月九日徵信新聞。**註五**：七月十七日徵信新聞。**註六**：七月廿三日自立晚報及七月廿七日商工日報。**註七**：七月廿八日聯合報。**註八**：W. W Rostow, The Process of Economic Growth. **註九**：Ragnar Nurkese, Problems of Capital Formation in Underdeveloped Countries. **註十**：同註九。**註十一**：六月廿一日臺北各報。**註十二**：趙岡作「臺灣的消費傾向」，財政經濟月刊八卷八期。**註十三**：七月十四日聯合報。**註十四**：八月一日聯合報。**註十五**：八月四日徵信新聞。**註十六**：八月一日徵信新聞。**註十七**：張果爲作「臺灣的利息問題」，財政經濟月刊七卷十一期。**註十八**：四月廿一日徵信新聞。**註十九**：八月三日聯合報及八月五日商工日報。**註廿**：七月卅一日聯合報及八月四日自立晚報。**註廿一**：六月十三日聯合報及徵信新聞。**註廿二**：五月十一日聯合報。

日本的「欲樂沒氣外交」

余蒼柏

一

日本年來流行着一句時髦話叫做「欲樂沒氣」。這裏也可以聽到「欲樂沒氣」，那裏也可以聽到「欲樂沒氣」，因之在政治、外交的分野，也常常可以聽到關於「欲樂沒氣政治」、「欲樂沒氣外交」之類的話。「欲樂沒氣」就是「ヨロメキ」（讀作：Yoromeki），意義近於左顧右盼，患得患失，舉棋不定，首鼠兩端，這也不是而那也不是，同時這也是之而那也是之之類。因之所謂「欲樂沒氣外交」，大概也就是這種作風的外交了。「欲樂沒氣外交」之在年來的日本確實不是稀罕事，且讓我舉一個眼前的例子！

最近成立的岸信介第二次內閣，爲着表現其年來所誇示的「自主獨立外交」，從七月十日起，特別舉行了一個賡續四天的隆重的「五大使連絡會議」，廣泛檢討了當前重要國際問題，世界一般局勢，同時還調整了此後日本應取的外交方針。在會議進行中，正是中近東危機一天緊張一天而接近爆發邊緣的時候，因之關於中近東危機的應付，也就決定了這樣的方針：㈠納塞總統的積極的中立主義是導致世界和平的重要主張，日本爲維持世界和平，應該積極和他協調；㈡黎巴嫩的內戰是黎巴嫩的國內問題，日本應該主張這個問題由黎巴嫩自己解決，而「排除」來自國外任何方面的干涉。會議畢後，藤山外相和岸首相都很得意，開羅的廣播甚至讚揚日本是阿拉伯聯合共和國的「盟友」；當然，黎巴嫩、伊拉克、伊朗等親美英政府駐東京的外交代表是極不快意的，而且還紛紛提出了抗議，可是對於這一些抗議，日本外務省是不甚介意的。

日本政府對中近東的發展作了這種「自主獨立外交」的應付方針之後，立刻碰到了牛刀小試的機會了，那機會就是接踵而來的伊拉克民族主義者於一日間顚覆了親美英的封建的王制政府，和繞着這一問題的發展而發展開來的聯合國中激烈的外交戰。當然，關於這一外交戰中日本政府應出的第一手，藤山外相是不甚費力地決定了，同時也立刻指示駐聯合國的外交代表如法進行了。因爲關於這樣的決定，「五大使連絡會議」的成案墨瀋還沒有乾燥。這個決定據十六日東京各大報早報的報導是這樣：㈠我國應堅持伊拉克的革命和黎巴嫩的內戰一樣是純粹的國內問題的立場；㈡因之應該說服美、英，阻止他們武力干涉於未然；㈢和伊拉克局勢的發展有關，聯合國駐黎巴嫩監察團的人員（現約百人）如果稍微增加些當作別論，至於要求聯合國派兵或者要把監察團變爲聯合國警察軍，日本都應該反對。很顯然，這個指示確實有些「自主獨立外交」的派頭。而且這樣的決定還是經過岸首相特別支持的。岸首相於十六日上午用電話特別告訴藤山說：關於伊拉克和黎巴嫩的問題，日本應該用「不願見美、蘇等第三國插進去的態度去對付」。（註一）

可是這種有聲有色的神氣一下子就走氣了。因爲在岸首相向藤山指示機宜的時候，正是美國駐地中海艦隊向黎巴嫩海岸挺進並且迅速把軍隊登陸展開的時候。美國說：軍隊登陸是爲的保障黎巴嫩獨立和美僑安全，希望聯合國趕快派兵來替代！而一面則調兵遣將，繼續前進，同時還加緊完成了散在世界各地的武力戰鬪態勢。蘇俄接着大聲地說：美軍應該趕快走開！那樣的行動完全是帝國主義的侵略行爲；如果不走開，美國應該負第三次大戰可能爆發的完全責任。他們劍拔弩張，態度完全對立，日本擠在中間苦悶極了。在日本外務省接到這些報告的十六日那一天，藤山和「五大使連絡會議」的主要大使們（當時還沒有回任）以及外務省的重要幹部們前後商量了十餘小時之久（從上午八時到下午九時），充分表現出苦悶的樣子。然而日本是沒有勇氣繼續堅持昨天的姿勢的；他是沒有能力不把姿勢放低些彎回到右邊去的。藤山外相於會議十餘小時後指示日本駐聯合國代表：對美案（聯合國派兵替代美軍）有條件地贊成，對蘇案（美軍無條件撤退）棄權。這樣的豹變很明白地就是放棄昨天的立場，也就是放棄自由民主黨的「獨立自主外交」的主張，日本又回到美國懷抱中了。

我不是想敍述和分析日本政府對付這一次中近東大危機的外交的經過，我只想把這一經過的一小段寫出來作爲「欲樂沒氣外交」的註解。年來日本這種作風的外交之多是無法畢舉的，最近表現於所謂「日中貿易協定」（註二）問題中搖搖擺擺的姿態，就是衆所周知的又一個好例。至於對中近東局勢此後可能的發展，我們不妨這樣預言：他將繼續搖擺下去，也就是將繼續「欲樂沒氣」下去，一直到問題告一大段落然後告一段落。吾人拭目以待之可也，不必多去管他。

二

「欲樂沒氣外交」是任何國家的外交多少所不能免的，不過像日本近來那樣表現得頻繁，而且大有愈來愈頻繁之勢，則確爲不易多見的壯觀。於是人們必然會問：這究竟出於什麼原因呢？他將會着落到那裏去呢？是的，這些確是我們所不能不注意的問題。現在讓我們先來看看日本老政治家們的「欲樂沒氣外交」觀，然後試作這些問題的解答。

日本的老政治家們十九都認爲「欲樂沒氣外交」是意志不堅定的外交表現，缺乏「外交感覺」(diplomatic sense)的外交的表現；這種外交的繼續大足以招致國家覆亡而有餘，因之堅決主張始終不逾地向美一邊倒。在這些政治家中，以前首相吉田茂爲最突出。吉田於前年息影大磯海濱後，將其多年在外交上政治上的珍貴經驗，筆之於書，陸續問世。他在其近著「回想十年」（註三）的第一卷第一章「日本外交經過的路」中，諄諄以明治維新以來先人們在外交上走熟了的「大道」指示其國人，這條「大道」據他說就是「和英美協調」。他用簡潔的筆法，縷述了日本九十年來外交的主流，指出了和英美協調則榮，對英美勃谿則辱的經過。他同時還用力地說，日本過去對英美的關係雖然有過「變調」，而其「底流斷然是親英美」。他在那開章明義的第一、二頁中引用了昭和七年和豪斯（Edward Mandell House）上校初次見面時，豪斯對他所說的「沒有外交感覺的國民必然沒落」的話，以勗勉其國人必須有「外交感覺」，而這種感覺，從他（吉田）那第一章全文看起來，顯然是在指和美英永遠協調的感覺。這是吉田從他的「外交感覺觀」出發堅持向美一邊倒的主張的要旨。而這種主張，剛才已經說過，也可以代表最大多數日本老政治家們的立場。

然則吉田爲什麼要把這種主張鄭重其事地放在「回想十年」的前面以告誡其國人呢？大家都知道，吉田做五次首相的時候，大半就是日本名實都被美國管理的時候，也就是日本的外交在長時間內完全被統合於美國外交的時候。外交完全被統合，就是外交無需乎「欲樂沒氣」。吉田做首相的後期日本名義上獨立了，不久下臺而鳩山一郎繼任，日本實質上的獨立成分漸漸多起來了。實質上的獨立成分漸漸多起來，就外交方面說，就是和美國外交相矛盾的成分漸漸多起來，也就是「欲樂沒氣」外交漸漸要多起來。然而矛盾儘管多起來，而日本的實力並沒有成長到足以應付裕如順利解決那些矛盾的程度；日本的實力儘管沒有成長到那樣的程度，而日本那些充滿着戰前頭腦的舊人（包括許多老的政治家），還是死不相信自己的實力，死不願去正視戰後客觀世界的變化。吉田老成謀國，所以諄諄以先人之「大道」指示其後之爲政者，殆亦有感於斯而作錦囊妙計之擧乎？這是我個人的看法。

可是事實上，儘管這位老政治家那樣語重心長地訴說着，而明治維新以來的歷史却並不能替他的說教作見證，這是特別應該指出的。吉田既然諄諄以先人所走的和英美協調的大道指示其國人，我們不妨來看看日本和這二個國家九十年來的關係史。所謂「協調」，本來是指站在平等的地位向着同一的目標，和某一國家或某些國家合作。我人執此以繩日本和這二國的九十年外交關係史，則固知日本和他們協調者，其時間實在少得非常可憐。日本從明治維新到戰敗滿清王朝（一甲午之役）之間的二十六、七年的歷史，是完全被英美使役利用而日本唯恐不被使役利用的關係史；在這期間，日本又完全處在被英美等西歐國家强迫簽訂成功的不平等條約桎梏下的境遇，那是盡人皆知的事實，因之在這時間內，日本對英美的關係當然談不上所謂協調關係。日本戰勝滿清王朝後，由於獲得了許多特權、特惠和龐大的領土和賠款，力量突然大起來了，從而不平等條約也跟着被取消了，因之有資格可以和英美談協調了；同時英美對帝俄的遠東矛盾關係，由於日本這一次的勝利而更尖銳化起來了，因之也有和日本談協調以對付共同敵人帝俄的必要了。在這一段期間，也就是從所謂「日清戰爭」起到「日俄戰爭」的十二、三年間，我們應該算他是和英美的協調期。當然，無數史家指出了這一時間是日本努力替英美在遠東作管門狗的開始，而日本人也樂於這樣自稱。管門狗和主人的關係本來是算不上什麼協調關係的，但我們不願採取這種狹量的說法。日本在那次對帝俄戰的末期，也就是日本勝利在握的時候，開始和英美特別和美國不協調了。不協調的主因在於美國居功太高在我東北向日本所要索的太大。而日本吝而不予的勁頭也太大。在戰後不久的一九〇七年，當時的美國老羅斯福總統竟將其大西洋艦隊的全部主力迂廻地遙遠地調到太平洋（註五），想一擧迫令日本就範，然究以開戰條件均尙未成熟，改由雙方互讓而中止。從此以後，日本和英美的關係，從第一次世界大戰中對我國的趁火打刼一直到九、一八事變爆發，天天猛烈惡化。惡化的史實多如牛毛，不勝枚擧。那時吉田在外交界漸漸顯露頭角了，特別替田中內閣在東京、大連和我東北盡瘁，厥功頗偉。那一時期—從「日俄戰爭」末期以至「九、一八」的二十四、五年間，究竟算得上日本和英美的協調或者不是協調期，任何人都明白，用不着特別擧出。「九、一八」事件是任何有良心的政治家、法律家、歷史家……（無論東或西，紅或白）所公認的第二次世界大戰的眞正開始。從那時起到日本戰敗的十五、六年間，日本和英美的關係如何當然更可以不必說了，問題只是吉田所說的「底流斷然是親英美」的一點。是的，在那時有像吉田先生那樣據說因爲有親英美之嫌而被歡禁四十幾天的人，可是公平地說一句，如果那時少數不遇的、伏居待時而爲狹量的法西斯所忌的人們的活動，可以說得上日本的「底流斷然是親英美」，那末目前少數日本共產黨的活動，還不是更可以說得上日本的「底流斷然是親蘇俄中共」了嗎？（現在日本的共產黨有十多萬，當時日本的親英美者不知道有多少？）最後是日本戰敗以後十餘年間對英美的關係了。這其間除掉最近大大在「欲樂沒氣」的短時間以外，是完全被美國統一的期間。被統一之不能看做協調，剛才已經說過，不必多說。

總之說，九十年來日本對英美的關係說得上眞正協調的只有十來年，而不配說他是協調的倒有八十年光景；在這些彆扭的或不自然的關係中，貌似協調而實際則並不是協調的有二十四、五年，處在戰爭和準戰爭狀態中的有十五、六年，屬於純粹追隨的和準追隨的有四十來年（這種追隨關係是在頭尾兩段中）。同時值得注意的是，這九十來年中日本在外交上所走的顯然是左右擺動的，「欲樂沒氣的」。因之說，「欲樂沒氣外交」之於日本決不是今日始。

三

於是我們應該問：「欲樂沒氣外交」是不是道義、意志、感情之類可以鎭定得住的呢？

老實說，國與國間關係的離合親疏（這些就是「欲樂沒氣」的表情）是利害打算關係的問題，力量對比關係的問題，決不是什麼道義不道義感情不感情的問題，也就是決不是什麼走熟了的「大道」不「大道」的問題。如果道義可以做外交行動從一而終的決定力，那末奈良時代名實向唐一邊倒的日本對中國的關係，也不至於到平安初期被「大儒」菅原道眞一建議而立刻全面停止了，從十九世紀末以至二十世紀四十年代之間的中日關係，也決不至於發生那樣不幸的關係了。至於「外交感覺」云云，這正和五官感覺一樣，是完全跟着對象、環境的變化而變化其嗜好物性質的東西，決不是不問其物之腐好如何而一味以從一而終爲滿足的東西。如果「外交感覺」不是這種性質的東西，那末滿清王朝那位醜男（本來是美過的）也不會被那時東海上時裝方上的那位少女所遺棄了。當然，那位醜男如果願意替那位少女清汚物、掃厠所，一如那位少女盛極而衰後願意向人降格而就那樣，那又作別論。

於是讓我們回轉來再談日本的「欲樂沒氣外交」。談到日本外交最近的「欲樂沒氣」，簡單說，就是對美關係由合轉離，由順轉逆，由親轉疏的開始的反映。要問他們的關係，爲什麼會這樣變呢？答案非常簡單：日本實質上漸漸獨立了，力量漸漸長大了，食慾漸漸旺盛了，對於世界事務漸漸要過問了。這一些客觀的事實本身，就是日本「欲樂沒氣外交」的根源。因之要不許日本「欲樂沒氣」，唯一有效的方法只有不許日本獨立，因爲在他沒有獨立以前，他從來沒有這些「欲樂沒氣」的行動過。然而幾年前美國所以准允日本獨立，正因爲日本利用了世界關係的劇變（主要是朝鮮戰爭），而其力量急速成長到了美國不能不自動允許他獨立的程度的原故，則時至今日，又安能使他再來就範呢？

原來日本十餘年來對美關係的變化，說起來是很好玩的。這種關係的變化，說得好一點，是乳兒對乳母關係的變化，說得壞一點，是遍體鱗傷的被俘者對於其俘者的關係的變化。乳兒對乳母在未能獨立步行的時候是聽話的，在初能步行的時候就不大聽話了，到了自己能夠搞水、揑土、拿菜、拿飯的時候簡直不想要乳母了。爲什麼呢？環顧全是新奇的而自己之力又足以試嘗之的時候又爲什麼要那個纒手纒脚的老婆婆呢？日本在戰前好比異常貪婪的健者。這健者曾與另一健者爲爭奪美食而被其痛擊，遍體鱗傷，至於不能起立，因而被俘。被俘後俘者爲其療養，迅速恢復其健康；原冀其永遠忍辱負重而爲其操作致富也，於是漸漸許其自由活動，於是問題起矣！這問題，就是無時不想乘俘者的大意而東抓西抓，以充實其被俘後抑而不伸的潛在貪婪慾；而凡此被抓的東西則無一而非與其俘者的利害有密切關係的東西。是即「欲樂沒氣」所由發生之源也！不信嗎？試又以最近發生的日本在中近東的外交爲例。

日本最近在貿易擴大和產業開發方面集中努力的區域有三個：東南亞，中近東、中南美。在這三個區域中，東南亞已經有了相當基礎，問題在如何去擴大，中南美是美國臥榻之旁，不應該睡相太差；中近東呢？他認爲極有希望而又極有插嘴機會的區域。爲什麼呢？中近東有以汽油爲主的廣大的未開發資源，也有廣大的貿易處女市場；而這一區域又係民族主義狂潮異常澎湃而二大勢力正在角逐的利害關係異常複雜的地方，在日本看來，正可以利用亞非國家一員的資格，裝着同爲西歐所奚落的人的樣子，大大爭取他們的友誼。這，就是這幾年來日本在埃及、敍利亞、伊朗、伊拉克、沙地阿拉伯以及波斯海灣上的小土侯國中擴大了貿易市場和取得了汽油開發權和工廠百貨商店等的建設權的原因。可是這些地方，又不僅是美英對蘇包圍中最重要的一圜，而且也是東西連絡的總樞紐地，不僅是這樣的總樞紐地，而且更是以美國爲主的西歐主要國家看做性命的最重要的汽油資源地。這個地方的軍事的、經濟的、交通的重要性和利害關係的複雜性既然如此，像日本那樣的實力、地位、身份關係的國家，對於這個地方的問題不去插嘴則已，如去插嘴，未有不「欲樂沒氣」而至於令人莫明其妙也。這原因很簡單：完全跟美國走，則他在這一區域中不僅將沒有更發展的可能，而且還大大有失掉既得市場和開發權等的可能，同時還會進一步大大有失掉許多亞非國家的同情，在聯合國和其他國際場合到處吃敗仗的可能；如果完全捧中近東狂熱的民族主義，必然立刻會被美英遺棄，那是更顯而易見的事。被遺棄，他將感到茫然，被中近東乃至其他若干亞非國家白眼，他將大大喪失前途。增之一分則太多，減之一分則太少；依違的分寸究怎樣才對呢？此其所以不斷「欲樂沒氣」也。然而世界事物的關係是無時不在變動的，這種變動也就是無法避免的無時或止的關係的變動，因之日本在這一區域中所取的和將取的態度，和在其他世界中和美國有利害關係的任何區域中所取的態度一樣，也是無法避免地要繼續變動下去，也就是要繼續「欲樂沒氣」下去的。

四

戰後日本的「欲樂沒氣外交」，胚胎於後期吉田政權，發生於鳩山一郎政權，而滋長於岸信介政權，因之許多人頗引以爲日本前途憂。實則這僅是杞人之憂而已，如果只是爲日本打算的話。爲什麼呢？從被統治國成長到獨立國，在外交上必然要「欲樂沒氣的」，而且愈「欲樂沒氣」愈好；因爲這是力的成長的反映，也是向着完全獨立方面掙扎過去的努力行動的反映。至於這種行動對於美國和對於美國爲中心的所謂民主國家羣是否有利，當然是另一問題。那不是本文討論的範圍，存而不論。

又有許多人以此爲岸信介其人病，其意以爲「欲樂沒氣」得太火而至於走極端，像最近表現於中東問題最初階段那樣（見本文冒頭一段），豈不是勢將危及日本本身乃至自由世界整個命運嗎？是又近於杞人憂天。岸信介是典型官僚；官僚是八面玲瓏四面圓妥的存在。年來日本人對岸信介一擧一動有一個很切當的評語叫做「沒有『粟子』」(註六)。「沒有粟子」等於「無疵」，可謂一針見血之評。「無疵」就是平凡。岸信介的平凡也許爲戰後任何首相所不能及(註七)，可是這正是不會使現在的日本不至於出大毛病的好處之所在。最近日本評論家阿部眞之助論日本選民所以選岸爲首相的理由說：「那如其因爲認他有力量手腕而望其大有所爲，毋寧因爲認他『沒有粟子』而不至於撞禍這種消極原因。」(註八)語近挖苦，實獲我心。無疵可以適應國內事物的應付，也可以適應於國際事物的應付，又何必爲日本杞憂？

一九五八、七、二四於東京。

註一：見七月十六日東京各大報晚報。

註二：日本對中共的貿易，日本政府和民間都稱爲「日中貿易」。

註三：「回想十年」第一卷出版於去年七月，係新潮社發行。

註四：豪斯（一八五八—一九三八）於第一次大戰中及其跟後佐威爾遜總統對德作戰、講和、擬訂和約及國際聯盟規約等，厥功頗偉，當時報上稱他爲豪斯上校。

註五：當時巴拿馬運河還沒有開通，美海軍要從大西洋調到太平洋眞是多困難！又，巴拿馬運河要到一九一四年才開通。

註六：「粟子」是日語「ソッ」的音譯。

註七：日本評論家藤原宏達在最近「中央公論」八月號的「第二次岸內閣論」中說：「在我所接觸過的學者、評論家、新聞記者、政治家、官僚之中，對於岸氏一年來作爲總理大臣的作法，可以說沒有人稱贊過。」這樣的評語決不至藤原宏達一個人。

註八：見七月三日朝日新聞早報「最近政治的動向」續篇。

由倒風看經濟的改善

陳式銳

一　政院挽救倒風

行政院改組，兼院長陳誠氏率閣僚於七月十五日就職，當日則指示有關部門首長對當前工業危機，注意研究改善，由經濟部長楊繼曾擬具方案，嗣又指定副院長王雲五約集經濟部長楊繼曾、財政部長嚴家淦、內政部長田炯錦、司法行政部長谷鳳翔、外貿會主任委員尹仲容、臺灣省政府財政廳長陳漢平、臺灣銀行董事長張茲闓等於七月十九日開會研討，將原方案修訂為「工廠營運資金臨時貸欵辦法」；再經陳兼院長核定後，即於七月廿一日公佈施行。陳兼院長同時對記者發表談話：他認為「目前工商業的倒閉，無論惡性倒閉也好，或非惡性倒閉也好，政府都應負責迅謀補救辦法而不能聽任其繼續擴大，致影響國計民生。……」；他最後且說：「如果倒風的造成，有因金融政策未盡妥善者，政府決當繼續注意改善；此次所頒行的貸欵辦法，當不過是一種臨時措施而已」（註一）。

臺灣夏季，在經濟上本為淡季，今年特現蕭條，而倒閉一事，大街上過去行號的更換招牌，已是習以為常，並不足以引起注意。獨今年情況有異，只看新閣一上臺，首先便對此採取行動，就可想而知了。據報載，建設廳於四十六年度臺灣省商業登記總校對時，發現全臺灣有四百廿四家公司倒閉（註二）；臺北市一隅，自本年一月至六月底，向警方報案者亦有三十家商號倒閉，虧累自六萬至三百九十萬元，總計達三千五百餘萬元，同時臺中、彰化、臺南、高雄等處亦或多或少地相繼發生（註三）。

另據與廠商有借貸關係之金融業統計，本年六月間臺北市廠商倒閉有十七家之多，內廠礦三家，餘為商行；八家負債各在一百萬元以上，最高達一千八九百萬元，九家負債各在一百萬元以下，最低為三十萬元（註四）。這一倒風，且已蔓延到皮革、紡織工業，各有兩家頗具規模的工廠以景氣不佳週轉不靈而停止生產，清理債務，各負債在一千萬元以上（註五）。又據肥皂業中人稱：該業自去年迄今，已有半數廠家倒閉，其原因多為週轉不靈云。

最近，臺北市發生五家惡性倒閉（涉嫌詐欺），聯通汽車材料行（太原路），資本二萬元，向公司行號進貨達二百餘萬元，七月廿三日宣告倒閉；春記冰菓店（成都路）簽發空頭支票騙取財物二百餘萬元，同日宣告倒閉；華興浴池（重慶南路）負債一千九百餘萬元，簽發空頭支票達一千五百萬元以上，騙取財物後即宣告清理；德豐文具行（重慶南路）資產十餘萬元，負債一百餘萬元，倒閉之前仍簽發空頭支票詐取財物；信愛託兒所（永康街）以空頭支票向兒童家長騙取借欵。警方為防止惡性倒風蔓延，除查封財產外，並以違反票據法及詐欺罪嫌送法院究辦（註六）。

以上所列之倒閉數字，多屬有案可稽者；此外，不少廠商並不演成倒閉的表面化，尤以債權人恐全本無歸，主張原主（或由債權人控制）維持業務；或以和解方式，清理債務。所以月來報紙所載雖足驚人，以統計數字不全，殊難表示其全面性。惟根據此不全之數字，加以研究其倒閉的原因，想有其必要；對此論者甚多，長篇累牘之中，較有概括性者有華南銀行總經理簡萬銓的對記者談話。簡氏指出倒風的遠因：㈠過去幣值不穩，長期儲蓄機構不發達，資本市場不能建立，致資本形成未能與工商業的擴充配合，乃引起高利貸的猖獗；㈡企業家計劃事業，事先調查不够週密，致發生資金計劃、產銷市場判斷的錯誤，而當局的輔導亦缺乏正確底方針。所以工廠未開工就感資金不足，開工後亦以生產過剩而滯銷，或發生售價不及成本而虧累；㈢當局過去雖有設廠的限制，但在某些方面有不少漏洞，致在某些事業方面招來資本設備及其生產力遠超過國內需要，成為資本的浪費，以至失敗；㈣現行稅制側重收入，對於鼓勵產業發達，培養稅源，似有忽略（按：此為筆者就其談話中移列）。至於近因，簡氏的看法有：㈠近年來幣值比較穩定，物價波動亦小，各業競爭劇烈，利潤減低，不堪負擔高利；㈡世界不景氣逐漸影響及本省；㈢本年第二期外滙進口結滙過份的超額申請，造成銀根異常緊迫，致使借新債養舊債的途徑杜絕了（註七）。

就倒閉的原因言，有關貨幣金融政策、有關財政政策、有關經濟建設計劃、乃至有關整個經濟政策，今日臺灣工商業的普遍困難，足以反映過去全面措施所造成的結果；我們固應重視倒風，尤宜檢討全面底財經問題，以求得治標兼治本的方案。此次倒風，就項目觀之，週轉不靈、負債過多、高利積壓、營業不振，屬於經濟原因，佔三分之二以上，乃在討論之主要範圍；至於惡性倒閉等，多為詐欺取財，經由當局分令司法及警察機關取締，亦不無間接之牽連。再者，此次倒閉，工商兼有，商且居多；而當局的臨時措施，僅在工業方面採取行動，因而商業方面有雨露不均之感，是乎？非乎？不無引人議論之處。

二　經濟生長的道理

經濟落後底國家，大體多從事農業或以農業的比重較高，她們居多生產力甚低，因而國民所得水準亦低；所得水準既低，儲蓄能力就小，所以也就缺乏資本。無法增加投資，也就無從改善生產手段，生產力亦就長期低下。這一情形，為今日落後地區存在着底一個苦惱問題；生產力、所得、儲蓄、資本，四者彼此互相影響，構成一個「貧困的惡性循環」Vicious circle of poverty。落後國家的尋求工業化，其中心目的則在提高生產力，用以增加國民所得；所得增加之後，並設法增加儲蓄，引以投資而繼續擴充生產力；在工業化進程中，應當講求有效地鼓勵儲蓄、有效地鼓勵投資、建立資本市場、並有效地鼓勵企業家從事經濟開發。此一努力，意在打破「貧困的惡性循環」；進而造成「發展的有效循環」Virtuous circle of development，蓋加速及乘數原理的促進工業發展，乃是現代經濟的特質。其次，有利經濟環境的造成，政府有發動的責任；而從事經濟的開發，諸如發展基本科學傾向、應用科學於經濟目的傾向、接受革新傾向、追求物質進步傾向、消費傾向、養育子女傾向等，亦為有關的影響因素，亦不能忽視[註八]。企業家的缺乏，每為落後國家主張公營事業的藉口，亦為自由經濟發展的致命傷；這一點，政府與經濟界應當共同加以培植、扶助、並提高其地位，藉以建立企業基礎。

投資所以增加生產力，但它有賴於儲蓄。而銀行及資本市場乃為現代投資與儲蓄中間的主要媒介，亦為工業化不可少底組織。不過，落後地區的投資，每為市場所限制；蓋市場受購買力所影響，所得低者購買力自然薄弱。美國曾有大公司在拉丁美洲國家設立分公司，因為市場所限，最後以無利可圖而撤回；再者，外人在落後地區的投資，亦因此之故，大多為專供出口的天然資源事業 Extractive industries (石油、採礦、農業)。反之，先進國家則市場廣大，尤其工業方面有大量容納的餘地[註九]：

未開發國家另有一個特殊現象。雖則社會有了儲蓄，感覺出路困難，居多走向地產、金飾、外幣、囤積方面，對於工業的發展，不發生關係。這一情況，可以解釋是沒有正常金融組織—如像儲蓄銀行—所致；但銀行吸收存款，接着就須貸款，既然投資受市場所限制，儲蓄的出路豈不因此同受影響嗎？另一方面，在開始工業化，不知建立金融組織以動用儲蓄，使其正常投入工業，坐致游資悞用而資金反感缺乏，令工商業出生時就陷入枯竭狀態。再者，儲蓄係所得減去消費所留存者，所以消費者的行為可以影響儲蓄。個人消費行為，彼此互相影響，而且趨於向上。百年前，辛尼亞氏 (Nassau Senior) 謂「高貴感」(desire for distinction)為人類的大慾，貝勿玲氏 (Thorsten Veblen) 及兌生伯尼氏 (F. S. Duesenberry) 同持此說；換言之，人一接觸新或高級底消費品，則爭相追求，見到新底消費型態亦羣起仿摹，大家都欲表示不落人後[註十]。今日人的來往頻繁，西方電影隨處放映，落後人民受了新的刺激，消費水準就感染提高；它不但成了儲蓄的尅星，且迫使人們釀成赤字底消費。我們看到開始工業化的國家，雖然國民所得因生產力的發展而增加，但她的儲蓄並不比例地擴大，就是受此的影響。所以經濟的生長，有它的許多影響力，如果不予際解而加把握，常會陷入暗中摸索底失敗。

當工業化時，我們應當配以金融組織，一面運用儲蓄，一面鼓勵儲蓄，使其增强投資力；在進程中，注意工業的「平衡生長」(balanced growth)，從事各業的生產者，他們就是彼此的消費者；各業平衡發展，則生產與消費互相衝擊而平衡前進，基於賽伊氏 (J. B. Say) 的市場原理 (Law of Markets)，我們可以得到一個逐漸擴大底市場。總之，我們的目標在打破「貧困的惡性循環」，進而建立「發展的有效循環」，我們希望由貧困而進入富庶；政府要有適當的財經政策，以使生產力、所得、儲蓄、投資納入正軌，讓企業家得在這一正常軌道上努力邁進。

三　臺灣經濟的「大病」

臺灣在工業化進程中，當局在宣傳上每指出第一次四年經濟建設計劃自四十一年實施後如何如何地克奏膚功，第二次四年計劃又於去年開始，亦描出美麗底遠景。其實，經濟原有其自然發展的趨勢，臺灣的生產力過去幾年確曾趨向於提高，但謂係受「計劃」所賜，殊難置信。以它未經公佈一端而言，經濟百業如何知所適從？反之，計劃如徒有其名，未曾配以有利底經濟環境，正如草木生長而未施雨露，致令枯萎一樣。有識之士，多年來無不憂心於臺灣的經濟，這可由輿論充分地體會出來，他們的持論並非含有惡意底挑剔，而是研究的結果；近來，政府的高級官員亦趨於同一底觀點，尤其是經濟部長楊繼曾。我們看經濟的生長，不能忽視生產力，尤其是資本的形成。臺灣的資本形成(表一)，就固定價格加以觀察，以民國四十年為基期，四十一年增加一七·四%，四十二年再增二·七%，四十三年降低了〇·八%，四十四年再降低，幾乎回到四十年的水準(一〇〇·八%)，四十五年才增了〇·九%。還有一點，美援在固定資本的形成，四十一年佔了自一七·三%，以後逐漸上升至四十五年達三三·七%；這意味着如沒有美援，我們尚不能維持原有的水準，自然也談不到由生產力的提高而至於經濟的發展了。

表一　臺灣的資本形成

	資本形成毛額		資本形成淨額		資本形成對國民所得之比率(毛額)	資本形成對國民所得之比率(淨額)	美援佔固定資本形成之比率(毛額)
	金額(千元)	指數	金額(千元)	指數			
四〇年	二、三九六、五七四	一〇〇·〇	一、六八〇、五八一	一〇〇·〇	二三·五	一八·八	—
四一年	二、八一五、九五五	一一七·五	二、一四〇、二五〇	一二七·四	二三·六	二〇·一	一七·三
四二年	二、八六三、六〇二	一一九·五	二、一八六、六六七	一三〇·一	一八·五	一六·一	一三·四
四三年	三、〇一九、二四五	一二六·〇	二、一七三、〇二三	一二九·三	一八·五	一五·五	二一·五
四四年	二、六〇四、九五九	一〇八·六	一、六九三、五八九	一〇〇·八	一四·六	一一·七	二六·五
四五年	二、六八七、七九一	一一二·二	一、七〇九、六九五	一〇一·七	一四·七	一一·六	三三·七

來源：一、由謝慎初作「六年來資本形成的檢討」(財政經濟月刊八卷二期）內有關各表製成；
二、資本形成數字亦照原作以臺北市躉售物價指數平減折算四十年固定價格。

再者，實際資本形成不增加，國民總生產也不會實質地增加（貨幣表面增加不算數）；但是，臺灣的人口增加率却年有三·五%，它將對臺灣經濟加以壓力，勢必降低國民所得而加深了整個經濟的困難。蓋國民所得降低，一方面縮小儲蓄，影響了投資；另一方面，它降低了購買力，又影響了市場。兩個力量同時並進，都足以削弱生產力的生長。看表二，三十九年臺灣的人口七、五五四、〇〇〇人，遞增到四十四年達九、〇七八、〇〇〇人，增加了二〇·一八%。國民所得總額按當年幣值計算，雖自三十九年（六、一〇六百萬元）至四十四年（二一、四八九百萬元）增加了三·六倍强；惟折成美金價值，乃自五三〇百萬美元增至五五九百萬美元（中間最高爲四十二年的六六八百萬美元），也不過增加了五·八%（四十四年）至二七·六%（四十二年）；但平均每人所得，却自三十九年的七〇·一美元，經四十二年的七九·一美元（最高）而降到四十四年的六一·六美元。

表二　臺灣的人口及國民所得

	三九年	四〇年	四一年	四二年	四三年	四四年
人口 千人	七、五五四	七、八六九	八、一二八	八、四三八	八、七四九	九、〇七八
國民所得總數 臺幣百萬元	六、一〇六	八、八八五	一三、九五七	一七、六九〇	一八、五三二	二一、四八九
國民所得總數 美金百萬元	五三〇	—	五六二	六六八	六一五	五五九
平均每人所得 美元	七〇·一	—	六九·一	七九·一	七〇·八	六一·六

來源：一、人口見「自由中國之工業」十卷一期；
二、國民所得根據黃次可作「人口與眞實國民所得的探討」表四（財政經濟月刊八卷四期）；
三、平均每人所得則由一、二計算所得。

平均每人所得的降低，即表示經濟的逆勢。這一局面，我藉經濟部長楊繼曾的話來描寫：「……近年來，生產確是在不斷地增加，每年的生產總值（按當年幣值）已由一三〇億元增至二一〇億元，但人民消費的增加遠超過生產的增加（美援的消費包括在內），證明我們根本沒有儲蓄，增加的生產吃光後，還有欠債；再根據各種統計，證明我們的資本形成與很多國家比較，已佔了末位，還不及緬甸，而消費之多，却佔了首位，這實在是經濟上很大的病狀」（註十一）。我們的生產增加，僅是幣面的表現，這一層，我們由國民所得的眞實價值可以體會；而有無儲蓄可以增加資本形成，我們也有具體數字可以參考。

至於「消費之多」，我們應當再加分析。國民所得的去處，一是儲蓄，另一是消費；消費包括私人消費與政府消費，先說政府的消費，這一點，我們就課稅的收入，可以得到一個概念；表三表示三十九年至四十五年的歷年課稅金額，按當年幣值增加了六·三倍，折算三十八年幣值，則增加了二倍，這顯示政府的消費增加了。

表三　臺灣的課稅收入　（單位：千元）

	當年幣值 金額	當年幣值 指數	折算三八年六月十五日幣值 金額	折算三八年六月十五日幣值 指數
三九年	八六三、五三三	100·00	三一九、八二三	100·00
四〇年	一、四六九、六八九	一七〇·二〇	三二八、七八九	一〇二·八〇
四一年	二、四九〇、八〇六	二八八·四五	四五三、八七四	一四一·六〇
四二年	三、〇四八、二九四	三五三·〇一	五〇九、七四六	一五九·三八
四三年	四、三五三、二一三	五〇四·〇一	六八八、六四一	二一五·三三
四四年	四、九九〇、三〇二	五七七·九〇	六六〇、〇九二	二〇六·三九
四五年	五、四七〇、六五五	六三三·五三	六六五、五三〇	二〇八·〇九

來源：根據黃次可作「七年來課稅收入的檢討」表二、三（財政經濟月刊七卷十一期）製成。

至於私人消費方面，眞實國民所得既增加甚弱而每人平均所得且又下降，理論上應該是消費減少；但是邇來論者發現臺灣的邊際消費傾向大於一而成爲疑問（註十二）。其實，「高貴感」近來風行於臺灣，衣食住行消費水準無不受外來刺激而提高，尤以女人之表現爲最。西方消費的提高，每可活躍市場而刺激生產。臺灣與其他落後地區相同，頗多醉心於舶來品，雖政府有奢侈品禁止進口的措施，然只要手內有錢，大家可以取之不虞匱乏（如拍賣行）；考其來源，或爲走私進口，或由特殊人物帶來。這些交易不但打擊地方市場，而且進而對本地生產發生相尅的作用（註十三）。

四　臨時貸款的功效

就上分析，我們可以看出臺灣經濟自四十三年便走下坡，步步陷入「貧困的惡性循環」，眞實國民所得下降，資本形成（包括美援）勉强維持原來水準，但以平均每人所得下降，則以購買力薄弱而呆滯市場，從而阻碍生產，益以提高消費水準（高貴化）而加深之。這一局面，若在農村社會，尚可維持一較長時間；臺灣已進入工業社會，經濟結構發生變化，偶有一突然因素加入（小如銀根忽緊，大如戰爭），立刻發生破綻。此次工商業的倒風，在整個經濟趨於蕭條之時，係爲一種必然底恐慌；乃其現象，特別表現在金融一面而已。因此之故，行政院所採取的臨時措施，亦針對「貸款」一點；若全面加以估量，其根本功效可想而知，至於臨時的治標如何，且看辦法。全文見七月二十一日臺北各報，不另贅述。

臨時貸款辦法第二條規定申請貸款程序，第三條限制申請工廠資格，第四條規定應接受之條件，第五條則規定償還本息之次序。其中，高利貸的洽商減息、延期、轉爲股本或公司債，及付息還本的優先程序，給予債是人的不利刺激最大；在工廠本身方面，則以接受糾正、處理、甚至資產受處分，最難忍受。況且，債權債務的處理原屬民法範圍，債權人初只受倒風威脅，開始收縮放款；及當局引用總動員法第十六條凍結工廠存款提付後，一般債權人深感不能收回放款的驚恐，就紛紛向貸款工廠提款，甚至有債權人寧可不要利息或八折付現均無不可。各工廠處此窘境，不得不向商業銀行要求融通。

其次，工商界的高利借款，大多給予債權人遠期支票，照票據法，支票爲見票即付，無遠近期之分，債權人見工廠困難，紛紛向銀行「擠兌」是不可免的現象，而使工廠無法應付；所以當局繼之又引用動員法第十六條在票據交換所止付退票，不過以指導小組所提出的名單爲限(註十四)。這樣，未向政府請求貸款且未經該小組提出名單者，仍在「擠兌」威脅之下。再者，依照規定，申請貸款工廠應當先取得債權人的各種承諾，爲困難之中心，蓋債權人貴在資金流動，且亦不願其名單之被提出，此關不過，就無法申請；即使提出申請，而銀行與審核小組如不予批准或未全部批准時，其後果又將如何呢？當局對各方對臨貸辦法的批評，尚無考慮放寬或修改之意，僅由指導小組召集人楊繼曾表示：關於盈餘償還貸款本息優先次序一節，如貸款工廠提出正式請求時，該組可能加以研討。而金融業的看法：臨貸執行時技術問題未必不能克服，但與金融正常放款相較必定事倍功半，難以圓滑運用而毫無阻碍；現在貸款工廠的貸款之利未見而引起許多紛擾，倒不如乾脆循正常途徑儘可能給予貸款，不必一定要工廠辦理臨時貸款。例如第一家合格鐵工廠申請臨貸，它的資產五千萬元，負債六百萬元；由於遭逢若干技術問題，最後由三家商業銀行各貸予三百萬元而圓滿解決。看情形，除極少數工廠(已倒閉或臨倒閉者)或可申請臨貸外，一般工商恐將回頭而走正常銀行貸款辦法(註十五)；觀乎行庫存款保證準備金自八月一日起商業銀行活期存款繳存率由一三%降至一〇%，實業銀行(土地銀行、合作金庫)則由一〇%降至八%，調整後存款保證準備與付現準備兩項繳存率，商銀共二五%，實銀二〇%，計可少繳四千萬元，可創造信用達一億六千萬元(註十六)，可知當局或有意讓商業銀行對廠商「照樣以一般貸款方式給予貸款」，無形中藉以解決臨貸的難題罷。

總之，臨貸係新閣的一項政治措施，它希望以政治力量來解決經濟問題；這類措施有時有其一時底必要，但是它的收效不無問題，充其量也正如楊繼曾氏所謂「發生其安定人心的作用」而已。明乎此，我以爲倒風的解決，毋寧是從整個經濟、財政、金融政策下手；我欣慰陳兼院長以臨貸是一種臨時的措施，他說：「有因金融政策未盡妥善者，政府決當繼續改進」，願再申論之。

五　還是從基本下手

在倒風浪潮中，最受注目者是高利貸；它居於主角地位，因而成爲衆矢之的。所謂高利貸，係月息超過一分八厘六(官定利息)；它不經由金融機關，零星散漫地直接由儲蓄人貸予公司行號或工廠而按期取息。利息的高率，通常存在於經濟比較落後而資本缺乏的地區，如農村的高利貸，在中國已不新穎了。在通貨膨脹中，利息高乃爲補償貶值的損失，而它予債務人的重負，常使有倒賬之虞，故要風險的補償；至於資本的利用，予以酬報更是理所當然。臺灣在長期金融管制之下，銀行失去正常功用，利息取決於官吏(低利)，人民的儲蓄不入銀行；工商界則以銀行放款有限(缺乏存款)，供不應求而被迫向私人借貸，形成黑市高利金融，遂與銀行對立。據專家的估計，臺灣此一高利貸款，數在十至十五億元之譜；而以生產邊際收益計算，目下月息二．三分以上，僅能視爲「消費性」(註十七)。如此看來，臺灣工商界的吸收高利貸，本質上非失敗不可，倒閉是其最後的歸宿。倒閉原爲經濟界可恥底事，但人窮志短，到了相習成風之時，大家反而視以爲常；因此，以空頭支票詐欺，乃至惡性倒閉，也就形成普遍化了。

臺灣的高利貸，其來源一是地方的原有儲蓄，一爲大陸撤退來臺的資金；倘在工業化開始時，建立正規之金融組織，配合正常之金融市場，必可導致這些資金入於投資正軌，以促進工商業的發展。奈何政府當局坐失良機，又多年來故步自封，馴至以工業社會而遺留着農村的金融型態，兩者不但不能相輔前進，反而彼此牽累而把資金變爲浪費；蓋高利貸在工商業屬於消費性，其利息的所得者無論用以維持奢侈或正當生活，亦無非屬於消費性，對臺灣經濟可說害大利小。臺灣的資金既朝向消費途徑，它勢將自行縮小而加重缺乏資本的壓力，迫使生產力陷於呆滯，國民所得由是減退而使市場益加蕭條；一方面，政府因開支增加而加重人民的稅負，它加深了人民消費性的支出，亦爲工商界一個重大底壓力。明乎此，可知今日局面的形成，係過去金融政策不妥之所致；欲改善局面，惟有迅速在政策方面改弦更張。

此次政府的措施，對高利貸不無打擊之處，惟繼之如無積極底作爲，仍然無法予以消滅。政府過去不斷提出保證發行公司債、籌辦開發公司、推行儲蓄存款、建立資本市場，均遲遲未採取行動，致貽說而不行之譏；近爲倒風所迫，或有促之實現可能，希望臺灣從此走上正規金融之道。本年四月間，財政當局曾宣佈爲解決臺灣長期工業資金的籌措，決由保證發行公司債着手，並配合開發公司的推行，以壓低窒碍工業發展的黑市利息，且將以五千萬元先行試辦，再視成績予以擴大；此外，政府並將全力從事建立穩固底資本市場，以充裕工業資金。初期所保證發行的公司債，多係用以償還向黑市所借的高利貸，使不合法不公開底私人借貸轉爲合法底公開投資，並使無保證底高利貸轉爲無風險底公司債(註十八)。直至最近始見臺灣銀行採取行動，八月二日臺銀董事會就奉准試辦保證生產企業公司發行公司債五千萬元一案，決定保證唐榮鐵工廠發行二千萬元，工礦公司、大秦紗廠、裕隆機器廠各一千萬元，發行期間兩年，年利二成，三個月付息一次，還本付息由銀行代付，承銷由商業銀行辦理，可

(轉第8頁)

反對黨勢在必組

黎　復

數月來，探討並呼籲成立强大反對黨的文字不斷發表；尤以胡適先生倡導知識分子組黨以後，連官方報刊也有了反應。不僅我們從中可以窺知官民雙方的態度不同，而且能看出雙方的出發點和動機也互異。雙方立場不同而表情各異，是可以想像瞭解的。惟獨出發點和動機各異的基本原因，倒值得注意。綜觀所有贊成組黨的文字，可說百分之百的客觀；作者大多都替這一新黨的阻力擔憂，有的列舉過去在野黨的不幸遭遇為例，有的指陳當前執政黨的許多措施足以扼制新黨產生；大家並不會為這一個未見降世的反對黨表示一派的樂觀，甚至反而含有相當濃重的消極意味。這就是說，大家談這問題的動機和出發點，至少證明不為自私，而是基於中國民主政治的眞正需要，拿它當作一個「公衆」問題來看。(所謂不自私，可舉青年黨的李璜先生和朱文伯先生所發表幾篇文章作證，他們並不以青年黨現居在野黨的名位為已足。)這種動機和出發點，當然能獲得國人的同情和同感。如果李、朱兩先生說：「今天已經在事實上有兩個在野黨了，另組新黨的必要性自將大大減低」，則國人很可能誤解他二位的出發點和動機，以為只基於一黨的名位利益，而非為了全國家的民主政治前途。假使這樣，就和官方報刊那套論調奏著同一的音拍了。

官方的音拍是怎樣的呢？它與一般民間討論組黨的論調完全相反。這是因為它底動機和出發點，與民間意見對立的緣故。也就是說，那是純由主觀出發，動機在替執政黨維護。維護執政黨，本來不算什麽壞處；但若左袒執政黨一黨專政，則等於推動執政黨走向反民主，這是要不得的。現在執政黨員有不少的人正在誤解「一黨專政」，認為「執政黨當然要一黨專政，不會是兩黨同時執政」。殊不知「一黨專政」，就是「一黨獨裁」，外無强大的反對黨在議會監督施政，內無自下而上的民主制度和方式；於是黨外無過問政事之黨，黨內根本沒有衆意作基礎。(黨員的意見不許與黨魁的意見相背異，自然就形成了所謂「黨內無派」。)這樣的「一黨專政」，和民主政治的「一黨執政」是完全不同而且相反的。民主政治的一黨執政，要採納衆意，要聽從國會，要允許並尊重另外的反對黨存在，要和反對黨競賽看誰最聽公衆的話誰就勝利。我們這些年來，社會上有些人(尤其是有些黨員)誤以為那一黨强大就該歸它說話算數。因之發生了兩種奇特的觀念：一種是，誰的拳頭硬、黨員多，誰就「坐龍墩」，掌大權。另一種觀念是：既然國家大事不歸衆民說了算，而歸大黨說了算；於是黨與黨的競爭，只是爭黨員、賽勢力，而非爭衆民支持。「國家」竟然成了黨的食物，老百姓沒有份，因之兩黨之爭，為的「你死我活」，互相仇視，特別是執政黨最恐懼多出一個新政黨，視之為「搶我飯碗」的敵人。現今我們看到的官方報刊所載反對組新黨的文章作者，大多是以自私的黨意為出發點，動機在于防制新黨來搶飯碗。他們不大明白一黨專政與一黨執政之分，却認為「我既執政，當然就要專政」；「我們既掌權，當然就不許你另組新黨來奪我的龍墩坐」。執政黨員如此想法，也就難怪社會上有些非黨員的人們要把組黨看成「權勢財寶之爭」了。

由上可知，「出發點」和「動機」，必須搞清楚。拿這兩個尺度來量一量近來的許多組黨文字和反組黨文字，自私或從公，光明磊落或陰狠仇視，便昭然若揭。

然而老實說，迄今我還未看到過一篇講理而從公的反組黨文章。雖然已有不少反組黨的聲浪出現，却總不外是從「一黨專政」、「反民主」、「國是黨的國，民是黨的民」、「搶我們飯碗」等等愚昧的私心而出發的。他們找不出一點眞正合於民主政治知識的理由來作為反組黨的理由。他們的動機，只是為了防範並扼制新黨的產生而反對。這裏，我不妨略舉幾種反對論調來佐證他們內心的空虛和恐懼、幼稚和窘迫。

一種說：「我現在這個黨已經很好了，我們有歷史、有勢力、有功績、有主義，那一樣不比你們强？你們眞是不自量力！何況反共要靠團結，你們不快團結到我這邊來，却另組黨，這不正是破壞團結麽！」

這個說法表明了兩種用意，一在顯示「拳頭硬」，「坐龍墩」的資格顚撲不破；二在顯示必要時要「治你一個破壞團結的罪名」。這兩種用意，前者暴露了「强黨治國」的唯力主義思想，不許他人來執行衆意；後者暴露了視異黨如匪黨的滅他主義思想，只許自己駕馭一切。總之，這兩項暴露，十足說明了他們具備「天下為私」的理想。考我國近數十年「天下為私」理想的構成，約有下面兩個因素：一是居功心理，自認「天下是我們打下來的」，「我不統治，還能讓誰來統治」。二是「黨」的階級觀念作祟：黨魁、黨幹、黨員、平民，一系列自「上」而「下」，黨員優於民、高於民，民居最下等，須聽命服從，包括你的衣食住行在內；因之國家大事由「黨」說了算數，國是黨之國，不是五億平民之國。有了上面兩因素，在他們看來，「天下為私」是合情合理的。有了合情合理的根據，你再敢反對我，那就可用我的「不成文法」來懲治你；說你破壞團結，那還是很客氣的說法哩。

一種說：「另組反對黨，未必能比現有的在野黨為强；鑒於現有的不够强而另組新黨，於是自由中國就有四五個黨，民主是够民主了，可是法國黨派林立的弊害隨之而來。今天我們國難方殷，處境比法國更危險，如果政治癱瘓的病態在我們這裏發生，請問如何得了！」

這種說法是種恐嚇性的預設。例如說，山上有虎，虎能噬人，你永遠不要上山。又如：街上有狗，狗能咬人，你應避居屋內，一生不要上街。既知「民主是够民主了」，又不敢瞪著眼睛造謠說法國不民主，更說不出「法國黨派林立的弊害」起因何在，祇是一味恐嚇，滿懷恐懼，這樣的畏縮態度還談反共救國，眞是如何得了！所謂「另組反對黨，未必能比現在爲强」，此一預設，倒是恰與從前的恐日病者及恐共病者有點相似。汪精衞逃奔南京投靠日寇後，聲明他做漢奸的理由說：「焦土抗戰，未必能比今天我搞和平救國的結果好。」大陸撤退前的恐共病者也說過：「剿共的結果，未必會比我投共更佳。」今天如有人仿此口吻說：「我們憑藉孤島反共，未必能有好結局。」則一定要被「團勦」甚或捉去坐牢。既知反共只問該不該，不管結局好不好，那麽另組反對黨，就也無須預設它「未必比現有的强」了。如果執政黨不允許新黨「比現有的强」，或新黨本身未做到比現有的强，則責任都無關組黨或不組黨的問題，不能說根本不應該組黨。組黨歸組黨，組成之後誰把它搞糟了，那時才能查責任。假使這次組成而到後來又垮了，那應該再組，直到不垮而且能够强大爲止。現今知識分子若沒有這一點魄力和決心，那麽什麽也不必談，連組黨的環境條件都不必考慮；因爲當今沒有一個人能給組黨成功來擔保；任何事都是如此；萬能的上帝和倡組新黨的胡適博士也都不能給國人立下一份保證書。人類史是一部奮鬪史，不是一冊保證書。同時我勸反組黨者也別那麽小看法國。法國的多黨，有其社會政治文化諸條件而形成；那些黨搬到臺灣來，恐怕咱們還做不到法國政治這個樣子。說不定人家還正在笑我們一黨專政，說我們不够資格拿法國爲例來作爲反對新黨的藉口哩！

最比較明朗的一種說法，倒是：今天是反共時期，這時期只需要你聽我的話去做，不需要有什麽反對黨來批評我或監督我。你們要組黨，還是等反攻大陸以後再組吧。

千言萬語，不如這幾句話來得明朗。反共這兩個字，迄今還落伍在「軍事第一」的窠臼裏，並不是他們不懂政治重要。他們只想，政治民主任管發生多大的功效力量，但它最不合心意的，是一旦實行制衡作用，特權和優越感就將全盤喪失掉。因之，寧冒大不韙，也不要反對黨。在這種矛盾心理之下，只好利用「反共時期」作藉口，延緩並遏制反對黨的產生。這一利用手段，施之於扼制批評，也是一樣；譬如他們說：「反共時期，不該儘罵政府；罵得政府威信喪失了，就將影響反共。」把「批評」換成了一個「罵」字，就顯得問題格外嚴重。許多不明就裏的人，也覺得「罵」是不對的，該好好的講給它聽。這就是運用文字魔術易「批評」爲「罵」字收了奇效。不過這套魔術騙不過稍通常識的人。「批評」是人民的合法權利，而「罵」就有觸犯刑章的危險。兩個普通乎民，都不許誰罵誰，一罵就犯法。「政府」何等神聖，怎容得人罵？然而越是稍通常識的人，越懷疑政府爲何這般老實——挨了「罵」而不「繩之以法」。原來是「批評」居多，假使眞已够了「罵」的程度時，却沒一個人可得逍遙「法」外。所以要在出版法上拼命下功夫去修正通過，無非蓄意限制批評。而另一方面最多最易發生批評的，就是來自反對黨。運用「反共時期」爲阻遏反對黨誕生的藉口，實在是「一法兩用」。

從上面所舉的反對新黨論調，已經足够讀者瞭解這些反對者的內心如何空虛和恐懼，如何幼稚和窘迫，以及他們代表了一些什麽人來講這等自愚愚人的謊話。特別是，這些謊話的動機是什麽，出發點在那裏，國人當能一目瞭然。

至於反對黨的諸般條件和原則，在許多贊助的文字中，已經說得不少。在這裏，我只談談今天的形勢。

今天的形勢，我覺得對組新黨的青年、公教、知識分子並不算壞。組黨的障碍是有的；但世界上特別是遠東地區的反對黨要想順利產生並進而强大，恐怕根本不會毫無障碍的。世界上，沒有一帆風順的反對黨會博得公衆支持而趨於强大的。在非民主地區，反對黨的艱苦厄運是必然的。卽在民主社會，反對黨也是艱苦奮鬪的象徵。以近鄰韓國而言，他們的反對黨極爲負責認眞；然而他們爲民主政治而卓絕奮鬪的史績，也不是我們所曾企及的。我們以人口、歷史、文化諸條件與之相比，我們沒有理由出不來一個强大的反對黨。這一點值得我們慚愧！

最後談到我們當前的急務和首要步驟。依拙見：今天反對黨問題的重點，不在於社會力量能否促成它的誕生，而在於如何促成。換句話說，不要再問該不該促成，也不要問能不能促成，只問我們怎樣促其實現。因爲社會情勢和力量，要促成一個强大的反對黨，已經沒有問題了。現在只看用什麽方法和什麽方式。

在方法上，我覺得寧取光明公開，不要秘密部署進行。這是爲的要叫海內外和大陸同胞知道得更清楚一些——更清楚知道「民主興亡，組黨有責」。當然這要靠公開而有力量的文字來配合，於是一兩篇有聲有色的組黨宣言，就非及早拿出來不可。天下爲公的事情，是不怕搬到太陽光下來活動的。有人擔心，公開了會立卽召致外來的分化；其實這不是掩飾便可防止分化的事情。我不相信民主信心能被分化所動搖。這次組黨，全靠民主信心和決心來保證成功。如果組黨之士根本上就欠缺這份信心和決心，則此事大可不必再談。早一天公開，組黨會增加一分力量，社會將早一天得以發揮活力。從歷史上看，中國人似乎養成了一種習慣，喜歡用潛力去僵化對象；等對象僵化了，新情勢方以斯文姿態出現。推進民主，我覺得這不是好辦法。近卅年的史例，很足以給大家覺悟警惕——覺悟過去有些事情貽誤於遷延和韌性的作風。李璜先生曾慨乎言之：「我個人反省的結果，我認爲如能在民三十左右，抗日期中，實現了眞正的民主制度，將全國中堅階層認眞團結起來，則中共雖狡黠兇頑，其騙術絕對不會那樣煽惑民心、影響軍心，而國軍也絕對不會就那樣能冰消瓦解也！前事不忘，後事之師；筆者總覺得大家如能善自思量，多加反省，或者便一致的感到民主自由的目前重要性。」他這「目前重要性」一語，值得我們萬分重視。這足可作證，過去數十年的韌性遷延作風，及依賴潛力慢性僵化的方法，必須立卽改變。我贊成李璜先生「善自思量，多加反省……自由民主的目前的重要性」這番苦心與一針見血之言；甚至我想說：若能在民國廿年左右創建眞正的民主政治制度，則敢相信，後來亙續了十四年的赤禍是不會發生的，大陸不會沉淪，我們五億同胞不會遭受今天這樣的慘禍。所以組黨之事，不應該再拖延，走斯文步伐。何況潛力不用不發，積久了也會消失。早日公開，是防止消失的有效辦法。現在已有人（當然是反組黨論者）揚言：「他們（指自由知識分子）在投民主自由之機，在玩魔術」云云。前些時，美一魔術師在三軍球場表演，因預測各報頭條消息而拆出了白紙一張的趣事，被觀衆報以噓聲，疾呼受騙。魔術師原本玩的是魔術，非同於組黨求民主，這且不談；但由此也可見，人心之求眞求實，不耐其玩噱頭，想看看眞實的東西。如果組黨長此拖延，定然會打擊羣衆求眞求實的心理要求。這對自由陣線是很不利的。

在組黨方式上，據管見：應先以聯合簽名發布「成立宣言」或「發起宣言」爲最佳方式。李璜先生曾提議：「最好胡適先生就把他發起的自由中國社，改爲中國自由黨；這次到美國，便把招牌打出來，在海內外徵求同志」。當然這也是値得採行的方式。不過，恐怕事實上胡先生未必肯如此做。這方式牽涉到的問題和困難也不少。聯名方式，可以解除若干不必要的麻煩。

總結起來，我覺得組黨已臨「水到渠成」之勢，追求自由民主的全國人士應該由「坐而言」進爲「起而行」；在陳誠先生組成新政府的時候，應該促成這一個有力的反對黨適時誕生。胡先生如能立卽以函件和政府首長作正式商洽，那是更好的了。

論狄托在拉賓演說對大陸的影響

王厚生

今年三月，南斯拉夫共產主義者聯盟公佈了一個新綱領，其中關於國際形勢的分析部分，因爲將蘇聯和美國相提並論，等同視之，致爲克里姆林宮中幾個寡頭所不滿，先是干涉南共內政，勸告將國際形勢的部分取消，南共不聽，繼而由蘇共發動，並下令各附庸國共黨向南共進行宣傳上的圍攻，這就是反對所謂「現代修正主義」的運動。中共在這次運動中，扮演了衝鋒陷陣的脚色。其次，保加利亞和阿爾巴尼亞共產黨也不甘落後，效力不小，波共的戈慕卡最後表示意見（六月廿八日的演說），雖指南共的修正主義是錯誤和有害的，但這種指責較之中共的激烈和粗俗言語，已不够味。

在反對「現代修正主義」的運動中，赫魯雪夫也親自出場，他在六月三日向保共第七次代表大會發表演說，猛烈指責南共，說「帝國主義者在任何時候對任何人都不會僅僅爲了『漂亮的眼睛』白白地送錢，他們的資本只會投向他們指望獲得厚利的事業中。」

圍攻「現代修正主義」的炮火儘管相當熾烈，但南共的主要領導人狄托一直保持冷靜，到六月十五日始在伊斯特里亞半島的拉賓地方發表演說，這無疑是一篇有力的反擊演說。尤其重要的，是這篇演說經狄托的一逼，中共的人民日報抱着痛苦的心情無可奈何地將全文在六月廿六日那天發表了。自然，這篇演說將在大陸同胞們的心理上發生很深刻的影響。

反對「現代修正主義」的運動（共黨稱爲鬪爭）一開始，中共的表現就很激烈，但是大陸上民衆除讀人民日報社論等抨擊文章外，根本就不淸楚這是怎麼回事，卽使從中共的許多篇文章中可以揣摩得出若干眞相，但畢竟是一鱗半爪，不明白整個的事態內容及其發展。南斯拉夫現和中共建有外交關係，除使節外，尙有通訊社、報館記者長駐北平，中共這種不讓人民知道事實眞相，僅以片面之見强使人民接受的做法，貝爾格勒德方面當然曉得，所以，狄托在這次的演說中特別提到這一點，他說：「在反對南斯拉夫的運動中，一九四八年的老方法又在舞台上出現了，其唯一目的是欺騙他們自己的人民。因爲，他們用那種宣傳欺騙不了我國人民，我國人民是淸楚知道這些事情的，他們在這方面有多年的經驗。這就是我們不隱瞞任何事情的原因。相反，在可能的時候，我們就發表他們全部的演說和指責，以便我國人民能够了解它們。但是攻擊和指責我們的那些人是怎麼作的呢？他們不公布我們的任何材料，因爲他們不敢讓他們的人民知道事實眞相，那就是，不敢讓他們知道我們的態度。」

這一逼，中共被迫將狄托的演說全文發表了。當然，發表以後，大陸人民不僅可以知道南共的態度，且能從中獲取許多新鮮的消息。大陸人民無疑會歡迎這樣做的，但中共顯然有些不大願意，故在狄托演說的原文之前加上一個「編者注」，企圖在讀者心中先注以成見，冀以「先入爲主」之成見來評估這篇演說的價値。人民日報的「編者注」是這樣說的：「一篇汚衊中國、蘇聯和其他社會主義國家、並對美帝國主義再次表示感恩戴德的反動演說。」

以今日大陸人民反共情緒來說，我很懷疑這個「編者注」會有什麼作用，如果有的話，則其作用也是反面的，卽當讀者們抱着如饑如渴的心情來讀狄托的演說時，一眼先望見這個「編者注」，不去讀它還好，一讀之下，只會發生十二萬分的厭惡心情，心中咒罵這批無恥的東西，還不浪子回頭，還要繼續騙人。

中共不願將狄托的演說發表，正如南國駐北平的記者所說，中共內部有着困難，這時候，將狄托的演說發表，給大陸人民在思想上的衝擊力是很大的，同時，對於「右派分子」和反共知識分子是一個鼓勵，因爲狄托演說中的幾個重要論點，大陸上知識分子是會發生興趣的。例如狄托說，蘇共中共之攻擊南斯拉夫的叫囂不是由於南共的新綱領，而是有其更深的根源的，發動反對「現代修正主義」運動的主要原因，在於南共拒絕在去年十一月的十二國共黨宣言上簽字，在於南共反對將世界分裂成爲各種陣營，拒絕參加以蘇聯爲首的所謂「社會主義陣營」。他又說：

「我們必須同一切國家建立合作的關係，而不應該把我們自己局限於二個陣營之中。這二個陣營之間將會發生衝突，並且有朝一日可能會因爲它們而爆發戰爭。

「在我們極其需要援助，即斯大林對我國施加政治、經濟和宣傳壓力的時候，我們從美國獲得了經濟和軍事援助。這在很大程度上幫助我們克服了當時的巨大困難。」他說美援是「不附任何政治或其他讓步」的。

「中國領袖們之所以猛烈攻擊我們，是由於我們的外交政策，也就是具有不同社會制度的國家共處的政策，這意味着，他們是反對緩和世界緊張局勢的，在這方面，他們同西方最反動的戰爭販子處於同樣的地位。」

「我們的人民曾吃過斯大林的經濟和政治壓力政策的不少苦頭，因此，當赫魯雪夫同志今天仍然重複這種做法並加以辯護的時候（雖然他曾在蘇聯共產黨第二十次代表大會上激烈譴責過這一政策），我們感到很難過。」

關於美援問題，狄托說得更加詳細。他完全同意美國援助南共不是爲了使社會主義能在南國取得勝利的看法，正像一九二一年和一九二二年時一樣，蘇俄國內有嚴重的困難和旱災，美國也曾幫助蘇俄，那也不是因爲美國希望這種幫助會有利於加强蘇維埃政權，而是因爲蘇俄發生了饑荒。一九四九年以後美國援助南國，不是爲了社會主義，事實上，美國人不喜歡社會主義，他們也不掩飾這一事實，而是因爲一方面南國人民受到饑荒的威脅，另一方面是因爲援助使南斯拉夫能够易於抵抗斯大林的壓力，和維護其獨立，所以，狄托說：「美英法三國的援助使得由於封鎖和共產黨情報局的壓力而處於嚴重困境的南斯拉夫得到很大幫助，而同時美英法三國在世界上在道義方面得到很大好處。」

說到社會主義能否用美國的小麥來建立的問題，狄托說了一段饒有趣味的話：「美國的小麥、棉花和油脂並不是陳舊的貨物，而是每一個世界市場上都非常需要的商品。然而，美國的小麥並不比我們沒有得到的蘇俄小麥差，而且在其他商品方面的情況也是這樣。」

以上所列舉各點，在中共聽來是刺耳的，至少，對於中共的一面倒外交政策和宣傳（如把共產集團中的主奴關係形容爲兄弟般的親切關係，共產國家之間沒有互相壓迫和剝削的情形，俄國的援助如何慷慨，美國的經援是傾銷腐爛的剩餘農業品之類）是一種極大的諷刺。在大陸上被壓迫人民聽來，自然是高興的，因爲大陸上同胞們的思想和情緒，對於美國和蘇俄的認識，都已在去年的鳴放時期中表露出來了，他們不一定對於狄托和南共有好感，但是對於狄托今次演說中所作的論斷，他們顯然是會同情和贊美的。再加上現實生活的艱苦，共產黨縱有三頭六臂，也說服不了人民的反共反蘇思想，也阻止不了思想的潛在活動。

最可使大陸上民衆好笑和好氣的問題，是赫魯雪夫一面罵南共取得美援，一面自己也請求美援，這種可笑的擧動，雖三尺豎子也知道是不對的。狄托在演說中當然不放棄這個反擊的機會，他說：「當最近赫魯雪夫同志本人要求同美國締結一項信貸和長期經濟合作的協定的時候，那些攻擊我們的人在道義上有什麼權利由於美國的援助或信貸而責難我們呢？在這裏不僅是不講邏輯，而且攻擊和誹謗我們，說我們爲了得到美國援助和信貸而出賣自己，這種作法簡直是無恥到極點了。」

在這方面，赫魯雪夫的確幹得太不高明了，不要說大陸上民衆知道了這件事之後會對俄國大鼻子發生更深的仇視、鄙視和輕視，恐怕中共的領導人也會表示不滿，因爲在表面上，狄托是對赫魯雪夫的指名反擊，實際上，何嘗不是在中共的鬼臉上狠狠地摑了一掌呢？

狄托反擊中共的方法是尖酸刻毒的，他說中共的人民日報是因爲發表反對南斯拉夫的誹謗性攻擊現在已經全世界聞名了。又說：「如果這些中國領袖們有內部困難的話——毫無疑問他們是有的——讓他們用某種其他辦法，而不要用這種對南斯拉夫的敵對態度來解決這些困難吧！我們知道，在社會主義建設中，缺乏資本、資金和貸款是怎樣的一個困難，但是我們是努力用正大光明的辦法，而不是在損害另一個社會主義國家的情況下來解決這些問題的。」

狄托將中共的內部困難和缺乏資本、資金和貸款一事攪在一起，是一種刻毒的譏諷，而且還說了「我們是努力用正大光明的辦法」一句，暗指中共是努力用卑鄙下流的辦法，卽損人利己的做法去解決內部困難的。

關於中共內部的實際情形，狄托和我們有相同的看法，不過，狄托所以要用這種方式來反擊中共，可能有三種含義：

一、中共因吃不到葡萄（美援）而硬說葡萄是酸的，這是無聊，又是無恥。

二、中共在反對南共修正主義時，將「美國帝國主義」一併攻擊在內，這是中共求取美援前的一種姿態，因爲美國今日的外交政策，有時的確表現了「怕硬欺軟」的作風。

三、中共人民日報於五月五日發表第一篇反對南共新綱領的社論，繼於蘇俄片面宣佈對南斯拉夫二億八千五百萬美元之貸款延期五年支付後，於六月四日再發表了「對現代修正主義必須鬭爭到底」的第二篇社論。中共這樣賣力，是不是想爭取這筆貸款呢？狄托雖不明說，但在急需資本、資金和貸款的中共聽起來，確有說不出是酸是苦的味道。

狄托這樣挖苦中共，自有其理由，不過，他所說的理由不足以包括中共所以要堅決反對「現代修正主義」的全部理由。我以爲，除去中共想爭取外援外，還有其他迫使它不得不反對「現在修正主義」的原因。

毫無疑問的，中共有它自己的痛苦經驗，此經驗得自去年的鳴放運動，中共業已認定，除政治必須實行專政外，思想統制也不能放鬆，所謂大爭大鳴，實在是危險的事。由此經驗而推論南共的修正主義，反對是必然的。同時，中共領導人平時的理論過多了，而且他們的態度和言論多數是偏激的，把話說盡了，說絕了，很少留下轉圜的餘地，所以，赫魯雪夫可以譴責斯大林，甚至馬倫可夫、米高揚、布爾加寧之流也可以隨聲附和，痛責斯大林的獨裁作風，唯獨中共及其領導人如毛澤東、劉少奇之流就很難可以隨便斥罵斯大林，一方面，固然是由於斯大林曾是中共的後臺和恩人，另一方面，何嘗不是因爲中共領導人的言論印在書本之上，印在一般黨團員和民衆的心坎之中，不易更改，否則，就是自失立場，思想的自我否定。

南共有幸，在一九四八年被斯大林迫出共產集團，南共領導人從此可以不顧過去的一切，放膽地做，自由地提出馬列主義的修正主義，中共不特不能自由地提修正主義的事，卽使追隨，也有困難，在這種形勢之下，中共對於南共也只有反對之一途。

過去一年中，中共忙於鳴放、反右、整風等一連串與民爲敵的事，至今年五月底，暫時告一結束。現在，來自巴爾幹的風暴侵襲了中共和整個大陸思想界，中共不得不發表狄托的演說全文，內心的矛盾和痛苦是可以想像的，發表吧，無異是鼓勵「右派」，爲「右派」重振聲勢；不發表吧，被狄托指爲欺瞞人民。這對中共來說，確是尷尬的局面，或者說，中共今在思想戰線上重入進退「二難」之境。中共考慮再三，還是決定發表，但共黨報紙自稱負有教育人民的任務，所以，加上「編者注」不算，再用「評論員」名義寫一篇以「欲蓋彌彰」爲題的文章，對狄托的演說加以評論。

「欲蓋彌彰」的內容空泛，決引不起大陸人民的閱讀興趣，更不足以壓倒狄托的演說。我以耐心讀了這篇半官方的文章，覺得非常失望。茲擇其三點來說：第一，「評論員」爲了反駁狄托所謂世界分裂成二個陣營和參加陣營可增局勢緊張的話，提出一種膚淺的理論，說二次世界大戰是在沒有「社會主義陣營」時發生的。我們姑且不說斯大林勾結希特勒，簽訂互不侵犯條約，瓜分波蘭，鼓勵納粹德國西侵的事，但我們不得不教訓那個「評論員」，下次且莫離開辯證唯物論和現實環境立論。第二，「評論員」說：「狄托在他的演說中瘋狂地攻擊中國共產黨，這只能使我們感覺光榮。」如果這是個健全的邏輯，那末，受許多共產黨圍攻的狄托和南共，其感受的光榮不知幾十百倍於中共之所感覺者，而且，我要勸告這個「評論員」，請快停筆，下次不要再寫抨擊南共的文章了，你還是存心替狄托和南共增添光榮究竟是爲了什麽呢？第三，「評論員」最後又說：「狄托的煞費苦心的演說，就是用這樣的一批駁不勝駁的謊言組成的。」我與「評論員」有同感，覺得狄托的演說是駁不勝駁的，不過難駁的不是謊言，而是眞話，天下豈有駁不倒的謊言？這或許是共產黨人的過分自信，以爲他們的謊言是往往成功的，所以，說出謊言不好駁的話。這一次，共產黨人竟在狄托的「謊言」面前束手無策，這是所謂惡有惡報、善有善報了。

中共好像覺得這篇「欲蓋彌彰」的文章的確不足以壓倒狄托的演說，更不足以左右讀者們的思想，故於六月廿九日再以「本報評論員」名義寫了一篇「爲什麼美帝國主義爲狄托的演說喝采？」的文章。二句話，就可以說明這篇文章的內容了：「美帝國主義讚揚狄托，這證明狄托合乎美帝國主義的需要。」多麼奇妙的邏輯！共產黨人的聰明才智不過如此！我們假使拿這邏輯去打擊共產黨，共產黨的處境豈不是會很困難？共產黨讚揚過狄托，但事實是狄托並不合乎蘇共中共等的需要。當二次大戰前夕莫洛托夫和李賓特洛夫簽定互不侵犯條約時，照例也是使用「友誼」、「合作」、「和平」等字眼互相讚揚一番，但事實又是怎樣的呢？蘇俄並不覺得德國後來的猛烈炮火是合乎它的需要的。

自共產世界發生反對「現代修正主義」的運動以來，我曾細讀「共產黨人」、眞理報、赫魯雪夫、人民日報、中共八屆全代大會二次會議等之文章」演說和決議，我從這些反對修正主義的理論中得出一個結論，卽南共的新綱領對於鐵幕後面的民衆固然發生很大的影響，對於各國共產黨及其領導人——包括赫魯雪夫、毛澤東等在內——也發生了不小的影響。這一點，我們可以從反對南共的許多篇內容空洞和思想凌亂的文章看出來。如果說各國共產黨及其領導人因南共的新綱領而動搖信心，這是一種符合事實的說法。

總之，在我看來，狄托在拉賓的演說對蘇共中共的打擊不在南共新綱領之下，這篇演說，把蘇共中共的發言人的嘴巴塞住了，中共的人民日報不以社論而以「評論員」的文章還擊，必有其苦衷。譬如說，「紅旗」半月刊的主編陳伯達連續寫過二篇文章：「南斯拉夫修正主義是帝國主義政策的產物」和「美帝國主義在南斯拉夫的賭注」，辱罵南共的修正主義，而每篇文章都以「美援」作爲一種罪名或武器，說狄托如背叛耶穌的猶大，如何爲「美援」而出賣南國人民，「美援」如何影響了南共的外交和內政政策等等。現在，狄托將赫魯雪夫求取美援一事强調提出，給以「美援」爲打擊南共之武器的人一個當頭棒喝，從今以後，「美援」已不能作爲打擊南共的武器，寫文章和發言的人可要小心一點了！凡讀過「紅旗」和陳伯達文章的人，無論是否黨團員，都會因狄托的演說而猛醒而獲得啓示，而負責中共宣傳的人，內心憎恨赫魯雪夫的無聊和蘇共之不可信賴，應該也是人情之常吧！

四十七年七月二日於香港。

中東危機、納塞主義、與高階層會議

紐約通訊・七月廿六日

丁　堅

蘇俄總理赫魯雪夫于七月廿六日致函英美法三國首腦，控艾森豪總統「不要和平」，故意留難聯合國安全理事會中舉行討論中東問題的高階層會議。他又建議如果紐約對各國首腦安全發生焦慮，會議可在莫斯科、日內瓦、巴黎、維也納或歐洲任何地方舉行。到記者寫稿時為止，安理會中之高階層會議是否能在八月中旬開成尚是問題，目前的情勢是：英國是願意的，美國是勉强的，法國總理戴高樂則主張在聯合國之外舉行。根據外電報導，戴高樂雖然不願與西方盟國分裂，可是很有意思拒絕追隨美國的外交政策，而自成為歐洲大陸及北非之「第三勢力」發言人。這次高階層會議之逐漸成型，是由于中東危機的結果，所將討論的亦將僅限于中東問題。可是會議開成之後，是不是能解決危機，阻止戰爭的爆發，仍是疑問。這裏就整個中東局勢，作一個概括的檢討。

一　中東的地理、人民與政治

中東的阿拉伯世界位在地中海與阿拉伯海，全部共有一、六一六、五三〇方里，大部份為沙漠地。主要國家為阿拉伯聯合共和國(埃及與敍利亞)，阿拉伯聯邦(伊拉克與約旦)，沙地阿拉伯，與黎巴嫩，其中以黎巴嫩最受西方文化灌注，阿拉伯人全部共四千六百八十萬人，言語一種，為阿拉伯語。宗教一個，為回教。僅黎巴嫩有半數人口為基督徒。中東地區唯一非阿拉伯國家為以色列，佔地八千方里，人口二百萬。此外，另有五十萬為流浪的巴力斯坦阿拉伯難民。再有五十萬奴隸，大部份為非洲黑人。全部阿拉伯人中，五分之四為窮苦農民，不少為遊牧民族。不識字者為在百分之七十五至九十五之間。在經濟方面，產油豐富，特別是沙地阿拉伯與伊拉克。

在政治方面，目前中東危機之發生，可說是歷年來各種因素所造成的結果。首先是以色列的立國。以色列建國後，曾引起阿拉伯國家一時的團結一致，可是由于各種複雜因素，阿拉伯人對以色列的敵意逐漸冲淡，阿拉伯世界亦自行分裂。沒有豐富油礦的國家與富有的產油國家分成二個陣營。埃及的納塞趁機崛起，領導前者，宣揚民族主義，乃引起目前的中東危機。納塞將英國勢力逐出蘇彝士以後，接受蘇俄軍火供應，而使俄人開始在中東立足。

二　中東對西方的重要性

一國外交政策的形成，主要係以本國利益為出發點，就美國而言，中東的重要性，乃在于西歐能在中東獲得石油供給。歐洲盟國如一旦被割斷中東的石油供應，即不得不仰給于美國，因此美國不願西方勢力之被逐出于中東。(其他一個原因，為美國對以色列有在道義上予以支持的責任) 由于石油供應對西方之重要，倫敦人士將西方國的中東政策稱為「石油政治」。這次美軍在黎巴嫩登陸及英軍在約旦登陸，實是出于「石油政治」。可是蘇俄未始不覬覦中東的石油，俄人之在經濟與軍事上援助納塞，也是其「石油政治」的施行。現代工業以石油為命根。如果石油供應斷絕，工業將不得不完全停止。這次伊拉克政變，使倫敦、巴黎、及西德等諸國大為吃驚，原因即在于此。伊拉克產油量每日可達七十三萬桶，大部份係輸往西歐如英、法、意等各國。整個中東是西歐所有各國所需石油的供應來源。英、法、意、西德、荷蘭、瑞典、比利時、盧森堡、丹麥、挪威、瑞士等國進口的油量，每日達二百八十萬桶。中東的石油係由國際共同開發。伊拉克油公司由英、荷、美、法各國商人合有，沙地阿拉伯石油係由美商開發，伊朗石油則由伊朗政府與英、美、法、荷各國商行所共有。阿拉伯民族主義並不單純由于油礦利益而崛起。可是阿拉伯人深知，在對付西方國時，石油乃是一張王牌。

三　納塞主義是怎樣興起的？

六年之前，納塞尚是一個無名無聲的角色。他是埃及一個郵政人員的兒子，在埃及軍官學校畢業，在軍隊中升到上校。可是過去二年來，納塞名揚世界，幾乎兩次造成世界大戰。今日他不但是大部份阿拉伯人心目中的英雄，而且成為一個國際政治舞臺上的頭等角色。欲深切瞭解這個「時勢造英雄」的現象，我們首先必須檢討過去的歷史。

納塞是一個道地的尼羅河旁出生的埃及人，可是同時也是衰落中不列顛帝國主義時代的產物。我們不能諱言，在二十世紀過去半世紀中，有二個重要的政治動態。一是共產主義的崛起，另一便是大不列顛帝國之衰退。後者的演變曾在世界各角落造成不少政治漩渦。納塞便是這類政治漩渦凝定時的產物。與帝國思想衰落相並而發生者當是民族主義的興起，而阿拉伯人除了民族主義的醒覺外，又受到以色列立國的刺激，所有阿拉伯人幾乎都懷疑以色列乃是帝國主義的副產物，更對西方懷有猜疑，因此而更促成納塞主義的成型。

納塞在埃及革命成功後，大部份阿拉伯人仍對現狀不滿。此種不滿情緒係受下列各項因素所刺激：一、阿拉伯人認為帝國主義仍有餘渣。二、若干阿拉伯國家雖獲獨立，實際上仍受英國統制。英國大使往往有極大勢力。三、平民對富有地主階級不滿，而富有地主階級則與英人聯繫。四、不少中東地區仍有英軍駐留，隨時提醒帝國主義。五、阿拉伯知識分子欲謀改良政治，實施土地改革與平等政治，及掃滅腐敗的酋長與王族。六、阿拉伯人對英美之協助以色列立國極具憎恨。所有以上種種原因併合在一起，常使阿拉伯人失去理性。而納塞主義的基礎，實是在于納塞能在埃及本國之內，將上述各項纒結逐一解開之故。

納塞在其埃及本國的革命政策雖不完全誠實，可是在一般阿拉伯人的心目中則認爲了不起。他首先將腐敗的王族逐出；施行土地改革及現代工業化計劃；在社會與政治制度上設立平等制度；淸除腐敗貪汚官員。然後他又將英軍在蘇彛士運河區的基地逐出；向蘇俄購買軍火；揚言要與以色列決心作戰；最後終將運河收歸國有。凡此種種，皆使埃及人民恢復自信與尊嚴，而引起其他阿拉伯人的拜服。當然，納塞的行爲猶如賭博，在內政上他實際並未解決埃及人民的窮苦問題，可是其對英法的大膽作爲，使埃及人民在精神上極具刺激。

納塞在其本國造成崇高的地位後，乃野心勃勃，企圖將其手法應用于整個中東。開羅是阿拉伯世界最大城市，開羅的大學校乃成爲納塞主義的溫床。在阿拉伯各國敎書的埃及人成爲納塞主義的發言人。開羅的報紙成爲納塞主義喉舌。在世界各地的埃及大使館成爲納塞主義的宣傳與對外活動中心。而埃及軍隊也穿了新制服，開了俄製坦克車，耀武揚威，引起其他阿拉伯人的艷羨。納塞同時利用中東的石油富藏，強調阿拉伯在世界地位之重要，並借石油爲要挾，加重其對英國的倔強態度。

二年前蘇彛士運河事變的結果，更使納塞成爲阿拉伯人心目中的英雄。敍利亞加入埃及而合併成爲阿拉伯聯合共和國，乃是他對泛阿拉伯主義團結的第一步行動。這個行動使約旦與伊拉克王朝惴惴不安，合併爲阿拉伯聯邦，以作對峙。可是這二個聯邦，性質有所不同。伊拉克叛軍終于傾覆王朝，新政府已有與埃敍合併之意。而約旦國王如無西方支持，亦有不保之勢。據西方觀察推測，六個月內，約旦也將發生革命，其他各國，如沙地阿拉伯尙在猶豫，黎巴嫩的命運尙在不知中。

四　納塞主義與共產主義的結合

納塞雖然在其政策上逐漸傾向于蘇俄集團，可是他本人並非共產主義者。在其本國國土內，他已將埃及的共黨勢力壓滅，而敍利亞共黨與納塞也並不和洽，可是納塞在接受蘇俄的物質與精神上協助時，從不猶豫。

在表面上而言，目前共產主義與納塞主義的利害並不衝突。雙方最重要目的皆是排除西方勢力，及推翻古老社會制度。凡是納塞反西方的一日，蘇俄必會全力支援。可是納塞主義與共產主義的結合僅是暫時性、虛假性的。以民性及人生觀念而論，阿拉伯人與共產主義之興趣並不相合，中東的石油市場是在西方。石油的開發、出售是由西方技術人員經手。不少阿拉伯人在西方受敎育，醉心西方文化，甚至追求西方女性爲妻。此外，目前阿拉伯各國內雖確有民族主義活動，可是共黨活動勢力則並不大。我們可以說納塞是一個機會主義者，納塞主義與共產主義的結褵，好景不會久常。

五　西方國準備如何對付納塞主義？

上面已經說到，西方國對中東的興趣最主要是在石油，而阿拉伯人民最欲實現的目的是民族主義與阿拉伯民族的團結。伊拉克反西方政變成功後，西方處于爲難局勢，面臨納塞主義，必須在兩條路中選擇一條。一是反對納塞主義，至少必須阻止其在其他地區之蔓延。一是加以縱容。根據各方新聞報導，西方國已有採取後者之勢，英美二國考慮承認伊拉克新政府之說（英美已承認伊拉克新政府——編者），已屢有傳聞，美國務卿杜勒斯抵倫敦參加巴格達公約會議時，已與英首相麥米倫及外相勞合討論。英美二國顯然懼慮，西方如欲在納塞手中奪回伊拉克與敍利亞，勢必引起蘇俄「志願軍」參戰，而爆發世界大戰。目前西方國最關切者爲阻止納塞主義之蔓延到黎巴嫩與約旦。英美派軍赴黎約二國至少可以暫時做到此點。可是軍隊不能長駐外國。這個問題乃不得不在高階層會議中解決。

就另一方面而言，阿拉伯世界與西方的經濟聯繫仍極强，納塞與其黨徒深知，阿拉伯國家的繁盛，全靠繼續將石油售與西方，及繼續允准西方貨船開經蘇彛士運河。英美現在有意將黎巴嫩造成一個阿拉伯世界中的「中立國家」，希望納塞能加接受。同時希望對約旦亦能獲得一折衷計劃。就整個局勢而言，中東此次危機結果，西方又退後一步。

六　高階層會議將成爲蘇俄宣傳臺

照目前情勢而言，中東最危險的時期已過，大戰似不致爆發，在英美派軍赴黎巴嫩與約旦時，蘇俄未曾出動「志願軍」，顯示莫斯科不敢妄動。同時，赫魯雪夫經過八個月的鼓吹，似已能達到其欲舉行高階層會議的目的。美國係在環境所迫之下，勉强同意。美國前曾一再表示立場，謂高階層會議的舉行必須于事先有充分的準備，這次會議如能于八月中旬如期在聯合國安理會中開成，正是艾森豪總統所不喜者，國務卿杜勒斯更竭力反對，可是被英國所迫，不得不同意。赫魯雪夫希望越早越好，可以借高階層會做宣傳臺，攻擊英美軍隊的「侵略」約旦與黎巴嫩。此外，赫魯雪夫可能在會中提出下列各項前曾提出的建議：一、東西雙方停止以軍火運往中東。二、不干涉中東各國內政。三、撤出外國軍隊基地。四、解散軍事聯盟。五、經濟援助中東各國，六、以和平方法解決所有糾紛。這幾個包了糖衣的建議如在聯合國安理會中提出，對世界各國，無疑會有極大宣傳成效。好戲即將開幕，讓我們拭目以待。

七月廿六日于紐約。

西方的島國：

西印度群島聯邦

華明譯

西印度羣島像一把鑽石撒在蔚藍的地毯上，從南美洲到美國，裝點着加勒比海。從前，這些島嶼的大部份，都是英國的殖民地，爲大英帝國王冠上的寶石。現在，英屬的西印度羣島，由於大英帝國的沒落，已經獲得了獨立。

英屬的十三個島嶼——牙買加，千里達，多巴哥，格林那達，聖文遜特，聖羅西亞，巴巴多，多米尼加，蒙廸塞拉特，尼維斯，聖克茲，安廸瓜，安圭拉——已經聯合起來，組成了一個世界上最新的國家，定名爲西印度羣島聯邦，首都爲千里達島上的「西班牙港」，議會爲兩院制，行政首長爲總理，將於五年之內獲得完全的統治權，和加拿大一樣，成爲大英國協的一份子。今年四月二十三日，這個新的國家曾舉行一次盛大狂歡的慶祝，英王派了瑪格蘭特公主爲代表去參加。

西印度羣島在西曆一四九二年爲哥倫布所發現，曾經被英、法、荷、丹麥和西班牙五國所查勘和拓殖。有兩世紀之久，牠們曾作爲海盜的戰場和出沒之所。到了十九世紀，這些地方纔平靜下來。

在二十世紀，由於世界對於原料的需要，這些島嶼便甦醒起來了。牙買加和千里達兩島，因有鐵礬土和石油，正在欣欣向榮，其他較小的島嶼，也都在打算改變他們占有勢力的單一的糖經濟。

牙買加是這個聯邦最大的島，面積四千四百一十一平方英里，人口一百六十萬。牠有富豐的鐵礬土鑛，加拿大和美國的公司已投資二億元，發展爲一種工業，雇用了五千個牙買加人。島上第二大出產爲蔗糖，產額每年有三十七萬噸。第三大收入爲觀光事業，遊人甚多。西印度羣島大學設在這兒，因在二次世界大戰後，英國和美國的大學太擁擠，於是牠就應運而生，現在每年有一百個畢業生。

千里達有豐富的石油鑛，這使從牠成了這個聯邦中最富有的島嶼，平均每人收入爲四三四元。風靡全球的搖滾樂，就是發源在這兒的。

多巴哥島的人宣稱：他們這個島，就是英國作家達尼爾・狄和怡在「魯濱遜・克魯索」一書中所描寫的地方，這兒以壯麗的沙灘和澄清的海水而出名，吸引着很多旅客來游泳和作日光浴，以增進健康。牠離千里達島最近。

格林那達島出產荳蔻、可可和香料，颶風在三年前橫掃這兒，破壞了牠的經濟。

聖文遜特島的面積是第二小的，牠以出產棉花而著名。其次是麵包果。

聖羅西亞島上有座死火山，名叫伯廸・西頓，高二千四百六十一英尺，島人仍舊講法國殖民者的方言。

巴巴多島的出產是蔗糖。牠的面積只有一百六十六平方英里，而人口則有二十三萬多，這是牠最主要的問題。

多米尼加島的主要出產是白檸檬等水果，這兒是西印度羣島中唯一有印第安族的卡里人保留地的所在。

蒙廸塞拉特島多岩石，但是土地肥沃，出口以白檸檬油爲大宗，島人都講愛爾蘭土話。

尼維斯島的面積只有五十平方英里，曾經作過有名的保養健康的地方。

聖克茲是個肥沃的島嶼，出產以蔗糖爲最多。島上的棕梠樹，都被貿易風吹彎了腰的。

安廸瓜島是個不毛之地，但是風景優美，最近，觀光事業非常發達，美國在這兒建立了一個人造衞星觀測站。

安圭拉島的面積最小，只有三十四平方英里。島人依賴把海水曬乾成鹽爲生。

這十三個島嶼，在兩年前，由英國政府施以壓力，開始進行獨立。英國之所以如此，是因爲牠們都太小了，不能自給自足，英國政府要化很多錢來補助，現在已經負擔不起，便讓牠們聯合起來，以試驗聯合的好處。今年春天，他們選出了第一屆下議院，下議院並已選舉格蘭特萊・亞當斯爵士爲總理，在下議院中，奉行社會主義的聯合工黨佔二十四席，保守的民主工黨佔二十三席，另外一席是一個小團體，上議院的議員十九人，則由英國總督海里斯爵士指派，海里斯爵士在未來五年仍舊在此代表英政府，到一九六三年這個島國完全獨立了爲止。

西印度羣島聯邦的領導者和人民，要把這十三個星散的大小島嶼聯合成爲一個國家，將遭遇很多困難，這十三個島，除了聯合的需要之外，並沒有什麼共同之點，牠們分散得很遠，問題隨牠們的地理而異。有些較大的島是富足的，其他的小島則貧乏而人口過剩，這個聯邦的人口總共有三百萬，其組成份子爲非洲黑人，東印第安人，中國人和白種人，每一個島都有牠獨自行政系統，聯邦的急務，就是把這些紛歧事務由中央政府接管，統一指揮。

這些島嶼的貧富懸殊，可能是聯邦所遭遇的困難的根源，根據以前英國統治時代收入情況來估計，這個聯邦的收入，牙買加島要負擔一半，千里達島要負擔三分之一，其他的小島所能負擔的，還不到十二分之一。在未獨立以前，這些小島是由英國政府補助的，將來獨立之後，牠們不是在這五年之內發展得自給自足，就是要較大和較富足的島嶼負擔更重的捐稅，來彌補牠們的不足。

然而，要靠大島來彌補小島的不足，就牙買加島而論，頗有困難，這個島的收入，在近五年之內，每年已經增加了百分之五。牠的居民勉强忍受了這種稅收的增加，現在，有些牙買加的領導者，在聯邦對牙買加可能增稅的問題上，已經表示懷疑。

在西印度羣島聯邦的貨物和人民從甲島到乙島去的問題中所包含的情況，差不多和迫使西歐走向共同市場的情況一樣複雜，例如：巴巴多島對於由千里達運去的油，本要徵收高額的稅欵，組成聯邦後，如牠放棄這種規定，則多多巴島就要損失鉅額的稅收。又如牙買加島原來保護如水泥等地方工業，保護的方法，爲拒絕發給輸入這些工業產品的許可執照。聯邦成立後，這種限制勢非取消不可。

此外，在各島之間人口的移動，是嚴格限制的，原因是怕較貧苦的島上的勞工，大量流入較富有的所在，甲島的人到乙島去，不但需要護照，而且要完關稅。如果島上的人口繼續增加，而經濟不能發展，那這種基本問題將會阻礙這些島嶼的聯合。

這些問題，全靠新當選議員們的智慧來解決。

欣賞與了解

梁實秋

許久以前臺中市公園大門的雕刻品被拆除了，引起不少人的注意。起因是，省府周主席巡視到該處，看見那形體奇特的雕刻物而感到困惑，顧問左右，左右亦瞠目而不能答。隨後該項雕刻物即以被拆除聞。是誰拆的，是誰主張拆的，是根據什麼理由拆的，我尙不知悉。臺中公園我並未到過，那雕刻品究竟奇特到什麼地步，我也不知道。後來在報紙上看到了一幅照片，雖然糢糊不淸，大體上尙可窺見其輪廓，我覺得這雕刻品頗爲淸新可喜，我對它有好感。

這雕刻品究竟是模倣什麼東西的形體，是人體還是什麼物體，我說不出來，我的困惑正不下於周主席所感到的。這雕刻品究竟具有什麼意義，好在哪裏，我也不能强作解人。但是爲什麼我好像還能欣賞它呢？這引起了我的思索。我是一個守舊的人，我無法擺脫過去所受的教育對於我的影響，對於一切事物的衡量難免不有成見。所以凡是新的事物，我懷疑，我只是觀察，而不敢遽下論斷。摩登派的藝術作品，包括文藝作品在內，我都覺得對我很陌生，不容易一下子就接受。不過這一類的作品，看多了，看久了，我們也能漸漸的欣賞。

藝術作品在社會上不能孤立，必須與背景配合。臺中公園，大體上是東方庭園式的，一切安排點綴自然以具有東方色采者爲宜。就照片看，那被拆除的雕刻品，無論其本身是如何的優秀，放在那個環境裏就覺得不大調和。這種極端摩登的藝術作品乃是西方高度工業化後的產物，亦可說是西方傳統藝術發展到爛熟階段以後的一種新的嘗試。例如，最近美國的一些敎堂建築，圖案翻新，可以說是無奇不有，打破了多年來傳統的式樣，我們若看看圖片似乎也感覺頗有趣味，但若把這樣的敎堂建在我們的城市裏，那就非常的不調和了。我們中國的藝術，自有我們的一套傳統，大家不知不覺受此一傳統的浸潤薰陶，養成一種特有的品味。要接受西方的藝術，須要先接受西方的比較傳統的藝術。二十世紀極端摩登的藝術品一旦投在我們的中間，自然是格格不入。臺中公園的雕刻品如果是因此一理由而拆除，我覺得尙不失爲一理由。不過我建議，如果這雕刻品的原來模型尙在保存中，似可把它放進一個保存藝術品的機構裏供人觀賞，因爲我覺得它本身是有價値的。

我聯想到另一問題：一件藝術品，我們若不能了解，是否亦可加以欣賞呢？

一般的講，欣賞是基於了解的，不能了解的東西是無法欣賞的。我一向認爲，藝術品的意義最爲重要。基於此種觀點，我對於藝術中之最純粹的音樂，比較的最缺乏欣賞的能力。音樂的境界極爲高尙，但是比較的最爲不易把捉。音樂家的作品，雖然有時也有頗富意義的標題，但我無法認識那標題與其作品的關聯，倒是索興用數目字作記號的作品如「第五交響樂」「第六交響樂」等等來得爽快。我沒有資格批評音樂，但是我自己明白我不能怎樣深入的欣賞音樂。在文學方面亦然，像法國的象徵派的詩以及現代的一些作家的詩，我都感覺到艱澀難通。我讀詩，都是從文字的了解着手，弄淸楚其意義之所在，然後才欣賞其意境、結構、聲調、音韻、詞藻之美。我不能了解的作品，我只好把它摒諸我的欣賞範圍之外。曾讀過狄昆西 (De Quincey) 的著名的「論馬克白裏的敲門」一文，他說人的理智 (intellect) 最不可靠，他推崇的是「感覺」。我總覺得這是一個浪漫主義的批評家的說辭，儘管美麗，却難令人置信。因此，我對於從美學的觀點來觀察文藝的那一派的理論，無法接受。在大體上我一向是被拘囿在理智的範疇之內。浪漫派的作品我能欣賞，因爲那裏面的想像與情感無論是多麼離奇古怪，那表現的方法還是相當平正簡單的，使用的工具還是大家都能懂的文字，其奧妙的所在還是通過正常的文字的。唯有到了浪漫主義的末流，十九世紀末那一段期間瀰漫歐洲的各種新奇作風，我便不能了解，於是也就無法欣賞。有許多友們絕口稱讚的鮑德萊爾、藍波、里爾克、梵樂希、等等的作品，我雖不敢說那是邪魔外道，至少我是無緣親近。

不過我近年來的態度有一點改變了。天下事有許多是我們所不能了解的，有許多事靠了理智恐怕永久也不能了解。使我發生這種看法的契機乃是對佛書的偶然瀏覽。禪宗敎外別傳，不立文字，但是禪宗畢竟還是留下不少的文字，不有文字如何接引，難道眞個要我們去學菩提達磨之九年面壁？可是我讀到「碧巖集」「無門關」以及禪宗語錄之類，所謂公案，所謂機鋒，茫然不知所云。經人指點，才知道這一類書的要義乃是在於打斷普通的邏輯的思路。所謂棒喝，也是欲藉猛烈刺戟以斬斷你的庸俗的想法，正似近代醫學上的「震盪治療法」(shock therapy)。所謂「言下領悟」，並不是領悟了什麼艱深的理論，乃是把平常的那一套理智的煩瑣的思想方法一脚踢開，用直覺的方法直截了當的走向明心見性的境界。禪宗書裏面，有的是希奇古怪的對話，驢頭不對馬嘴，上氣不接下氣，我起初一點也不能欣賞，可是經人指點之後，一遍一遍的看，漸漸的覺得裏面有點趣味，似乎是能稍稍的欣賞了。

因此我聯想到藝術品，如果要加以欣賞，可能透過理智的了解，也可能不透過理智的了解，亦可能一部分透過理智的了解而另一部分不透過理智的了解。謝赫六法，首標「氣韻生動」，這似乎就不是言語所能形容的境界。猶之禪定，究竟是怎樣的一種境界，實不可說，說即不中。蘇東坡詩：「論畫

也是秋天（五續）

於梨華

第二天六點鐘以前正明送苑若回公寓時，苑若的眼睛有一種異樣的神采，說不出是喜悅，還是擔憂，正明却是精神煥發，說話時一雙眼睛奕奕有光地、有把握地向苑若掃來。

「我下星期五來看妳，苑若。」

「不，我要靜靜地想一想，等我想好了，我會打電話找妳來的。」

其實想也無用。事情的發生好像是在意料之外，實在也在意料之中的，和正明見了三次，三次都是自己對他遷就，對他依順，而且三次都是她主動地要和他接近，縱使是自己無意，何況有意無意，連她自己都不知道。普城的中國男孩，除了葉羣和正明以外，都殷勤地來邀她出去玩，小心地稱讚她，仔細地選擇合她心意的話題，她只覺得他們膩；有些美國孩子也來找她玩，他們放肆地挽她的手，在電影院裏公開地用手臂環着她的肩，送她回公寓時想在暗處吻她的唇，她只覺得他們蠻。倒是正明既不謙恭又不野蠻的態度，令她有意無意間對他特別欣賞起來，但是她不會料想，這種近乎長姊似的愛憐竟把他引入另一種感情，而當他將這種感情表達給她時，她竟然無能拒絕。

他的表達方式也來得出其不意的，苑若在他走了後，伏在沙發靠手上想到他今晨在野外對她說的一些話，就禁不住獨自笑了起來。

「苑若，」他把眼睛看住了她，一本正經地說，「我到現在爲止，從來沒有和女孩子接近過，怎麼去追求女孩，我不懂。妳是聰明人，不難看出我對妳的心事，妳口口聲聲說我是小孩子，我現在告訴妳，我並不是，妳慢慢的就知道了，這幾個月我天天想來看妳，怕妳不歡迎，所以我總是跑到圖書館去看妳一次，看見妳坐在那兒工作，我才能安心回宿舍。苑若，我不會花言巧語，這些都是我心裏的話，如果妳覺得好笑，請告訴我，我也不會生氣的，同時，妳也要把妳對我的心事告訴我，大家都不要兜圈子說話才好。」

苑若聽了怔了半天，一時也想不出怎麼樣回答，半晌才勉强說：「正明，你大概對我有點誤會，我們不妨把事情分析一下……」

「我們學醫的只知道分析病情，倒不知道怎麼樣去分析愛情，愛情是天然的，有了它不能把它分析得沒有，沒有它，也無從分析起，對不對？」

她沒有回答，抬頭遇到他的眼睛，她卽使有千百種理由去證明他們之間沒有愛情，在他的注視下也覺得無從說起了，何況她自己在這時也無法知道她對他是否沒有愛情。所以她之又低下頭去，以無言來回答他的問題。

野餐回來的時候，她坐在車座前的橫槓上，上身微往後仰，靠在他結實的胸膛上，兩人都沒有說話，快到家時，正明打了一個寒噤，苑若抬頭看他一下，他的唇無意中碰到了她的額角，她並沒有立卽把頭掉開，她十分愛聞他身上略帶髮油味的氣息……

當天晚上她回公寓，趟在床上凝想着白天的事，慢慢的就睡着了，夢中，她變成根釣魚桿上的細絲，在一個湖邊飄着，有很多魚在細絲旁游着，想啣住它，又不敢，想游開去，又不肯。突然一條龐大的魚一口咬住了它，把它往下拉，它就身不由主地沉下去，沉下去……醒來後，她回味尋思了半天，慢慢從枕頭底下找出那方正明爲她洗乾淨了的手絹，貼在臉上，含着笑又睡着了。

以形似，見與兒童鄰，作詩必此詩，定知非詩人。」詩畫同一道理，以神韻爲主，而神韻就是很難捉摸的。司空表聖論詩云：「梅止於酸，鹽止於鹹，飲食不可無酸鹹，而其美常在酸鹹之外。」此味外之味卽是神韻，詩的妙處往往就是這樣不可言說的。我並不是說藝術品一定要流於隱秘晦澀之一途，相反的，好的藝術品往往都是平易近人的。平易近人的作品正無妨其爲深刻偉大。不過，藝術品的格調原不必統一劃齊，其中可以有各種各樣的格調。我們如果不把欣賞局囿於理智的了解以內，則我們欣賞的範圍便可以放寬了。

話說回頭，臺中公園的那雕刻品，代表的是什麼，我不知道，有人說是象徵女人的肢體，我看也不大像，反正我們無需推敲，雕刻本來也無需一定求其「形似」。不能了解的東西，有時候依然可以欣賞，此卽一例也。

過了一星期，她打電話約正明來吃飯。

正明一進門就問道；「苑若，妳的手指好了沒有？」

「早好了，你看，」苑若把手伸給他。

他拿她的手看了一下就貼到自己的臉上去，眼睛看住了苑若；苑若微笑着也沒有把手抽回，他就趁勢扳過她的肩，兩人相對在客廳裏無聲地站着。半天，苑若說：「這下你該安心唸書了吧！」

正明像孩子似地憨笑一聲，也不說話，輕輕咬着她的耳葉。

到了聖誕節左右，學校放假半月，正明向家裏推說功課忙，留在學校裏，天氣好時，帶着苑若到康內琪湖上溜冰，苑若穿着窄褲管的紅燈心絨褲，套着一件寬大的毛線衣，腰上束了一條寬邊皮帶，頸子上圍了一條紅圍巾，帶了一頂潔白的羊毛雪帽。正明穿着套頭的運動衫，黑褲，戴了一頂黑色的校帽，兩人並肩在湖上輕俏地飄滑着，引得岸上的人不時朝他們看來。天氣不好時，正明就到苑若公寓去看書，苑若一面織毛衣，一面陪他，小小的客廳裏充滿了甜蜜的靜悄。

苑若的同室莎莉請他們倆到她家裏去過聖誕，她的家在離普城廿餘里的佛來明頓(Flemington)，也是一個小城。她家裏只有一個老母和幼弟，正明、苑若，和莎莉的男友但尼到了她家以後，就與高彩烈的把房子佈置起來。苑若和正明合買了一顆小聖誕樹送給莎莉的母親，但尼就在樹上掛滿了各色的小燈，莎莉幫她母親烤了火鷄，做了南瓜餅。吃了晚飯後，大家愉快地圍坐在樹下拆禮物，莎莉對每件禮物都尖聲地讚美着驚呼着。但尼送了她一個玲巧的首飾盒，她看了以後歡呼一聲，也不顧忌她母親，就抱着但尼的頸子吻個不停。苑若裝着開禮物低着頭不看，正明看見她微紅的面頰，很想也去吻她一下，畢竟不敢造次，只好癡癡地瞅着她。

拆完禮物，他們四人就坐下來玩牌，莎莉的母親和弟弟在旁邊看了一會兒，就上樓去睡了。他們一走，莎莉和但尼就不肯繼續再玩，兩人纏在沙發上，呢呢細語，苑若坐不住，披了一件大衣就走出去了。

外面在飛雪，一片片，一絲絲，飄到臉上就變了水，像是一滴滴的淚，飄到蒼綠的松枝上，就聚在一起，像是無數朵白色的小花，小花慢慢變成了大花，拍拍的連聲掉在地上，花散了，平鋪了一層白衣在地上，地上的白雪厚了，脚踩上去，寒寒的，軟軟的，踩着踩着，白雪上就留下一排她的足印，她的足印旁印着他的足印，兩排足印漫延到很遠，在一顆枯了的梧桐樹下，停住了，雪片片地飄拂到他們的頭髮上，把他們裝飾得像一對頭髮上灑滿了碎紙的新婚夫婦。她仰起臉去接受冰涼的雪花，以及他火熱的唇，覺得自己也像雪花一樣，飄飄然地在空中飛舞，旋轉。

突然，遠處教堂清澈的鐘聲，把她驚醒了，她睜開眼，推開他的唇，慢慢的把頭偎在他胸前，無語。無語地，他們並肩走回去，教堂裏送出來的，「安靜的夜，聖潔的夜，」像一股銀流似地灑在雪上，流到他們的心裏，他們平靜而又激動地握緊了手。一看見在雪中巍立的教堂，正明猛然憶起另一個現代化，建築在小池中的教堂，他二姐的婚禮，她的不幸的婚姻，她寂寞失常的生活，他覺得一陣難言的激動，先是大顆大顆的淚滾在冰涼的臉上，後來竟停下脚步，蒙着臉哭了起來。正雲發瘋時他不曾哭，此後每次看見她時他只有痛苦地咬過牙，却不曾流過一滴淚，但是今夜，今夜他太快樂了，他的快樂太滿了，就不由自主地想起他太不快樂的姐姐，一時情緒紛雜，感觸叢生，人就忽然變得很脆弱，一向鬱積在心裏的苦悶悲痛和今夜的興奮混在一起，變成眼淚，向外湧流。

苑若惶惑地站在一旁，緊緊地靠着他，不知道怎麼慰撫他才好，只得拿出手絹，移開他蒙在臉上的手，輕輕的去擦他的眼淚。

「不要哭，正明，我在這裏。」

「苑若！」

「嗯，有什麼話，只管對我說，正明，我們回去吧，過了午夜了，回去後告訴我什麼事，好不好？告訴了我，你心裏就會舒服的。」

莎莉他們已不在客廳，火爐還燒得紅烈烈的，苑若進門後，幫正明脫了外套，讓他坐在火爐前，倒了一杯熱咖啡給他，替他脫去了套鞋，摸到他厚襪裏的脚趾冰冷的，連忙自己脫了大衣，靠着他的腿坐在地毯上，輕輕地用手心去揉他的脚。

正明一口氣把他家庭的情形和他二姐不幸的婚姻告訴了她，但是他沒有說正雲神經失常的現況，他不忍心說，也說不出口，他只說正雲是他最愛的姐姐，她的事給了他很大的打擊。

「她現在住在家裏嗎？」

「唔。」

「你爲什麼不常回家去看她呢？你這一陣都沒有回家，她不會想念你嗎？」

「她……苑若！」

「唔？」

「妳是不是覺得我的家庭封建？如果是的話，妳現在還是可以改變主意的！」

「改變什麼主意？我本來有什麼主意？你知道我原來的主意嗎？」

「我們不要繞圈子，好不好，苑若，我是一個很孤獨的人，爲了二姐，我心裏一直是苦得很，如果妳再折磨我一下，我怕會受不了的。」

「好不害羞！又是威脅，又是乞憐，」苑若撲嗤一笑說。「我怎麼折磨你來了？」

「妳……我不說，省得妳又說我威脅妳。」

「你如果講得有理，我自然不說你。」

「妳總是和這麼多人出去玩，我不能天天陪妳玩，更沒有權利來禁止妳和別人玩，但是我就常常爲了這件事愁得唸不下書，看樣子我這個大考要失敗了。」

苑若低着頭撥弄着火爐不做聲，隔了半天，她轉頭正色對正明說，「好，我答應你從現在起我不再和任何人出去玩了，你放心唸書。現在我知道了你的家庭，你的背景及你的想法，我也不再把你當小孩子看待，和你玩捉迷藏的遊戲了，只要你好好唸書，我就一心一意等你。」

正明急忙把咖啡杯放在地上，雙手捧着她的臉，眼睛樂得閃爍不定，問道：

「苑若，妳是眞的？妳沒有騙我？我值不值得妳等呢？妳如果肯等我，我發誓不會令妳失望。」

「看你又孩子氣了！」苑若板下他的手，劃着臉笑道：「我平白無故騙你做什麼？等你是我心願的，又有什麼值得值不得呢？又不是做買賣，」她頓了頓，柔聲地加了一句，「正明，我答應等你是心甘情願的，你放心去唸書好了。你要唸幾年？」

「這是醫預科的開始，還有三年半才唸完醫預醫學院四年，實習一年，啊呀，有這麼多年，我怎麼能讓妳等！」

「也許……」苑若說了半句，煞住了，臉上一紅，低下頭又去玩火爐。

「也許我們可以先結婚，」正明沉吟地說，「但是我經濟不能獨立，妳要住在我家裏，和我大嫂一樣，妳會不會願意？」

「為什麼一定要和你家裏住在一起？我們另外住，我可以做事。」

「妳負擔家費？」

「怎麼不可以？美國太太多半都是做事負擔家用的。」

「我們中國人何必向他們看齊？也許我明年暑假可以轉系，早一點拿一個學士，結了婚，先做幾年事再說。」

「轉系？轉什麼系？」

「我還沒有想過，隨便說說而已，也許轉哲學，我對哲學很有興趣。」

「算了吧，」苑若笑道，「出來只好替人家掃地，還想負擔家用呢？」

「那倒不見得！不過我不想轉，我對醫科十分喜歡，在可能範圍下，我一定不轉。而且我父親很希望我將來能做一個醫生。再說吧，苑若，我想我們總有辦法解決的，萬一我們先結了婚自己住，我父親也許會貼補我們一些，自從二姐……不說了。苑若，反正妳已經答應等我，我目前專心去唸書就是了，以後的事暫時不要去想它。」

「我相信我們會有辦法解決的，回去睡吧！兩點多了。」

過了聖誕不久，就是大考，正明雖然考得不太好，但也勉强過去了。普大沒有寒假，兩個學期中只有一個週末給學生休息，連着就是第二學期，學期一開始，正明就發奮用功，無奈他總是不能像在沒有碰到苑若前那樣專心了，看着書，不是想他二姐，就是想苑若，不然就想怎麼樣提早結婚，想到他二姐他就頹喪無神，想到苑若他就興奮激動，想到將來這兩個字他又覺得毫無頭緒，這樣一來，唸書的功效就大減低，同時他還天天盼望週末到來，以便和苑若在一起，見到她，他更把書拋開了。所以第二學期開始不久，他的成績已不如第一學期的好了。

至于苑若方面呢，自從聖誕節以後，她就拒絕男士們的邀請，不像從前那樣，有約必去了。普城地方小，中國人圈子中，沒多久，就知道正明和苑若的事。大家不免議論紛紜，多數的人都批評苑若傻，有現成的人不選，反而去等一個剛進大學，毫無經濟基礎的毛孩，有的人竊竊私議，指定她是看中了陸家的財勢，說她並不是傻，而是利害。從前對她有意思的男孩則忿忿不平，認為她沒有眼光，正明長得又矮，脾氣又怪，要唸十來年才能拿到博士等等。正明在學校裏，終日奔跑于宿舍和教室之間，當然聽不到外面的閒言閒語，加上葉羣天生不管閒事，更不肯隨意批評，就是聽見什麼，也不會傳給正明。苑若聽到這些閒話也無可奈何，只能咬牙而已，她絕不向正明提，一意地等着，除了到兪家走動以外，總是在公寓裏，週末就和正明在一起或是到郊外玩，或是在公寓裏陪他看書，日子就在這份恬靜的氣氛中流去。

雖然他們的感情有增無減，但是正明的功課却日益退步，第二學期中，正明常常受到教授的警告，他又羞又急，又不敢讓苑若或家裏知道，臉上故作鎮定，心裏却苦得難以形容，到大考時，一點信心都沒有，結果考得一敗塗地，他的系主任把他找去問他失敗的原因，他一句也答不上來，那位老教授見他不是一個糊塗人，倒開例要他暑假用功唸書，准許他在暑假後再重考一次，如果再失敗，就不能在醫預科註册。

這些功課上失敗的事他一字也不敢向苑若和家裏提。暑假一到，他就向他父母推說留在學校看參考書，沒有回家，正好葉羣也留在學校，三個人就常在一起玩。葉羣為人識相，時常借故走開，讓他們倆在一起，這樣一來，苑若與正明幾乎天天在一起，兩人愛情又增加了不少。在第三者的葉羣看來，他們的結合是毫無問題的所以在陸家的晚宴上，他才敢大膽地開正明的玩笑。他沒有想到正明一直沒有把和苑若的事告訴家裏的人。

七

車子一到普城，正明先把葉羣送回宿舍，然後就飛也似地朝兪祥家開，因為他約好苑若在兪家等她的。所以當他一開進兪家的車道，走廊前的電燈就亮了，等他熄了引擎及車燈出來，苑若站在廊前的石級上等他了。

「你再不回來我就要回公寓了，是不是今天路上很擠，正明？」苑若迎着他問道。

「路上倒還好，只是我們家吃飯晚了，對不起，苑若，我不該要妳等的。」

「等都等了，還說廢話，」苑若笑笑道：「我已經辭過了，你進去還了鑰匙就出來吧！」

晚夏的夜已有涼意，路邊的小黃菊送來一陣陣幽香，他們沿着學校右側的華盛頓路走着，正明握着苑若的手，黑暗裏縐着眉，快到娜索大街時，他突然說：

「苑若，妳願不願到我家去過一個週末，我母親很想看看妳。」

「你把我們的事告訴她了？」

「嗯，」正明說，隨着把席間葉羣說的話大略講了一下。

「你父母的態度怎麼樣？」

「看不出來，阿爸一句話也沒有說，他心裏的事我們從來都不知道的，姆媽要我帶妳去給她看看。」

「給她看看？我又不是三頭六臂的怪人，有什麼好看。」

「去不去由妳，苑若，何必氣呢？」

「當然去，我也想見見你的父母，其實你今天就該帶我去的。」

「今天妳去了也許不方便，」正明忙道，接着把家裏請客的原因說了一個大概。

「眞的？難道你四姐自己沒有男朋友？」

「自從去年，阿爸把二姐的離婚手續一辦清，姆媽就沒有讓四姐再上學了，她立定主意要親自替四姐找一個門當戶對的婚事，四姐平時最聽姆媽的話，所以也沒有反對。」

「結果怎麼樣？你看你四姐對那位先生的印象如何？」苑若問道。

「那我怎麼知道？」正明毫不感興趣地說。

苑若看他一眼也不再作聲，到了公寓門口，正明不待邀請，就跟着進去了。苑若轉進臥室換了一雙平底紅緞繡花鞋，就到厨房拿了一大杯冰茶送到他的手裏。她知道正明每次吃了中國飯就要喝杯冰茶的，所以很早就預備着了。正明接過茶，順手一拉，苑若就跌坐在他身邊。房裏只開了一個淡綠色的臺燈，淡淡地洒着一片安詳的綠光，特別柔靜。

「正明，你是不是有什麼事瞞着我？」苑若一面把髮髻解下來，一面問道。

「關于四姐的？」正明稚氣地笑笑反問道，「我不好把自己的猜測隨便告訴妳，並不是想瞞妳，我想她也許……」

「不是關于你四姐的。」

「關于二姐的，是不是？」

「不是，關于你自己的。」

「我自己？我自己的事都在這一年裏前前後後告訴過妳，你不是不知道。」

「兪祥今天告訴我你二學期大考完全失敗，你並沒有告訴過我，有沒有？」

「啊！」

「正明，你沒有考好我不怪你，但是你爲什麼要瞞着我呢？你這樣多苦。」

「兪先生怎麼知道的？」

「你們系主任親口告訴他的。正明，我們先不管他怎麼知道的，我現在只要你把詳細情形告訴我，我們可以商量一下。」

「有什麼好告訴妳的，反正是我自己太丟人就是了。」他把茶杯放在沙發旁的茶几上，人往前傾着，用臂膀支着腿，兩手插入頭髮，緊緊地捧着頭，講話的聲調重濁得猶如一個老人，「我愈是想爲妳掙氣，愈唸不好書，做實驗或上課時，多半是在想怎麼樣能早一點和妳結婚等等，結果就把功課弄得一團糟，唉！總之，是我沒有出息。這件事並不想瞞妳，而是我一直沒有勇氣和妳講就是了。看情形我下學期也許沒有資格留在普大了。」

「怎麼會嚴重到這樣？」苑若大吃一驚說。

「系主任特別寬容讓我暑假後補考一次，成績好的話照升到二年級，但是這一個暑假我不曾好好準備，要我拿什麼去考呢？我自己都不敢想考壞了以後怎麼辦，我恨起來眞想把心一橫不要唸什麼鬼書，什麼學位、文憑、博士，有什麼希奇，我父親連中學都沒有進過還不是過得比那一個都舒服：他也不致于不肯養我一輩子！」

苑若聽了，心裏一呆，不但頭髮沒有梳通，反而連拉帶拔扯了一大把下來。她率性把梳子一掉，就賭氣不梳，把頭靠在沙發背上，蓬鬆的一頭黑髮散在櫻紅色的沙發套上，襯得一張靜俏倩嫩的臉十分蒼白，正明聽她半晌不做聲，回頭一看，見她的神情活像正雲，倒嚇了一跳，忙說：

「苑若，我們現在既沒宣佈訂婚，又沒有特別向人表示，妳還是自由的，我不要妳爲了我而受委屈。」說着，就在她額上輕輕吻了一下，「我早就想對妳說我是不配妳等的。」

苑若也不說話，側過頭裝着找梳子，把眼睛揉了一下，强笑着說，「在一起快一年，妳還沒有知道我的心，叫我有什麼辦法呢！」

「我知道妳的，苑若，就是因爲我知道妳，我才不敢把大考的事告訴妳。」

「算了，如果你知道我的心，你也不會說配得上配不上的話了。」苑若嘆口氣說，「我說你孩子氣，你還不肯承認。」

正明默然。

「我倒有兩個建議，不知道你贊成不贊成。」苑若沉吟了半晌說。

「你說出來聽聽。」

「第一、你可以轉到別的學校去，唸醫預科，如果你家裏不贊成，由我做事來負擔你的學費。」

正明苦笑一聲，搖了搖頭。

「第二、我們現在就結婚，結了婚我們都做事不要孩子，積點錢你再去唸醫。」

「爲什麼要現在就結婚？」

「因爲我覺得結婚也許能使你定下心來，當然，我們生活會苦一點。但是你如果能專心唸書，苦幾年也無所謂的。」

「不行，苑若，結婚至少要等我大學畢業，我知道很多美國太太因爲她們的丈夫要唸學位，日夜啃書，結果一點家庭生活都沒有，多數太太還出去做事負擔家用。我不要妳和她們一樣，我們要結婚，就要一個正常的家庭生活。」

「但是不結婚你總是不能專心唸書，倒不如先結婚。」

正明一衝動，就把苑若擁過來偎着自己，「妳爲什麼專門爲我着想而犧牲自己呢？苑若，我不要妳這樣做，我發誓從今以後專心唸書就是了，說着，就憨氣地用下巴去擦苑若的臉頰，他剛長出來不久的短鬚刺得她又痛又癢。

「看你，」苑若笑着把臉躲開說：「動不動就發誓，去年我剛和你好時，你也發誓賭咒的說要專心唸書，結果唸得一團糟，好意思。」

「也不是一團糟，我就是把理科的幾門唸壞了，幾門選修的文學院的課倒是在七十分以上，啊，對了！」

「什麼？」

「我可以轉到文學院去，省得補考，妳贊成不？」

「先別問我，先問問你自己及你的家庭，」苑若不在意地說。

「我自己無所謂，家裏也管不了這麼多，主要的是妳，」正明一本正經地說。

「你眞的要轉？」苑若見他不是開玩笑，也連忙認眞起來。

「當然是眞的，轉入文科還可以早一點得學位，早一點出來做事，豈不是好。」

「話當然對，就怕一個文學士出來做事賺的錢還不够養家，不像一個醫生，掛了牌，生活就可以過得舒舒服服的。」

正明沒有想到她那麼現實，不覺呆了一下，勉强說：

「那倒不儘然，文學院的學生出來也有賺大錢的，這完全看個人的志向如何，唸醫的並不見得就是爲了能賺錢。」

苑若見他有點不樂，忙換了話題說：

「你如果眞的轉系，預備轉什麼？」

「哲學。」

「不要開玩笑。」

「眞的，我一向很喜歡哲學的。」

「這一轉不是轉得太遠了嗎？你怎麼跟得上呢？再說，哲學也不是容易唸的。」

「我專修中國哲學好了，我一向很欣賞老莊的學說，唸起來想不會太難。」

「喲，倒看不出你年輕輕的把世事看得這麼淡。」

苑若打趣他道：「我一向覺得唸哲學的人免不了有點瘋瘋顚顚的。你眞要唸哲學的話，我倒眞要重新考慮一下我們之間的關係了。」

「苑若，我說過的，在我們結婚以前，妳是絕對自由的，妳隨時隨地可以對我說，我不會勉强妳的。」

「好了，又縐眉了，」苑若笑道：「人家唸哲學的多少有點幽默感，怎麼你連開玩笑都不懂呢？」

「這是妳的終身大事，怎麼好隨便開玩笑。」

「說起終身大事，我倒想起來了，你剛剛說你猜想妳四姐怎麼樣？」

「妳不把我心裏所有的事都挖出來也不肯罷休的。」正明輕擰了她一下臉頰道：「我猜想四姐對葉羣很有意思。」

「當眞的？」苑若興奮地說：「說老實話，葉羣倒是很不錯的。書唸得好，又長得秀氣。他對你四姐有沒有興趣，據你看來？」

正明先不說話，扳過苑若的臉正色說：「妳也覺得他不錯？」

苑若睨了他一眼，半喜半怒道：「怪不得你不能專心唸書呢？原來這樣多心的。」說着伸手在他臉上劃了一下。「他的確很不錯，就是沒有你皮厚，會死皮賴臉的。」

「美國同學叫他奶油蛋糕，他是太斯文了點，對不對？」

「還是斯文點好，不然陸家四小姐怎會看上他呢？」

「四姐是在做白日夢，葉羣才不會理她的。」

「那倒不一定，只要功夫深……」苑若抿嘴一笑就不往下說了。

「哦，有了。」

「什麼事？」

「我下星期帶妳回家時，把葉羣也邀去，讓妳欣賞一下我四姐的功夫。」正明頑皮地說。

「妳四姐的功夫我在民立時早已領敎過的，不過邀葉羣一起去倒是一個好主意，可以壯壯我的膽。我天生怕見老一輩的人。」說着瞟了正明一眼，「你也不用看你四姐的戲，萬一你父母不許你和我在一起，你四姐才有好戲看呢！」

正明沉吟不語。

「你眞的打算和你父親談轉系的事？」

「當然眞的。」

苑若想了一下說：「你爲什麼不先去補考了再說呢，如果你補考及格，不是什麼事都沒有了嗎？如果你先對你父親說了轉系的事，他不答應的話，反而把事情弄糟，他也許因此而不贊成我們結婚。」

「我當然要去補考的，但我也要把轉系的事預先告訴他，免得事後他責怪我不和他商量，至于我們結婚的事，他們沒有理由不贊成，像妳這樣的人才……」

「先說正經，後開玩笑行不行？」苑若板着臉說。

「好，好，我說他們不會不贊成我們結婚的事，但也許他們不要我早結婚，我父親也許會堅持等我得了學位再結婚，他爲人很古怪的。」

「你的母親呢？也許她可以幫你說。」

「唉！」正明由不得嘆一口氣說：「算了吧，我不想說了，妳看到了她就會知道她是一個什麼樣的母親了。」

「好，不談，不談，」苑若見他又縐眉就不忍往下說，「好了，你也該回宿舍了，太晚了，葉羣會以爲你車子出了事呢，回去吧，我明天還要起早上班呢！」(待續)

臺北市警察局來函

茲閱 貴刊第十八卷第十二期讀者投書(四)「一個小攤販的呼聲」乙文內容，與事實不符，查重慶南路，衡陽路，博愛路，中正路等均係本市重要交通幹道，爲使車輛行人暢通計，故禁止任意擺設攤販，如有違反規定，一律予以取締，並非特定日期始有禁止設攤情事，特函請惠予更正爲荷

此致

自由中國雜誌社

臺北市警察局

七月廿八日啓

讀者投書

(一) 籲請政府澈查基隆中正堂案

程　玉

編輯先生：

日前（七月三十一日）聯合報第三版黑白集刊載「最佳勇氣奬」稱：基隆市行將落成之中正堂耗資六百三十萬，假元首之名，勞民傷財云云，聞之令人髮指。查國際港都任何建築，如在承平時代，譬如中華民國反攻勝利，收復大陸，已成富强康樂之國，則雖揮百萬美元，建千尺崇樓，逕命名爲「謝貫一大厦」，以作其一度出任該市市長之紀念，亦無不可。惟不幸今日大敵當前，瘡痍未復，中原父老，火熱水深，臺灣軍民正在臥薪嘗膽，克難節約之下，苦撐待變，以度其艱苦卓絕之第九年，而中央民意機關立監兩院尚且集會無場，三軍眷屬，嗷嗷待哺；就基市言，運水肥無車，開龍頭無水，學生上課缺乏講堂，亦所謂百廢待興，寸金是寶，乃該基市府竟如聯合報所稱：以六百三十萬民脂民膏擲之于一不需要之中正堂，建設局長在議會竟厚顏稱：「只是謝市長有此勇氣」。是誠令人浩嘆，然此仍不過措施乖方而已！

若誠如聯合報所載：該堂以當地龍宮戲院及臺中東海戲院比較，各種費用均貴二至四倍，且某經辦人員在興建期間，同時在臺北蓋一八十萬元之大樓，蛛絲馬跡，不無可疑。如所言不虛，則政府當局閱讀之餘，卽應負起調查之責，派員切實追查，務期水落石出，以明責任，而謝國人。

年來臺灣盛行一種冒名風氣，或以權貴八行，推銷書刊雜誌，或繪刻國父先烈肖象，高價迫售，各公營事業總務人員，早深受其應付不勝之苦，今日基市中正堂之建，則係此類人物中辦法最高明者，查過去是類不肖人員，假名推銷强售者業經政府通令禁止，若干假冒文書犯有刑責者且已入獄。此次基市冒名假借，居心莫測，形式雖殊，本質則一。既經聯合報公載，不難按圖索驥，澈底偵查，使光天化日之下，魑魅魍魎，無所遁形。澄清政風，做那能做的（調查容易入手，追查經辦人之臺北大厦鈔票來源可也）應做的事（六百萬元非小欵，用之工貸，可挽救一中型工廠）。我行政最高首長陳公諒亦首肯也。

素仰貴刊立場公正，能言人之所不敢言，且又能使朝野引起相當之注意，用敢請賜貴刊一角，惠予揭載並轉籲請政府當局，迅速依法採取行動，如空穴來風，亦宜調查明白，以示軍民大衆也，耑此卽頌

公綏

基隆市民　程　玉拜上

八月三日。

(二) 請廢止師大專修科

陳斐玲

編者先生：

我有一個小意見，很盼望貴刊能予以披露出來。省立師大從四十五年起爲應付國校畢業生免試升學師資缺乏之問題，設立國文、英文、數學、童軍、體育等專修科，規定修業三年（授課二年，實習一年），畢業後只准任初中教員。表面上，這種制度似頗合理，其實是誤人子弟，欺騙下一代之舉。因爲在「減輕學生課業負擔」方案之下，大多數高中畢業生讀了四年師大，都有「教然後知困」之感，何況只有短短兩年，且帶有「速成班」性質的「專修科」學生？究竟他們能學到多少？教得多好？（當然，也有少數例外。）

常聽人家說，學問之道，欲速則不達，尤其是「十年樹木，百年樹人」的教育事業，更屬馬虎不得。然而，從前的教育當局，却惟恐其不「速」，欲循此以解決「初中教師荒」的困難，眞是令人百思不得其解。現在的教育當局對此一不合理的專修科制度如不及早設法改善，則日後初中學生的程度將受到嚴重的影響。

至於改善之道，最好能做到：①從明年起廢止專修科；②使已畢業之專修科學生有補修學分，繼續完四年之機會；③四十六、四十七兩年度被分發至專修科而志願繼續讀完四年者，准免服務（卽實習）予以編入性質相近之系就讀。

現任教育部梅部長及教育廳劉廳長都是經驗豐富的教育家，他們當然已注意到「專修科」是不合理的。假如以上所提三點，他們都能惠予採納，則誠爲教育上之一大佳話。

敬祝

撰安

讀者陳斐玲謹上

八月六日。

讀者投書

（三）谷鳳翔還不該撤換嗎？

陶潤之

編輯先生：自從陳院長就任以來，大家對于司法行政部長谷鳳翔的留任，都感到十分驚奇和惶惑，一如貴刊最近社論「新閣的作風與人事安排」中所說：「今天，我們所要大聲疾呼的，是撤換乃至撤查司法行政部長谷鳳翔！近年來司法界風紀的敗壞，幾乎為本世紀臺灣司法史所未曾有。谷鳳翔身為司法行政部長，不僅不能稍加整飭，而且在其任內，行政干涉，與貪汚案件之被揭發者更是增多。去年十月十三日及十二月二十五日連續發生的張金衡及林拔自殺案，可說是司法黑暗的一次大暴露。可是到了這個時候，司法當局既不徹底查究，也不查明責任，而仍好官自為，以致弄得司法尊嚴一天毀壞一天，人民積怨一天加深一天。現在，司法竟變成了臺灣五害之一！」

現在，我願就七月卅日「聯合報」所載的兩則消息，來證明今天臺灣的司法，究到了什麼地步！

一則是監察院司法委員會以司法警察官署，對于人民之傳喚、逮捕、拘禁、審問，尚多未依法定程序辦理，特提案糾正。在糾正案內指出：「本院近向臺北臺南高雄等地方法院調查提審案件之辦理情形，計自四十五年一月起至四十六年十二月止所有受理之七十九件提審案件中，被告經法院提到者僅一十九件，其餘各案執行逮捕拘禁之警察機關，均係以『已向檢察處聲請延長寄押』或『移送檢察官偵查』為理由，聲復法院，對于羈押之是否合法及移送之是否如期，法院亦即不予依法追究。……現臺灣省司法警察機關對於犯罪嫌疑人之逮捕，既未切實依照法定程序，逮捕後又不於規定時間內移送法院審問，竟藉口聯繫辦法以聲請延長寄押為規避非法拘禁之依據，就司法警察機關言，實係侵越檢察官職權，就法院方面言，非違法授權，即放棄職責，於法均有未合，而警察機關用通知單飭關係人到案訊問，訊問後又飭令交保候傳，尤顯屬違法。」

一則是：「臺南地檢處檢察官巴天鐸，因承辦臺南榮豐實業工廠吳重深等公共危險案，涉嫌收受賄賂，昨日經嘉義地檢處檢察官張濤石偵查終結，認為罪據確鑿，依法向嘉義地院刑庭以瀆職罪嫌提起公訴。」

從上引兩則消息，便可以知道今日的司法，確已糟到令人難以想像的地步！然而這還是七月卅日一天的消息，假使有人把谷部長任內這幾年來報紙上所載司法方面一切駭人聽聞的消息，完全搜集起來，便可以知道應該是「明鏡高懸」的司法，何以今天變成了臺灣五害之一！

記得陳院長在就職後當天舉行首次記者招待會時，便表示今後要「求其所當為，盡其所能為」，在今天，撤換這樣的司法行政部長，不僅是陳院長「當為」之事，而且也是「能為」之事，請問陳院長又何樂而不速為？

讀者　陶潤之上　八月五日。

出版法條文摘要

立法院第二一會期秘密會通過
總統於四七年六月廿八日公布

第六章　行政處分

第三十六條　出版品如違反本法規定，主管官署得為左列行政處分。
一、警告。
二、罰鍰。
三、禁止出售、散佈、進口或扣押、沒入。
四、定期停止發行。
五、撤銷登記。

第三十七條　出版品違反第三十二條第三款及第三十三條之規定，情節輕微者，得予以警告。

第四十條　出版品有左列情形之一者，得定期停止其發行。
三、出版品之記載違反第三十二條第一款之規定者。
四、出版品之記載違反第三十二條第二款及第三款之規定，情節重大者。
五、出版品之記載違反第三十四條之規定，情節重大者。
六、出版品經依第三十七條之規定連續三次警告無效者。

第四十一條　出版品有左列情形之一者由內政部予以撤銷登記。
一、出版品之記載，觸犯或煽動他人觸犯內亂罪、外患罪、情節重大，經依法判決確定者。
二、出版品之記載，以觸犯或煽動他人觸犯妨害風化罪為主要內容，經予以三次定期停止發行處分而繼續違反者。

第四十二條　出版品經依法註銷登記或撤銷登記或予以定期停止發行處分後，仍繼續發行者，得沒入之。

編者按：在此項出版法未廢止之前，本刊決將上項條款繼續刊登，一方面用以自我警惕，一方面讓世人知道我們的出版自由，受到怎樣的限制。

給讀者的報告

此次陳內閣在人事的安排上，最得人心的是教育部長的更動，本刊在上期社論「新閣的作風與人事安排」中已指出。現特再在社論㈠「對梅部長的低調希望」中，對今後教育提出四點低調的希望：一、實行精簡，二、減輕學生負擔，三、陶鑄品格，四、試行榮譽制度。我們知道，即令是這樣的低調希望，在目前環境下，要全部辦到也不容易，但相信只要梅部長能一本辦學的原則辦教育，而為國家保留元氣，為社會培養生機，則這點低調，希望一定可以逐漸達成，而教育界以至全國各界，必願做梅部長的後盾。

最近工商界倒閉之風，暴露出了臺灣經濟方面的危機，陳內閣為挽救倒風，所採取的應急措施便是「工廠營運資金臨時貸款辦法」，當時各報曾紛為捧場，但曾幾何時，即連政府當局也感覺此項辦法之無效。我們特在社論㈡「工商業倒風的對策」中，坦白指出此一措施之失敗，並提醒政府，工商業之倒閉成風，其主要原因，顯然在金融方面，所以若不從壓低市場利率方面痛下工夫，危機將永遠存在。我們認為商業銀行的基本任務，就是要充分滿足民間工商業資金的需要；在目前特殊情況下，為較澈底的消滅倒閉危機，更應採取藉放款以擴大存款的方法。又陳式銳先生的大文「由倒風看經濟的改善」，亦係針對目前的「倒風」問題而發，指出政府所採取的「臨貸」，只是一項政治性的措施，難收到預期效果，其見解與本刊社論所說不謀不合；而其主張在重視倒風之餘，尤宜全面檢討財經問題，乘機作全面的有效改進，更值得財經當局重視。

余蒼柏先生在其「日本的欲樂沒氣外交」大作中，對於日本當前的外交，做了一番分析，指出日本當前的外交是所謂「欲樂沒氣」的；亦即對美關係由合轉離、由順轉逆、由親轉疏；更指出這種外交的造成，並非自今日始，而是有其遠因和近因。其分析都極為客觀而深刻，值得我外交當局及關心當前日本問題者所注重。

時至今日，臺灣之應有一個強大的反對黨，已是不爭之論。黎復先生在其「反對黨勢在必組」的大作中，指出目前的形勢，對於希望組織新黨救國的自由民主人士而言，並不算壞，且已臨「水到渠成」之勢，希望大家應該由「坐而言」進為「起而行」，在陳內閣任內，促成一個有力的反對黨誕生。本刊站在贊成民主政治應有強大反對黨的一貫立場，更願樂觀其早日出現。

在過去一年中，中共政權忙於鳴放、反右、整風等一連串與民為敵的事，到今年五月底，才暫時告一段落。但現因六月十五日狄托在拉賓發表一項演說，中共終又被逼而於「人民日報」將全文發表。對於這一重大事件，王厚生先生在「論狄托在拉賓演說對大陸的影響」一大作中，有詳盡深刻的分析。

臺中市公園大門前的雕刻品之被拆除，曾引起不少人注意。梁實秋教授的大文「欣賞與了解」，即有感於此事而發。梁教授認為：一般的講，欣賞是基於了解，不能了解的東西是無法欣賞的；但天下事有許多是我們所不能了解的，希望我們如不把欣賞局囿於理智的了解內，則欣賞的範圍便可放寬其見解之精闢深刻，對於藝術品不能欣賞與了解的朋友，應有一點啟悟作用。

自由中國 半月刊 第十九卷第四期 總第二一一號

中華民國四十七年八月十六日出版

發行人 兼主編：『自由中國』編輯委員會

出版者：自由中國社
社址：臺北市和平東路二段十八巷一號
Free China Fortnightly, 1, Lane 18, Ho Ping East Road (Section 2), Taipei, Taiwan.
電話：二八五七〇

航空版：友聯書報發行公司（香港九龍新圍街九號）

總經銷：自由中國社發行部

經售者：
美國：紐約友方圖書公司 Hansan Trading Company, 65, Bayar D Street., New York 13, N. Y. U. S. A.；紐約光明雜誌社 Sun Publishing Co., 112 Mulberry St., New York 13, N. Y. U. S. A.
韓國：漢城裕昌德號
馬尼刺：新疆書店
印尼：泗水文光圖書公司
緬甸：仰光振成書報店
印度：阿拉哈巴中印文化出版社
北婆羅洲：西利亞坡青年書店
星加坡：友聯書報發行公司（小坡大馬路四六九號）
吉隆坡：友聯書報發行公司（馬華公會大廈三樓七室）
怡保：友聯書報發行公司（希尼華沙甘街十六號）
檳城：友聯書報發行公司（林連登律七十二號）
澳門：友聯圖書公司

印刷者：精華印書館股份有限公司
廠址：臺北市長沙街二段七一號
電話：二三四二九號

本刊經中華郵政登記認為第一類新聞紙類　臺灣郵政管理局新聞紙類登記執照第五九七號　臺灣郵政劃撥儲金帳戶第八一三九號（每份臺幣四元，美金三角）

FREE CHINA

第十九卷 第五期

目錄

社論

(一)以沉着與機智應付臺峽緊張局勢

(二)從速救助中國大陸流亡學生！

(三)急救臺灣地方政治

五論反對黨……朱伴耘

美國證券市場的管理(上)……楊志固

今日家庭教育的沒落……喻血輪

通訊

杜勒斯對中東問題的幾個錯誤觀念……鼎山

請看香港「聯合評論」……方望思

夜窗詩草……徐訏

也是秋天(六續)……於梨華

讀者投書

請速制止農藥漲價！……楊昆明

我們的呼聲——給臺灣及海外中國同胞的一封公開信……一羣中國大陸流亡學生

中華民國四十七年九月一日出版

社址：臺北市和平東路二段十八巷一號

半月大事記

八月九日（星期六）

聯大緊急會議開幕，哈瑪紹提出中東和平計劃。

臺灣海峽情勢緊張，匪或進犯沿海島嶼，作為和平威脅，迫聯合國予以妥協。

美鸚鵡螺原子潛艇完成北極海底航行，開闢兩洋間新商業航線，發現海底山峽，戰略意義重大。

英希會議結束，發表聯合公報，對塞島問題未獲致協議。

八月十日（星期日）

黎叛軍領袖要求美軍撤退。

八月十一日（星期一）

美以備忘錄分致其駐海外外交團，闡釋不承認匪幫政策。

赫魯雪夫覆麥米倫函中，重彈宣傳濫調，促開高層會議，盼聯大緊急會議開闢途徑。

八月十二日（星期二）

美國務院發表文件，謂與俄談裁軍，三年迄無成就。

八月十三日（星期三）

美海軍陸戰隊一營撤離黎境，但無計劃大量撤軍。

美鰩魚號原子潛艇潛航北極成功。

艾森豪在聯大演說，提出中東和平計劃，倡議建立聯合國軍，扶持中東經濟自立，斥俄實施「彈道訛詐」。

八月十四日（星期四）

馬祖近海我機大捷，米格機三架被擊墜海。

英外相全力支持艾森豪和平計劃。

艾森豪斥責蘇俄各電臺干擾聯合國廣播。

約旦又破獲顛覆新陰謀，步兵旅高級官被捕，安曼增防，戒備森嚴。

八月十五日（星期五）

西方盟國放寬對匪貿易限制，客機郵船均在開放之列。

前蘇俄總理布加寧已被任命擔任北高加索的一個地方性職位，將被剔出俄共主席團。

美促聯合國即作安排，擬訂中東和平計劃，俾使美英軍隊儘早撤離黎約。

拒匪入聯合國，美已獲得英國支持。

『自由中國的宗旨』

第一、我們要向全國國民宣傳自由與民主的真實價值，並且要督促政府(各級的政府)，切實改革政治經濟，努力建立自由民主的社會。

第二、我們要支持並督促政府用種種力量抵抗共產黨鐵幕之下剝奪一切自由的極權政治，不讓他擴張他的勢力範圍。

第三、我們要盡我們的努力，援助淪陷區域的同胞，幫助他們早日恢復自由。

第四、我們的最後目標是要使整個中華民國成為自由的中國。

八月十七日（星期日）

美首次探測月球火箭，出發不久即行爆炸。

八月十八日（星期一）

挪威、哥倫比亞、巴拿馬三國建議聯大，授權哈瑪紹赴中東，磋商穩定和平計劃。

阿拉伯聯合共和國和沙烏地阿拉伯發表會談公報，不贊成外軍出現阿拉伯。

杜勒斯警告稱，美若採取綏靖政策，必將導致戰禍，强調集體安全始可免於危險。

八月十九日（星期二）

東西方對於偵察核子爆炸方法獲致協議。

八月二十日（星期三）

艾森豪在記者會上重申黎境撤軍諾言。

聯大繼續開會辯論中東問題。

阿拉伯十國突然宣稱，對於一項中東和平計劃已獲致完全協議。中東局勢突現轉機。

美兩院通過撥款三億元，供歐六國建核子爐。

八月二十一日（星期四）

對於阿拉伯十國和平建議，聯大特別會議一致通過，哈瑪紹將前往中東進行談判。

八月二十二日（星期五）

艾森豪宣佈，美定十月底起，停試核子一年，望俄舉行談判，成立協議。

美正式照會蘇俄，談判停止核子試驗；英願與美採取同一步驟；法宣佈仍進行實驗計劃。

八月二十三日（星期六）

臺灣海峽局勢益趨緊張，匪對金門發礮達數萬發，我軍曾予强烈反擊。

美、英、法三國照會蘇俄，促即舉行對於籌開最高層會議的磋商。

杜勒斯認為遠東情勢惡化，警告匪幫勿圖侵犯金馬。

八月二十四日（星期日）

金門戰火熾烈。

美國會通過軍經援外法案，總額為卅二億九千餘萬元，遠東地區分配最多。

俄擴建新潛艇，每年達一百艘。

八月二十五日（星期一）

臺灣海峽情勢日緊，第七艦隊奉令戒備。

社論

(一) 以沉着與機智應付臺峽緊張局勢

經過三年多稍行沉寂以後，臺灣海峽的局勢，於本年七月下旬開始又復趨於緊張。從此時起，朱毛空軍的米格十七式噴汽戰鬥機，已陸續進駐臺峽對面的閩粵各機場，並調動一部海軍艦隻南下，增强其華南艦隊實力，甚至另一情報表示，有若干噴汽轟炸機，亦已出現浙江路橋機場。其他陸軍部隊的調動頻繁，福建沿海軍事活動的增强，當然更不在話下。於是沿海一帶已發生兩次較大規模的空戰，海軍方面的小型接觸，幾無日無之，八月二十三日下午起朱毛對金門炮轟的激烈，更爲自韓戰以來所僅見。這些時我們陸海空軍不斷地有輝煌戰績表現，我們在這裏向他們致敬。

在這種局勢下，全世界包括自由中國的朝野，都在密切注視臺峽對面的動向，都在不斷追問朱毛共軍果眞要打臺灣？難道它們果眞要以武力來爭取金馬？對於這些問題，全世界的看法大體上是一致的，卽在現階段國際情勢下，朱毛共軍進攻臺灣是不可能的，但進攻金馬外島是有可能的，尤其是外島的外島，如金門的烈嶼，和馬祖的高登各島，更有隨時被侵犯的可能。朱毛共軍的所以現時不敢直接進攻臺灣，正如一般週知，是由於中美之間有一個共同防衛條約；而美總統艾森豪更以美國會決議案的授權，有權力對進攻臺灣行動作超乎中美防衛條約之外的更大反擊。因此朱毛共軍對臺灣的任何軍事行動，卽令是一項單純的偷襲性轟炸之類，都將會把美國直接捲進去，都會立卽成爲與美國間的直接衝突。可是只要把韓戰結束以來整個遠東情勢與朱毛基本動態加以仔細檢討，沒有人會相信此時此地朱毛會決意要和美國直接再度作戰。同樣，一般人的所以認爲朱毛有進攻金馬外島的可能者，就因爲美國至現在爲止，還沒有公開把金馬列在中美條約共同協防範圍之內，而艾森豪總統的授權案雖規定他可斟酌當時實際情況有權作協防措施，但他對這一問題的眞正意向，至今仍爲全世界猜測所在，朱毛自然包括在內。而朱毛對此一事的如意猜測，可能以爲若要對金馬發動全面進攻，戰事規模擴大，美國勢將被迫採取協防行動，一如最近杜勒斯國務卿所暗示者；但若把這一進犯只限於對金馬的空中干擾或先行突然進攻金馬外圍某些小島，一如一江山前例，而造成一種既成事實，則美國也不致爲這些小島而大施報復。我們不知這種如意猜測是否能以如願，但以冷靜態度把目前臺峽情勢作一分析，便可知今日朱毛共軍在臺灣海峽所玩的拿手把戲，仍然是過去由一江至大陳的那種舊行徑，舊方式，而非眞要意圖掀起遠東大戰。當然這種說法並不表示我們應放棄必要的警覺之意；相反的，任何一個統帥部在面對這樣一個强大敵人的經常性威脅，而不時刻準備作戰，那將是一種不可原諒的瀆職行爲。

從國際外交觀點來看，朱毛共軍在臺峽軍事行動若超出了這一限度，最後勢必要把美國牽入在內，勢必演變爲一大規模戰爭。因此，現在問題便歸結到朱毛何以要擺出這樣一種兇猛的惡虎姿態，而僅欲作此偷襲性的鼠竊行動？是否僅爲金馬外圍這些小島而奪取這些小島？事實很明顯，朱毛共軍現在採取這些行動，其政治的意義遠比軍事的意義更重要，要想以這些行動去攫取軍事目標，簡直是痴人說夢；但若以這些行動去用作推動政治方面的陰謀，無論如何總難免不有若干影響。四十三年九月朱毛共軍炮轟金門的結果，使當時正在誕生的東南亞防衛公約，正式表明其適用範圍不得超越北緯廿一度半；同時也使五十個美國全國性社團，以美國聯合國同志會作領導，公開要求美國政府不得捲入金馬戰爭。四十四年初一江大陳之役以後，在聯合國內部和大國首都間，立卽出現了一連串的對臺峽局勢的秘密接觸，最後並帶來了美國與北平僞政權的大使級日內瓦談判。現在朱毛共軍的再度對金馬兩地蠢蠢欲動，加强威脅，就在重溫過去數次所獲得的那種政治甜頭，要求在國際政治方面有更進一步的收穫。美與北平僞組織的大使級談判已拖延了三年，朱毛共軍在臺峽對岸亦已忍耐等待了三年，現在朱毛覺得它們以强大武力作基礎，以鷹厦鐵道作依靠，來作較多一點政治敲詐的時候已經到了。

北平僞組織這種政治陰謀的第一步棋子，便在運用一切可能辦法，使臺峽局勢重新緊張起來，聳動聽聞，引起全世界的注意，使聯合國及各有關大國爲這一情勢而感到焦慮。爲了達到這一目的，它們就得設法把這種緊張情勢儘量長期化；爲了使這種緊張拖長，它們也就絕不會把一切足以製造緊張的法術一下亮出，而是要一步步逐漸拿出來，一件法術不够，再加上一件，直至這種壓力在不引起臺峽大戰的限度內達到最高頂點爲止。然後第二步棋，它們便策動蘇俄或中立國家的各地外交代表，在消除緊張與維護遠東和平的幌子下，在聯合國及各大國首都間紛紛活動起來，要求聯合國及各大國起而進行各種安排，如安理會、高階層會、及聯大會議之類，爲這一危機謀取和解。由於北平僞政權爲這一事件的直接當事者之一，所以在這各種安排中，它自然免不了成爲被邀參與者之一，於是這些安排亦便成了使北平僞政權由此擠入大國之列的一種安排。隨而接着有三步棋，它們將在這種會議上拼命擺出一付被害者的姿態，大事宣傳美國如何拖延大使級談判，美國如何侵略臺灣，以及美國如何威脅遠東和平等說法，要求其他參與者共同對美使用壓力，迫使美國與它進行更進一步接觸，藉以打開臺灣問題的政治談判門戶。只要這種談判一經開始，那麼它的第四步棋，便要利用一切機會，對國際間態度猶豫各國如日本之類，儘量給一種暗示，意圖表明臺灣現狀並非一永久狀態，引誘這些國家逐漸與自由中國疏遠，而去與北平僞政權實行接近。不過就在這種政治安排進行過程中，臺峽局勢也不會立卽趨於和緩；相反的，政治安排越積極，內幕談判越活躍，朱毛共軍在臺峽製造緊張的作法亦越加緊，以配合這種政治安排。所以我們在瞭解朱毛共軍這種行動的政治性重於軍事性之後，同時亦應瞭解這次臺峽緊張情勢，並不如過去一樣只是一種來去匆匆的短暫現象，而是一種長期緊張的開端。

由於臺峽這次緊張是一種長期的，而非數日之內所能消失，所以我們對於應付這一緊張局勢的態度，也不能重複過去那種以緊張對緊張，以和緩對和緩的被動態度，而應該採取一種穩紮穩打、胸有成竹的主動態度。換言之，我們不能以慌張來應付緊張，而是要以沉着來應付變化。以緊張對付緊張的辦法，只能維持一短時期，絕不能維持到長久，若把非常性的緊張拖延太久，我們的社會和生產秩序先要受影響，結果經濟大亂，人民生活脫節，朱毛雖不來，卻先已收到擾亂我後方的效果。反過來，若以沉着對付變化，那麼敵人要來，我們足以克敵致果，隨機反攻；敵人不來，我們亦不致懈怠疏忽，放棄應有的警覺。所以有效應付今日臺峽危局之道，不僅在於洞燭敵奸，運用機智，努力加强外交方面工作，而且尤在於洗鍊我們的意志，端正我們的準備，以沉着步伐應付一切變局。

社論

(二)

從速救助中國大陸流亡學生！

在中共極權統治下的中國大陸上，一羣純潔的青年學生，爲了追求自由，竟冒着九死一生的危險，從鐵幕邊緣逃出了大陸，而進入香港和澳門。他們這種精神和勇氣，在人類追求自由的奮鬪史上，實在可以大書特書。

然而，當他們僥倖逃到了香港澳門，雖然獲得了自由，卻不幸又變成了一羣無依無靠的流亡學生，在現實生活的壓迫下，不得不擔任體力無法勝任的工作，女生甚至淪爲舞女，在走投無路之餘，終於有一位吳國林同學臥軌自殺了。這眞是當代中國青年的一大悲哀！也是當代自由人類的一大諷刺！

最近，有一百二十六位中國大陸流亡學生，他們雖然分別來自八十幾個不同的學校和十八個不同的省市，卻共同聯名簽署發表了「給臺灣及海內外中國同胞的一封公開信」，本刊也同時接到了這封信，現特在本期刊出。在這封信裏，他們除對中共極權統治提出四點控訴，以重申其追求自由的理由外，並坦白說明了目前遭遇的悲慘，而沉痛的呼籲自由中國政府、港澳學校社團，以及聯合國有關機構，給予經濟上道義上的救助，使他們得到活下去的條件和繼續求學的機會。當我們讀完這封信，聽過他們義正辭嚴的控訴，不但更認清了極權的可惡，而且更感到自由的可貴，深信六十年來中國人爲追求自由民主的犧牲奮鬪是正確的，而一個眞正自由民主的中國，也必能在這一代的中國人手裏建立起來。但在知道了他們的遭遇，尤其是聽到他們呼籲時還很堅定的表示：「儘管我們的遭遇是這樣不幸，但是直到今天，我們毫不悔恨，因爲自由是值得付出任何代價的。」我們除掉感動和敬佩之外，更有無比的難受和慚愧！誰會想到：對於一羣堅强的自由鬪士，我們自由地區，卻沒有盡到應盡和能盡的努力，給予他們應有的救濟和幫助，使他們在獲得自由之後，還遭遇到無比的困難和失望。

這一羣流亡到港澳的青年學生，是在中國大陸上身受極權統治之苦，激於人類嚮往自由的天性和良知，而自動起來堅決反共的。當去年大陸上知識分子「大鳴大放」的時候，青年學生便積極的展開了廣大的反共運動，而震撼了整個中共政權；像北京大學的「百花學社」、「廣場」等小團體，曾有組織有計劃地通過刊物、社團、與全國各學校所從事的團結反共活動，不過是海內外人士所熟知的一例而已！事實上，今天在港澳的這一羣，都是當初參加反共運動的要角，更是後來在「反右派」鬪爭中被鬪爭的典型份子。他們之來到港澳，絕非僅僅爲了逃亡，實在是希望發揮更大的反共力量，爲自由而澈底犧牲奮鬪。就自由中國和自由世界來說，對於這一支反共的生力軍，正該歡迎之不暇，何況他們現在所希望的，只是區區救助而已！對於他們這一點希望，假使自由中國政府還不能予以滿足，請問又憑甚麼高舉自由的旗幟號召反共？更靠甚麼去號召大陸上全面反共？假使港澳和聯合國硬認爲這完全是自由中國的事，請問又怎能號稱爲自由世界的一分子？老實說，對於這一羣中國大陸流亡學生的救助，自由中國政府首先有其不容推卸的責任，同時，港澳和聯合國也不宜袖手旁觀。

其實，對於這一羣流亡學生應予救助的道理，該是自由中國乃至自由世界所能共同了解的，但是，在過去，事實上爲何都忽視了這一工作？在港澳地區，以獎助和倡導爲自由而奮鬪的救濟團體和文化機構，爲數似非太少，也許是限於環境或財力，也許是由於彼此間缺乏聯繫，而未能有組織有計劃的展開救助，我們願籲請有關機關根據這一次的經驗，重加研究與改進。至於在聯合國之下，也有文敎組織和難民機構的設置，是否眞因爲國界或種族的歧視，而有意無意的疏忽，致使來自中國大陸的流亡學生，沒有獲得應有的救助？假使事實果眞如此，我們作爲聯合國的一分子，實在不能不提出抗議，請速檢討與糾正。尤其是自由中國政府之下，諸如中國大陸災胞救濟會乃至敎育部等，都早該採取有效對策，而不待他們發出沉痛的呼籲，但據香港方面來信指出，過去有些流亡學生找到中國大陸災胞救濟總會的在港機構時，竟被冷漠地對付過去，我們聽到這種消息，眞是有無限的憤慨。政府爲什麼不能好好地救濟他們呢？我們眞是百思不得其解。假使說是由於財政困難，僅僅青年反共救國團一個機構的龐大浪費的百分之一，便已足够安置這一羣青年學生而有餘了！我們眞不懂，這種有意義的救助大陸流亡青年工作，政府爲何當爲而不爲，却偏要把一些所謂青年戰鬪訓練之類，在臺灣搞得煞有介事？總之，鑒於這一次的事實，我們站在中華民國人民的立場，有權提請政府特別注意這一工作，而對某些不能盡職的機構和人員，更要嚴加整頓和刷新。

時至今日，面對這一羣急待救助的流亡學生，我們實在再無理由坐視了，我們以反共爲同一目標的自由地區，應一致給予經濟上道義上的救助，尤其以反共爲號召的自由中國政府，更應速謀全盤的有效辦法而予以救助。

現在，這一羣學生正流亡在港澳地區，所謂救災如救火，尤其是遠水難救近火，因此，我們首先籲請港澳地區，基於與中華民國歷史上、地理上、文化上、種族上、乃至經濟上、政治上種種特殊而密切的關係，先使他們的生活得到暫時安頓。很使人興奮，香港已有二十多個著名的學術、文化、和救濟單位的代表，舉行了一次座談會，並決定了三項救助原則。但願港澳社會各界，能本着人饑已饑的胸懷，贊助這項救助工作；更希望流亡或居住港澳的中國同胞，能有力的出力，有錢的出錢，熱烈的支持並推廣這項救助工作；使得這一羣流亡學生，首先在港澳獲得及時而切實的救助。幾年來，這一代的中國人，由於國家遭逢空前刼難，從大陸流亡港澳者甚多，而獲得港澳救助者亦甚多，像過去對調景嶺難民的救濟，非但是一些被救濟的中國人所感激的，而且是這一代的中國人所共同感激的，但願現在更能把這種精神發揚光大。同時，我們更要呼籲聯合國有關單位，重視聯合國憲章及世界人權宣言所揭示的各項基本原則，對於爲維護此類原則而奮鬪的這羣中國大陸流亡學生，能打破國家的、種族的、乃至文化的界限，採取有效的行動和辦法來救助。我們也同時呼籲站在自由世界領導地位的美國友邦，也能熱烈擔任這項救助工作。這些年來，美國所給予我們中國的各種援助，諸如軍事上、經濟上、乃至文化上的援助，都是我們中國人所念念不忘的。卽就美國援助中國知識人士協會這個私人慈善機構，在最近幾年之間，便援助過居留港澳的中國知識人士一萬三千二百九十九名之多，分赴自由世界各處，獲得新的生活和職業，我們站在同是流亡的中國人立場，當然是十分感激的。現在，更願美國朝野，能以其雄厚的財力，擴大救助的工和作對象，使得這羣淪爲流亡學生的中國青年，也能獲得最大的救助。

但是，我們終不得不要求自由中國政府，對於這羣來自中國大陸的流亡學生，切實負擔起救助的責任，使他們的生活問題和求學問題，都能得到澈底的解決。近幾年來，政府在海外所從事的爭取僑生回國升學工作，以及救濟災胞工作，雖然成績不如理想，但其意義之重大，是無人否認的。這類工作，現在理應推廣到這羣流亡學生身上；我們絕無理由只爭取海外僑生來臺升學，反而對於逃出大陸冒死投奔自由的學生，竟置之不顧。雖然我們也呼籲港澳地區、聯合國、乃至於美國友邦予以救助，但我們的最後希望，仍不能不寄托在自己的政府。按理說，對於這一羣流亡學生的救助，自由中國政府有其不容逃避的責任，無論是爲了這羣青年學生，抑或是爲了我們全中國反極權爭民主的戰爭，都只有迅速採取有效的辦法。老實說，縱然任何地區或任何政府可袖手旁觀，但我們政府絕不可坐視不救。說來十分遺憾，雖然我們已經聽到教育部表示願協助他們來臺升學的消息，以至於中國大陸災胞救濟總會採取了若干救助的措施，但到我們執筆寫這篇社論爲止，我們還沒有聽到政府救助他們的全盤計劃和辦法。

近幾年來，自由中國以至於自由世界，常常向鐵幕之內，利用「紙彈」或利用電臺，宣傳自由的意義和價值，鼓勵被奴役的人民投奔自由，乃至號召其爭取自由。這類宣傳工作，固然收了若干效果，卽以這一羣流亡學生而言，也多少是受了這類宣傳的影響，但是，如果我們只知道利用「紙彈」作文字宣傳和利用電臺作口頭宣傳，而不能用具體的事實做宣傳的後盾，則我們的宣傳工作，勢難逃避欺騙的罪名。

在過去，對於救助這羣流亡學生的工作，無論是那一地區那一方面，也無論是由於何種原因，而忽略了應盡能盡的努力，我們都無意更無暇在此責備，但願共同起來速謀補救。時至今日，眼看着他們發出沉痛呼籲，假使自由世界，還無動於衷，只是空言同情；尤其是假使自由中國政府，還不能速採全盤的計劃和辦法，使得這羣流亡學生的生活和求學問題，能迅獲澈底解決，其後果豈止爲親者痛爲仇者快而已？那實在是自由民主運動的千古罪人！

最後，我們願誠懇的敬告流亡在港澳的青年學生們，聽說中共最近在港澳地區，利用三千元一人的高價，企圖收買你們之中一些領導的同學而失敗後，又繼之以恫嚇暗殺的手段，大喊甚麼「人民將予嚴重處分」的話了！希望你們在這各方面正要展開救助工作的時候，一定要堅持當初逃出大陸的決心，冷靜的再忍耐再等待，不要被中共的任何威脅利誘所征服。自由世界尤其是自由中國不會永久對大家冷淡的，我們這些也是來自中國大陸的流亡者，首先願以滿腔誠意來熱烈的歡迎大家，共同爲反極權爭民主而殊死奮鬪。只有一個自由民主的新中國，能在我們手裏眞正建立起來，我們的國家，才可以免於目前這種刼難的再度出現；也只有這樣，我們這一代，乃至我們的下一代，才不致再度遭遇流亡的痛苦，而需要呼籲救助。

社論

(三)

急救臺灣地方政治

今天臺灣地方政治問題，是自由中國許多問題中最嚴重的一環。這一問題，已逼臨到非急救不可的地步。如果再不解決改善，很可能使一切努力的成果悉告破滅。也就是說，這一問題不快解決，則自由中國的前途極不樂觀。「急救臺灣地方政治」，是今天自由中國第一個重要課題。

我們作此緊急呼籲，乃基於兩種觀感：第一、今天臺灣地方民衆，經濟上已走到不勝負荷捐稅攤派的苦境。第二、政治上，管制制度的龐雜混亂，已嚴重地危害到地方民衆的發展乃至生存。

並不是我們太過敏感，凡是到過臺北以外各縣市的人，只要稍稍留心觀察，短期間決不難發覺那些地方是怎樣充滿了驚人的反常氣氛。捐稅的負擔太重，政治的恐怖太深；這兩種威脅告訴我們：無論爲了反攻大陸或固守臺灣，都不是有利的徵象。自古迄今，任何社會出現了這兩種威脅時，沒有不繼之以災難禍亂的。我們必須認清現實的安危，然後才有資格替未來作種種打算。盲人瞎馬，胡撞下去，不但距離反攻復國的目標愈來愈遠，即欲保持孤島的安定，恐怕也成問題。

近半年來，我們發表過兩篇詳述地方政治的社論。這兩篇文字，都置重點在呼籲停止黨化和黨治。然而事實答覆我們的，是「一意孤行，逞强到底」。現在我們不想對這種態度加以抨擊，只願就上述兩大威脅所造成的活生生的險惡事實，提請政府和社會羣衆特別重視，看看這是可以漠視不理的呢，還是應該急起解救。同時這也是對執政黨的一大考驗：究竟他們願繼續推行黨治，使事態日趨惡化呢，還是懸崖勒馬，使黨意遵從民意，由黨治改爲民治。面對這樣的緊急關頭，必須作一慎重的抉擇。

關於地方民衆的捐稅負擔過重，有一種人常願散佈違反常識抹煞事實的說法，他們以「今日處於非常時期」爲藉口，說反共不能不養兵，養兵不能不增加人民的負擔。至於人民繳納的捐稅，究有幾成用於養兵，以及合法捐稅之外，爲何還要繳納種種巧立名目的攤派，則避不作答。這就是說，他們叫你儘量繳納，合理與否，負荷力如何，他們不管。他們叫你出錢支援反共，究竟有多少錢眞正用於反共，他們也不知道。今天地方民衆所苦的，正就是在冠冕堂皇大帽子之下的超過負擔能力的種種攤派。新臺幣不斷地增加發行，通貨在經常的慢性膨脹；直接稅、間接稅之外，地方縣市的附加稅名目繁多；這已足使貧苦的農民、鹽民、漁民不勝其負擔了；偏偏此外還要負擔許許多多不能勝計的攤派欵項，逼得人眞是喘不過氣來。有很多攤派，均與反共養兵毫無關係。

住在臺北市的人，怎樣也想像不到外縣市地方民衆有這麼大的痛苦和那麼重的捐稅負擔。只要你看到外縣市的惡性攤派現象，就難免會聯想到「殺鷄取卵」、「竭澤而漁」的成語，替「建設臺灣、反攻大陸」這一個口號擔心。在反共戰爭的意義下，不僅軍事和政治作戰，還包括有經濟戰和社會財富戰。社會財富，是社會民間元氣；取之用之，都要嚴格注意在不傷損「元氣」的原則下行之；否則就無異於自趨敗亡。世界上沒有一個國家能在「宮廷庫藏豐盈，地瘠民貧財盡」的情況下打勝仗的。但我們今天看看地方民間財富狀況，面對惡性攤派的景象，實在不能不提出嚴重的警告——要求政府立即下令，嚴禁在合法的稅收之外，再讓惡性攤派繼續泛濫，將社會元氣搜括以盡。

八月初旬，嘉義縣中埔鄉鄉長突然宣布辭職（八月三日聯合報各地通訊版刊載）。辭職的原因，是受不了惡性攤派的壓迫。據說，在短短時期內，該鄉要負擔建築警察宿舍捐欵二十萬元，負擔新設警察分局 房屋 建築費二十萬元，另外還有一筆與黨有關的捐欵二十萬元。一個小小的鄉鎭，一霎時就要負擔六十萬元的捐欵，而這幾筆捐欵又都不是搪拖推諉得過的，地方民衆的痛苦如何得了！這位鄉長一向被稱爲最獲「民衆服務站」（黨部）滿意的「幹練青年」；像他這樣得意的幹部，都受不了惡性攤派的迫害，其他更可想見。

基隆市長硬性攤派捐欵起建中正堂，輿論及議會曾紛紛指責，並發現其中有偷工減料舞弊情事。據說被攤派者，連碼頭工人也未能倖免，要他們捐二日所得(或一日所得)。他們全家大小賴此生活；捐一日工資，就須一天挨餓不吃飯，這是何等殘酷之事！至於公敎及人民團體(公會之類)的職員捐獻，則乾脆在他們的薪金中先已扣去。自己勞心勞力所得的生活費，竟不由自己作主，這又是何等膽大枉法之擧！

花蓮市爲免陸沉之虞，在距離舊市區約三公里之處新建縣政府、警察局及議會三個大厦。而縣府之一局的警察局大厦矗立在縣府大厦與議會大厦之中間，其堂皇巍峨爲臺灣各警局之冠，而其建築費是由攤派得來。爲攤派，在民衆中製造了許多糾紛。

要列擧地方惡性攤雜派的實例，眞是擢髮難數。不要說爲了保全社會元氣，政府應體念民艱，嚴厲制止惡性攤派；即爲「反攻大陸、建設臺灣」着想，也不容這情形再持續下去。要減輕人民負擔，當然這還不是根本之圖，過去我們曾提及根本解決財經的難題。現在縱使不願那樣去做，却至少應該儘可能地廢除苛捐雜稅，厲禁惡性攤派，即是馬上必做的一件大事。

其次，再一談地方政治上管制制度的龐雜混亂。衆所週知，某些權力機關為了加緊控制，乃利用「反共需要」作藉口，橫一項法規，豎一項禁令，從言論批評到行路逛公園，都限定了範圍和時間。(對付言論批評，例如新修正的出法；限制行路，如總統府前只准汽車通行，遊園如陽明山公園之任意關閉。)因之法令如毛，桎梏重重，一切動靜都置於管制之內。然而越是管制得緊，越容易製造弊病。譬如海空關卡愈是管制得嚴格，走私物品愈有機會偷運獲利；結滙證和汽車牌照愈控制數量，黑市頂讓和活動費用愈是驚人。縣市地方，凡經列入管制的事物，則黑幕愈大。其最使人不堪忍受者，是管制辦法的不統一。同一地區，同一情事，警察機關是一套，軍事戒嚴機關另是一套。例如過去保安司令部與警察機關在山地的權力之爭，就是起因於各有一套管制辦法。鬧了幾年不解決，民衆可吃盡了苦頭；呻吟在雙重管制之下，不知何去何從。又如空襲時間，警察機關與民防指揮部的職權之爭，以及平時這兩個機構各有一套互異的命令叫民衆服從，吃苦受難的都是老百姓。軍警機關如此，縣政機關也不例外。甲機關要民衆往東，乙機關要他們往西；人民在夾縫裏透不過氣，辦呈文要兩份，手續費要兩份，甚至請托說情要兩份，結果還時常辦不通一件事。一個縣市有那麼多的機關，張來管你，李來管你，趙五錢六也來管你，人民陷於癱瘓狀態，動輒得咎。請想想看，像這樣遍體桎梏的地方民衆、地方社會從那裏會有自動自由的活力？人們相見，唯有搖頭嘆息，沒有發揮創造力與智慧的機會，這對「建設臺灣、反攻大陸」能有什麼幫助！

然而在這般嚴密管制之下，並不證明了官方眞給民衆作主管事。事實是，雖然官方無事不管，但遇有眞正需要作主時，卻又敷衍推拖。譬如司法，當人們起了爭執而請求作公正裁判時，結果常常適得其反。又如近來層出不窮的惡性倒閉事件，被害人向法院控訴，明明應予騙人者以懲罰，並保障被害人索回騙欵，卻偏偏叫他們在外和解。卽使和解不成，也不再按刑法詐欺罪處理。如果被害人再到警察局告訴，警察局又推稱法院已有和解案，不便受理云云。再如，各縣市街道衞生及秩序之凌亂，替刑警做眼線的小流氓之橫行，都無人管。他如，一隊隊出賣不合標準的成藥者，鼓樂喧天，公然危害公衆健康及安寧秩序，成年累月，浩浩蕩蕩在各地遊行推銷，警政人員亦竟視若無睹，毫不過問。這類眞正應管而不管的事情，積之日久，給人的印象和教訓經驗，是乾脆由自己來解決問題，不再求公家去管。於是社會上的兇殺案和鬪毆案與日俱增；在人們心目中，流氓打手的用處，反而比警察法院還大。這些都是外縣市地方的實情。這樣演變下去，其後果誠令人不敢想像。

我們知道，當此粉飾成風，說老實話被視作寇仇的今天，我們上面的揭發，定會遭受某些權貴者們斥之為「謊言」。但事實終是事實，粉飾不能予以抹煞。我們雖不想與粉飾之徒作無謂的辯駁，然而鑒於現今地方民衆在水深火熱中的痛苦過深，不能不提出呼籲：為了這一個反共基地的安定强壯，必須從速改善地方政治。而當前急務，莫如嚴禁惡性攤派和放寬不必要的管制，讓地方民衆感到他有責任積極地主動謀求社會福利，不是消極地被動被管制。假使當局和執政黨仍迷信嚴格的管制能長保政權壽命，不圖改弦易轍，挽救危機，則恐結果適足以促成自己的失敗。在昇平時期或在大陸未淪陷之時，一個政府或一批政治人物的失敗，還不致影響到全面的禍福；唯在戰時僻處海隅，特別是靠一個島嶼作反共基地的今日，一次失敗都會導致局勢的變化和社會全面的不安。

按理說，外縣市的地方政治，應該做到像臺北市一樣的水準。但這十年來，臺北市與其他廿縣市的政治水準距離太大，人民所受的差別待遇也太明顯，因之今天外縣市才落伍到這樣嚴重的地步。而造成如此大的距離，主要原因還是當政者對外縣市意存輕視，以為在外縣市違法或用高壓控制控制，惹不出大亂子。(外縣市選擧怪現象之多，亦係「放膽控制」的作風和觀念所造成。)殊不知，臺灣一千萬人口，臺北市僅佔七十萬，其餘百分之九十三的人口和地區，如何可以輕視！執政黨派出去的地方黨幹，政府派出去的行政幹部，一到外縣市，立卽加强黨化黨治，運用高壓管制。表面上，他們藉口於地方情形複雜、派系衆多。實際上，這不是眞情。黨治與管制，恰是製造地方複雜和派系對立的成因，決不是後果勢逼處此。他們倒因為果的說詞，不過是為了掩飾其大膽管制的遁辭而已。地方情形複雜，再沒有比臺北市更甚的了；派系衆多，也多於其他地方；然而臺北市民所遭遇的黨化管制，遠不若外縣市為甚。可見外縣市民主自治的橫遭摧殘，並非起因於複雜和派系；由此更足反證，外縣市的差別待遇，實在是黨幹政幹們大膽妄為的結果，萬萬不能推諉外縣市地方情形特殊。透視過這些內情，臺灣地方政治問題自可尋出解決的頭緒。空喊「複雜」「派系」，正好是上了他們避重就輕轉移問題重點的大當。

總之，今天臺灣地方政治問題是自由中國諸問題中最嚴重的一大問題。地方民衆現已處於不堪忍受的地步，我們實在沒理由繼續漠視下去。急救他們，有兩大要務，讓我們重複說一遍：第一、禁止繁苛的捐稅攤派；第二、解除各種高壓的黨治和管制。現代民主政治，不是叫人傷腦筋的政治；任何理由都不能抹煞人們傷腦筋的事實；請面對事實，替地方民衆解除這不堪忍受的痛苦吧！

五論反對黨

朱伴耘

一

這篇文字，我擬討論的是反對黨的產生及其在政治上的運用，是作者對於「行」的方面所作的建議。這裏所謂「行」與「幹」，請有心人不必故作危言聳聽之論，以爲我又在「煽動」而科以殺頭充軍之罪。我從未主張「招兵買馬」，「陰謀叛變」，大家不必過度緊張，假非常時期之名，用緊急戒嚴之令，來應付一批手無縛鷄之力的老弱文人。我之所謂「行」者，不過是主張大家將認爲志趣相投的人聚集起來會商一番，化零星片斷的意見與辦法成爲一組有條理的意見與辦法，以爲他日大選時向人民求售之用，是非常和平而文雅的。在一個號稱自由民主的國家，同時又奉行一部現代化的民主憲法，其應有一强大反對黨之存在，一方面代表人民監督政府，同時又備人民之選擇以代替政府，乃是理所當然之事。今天在野各方人士既對聯合組黨認爲有此必要，同時也議論了如此之久，我以爲不必長期停滯於討論階段，也來一套口號，今年是「理論年」，明年是「準備年」等等，與其各擁一個刊物發點牢騷，不如走一步試試看。大家將以促進中國民主自由爲鵠的的零星力量集中起來，使世人知道民主自由運動在中國的進展。同時請諸位進一步認清，如無强大反對黨的存在以供人民的選擇，縱令享有一點批評的自由，也無補於實際的政治情況。帝王時代多有言官批評朝政，除了無道暴君對直言之士予以斬決外，多有納諫的雅量。明君從善如流的固不少，而遇到剛愎自用的帝王一意孤行之時，御史大夫也只有徒喚奈何而已。因爲那時「家天下萬世之業」，誰要取而代之，要就革命成功，要就被視爲叛徒而株連九族。今天是人民的世紀，民主政治的作風是和平與中庸。政權出之人民的公決，與論對政府的批評，不僅是給政府以警惕，更是給人民對於是否留用這個僕人的考績資料。與論不僅對政府有批評的自由，而且政府爲了獲得再度的僱用，非得擇善依從不可，不能像帝王萬世之業的時代一樣，批上一個「朕知道了」而依然我行我素的。何以言論自由不會落空，何以民主國家的政府必須要順應輿情，主要的就是由於强大反對黨的存在。因爲對於不聽話的僕人，一到僱用期滿，主人是可用其一票將他趕走的。

反對黨之成立對於民主政治之實現既如此重要，何以至今尚未形成？也許有人覺得彼此各有主義，意見不一，無法形成一個「拼盤」，與其一經發動，鬧得不歡而散，不如坐待觀望。另一可能的原因，就是根據過去的教訓，此種組黨大舉，必會遭受多方阻碍，還是忍耐一下爲是。就個人看來，國事如斯，人生幾何，正式試一次總會於中國的民主前途有利無弊。先就自身憂慮不能團結言，如大家之目的果在求民主政治之實現，在同一目的之下，即令意見有出入，多半是技術性而不會屬於原則性的。既然如此，何不聚集起來，看看本身之歧見到了什麼程度，關鍵何在。再進一步，即令會議結果分爲多數與少數二派，一時無法調協，至少這一多數派可先形成一初步的團結。這種集體的力量總較各自爲政有力量。尤有進者，只有在本身作攤牌性的討論時，才會發現誰是有骨氣的讀書人爲民主政治的理想而努力，誰是隨聲附和藉着民主招牌在政治市場上提高本身行價的投機份子。無論結果如何，都是值得一試的。其次，就顧及各方阻撓言，就我記憶所及，過去在討論反對黨這一問題期間：負責人員宣稱「願予扶植」者有之，宣言不作反對者亦有之，大家在報章或文獻上都可查出，官方仁心仁術，組黨之士何必辜負？正式的試一次，總比揣摹心情爲好。

二

談到具體的進行方式，一方面因爲是非常時期，同時政黨之組織似乎尚無法律途徑可循，另一方面這一組織又非一般人民社團可比，官方不能以非常時期限制人民集會結社爲藉口予以制止，大家只有根據憲法的精神，由各地同意組黨之發起人聯名宣言，將此意圖在海內外各報刊出公告國人：同時專函政府徵詢其意見與夫進行時應取之途徑。當此一手續做到時，官方之答復只有可否二端；如藉故來一否決的話，海內外的國人，對此一是非問題，當瞭如指掌。好在報國之道甚多，捨此並非無努力之對象。不過在此正式手續未辦理前，大家不宜多提舊帳，因爲年來儘管報章雜誌討論紛紛，官方可以與論之一部視之，以爲大家作反對黨在政治學上的「學術研究」而已，對此採不聞不問的態度，正是提倡「言論自由」之表示。不過就個人看法，官方對於負責簽名的正式公告與夫對政府徵詢可否及進行途徑之專函，似乎不能置諸不理。因爲這是舉世等待的答案，只有可否之選擇，而無推拖之餘地。再依個人的樂觀推測，同意的成份居多——當各組黨之士正式向政府提出時，因爲在現階段它是在法律上代表全國的政府，執政者考慮到這一點時，同時更考慮到這一批文人學子，其目的是依照憲法求民主政治之實現爲最後目標時，似乎很難來一個否決。

大家所要求的既是可否的答復，而非含糊其詞的搪塞，其結果如爲「可」的話，則今後進行與責任，均落在組黨諸君之身上，我要提出的建議太多，暫留在後面分別寫出：現在姑且談一下，萬一當局對在野人士聯合組黨之舉來一否決之舉，大家何以自處？

果眞不幸當局對於組黨之舉，認爲時值非常，着無庸議，其所持態度一如過去汪精衛之所言，天下是我們「革命」得來，他人如對此垂涎，也只有去「革命」，無論官方政論家有什麼生花妙筆，也很難爲集權專政之用心辯護。今日組黨之士，爲一羣文弱書生，篤信民主，痛恨暴力，向來反對以「革命」法寶取得政權。此爲大家主張組黨的根本理由之一，願以舌槍唇劍從爭」取民心中較上下。今日面對官方否決的打擊，大家要就消極下去，或飲酒賦詩以終餘年，或種花養魚以遣歲月，再不然，麻將四圈，老酒三杯，都是使人打發日子的妙法，無須作者獻計。另一應付此項打擊的方式，就是左舜生先生等所主張的「自擇道路法」。因為斯時幻想已滅，各人只有各就其環境自作打算。在「自擇道路法」中，如大家仍願為民主政治努力的話，就不妨正式組織流亡政黨。以香港、東京、或紐約為中心，分頭為中國民主之前途努力。此與流亡政府之唯一區別，不過是無外交地位而已。只要當地政府同情中國之民主運動，主持者之言行獲得海外僑胞之支持，我們深信當多數國人認為中國只有政治走上民主常軌，和平建國方能實現時，此一流亡政黨終有回國之一日。誠然這個工作是長期的、堅苦的，而每一人的心情更是悲痛的，可是世界上那有建國捷徑？卽就國共兩黨而言，誰又不是革了幾十年的命？我得在此鄭重聲明，儘管此為方式之一，我不願也不忍見其實現。萬一此舉果然不幸實現，決非組黨者之本意而係被迫出此。因為這批書生已將一切善意向國人陳明，目的在求民主政治之實現，是否能獲得人民信任而和平合法獲得政權，尙屬次要目的。如此反復向當局坦白陳詞仍不見諒，而剝奪主張民主政治者之合法活動權利，大家除意志消沉外，惟有走上「流亡政黨」之一途了。

三

我無意在本文中將「流亡政黨」之進行細節多加建議，我是不希望走上這一條路的，同時根據官方一再的表示，我想可能不會走上這一條路的。是以我得回過頭來在當局肯定的答復下，對這一新黨籌組之首要工作或應行考慮之點，作下列之建議：

「甲」　求新黨人士出入國境問題之解決：臺灣既為新黨的大本營，為了黨務之發展，原來在臺而需出國的，與夫原來在外而需回國的，均應受到憲法上賦與之旅行自由之保障，否則在臺灣空掛一張招牌，欲出者不得出，欲入者不得入，如何能展開黨務？當然，當局有其困難，大家也應諒解，譬如說現在時值非常，他們所稱的外諜內奸，都有防範之必要，目下如取消一切限制，恢復如平時一樣的自由出入，似乎也不可能，在這兩難之間是否有折衷之道呢？如果大家平心靜氣在技術上着想，未始不能尋求一較為妥善的辦法。我姑且作一大膽的建議，就是關於新黨人員為了黨務活動之出境入境，是否危及「安全」這一問題，由新黨自己負責。換句話說，由他們在臺主持人內部設一機構，負責對黨內人員之出入境作審核與決定，凡該機構決可之出入境人員，政府機關卽照發出入境證。這樣一來有數點好處：第一點，政府的這種作風，正可向國人宣示無意防阻反對黨之成立與活動，以事實表示政府是誠意執行國民黨八全大會「貫澈實施中華民國憲法，保障憲法所賦予人民之一切自由與權利」的政綱。第二點，新黨的活動可以向國人尤其政府當局表明這是一公開合法的政黨組織，以光明正大的方式求中國民主政治的實現，決無以地下組織方式作顚覆政府之圖。這種公開活動是向政府作出「決無革命意圖」的保障。第三點，我認為更有意義的採取這一方式的結果，新黨無形中代政府分擔一部責任。我深信新黨對其黨員出入境之審核問題，必會審愼合理處置。因為果由於他們的疏忽，於他們核定黨員中入一間或出一諜以危及「安全」的話，他們要負責任的。至少在朝黨於競選時，就可以此為一課題攻擊他們的疏忽。我們知道權利與責任是相對的。這一辦法技術上的實施細則，當可由新黨負責人與政府會商擬定。就原則言，我認為是合理而公平的。否則，卽令政府允許在野新成立之反對黨於臺北掛一招牌，又以非常時期出入不能自由之限制加諸新黨人員，如何可以完成合法的活動？更何況新黨是團結海內外人士的一大組織？

「乙」　新黨黨員之各種合法保障問題：談民主政治的人固不承認在朝黨員是天之驕子應享特優待遇，同時也不承認在野黨員是國之叛徒，飽嘗非法虐待。我之所以考慮到這一點，是為了建立現代政黨政治的心理，而打破過去的「幫會」組織心理。我更要在此特別指出的是我之所謂黨員是指普通基本黨員而言。組黨必要廣泛的徵收黨員，大家不必計較過去的背景，任何人只要贊同民主政治的原則，並深信只要在民主制度下所產生的安定政局才可使國家繁榮進步的人，都在歡迎之列。我曾說過這個黨不迫人入黨，不誘人入黨，但是自願入黨的誰也無權拒絕。而這些人才是眞正新黨所需要的理想黨員。可是這些人既非「聞人」，亦非「名流」，他們一經入黨而被以「異己」或「敵人」目之列上名單，小至於「求學」「就業」有困難，大至於人身安全也有問題。這種「釜底抽薪」之法，大家得事先商妥避免。因為對於「聞人」或「名流」可能為了面子及視聽問題尙有所顧忌，而對於人家稱之為「小嘍囉」，新黨視為「民主幼苗」的自動入黨之士，尤其是青年朋友，不得不求週到之保護。在我個人的想法，今日組黨之主持人物，很多年事已高，加以客觀環境，卽令一切順利，只不過作點播種工作；最初五年十年未必能於大選中獲勝，是以不得不寄望於第二代，這也是我在三論反對黨中鄭重提出下一代人才之培養的原因。可是，環境如對於他們之自動加入新黨太為不利，除少數堅強意志之人外，多數人為了麻煩太多，安全可慮，自然是觀望不前。我們也更不忍以任何教條之名，鼓勵其作無謂的犧牲。今日大家組黨，志不在惠及本身，是為中國民主政治作墾荒工作，必要一代一代繼續下去，才不致前功盡棄。假定明知繼起無人，同時又志不在近功，那麼何必組黨？旁人對此問題之見解我不得而知，個人認為非常嚴重值得開門見山商討一番。旁人是否以殊遇或脅迫方式號召青年入黨，那是一黨作風問題，作者不擬對此問題多加討論，可是青年們一入這個新黨就得受禍無窮，這種可能，必要作事先之防範。當代的中國政海人物，不論主張極權也好，贊同民主也好，都快達就木之年，今後的中國政治局面，全靠下一代維持，是以大家不得不為主張民主自由的繼起人才作多方的考慮，否則全弄成有「黨」無「員」，等於紙人一個。

「丙」　言論及出版自由之確保問題：言論自由及出版自由是民主國在野黨的唯一武器。民主國家政權之所以能和平依法轉移，也就是因為雙方的武器是「和平文雅」的。一個人如稍有頭腦，對於政見不同的對方應鼓勵他們公開地握有和平武器而不可迫使對方運用「暴力武器」。在野黨必須享有充分言論自由，才能對政府措施之缺點作有效之批評，並向國人提供更完善之對策。否則在野時固無從監督政府，同時以自己主張無法向人民廣爲傳達，更無當選之可能。當局應了解這些作文字批評的人，不僅會負法律上的責任，更會負道義上的責任。而官方的答辯與反擊更在歡迎之列。只要反擊文字是就事論事，不施人身攻擊，不送帽子。作者見過不少的反駁文字，够得上這個標準的似不太多。對於違法的文字，應依法辦理，若干地下行爲，如禁止閱讀、印刷、銷售等，統應一律取消。因爲這些行爲都是理虧的默認，於官方信譽有百害而無一利。此類不光明的卑鄙行爲，是值不得長期沿用的。

談到出版自由方面，很明顯的，新黨一經組成，就得增加刋物、發行報紙，一切藉口阻止的法令應即取消。近日鬧得滿城風雨的出版法修正案目的是否棋先一着，我暫不置評，我得請當局注意的不要以爲有了一紙法令，一切依法而行就表示合法而民主了。我們知道，民主國家必然崇尚法治，可是即令遵守法治也並不表示民主，一切極權政治都是有所謂「法」的。一個國家是否民主，是以憲法的內容與崇奉的程度爲標準。甚至不成文法的傳統精神也在崇奉之列。這是無法騙人的。誰都知道，極權國家爲了控制言論自由，是從控制印刷廠及分配紙張着手。政府如在原則上同意在野人士擴大組黨，就不應對於他們增發報刋加以限制。主張言論自由的人既一再聲明會負法律及道義上的責任，則增發報刋，一方面固視爲「武器」之增加，同時也可視爲「責任」之加重。因爲在野黨報刋出現的機會愈多，則因不愼而有錯誤的機會也愈大。他們愈有「發言」的機會，官方也有更多「攻錯」的機會，應視爲公平交易。

最後我更向當局進一忠告：何以革命暴動都發生在極權專政的國家，因爲人民不能公開的掌握「文明的武器」——言論、出版、組黨等自由——以保護自己。結果只有被迫轉入地下工作使用暴力。任何國家的人民，對於壓力的忍耐是有限度的。軍警也好，特務也好，他們是人，他們也有一顆良心，他們也同樣有看不過、忍不下的時候，那時不是少數人的魔力可以制止的，公開的文明爭吵，遠較秘密的暴力行動容易應付。只要上下公忠體國，無「千年萬世永垂無疆之休」的想法，以寛和的態度讓新黨合法自由發展是有利無害的！

「丁」　在野黨與在朝黨的平等地位問題：今日在朝黨之地位及待遇特殊而超出憲法的規定，是人所週知的問題，我所提出的平等地位，大家不要誤會我主張這個在野組織意在爭取殊遇：如在朝黨之活動費用如取之於國庫的話，在野黨亦必如此；又如在朝黨如在國家的三軍中成立黨部的話，在野黨亦必如此；我相信組黨諸君並不如此小氣，主要的是在朝黨的優遇或與憲法抵觸的事實，應由在野黨提出改正。這類的例子太多；譬如過去以黨控軍的「助選」；以政控選的「投票」；既有慰勞舞會，復有獎金辦法，試問這些作法的「錢」與「權」出自何處？如果這也稱之爲公平合法的選舉，那麼今日之世界已無極權專政之存在了。是以即令黨能組成，有黨員有報刋可以陪選，一方有權有錢，一方報刋數册，「老虎」與「山羊」如何能競？如讀者認爲我顧慮太多，諸位如能閱讀一番「特種黨部對所屬及有關助選有功單位人員獎勵辦法」，就知當時民靑二黨爲什麼對於選擧結果憤而不出公證了。這樣的組織無怪當選者向其致謝，因爲組織的力量眞是無限大啊！相反的，不也反映出來在一般人心目中人民的力量等於零嗎？以上所述，不過是海外所知之一例而已，諸位在國內的或知之更多，是以在野與在朝雙方必得派人出席以憲法爲依據會商糾正的辦法，在野諸君決不是爲了幾文津貼或一二部會，所要的是不折不扣的民主制度，而本身則作一個乾乾淨淨的在野黨員。同時在野黨的成立伊始，明知並願意接受選擧中的失敗，但失敗的原因要使人心悅誠服。

以上四點不談妥，我請組黨諸君忍耐從事，直待在朝者認其爲於國有利於已無損之唯一途徑而樂於解決時，再予進行，以免操之過急，而引起暴力行動。

四

假定以上四點能順利解決，那等於兩組勢均力敵的球隊已組成，只待比賽時期到來，作政治錦標的競賽。民主政治應從基層作起，當然鄉鎮縣市等地方選擧，兩隊應參加比賽，可是民主政治也不可沒有中央政府的選擧，對於這一問題，在目前情況下，應當討論之點就太多，在我未討論這一問題前，因爲鑒於許多人對作者初論反對黨一文的批評，我擬在此先補述一點個人的意見。

在一篇對作者「反動」言論正義聲討的專論中，認爲作者所指人民選擇的對象應包括元首在內是推翻政府的「陰謀」，誠令人惶恐不安。美國兩黨之競選總統，英之兩黨競選首相，以及美英之在野黨各以獲取總統與首相寶座爲大選時之目標是民主政治的常軌，評者對作者將競選應擴及中央政府爲「陰謀」，這種一面不反對民主，一面又認定今日之政權，一如昔日之王朝，不應更換的心理狀態，令人實難了解。關於黨、領袖、政府等名詞，在民主國家中，都不等於國家的起碼常識，作者已在「再論反對黨」一文中，提出較詳的解釋，不擬在此重複。我僅向斥我有推翻政府陰謀的作者問一下，在作者所有討論民主政治的文字中，曾有一字一句主張暗地招兵買馬與政府再作一次游擊戰嗎？作者再坦白言明，組成强大反對黨之目的，是在與在朝黨爭取政權，而爭取之方式是公平合法的選擧，而非消耗國家元氣的任何暴力行爲。這種坦白的主張，如仍稱之爲「陰謀」的話，世界上那有正大光明之事可言？一個會寫文章聲討人家的人，作者當然承認他是「讀書人」，讀書人論事怎能不心平氣和多講道理少來栽誣？尤有進者，民主政治的一個特徵，就是反陰謀而將一切主張公開國人，迫使在朝黨不得不拿出更好的主張來，而達到光明坦白爲政治進步的推動力。豈有一個篤信民主政治的人而以「陰謀」爲手段之理？

作者向來不作言外之意，要人揣摹心理狀態的文章，在主張民主政治的大前提下，關於總統一職，應亦由二黨或多黨推人在公平選擧制下產生，乃是理之當然。同時民主政治的優點，是根本就假定一個政府不會永遠合於人民的要求，而永遠存在下去的。對於政府表示不滿，乃至於再度大選時換一個黨來試試味口，係人民應有之權利，何必要我來個「言外之意」？依據今日之憲法，總統既爲選任，同時任期又只六年，且規定只能連任一次，則討論問題時，提出總統一職，亦應在公平選擧下產生，何必大驚小怪！作者批評時政也好，討論問題也好，向不計較人的問題，而只注重事理之探討。總統在憲法上不過是一職位（機關）而已。再以憲法第四十五條之規定，凡國民年滿四十而享有公權者，都有資格競選，是以在理論上言，對於誰在任此職務，誰可能於將來被選出而接替此職的人的問題，毫無興趣之可言，我們所要研究的是如何使此職位之產生，能合於民主公平的原則。民主政治與獨裁專政在一國之內是不能並存的，作者既主張民主政治，更坦白言明新黨之目的，是在將來依法於大選中取得政權，以完成政黨責任政治之體系，如其志不在總統一職，試問如何上臺負責？

評者又說「既云改選總統，而總統又係由國大代表選舉，因之國大代表亦須改選。可是改選國大代表有一事實問題，就是大陸同胞目前都無法參加選舉，除非由自由中國的人民來代表，但這樣的選舉算是民主嗎？一個將近五億人口的國家，而僅以一千萬人民來改選國民大會代表，這五十分之一的意志能代表另外五十分之四十九的意志嗎？恐怕這樣一來才更容易被人目爲『包辦』與『不民主』哩！」這段話初視之好像引人入勝，實際上這是目前推行民主政治的「問題」，而不是反對民主政治推行的「理由」。有了「問題」發生，必求解決之道。因爲這個問題存在的久暫，誰也不能預料。我更相信誰也不願更不忍利用這一問題的永久存在！

在討論此一問題時，有一大前提必須認清：是大家願將臺灣作爲民主的天窗，抑是等到回了大陸再講？如爲後者，大家對於民主政治可以暫不討論，閉着嘴等好了，如大家對於實現民主政治，有俟河之淸人壽幾何之感，就得着重問題之解決。再就官方對此問題的態度言，大家口頭上皆高叫以民主自由反對極權專政，則民主政治之應在臺灣實行，不僅在野者期望如此，則朝者亦對國人作如此之表明。那麼自由中國之應實行民主政治的前提，當無可置疑。在此確定的前提下，自由中國是否推行民主政治，就得以客觀標準作衡量而設法克服當前的困難，不可訴諸主觀解釋，以爲民主只能及於地方，國大不能改選，總統一職亦惟有連任下去。這種解釋無異推翻確定的前提，因爲自由中國在縣市鄉鎮已民主了（那些不公不法的事實姑且不論），何必還要高叫什麼民主政治？

反之，民主政治若以客觀的標準來解釋，一個國家（自由中國是一個國家）如若稱爲民主的話，反對黨之志在問鼎於中央政府是理所當然。因爲中央政府的措施，才是關係全民利害的。依照憲法行政院長是由總統提名經立法院同意任命的，故我國憲法上，總說，非完全的虛位元首立於超然地位可比，他固可以提出黨外之人組織行政院，爲了劃淸政治責任最好提出黨內之人。行憲以來所提行政院院長都是黨內之人，這是很對的。也因此之故，在野黨爲了取得國家中央行政權，必須公平競選總統一職，乃是理之當然，根本不是「言外之意」的陰謀。作者深知在事實上在野黨不會一舉成功而取得此職，這是事實問題，可是他們有權於公平選舉方式下取得此席，乃是不可推翻的理論。目下的事實是偶然的，而他們依據憲法競爭此職却是必然的。

談到大陸目下不能參加大選，這是事實，但這只是當前實行民主政治的困難問題而已。大陸同胞何日方能推選國大代表是無人可以預卜，而國大代表之任期又是悠悠六載，他們已連任一次，每連任一次，也就等於在朝黨再行執政六年，國大代表目前不能在大陸選出，這是一個事實；自由中國如求民主政治之實現，必要與在朝黨競爭總統這一職位，也是一個事實；現在這兩件既不能同時實現，必要有所取捨，如在朝黨目的在專政下去，自可以大陸同胞不能推選國大代表爲藉口，運用此一藉口的後果，是使人們誤會大家無意返回大陸。如在朝黨以爲自由中國必須實行民主政治才有利於整個國家的前途，就得對此問題思一臨時解決之道，千言萬語的辯論都是白費的。今日國是前途的焦點，是在當局的眞正意圖。如以專政爲宜，不妨向人民公告一番，大家可以減少無謂的爭辯，如意在實現民主政治，朝野就得合作會商一較爲妥善的解決之道。至於今日自由中國一千萬人所選的總統是否能代表全中國民意一節，不是目前可以爭辯或解答的問題，大家今日求自由中國民主政治之實現，應就事實上法權所及之地作起。至於將來全中國民主政治之如何實現，何黨能得多數人之擁護，誰來出任總統，今天大家誰也不是劉伯溫來個未卜先知。若堅謂今日一千萬人選出之總統是不能代表全中國人民意志的話，作者來反問一聲，今後連任的國大代表所選的總統又能代表全中國人民的意志嗎？不錯，第一任的國大代表是代表民意的，因爲當時大陸同胞對每一代表都投了一票，可是這一票並不等於終身信託狀呀？十多年來，該有多少人事變遷，昔日投某甲一票的或已死去或已改變其對某甲的信念，昔日不够投票年齡的今日皆已成年，如謂今日連任之國大代表所選出的總統是代表民意的，請問理由安在？這種爭執都不是平心靜氣解決問題的態度。我們書呆子是對每一問題的各方面都考慮了一下的。

五

行文至此，又回復到了根本問題：「民主政治好？抑極權專政好？」從朝野都在高呼打倒極權專政言，自然是主張民主政治，既然贊同民主政治，則各政黨之公平合法競選僅能行之於地方政府，似乎尚沒有這種民主制度的例子。果然一方面決心實行民主政治，同時國大代表及立監委員又不能自大陸產生，大家只有努力尋求一妥善解決之道，走一步是一步。而着手之方首在認淸法權無法達於大陸以及不能預卜法權何日可達大陸的處境。今日選任人員之任期所餘不過一二年，只要原則確定，技術或可討論一個較爲合乎民主政治的辦法，屆時兩黨在自由中國內公平競選國大代表立監委員進而競選總統副總統，一掃過去某人必然當選的極權氣氛。這樣的民主初唱，才能一新中外人士的耳目，而發生民主團結的力量。

歲月無情，離開大陸已快十年，今後之一二年時間也不會特別難熬，如果世界大戰從夢中發生，世人也都會同歸於盡，大家自可今朝有權今朝享，假定大戰不會爆發，一切選任人員，除了假借民意毀憲外，既不可能再連任下去，選舉復有法權不及大陸之限制，必要於此時一面進行反對黨之組織，同時朝野雙方派人合擬一套在當前情況下以實行民主政治擴大團結的辦法。在這裏我擬對原則上作數點建議，以示拋磚引玉之意：

一、辦法應由朝野雙方推人合擬，性質為非常時期維護憲法實現民主政治的臨時補充綱要，因為大家是為了憲法之實施才有普選，但在目下法權不能達於大陸之際，勢必要有一臨時變通辦法，才能打開現有之僵局。所規定之事項，縱與條文稍有出入，但不可與憲法精神及民主原則相違。

二、此項辦法之目的（辦法之名稱請專家商定）係在當前情況下，協助憲法之實施，而非憲法之修改。誠然這部憲法雖非盡善盡美，但它是全中國人的產物，新選出的國大代表既非大陸同胞選出，是以誰也無權修改憲法，大家在臨時辦法中所提改進之點，果然行之有效，俟他日代表果由全國人民選出時再提供他們作為修憲之參考，方合民主原則，目前的辦法只是臨時補充性質而已。

三、為求民主政治之實現，在此臨時辦法中將所有選任人員任期酌為縮短為三年或四年。這樣可使自由中國的民主示範多有練習的機會。在朝黨會更以任期較短而兢兢業業努力盡責；在野黨人才也不會有終身埋沒之苦，更多努力爭取表現與服務的機會。同時更明文規定在回到大陸一年之內，籌備全國性之普選，選舉一切選任人員以終止此臨時辦法之施行，是屆由自由中國選出之選任人員，不必待任期屆滿再行籌備普選。

四、此臨時辦法對於國大代表及立監委員之改選及人數必有詳細之規定。在技術上講，這是一個複雜的問題。就感情而論，我對於許多維護民主自由與揭發貪污的立監委員們表示很大敬佩之忱，可是這一現實問題如無合理之臨時辦法，所謂組織反對黨，所謂實行民主政治可以根本不談，大家只有拖下去，等下去，維持現狀。如果大家誠意實施民主政治，認為現在任期終了必須予以改選的話，就得面對現實求一較妥的辦法。現在姑就這個問題表示一點意見：

甲、關於國大代表問題——新選出的國大代表是自海外僑胞，在臺大陸同胞，及臺灣同胞所產生，原則上是全國性的，可是人數方面却不必以堂堂之陣數千人。我以為四百人足够了，四百人中二百四十名自留臺大陸同胞中選出，照四十七省市及蒙古等特別區域分配，六十名由海外僑胞，以人數多寡而分配，一百名由臺灣同胞選出。此項比率一面表示大陸代表佔大多數，同時也以配合實際情況大大提高海外僑胞及臺胞的發言權。只要原則上可行的話，技術上人數之多寡及分配之辦法，作者以為不難就實際資料商討。

乙、立監委員問題：他們一方面代表人民行使立法權，同時監督政府施政，責任是很重的。大陸籍立監委員照現有在臺各省人數的多寡分配，但每省至少二人，至多不超過五人，原則上仍以大陸同胞選出之立監委員佔總數百分之六十，海外如推選立監委員的話，只佔總數百分之五，而臺灣籍的立監委員應佔百分之三十五。因為中央政府遷處臺灣，政府對立監兩院負責之一切措施，關乎臺灣同胞的利害最大，今後他們將納更多的稅、出更多的兵，義務如此之重，他們在兩院中應享有更大的發言權，乃理之當然。

丙、行政院長之產生問題：在此臨時辦法中，最好規定一下行政院長一職就等於責任內閣的閣揆，由立法委員的多數派推選組織，使總統地位較為超然，現在憲法之特徵似乎是介於總統制與內閣制之間，行政院一方面為國家最高行政機關，同時院長一職又係由總統提名經立法院之同意而任命，這一條如能暢行無阻的話，必有一個前提，就是假定某黨能獲得大多數國大代表席次而推選總統的話，亦必會於競選立委中獲勝而取得大多數的席次，是以總統可以該黨黨魁身份命令該黨立委，予以同意。可是這一假定的前提在正常民主國家是不能成立的，因為競選國大代表與立法委員是兩回事，在一民主國家如兩黨勢均力敵選舉公平合法時，可能甲黨獲得多數國大代表席次而選出總統，而乙黨却選出大多數的立法委員，這樣一來，甲黨當選的總統如欲提名甲黨黨員為行政院長，立院多數派的乙黨立委可能不加同意——立院同意之人總統不作提名之舉，總統提名之人立院歉難同意，豈不成了僵局？萬一總統就乙黨中提出一人獲得立院同意而組織行政院，加上總統行政院長之間係長官之於屬僚的關係，這個政府究竟是甲黨負責？抑是乙黨負責？是以在臨時辦法中最好來一明白之規定，因為民主國家所重視的，是人民的囑託而非個人的威望。

六

這篇文章，無論討論黨之組織與進行也好，或者論及組黨後之工作途徑也好，一切都是本諸如何實現民主政治的原則為出發點，全為建議性質，而第五段所列之各項建議與數字，讀者諸君更可以「舉例」示之，作者手邊無任何可以參考的數字——如在臺大陸同胞的省籍統計，國大代表有若干人等——，一切旨在抛磚引玉，期望在臺專家對本問題發生興趣而求一個更妥善的辦法，甚至說我閉門造車，作者亦甘願接受。同時作者鑒於這一問題是否會發生，全視朝野實行民主政治之誠意與決心而定。如有誠意與決心，面對目前的困難，自可想出一變通辦法；如無誠意與決心，問題根本不會發生，一紙手令可以令人永遠連任下去。且可將憲法改得更合口胃，都是輕而易舉之事，作者亦不宜將腦力預為透支。是以讀者諸君如有批評，請着重原則方面，至於對辦法與建議之本身，不必重視；作者所提供者，不過粗枝大葉而已。本文只是一劑催生劑，至盼不久的將來能談到詳細而更完備的辦法。

最後，本文詞句會一再修改，原因是胡適先生此次返美，作者前往請教時，他要我們寫文章時，無論對象如何，內容如何，文字上不可過於憤怨（他是用英文 bitter 一詞）。我說我年紀尚輕，修養有限，只有慢慢改正，是以回到家來，雖日來天氣酷熱，汗下如雨，也耐着性子將本文重行抄錄。假定多數讀者認為這是一篇平心靜氣論理的文字的，對作者只施「反駁」而不「痛剿」的話，作者就很滿意了。

一九五八農曆端午節之夜

編者按：朱先生大文第五節「四」所提臨時辦法，一如朱先生所說：「在技術上講，這是一個複雜的問題」，不過是「姑就這個問題表示一點意見」，本刊一向反對於此時此地修改憲法，當然，朱先生也是反對在此時此地修憲改法的，本此立場，認為朱先生所提意見，尚有從長計議之必要。本刊前建議「離鄉選舉」辦法，亦為補救之一道耳。

美國證券市場的管理(上)

楊志固

一　前言

去年從臺北寄來的中央日報上看見許多可喜的報導，如民營的大同機械公司因擴充設備，需用資金呈請經濟部准予發行公司債及優先股的消息，其後該公司所發行之短期債券及優先股迅卽銷售一空的消息。臺灣工商界人士籲請政府制定證券法及有關當局表示正在縝密硏討的消息，又有華僑聯合總會籌設華僑信託公司的消息，這一連串的報導說明了一項趨勢——目前的臺灣已開始向工業化的大道邁進，說明了一種需要——國內的產業界需要資本，說明了一件事實——國內亦有可資運用的工業資本存在，而無適當的投資途徑，更說明了一個問題——建立一個完善的資本市場的問題。

正如同一般商品市場是應人類社會進步，商品經濟發達的需要而產生，資本市場也是應人類生產進步，工業經濟發展的需要而產生，如無完善的資本市場，以適應此一需要，則不僅工業發展將會受到不必要的阻滯，卽國民經濟的開拓，亦將從而受其不利的影響。

現在讓我抄錄今年一月一日共匪在美的中文「華僑日報」所載消息一則如次：「臺灣當局最近通過御用團體僑聯總會成立華僑信託公司繼續騙取華僑的錢財，來解決目前臺灣資金缺乏和經濟困難，這家公司計劃吸收華僑資本兩億元臺幣」。這一消息的歪曲事實及其蓄意破壞我們誘導華僑資本參加發展國內工業的努力，是昭然若揭的。但由此亦可反證國內這一努力的方向是正確的，而是共匪不願見其有成的。所以這一努力應該是只許成功，不許失敗，問題的焦點是在如何保證這一努力的獲得成功。問題的答案只有一個，就是建立完善的資本市場，供應產業界以必需的資本，並予投資者以應有的保障。如無健全的資本市場，不論外資、僑資甚或國內的資本，均將不能爲產業界所使用。

證券市場是資本市場的一部份，但由於二十世紀以來大規模而複雜的企業組織之出現，工商業的普遍採用公司組織，公司形態組織的特性，公司股權的分散及衆多小額投資者的存在，使證券市場成爲資本市場中最重要的部份，當然公司組織的工商業也需要短期資金，這些資金例由商業銀行供給，此外獨資商店及合夥商店除店主及合夥人自行出資外，有時亦需借入資本。但此種借貸行爲純基於店主及合夥人的個人信用。且以店主及合夥人對債權人均負有無限責任，對於一般公衆投資者之影響較小，但在證券市場中之衆多小額投資者，其處境則逈然不同，而需要特別的保障。投資公衆之需要特別的保障可由下列三項因素以說明之。㈠證券之性質，不同於其他商品，債券或股票乃代表投資者於某一事業中的一種權益。其價値實由許多複雜的因素所決定。如估計某一事業現有財產之價値，決定其獲益能力，並衡量此項投資所負擔之風險等乃爲一高度技術性的工作。卽素有經驗之證券分析家對此有時亦感困難。一般投資公衆自屬盲無所知，因之投資者需要知道各項有關證券及發行者的事實眞相，以爲決定是否投資的判斷基礎。㈡在今日累進的所得稅制之下，一般人民除非如發現鉑鑛可以立時致富以外，已很少有獲得暴利的機會，一般小額投資者均由其辛勤的工作，獲取若干所得，繳付各項稅捐(這是固定負擔)後，尙須維持一家生活的開支，所賸可作爲儲蓄或投資者爲數實屬無幾，因之一般小額投資者對於投資的安全特別敏感。同時今日的公司組織已成爲一種社會性的機構，亦有其社會的職能。其所發行之證券自與公共利益有關。爲促進公共利益及投資的安全計，特別的保障，實有必要。㈢在通常的商業交易中，售貨者如以詐欺的伎倆誘致交易，買貨者可提供事實證明控訴售貨者以獲得損失之賠償，然而此項法律上的權利對於制止詐欺性發售證券一事，不甚有效。蓋以①購買證券者於發覺遭受詐欺時，出售證券者早已不知去向。②法律訴訟所費不貲，而是否能獲賠償，尙無把握。③出售證券者誠恐事後被控，兜售證券時竭力避免眞正虛僞之說明或引誘，而代以不可捉摸之意見及暗示等。購買者頗難據此進行訴訟。基於上述之事實，投資者受損後，對於控訴兜售者頗多顧忌。如在一九二〇年左右，美國投資者因購買此類證券而遭受之損失，每年不下十億美金，爲害之烈，可以想見。因之予以特別法律上的保障，俾投資者因購買證券而遭遇詐欺時，其所受損失，可獲合法的救濟。自極合理。

本文主旨乃在介紹有關美國證券市場的立法及其管理細則，以供國內有心人士之參考硏究。但爲使讀者易於明瞭起見，將先就公司組織與投資的關係及美國的證券市場作一概括的剖析及說明，同時爲了便於說明起見，美國證券市場的管理，將分爲初級證券市場的管理及次級證券市場的管理兩部份，不過要請讀者注意的就是這兩部份證券市場仍然是有密切的關聯，而並非各自獨立存在的。

二　公司組織與投資

公司形態的組織在今日產業界中佔了最重要的地位（雖然獨資及合夥商店仍在數量上多於公司），而公司是根據法律的規定組織的。由於公司係一法律的實體，所以具有下列三種特性。㈠除不得爲詐欺案之被告外，公司組織有其單獨的存在，有別於公司的所有者(股東)，而其存在是繼續的，股東雖不能退股，但能轉讓其股權。㈡公司管理權與所有權之分離。即公司管理權由股東委托董事及重要職員代為行使，因之雖無興趣或無能力從事公司管理工作者，仍可投資此一事業。㈢有限責任為公司組織之最重要特性，公司負債，股東並無責任，因而股東之可能損失僅限於其所投入之資本額，而最高額之風險，亦無逾於此。

同時投資者投資於某一事業，必具有下列三種含義。㈠風險之負擔——不論是所有權形式抑或是債權形式，任何投資均須負擔風險，不過所負風險之程度，有所不同而已。㈡收益之期望——一般投資之期望，在於收益，如無是項期望，將不足以激發私人的儲蓄及投資。㈢控制權的行使——行使控制權的能力，為另一決定投資之要件，蓋投資者並無意於完全拋棄對其個人投資之控制權。

由於公司組織之特性及投資本身之含義。前述各種因素，可作各種程度不同的配合，而形成各種不同性質的證券——如公司債、優先股及普通股。

一般說來，公司債的持有人，對其投資無控制權，但亦可經由設立償債基金之規定，而獲得若干控制。其所負擔之風險較小，不論債券發行者有無盈利，固定之利息必須按期支付，本金到期時必須償還，如到期公司無力支付利息或償還本金，即可招致公司之改組或清算。如在未到期前發行證券，公司須進行清算時，公司債本金最優先償還。不過債券持有人仍須負擔市場利率變動(市場利率可能上漲而債券利率固定)及公司財務狀況逆轉(可能周轉失靈)之風險，惟因其所負擔之風險較小，因之其可能期望之收益(即利息)亦較低。

其次，公司優先股股東對其投資之控制權較證券持有人為大，有關優先股股東本身權益事項，非經優先股股東同意，不得變更。但一般說來，優先股股東對其他公司財務行政事項無權過問，其所負擔之風險亦較證券持有人為大，但較普通股股東為小，優先股雖有固定之股息，但並無支付日期之硬性規定，而可由董事會視公司之財務狀況以決定之。不過在優先股股東未獲分配全部股息以前，普通股股東不得有任何股息之分配。優先股股本，非如債券本金有滿期償還之規定，但於公司清算時，有較普通股股本優先而次於債券本金償還之權。多數規定發行者得按一定價格於一定期內贖回優先股，以避免過高之財務負擔，優先股股東須負擔市場利率變動，公司業務及財務狀況，一般市場價格變動，商業循環等風險。因其所負擔之風險較證券持有人為大，其可能期望之收益(即股息)亦較高。

至普通股股東，從理論上說，對其投資有完全控制之權，但就事實上言，則由於今日大公司股權的分散，公司管理權與所有權的分離，公司管理者可利用股東的委託書方式以遂行其控制權等原因，普通股股東對其投資的控制權，已失其重要意義。不過如公司管理者有侵害全體股東權益情事，股東自可依法改選新管理者或予追訴。普通股股東，應負擔整個事業之風險，不論是市場利率的變動，一般價格的變動，商業景氣或蕭條，事業本身的風險或財務上管理不當的風險，甚或政治因素的影響，如戰爭，政府的更迭及租稅政策的改變等，無不與普通股股東的權益息息相關，惟因其所負擔之風險最大，而其所可期望之收益亦最多。普通股股東之收益並無限制，一視公司業務之盛衰為定，如公司營業鼎盛，則盈利除固定開支(各項稅捐及利息，優先股股息)外，均屬之普通股，公司營業不振，則所有損失歸於普通股股東，在公司進行清算時，普通股股本最後償還。茲舉一簡例以說明普通股在公司組織中之地位：假定某一公司全部營業使用的財產為一千萬元，其平均報酬率為百分之六，此一千萬元營業使用之財產中，出於普通股股東者五百萬元，出於優先股股東者二百萬元，出於債券持有人者三百萬元。如公司債年息為百分之四，而優先股年息為百分之五，則普通股股東之收益率可達百分之七·六，高於全部營業使用財產之平均報酬率，反之，如公司營業不振，全部使用財產的平均報酬率降為百分之三，因債券利息及優先股股息係屬契約規定，不得變更。普通股股東之收益率遂劇降為百分之一·六，故普通股股東雖因債權人及優先股股東之參加投資而有獲得更多收益之可能，但同時亦須負擔較前更大之風險。此則於分析投資關係時，對於證券發行者之資本結構，不可不予特別注意者。

普通股股東雖負擔整個事業之最大風險，惟依照公司組織之特性，其所負責任仍以所投入之股本為限，其次，由於今日公司管理權與所有權分離之發展，公司管理之良窳遂成為決定投資之重要因素。最後因為公司有其單獨的存在，股東不能退股。為便利公司證券所有權之轉讓，次級證券市場乃應運而生。

三　初級證券市場與次級證券市場

證券市場可大別為初級證券市場及次級證券市場，所謂初級證券市場(Primary Securities Market)乃是證券市場中較為繁雜的部份，在時間上，其存在且先於次級證券市場。所有各類證券，最初的銷售均在此一市場內完成，所有私人或企業組織所持有的證券，(不論其持有之目的在於投資抑或在於控制)均源出於此一初級證券市場。因之此一市場與新資本的創造即新證券的發行有密切關係。從投資者(即購買證券者)的立場來看，彼等由初級市場抑或由次級市場購買證券並無不同，然而此兩市場之經濟職能，則大相逕庭。蓋前者之職能在完成新證券之發行，而後者之職能則在完成已發行證券所有權之移轉。

所謂次級證券市場(Secondary Securities Market)者乃證券市場之另一部份，有較好之組織，係經特別設計，以便利各類證券所有權之轉移而設立者。所有已發行而為投資者所持有之各類證券，均可在次級市場內不斷賣出買進而完成其所有權的轉移。投資者如有需要，可隨時出售其持有之證券於次級市場而獲得現金。如無次級市場之存在，投資者對於新發行證券之購買必將趦趄不前，因而初級市場不能達成其預期的任務，所以一個完善的初級證券市場有賴於一個完善的次級證券市場之存在，兩者是輔車相依，互相關聯的。

四　美國的初級證券市場

在初級證券市場內，一方面是產業界為維持、改善、及擴充其工廠設備，經常需要新的資本，同時由於經濟的進步，也需要繼續注入新資本，以利用技術方面的改良，保證生活水準的提高，這些是「資本的使用者」，另一方面每年有大量的私人儲蓄及法團的儲蓄尋覓投資的機會，這些資金直接地或間接地(如經由商業銀行，儲蓄銀行投資公司之手)流入初級證券市場，用以購買新發行之證券。這些是「資本的供給者」，但前者對於資金之需要常不能與後者之供給完全脗合，初級市場之經濟職能乃在調節新資金的供需，並在資本供給者感到滿意的條件下，使現有的資金能為資本的使用者所獲得，同時投資銀行及其他金融機構，在此一市場內擔任「資本使用者」與「資本供給者」間之中介。彼等開創並發展新的投資機會，參與新證券的設計及買賣，因而完成其中介的職能，對於促進自由企業制度之茁長發達，殊多貢獻。

在美國的初級證券市場內，新證券的發行，有全部承購及直接安排兩種方式，玆分述如次：

㈠全部承購 (underwriting)——乃許多投資銀行聯合組成承購集團，於其與證券發行者所訂之契約內，承諾於一設定日期，以一設定價格，購買證券發行者所發行之全部證券，並按一定程序轉售此項證券於投資的公衆，以期獲得若干利益。全部承購的實施有兩種方法，即①直接議價 (private or direct negotiation) 與②公開比價 (competitive bidding)、前者適用於一般工業證券的發行，後者係法律規定適用於公用事業、鐵路，控股公司(Holding Company)及各級政府證券之發行。直接議價的方法是由發行者與承購者直接磋商在適應現有的市場情況下，切合發行者需要的證券數額及種類，投資銀行將分析發行公司的財務報表，其在產業界的地位、產品性質、產品市場以及新證券的市場等，最後並雇用專家，實估發行者的工廠設備價值，恆經數月之久，始達成最後決定。然後雙方依照證券法的規定，協同準備註冊說明書 (registration statement) 遞送聯邦證券及交易所委員會，(Securities and Exchange Commission) 完成法定程序，並同時準備證券說明書 (prospectus)，此項準備工作通常歷時三十日至六十日。註冊說明書遞送證券及交易所委員會後第二十日生效，例於註冊說明書生效前數日雙方簽訂正式承購全部證券的合約，約內規定向投資公衆兜售的價格 (public offering price)，承購者支付發行者的價格，兩者的差額即為承購者的勞務、成本及所負擔風險的報酬 (spread)。這幾項合約內的規定以及全部承購人名單，以最後修正註冊說明書的方式遞送證券及交易所委員會，註冊說明書生效後，承購人即可開始直接或間接(如經由承銷集團之手)向投資公衆兜售此項新證券。但證券法規定必須在兜售新證券時或兜售以前將證券說明書送交投資者，俾投資者對發行者的財務狀況、業務性質及發行證券之目的等先有通盤之了解，然後作最佳之判斷，以決定其投資。在直接議價的方法下，承購人 (underwriters) 是居於發行者的顧問地位，反之在公開比價的方法下，不容發行者有一承購人以顧問的資格參與新證券發行的設計工作，雖發行者可雇用投資銀行為其財務顧問，但後者不得再參與其後承購證券的公開比價。在公開比價方法之下，發行者須依照證券法之規定單獨準備所有各種文件，包括註冊說明書、證券說明書、債券契約(發行債券時)或公司章程之修改(增發股票時)投標表格、投標須知、承購契約等等，若干人相信比價可以阻止主要承購公司之獨占，但以公開比價可減少承購人的利益 (spread)。其結果則很可能證券承購業務集中於若干强有力足堪負擔重大風險之投資銀行。此固非管理當局始料所及也。得標者即與發行者簽訂承購合約，其他各項規定及辦理程序均與直接議價方法相似。我們籌設中之華僑信託公司，其業務即與美國投資銀行之業務相似，包括新證券發行之承購承銷等。

㈡直接安排 (private or direct placement)——乃證券的發行者直接出售其全部新證券於法團投資者，如保險公司及教育機構等，此種證券發行方式有下列各項利益①由於新證券之發行無需向公衆兜售，合乎證券法豁免之規定，可不必編送註冊說明書。②財務費用(即發行費用)較向公衆兜售者為低，③節省時間，蓋準備註冊說明書及分銷證券，費時甚多。④發行者如為不甚著名之公司，或其情況需經特別說明者，則在此項發行方式之下，可精密估計其優點，而獲較高之售價。⑤發行證券所得可獲迅速支付。⑥增加發行公司的信譽，因法團投資者(以人壽保險公司為最主要)僅購買最高級之證券。⑦如全部證券僅由某一公司所持有，則發行者於不能履行其契約規定之義務如提存償債基金、支付利息、償還本金時，易與證券持有人洽商，而作適當之調整。

此項發行方式之惟一缺點，即發行者無法在公開市場上以低於面值之價格購進其所發行之證券，以抵充償債基金，不過前述各項優點實遠勝於此一缺點，故近年來，美國初級證券市場中直接安排方式的證券發行日見重要。據一九五六年的統計，全年發行的各類證券總額達九十五億一千六百餘萬元，其中債券佔百分之七十八·六，優先股佔百分之八·五，普通股佔百分之十二·九，在此九十五億餘元的發行總額中百分之四十八是採用直接安排方式發行的。而此一證券發行方式之盛行，可歸因於①美國之證券法對於向公衆兜售證券之發行，規定特別嚴格，而直接安排方式之證券發行，則在豁免之列。②美國保險公司之財產，各大學所接受各項捐贈之基金及各公司員工退休年金提存之數積累甚鉅，須尋覓安全而有利之投資機會，如一九五五年人壽保險公司投資於各類證券之淨額即達五十二億餘元，而哈佛大學亦設有專人負責辦理投資事宜，其決定對於資本市場之影響甚大。

在直接安排方式之下，發行證券的公司須與保險公司等法團投資者就許多財務及技術事項進行磋商，投資銀行可仍予保留，就高度專業性的工作，有所顧問與諮詢，投資銀行僅擔任發行者的代理人，詢問所有可能投資的保險公司，而在最有利的條件下，完成此項交易。投資銀行在此一情況下，既不負擔風險，也不履行買賣證券的職能，其勞務則可獲得適當之報酬。

五　美國初級證券市場的管理

甲　郵務詐欺法 (Postal Fraud Law)

美國第一個保護投資者使免受詐欺的法案是一九〇九年政府制定的郵務詐欺法，此一成文法規定：凡利用信函以從事詐欺性的出售商品、勞務或證券者，聯邦可對其控訴，並予以罰鍰及監禁等懲罰。授權郵政總局長得制止任何人經由信函散布令人誤解之證券說明文件。惟在此一法案規定下，雖可對股票騙子提起控訴，但旋即發現不足以應付日趨嚴重之股票欺詐案件。郵政當局力有不及。且此法對被騙受損者不能給予合法的救濟，實為其最大之缺點。

乙　各州的「藍天」立法

自一九一一年肯薩斯州首先通過藍天[註]法後，諸州政府均相繼開始干涉並抑遏詐欺性的招募股本。各州有關證券的成文法可分為兩種基本類型，除內華達州外，現各州均有一種立法，兩種立法的目的，均在阻止銷售證券的詐欺行為。第一種立法規定除豁免者外，凡證券發行者在該州出售證券前，必須獲得該州政府機關(即所謂藍天委員會)之同意，大多數州的證券立法屬於此一類型。第二種立法乃是一種懲罰性的立法，即所謂「反詐欺法案」(Anti-fraud Acts)，對證券發行前的準備行為，並不干預，但證券發行後一旦發現有詐欺情事，迅即調查並予懲罰，紐約、德勒威、紐澤西、馬利蘭諸州之證券立法屬於此一類型。

雖然各州的證券立法彼此頗不一致，但均設有兩項必要條件：①證券商之從事直接兜售證券者必須是合格的、註冊的而且是持有執照的。②凡特種證券之出售須照法律之規定辦理者，必須獲得管理機構之許可。其基本觀念乃在保護投資公衆，不致購買無價值或其價值有疑問的證券。

至政府發行的證券，鐵路及公用事業的證券(其發行須經各州管理機構的核可)，以及在紐約證券交易所或其他交易所開拍之證券，以其信用基礎較強，各州的「藍天」證券法均准予豁免。

證券行在各州內兜售證券者，不論其是否在該州內設有行號，均須遵照法律規定辦理，各州之證券委員會亦定有規則以管理投資信託公司 (Investment Trust) 之證券。

對於證券商之管理，包括證券商須呈報其商行人員之姓名及其全部財產目錄，呈繳保結及若干執照費，管理機構與證券商之爭端由法院解決之。

對於特種證券之管理，包括申請在該州內出售某一特定證券之許可，此項申請，需要詳述各項有關證券事項及其出售條件。管理機構有權作獨立之審查，公司發起人的報酬，有時亦置於管理機構控制之下，其所獲取之股權，必須連同寄託證書 (escrow) 存放於管理機構，直至公司之獲益能力與證券之售價相若時為止。

各州之藍天證券立法仍然不足以保護投資者之利益，蓋以①美國最高法院雖支持各州之證券立法，視為合乎憲法，但對各州之管轄權仍予若干限制。各州之管轄權僅及於各自之州界，有關越州案件，則屬諸聯邦政府之管轄，②反詐欺法案並未規定需要明示發行者及證券之有關事項，因而投資者無從判斷此項證券之價值。

丙　各州對公用事業證券之控制

各州藍天證券立法對公用事業證券之發行有豁免之規定，已見前文，惟各州公用事業委員會憑藉此管理權，對公用事業證券之發行有管轄權。同樣鐵路證券之發行，須受聯邦州際商業委員會之監督，對於鐵路會計、財務管理及表報之詳細規定，自一九一四年起業已實施。

關於公用事業及運輸業費率之規定是與營業成本、使用新資本之成本及對於已投入資本之合理報酬等因素密切相關的，為簡化費率問題起見，多數州授權委員會管理在其轄區內公用事業證券之發行。在任何證券發行前，必須先向此委員會申請許可，並說明證券之形式及出售證券款之使用目的等。委員會得不予許可，不過通常均有書面之審查意見書，說明不予許可之理由。

丁　聯邦政府對證券發行之管理

美國早期有關證券的立法，均不甚有效，且多局限於地方區域及公用事業鐵路等，自一九二〇年以後，美國社會即感到需要綜合性之立法，以管理在全國境內銷售之證券，但國會久未採取行動。至一九二九年證券市場崩潰，繼之以經濟大恐慌，此項需要遂愈見迫切，一九三二年美國國會參院開始調查證券交易所及投資銀行的各種慣例暨使用之策略，而於一九三三年根據調查所得資料制定第二十二號公法(簡稱為一九三三年之證券法)，以管理新證券之發行。此一法案係美國第七十三屆民主黨國會(按係多數控制)所制定，全文共二十六條，另附表二。玆就其立法目的、主管機構、證券發行之管理及控制、有關豁免之規定暨執行程序、刑事責任、民事責任等項分別介述如次：

(一)立法目的——此一證券法之制定，並非取代原有各州之立法，而係補充並加强各州立法之運用，暨公用事業及州際商業委員會管理證券發行之職權。(證券法第十八條之規定）而此一法案所規定之權利及補救辦法，亦並不影響在法律及衡平法下原有之權利及補救辦法(第十六條之規定)。

此一立法對於證券銷售業有深遠之影響，因爲多數大規模工業的新證券(有時一次達十億美金)，不易在某一州內完成其銷售工作，而必須向全國可能的投資者兜售，美國國會乃運用其憲法權力，以管理郵政及州際商業爲基礎，制定全國性的「證券眞相」法(truth in securities)，以保障全國投資者使免受有關證券虛僞說明之損害，及建立並維持證券市場中公正平等的商業原則。

基於「發表及公開」是最有效的管理方法之理論，所以美國一九三三年證券法開宗明義就說：「凡經由州際和國際商業機構或經由信函出售之證券性質，須予充分而公正之發表，對於銷售證券之詐欺行爲須予制止」。於此吾人當特別注意者，卽此一證券法之目的，並非阻止投機性企業[註三]證券之出售，亦不欲對任何證券之健全或其價值有所批評。設若發行者對其財務狀況、業務性質及其他涉及投資分析之重要事項，已有充分而公正之發表，則所發行之證券，雖甚少價值或甚至一無價值，主管機構亦無權阻止此類證券之銷售。此項法案之唯一職能，乃在要求有關證券之充分而正確的重要消息能爲購買證券者及公衆投資者所利用，以利投資之分析而作審愼明智的投資決定。同時亦要求有關證券之銷售，未含有詐欺情事，則是投資者而非主管機關應對證券之價值作最後之判斷。

㈡主管機關——依照一九三三年證券法第二條之規定，此法由聯邦貿易委員會(Federal Trade Commission)爲其主管機構，至一九三四年九月美國會復制定證券交易所法(Securities Exchange Act)，並同時修正一九三三年之證券法。根據此法另新設一證券及交易所委員會(Securities and Exchange Commission 以後簡稱委員會)。證券法自此遂改由新設之委員會爲其主管機構。證券及交易所委員會是屬於美國聯邦政府的一個獨立性兩黨準司法的機構。屬其主管的有關證券立法計有一九三三年之證券法，一九三四年之證券交易所法，一九三五年之公用事業控股公司法(Public Utility Holding Co.)，一九三九年之信託契約法(Trust Indenture Act)，一九四〇年之投資公司法(Investment Co. Act)及一九四〇年之投資顧問法(Investment Advisors Act)。

依照一九三五年公用事業控股公司法之規定，凡公司擁有或控制其他從事電氣及煤氣零售業公司十分之一投票權時，必須向委員會註冊，此項控股公司及其附屬機構證券之發行證券之交易、各公司間之借貸、以及其他財務及管理事項均在委員會的管轄範圍之內，發行證券時必須向委員會遞送正式宣告，除非委員會發覺證券之發行未能符合控股公司法對於資本結構之規定標準(如在包括債權及所有權之使用資本總額中，普通股股本至少應佔百分之多少之規定)，此項正式宣告，應卽生效。但證券在註冊說明書生效前不得發售。

㈢證券發行之管理及控制：根據「充分發表眞相」之原則，聯邦政府在證券法規定下，對於新證券之發行，有兩項基本要求。

Ⓐ於新證券發行前，證券發行者須編具「註冊說明書」遞送委員會。此項註冊說明書，有經特別設計之表格可資利用，以儘量發表發行公司之重要事實，俾符法律規定，而同時又儘量減少發行者之負擔及發行費用。

註冊說明書之內容須包括後列各項以及委員會認爲與公衆利益及保護投資者有關之重要事項(證券法第七條之規定)：①證券發行者之名稱。②發行公司所在依法組織之州名。③發行者主要營業所之地址。④公司董事主要職員財務會計負責人之姓名住址，合夥人或發行人及發起人之姓名住址。⑤承購人之姓名住址。⑥任何人持有發行者任何種類股權十分之一以上者，其姓名及住址。⑦在遞送註冊說明書前二十日內，公司董事、主要職員、發起人、承購人暨擁有十分之一股權大股東等所持有發行者證券之數額。⑧發行者的一般業務性質。⑨發行者全部使用資本之詳盡說明。⑩附有任意購買權(option)證券之說明。⑪各類股票之數額。⑫負債額及其說明。⑬發行新證券目的之詳盡說明。⑭董事及主要職員之報酬及年酬在二萬五千元以上之職員姓名。⑮發行證券之淨得。⑯證券向公衆兜售之價格。⑰承購人之利益佣金及折扣。⑱其他證券發行費用，如法律費、印刷費、證明費等。⑲遞送註冊說明書前兩年內，所發行任何其他證券之淨得。⑳遞送註冊說明書前兩年內，支付發起人之酬報。㉑將財產及商譽出售與發行者，以抵充一部份證券發行之淨得者，其出售人之姓名住址及買價。㉒遞送註冊說明書前兩年內，公司所購獲之財產，如有與董事、主要職員及擁有十分之一以上股權大股東之權益有關時，此項財產之細目。㉓會對證券之合法性提供意見顧問人員之姓名住址。㉔發行者所訂重要契約之日期及其當事人，如經理人員之花紅利益分享契約、公司原料、專利契約、及發行者與公用事業公司所訂之契約等。㉕遞送註冊說明書前九十日內之詳盡資產負債平衡表。㉖遞送註冊說明書前三年度之詳盡損益計算書。㉗如發行證券之淨得用以購買其他事業機構(如合併其他公司或控制其他公司)時，此一事業機構前三年度經註冊會計師證明之損益計算書，暨遞送註冊說明書前九十日之資產負債表。㉘承購契約之抄件。㉙法律顧問人員對發行證券之意見之抄件。㉚第㉔項所提及各項重要契約之抄件。㉛公司或會社設立執照之抄件。㉜對公司股票、債券有關之基本契約之抄件。

通常此項註冊說明書包括大量文件，卷帙浩繁，由所有有關證券發行之人員，如公司主要職員、發起人、銀行家、律師、會計師及專家等共同編造。

任何證券之註冊說明書須呈送三份，至少其中一份，必須由公司之主要行政人員、主要財務人員、主要會計人員以及董事會之多數董事簽署。發行者同時須按證券最高總售價萬分之一繳納註冊費用。但最少不得低於廿五元（證券法第六條之規定）。

在註冊說明書生效以前，任何人不得直接或間接經由州際商業機構（如鐵路及其他運輸機構）或信函分送證券說明書及兜售證券。否則視爲非法行爲（證券法第五條之規定）。

註冊說明書遞送後第二十日開始生效。如在生效日期以前，發行者復修正其前送之註冊說明書，則當在送請修正後之第二十日開始生效。註冊生效後，即可開始發行證券，向公衆兜售。

在註冊生效前的二十天等待期 (cooling period) 中，委員會人員須審查說明書，以視其是否符合證券法之要求，如發現說明書內包含任何對重要事項之不實說明，或對任何重要事項略而不述，委員會得於審訊後發布制止命令暫停其出售證券之權利，俟說明書依照制止命令予以修正後，制止命令始告失效（證券法第八條之規定）。

證券法授權委員會得於生效前及生效後，强制註冊說明書之改正。不過此一權力之運用，必須經由正式法定程序。在證券法範圍之內，並無任何非正式修正註冊說明書之規定。因之委員會乃採取一種非正式之方法，以補充正式手續之不足，此項非正式方法稱爲評論函 (letter of comments)。卽委員會職員審查註冊說明書時所發現缺點之備忘錄。此項缺點，並非虛僞或令人誤解之說明，而是證券法及委員會規定須予列入之若干事項在註冊說明書中有漏列之處。此項非正式之通知函並不稽延註冊說明書之生效日期，但必須註冊者電請延遲生效至缺點改正後爲止。如註冊者未能照此規定辦理，委員會可能採取「制止命令」之程序（按卽前文述及之强制改正），如註冊者與委員會人員對於所稱缺點，持有不同見解時，再得會商解決之。

Ⓑ事實上很少有人會前往委員會審視註冊說明書，因之證券法規定「註冊說明書生效後，已註冊之證券出售時，（或在成交前）須由證券發行者編印證券說明書分遞各證券購買者（卽投資者）」，其目的乃在使可能的證券購買者獲知此項證券之性質、發行者之地位及其事業等。

證券說明書之內容應與註冊說明書同，惟可省略第廿八項至第三十二項所規定之附件，及若干委員會指定可以省略之事項，但基本的財務事項乃爲投資者分析風險時之必需資料，不得省略。如註冊生效後第十三個月仍使用此項證券說明書時，其內容須係十二個月以內者，此項規定之目的乃在使證券說明書不致有陳舊過時之內容（證券法第十條之規定）。

證券說明書實係註冊說明書之一部份，卷帙繁多，蓋發行者及承購者均欲無違法律規定而規避可能發生之民事責任。自一九三三年證券法實施以來，證券說明書已形成一種標準的格式，包含共同形式的內容，而爲投資者所熟知，惟每一證券說明書之首頁必須附有粗體字樣之聲明如次：

「此項證券並未經證券及交易所委員會之批准或批駁（發行者名稱），業已編送註冊說明書請予註冊。惟委員會未曾對任何申請註冊證券之價值加以批評，如有任何『委員會業已批准此項證券』或『委員會業已認定此項證券說明書及註冊說明書之內容係屬正確』等闡釋，均屬觸犯刑章」（證券法第二十三條之規定）。

㈣有關豁免之規定：

Ⓐ豁免之證券——證券法第三條規定：所有各類證券（包括股票、債券、無抵押之債券及期票等），除後列各項豁免之證券外，均須依照證券法之規定，辦理註冊手續。①在證券法制定前或制定後六十日內業已出售之證券。②聯邦政府債務，地方政府（阿拉斯加，夏威夷、波多黎哥）債券，聯邦機構之債務，如聯邦土地銀行之債券，州市政府之債務及銀行證券等。③任何短期票據，或滙票銀行承兌票據之未超過九個月者。④任何宗敎、敎育、慈善等非營利事業所發行之證券。⑤建築貸欵會社、儲蓄貸欵會社、及農人合作社等發行之證券。⑥鐵路及其他運輸業之證券。⑦經由法院核可之破產管理人或財產受託人所出具之憑單。⑧所有保險單、及年金契約等。⑨經法院或政府當局核可公司改組時所發行之證券。⑩公司改組或調整資本時，爲交換舊證券而發行之新證券。⑪合乎委員會之規則而發行總額不超過三十萬元之小額發行。

以上各項證券豁免之規定，或則係各級政府之債務，此項債務均經國會或地方議會通過，有公庫爲之擔保，絕無風險，其利率常與市場利率相近；或則另由特別機構管理，如鐵路及其他運輸業證券之發行，依照一九二〇年運輸法之規定由州際商業委員會管理監督；銀行證券暨保險單則分別由銀行委員會及保險委員會管理或則有法院或政府當局之核可其豁免，蓋無所損害於公共利益及投資者之保護也。

Ⓑ豁免之交易——證券法第四條規定下列各項證券交易可無須照第五條之規定，辦理註冊手續。①交易之當事人並非證券之發行人承購人或證券商者。②新證券交易之未涉及承購人勞務，亦未向公衆兜售者。③顧客自動委託證券經紀人經手之交易。

㈤執行程序——依照證券法的規定，阻止詐欺性證券之出售及調查證券交易可能的違法情事，均屬證券及交易所委員會之職責範圍，其法律的執行權力係得自證券法中有關禁止詐欺的規定（證券法第十七條之規定）及下列之糾正行動。

a制止命令：委員會得頒發制止命令，暫停註冊說明書之生效，（證券法第八條之規定，前文已述及）此項命令有兩種效果：①暫停發行者出售其證券之權利。證券發行者將不得經由郵政及其他州際商業機構以出售其證券。②制止命令經公布後無異爲對投資公衆之一種警告，卽委員會業已發覺註冊說明書，內有不實及令人誤解之說明，因而此項說明書不足置信。

該註册人依照制止命令將原送註册說明書予以修正後，委員會始取消「制止命令」，同時發表書面說明，詳示其於審查原送註册說明書中所發現之事實，俾投資者得於細心研究證券說明書之內容後決定是否購買是項證券。

任何人對委員會之命令不服時，得於命令頒發後六十日內向所在地之聯邦巡廻上訴法院遞送訴狀，獲得覆審(證券法第九條之規定)。

惟現因使用非正式之「評論函」，對於糾正註册說明書中缺點，極爲有效，是以「制止命令」實已備而不用。

b禁令(injunction)：委員會如認爲有違反證券法及委員會規定情事，得令當事人遞送書面說明，以備調查，如委員會發覺任何人有違反證券法或委員會規定之行爲，得向當地聯邦法院請求對此等非法行爲及其當事人發布永久性之禁令或臨時性禁令(證券法第二十條之規定)。

所有委員會之審訊應予公開，有關紀錄應予保存(證券法第二十一條之規定)。

㈥刑事責任——任何人經由信函或州際運輸及交通機構以詐欺方法出售證券或對有關證券作不實或虛僞之說明，均屬非法(第十七條之規定)，委員會可將各項有關違法之證據移交聯邦檢察長，對違法者依法提起必要之刑事訴訟(證券法第二十條之規定)，如經判罪，故意犯法者得處以最高額五千元之罰鍰或最多五年之監禁或同時處以罰鍰及監禁(證券法第廿四條之規定)。

㈦民事責任——註册說明書生效後，如因其中有任何對重要事實不實或引人誤解之說明或故予省略，任何人因購買此項證券致遭損失時，可於發覺後兩年內根據法律或衡平法向任何有適當管轄權之法院，對所有在註册說明書上之署名者，所有發行公司之董事、主要職員、準備說明書會計師、工程師、評價者及所有之證券承購者證券商提出民事控訴，此項訴訟的結果，不外①此項證券持有人將證券送還發行者，並收回其前所支付之對償物(consideration，包括現金及其他財物)，外加利息減去在其持有證券期中所獲得之收益，或②如購買證券者已將此項證券予以處置，則可收回其所蒙受之損失，但最多不超過此項證券向公衆發售之價格(證券法第十二條及第十三條之規定)。

前述所有負有民事責任之人，應共同並分別對購買證券者負有民事責任，但當單獨被訴時，於償還購買證券者所付之全部價欵後，得向其他負有同樣民事責任者收取其分擔額(證券法第十一條之規定)。

任何人在註册說明書生效前發售證券，或發售證券時所分送之證券說明書，或口頭說明中含有任何對重要事實之不實說明或略而不述，均須對購買證券者負有前文所述之民事責任(證券法第十二條之規定)。

戊　總　結

綜觀美國各州的「藍天」證券立法，曁一九三三年美國國會通過的證券法，其立法精神乃在保護投資者使免受詐欺性發售證券之損害，同時要求證券發行者須發表其業務財務等重大事實之眞相，俾投資者能作審愼明智之抉擇。

爲保護投資者使免受詐欺性發售證券之損害起見，證券法特規定凡以詐欺方法出售證券者或對有關證券作虛僞或不實之說明者均屬非法，應負刑事責任，如購買是項證券者因而蒙受損害時，發售證券之有關人士(詳見前文)均負民事責任。刑事責任，民事責任均經明白規定，刁頑者不復敢以身試法，對於阻遏發售證券之詐欺行爲，殊屬有效。

但任何投資者除應有的法律保障而外，仍須負擔如前文分析之各項風險，此等風險，法律無法亦不應予以救濟，否則便有失衡平之原則。

其次，證券法規定委員會可以批駁(如頒發制止命令)，但不批准證券之發行(第二十三條之規定)。此項規定，頗屬重要。如註册生效且證券出售後發覺註册說明書曁證券說明書，內容有虛僞不實或漏列重要事實之處，致投資者遭受損害時，證券及交易所委員會並不負責，而應由所有與發行證券有關之人士負民事賠償之責，必如是而政府主管機構乃能置身於私人詐欺案件之外。如政府主管機構有權可以批准證券之發行，則經辦人員如有疏忽或審定標準不一(假定並無不法情事)，則投資者購進政府主管機構批准發行之證券，其後因註册說明書及證券說明書內容有虛僞不實或漏列重要事實致遭受損失時，主管機關縱無法律上之責任，但總有其道義上之責任，政府威信，因而受損。且人類固有其弱點，容易發生計算上及判斷上的錯誤。如製造業的檢驗工作百分之百有的檢驗，並不能百分之百的有效，這是不可避免的事情，而是在訂定管理辦法時所應特別予以注意的。

復次，證券法之主管機關證券及交易所委員會對於證券發行之管理，如非正式之評論函或正式之制止命令均屬行政處分，但人類有其弱點，經辦人員可能有判斷上的錯誤，所以委員會復規定對於委員會之非正式評論函，發行人如持有不同見解，得與委員會會商解決之。對於委員會之正式制止命令，發行人如有不服，證券法規定可訴請巡廻上訴法院予以覆審。凡此規定，皆一本予投資者以應有之保護及法律上的衡平原則，而決無主管機關爲維持其威信，雖經辦人員發生判斷上的錯誤，亦必須錯到底的說法。所謂法治政治的精神以及政府爲民服務的眞諦，是要在這些政府主管機關管理職權的實際運用中才能眞正地表現出來的。

玆以大同公司發行短期債券及優先股股票一事爲例，以說明美國證券法的管理職能。依照美國證券法的規定，大同公司須於發行短期債券(如爲期在九個月內者可以豁免，但如有詐欺情事，仍負刑事及民事責任)及優先股股票前，編造「註冊說明書」遞送證券及交易所委員會，遞送註冊說明書後第二十日開始生效，大同公司即可發售證券，但在發售時，必須將編印之證券說明書分送各可能之投資者，俾憑抉擇。我們又從張金衡法官的自殺案中，知道大同公司與海軍總部因財產權糾紛，正在進行訴訟程序，尙未最後定案。訴訟結果如何？事關司法職權，作者遠在海外，未敢妄加揣測，但至少我們可以推論，大同公司所有財產中，尙有一部份產權是有疑問的，同時我們可以分析法院的最後判決不外四種情形：①訴訟之標的物本爲大同所有而判歸大同。②訴訟之標的物本爲大同所有而判歸海總。③訴訟之標的物本爲海總所有而判歸大同。④訴訟之標的物本爲海總所有而判歸海總。在上述四種可能的情形中，第①③兩種情形與本文之討論無關，但如法院最後判決的結果是第②、④種情形，則大同公司將以一部份財產交還海總，勢必影響大同公司的獲益能力。由於公司組織之特性，普通股股東的責任是有限的，同時公司所有的損失屬於普通股股東，這一財產權的變動，對於購買大同公司證券者，尤其是購買優先股股票者權益的影響，實在是太大了。大同公司這一產權問題是一件重大事實。依照美國證券法的規定，必須在註冊說明書及證券說明書中詳予說明，假定大同公司業已依法對此事實在註冊說明書及證券說明書中詳予說明，即投資者已知其詳情而仍願購買其證券，負擔此項特別額外的風險，主管機關無權干預，假定大同公司於註冊說明書及證券說明書內並未將此一產權糾紛的事實列入，則主管機關發覺後即可發布制止命令，停止其發售證券之權利，直至大同公司照制止命令改正其說明書後爲止。如主管機關審查其註冊說明書時，未能發覺此一重要事實之漏列，則註冊說明書失效後，購買大同公司證券因而受損者仍可於發覺後兩年內向法院控訴所有在註冊說明書上署名者，大同公司全體董事、主要職員、會計師、工程師、估價者承購人及證券商，而獲得應有之賠償。在如此法律管理之下，投資者除應負擔之風險而外，當無被騙失財之虞，而負擔風險，則是投資者應盡之義務也。

註一：此項立法之目的乃在阻止空中樓閣的公司發行股票，故稱之爲「藍天」立法。The name is derived from the fact that the law deals with the problem of stopping the sale of stock in corporations that were organized to exploit the resources of the blue sky.

註二：投機性企業——即可獲厚利而其風險甚大之企業。

註三：本文部份係取材於① U.S. Congress: Securities Act of 1933, as Amended; ② Hayes: Appraisal and Management of Securities; ③ Waterman et al, Essays on Business Finance.

今日家庭教育的沒落

喻血輪

昔人云：「家有賢父母，必有佳子弟。」這是說明一個人由小至大，必須受家庭教育陶鎔，始能有所成就，故古代庭訓與庠敎並重。中國傳統文化，如五倫六紀，長幼尊卑，周旋應對，人情世故等做人基本準則，皆是在未成年以前，得之於父母兄長的敎訓，故一到成人問世，大多能循規蹈矩，識禮知分，不至爲社會所詬病。間有根性頑劣流爲敗類的子弟，人家見了，必要罵一句「這是沒有家敎的東西。」可見家庭敎育，是大家共認爲訓導子弟的根本。前一代如此敎後一代，後一代又如此敎再後一代，歷代相傳相效，遂構成五千年綿延不絕的崇高道德。

不幸近二三十年來，家庭敎育漸漸落沒了，尤其抗戰與戡亂兩役，因爲家室流離，生活艱苦，大家都在動蕩不安的環境中，求生避難，使得家庭組織，漸漸有了罅隙，骨肉情分，漸漸成了生疏，到今天所謂倫常，似乎已不復爲人們所重視了！倫常既不被人重視，還有什麼家庭敎育之可言！今試舉幾件小事言之，就知道今日家敎衰敗，實有其重要原因。例如父母子女的稱呼，原有其歷代相傳的矩範，然而今日家庭已脫離了原來矩範，而變爲平等形式了。父母稱自生兒女曰「弟弟妹妹」，而不肯直呼其名，但兄呼弟，姊呼妹，也是「弟弟妹妹」，於是一家之中，只聞弟弟妹妹，而失去了父子體系，還成什麼家規？孔子說：「名不正，則言不順。」家庭名分不正，還有什麼方法可以敎訓兒女呢？做父母的把兒女捧得和自己平輩，又那有兒女肯接受父母敎訓呢？

其次，就是今日做父母的對兒女過於溺愛，上述的稱呼顚倒，也是從溺愛而來，好像不這樣抬舉，就不能獲得兒女歡心。一家之內，只有父母承望兒女顏色，沒有兒女承望父母顏色的。在孩提時候，父母嘔之煦之，固無所謂，但到年歲漸長，總應該敎以尊卑長幼之序，使之知所遵循，但一般父母似乎不敢爲敎訓得罪兒女，只有任聽兒女完全一意孤行。譬如看電影吧，兒子要看武打片子，女兒要看歌舞片子，做父母的只有說他們主張都對，自己跟在後面做尾巴而已。兒子把太保邀到家裏來，父母還要爲他們添備酒菜，如款佳賓，衰老的父母，忙來忙去，執炊弄飯，年青的兒女，却在房裏「曼波—曼波」，載歌載舞。兒女要父母做事，視爲當然，父母要兒女做事，却要說聲謝謝。甚至兒女做出乖戾不合事情，父母明知其非是，却不敢加以糾正，反在親朋間盡量隱瞞。人在童年，原乏理性，對於世事，一切茫然，他的錯誤，父母既不予以敎正，他便自以爲是了，寖至積習難返，遺誤終身，今日太保太妹如此其多，就是這種溺愛所養成的。我曾見一位先生，夫妻都是大學畢業，現同在某部任職，大家都認爲是一對好公務員，他有一個獨生子，自小就頑劣淘氣，他夫妻因爲溺愛關係，一切由他，從小學到中學，沒有一個學校能讀上一年而不被開除的，父母上班去了，他便掛着書包出去和頑童們賭博，父母知之而不問。他在小的時候，看到玻璃瓶子可以賣錢，便乘父母不在家，把整打醬油傾倒脚盆裏，而拿空瓶賣給荒貨擔子，他的父母回家發覺，並不加以責駡，倘認醬油未被一併賣掉爲幸。他從此膽子大了，無所不賣。等他長到十幾歲時，父母的鐘錶眼鏡，西裝皮鞋都被他偷去賣了，父母無可奈何，只有把箱子存放親戚家裏，每日提着衣包上班，甚至一面鏡子也不敢放在家裏。到後來，他索性到外面去偷，常常整日夜不歸家，父母問他，他竟承認已拜了師父，加入小偷幫了。他父母至此，只有低頭見人，私自飲泣而已！這便是過於溺愛，失於教養，致害及家庭，蠹及社會的一個實例。我記得從前有一故事，有一劇盜被捕，將執付刑場問斬，盜堅請許其母至刑場一會，官以其有所遺言，許之，詎母至盜前，盜力嚙母臂幾斷，官怒，問故？盜說：「若不是她溺愛我，不教訓我，何至今日受此慘刑！」這雖是舊事，但也値得今日做父母的用爲警惕的！

再次，就是今日做父母的對兒女教育，過分信賴學校，而把自已責任放棄了。那些高官貴人，富商大賈，終日挖空心思去鞏固財勢，無暇過問子女教育，姑且不去談他。我今所述的，乃是所謂中層社會，如公敎人員，商行職員之類，他們每天早起，要去上班辦公，家裏事完全靠太太主持。這些太太們境遇好一點的，便終日坐在牌棹上，家務付之下女，兒女任其趦趄上學。她們對於兒女入校，似乎不是造就問題，而是面子問題，只要兒女都能上學，她們面上便有光彩，至於成績何如，是懶得過問的。她們在家裏打牌不算數，還要出去遠征，輸了錢，便邀會，這種會動輒十人到二十人，一月標一兩次，每次標會，常是三兩棹牌，呼盧喝雉，澈夜不休。這樣似乎還不够樂，又來一個「生日會」，十幾二十人在一起，自然每月總有一二人生日，到了這一天，又是幾棹牌，幾棹酒，今日東家，明日西家，輪環廻轉，忙碌不休，她們那有工夫去教育兒女呢！其有家境困難的太太們，需要自已買菜弄飯，洗衣操作，長日在勞苦中掙扎，勞苦過甚，怨怒隨之，對於兒女，視爲贅疣，贅疣愈多，憂憤愈極，她們又那有心情去管理兒女教育呢！至於那些先生們，每天傍晚，拖着疲倦身體回家，不是看見太太坐在牌棹上，便是看見太太一張苦臉，加以國破家亡，骨肉離散，物價高漲，生活日艱，全身情緖，都埋在憂傷苦惱之中，對於兒女教育，自然也由淡漠而至於放任了。於是一般中小學生，全賴學校教育，但今日學校教員，待遇微薄，很不容易找到有學力有熱誠的師資，縱使教員的學力熱誠，都能够上標準，他也只能遵照上峯指示的教育方法，把規定課程講授給學生，就算盡了責任。至於學生所應該具備的爲人處世知識，還要靠家長耳提面命，隨時隨地予以敎導，才能使子女循人生正軌踏上社會，而成爲有用青年。如今家長們都把教育子女責任，從頹廢或消極中放棄了，又怎能希望我們後一代完成復國建國任務呢？我常想那爲爭騎一輛脚踏車而兄弟互殺的青年，若是他的父母平時能將「長幼有序」，「兄弟友于」，「孔融讓梨」這些常識，教給子弟，或者不至發生這種慘變。又有那些未成年的兒童，一言不合，往往提刀殺人，若是他的父母，平時能將「袴下忍辱」、「殺人者死」這些故事，告訴子弟，或者不至到處闖禍。臺灣近年這類事多極了，我不過略舉一二，以概其餘。此外還有些青年必備常識，也屬於家庭教育而爲今日做父母所忽視的，那就是文字上長幼尊卑稱謂之體制。我有友人在某大學任教授，敎國文及應用文，他在應用文中，對長幼尊卑稱謂之格式，講解得非常透澈，但每屆月考，學生試卷中，仍是錯誤百出，笑話連篇。例如試題中有「子報父書」，竟有好些卷子，開首便把父親名字抬出來，寫成「某某父親大人閣下」，函尾署名，不曰「男某」「兒某」，而把自已姓氏冠上去，寫成「張某某，李某某啓」，這豈不是一個大笑話！又有命姪女帶信給自已母親，信面如何寫法的試題。這是很明顯的，自已母親，就是姪女祖母，既命姪女帶信，當然要寫帶呈祖母才對，然有許多卷子，竟寫成「帶給母親收啓」，而把體系弄錯了。這些事本應由父母平時教給兒女，毋待學校老師去講授，如今學校老師教導過了，而依然有此訛錯，可見今日做父母的對兒女教育是何等疏忽了！有人說這些程式，係屬細事，似可不必重視，然在中國倫理社會，仍有其傳統習慣，這種基本常識，當然是知識分子所必需具有的，若是動筆便錯，依然要被人譏笑的。

最後，我再專談一點母教，因爲父親都有其事業，在外面時候多，終日與兒女接觸的，還是母親，所以子弟成人，端賴母教，而母教的啓廸訓誨，且往往較師教的效力爲大。古時有許多賢母，對於兒女教訓，不獨嚴之於兒童時代，即長大成人治事從政時候，也不肯放鬆，不獨教以學問技能，且要教以氣節、廉恥和立身處世的道理。那些擇鄰斷機，熊丸夜讀，孫母倚井，陶母封鮓等等故事，都是許多做母親的用爲教子法則。

要有佳子弟，必須有好家教，今日言建國復國者，莫不重視下一代的培養，而對下一代教誨，做父母的實有絕大責任。筆者耳聞目見，感而作此，雖不敢謂有益於世道人心，但至少有助於庠序之教，知我罪我，實在讀者。

杜勒斯對中東問題的幾個錯誤觀念

紐約通訊・八月十一日

鼎山

震動世界的伊拉克政變發生後，艾森豪總統立時下令派美國軍隊前往黎巴嫩。當時形勢緊張，大戰有爆發之勢，美國反對黨(民主黨)人士因欲表示全國團結，一致擁護總統決策，自加抑制，不發表對政府之中東政策的批評言論。但現在緊張時機已過，聯合國大會討論中東問題之特別會議亦已開幕，民主黨參議員已紛紛開始對國務卿杜勒斯的中東政策開始大肆攻擊。(民主黨方面對政府外交政策是于最近由參議員福爾布萊開始斥共和黨政府的政策是「不適當，過時，錯斷。」參議員亨弗萊接着要求杜勒斯辭職，稱杜氏的政策是「無頭政策」與「炮艦外交」。外交委員會主席格林宣稱美國已在中東「陷入深淵」)。

杜勒斯任國務卿以來，對遠東(如印尼)、拉丁美洲及其他各地的政策之失策，本刊前曾數度載文論及。這次中東事變，又是其對中東問題不深切瞭解的結果。美國的中東政策究竟錯在那裏？歸根結蒂，乃出之于美國官方對中東所持之幾個重要的錯誤觀念。這些錯誤觀念，筆者當在本文後段論及之，首先當將美國政府對聯大特別會議的準備及政府本身內部對中東問題論爭作一個概括的報導。

過去數星期來，美國一面派兵赴黎巴嫩，一面呼籲聯合國開會討論，可是美國本身是不是有一個積極性，建設性的具體中東計劃向聯大提出呢？至今為止，這個問題的回答還是否定性的。(聯大特別會議定八月十三日正式開始辯論，傳美國將提出一個與聯國秘書長哈瑪紹于九日所提之相似計劃。哈氏計劃要點為：一、中東各國宣言互相尊重領土，互不干涉內政。二、增加聯合國人員在黎巴嫩與約旦的活動。三、由聯國協助阿拉伯各國的經濟合作。）美國為何沒有明確積極的具體中東計劃？原因是艾森豪優柔寡斷，在外交決策上過份依靠杜勒斯，而杜氏對付蘇俄的手段則常是消極性的，富含宣傳性的。這種西方強國的觀點為出發點的策略，每每未能贏得國際上，特別是亞非人士的同情。

例如杜氏這次對付蘇俄所呼出的口號是「間接侵略」。他原來僅準備在安理會高階層會議或聯大緊急會議中提出此項口號，攻擊蘇俄「間接侵略」中東，而沒有實際解決中東的計劃。可是「間接侵略」與「直接侵略」孰為嚴重，蘇俄向聯合國控告的是英美軍隊「直接侵略」黎巴嫩與約旦。美國如以「間接侵略作」為反控的武器，卽三歲孩童也知道是抵不過的。

杜勒斯的這種以「指控」對付「指控」的宣傳性手法，不但引起民主黨人士不滿，而且也引起國務院方面高級官員意見的分裂。一部份專家認為單是在聯大中「互相指控」，不能產生解決中東問題的實際效果；最緊迫者，還在美國能提出一個能夠促成中東未來的政治與經濟發展的健康性計劃。根據杜勒斯近來數度在記者招待會中的發言，他認為中東症狀簡單，診治的方法也簡單。症狀是共產主義與納塞主義作亂；診治的方法是：只要美國向蘇俄與阿拉伯聯合共和國警告，你們如不停止「間接侵略」，結果必將引起我們參戰，便可除病。可是這種態度是不是顯示杜勒斯瞭解中東問題的中心呢？

這裏試問杜勒斯如何在聯大會議中答覆下列幾個問題：一、杜勒斯是否能在大會中證明伊拉克的革命是由莫斯科或開羅所策動？(國務院專家認不能。）二、杜勒斯一面主張華府應以金錢軍火供給中東親西方國家，一面攻擊莫斯科之以金錢軍火供給親俄國家，在情理上是否說得過去？三、匈牙利人民反抗共黨政府的革命既是與美國初期革命同樣的「神聖革命」，中東人民反抗專制腐敗王朝的革命為什麼一定是由莫斯科或開羅煽動？四、美國是否確實準備在五千里以外的中東地區(與蘇俄接界)發生戰爭？如果不然，何必又空言「你們如不停止間接侵略我們必將參戰？」

由于美國官方顧問這種在基本上意見的不同，艾森豪已在逐漸改變其本人的觀念。因此華盛頓目前的情勢是：艾杜二氏對解決中東問題的立場已有區別。艾森豪希望能提出一個長期性計劃，建設中東國家，同時保證以色列的安全。杜勒斯則仍主張僅在聯大列舉蘇俄歷年來的罪狀，加以攻擊。英首相麥米倫及最近曾訪美國的意大利總理芳芳尼(Fanfani)都同意艾森豪的看法。艾森豪過去常被杜勒斯說服，這次恐將不聽杜氏的話。美國究竟將在聯大提出何種計劃，在本文發表時，讀者恐已可在報上看到。(艾森豪已於八月十三日向聯大提出一項在中東奠立永久和平的全盤六點計劃——編者。)

× × × ×

美國中東政策的失敗，總而言之，是因為這項政策基于下列五個錯誤觀念：

第一個錯誤觀念——以為目前中東的變動與亂事是由赫魯雪夫與納塞所製造。

赫魯雪夫與納塞的利用中東的不安而煽動亂事，乃是無可否認的事實。可是一項問題的發生，必須究其根底。中東的不安，至少有三個主要因素：一、窮苦人民希望改良生活。二、人民反對外國間接或是直接的控制。三、民族主義的興起；阿拉伯人希望自作主人。這三個因素是多年來歷史所產生，並不是蘇俄或納塞所製造的。

第二個錯誤觀念——以為中東各國仍可受傳統的統治階級所控制。

一般而論，中東社會的組成份子可分二個集團，一為少數的統治階級，包括貴族地主、土族酋長、富有商人等。這些人士常受西方教育，自過奢侈生活，從不與貧苦人民發生接觸。一爲大多數被治的人民，包括農民、手工匠、小商人等，生活極爲困苦。低等人民僅在付稅與應征入伍時與統治階級發生接觸。最近數十年來，稍受教育的中等階級興起，對現象不滿，替不識字的被迫害人民抱不平。關于人民對腐敗政府的不滿，這裏可根據紐約時報記者的報導舉幾個實例。

伊拉克政變平靜成立共和國後，這位時報記者自巴格達報導下列各項事實：一、被殺的伊拉克國王耗資二千萬元以上的美金，建造華厦，準備作爲其新婚洞房之用。二、擁護革命最熱烈的是青年知識份子。其中有一個向時報記者談話時，特別攻擊政府的官僚制度，說高職要位都被要人的親戚朋友佔去。三、巴格達一個商人向時報記者形容政府官員的貪污。他並且說，人民只要稍爲批評政府，即被指爲共黨。上面所舉政府腐敗的三個例子，眞是千篇一律，可適于世界任何一個角落。

第三個錯誤觀念——以爲反共的政府即是好政府。

英美二國常違背人民意志，支持不受人民愛戴的政府。美國支持伊拉克首相撒德 (Said) 的政府，惟一原因是撒德反共而親西方。可是撒德獨裁政府都受伊拉克大部份人民的反對。英美支持約旦國王胡生，因爲胡生反共。可是約旦大部份人口是巴勒斯坦阿拉伯人，對胡生並不擁護。以巴格達公約而論，美國雖非該公約的正式會員國，却協助公約的組成。據美聯社調查，伊拉克識字人口中，有百分之九十反對巴格達公約。一般阿拉伯民族主義者，認爲這是西方國欲在中東擴展軍事勢力的藉口。

美國的外交政策完全係由懼怕阿拉伯民族主義的興起與共黨的威脅而出發，結果不加選擇，凡是反共的政府，不顧善惡與否，皆加支持，引起人民羣衆的不滿，反使共黨的政治與經濟滲透工作容易成功。此外美國喜用軍事力量威嚇，亦無實效。阿拉伯民族主義不是可用軍事威脅壓服的。在這種威嚇之下，阿拉伯人民更嚮往納塞爾的民族主義。

第四個錯誤觀念——以爲中東國家已可產生西方式的代表制政府。

在過去五十年來，西方式的代表制政府已在逐漸介紹入中東。若干國家爲「君主憲政」，若干國家爲「議會政府」。可是西方國未能確切瞭解，中東歷史背景與西方國不同，單是一個「西方」的形式，不能生出一個「西方」的實際。一個民主政府必須確實由人民本身選出，使人民有責任感，使人民確知何爲民權，何爲法律。中東人口不識字者佔百分之八十五以上，不懂民主是什麼，法律是什麼。結果所謂民主政府，實際上仍被傳統的統治階級所利用或控制。統治階級仍爲地主、王族、酋長、大商人。他們的權力與財富都基于封建制度，當然不肯改良政府，而造成自我毀滅。憲法擱而不用，往往一個所謂民主政府僅是形式與名稱，實際上仍是腐敗的舊式專制政府，不受人民愛戴。

第五個錯誤觀念——以爲中東的想法與西方的想法相同，認蘇俄政策威脅個人自由與政治獨立。

美國在行使外交政策時，常不設身處地，爲當地人民着想。美國至今不能確切瞭解亞非人民對殖民地主義，對西方的「大國愛護」政策，對美國的只援軍火不援經濟，只照顧政府不照顧人民政策的不滿，這實是原因。西方人士與中東人士對個人自由與政治自由所估量的價值大有不同。歷年以來，中東人民處在統治階級的壓迫之下，從未嘗過個人自由，所謂民權，根本並不存在。美國現在要用個人自由政治獨立的口號，向中東人民宣傳，當然不會有實效。對低級人民而言，所謂自由乃是一種奢侈品，貧苦羣衆連飯也沒吃，根本對這種奢侈品不存夢想。

以政治獨立而論，美國在向中東人民宣傳，希望中東支持西方時，沒有想到，過去數十年來威脅中東國家獨立者，統制中東油權者，乃是英法西方國家，而非蘇俄。中東人民還沒有忘記西方殖民地主義，而美國不明眞相，天眞瀾漫的向中東宣傳蘇俄威脅獨立，不但不易引起中東人民的同情，而且反引起其對西方國過去的仇恨。他們尙未有過蘇俄帝國主義的經驗，對西方殖民地主義則已嘗過苦味。在這種情形下，要使中東信服西方，當然必須由另一個方向來進行，而單靠宣傳攻擊蘇俄是沒有多大效果的。

× × × ×

由于上述各項錯誤觀念，美國過去在中東的外交政策造成嚴重後果。可是最嚴重的錯誤還是，一見中東有政變發生，即將所有罪責完全推給莫斯科與納塞。這樣一來，反而不易看清實際問題是在那裏，而解決的方法亦因此難找，杜勒斯前的態度就是如此。艾森豪總統將如何更正，那要看將來的發展了。

四十七年八月十一日于紐約。

請看香港「聯合評論」

方望思

香港通訊・八月十八日

海內外所共同矚望的香港「聯合評論」，終於在八月十五日正式出刊了！

這是份政治性的刊物，雖然只是每週五出小小的四開一張，但其對于中國民主反共所將發生的影響，却很可能遠出海外任何報刊。因爲這一份刊物，是海外民主自由力量大團結的具體表現，我們可以從這份刊物上，眞正聽到海外民主自由人士的共同主張，並看他們如何在海外展開民主自由運動。

「聯合評論」之所以是海外民主自由力量大團結的具體表現，乃因爲這一刊物的創辦分子，包括有海外的各種民主自由團體和人士，例如民社黨、青年黨、未登記的國民黨員、民主戰鬪同盟，以及自由陣線等等在內。發行人是黃宇人先生。總編輯是左仲平先生，也就是鼎鼎大名的左舜生先生。這些年來，左先生寫的文章，在海內外讀者之多，以及影響之大，是人所共知的，用不着再加介紹。

現在，不妨就創刊號的文字，加以簡單扼要的介紹，使得沒有機會能够看到這份刊物的海內外人士，也能藉此而認識該刊一點輪廓。

「聯合評論」的目標是什麼？這可能是大家所急于了解的第一個課題。關于這一點，該刊在「創刊詞」的結論上說得極其淸楚而又肯定：「我們所追求的目標，第一是民主，第二是民主，第三還是民主。」可見，民主就是該刊的目標。也正因爲他們的目標是民主，所以對于那個「只能一輩子胡搞一黨專政」的中共，那個「沒有法子不把他們的政權建立在武力、警察、特務，以及經過黨化的教育、司法等等之上」的中共，首先在「發刊詞」裏表示痛切反對，這當然說明他們是反共的。不過，因爲他們的反共不是盲目的，而是爲了追求民主目標才反共的，所以對目前的臺灣，也接着在「發刊詞」裏表示不滿的說：「默察臺灣，近年來的作風，我們不難以幾句簡單的話加以概括，以黨對黨，以黨治對黨治，以武力對武力，以國際援助對國際援助，以經濟建設對經濟建設，乃至以訓練對訓練，以特務對特務，以干涉對干涉，……質言之，即凡中共之所有，我無一不有，師敵之長以制敵，即以其人之道，還制其人之身。」可見他們爲了追求民主，對于這種向中共學習模倣，乃至亦步亦趨的作風，也是同樣痛切反對的。其實，像他們這種想法，就我們在香港過難民生活的人說來，確實是絕對大多數人的想法呢！

不過，話說回來，他們究竟主張如何達到這一追求民主的目標呢？他們是否把一切的希望都放在海外民主自由人士的身上呢？從創刊號胡越先生「把三個運動連結起來」一文裏，似也可以求得一個答案。胡先生在其大作裏說得很明白：「無論是臺灣的民主憲政運動，大陸的反共抗暴運動，以及海外的自由民主運動，它們的箭頭都是針對着自由民主的。這三個運動應及早連結起來，使中國民主運動滙成一股洪流。這個洪流將冲決極權主義的堤防，將帶來中國歷史的黎明。」這說法，尤其是重視大陸反共抗暴運動的說法，實在是最明智不過的。

當然，他們雖然反對臺灣近年的作風，但對臺灣並未完全絕望，這可從黃宇人先生「揚棄苟安心理積極準備反攻」一文中看出。黃先生說：「綜上所述，今日政府尙沒有具備反攻大陸的條件。我們希望當局能大澈大悟，改弦更張。最基本的，是揚棄自暴自棄的小圈子觀念，效法中山先生當年號召革命的精神和氣魄，把一切反共的民主人士團結起來，結成一個強大的陣勢。同時，立即依據憲法，實施民主改革。務使全國人民都相信政府爭取團結，其目的在於集中力量，反攻大陸，而不是要大衆來擁護一人或一派的政權；更相信政府反攻大陸，不是爲了要恢復過去那種貪汚腐敗的局面，而是要推翻中共暴政，解除人民痛苦，並重新建立民有民治民享的中華民國。」像黃先生對于臺灣的這種希望，可說是海外所有反共的自由民主人士對臺灣共有的希望，但像這樣一點希望，就臺灣來說，按理是不應該算太高太多乃至于太不可能吧？

事實上那一點希望却又似乎是太高太多太不可能。因爲就在該刊創刊號上看到一篇「臺北通訊」，初看蹇叔先生的「暴露一個絕對可靠的反動文件」底通訊標題，我總以爲這反動文件必定是出之于中共匪徒的手筆，誰知道，不讀猶可，一讀之下，才知道那樣一份「反動文件」，却是出之於臺灣國民黨當局的手筆。這一文件的名稱是「展開革命戰鬪・鞏固領導中心」，據說「這是由國民黨在軍隊裏面的特別黨部發交軍中各級黨部和小組的一個指示工作的文件。以前分發這類文件的代名詞用『周國光』，現在改用『劉光漢』。」內容據說是要「打擊他們所謂近年在臺灣和海外所流行的一種『思想毒素』，「這文件對『思想毒素』的解釋是這樣的：「有一個刊物以共產匪黨式的假冒的『民主自由』作幌子，肆無忌憚的散播以下各種毒素思想；一、主張『言論自由』，二、主張『軍隊國家化』，三、主張『取消軍隊中國民黨的黨部』，四、主張『廢除主義、領袖、國家、責任、榮譽五大信念』，五、主張『取消部隊官兵宣誓效忠領袖』，六、主張『取消青年反共救國團』，七、主張『廢除學校學生研讀總理遺敎、總裁言論及三民主義』，八、主張『要求領袖作無智、無能、無爲的元首』……」。把這類思想竟稱之謂「毒素思想」，宜乎可當「反動文件」而無愧了！尤可怪的，該一文件還進一步「配合共匪大舉淸算胡適思想」。這是因爲該一文件「造了一個惡毒的謠言」說：「根據確切可靠的資料，散播毒素思想的分子當中，有人在抗戰時期，曾秘密寫信給毛匪澤東，主張毛匪奪取政權，但不贊成毛匪使用武力。此人現在仍以『愛自由的站過來』相號召，指使某刊物之主編人在輿論方面爭取自由與佈署，以待將來組黨時獲得輿論界之支持，並公開主張『毀黨救國』！……」明眼人一看而知，這一謠言中的所謂「此人」，完全是對胡適先生惡意誣蔑。難怪要修改出版法！更難怪「胡適與國運」初集二集大量出版！如此反動文件，我們遠在海外，聽說竟是國民黨當局得意的傑作，夫復何言！

八月十八日寄于香港。

(25)

夜窗詩草

徐訏

死去

假如我今夜無聲地死去，
明天的宇宙仍會一樣行進，
白天的陽光會普照着大地，
夜裏的星星仍長懸着天庭。

假如我今夜寂寞死地去，
明晨我腕上的錶聲總還未停，
還有我手插的劍蘭與玫瑰，
也會活在我案上的花瓶。

假如我今夜平靜地死去，
我灰色的窗外仍有鳥鳴，
樓下仍會有找我的電話，
門前也還有訪我的人影。

假如我今夜安詳地死去，
舟車間仍寄着我的書信；
遠地的朋友接到我的消息，
仍會信我在期待他們回音。

原野的呼聲

我在廣大的原野中生長，
日夜在無垠的大地上馳騁，
開濶的天空緊貼我面龐，
柔輭的草原偎依我夢魂。
和煦的陽光照着山谷，
皚皚的白雪掩埋着荒村，
我在浩渺的天地間往來，
昂然無依於男友女朋。
于是我流落在狹小的都市，
高樓小街裏都是電燈，
陽光被擠在污穢的牆角，
清風受阻于緊閉的窗門。
我視線，限于隣居的簾帘，
耳朵但聞男女的紛爭；
呼吸的都是污濁的空氣，
行動要依靠各種的車輪。
從此我需要友誼的慰藉，
還需要愛情的溫存；
我要紙烟安慰我的寂寞，
還要醇酒調劑我的孤冷。
如今我已在緘默中冉冉老去，
人人都說我有顆寂寞的靈魂，
但無人知我在寧靜的夜晚，
始終在諦聽原野的呼聲。

難恕的罪

燦爛的花朵開過，
繽紛的落英都已憔悴；
多情的綠鶯遠去，
翺翔在天外未歸。
荒蕪的園中祇有月色，
黯淡的人影難禁流淚，
多少靜寂失眠的夜裏，
短促的回憶都是懺悔。
萍水低訴相同的命運，
嘆已逝的光陰無從挽回；
問人生能有幾度歡樂，
一次的相愛已夠終身的陶醉。
在顚沛的亂世中跋涉，
人間已無是非與眞僞，
難道在寂寞的生命中，
愛情也是難恕的罪。
捨棄了現世的繁華，
才能修煉那心靈的高貴，
莫忘青山外還有廣大的平原，
永遠鋪着你前途的光輝。

不寧

沒有愛時我期望愛情，
愛情降臨我又如此不寧；
白天的生活像常在夢中，
夜裏我失眠得像長更星。
每次病中我都如此發願，
祇要有健康我再不怕辛勤，
也不怕貧窮孤獨與流浪，
或者爲得失而暗暗傷心。
但當病愈時我希望安逸，
我希望富有，還希望熱鬧與淸靜，
一切慾望長纒着健康，
睡眠常伴着煩惱的夢境。
于是我祈禱我可以重新戀愛，
祇有在愛時我心淸如鏡，
沒有任何慾念可侵佔我思想，
我唯一想念的是我所愛的情人。
但我情人竟是如此遙遠，
渺茫的愛情徒使我不寧，
白天的生活像長在夢中，
夜裏我失眠得像長更星。

傳記

他活了八十歲逝世。
在七十年生命中，
他寫了五十卷詩；
但他滿意的只有一首，
那是在七十年前，
偶寫在作文簿裏，
並沒有贏得分數。
他獨身一輩子，
祇留下他寫給女人的
一萬四千封情書；
但是他祇愛過一個人，
而他未敢對她表示，
也沒有寫給她一個字。
他從未記日記，
也沒有遺囑，
他最後給朋友的信上說，
他一生沒有貪污，
五十多年奔東走西，
也賺過大錢小錢無數。
他最慶幸的是：
這些錢都化在吃喝嫖賭，
一文也沒有留到晚年，
用作請醫吃藥，
拖延無意義的生命，
留戀那塵世裏的苦。
在他臨終時，
請到了神父牧師，
問他有什麼應該懺悔，
他說：八十年中，
父母騙他二十年，
師友騙他二十年，
書籍報刋騙他二十年，
在最後二十年中，
他天天自己騙自己。
在他降生時，
他母親肚痛了三十小時，
在他臨死時，
他祇掙扎三分鐘，
把他用舊了的皮囊，
捨棄在床上不顧，
裏外有無數細菌，
在火葬場上爲他殉情。
他的骨灰被裝在陶罐中，
陶罐埋在泥土裏，
泥土在春天生長了青草，
沒有知道地下是他的屍體。

也是秋天（六續）

於梨華

第二個週末，苑若向莉莎借了車，正明帶着葉羣和苑若，開着車向長島出發，他事先已打電話給他大嫂，請她多預備點飯菜，又請她在正芳的房裏添一張床給苑若，在大書房裏添一張帆布床給葉羣，並且請她轉告他父母，他帶朋友回家渡週末的消息。

他們是星期五下午苑若下班後出發的，到長島時已近八時了，夏日天長，到陸家時剛近薄暮，陸老夫婦因爲他們是年輕人，故在起坐間接見他們。那天苑若穿一件寶藍色、印着白色碎花的綢旗袍，因爲正明不比她高多少，她特意穿了一雙白色漏花的平底皮鞋，耳上帶了一副寶藍色的耳環，臉上未施脂粉，只是嘴上塗了一層薄薄的唇膏，自是俏麗文靜，把站在陸太太身後的正芳，襯得灰暗無色。

苑若見過陸老夫婦後，就大方地在一張矮藤椅上坐下，微笑着向正芳說：「妳這一向好嗎？我在民立時比妳高一班，妳大概不記得我了？」

「啊！」正芳睜着她的小眼睛叫道：「妳是……妳不是綽號叫簡單嗎？怪不得我覺得妳面熟得很呢！姆媽，妳看巧不巧，我們原來是中學同學！」

「那派妳招待簡小姐好了。」陸太太說：「阿明可以先陪葉家少爺到樓上去休息一下。」

「我帶葉羣上去好了，」正芳急忙說：「阿明也許要和簡單在一起。」

「阿芳，不要花樣多，妳帶簡小姐先到我房裏洗洗臉去，就要開飯了，妳還要到厨房去幫妳大嫂端菜什麼的，今天阿芬不在家，妳大嫂一人也忙不過來，聽見沒有？」

正芳向葉羣盯了一眼，就領着苑若進她母親的房裏。葉羣對正明搖搖頭表示不要休息，仍舊注意地聽着陸志聰談他的進出口生意經，正明就溜上樓去看他的二姐。正雲剛用完晚飯，閉着眼在休息，正明不敢驚醒她，只悄聲問了看護關于他二姐最近的病情。

「總是這樣，」看護小聲答道，「有時很好，有時很壞，昨天醫生來看她，對你父親說也許有好轉的希望，只要不再使病人有其他的刺激，她需要安靜。」

正明聽說正雲的病有好轉的希望，心裏輕鬆了不少，晚飯時臉上就很開朗，眉也不縐了，眼睛光芒四射，十分有神，苑若見他高興，也是笑意盈盈，儘量找好聽的話去博取她的鄰座陸老太太的好感。正芳見了葉羣更是眉開眼笑，說不出來的興奮，陸老夫婦見子女們都喜氣洋洋，和往日的陰沉氣氛完全不同，也就不顧板着臉掃衆人的興，所以這一頓飯吃得很融洽。陸太太在席間不時盤問苑若的家世來歷，苑若一一小心對答。陸老太太對她就頗有點好感，同時見她端莊老到，一點也不妖媚，更不厭憎她，又見她年輕輕的，梳了一個利落不亂的圓髻，不禁心裏贊許。吃了飯，一定要她進入自己的房裏，教正芳怎麼梳，以便正芳日後好替她自己梳。正芳一肚子不願意，却又不敢違拗她母親，只好抛下葉羣跟進房去。

男的都回到起坐間喝茶，由文英一人收拾殘碟。正明趁葉羣和正剛談得起勁，就向他父親提出轉系的事。

「轉系？爲什麼好好的讀了一年醫，忽然要轉起系來？」

「阿爸，你不知道，我們外國人在這裏學醫的沒有多少出路，你想，好的醫學院多半只收他們美國人，雜色人想進去的機會很少。進差一點的醫學院，以後出來了又進不了好的醫院。就是有錢自己掛牌也不見得有什麼生意，美國人當然找他們本國醫生看，不會巴巴的來請教一個黃皮膚的醫生。中國人呢，十有九個住在美國的中國人都喜歡找外國醫生，所以我想來想去，還是趁早轉系的好。」

陸志聰一想，覺得正明的話不是沒有道理，他自己的私人醫生就是一個德國人，長島有幾個中國醫生，但是他從來沒有去請教過他們。

「轉系我不反對，但是爲什麼要讀哲學！」他猛力抽了口煙說。

「唸哲學將來的出路多半是教書，我很喜歡教書，雖然錢賺得不多，但是很清閑，而且唸哲學不致于會像唸理工的那樣忙，我也許可以一面唸書，一面做點事。」

「做點事？」

「嗯，阿爸，我想做點事可以減輕你的負擔，同時，……同時我自己就可以有能力養家，我想早點結婚，苑若已經同意了。」

「只要她同意就够了，是不是？父母的意見你可以置之不理的，是不是？」

「當然不是，這只是我們的計劃而已，當然一切要先得到你們的允許才可以實行，」正明嚅嚅地說。

「轉系的事，我由你，結婚的事，你由我，你現在只管去讀書，讀出一個名堂來再談結婚也不晚，簡小姐願意等你最好，不願意的話，我陸家不怕找不到一房媳婦，我做事一向按步就班，現在阿四的事還沒有着落，你就不用急，先讀一個博士給我陸家增點門楣。」

「不過，阿爸，一個博士起碼要好幾年，人家就是肯等，我也不忍心，再說，三哥不是比二姐先結婚的嗎？」

「不要向我提起這個孽障，」陸老把烟蒂拍的一下丢在痰罐裡，豎着額道，「你如果要跟他學，趁早也給我出去！」陸志聰一想起正強來就氣，一氣就不能控制自己的聲音，他的聲音一提高，房裏別的聲音却低下去了，正剛和葉羣窘迫地看着彼此，話也不敢說，正明咬着唇看着自己的鞋尖，苑若在走廊對面陸太太的房裏，早已把陸老最後的一段話聽在耳朵裏，心裏一慌，手裏的梳子就掉在地上，陸太太一面爬着耳朵，一面盯着苑若，臉上原來的一層笑意，就慢慢的淡了，苑若彎了腰去拾梳子，臉上紅一陣，白一陣，竟抬不起頭來，正芳不知道是同情她，還是向她討好，竟接過她手裏的梳子，親熱地說。

「來，我帶妳去看看阿爸的書房，那裏有幾張中國畫，很名貴的，我相信妳以前沒有看見過。」

苑若搭訕地向陸太太告了辭，跟着正芳走出房門，那晚她很早就跟正芳回房睡了。

第二天清晨，她醒來時正芳已不在房內，她急忙起身梳嗽完走出房來，隔壁大書房門開着，牆上的鐘已指在九點半，她知道自己因昨夜失眠，拂曉時才睡着，睡過了時，就急步沿着走廊到樓梯旁，正待下樓，只聽見一陣令人皮膚起縐的笑聲從扶梯旁的房間裏傳來，她身不由主地縮回脚，向那個房門探頭望去，還沒有看到室內的人，却聽見那個笑聲連連說：

「好，好。這一下我捉住你了，這一下我再也不放你走了，哈哈，這一下你逃不掉了。」

苑若把頭再伸遠一點，只見一個長髮散飛的女人坐在床上，雙手緊緊攫住一個大照相框，獨自狂笑談話。她的半個臉掩在頭髮裏，依稀可以看到她橢圓的臉形，大而黑的眼睛，以及一副小巧的牙，眼睛珠子無神地看着四方，無色的唇在兩角有點往下垮，一種無助的神情，苑若看了她半天，正要決定她是否就是正明的二姐時，那個女的却一眼看見了她，就突然停了笑，只是目不轉睛地盯着苑若，看了半天，把頭髮向後一摔，就微笑着向苑若招手，苑若看她笑的樣子活像正明，就斷定她是他二姐無疑，連忙走進去，一直走到她床前，正欲招呼時，不想那女的一手把相框丟開，一手揪着她的胳膊往自己懷裏拉，臉上露着一種奇怪的笑，刺聲道：

「好，我終于把妳抓住了，妳這個小妖精，妳把廸克霸佔了這麽久，還敢來看我！妳不要臉的女人，妳為什麽單單要廸克！妳明明知道他是我的，妳偏偏要把他搶去！好！好！現在我非把妳治死不可，妳死了廸克就會回來。哼！我看妳還逃得了！」

一面說，一面死命地擰着苑若的肉，苑若做夢也不會想到正明的二姐竟是一個瘋子，心裏又是驚，又是怕，又是怒，却又不敢叫，就用勁去扳正雲的手指，正雲養着十個又尖又長的指甲，如今深深地掐入苑若的肉裏，苑若扳開一下，另一個又掐進去，痛得難忍，不但不敢聲張，還怕有人來撞見她的窘態，急得眼淚都流出來了。正雲眼露獰笑，只管揪她，擰她，掐她的肉，最後趁苑若不備，竟猛力在她手臂上咬了一口，苑若痛得兩眼發黑，也就不顧死活，一頭撞過去，正雲一驚，就鬆了手，苑若劈手一掌打在正雲左頰上，打得她伏在床上，只顧喘氣，苑若呆了一呆，拔脚就跑，正好和匆匆進來的人撞了一個滿懷。

「妳怎麽啦，苑若？妳怎麽會跑到這裏來？啊呀！血，看，妳的手臂在流血……」

苑若一頭埋在他胸前，只覺得無盡的委屈，又無從說起，含着淚，用手向床上一指，就把頭轉開了。

「啊！二姐！」正明把苑若扶在搖椅上坐下，連忙跑到正雲床前，「二姐，妳怎麽啦，二姐，看我，我是阿明，我回家來看妳。」

正雲只是軟弱地伏在床上，頭髮披散了一臉，眼睛溜溜地穿過髮絲向正明看，又向苑若看，然後又看着正明。

「二姐，妳好不好！怎麽不說話呢？來，我來扶妳坐起來，妳看，我帶了一位小姐來看妳了，」他一面小心地扶着正雲坐起來，一面指着滿臉不高興的苑若說，「妳坐起來，二姐，我給妳們介紹。」

正雲坐正了，正明搬過枕頭來把她頭放好，把她的散髮輕輕推開，就坐在床沿上，拉着她的手說：

「二姐……」

「呵，阿明，啊，阿明，你來了？你為什麽早一點不來看我？」正雲一把抱住正明，把臉藏在他頸間，大哭道：「你好久都沒有來看我，阿明，你不知道，你不知道……我……我……她是什麽人？」

「她是我的朋友，二姐，也是妳的朋友，妳不要哭，聽我講，我們不久就要結婚了，」正明一面像哄小孩似地拍着她的肩，一面輕聲說，「二姐，妳聽了很高興是不是？她待我很好的，和妳待我一樣好，二姐。」他向苑若招招手，要她過去。「妳看，二姐，這就是她，她叫簡苑若。」

正雲抬起頭來，看看正明，又疑惑地看看苑若，然後緩慢地放開正明，軟弱地靠在床架上，閉着眼。這時看護從厨房回來，端了一大碗鷄湯，正明也不及向她細說，就要她替苑若把臂上的傷口洗淨紮好，他自己站在一邊看着，用手臂繞着苑若的腰，又抱歉又愛憐地在她耳朵裏說。

「請妳原諒我沒有把她的病情告訴妳，也請妳原諒二姐，苑若，她太可憐了，如果是正常的話，她連一隻螞蟻都不願隨便傷害的。」

說着，也不顧得看護，就把唇貼在苑若潤濕的臉頰上，苑若只是垂着頸子看着自己的傷口，也不說話，也不躲閃。

傷口包好後，正明回頭一看，見正雲正睜着眼看着他和苑若，一見他回頭，就向他招手，正明牽着苑若走過去，自己坐在床沿上，讓苑若靠在自己的身上。

「阿明，你來啦，什麽時候來的，這位是？」

「我是昨晚回來的，上樓來看妳，妳已經睡了，這位是簡苑若，她是我的女朋友，我們不久就要結婚了。」

正雲抬起手想來拉苑若，苑若連忙退避不迭地躲開。

「不要緊的，苑若，我在這裏。」

苑若這才把手伸出來，正雲拉着她的手，微笑地端詳着，她那神情和常人一樣。

「簡苑若，頂秀氣的名字，妳今年幾歲了？」

「二十四。」

「啊！那妳比我小一歲，那妳一定會待正明很好的，阿明！那眞好，妳們今年結婚最好，結了婚好好照顧我的弟弟呵！」

苑若見她那副柔弱無力的樣子及和婉的談吐，和剛剛的兇狠模樣一比，簡直是兩個人，不由得起了一種憐憫之心，而把一肚子的怨氣消了。

「阿明，你愛不愛我？」

「二姐，妳知道我一直是愛妳的。」

「那你就聽我的話好不好？」

「什麼話？」

「你結了婚，不要把她放在家裏，把她帶到外面去住，外面……」她轉過頭，不勝眷戀似地看着窗外說：「外面的世界又光明，又寬大，你千萬不要把她帶到這個籠子裏來，籠子裏的鳥遲早要被悶死的，像我這樣。」

「二姐，」

「我知道，阿明，我知道我還沒有死，但是快了，我快了！」說着她就凄涼地咽泣起來，「不過，」她接着說，勉强把淚忍了回去，「不過，我要等你結了婚才走，別的人我不在乎，我要看你快樂地結了婚才會安心，你明白嗎，阿明？」

忽然，正明像孩子似的，伏在正雲的身上，失聲痛哭起來。

「不要哭，阿明，不要哭，你看簡小姐也哭了，你看你二姐也快哭了，快不要哭，阿明，眼淚是天下最冷的水，不要讓它流下來，」她痛惜地撫摸着他的頭，喃喃地說，「你記得嗎，阿明，小的時候我帶你去溜冰，你那時不會溜，摔了好幾交，有一交摔得很利害，你就坐在地上哭，我說，阿明，不要哭，眼淚流在冰上，冰更滑，更不好溜了，你聽了立即不哭了，記得嗎？你一向最肯聽我的話，好，不哭了，聽二姐的話。」

正明果然止了哭，抬起頭來，任苑若幫他擦乾眼淚。

「妳什麼事都記得，二姐。」

「怎麼不記得？記得太多了，反而把我的頭都記昏了。」正雲嘆了一口氣說：「我走了以後，阿明，別人記不得我，你一定會記得我的，會不會？」

「二姐，妳不會，不會走的，妳馬上會好起來的，妳現在已經很好了，等妳全好了我帶妳出去玩。」

「好了，當然快好了。」正雲幽幽地說，「我一看見小查理就會好的，我快要看見他了。可惜我看不見廸克了，可憐的廸克！阿明，你看見他時一定要告訴他我很好，他如果知道我不好，他會難過的，噢，簡小姐，妳看見過廸克嗎？沒有？妳一定看見過他的，他有一雙灰眼睛。」她拿起床頭的短襖，撫摸着它的灰兎毛道，「和這個一樣的灰眼睛，唉！是我自己沒有福氣，我爲什麼當初不跟他走呢？妳以後一定要跟着正明走呵，不要分別，不要怕別人不高興，別人多半不會爲妳打算的。」

「二姐，妳喝點鷄湯，都快冷了，看護不在，我來喂妳，苑若該下樓去了，阿爸他們……」

「不要去，不要叫她去，我喜歡她，我要她在這裏陪我，阿爸不會要她的。」

「她下去吃點東西再上來陪妳好了，二姐，妳需要休息一下。」

「休息，休息，哈哈！」正雲突然又尖聲笑了起來，笑得眼淚流滿了一臉，「每個人都要我休息，休息，眞奇怪，我又沒有在做苦工，有什麼好休息的？哈哈，你去吧，我要休息了，但願我的心也能休息，它爲什麼要跳呢？跳呀跳的，日夜不停，我有時候眞想用一塊布和一條繩把它包起來，丟到窗外去，省得它跳個不停！去，你去，去拿一條繩子來，還有妳，妳也去，去拿一塊布來，妳是什麼人，向我瞪着眼，去，你們都去，我不要看你們，我不要人家向我瞪着眼，快去。」

正好看護回房來，正明把鷄湯給了她，向苑若使了一個眼色，倆人就一先一後下了樓。樓下的人都早已聽到苑若手臂被正雲咬傷的消息，陸志聰不但對苑若沒有歉意，反而暗怪她不知輕重，亂闖入正雲的房間，所以一看見她就滿臉不高興，苑若向他道早安時他只是淡然地點了一下頭，陸太太見了她，先不理會，却回頭駡正芳道：

「妳一早野到什麼地方去了？讓客人亂跑，跑到不該去的地方！笑，還有臉笑呢？妳可是有點羞恥沒有？做錯了事還有臉笑！從現在起好好陪着簡小姐，一淸早亂跑亂走的，這樣大的女孩子竟是一點家規都沒有！」

苑若下樓時臉上含着笑，被陸太太這樣指桑罵槐地數說一陣，竟是笑又不是，不笑又顯得多心，臉上氣得一陣發紫，站在一邊說不出話來。正芳倒還是若無其事地笑着。原來正明和葉羣一淸早就到鄰近的公園去打網球，正芳有心，也起得早，死賴皮似地跟着他們去，又輕賤地搶着幫他們拾球，一面向葉羣擠眉弄眼的忙個不停。回家時又趁機逼葉羣請她到普城去看足球比賽，葉羣礙于面子，只好答應了，所以正芳回家以後特別活潑，她母親駡她也不在乎，反正她知道駡的實在不是她，但是最後她母親要她陪着苑若，有點令她掃興，因爲她打算吃了中飯找葉羣陪她去看電影的，這樣一來，竟是不能實行她的計劃了，心裏對苑若就有一點恨意，却又怕她在葉羣面前說自己的壞話，只好打起精神來陪着苑若在大書房裏消磨一個上午。(待續)

我們的呼聲

——給臺灣及海外中國同胞的一封公開信

一羣中國大陸流亡學生

親愛的父老兄弟姐妹們：

我們是一羣才從大陸逃出來的學生。我們以孤兒萬里尋親的心情進入香港或澳門——這失去了自由的人們朝夕縈念着的天堂。現在我們猶如投入了家人的懷抱，政治的恐怖已遠離了我們，親愛的父老兄弟姐妹們，請聽我們的訴語。

（一）我們的控訴

今天每一個中國人的苦痛都源自中共的暴政，我們所受的苦難更毫不例外。「你們為什麼要逃出大陸？」這是我們每個人都被問過幾十次的問題了，在這裏我們作一個簡要的答覆。

1.因為我們是中國人，所以我們不能忍受中共的媚蘇政策。今天在大陸從政府、軍隊、到學校和工礦企業，每個單位都有從蘇俄來的「專家」，一切決策全要等蘇俄「專家」同意之後才能實施。全國各學校的同學一律被迫學習俄文，高等學校中一切教材皆取自蘇俄，理工學院更乾脆地完全使用俄文課本。

在外交上，處處追隨蘇俄，為蘇俄打頭陣；在內政上，一個蘇俄「專家」就要幾十個中國人去伺侯他。中國人看到蘇俄人就像是矮了一截，蘇俄人昂首濶步，中國人低頭彎腰，伏洛希羅夫訪問時，中共更通令全國稱他為爺爺，我們中國人就那麼不濟？我們的淚只好往肚裏嚥，誰又敢說一個「不」字呢？誰又敢把「爺爺」喊得低聲些呢？說不定我們身旁就是一個特務呢。

中共的媚蘇政策最顯明的是將中國人民的褲帶勒緊，而將大量的糧食輸往蘇俄；更給在中國無所事事的蘇俄「專家」以駭人的高薪。十二萬蘇俄「專家」每人平均月入約有四千元人民幣，這個收入等於中國一農民一百多年的收入，等於一個普通職員八年多的收入，中國人民每月就要被這些蘇俄人吮去四億八千萬元的血汗，這數值和庚子賠欵相等了，中國人民怎麼能不窮，怎麼還會有幸福的生活過？

這批蘇俄太上皇在中國無法無天、窮奢極侈，甚至無恥到向國務院提出配給他們的女翻譯的主要條件應該是年輕貌美！

在「一邊倒」的口號下，蘇俄的一切都變成了神話，可是事實，戳穿了謊言，人民的眼睛是雪亮的，我們學工科的同學在工廠中實習時所見到的蘇俄機器，都是些效能最低劣的玩意兒，而一般日用的蘇俄貨，更是低劣不堪，遠不如大陸的自製品。

可是，被稱為「最好的國際友人」的蘇俄對中共的態度怎樣呢？蘇俄唆使中共參加韓戰，將數千萬中國兒女送去當砲灰，由蘇俄供給軍火。到頭來，中國人流了冤枉血，還背上了一筆永遠還不清的軍火債！

2.我們不能再忍受那些無孔不入、無時不在的政治恐怖，統治者的刀就架在我們的頹子上，隨時可以砍下來。我們終日戰戰兢兢，聽到沉重的脚步聲就心驚。因為我們沒有一點人權的保障，公安機關隨時可以根據你發了幾句牢騷就斷定你為反革命份子。鎮反和肅反運動時，許多同學失蹤了，許多同學自殺了，中山大學物理系四年級的一位女同學跳樓自殺後，她的血跡使所有目睹的人嗚咽長泣。因為毛澤東說過：「全國之中百分之九十五是好人，百分之五是壞人。」所以學校中就按這個百分比來抓人，來逼人自己承認為反革命。

「反右派」以前，中共千方百計叫人「大鳴大放」，我們年輕的心怎能擱得住那麼多血淋淋的事實呢？我們的良知叫我們說了實話，於是，數萬個同學就成了「右派份子」，鬪爭、虐待，我們有什麼罪啊!!。

解放以來，在幾次大運動中，被捕的人使全國不斷緊急地起造新監獄。而今天全國的監獄卻已患人滿。監獄中共號稱人民當家，可是監牢裏關的都是人民。今天是人民，明天就可能被指為反革命；我們起先所相信的「人民民主專政」，事實體驗的結果實是「共產黨專政」。

中共要人民一切行動都集體化，所謂集體，是由黨員或團員帶頭，鼓勵人與人之間的相互猜忌，相互仇視、相互懷疑、相互以出賣朋友而使自己安全。使得集體中的成員相互之中除了政治利害的關係外沒有了一點人情味。你監督我，我監督他，他又監督你；不向黨委會彙報其他同學的思想情況就是思想落後，就要被鬪爭。共產黨通過集體組織干涉了我們一切生活，甚至連談戀愛都得先經過組織的批准！

3.解放以後九年，不但人民喪失了自由，而且也跌入窮困的深淵。雖然報紙上天天吹說人民生活改善，而實際上是普遍的貧困和饑餓，人民的一切所有全都收歸了國有，人民只是仰政府鼻息在生活，大部份人民買不起每月配給的四兩肉。但是，窮的只是人民，「新階級」是不會窮的，豪華的旅館夜夜滿座，吃烤鴨，要排隊，鮮紅的葡萄酒在杯子中打漩，而飯店門口卻排着長長一列等領殘羹的因饑餓而流入城市的農民。

「金樽美酒千人血，玉盤佳肴萬民膏」，正是現實的寫照！

我們在學校中的待遇並不算壞，比起全國人民來，我們也可以算是小特權階級，農民每月實吃三兩油，而我們卻吃十二兩油。共產黨還給大學生以種種優待，把大學生的地位提高得和科級幹部一樣。共產黨所以如此，不外是想把我們變成統治人民的工具。可是，我們的體內流着正在受着苦難的中國人民的血，我們怎能違背自己的天良，去與自己父老為敵？我們再也不能忍受億萬大衆的饑餓與「新階級」的淫飽的殘酷對比了。

4.我們在大陸，不但人身沒有自由，連思想也要被控制。文學藝術全由共產黨把持，製造出大量千篇一律的東西來給我們閱讀，在文學作品中，農村總是因為黨的領導而得到了豐收；工廠永遠是有了共產黨員才能够生產。除了歌頌共產黨以外，沒有一些足以表現我們的生活的作品，文學為了揭露生活的醜惡的意義已被否定，「毛澤東在延安文藝座談會上的講話」被奉為文學藝術領域中的圖騰；人們不能有自己的思想，我們的思想被關入馬列主義的籠裏，再也不能自由飛翔；人民的臉部已像木頭一般地沒有表情，我們再也忍受不住這種死一般地沉寂窒氣了。

親愛的父老兄弟姐妹們，我們爲什麼要逃出大陸的理由，簡單的說來就是這樣了。

（二）我們的遭遇

爲了自由，我們捨離了親友，冒生死艱難，我們逃脫了共產黨的魔掌，來到了港澳，我們的遭遇怎樣呢？

我們以爲自由世界會熱烈地歡迎我們，中華民國政府會收容照顧我們，正像匈牙利和東德逃出的青年學生所受到的照顧一樣。但是我們失望了。生活的現實是殘酷的，我們不得不下工廠、打雜工、敲石子、抹汽車：：來謀生活；其中少數同學考進學校，因交不起學費相繼被迫停學；在這種艱辛的情況之下，所幸我們許多同學團成一羣，能够互相同情，互相幫助，還有勇氣活下去，而孤立無援的，像吳國林同學，就因爲忍受不住這樣的遭遇而臥軌自殺了。

在茫茫人海之中，我們無依地飄浮着，我們像落溺的人一樣地呼盼救助，然而至今爲止，我們得不到。

（三）我們的呼籲

儘管我們的遭遇是這樣不幸，但是直到今天我們毫不悔恨，因爲自由是值得付出任何代價的。另一方面，直到現在，我們尙未集體發出聲音，讓各方人士深切了解我們的遭遇，在這裏我們聯合了一部分同學，謹向有關各界父老人士發出沉痛的呼籲！

我們希望自由中國當局能够儘快收容和救助我們，輔助我們升學就業。今天我們是無依的孤兒，政府就是我們的父母。我們聽說政府在抗日戰爭時期，曾普遍的救濟戰區逃出的青年，照理也應該救助我們，我們相信政府一定會救助我們。

我們希望新亞書院、聯合書院、崇基書院、珠海書院、浸信書院、廣大書院、香江書院各校當局能够設立大陸流亡學生免費學額，使我們能獲得求學的機會。

我們希望孟氏基金會、孫氏基金會、中國文化協會以及其他各種獎助學金機構能給我們援手，救濟我們的生活，幫助我們就學。

我們希望基督教大專學生公社本基督博愛之精神幫助我們經濟上的困難，給我們能得到工讀的機會。

我們希望社會上各界人士把我們當作自己的子弟，在經濟上和道義上幫助我們，站在人道主義的立場上援我們以手。

我們希望香港聯合國同志會能將我們的境況轉告全世界各地學生組織，使所有自由國家的同學都了解我們，和我們一起站在爲自由民主而奮鬪的同一立場。聯合國的難民救濟委員會應該先從救濟流亡學生做起。

最後我們謹以至誠敬告臺灣及海外的父老們：救濟大陸逃至港澳的流亡學生，可以給大陸內部正在猶豫不決的同學以莫大的鼓舞，使他們知道自由世界的反極權運動並不是消極的，而是積極歡迎來自極權統治區的反極權者的，可以使大陸同學有了一盞明燈、思想不再苦悶、不再以爲世界已忘了中國人民的苦難。

每一個同學從大陸的逃出，對中共來說，都是一個嚴重的打擊和損失，在自由世界中再也沒有刺刀封住我們的嘴，我們可以痛痛快快地把我們所見到的中共的一切膿瘡疤揭開來，使中共的眞面目暴露在全世界面前。救助了先逃亡出來的同學，就能鼓勵更多同學的逃亡，從而加速中共的瓦解。

中共必亡！祖國萬歲！自由萬歲！

中國大陸流亡學生：

北京大學鄭晴川　西安交大司徒德　北京大學楊成　交通大學闞宏志　北京大學陳中子　西安動力學院黃棟　中大醫學院李岷　西北畜牧學院張維漢　天津醫士學校蘇新揮　廣西醫學院林中　成都師範學院周祖祐　武漢醫學院李美娟　廣西大學程圻　北京郵電學院張好思　人民大學陳者仁　唐山鐵路學院孫滿桂　西北醫學院郭文彬　武漢大學張文峰　中山大學莫冰　中南氣專劉大慈　中山大學謝文華東工學院黃之平　杭州師範陳明度　清華大學古鴻庚　天津農學院勞偉南開大學丁贊新　上海體育學院王玲　成都醫學院羅秉琦　華南師範學院林質子　華南師範學院胡荻　廣西農學院崔波　北京大學朱松　復旦大學許家藩　北京大學楊岱　華南師範學院李開　華南工學院白穗　華南工學院陳敏　哈爾濱大學張橡楠　華南師範學院吳卓仁．石家莊農學院王治　廣西大學黃日來　廣西大學黃少為　武漢水利學院徐遇安　天津農學院李光達　西安動力學院蒙曉蘭　漢口醫學院李華　中南礦冶學院周標　北京醫學院盧璋　廣州西聯麥深　廣州十五中余明　雲南大學周學年　東莞一中陳正　長沙師範江兆年　蘇州三中邱振義　武漢水利學院錢日　廈門一中許玉琴　蘇州五中朱慶榮　南京十五中陸生　南京十一中戴清和　廣雅中學何月娟　上海北郊中學陳金鵬　西南中學何飛　臺山中學鄭金惠廣州十三中周榮　臺山中學王德民新會一中賴若龍　南京五中陳家寶廣州七中王日新　集美中學黃啓宗廣州十三中吳慧珍　鄭州二中項英豪集美中學朱忠　桂林中學方正　廣州三中周初　江門中學張日民　佛山一中麥應元　廣州二中劉任　上海中學王復　廣州八中蕭鵬飛　廣州知用中學楊江　廣州八中余銘維　華師附中陳元茂　廣州十九中李天成　福州格致中學陳雲　廣州七中李小培　福州五中林鋒　南海石中陳百南　北京第五女中李健　廣州五中陳潤鴻　上海曹楊中學吳敏　廣州十三中陳乃熾天津三中鄭金用　廣州三中江爵賢鼓浪嶼女中葉輝英　廣州二中董邦福州五中黃廣雄　梅縣中學吳一新廈門女中鄧露　南海一中張獻文　汕頭中學張啓　南海二中區啓文　福清僑中陳友南　佛山一中余守仁　何北中學劉康　廣州六中龍偉磊　南京十五中時少敏　廣州七中劉雲鶴　上海朝陽中學陳仕禮　北京補校蔣清惠北京華僑補校熊頤　北京補校熊超北京補校兪振飛　北京補校李隨達北京補校黃水生　北京補校王光雄北京華僑補校黃堯行　集美補校華英能　北京華僑補校莊明　廣州補校陳焯　北京華僑補校潘英　北京補校李誠和　廣州石牌補校李松　廣州僑校張雅新　北京華僑補校馮金山　廣州僑中張亞興　華南師範學院吳慧

讀者投書

請速制止農藥漲價！

楊昆明

編輯先生：

我是本省農民，也是貴刊忠實讀者；茲有一事，希望貴刊惠予公開的披露，公佈社會，使有關當局重視這一點以利民生。

近幾年來，臺灣農民正在走向繁榮的境地，這是政府來臺給農民的恩德，實施土地改革，三七五減租的效果，才給農民帶來了這一點幸福與快樂。

近幾年來糧食局正經營買賣式的各種農藥，都很順利！突於本年八月南部農民正需要時大漲其價，農民們對此反應甚惡，怨聲大叫，咸認將影響到稻谷生產，與農民生活有極大的關連！有關當局不應坐視不管。

一般農村普遍運用的農藥，有巴拉松、茵都靈、富粒多、PM安特靈、谷仁樂生等。按在本省用以防治稻秧病蟲害之時間，僅約五年，從糧食局之介紹和教給農民噴藥，才慢慢地推廣開來。因為均係劇毒藥劑，所以藥到蟲除，一劑見效。農民們雖冒着中毒的危險，仍然樂意去噴射這些有毒的藥液。數年來已成了習慣，一經發現病蟲害的稻秧後，便要噴射這些農藥，甚至連沒有發現病蟲害的稻田，也急着噴射，以資預防。現在稻谷與農藥，已經結下了不解之緣。一旦不用農藥，則勢將影響收穫。甚至於其他農作物，也同樣受害。

據我們農民調查，每期稻作，每甲地噴射之各種農藥為五公升，合計要五、六百元左右，其價值約佔生產各量總數的百分之十左右。農藥最近突告看漲，每瓶五百CC裝者，漲十五元之多，尤其農民最慣用的安特靈，原價四一·五〇元，現已漲為五七·五〇元，其他各種藥品也上漲二成左右！據鄉農會答復說：漲價原因係由于外滙提高，製造廠成本加高，且這是否事實，農民們也未知。且由於稻谷價格平穩，並因糧食當局的實施統制，不准居奇抬價。所以在數年來百物指數看高的情況下，稻谷仍然滯留原盤，這怎麼不叫農民叫苦連天？因為糧食為臺灣社會安定國民生計所依賴，此舉實無可厚非。但是農藥之遽爾自抬身價，實在有點說不過去。農民增加了二成農藥價格的負擔，皆有不堪負荷之苦，此時此地，糧食當局諸公，自應設法迅謀補救，抑平藥價，或補助獎勵購買，否則，今後在施藥方面，農民當會吝惜成本，結果必不堪設想，必導致蟲害蔓延，而使糧食減產。現在臺灣是反攻的基地，假如糧食生產有了問題，後果如何？請糧食當局諸公特別注意，以利國利民。

本省現有之農藥，多係中國農業化工廠、五豐廠、民豐廠、六角牌廠等所製，皆與糧食局有密切關係，其出貨悉由糧局統收統配。運至縣鄉農會直接售予農民購買者，且需蓋章承購，才能取貨，此一行業已變成了專賣形式，所以價格方面更能操縱自如，糧食局如有意抑平農藥價格，應無困難。

最後，請農復會當局，省議員們，不要袖手旁觀。重視農民的生活，實地調查一下，來報答農民們的願望，以利農民們的生產。祝

編安

讀者　楊昆明上　八月九日

出版法條文摘要

立法院第二一會期秘密會通過
總統於四七年六月廿八日公布

第六章　行政處分

第三十六條　出版品如違反本法規定，主管官署得為左列行政處分。
一、警告。
二、罰鍰。
三、禁止出售、散佈、進口或扣押、沒入。
四、定期停止發行。
五、撤銷登記。

第三十七條　出版品違反第三十二條第三款及第三十三條之規定，情節輕微者，得予以警告。

第四十條　出版品有左列情形之一者，得定期停止其發行。
三、出版品之記載違反第三十二條第一款之規定者。
四、出版品之記載違反第三十二條第二款及第三款之規定，情節重大者。
五、出版品之記載違反第三十四條之規定，情節重大者。
六、出版品經依第三十七條之規定連續三次警告無效者。

第四十一條　出版品有左列情形之一者由內政部予以撤銷登記。
一、出版品之記載，觸犯或煽動他人觸犯內亂罪、外患罪、情節重大，經依法判決確定者。
二、出版品之記載，以觸犯或煽動他人觸犯妨害風化罪為主要內容，經予以三次定期停止發行處分，仍繼續違反者。

第四十二條　出版品經依法註銷登記或撤銷登記或予以定期停止發行處分後，仍繼續發行者，得沒入之。

編者按：在此項出版法未廢止之前，本刊決將上項條欵繼續刊登，一方面用以自我警惕，一方面讓世人知道我們的出版自由，受到怎樣的限制。

自由中國　第十九卷　第五期　內政部雜誌登記證內警臺誌字第三八二號　臺灣省雜誌事業協會會員　一六〇

給讀者的報告

最近臺灣海峽的局勢，正爲自由中國朝野乃至全世界所注意，我們除對於英勇作戰的三軍將士表示崇高的敬意外，特在社論㈠「以沉着與機智應付臺峽緊張局勢」中，希望大家不要忽視其政治性，更望大家認淸這一緊張局勢，不只是短暫的現象，而是一種長期緊張的開端，要以沉着機智，應付這一變局。

本刊在不久以前，接到一羣中國大陸流亡學生所聯署發表的「我們的呼聲」，這是「給臺灣及海內外中國同胞的一封公開信」。我們這些也是來自中國大陸的流亡者讀完這信，除更深信自由之價値及中共極權之必敗，尤其同情這一羣爲爭自由反極權而流亡的學生，所以我們除將其來信全文刊出外，並發表社論㈡「從速救助中國大陸流亡學生！」，呼籲港澳地區、聯合國、美國友邦予以救助，尤其希望自由中國政府速採全盤的計劃和辦法，切實負起救助的責任。

我們目前所從事的反共戰爭，是以臺灣爲基地，所以臺灣地方政治問題，實在是自由中國許多問題中最嚴重的一環。我們特在社論㈢「急救臺灣地方政治」中，坦白指出今日臺灣各地受到兩種威脅：一是稅捐的攤派太重，一是政治的恐怖太深。所以我們鄭重呼籲採取兩大途徑解救：一是禁止繁苛的稅捐攤派，一是解除各種高壓的黨治和管制。

朱伴耘先生已在本刊發表過四篇討論「反對黨」的文章，極爲朝野所重視，尤爲海內外反共的自由民主人士所喝采，現特再發表朱先生「五論反對黨」的大文。朱先生這次所討論的，主要是反對黨的產生及其政治上的運用，特別認爲在野各方人士旣對聯合組黨覺得有必要，不如走一步試試看，若不幸而受當局的阻力，甚至不妨正式組織流亡政黨。但願海內外每一個飽經共禍及流亡之苦的中國人，能認識組黨救國之重要，而共同採取具體的行動。

證券市場是資本市場中最重要的部份，其對於一國工業化之影響，至爲重大。本刊早於四十二年三月十六日，即曾發表過瞿荆洲先生的大文，探討這一問題，近以大同製鋼機械股份有限公司已奉准募集發行公司債新臺幣一千五百萬元，並開始第一期募集發行，特發表楊志固先生「美國證券市場的管理」的大作。楊先生爲求國內人士對美國證券市場的立法及其管理細則，能獲全盤了解，以資借鏡起見，特費神做了一次極爲詳盡的介紹。因文長分兩次刊登。甚望我企業界及主管當局予以特別重視。

近二三十年來，家庭教育已逐漸沒落，目前更到了十分嚴重的地步。喩血輪先生在「家庭教育的沒落」大文中，特別指出父母之溺愛子女，以及過分信賴學校教育之不當。天下無不愛兒女的父母，我們甚願爲人父母者，特別注重家庭教育對兒女的影響。喩先生的大文寄來太久，因排版關係，一延再延，迄至本期始加以發表，務請作者原諒。

自由中國　半月刊　第十九卷第五期　總第二一二號

中華民國四十七年九月一日出版

發行人　主編：『自由中國』編輯委員會

出版者：自由中國社
社址：臺北市和平東路二段十八巷一號
Free China Fortnightly, 1, Lane 18, Ho Ping East Road (Section 2), Taipei, Taiwan.
電話：二 八 五 七 〇

航空版：友聯書報發行公司（香港九龍新圍街九號）

總經銷：自由中國社發行部

經售者：
美國　紐約友方圖書公司 Hansan Trading Company, 65, Bayar D Street, New York 13, N. Y. U. S. A.
　　　紐約光明雜誌社 Sun Publishing Co., 112 Mulberry St., New York 13, N. Y. U. S. A.
韓國　漢城裕昌德號
馬尼刺　新疆書店
印尼　泗水文光圖書公司
緬甸　仰光振成書報店
印度　阿拉哈巴中印文化出版社
北婆羅洲　西利亞坡青年書店
星加坡　友聯書報發行公司（小坡大馬路四六九號）
吉隆坡　友聯書報發行公司（馬華公會大厦三樓七室）
怡保　友聯書報發行公司（希尼華沙甘街十六號）
檳城　友聯書報發行公司（林連登律七十二號）
澳門　友聯圖書公司

印刷者：精華印書館股份有限公司
廠址：臺北市長沙街二段七一號
電話：二 三 四 二 九

本刊經中華郵政登記認爲第一類新聞紙類　臺灣郵政管理局新聞紙類登記執照第五九七號　臺灣郵政劃撥儲金帳戶第八一三九號
（每份臺幣四元，美金三角）

FREE CHINA

第十九卷 第六期

目錄

社論
(一)為教師爭人格
(二)扼殺民營報紙的又一辦法

與內政部田部長論警察權……李聲庭
今日教育的方向……金溟若
個性·獨立思考·與今後的世界……羅業宏譯
美國證券市場的管理(中)……楊志固

通訊
泛評僑務決策……孟戈
黎巴嫩問題……龍平甫

感恩日……秋楊
也是秋天(七續)……於梨華

讀者投書
(一)請監察院慎選大法官!……林績
(二)陽明山公園為何不開放?……俞朱錢
(三)退除役官兵待遇直言……丁開誠

中華民國四十七年九月十六日出版
社址：臺北市和平東路二段十八巷一號

半月大事記

八月廿七日（星期三）

艾森豪在記者招待會中，支持杜勒斯警告共匪勿犯金馬。

一神秘電臺廣播，俄人八十萬已定居新疆。

八月廿八日（星期四）

美已調派一艘航空母艦及四艘驅逐艦增援第七艦隊。

八月廿九日（星期五）

美國務院發表聲明，斥共匪續武從事侵略，重申杜勒斯意見，戒共匪勿犯金馬；艾森豪召見代理國務卿赫特商臺海情勢。

美太平洋部隊獲准，可在臺灣海峽追逐敵機。

蘇俄同意美英建議，十月卅一日開始談判終止核子試驗，主張以日內瓦為會談地點。

八月三十日（星期六）

匪砲繼續盲射金馬，國軍强烈反擊。

日政府拒絕共匪所提六項建交條件。

美國防部宣佈空軍增援遠東。

八月三十一日（星期一）

蘇俄「眞理報」揚言協助共匪侵臺。

蘇俄覆照美國，正式同意十月卅一日商談終止核子試驗，仍主張以日內瓦為會談地點。

九月一日（星期一）

艾森豪正密切注意臺灣海峽情勢發展情形。英對臺灣海峽情勢感嚴重不安，正與美進行磋商中。

英與冰島漁權糾紛，冰島拒絕美國斡旋。

九月二日（星期二）

金門海戰大捷，匪艇十二艘全部覆沒。

杜勒斯談協防金馬問題，應由艾森豪作決定，曾與艾森豪通電話商討。

冰島控英國「使用武力」防止冰島海岸防護隊船隻拿捕犯法的英國拖網魚船，北大西洋公約組織將會商斡旋。

華府外交及軍事官員集會後發表聲明，稱共匪繼續使用武力，金馬地區情勢嚴重。

九月三日（星期三）

阿拉伯聯合共和國與葉門的聯合，於今日正式開始，成立一阿拉伯聯合共和國行政委員會。

美促聯合國採取步驟，確保太空和平，設立適當國際機構。

九月四日（星期四）

冰島自稱有權擴展捕魚區域。

『自由中國』的宗旨

第一、我們要向全國國民宣傳自由與民主的真實價值，並且要督促政府（各級的政府），切實改革政治經濟，努力建立自由民主的社會。

第二、我們要支持並督促政府用種種力量抵抗共產黨鐵幕之下剝奪一切自由的極權政治，不讓他擴張他的勢力範圍。

第三、我們要盡我們的努力，援助淪陷區域的同胞，幫助他們早日恢復自由。

第四、我們的最後目標是要使整個中華民國成為自由的中國。

美國防部長麥艾樂稱，臺灣海峽美軍實力增强，足可嚇阻共匪蠢動。

美攔擊戰鬥機業已進駐臺灣。

艾森豪授權杜勒斯發表聲明，為維護自由世界安全，美國決定協防金馬，遇必要時立即採取有效行動。

共匪片面宣佈將領海界限擴至十二浬，華府聲明拒予承認，英日菲亦宣佈支持美立場。

九月五日（星期五）

美駐關島戰略空軍，携帶核子炸彈，準備隨時出擊。

蘇俄政府機關報「消息報」稱，若遠東發生戰事，俄集團將羣起援共匪。

九月六日（星期六）

艾森豪返華府即召杜勒斯會商遠東危機；杜勒斯與國防部長麥艾樂及參謀首長聯席會議主席丁寧會就臺灣海峽情勢舉行重要會議。

為應付遠東緊張情勢，英決增强駐港海軍。

赫魯雪夫召集東歐共酋，會商當前國際局勢。

俄共中央委員會已將布加寧自俄共主席團中除名。

白宮發表聲明，準備與共匪恢復談判，强調絕不損及我國權利，協防金馬決策不變。

九月七日（星期日）

杜勒斯警告東南亞各國，國際共黨野心未戢，應嚴防其滲透顛覆，謂將採取合作性軍事措施。

九月八日（星期一）

美第七艦隊護航成功，補給船團駛抵金門。美艦不理共匪抨擊，繼續護航。

俄帝發動外交攻勢，赫魯雪夫突函艾森豪，要求艾森豪將美國部隊撤離臺灣地區，以利一個「穩定的和平」，白宮發表有關聲明，促俄制止共匪侵略。

中美聯合演習今開始進行。

九月九日（星期二）

我空軍大捷，擊落匪機七架，另重創兩架。

共匪續瘋狂砲擊金門。

英空軍參謀長演說透露，共匪如使用核子武器，美英將對俄施報復。

杜勒斯向記者分析臺灣海峽局勢，謂金馬為自由世界前哨，美國有責協同防禦。

九月十日（星期三）

美將不顧共匪砲火，準備兩棲登陸掩護補給金門。臺灣海峽海上運輸暫停，金門空投開始。

俄酋索斯洛夫誣指美國挑釁，誇稱俄將助匪作戰。俄宣佈承認匪領海擴張。

艾杜商討亞洲情勢，草擬致俄覆文。

社論 (一)

爲教師爭人格

中國本來有「尊師重道」的優良傳統。過去一般家庭客堂正中供着一塊牌位。牌位上面端端正正寫着「天地君(國)親師位」(民國以後，有將君字改爲國字的)。從這一塊牌位，我們就可以知道，在「固有文化」中，中國對于教師尊重到什麼地步。在日治時代，教師地位也是很高的。然而，近八九年遷臺以來，教師地位之低落，眞是已到「傷心慘目」的境地。中小學教師在一般人心目中已近乎乞丐；卽令是大學教師，社會上也漠然視之。現在，臺灣社會一般人所懼怕的是有官有勢的人；所重視的人物，除富商巨賈以外，就是電影明星。不過，社會上的這種價値觀念重點之轉移，自有它的客觀原因。一般人的價値觀念不過是隨着這些原因而改變而已。因此，我們對于社會一般人之輕視教師，並不預備去苛責。然而，最令人難以理解的事是，現在政府中主要的負責人士在言論上口口聲聲要「保存固有文化」，可是對于「固有文化」裏「尊師重道」的優良傳統，則擱置一旁；不僅如此，並且形之于政治措施的若干事項，其直接和間接的結果，都是打擊「師道尊嚴」；致令教師地位之低落，從無如今日之甚者。我們這裏且談大學教師地位被打擊的種種。

第一件打擊大學教師地位的事情就是迫令各大專學校要教師寫政治性的「保證書」。茲以某學院所印保證書爲例：「茲保證×××在貴院服務，確能遵守政府法令，絕非共匪。如有匪諜或有窩藏包庇徇縱情事，保證人負責舉發。否則願受戡亂時期檢肅匪諜舉辦聯保連坐辦法第五條連坐處分。所具保證書是實。」這種「保證書」及其措詞，可謂斯文掃地，輕蔑大學教師的人格至極！

美國有若干大學，例如加利弗尼亞大學，在聘請教師時，校董會要求應聘教師在聘書上簽寫一個誓言。這個誓言只有這麼樣一句話：「吾非共產主義者。」這樣簡單的一句話，比起我們這裏的政治「保證書」之威脅意味，眞是望塵莫及。可是，卽令是用這樣一句平淡的話所表示的要求，一經提出，許多教授紛紛反對。他們反對的理由是：「我們誠然不是共產主義者。但是，我們不願意把這樣的一句話寫在聘書上。因爲，這樣做了有損教授以及學術的尊嚴。」後來雙方涉訟經年，教授方面卒獲勝訴。美國的教授與學術尊嚴比西歐還差得遠，尙且如此，請問自由中國的教授及學術尊嚴何在？從知識分子的立場來說，反共反極權的目標就是維護教授與學術尊嚴。在共產極權地區，一切懾伏于政治權力之下，教授與學術毫無尊嚴可言。如果我們的教授與學術尊嚴是這樣掃地以盡，那末我們反共反極權是爲了什麼？

吾人須知，這種「保證」辦法之所以必行，就是假定每一位大學教師都是一個「可能的匪諜」。然而，如果一個國家中每一位大學教師都是一個「可能的匪諜」，那末這個國家還成什麼國家？那末這個國家憑什麼在世界上站得住？大學教師是一國的最高師表，如果最高師表尙且如此不可靠，那末他們教出的青年怎樣會特別可靠？如果一個國家上從最高師表下至青年學子都不可靠，那末這個國家不是「滿街都是聖人」，而是「滿街都是敵人」了。如果一個國家弄得「滿街都是敵人」，那末還搞些什麼？

我們說這些話，一點也不表示，身爲大學教師者，際此時日，可以置身於反共反極權的行列以外，而可以例外地不受「檢肅匪諜條例」的限制；我們的意思是說，任何國家卽令是反共反極權，也得認定 (assume) 有若干人是忠誠可靠而不必懷疑的。這樣反共反極權才有本錢。如果一個國家所認定的忠誠可靠而不必懷疑的人數愈多或範圍愈大，那末這個國家便是基礎穩固的。基礎穩固的國家，如要從事任何偉大的工作，它所保有的潛力也愈大。從事反共反極權當然也是如此。假若一個國家要從事反共反極權時，除了極少極少的那幾個人以外，其餘的人一概被假定爲「可能的匪諜」，連作爲社會明燈的大學教師也在可懷疑之列，那末這個國家可以說是「國本動搖」了。如果一個國家的「國本動搖」了，那末要說單憑一點裸露的武力和特殊工作者就能做出旋轉乾坤的偉大事業，這是不可思議的事。

在民主國家，政府總是事先認定每一個人民是忠誠可靠而不必懷疑的。政府要對人民加以防制，除非危害行爲已形顯露。只有共產極權地區才把每個國民當作「可能的敵人」看待。這是民主與極權最大分別之一。無論怎樣，就一個正常國家的基本命脈和國家的體統來說，大學教師及學術工作者總應該被認定爲忠誠可靠而不必懷疑的人物。

我們這樣分析，並不是等于說我們敢擔保在大學教師和學術工作者中絕對沒有一個化裝的危害分子存在。我們的意思只是說，爲了維護國家學術的尊嚴和大學教師的尊嚴，不要將這一套辦法加諸學術界全體。萬一發現學術界有化裝的危害分子存在，也只可在行爲已經顯露的時候當作個人案件處理。臺灣有的是「安全人員」，「安全」的天羅地網撒遍全島，難道還怕幾個啃書本、拿筆桿的人不成？何必這樣神經衰弱呢？

依據以上的解析，可見迫着大學教師爲了保全可憐的飯碗而寫政治「保證書」，這不僅不應該，而且根本是不必要的。如果單靠寫「保證書」就可以「防制匪諜活動」，那末這一工作豈非在印刷公司就可完成一大半？我們覺得奇怪，臺灣近八九年來為什麼視塡寫表格為「萬靈符」！我們並沒有意思希望將教師的地位又搬上「天地君(國)親師位」的牌子。我們只希望在臺灣從事「表格政治」工作的人不要把「表格政治」推行得這樣廣泛，廣泛到打擊教師的尊嚴。維護大學教師及學術的尊嚴，卽所以維護國家的尊嚴。

第二個打擊大學教師人格的措施就是大學教師之被學校升等或聘任者，必須由敎育部「審查合格」。這種措施之決定，並不自今日始。這種措施是在重慶時代由辦黨出身而辦敎育者想出來的。提起這些人物，我們今日痛定思痛，眞是國家的憾事。這些人物靠「革命」起家，一朝大權在握，便以為官大就是學問大。他們想起什麼就是什麼，不問可不可以這樣做。當時「審查大學敎員資格」的用意之一，就是對于高等知識分子多套上一個黨的籠頭。可是此令一出，極少數沒有學術地位的大學或黨化大學固有「遵照辦理」的；可是稍有學術地位的大學認為此學荒謬，根本沒有人去理會。於是「審查大學敎員資格」一事遂「無疾而終」，無形作罷。依常識來說，一個方案如果行不通，一定是由于違拂衆意，或者於理不合。稍明事理的官吏應該明白這一點。遷臺以後，敎育部並沒有把這事舊話重提。然而，前任敎育部長張其昀先生則不然：到了他手裏，好像一切都要勵精圖治的樣子。他乘着臺灣這幾年來「官勢壓人」的風頭，要把一切納入官方統治之下。他以為這樣便可以治國平天下。於是又把這個已經流產的法令嚴厲執行。當時卽有一部分學校對此稍表異議，該部卽以「如不將敎員資格送審，敎部卽不發給研究費」為詞恫嚇。八九年來，臺灣無論什麼事，都是「見官就讓路」，沒有理好講的敎育部如此一說，那一個敢不「遵照辦理」呢？

中國有一個傳統，卽對于一個無論怎樣胡作妄為的官吏，只要他一卸任便不加苛責。現在還有些人不自覺地受這個傳統的影響。這個傳統是錯誤的。中國的政治之所以總弄不好，這一傳統要負一部分的責任。一個胡作妄為的官吏固然卸任，可是如果他利用職權所造成的惡劣影響繼續存在的話，我們為了追溯本源，對他還是要批評的。如果不然，那末怎能「興利除弊」？民主政治是要講責任的。那裏能夠說一個人下了臺而其惡劣影響尚在時只因礙于面情而不予批評呢？前任敎育部長此擧不僅汚蔑大學敎師的人格，而且衍生出若干弊端，我們現在扼要分析於下：

㈠依中國的傳統，如果要一個讀書人把他的著作給人「審查」的話，那末他只願給他的老師來「審查」。如有別人來「審查」，除非他所佩服的人，否則他認為是莫大的侮辱。這一傳統，雖然使許多讀書人得到「護短」的機會，但同時却也維護了讀書人的尊嚴。現在，時移世變，這一傳統很難維持了。不過，自問學有所成而且自尊感稍强的人，還是不肯為了學問以外的原因隨便把他的著作給別人「審查」的。現在，官方人士如拿官方律令來壓人，要人為五斗米折腰，結果所及，除了挫擊讀書人的自尊心，迫使他們更進一步拿「虛與委蛇」的人生態度以處世求存以外，實在毫無好處。

吾人須知，反共的力量泉源，在于有一些人堅持原理原則。如果領導反共者藉着諸如此類的細小枝節來打擊讀書人，使他們不能不逐一放棄所信所守，在現實面前低頭，毫無原則地活下去，那末，老實說，他們的「精神武裝」就已經解除了。如果一個社會中居於領導地位的知識份子的「精神武裝」被解除了，那末這個社會對于共產勢力還有什麼社會性的抵抗力可言呢？這個樣子的社會是經不起眞實考驗的。經不起眞實考驗的社會，當它要抗拒共產勢力之侵襲時，只有乞靈于建立重重幕罩，嚴密封鎖，查禁書報，控制思想，隔絕消息，明查密訪，等等直接辦法。然而，這些辦法只能治標。如果要能治本，那末必須保持一個具有領導作用的知識階層。大學敎授就是這階層的中堅。目前，這一中堅已經脆弱得可憐，不堪再打擊了。

㈡中國自五四運動以來所培育的人才，在這個大動亂中，浪費的浪費了，犧牲的犧牲了，流亡到外國的流亡到外國去了。老實說，今日臺灣所剩下的人才已經很不多了。誰都會看得出，自由中國在各方面的人才都不够。我們要趕上現在國際的學術水準，還得認眞大大努力一番才有希望。以今日臺灣所有的學術人才，要辦理「審查敎授資格」，那裏會產生促進學術水準的有意義的結果呢？假定胡適、吳大猷、楊振寧、李政道諸位先生受聘為臺灣某大學的敎授，而我們的政府硬是要來一個官式的「審查資格」，要這些位先生「呈繳著作」，試問人家肯來嗎？卽令肯來，又找誰「審查」呢？如果在臺灣找不出這些人才來從事「審查」時，只叫他們把著作拿來隨便交給什麼人來「評一個分數」，這不是標準的「官僚作風」嗎？這樣的官僚作風，能够促進學術水準嗎？能够有助于「反攻復國」這一「偉大的歷史使命」嗎？我們嘗見有些「審查者」對于交來「審查」的著作看也懶得看，隨便打個分數。更有些「審查」者自己對于交來「審查」的著作根本看不懂，但又不能承認不懂，於是胡亂打分。這樣的「審查」，何必要它呢？

㈢官方這種辦法，徒為鑽營奔競者開一方便之門。我們在前面已經指出，自問學有所成且有自尊感的人是不肯隨便拿自已的著作給人「審查」的。可是，在另一方面，藉「人事關係」，走「政治門路」而列身大學敎師之林的，今日在臺灣並非絕無僅有。這類名義上的大學敎師不僅學問欠佳，而且人品也頗成問題。不過，這類人物却有一項長處：他們精通人事。他們在中國這個樣子的社會無往而不適。有學問有抱負的人也許因不肯「隨便寫兩三萬字送審，找個熟人說說」，而不能被「核准」，於是而遭「降級敍用」，而遭「減發研究費」。可是，這類精通人事的人則頗長此道，於是他們倒很容易地混過敎育部這一關。結果就有學問而自愛的不肯「送審」，肯「送審」者不一定是有學問且自愛的人。結果就是學術界發生的反淘汰作用了。

無論怎樣，有許許多多的事，只宜由民間自行辦理（日本連電影片審查也是民間自辦），官方不宜過問。有關學術之事尤其如此。民主國家沒有聽說將

「審查」大學教師資格與學術成就的事由政府管制的。西方國家都是由各大學自組評議會來決定這些事情的。西方有歷史的學府例如牛津、劍橋、哈佛、耶魯，它們的學術評議會極有學術權威。學府的這一權威，不是任何政府所能代替的。所以，它所作學術評議，舉世尊重。這些事那能官辦？官方又怎辦得了？復次，有些學人的學術地位，世界早有定評，還用得着什麼「審查」？例如，羅素任哲學教授，波爾任物理學教授，維勒 (H. Weyl) 任數學教授，難道還要「審查」不成？各行有各行的「行規」。學府有學府的「規格」。只有不懂這些規格，不識學術為何事，而心中只有「官」和「管」的人，才一味地搞這些「審查」把戲。這類的人，眞是戕賊學術的罪人。

也許有人說，由各校自行評議難免徇人情面子，所以還是由政府「審查」的好。這種想法背後藏有兩個觀念：一個觀念是「政府比人民道德」；另一個觀念是「政府比人民能幹」。這簡直是在說神話！臺灣近八九年來官方的宣傳與訓練就是灌輸這類神話。政府的人種原料 (ethnic material) 與人民完全一樣，政府與人民完全在同一文化氛圍裏，政府與人民受同一傳統的影響，人民愛上酒家時，政府職員也頗樂此不疲，那末，政府從那裏多于人民一絲一毫道德？至于認為「政府比人民能幹」的說法，也是荒謬的。政府的人種原料既然還是人民，政府所在的文化氛圍和所受的傳統影響又與人民完全一樣，它從那裏得到多于人民一絲一毫的能幹？現在臺灣老百姓造不出原子彈，政府能造得出麼？既然如此，人民有什麼毛病，政府一樣會有。由各校自行評議教師資格，即有毛病，總比過去教育部那種官式幹法較為妥當。因為，各校由教師組成的評議會，對于本校該升等的某教師，因接觸較多較久，所知比過去教育部所請的老遠老遠的「審查」先生要深；對于將要聘請的先生，也比較關切其學行。

有人認為由各校自行評議不足以提高大學師資的水準。我們對于這種看法的答覆是：「什麼樣的土地開出什麼樣的花」。你不能希望在氷島上開出蝴蝶蘭。如果各校自行評議不能提高大學師資的水準，那末由官方「審查」同樣不能提高。一國的大學師資水準是該國歷史、環境、種種條件湊合起來的產品。如果一國大學師資的水準不十分高，那末評議不能使它提高，「審查」也不能使它提高。評議係對學人平時成績的一種衡量工作。我們要使自由中國的大學師資水準提高，只有平時從培養學術人才，改善研究環境着手。這類工作如要見效，必須相當悠長的時間。

依據以上的解析，可知前教育部長所恢復的「審查」大學教師資格之舉，不僅打擊大學教師人格，並且徒然引起種種惡果。所以，我們誠懇地建議教育部，廢除這一只足打擊學人志氣而絲毫無助于學術進步的「審查資格」辦法；而將這件本係由各大專學校自辦的事交由各校自行辦理。梅部長在省教育會代表大會中演說，請教師們「注意到每一學生的個性、知能與前途」，要教師們「深切認識他們，了解他們，同情他們。」說來眞令人感慨，「認識」，「了解」，和「同情」，這些字眼，我們在臺灣不聞者久矣！「同情」和「了解」是臺灣各方面都需要的。我們應該把這種精神擴大到各方面去。現在，自由中國公立大學教師的待遇最高的不過一千二、三百元。物質生物這樣清苦，而在大局方面，他們也看不出前途有什麼眉目。他們的處境眞够悲涼了。搞政治的人不應該再找這些無謂的瑣事來麻煩他們。物質既無以滿足他們，就應該在精神方面安慰他們，好讓他們能够在困苦中提起一點精神，多盡一分力量。我們現在所說的，雖係對大學教師而發；可是，這並不表示我們只注重大學教師，而忽視中小學教師。此時此地，中小學教師的處境與大學教師在基本上是相同的。而且他們生活上的實際情況比大學教師更值得同情；他們身受的政治苛擾與桎梏較大學教師尤多。所以，我們在這裏說的許多話，在基本原則上也適用於中小學教師們。

社論

(二) 扼殺民營報紙的又一辦法

上月間行政院院會決定，將本省各報紙的篇幅限制，予以放寬。所以從九月一日記者節那一天起，臺北市的多數日報，都把篇幅從對開一張半增加到兩張，晚報則從四開一張增加到四開兩張或對開一張。我們對於報紙究以如何大小的篇幅最爲適當的問題，並無意見；對加張以後報紙的優劣，亦不擬予以評判。使我們深感驚異的，是政府當局爲什麼偏偏要選擇這個時機，來放寬篇幅的限制？報紙限制篇幅，所依據的理由是「戰時節約」。這許多年來，本省一直沒有受到嚴重的戰爭威脅，而報紙篇幅，却始終以「戰時」之名被限制着。而最近期間，海峽風雲，突趨緊急，而且依政府當局的觀點，敵人的企圖，決不止於騷擾金馬，並且極可能要進攻臺澎；政府機關忙着疏散，全境正作總動員的準備，而對於報紙，偏偏選擇這樣一個時機，來解除「戰時」的管制，眞叫人百思不得其解。世界各國逢到緊急時期，爲節約物資，祇有把報紙篇幅縮小，似乎極少聽到反而把篇幅擴大的前例，我國在抗戰期間，也正是如此。我們這次卻偏偏反其道而行之，這究竟是什麼理由？

當局所能舉出的理由是這樣說：過去本省紙張產量不足，所以必需限制，現在產量已提高，供應不致短缺，限制就可以放寬。但此一理由，仍不能解除我們的疑惑。我們知道，政府以紙張節約的理由來限制報紙篇幅之同時，並且還以同一理由限制了報紙的登記，以致造成今日壟斷之局，即使今天已經存在的報紙確能享有充分的言論自由，這自由也祇限於極少數人而已。現在紙張既不感缺乏，又爲什麼祇開放原有報紙的篇幅而不開放新報紙的登記？在我們看來，後者顯然遠較前者爲重要。篇幅的限制，祇是一個技術性的問題而已，登記的限制，則牽涉到民主政治與出版自由的基本原則。最好當然是這兩重限制均予開放，但如果紙張供應情況祇允許開放其中之一，則無疑的應以開放登記爲優先。在這一點上，政府當局的決定，却又是反其道而行之。

其實，這所謂理由，都不是眞正的理由。熟悉新聞界內情的人們無不知道，這次報紙加張，完全是出於某大黨報的主動，其目的是在於拿一種「割喉式」的競爭把一些經濟基礎較爲薄弱的民營報紙致於死命。政府之所以決定放寬篇幅限制，祇是爲了支持此一黨報的企圖而已。這幾年來，由於若干民營報紙之崛起，黨報的獨佔局面，業已開始受到威脅，執政黨中若干心胸褊窄的當權分子，對此事早就感到痛心疾首，千方百計的想要阻礙民營報紙的發展。前些時候，對新出版法之擬訂與通過，民營報紙一致反對，而官方及黨方報紙則一致贊揚，民營報紙在這一面新枷鎖的壓力之下，已經是寢饋難安，隨時都有接到警告終至於撤消登記的可能，而官報黨報則悠然自得，因爲這同一類的制裁，事實上決不會落到它們頭上。但是政治性的壓力，究竟還不免顯得效率迂緩，於是，就不得不在政治壓力以外，再加上一重經濟的壓力，來打擊民報。這才是放寬幅篇限制的眞實動機。

本來，報紙是一種企業。一企業部門之間有業務性的競爭，不僅是分內之事，而且也是一種好現象，這樣可以使報紙進步。就參加競爭者而言，優勝劣敗，亦屬理所應然。但是競爭應有一前提：它必須是公平的。而官報黨報與民報的競爭，却自始至終無法處於機會均等的地位。官報黨報有政治力量可以憑藉，而後者則反而受到政治力量的約束。即在擴大篇幅以前，官報黨報對民報所進行的惡性競爭，已使民報感覺到無法應付。惡性競爭，也即憑藉政治力量的競爭，其方式就我們所知者而言，即已有下列諸種：㈠在資金方面，官報黨報常能從臺灣銀行或其它金融機構獲得大量低利貸款，而民報則獲得貸款甚爲困難，因爲臺銀及其它金融機構都掌握於政府之手。㈡在設備方面，官報常能很方便的獲得外滙配額，隨時擴展與改進，而民報則無此方便。㈢在發行方面，有些民報根本上禁止軍隊閱讀，而官報黨報則由政府與黨的力量協助推銷。㈣在廣告方面，政府機關公告集中刊載於官報黨報，民報僅得分潤其餘額，即此餘額，亦隨時可以藉故（「自立晚報」和「商工日報」之廣告被省府於本年七月取消，便是眼前最好的例子。）取消。競爭的起點如此，豈得謂之公平？於是官報黨報乃得挾其雄厚的資力，以不公開的折扣貶價傾銷，滿以爲這樣就能使民報市場日蹙，終至於無以自存。誰又想到，官報黨報在本質上無法成爲眞正的民衆喉舌，一些較進步的民報，在這樣艱苦的環境與劣勢的條件之下，不僅仍能存在，並且仍能發展。官報黨報爲再度加强競爭，乃不得不使用出擴大篇幅這一個最後的「殺手鐗」來。

擴大篇幅，是出於某一黨報的主動。本來，有一些實力較差的官報黨報，對之也面有難色，於是，政府乃設法予以補償，給予鉅額貸款，俾能擴充設備，加强競爭的力量。於是，實力較差的官報黨報，最後都能對擴大篇幅之議，欣然贊同。民報面臨此種局勢，祇好竭盡全力，勉强追隨，結果是篇幅被迫增加了，而售價則遠不能照比例的增加。有些報紙，明知這樣下去，收支將無法平衡，也祇好拼死奮鬪；也有些報紙，財力實在無法辦到，祇好暫不加張，自甘處於劣勢，甚至還有不但不加，反而減張的，其困難的情形，更屬不言而喩。

我們無法預知，民營報紙在官報黨報此種割喉競爭之下，究竟是否能撐持得下去，究竟有幾家能夠撐持得下去。官報黨報可能會達到目的，但也可能仍然失敗。但我們必須指責，政府支持官報黨報進行惡性競爭的動機，殊不正當。這是扼殺民營報紙（也就是扼殺言論自由）的一貫路線之一新的發展。本來祇是不讓新的民營報紙產生，現在却是進一步企圖把已經存在的民營報紙亦一併予以扼殺。眞實動機如此，決非一些拙劣的藉口所能掩飾。如果我們的指責是錯誤的，那麼請政府迅即開放報紙的登記以表明心跡。

與內政部田部長論警察權

李聲庭

內政部田部長于四十七年五月十六日在中央警官學校向全體員生及高級研究學員演講，題目爲：「民主政治與警察人員」，全文見警民導報第三百十九期。其中第五項標題爲：民主與警察。田部長的原文是這樣的：「民主以法律與秩序爲要件，警察的主要任務就是維護法律的尊嚴與維持秩序的安定。警察如能達成這些任務民主才有希望。如果維護法律與秩序須假手軍隊，或且爲土豪流氓操縱，那就不成其爲現代國家，更談不到民主。大陸法系國家警察權(police power)特大，認爲警察權運用有效，國家才有安全。警察權包括社會安全，人民健康與善良風俗等，範圍甚爲廣泛。卽英、美等國的警察其維護法律與秩序，亦比我們的警察權大，而且認眞。」作者在本文要與田部長討論的有三點：

㈠什麼是 police power？

㈡英、美等國的警察權比我們的大是不是事實？

㈢警察權與警察國家有無關聯？

田部長心目中所謂的「警察權」到底是什麼，因爲他在這演講內既沒有下定義，又沒有加以說明，作者不敢臆測。好在他于警察權三字之下註以英文 police power 兩字，那末至少這次田部長所意謂的「警察權」，不是田部長個人觀點所指的警察權；而是一般人(尤其法律學者)所了解的 police power。既然如此，作者不妨找出一些討論 police power 的英文著作查閱，看 police power 到底是什麼一回事。同時因田部長又提及英、美等國的警察權亦比我們的大，作者在本文便只限于與田部長討論英文 police power 兩字意旨所在。至于大陸法系國家警察權特大還得田部長另行演講一番，作者方能下筆。因爲田部長明明知道大陸法系國家是非英語的國家，所謂警察權是什麼應另有其適當的原文字彙。好在田部長所引用的是英文 police power，所以作者始有機會在本文討論英文 police power 的涵義及英美等國的 police power。這點事先必加聲明，以免引起讀者的誤解。

按 police power 只能說是美國 constitutional law 上的名詞。而且這名詞不見于憲法 constitution 本文，而是法院判例上的名詞。這名詞見于一八五一年麻省最高法院蕭大法官 Chief Justice Shaw Com. v. Alger, 7 Cush (Mass.) 85 所持的見解。他說：「police power 是由憲法賦予立法機關以制定適當而合理的法規，以便對國家與人民的幸福與安寧加以保護；但這些法律不能違反憲法。」

美國聯邦最高法院首席大法官 Taney 于一八四七年的 License Cases, 5 How. 504, 582, 12 L. Ed. 256 中也說：「各州的 police power 無非是從主權(sovereignty)出發而擴張到其管轄之下的管理權(regulatory power)。」大法官 Field 于一八八五年 Barbier v. Connolly, 113 U.S. 27, 5 S. Ct. 357, 又說：「police power 是一種制定法律以促進人民健康、和平、道德、教育與良好秩序以增進國家的實業、發展國家的資源與增加國家繁榮與財富的立法權。」

運用 police power 應受成文憲法的限制。聯邦國會或州議會根據 police power 制定的法律，遲早要經過法院的審核。制定法經得起法院考驗的認爲是適當的 police power 的運用，否則便違憲，這些法律應無效。原來一般的所謂 police power 是指保留于各州的而不是聯邦所能行使的。近數十年來，美國聯邦國會運用憲法所賦予的商業條欵 (commerce clause)、收稅條欵 (tax clause) 及郵政條欵 (postal clause) 制定各種管制法律時，聯邦最高法院解釋其不違憲。

Prof. Freund 對 police power 下的定義是：「限制和管理自由與財產運用以促進公共福利的權。」這樣使得 police power 與憲法上其他的權如稅收權、公用徵收權及民刑訴訟管理權等有所區別。

比較簡單明瞭的還是大英百科全書的定義，它說：「police power 是美國憲法上各州所保留或固有的權(reserved or inherent)，可以制定關于健康、安寧與道德的法律。」

從上面這些引文我們至少可以了解 police power 是一種立法上的權而不是行政上的權。又稱爲管理權(regulatory power)或 police regulation。大體上就美國說，police power 可包括下列各項：

㈠以促進社會福利爲主旨的立法——如關於公衆健康，公共道德，公共安寧與公共秩序等。

㈡以促進社會經濟利益爲主旨的立法——如關於保護免于欺詐、壓迫等事。

㈢以保障上述兩項爲主旨的行政行爲 (administrative measures)。

所謂各州的 police power，上面說過不能與成文憲法的文字與精神相衝突。如果有衝突時，根據 police powers 所制定的法律，卽使是爲了保護人民的健康、安寧與道德也無效。這又是什麼道理呢？

這便牽涉到美國聯邦憲法修正案第十四條所規定的法定程序條欵(due process of law) 及法律平等保護條欵(equal protection of laws)與修正案第

一條至第八條所保障的各種自由與權利不受聯邦或各州制定法律加以剝奪與侵犯。

按美國聯邦憲法修正案第一條規定：國會不得制定法律限制人民言論、出版、宗教信仰自由及和平集會與訴願之權。修正案第五條又規定：非經法定程序不得剝奪人民之生命、自由與財產。這兩條是爲一般人所知乃限制聯邦的立法權的。又因美國各州有單獨的立法權，聯邦無憲法上的根據時無法干涉各州，修正案第十四條即針對此而設。這一條是限制各州的立法權的，即一般人所知的法定程序條欵與法律平等保護條欵。修正案第十四條是一八六六年南北戰爭之後，由國會制定用武力强迫南部各州批准的，于一八六八年生效。從此美國各州的 police power，便受憲法上的限制。

(作者按：我國憲法第二十三條規定：以上各條列舉之自由權利，除爲妨止防礙他人自由、避免緊急危難、維持社會秩序或增進公共利益所必要者外，不得以法律限制之。而關于人民自由如用法律規定，須出之于保障自由之精神，非以限制爲目的之原則，與上述美國憲法修正案之精神極爲接近。)

作者只引兩個判案作例說明美國憲法修正案第十四條的法定程序條欵與法律平等保護條欵對各州的 police power 立法權有如何的限制。

第一案是關于中國人的，我們更值得在此鄭重一提。這案子發生于舊金山。舊金山市政府根據憲法所賦予的 police power 通過一項法律，規定開洗衣店的如不在磚或石砌的房屋內開業，便須向市政當局請領執照。一位名叫 Yick Wo 的和他的夥計便領不到執照。因無執照在木房子內開業而受到法院的處罰。好在美國是眞正實施民主而又切實厲行法治的國家。Yick Wo 雖然被法院判了罪，還可依照英美國家的慣例請求人身保護狀。但是加利福尼亞州最高法院不准發給人身保護狀。幸運的是在美國還可「告御狀」，任何人受有寃枉可以告到聯邦最高法院去，只要人民享有憲法上的權利被州或聯邦所制定的法律所侵犯。下面是聯邦最高法院對本案判決的節錄：Yick v. Hopkins, 118 U.S. 356 (1886)

法院首先說明：在舊金山城一共有三百廿家洗衣店。其中爲中國人所開的有二百四十家。三百十家洗衣店是在木房子內經營的，Yick Wo 的洗衣店也開設在木房子內。兩百家中國人洗衣店請領執照而未准，而非中國人請領執照的除一人未准外，其餘的均發有執照。

法院認定所謂「自由裁量 (discretion)」，其本身便該無效。因爲完全沒有一個標準使得市政當局如何行使其自由裁量權。本案所表現的只是任意的、專斷的威權而已。假若一個人的生命或生活方式或維持生命所需要的物質操于另一個人的單獨意志之手的話，這是有自由的國家所不能忍受的。因爲這樣不過是奴役而已。法院繼指出：執行這樣的法律的本身對種族有所歧視，其結果便剝奪了人民受法律平等保護的權利。這與聯邦憲法修正案第十四條的文字與精神是相違背的，應宣佈其無效。結果是 Yick Wo 被判無罪。

中國人此後能在美國繼續生活下去，不能不說是受這案子的賜予。(讀者可以想像如果當時這場官司輸了，從此中國人在美國謀生的情形將是如何的悲慘！)這案發生于一八八六年，作者每次讀及時，心中常有無限的感觸。以七十年前中國國際地位之低，華僑赤手空拳到海外去求生，到處受人欺壓。如果碰上一個不民主不講法治的國家，只知運用它的 police power 和 discretion 來排斥華僑；而那國的法院又不能站在公正合理的立場加以保護，請問華僑在美國有沒有立足的餘地？我國華僑在海外的奮鬬史絕不能少此一頁。Yick Wo 在一個自由、民主與法治國家所得到的勝利，便是華僑能在海外、尤其在美國繁榮滋長的起始。

第二個案子是有關言論自由的。得克薩斯州根據憲法所賦予的 police power 制定法律，規定凡工會組織的人要想組織工會時應先向州秘書長請領執照。有一個名叫湯姆斯的是汽車業工會的主席有意去試法律的合法性 (即中國話所謂的以身試法)。他不請領執照而召集工人演講，並要求他們加入工會。開會之前已收到州法院不准集會的禁令，事後法庭便以蔑視法庭而判罪。美國聯邦最高法院判決本案時有幾句非常精彩的話：各州根據 police power 合理的必須保護一般公衆時，原可以制定法律，間接的干涉或限制人民言論自由的範圍。但本院及其他法院均堅持無論如何對言論自由不得事先加以一般的限制。個人自由的終點，即國家權力的起點。在這兩者之間選擇的標準應以自由爲決定的要素，而不應以權力爲決定的要素。因此要限制人民的自由時，一定要以明顯的公衆福利爲明顯而即時的危險 (clear and present danger) 所威脅，而不是爲可疑的或遙遠的危險所威脅。只有在最嚴重的濫用與危害莫大利益的場合，始允許加以限制。故在美國人的傳統之下給予討論以最廣的領域而賦予限制以最狹的範圍。特別是言論自由的行使配合着和平的集會。不要以爲這不過是一件小事，有了小的專制，大的專制才生根而成長。一顆小種子撒在土內，漸漸的生長足以把自由的基礎破壞無餘。結果是湯姆斯被宣告無罪。Thomas v. Collins, 323 U.S. 516 (1944)

這便是美國憲法上 police power 的實質，不知田部長所指的警察權是不是屬于這一類？

至于說英、美等國的警察權亦比我們大一點不知田部長有何根據？相反的，作者認爲我們的警察權（此處應說警察的職權，在英文爲 police duty 或 police function，絕不是 police power）比英美等國大。作者僅就美國一國而論（英美除政治制度不同外，兩國的警察與法律制度甚相近），美國聯邦憲法本文並沒有一字提及警察的職權。警察在美國不過是行政機關（州及縣市）下的一部門，它的主要任務在維持治安，防止犯罪及執行地方政府根據 police power 管理關于人民健康、秩序、道德等法律所賦予的職權。另外一項任務，即所謂司法警察。犯罪發生之後有調查權，而且只限于調查。按美國制度：犯罪的調查職務由警察機關行使（大罪由 grand jury 行使，但警察仍爲主要調查機關），收集證據供給檢察官與 grand jury 提起公訴之用。至于起訴權完全屬于檢察機關。此處應特別提出的一點是：美國警察對犯罪有嫌疑的人，除現行犯外，無逮捕、拘禁之權。美國法律規定逮捕、拘禁權單獨屬于法院，警察只能遵法院之有效逮捕票將犯罪嫌疑人逮捕；逮捕之後必須立卽送交法院。凡無法院之逮捕票而警察逮捕人或拘禁人時卽構成非法逮捕拘禁。依法應負刑事及民事責任。可是中華民國憲法則明文規定警察機關（注意：非警察）有逮捕、拘禁權。這一點是現代各民主國家所沒有的，而且與所謂英美法系或大陸法系全不相關。不管一個國家的民主程度如何，沒有以憲法條文規定警察機關有逮捕拘禁權的。作者查閱民國元年約法、訓政時期約法及五五憲草均無此規定。我國現行憲法有此一規定算是一特例。田部長所謂的英、美等國的警察權比我們大，不知是不是意指英、美等國的警察，除了如我國憲法第八條規定有逮捕、拘禁權以外，還有審問、處罰權？然則法院又所司何事？而且要知道法治並不是要警察來治。田部長甚至沒有分別警察與警察機關。作者年來在憲法課班上指摘違警罰法違憲不是沒有根據的。不料有人却出來申辯說：「現代民主國家之屬于英美法系者無違警罰法；屬于大陸法系者有違警罰法。兩者得失互見，迄無定論。」這證明說的人完全不懂憲法，不過說外行話而已。我國憲法第八條明文規定：「非經法院依法定程序不得審問處罰。」可見只有法院依法定程序始得對人民有審問處罰權。請問此處「處罰」二字與違警罰法中三十多個「處罰」在意義上有何不同？蓬萊米是不是可以煮成飯的米？一個名詞何以在憲法上的意義與普通法律上的意義可以不同？那末究應以那一個爲標準？成文憲法的精義恐怕尙有許多人不能了解吧！憲法明文規定：「非由法院依法定程序不得審問處罰」是一項禁止的規定，意義非常明確，怎麼可以說「得失互見，迄無定論」？這樣說來，成文憲法便失去了其爲基本法或法中之法的重大意義了。違警罰法雖由立法院通過，經總統公佈，便不能說其必不違憲。否則大法官會議有何設立之必要？而我國憲法第一百七十一條明文規定：「法律與憲法牴觸者無效」一語又將完全成具文了。從前因大法官會議規則剝奪人民請求解釋憲法之權，人民便不能向大法官會議請求解釋法律有無違憲之處，因此違警罰法違憲與否不過爲學理上研究之對象而已。現大法官會議法由立法院通過並經總統公佈施行。該法第四條第二項規定人民可以向大法官會議申請解釋法律與命令有無違憲之處。憲法第八條條文具在，讀者儘可拿違警罰法與之相互對照研究，便可知所謂「與解釋法律無關，亦並不妨及司法獨立」等語非常牽强，不像是學過法律的人說的。

而且作者揣想我國的違警罰法是抄襲日本的什麼法而來的。但時過境遷，日本現在已進步到沒有所謂違警罰法，而我國却仍保留此種時代殘餘陳跡，這一點不能不說是法治精神的一大退步。至于這法的本身完全違憲，更是我們所不可忽視的一件大事！

（作者按：國民政府公佈之憲法實施之準備程序第一項規定：自憲法公佈之日起，現行法令之與憲法相牴觸者，國民政府應迅速分別予以修改或廢止。讀者可由自己判斷其得失。）

因此第三個問題便不期然而得到解答了。police power 與 police state 是兩件事，彼此並無多大牽連關係。據美國法律學會研究員 Schwartzman 與 Stein 在 Law of Personal Liberlities 一書中所說的幾句話可以引證：一點小小的嫌疑就把人抓起來，如果他表示對這種不法行爲抗議便以武力對之，掏出手槍便射擊他說他準備抵抗可是並無證據以支持這種信念，這些要素卽構成一個警察國家。警察國家是警察濫用職權的當然結果，與上面所討論的 police power 無關。讀者可參閱監察院司法委員會以司法警察官署對于人民之傳喚、逮捕、拘禁、審問尙多未依法定程序辦理，特向行政院提出糾正案，請後者迅予注意改善一文。（見七月三十日聯合報）

最後作者誠懇期望田部長在內政部長任內爲中華民國洗雪一項恥辱。這是作者最近翻閱美國百科全書才知道的，特把原文錄下：In Russia and China the liberty of the individual depends almost entirely upon the mercy of the police.（在蘇俄與中國，個人的自由幾乎完全是靠着警察的慈悲。）—The Encyclopaedea America, 1946 Edition, Vol. 22, P. 301。中華民國爲民主自由與法治的國家，怎麼與蔑視人民自由、蹂躪人權、統制思想與特務橫行的共產俄國相提並論？這不是恥辱是什麼？而且還是國恥。但別人既有此種論調，想非無的放矢或別有用心。通電抗議或否認是無濟於事的。作者在此寄無窮希望于田部長，最好能够以事實上的表現使得該書下次改版時自動的和欣然的更正過來，那時田部長將是對自由中國第一位有功勳的人！也是對民主有重大貢獻的人！

今日教育的方向

金溟若

此次內閣改組，可額手稱慶而薄海同欣的，莫過於教部之易長。

據報載七月二十四日新任教育部長梅貽琦博士回答記者詢問有關「免試升學」問題時，未作正面答復而僅稱「無意見」，繼而表示「有關中學及小學的教育問題，希望省教育廳能自己去辦。」（見二十五日各報）——這是外交辭令，弦外之音，蓋已決心不讓此一怪現象繼續下去。

檢討張其昀接長自由中國教育行政四年有餘，僅免試升學一德政已足以致臺灣教育於死命，假如內閣不改組，再換上一個時期，下一代的人才怕不活生生地被扼殺。幸天可憐見，中華兒女到底沒有被注定覆亡的命運，從危亡的邊緣獲得解救了。但到今日爲止，張前部長所種下的惡果，仍在滋長而無法根絕。痛定思痛，玆就此一問題再一申述，併就教育上亟待革新者貢一得之愚，此時此地諒非毫無意義。

張前部長對免試升學所標榜的目的凡二：即延長義務教育年限與消滅國民學校的惡性補習。

先就義務教育來說。義務教育的眞義，是指家長應有使其子女接受一定的教育年限之義務，換句話說，也就是每一國民至少應該接受的教育年限之謂。國民盡其教育義務，政府乃相對的免除他們教育上直接間接的一切費用，俾使個個人都能負起這個義務，讓赤貧者也不致因經濟上的負荷無力而失卻接受義務教育的機會。故所謂義務教育的「義務」，乃對國民而言，非指政府而說，與「國民有服兵役之義務」的「義務」同其意義。這是一個大前提，所以義務教育的延長年限，是國家的一件大事，稍一不愼則足以動搖國本。職是之故，是一舉措，絕不可以政府之是否負擔得了這批教育經費爲準則，應該從國民經濟及社會水準來衡量，事先須作縝密的調查，有廣泛的研究，定審愼的計劃，脚踏實地切切實實地做去。且牽涉既廣，影響又大，似非僅教育行政主管所能專擅，更非不學無術之徒坐在辦公室中異想天開所能蒇事。

反顧臺灣社會經濟現況，撇開大陸的難民不說，單就臺灣一般農村而言，一個莊稼人家或小商人與手工業者，讓自己的孩子從六歲上學，一直安安心心讀完九年書的，能有幾家？一個孩子——不分男女，上了十歲便是家庭中的一個好幫手，可以分擔家庭的勞力，甚至是生產事業的一員了。現在你要他們的孩子在六年的國民學校之外再加上初中三年的義務教育，即使不必他們在這上面多花一文錢，事實上已經剝削了他們一家的生產力量，使他們蒙受無法估計的損害了。更何況政府又無是項教育經費，自校舍以至各種設備及經常費，全般出在羊身上，直接間接都得當地老百姓來擔負，其後果豈堪設想！這其間受惠於張前部長此一傑作的，唯有少數中之少數——富家的低能兒子，甚至連白痴都能進初中了。各地支持試辦免試升學的，當以這些家長最爲賣力。

若謂英美乃至日本的義務教育年限都如是之長，那是他們的事，有他們的環境條件。我們不能因此眼紅，打腫了臉充胖子，而拿這樣重大的事一無把握地去嘗試，以至釀成不可收拾的結果。

再就惡性補習來說。國民學校的惡性補習，癥結不在國校本身，而在中學，尤其是高中。蓋以國校畢業生投考中學的目標指向少數幾個中學，造成激烈的爭奪戰，纔有惡性補習的抬頭。你能怪學生家長嗎？父兄爲子弟選擇學校，一般的以該校畢業生投考大學錄取率的高低作爲抉擇準繩，自在情理之中。不管教育當局對中等學校校長的考績列有五六項之多，包括軍事學校入學率，政治測驗的成績，環境衞生的良窳及其他學校行政諸措施之是否得當；但那是校長的事，何勞家長們操心。你能遷怒於國校老師嗎？國校教員一般的年紀輕，肯負責，名譽心重，尊重學生家長的意思，能讓自己的學生多幾個考上理想的好學校，不僅是本身的光榮，也是整個學校的榮譽。爲了爭取是項榮譽，先是在課外多加指導，慢慢的增加時間，到後來變本加厲日以繼夜，造成嚴重的結果，一旦蔓延，遂致欲罷不能了。但揆諸情理，國校老師爲學生補習的初衷，其出發點豈可厚非。今積習既久，惡果已成，窮本溯源，將何以謀解救？竊謂拉平各級學校——省、縣、市立及私立中學的水準，使它們作均勻的發展，纔是消除惡性補習的根本辦法。現在臺灣各中學每學年招考新生的日期，省立、縣市立、私立，按順序分作三批，儼然劃分等第，在新生的素質上，先就有了差別。再加上其他種種因素，如有些學校——並不一定是縣市立或私立，或因先天不足，或以後天失調，在學業程度上欲與別的學校競勝爭長絕無可能，便退而求其次，索性不顧學生死活，把工力轉向爭取政治測驗的成績，環境衞生或演講比賽的優勝等上，一切以校長考績爲前提了。於是好的學校愈好，壞的學校愈壞，考生的目標越縮越小，最後竟集中在屈指可數的幾個學校，每屆學年更替，入學考試之成肉搏火拼，是事所必然的了。

惡性補習的種因如是，今欲以免試升學爲撲滅的手段，簡直是因噎廢食而自取毀滅。至多，祇能把國校的惡性補習高升一級，變成初中的惡性補習而已。「自由中國」十九卷第一期「一個免試升學學校教員對免試升學的意見」一文，關於這點說得非常詳盡，而且非常痛心。照理自高雄試辦全面失敗之後，該已適可而止，孰意張前部長既標奇立異於前，復剛愎自用於後，爲意氣之爭，竟不惜以青年少年爲犧牲，不知是何居心！

「免試升學」，該已成歷史上的醜惡名詞了；然惡性補習之亟待撲滅，仍是今日教育當局之急務。綜上各點，如欲根絕惡性補習，先得消除入學考試的白熱化；欲消除初中入學考試的白熱化，就得使臺灣全省的公私立中學作平衡的發展，拉平它們的水準。苟欲達此目的，除加强公立學校的陣容之外，更須鼓勵私人興學，扶植私立中學，督促私立中學趕上公立中學。蓋私立中學既經政府立案准於設立，便是自由中國教育之一環，而且是重要的一環，不能任其自生自滅，視作庶子而置之不聞不問。倘拿花在免試升學上的這批錢移作私立學校的補助費，使它們能從艱苦中站起來，能與公立學校配合，纔是根絕惡性補習的唯一途徑。

也許有人說，玆事體大，困難重重，談何容易。其實不然，只要當局有此決心，有此魄力，何患事之不成。現就重要各點，依管見所及，縷釋如下：

第一是如何提高學業水準使各校漸趨於平衡。要提高學校水準，首先要改善校長及教員考績和現行的督學制度。現在各校教員的考績操在校長手中，校長可憑一已的愛憎或利害而上下其手，雖有考績委員會之名，考績委員仍由校長就其可左右之人物提名，有等於無，故優劣一無標準，反造成爲人師表者脅肩諂笑而自墮品德的惡果。校長的考績，僅憑督學的一紙報告，而有的督學——當然不是全部，任職既久，年年輾轉於有限的幾個學校，與各校校長攪得很熟。中國人是講面子重感情的，在某些場合，督學視察而明知其非，還是碍於情面不便揭穿，照例以校長的報告爲根據，作成一篇報告書，便算天下太平。退一步言，即使督學與校長之間無情面之私，現在的督學視察，多半還是等於零。何以言之，督學的例行視察，既有定期，則何日出發，何時到某地，事先早爲各校當局所熟知。督駕未臨之前，學校裏便加緊籌劃，一面通知各科老師要學生趕抄筆記和各種作業，一面通知各處室趕造表格或統計表。督學大人蒞校之前一日，則動員全校學生和工友，清除街道，佈置教室，打掃厠所以候憲臺。督學的來去，就像一陣旋風，抽閱那些準備多日的表册和學生作業之後，由校長陪同巡視全校一周，召集全校教職員恭聆「訓」辭，最後以一頓談笑風生的餐聚閉幕，乃由校長及校中諸執事恭送如儀。試問這樣的視察，究竟有何所獲？只是把督導學校教育的重大任務，當做例行公事來敷衍罷了。就是臨時查案的督學，亦不例外。誰個校長不在教育廳裏安上一兩個耳目，查案督學尚未離廳，這邊是早已得報，預作部署了。這般那樣，還不是如是而已。這種自欺欺人、只顧表面的官樣文章之仍存在於今日臺灣，是最令人痛心疾首的。

督學制度縱不可廢，視導的方法豈可執一不變。如督學出發前的絕對保密，到地後的訪問，以該校教員、學生及其家長爲對象，聽取他們的意見，並廣徵地方人士的輿論——在不公開，不張揚的訪問中先打定了底子，然後再作正面的視察，歸納各方面所得的資料，方能瞭然於那個學校的眞相而知所損益，給他們一個恰當的指導。我們在督學視導的方法上，爲什麼不運用各種技巧，俾收名附其實的功效，而竟墨守成規敷衍了事呢？

且督學的視察偏重觀感，置重心於學校行政和教學的概況，却很難藉此得以評定該校的眞正成就，我這裏的所謂眞正成就，乃指學生的學業水準而言，因學業上的成就才是他們來上學的第一目的。如在督學視察之外，每當學年結束時來一次會考或抽考，以學生考試的成績來衡量校長與各該科擔任老師的優劣，以之爲考績的根據，必能較爲公允而合理。以此爲考績標準，人人既得其平，無抑鬱不懌之事，則負責任而認眞爲學生前途打算的校長和教員，必能振奮而有所作爲了。就是濫竽充數的教員，自亦不得不加緊進修，以期迎頭趕上。負責學校行政人員，自校長以至司教務、訓導之責者，也不敢任意孤行，遴選師資，勢必更加愼重。如是淘劣存優，則公私立各校的水準自能漸漸平衡，以求發展，而學生程度也自然跟着向上爬了。

其次是師資應如何調節。或謂離城愈遠，師資愈不易得，欲使全省中學作平均發展，獲得同一水準爲絕不可能。是亦不然。教員待遇菲薄，不能維持最低限度的生活，除學校薪津之外，如不另找兼課或私人補習以爲挹注，則無法圖存，是師資集中城市的最大原因。今惡性補習之風漸戢，政府如能調整待遇而以地之遠近釐定薪津之多寡，以臺中、臺北等大市爲中心，劃分區域，離城愈遠津貼愈多，又何患偏遠僻壤人才之不易得。

教育經費的匱乏，給教育行政上帶來許多掣肘，固然有其難言之隱。但開源必先節流，我認爲近日學校裏的浪費太多了。第一是人事編制的龐大，第二是雜支的糜費。現在臺灣中等學校一個處室的辦事人員，幾相當於大陸時代同樣班級學校的全校職員，而尤以教務與訓導兩處爲甚。有了這許多職員，我看他們還是忙不過來的樣子。究其實，他們所忙的泰半無補於實際教學，祇是裝點門面的表册、會議記錄或通告之類罷了。一個教員從開學至學期結束，從學校裏送來的油印文件，積集起來怕不有厚厚的一本。而這些油印文件，與其說切於實際需要，揣其作用毋寧留給督學欣賞或藉以舖張排場的成份爲多，徒然耗費人力物力而無補於事。故人事編制的龐大和雜支的糜費，是互爲因果的；概而言之，粉飾昇平而不知今日爲何日也。今日臺灣，吾人所負之使命，百倍重大於抗戰當年；吾人所處的環境，亦百倍險惡於重慶陪都。而吾人所表現於行動上及所反映於心理上者，反不及往昔什一，何也？一言以蔽之，顧門面，講排場，遂不知臨深履薄之危。故自中央以至地方，汰冗員，去虛浮，不因人而設事，不因私而廢公，實今日之急務，而尤以教育爲然。

最後尚須一言者，今日教育所不可忽之急務，厥爲心理建設與維護學術獨立之精神。心理建設固爲今日校長所樂道，然其所表現於學校行政及他們的所作所爲，往往適得其反。竊維今日臺灣之心理建設目標，應以培養人人之自尊心爲第一要務，此正所以針對鐵幕內促使人人自卑心理之滋長，藉以保持「人」性之尊嚴。今舍此不務，而欲奢談心理建設，無異驅駱駝以穿針眼，豈可得乎？自尊心之扶植，不是口號標語或徒托空言所能了了，須得配以實際教育和事實上的表現。試觀今日各校的訓導方向，竟以政治為第一，反置教育於不顧。對學生儼如讎敵，高壓威脅無所不施其極，動輒退學，輕亦記過，鉗學生之口以斲喪其天眞為能事。孩子們被鑄在一定模型之中，言則獲罪，動必得咎，終養成唯唯諾諾自卑的奴隸，連向學校當局請求調換一位好老師都不敢開口了。最近某校一初中畢業生，臨畢業考試前夕，累於學校當局平日需索之苦，適教廳通令各校禁止向學生強徵畢業捐贈及謝師宴費，刋諸報端。小孩子為了可以少擠父兄血汗之錢，歡欣之餘，不敢自私，遂在報端加上「好消息」三字，剪下貼在教室中，因此觸怒學校當局，竟以開除學籍不使參加畢業考試為威脅。雖僅止於恐嚇，結果記大過一次以了公案，但兒童所受心理上的摧殘，已無法估計了。同校另一高三班長，為對同學負責，拒在不合理的班會費支出上簽字，被教務處取消班長資格，並受種種歧視，英語比賽等雖獲第一名亦被取消，使這個品學兼優的學生，忍受了一個學期心理迫害的煎熬，直至畢業，此僅眼前一二例子而已。人謂臺灣教育為「甕中教育」，良有以也。

安全室在學校中名亡實存，聞有所謂業務室主任起而代之，由校長指定一人充任。此係教育法令無所依據之事，破壞教育及學術之獨立精神，莫此為甚。而所謂業務室主任，給與全校同仁以精神虐待，侮辱斯文而損害他們的自尊心，亦莫此為甚。那些一星期僅教公民之類功課三數小時，在學校中搖來擺去一無事事的業務室主任，正好給校長利用作為控制同事的工具。這類似教員非教員，似特務非特務的人，在全校同事中成為側目而視的特殊人物，僉認唯此一人纔是政府所信任的忠實之士，餘者皆為危險份子，為其所考察、所調查的對象。筆者一個朋友，服務於省立某中學，課餘之暇好玩文弄筆以寫有關教育之短文，探幽摘微，援事舉例，以鍼砭時事；也是今日的有心人。然烏鴉常黑，醜惡斯同，致為所服務之校長所甚，竟憑所謂業務室主任之面公然警告，以爾後着筆須歌功頌德，不可作剔縫覓隙的批評，言之隱心。安全室名亡實存，後患豈堪言哉！

今日避亂臺灣者，流品雖雜，素質僅二：除潛伏之匪諜，餘皆愛祖國而夢想自由，無論黨內黨外，莫不寄殷望於政府之反攻復國，絕無中間路線可走。學校之中如有匪諜涸迹，則人人切齒，個個痛恨，千夫所指，萬目所瞻，焉得遁形？何必耗費公帑，多此一人而背棄餘衆，致使心理建設形成瘓癱，學術獨立精神頻臨崩潰，教育尊嚴一掃無餘。此滋長人人之自卑心理，流毒所及，適為仇者所快，親者所痛。

臺灣教育，似已到了積重難返，病入膏肓的險境，欲謀革新，斯其時矣。梅貽琦先生以國內外知名教育家出長全國教育行政，舉國人望所繫，當能一反往昔，袪除積習，另起新猷。劉眞先生任師大校長多年，對臺灣教育之利弊洞燭無遺，以司全省教育，理能相形益彰。但要知「為政在人」，無論制度恁地完善，法令怎地周詳，執行不得其人，亦屬徒然。每讀史至世末道窮，知識分子所走的路線通常只有三條：上焉者，竭智盡忠，臨危不苟，而為政府的諍友；次焉者，守口如瓶，明哲保身，逃避現實以惜身命；下焉者，即所謂哫訾栗斯，不惜以眼淚贏取權位。以古鑑今，當知人事之非易。處今之時，嚴格地甄別賢愚，調整直接掌握學校行政的校長人選和為人師表的教師素質，實為革新教育的基本要點。

「螻蟻爭粟，蛟龍餒於淵；鷄鶩爭粒，鳳凰餓於山」，是最可悲的事。我不得不三復斯言。

八月七日於中壢。

個性·獨立思考·與今後的世界

羅業宏譯

你常常思考嗎？你曾經有一個你自己的計劃、建議、意見嗎？抑或你所說的話或你所表示的意見祇是你在別的地方所讀過的或是來自別人底勸告？你曾經把你底意見詳加考慮嗎？抑或它僅是你所喜愛的專欄作家或無線電、電視中的評論員底觀點之反映？

思考是一種「獨立」的程序。當我們進行思考時，我們是在個人經驗底燭照下，按照約制吾人生活之道德的和精神的標準，在事物之互相關係中把不同的事物加以檢驗、衡量和連繫起來。思考又是一種活躍的程序，人們透過此種程序而產生思想，由思想而生出行動，由良好的思想所驅使的行動能帶來個人的與社會的進步。

人往往有一種惰性，即是：剽襲他人底思想或意見，不加檢驗即作為自己底意見。假定我們底思考消失於這種惰性之中，那末甚麼事情會發生呢？答案是我們因此而出讓了按照自己底自由意志而行動的能力！

我們一定要自由地思考。

我們正在這樣做嗎？未來五十年的歷史將由現在每一個人對這問題的答案來決定。

人類不時在政治方面爭取自由思想，在日常生活中也是如此。除非我們從事思考，我們將被口號、漂亮的言詞、引人注目的頭條新聞、誘惑性的圖畫、暗示等等所迷混。

× × × ×

潛意識廣告法是另一種警告，它喚醒每一個人對其思想保持警覺，並排斥外來的暗示潛入意識之門。如果有人能够放映一道看不見的閃光於電影底銀幕上，因而使一個人不得不花一角錢來買爆玉蜀黍的話，則人們不免會更慎重地探究一個更重大的問題，即是：現代心理學可能於各方面被應用於試圖影響個人底有意識的思考——引起對酒的慾念、使人信賴其敵人而懷疑其至友、破壞其道德觀念、破壞其對身體健康之信心。

對於防衛精巧而隱藏的暗示，這僅是其中一種而已。這種防衛就是每一個人學習對於他所不願表達的衝動與感情並不眞正地爲他所有。電影及廣播公司必須儘速允諾他們祇接受明白宣佈的廣告。我們可以用立法來防止，或至少由政府訂立一些法令。然而，這一種誘惑性的工具，可以被人利用來控制人而不讓人知道。除此之外還有許多工具，其誘惑作用是較不明顯的。

在下半個世紀之中，這也許是人類所面臨的許多挑戰之一。即是：人類必須思考他底思考，求一種他自己的思想、和堅持自治的權利及拒絕接受精巧的暗示，來作爲他自己底衝動。

如果羣衆是需要被喚醒來防衛它自己的話，現在正是時候了。

思考是一種「成熟」程序。對於自己失去了信心的年青人往往在與其同伴們相處時獲得安全感，因爲他們穿同樣的衣服、用同樣的言詞、做同樣的事情。成年人也爲了同樣的原因而依靠羣衆。但是，街上有一大羣人，這事並不必然表示他們會引導你到你所要到的地方。你必須觀察路標而自己選擇方向。能思考的人是這樣做的。

如果我們要讓別人來代替我們思考，也許從來沒有像今天那麼容易；同時，那些想代替我們思考的人，如果想把他們底思想推銷給我們，也許從來沒有像今天那麼多的方法。

× × × ×

我們是願意像一隻羊一樣跟着羣衆走呢？抑是已經有堅强的趨向表示我們正在爭取獨立的思想和行動？我們往何處去？

事實上已經有許多獨立底徵兆——有些較大，有些較小，但它們都可在不同的地方被窺見。我們可以舉些例子：

當一個報社底專欄作家、一個深孚衆望的廣播或電視評論員、一個雜誌投稿者、或一個通俗的作家，對於國邦大事、世界大事、道德或風尚問題發表意見時，他對於熱心的讀者們或聽衆們底意見常會有染色作用。但是，有兩件事情不斷地給予我們很好的防備：其一是各種不同的意見都被發表；其二是在西方世界中祇有較少數人缺乏(對於公共問題的互不相同的兩方面之意見)之了解。各種意見發生差異在西方國家中是基本而又普遍的。它使我們於形成一種意見時有所根據，在一切不同的社會層界中，個人的志趣與意願因而得到行使之機會。創發的精神也受人所鼓勵。這些徵兆皆是可喜的。

思考乃是一種探究。探究則使我們自然地要求知道別人底觀點，使我們去發掘事實，使我們能夠聆聽對於同一個問題的多方面之意見，使我們能衡量事實而達到一個我們自己的結論。我們可以預卜這種探究將來會成爲美國底教育制度之根基。不僅美國如此，自由世界中的許多國家亦然。

在一個自由的社會裏，「爲甚麼？」這樣的問題是合法的。在西方的民主國家，孩子們從早年就學會了發問題。他們認識了他們不但有權利、而且還有責任去發問「爲甚麼？」

當一個人始終不放棄「爲甚麼？」這一探究的時候，他是不至於被羣衆所淹沒的。把「爲甚麼？」置於我們底旗幟之上，我們將能自由地衝過這(帶我們進入另一世紀的)五十年而仍不至喪失了我們底個性。

交通方法進步而造成一種結果，即是：有人設計大量的暗示來掌握個人底思想，並且控制他底決意及行動。這事使啓導之門大開。跟羣衆走的人固然無時無之；但今天也不斷地有一種培養領導人才的要求——把個人從羣衆中解脫出來而發揮其潛能。

在社會各處，領導人才之訓練正在實施：在商業上，把那些有希望的僱員訓練成爲適於擔任勸導或監督工作的人；在社團中，把會員訓練成爲能擔當個人責任的人；在電視或無線電中的教育計劃；在大學中的延長教育期限；夜間學校；成人教育小組；高等普通教育計劃；婦女運動等等。

在鐵幕背後，官方許久以來就沒有以眞實的消息給予其本國人民以及鐵幕以外的國家。但是甚至在這樣的一種地方，仍然有些人依據西方人所謂的「基本原理」來思考。這些人就是自然科學家與技術人員——他們負責着鐵幕國家在自然科學與技術方面已成的及進行中的成就。

× × × ×

當一個大規模的陰謀正在歪曲事實之際，還有一羣人獻身於研究工作。我們設想：這些人底數目由於蘇俄之注重科學研究而逐漸增大，並且擴展其影響範圍。他們有勇氣負起領導人羣的責任，並且指出「永遠欺騙全部的人」或「永遠欺騙部分的人」的謬誤。他們能夠使蘇俄公民清楚地了解以下一事，即是：他們發現思想與研究之自由對他們底工作之成就有不可分離的關係，此種自由應當普及於從事別種工作的人，甚至從事政治的人。在鐵幕背後當權的人們開始看到「一個由自由而有思想的人民所組成的國家」底潛力，並且爲了溫和的進展而屈服。那個國家和它衛星國皆以忠誠的研究、忠誠的結論、忠誠的目的，與和平而善意的成就爲基礎而向前邁進。這些事情會在未來的五十年內發生，那是並非不可能的。

× × × ×

在我們今天所看到的世界底面前，這種玄想也許像是如願的想法。但是「人類發明」底功績事實上遠非空中樓閣可比。如果人類能夠勇敢地駕御他們新近發現的自然底力量，放射衛星於太空，考慮往月球的旅行，他們爲甚麼不能覺醒到在下半世紀中駕御他們底無法則的衝動是一個更重大的要求？

如果這個世界要免於毀滅，它所需要的不是更多的飛彈與火箭，而是更多的人道精神與正義、更多的了解與同情、更多的忠誠與友愛。這種羣體思想是尊重個體權利的。

歷史上在任何時期中皆有思想者出現。在今天，思想者比以往任何時期更多——更多人從事思想而且重尊其他思想者底觀點。趨向於「個人的、獨立的思考」的人已經得到一種優勢，他們底勢力駕乎那些「要控制、禁止人底思考的人」之上。

從事思考就是往前展望人類生存底遠景。由於今天的人類不特爲他們自己底需要而思考，而且也爲別人底需要而思考；不特爲現在而思考，而且爲未來而思考；我們大可以在這個行星上期待一個未來的日子——在那時，(迷信與暴政)之黑暗將被「開明的個人思想」之黎明所迫退。

～～～譯自基督教科學箴言報「明日之世界」之十。

美國證券市場的管理(中)

楊志固

六　美國的次級證券市場

次級證券市場之職能在完成已發行證券所有權之轉移。一個完善的次級市場之存在，不僅如前文所述，有利於投資者，且發行者亦易於初級市場內出售其新證券，蓋投資者既易於在有利條件下，迅速處置其持有之證券，因而樂於購進此項證券。同時投資者亦易於以其持有之證券作抵押借欵（此與差額購買有關，見後文），有一活潑之交易市場，可使證券之所有權分散，轉而穩定證券市場，是以發行者常宣稱將使其新證券列入紐約證交或其他交易所開拍，以誘導投資者購買其新證券。

美國在獨立戰爭以前，並無證券市場之需要，蓋彼時美洲乃是英帝國屬地，所需資本，悉由倫敦市場供應，而證券之買賣，亦在倫敦市場內進行。一七五四年倫敦咖啡店新張於費城，旨在供當時富有者以集會之所，而集會時亦間有期票及證券之交易發生，獨立戰爭爆發後美洲與英帝國資本市場斷絕關係，美國必需在國內籌措所需資金，因而刺激證券之交易，第一屆國會授權政府發行八千萬六厘公債，繼以新設銀行又紛紛發行股票，在費城及紐約兩地之證券經紀人經常定期在咖啡店集會從事證券之交易，而在紐約天氣好的時候，買賣證券者則羣集於華爾街一大樹下，此蓋華爾街成爲今日美國金融業中心之濫觴。但以交易量日增，亟需有一正式組織及交易規則，俾共遵守，於是一七九〇年美國第一個證券交易所成立於費城，一七九二年紐約證券交易所亦告誕生，均訂有若干規則，俾社員有所遵循，對收取傭金，亦訂有標準。而以業務愈趨擴充，乃不得不對其交易範圍，予以限制，訂有若干條件，凡合格之證券經申請後始得在交易所場內開拍。

美國的次級證券市場可分爲兩類，一爲在各地有正式組織之證券交易所，一爲無正式組織之市場 (over the counter market)，前者爲拍賣市場 (auction market) 而後者則爲議價市場 (negotiation market)。茲先舉紐約證券交易所爲例，以說明第一類市場之組織及其有關規定。其他各地交易所情形大致相同。

紐約證券交易所是今日美國最大之證券交易所，其證券交易數量佔全美交易所交易總量百分之八十五，一萬五千種以上之股票及九百種以上之債券在此一交易所內開拍，率皆全國重要工業中馳名廠商所發行。此一交易所是一三七五個社員自動的會社組織(association)，既非合夥，又非公司，並訂有組織規章，以維持高度標準的商業操守。交易所供給社員以房間及其他設備，以便利社員從事交易，而由社員、社員之合夥人以及公衆選舉管理會 (Board of Governors) 以監督之，再由管理會選舉一總裁 (president)。申請爲交易所社員者必須爲美國公民，在廿一歲以上，有其他社員二人之保證，良好之社會背景及教育水準及健全之經濟狀況，經管理會之通過，始得加入交易所爲社員。社員席次有限，可以出售轉讓，其價格視證券市場之活動以及社員可能獲利之情形而異。如有任何社員之經營失敗，交易所卽出售其席次，以其所得代爲淸償社員及其證券行之債務。社員因享受在交易所內從事商業活動之權利，須繳納各種會費(如最初之入社費及每年之社員費)，並有淸算費用及其他費用之負擔。此外，紐約證券交易所復設有硬性規定以管理：①顧客佣金之負擔，②社員之資本額，③對各類證券所給予之信用（與差額購買有關）以及其他類似事項。

至申請列入紐約證券交易所開拍權利之公司，必須具備若干要件：如申請者必需有若干年良好之經營成績，健全之資本結構（卽普通股股本與全部使用資本之比率），而其證券之所有權極爲分散足以保證拍賣市場的存在，及避免少數投機者之壟斷操縱。交易所認爲每年納稅後七十五萬元之獲益能力，二十萬股或更多之股權，以及一千五百位股東爲一最低條件。申請者必須提供其公司歷史，業務性質，每年之財務報告等，明示其財產及純益，俾投資者可據以作正確之估計。申請者必須在紐約市曼哈頓區維持一辦理證券過戶及登記機構，每一公司必須爲其每一種列入交易所開拍之證券繳納若干費用。

在交易所場內從事證券交易之權利，僅限於交易所之社員，交易所社員可按其在場內之專業性活動而分爲下列四類。①場內經紀人[註一]，②零估證券商，③專家，④場內證券商。

所謂場內經紀人者乃是經紀人擔任買方或賣方之代理人，遵照顧客之指示，在交易所場內從事證券之交易，交易完成後，向主人收取一定數額之佣金。場內經紀人又可分爲直接經紀人及間接經紀人[註二]，前者是直接代理公衆投資者在交易所內從事交易的。而後者則是在場內爲其他社員經紀人（卽直接經紀人）從事交易而獲取一定額之佣金，因直接經紀人可能同時接獲許多顧客買賣各種不同證券的委託，而不克分身在交易所內各不同開拍地點進行交易，間接經紀人之存在，使直接經紀人可以迅速完成顧客之委託業務。在證券交易所內交易最繁忙之時，間接經紀人之勞務，實屬必需。

股票之交易例以一百股爲一單位，零估證券商係在交易所內從事百股以下股票之買賣者。當經紀人接獲顧客委託買賣百股以下之證券時，卽須借重於零估證券商之勞務。零估證券商之存在，使數以千計之小額投資者可有機會購買各類公司之股票，公司之所有權，遂因而分散。

所謂專家 (specialist) 乃同時集經紀人與證券商之職能於一身，彼等自行從事若干種證券之買賣，並有時擔任經紀人之職能。因彼等對若干種特定證券具有專門知識，其在交易所內之活動，亦僅限於此等證券之買賣，並向交易所作如是之登記，故稱之為專家。在證券交易所內，每一種證券，至少有一專家。

場內證券商，僅在交易所場內自行買賣證券，並負擔市場風險，彼等係屬職業性的投機者，希圖因短期內證券市場價格之變動而獲得若干利益。但亦有社員以投資為目的而買賣證券者，彼等因無需支付經紀人佣金，營業成本較低，如有些微利益，即可成交，交易所內出價與喊價間之距離，可因而縮小，對於投資者，亦有所貢獻。

顧客委託經紀人買賣證券者，必須支付佣金，紐約證券交易所之佣金隨股票價格、交易總值及其他因素而異，其佣金率茲表示如次：

①股票每股售價在五角以下者，每股佣金不得少於下列之規定。

每股售價	每股佣金負擔
1/256元	1/1000元
1/128元	15/10000元
1/64元以上2/32元以下	5/1000元
2/32元	5/1000元
2/32元以上8/32元以下	1/100元
8/32元以上1/2元以下	2/100元

除根據前表外，每筆交易在十五元以下者，佣金可由雙方同意決定。每筆交易在十五元以上，百元以下者，佣金最少不得低於交易額百分之六，交易額在百元及百元以上者，佣金最少不得低於六元。

②股票每股售價在五角或五角以上者，佣金按成交總值為準，不得少於下列之規定。

成交總值	佣金負擔
一百元以下	百分之六
一百元至九九九·九九元	百分之一外加五元
一千元至三、九九九·九九元	千分之五外加十元
四千元及四千元以上	千分之一外加二十六元

如交易量在百股以下時，佣金可按表列數減百分之十計收。

除根據前表外，每筆交易在十五元以下者，佣金可由雙方同意決定。交易在十五元以上，百元以下者，佣金最少不得低於交易額百分之六，交易在一百元及百元以上者，每筆交易佣金最少不得低於六元。

美國中西部，舊金山、波斯頓、費城、底德律及洛杉磯各地之證券交易所亦使用此同一佣金表。但債券交易之佣金率另有規定。美洲證券交易所另有其自身之股票及債券交易佣金表。

證券交易課稅可分為三種如次：①聯邦移轉稅應由賣方負擔，其稅率為股票售價在二十元以下者，每百元面值課稅五分，售價在二十元及二十元以上者，每百元面值課稅六分，無面值股票視同百元面值股票辦理。②紐約州對所有座落該州之交易所內或所外市場之證券交易課移轉稅，其稅率為每股售價在五元以下者課稅一分，五元至十元者課稅二分，十元至二十元者課稅三分，二十元及二十元以上者課稅四分。③在交易所內對成交總值每五百元或不足五百元時，課征一分，以供證券及交易所委員會辦理有關管理證券及交易所事項開支之用。

第二類次級證券市場是由全美無數證券商及經紀人所構成這些證券商及經紀人自行或代客買賣證券，許多證券交易所的社員證券行也同時在此一市場內營業，而此一市場內亦有許多證券商參與初級證券市場內新證券發行時的承購業務。此一市場是獨立於證券交易所之外的「所外市場」，在美國稱為 Over the Counter Market(註三)。此一市場之交易數量及重要性，因無集中之會計制度，頗難估計，惟其中約有九萬至十萬種證券是投資公衆所感有興趣的，有四十萬至五十萬家公司所發行的證券，可能在此一市場內進行買賣。據一九五一年賓州大學校刊發表的一篇研究報告估計，此一市場內之交易數量佔次級證券市場交易總量百分之八十九，如以證券成交量而言，此一所外市場實遠較證券交易所為重要，聯邦政府庫券、債券、州市政府債券及多數公用事業、鐵路工業及外國債券，銀行保險公司及投資公司股票，均以此一市場為其主要交易所。此外，小規模的地方性公司股票也多在此一市場內進行交易。但也有若干全國馳名的大公司，其股票雖合於交易所規定之條件，而寧願在此一市場內交易者，不過絕大多數大工業公司之股票是列入交易所內開拍的。事實上此一市場是由無數市場所構成。而其交易之完成則係經由買賣雙方之議價，非如證券交易所之使用拍賣方式。自然全國馳名且股權分散而交易頻繁之證券，必有多數證券商不斷競買競賣，對不甚著名股權不甚分散之證券，雖亦有買賣，但祇有少數之證券商願意買賣此類證券。如一種證券，有合理之供應數量，而投資者復對之感有興趣，則在交易所以外，是不難開創或維持一個市場的。

至此一市場內的交易程序，則以法律未有明文規定，係照傳統習俗及證券商場中多年來之慣例辦理，惟此等習俗慣例現已多數由全國證券商協會訂入自律規章之中(後文當再述及)。

全國行情局 (National Quotation Bureau) 每日收集並發行數千種證券之行情。在其行情表中，證券名稱按字母順序排列，對於某種證券有興趣，券商及經紀人之出價 (bid) 或喊價 (asked) 均集中編列在此一種證券之名下，各證券商及經紀人擬自行買賣或代客買賣某種證券時，即按圖索驥，照行情表所列尋找最低喊價者或最高出價者，而彼此磋商價格，最後在彼此認為最有利之條件下完成交易。

普通證券商均維持若干存貨，並隨時準備買賣其所出價或喊價之證券。出售證券時，例於進價成本上外加若干，以爲利益。如某種證券存量減少時，彼即提高其喊價及出價，反之當存券增加時，彼即削減其出價及喊價。

紐約市是此一「所外市場」內絕大多數證券交易集中之所。不過若干證券發行者是地方上的大公司或大規模之製造廠商或在該地購買大宗原料者，其證券常由當地證券商進行買賣。

此一市場的中心是由許多大證券行及若干較小證券行所構成。大證券行從事多種證券之買賣，交易數量亦大，小證券行則僅從事某一類型或若干種選定證券之交易，市場的其餘部份，則由許多證券商構成，彼等隨時買賣感有興趣或其顧客感有興趣之證券。

七　差額購買與賣空

購買證券者可以全部付現，但亦可以其所購證券爲抵押 (collateral) 借入部份價欵，而僅付其差額，此即證券交易場中之所謂差額購買 (purchasing on margin) 所謂差額 (margin)，乃所購證券之市價減去以其爲抵押所借得之欵之差額。不過此項差額常隨證券市場之波動而變動。

購買證券者可以所購證券爲抵押，向證券經紀人借欵，如與銀行素有往來，亦可逕向銀行借欵，購買證券者對於此項借欵須支付利息，借欵利率視用作抵押證券之類別及其信用狀況而不同，通常銀行借欵之利率較證券行借欵之利率爲低。不過此項用作抵押之證券，其利息或股息收益則屬之購買證券者，而此項證券之收益抵付借欵利息而有餘，亦屬常見之事。

至以所購證券爲抵押而可能借得之數則視下列各項因素而異：①證券之類別——如債券常較股票有更高之借欵限額(以其所負擔之風險較小)。②證券之等級——如政府公債較公司債有更多之借欵限額。③一般經濟及信用狀況——如證券之屬於大公司而財務狀況健全者可有較高之借欵限額。④聯邦準備管理局之規定——最高借欵限額是由美國聯邦準備局根據一九三四年之證券交易所法予以規定的(後文當再詳述)。近年以來，此項限額常在抵押證券市價百分之二十五至百分之五十之間。

差額購買之優點，如前分析資本結構時所述，在於購買者可能獲得更多之利益。如某君有現金一萬元時，可購買證券一萬元，如此項投資生利 (yield) 百分之六，又假定此項證券之最高借欵限額爲百分之五十，而目前借欵利率爲百分之四，照差額購買辦法，某君可購進此項證券兩萬元，以證券爲抵押借欵一萬元完成交易。則某君一萬元現金之投資可生利百分之八，高於全部付現時生利百分之六。惟差額購買亦有其缺點，由於借欵之本金及利息是一種固定義務，投資者所負擔之風險因而增加，如所購證券市價趨於下游，則全部損失屬之差額購買者。因之投資者必須對差額購買所能獲得更多利益與所負擔更多風險兩者之輕重得失有所衡量抉擇。

在證券市場中之所謂賣空 (short selling)(註四) 可分爲兩類：第一類賣空係出售證券者在成交時，手中並未持有此項證券。在此情形下，爲履行交貨義務起見，必須向他人借入證券。第二類賣空係出售證券者手中確有證券，但爲某種原因，一時不克交貨，在此情形下，亦必須向他人借入證券，以履行其契約義務。

賣空方法常爲投機者所利用，緣賤買貴賣爲商場中不易之理，投機者認爲目前某項證券價格過高，預期其價格將趨下游，乃先行賣空而希冀於價格下落後再行購進，如證券價格一如投機者所預期而下落時，則投機者當可獲利，其數應爲證券賣價與買價間之差額減去各項交易費用，所有交易的各項手續，均由證券經紀行負責辦理，如證券價格未如投機者所預期，反而上漲時，則投機者須以較高價格購進證券以歸還賣空所借入之證券，勢必蒙受損先，其數應爲買價與賣價之差額加上各項交易費用。有時投機者於賣空後證券價格上揚時，爲避免過多之損失，急於出手購買，因而促成證券市價之愈趨上漲，此實爲投機對於證券市場之不利的影響。社會人士每以投機者能利用「賣空」方法，遂行其投機目的，而不值「賣空」，實則「賣空」亦有其經濟的職能。蓋投機者如能客觀而正確地分析證券之市場價格，則其賣空可有助於抑止證券市價的上揚，其後投機者於證券價格下落後出手購買證券，又可有助於減少市價下落的幅度。如是則賣空的實施，乃可導致證券市場的穩定。

此外零沽證券商 (odd-lot dealer) 於其服務投資公衆時，亦必須使用「賣空」方法，不過爲時甚暫。證券負販者 (arbitragers)，如於三藩市證券交易所購進證券，而立卽出售之於紐約證券交易所，亦須使用「賣空」方法，先行借入證券，履行交貨義務，俾符交易所之規定。此項賣空，可使同一種證券在不同地點的交易所內之交易價格趨於一致。另一種形式之賣空則於公司合併時發生，如甲公司與乙公司合併爲丙公司，但甲公司之某股東不願持有丙公司之股票時，可於甲乙兩公司合併條件經合法宣布後而於甲公司股票與丙公司股票交換前，先行賣空，其後某股東換得丙公司股票後再行歸還。最後投資銀行（卽新證券發行時的承購人）亦可對發行的新證券賣空。證券及交易所委員會認爲許多證券購買者在證券發行若干時日後將出售其持有之證券，因而准許投資銀行可在新證券發行總額百分之十之範圍內賣空，其後投資者須出售其證券時，而投資銀行則因係空頭，須購進證券。買賣的力量互相抵銷，因而維持證券市場的穩定。不過以上各種形態的賣空，是屬於技術性的使用，與投機者的使用賣空，從事投機是有區別的。

八　投機與投資

投機與投資兩者之間，很難有清晰的分野。但我們仍可根據下列三項標準，以確定其是否偏重於投機方面抑或投資方面。①持有證券時間之長短——通常投機者均作非常短期的承擔，希冀於數小時、數日或數周內獲得利益。反之投資者則着重於較長期的承擔，但於商業及經濟情形急劇變動時，也會於短期內出售其持有之證券的。②資本利益與所得收入（包括利息股息）之不同——投機者希冀於短期內因證券價格之變動而迅速獲得資本利益(註五)。反之投資者則經常注視其股息（公司的股東）或利息（公司的債權人）收入。③決定行動的方法之不同——投機者的行動大多基於證券市場中的特殊情況，彼等研究圖表、價格的變遷、空頭的地位、成交數量以及其他類似的專業性市場資料，以決定其所採取之立場。反之投資者則研究每股的獲益、股息、帳面價值、股票發行者管理之良窳及其他公司內部因素，以及公司以外之一般經濟情況等以決定其投資。

無疑地，我政府主管部門對於證券交易所之設立，遲無決定，多少是由於對交易所之設立可以導致投機一點，有所戒懼，許多投機者亦以社會之普遍不值投機而自詡為投資者。通常認為投機在道德上是要不得的，反之，投資則被認為大有貢獻於國民經濟之發展。此種態度乃植根於投機者無所貢獻於國民經濟的觀點。實則在妥善的管理之下，投機者亦有其重要的經濟職能。彼等於證券價格上揚時拋售而於價格下落時出手購買，其投機活動可以穩定證券市場減少價格波動的幅度。所以投機並不是完全無所貢獻於國民經濟的。

投機者與投資者均須負擔風險，不過前者較後者負擔更多之風險而已。在私有財產的經濟制度之下，此種風險必須由若干個人或私人機構所負擔，彼等以希冀獲得私人利益，而自動負擔此種風險，乃極自然之事，反之在社會主義國家，則政府負擔一切風險，最後此項風險仍然強迫平均分攤於全國人民，孰是孰非，讀者實不難想得像之。

註一：證券經紀人與證券商之主要區別，乃在前者以賺取佣金為目的，不負擔任何風險，而後者則以獲得利益為目的，須負擔一切證券市價變動之風險。

註二：美國俗稱為「佣金經紀人」Commission Broker 及「二元經紀人」「Two dollar Broker」二元經紀人乃因以前每成交百股時，彼等可得佣金二元而得名，如今每成交百股，佣金已不祇此數，但仍沿用舊名，惟經紀人均收取佣金，是則「佣金經紀人」與「二元經紀人」之名稱，頗不合邏輯，因依此在證券交易所內之職能而分別稱之為「直接經紀人」及「間接經紀人」。

註三：此一名稱源出於十九世紀初葉，因當時未列入證券交易所開拍之證券，其買賣是在私人銀行的櫃臺上完成的，所以稱之為 Over the Counter Market 茲以此一市場是獨立存在於證券交易所以外者，故稱之為「所外市場」。

註四：賣空（Short Selling）一詞經美國證券及交易所委員會釋義為「出售證券者並未持有所出售之證券，或出售者以借來之證券交貨而完成之出售」

註五：資本利益（Capital gain）——係處理產品以外的財產之所得（proceeds）超過其成本或帳面淨值之數。（因處置產品之所得為銷貨收入）

讀者投書

（一）請監察院愼選大法官！

林縝

編輯先生：

頃見報載第二屆大法官人選，已由總統提名十五人，咨請監察院行使同意權。茲以大法官人選之是否適當，極為重要，蓋其非僅關係整個法治前途，且將影響國家命運，故有不能已於言者，乞 貴刊惠借一角之地，賜刊鄙見。

此次大法官虛懸達九月之久，似煞費周章，頗為鄭重，然觀之於報間所透露之全部人選，實令人極為失望。

按大法官之職責，根據憲法第七十八條之規定，主要為解釋憲法，次為統一解釋法律及命令，且一經解釋，縱屬錯誤，亦具有最後之法定效力，非任何人所得推翻，然欲望其眞能達成解釋憲法之責任，理當對憲法有深刻研究，立法院於大事修正司法院組織法第四條時，竟未對此加以補正，而將對憲法學有精深研究並有權威著作，列為主要資格，並限定以此項資格當選者，至少必須有三分之一以上，可謂一大憾事！

今者，細核報紙所載十五人名單，以憲法學者身份被提名者，似乎絕無僅有，誠不知將來何以解釋憲法？倘憲法亦不能作適當之解釋，甚至作不當之解釋，則法律及命令又如何能望其有不違背憲法之解釋？

上述情形，已令人引為遺憾，然於提出大法官人選時，倘能確實根據現行司法院組織法第四條規定，提出最適當人選，不以政治關係及身份、乃至於「黨性」等為主要考慮條件，或可對此一缺憾稍事補救。乃不幸而現提人選之中，以所謂「專門著作」或「權威著作」而入選者，其著作如「××法新論」者，乃只知有行政權，而不知憲法為何物，更不知何謂民主政治者。此等人倘不幸亦由監察院同意通過，固不難成為標準的御用大法官，然將來對於憲法之解釋，又何止一如第一屆大法官將立院監院及國民大會三單位之解釋為國會而貽笑大方？且對於一切違憲之法律命令，亦勢將有更荒乎其唐之解釋，使若干原為違憲之法令及違法之命令，反獲合法之解釋，其足以貽害中國法治前途，又何待言？故甚望監察院行使同意權時，能稍加審慎，至少使此等人不至濫竽於大法官之林，則幸甚矣！

林縝　九月十日晚。

泛評僑務決策

帝汶通訊・八月一日

孟戈

「奉承唯謹」的俞鴻鈞內閣終於關門大吉了。立法院同意以陳誠第二次組閣。以陳氏聲望地位影響所及，輿情一班反應良好。散居於海外一千三百萬華僑，關心矚目的是外交僑務兩部會的易人，尤其是僑務委員長的鄭去陳來，緦緦常恐於新僑務決策，能否推陳出新，抑或蕭規曹隨，筆者遠適異國，願以一得之愚，稍抒己見，就敎於高賢。

若干年來，海內外文化人批評僑政的是非得失，似乎毁多於譽，偏激的議論，認爲鄭彥棻善於阿諛逢迎，好大喜功。筆者不以成敗論人，但平日對鄭先生認眞的工作態度與謙遜的從政作風，倒還相當佩服。至於僑務施政上的某些缺失，倘歸咎於一身，似非持平之論。平心而論，歷來僑務機構，遞嬗變易，其勉强能聯繫僑衆，採納輿論，似應以鄭彥棻始。筆者不會歌功頌德，更不作落井下石的手段，茲以當前的僑務政策，可供商榷之處尙多，故作此文，這點必須向讀者先生說明的。

一

四十一年十月廿一日在臺北擧行的第一次僑務會議中，通過了「當前僑務綱領」，從而確定僑務委員會底「當前僑務之基本政策」，鄭彥棻在「五大執行原則與四種工作方向」中，特別强調今後之僑務「工作對象由注重上層到注意僑衆」。倘確能矯正「上」重下輕的流弊，實不失爲明智之擧。談到「注重上層」問題由來已久；在大陸時期，僑務委員會是冷得發氷的衙門，不外乎辦理僑團的登記、僑校的立案、聯絡海外的僑領、招待歸國的僑胞，如此而已。奉養一些元老型的人物，儼若養老院焉。至若積極開展僑務與維護僑益之努力，自無從談起了。山河變色後，赤潮四面八方滲透，偏處臺灣的執政黨方面，才深切體認到海外工作是艱鉅的「戰鬪工作」。於是乎久而不聞問的「華僑爲革命之母」的口號，又喊得響澈雲天矣。但積重難返，今日的僑政，依然天眞地以爲祇需爭取二三僑領，就等於團結一方僑衆，籠絡了較大的僑團，就可以掌握當地的僑情，每逢「十月三大慶典」，「僑領」麕集慶賀，僑團賀電頻仍，猗歟盛哉！表面看來，眞個是「四海歸心」了！

何謂「僑領」？顧名思義，僑衆之領導者也。依據僑務委員會的「僑領」塑型，大概是國中之巨室豪紳一類人物，亦卽中共遴陷爲「土豪惡霸」者流。筆者孤陋寡聞，浪跡海外多年，「名重一時」之僑賢則有之，威鎮一方的僑霸則罕見。原來國中之縉紳耆老，有其固定之社會潛力、政治地位、和經濟權勢，某些强橫跋扈之徒，甚且擁有一定的軍事實力。因而地方官吏還得登門投刺，恭維奉承，以自固其飯碗；憑藉這種人爲的特權，自然可以左右一方，領導小民了。海外地域則不然，華僑同是寄人籬下，貧富上下都要看外國人的眼色，縱使在宗族觀念上，或基於經濟利益關係上，可以結合成一個集團，團結於一個核心，但在政治思想上，特別是參與政治鬪爭工作上，誰也不能領導誰？誰也不能控制誰？這是千眞萬確的事實。

以僑務委員會主持的若干刋物爲例：擧凡歸國「觀光祝壽」僑民，例必「封贈」爲「僑領」，「僑領」何其多也？與太平天國末葉，亂封王爵，似有異曲同工之妙。筆者妄自揣測，這班「僑領」大概可劃分爲三類：一類是有地位、有聲譽、熱心公益、愛護僑衆之僑賢，這種人數不會很多，因在國際情勢風譎雲詭之秋，聞僑多持「明哲保身」態度，以超然身份出現僑社，或變爲幕後人物，支撐僑團。一類是外詔諛於異族，內結納於駐外人員，混跡於僑社，餬食於僑團的僑棍。這種人數不少，成爲年來輿論猛烈攻訐的對象。第三類是大陸沉淪後，流亡海外，憑着縱橫捭闔的手段，反雲覆雨，搞到一個空殼僑團，或掛上一個僑團負責人名望，「聲價十倍」，招搖過「海」。此種「英雄好漢」，無以名之，姑曰「僑混」可也。像這類仁兄也叫做「僑領」，實不勝胡說八道之至了！

面對今日艱鉅的海外戰鬪，中共的統戰工作正無孔不入，大肆煽動。我們的僑務基礎倘使依舊建築於上層，那顯屬浮而不實，危殆甚矣，況對上層的聯繫愈緊，下層的離心愈大，抓緊少數的「僑領」，脫離廣大的僑衆，這是極端嚴重的缺失，我們必須記取大陸時期失敗的經驗教訓，中共中傷執政黨最動聽而最成功的宣傳：「國民黨是官僚、地主、資本家的集團。」反蠱惑與煽動了千萬良善的工人與農民參與傾覆政府行動，時至今日，這句流言傳佈未已。海外僑胞富的畢竟不多，窮老異域的大有人在，光是對上層的籠絡，忽視對下層的撫慰和聯繫，這是值得執政當局再三考慮的事實。

二

鄭彥棻先生在「苦鬪的僑教」（四十四年六月六日中央聯合紀念周報告）說：「現階段的僑務是一項戰鬪工作，而且是很艱苦的戰鬪……華僑教育是當前僑務的中心工作，所以在僑務方面的戰鬪，也是以僑教爲中心環節。」因之在五大執行原則中特別指出：「我們的工作重心是在發展僑民教育」，並且確信「無僑教卽無僑務」。其言至善，其理耳熟能詳。四十四年九月臺北召開了華僑文教會議，制定「當前華僑文教工作綱領」，綱擧目張，作爲僑務政策的具體工作目標；若干年來，僑務委員會在輔導僑教工作表現上，確有其不可抹煞的成果，但因

「無僑教即無僑務」的決策，形成全盤僑務工作的焦點，就難免人家指摘：「工作不力，宣傳過甚」了！

談到僑教，往往使人聯想到「師資荒」問題。海外之所以形成這種現象，一是戰後僑校迅速增多，師資奇缺。二是各地移民條例限制，使國內的師資無法大量補充。但有一項最主要的原因，是現職優秀教師的轉業「改行」，這種可驚人的跡象，正有加無已。如果我們不正視這椿事實，儘管僑委會如何培植師資人材，如何設法派遣師資出國，也永遠難以塡補這個漏洞。

爲什麼從事海外文教工作者，不能把「神聖」的教育工作當爲終身職業呢？爲什麼都把教學生活當作短暫的過渡時期呢？概括地可分兩方面說：廣大的海外地區，屬於工商社會形態，教師的工作待遇菲薄，有些地方，往往不如一位汽車司機的收入，在僑社普遍勢利的眼光中，教育工作的地位是微不足道的，作爲一個「師表」，物質享受既談不上，精神慰藉又完全沒有。其能久乎？此其一。僑校的經費來源，大半依賴於董事會的籌畫，組成董事會的主要份子，幾乎全是有錢的大頭家，肯出錢出力明達事理的人士固不少，見識淺陋的愚夫俗子也不乏人，某些人視聘任教師，如同僱用的夥計，「合則留，不合則去」；順我者留職，逆我者解聘，於是乎，「無行文人」奔走權門，濫竽於僑教，優秀的文教鬪士出淤泥而不染，一走了之，此其二。僑教工作沒有固定的職業保障，談何僑教？

讓我們看看僑務委員會公布的僑務法規，僑民學校規程第卅五條：「僑民學校校長教職員應以聘書聘任，在任期內非有失職或其他不得已事故，雙方不得中途解約。」並無明文規定聘約期滿應否續聘問題，照一般慣例，董校或董校教間的聘約是有定期的，假使聘約三年，則三年之後續聘與否，取捨權在董事會手上，於是產生「頭家主義」與「僱傭觀念」，怎能使優秀的文教工作者安心致力於僑教呢？

再讓我們看看關於僑民學校教員服務獎勵辦法第二條：「中華民國國民或外籍人士，連續在海外立案僑民學校服務十年以上，成績優良有事實可資證經查明屬實者，由僑務委員會分別給與教員服務獎狀。」原來教書十年以上，桃李滿天下矣，極盡孟子之三樂矣，唯一的報酬竟是一張「獎狀」而已。試問一紙光榮何價也？華僑文教會議通過的發展僑校教育方案，對這條文，有了形式上的補充修正，關於師資經費方面：「對於成績優良，積有年資的教育工作者，資助其回國考察，或出國深造，或頒給獎章獎狀，以資鼓勵，並策動各地僑團僑胞，斟酌當地情形，訂定獎勵優良工作人員辦法，及僑教工作人員福利辦法，以鼓勵其上進，保障其生活。」可謂美不勝收了，事實表現如何？予欲無言！

不僅此也，再讓我們看看僑民學校規程第卅七條：「僑民學校職員的薪給，年功加俸，退休撫卹，及子女教育金等，由該管(使)領館會同所在地僑民教育團體斟酌當地情形，參照本國現行辦法另訂之，報請僑委會備案施行。」這無異乎具文，誠如前段所述，職業尚朝不慮夕，遑論年功加俸，這是僑務法規中最不切合實際的一條條文。

今國難艱危，僑教危機四伏，與我無外交關係之國家，自無足論矣，但有駐外使領館地區，僑務當局必須正視現實，適當修正法規，嚴密督導僑校，以維護賡續民族文化之僑教工作，而開拓僑政史之新紀元。

三

我國行憲十一年來，以外交和僑務的相互牽帶，不易絕對分割，因而對僑務的領導權問題，外交部與僑務委員會迄無明確之責任分工。依據近代的國際慣例，駐外使館以辦理政治性的外交爲主體，領事則以商務與僑務爲專業，但我國有一千三百萬僑民，遍佈於世界各地，駐外使節要兼辦僑務，而領事也要兼辦外交。因此實質上接觸僑務的駐外使領館方，但使領館人員的任免權却歸外交部「不怕官，祇怕管。」職是之故，負名義責任的僑務委員會，不易指揮自如，往往造成事「半」功「倍」的結果，故駐外人員處理僑政的過失，一班僑衆的怨懟，多歸於僑委會方面，那是非常不公平的。

若干年來，某些我國駐外「大員」的驕橫跋扈，海外僑衆嘖有煩言，據說歸國僑領，「告御狀」的大有其人，養成這類國家敗類胡作亂爲的積習，一是和我國維繫外交關係國家，基於政策與立場的一致，幾乎全爲反對共產主義國家，因而某些「混蛋」盡可利用職權，以「共諜」「匪特」的罪名入異己者於罪，於是乎善良僑民敬而遠之，自然形成嚴重的官僚主義，二是利用黨官報歌功頌德，蒙蔽上級，造成陞官發財的有利條件。三是收買「僑棍」「僑混」之流，搖旗吶喊，邀功圖譽。

今天我們從事中興復國大業，爭取僑衆的向心是當前最重要與最艱鉅的課題，駐外使領館人員的優劣，實足影響人心的向背。筆者認爲今後駐外使領館人員的考績任免，應以辦理僑務工作表現之優劣爲準繩，駐外使領館歸外交僑務兩部雙重領導。讓僑務委員會有更大更多的權力駕馭，這是開展僑務政策的必要條件。

四

近年來，海外僑胞的普遍抨擊「觀光祝壽」之擧，不遺餘力，筆者以爲與其年化鉅欵以禮欵「僑領」，而「僑領」也者亦化大量外滙予外人之輪船航空公司，爲何不將這筆「寃枉錢」，用在海內外的文教事業上呢？此外僑委會主持的一些刋物，筆者固不反對表揚「模範外交」之類的文字，但爲何不闢一專欄，批評外交官爺的劣跡醜行。以探尋民隱，革新僑政呢？。

五

當筆者發稿時，偏遠海島，已看到新舊僑務委員長交接印信的相片了，陳清文先生上任伊始，萬方期望是殷切的，筆者摭拾僑政之缺失，紛陳於上，卑之無甚高論，願陳氏善自爲之，則國家幸甚，僑衆幸甚。

——一九五八年八月一日於帝汶島。

黎巴嫩問題

巴黎通訊・八月三十日

龍平甫

近年來中東世界一直處在危機狀態中，今年夏季黎巴嫩內亂發生後更使中東陷於空前危機狀態。黎巴嫩內亂發生於本年五月九日，事變的直接導火線是：反對政府擁護納塞的新聞記者 Nessib Metni 於當日被人暗殺，於是反對派在黎國第二大城特里波里（Tripoli）發動罷工，接着實行武裝叛亂，叛黨及政府武力在特里波里與首都貝魯特（Beirut）進行巷戰，戰事很快地蔓延到黎巴嫩各處，政府方面處境一度很危險，後來轉佳，形成反對派與擁護政府派混戰相持的局面。

黎巴嫩是中東地中海岸的一個小國，面積四千方英里，除南部狹窄地帶和以色列接壤外，其餘陸地邊疆是和敍利亞銜接的。黎巴嫩全國人口一百四十五萬，但是貝魯特便有居民四十萬，特里波里有居民八萬，黎巴嫩人宗教信仰很複雜，據一九四六年統計，基督教徒共六十一萬三千人，回教信徒四十六萬一千人，基督教和回教又各分爲若干派別，基督教中以馬羅尼特（Maronite）派爲最大，計有三十三萬八千人，服從梵帝岡教廷，此外更有希臘正教（十一萬三千人），阿美尼亞正教（六萬二千人）。回教則以孫尼（Sunni）派（共二十四萬四千人）及希易（Shii）派（共二十一萬八千人）爲主。此外尙有特魯斯族（Druze 希易支派，共六萬二千人）。年來回教人口增加甚速，基督教徒移殖出國的甚多，故今黎巴嫩的回教徒在數量上佔優勢。

黎巴嫩人自稱是中東的瑞士人，是頗有理由的，因爲：㈠居民種族複雜，㈡善於經商牟利，㈢遊覽觀光的收入爲國民收入主要來源之一，㈣富於尙武精神，一有機會便放槍砲（瑞士人亦富尙武精神，壯丁保管步槍，星期日時常練習射擊，但是居民守法守紀律，僅在十九世紀中發生一次小規模的宗教政治性的內戰）。

黎巴嫩本是土耳其帝國的領土，第二次世界大戰後受法國託管，因此受法國影響很深，至今尙有許多黎巴嫩報紙是以法文出版的。黎巴嫩於一九四一年獨立，其憲法是承襲法國託管時代所制訂的，總統任期六年，任滿後不能立卽連任。議會係一院制，總統由議會選擧，議會有許多宗教性的政黨。憲法規定政府的職務應依宗教信仰作合理的分配。根據慣例，如果總統是馬羅尼特教派人士，則內閣總理應爲孫尼派人士。議會議席無定額，其人數的增減係以十一爲基數，一九五〇年至一九五三年間爲四十四席，一九五三年至一九五七年間爲四十八席，一九五七年起爲六十六席，目前六十六席中各教派所佔議席如後：

馬羅尼特派	二十席
孫尼派	十四席
希易派	十二席
希臘正教派	七席
服從羅馬的希臘正教派	四席
特魯斯族	四席
阿美尼亞正教派	三席
服從羅馬的阿美尼亞正教派	一席
其他	一席

一九五七年六月議會局部改選政府派佔優勢，反對派指責政府在選擧中舞弊。在朝在野兩派的激烈衝突自此時開始。黎巴嫩內部因宗教派系與部落的分歧，不易構成超宗教的全國性政黨。一九四七年特魯斯族人 Kamal Tumblatt 組織「進步社會黨」(Progressive socialist party)，但無甚發展。一般而論，政治上的糾紛是在朝與在野之爭，僅在近年始將外交問題捲入政爭而爲論題之一。Komla Tumblatt 過去本是支持黎巴嫩總統夏蒙（Camille Chamoun）的，去年競選失敗，便成爲夏蒙的反對者，他本是特魯斯族的世襲男爵，現在領導二千名武裝部隊反抗政府，並由業已退休家居的前敍利亞陸軍參謀長 Shawkat Shukair 協助。

黎巴嫩局勢的惡化可說是導源於一九五六年七月的蘇彝士運河事件。因自此事件黎巴嫩總統放棄過去的中立態度，公開採取親西方立場，英法出兵埃及後祇有黎巴嫩拒絕和英法絕交，不久黎國外交部長馬立克（Clarles Malik）道經巴黎時發表親西方的言論，後來黎政府公開接受艾森豪主義。凡此種種引起國內反對派的指責，與納塞政權的憤恨。敍利亞和埃及合併後，黎巴嫩的局勢便日益危急，政治暗殺事件先後發生數起，許多反對夏蒙的派系不惜和納塞合作，黎國的內亂便是在國內政爭與國外陰謀之下促成的。

反對黨派擧兵以後聲稱是夏蒙欲修改憲法進行連任，因此他們要求夏蒙立卽辭職，由中間人士出任總統，否則絕不罷兵，而夏蒙則否認有此企圖，但堅持要到任期屆滿纔下臺。夏蒙今年五十七歲，律師出身，馬羅尼特教徒，雖非軍人，但富於戰鬪性格，與陸軍總司令舍哈布（Fouad Chehab）沉默安詳的性格似恰相反。夏蒙於一九五二年九月二十三日被選爲總統，當時他和他的友人以失去民心爲理由將總統 Bishara al Koury 趕走。今日反對夏蒙的除 Bishara al Koury 以外，尙有許多黎國政界要人，如：Alfred Naccache（前總統），Saeb Salem（前內閣總理），Hamid Franzié，Charles Herlou，Joseph Salem，Henri Pharaon（以上均係前任外交部長），Sabri Hamada（前議會議長），馬羅尼特大教長美烏希（Méouchi）以及特魯斯族首領 Kamal Tumblatt 等人。多數人反對政府旨在爭奪政治權力，但也有些人採取機會主義立場，例如美烏希大教長便是其一。他指責夏蒙接受艾森豪主義，有背於黎巴嫩的中立傳統，妨害黎巴嫩和阿剌伯國家的融洽關係。美烏希此種態度受羅馬教廷的影響甚大，梵帝岡認爲阿剌伯民族主義方興未艾，馬羅尼特派基督教在黎國已成爲基督教在中東的孤軍，爲維持其存在，應和阿剌伯民族取得良好關係，反之，有許多回教人士則支持夏蒙，內閣總理 Sami Solh 雖是回教徒，但却支持夏蒙到底，他因此被開除教籍。

黎巴嫩內亂發生後，各處形成割據局面，前議會議長 Sabri Hamada 加入叛亂，自己帶領部隊攻城佔村，而成爲黎國北部的主人，黎國南部可能係由議員 Ahmed El Assad 所控制，特里波里城內若干街坊及近郊若干地帶由 Rachid Karamé 佔領，和政府軍作戰，首都附近的蘇甫(Chouf)山區由 Kamal Tumblatt 盤踞，貝魯特城若干街坊則由 Saeb Salem 佔領進行巷戰，叛黨並組織全國聯合陣線 (National union front) 以 Saeb Salem 爲首領。

黎巴嫩內部叛亂發生後，陸軍始終沒有積極從事鎭壓工作，黎國陸軍六千二百人，配以美援武器，有些人認爲如果陸軍決心平亂，是可以擊敗叛黨的，但是總司令舍哈布並未這樣作，祇求保持現局，如遇叛黨過於囂張，進攻政府陣地時，後者始採積極行動，因此惡戰的局面並不多，雙方死傷也不大，迄今爲止，死於內亂的黎巴嫩人約三千左右。

舍哈布此種態度是頗費揣測的，有的人認爲他所以持此立場是爲避軍隊內部分裂，演成宗教戰爭。因爲軍隊也是混合的，百分之六十的官兵是基督教徒，其餘是回教徒。此種解釋固然很有理由，但不能說明全部事實。決定舍哈布態度的另一理由便是他本人的性格，他曾在法國受軍事教育，是職業軍人，自一九四六年起卽任黎巴嫩陸軍總司令，迄不參加政治紛爭，因此受各方的尊重，他認爲黎國的內亂是政治問題，應由政治解決，而政界人士則認爲是軍事問題，應由軍事解決。

事實上黎巴嫩內亂是內政問題和國際陰謀的混合產品。黎巴嫩政府一再聲稱叛亂是外人煽動而起的，叛黨接受阿剌伯聯合國的支持援助，事實上阿剌伯聯合國以金錢及人力支持叛亂，並在廣播方面不斷鼓勵叛黨。此外還有許多證據說明阿剌伯聯合國的干預黎國內政：㈠叛亂發生後卽發現叛黨擁有戰車防禦炮及高射炮，此可以說明軍火是由敍利亞走私進來的（思想左傾的比利時駐黎巴嫩總領事參加軍火走私，被捕後判死刑，改判長期監禁），㈡若干敍利亞人參加叛亂，如前述的敍利亞陸軍參謀長 Shawkat Shukair 便是一例，㈢納塞勢力滲透到叛黨內部而成爲極端派。例如黎巴嫩北部叛黨首領 Raohid Karamé與Abdel Majd Rafi 便有紛爭。Karamé 主張採守勢，不應進攻軍隊，而 Rafi（係阿剌伯社會主義黨 Baath 黨員）接受大馬士革 (Damascus) 的胡南尼 (Akram Hourani 阿剌伯聯合國副總統)的訓令，而持强硬到底的態度。（近來反對派不滿意極端份子的滲透，正進行淸除工作）。㈢六七月間敍利亞的砲火兩度轟擊黎巴嫩邊境城市 Merjeyoun。

黎巴嫩政府以阿剌伯聯合國干涉內政向安全理事會提出控訴，六月十日安全理事會開會討論此問題，次日決定派觀察團去黎巴嫩施行邊境管制，防止外來陰謀份子的滲透，及軍火的走私。反對派除抗議此舉外，並立卽收藏懸掛的塞納像，塗抹擁護阿剌伯聯合國的標語。聯合國觀察員調查管制的結果並未發現充分證據，因於七月四日發表「初步政治報告」說未能證實敍黎邊境武器和人員的走私。事實上來自十三國家的六十餘聯合國觀察員既不通當地語言，又無翻譯，更無警察權力，其所觀察的邊境又係極小的一部分，他們自然毫無所見。黎巴嫩政府接着發表公報，指責「阿剌伯聯合國以自動武器三萬六千件，及若干六十、八十、一百廿公厘大砲供給叛黨，此外並有三千名埃及人、敍利亞人及巴勒斯坦人加入叛黨」。

黎巴嫩政府及擁護政府的人士認爲叛亂既受外國族使與支持，非由美國出兵隔絕外援，無法鎭壓本土的叛亂，故政府當局早已向美國接洽，希望美國出兵，美政府根據艾森豪主義有援助黎巴嫩的義務，但是美政府投鼠忌器，猶豫躊顧，而將希望寄託在聯合國，蘇俄則乘機威脅，並爲中東地區的親蘇份子壯膽。六月二十四日塔斯社發表公報稱「蘇俄對軍事干涉黎巴嫩政局將不能袖手旁觀」。及至七月十四日晨巴格達發生政變，中東局勢緊張萬分，黎巴嫩內部叛黨與奮異常，擁護政府派感覺危亡在旦夕，於是夏蒙卽日向美英法三國呼籲，請求派兵至黎敍邊境以隔斷叛黨的外援，美政府若不再出兵則中東的親西方份子將完全爲納塞與共產勢力所消滅，美政府在中東的信譽將掃地無遺。於是美總統於七月十五日接受請求派兵五千在貝魯特登陸，大批美軍並陸續由西歐調至土耳其，至八月初美軍在黎巴嫩人數已達一萬四千三百人。美軍登陸後，納塞立卽赴莫斯科和赫魯雪夫晤面，十九日返大馬士革發表演說：「自由的旗幟將在貝魯特、阿爾及耳等地高豎」。美國立卽警告，納塞語調轉趨緩和。但蘇俄則調兵演習，意存威脅，並要求美軍撤退，北平也大肆叫囂，附和蘇俄。

七月十六日美政府派助理國務鄉墨爾飛 (Robert Murphy) 爲美總統赴黎國的特別政治代表，以求依外交途徑解決黎巴嫩問題。墨爾飛爲回教國家問題專家，他到貝魯特後和反對派首領如 Saeb Salem、Henri Pharaon（黎巴嫩「第三勢力」領袖）Raymond Eddé（國家集團領袖）等等晤談。改選總統原定七月廿四日擧行，嗣因反對派要求太苛。（彼等要求：夏蒙立卽去職，美軍撤退，組織臨時政府，然後解散國會，重新選擧議員，由新國會選擧總統），雙方意見無法接近，於是將總統改選延至七月卅一日擧行。雙方卒同意由一中間人士出任總統，卅一日舍哈布被一致推選爲總統，夏蒙的任期至九月廿四日始屆滿，在任滿以前他決不引退，至於內閣總理 Sami Solh 一度謠傳他要辭職，因爲他是反對舍哈布任總統的，但他仍在任，將與夏蒙同進退。他對黎國局勢很悲觀，聲稱辭職後將離開黎國無意再返，至於夏蒙，反對派雖希望他「出洋休養」，他仍稱聲「不脫離戰鬪崗位」，近日更組織新黨繼續奮鬪。

新總統雖經選舉，黎巴嫩的局勢仍甚混亂，暗殺暴行不時發生，幾週之前已有百分之二三十的黎巴嫩人希望移殖出國，現在則三十歲以下的青年大多數不願在黎國留下去，因爲他們認爲黎巴嫩的現狀固然混亂，將來仍不能樂觀。如果黎巴嫩的獨立無確切保障，則將來美軍一旦撤退，局勢將立卽惡化。

黎巴嫩政府對黎國的前途會於八月上旬擬定中立化辦法保障獨立，據傳其內容爲：㊀黎巴嫩對東西集團同時中立，㊁由聯合國保障黎巴嫩的中立及其邊疆，㊂黎巴嫩在此中立範圍內尊重其對阿刺伯國家的義務。據說八月十一日黎巴嫩內閣通過此方案，但是外交部長馬立克在八月十九日聯合國處理中東問題的特別大會中似並未提出此計劃。馬立克僅云：「黎巴嫩政府一俟聯合國干預或其他方式使黎巴嫩的獨立確獲保障後卽請求美軍撤退」。

八月十三日艾森豪向聯合國特別大會提出解決黎巴嫩與約旦問題的六點辦法：㊀聯合國關懷黎巴嫩局勢；㊁應設法維持約旦的和平，㊂終止外人製造內亂的行動，㊃成立聯合國和平軍，㊄經濟援助中東國家，㊅制止中東地區軍事設備競爭的加速化。此外挪威、義大利及哈馬紹對中東的問題都提出解決方案。這些方案在設法保障中東的現狀，及發展中東經濟以消除亂源。此種辦法自爲納塞所拒絕，因爲納塞所需要的是打破現狀，統一阿刺伯世界，攏斷中東石油資源。後來經幕後談判，十個阿刺伯國家獲致妥協，提出空泛的建議案，於八月二十二日由聯合國大會通過。根據該建議案各阿刺伯國家相約尊重對方的國家制度，相互避免從事予以變更，並相互尊重領土完整，建議案並「要求聯合國秘書長哈馬紹與有關政府諸商俾採取各種辦法以求在有關黎巴嫩及約旦局勢方面維護聯合國宗旨並便利外國軍隊自此二國的撤退」。此外並要求哈馬紹與有關政府商談協助建立制度改善經濟的可能性。

現在哈馬紹已在中東進行諸商，希望安定黎巴嫩與約旦的局勢，並保障其獨立與領土完整，但是黎約二國的獨立與領土完整是否能保持則大成問題，因爲：㊀兩國反對派中親納塞份子甚多，叛亂隨時有發生的可能，㊁納塞利用軍事政變及內部滲透的辦法收效甚大，他是不會放棄此策略的，㊂蘇俄積極向中東發展，任何打破現狀的企圖都於它有利，因此它將直接間接的予以鼓勵策動。此三種因素阻止黎巴嫩內部秩序的恢復與和平的重建。除非反對派澈底覺晤以黎國整個前途爲重，將內部政爭與外交基本問題分開，而不受納塞主義的誘惑，則黎巴嫩的前途是無樂觀希望的。　四七、八、卅

讀者投書

(二) 陽明山公園爲何不開放？

俞朱錢

我是生活在臺北的一個小公務員。居住在臺北，本來正當娛樂的場所已經不多了，再加以像我們這樣的窮公務員，如果帶着太太小孩看一場電影，至少非三四十元莫辦，郊遊吧，也只有去碧潭、圓山、陽明山等幾個場所。其中陽明山公園，自從開闢後山，多了幾處遊憩所以後，到還不失爲是我們在週末閤家遊憩一快身心的地方，誰知，就連這一點兒享受，竟也從我們窮公務員的活動範疇內剝奪去了。

今年四月一日，報載陽明山管理局因鑑於二三月時遊人過多，致使公園內多處破損，草坪也被踏壞，爲了修整的原故，所以自四月一日起公園停閉，禁止人們遊覽，等到修好後再行開放。

好，這一「修整」眞不得了，也不知究竟動了多大的工程，修整了四個多月還修整不完。陽明山上的草坪也不知爲甚麼比別的地方的草坪都長得慢，長了四個多月還長不出來？因此陽明山公園直到今天仍不開放。月前，報端上忽然透漏一則消息，說陽明山公園即將開放，並重訂了一個新的遊覽規則，大意是說遊人只准在上午八時以後下午四時以前遊覽，其餘的時間不准遊覽。我看到這則消息以後，一則以喜，一則以怒，喜得是陽明山公園雖然有了這麼多限制，但無論如何總算是開放了，總算是又多了一個郊遊之所。怒得是陽明山公園既云「公園」，自然就是屬於老百姓、屬於人民的花園，我們的國家是民主國家，是人民做「主人」的國家，現在管理公園的人，對竟「主人」如此的藐覷，對「主人」的消閑生活做種種想不出道理的不合理的限制，豈不可惱！不過，事隔一個多月了，我所喜的那一則，也並沒有實現，報端上雖然「曇花一現」的透漏過那一則消息，可是事到如今，陽明山公園却還是「不准遊覽」。

我以爲，無論大小的政府機構，設値的目的都在爲人民服務，陽明山管理局自然也不能除外。政府自遷臺以後，一切都要求效率，一切銳意革新，可是現在陽明山管理局修整修整後山公園居然四餘月尚修整不完，這豈不是政府要求效率和銳意革新的一大諷刺！花費這樣多的時間都不能把一個花園修整好，這種機構眞可以說是「腐敗無能」、「怠忽職責」了，主持這種機構的主管，如何還不「撤職査辦」？

我聽到有人這樣說，認爲陽明山管理局所以不開放陽明山公園的原因，是因爲公園前面有蔣總統官邸，而蔣總統有時下午要去公園散步的原故。雖然有這種說法，而且蔣總統的官邸又確實在陽明山公園的前面，不過，我仍然相信這是無稽之談，陽明山公園絕不該因爲總統官邸臨近，或蔣總統有時要去散步的原因而不開放的。因爲陽明山管理局也應該明瞭，處此民主時代，總統雖然是一個國家的元首，但同時他也是國民的第一號公僕。這是民主國家最普通的常識，怎麼會有「僕人」不願意與「主人」同樂的道理呢？

總之，我以一個老百姓的地位，或一個國家主人的地位，都有權向政府當局或負責管理陽明山的機構要求：應該儘速開放陽明山公園，以給我們多一個週末渡假遊憩的處所！（對了，還不是「多」一個，是我們本來就有的）而且開放以後，也不應該有許多不應該有的限制！（八月十七日）

感恩日

秋楊

今天我絕食了一天。這是很意外的，因爲我一向最反對「絕食」這類苦行派的調調兒。可是今天，我想起七年前的一段遭遇，感激與歉疚的情懷充溢心中，從早到晚祇覺得胸腔飽漲，食不下嚥。

九年前正是擧國動盪的時候，我因公與部隊失去連絡。當我發覺，部隊已遠去舟山羣島。我雖然換了便服，化裝成農夫模樣，在浙江象山港佇候了兩日三夜，終因匪軍看守得緊，不得不打消了偷渡的念頭。

我悄悄退出象山港，到杭州一位遠親家裏住閒了一個時候。起初我天天急着歸隊，却沒有一點實際計劃，等急燥心情漸漸平復下來，才給自己規劃出一條路：遠去廣州，從陸路偷渡到香港。

從杭州到廣州路程不近，尤其廣州到香港一條路在當時是一個公開的秘密，有錢易如反掌，無錢絕難通過。

爲了錢，經親戚介紹幹了一年多的糧行夥計，到三十九年底，才着手就道。臨行前，將「人民幣」變換了金飾，藏在兩隻皮鞋的後跟裏。我以爲可以萬無一失了，誰知却弄巧反拙，在虎門郊外被三個「志願軍」把我的一雙舊皮鞋強迫換了去，我拿着他們脫給我的一雙破布鞋，眞是哭笑不得。我辛苦積存了一年多用以買命的錢，就這樣輕易地失去了。我是不相信宿命的，可是人到了倒霉的時候，往往就是這樣蹇運頻仍。

我不敢續向邊界深入。固然與港九一帶接觸的封鎖線很長，但大路是被匪軍把守着，沒有正式路條絕對過不去；而小路是人販子的活動天下，有錢是朋友，沒有錢就是敵人。

可是拖下去更不是辦法。身上已經一文不名，食睡無着還是小事，窨態畢露被匪軍看破形跡，那才是一切都完了。與其不能退守，不如索性冒險一試。

邊界地區我是從來沒到過。那條是死路，那條是活路，更不敢明言探問。而況在匪區生活的人們，人人懍於「知人知面不知心」的警句，對我這個活動在可通自由的邊區的陌生人，誰又能告訴我一句眞心話呢？

我祇好摸索着前進。大約距離封鎖線還有十里的地方，我被一個人販子注意上了，他跟着我走了一段路，然後追上來同我搭扯。意思已經表示得很明顯，可是我知道自己袋中空空，最好是堅決否認。

既然人販子在這一帶出沒，正說明這是匪軍控制之外，深慶自己沒有摸錯路，便找了一處僻靜地方坐下休息，準備午夜再開始行動。

深夜二時，我正在叢林中向封鎖線運動，被兩個人販子發覺了。我難敵二人，祇好任由他們把我捆放在林中一間小草棚裏。也許這兩個人販子早就跟踪我了。我痛恨他門，更甚於共匪。

夜四時許，人販子們大概做完買賣回來了，草棚裏聚集了五六個人。爲首一個端詳我一番，忽然啓口說：「看樣子，你像是軍人？」

我沒回答，我祇是深深感慨人心太險惡了！抗戰時期，許多人發了國難財；而今匪禍橫流，又有人以生命自由做買賣。

他見我沉默着，笑了笑猜測地說，「你是國軍的軍官？」

「是甚麼你大可不必管。」我氣憤地說：「要錢我沒有。怎樣處置，就悉聽尊便吧！」

「好，」他爽快地作了個決斷的表示，「國軍軍官的價錢是八百萬人民幣，就是把你送交『人民政府』，也可以領到兩百萬。可是你聲明過沒有錢。幸虧你遇到我們，我們這批人，有時候是可以記帳的；祇要你過去以後，能够永遠記住，此時此地有過這麼一樁事，就行了。」他低頭看看錶說，「天快亮了。那位弟兄再辛苦一趟，送他過去？」

這時，白天同我搭扯的那個人接受了這個差遣。他過來解開我身上的繩索。我心中疑信參半，所謂「送他過去」，是去香港，還是去鬼門關？一般土匪的黑話，是把槍斃說成送回老家的。

他似是看出我的疑慮，藹然對我說，「請別多疑，對你我們願意犧牲這八百萬或者是兩百萬人民幣。我相信我沒有看錯人。」

「我請問一句，」我說，「既然你們目的並不一定在金錢，爲甚麼兩次三番逼着我要錢？」

「這個道理是這樣的。」他尋思了一下，回答說：「你逃出了，到外邊再苦也比這裏好得多。可是這裏還有絕大多數的同胞在受苦，爲了這些苦難同胞，讓逃出去的人捐出一點身外之物來，總不算太過份吧？」

我忽然領悟地說，「那你們是……。」

雖然我沒說出甚麼，他笑着點了下頭，「請快點上路吧，等下天要亮了。」

我不敢再多躭擱，隨着領路人走出草棚，一會躬身步行，一會匍匐前進，走到鐵絲網邊緣，正是曙光欲來更黑暗的一刹那。我緊緊握着送我的人一雙手，心中充滿畢生從來沒有過的至誠的感激和敬意，許久許久，才說出一句話來：「請轉告各位弟兄，我一定不負諸位期望。……」

而今事隔七年了。我忘不了這些人，忘不了他們身處的環境，他們所從事的工作，以及他們的希望。同時我深深知道我這個人是一輩子不會用人民幣的，這八百萬人民幣的身價永遠也無法償還。

我現在仍在軍中服務，默默地在自己崗位上努力。每年今日，憶起往事，常常不能自已。

今年我竟一破往例地絕食了一日。

「絕食一日」並不能代表甚麼，祇是告訴自己：我仍未忘……

於金門軍次。

也是秋天（七續）

於梨華

這天下午，正剛一番好意，帶着正明、葉葦到他紐約的辦事處去玩，正芳滿心想跟去，就拉着苑若同去，苑若因爲想給陸老倆一個好印象，一面還想上樓探望正雲，推說不舒服不肯去，正芳一氣，就衝到她母親房裏去弄舌，把苑若攤在起坐間裏，由文英陪着她。文英一天說不到三句話，生人面前尤其是靦覥不安，苑若見她從早到晚，忙得馬不停蹄，又一味的賢淑少言，倒很對她有好感，就逗着她說話，文英在苑若的舉勸中，早已看出她不是那種輕佻浮燥的女孩，也肯放開心來和她攀談，兩人一問一答，倒把一個下午很快地打發過去了。

「啊，」文英看了一眼壁上的鐘叫了一聲，「這麼快，都四點半了，我該到廚房去了，簡小姐，妳寬坐，我不能陪妳了。」

「沒關係，我也想上樓看看正雲小姐。」

「啊，」文英又低叫了一聲，指指她的手臂。

「不要緊的，她現在不會了，正明已經把我介紹給她了，她認識我。我去看看她去。」

「啊，那很好，她眞可憐，一年前，她還是鮮花似的呢！家裏幾位小姑就算她好。」她走近苑若身旁悄聲說，「閒時總到廚房來幫幫忙，大嫂長大嫂短的，從來沒有把我當外人看，可憐哪，現在她見了我，有時認識，叫聲大嫂就拉着我的手不肯放，有時不認識，只朝我癡笑，那個笑啊，看了才令人心痛呢！」

苑若聽了默然。等文英進了廚房她才慢步上樓，走進正雲的房裏，她正笑吟吟地看着天花板，苑若壯着膽坐在她床沿，正雲倒還認識她，就和她談正明，談累了，苑若扶着她躺平了，她趁勢拉着苑若的手道：

「簡小姐，阿明有了妳就好了，他有一個牛脾氣，有時拗不過他，妳多少依他一點，他的心是很好的，他有了妳我也放了心。」

苑若見她這樣淸醒，又這樣誠懇，很爲感激，對她前嫌盡除，連忙點頭說：

「我知道的，妳好好躺一下，我以後有空會來看妳的。」

「眞的？」正雲問道，兩眼探索似地看着苑若，「妳不怕我嗎？他們說，有人說我是瘋子呢！」

「不會的，妳聽錯了，我當然要來看妳的。」

「一定呵！妳一定要來的呵！哦，把正明也帶來，一定要來的呵！」

第二天回普城的路上，苑若坐在汽車裏，耳朶裏沒有別的聲音，只有正雲迫切的企盼的聲音，「一定呵，妳一定要來看我的呵。」她把頭靠在椅背上，閉着眼，想像着正雲晶瑩的、含怨的、却常常無神的瞳子，她蒼白的頰，細長的無血的手指，她淸醒時那種委婉動人的神態。如果有一天，她眞的和正明結了婚，她要把正雲接到家裏來，她相信正雲一出那個古怪無情的家，她的病就會好的。「家」，她一想起那個家，陸志聰陰沉的眉、陸太太尖辣的鼻、文英不愉快的沉默、正芳刁點的眼角，都連串地在她眼前轉，轉得她幾乎窒息了。一個週末，她見得太多，也更了解正明的處境，立意要好好愛護他，像他二姐那樣愛護他，這個年輕的孩子受了不少委屈，她絕對不能令他受到別的打擊了，不然，她不但對不起他，更對不起正雲，那個可憐的病人。

八

苑若他們從長島回來的第二個禮拜，普大秋季期開學了，普城是大學城，普大就是小城的生命，一個暑假整個城猶如一個沙漠，又燥熱又靜寂，如今，隨着年靑孩子們的脚步聲，小城甦醒了，各處充滿了活生生的氣氛，娜索街的兩旁停滿了車。一年級的新生多半是由家裏人送來的，做父母兄長的幫着他們把行李書籍送到宿舍，幫他們整理安排好，又帶着他們上街買日用品，一面喋喋不休地叮囑他們小心起居飲食等等。二年級以上的學生多半成羣結隊而來，在街上閒散地遊蕩着，有說有笑，空氣裏飛轉着他們年靑的聲音，引得坐在街邊等公共汽車的老年人也挺起背來，臉上有點笑意，不像往日那種昏昏欲睡的神情。

開學的第二天，正明就到系裏把上學期考壞了的功課補考了，靜待消息，兩天後他的系主任把他找去，對他說幾門課都考及格，但是分數不高，系裏可以留他試讀半學期，如期半考的成績不好的話，他就要被無情的淘汰了，正明聽了，連聲答應着他會好好用功的，心裏高興得什麼似的，一出系主任的房門，就飛步跑到圖書館，一見苑若，連忙彎了兩個手指表示他已考及格，苑若笑笑，送他一個飛吻，正明才興沖沖地回宿舍。

上課不久，常春藤盟校的校際球賽節就開始了，這一天正明正在宿舍裏啃書，葉葦從外面跑進來說。

「陸，你四姐來了一封信。」

「寫給我的？」

「寫給我的。」

「那你何必和我說，我沒有興趣看別人的信，」正明忍不住笑了。

「她讓我請她來看下星期六的足球賽，可是我……」

「你不是答應過她的嗎？」

「我是答應了她的，可是我沒想到她眞的想來。」葉葦紅着臉爭辯道。

「你現在預備怎麼辦呢？你不想請她，對不對？」

「嗯，那倒也不是，」葉葦被他說破心事，臉就紅了，「這樣好了，我請你們一家人來看，你得想辦法把他們接來，怎麼樣？」

「何苦呢！化那麼多錢，我父母親也不會有多大興趣，你就告訴四姐說你忙，不能請她就是了。」

「嗯，那不太好，我也該請請陸老伯他們，我到你府上打攪了這麼多次，」葉葦小心地說，「陸，你合作一點兒，好不好？」

正明沈吟半晌，才慢吞吞地說，「你如果堅持這樣做，我當然可以去接他們來。我們和那一校賽？」

「耶魯，」葉葦說，「就是因為跟耶普，我更不能單獨帶你四姐一人來看，萬一碰上那個姓曲的也在看球，多彆扭。」

「怎麼會這樣巧，這麼大一個球場，誰也看不見誰，」正明大笑一聲說。

「那可說不準兒，我可不敢冒這個險，何況我對你四姐並沒有什麼意思，陸，幫幫忙，行不行？除非你下星期六有事？」

「事情倒沒有，不過我和苑若約好一起到野外去玩的，我們現在只有週末才在一起，你知道的。」

「那還不簡單，把她帶着就是了，她反正見過你父母的。」

「我去問問她去，你只管寫信給四姐好了。」

苑若不肯和陸家人一起去看球，因為她怕見他們，那個週末，她在陸家不但沒有得到一點人情的溫暖，反而受了凌辱，她覺得沒有再去討好他們的必要，只要她和正明的主意拿定，她不怕他的家庭能破壞他們之間的感情的，所以她立意不肯去。

「球賽完，你是不是跟他們回長島？」

「不，我想要大哥開家裏的車子來，這樣我可以不必送他們回去。」

「那麼我就在家裏等你，我做晚飯給你吃，你好像瘦了點，是不是太用功了？功課怎麼樣？還趕得上嗎？」

「沒有想像的容易，但是我想總可以跟得上的，妳決定不去？」

「不去，你知道我對足球沒有很大興趣，你不在乎吧？」

「不，」他失望地笑了笑，「我是不得不去就是了，如果妳去了，我至少可以開心一點，有個人談談話，我和家裏的人，除了二姐，是說不上幾句話的。」

「又孩子氣了，上次我們一起去看球，你一雙眼睛好像在球場上生了根，我怎麼和你說話你都不睬，你難道忘了？」苑若逗他道。

正明不好意思地擰了她一下臉頰，笑着跑了。

春天的普城猶如一個濃妝的鄉下姑娘，一身充滿了天眞而俗艷的喜氣。粉色的玉蘭、淺紅的桃花、潔白的山茱萸，婷婷地開遍在火車站邊、學生的宿舍旁、網球場的外圍、紫色的丁香花小巧玲瓏地依在圖書館的高牆腳，沿着愛侶巷及幽雅的住宅區墨索路，綠芽吐新，襯出緞紅、鵝黃的鬱金香。整個城是一片彩色，有點令人眩目似的鮮艷。秋天的普城卻像一個姿態優雅，神情嫻婉的淡裝少婦，給人一種「恰到好處」的舒適之感，細緻的、嬌小的日本楓葉轉紅了，一種深湛隱秘的深紅，在微帶涼意的秋風裏端莊地點着頭，似在招引，似在推卻。白色的菊花伸出纖指，在金色的陽光裏細訴往事，似在感嘆，似在慶幸。康內琪湖邊的柳條將黃未黃，輕輕地嫉妒地鞭打着未曾老去的湖水，湖面比春天時沉靜多了，沒有春天的小舟，沒有冬天的冰鞋，只有細細的流水。娜索大街兩側高大的橡樹在風中索抖着，時時飄下片片轉黃的落葉，校園裏落了滿地槐樹的葉子，黃澄澄的，及紅灑灑的楓葉，長尾的松鼠矯捷地在它們上面掠過，落葉痛苦地呻吟着，人來時，小松鼠嗖的一聲爬上樹幹，惡恨恨地扭着身，又抖落了無數片葉子，葉子飄到地上輕輕一聲，好似高樓上怨婦的微喟。靠近韋根斯路的墓地，有許多槐樹與赤楊，如今都已老去，碎葉一片黃，灑在白色的墓碑上，遠看猶如未曾燒焚的金紙，在薄暮裏閃着最後的一絲生命之光、黃昏時的秋風不像春風那樣催人入眠，也不像夏天午後的風那麼惡毒，而是一種淡淡的，爽心的微拂，和落葉一起飄來。這就是普城的秋天，它像一個對富貴榮華已看透了的女人，一個沉靜、委婉、善解人意的徐娘，老年人愛它的沉靜，中年人愛它的委婉，青年人愛它的善解人意，女人們愛它，是因為它不再是紅顏如花。

球賽節時，普城充滿了人，青年人來看球，也來看彼此；男孩子來看女孩，女孩來被看；中年人來看球，也來看小城；老年人來看球，也來看小城的秋色。老太婆們披了狐皮，中年太太背了海勃龍大衣，年輕的女孩子們多數來自貴族化的學校如史密斯．瑞德克利 (Radcliffe) 等，有的穿着齊膝黑呢的百慕達短褲，長至膝蓋下的黑厚襪，頸間圍着橘色的絲巾，上身是緊身的套頭毛衣，托出她們圓美的胸部或假乳，絲巾的末梢就在那上面輕舞，似在為它們的主人向男孩招手似的；有的穿着西裝窄裙，裙裏的臀部像賭氣似的努出來，在無人的地方她們隨意走着，有人的地方，或是路人對她們看時，她們把肚子縮進去，胸部挺出來，臀部高蹺，走得有板有眼的，還不時側頭去欣賞路旁櫥窗裏的東西，其實她們是借着玻璃在欣賞自已的側影，順便看看身旁男朋友臉上的表情。這些年輕的女孩子看不見小城的秋天，也看不見地上的落葉。正芳和她們一樣，不是來看秋天，也不是來看球賽，她來看葉葦。

葉葦早在宿舍門口有禮貌地迎接陸家人。正剛沒有時間來，文英走不開，正雲不許出門，正芬到友人家去了，所以正明只接了他父母與四姐來，正芳一進宿舍就眉開眼笑地向葉葦說：

「這就是你們的狗巢呵!?」

「阿芳，放莊重點，」陸志聰喝道。

「嗯，陸老伯，您有沒有興趣在學校裏逛逛？球賽要到兩點鐘才開始呢！」

「不用了，我們去年送阿明來時都大略看過，我們就在這裏坐坐，你有事請便。」

「我沒什麼事。」

「我倒想看看你們的學校，帶我看看，葉羣。」正芳說。

葉羣連忙向正明丟了一個眼色，正明因答應在先，現在不得不幫忙，就只好說：

「咦，葉，你不是和華納他們約好一點鐘去看他們嗎？時間快到了。」

「哦，對了，」葉羣忙接口說，「對不起，陸老伯、陸伯母，我馬上就回來，陸小姐，我不能……」

「我陪四姐去參觀好了。」

一走出宿舍，正芳狠聲問道，「你這是什麼意思，阿明？」

「什麼？」

「你要故意搗亂，是不是？」正芳咬着牙說，「你不要後悔就是了。」

「四姐，妳說什麼我不懂！」

正芳啐了他一口，撇了一下嘴，冷笑道：「你想在我面前裝呆鳥，哼！那個姓簡的事都在我肚子裏吶，你如要搗我的亂，我也要好好搗你們一下，到時候你後悔都來不及了，你要是識相點，我饒了她，不然你也不要想和她結婚了！我不從中作梗也不叫陸正芳了！」

「四姐，」正明不耐煩地說：「妳說話怎麼還是這副潑辣像，一點也不像二姐。」

「誰要像二姐？誰要去像一個瘋子！」

「住嘴！」正明一把捉住她的手臂大吼道，「妳還有臉，是什麼人使二姐變得這樣的，妳說！」

「什麼人也不是！是她自己想男人想瘋了！」

「好不害羞！」正明猛力摔下她的手臂道：「二姐才不是這樣的人，妳自己才想男人！」

「好，」正芳毫無羞意地說，「那我們就乾脆亮開來說話，我想我的，你想你的，我們互不干涉。」

「誰來干涉妳！」正明不屑地搶白她。

「不干涉？你為什麼不要葉羣陪我玩？」

「我不要他？」正明氣衝衝地回駁道，「妳去問問他，是他自己親口告訴我，要我幫他忙的，他見了妳逃都來不及，還用得着我幫忙？我看，四姐你就安心嫁給那個姓曲的吧，人家配妳足足有餘，不要異想天開了！」

一席話氣得正芳差點把下唇咬出血來。正明說完後，她過了半天才陰沉沉地問道：

「你在他面前搬弄了我什麼，阿明？」

「我？」正明不屑地反問道，「我可不像妳。」

「我到今天為止還沒有搬弄你和簡一句話。」正芳含羞地回答。

「我們有什麼好被妳搬弄的，我才不怕妳！」

「我們看吧！」說着，一扭腰就回房去了，正明也不理她，就逕自去找葉羣，然後一起回宿舍帶他們家人到離學校不遠的足球場去。

進了足球場，找到了座位，葉羣請陸老夫婦先就坐了，就讓正芳坐下，正芳拉他一把，意思要他坐在自己身邊，不想葉羣假借主人地位，退了一步，讓正明先坐下，自己在正明旁邊最後就坐，正芳坐在她母親和正明之間，恨得只是磨牙。球賽開始，她那裏有心思看，只把一雙小瞇眼睛骨碌碌地轉着看人。事有湊巧，在近萬的觀衆中，她偏一眼看到坐在她前面幾排的苑若及一大羣年青人，這一下她簡直是樂不可支，連忙附在陸太太耳朶邊嘰嘰咕咕地說了許多話，還把手指朝苑若坐的那一排指着，陸太太欠着身子向底下那排看去，可不是她，正在和一個野毛說話呢！

「阿明，」她看了一會掉過頭叫道。

「唔，姆媽，等一下，」正明兩隻眼睛正跟住了那個抱着球的人，那裏肯理他母親。

「阿明！」

「馬上，馬上就好了，姆媽，妳只管講，我聽着就是啦。」

「阿明!?」

「嗯？」他不得已地把眼光從球員身上轉到他母親，一臉的不耐煩。「什麼事，姆媽？」

「你不是說那個姓簡的今天不舒服不能陪我們看球嗎？」

「苑若是不舒服呀，怎麼？」

「怎麼！」陸老太氣沖沖地說，「你朝這裏看，一、二、三、四、五、六，下面第七排上坐的是什麼人！」她把一個瘦鱗鱗的手指朝苑若坐着的地方指去。「和那個野毛有說有笑的不是那個姓簡的！不舒服！人家把你當瘟生看，你還把人家捧得像觀音似的，這種狐狸精似的女人我最見不得！」

正明順着她手指的方向看去，果然見苑若和一個粗大的美國孩子坐在一起，她的另一邊坐着莎莉和但尼，四個人有說有笑的。那個男孩正明從來沒有見過，他這時正側着頭對着苑若說話，苑若微偏着臉，眼睛看球場，嘴裏含着笑，似乎聽得很起勁。正明目不轉睛地看着他們，只覺一股怒氣從心裏升上來，升到喉頭，幾乎堵住了他的呼吸，兩手緊張地去拔手指的關節，拔得格格作聲，恨不得拔的是那個男孩的手指，拔了半天，心一橫，把眼睛從苑若臉上掉開，也不看球場，只是直瞪瞪地看着前面。

正芳見正明沒有反應，連忙又附着她母親的耳朶，說了大半天話，陸太太的表情由生氣而變為蔑視，由蔑視而表示氣憤，那雙剪刀邊一樣的尖眼睛，狠狠地怒視着苑若坐着的方向，等正芳說完話，她嘿嘿的冷笑兩聲道：

「怪不得這副下賤像呢！原來是小老婆養的，我說正經人家出來的女孩子家怎麼會一個人跑出來尋男人，原來是出身低賤！」

正明吃了一驚，盯着她母親的臉。

「怎麼，你難道不知道她是小老婆養的？」陸太太惡狠狠地看着她兒子說，「阿芳難道會造她的謠，看你這副窠囊像，怎麼能不上這個狐狸精的鉤！現在你自己看見她的原形了，還說不舒服？裝模做樣，原來是和野毛約好了的！我看你還是趁早斷了她吧！我們陸家可是不要出身低下的女人做兒媳！」

她這樣絮絮不休地罵着，惹得鄰座的人不住地盯着她看,陸志聰全心在球場上,只道她又在數落正芳什麼的，也沒理會，葉羣離得遠，沒有聽見她說的什麼，正芳見人家對她母親不滿，又見正明臉上變了色，就連忙勸她母親暫時不要講了，她的目的既然達到，洩了胸中之氣就打起精神來看球，一面盤算如何去對葉羣獻媚。陸太太且不看球，眼光不時掃射着苑若坐着的方向，鼻孔裏呼呼出氣。正明聽了母親一席話，只覺得一身燥熱，眼睛却不受控制地一次再次的轉到苑若身上去，有時看見她在向他說話，有時在朝那個人笑，有時聽着他講話，一舉一動好像都在對正明誇耀似的，好像在說，「你看，我騙了你了，你能把我怎麼樣!?」最後一次，他看見苑若坐着的那排人都站起來了，高聲歡呼着，跳着脚，拍着手，但尼一手抱起莎莉，瘋狂似地跳躍着，那個男孩也得意忘形地把手臂環着苑若，高聲歡呼，苑若雖然沒有和他們一起狂跳，只是開心地笑着，並沒有把那個男孩的手移開。正明痛苦地把眼睛轉開，他不想，不能，也不要再看了，一切都擺明在眼前，她騙了他。他呆呆地坐着，好像有人猛地裏把一盆冰水從他腦後澆下來似的，只覺得一身都氣得冰涼的。兩腿軟得像棉球棒一樣，絲毫動不得。

「咦，陸，還坐着幹嗎?還有什麼可看，耶魯贏了，你看那批人這份瘋樣兒，眞氣人。」葉在他肩上拍了一下道。

正明答不出話，只是直挺挺的坐着。

「怎麼啦?你不舒服?」

「什麼?你站起來做什麼?」

「咦，都賽完了，還坐着幹嗎?」

「完了?呵，完了!當然完了!」

「怎麼回事，陸?你氣昏了吧!」

「唔，走吧!有什麼好氣，人呢?」

「什麼人?你家裏人?這不是，他們打那邊兒走了，我們快跟上去，你怎麼啦?輸都輸了，還氣它幹嗎!」

「當然輸了，我不氣，我有點頭暈。」正明勉強鎮定自己說，「喂，葉，你能不能替我把他們送回家?」

「我?我不行,我今晚還得趕寫一個實驗報告。」

「哦，那就算了。」

「你眞的不舒服?要不要我陪你 一塊兒送他們回去?」

「不用了，」正明說，頓了一下，「你替我打一個電話給苑若，告訴她不用等我吃晚飯了。」

「嗯……你自己打個給她不好嗎?」

「不了，我借了湯姆的車，要趕着回來送還他的，好，我走了，他們在等我呢?」

「走吧，我也得向他們道別一下，」葉羣說着就和正明一起走到球場出口處，很恭敬地陪着陸老夫婦到停車場，看他們都上了車，向正明說：

「當心點兒開，陸，今天路上挺擠的。」

「嗯，我知道，」正明心不在焉地應了一聲，就發氣似地把油門一蹬，開着走了。

從那天起苑若就一直沒有看見他，打電話到他宿舍和膳食俱樂部都找不到，她心裏一急就打電話給葉羣，葉羣總是支支吾吾的不是說正明回家了，就說他沒有看見他，苑若明知他說謊，却又無可奈何，急得食慾與睡眠大減，工作的效率也大差了。

這一天她下了班，也顧不得自尊心的問題，跑到正明的宿舍門口，立定心意要等見到了正明才走，等了將近一個鐘頭，遠遠看見正明和葉羣吃了晚飯回來，葉羣見她，臉一紅，和她打個招呼，就閃進宿舍裏去了，剩下縐着眉的正明和蒼白着臉的苑若在門口站着。

「妳好，簡小姐。」正明淡淡地看了她一眼說。

苑若不覺一呆，勉強說，「正明，這是從何說起?」

正明且不理會她的問題，接着說，「如果妳肯原諒我的話，恕我不能奉陪了，我們期中考快到，我要進去準備功課，」說着，也不顧苑若劇轉的表情，竟轉身進入宿舍了。

葉羣在他們房裏的窗口看出來，見苑若呆若木鷄似地站了半天，才轉身移步走開，瘦小的背影無力地在暮色裏移轉，消失，不覺十分不忍，轉頭看見正明站在他身後也望着遠去的苑若，就說：

「你們倒底鬧什麼彆扭，陸?你沒看見她瘦了好些了嗎?你何苦這麼樣折磨人?」

「是我折磨她還是她毀我?你可知道 我最近的成績?你可知道我絕對通不過期中考?是我害她還是她害我?你倒評評理看?」

「我根本不知道你們鬧的什麼彆扭 ，讓我怎麼爲你們評理?倒底是什麼事兒，陸?」

正明沉默了一下，有氣沒力地說，「沒什麼，不值得一說的事。」

葉羣和他同處了一年多，知道他的牛脾氣，也就不再多問。

「走，我們上圖書館 去看書吧。」葉羣 拿起書說：

「我不去，我在宿舍裏看看一樣。」

葉羣走後他坐在書桌前，看着臺燈發呆，如果臺燈有感覺的話，早就被他看得不耐煩了。自從那天看球以後，正明就對自己發了誓不再去找苑若，但是不找她容易，不想她却不可能，何況她就在同一個學校裏，一事一物，一花一樹，都令他想到他們在一起的日子，想到他們共同的計劃、夢想，想到他們在那些黃昏裏，低聲講過的，「等我們結了婚以後……」一想到這些，他不禁望着書桌上的臺燈發呆。往事，猶如臺燈燈罩外那一圈暈黃的淡光，淡得不可捉摸!多少個自修的夜晚時光就在他凝望着淡色的光圈時輕輕流去，多少個白天他在敎授嚴峻的目光下恨自己的兒女情長!雖然他發了誓沒有去看苑若，那段從看球到期中考的日子他就不會好好活過，而是由日子把他從黑夜的惡夢中擾醒，再把他拋入白日的噩夢中。

期中考到了，他抱着「由它去吧」的態度去考，考完後，正值復活節，學校放春假，正明打算在宿舍悶睡，葉羣見他這樣苦悶，怕他苦出病來，就留在學校陪他，誰知道放假的第二天，陸志聰親自打電話來說正雲的病勢轉危，要他火速回家，他放下電話機，把自己日來的煩惱一起忘光，趕到俞詳家借車，碰巧俞太太開了車，帶了苑若和兩個小孩到鄰城去買東西了，俞祥很客氣的約正明葉羣進客廳等，正明礙于禮貌，只好進去。晚秋的薄暮來得較早，剛過六點，天已經黑了，俞祥正欲留他們吃晚飯，他太太回來了，正明一眼看見苑若牽了俞小寶有說有笑的進來，正在猶疑不決是否該和她打招呼時，不想苑若只向葉羣頷頷首，就繃着臉，從正明面前走過，連正眼都不看他一下，就轉入飯廳去了。正明這時心裏七上八下，擔心着他二姐的病勢，正需要一點安慰與同情，如今受到苑若的冷落，就覺得格外難過，喉嚨裏哽哽的，一股酸氣直冒上來，勉強和俞太太敷衍了兩句，就拿了車鑰匙和葉羣一起出來了。

「你眞的要去，葉？」

「眞的，我陪你去，省得你一人開車無聊，我反正沒事。」

「也好，你不妨先到後座去打一個盹，也許我們今晚要很晚才能回來。你肚子餓不餓？」

「還好，還可以等一下，你呢？」

正明苦笑一下，搖搖頭。

「那麼我們先開吧，也許可以在半路上停下來隨便吃一點。」葉羣說着就鑽進後座，正要躺下，却又爬起來問正明，你心不定還是讓我來開吧。」

「不，我開得比你穩，而且快。放心，我不會出事的。」

「嗯！我並不是怕出事……嗯，好吧，你開吧，開累了叫我，我不會睡着的。」

秋夜涼，風從開着的車窗吹進來激打着正明的臉，刺括括的疼人，他怕後座的葉羣受涼，就把玻璃窗搖上了，這樣開了很久，却又覺得車內的空氣悶人，就把大窗旁的一扇小窗轉開，一條細縫，風從縫裏送進來，溫柔得多，就像苑若平時用手指撫摸他臉頰時那樣溫柔。怎麼又想到她了呢！正明咬緊着牙惡狠狠地罵自己說：「她今天這副無情的樣子不正好證明她從前的溫柔是僞裝的嗎？她這樣善于欺騙，僞裝對她不是最容易不過的事嗎？……但是她又何必假裝溫柔來討我的好呢？她在認識我以前不是有成打的朋友嗎？她不見得要來討我的好，那麼她從前對我的態度不見得是僞裝的，她是眞心對我好，眞心的……但是她那天又爲什麼要瞞着我和別人去看球呢？她不是再三答應我不再和其他的男孩子出去嗎？」正明一邊開車，一邊把這些問題反覆的在心裏忖量着，自問自答，氣一陣，悔一陣，埋怨一陣，傷心一陣，簡直不能自解。

哦，苑若，苑若，苑若！妳爲什麼要折磨我？妳爲什麼要騙我，要騙我呢？我不是告訴過妳，妳是自由的嗎？我不是告訴過妳，任何時間妳要改變主意妳都必先告訴我的嗎！妳爲什麼要對我甜言蜜語，而背着我和別的男孩玩呢？妳以爲我還沒有被二姐的事磨得夠傷心嗎？妳爲什麼要撒謊呢！撒了謊却又讓我家裏人知道，妳出身如何我不在乎，但是妳自己爲什麼不肯做得正經大方點呢？我不在乎其他的事，我只在乎妳，和妳的誠意，妳爲什麼這樣沒有誠意呢？妳那天在我家不是當着我的面答應二姐妳會好好的待我的嗎？如今妳怎麼對得起我及我二姐，呵！二姐，我的二姐，妳千萬不能離我而去呵，我需要妳，我需要妳對我的愛，對我的關注，對我的……呵，二姐，二姐，妳千萬不能有什麼意外呵！

苑若的無情，正雲的病勢，就像一把鉗子的兩個口，整個的夾着他的腦筋，夾得他頭裂眼漲，簡直不能支持了，他沉重地呻吟一聲，一手抓緊了頭髮，忘了自己在開車，兩脚死命地往前一蹬，就無意中把油門加足了，車子猛然一震，就如飛地往前衝去，等到他看見前面不遠處一個龐大的，尾巴亮着「轉彎警告」的紅燈的大卡車時，他亡命地踩煞車已經太晚了，只聽見轟然一聲，他的車就毫無控制地激撞到大車的後半身。

當苑若接到俞太太的電話時，已經快近午夜，她還沒有聽完，人就嚇軟了，手裏的話筒碰的一聲掉在地上，她自己伏在枕頭上，四肢弱得動彈不得，耳朵裏聽見話筒傳來的俞太太的聲音，「苑若，儂那能啦……儂勿要急，……」(俞太太一急就講不出普通話來)却沒有力氣去拾話機，好半晌，俞太太把電話掛了，空氣就突然回復了沉靜，茶几上的時鐘滴答滴答地響，她歪着頭一看已經近十二點了，就掙扎着爬起來，躡足走到莎莉床邊，拿好她的車鑰匙，找了一件大衣披上，迎着淡淡的月色走出門去，心裏空蕩蕩的，什麼思想也沒有。

到了普大的獨一無二的紅磚房的醫院，由一個護士領她到手術室外的廊上，她一眼就看見呆在一邊的葉羣，苑若撇下護士，搶上一步抓了葉羣的手。

「他呢!?」問時聲淚俱下。

葉羣的臉本來十分蒼白，被苑若突如其來的拉着手，臉就紅了一紅，忙說，「在裏面。」

「有沒有危險？」苑若急急問道，一面鬆了他的手膀。

「大概沒有，醫生說這次算是不幸中的大幸，卡車是空的，而且是停在那兒，所以撞上去的力量並不是太大，俞先生的車子前身給撞扁了，陸的身子因爲有輪盤擋着，沒受什麼傷，就是他的頭給震了一下，他的左臂給軋在車門上，現在醫生正在檢查他的胳膊，還沒決定是不是必需動手術。」

苑若軟弱地挨着牆，一時說不出話來，過了好一晌才問道。

「倒底是怎麼回事？他怎麼會撞到卡車上去的？」

「我一點也不知道，一開始我就躺在後座，大概是睡着了，當我被一個很大的聲音嚇醒時，我的身子就從座上給摔到地上，我就糊塗了，等我清醒過來時，救護車已經到了，把我們一起抬回來，其實我是一點兒也沒受傷，就是受了一點虛驚，妳不必急，他也沒什麼事的。」

正說間，俞太太和她的丈夫一起進來了，俞太太走到苑若面前，端詳了她一番，才鬆一口氣似地說：

「妳把我嚇了一跳，怎麼電話聽了一半就不講了呢？我當妳昏過去了，要他到隔壁借了車趕到妳公寓，門半開，人不在，我們又趕來，妳怎麼樣，沒有什麼不舒服吧，苑若？」

「我很好，文卿。」

「我剛問了史頤醫生的護士，她說沒事兒，我看簡小姐還是到我們家去等消息吧！」俞祥說。

「不了，我就在這裏等一樣。」

「那怎麼可以呢，」俞太太忙接口說，「妳這樣嬌弱怎麼好熬夜呵！妳和我們一起回去，明天一早我陪妳來看他。」

「妳還是跟俞先生他們回去吧，反正今天晚上他們絕對不會讓妳見陸的，我在這兒等着，有什麼要緊的消息我準會給妳去電話的。」葉羣說。

「這樣兒不是挺好的嗎，簡小姐，妳還是跟我們一塊兒回去吧。」

「好了，走了，妳明天還要上班的，妳的皮包呢，我給妳拿，走吧！」俞太太半拉半扶着她說。

苑若見他們你一句我一句，催着她走，知道不可強留在醫院裏，就別了葉羣隨着俞祥夫婦出了醫院，把車送回公寓，然後搭他們的車一起回俞家，俞太太生怕她心裏難過，特意陪她在客房睡。苑若一夜未睡，天剛亮，就偷手偷腳地爬起來，穿好衣服也顧不及洗漱，就溜出俞家的門，叫了一輛出租車，直奔醫院。

詢問處的護士，給了她正明病房的號碼，她正要搭電梯，葉羣也來了，兩人就一起到二樓，正明住的是單人病室，有一個特別護士看着他，他們剛到正明的病房門口，護士就探頭出來說病人已有訪客，暫時不能見他們，苑若從開着的門縫中向裏一望，只見陸家一家大小，除正雲都來了，圍着正明的床，密密的一層。

「他家裏的人都來了？」她轉頭問葉羣。

「大概是吧！我天快亮時給他們去了一個長途電話，醫生讓我通知他家裏。」

「怎麼？怎麼？他有危險嗎？」苑若大吃一驚地問。

「不，他沒有危險，昨夜醫生把他的手臂給扭好了，連大手術都沒動呢？醫生不讓早通知他家裏是怕讓他們空吃一驚，他知道陸不會有生命危險的。」

「他的腦有沒有受震。」

「大腦受震，醫生讓他起碼休養一年，別的都是小傷，沒多大關係。這真是運氣，小車子和卡車撞，十有九個是送命的，陸的命倒是挺大。」

苑若不禁呼了一口氣。

「你昨晚看見他了嗎？」

「唔，但是他還是昏迷的，不認識我，他一出手術室我就給他家裏去了一個電話。」

正說間，正明的病房門開了，走出一排陸家的人；陸老夫婦領頭，文英在最後面，陸志聰像是忽然衰老了幾年似的一副傷心懊惱的神情，垂着頭走路，並沒有看見苑若他們，陸太太的尖眼睛向一把劍似的向苑若射來，好像恨得可以立時把她摔死似的，乾枯的唇角一牽一牽地似在咒罵，跟在她丈夫身後踩着碎步；正芳瞪了苑若一眼，臉上似笑非笑的，那神情又似得意又似後悔，文英輕聲叫了一下「簡小姐」，正想停下步子來說句話，那邊陸太太叫道：

「文英，快來呵，難道我們還要等妳！」

文英乾笑一聲，匆匆走了。苑若呆如木鷄似地倚門站着，看着他們一個個推開大門出去，也摸不清他們爲什麼對她忽然起了敵意，正想問葉羣，只見正芳又急步進來，一把拉住葉羣，嬌聲說：

「你來，姆媽要你和我們一起吃早飯，阿爸有許多話想問你，來呀！」說着，也不由葉羣推却，就一陣風似的把他拉走了。

苑若一人怔怔地站在病室門口，心裏又淒涼又氣惱又徬徨，就轉身去敲門，看護探頭出來說。

「噓，病人正在睡。」

「我想看看他。」

「他今天不能見訪客，他已經太累了。」

「我不是訪客，我是他的未婚妻。」苑若不顧一切地說。

「未婚妻也是訪客，」看護好脾氣似地笑着說：「病人的神智還很亂，醫生不許人去打擾他，我知道妳很想看他，但是我一定要遵守醫生說的話，對不起。」說着把門掩上了。

苑若一人淒苦地倚在門邊，含了一泡眼淚，不忍心走開，又不能進去看正明，就把臉緊貼着門，想聽聽他的鼻息和他的動靜，一面聽着，一面想着陸家人除了文英以外，對她刻薄的樣子，心裏覺得十分委屈，眼淚就流不完，她怕來往的看護笑話，就把臉蒙在手帕裏，哭得嗚嗚嗪嗪的，那塊手帕正好是正明幫她洗過的，看了心裏愈發悲痛，淚水尤其洶湧不已，不知道哭了多久，才有人走到她的身旁，說：

「簡小姐，讓我送妳回去吧！」

她抬頭一看，見是葉羣，搖搖頭說。

「我要看正明，看了他我才回去。」

「大概不行吧！醫生不讓他見訪客呢！」

「不讓？他爲什麼讓他家裏人進去？就偏不讓我？我比他家裏的人都愛他，他爲什麼偏不讓我進去？」

葉羣見她這樣坦白直言，倒反而紅了臉，半天才說：

「那是因爲陸伯母在這兒大吵大哭，醫生怕病人受驚，勉强讓他們進去的，同時，因爲他們是長島來的，不比我們住在這兒的人容易來看他。」

苑若知道白賴在醫院裏也無用，又覺得自己一時情急，說話太過份了些很不好意思，就低着頭隨着葉葦走出醫院，葉葦把她送回公寓後才轉身回宿舍。

此後苑若每天晚上在七點與八點之間冒着寒風到醫院去看正明，但是她從來沒有看見他，她只看到護士從病房裏伸出來的頭。

「對不起，他今天精神不好，不願意見朋友。」

每天，每天，她都是又懷疑又絕望地回到冷清清的公寓，寂寞而又擔心地渡過一夜，但是她還是每天去，帶了一束花，先是劍蘭，天冷些是黃菊，再冷一點是晚櫻。天氣愈來愈冷，她身子抵不住夜晚的寒風，就改到下午二點到四點的探問時間去，但是她還是看不到正明，逐漸地，她瘦了，枯萎了，像一顆在冷風裏垂着頭的小草，像一杯殘茶裏的茉莉，又黃又乾。

那天她照例在三點左右到醫院，在正明病房門口迎頭碰見從裏面出來的葉葦，兩人都吃了一驚。

「咦，簡小姐，您不舒服？您的臉色……」

「咦，你怎麽從裏面出來？正明可以接見朋友了嗎？」

葉葦被她一問，啞口無言。

「不，我是給他送信來的。」他紅了臉說。

「我不相信，」苑若突然恐懼地抓了他的手，「請你老實告訴我，他是不是殘廢了，所以不願意見我？」她的聲音充滿了哭泣，「葉葦，你告訴我，我不會昏倒的。」

「不是，他很好，他……」

「他失去記憶了，是不是！不然，他爲什麽不要見我呢？他們允許你進去看他，却不許我去，是不是怕他不認識我了？」她的淚沿着兩頰流下來，「他們爲什麽這樣狠心，爲什麽不讓我看他!?」

「並不是他們，簡小姐，是他自己不要見您。」

「他自己？」苑若茫然地問道：「他怎麽還是孩子氣不改，他難道不知道我的心嗎？即使他殘廢了，我對他還是一樣的！」

「簡小姐，」葉葦爲難地說，「我們出去吧！他最近把那次的事全部講給我聽了，讓我慢慢兒的告訴妳。」

在苑若的公寓裏，葉葦仔細地把那天看球的經過情形一一說給苑若聽，苑若聽完了，忍不住把臉藏在臂彎裏大哭起來，葉葦坐在她對面，不知如何勸解才好，急得臉都紅了。

「簡小姐，請妳不要這樣，請妳不要這樣。」

「我沒有想到他竟這樣不了解我，呵，他爲什麽不當時來責問我呢？」苑若一邊哭一邊說，「那天莎莉的男朋友但尼帶了他耶魯的一個同學來接莎莉去看球，但它看我一人在家，硬要把我拉着一起去，因爲他們正好多了一張票，他們美國孩子那股蠻勁，你們總也知道的，我拗他們不過，只好一起去了，看完球我趕回家做飯等他來，一直等到十點鐘都不見他影子，連電話都不來一個，我當他大概送他爸媽回長島了，來不及給我打電話，誰知道他對我誤解到這種程度？怪不得那天我去找他，他居然那樣對付我，我眞是好冤枉呵！」她抬起哭紅了的眼看着葉葦說，「那天在醫院裏他家裏人對付我的樣子你也看見的，」她悲憤地接着說：「他們一定以爲我在玩弄正明，而且把正明撞車的事也怪到我頭上來！我怎麽受得了這種輕視，如果他了解我，我還可以不在乎他家裏的人，如今連他自己都以爲我是一個不誠實的女孩！我多麽痛心呵！我爲什麽平白無故要去騙他呢？他不是不知道我對他的心！他爲什麽不當天親來問個明白！他二姐說他的脾氣拗起來像牛一樣，我這才領會到了，其實爲了這麽一點小事賭氣，多麽不值得呵！如今他出了事受了傷，躺在醫院裏，損失多麽大，我心裏又怎麽過得去呢！我受了寃枉還不算，還天天跑到醫院裏去討他的沒趣，這又是從何說起呢！如果做朋友一場落得這樣下場，也就够把人心傷斷……」她一面哭，一面訴說，說到後來蒙着臉，伏在桌上大哭起來。

葉葦見她這般慘痛啼哭，知道她受的寃枉實在太大了，心裏也替她難過，忙紅着臉說：「那天陸倒是要我打電話的，我因爲忙着趕一個報告，就給忘了，請妳原諒，不過妳也不必傷心了，苑若，」葉葦忽然發現自己在叫她的名字，有點不好意思似地頓了一頓，接着說：「讓我明兒告訴他事情的整個情形，下次妳去看他時他就會給妳道歉的。」

「他這一陣不願見我，當然還是在生那天的氣，是不是？」

「大概是吧！不過他還氣妳那天在俞家給他過不去的事。」

「原來只好他給我過不去，不許我不理他的，他這份孩子氣不改將來還有苦受呢！」苑若擦乾了眼淚，氣猶未消似的說。「不過我也不會和他計較的就是了，明天你先去把事情和他解釋明白了，後天我自己去向他表明心跡，我也不在乎他後悔不後悔，更不在乎他會不會向我道歉，我只要他知道我不是一個善于欺騙人的女孩就是了。」說着，就淡淡地苦笑一聲，站起來送葉葦出公寓。

「哦！我差一點忘了，」苑若送他到門口時問道：「你不是說那天他趕回去是爲了他二姐的病，她現在怎麽樣？」

「我不太清楚，聽他四姐說她的病勢好像很重。」

苑若沒有說話，目送葉葦走了後，還在門口站了半天。

第三天下午她請了假趕到醫院，却是撲了個空，原來正明已在當天上午由他家裏的司機老包和他的父親接回家去休養了，苑若捧着一束花，麻木地步出醫院，外面正在飄落冬天的第一次雪花，一片片，一葉葉，像苑若被悵惘和遺憾撕裂了的心一樣，無所依歸似地在寒風裏顫抖着。(待續)

讀者投書

（三）退除役官兵待遇直言

丁開誠

編輯先生：

自貴刊問世以來，我是每期必讀，因為貴刊的說話，都是以國家民族的利益為利益，而且又都是持平公正，不偏不頗；每言人之所不敢言，眞正道出老百姓的心聲，為民主政治的燈塔。今日「自由中國」這本刊物，已經是每一個追求眞理留心治道的知識份子人手一冊的精神食糧，享譽國際，遍銷海內外，誠非偶然也。

關於退除役官兵待遇懸殊問題，其中有很多在情理上都說不過去的地方，這遠在時賢尚未主張「創設講理俱樂部」一年多前，筆者就感到甚有必要，故毅然投書會經在「自由中國」半月刊第十五卷第十二期上以「同是後備軍人，何以厚彼薄此？」為題的一篇投書裏面大略講述過我們的理由。我在這篇投書裏大意指出：假退除役軍官與退除役士兵，當年同樣是執戈衛國，浴血疆場，大家半斤八兩，誰也不比誰少出一點力氣；今天暫卸征戎，同樣又是後備軍人，何以在待遇上一則(當官的)就有八成薪領和一切實物配給照拿？而一則(當兵的)就甚麼都沒有？倚重倚輕，未免有離「打氣」之道。國家困難，要苦大家苦，誰也沒有話說。只是人微言輕，說了也是等於沒有說。現在，假退除役軍官已改辦正式退除役，每人除了有一筆鉅額養老金(或退役金以下同)可領以外，還另有許多其他的優渥殊遇。而我們這些已經正式退除役尤以與假退除役軍官是同一性質的自謀生活的士兵呢？其始也既無八成薪和實物配給的同等待遇，到末了也沒有一視同仁的養老金發，完全成為「棄若敝屣」的一羣！

說到退除役官兵同等待遇問題，也許有人要這樣說：當官是職業性質，政府為了酬庸他們過去對國家的勛勞，所以退除役了有養老金領哩！當兵是國民應盡的義務，也就沒有養老金領啦。好的！當兵是義務，那末兵役法規定的有服役年限，為何服役期滿還要不讓大家依法退伍？若說這是因為非常時期，國家要延長服役。試問非常時期平常時期，當兵的就只有盡義務沒有權利嗎？這究竟是根據什麼邏輯？又是模仿那一個國家的成例(鐵幕國家倒是有很多的成例，只是我們今天反共抗俄，是斷乎不能剽竊模仿他們那一套的。)？我們實在百思不解！說到「酬勛」問題，而今當兵二三十年已經斷臂缺腿的人多的很，難道眞的就無「勛」可「酬」嗎？我的天呀！

退除役待遇辦法的設計者，硬將官兵嚴格劃分，我們不知這是何居心？我們感覺很難過的，就是官方今天熱烘烘的提倡讀經，却並未擷取經中「不患寡，而患不均」的精華，想不到現在依然還是只為少數有階級的人打算！別的不談，單看退除役官兵待遇的情形，自始至終就是只為少數有階級的做官的着想，而把大多數沒有階級的當兵的不放在眼裏！不禁使我們也要懷疑我們當兵的現在還是不是人？如果說當兵的也是人人的了，總得多少享受一點起碼像人的待遇呀！我們要養老金。

以上我們的說話，是反應大多數退除役士兵的意見，拜懇貴刊撥一寶貴園地刊載，歿存感激，固非筆者一人矣！

專此敬祝

撰安

讀者　除役士兵　丁開誠拜上　九月五日。

出版法條文摘要

立法院第二一會期秘密會通過
總統於四七年六月廿八日公布

第六章　行政處分

第三十六條　出版品如違反本法規定，主管官署得為左列行政處分。

一、警告。

二、罰鍰。

三、禁止出售、散佈、進口或扣押、沒入。

四、定期停止發行。

五、撤銷登記。

第三十七條　出版品違反第三十二條第三款及第三十三條之規定，情節輕微者，得予以警告。

第四十條　出版品有左列情形之一者，得定期停止其發行。

三、出版品之記載違反第三十二條第一款之規定者。

四、出版品之記載違反第三十二條第二款及第三款之規定，情節重大者。

五、出版品之記載違反第三十四條之規定，情節重大者。

六、出版品經依第三十七條之規定連續三次警告無效者。

第四十一條　出版品有左列情形之一者，由內政部予以撤銷登記。

一、出版品之記載，觸犯或煽動他人觸犯內亂罪、外患罪、情節重大，經依法判決確定者。

二、出版品之記載，以觸犯或煽動他人觸犯妨害風化罪為主要內容，經予以三次定期停止發行處分而繼續違反者。

第四十二條　出版品經依法註銷登記或撤銷登記或予以定期停止發行處分後，仍繼續發行者，得沒入之。

編者按：在此項出版法未廢止之前，本刊決將上項條款繼續刊登，一方面用以自我警惕，一方面讓世人知道我們的出版自由，受到怎樣的限制。

自由中國　第十九卷　第六期　內政部雜誌登記證內警臺誌字第三八二號　臺灣省雜誌事業協會會員　一九二

給讀者的報告

近年每逢教師節，儘管政府的要員也大談其「尊師重道」，乃至對「優良老師」表揚一番，但形之於若干政治措施者，却直接間接足以打擊「師道尊嚴」。我們特在社論㈠「為教師爭人格」中，指出大學教師地位被打擊的兩項主要事實：一是要寫政治性的「保證書」，一是升等或聘任須由教育部「審查合格」。我們基於對師道的由衷尊重，特在教師節瞬將屆臨的今日，要求政府首先停止這類政治措施，作為今年慶賀教師節的最佳禮物。

這許多年來，臺灣雖一直在歌舞昇平之中，但原有報紙的篇幅及新辦報紙的登記，均硬被政府以「戰時」之名嚴加管制。最近，政府却在空前的金馬砲戰聲中，對報紙篇幅，解除了「戰時」的管制。我們難怪政府這種做法，使國內外同感惶惑不解。我們特在社論㈡「扼殺民營報紙的又一辦法」中，坦白指出這完全是出於某大黨報的主動，其目的在致民營報紙於死命而已！政府在不讓新民營報紙產生之下，竟又進一步企圖把已存在的民營報紙一併扼殺，顯係順着制定「新出版法」的一貫路線，進而扼殺言論自由的新發展。如果政府認為並非出於這種動機，便該立刻以開放報紙登記來證明。

內政部長田炯錦曾在警官學校發表過一篇講演，題目是「民主政治與警察人員。」李聲庭先生「與內政部田部長論警察權」的大文，即是有感於田部長的此一講演而發。李先生所要與田部長討論的主要有三點：㈠甚麼是 Police power？㈡英、美等國的警察權，比我們的大是不是事實？㈢警察權與警家國家有無關聯？不知田部長還有何高見？我們很希望田部長能好好的讀讀，尤希望田部長、政府當局、主張通過新出版法之立法委員以及法院法官能特別注意到李先生文內所引述的兩個美國判例。不要只為一時的方便，而鑄成大錯，貽害無窮。至於李先生希望田部長把美國將我們與共產俄國相提並論的恥辱洗雪，是否對田部長的估價太高而變成强人所難，就非我們所得而知了！

金溟若先生在其「今日教育的方向」大作中，檢討張其昀接長教育行政四年多，僅「免試升學」一事，已足以致臺灣教育於死命，特就此問題再一申述，並就教育上亟待革新之處，提供了若干寶貴意見，尤其是主張使臺灣全省公私立學校作平衡發展的建議和辦法，更是切中時弊，值得重視。

羅業宏先生譯的「個性．獨立思考．與今後的世界」大文，是譯自基督教科學箴言報「明日之世界」之十。文內指出未來的五十年歷史，將由現在每一個人能否作獨立的思考來決定。但願大家都能眞正從事獨立思考，不要為口號等所誤。

楊志固先生的「美國證券市場的管理」大文，原擬於本期刊完，現因下段尚有十頁半，故改為(中)(下)兩部分在本期及下期發表，務請作者及讀者諒察。

秋楊先生的「感恩日」大作寄來甚久，因稿擠而延至本期發表。秋楊先生現正在金門前線為保衛自由而戰，我們特在此表示敬意。

自由中國　半月刊　第十九卷第六期　總第二一三號

中華民國四十七年九月十六日出版

發行人兼主編　『自由中國』編輯委員會

出版者　自由中國社
社址：臺北市和平東路二段十八巷一號
Free China Fortnightly, 1, Lane 18, Ho Ping East Road (Section 2), Taipei, Taiwan.
電話：二　八　五　七　〇

航空版　友聯書報發行公司（香港九龍新圍街九號）

總經銷　自由中國社發行部

經售者
美國　紐約友方圖書公司 Hansan Trading Company, 65, Bayar D Street, New York 13, N. Y. U. S. A.
紐約光明雜誌社 Sun Publishing Co., 112 Mulberry St., New York 13, N. Y. U. S. A.
韓國　漢城裕昌德號
馬尼刺　新蘊書店
印尼　泗水文光圖書公司
緬甸　仰光振成書報店
印度　阿拉哈巴中印文化出版社
北婆羅洲　西利亞坡青年書店
星加坡　友聯書報發行公司（小坡大馬路四六九號）
吉隆坡　友聯書報發行公司（馬華公會大厦三樓七室）
怡保　友聯書報發行公司（希尼華沙卅街十六號）
檳城　友聯書報發行公司（林連登律七十二號）
澳門　友聯圖書公司

印刷者　精華印書館股份有限公司
廠址：臺北市長沙街二段七一號
電話：二　三　四　二　九　號

本刊經中華郵政登記認為第一類新聞紙類　臺灣郵政管理局新聞紙類登記執照第五九七號　臺灣郵政劃撥儲金帳戶第八一三九號
（每份臺幣四元，美金三角）

FREE CHINA

第十九卷 第七期

目錄

社論

(一) 論臺海危機

(二) 為政不在於擺排場逞威風——向周至柔主席進一言

論民主文化的培養……葉時修

臺灣人對陳內閣的期望……秋水

自由中國東西橫貫公路的建設……文農

美國證券市場的管理(下)……楊志固

短評

(一)「免試升學」如何了？

(二)黨國元老的「革命」手段

(三)誰在「强銷書刊」！

(四)如何根除「四害」？

通訊

中共在香港搞「計劃輿論」……厚生

伊拉克政變及其後果……紀夢平

逃亡夜……宴寒松

也是秋天(八續)……於梨華

讀者投書

(一)看官方的違章建築！……盧華英

(二)也談「人才下鄉」……一羣讀者

中華民國四十七年十月一日出版

社址：臺北市和平東路二段十八巷一號

半月大事記

九月十一日 (星期四)

太平洋美軍統帥費爾特宣稱，太平洋區美軍專爲膺懲侵略。

九月十二日 (星期五)

艾森豪堅決宣稱，面對共匪侵略威脅，美決不在臺灣海峽退却，强調不在遠東重蹈姑息覆轍。

香港文教新聞界宣言，支援政府堅守金馬，籲請聯合國宣判共匪爲侵略者，盼美明確宣佈協防金馬。

共匪宣佈急速組織民兵。

九月十三日 (星期六)

艾森豪公佈致俄覆函，斥責共匪黷武逞兇，並指赫魯雪夫有意鼓勵國際共黨侵略野心，主張以和平方式解決臺灣海峽危機。

九月十四日 (星期日)

美在臺灣境內趕建飛彈基地。

俄「眞理報」「消息報」指美匪談判難有好結果，誣美缺乏謀和誠意

九月十五日 (星期一)

美武器正源源運臺，建立協防軍事力量，並正集結龐大核子攻擊力量，指揮作戰管制單位亦已遷臺。

美匪談判在華沙開始舉行。

蘇俄覆照美國，同意談判防止突擊問題。

九月十六日 (星期二)

東南亞公約組織軍事顧問會議在曼谷開幕。

十三屆聯合國大會今揭幕，黎國代表當選主席；我與美英法諸國當選副主席。

美匪會談秘密進行。

九月十七日 (星期三)

美星式戰鬪 噴射機 進駐 臺灣 基地。

東南亞公約組織軍事顧問會議擬訂軍事防衛計劃，應付臺灣海峽緊張情況。

聯大的指導委員會通過議程，我代表權問題延緩討論，印度提議共匪是否應取得聯合國問題列入聯大辯論項目。指導委員會票決將匈牙利問題列入其議程。此外如阿爾及利亞問題、塞浦路斯島問題、太空的和平問題、一般性裁軍問題等，亦列入議程。

美匪密談，姑息氣氛仍濃。

九月十八日 (星期四)

金門空戰，匪機五架被擊墜海。

杜勒斯在聯大演說，抨擊共匪黷武，盼能和平解決臺灣海峽危機，並稱保留將 臺海危機 提交 聯合國的權利。

匪再整肅大批教授，費孝通、潘光旦、馮友蘭、陳寅恪、林庚等均被列爲反對馬克斯列寧主義的敵人和罪人。

東南亞公約軍事顧問會議閉幕，曾商臺灣海峽情勢，決進一步發展保衛計劃。

俄代表葛羅米柯在聯大演說，侮蔑美英法韓，誣美在臺灣海峽作軍事挑釁。

九月十九日 (星期五)

美國協防司令部擴大，改屬美軍太平洋總部。

聯大指導委員會激辯應否討論我代表權問題，美代表主張援例不予以討論。

英倫傳出有關華沙美匪會議消息，匪要攫得金馬，始允海峽停戰，美方堅持必先停火。

美國務院發言人稱，爲對付匪侵犯威脅，美決適當裝備我國軍力。

赫魯雪夫覆函致艾森豪，措詞激烈，謂美對匪作戰必遭擊敗，要美承認匪幫並與之談判。

九月二十日 (星期六)

聯大指導委員會通過美國所提建議，本屆聯大不討論所謂中國代表權問題。

美匪華沙談判今續舉行，共匪叫囂反對停火。

九月二十一日 (星期日)

赫魯雪夫致白宮新函件，艾森豪憤予斥還。

九月二十二日 (星期一)

所謂中國代表權問題，印度企圖重提聯大討論。俄集團在聯大阻撓通過討論匈牙利案。

遠東問題如提聯合國，英保證支持美國計劃。

蔣廷黻呼籲亞洲國家勿再對匪從事姑息。

九月二十三日 (星期二)

華沙會談中，美已拒絕匪有條件停火；匪圖開高階層會議。

聯大四四國支持指導委員會提議，本會期內不討論所謂中國代表權問題。

九月二十四日 (星期三)

我空軍再擊落匪機十架。

美匪今作四度會談，匪方誣蔑美方停火建議。

『自由中國』的宗旨

第一、我們要向全國國民宣傳自由與民主的真實價值，並且要督促政府(各級的政府)，切實改革政治經濟，努力建立自由民主的社會。

第二、我們要支持並督促政府用種種力量抵抗共產黨鐵幕之下剝奪一切自由的極權政治，不讓他擴張他的勢力範圍。

第三、我們要盡我們的努力，援助淪陷區域的同胞，幫助他們早日恢復自由。

第四、我們的最後目標是要使整個中華民國成為自由的中國。

社論

論臺海危機（一）

臺灣海峽的外島戰爭，從八月二十三日共匪猛烈礮轟金門陣地開始，到今天已延續了一個多月的時間。這一個多月來最使我們感覺興奮的，是我陸海空三軍將士所表現的卓越戰鬬精神，不僅能堅守陣地，並且還一再予敵重創。在我們論及戰爭所牽連到的內外一般情勢以前，我們首先要對前方浴血將士表示最大的敬意。

外島戰爭雖然至今仍局限於金門及其附近的那一個狹小地區，甚至連馬祖前線，都沒有什麼重大接觸，但是已經引起了全世界的關切，被認爲是遠東方面一個空前嚴重的危機。加以，劇烈的戰鬬事實已從軍事的前線延展到外交的前線，此二種因素乃互相影響，更增加了問題的複雜性。一般的戰爭，祇是力量與力量的對較，而今天我們與整個自由世界所面臨的核心問題，却是如何才能把力量發揮出來。所以對一般戰爭，祇需要勇敢與軍事的智慧，而我們在目前却除了勇敢與軍事的智慧以外，更特別需要政治的智慧。

任何健全的對策，都必須以對現實的正確認識爲基礎。要先能認識現實，才能進而適應現實；要先能適應現實，才能進而控制現實。這個程序是錯亂不得的。爲此，本文要從整個情勢之分析開始。

若干基本的認識

我們所要答覆的第一問題，當然是共匪究竟抱持什麼企圖？其實，這個問題無寧說是至爲簡單，用不到我們費太多時間去研究與辯論，共產黨徒是狂熱的，他的終極目的決無止境，不僅金馬不會使他滿足，即連臺澎也不會使他滿足。但共產黨徒也是現實的，他不會在軍事上從事一個不可能的冒險。情勢許可，他什麼都要攫取；情勢不許可，他會知難而退。而這所謂情勢，並不操諸於共匪，它是操諸於俄國，也有一大部分是操諸整個自由世界特別是美國。儘管我們對共匪的內情尚有甚多不能瞭解之處，但有一點是可以知道的；單憑共匪自己的力量斷然無法與美國作戰，尤其無法與美國進行以海空軍爲主的戰爭，共匪自己對這一點必然非常清楚。所以我們確認：

㊀如果未能獲得俄國的同意與充分支持的承諾，共匪一定要竭力避免與美軍直接衝突。

㊁在未能獲得俄帝充分支持的前提下，共匪決不進犯臺澎。

㊂在此同一前提下，美國協防的範圍擴展到那一條界線，共匪的行動就停止於那一條界線。

以上的㊁㊂兩點，實爲第㊀點的自然推論。美國與我國既訂有安全協定，有防守臺澎的義務，共匪要進攻臺澎，就無法避免與美軍衝突。又九月十一日艾森豪總統的演說明白表示，如果共匪進犯金馬而我國守軍又無法抵抗之時，美軍就要擴大協防的範圍。我們從這兩點就可以瞭解何以共匪直至今日仍將其行動限制於對金門的砲擊，而始終未作進犯的嘗試。

我們這裏頗有些人一方面堅持着說共匪一定會進攻臺澎，而另一方面又判斷臺海危機決不致擴展而爲全面性的核子戰爭。這種說法，顯然是爲宣傳的動機所蒙蔽而致不自覺的陷入於觀念的矛盾之中。如果共匪進犯臺澎，他必然已準備着與美軍衝突；如果他準備與美軍衝突，他必然要先獲得蘇俄充分支持的承諾；如果有此種承諾，那就誰也無法保證俄國決不會直接的介入。因此，我們要獲得「共匪眞實企圖爲何？」這個問題，却必需到另一個問題中去尋求，那就是：「俄國的眞實意向爲何？」

此第二個問題，沒有像第一個問題那樣的容易答覆。我們這裏多數論者，始終認定共匪的一切行動，沒有一次不是出於蘇俄的指使，而最近的軍事行動，更確定其爲出於八月初赫毛北平會見的安排。但西方觀察家則大都與我們的論者相反，他們的報導與分析都莫不强調共匪與赫酋所代表的蘇俄領導階層之間觀念與立場的距離。他們認爲共匪較諸俄酋尤爲好戰，且較諸俄酋尤爲接近於史大林主義的傳統。共匪在金門的挑釁，與俄國在中東所採取較爲和緩的政策，不甚協調。在外島戰爭的初期，俄國的態度甚至還表現得相當淡漠。此後，赫酋曾兩度致函美國艾森豪總統，似顯得漸趨强硬，但一般仍不信其恫嚇有什麼實質，因爲至今大家仍不能發現俄國有任何備戰的跡象。由此似可判斷：

㊃共匪的挑釁，事先未必曾受到俄國的鼓勵。

㊄如果情勢的發展，顯示共匪有遭逢嚴重失敗的跡象時，俄國可能予以有限度的支持，但它仍將避免全面化的核子戰爭。

㊅照今天我國與我們盟國所採取的對策來看，尚不足以引起俄國直接介入。

我們設想，如果俄國眞已準備挑起大戰，則共匪就斷然不是像今天這樣的作法，它的行動在時間上一定更爲緊湊，在空間上一定更爲擴大，以期收到閃電式的積極戰果，用不到像今天這樣的一步步試探。共匪的行動表現，可說是俄國並未準備挑起大戰的一個最佳反證。

(4)

但是我們必須承認，對俄國意向的推測，不敢說有百分之百的把握。有些因素，我們不敢斷言，全世界的觀察家也同樣的不敢斷言。而且也正因爲如此，美國的對策，也是一步一步都含有試探的性質。美國不是在試探共匪，而主要還是在試探俄國。

繼而說到美國政策。於此，我們先應瞭解兩點：第一點就是前節所說的試探性。第二點是：美國是一民主國家。它不但對內是民主的，並且對外也是民主的。美國政府不僅重視國內的一般意見，而且也重視國際的一般意見。任何措施，它不願單獨的進行，更不願違背了多數國家的意見而進行。譬如韓戰，雖然事實上差不多是由美國獨力承擔，但它還是要把十六個國家拉在一起，作象徵性的合作。美國政府的行動不可避免的要內外瞻顧，決不能像極權國家政府那樣的獨行其是。這兩點說明了爲什麼美國政策常常顯得不够明確與堅定。

對金馬問題，幾乎可說，整個自由世界的觀感，都是對我們不利的。理由非常簡單：人們害怕核子戰爭，人們決不願意爲了金門馬祖這兩個地圖上找不到的小島而招來核子戰爭的災難。這是我們無論用什麼說詞都無法使之改變的。在一般姑息主義者，此種恐懼心理竟致發展到這樣的程度，以爲民主國家任何行動都會引起核子戰爭；較爲遠見的人士，則認爲過分的姑息，適足以鼓勵侵略，最後反而使核子戰爭成爲不可避免。這是一般意見的分歧之處，但其避免核子戰爭的要求，則是一致的。艾森豪總統與杜勒斯國務卿所執行的政策，特別是對金馬問題所執行的政策，走的反姑息的路線。我們必需承認：㈠艾杜路線，已較諸任何其他可能想得到的路線更對我們有利；㈡在金馬問題上，它已經表現得比任何其他問題上更爲明確而堅定；我們幾會聽到過他們在其他問題說過美國準備使用武力，而這一次他們事實上已經這樣說了。這並不是說我們應該以此爲滿足，再不能存什麼奢望；這祇是表明一個事實，一個爲我們所不能忽略的事實。

美國政府的對策大致是如此：

㈦儘可能在不直接介入的前提下支持我們確保金馬。

㈧到萬不得已時美國可出動其海空軍協同我軍作戰，但仍將保持戰爭的限度(地區的限度與武器性質的限度)，以避免俄國的參加。

㈨美國在現階段的目的祇在於恢復到過去的相持，因爲它知道問題無法一下子澈底解決。

㈩美國政府不會成爲出賣我國主權的同謀者。

以上諸點，大部分都是從艾森豪總統與杜勒斯國務卿幾次的談話與聲明直接的歸納出來，用不到我們來猜度與估計。美國政要的談話與聲明，祇要它用的是確切的語氣，那是負責的，我們應該信任。關於最後兩點，我們特別要提醒美政府處境之困難，它所遭遇達到的內外壓力都使它非嘗試一下談判不可。美國政府同意談判，與其說是志在安撫共匪，無寧說是志在安撫內外的姑息主義者，以便減少一些牽掣而已。我們決沒有理由去懷疑這是一種慕尼黑式的陰謀。如果說美國政府確實有壓迫我們放棄金馬的意圖，它儘可以用其他的方式做到。如果它確實在準備要壓迫我們放棄，爲什麼要在情勢緊急之時加强對我國的軍援？國際間有一種準備，拿我國的利益來犧牲來換取一時苟安的陰謀，那是事實，但美國政府却正是在與此種陰謀相對抗，我們如何能懷疑它是陰謀的執行者。我們與美國正需要加强合作，這一點起碼的互信是不能沒有的。

我們的對策

接下來要說到我們自已的問題。我們必需確保金馬，要竭盡全力去確保，要忍受一切犧牲去確保。我們不必去追問爲什麼。當敵人要强力奪取我們的一土地時，我們就必需去保衛它。這是一個原則。我們甚至也不必去研究金馬有什麼軍事價值或任何其它的價值。當法庭裁判一個强盜的罪行時，它決不是從搶刼的東西對所有人的價值來評定其罪名之輕重。現在世界尚未有一個法庭可以裁判共匪的强盜行爲，我們沒有其它選擇，祇有起而抵抗。

但是我們如欲達成確保金馬的目的，就不能作如此單純的想法。金馬問題是與整個世界的反共鬪爭聯結在一起的，我們決不能讓它孤立，問題成爲孤立，我們就一定失敗。我們過去在大陸上，從來就把對共匪的戰爭說成「戡亂」，甚至在快要失敗之時還一口斷定這是我們自己的事而拒絕國際的過問，結果是使我們自己吃了大虧。今天，誠然已經沒有人堅持這一種固執的態度，但還是有人在責難政府不該對國際關係太過瞻徇，而要求擺脫這些關係，獨行其是。他們主張我軍無須得到美國同意而逕行轟炸大陸，他們又主張乘共匪挑釁的機會，反攻大陸。類此的主張，海外華僑的報紙，發表得最多，使我們想起，這可能是由於不瞭解實際情形之所致。如果並非出於不瞭解，那就是一種不負責任的「高調」，它除了表示一種同仇敵愾，可能對前線將士發生一些打氣作用之外，別無意義。不但沒有意義，並且還有害處。其最大的害處，是會使美國政府陷於更大的困境，甚至可能使它在對抗內外姑息主義的苦鬪中失敗；萬一美國政府抵擋不住那一股姑息主義的逆流，則首先吃虧的，將是我們自已。

幸虧這一種輕率的主張，還沒有影響到我們的政策。在此次事變中，我國政府所表現的那種沉着，無寧說是值得我們贊美。儘管說，我們政府在過去無時無刻不在强調反攻，但在此次危機發生後，反攻的話，似乎說得更少，却反過來勸告人民要忍耐，也勸告輿論界不要過於高調。這種沉着態度，使國際人士更能看清楚共匪的好戰性格，爲我們贏得更多的同情，也使對我們有偏見的人找不到攻擊我們的藉口。可能也正因爲澈底修改了那些叫囂戰術，才使美國政府得以破除阻力，把對策一步步的予以加强。在今天，國際的同情實在比什麼都重要；喪失了國際同情，我們必然會把一切都喪失。

我們認爲政府信任美國是對的，我們也認爲政府謹守對美國的諾言是對的，因爲這樣才有合作的基礎，才能使美國也同樣的對我們謹守諾言。我們認爲政府還應該進一步，盡一切努力使美國相信，也使全世界人相信，我們決沒有要把人家拖進核子戰爭去的企圖。我們自己要瞭解，如果因臺海危機而居然引起核子戰爭，則首先吃虧的也仍然是我們自己。我們不祇是要瞭解美國避免核子戰爭那個原則，而且還要自己也能够接受這個原則；在此共同原則之下，我們合作的基礎，才會更加堅實。我們在上文所說的「適應現實」，就是這樣的意思。

但這是否即表示我們對美國截至今天爲止所採取的步驟，業已完全滿意了呢？不是的。我們並不完全滿意。美國截至今天爲止所採取的步驟，並不足打擊共匪的侵略野心，甚至也不能使臺灣海峽回復到過去那相持的勢態。依據艾森豪總統九月十一日的演講，要到共匪正式向金馬進犯，而當地守軍又無法抵抗之時，美軍才會參加作戰。同時，美國今天所執行的護航，仍保留三海里的距離。這種聲明與這種措施，就正好讓共匪絲毫不冒與美軍接觸的風險而繼續拿地面砲火來進行封鎖，使我們爲了維持補給而作無限制的消耗。請美國當局替我們想想，我們能滿意於這樣的作法嗎？

又，上文之所論，是否表示即使我們對美國的措施未能滿意，也仍然必須事事順從美國，追隨美國？也不是的。我們說過：我們要從適應現實進而控制現實。

我們曾經判斷：事態之演變不到達一定的界線，當不致引起俄國的直接介入。美國的判斷，事實上也正與我們一樣，所以它採取了若干較爲堅强的步驟。這一觀點是我們所共同的。所不同者，是對這一條界線究竟在什麼處所的判斷。我們是認爲，今天所採取的步驟，距離這條界線，尚極遙遠，我們還儘可以向前挺進，而美國也許認爲應該愼重。我們與美國這種判斷的不一致，也只是一種意見的距離而已。但這決不是無法縮短的距離。而且，美國事實上也正在以行動在試探這一條界線之所在，它也會在試探中一步步前進。在這樣的情形下，我們可以拿言詞、也可以拿事實漸漸的向美國進行說服。事實將使美國瞭解不給予共匪以某種打擊，它不會停止挑釁；事實也將使美國相信，對共匪逐漸加强的壓力，也不會使美國一步就跨進了世界大戰。我們這裏所提出的對策，實質上，與杜勒斯國務卿所創的「戰爭邊緣」的理論，以及美國軍事專家所提「有限戰爭」的理論，完全符合，所以我們即令明白告知美國，亦屬無妨。

當然，要執行這樣一個政策，需要有甚大的忍耐。我們的目的，要極緩慢的一步步的達成，而且在可以預見的將來，似乎也不易給予敵人較爲澈底的打擊。這樣的對策，因此也甚難爲那些要求「痛快」的人們所接受。但我們有理由相信，可能這正是政府在今天所採取的政策路線；倘眞是如此，則我們上文之所論，無意中已爲政府政策作了詳細的詮釋與辯解。在今天這種嚴重的情勢之下，虛矯浮誇的叫囂，絲毫不能有所補益，輕率的行動更適足以僨事。我們要以極度沉重的心情，於此期勉政府能忍辱負重。

社論

(二)

爲政不在於擺排場逞威風

——向周至柔主席進一言

一年前，臺灣省政府主席這個位置，由嚴家淦轉移到周至柔。這一轉移不是通常所說的「蕭規曹隨」，而前後任的作風顯然是很有區別的。前主席嚴家淦，是一位不求有功但求無過的官員。在他任內，我們經常在報紙上看到他主持剪彩典禮、奠基典禮、按電鈕典禮這一類的鏡頭，但在政治設施方面很少聽說他有什麼切切實實的成就。可是有一點是臺灣省民所樂道的，就是他到各縣市去考察的時候，倒是簡樸而不擾民。有時且帶「便當」自備膳食。

現任省主席周至柔，是個想做事想表現而不是但求無過的人。要把臺灣眞正做成模範省的樣子，主政的人除必須具備現代的政治知識以外，像周主席那種想做事想表現的精神，也是必要的。也即是說，爲着建設臺灣模範省，我們需要一個有作爲的人來主政。周至柔主席或許可以够得上說是一位有作爲的人。握有政治權力而有作爲的人，如果要不害國不殃民，必須具備一個最要緊的條件——有所不爲。那些事應該不爲呢？這不是一篇短短的文章可以說得周到的。我們只想就周主席主省政一年以來最遭物議的作風，提出兩點來講：一、不要擺排場；二、不要逞威風。

就擺排場來講，最近周主席出巡各縣市所擺的排場之大，爲臺灣光復以來歷任省主席所未曾有。官方報紙在這方面是不大寫的，民營報紙的片段報道，也不過是全部事實的點滴而已。即就這幾點幾滴來看(只就桃園臺北宜蘭這幾個縣市來看)也足够叫人咋舌了。例如周主席所到的縣市，縣市長及議長們要率領一羣部屬郊迎於縣市的邊界；主席及其數十名隨從官員(據聞，到臺北時隨從員工達七八十名之多)座車所到的村落，民衆燃放鞭炮，夾道歡迎；被巡視的縣市，事前要日夜趕做許多粉飾工作；如衙門的油漆粉刷，街道的整理打掃，小冊子的編印，檢閱儀式的演習等等，不僅弄得縣市府人員忙得不能開交，而且殃及十一二歲的小學生，要他們在星期天做校內外的清潔工作，累得他們筋疲力竭。發育未全的小孩子們，因周主席出巡而受此活罪，有心人於心何忍？至於主席駕到以後，由於隨從官員之多，招待場面之「偉大」，也就可以想見了。像這樣勞民傷財的出巡，是絕對要不得的。出巡時所看到的，多是一時粉飾出來的好場面，所聽到的也多是一派歌功誦德的好聽話。看不出什麼實情，聽不到什麼眞話。

出巡是專制時代官員們擺架子的機會，對於國計民生不會有多大益處。民主時代，用不着行政官員出巡，民主政治，應該有眞正為民喉舌的報紙與雜誌，應該有眞正代表民意的各級民意機關。行政官員只要從報紙雜誌和民意機關就可看到聽到人民所愛惡的是些什麼，因而決定應該興辦那些事，應該改革那些事。這正是民主政治的好處。周主席如果有建設臺灣省為民主政治模範省的識見與魄力，就當從根本着手：第一、尊重新聞自由、言論自由，對於報紙雜誌絕不以任何方式(軟的或硬的)去干擾，讓它們能夠眞正為民喉舌。第二、把選舉辦好。讓大家都有興趣自動自發地來選舉他們所要選的人。不許任何一黨(尤其執政黨)利用特殊權勢，以利誘威脅去把持選舉。這兩件事做到了，民主模範省的基礎，也可說民主模範省的條件也就具備了。有此基礎，有此條件，周主席在政治上的設施，也就有所遵循了。用不着再勞師動衆擾民傷財地來出巡。出巡是政治落伍的玩意兒，即令簡樸公明像包青天那樣的出巡，以現代政治的觀點看，也是笑話。何況是以擺排場為目的的出巡呢？

其次，說到不逞威風這一點，我們也是有根據而說的。好逞威風的官員們，逞威風的方式與對象，各不相同。周主席的逞威風逞得最遭物議的，是對於廳處長們的濫肆辱罵。

周主席到任後，廳處長階層第一個被罵的是衛生處長。衛生處長之被罵，是周主席要發揮「電話點名」這一命令的權威。在第一天實行所謂「電話點名」的時候，衛生處長還沒有到公，後來周主席把他叫到辦公室去，把他罵得兩腿發抖。

建設廳長是給周主席罵得最多，罵得最慘的一個人。最難堪的是半年多前在省府會議上報告鑿井計劃及六個月前報告銀樓管轄問題的時候。在這兩次的報告中途，周主席都厲聲申斥，罵他的計劃糊塗，而且不許他報告完畢。這一罵，氣得建設廳長心臟病大發，經過臺大醫院治療二個多月，現在還在休養中。

前主計處長也是多次被罵的人。有一次周主席命他在省府會議上報告主計業務，他認眞地拿出一些圖表來報告。主計報告當然是免不了一些枯燥無味的數字。可是在報告中途，周主席聽得不耐煩了，罵他「糟蹋時間」。據說，這位主計處長，就是被周主席罵走的。

社會處長在省府會議上用「抱殘守闕」四字批評某委員所提的縣市政府組織方案。周主席竟認「抱殘守闕」四字太嚴重，判定那位處長失言，厲聲申斥他，並立即命令他站起來向與會的各委員鄭重道歉。

財政廳長、民政廳長都因為私人生活被周主席在省府會議上公開罵過。前新聞處長也是經常挨罵的，其中為預算問題而挨罵是最難堪的一次。

上面這幾條記錄，只是周主席罵人記錄的一部份。可是已經夠瞧了！

省府主席和省府廳長，同為省府委員。前者之於後者，不過是佔在一個首席的地位而已，後者之於前者，並不是隸屬關係。尤其就「人」的觀點講，彼此人格平等。人格平等決不因公務關係而受影響。周主席不僅把廳長們視作下屬，而且把公務上的主從關係，視作身份上的主奴關係，所以他隨便當衆辱罵。這種作風，是中世紀王公大臣們的作風，不應當出自一個現代的政治人物。我們在前面說過，周主席是有所作為的人，政治上有所抱負的人。正因為如此，我們希望他要改變這種亂罵人以逞威風的作風。因為這種作風不改變，則他所能用的人只有奴才，決不會有人才。人才都是有骨氣、有自尊心的。現代化的政治，要靠多方面的人才合作，不能靠一堆軟骨頭的奴才之被驅使。關於這一點，我們在這裏雖然是對周主席講的，但我們也希望有權勢而又有政治抱負的官員們，都反省反省。

（接第13頁）

四　經濟價值展望

此路之興修，既與沿線資源之開發，同時計劃並進，因之早於四十五年三月，即由中央地方主管機關派員並邀請中外專家，組隊出發沿線，作詳盡之經濟調查，以為計劃開發之張本，據調查報告，沿線開發事業，計有下列諸端：

(1)農業　沿線約可開闢耕地四、〇〇〇公頃，移民一一、〇〇〇人，大部種植水菓，可望年產作物總值臺幣六、五〇〇萬元。

(2)蠶業　沿線可栽桑五十萬株，養蠶繅絲，十年後可移民三七、〇〇〇人，生絲外銷，至少年獲美金二、五〇〇萬元，如以絲織品出口，則利益更大。

(3)畜牧　沿線經營牛羊牧場，每年所產乳品、羊毛、皮革，可望節省美金卅至一百萬元之外滙。

(4)林業　沿線森林，時值已達臺幣六百億元以上，且發展無窮。

(5)礦產　沿線所產砂金，佔值已達臺幣廿億元，其他尚有含金石英脈，放射性鈾、銅、錳、鐵、硫化鐵、石棉、滑石、雲母、長石、水晶、白雲石、大理石、筆鉛、煤等十五種。

(6)水力　大甲、立霧與宜蘭濁水溪三流域，蘊藏水力共一六〇萬瓩，佔本省水力蘊量約百分之卅六。大甲溪水力尾水，用以灌溉，可增產糙米年值臺幣二億二千六百萬元。

(7)觀光事業　該路沿線風景綺麗，佔本省觀光事業極重要之位置，將來妥加展佈，可望年有百萬美金之收益。

以上所舉，尚屬開發之基本事業，其蘊藏財富之鉅，已足驚人，其他間接事業更屬發展無窮，行政院退除役官兵輔導會有鑑及此，除鼓勵榮民加工趕築該路，俾使如期完成外，同時針對上述各種經濟資源，着手擬訂分期安置榮民從事開發之計劃，如上年已在梨山西寶兩地設立農場，進行種植蔬菜、菓樹、畜牧等業，在天祥設立觀光旅舍、醫院，以適應觀光需要。該路工程總處，則於趲趕工程之餘，已受命就沿線地形與經濟情況，擬訂村落市鎮學校、醫院、車站等之設立地點，以配合日後政治經濟發展之需要。總之，該路之興築，形將化山野為樂園，置萬民於有業，其對於本省之經濟、文化、交通、軍事各方面之影響既深且鉅，瞻望前途，吾人不禁馨香以祝其早日觀成，並寄予無窮之希望云爾。

四十七年八月五日。

論民主文化的培養

葉時修

杜威在他所著的「自由與文化」一書中，曾經說過：「自由的政治制度必須存在於自由的文化中。」原來人羣社會的種種活動，構成了文化多方面的因素，無論政治、經濟、教育、藝術和宗教等等，都不過是文化的一圜，每一個圜，都不是孤立，而是互相連接，互相扣着的，正如一股流水一般，每個份子，互相影響，互相激盪，推波助瀾，而成爲文化的洪流。我們說「民主國家」或「民主社會」，不僅因爲它們有着民主的政治制度，而更重要的還是它們的整個文化，表現出民主的精神，也惟有在這種情形之下，民主的政治制度，才能建立起來。

反之，我們說一個極權的國家，則不但在政治上表現着個人或少數人的專制；在經濟方面，它必然實施嚴格的統制，所以列寧說政治是一種「集中的經濟」，以强調經濟的重要性，教育則以控制下一代的思想爲目標，爲極權政府訓練效忠不貳的羣衆；藝術則無論文學、戲劇、繪畫、電影，都變成了極權政治宣傳的工具，用以掌握人們的意見，甚至於人們的感情和願望。以極權主義的信仰當做宗教，以政治上的主張爲教條，以政治上的領袖爲偶像，所以羅素說：「布爾希維克主義，不單是一種政治的主義，它也是一種宗教，它有細密的教條，和鼓動人心的經典。」總之，一個極權政體必然要設法控制人民的全面生活，造成一種反人性反科學的極權文化(?)，以鞏固他們的暴力統治。

愛自由是人類的天性，人們爲了爭取自由，已經用血汗寫成了光榮的奮鬪史，自古以來，無數的暴君、教主、專制的統治者，在自由的洪潮中倒了下來，而極權主義者則憎恨自由。對於事物抱着懷疑的態度，爲人類追求眞理，謀求進步的基本原因，亦即是自文藝復興以來，自由研究，自由發展，以促使科學發達，改善人類生活的根本因素；而極權主義者則不容許人們對於事物表示懷疑，必須閉塞人們的心靈活動，使之不能自由發展，以鞏固其唯物論與共產主義那一套歪曲的社會思想體系，認爲任何事物與馬克斯主義不相一致，即是錯誤的，反動的。更從思想上的不容異己，發展爲政治上的極端排他性，不投降就打倒，以維持他們已攫取的政權。

極權主義者的這一套手法，對於整個人類的文化前途而言，是一種嚴重的損害，對於他們的政權本身而言，則不特所付的代價過高，而且也決不能維持長久。極權主義在製造戰爭，却又經不起戰爭的考驗，因爲他們那一套極權的文化，經不起人性和科學的考驗。

爲民主奮鬪，首在擊毀民主的敵人——極權，這一個戰鬪，不僅要在軍事戰場上擊潰他們的武力，而且要在文化的戰場上擊敗他們那一套思想和制度，所以這是一個文化的總體戰，必須不懈地在各個戰場上同時努力進行，以民主政治對極權政治，以自由經濟對統制經濟，以人格教育對奴化教育，……總之，以民主文化對極權文化。壁壘顯明，陣容不容含混，目標嚴正，手段必須光明。「民主的目的必須用民主的手段去實現。」這句話本來是不言而自明的道理，時下言者已多，不需再加解釋，我願引杜威的一段話，以相印證。

「專制的手段，現在常以新的偽裝姿態出現，不是口口聲聲說它們是爲了一個永恒的目的，一個沒有階級的社會中的自由和公正，就是說它們主張採取極權制度是爲了抵抗極權主義。不管它們採取的是什麼形式，它們之所以有任何引誘力，完全是因爲它們口口聲聲說它們有達成理想的使命。對付這種危險的第一道防線，就是我們必須瞭解，只有緩緩地、夜以繼日地採取一種與目標並不違背的手段，並擴充到我們的日常生活中去，民主才能達成。」

假科學之名而自已成爲思想的敵人，假民主之名而自已成爲自由的敵人，極權統治的基礎，不過是虛偽的宣傳和存心的欺騙而已。在文化落後的地區，極權主義才容易滋長，因爲貧窮和愚昧才是極權主義的溫床，給它一個生根發芽的機會，像遠東的若干地區，就給共產黨選擇爲滲透播種的目標。所以提高人民的生活，增進人民的知識，實爲抵抗極權主義的有效途徑。在人民生活水準高、知識水準高的社會，極權主義者的詐騙手段，就無所施其技了。因爲極權制度是經不起思考、分析、研究、比較的，所以他們一旦政權在手，就控制思想，殘賊知識，知識份子不是被殺害流放，便是被强行改造洗腦，他們一方面禁止其他思想，一方面武斷地以其自已的思想强人相信，一切的文化活動，全被控制，藝術、文學、戲劇、電影、展覽、廣播、以及各種敎育的活動，無一不變成極權統治思想統制的有效工具，結果，祇有盲從者而無思想家，祇能迷信權力，不能追求眞理；總之，祇有奴才，而沒有人才，這眞是人類文化有史以來遭受的最大浩刼。

極權的傾向如果不幸而日益加强，則人類的命運祇有日益趨於悲慘毀滅的境地。幸而極權的傾向，決抵不住民主的傾向，自由世界的人們都有一個信心，深信在任何一種競爭中，我們的自由典章制度與民主生活方式，足以應付並擊敗極權主義。舉例來說，極權國家堅信唯物史觀，認爲經濟可以決定一切，那末蘇俄的統制經濟是不是强於美國的自由經濟或者說資本主義經濟呢？誰都知道，在物質方面，無論是科學的發明或生產的質量，蘇俄決趕不上美國，更不用說超過了。物質方面如此，精神方面就更不用說了。在極權統治之下，人性是備受摧殘的，道德是被蔑辱的。如果說極權國家尙有文化可言，那祇是集殘暴乖戾之大成，把現代人類的生活，拉回幾世紀以前，恢復野蠻的原始社會生活，不過技術較爲進步而已。

極權之所以能成爲自由的敵人，不在它本身有什麼可以稱道的成就，基本的因素，在於直到現在人們還沒有認清走向民主的道路，有的趦趄不前，有的徘徊歧路，甚至有的還在模仿極權的作風，爲它推波助瀾，遂至益使它橫行猖獗。

對抗極權，本身的立足點必須站穩，才能勇敢地迎接各方面的挑戰，本身的民主思想不堅定，就很容易為極權的陰謀所暗算。

民主文化的建立，為對抗極權挽救人類的急切之圖。民主的成就愈大，極權的為害愈小。可是民主文化不是一個空洞的名詞，更不能把它當一個口號，喊喊就算了的。必須堅定民主自由的信仰，切切實實從各方面發展，滲透到社會日常生活之中，以及典章文物之內。

民主文化是怎麼的一種文化呢？它的精神是一貫的，它的型態是多方面的。從原則上說，它具備下面的各種特性。

一、民主文化是尊重人性的文化

人性本來是一個引起爭論的問題，像我國古時性善性惡的爭訟，一直到現在也不易獲得一個滿意的解決，可是自從西洋文藝復興時代的倫理宗教運動展開以後，人本主義(humanism)的哲學重視人的價值和社會現象中人性的因素，更由於社會科學自然科學的發達，眞正地了解了人，逐漸而有政治上平等自由和人權的主張以及實現這種主張的努力。民主一直與人本主義聯在一起，因為民主是本乎人性、尊重人性和發展人性的思想制度，所以使人們對於民主的目標和手段產生一股嚮往之情，為了個人的利益，必須支持「機會平等」「和平競爭」的原則，為了「公意」(common will)，又必須誠心接受服從多數和紀律與自制。因為個人眞正的利益，必存在於公衆利益之中，人性有着無限的潛力，本乎人性的文化，自有無限的燦爛的前途。

二、民主文化是維繫和平的文化

競爭不是導致戰爭的原因，倒是因為有了競爭，使個人各得發展的機會，社會產生和諧的、協力的狀態，而把社會的不安全之感消除，個人與個人之間是如此，則階級與階級、國家與國家之間，又何嘗不是一樣。訴諸武力以解決國與國之間的爭端，不是民主時代的應有態度，因為民主沒有優越感的存在。既沒有優越感，就不易產生征服欲，如此，則任何糾紛都可以由國際組織國際公意來判斷、來調處，除非是違反民主的原則，甘心與公道正義為敵，像現在的極權主義者一樣。我們相信，在極權者被擊潰了之後，國際組織必然加強，國際間的公意和紀律的制裁，必然更能發揮更大的力量，以促使世界各國，互相尊重，互相容忍，互相競爭，而能和平相處，掃除恐懼和猜疑，沐浴於民主文化之中，這是就國與國而言，至於一國之內，民主的方式是讓不同的意見，經由公衆來討論，不但討論於國會之中，而且展開到全國的每一角落裏，報章雜誌，私人談話，公共集會，都參加這種討論。政治是衆人的事，衆人公意之所在，就是執行政務的指針，把國家大事公開來研討，一方面民意可以形成，一方面政府之所作所為，民衆有充分的了解，俾便於以選擧權來鞭策政府，以選擧票來決定去留，這樣把黨派之爭局限於合理範圍之內，是非曲直取決於公意，則內戰無由而起，人民生活於熙熙和樂之中，這種「為萬世開太平」的局面，祇有在民主文化發展的國度裏才能實現。

三、民主文化是崇尚科學的文化

在上面我曾說過，愚昧和迷信，是人類奴役和暴政的根源，而科學則可以掃除愚昧和迷信，可是科學發達的結果，也使極權者的統治手段，發生強大的效力，為自古以來的暴君所望塵莫及，正如科學大大地加強了戰爭的殺傷力，但同時却也增進了救護治療的技術和設備，這不是科學本身的善惡問題，而是任用科學的人的品性和道德問題，目前科學，已經發展到差不多足以控制戰爭的地步，由於飛彈氫彈等原子武器的不斷產生，使任何國家都不敢冒昧一試。照這樣發展下去，科學的力量，縱不能消滅戰爭，至少也可以阻止戰爭，那末科學的全部效用，可以轉移到增進人類生活幸福方面，人類文化的發展，由征服自然，進而至於征服太空，前途眞未可限量哩！這不過是就科學的偉大成就而言。還有尤為重要的，亦即是影響人類生活更大的，却是科學的精神。受過科學薰陶，有過科學修養的人，科學精神和日常生活，逐漸發生密切的關係，因而影響到做人做事的方法和態度，那一種實事求是的認眞態度，分析、歸納、實驗、求證的研究方法，有系統、有條理、有根據、有結論的思想模式，以及崇尚眞理、勇敢犯難的精神，公正的客觀的立場，都是培養民主思想與民主作風的重要因素。科學使我們對於民主文化的前途更具信心，科學也使我們對於民主文化的養成更有方法。

民主文化的培養，有賴於政治力量和教育事業的配合，而教育的關係尤為重要，民主教育本身是民主文化的一圜，它的目標和方法，要符合民主的要求，它的措施和內容，要以民主文化為主體，否則背道而馳，培養不出知識豐富、經驗廣博、思想開明、人格完美、態度公正、器度恢宏的人材，也造不成優美純良、活潑向善的風氣。實施民主的教育，才能達到目的。我所說的民主教育是指人文教育、自由教育和科學教育三者的教育精神綜合而言。民主教育的意義和內容，不是幾句話可以說得了的，杜威的「民主與教育」(Democracy and Education)一書，我在讀大學的時候就已經讀過了，出版雖久，內容猶新，此書在那時曾風行中國，試問中國教育曾有過什麼影響和改革呢？撫今追昔，不勝感慨。民主教育的要點，簡單地說起來，在於尊重個性發展，重視人格價值，注意人文修養，愛好自由眞理，啓發自動精神，養成自律習慣；研究問題，思考事理，不致於專斷；嘗試成功(Trial and error)，勇敢創造，故能適應環境，改造環境，而不流於板滯。這樣的知識和修養，便是政治、經濟、科學、藝術、教育……一切文化事業的創造力、適應力、領導力、組織力之所由產生。所以，沒有民主教育，培養不了民主文化，要為民主文化舖路，必先肅清教育上違反民主的措施和作風。否則，我們憑着什麼來反共，我們更憑着什麼來爭取反共鬪爭的勝利？

我國自五四運動以後，把民主科學的思想介紹進來，切實鼓吹了一番，使我國社會生活得着了向前覓取光明的生機，可惜這一點生機，給政治上的軍閥混戰和知識份子的勢利短視摧殘殆盡，加以後來的一黨專政，共匪倡亂，愈走愈入歧途，離民主科學的正道也就愈遠了。時光荏苒，四十年的歲月也不能算少，大陸尚籠罩於極權黑暗之中，而自由中國反共的力量依然散漫，愴懷時世，感慨萬端。反攻不是馬上可能實現的事，則埋頭於民主的建設，拿民主的力量來團結各方却是刻不容緩的事。民主的力量，產自民主的文化，祇有一切向着民主的道路上走，這個國家才經得起考驗，維持得長久；物質的精神的建設才能齊頭並進，人心才會振奮團結。

臺灣人對陳內閣的期望

秋　水

在臺灣省政府主席及行政院長任內實施劃時代的民生主義政策，改善民生，安定經濟，鞏固反共復國力量而爲臺灣民衆所擁戴的陳副總統，這次兼任行政院院長，臺灣人莫不衷誠表示歡迎。

陳氏的卓越政治手腕，任勞任怨的堅強意志，勤政愛民，德隆望重，在臺灣人的心目中早已留下不滅的印象。這次陳氏復長行政院，擔負起國家行政的大任，而在新閣中有很多以廉能剛毅著稱的閣員與陳氏分勞。因此每一個臺灣人對於新閣都寄予極大的期望與信心，期望並相信以陳氏的堅毅的意志，敢作敢爲的精神，在他任內對於建設臺灣，收攬民心，團結力量，開拓反攻復國的機運的艱鉅工作上，能做些「做他人不能做的事，做他人不敢做的事」。

今天自由中國的主要構成份子的臺灣人對於陳內閣的期望是什麼？這料必是陳內閣所樂聞的。臺灣人與來自大陸的各省同胞一樣，對於政府有很大而且很多的期望，這些期望就是早日策劃反攻，實現眞正民主政治，健全司法，改進軍事，整飭政風，改革行政，懲治貪汚，改革當前不合理的財經政策，發展工商業建設，繁榮經濟，安定民生等等，不勝枚擧。除了這些擧國一致的殷切期望外，臺灣人本身對於政府有若干基本的期望。這些期望，或許有人認爲是「本位主義」的奢望；或許有人指出造成分離，有碍團結，是要不得的。其實，這些期望絕不是一種額外的、過激的東西，這是作爲一個中華民國國民的一分子，有權要求政府也就是政府應俯順民意採納實施的。

第一、尊重臺灣民意。當前在臺灣，一般臺灣人對於國家大事，應興應革的事情，都保持沉默，似乎是漠不關心，不聞不問，將一切問題都寄託於時間的解決，這是極其危險的現象。現在在臺灣人的社會上有一個口頭禪就是「講也無差」（談有何用）。這種沉默、沉悶、失望的情緒是日見濃厚。臺灣人何以如此沉默、失望？其原因頗多，但一言以蔽之，乃是過去政府對於臺灣民意不大重視所造成。在立法系統上，中央級的民意機關，立法院的五百十位立法委員中，臺灣省籍立法委員僅有七人。

次言省級的民意機關。省「臨時」議會的議員以及縣市議會議員，絕對大多數的議員都是臺灣人，從表面上看來，在臺灣有一個健全的代議制度，理當充分表達民意，反映輿論，督促政府擧辦有利於民衆的各項措施並保障民衆權益，但事實上如何？在這些民意機關裏，歌頌政府的言論多於善意的批評，民衆所好的建議無法獲得政府重視或採納，民衆所惡的措施或命令無法加以反對，許多不合法不合理的規則或措施，竟在「多數」議員擧手下仍然獲得通過。這些事實怎不叫有正義感有血性而願爲地方服務的民意代表意氣沮喪？有口不言？過激的言論固然足以影響民心士氣，破壞團結，阻撓反攻復國的大業，相反地，對於政治的不關心和失望所引起的沉默、不滿的情緒，同樣可能造成的後果，亦不能加以忽視的。

賢明的政府當局對於臺灣人的這種趨向，是不能漠視無睹，爲着尊重自由中國主要構成份子臺灣人的民意，政府應迅速實施臺灣省的眞正地方自治，這是收攬民心的首要措施，捨此並無他途可循。

今天因爲憲法及環境條件的限制，立法委員無法改選，也無法依照人口的增加，增加立法委員名額，在此情形下，除了現任立法委員的臺灣省籍人士七人之外，所有臺灣的政治家都無法直接參與國政。就臺灣人而言，立法院的大門是永遠關閉着的，因此，要使臺灣人對於國家政事能直接參與策劃，爲國效勞，除了大量起用臺灣人才，畀予中央重要職位外，並應實施臺灣省的眞正地方自治，賦予臺灣人在憲法上所規定的應有的自治的權利。

今天省政府是正式的政府，而省議會却是「臨時」的議會，而且一連「臨時」了三屆，這是個不可思議的現象。因爲是「臨時」的議會，致使缺少議會應具有的許多職權。加以中央與省的權責混雜不清，中央侵越了省的許多權責，「臨時」議會的議決案或建議案，省府可以不予採納執行。在某些場合將其執行的責任推到中央，而中央又以「牴觸中央法令」不予採納。省府難於執行的議決案，依法不逕請省「臨時」議會復議，動輒報請中央核定，「臨時」議會對於省府不執行議會的議決案也無權追求責任等等，因而「臨時」議會形同虛設。

政府不准本省成立正式的省議會，固然是以自治通則尚未經過立法程序爲藉口，這個理由好像是冰山祇是露出海面上的一小部份，而在冰山下有更龐大的冰山沉藏着海底下一樣，政府當局者對於「地方自治」實在有很多不必要的顧慮與其他多餘的假設，對於臺灣的地方自治好像失去自信似的。

臺灣人在反攻復國的光榮的大時代裏，很願意負擔奇重的納稅及兵役的義務，並與來自大陸的各省人士打成一片，團結一致，來完成這個千載一遇的神聖任務。縱使今後任何負擔的加重，祇要是爲國家爲民族，絕不怨言。政府對於臺灣人這樣奇重的負擔應予充分的同情，爲酬勞臺灣人對國家的貢獻，依照憲法，政官應准許臺灣省的地方自治尊重民意，方能激發民心，貢獻一切力量。一切狹隘的政治理念及短視，對於收攬民心祇有百害而並無一利。

至於縣市的地方自治，一如前任臺北市長高玉樹所說「縣市的地方自治祇實行了一半」，這句話對於當前的縣市地方自治是一針見血的名言，名爲「地方自治」而實際上是「指導的地方自治」，「控制的地方自治」。這是今天臺灣縣市地方自治的實態。縣市長對於縣市主要人事，不但沒有絲毫的人事權，甚至淄區意權也沒有。又依照財政收支劃分辦法留給縣市的財源，祇是一些殘滓的財源，縣市擧辦各項建設，事事必須仰賴省府補助，爭取省府補助。試問在沒有人事權及缺乏財源情形下，叫縣市長努力建設地方爲民謀福利，這豈不是緣木求魚！現在各縣市長除了臺南市之外，都是國民黨的優秀黨員，如果掩飾「一半自治」的事實，以地方自治辦不好而責難縣市長的無能或工作不力，那未免太寃枉了。其次，對於縣市議會，省府的指導干涉太多，議會所決議的預算或議決案，送到省府後往往被刪除或以牴觸法律命令未便採納。縣市議會的尊嚴早已掃地，怎不叫地方民衆痛心疾首。

為健全基層政治，政府必須再實施剩下一半的地方自治，將一切人事權歸縣市長任免指揮，並修正財政收支劃分辦法，充實地方財源，同時依法尊重縣市議會的議決權，放手給地方人士自己治理自己地方的事情。尤其對於各級選舉，國民黨地方黨部尤應以身作則，尊重法律，不得干涉選舉及干涉市政，以免遭受民衆的非議，而造成民衆對政府的離心現象及地方派系的對立，來削減反共團結的力量。

第二，起用臺灣人才。對日抗戰，中樞退守四川指揮抗戰時，四川的人才，頗受政府的寄重與優遇，四川人不乏居於政府重要地位者，他們率先呼籲大後方的同胞貢獻一切人力物力財力支援抗戰，打倒日寇。在七年抗日戰爭中，四川人對於國家的重大貢獻，這是全國同胞一致讚揚的史實。今天反共抗俄及反攻復國的大時代裏，八百多萬臺灣羣衆所擔負的鉅重責任，以一個蕞爾人力及天然資源不及大後方萬分之一的小島來支持國家，這比較抗戰時的四川同胞的負擔猶有過之而無不及。臺灣人對於國家如此的重大貢獻，但是國家究竟起用了多少臺灣人才？臺灣光復了十三年，臺灣人自己圖謀發奮努力向上，並經由國家培養，已造就了不少各種人才。但是這些人才多半在省以下的機構服務，屈就低微地位，才無實用，這是國家的一大損失。臺灣人才無法進入中央，這是臺灣人過去缺乏了政治訓練，沒有參加所謂小組織、派系，未被中央要員們的垂青提拔，但是其主要原因是否中央方面對於臺灣人存有濃厚的地域觀念和戒備心理在作祟？今天所有臺灣人都懷疑，中央在這個自由燈塔準備反攻大業，迫切需要當地民衆貢獻人力物力財力之時，為何不起用臺灣人？將近八百萬的臺灣人中難道沒有一個能夠擔任部長或省政府主席的政治人才嗎？

我們無可否認的，在日據時代是沒有政治人才，而且日本政府也不希望臺灣有政治人才，因為當時臺灣人是處于被統治地位，但是現在一切情況與日據時代完全不同了。

臺灣光復後臺灣人歸祖國的懷抱，恢復了國家主人的地位，臺灣人與大陸各省同胞一樣是處于統治地位，完全自由平等。

自由中國一千萬人口中臺灣人約有八百萬人，外省人二百萬人，而在國軍中臺灣籍軍人人數所佔的比率逐漸增加的今天，在中央各院部會首長中竟沒有一個臺灣人，這是不是能夠使臺灣人相信我們已經恢復了國家主人翁的地位呢？

退一萬步來說，假使在中央院部會首長或省府主席是臺灣人，他們會做出某些要人們所「杞憂」的言動嗎？否，這完全是「杞人憂天」「庸人自擾」的想法。相反地，久而不起用臺灣人才，其所造成的不滿情緒及結果，政府將如何加以打消。說坦白一點，臺灣人做部長也好，做主席也好，絕對不會違背基本國策削減反攻力量。唯有起用臺灣政治人才，才能團結民心，加强反攻力量，早日完成復國建國的使命。因此所有的臺灣人都希望並且要求中樞能將若干中央院部會首長及臺灣省主席由臺灣人來擔任，這才能收攬民心，才能使得每一個臺灣人都相信自己也是處于國家的統治地位，眞正恢復了主人的地位。

臺灣人這種要求或許有人指摘是「本位主義」的妄想，造成離心，但是不管你怎樣指責，這種「妄想」都在每一個臺灣人的心裏「心照不宣」的了。

第三，塡塞臺灣人與外省同胞間的鴻溝。這個問題對於團結反攻力量是一個極堪憂慮的因素。這個隱憂的問題，無論是政府或民間（當然包括臺灣人與外省同胞）誰都知道而都深為憂慮的問題，但是誰也不敢坦白承認其嚴重性，也不敢公開提出討論，尋求妥善方法來加以消除。因為怕的是如果這個問題眞的成為問題，那就成為對於自由中國懷有惡意的第三者作為渲染，從事挑撥離間的話柄。當局這種苦衷我們知之甚詳，可是現在這條鴻溝似有加深趨向，已經不能再加以掩飾了。家醜雖不可外揚，可是如果這個醞釀已久的空氣不迅速地設法疏導發洩，可能演變不幸的後果。這並非聳人聽聞的謊言。

有人指責臺灣人有濃厚的狹隘的地域觀念及排外思想，並將這種觀念或思想歸咎於受了日本統治五十年間的毒化奴化教育。又有人指出這是言語上的隔膜所造成。臺灣人眞的有排外的思想嗎？凡是臺灣光復後就來到臺灣的外省同胞，都可以證明這種說法是無稽之談，寃枉了臺灣人。

當時臺灣人從日本統治五十年的桎梏脫離而回到祖國的懷抱，成為世界五强之一的大國國民，每一個臺灣人都有熱烈的愛國精神與大國民的襟度，對於來臺接收的政府官員、國軍將士，莫不以衷心自動的熱誠歡迎。不但如此，對於一般來臺觀光或從商的外省同胞，也都毫無例外地一律熱烈歡迎。這種愛祖國、愛同胞的熱誠的表現是空前絕後的。不幸，當時由於一部份政府官員國軍官兵以及外省同胞的言動失信，以致導致不幸的「二、二八」事變後，臺灣人對於外省同胞的親熱情感竟作了一個一百八十度的轉變，構成了一條深溝，這是一件悲痛遺憾的事。至於言語的隔膜，已無存在。今天在臺灣國語普遍推行創我國教育史上的奇蹟，很多外省同胞，因在臺時間已久，也略懂臺語。

那麼造成這條鴻溝的原因與責任何在？這是臺灣人與外省同胞兩方面都要反省的。筆者願引用一篇文章來强調這個鴻溝所以造成的原因。這是刊載於「自由中國」雜誌第十七卷第十期「我們的地方政制」（「今日的問題」之九）一文中的最後一段。其全文是：

「最後我們要說到當地人士勢力抬頭的恐懼心理，這種心理，分析到最後，實在是植根於少數人的潛伏統治意識。如果說，今天的臺灣，在本省人士與外省人士之間確實存在着一種隔膜，此種隔膜，主要就是這少數人的統治意識所引起。其他如日據時代的殘留影響，語言之不同，生活習慣之距離等等，均屬次要。旁的不說，祇回想在臺灣光復之初本省人民對進駐國軍的歡迎盛況，就可證明本省人士對外省人士之原無成見。至於後來何以竟漸漸出現了一道鴻溝，其經過情形，我們亦不忍再提，但我們必須由衷指出：此種不幸情勢之出現，需要本省人士反省者較少，而需要外省人士反省者實多。在外省人之間，仍有些人認爲多數本省人至今仍懷念日本，因而不僅要禁止他們說日本話，甚至還限制他們看日本書，這是完全錯誤的。世界上決沒有一個人不願做主人而寧願做殖民地的順民，問題祇看他們是否眞正的獲得了主人的地位。也有一些人深怕本省人士在政治上的比重一旦提高，居少數地位的外省人就會受到歧視，或甚至比歧視更爲不幸的遭遇。這也是完全錯誤的。尤其對於地方自治，我們根本不必抱持此種無根的恐懼。地方自治完全要在憲法的規範以內施行，而少數人的權益是完全受到憲法保障的。自治不是獨立，而且也不會導致獨立，相反的，惟有貨眞價實的自治方可以消滅分離的動機。因爲這種動機，正是由於一部份人的統治意識所孕育而成。試看美國的例子，如果各州不是享有高度的自治權力，它可能竟無法成爲一個統一的國家。今天我們要承認，本省人與外省人之間確實是有點問題存在，但似乎大家都不願公開提破，而寧願在心頭懸掛着這麼一個陰影。這是不妥的。我們仍然需要面對問題，而且祇要有廣濶的胸襟與足够的遠見，問題事實上非常容易解決，決不如有些人所想像的那樣複雜。改善選擧，認眞實行地方自治，就足以贏得人心。假若不幸而竟長期間的自欺欺人，敷衍下去，表面上拿一些冒充貨來搪塞，而實際上仍然是緊緊抓住，死不放鬆，那就可能造成一個眞正的危機。」

每一個臺灣人，都是對於國家民族忠心耿耿，因爲臺灣人的祖先都是來自福建、廣東兩省，承鄭成功滅清復明的衣缽，孜孜經營臺灣。臺灣人在日據時代，雖然過着異族統治暗無天日的悲慘生活，但是臺灣人的血液中沸騰着中華民族的血潮，希求臺灣光復重見天日。自從光復以來，臺灣人對於國家的重大貢獻，這一切足證所有的臺灣人都是祈望着政府早日反攻大陸，拯救大陸上億千萬的同胞。臺灣人的光明前途實在是在錦綉的大陸河山，地廣物博的大陸才是臺灣青年建功立業的天地。

今天臺灣人所期望於陳內閣的各點，絕非奢望，也非挾多數人而向政府有所討價還價或勒索，這是臺灣人由衷的期望。政治是「管理衆人」的事，辦理「現實的問題」。今天在臺灣，衆多的人就是臺灣人，而現實的問題就是希望政府尊重民意，實施眞正地方自治，起用人才，消滅內外省人間的鴻溝。當前面臨着這些重大問題，政府當局絕不宜視若無睹，不問不聞，徒讓其演變下去。

經濟部農業化工廠來函

自由中國社台鑒：

頃閱「自由中國」第十九卷第五期讀者投書「請速制止農藥漲價」一篇內，有關農藥漲價一節，有述及六角牌者，查本廠出產之六角牌農田與家庭衛生用殺蟲藥劑，主要者爲與各種DDTBHC複製劑，本廠爲顧及農民及家庭用戶負擔起見，外滙提高後本廠所出各種產品之售價並未增加分文。特函聲明並請惠借　貴刊一角敬告全省農民及一般用戶爲荷。

經濟部農業化工廠謹啓　九月十三日

讀者投書

(一) 看官方的違章建築！

盧華英

編輯先生：

近幾年來政府爲整頓市容及配合疏散，曾經大量拆除違章建築，我們對政府當局此一決策的執行，絕對支持。但這一違章建築的拆除工作，似乎做得太不公平合理，難令人心服！

臺北市警察局對拆除的對象，專指向一般貧苦的小百姓，對官方或具有權勢的大爺們的違章建築，則像死去了的「梁山伯」一樣，一隻眼兒張一隻眼兒閉，祇當沒有看見。如有些小百姓的住屋，既未有礙市容，亦不妨害交通，那怕被颱風括了頂，如私自整修亦在强制拆除之例，造成祇許官家放火不准民間點燈的反民主現象！至於警察人員的濫用職權，藉端勒索，更是迭有所聞。

臺北憲兵隊早在三年前即在中華路人行道上蓋起了七、八間汽車棚，慢車道也變成了該隊的專用停車場，使乙種車輛及行人均迫走快車道，妨害交通，莫此爲甚！玆當中華路小南門違章建築行將全面拆除前夕，該隊竟將全部汽車棚擴建爲福利社門市部，直接對外營業，與民爭利，且更將其違章建築向西門圓環方向延伸（註：讀者於本（九）月廿二日路過該處時正在大事興建中），未知該隊究竟憑什麼權勢這樣大膽的搭蓋違章建築！

現在我們要請問臺北市警局：臺北憲兵隊的違章建築難道是「合法」的嗎？如何不予拆除，且准其向市中心繼續延伸，理由何在？該隊的汽車將中華路慢車道佔領七十公尺，難道還不算妨害交通嗎？是不是將一輛脚踏車放在慢車道才算妨害交通呢？我們再請問臺北憲兵隊，請警局拆除違章建築時你們憲兵也有在場執行任務，如何本身且不顧政府整頓市容配合疏散的決策，而大量搭蓋違章建築。憲兵也有維持交通的責任，如何專指別人的車輛妨害交通。（按憲兵專登記軍車，指別人妨害交通），而本身反來破壞這一工作呢？這種祇許官家放火不准民間點燈的極權觀念，足以影響民心向背，動搖國本！現在，我們希望政府當局能予澈查法辦。

讀者　盧華英上　九月廿三日

自由中國東西橫貫公路的建設

文農

一　興建動機與計劃特點

臺灣公路，省縣鄉道總長度共達一五、八六八公里，其密度冠於全國各省，平均每百平方公里，約有公路四十四公里，惟以中央山脈，縱貫南北，其分佈遂偏重於西部平原，東西公路交通，除北部新店至礁溪一段長六十公里，及南部楓港至大武一段長四十公里外，別無路線可資銜接。自東迄西，行旅往還，貨物轉運，必須繞越數百公里之長程。費時費事，至感不便。因此，橫貫溝通，自屬急務。而中央山脈地帶，大甲、立霧、濁水三溪流域，森林礦產水力等天然資源，蘊藏至富，尤亟待開發，以拓展本省經濟，增裕國力，是爲興建主要動機之一。將來完成，其有助於國防軍事、社會文化、與地方繁榮，自亦非淺鮮。

年來政府爲永久保持年青强壯之反攻軍力，建立了退除役制度，逐年淘汰老弱，易以生力補充，藉收新陳代謝之效。而此批退除役官兵，倘使任令閒散，不特個人生活無依，國家亦將喪失一部有用人力。爲使安置就業，復予編組訓練，參加各項建設，是又該路興建之另一動機。

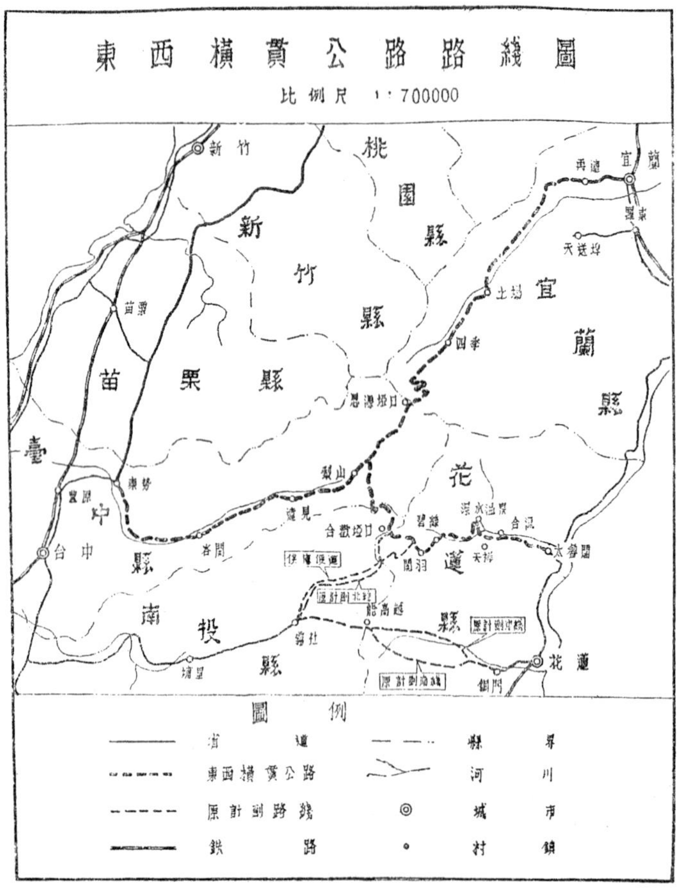

東西橫貫公路路線圖
比例尺 1:700000

二　路線概述

橫貫公路，在日據時代，卽已開始興築，其所定路線，(卽附圖所示「原計劃中線」)係自臺中縣屬之南王田，經臺中、埔里、霧社、屯原、越中央山脈之能高山，傍蒂萊山，循木瓜溪東下，過銅門，以迄於花蓮縣屬之初音，與省道東部幹線銜接，全長一九二公里，其西端自南王田至屯原一段長一二一公里，東端自銅門至初音一段長六公里，均以地勢較平，工程簡易，已告完成，惟中段自屯原至銅門長六五公里，經行崇山峻嶺，斷岩深谷，長隧道總長四千餘公尺，其中最長一座，達二四一〇公尺，終以工程艱鉅，迄未完成。

光復以後，臺灣省公路局，鑒於原計劃路線，自能高山以東，迭經地層劇烈變動，蒂萊天長諸峯，山崩巖斷，木瓜溪河床淤塞，逐年急劇升高，沿線地形變遷已失採用價值，乃研究其他可能路線，藉利興建養護。經研議者，有南北兩線，均以霧社爲起點。北線溯濁水溪而上，越南合歡山，循立霧溪，經關羽、碧綠、天祥、合流、至太魯閣口，接蘇花公路而達花蓮。南線由霧社經屯原、能高山、武陵山、桃源山，沿清水溪、清流溪、而至銅門。民國四十年，該局先後三度派員組隊勘測南北兩線，以資比較。次年四月，復由中央及省府有關機關派員組隊覆勘，權衡比較，並歸納各方意見，決定採用北線。唯以工程艱鉅，需費浩大，財源籌措不易，未能卽行着手開辦。

嗣後該局爲配合整個開發計劃，復研究臺中縣屬東勢至花蓮，與東勢至宜蘭兩線，以其價值較諸上述北線爲高，於四十三年十一月，派員會同中外專家組隊勘查，對新舊線再作詳盡比較研究，復經有關機關審愼研議，最後決定以該兩新線作爲中部東西橫貫公路之最終採用路線，並卽籌欵興建，十載籌議，於焉確定。

上述決定採用之兩線，一爲主線，自東勢至花蓮，名爲「臺中花蓮線」，一爲支線，自梨山至宜蘭，名爲「臺中宜蘭線」。

臺中花蓮線，長二五四·五公里，自臺中經豐原，溯大甲溪而上，過東勢、谷關，以至達見，爲已成路段，長九四·八公里。新闢路線以達見爲起點，經佳陽、梨山、越合歡山埡口，東下關羽，再沿立霧溪、經碧綠、古白楊、洛韶、天祥、合流、至太魯閣峽口，啣接蘇花公路，直達花蓮。除太魯閣至花蓮，長三〇·一公里，爲已成舊路外，新闢路線計長一二九·六公里。全線以北合歡山埡口為最高點，標高拔海二、六二〇公尺。合歡山以東，山勢陡峻，多巉巖幽谷，因之全線困難工程，大部集中於東段花蓮縣境。太魯閣峽谷，更為本省名勝，有國家公園之號，路線蜿蜒二十公里，兩岸峭壁崢嶸，碧波映帶，風景壯麗，甲於全島。

臺中宜蘭線，長二三四、七公里，其中臺中至梨山一段長一一九、三公里，為主支兩線所共有。路線過梨山後，仍溯大甲溪上行，經環山、勝光、思源埡口、四季、留茂安、土場、芃芃、圓山、松羅、玉蘭、冷水坑、粗坑、再連，與已成公路啣接，而達宜蘭。再連至宜蘭長一一・〇公里為已成公路，故此支線新路段計長一〇四・四公里。全線以思源埡口為最高點，標高拔海一九四〇公尺，一般言之，尚無特殊艱鉅工程。

橫貫公路大橋長隧等艱鉅工程，大部集中於由合歡山埡口北至梨山，東至天祥（大北投）一帶，高山僻壤，人烟稀寥，與外界交通隔絕，為便利輸送料具人工糧食，並使工程得以分頭並進，以縮短工期，節省建築經費起見，該路並修築由霧社至合歡山埡口運輸供應線。該線由霧社經幼獅、松崗、追分、翠峰、櫻峰、昆陽、啣接主線之合歡埡口。由霧社至昆陽一段，長一七・五公里，雖坡度略陡，尚可通行十輪卡車。昆陽以上，有兩徑可循，一向北循原有人行道而達合歡埡口，長一五公里，因坡度較陡，彎道較小，僅能通行中型吉普，一向南經石門埡口而達合歡埡口，長二六公里，其標準則與霧社至昆陽一段相同。目前為節省經費，暫採向北一線，一面並就實際需要與效用價值，加以衡量比較，以定有無改取向南一線之必要。該運輸供應路線所經各地，即為原擬議橫貫公路北線之一段，將來視政府財力所及，加以改善，提高標準，使能通行普通卡車，而與現築之主線啣接。則中部橫貫公路，可有兩路溝通，一由臺中經梨山北通宜蘭，一由臺中經埔里霧社南達花蓮，兩路之中段並有現修主線梨山至合歡埡口一段，以資連貫，將來車書輻輳，商旅交通，益將稱便。

三　施工計劃與進展概況

橫貫公路新闢路段，計有主線由達見至太魯閣，長一一九・六公里，支線由梨山至再連長一〇四・四公里，共為二二三四公里。整理舊路計有東勢至達見長六三公里，及宜蘭至再連長一一・〇公里，共為七四公里，沿線所經地帶，大部為崇山峻嶺，形勢險峭，其最大傾斜度達七十度以上，尤以由梨山以南合歡溪起至太魯閣一段，最為艱鉅。依據初測結果，其主要工程，全線路基土石方達六百九十萬公方；大小橋樑，三千三百餘公尺，最高橋身逾四十公尺；隧道一千八百餘公尺，其中最長之洛韶隧道，長達二二七公尺。此外尚有改善隧道長一二七〇公尺。其餘涵管，駁坎等工程，猶不勝枚舉。綜計全部建築經費約需臺幣三億五千萬元，另需購置外洋料具美金一百五十萬元，係由行政院國軍退除役官兵就業輔導委員會在安置經費項下支付。

由於該路路線行經高山狹谷，無旁路側徑可資交通，材料工具，人工糧食，補給困難，除一部份利用索道手推車輸送外，其餘悉賴人工揹運，因之施工方式唯有採取分頭逐段推進之一途。四十五年七月初測告竣，即於是月七日着手開工，先從整理舊路入手。十一月工程總處成立，設置合流、梨山、四季三個工程處，第一步分別由東西北三方面，同時向內推進；使用工力，以人工為主，機械副之。一面趕築霧社至合歡埡口運輸供運路線。第二步該線一經打通，即可由宜蘭向西，梨山向東向南，合歡埡口向北向東，太魯閣向西，六頭並進；同時天祥至合歡溪一段，全線最艱鉅之重點工程，亦即開始大量趲趕，工力亦將轉變以機械為主，而人力為副，工期預定為三年，由四十五年七月，以迄四十八年七月，倘無其他意外，全線工程，可告完成。

此一艱鉅工程之興建，得以安置行政院退除役官兵就業輔導委員會編組之榮民工程隊——五千餘退除役官兵，分在主線支線兩端，展開建築工作。

此輩退除役官兵，在祖國抗戰、戡亂戰役中，馳騁沙場，曾建立過多少可歌可頌之功績，一旦退役，在政府妥善之輔導與安置下，復以勇毅之精神，參加建設工作，不致生活無依，不使投閒置散，此固政府退除役官兵輔導制度之成功，亦充份表現彼輩忠於國家民族之氣節。在海拔兩千公尺之崇山峻嶺間，披荊斬棘，開山鑿洞，工作雖極艱辛，但均能以愉快之心情，迅速之動作，完成任務。因此工程推進，極為順利。

沿線翠疊層崖，古木蔽日，山溪泛綠，風景絕佳！此一帶雄奇峻拔之重山，過去人跡罕至，現則沿途可見不絕之炊煙，可聽吭唷吭唷之雄健音律，已成為千萬人緊處之桃源，無復為窮荒僻野。

退除役官兵就業輔導委員會，不但對榮民工作分配妥善，即對彼輩生活水準之提高，精神之調劑，健康之保衛，亦無不悉心籌劃；如沿線之供應站，醫療站，圖書閱覽，康樂活動……均配置得宜，供應週至，雖處深山，同樣可於工作之餘，收聽電臺所播送之各種游藝節目，可以欣賞中外電影名片，故榮民工作效率極高，而心情亦至為愉悅。

此路工作艱險，坍方落石，時有所聞，築路榮民，均能不避艱險，再接再勵，勇往直前。截至四十七年六月底，除整理舊路東勢至達見及宜蘭至再連七四・〇公里，已完成通車外，霧社合歡埡口運輸供應路線，已全部完成，主線新闢路段，已開工地段，計達見經梨山合歡埡口至關原五八公里，太魯閣至華祿溪四一・四公里；支線已開工者計梨山至環山十七公里，再連至勝光七六・一公里。以上開工地段中，主線自達見經梨山至合歡溪三一公里，太魯閣至文山溫泉二一・四公里，並已通車，支線自梨山至南湖溪九・四公里，再連至圓山橋一七・九公里，及土場至四季十八・六公量，亦已通車。

該路工程艱鉅，日據時代，未能完成，今日畢竟以榮民偉大人力，以戰鬪精神克服萬難，修築貫通，衆志成城，於此得一明證。（轉第6頁）

美國證券市場的管理（下）

楊志固

九　美國次級證券市場的管理

美國國會繼一九三三年制定證券法後，復於一九三四年制定證券交易所法(以後簡稱本法)，規定設置證券及交易所委員會(以後簡稱委員會)，以管理全國性的次級證券市場，其目的乃在維持一個公正而有規則的且基於自由競爭的證券市場，阻止信用過度使用於證券的交易及廢除證券市場中的弊害聲各種不當的手法。由於全國性證券市場之交易，必須使用信函及州際商業機構，因之本法將有關證券市場組織、人員，證券及營業之管轄權授諸聯邦政府，至完全局限於某一州內之證券交易，顯然不在本法適用範圍之內，而仍受該州法律之約束。委員會對於證券市場的監督控制，雖有廣泛的權力，但對於公司的財務方針，無權干預，亦不得以其判斷取代任何參與證券市場活動者之判斷。委員會既不能決定何種證券應可出售，亦不能影響或決定其價格。只要在誠實公正的商業行爲範圍之內，法律對任何投資者的抉擇，並無控制。而是否負擔某種風險，仍須由投資者自行決定，此一立法是假定在有了充分而正確的消息後，投資者是有能力可以確定某項投資所包括之風險的，並且是有能力可以對其證券之抉擇作健全之估價的，在委員會成立以前，投資者尤其是一般非職業性的投資者與其經紀人或證券商間之信託 (fiduciary) 關係雖已被公認爲證券業之特性，但仍有許多人破壞此種關係，而無法予以糾正。經紀人或證券商輒向投資者表示彼等對證券事務具有優越之智識技能，投資者因信賴其智識技能而與之往來。維持此種特殊的信託關係，必須遵守高度的職業道德標準。本法及委員會所訂規則中對此項信託關係特別强調，並有反覆之論列。本法全文共三十四條，玆將其有關各項規定分別介述如次：

（一）　證券及交易所委員會之組織及職能

委員會係由總統指派委員五人經參院同意後組成之。屬於同一政黨之委員不得超過三人，並須儘可能指派屬於不同政黨之人士擔任此職。各委員除擔任委員職務外，不得再從事任何其他職業性活動，亦不得直接或間接參與證券市場活動。每一委員年薪一萬元，任期五年，每年更換一人。委員會爲執行其法律所賦予之職能，被授權得指派官員、代理人、檢查官以及其他專家職員等(以上本法第四條之規定)。

本法賦予委員會以若干非常重要的職能，玆就其管理的職能、調查的職能及準司法的職能三方面分述如次：

(甲)管理的職能——本法給予委員以廣泛的權力，委員會得就本法規定範圍內對有關禁止交易事項訂定特別規則。委員會於考慮最可能受影響之利害關係人所陳意見後訂定此項規則，經公布後具有與法律相同之力量。委員會得對有關禁止活動事項規定其涵義，對發行者及與發行者往來之證券市場中人士規定其應負義務及責任，委員會根據本法之授權，得强制發行者發表有關其證券之充分而合時的眞實消息。委員會於訂定有關規則時，儘量使之具有伸縮性，俾企圖向投資者攫取不當利益之不法之徒有所警懼。

(乙)調查的職能——本法授權委員會得檢查經紀人及證券商之紀錄簿籍，委員會經常於認爲任何人或任何團體有違反本法及委員會規則情事時，即從事調查，投資者如認爲被詐欺時得訴諸委員會，委員會卽調查其事實，委員會並與各州證券委員會商會等機構 合組一全國性的 情報交換所，收集各項有關詐欺性、蒙混操縱性交易及有關犯罪人及犯罪機構之報告，以助委員會之調查活動。但委員會調查人員之目的及委員會之政策，主要仍在於阻止證券市場中的弊害及違法情事之發生，並非於事後發掘已遂之惡行而懲處之。

(丙)準司法的職能——委員會常於執行其職能時，舉行審訊，審訊應儘可能公開，遇有機密性的情報時，始不予公開，有關審訊紀錄須予保留（第二十二條之規定)。委員會係以一個無利害關係公正不偏的裁判員姿態出現，其任務在使證券市場中之行爲合乎其規則，並予違反者以制裁。審訊常在委員會指派之檢查官前爲之。審訊後，檢查官繕具報告，呈報委員會，委員會於審視各項證據後始說明其決定及其決定之理由。任何當事人對委員會之決定如有不服，得訴請聯邦法院予以覆審。委員會亦覆審若干全國證券商協會所採取之行動，通常此等案件，多爲有關全國證券商協會開除會員或停止其會員權利、或拒予申請者以會員資格等。委員會亦覆審少數全國證券商協會懲處其會員之行動。此外委員會常介入私人所提之民事訴訟案件，向法院遞送節略，以助法院之決定。

（二）　對於交易所之管理及交易所章則之控制

爲將交易所置於有效控制下起見，本法第五條規定：除非證券交易所業已依照第六條之規定向委員會註册爲全國性的證券交易所，或因其交易量微不足道，業經請准委員會予以豁免者外(第十一條之規定)，任何經紀人、證券商或交易所不得使用信函或任何州際商業機構以從事證券之交易。否則視爲非法。本法第六條復規定：任何交易所可依本條之規定向委員會遞送註册說明書，申請註冊爲全國性的證券交易所，註册說明書內須提供交易所組織、各項活動、社員資格暨委員會認爲對公共利益及保護投資者有關之資料，以及交易所設立執照暨各項章則或有關章則修正之抄件。同時交易所必須同意將遵守本法及委員會所有規定事項，並就其權力範圍以內，强制其社員之遵守。交易所之章則必須對其社員違反公正平等之商業行爲有採取紀律行動之規定，否則不准註册，故意違反本法及委員會各項規則之行爲應予懲罰，因此一規定而交易所對其社員乃具有支配的力量。任何交易所在不違反本法、委員會規則及所在各州之法律下，有權採行任何章則，申請者必須爲有能力遵守本法及委員會各項規則者，而交易所本身之章則係屬公正足堪保護投資者，始得准予註册爲全國性之證券交易所。除非申請者撤回其申請或同意委員會得對其申請暫緩採取行動者外，委員會須在申請後三十日內，決定准予註册或經適當通知及審訊後，不准註册。交易所得在合乎委員會規定下，或委員會認爲對保護投資者有必要時，申請取消其註册。

本法第卅一條規定：每一全國性證券交易所註册後因其享有營業權利，須每年按證券出售總值五萬分之一，於次年三月十五日前向委員會繳納註册費。

本法第十九條規定：委員會如發覺某一全國性證券交易所有違反本法暨有關規則，或在其權力範圍內未能强制其社員及其註册證券之發行人遵守本法暨有關規則，而認爲對保護投資者有必要時，得於適當通知及審訊後以命令停止該交易所之註册權爲期最多十二個月或撤銷其註册。

交易所之章則及章則之修正，在實施前須得委員會之核可。委員會爲保護投資者，維持證券交易所內的公平交易暨交易所的良好管理起見，得以書面要求證券交易所自行變更其章則。此項建議，頗屬重要，蓋證券交易所如未能照此要求變更其章則時，委員會得於適當通知及審訊後，根據規定以命令逕行變更或補充該交易所之章則。尤其委員會如發覺任何全國性證券交易社之所員及職員違反本法暨有關規則或代他人從事違法交易者，爲保護投資者起見，得於適當通知及審訊後，以命令停止該交易所社員權利及職員職務爲期最多十二個月，或對社員或職員予以除名或免職之處分，(以上均第十九條之規定)。此項規定大大地改變了證券交易所以前私人會社組織的性質。

若干交易所章則僅適用於社員履行其職能時之有機會發生弊端者。本法第十一條規定：在不違反委員會規則下，交易所得准許其社員註册爲專家或零沽證券商，未經註册之社員，不得擔任此種職能。其營業範圍亦頗多限制，如同條規定專家之擔任經紀人者，在交易所內除市價委託或限價委託外之任何交易，均屬非法。任何專家或交易所職員發布有關專家接獲訂貨之消息，如未能爲全體社員所使用時，乃屬非法。同時兼爲證券商及經紀人之全國性證券交易所社員，或任何同時兼爲證券商及經紀人經社員爲中介以證券交易爲業者，使用全國性證券交易所設備或信函或州際商業機構，與顧客作證券交易而未曾於事先以書面向其顧客表明其身份究爲證券商抑爲經紀人，或對顧客所購證券給予信用，而彼曾於六個月內參與是項證券發行之承銷業務者，均屬非法。此項規定之理由爲經紀人係代理其主人之利益從事交易，交易完成，收取一定之佣金。而證券商則代表其本人之利益從事交易，如兩種職能集於一身，則證券商之利益與顧客之利益互相衝突，勢有可能損及顧客之權益，故兼爲證券商及經紀人之社員或非社員在任一證券交易中不應具有雙重身份，交易所中之專家及零估證券商爲社員中之具有雙重身份者，故本法規定兩者均須向交易所註册，始得營業。

（三） 證券註册之規定

證券註册辦法可將所有列入證券交易所開拍之證券發行公司置於管理之下，除非發行者對其業務財務等重要事項，經常發表充分而正確之消息，其證券之開拍，將遭禁止，聯邦政府暨州市政府之證券可免辦註册手續。

本法第十二條規定：任何證券交易所社員、經紀人或證券商，如在全國性證券交易所對任何尚未依照本法或委員會規則註册生效之證券從事任何交易者，均屬非法。同條復規定：任何證券在一全國性證券交易所註册，須由發行者向該交易所遞送申請書(以副本送委員會)，其內容須包括：

(甲)有關發行者，控制發行者者，受發行者所控制者，受發行者與他人共同控制者(註二)，及保證證券本息者之詳盡消息，委員會得視需要規定如次：①公司組織資本結構及業務性質。②所發行各類證券之條件地位及權利。③現將發行及前三年中已發行證券之條件。④公司董事、主要職員、承購人及持有發行者任何股票股權達十分之一以上之大股東，其報酬，其在發行者或控制發行者者，受發行者所控制者與受發行者與他人共同控制者之證券中所享有之權益，及其與發行者或任何控制發行者者或受發行者所控制者，或受發行者與他人共同控制者所訂之重要契約。⑤除公司董事長及主要職員外，年酬在二萬元以上職員之報酬。⑥職員分紅與利益分享辦法。⑦有關管理與勞務之契約。⑧現存及可能發生之任意購買權。⑨經獨立會計師證明之前三年度資產負債平衡表。⑩經獨立會計師證明之前三年度損益計算書。⑪任何其他委員會認爲必要之財務報表。

(乙)發行者或控制發行者者、或受發行者所控制者，或受發行者與他人共同控制者之公司章則，信託契約或其類似文件、承購辦法、投票信託契約等之抄件，委員會得視需要規定之。

如委員會認爲前述各項規定之內容對於某特種發行者不甚適用時，得規定申請書內須包括其他委員會認爲適用於此特種發行者之內容。

同條復規定如交易所當局向委員會證明業經核可，該項證券之註册並可列入交易所開拍，委員會收到此項證明三十日後證券註冊生效。向全國性證券交易所註冊之證券，可按照交易所之章則及委員會規定之條件，由發行者申請撤回其註冊，或由交易所向委員會申請撤銷其註冊。至尚未發行之證券，僅在合乎委員會之規定情形下，始能註冊。此項註冊僅限於前經註冊證券的持有人可以認購或分得之證券。而此項註冊之主要目的，乃在便於將此項未發行之證券分配於前述之證券持有人。

委員會將審查此項申請書內容之是否完備淸晰，如有缺漏，須予更正。此項註冊一旦生效，如發行者能依照本法第十三條之規定遞送各項規定之報告、文件曁消息，以發表其註冊後有關事項的變動情形，即可繼續有效。第十三條之規定如次：每一在全國性證券交易所註冊證券之發行人，須依照委員會爲保護投資者及維持證券之公平交易所訂規則，向交易所遞送下列報告及文件：①委員會認爲可使前送申請書內容不致陳舊過時之近時的補充文件及消息。②經獨立會計師證明之年度報告或季節報告，依照本法規定所送之報告，委員會得規定其格式及內容，平衡表曁收益說明書之項目以及準備報告之方法等。惟任何發行人如其會計方法係由其他聯邦法律或其有關規則予以規定者，委員會所訂規則，不得與此等法律及其有關規則相抵觸。此外，本法第十九條復規定：委員會如發覺任何證券之發行者未能遵守本法曁有關規則而認爲對保護投資者有必需時，得於適當通知及審訊後，以命令拒絕證券註冊之生效或停止證券註冊之有效爲期最多十二個月，或撤銷證券之註冊。同條復規定，委員會認爲對保護投資者及公共利益必需時，得迅即停止任何註冊證券在任何證券交易所內之買賣，爲期不超過十日，或得經總統核可後，迅即停止任何證券交易所爲期不超過九十日之全部交易。由於以上兩項規定，委員會對證券發行者之控制乃大爲加強。

本法在一九三四年最初制定時，原規定在所外市場 (over the counter market) 交易之證券亦須比照列入證券交易所開拍之證券，同樣辦理註冊手續，不過由於事實上的困難，效果未臻理想，其後國會修正本法時，乃修改爲凡在所外市場交易，發行總額在二百萬元或以上之任何證券，須照一九三三年證券法規定向委員會遞送註冊說明書者，其發行人須提供定期之報告，報告中所包含之消息，當予公開，俾投資者可據以作正確之估計。本法第三十二條規定：如發行人未能照規定遞送定期報告者，每日罰欵一百元，惟此項規定僅適用於無數在所外市場中交易證券中之極少數證券。

（四）　對於蒙混操縱及詐欺之禁止

任何以引誘他人買賣證券或建立一種人爲的虛妄的證券價格爲目的之證券交易，稱爲蒙混操縱(manipulation)。爲對抗各種形態的詐欺及非法行爲起見，執行機構需要有極具伸縮性的權力及實施細則，因而本法第十條規定，任何人違反委員會爲應保護投資者及公共利益需要所訂規則，直接或間接經由信函或州際商業機構或全國性證券交易所，使用蒙混操縱及詐欺手法以買賣各類證券者，均屬非法。根據本條規定，委員會有權對證券交易中之蒙混操縱詐欺等行爲，加以釋義，並予查禁。本法第九條對蒙混操縱及詐欺行爲規定如次：任何人或全國性證券交易所社員，直接或間接使用信函或州際商業機構或全國性證券交易所作下列六項活動者，均屬非法：①以創造對某種證券虛僞而令人誤解的市場活動現象爲目的，所作之證券交易，Ⓐ其所有權並無變動者，Ⓑ在購買任一證券之同時，由本人或他人以同樣之價格出售同量之同一證券者，Ⓒ在出售任一證券之同時，由本人或他人以同樣價格購買同量之同一證券者（按在證券市場中，稱Ⓐ爲 wash sales 稱Ⓑ及Ⓒ爲 matched orders）。②個別或與他人共謀以創造某種證券表面的市場活動或哄抬或抑貶其價格，引誘他人買賣此項證券爲目的，而對某種證券從事交易活動者。③任何證券商或經紀人或其他買賣證券者，散布有關某種證券價格將可能漲落之消息，以引誘他人買賣此項證券者。④任何證券商或經紀人或其他買賣證券者，對某種證券之重要事實，作虛僞而令人誤解之說明，以引誘他人買賣此項證券者。⑤因直接或間接自證券商或經紀人或其他買賣證券者再獲得酬報，而散布有關某種證券價格將可能漲落之消息，以引誘他人買賣此項證券者。⑥違反委員會爲應保護投資者及公共利益需要所訂規則，個別或與他人共謀對某種證券從事一連串之交易活動，企圖釘牢、固着或穩定此項證券之價格者（按此種活動足以妨害自由競爭）。同條復規定任何人故意違反本條之規定參與前述各項活動者，須對他人因買賣此項證券致受損害者負民事責任。受害者得於發覺違法事實後 一年內 及違法行爲發生後三年內，經由民事訴訟收回其在此項交易中所蒙受之損失。由於委員會對於前述各種蒙混詐欺行爲的嚴密調查，迅速採用行政的及刑事的制裁方法，美國證券市場內的詐欺情事，業已減至最低的程度。

（五）　對所外市場之管理

美國會在一九三四年制定本法時，在原文中是說明要比照管理全國性證券交易所的辦法來管理所外市場，俾予投資者以類似之保護。雖其後在修正案中將此項說明予以刪除，但委員會仍根據此項標準於可能範圍內盡力爲之。由於此一市場之結構複雜，所交易者多數係未經註冊之證券，其交易復不予公布周知，因而不法之徒易於向投資者攫取不當利益，益增管理監督之困難，但當證券交易所業已置諸管理之下，而所外市場之管理仍付缺如，則證券交易業務勢將由被管理之證券交易所流入未經管理之所外市場。此固有違政府管理機構之初衷，不過此項對所外市場之管理，經由對此一市場中經紀人證券商行爲之管理而獲得若干成就。修正後之本法第十五條規定：任何經紀人或證券商（其業務局限於某一州內者除外）除已依照本條之規定辦理註冊者外，不得使用信函或任何州際商業機構，在全國性證券交易所以外，從事任何證券之交易。經紀人及證券商可向委員會遞送註冊申請書，辦理註冊手續，此項申請書須照委員會應公共利益及保護投資者需要所訂規則之規定，包含有關此經紀人或證券商或任何直接或間接控制此經紀人或證券商者，或受此經紀人或證券商所控制者，或受此經紀人或證券商與他人共同控制者之各項詳細情節。委員會收到申請書後三十日，註冊開始生效。於註冊生效前申請者如對註冊申請書內容有所修正時，此項修正可視為與原申請書同時收到，並視同原申請書之一部份，並不稽延其生效日期，但如委員會認為對公共利益及保護投資者有必要時，得將此項註冊延至收到修正案後之第三十日生效。同條復規定，如經紀人或證券商①在其註冊申請書及補充文件內故意對任何重要事實作虛偽或令人誤解之說明者，或②在遞送申請書前十年內曾被判罪或在遞送申請書後因從事證券交易而犯有輕重罪行者，或③經法院命令暫時或永久禁止其從事任何有關證券交易之行為者，或④故意違反一九三三年證券法、本法及其有關規則之規定者，委員會於適當通知及審訊後，與公共利益有關時，得以命令拒絕或撤銷此經紀人或證券商之註冊，於尚未最後決定是否此項註冊應予拒絕時，委員會得以命令延遲此項註冊生效日期，為期最多十五日，於尚未最後決定是否此項註冊應予撤銷時，委員會於適當通知及審訊後，如認為對公共利益及保護投資者有必需時，得以命令暫停此項註冊之有效。任何註冊之經紀人證券商得根據委員會所訂之條件，以書面通知委員會，自動撤回其註冊。同條復規定，經紀人、證券商不得使用信函或任何州際商業機構，在全國性證券交易所以外，以任何蒙混操縱或詐欺之手法從事任何證券之交易，委員會得訂定規則對本條所謂之蒙混操縱及詐欺手法加以釋義。由於此一市場內成千累萬各自獨立的經紀人證券商，過於散漫而無統一性的組織，管理工作，倍感困難，此一市場係經長期的演進而形成，根據不成文的商場慣例從事業務的經營，對於背離公平的商業行為原則者，並無有效之糾正方法。至一九三四年證券業者始根據全國復興法案，將公平交易之原則訂入章則，俾共遵守。一九三五年，復興法案經美國最高法院釋為不合憲法而告失效。此一市場之代表乃商諸委員會可否設一證券商組織，以資自律，旋由雙方向國會建議，經國會接納修正原法，增列准許全國證券商協會得向委員會註冊之規定。其任務在建立會員間商業行為的高度道德標準，並負責執行。

美國全國證券商協會成立於一九三九年，為一非營利之機構。訂定各項商業行為之規則，以指揮其會員，並予違反規則之行為者予以懲處，調查各項控訴，並解決各項會員間之誤會暨爭端，對於有關證券業之喊價出價之是否出於真誠，廣告及行情報告之是否可靠，價格之是否公正及佣金之是否合理等事項，經常加以監督，同時復代表全體會員為對政府之發言人。會員彼此間業務往來，可享受優惠待遇。協會得審定申請入會者之是否合格，證券商之被拒入會者得訴請委員會予以覆審，如委員會認為與公共利益有關時，得以命令核可其申請。會員證券行之合夥人、職員等，因與投資公衆往還，須向全國證券商協會註冊，並保證接受協會章則、決斷、監督及制裁等之約束，經由此一證券商協會組織，委員會遂獲得與對註冊交易所類似的控制。

（六） 對於信用之管理

美國在本法制定前對於購買證券之信用並無適當的控制，許多投機者借入鉅額資金從事投機性的證券交易，因而導致投機者的失敗，甚而累及債權人（即交易所之社員經紀人，證券商及銀行），為阻止過度使用信用購買證券（即前文所述之差額購買）起見，證券交易所法授權聯邦準備局得訂定規則管理以證券為抵押之信用限額，惟對各類證券開始所給予之信用，聯邦準備局所訂規則須按下列兩項標準辦理，但不得多於兩者中之最高額：①證券現時市價的百分之五十五，②過去三十六個月中證券最低價的百分之百，但不高於現時市價的百分之七十五。

聯邦準備局，經據此規定訂頒規則T及規則U，前者管理交易所社員對顧客所給予之信用，後者則控制銀行對其顧客所給予之信用。

聯邦準備局得視情況隨時提高或降低差額之規定，或甚而禁止信用之使用。如準備局認為對工商業之融通有必要時，經適當考慮國內一般信用狀況後可對各類證券及交易規定較低的差額。如認為有阻止過度使用信用以從事證券交易之必要時，即可規定較高的差額。任何全國性證券交易所之社員或經由交易所社員為中介以證券交易為業之經紀人證券商違反前述聯邦準備局之限額規定，直接或間接對其顧客給予信用及不照聯邦準備局之規定未有證券為抵押，即對其顧客給予信用，均屬非法。凡以在全國性證券交易所購買證券為目的而未由前述證券交易所社員、經紀人或證券商經手之借款，均須比照前述各項規定辦理，否則視為非法。（以上均第七條之規定）

其次為對全國性證券交易所社員、經紀人及證券商之借款加以限制起見，本法第八條復規定如次：任何全國性證券交易所社員，或經由社員為中介以證券交易為業之經紀人證券商有後列之行為者乃屬非法。

（甲）以證券為抵押之借款非得自下列三項來源者：①聯邦準備系統內之會員銀行，②非聯邦準備系統內之會員銀行，但曾向聯邦準備局遞送同意書，願遵守證券交易所法、聯邦準備法及銀行法之規定者。③聯邦準備局規定許可之交易所社員，證券商經紀人彼此間借款及緊急需要借款。聯邦準備局得因②項銀行未能遵守同意書或有關法律及準備局規定事項，隨時以命令終止同意書之效力。如有故意違反證券交易所法情事，此等銀行應受懲處。

（乙）證券經紀人使其負債總額（包括其顧客之貸方餘額）超過其使用資本淨額（未包括固定資產及交易所席位的價值）一定的百分比。此項百分比由委員會視對公共利益及保護投資者的需要規定之，但不論任何情形下，此項百分比超過百分之二千時，卽屬非法。

(丙)違反委員會有關保護投資者之規則，未有顧客之書面同意，卽行典質代客保管之證券，或典質之數多於顧客以此項證券爲抵押向經紀人所借之欵。

(丁)未有顧客之書面同意，卽行出借代客保管之證券。委員會負信用管理的行政責任，執行聯邦準備局所訂之各項規則，其審計人員則檢查經紀人及證券商之紀錄，視其有無違反規定情事。自一九三八年以還，委員會集中力量管理非證券交易所社員之證券行，而將有關證券交易所社員之信用管理執行事宜，委諸證券交易所。

(七)　對於局內人從事證券交易之規定

社會上一般的小額投資者不易得到如公司董事、重要職員及大股東可能得到的消息，此等局內人因其與公司之關係，可能獲得人所不知或尙未發表的消息，以從事公司證券的投機，而獲取不當的利益。彼等與公司之關係，具有如前文所述之信託性質，因之此等局內人如利用其所獲得之消息以圖私利，自屬違背其高度的信托關係，爲阻止前述之公司董事、重要職員及大股東等局內人因其與公司(卽發行者)之關係，利用可能獲得之特殊消息起見，本法第十六條規定如次：任何握有各類在全國性證券交易所註册股票(包括普通股及優先股)十分之一之股東，或發行公司的董事及主要職員自始卽須向委員會及交易所報告其持有之股權數，其後每月股權如有變動，須在次月十日前報告委員會及交易所。

凡此等局內人在爲期六個月內因買進賣出，或賣出買進公司的股票所獲之利益，發行公司可在此項利益實現後兩年內經由民事訴訟收回之。如公司(卽發行者)並未提起訴訟或雖提起訴訟而進行不力時，任何發行者的證券持有人可以代表發行者提起訴訟以收回之。

任何前述之公司大股東、董事或主要職員，直接或間接或代理他人對公司的各類股票從事賣空，或成交時雖持有股票，但未在成交後二十日內交貨，或未在成交後五日內將股票交付郵局或其他正常的運送機構者均屬非法。

同條復規定除非違反委員會爲實施本條規定所訂之規則，此條文將不適用於國內外之證券負販者(彼等在證券市場內之賣空係屬技術性的使用，見前文)。總之，證券交易所法對此等局內人之從事證券買賣，雖未明文予以禁止，但所加諸彼等之各種條件，實已令其望而生畏，不敢嘗試。

(八)　對於賣空的規定

賣空有其重要的經濟職能，但在另一方面，賣空亦可能爲投機者所利用，已詳見前文分析，爲阻止賣空不良的使用並容許其正當的使用起見，證券交易所法第十條規定，任何人違反委員會爲適應公共利益及保護投資者需要所訂之規則，直接或間接使用信函，或其他州際商業機構或全國性證券交易所設備，以從事證券之賣空者，均屬非法。委員會業已據此條文訂定規則，規定賣空必須在高於最近的前一次不同價格時爲之。如某一種股票價格由$56\frac{1}{2}$元跌爲$56\frac{1}{4}$元時，不得賣空，當其價格再回漲至$56\frac{3}{8}$元時，始可賣空。不過如股票價格由$56\frac{1}{2}$元跌爲$56\frac{1}{4}$元後，復回漲至$56\frac{3}{8}$元、且繼續以$56\frac{3}{8}$元之價格出售，此時仍可賣空，蓋$56\frac{3}{8}$元仍高於最近前一次的不同價格$56\frac{1}{4}$元也。此項規定之目的乃在阻止賣空者對業已下跌的證券價格，加以意外的壓力，使之愈趨下游，同時委員會復規定，賣空所獲利益，必須申報，如有疑問，委員會將詳予審問。

本法第十六條規定公司(發行者)之董事，重要職員及大股東等局內人，不論何時，均被禁止對其公司的各類股票從事賣空，已見前文。

(九)　對於任意購買權的規定

證券交易場中有所謂任意購買權(Optiono)者亦常被用爲投機的手段。稱爲"Put"的任意購買權，卽一造得於一定期內按雙方同意的價格向持有證券者購買一定數額股票之權利。稱爲"Call"的任意購買權，卽證券持有者得於一定期內按雙方同意的價格交付對方一定數額股票而要求付欵的權利。如一項任意購買權准許投機者得於一定期內，按某一雙方同意之價格向對方購買一定數額之股票或得按另一雙方同意之價格交付對方一定數額之股票要求付欵者，稱爲"Spread"。如一項任意購買權給予投機者於一定期內按某一相同之價格，向對方購買或售諸對方一定數額股票之權利者稱爲"Straddle"爲限制此種投機性的手段起見，本法第九條規定，任何人違反委員會應公共利益及保護投資者需要所訂規則，使用任何全國性證券交易所之設備，從事證券交易之直接或間接涉及任意購買權者，均屬非法。同條復規定，任何全國性證券交易所社員如有違反委員會應公共利益及保護投資者需要所訂規則，直接或間接背書或保證任何有關證券任意購買權之履行者，均屬非法。

(十)　對於證券代理權的規定

本法第十四條對於證券之代理權(Proxies)規定如次：任何人違反委員會所訂規則，使用信函或州際商業機構或全國性證券交易所設備，以請求任何證券之代理權者乃屬非法。同條復規定，任何全國性證券交易所社員或任何經紀人、證券商經交易社員爲中介以證券交易爲業者，違反委員會所訂規則將代客保管之證券代理權給予他人者，乃屬非法。

(十一)　作令人誤解說明者之民事責任

本法第十八條規定，任何人對依照本法及其有關規則規定所送申請書報告或文件中之重要事實，曾作虛僞或令人誤解之說明者，須對因信賴此項說明而買賣證券致遭損害者負賠償之義務。受損者可於發覺事實後一年內及事實發生後三年內依普通法律及衡平法向任何有適當管轄權之法院訴請執行。

（十二） 對主管機關之行動或不行動不得加以曲解利用

本法第廿六條規定，委員會或聯邦準備局爲執行本法所採取之行動或未有行得被解釋爲委員會或準備局業已評定任何證券之價值，或已核可任何證券之交易，委員會或準備局對所送說明或報告採取行動或未有行動，不得被認爲委員會或聯邦準備局業已發覺此項說明及報告係屬眞實正確或並非虛僞或令人誤解。任何可能證券交易之買方賣方，對任何委員會之行動或未有行動作前述之表示者，乃屬非法。

（十三） 違反本法之刑事責任

本法第三十二條規定，任何人故意違反本法之規定或任何委員會根據本法訂定之規則，或任何人於依照本法或委員會規則所送之申請書、報告或文件中故意對任何重要事實作任何虛僞或令人誤解之說明者，負有刑責，如經定罪，處以一萬元以下之罰鍰或兩年以下之監禁，或同時處以罰鍰及監禁。如違法者爲證券交易所，可處以不超過五十萬元之罰鍰，如違反委員會規則者可證明其對此規則並不知情時，當可不受監禁之處分。

（十四） 有關制裁之規定

全國性證券交易所及全國證券商協會對其社員會員之違法事項，得視情節輕重，予以行政的制裁，如除名、停權、罰鍰或譴責等。委員會對此具有更大之權力。委員會可以命令撤銷各項註冊，向各地聯邦法院訴請頒發永久性或暫時性禁令，以禁止此等違法行爲(第廿一條之規定)。對交易所或證券商協會之社員會員，可予以停權或除名之處分及頒發警告及申誡。委員會亦可將有關違法之證據，送交聯邦總檢察長根據本法規定提起必要之刑事程序(第廿一條之規定)。委員會之目的，乃在以最少之干預獲得最有效的管理。本法第廿五條規定，任何人對委員會之命令如有不服，得於委員會命令發布後六十日內向所在地之聯邦巡廻上訴法院，書面訴請覆審，將委員會之命令予以修正或予撤銷。

（十五） 對於本法適用範圍之規定

第二十八條規定如次：①本法所規定之權利及補救辦法，並不影響其他現行法律或衡平法所規定之權利及補救辦法。但任何人根據本法或其他法律提起訴訟所收回損失總數，不得超過其實際損失之數。②在不牴觸本法及有關規則下，本法並不影響各州證券委員會對任何證券或任何人之管轄權。③本法之任何規定不得被解釋爲更改現行法。

（十六） 總結

本法的立法精神，大體與一九三三年之證券法相同，不過次級證券市場內之最大弊端而與投資者及公共利益有關者，厥爲蒙混操縱與詐欺行爲及過度投機性活動兩事。爲禁止蒙混操縱與詐欺的行爲及限制過度投機性活動起見，本法對證券市場之組織、人員、證券及營業各方面，已有極詳盡之規定，如前文所述，委員會復據本法所賦予之職權，對執行本法各項規定事項，視保護投資者及公共利益之需要，訂定各項施行細則，嚴格執行，由於刑事民事責任之規定，不法之徒不復敢在證券市場內施行其蒙混操縱手法及詐欺伎倆。投資者權益獲得合理保障。由於對差額購買信用之限制(此項信用限額，最近因經濟衰退由原定之百分之三十放寬爲百分之五十)，對賣空之限制，對任意購買權之限制及發行公司之局內人不得對其本公司發行之股票實行賣空等規定，將證券市場內之投機活動限制於一合理範圍之內，不復如脫韁之馬，危及公共利益暨社會安寧。其次，委員會雖對證券市場之管理具有廣泛之權力，但委員不得兼職，不得直接或間接從事證券市場活動，所有委員會人員不得將各項申請書、報告或文件內之消息，在未經公布前向外界透露，或利用此項消息，以圖私利(第廿四條之規定)。凡此規定，其目的乃在樹立主管機構的道德威信，如最近美國聯邦交通委員會委員 Mack 先生即因與其他商業活動發生關係，被國會調查小組迫令辭職。復次，本法除對有關蒙混操縱與詐欺行爲予以禁止，對投機活動予以限制外，對於正當而公平的證券交易絕不干涉，對於市場內之自由競爭，非惟不予限制，且力予維持，對妨害自由競爭之活動，則予禁止，蓋基於自由競爭有助於公共利益之理論。至本法規定證券發行者須「發表眞相」之原則，在本文(上)內已有詳盡之說明，不再贅述。於此吾人可得一清晰之觀念，卽資金之借貸行爲實乃國民經濟生活中不可缺少之一環，此種活動，且爲國民之基本權利。不容以任何理由，予以剝奪。證券市場內之各種活動，在本質上仍然是資金的借貸行爲，不過由於公司組織的特性，使此項借貸行爲兼具高度的技術性而已。同時亦以證券市場之具有高度技術性，因而易於發生蒙混操縱與詐欺等弊端及過度之投機性活動。前者損害投資者之權益，後者危及公共利益。有關證券立法或證券市場之管理，其目的不外除去證券市場中之各種弊害，限制過度的投機性活動，而將證券市場中之資金借貸行爲納入正軌，使一般的小額投資者可以在此市場中尋覓其理想的投資機會，正當的工商業者亦可在公平的商業行爲基礎之上覓取其所需之資金，國民經濟的發展，實深利賴。管理的職能，如越此界限，便將妨害正常的資金借貸行爲，阻滯國民經濟的發展。不可不愼也。近見中央日報報導，大東工業公司因受高利貸影響，發生週轉不靈現象，今日臺灣高利貸的形成可歸因於資金的求過於供及通貨的貶值，如再進一步探究，則可發覺資金的供求失衡又有經濟的及非經濟的因素，前者純係資金本身的短絀，後者乃是民間仍有窖藏資金，祇以無完善的資本市場，致此項資金不克爲工商界所使用，因而加深了資金供求失去平衡的幅度，如更進一步來看，則由於工商業於籌措資金之時，並未將其業務財務的眞實狀況告知投資者，投資者對其投資之性質，既毫無所知，所負風險，實屬過大，此亦爲臺灣高利貸形成的原因之一。如大東公司生產之脚踏車是屬於消費品中的耐久物，消費者對此種商品的需要是隨一般經濟的榮枯而變動的，其生產銷售的週轉期較長，同時其全部營業使用財產的平均獲益率低於借入資本的利息率（根據中央日報報導）。如前分析，最後必導致公司的改組或淸算。我推想大東公司在借入資金時，是不會將其業務上的特性及財務上的風險明告投資者的，我國商場中有所謂「看貨講價」，美國商場中亦有所謂 "Caveat emptor"，發表眞相的原則卽基於此項商場中的慣例，如不發表眞相，不僅有背商業道德，且可促使利率的上漲，這是不值得的。中央日報復報導，臺灣銀行將辦理公司債的保證發行業務，經省府核准後，卽可實施云。此卽臺灣銀行將擔任初級證券市場中的中介職能。我願在此提請讀者注意的，就是如無完善的次級證券市場，初級證券市場的職能（卽證券發行）是不易圓滿完成的。現在臺灣銀行負有臺灣信用管理的職能，如同時又兼負私人企業公司債發行的中介人，是否合適，是否不致發生流弊。且臺灣銀行僅選定若干較具規模的公司，對其發行的公司債予以保證發行，是否有以行政命令剝奪其他正當的工商業者在公平的商業行爲基礎之上尋求所需資本的權利之嫌，都是値得考慮的。我覺得「華僑信託公司」的早日籌足資金開業及其他投資銀行的設立是有必要的，而管理證券市場的法律亦須由立法院早日制定頒行，以昭大信於全國人民。

十　結論

我們目前的急切需要一個證券市場，並且需要一個完善的證券市場，已如前文所述，而如何建立一個完善的證券市場，其關鍵完全在於良好的管理制度，美國是工業先進國家，對於資本的需求，最爲殷切，因之其證券市場的發展，也最爲迅速，而證券市場內各種可能的流弊，如詐欺蒙混操縱等手法及投機活動，無一不曾在美國證券市場內出現過，最後且導致一九二九年證券市場的總崩潰及其後的經濟大恐慌。根據此項慘痛的經驗，美國國會制頒了證券法、證券交易所法及其他有關證券立法，施行以來，二十餘年，極著成效。茲當國內工商業需要資金孔亟而主管當局亦表示正在縝密研討有關證券立法之時，作者因見其可資借鏡之處甚多，特將其逐條研究，草成本文，藉供國內關心此一問題人士之參考及比較研究，如能有所助益於我國未來的有關證券立法，將是作者所馨香以祝的。但要向讀者聲明的，作者絕無意如若干狹隘的民族主義者所說的，認爲美國的月亮也比中國的月亮亮，不過我們知道人類文化是互相交流的，日本今日工業的進步，能不歸功於彼邦明治維新時代的歐化運動嗎？我們的宋明理學不也深受印度佛學思想的影響嗎？際此危急存亡之秋，我們再不能以什麼不適國情的理由，來盲目地拒絕接受他人的寶貴經驗。同時作者也絕無意要國人盲目地翻版他國的法典，因爲美國的法制究有多少是不同於我國的法制，美國各州有各州的法律，聯邦有聯邦的法律，不過美國各州的法律與聯邦的法律仍是相輔相成的，而其立法的精神及其管理的技術仍是一貫的。本文所介紹的是美國有關證券立法的立法精神及其管理的技術，而不是其法制。這是作者要强調的一點。

從美國證券市場形成發展的歷史來看，他們是先有證券市場的設立，其後因發生了流弊，而且危及公共利益，始制定法律加以管理的。根據此一歷史經驗，自然我們不必再走他們的老路，蹈他們的覆轍，而可自始卽制定各項有關證券立法，加以管理，此卽中山先生所說迎頭趕上之義。若徒然恐懼證券市場之可能發生流弊，既不制頒有關證券的立法，以保護投資者的合法權益，又不准設立證券市場，以應工商業之需要，此之謂因噎廢食，捨本逐末，不僅剝奪了投資者尋覓理想投資機會，及工商業者尋求資本的權利，且必將阻滯我國民經濟之發展，更將從而影響我人反攻復國的前途。

作者在草成本文以後，不禁感慨無既，美國的證券法及證券交易所法是分別在民國二十二年及二十三年制定的，今年已是民國四十七年了，假如我們的行政及立法當局，能在今年完成這件工作，就從這一件事來看，至少我們在時間上已落後了四分之一世紀。我們要救亡圖存，我們要反攻復國，我們要驅逐俄虜於國境之外，我們更要恢復大陸上五億同胞的自由之身，時間已不容許我們再拖再推了。去年俄帝人造衛星升空美國第一次試放衛星失敗後，美國朝野人士均坦率承認落後，一美國朋友對我說：「我們已經覺醒 (wake up)了。」惟因其有勇氣承認落後，所以才能覺醒，才能加緊工作 (speed up)，而最後終於趕上 (catch up) 了俄帝，作者願以「覺醒」「加緊工作」及「趕上」三語，獻給國內的愛國同胞，以爲本文的結束。(註二)

中華民國四十七年三月十五日脫稿於美國密歇根州。

註一：美國企業組織形態中有父公司與子公司的結合。其相互間權益關係，有時頗爲複雜，如甲公司持有乙公司百分之五十一股權而控制乙公司，乙公司復持有丙公司百分之五十一股權而控制丙公司，甲公司在丙公司所享有之權益，雖僅爲百分之二十六·〇一，但仍可通過其對乙公司之控制而間接控制丙公司。

註二：本文曾參考① U. S. Securities Exchange Act of 1934, as Amended ② Gerstenburg: Financial Organization and Management ③ Waterman et al: Essays on Business Finance ④ Bogen: Financial Handbook.

短評

（一）「免試升學」如何了？

「免試升學」一項「劃時代」的創舉，在前任教育部長一意孤行之下，以試辦之名，由新竹而高雄，一試再試，甚至一度企圖在臺北等地三試四試，以求以「試辦」的名義，達到普遍實施的目的。

最近，除高雄學辦了免試之「試」，一時傳爲「笑」談以外，新竹又因四十七學年度共需經費一六、二二五、一九四元之巨，而省政府所允補助一百萬元，只有十六分之一，所以被迫決採用「緊縮班數」的「克難辦法」而獨力進行，使得各校每班人數都要塞滿到七八十人。

記得在前任教育部長隨行政院改組而去職時，大家都希望這項「德」政也隨着人亡政息，但等到有人向新任教育部長問起「免試升學」是否停辦時，責任却被推給了教育廳，再等到省議員向省主席質詢時，又以這是奉中央指示辦理需由教育廳與教育部詳商來對答，說來都似乎頭頭是道，而且都暗示主張停辦，可惜「免試升學」一事，便因此而停在推拖階段。

其實，「免試升學」之應停辦，從中央和省府的態度看來，現已了無疑義，然停辦理該拿出一套停辦的辦法來。爲了無數正在接受「免試升學」教育的無辜學生，不管是中央或省府，都不能一推了之，而免迫使新竹與高雄縣府，也只有一拖了之。爲今之計，中央及省府應負起責任，拿出妥善辦法：一方面從速補助兩縣應補助之經費，使無數淪爲「試驗品」的純潔學生，不至被一誤再誤。一方面應速通令自明年起停辦，並根據實際情形，擬定具體方案，對於有關學校，該撤銷的撤銷，該合併的合併。

（二）黨國元老的「革命」手段

世界書局董事長李石曾與總經理楊家駱的爭執，原爲該公司內部之爭，是非曲直，我們可以不必過問。同時雙方都聘有律師在報上刊登啓事，如和解不成，也可循法律途徑解決。可是近日來，李石曾已不循法律正軌而採取直接行動，在臺北市區世界書局大演其全武行，迫令停業，弄得治安機關也不能有效地制止。這樣一來，這件事已演變成社會治安問題；而問題的引起，又是來自黨國元老李石曾方面，這就引起大家注意了。

我們對於李楊兩人的立身行事，不願多加論列。但有一點，我們從論政的觀點，不得不特爲指出。即據公論報記載：「兩個月前，李先生曾表示解決此項糾紛，『除法律途徑外，應從歷史、哲學、主義各方面的關係尋求途徑』」。這句話，我們實在不大懂。也許它的涵義太高深了。但我們注意到「主義」二字。直接行動主義，全武行主義，無論如何是不尊重法治。不尊重法治，不循法律途徑，就是我們所了解的「革命」。李石曾在這件事方面所採的途徑，眞正是革命途徑。主義！革命！黨國元老！中華民國的法治就這樣完結了！

（三）誰在「强銷書刊」！

關於「强銷書刊」一事，雖然早爲各下級機關學校所深惡痛絕，而政府當局也三申五令的嚴禁過，但最近有虎尾國校校長却險被此害得吃上「寃枉」官司，更有新竹縣立二中校長終因此以「便利第三人圖利」之罪名被法院起訴。

近據「民族晚報」報導，這次省議會在閉幕之前通過一項提案，促使省教育廳勿再迫令各國民學校購買「國民基本知識叢書」。案中指出此項叢書從第一輯起，現已出版至第五輯，每輯價欵高達一二四〇元，歷年來由教育廳令飭各縣市國校購買，並硬性規定各校至少要買一套，乃至二套、三套，書欵由各校每月辦公費項下「扣繳」。

事實上，這項「叢書」的强銷，並不限於學校，即小至若干鄉鎭公所也不例外，這種額外負擔，更使經費有限的鄉鎭公所，無不叫苦連天。全省究有多少學校機關被强銷過，現在姑且不談，僅就爲數約一千多所的國民學校而言，這筆書欵，便十分可觀了。

原來政府對於强銷之所以一禁再禁而不能禁絕，是由於還有這種透過上級主管機關「扣繳」的方式。這類强銷者的手段，眞是高明！所可怪者，教育廳爲何要代爲「義務」强銷？又何以不得不用「扣繳」的方式？

（四）如何根除「四害」？

在不久以前，省議員郭雨新曾指出流氓、警察、稅務、治安和司法人員，已成爲今日社會的「五害」。最近，立法委員彭善承又略去流氓而稱爲「四害」。

前面說「五害」，後面說「四害」，這可能是因爲流氓一害，近經政府竭力取締，已不成其爲害了！不過，一害雖除，四害尙在！嚴格說來，流氓之爲害，是人所共知，不足爲怪，唯有警察、稅務、治安乃至司法人員，竟然也成爲社會的大害，而且爲害更甚於流氓，寧非現代民主國家的怪事？

究其原因，這四種人之所以爲害，未必可以完全歸咎於他們的本身，實際上，我們的法制方面有漏洞，尤其是政府的當道諸公內心根本忽視法制之存在，更是主要因素。所以，今天若不從建立健全法制而促成眞正法治國家着手，則此所謂四害，非但永不可除，且可假借除害之名，而爲害更烈。唯有成爲眞正法治國家，這四種人員始可望爲善而不爲害，因此，政府是否眞有清除四害的決心，就要看有無走上法治的決心。

中共在香港搞「計劃與論」

香港通訊・八月八日

厚生

「計劃與論」這個名詞或許還沒有人提起過，可是，它在實際上是存在着的。這種「計劃與論」的理論基礎大概就是謊話說上百篇千篇，即會有人相信的說法。

「計劃與論」的行者不限於共產黨人，法西斯分子也善於執行這個玩意。在表面上，「計劃與論」似乎仍舊是與論，但在實質上，它不但距離眞正的民意甚遠，且爲民意的歪曲，或者可以說是强姦民意。

共產黨的統治是一個大計劃，這大計劃是否如宣傳如想像般有效，我們姑且不去管它。我們只知道在這大計劃裏面，政治是計劃的。譬如，共產黨是領導專政的黨，此外的「民主黨派」都被安排在一定的位置上，它們的任務是固定的，它們所能吸收的分子也有固定的範圍，教育界的歸甲黨吸收，工商界的歸乙黨吸收，相互之間不可踰越一步，不好隨便招兵賣馬。當某界或某種問題發生時，作爲領導黨的共產黨就下命令，此事應由那一黨負責去處理，彼事應由那一派負責去籠絡。凡遇全國性的事件發生時，先由共產黨領頭作出表示，各「民主黨派」一相繼跟上，或通電或決議，紛紛表示擁護、支持，「抗美援朝」要遊行，「民主黨派」的「成員」（大陸上只有共產黨的黨員才可稱「黨員」，其餘黨派的黨員現在一概稱「成員」）一齊參加；「世界和平理事會」要簽名，大家一齊動筆動手；「武裝」和「和平解放臺灣」運動起來了，大家一起發通電響應；蘇彝士運河戰爭發生了，大家一起集會來譴責英、法、以色列的行動；美英出兵中東，也是一齊示威遊行。這是「計劃政治」一下的情形。共產黨並不會承認有「計劃政治」這回事，但事實上是有的。正像共產黨不會承認有「計劃與論」而事實上却是有的一樣。至於說到「計劃經濟」，這是共產黨自己承認了的，且以此自誇其成就。因爲一切都是計劃的，以致個別的自主、自由、創發都被扼殺，故共產黨的大計劃等於是一具大機器，除掉操縱這具大機器的少數共產黨人以外，無論是「人民」也好，工農階級也好，都是沒有提出自己意見、表示不同意或反對政府意見的權利。換句話說，共產黨是不容許「人民」或「工農階級」享受自由民主的權利的，其他屬於「剝削階級」的人當然不必說了。

現在，言歸正傳，我們來看一看從六月至八月初的短時期中，中共是怎樣接連地在香港搞「計劃與論」的。上面已指出「計劃與論」是强姦民意的行爲，我們當然可以知道中共所製造的「計劃與論」和香港居民的眞正意願是不相符合的。這還是一種比較消極的說法，就中共的「計劃與論」的實際意義來說，它不僅强姦了民意，且在煽動和刺激民意，使香港居民在不知不覺中受到影響，附和中共的說法，從而促成人心浮動和社會不安的局面，而眞正的受害者不一定只限於香港當局，全體香港居民的生活都直接受到不利的影響，難道這就是香港居民所希望的嗎？恐怕只有「計劃與論」的製造者——中共——才會肯定地說：「是的」。

中共的香港報紙搞「計劃與論」，其總計劃自然來自北平，這裏的計劃，有一部分是就地取材的，譬如印尼爆發內戰，革命政府的飛機將若干外國的商船炸壞了，造成若干海員的死傷，這些死傷海員的家屬都住在香港，於是，中共在香港的報紙和人員大事宣傳，一面斥責美國的殘暴無人道（共產黨一直將美國當做印尼革命政府的支持者和武器供應者看待），一面大獻溫情，對海員家屬表示種種的「同情」，有的寫慰問信，有的捐欵，有的親自上門安慰，有的寫信給報館編輯，譴責美國，甚至召開控訴大會，將死傷家屬一個個拉上臺去哭訴一番。第二天，又將這種掩面啼哭的場面的照片用很大而顯著的地位刋登出來，標題之大（特大號字體，套紅）篇幅之多（有時一整版，有時二版），的確觸目驚心。像這類的「計劃與論」在大陸報紙上是不登的，不登的原因很多，且舉三端來說，第一、大陸和印尼離得太遠，中國海員在印尼內戰中死傷了些人，大陸人民的同情心未必可以提得很高，至少不會比香港的居民更敏感些；第二、大陸在中共統治下九年，被殺的人盈野，幾乎每一個家庭的分子或戚族朋友都有被中共殺害的，人民今日對於死傷幾個人的事，已呈麻木狀態，不認爲是大事，値不得大驚小怪；第三、如果中共將海員被殺的事在大陸宣傳，人民首先就在心中發生疑問，他們（海員）爲什麼要離鄉背井到海外去謀生呢？還不是因爲大陸難居留嗎？還不是因爲大陸無出路嗎？今天，海員們離開自己的愛妻稚子，不能享受溫暖家庭生活，而要冒生命的危險去幹海上寂寞的生活，一方面是爲經濟所迫，另一方面也是愛護妻子兒女的感情所驅使。基本上，海員們都是有濃厚家庭感情的人，他們短期離開家庭，把家眷安頓在香港，每月向香港的輪船公司領取家庭生活費，一年半載以後回來，他們中間有的因積蓄，有的因販賣生意而成可觀整數，所以，在香港，只要有機會出海，他們的生活都是過不錯的。但是在大陸，他們雖有一技之長，却得不到施展的機會。他們不是改行，便是失業。筆者曾租賃海員家屬（二房東）的房屋，深知他們一行的情形。在香港、江浙籍的海員爲數甚夥，九龍紅磡、土瓜灣一帶是他們的集中地，平時守望相助，互通消息，互相介紹職業機會，說到某人出了海（或叫撐船），均稱幸運，一旦提起家鄉故事，無不怨言怨語，說道某某等人都有來信，求此間朋友幫忙，設法引救他們出來；又說某某已抵澳門，正設法偷渡來港。凡此情形，只說明一點，即海員在大陸上是造成死路一條，只有想法到了香港，才有活路。這是造成港九海員家屬衆多的原因。中共利用「摩洛」、「飛雁」二船海員死傷而製造的仇美宣傳，在香港大多數海員家屬中是發生不了大作用的，她們如果稍稍轉動一下腦筋，就會發出這樣的評論：都是共產黨害我們的。

雖然，中共製造海員仇美的「計劃與論」可以說是就地取材，但實際上，這事的背景是北平支持印尼蘇加諾政府、打擊蘇門答臘島革命政府的政策，因爲共產黨將美國看成爲印尼革命政府的後臺，所以，革命軍自購的飛機和個別美國人自動參加其中的行動被說成爲美國的「罪惡行爲」，總的說起來，是北平干涉印尼內政、支持蘇加諾政府、反對革命政府的政策，引伸出以上的「計劃輿論」。

繼海員事件之後，就是國際商品展覽會的問題了。國際商品展覽會由九龍總商會所擧辦，籌備已有七個月之久，原定八月八日開幕。各國和本港廠商認領攤位甚爲踴躍。共方報紙忽於六月底對此展覽會大施攻擊，指商展有政治陰謀，想藉此搞「兩個中國」。於是又有一大批「讀者來信」和「各界人士」的談話發現在共方的報紙之上，如此大事渲染和攻擊者一連十多天，九龍總商會主席謝伯昌氏首當其衝，爲指罵之主要對象。

香港政府見形勢險惡，乃與九龍總商會和謝伯昌氏商量，勸告停辦商展，因商展一旦擧行，難保沒有不良分子擾亂社會秩序，從事搗亂，因爲展覽會如果開幕，任何人都可進入參觀，不收門券，香港政府雖有强大警衞力量，也覺有防不勝防之感，爲商展和爲社會大衆的安全計，不如停止擧辦。九龍總商會和謝伯昌氏接受港府的勸告，於七月八日召開理監事會議，通過停辦，並發表聲明，向社會公告停辦之原因。更將已認攤位各廠商之定金退還。

在中共來說，這是一次大勝利，他們將這次勝利竟說成是「輿論」的力量，如七月九日大公報在本港版上所用的標題是：「在各界同胞指斥下，國際商展宣告停辦，港府鑒於輿論，已採取應有措施，謝伯昌製造兩個中國陰謀破產」。香港新華社竟說：「美蔣分子的這個政治陰謀被香港報紙揭發以後，受到香港各界人士的强烈譴責，許多工商界人士、工人、電影界和文化界人士都公開發表談話，對美蔣分子的陰謀活動表示極大的憤怒。在香港同胞團結一致的祖國的統一而進行堅決的鬭爭下，美蔣分子籌備了幾個月的這個政治陰謀活動終於被粉碎。」

商展擬在香港擧辦，中共報紙對它用「計劃輿論」施加壓力，表面上似爲就地取材的行動，實際上是北平方面爭取國際地位、反對「兩個中國」的政策的一部分。中共正擬强調這次「計劃輿論」的功用時，七月中旬的中東局勢因伊拉克政變而突告緊張，美英兩國軍隊先後在黎巴嫩和約旦登陸，於是，中共報紙改以中東局勢爲「計劃輿論」的題材猛烈抨擊美英的「侵略」。這一次，中共在香港的計劃完全是策應北平方面的總計劃，或者說，完全是根據北平的命令而行事的。我們知道中共在大陸上組織了人數龐大的示威遊行，規模之大，不下於「抗美援朝」的示威運動。爲了實施計劃，中共報紙顯然用了很大的力氣，除「讀者來信」、公開談話之外，還有漫畫、座談會和簽名運動。同時，這回的「計劃輿論」不隨莫斯科、北平的政治動向而更換題目，由譴責美英「侵略中東，威脅和平」一轉而成爲譴責美英「拖延高峯會議」，再一轉而成爲「各界熱烈擁護中蘇會談公報」。中共這個在港動員全部力量，將一切可以利用的人、團體、名義或方法都利用到了，發表公開談話的人相當多，有的註明身分如工人、店員、經理、教師之類，有的並不註明身分。無論註明或不註明，是否確有其人，很難知道。「讀者來信」很多是一大批人共同具名，是否眞實，也有疑問。有一天的大公報，整版都是簽名，以後每天都刊出一幅簽名的名單，多的時候有一、二百名，少的也有幾十名。在體育界的名單上，會發現有冒簽的醜事發生，事後被冒名的人曾經香港時報提出眞跡，加以糾正。比較可靠的人還是香港社會上知名的靠攏分子的談話。那些靠攏銀行、保險公司的經理、著名左傾學校負責人、共資企業貿易機構的經理人，當然也不是假的。左翼工會的主席和會員自然也發揮了他們的作用，會員們或被動員去開會（有的乘船到澳門開會），或被動員去簽名，據說在動員簽名的時候，主催的人曾有諾言，凡簽名的人，到八月中秋佳節，可免費得大陸運港月餅一盒，將來分派月餅的機關，就是各左翼工會的「福利部」。這些雖是傳說，但根據共產黨向來所玩的花樣多到如五花八門，我們未始不可信中共有玩這類玩意的可能性。

由於「計劃輿論」是一種故意誇張的假輿論，所以，它的破綻和趣事也隨着發生。我們擧一件事，可以見出共產黨的玩意兒的確太不成話。中共的新華社在八月五日那天從香港發出一個電訊，內容謂「香港報紙輿論支持中蘇兩國領導人的會談公報」，並且引用了文滙報、大公報、新晚報、商報的社評。這四家報紙的立場和背景，香港居民盡人皆知。說香港有四份報紙支持「中蘇兩國領導人的會談公報」則可，說香港輿論支持「中蘇會談公報」則不可。香港所出版的日、晚報有幾十種之多，四家報館的社論怎能代表「香港報紙輿論」的態度呢？同時，中共的新華社當然明白，它所引擧的四家報館是吃的誰人的飯，它們要是不支持「中蘇會談公報」，豈不是成了怪事！尤其妙的是第二天——八月六日的香港大公報，竟在本港版的顯著地位上刊出新華社的報道，加用二行標題謂：「中蘇二國會談公報，香港輿論熱烈支持」，新華社的電訊原文照登。大公報居然將四家（它是其中之一）報紙的言論說成是「香港輿論熱烈支持」，眞是厚顏無耻！這裏，我們看得出：新華社抄了大公報的社論作爲新聞，大公報也抄了新華社的電訊作爲新聞，這樣一來，大公報又是抄了自己的舊時言論作爲新聞。舊聞翻新，抄來抄去，無非是强調「中蘇會談公報」被「輿論熱烈支持」，無非是要達到欺騙讀者的目的。

假使輿論不是計劃的，何至於用此愚蠢的方法。民意到底是不易强姦的，「計劃輿論」如釘死在一個題目上，日子稍久，不但製造輿論的人有巧婦難爲無米炊之感，民衆也會對「計劃輿論」發生反感。短時期的轟動，可以滿足民衆現時要求刺激的心理，長時期的杜撰虛構，則必然引起民衆的不滿。（近年來，香港共報的銷路一落千丈，文滙報、大公報和商報等一過中午十二時，便滿街都是，挾在其他消閑和娛樂趣味較重的報紙中，（一毫二張）。所以，文滙、大公二報的身價過上午十時便是五仙。新晚報的銷路尚好，但不及星島晚報遠甚。香港居民不看文滙報大公報，共方自然知道，而「計劃輿論」也不失是刺激人心和增加銷路的一法。不過，題目必須時常改動，頂多持續二周，便得改換新的題目。現在，中東問題和高峯會議還在僵持狀態之中，中共的報紙忽然又提出輻射塵問題來大肆宣傳了，說美國居心險惡，路遠迢迢到南太平洋來試氫氣彈，旨在利用季候風把輻射塵吹至香港和東南亞。這無疑是一個新鮮和富有刺激性的題材，並且與共黨禁核子武器試驗的表面文章是相配合的。這個「計劃輿論」剛經開始，今後十天之中必定會有一種不自然的緊張氣氛被製造出來。

八月八日香港。

伊拉克政變及其後果

巴黎通訊・九月一日

紀夢平

對中東阿拉伯國家而言，七月確是一個多事的月份。一九五一年七月約旦王 Abdallah 被民族主義者所刺殺；黎巴嫩內閣總理 Riad El Salh 的被暗殺事件，一九五二年七月二十三日埃及發生政變，納塞爾等青年軍官推翻法魯克王室，成立埃及共和國，擁納吉布將軍爲總統。四年後的七月埃及總統納塞爾又宣佈蘇彝士運河爲埃及國營，以致釀成是年底的英法出兵蘇彝士運河區事件，及至本年七月十四日又發生了伊拉克政變，使當時中東風雲變色，局勢空前緊張。

就本年中黎巴嫩事件及伊拉克政變發生的前因後果而論，雖不能說美蘇在中東阿拉伯世界的冷戰中有若何決定性的勝負。伊拉克軍人能够推翻王朝而成立共和國，雖可視爲美英對中東政策的失敗；但自美英派兵分駐黎巴嫩及約旦以來，蘇聯却僅要求撤兵及只以召開專爲處理中東問題的高階層會議爲對策，一再叫囂，此種作風雖旨在標榜莫斯科是中東地區的「和平保障者」，但同時却在說明蘇聯似尚懼西方集團的力量，不願因此引起大戰。然而年來納塞爾地位的日趨增强及蘇聯自年初開羅亞非會議以後，積極向中東及非洲從事陰謀滲透，煽動利用阿拉伯國家民族主義者；其一切活動實均非美國的圍堵政策及艾森豪主義所能應付的。更何況目前在中東阿拉伯國家，因納塞爾的影響，民族主義澎湃興起，使不少政府與人民間發生嚴重的脫節現象，尤不利於現局勢下西方自由世界的維持東西均勢及現狀的政策，而甚有助於蘇聯以納塞爾主義爲掩護進行侵略的政策。

西方自由國家，因伊拉克政策的教訓，應改變政策方能對付蘇俄對中東的侵略。換言之，應澈底檢討反共戰略，制定反共反蘇的全球性戰略，放棄自私自利短見的看法，加强盟國間的合作，對落後地區及國家應了解及同情其需要予以設法援助，而不應將希望寄託於少數當政者而與當地人民脫節。同時對蘇俄的威脅應立卽作有效的對付，如是始可振奮人心，堅强士氣。

× × × ×

七月十四日晨九時四十分許伊拉克首都巴格達電臺廣播稱：「腐敗的王室已被推翻，伊拉克共和國已經成立。」陸軍當局伊拉克人民宣佈：「此次爲伊拉克有史以來首次清除貪污政權，同時將國家從帝國主義所指揮的份子掌握中解放出來。」此次伊拉克軍人政變由 Abdel Karim Kassem 將軍領導，於十四日清晨四時許開始發動，僅在短短的七小時內卽全部完成推翻由英人一手扶植，建立已經四十餘年的伊拉克王國。這次伊拉克事變，無論就那一方面來說，蘇埃兩國均不能擺脫其責任，其直接的煽動與唆使姑且不談，僅納塞爾主義的散佈及蘇俄歪曲宣傳的運用，足使伊拉克民族主義者的反英行動變成爲推翻伊拉克王朝的軍人革命。然而如再就這次 Abdel Karim Kassem 行動成功的迅速，及其所遇阻力的微弱和事後伊拉克人民對新政府的擁護情形而言，實不能僅以蘇俄協助所能完全解釋的，政變的發生實有其更大的內在原因。

伊拉克王朝自建立以來迄未受過人民的衷心愛戴。在英人一手扶植下，由來自麥加的哈室蜜 (Hachémites) 王朝消滅土耳其倭托曼 (Ottoman) 王朝的勢力建立伊拉克王國後，及其政府自始所採親英路線，尤使在第一次世界大戰時發動政變推翻倭托曼王朝統治的民族主義者所不滿。伊拉克王國在開始時雖能借助軍隊力量壓制民族主義者，穩固其地位；然而軍隊中不滿政府親英作風者亦大有人在。在中東阿拉伯國家中，軍隊向由中產階級份子所組成，同時亦代表此等地區中的一部份知識份子勢力，對民族的完全獨立頗爲嚮往；況自一九五二年埃及軍人推翻法魯克王室後，尤成爲伊拉克民族主義者的搖籃。在一九〇八年倭托曼王朝統治伊拉克時，軍中伊拉克籍軍人卽已有秘密組織，名曰「誓社」(Al Ahd)，以「不獨立，毋寧死」爲口號。哈室蜜王朝成立後，伊政府從未敢忽視軍中的反英態度，對軍中不穩份子不時予以命令退休或整肅，此尤以一九二二年及一九三〇年伊英簽立協定時爲然。自一九四一年以來，伊拉克權臣魯利塞依得 (Noury Said) 更以首相身份自兼國防部長職以便加强對軍隊的控治。

伊拉克王室對軍隊雖力求控制，但過去仍先後發生過不少次政變。一九三六年軍官 Bakr Sidki 藉幼發拉底河區部落叛亂的機會，推翻巴格達政府，然其政策未能實現卽於次年八月被刺身死。四年後，當第二次世界大戰正酣的時候，又有由 Rachid Ali Gailani 將軍發動政變，但因 Rachid Ali Gailani 反對英國，宣佈伊拉克爲非交戰國，却準備與軸心國合作使伊拉克脫離英國的控制，致英國於聞悉後卽進軍重佔巴格達，政變因之失敗。伊拉克哈室蜜王朝建立以來雖時遇有政變發生，但直至一九四八年巴勒斯坦事件時止，民族主義者的目標却只在反抗英國的控制而已，故在各方面看來此次政變所受一九五二年七月埃及軍人推翻法魯克王室建立埃及共和國的影響，遠較伊拉克過去政變對其所發生的影響爲大。

納塞爾主義雖空洞的無以成爲主義，却仍散佈於中東阿拉伯國家的每一個角落。納塞爾認爲阿拉伯民族的敵人乃「帝國主義」與國內的封建勢力，而二者却又結合成一個整體。納塞爾眼中的封建勢力包括大地主、君主及舊制度下的政要。他的政治主張顯然的抄襲些馬列的主張，但這對落後的中東阿拉伯國家中，長久生活在貧富懸殊環境下的貧民及文盲來說，却是甚爲動聽的。貧民們對政變後的伊拉克共和國新政府的表好示感，主要的原因即在期望新政府能實行土地改革政策，以改善彼等的生活。

伊拉克王國的政權，自一九三〇年以來即一直掌握在首相魯利塞依得一人手中。他在政治上雖不無建樹，近年來在經濟、社會各方面的建設尤有顯著的成績，但政治的不民主，使中產階級及知識分子感到不滿，新進青年中頗有一些人對政府政策聽從英國而感到政府的附庸性及無能。魯利塞依得操縱下的伊拉克政府，爲了鞏固其政治地位，於是加強警察權力，輿論沒有自由，政治不求民主，只以操縱式選舉來掩飾，使國家政權經久不變的操於少數地主、大商賈及政要等手中，結果使人民對政府愈加離心，政府及人民間發生嚴重的脫節現象。在這種情形下，納塞爾的政治主張頓時成爲伊拉克那些不滿現狀的人們及反對派所愛好期望的了。一九五六年十一月間伊拉克青年學生擁護納塞爾的遊行運動雖能被警察力量予以驅散，但二十個月以後，Abdel Karim Kassem 將軍的政變却在幾小時內成功。

×　×　×　×

伊拉克政變的結果，雖對國際經濟及西方石油的供應不致有若何影響。但如就西方防務而言，則其將來可能發生的演變，使我們不能予以忽略。英國於一九五五年二月發動成立巴格達公約組織時，其動機並非在於土耳其或是巴基斯坦，前者已參加北大西洋公約組織，後者亦加入了東南亞聯防組織。其實際目的乃在團結中東阿拉伯國家，以防範蘇俄在此地區的侵略。伊拉克爲巴達格公約組織中惟一的阿拉伯國家，當時英國爲了討好伊拉克，宣佈放棄一九三〇年英伊協定所賦予英國在伊拉克 Habbaniyah 及 Shalbah 軍事基地的權利。但伊拉克政府仍允英國在巴格達公約範圍內使用以上兩基地。政變後的伊拉克新政府雖尚未正式表示退出巴格達公約，同時 Abdel Karim Kassem 亦宣佈願與巴格達公約回教國家保持友好關係，然其事實上已無形中退出西方自由集團，轉入中東納塞爾所領導的所謂中立集團。如一旦巴格達政府進一步聲明脫離巴格達公約組織，事實上就中東中立性的民族主義的演變看來，這是頗爲可能的事，如是，屆時英國則必須撤退其駐軍。本年初杜勒斯在巴格達公約組織理事會中曾一再强調該組織對西方防務上的重要性。況對蘇聯今後的原子侵略，必須在其邊疆的四周建立飛彈放射基地以防範之。當時伊拉克魯利塞依得政府對美國要求公開聲明願接受在其境內建立飛彈放射基地。由是觀之，政變後伊拉克的中立化不僅在中東防線上開一個漏洞，而且此漏洞有擴大的危險。

年來中東地區局勢的演變對西方頗有不利，僅就巴格達公約國家來說，伊朗國內近年中立思想及民族主義者勢力日逐膨脹，伊朗政府爲避免刺激其輿論及引起蘇俄的干預，終不敢作積極親近西方的表現，而且伊朗國內若干人士因財政連年不得平衡及經濟的不景氣而主張伊朗走向中立途徑以爭取來自各集團的援助。反共堅決的土耳其政府，一方面因國內財經問題不得解決，同時塞普露斯島糾紛拖延迄今不得解決，因使土國輿論界多對英國態度予以嚴厲指責；且因美國方面從未肯就土耳其民族的利害參加意見，亦對其表示不滿。巴格達公約組織中位居最東的國家巴基斯坦方面對巴格達政府的被推翻頗感驚奇，目前巴基斯坦國內泛回教主義勢力的發展及因西方支持以色列所發出的反感使喀拉蚩政府繼續保持現有立場日益困難。

在阿拉伯世界裏，自納塞爾主義廣泛發展以來，西方對策首在設法孤立埃及，但艾森豪主義尚未能收效，而其中東王牌沙地阿拉伯國王的權力已旁落於其親納塞爾的族弟現任首相費塞爾 (Fayçal) 王手中。此外在中東阿拉伯國家中自納塞爾勢力興起後，實僅伊拉克首相魯利塞依得能與其對立，在埃及與敍利亞合併成立阿拉伯聯合共和國後，即聯合約旦成立阿拉伯聯邦與之爭雄。現巴格達哈室蜜王朝已被推翻，伊王、王儲及首相的被害結果，不但使約旦王胡笙 (Hussein) 的地位孤立，使西方在此地區勢力蒙受打擊，納塞爾的地位却更堅强，並使久已半死的阿拉伯聯盟再度復活。凡此均足以說明納塞爾主義在阿拉伯世界中仍在繼續發展中。

×　×　×　×

這次中東事件演變的結果，其勝利者實爲納塞爾而無疑。蘇俄在上月聯合國特別大會中的活動雖與美國同時對消，而未能如意完成收穫其指責英美出兵約旦及黎巴嫩的「侵略」行爲及自我標榜和平使者的果實。但伊拉克政變的結果，使西方在中東防線被中央突破。巴格達公約成爲無巴格達的公約，自爲蘇俄極爲滿意的事。況自埃及國營蘇彝士運河以後至伊拉克此次政變，結果使西方中東油源供應線全部握於阿拉伯「中立主義」國家手中。今後莫斯科當更要假手納塞爾之流積極向中東地區實行陰謀滲透了。

藉此次事件的發生及其結果的形成，又再度指出西方政治的弱點。今日中東情勢已如上述，但民族主義及中立思想的蓬勃發生，其本身並無可怕的危險，可怕的乃是以美國爲主的西方世界的舉棋不定，不能予蘇俄的陰謀以決定性的回擊。加之英國的自私政治作風，因使蘇俄得機對中東中立思想盡量運用，及終日以落後國家的保障從事宣傳，來贏得中立國家的友誼。美艾森豪總統上月在聯大特別大會中提出對中東地區的六點政策，一方面希望以聯合國出來保障該地區的和平及黎約兩國的安全，一方面希望以經援提高該區人民的生活水準，此一政策雖甚良善，但美國對該區政策尙須顧及阿拉伯民族的統一運動及人民的意向，始能對莫斯科的陰謀予以有效的對付。

四七、九、一。

逃亡夜

晏寒松

晚秋的疾雨傾盆如注，挾帶着肅殺的豪情，以千軍萬馬之勢奔騰而來。昏蒙如墨的夜色，覆壓在蒼蒼鬱鬱的羣山上，四望都是無涯的黑暗。遠山外，依稀聽到零落沉悶的隆隆之聲；很像雷鳴。但我分得出來，那是他們的大砲。

從砲聲的距離聽來，我們總算僥倖脫離火線了。坐在這古寺門前石階上，這原是我童年時常來玩的地方；此刻我扶槍假寐。困倦一如冷雨，緊貼住我身體的每一寸。但我的心依然是清醒的。

「我們不能再退了。龍哥，把我們的人集合起來，再衝一下子罷。」王雄斜躺在石階上悻悻然地說。

我望望他。他肩頭的傷口正不斷地冒着血；他不行了。

「你也怕大砲嗎？」他茫然的眼色裏充滿着輕蔑。

「你多保重罷，老王，」我不能不說實話：「現在就賸下你我兩個人了。」

我把夾襖脫下來，用力擰乾疊好，墊在頭底下當枕頭。他沒有跟我客氣，當我捧着他的頭把衣服放好時，一串滾燙的淚水，從他的頰上滴落在我的手心裏。

他原是我們田莊上的長工，幹了好幾十年了。年紀大約也快五十了，以前愛喝酒，偶而玩玩骰子。年紀大起來，才想到要存幾個錢娶個女人。他常常說，希望過一年兩載就能抱着自己的胖兒子，在那暖陽和煦的街上去買一塊麥芽糖。

就是這樣的一個人，他們說他是「地主階級的走狗。」

「龍哥，我們在這兒等甚麼？等死？」

「梅珠也許會來的。」我說：「三娃子到村裏找她去了。」

「眞的？」王雄睜大了眼睛望着四周。我們背後是一座半坍了的彌勒佛像，腆着大肚子，臉上依然是堆着萬古常青的笑容。「對了，這就是月牙村的大廟，梅珠該沒有搬走罷？她——敢在這時候來看我們嗎？」

「我想，她應該——不過，那也難說了。」這年頭，多少人都會翻臉無情，六親不認，何況她一個二十歲剛出頭拿不定主張的姑娘。更何況三年前的分手，也完全是因爲我太薄情。我們沾點遠親，她曾寄住在我家裏。我們曾經好過，但是我的母親認爲她家世寒微，而且幼年就父母雙亡，命太硬；後來我們就分手了。

遠遠的有人影走來，我又喜又怕；先趕緊招呼王雄，把他扶到廟墻下隱蔽起來。我的手緊緊地揑着槍桿，心跳得幾乎要從嘴裏跳出來。我並不完全是怕，當一個人與死亡相處得太熟悉的時候，恐懼之感就沒有多大的威力。我的緊張是由於一種感恩與慚愧交集。她畢竟來了。她沒有忘記以前的話，無論甚麼時候，祇要我需要她，她都願——

「龍哥，」她顫聲叫着，又怕我聽不見，又怕別人聽見。

我從暗影中跳了出來，喊了一聲：「梅珠。」她和我臉對臉，她半張着嘴，半晌說不出一個字來。

「梅珠，妳這幾年還好罷？」

她沒回答我的話，祇說：「三娃子說你在等我；我簡直不敢相信。」她低垂着頭幽幽地嘆了一口氣，「我以爲我們這一生一世再也不會見到面了。」

我走前一步，扶着她的肩。眼看着自己心愛的女人這樣的低聲下氣，不由得令我感到了一陣淒楚。

「我們打垮了。」

「你沒有受傷罷？」她打量着身上。我搖搖頭請她放心，她寬慰地笑了，揚起頭來說：「那就好了。」

「可是，我手下的人死傷太多了。」我咬牙切齒地說：「這回他們用了大砲；妳也許不記得了，十幾年前打日本鬼子的時候，他們都沒用過砲。」

「我眞不明白，他們以前說的那樣天花亂墜；可是，眞的『解放』了之後，大家日子却越過越艱難了。連以前鬼子佔着縣城的時候，也沒叫大家吃蕃薯過日子。」

「所以，我們不能不跟他們拼！」我這話不祇是對梅珠說的，也是對自己說的，是對着內心中怯懦的我自己。

她夷然而笑，顯得是爲了我而自豪。我忍不住又把她攬在我的懷裏，緊緊地。她那略顯伶仃的身體緊貼在我的胸前，隔着一層層水淋淋的陰涼的衣裳，我們總算又在一起了，也有身體也有心。連那喧鬧的山雨聲，此刻聽來也像是蘊藏着低迷的喜悅與祝福。

我吻着她蒼白的臉，問她：「想過我沒有，這幾年？」

她撇撇嘴，「早就把你忘得一乾二淨了。」但是，兩行眼淚終於流了下來，那是多少日夜的積鬱呵！我無法安慰她，就用兩腮上怒草般的短髭爲她擦去淚痕。這一回她並沒有含羞躲避，祇是靜靜地等待着，閉上了眼睛。她的樣子正像我在夢中看見的她一樣。她是我生平所認識的最美而又是最溫柔的女孩子。

她掙脫了我的臂膀，從懷中摸出一包東西，「喏，快拿去吃一點罷。」她像個姑息孩子的小母親似地。

那是兩張大餅，用蕎麥烙的。我們這一帶以前曾經用蕎麥餵豬，但現在却連人都很不很容易吃到蕎麥。那餅是粗糲難嚥的，但却隱約帶着一點她身上的溫暖。我撕了一角塞到嘴裏嚼了一口，又吐出來了。

「怎麼，是不是太乾了，嚥不下去？」

「妳以爲我還像從前那麼嬌貴呀！告訴妳，有東西得先給王雄吃，他受傷了。」

「王雄？就是夏天會用西瓜皮鏤刻燈籠的那個人？」

我且不答話，把她牽到了王雄面前，沒想到他倒睡熟了。我摸他的額角，很燙，一定是在發燒。

「哎喲，他渾身都是潮的！這怎麼行？」梅珠叫我設法找點木頭來。幸好廟裏有個朽敗的香案，不費甚麼力氣就拆爛了；又在竈房裏找到幾束乾草，就用火石點着了，費了好半天事才在斷垣脚下燒起一堆火來。在那劈劈拍拍的爆裂聲中，木頭上竄起了紅的黃的火焰。苗條的火焰搖顫伸縮，把我們的影子放大了好幾倍映在牆壁上，像是幾個山魈在太古洪荒的世界裏跳舞。沉沉的黑夜也跟着一起活躍了起來。

梅珠幫着我，替王雄包紮了傷口，勉强把他的衣服烤乾了，他慢慢地甦醒了過來。

「吃一點罷，」我把撕碎了的餅送到他嘴邊。他跟我一樣，這幾天除了生蕃薯以外甚麼都沒吃過；我們上一頓蕃薯還是昨天日落以前吃的。

王雄一面吃着，一面向梅珠點頭致意。他也許還沒看出她是誰來。反正我們游擊隊員處處都會受到老百姓照顧的，所以他也不覺得奇怪。我們耐心地咀嚼着，一直要把那石頭樣的硬餅嚼成毫無渣滓的一團黏液，才捨得嚥下肚去。生活是個最嚴厲的教師；這幾年的生活至少教會了我們如何珍惜糧食。我們吃的飯並不能使人不餓，倒反而祇是培養了餓，使人不至於餓死了就一了百了永遠不再餓。

「休息休息，你們還是快去罷。」梅珠翻動着火上一塊冒煙的木頭：「剛才，月牙村的幹部已經通知要大家嚴防反動份子。他們說有一個人是從村外小路上山來的。」

「雨這麼大，他們不會找到這山窪子裏來的。」我說，但我心中也暗自失悔，也不知道這堆火會不會招來麻煩。於是，我和梅珠計議逃出山區的路線和方法。目前最難的是，王雄傷勢太重；他既不能走路，又不易喬裝。但在道義上我絕不能丟下他一個人走。梅珠却勸他「潛伏下來」，她說：「我有辦法可以使你安全的。」我心裏不大能相信她眞的有甚麼辦法。

我們爭辯着，而那一堆火漸漸黯了下來，火光照不清每個人的臉，王雄的聲音也越來越模糊了：「我大概是不行了。龍哥，別爲了我就誤事。你快走吧。」他喘哮着，生怕話說不完似地：「小姑娘可以去報告，就說反動份子就在這廟裏。這樣可以使他們不再搜查，不再追趕。」

「那怎麼行？你我出生入死，到甚麼地方都是一塊兒來，一塊兒去。我就是背着你走，也要把你背出去。」

「我的傷——」他呻吟了一聲，我剛要去看他的傷口，沒想到他猛力一推，一翻身竟坐了起來。他右手熟練地從腰裏拔出一件東西，寒光一閃，那是他的匕首，他把它毫不遲疑地插進了胸膛裏。

火熄了，祇賸下一堆殘紅的餘燼。王雄的身體沉重地仆倒下去；他死得很快，他的手一直握住那匕首的柄。

梅珠嚇呆了，過了好一會兒才哭出聲音來。我把匕首拔出來，熱血噴到我的手上。我不忍再看他，我祇覺得一種比要哭還更沉痛的感覺。對着這樣一個視死如歸的好漢，我不敢滴下淚來。

「你還不快走，」梅珠說：「你的命是他的命換來的。」

我沒有對她說甚麼訣別的話，拾起靠在牆角的槍，忍着心揚長而去，不敢回頭；走了很遠還彷彿聽得到梅珠的啜泣之聲。

雨這時是瀟瀟地落着，無情無緒地。那液體落在我身上，像是梅珠的淚，又像是王雄的血，沉沉地落在我的心上。在戰亂中，我又經歷了一次生離死別。

我抬頭望望天，天也是一片沉哀顏色。天想必也在哭罷？我說不準它究竟是爲了甚麼緣故。

也是秋天（八續）

於梨華

九

等到苑若再看見正明時，已經是第二年的春天了。

春天一到，她公寓門前的櫻花，像日本女人紅白的粉臉，迷人地迎着太陽展開笑靨，康內琪湖邊的柳枝又綠了，輕盈地向行人招手，小城又充滿了像少女第一次會見情侶似的，難抑的喜悅，只有苑若的瞳子，還染着秋天深沉的靜穆。足足有半年了，伴着她的只有無盡的寂寞，她看不見正明，聽不到他的消息，陸家她不願去，偶而從葉羣處聽到一些關于他的近況，也解不了她對正明無盡的思念。

普城的中國男孩知道她和正明吹了。又紛紛來找她，她有時悶得慌也和他們出去，但如今不比往昔了，她心裏想着正明，就很自然的把這些男孩拿來和正明比較，總覺得沒有一個如他體貼，如他精明，甚至如他倔强，在與他人的對照下，她覺得正明的牛脾氣都格外可愛起來。每次出去，她都這樣在心裏把人比較着，當然打不起精神來玩，過了一陣，男孩們都覺得她不如以前善解人意，就紛紛的到紐約去找女孩，苑若雖覺自尊心有點受損，倒也落得清靜，實在悶得利害時就往兪家跑，逗着他們的小孩消耗時間，偶而葉羣來看看她，週末就更容易打發一點。

這一個星期六下午她特別困倦，就沒有興緻到兪家去，慵困地歪在長沙發上翻雜誌，心裏懶懶的正要打盹，就聽見有人打門，她本來想不去理會，但又怕是葉羣來送關于正明的信息，只好軟洋洋的起來去開門。

站在門外的是正明，一個人。

她看見他的第一個感覺是沒有感覺，呆了，不喜也不悲。發呆後的心情猶如一團拉亂了的絨線，心裏有話，眼裏有話，嘴裏有話，却半天說不出半句話來。

正明也沒有話，嘴唇抖了一下，又閉上了。

兩人一先一後進了客廳，正明自己在往常坐慣的長沙發的左角坐了下來。

苑若在沙發靠手邊站了一下，也不看正明，小聲說，「我去燒點開水。」

「不要麻煩了，我馬上就要走的，我今天是到學校來拿行李，特意來向妳道別的」。正明眼看着地板說。

苑若已走到廚房門口，聽了他這麼說，倏地回過頭來看着正明，眼圈都紅了，等正明抬起頭來，她連忙掉轉身進廚房去了。

正明接過那隻往常用慣了的大茶杯時，鼓起勇氣來看着苑若。呵，她怎麼瘦了這麼多呢！眼睛裏雖然沒有淚水，那臉上的表情却比哭還難看十倍，這是誰的錯呢！不是自己害了她嗎？但自己又何嘗沒有被她害苦，雖然她是無辜的！但是不管誰害了誰，這段往事要塵封起來了！

苑若在他接過茶杯後，稍一猶疑，就轉身坐在長沙發左首的沙發椅上，垂着頭。

「妳這一向好嗎？苑若。」

眼淚順着她消瘦的臉頰流下來。

「妳瘦了這麼多，苑若。」

她把臉埋在手掌裏，淚從指縫間滴在衣襟上。

「不要哭，是我的錯，苑若」，正明用牙齒緊緊咬着茶杯口，眼睛看着苑若說。

「你何苦呢！就孩子氣得這樣，爲什麼不先問問清楚就生這麼大的氣？生生氣不算，還要闖這麼大的禍，不信任我也就罷了，萬一把命都送了值不值得呢？」

「過去的事不要提了，我是來向妳道歉的，請妳原諒我，苑若」，他稍一欠身，摸出一塊手絹遞給她，「這是乾淨的，苑若。」

她抬起頭，接過手絹，沒有擦淚，只用手輕輕的揉着。

「葉羣把妳的委曲全部告訴我了。」

「那麼你爲什麼不願見我。」

「他告訴我的第二天我就出院了，回家後，一直到今天，我不曾出家門一步，我好幾次想寫信給妳，終于沒有寫。」

「爲什麼不寫，還是賭氣？還是怕損失了你男性的自尊心？」

「苑若，信上怎麼講得清呢！」

苑若低着頭，只管滴眼淚。

「苑若，反正都是我一個人弄出來的錯，請妳原諒我，了解我。」

「單方面的了解有什麼用。」苑若用手帕把眼淚擦乾，然後平靜地問道：「你的傷全好了沒有？」

「我的左臂還不能運用自如，不能抬得很高，醫生說也許一輩子都是這樣的了，還好，看不出來，沒有鋸掉眞是萬幸。頭部因受震太劇，常常會神智不清或有劇烈的頭痛，醫生說也許休養一年，不要用腦筋，不受太大的刺激，就慢慢會恢復原狀的，其他部分都是輕傷，早已好了。」

苑若站起來，走到他身旁用手摸摸他的左臂，說：

「這樣痛不痛？」

「不痛，只是不能轉彎抬高。苑若，妳怎麼瘦了這許多？」正明說，情不自禁地拉着她坐在自己身邊，左臂吃力地環抱着她的腰，右手把她的頭轉過來對着自己，「我實在太對妳不起了。」

苑若尙未開口，眼淚又汩汩地冒出來，正明扶着她的頭就去吻她頰上的淚，等他把嘴移近她的嘴時，她微張着唇去迎接他，同時反過身來，用雙臂勾住了他的頸子，把身上緊緊地貼了過去。

「啊！正明，正明，抱我，抱得我緊一點，再緊一點，不要再放開我，不要放開！」她喃喃地，幾乎是呻吟地低語道。

正明饑餓地，迫切地，狂亂地吻着她，抱着她，心裏被慚愧、警覺、慾望、癡愛、後悔等種種感情鞭打着，但是他不願放開她，在過去的一年中，她幾乎是他的生活和希望的一部分，他放開她就會失去她的，失去她就等于失去了自己的一部分。于是他狂亂地，迫不及待地吻着她，吻得她軟弱無力地癱在他的臂腕裏時，他才鬆開了手。

「正明，讓我們馬上結婚吧！我們可以找愈祥做證人，馬上公證結婚，我不要你再離開我了，讓我來服侍你，等你完全好了，你再回到學校裏去，聽話，正明，不要再鬧孩子脾氣了。」苑若偎在他胸前，一手輕撫着他的下巴，一面狂熱地低語道。

正明凝視着她，半晌，苦笑一聲說：「回到學校去？妳不知道普大不要我了嗎？」

「不要你了？」苑若驀地裏吃了一驚，忙把身子坐直了問。

「葉羣沒有告訴妳嗎？我上學期期中考沒有考及格，醫預系就把我開掉了，我今天是來把我留在宿舍裏的一些書拿回去，從此以後，不會再來普城了。」

苑若半天講不出話來，心裏一算，知道期中考正好是球賽節後，他考試失敗的原因可想而知，顯然是因爲「她」的關係，所以在對他失望中又帶點抱歉與憐憫，她知道正明不是一個沒有出息的孩子，而是因爲她的緣故，他的功課才會接二連三地失敗的，想到這裏，就打起笑臉說。

「不回到普大也無所謂，我們還是可以立刻結婚，然後你就可以安心養傷，等你完全好了，你可以進別的大學，我們結了婚，你一定會好好唸書的，正明。」

正明搖搖頭，縐着眉說：「爲什麼要騙我、騙妳自己呢？我們各人心裏都知道這是不可能的了。我們只能做一個普通的朋友而已，結婚的事，算是我們曾經在一起做過的夢罷了！」

苑若的心往下一沉，故作鎮定地說：「朋友？你是不是和每一個朋友都是這樣親愛的？什麼叫夢？什麼叫現實？還不是一是二，二是一。在美國，兩個人好，結婚是最現實的路，怎麼說是做夢呢？我們可以租一間小公寓，我可以供養你的。」

「妳才孩子氣呢？」正明故作輕鬆地說，「結婚那有這麼簡單，我們的困難太多，太不能解決了。」

苑若正色說，「正明，你好像變了，你從前不是這樣說話的，我記得你說過，什麼困難我們都可以克服的，只要我們倆人合作，你記得嗎？」

「從前是從前，現在是現在。」正明嘆了一口氣道：「我現在比從前更不如多了，現在我更沒有資格和妳結婚，更不願意要妳爲我受苦，苑若，我們都要理智一點，我知道妳會找到一個比我强十倍的對象，我是絕對配不上妳的，所以我寧願死也不願毁掉妳的機會，現在不是講理想或感情的時候，凡事要面臨現實，像妳這樣，要有一個有學業，有事業，經濟基礎的人才可以配妳。」

「好，你都替我安排好了，」苑若半諷刺地說，「那麼你自己呢？你當然也有你的打算，是不是？」

「唔，我目前只想和二姐守在一起。」

「哦，她現在怎麼樣了？我倒很想念她。」

「她恐怕活不久了，」正明縐着眉說，「等她過去，我就到三哥那裏去，我可以進密大，我還是想唸醫。」

「好，你什麼時候走，我就什麼時候走」。

「苑若，我心裏很感激」，他難過地笑了一聲，「但事實上是不可能的，我還要唸好幾年書呢！我已經決定在經濟沒有基礎以前，換句話說，在沒有拿到學位以前，絕對不結婚，我憑什麼也不能躭誤妳。」

苑若深知他的牛脾氣，與他據理力爭，只可能得到相反的效果，所以就換了一個話題說。

「你家裏都好吧！」

「除了二姐以外。大家都很好，謝謝妳。」

苑若見他彬彬有禮，似乎眞的把她當一個普通朋友似的，心裏頗覺好笑，又問道。

「你四姐的婚事有沒有什麼進展？那個耶魯畢業的是不是對她有興趣！」

「那個姓曲的倒是有心，可惜四姐不太理會他。」

「你四姐除了一個人以外，別人是不肯理會的。」

「她是自己討苦吃，葉羣去看了我幾次，都不怎麼理會她呢！他常來看妳嗎？」

最後一句話問得有點突兀，不是一個普通朋友應該問的，苑若從他這句問話中看出他對自己與以前沒有兩樣，心裏倒寬慰了不少，就十分小心說：

「他來看過我幾次，都是來報告關于你的消息才來的，你未必不知道他的爲人，他是很有分寸的，他知道我們之間的關係，他是一個君子。」

正明正要說話，苑若說。

「我今天請你吃晚飯，你要點什麼菜？」

「不，不，我和母親說好今天趕回去的」。

一聽到他提到他的母親，苑若想起他們對她的態度，就氣憤憤的說。

「哦，那我自然不敢强留你，你連來看我都是不該的，你母親如果知道你來看看我，不見得會高興。」

「我知道他對妳不够禮貌。」正明被她一說，倒十分不安起來，「讓我請妳出去吃飯，算是賠禮，好不好！」

苑若噗哧一笑說：「請吃飯如果能賠禮的話，那你恐怕要請我幾十頓才能把禮賠完呢！」

「你要我請幾頓我就請幾頓，這點錢我還拿得出來。」正明也開玩笑說。

「算了，我的胃要緊，眞的，你今晚想吃什麼？我給你做去，擔保不要你洗碗。」

「不要我洗碗我就不吃，這樣好了，我到南園去點兩個菜。妳做一個湯，也省得化那麼多時間在廚房裏，妳說好不好？」

這時兩人之間的空氣已較正明剛進門時自然得多，幾乎又回到從前他們最甜蜜的一段日子，大家都想使對方忘却那些不愉快的事，苑若儘量裝得輕鬆，是想藉此機會令正明恢復他的自信心，正明儘量裝得輕鬆是因爲他知道這也許是他們在一起的最後一次，兩人既各有用心，自然就想儘量順從對方。

「也好，」苑若說，「你去點菜，我做酸辣湯給你吃。」

正明叫了一個炒鷄丁和紅燒豆腐回來，還帶了一小瓶酒，兩人像往常一樣，在厨房的小桌上吃起來，正明稍爲能喝點酒，酒下肚，人就鬆懈活潑起來，把一肚子的愁緒也拋開了，苑若那天穿了一條深紅色薄呢褶裙，一件白色大翻領的薄綢襯衫，外罩一件淺灰色羊毛衣，頭上繫了一根紅緞帶托出一張白淨輕俏的瓜子臉，現在喝了兩杯酒，兩頰微紅，在燈光下一照，更覺得委婉中帶了三分媚。

「苑若，我要敬妳一杯。」

「爲什麼，要說得好才行，不然要罰的。」苑若瞟他一眼說。

「祝妳…好，祝妳健康好了，不該罰吧，」正明舉杯說。

「雖然不必罰，但說得不够新奇，還是該喝一杯。」

「胡說，妳存心要灌我酒，我不幹，喝醉了怎麼搭火車回家？」

「就住在這裏好了，客廳的長沙發是一張床。」

正明看苑若一本正經，不像開玩笑的樣子，忙說。

「那怎麼可以！」

苑若也不答理，只顧說。

「還有兩杯酒我們一人一杯，喝完它就吃飯如何？等一等，在喝酒以前，我們心裏各自想一個願望，好不好？」

「爲什麼？」

「沒有什麼，好玩。」

「好，妳想好了沒有？」

「好了，一二三乾杯！」

「妳剛才想的是什麼？」

「現在不告訴你，吃了飯再說。」

吃完飯，他們把殘碟收拾起放在一邊，就回到客廳，人在吃過晚飯時最懶，苑若因爲從下午起，堆積起來的緊張興奮，到現在借了酒力都解放了，就覺得慵懶無比，懶散的歪在長沙發上，要正明坐在沙發邊的地毯上，陪她談天，正明見她一份嬌弱溫柔的模樣，心裏跳了幾下，就伸手握了她的胳膊說。

「妳累了？」

「唔，有一點，你呢？」

「不，有點懶懶的就是了。」

「現在幾點了？我的錶壞了。」

「八點半，妳有約會！」

苑若伸手扭了一下他的鼻子，笑駡道：「你就記得這些舊事！有約會又怎麼樣？」

正明稚氣地大笑一聲，伸嘴去吻了一下她的臉頰說，「我還以爲我們一起去看電影呢！」說了，兩人都大笑起來。

「日子過得好快呵，現在距你第一次來我這裏吃飯，已有一年多了，」苑若半感嘆地說，「轉眼我們就是老太公老太婆了。」

「妳轉眼試試看。」

「說眞的，在美國日子過得特別快，你覺不覺得？」

「唔。」

「怎麼啦？」

「我在想五年以後妳也許是一個兒女成羣的母親了，那時候妳見了我不知會有什麼感覺。」

「你想不想知道？」

「……」

「我的感覺是：你是一個孩子氣十足的父親。」

「苑若，我已經對妳說過了，我們只能做一個普通朋友，我是配不上妳的。」

「正明，」她婉聲說：「配得上配不上只是一種相對的說法，沒有絕對的標準的，而且這句話應該由我來說的。如果我覺得你配上我的話，你還有什麼可說的？我只要你記住一件事，當時我和你好時，並不是別人迫我而是我自願的，我既然是自願就不會後悔，你所謂的配不上不過是因爲你在普大的成績失敗了，但是歸根揭底，你失敗的原因還是爲了我，如果我們結婚了，你不但不會三心兩意，同時還可以恢復你的自尊心。至于我呢：除了物質上享受較差以外不會有別的損失，何況這個損失等你拿到學位以後也會補救過來的，因爲我相信你會做一個成功的醫生，你明白我的意思了嗎？」

「當然，不過，苑若，我現在要從二年級讀起，起碼要六七年，如果我們結了婚，我要妳受六七年的苦，我不忍，如果我要妳等這麼幾年，我更不忍，妳如果沒有我，找一個已經有事業基礎的對象是沒有問題的，我所謂的配不上妳並不是我比別的人差，而是我沒有談結婚的資格，我已經決定先拿到學位再談婚姻的，我沒有權利也不願意要妳等我。」

「假如我自己願意等呢！」

「苑若，這種事說比做容易得多，我連試都不要妳去試，在美國有成就，而還沒有結婚的中國男士多得很，我無論如何不能剝奪妳的機會。」

「你是牛，一如你二姐所說。」

「牛很忠心老實的，妳不能否認吧！」

「你老實？不見得。」

「我對妳是忠實的，苑若，我希望妳有一個很好的歸宿。」

「……」

「我該走了，快九點鐘了，九點半是最後一班火車。」

苑若突然從椅子上坐起來，拉着正明的手說，「你今夜就不要回去了吧！讓我們坐談一夜，算是我們的臨別紀念。」最後幾個字，她說得特別輕。

正明也默然，一個坐在椅子上低着首，一個坐在地毯上抬着頭，都不敢正視對方，過了半天，正明說。

「不大好，我還是回去吧！」

「有什麼關係，只要我們心裏光明，但尼常在這裏住夜的。」

「那是因爲有妳在，別人不會說閒話。」

「我才不怕人家說閒話呢，這一年多我已聽得多了！了解我的人自能了解我，不了解我的人沒有事都會說出事來的，你怕聽閒話嗎？」

「我不在乎，我是爲妳着想。」

「我不在乎，好，我去泡茶，我們來一個促膝夜談，你把你開夜車的精神拿出來。」(待續)

讀者投書

(二) 也談「人才下鄉」

一羣讀者

編輯先生賜鑒：

我們受完了陸軍預備軍官訓練退伍下來，心情上一直是靜止的。不過本(九)月六日在聯合報上看到了「人才下鄉」的報導，這才提醒了我們原來是「人才」，因此便覺得有許多話要說，而且想盡我們所知的說個痛快！

我們覺得幾年來，政府爲鼓勵人才下鄉，提出了所謂「人才下鄉」這口號，在字句上，確乎很響亮而動聽！實際上，不但絲毫未收到預期的某種效果，而且簡直可說是國家人事行政上的一種失策。

在字句上，既是人才下鄉，單從這句口號的本身，便要引起兩個不同論點的看法，因此人才下鄉，便有商榷的必要了。那兩個不同的看法是：

㈠自好的方面說：我們中華民國，雖偏處臺灣一隅，大陸收復有待，爲要做到以目前臺灣作爲他日收復大陸一切行政設施的藍本，有關民主憲政基層政治的鄉里自治工作，自屬非常重要，所以人才下鄉乃是必然的。

㈡從壞的方面看：人才下鄉，人們便不期而然地要問：在朝的如何呢？下鄉的是人才，在朝的是非人才了？非人才而在朝，又恰於國家多難之秋，正是需才孔急反攻的今天，那就值得人們關懷了。

退一步說，不管所說的是否人才，就算是劣才吧。天天爲了生活而煩惱，由於待遇過低，要向親朋張羅，尋求彌補辦法，要是本省人，倒還可勉強過去，而身無長物外省的我們，其境遇之慘，實非局外人所能想像於萬一。既在半饑餓狀態中掙扎，便不能發揮「人才」所具備的功能——才幹，終於成爲廢才了。

最奇怪的，那就是凡做大官的或有特殊人事關係的兒子，是不是盡屬一些庸碌之輩或大傻瓜？因爲據我們所知，他們沒有一個以「人才」被派下鄉的。

出版法條文摘要

立法院第二一會期秘密會通過
總統於四七年六月廿八日公布

第六章　行政處分

第三十六條　出版品如違反本法規定，主管官署得為左列行政處分。
一、警告。
二、罰鍰。
三、禁止出售、散佈、進口或扣押、沒入。
四、定期停止發行。
五、撤銷登記。

第三十七條　出版品違反第三十二條第三款及第三十三條之規定，情節輕微者，得予以警告。

第四十條　出版品有左列情形之一者，得定期停止其發行。
三、出版品之記載違反第三十二條第一款之規定者。
四、出版品之記載違反第三十二條第二款及第三款之規定，情節重大者。
五、出版品之記載違反第三十四條之規定，情節重大者。
六、出版品經依第三十七條之規定連續三次警告無效者。

第四十一條　出版品有左列情形之一者由內政部予以撤銷登記。
一、出版品之記載，觸犯或煽動他人觸犯內亂罪、外患罪、情節重大，經依法判決確定者。
二、出版品之記載，以觸犯或煽動他人觸犯妨害風化罪為主要內容，經予以三次定期停止發行處分而繼續違反者。

第四十二條　出版品經依法註銷登記或撤銷登記或予以定期停止發行處分後，仍繼續發行者，得沒入之。

編者按：在此項出版法未廢止之前，本刊決將上項條款繼續刊登，一方面用以自我警惕，一方面讓世人知道我們的出版自由，受到怎樣的限制。

痛苦的經驗告訴我們，甚麼有比在現實生活中的不可少的生活必需更重要？一個人情形之狼狽，已是如此，倘有親待奉養，有子待撫育，試問又是怎樣？其結果眞不堪設想了！

固然今天國難方殷，政府財力短絀，應該克難點，但我們以爲枵腹從公，是用於一種讚美抑或偶然可能情形之下。故我總覺得一個國家的制祿，自應配合當前物價，若其標準是若干年以前的，以後生活指數逐漸高漲，隨時應予調整，使能維持一般生活水準。若到最低生活不能維持時，我們以爲絕非一個賢明政府應有的措施……。

現在，我們不說政府當局特別對鄉里基層人員的有意歧視，但不可否認，好像當里幹事，只是一個小人、小嘴、小腸胃、穿小衣服、住小屋、行小路，甚至一切生活必需可以少到幾等於無；但不能少做一點事。試問這是甚麼用心？因此，我們整天被陷於悱惻、徬徨、焦思、憂慮、迷惘、沉鬱、惶恐、長怯等諸痛苦的深淵無法自拔。身在辦公室，而心早已走入另一世界。

我們不明白這本不成問題（待遇）的居然成爲問題，如果這情形一任繼續擴展下去；我們的內心會被顚覆失其平衡，痳痺我們的靈智，淹沒我們的理性，故不但是現在對我們身心的嚴重打擊，其陰影所及，且將影響未來若干大專畢業靑年的精神。所以這已不單是目前個人的問題，而是整個國家社會中的一部份問題。何況民主自治中心基礎之鞏固，端賴社會基層組織之優良；而社會基層則在鄉里，負責推行此種工作的鄉里幹事，若竟任令日處惶惶不安的生活鞭撻之下，又如何盡責？

這篇拉雜不像樣的東西，算是我們（「人才」？）下鄉以來，根據一般實際情形概略的報告。希望政府當局重視迅作適切有效的改善。祝

撰安

一羣讀者謹啓九月十九日。

自由中國　第十九卷　第七期　內政部雜誌登記證內警臺誌字第三八二號　臺灣省雜誌事業協會會員　二二四

給讀者的報告

從臺灣海峽外島戰爭發生以來，我前方將士的浴血苦戰，充分發揮了卓越的戰鬥精神，我們願首先表示最大的敬意。社論㈠「論臺海危機」，指出除了勇敢與軍事的智慧外，更需要政治的智慧。我們基於對整個情勢之分析，而獲得若干基本的認識，進而提出我們的對策。我們特別贊美政府的沉着態度，認為虛驕浮誇的叫囂，絲毫不能有所補益，而輕率的行動，適足以僨事，故願以極度沉重的心情，期勉政府能忍辱負重。

周至柔就任臺灣省主席以來，已經一年多了，固然有若干政績，但若干報紙在周主席就職一周年之際，只是虛應故事的歌頌一番。我們有鑒於此，乃基於眞正愛護周主席的心理，特發表社論㈡「為政不在於擺排場逞威風」，指出周主席就任一年以來最遭物議的作風有二：一是擺排場，一是逞威風，而希望周主席能自動革除這類中古世紀的落伍政治作風。忠言縱然逆耳，但願周主席能平心靜氣思之，更願若干與周主席有同樣作風的權要，也能三復斯言。

葉時修先生在「論民主文化的培養」大文中，指出一個「民主國家」或「民主社會」，不僅因其有民主的政治制度，更重要的是因其有民主的文化。故認為民主文化的建立，為對抗極權挽救人類的急切之圖；並進而指出民主文化的培養，有賴於政治力量和教育事業的配合，而教育的關係尤為重要。葉先生的大作送來甚久，因較無時間性而一再延期發表，特向作者致歉。

秋水先生以臺灣人士的身份所發表的「臺灣人對陳內閣的期望」一大作，已眞正傳達了臺灣人士的心聲，料必應為陳內閣所樂聞。秋水先生指出臺灣人士對政府所抱基本的期望約有三點：一、尊重臺灣民意。二、起用臺灣人才。三、塡塞臺灣人與外省同胞間的鴻溝。像這樣的幾點期望，理該不能認為太高了！

東西橫貫公路自興建以來，早為社會上所重視。我們認為：政府與其浪費巨額的公帑，辦一些沒有讀者的報刊，而不顧事實的自吹自擂，不如在實際上拿一點具體的成績來，讓我們這些小民百姓辦的報刊來加以喝彩。老實說，我們老是希望替政府喝彩，可是總難找到機會。所以，本期樂於發表文農先生的「自由中國東西橫貫公路的建設」大文，幫助大家對於這一工程獲得具體的認識。

楊志固先生的「美國證券市場的管理」一大作，到本期已全部刊完。楊先生之所以願耗費如此多的心血寫這篇長文，以及本刊之所以也願以這樣多的篇幅發表，只是鑒於目前實在急需一個籌集工商業資金的完善證券市場，而如何建立此一市場，其關鍵又全在建立良好的管理制度。但願楊先生的大作，能引起立法機關及政府主管當局的特別重視，而有助於我國的證券立法。

遵照讀者先生的建議，我們決從本期起恢復短評欄，每期用一頁篇幅，來提出我們在社論中所不及提出的意見，期能為大家多做一點服務的工作。

自由中國　半月刊　第十九卷第七期　總第二一四號

中華民國四十七年十月一日出版

發行人兼主編：『自由中國』編輯委員會

出版者：自由中國社

社址：臺北市和平東路二段十八巷一號

Free China Fortnightly, 1, Lane 18, Ho Ping East Road (Section 2), Taipei, Taiwan.

電話：二八五七〇

航空版：友聯書報發行公司（香港九龍新圍街九號）

總經銷：自由中國社發行部

經售者：

美國：紐約友方圖書公司 Hansan Trading Company, 65, Bayar D Street, New York 13, N.Y. U.S.A.

紐約光明雜誌社 Sun Publishing Co., 112, Mulberry St., New York 13, N. Y. U. S. A.

韓國：漢城裕昌德號

馬尼剌：新疆書店

印尼：泗水文光圖書公司

緬甸：仰光振成書報店

印度：阿拉哈巴中印文化出版社

北婆羅洲：西利亞坡青年書店

星加坡：友聯書報發行公司（小坡大馬路四六九號）

吉隆坡：友聯書報發行公司（馬華公會大廈三樓七室）

怡保：友聯書報發行公司（希尼華沙甘街十六號）

檳城：友聯書報發行公司（林連登律七十二號）

澳門：友聯圖書公司

印刷者：精華印書館股份有限公司　廠址：臺北市長沙街二段七一號　電話：二三四二九號

本刊經中華郵政登記認為第一類新聞紙類　臺灣郵政管理局新聞紙類登記執照第五九七號　臺灣郵政劃撥儲金帳戶第八一三九號（每份臺幣四元，美金三角）

自由中國

目錄

社論

(一) 認清當前形勢・展開自新運動
——向大陸作政治進軍！

(二) 由證券市場之設立以覘新內閣行政效率

人口增加與資本累積……瞿荊洲

從華沙談判談到美國「不得使用武力」政策……宋文明

勉新任大法官……李聲庭

論赫魯雪夫其人及其爲政……董鼎山

通訊 當前僑務的檢討與策進……喬适南

賣麵茶的哨子……聶華苓

也是秋天（續完）……於梨華

讀者投書

(一) 關於教育部的機構和人事……李偉

(二) 請看如此兼職！……楊生、陳名

短評

(一) 共產黨也談「人道主義」！

(二) 早該取消慶典！

(三)「通信週」和「通信自由」

(四) 誰奢誰儉？

(五) 執法者違法

(六)「惡性補習」的原因何在？

(七) 防空洞與公共廁所之間

中華民國四十七年十月十六日出版

社址：臺北市和平東路二段十八巷一號

半月大事記

九月二十五日（星期四）

華沙美匪會談，傳匪態度傲慢頑固，曾斷然拒絕停火。

英首相麥米倫宣佈，英政府「願協助覓致一項經由外交談判解決臺海爭執的辦法」。

九月二十六日（星期五）

杜勒斯重申美國協防臺灣海峽決策，表示縱容共匪進犯金馬，必將危及整個亞洲。

杜勒斯連日分別與英法俄外長會談，加緊磋商遠東問題。

九月二十七日（星期六）

在英外相勞艾德慫恿下，美匪談判勢將延續。杜勒斯與各國代表密談臺海問題；西方各代表仍寄望於華沙談判，認為臺海問題提交聯合國在程序上困難頗多。

尼克森謂美對臺海政策，必獲美國人民全力支持。杜勒斯在北大西洋公約協會發表演說，强調美為和平正義，不惜一戰。

納瑟總統宣佈，阿拉伯聯合共和國進入緊急狀態，其理由未經說明。敍利亞突實行重新分配土地。

九月二十八日（星期日）

華府空軍部門首次透露，美空軍重兵集遠東，混合戰力足能制匪。

納瑟施展極權統治，整肅敍利亞異己派。

九月二十九日（星期一）

法人投票贊成新憲法，戴高樂獲壓倒勝利。

日特別國會揭幕，重要議題為：重訂日美新條約；確定對臺海立場。

美國務院密函國會領袖，說明臺灣海峽情勢。

尼克森在一競選運動旅行之第一篇演說中，為美國政府對臺灣危機之政策辯護。

九月三十日（星期二）

杜勒斯在記者會中表示，美已與十餘國商討對匪經濟制裁問題，認為臺灣海峽如能獲致靠得住的停火，美國將贊成國軍由外島撤出一部份。

俄又試爆核子武器，所謂停試，全係宣傳；美自下月起停試核子計劃不變，仍希望如期與俄談判停試問題。

十月一日（星期三）

蔣總統告美記者，反對減少外島駐軍，對外電所傳杜卿談話殊難置信，假如果有其言，我並無接受義務，深信停火將永不會實現。

艾森豪表示，解決臺海危機，希望避用武力，認為停火將可提供談判機會，不考慮容匪插足聯合國。

哈瑪紹提出建議，停試核子會談由聯合國主持。

美國、澳洲、紐西蘭三國發表公報，指出共產擴張主義，實為世界和平威脅，促共匪在臺灣海峽立即停火。

十月二日（星期四）

美為增强攻擊力量，調噴射轟炸機抵臺。

杜勒斯向我鄭重致意，美國政策無大改變。

俄電臺警告：我如用原子彈頭飛彈，將歸美負責。

尼克森發表聲明，若讓共黨侵略得逞，必將招致更大侵略，美決不對武力或武力威脅屈服，如認美已改變政策是完全錯誤。

十月三日（星期五）

美大使根據杜勒斯電示，重申支持中國的一貫政策，國務院亦對我政府作同樣保證，即美國政策絕無變更。

十月四日（星期六）

艾森豪總統函駁美參院多數黨民主黨之外交政策領袖葛林之警告，謂匪若引發戰爭，美國決不退却，深信盟邦及人民必支持作戰。

日美開始談判，商訂共同安全條約。

十月五日（星期日）

俄向聯大建議，要求停試核子，盼能舉行談判，獲致協定。

俄續向美恫嚇，謂美若對共匪攻擊，等於是對蘇俄攻擊。

十月六日（星期一）

匪黨「新華社」發出廣播，提出了所謂對金門「從十月六日起，暫以七天為期，停止砲擊」的決定，並一建議舉行談判，實行和平解決」。

蔣總統答美記者問，共匪廣播全是騙局，企圖離間中美感情，相信兩國都不會上當，祇要兩國續採堅定立場，必仍能予以擊敗。

金門前線今趨沉寂。

十月七日（星期二）

匪機八架分三批擾金門上空。

美國務院發言人稱，匪機擾金門構成「挑撥行動」。

赫魯雪夫召見塔斯社記者，囑其轉告世界，莫斯科絲毫無意介入中華民國與中共之間的戰爭，故意歪曲臺海戰事為一「內戰」，為其不敢公然介入的藉口。

杜勒斯對所謂「停火」發表意見，謂匪若恢復砲擊金門，必將遭全世界斥責。

十月八日（星期三）

美勝利女神飛彈營今抵臺。

美國宣佈護送中國補給船抵金門的工作已告中止，但聲明共匪如再砲擊，美即恢復護航。

金門前線平靜。

北平廣播稱，中共「總理」周恩來聲稱，只有美國在軍事上完全撤離臺灣海峽，該一區域才能保持「平靜」。

「自由中國」的宗旨

第一、我們要向全國國民宣傳自由與民主的真實價值，並且要督促政府(各級的政府)，切實改革政治經濟，努力建立自由民主的社會。

第二、我們要支持並督促政府用種種力量抵抗共產黨鐵幕之下剝奪一切自由的極權政治，不讓他擴張他的勢力範圍。

第三、我們要盡我們的努力，援助淪陷區域的同胞，幫助他們早日恢復自由。

第四、我們的最後目標是要使整個中華民國成為自由的中國。

社論

(一)

認清當前形勢·展開自新運動

——向大陸作政治進軍！

政府遷臺以來最大的政治課題是「反攻大陸」。然而，對于「反攻大陸」這一課題很少人有合于事實眞相的清楚認識。一般人的認識，多得自官方的宣傳。而官方的宣傳又多係以情緒、願望、和面子作基礎。這樣的認識是經不起事實考驗的。這次臺海風雲驟起，若干人的情緒隨着國際市場之起落而起落，若干人的判斷隨着美國舉措細節之上下而上下。這種種現象足以證明對于當前形勢作合于事實眞相的認識，乃是十分必要的事。唯有依據正確的認識，才能決定正確的行爲方針。

「反攻大陸」之事，可從兩方面觀察：一方面是國際形勢；另一方面是自由中國的軍事力量。而這兩種因素又能相互影響。我們現在要將個中種種分析一下。

我們先說國際形勢。我們在分析國際的特殊形勢以前，必須對予支配國際形勢的普遍動理(dynamics)有個了解。自第二次世界大戰結束以來，國際間有幾個很普遍的動理：

第一　一髮動全身。現代的科學交通技術大大地克服了自然地理的阻障，縮短空間的運行距離。時至今日，「朝發夕至」已不足形容交通之迅捷。交通技術的這種重大進步之直接的結果，就是人際的接觸大爲頻繁，相互影響的深度與廣度大爲增加。在目前世界的文明地區幾乎沒有一個「遺世而獨立」的國度。在目前世界的文明地區，這一部分有何動靜，便會直接或間接地影響到世界的另一部分。

第二　相互倚賴及牽制的程度日增。在目前的世界，已經很少國家在經濟上完全自給自足，很少國家在文化上完全不受外來的衝擊或影響，尤其很少國家在軍事上可以單獨作戰。歐洲若干國度之實行煤鐵同盟，並進而擴張到經濟同盟，中東聯邦之出現，美國所創導的北大西洋聯盟之建立，聯合國內國際市場交易之緊湊，某國有重大決定時之常需和其他與國交換意見或呼籲支援或取得利害關係之協調。這些實例在在表明，目前的世界，國與國間相互倚賴與牽制的程度正是與日俱增。

第三　國家的絕對主權實質日漸萎縮。這一點是第一第二兩點的結果，所以簡直可從第一第二兩點推論出來。所謂國家絕對主權說，只是觀念上的東西。當然，這樣的觀念可以激發强烈的情緒，可以滿足人的自尊感。不過，觀念並非永遠與實際內容一致。國與國間相互倚賴程度之增加，是侵蝕國家絕對主權的實質因素。這完全是政治、經濟、文化、交通、軍事相互影響及相互倚賴的結果。當今之世，勉强說得上是絕對主權國的，只有美俄兩國而已。這一變化是令人在情緒上不快的，在自尊上是受到打擊的；可是，這是一個事實。無論我們喜歡或不喜歡，我們是置身于這一事實之中，而且世界是在這一趨勢中前進，所以我們無法不受它影響。卽令是美國，它這樣富强冠於世界，在它決定有關國際重大事件時也不能說「我要怎樣便怎樣」；而是多方顧慮別國的意向。

以上說的是支配國際形勢的三個基本動理。我們現在進一步觀察這三個基本動理對于美國決策的影響。自從臺海戰火發生以來，中立國家不用說，西方國家，以及美國國內人民，幾乎一致希望戰火熄滅。總括地說，目前美國政府是浸沒在國內國外「希望停火」的瀰漫大氣之中。目前國際市場明碼暗盤的活動，是以這種瀰漫的大氣作資本的。這是當前國際形勢最有支配力的因素。美國政府處于這一力量之中，它怎麼能不考慮其實際影響？這是我們要認清當前國際形勢所最須把握的一個重點。

其次，我們必須了解美國近年來對于世界問題的基本態度和基本政策。美國近年來對于世界問題的基本態度和基本政策，就我們觀察所得，可以歸納如下：

第一　可以幫助任何國家抵抗侵略。

第二　不幫助任何國家拿軍事作推行政策的工具。

第三　維持國際和平先于反共。

這三條原則需要說明一下：

美國之可以幫助任何國家抵抗侵略，這是很顯而易明的。不過，它之可以幫助任何國家抵抗侵略，係基于維持國際和平的觀點，並非基于對任何政治制度的好惡選擇。受美援的國度，有民主的，也有獨裁的，甚至有共產制度的。

美國幫助任何國家抵抗侵略，並不等于幫助它藉軍事行動來解決政治糾紛或其他任何糾紛。明白地說，拿軍事來作推行政策的手段無寧是美國所反對的，並且要阻止的。美國從來沒有鼓勵西德用武力去攻打東德以統一德國，美國也沒有幫助南韓北進。由這些實例，我們應該早能體悟出美國的眞正想法。

美國在幫助抵抗侵略和拿軍事來解決糾紛二者之間常劃一條清楚明白的界線。

臺海戰火發生後，美國把這一意向更毫無保留地露出。我們可看九月三十日杜勒斯在記者會答問時是怎麽說的。「問：國務卿先生，閣下過去談到政策時，曾經多次聲述，假設中共願對臺灣地區宣佈放棄使用武力，當可對於會談產生頗爲良好之影響。然則，如此論理我們本身豈不亦當發表類似之聲明，指出我們對于蔣總統所領導之中國政府亦不支持其以武力反攻大陸之行動？」對于這個問題，杜勒斯明白而肯定地答稱：「我們顯然認爲假設宣佈放棄使用武力，當由雙方均作此宣佈。吾人自不能期望單方面作放棄使用武力之宣佈。蓋此項宣佈係以彼此放棄使用武力爲基礎，且亦係以彼此放棄使用武力爲條件。」

我們不能把杜勒斯這一表示看作美國特別對臺海事件的態度，而應當看出隱藏於這一表示背後更基本更普遍的政策。這項政策就是「抵抗侵略」但同時反對用武力解決政治糾紛。東西德國現狀之維持，南北韓之割裂，南北越之劃分，這些事例歸納起來足可說明美國政治家心中的這個「數」。當着美國依此「數」而處理國際事務時，如果我們並不明瞭，而在某一措施在我們看來對我們有利時欣然色喜，另一措施在我們看來對我們不利時又怫然不悅，或者責美國「沒有一貫的政策」，這都是錯誤的反應。

美國政府固然是反共的，但是它把國際和平之維持看得更重要。照美國當政者看來，反共問題含有制度之爭和思想之爭。這一問題只有在長遠過程中去解決。而國際和平之維持，則是一椿極其現實的事。極其現實的事必須予以最優先的考慮。美國把反共看成內政問題；把反侵略看成外交問題。因此，它在外交上的劃分，並不是「共」與「非共」，而是「侵略者」與「非侵略者」。可巧目前的侵略者就是世界共黨，所以造成一般人一個錯覺，把美國在外交上的「反侵略」與內政上的反共看成一回事。明白點說，如果世界共產國家只關起門來「實行共產」，而不用武裝力量向外發動侵略，美國是不會「干涉」其「內政」的。依此，除非共產國家先動手發動武裝侵略，美國決不會先動手拿軍事力量去「反共」。這是我們應能看出的美國之一「底牌」。如果我們了解這一劃分，那末對于近年來美國在外交上的舉止進退可得到順理成章的了解。而我們這裏的思想習慣則是把「反共」這一實質問題與國際和平之維持這一形式問題，看作一個問題，所以對于美國近年來的作法總是格格不入。

也許有人覺得奇怪：既然美國反對拿軍事行動作推行政策的手段，基此反對英國進兵埃及，它爲什麽自己却進兵黎巴嫩？此次臺海風雲緊急，它爲什麽增强第七艦隊的力量？爲什麽軍援臺灣？吾人須知，這些措施與它反對以軍事行動作推行政策的手段這一原則正相符合：美國這些措施就在阻遏侵略。再說明白一點，與其說它的目標是積極的，不如說是消極的更恰當些。它軍援臺灣，側重防衛方面；很少攻擊武器。黎巴嫩的政局稍微恢復穩定，它就表示要撤兵。中共頭目聲言停火七天，從事「和談」，它就表示「歡迎」，並且暫時停止護航。進退迎拒，都是合于其只「抵抗侵略」而不助長以武力解決政治糾紛這一原則的。

依據以上的解析，我們可知自由中國是位置于怎樣互相牽制的國際關係網中。目前國際間瀰漫六合的氣流既然不利於軍事行動，那末我們怎能赤裸裸地發動武力反攻大陸呢？

也許有人說，中華民國是主權國。反攻大陸是我們自己的事，別的國家是不能過問的，所以我們可以隨時單獨行動反攻大陸。

從法理的觀點講誠然如此，可是從事實上講就不是如此了。從事實上講，如果反攻大陸不是單爲滿足情緒，那末就不能不把利害得失考慮在內。政府官員一再表示「反攻大陸要俟機而行」，而且遲遲不發者九年於茲。可見政府官員對于反攻大陸的態度，並非眞如古人所說「寧爲玉碎，不爲瓦全」，而是考慮利害得失的。如果我們將利害得失加以考慮，那末最需考慮的利害無過於國際形勢了。

以上係就國際形勢來衡量反攻大陸問題。其次，我們就敵我軍事力量之消長來看反攻大陸問題。敵我軍事力量消長的對比怎樣，稍肯面對經驗事實的人，在這次海峽對峙的形勢中可以瞭然，無待我們詳論。陳誠院長也不否認「敵人有一枝强大的武力」。我們現在且引第三者杜勒斯之言就可以得到一個概括的了解。杜勒斯在同次記者會答問中有這樣的表示。「問：國務卿先生，關於適才問到的宣佈放棄武力問題，政府立場是否期望或支持中華民國政府將有一天可憑藉其武力或其他辦法回到大陸？答：此係具有高度假設性質之問題，本人認爲一切仍視大陸上發生的情況而定。本人並不認爲中華民國政府僅憑一己之力卽能重返大陸。不過，假設大陸發生一種如同在匈牙利所發生的騷動與革命，其時具有相當力量的自由中國則近在幾英里外，自係局勢中之最重要因素。……」同日蔣廷黻在聯大的演說中，有很巧妙的一段：「我們愛好和平和任何其他人一樣。我們有我們自己的普通常識。我們並不是想以臺灣的一千萬人和大陸上的五億或六億人口相對。我們沒有理由和我們大陸上的同胞作戰。但是，如果我們大陸上的同胞像匈牙利人民兩年前一樣奮起革命，呼喚我們的援助，我們自將和他們並肩作戰，爲他們爭取自由。這就是我們光復大陸的計劃。」

基于以上的陳示，可知無論就國際形勢說，還是就敵我軍事力量之消長說，反攻大陸之事，除非有世界大戰發生，否則在可見及的將來，是邁不開步子的。

這樣說來，我們自由中國是否就無路可走了呢？是否就僵在這裏呢？我們自己還能夠做些什麽呢？

在這種情勢之下，自由中國政府所應能優爲之事，是從政治上向大陸射出光芒，突破鐵幕，使大陸人民得到自由民主的信息，在內心維持住對共產極權暴政的反抗，並于機會來臨時轉化而爲行動。這叫做向大陸作政治進軍。向大陸作政治進軍，無論國際形勢如何是無從牽制的。近來海內外有識之士一致作此呼籲。，香港等地出版的民主反共報紙如「聯合評論」等已迭次作此表示。

但是，臺灣現有的政治形態能否發生這種作用呢？顯然是不能的。這八九年來，政府人士心目中最中心的基本工作，就是維持現狀並鞏固以個人爲中心的權威。基于這一目標，政府人士視臺灣爲一黨禁臠，於是把臺灣構成了一個「封閉系統」。他們用來構成這一封閉系統的觀念材料，有這幾個：

㈠大陸爲什麽淪陷呢？他們說：因爲大家鬧民主，不聽命令所致。今後要怎樣才能「反共復國」呢？他們說：今後必須力矯此弊。戰時不能講民主。一切唯極少數人的意見是從。

㈡大陸爲什麽淪陷呢？他們說：因爲控制不强。今後怎樣補救呢？他們說：應加强控制。

㈢大陸爲什麽淪陷呢？他們說：因爲黨化不够。今後怎樣辦呢？他們說：加緊一黨專政。

從這些念頭出發，於是乎臺灣一天一天地走向孤立的道路。這八九年來，臺灣擧凡政治措施、敎育訓練、社會管制、新聞宣傳，幾乎都是從上述三種基本前題推衍出來的。這種統治的結果，使整個政治機能愈來愈僵固，政治的局格愈來愈狹小。這樣的一個局格，在外援之下充其量只能「拖」下去；要打開僵局，創造新機運是不可能的。

自由中國要怎樣才能打開僵局，創造新機運呢？

我們必須展開一個「自新」運動。祇有展開自新運動，自由中國才有前途。怎樣展開自新運動呢？唯有實行民主改造。爲了民主改造得以積極進行，我們極需一個獨立不移的民主在野黨。

首先，臺灣以反共中心領導人物自居者必須放棄上述的三大錯誤觀念。大陸淪陷是哪些因素形成的，哪些人物應負最大的責任，我們現在不加討論。我們現在只想指出，大陸之所以淪陷，最大的內在政治原因是不民主，是一黨專政。這些弱點一一爲敵人所乘，致有今日之失。現正以反共領導中心人物自居者又把這些致敗因素從大陸帶來，怎麽能够使臺灣不變成有識之士搖頭歎氣的地方呢？今日在臺灣以反共中心領導人物自居者，如果不是爲了一己集團的利益着想，而是眞誠爲國家的前途着想，那末就應該承認過去根本的錯誤，放棄上述三種錯誤的想法。將這些錯誤的想法放棄了，然後再逐步放棄基于這些錯誤想法而實施的政治措施。我們玆擧幾項最需急辦的事項於下：

㈠取消一黨專政。

㈡取消黨化軍隊。

㈢取消浪費青年生命、製造個人勢力的青年反共救國團。

㈣取消黨化敎育。各大學停止黨化課程，停讀黨化書刊。

㈤取消修正了的出版法。

我們深知，我們作這一呼籲，某些人士一定會說，這是共黨匪徒在大陸「和談」期中所提出的一些說法；所以作這一呼籲的人，「不是共匪，也是共匪的同路人，或其統戰的應聲蟲」。這是近年來政治上含血噴人的慣技，不是講理。講理的人都可知道，這一含血噴人之詞，完全是倒果爲因：當時並非共黨匪徒作此呼籲，而是「取消一黨專政」等等主張乃全國民主自由進步的人士當時一致的要求。共黨匪徒看出這個大趨勢，於是也提出同樣的主張，來作一次政治投機。它希望藉此獲得政治利益。個中乾坤，今日搞黨化工作的人，心中豈有不明之理？心中明白而猶拿這一倒果爲因、淆亂是非之說來「阻嚇」主張取消一黨專政等等呼籲，那才是共產黨的手法！

上述事項卽令能够做到只屬消極的性質。它底作用只能爲打開僵局創造新機運開路；但它本身尙不足以創造新機運。自由中國要能創造新機運，必須拿出積極性的辦法才行。我們現在列擧最基本重要的幾項於下：

㈠召開反共救國會議，藉以齊一步調與意志，擴大團結。

㈡在實質上開放黨禁，不在暗中妨害成立新黨。

㈢眞正開放言論自由。

㈣切實保障基本人權。

這些提議海內外民主自由開明的反共人士不知提出過多少次。在這些提議沒有實現之前，永遠有提出之必要。自由中國政府能够眞眞正正做到這四點，那與大陸對照起來才眞是以光明對黑暗。臺灣地方雖小，但會因此光芒四射，成爲海內外反共自由人士團結歸心的象徵。臺灣能够做成這樣的一個象徵，那末聲勢一定大增。這是答覆敵人和談攻勢最有力的方法。

這一自新工作，既不會受到國際任何阻力；也不需一彈一卒。問題只在以反共中心領導人物自居者是否有此誠意。如果他們還不能做，並且不許民主反共人士來做，那末除了積習難改和私利難以放手而外，我們再也找不到旁的解釋了。

吾人須知，反共者與共產組織，共產氣味愈是不同，才愈有力量。敵人是厲行一黨專政的。反共者也厲行一黨專政。如果硬要說我們的一黨專政與共黨匪徒的一黨專政有何實質上的不同，這是很難令人相信的事。自己說不同是沒有用的，要別人說才有用。宣傳畢竟代替不了事實。現代的政治佈景技術固然遠較過去高明，但是現代人拆穿政治佈景技術的目光也遠較過去高明。我們爲以反共領導中心人物自居者着想，與其心勞日拙把時間精力用在宣傳和政治佈景這些終究無用的事項上，何若多用些力量做些實在的事。「誠實是最佳的政策」。近年美國許許多多研究政治科學與國際關係的敎授和學人，分不清楚大陸現有的政治形態與臺灣現有的政治形態有何基本差異。從他們發表的若干論著看來，他們認爲二者在基本上是相同的。既然在基本上是相同的，於是他們所作的自然結論是「二者爲什麼不合起來」。對於這一結論，我們當然覺得荒唐可笑。我們自己儘管覺得如此，可是這種觀念卻影響着友邦一般人民對于海峽對峙問題的看法。友邦一般人民對于這個問題的看法，又影響着他們政府的的決策。在我們這裏是很少人尊重大學教授的意見的。可是人家不是如此。這次杜勒斯爲了檢討對于金馬問題的政策，不是跑到新英格蘭去請教哈佛大學的教授們嗎？國際間這種「國共可以合起來以避免戰禍」的論調，荒唐誠然荒唐，但卻有愈來愈普遍的趨勢。這一趨勢是對我們不利的。這次共黨匪徒所作「和談攻勢」，其作用之一面就是針對這一趨勢而發的。我們要打破這一陰謀之釜底抽薪的方法，就是要打破友邦人士日漸滋長的「國共可以合起來」的錯誤觀念。而要打破他們這一錯誤觀念，最佳的辦法是自動地取消友邦教授與學人據以作出這項結論的那些論據：一黨專政、黨化軍隊，黨化教育，出版法修正案……。

從以上所說的看來，展開自新運動，兼有短程與長程的兩種好處：就短程的好處來說，自由中國可藉此加強團結，提高號召，擴大聲勢並轉移國際視聽：拿這來答覆共黨匪徒的「和平攻勢」。就長程的好處來說，自由中國可藉此脫骨換胎，培養新生力量，維持有志於民主反共事業者一個希望。自由中國有無前途，端賴這個運動能否展開而定。願有志救國之士積極起來推動。

社論

(二) 由證券市場之設立以覘新內閣行政效率

本刊第十九卷第五期發表了楊志固先生所撰的「美國證券市場的管理」一文，同時在「給讀者的報告」中，指出證券市場之重要性，並提及本刊早在民國四十二年就已注重此一問題。我們的本意係切盼現內閣在當前經濟急迫的狀況之下，使有助於國民經濟發展的證券市場得以早日成立，調度產業資金之近代化的制度能夠切實而有效的見諸實施。除於本刊最近三期將楊先生的大文續予刊出外，對於現內閣之能否發揮其行政效率以完成證券市場之設立，尙有不能已於言者。茲懷着期待而又懸慮的心情，略加申論。

正如聯合報在本年八月四日的社論中所提示，唯有財政經濟纔是今日行政的首要課題。誠以我們偏處在這小島上，欲圖自存並要反攻，那就非對於財政經濟有健全的措施不可。聯合報的那篇社論有云：「陳內閣不會標榜過什麼內閣，我們卻期待它能實實在在發揮一下財經內閣的功能。有人希望它成爲反攻內閣，實則只有財經內閣才配充當反攻內閣而無愧。」我們完全同意此一論點。惟所謂財經大政，經緯萬端，究應從何處下手？由於最近市場上掀起了一片倒風，已很明確的顯示出當前財經所最感迫切的是資金問題。歷年來產業之所以未能充分發展，其原因固非一端，但其最主要者則是由於長期資本累積之不足及短期資金週轉之不靈。所以金融之沉滯實是當前財經問題癥結之所在。而解決此種問題之正當的方法、最切實而有效者，即是我們在這裏所提出的「證券市場之設立」。證券市場之有設立的必要，已爲大家所公認；而籲請設立證券市場，也是天下的公言。關於此點，無需多作「令人厭倦」的理論的說明，只須將各方對於此一問題所發表具有代表性的言論引述出來，即可獲得定論。

首先我們可舉出財政部嚴部長的言論。嚴氏自臺灣光復之初即任本省財政廳長兼臺灣銀行董事長，其後升任財政部長及省政府主席，現又出任並連任財政部長，對於臺灣財經問題了解得最爲清楚。財政部長爲中央政府執行財經要政最有力的負責人。嚴氏即以財政部長的身份於本年八月二十日向新聞記者明確的表示，認爲爲便利工業籌措長期資金，設立證券市場一事，甚有需要。(見本年八月廿一日新生報)其次再看臺灣省財政廳陳廳長對於設立證券市場的意見。我中央政府播遷來臺後，有效統治的地區，除了金門馬祖等外島外，僅有臺灣一省。故臺灣一省的行政施設，也就幾乎代表全國的行政施設，臺省財政廳的職權在全國財經行政上佔有很重的份量。陳廳長就是臺省財經行政最重要的負責人，他於本年八月二十九日發表了一段談話，略謂：「目前由於正常的資本市場沒有建立，所以在經濟發展過程中發生很多不合理的現象，如遊資找不到理想的出路，市場利息高昂，以及生產事業的缺乏資金等，均可說是沒有健全的資本市場之結果。假如有健全的資本市場，像目前一般民營企業所請求發行的公司債，即不要銀行擔保，亦當可很容易的發行出去，同時像最近工商界的倒風，亦可不會發生。」所以他認爲有建立一個健全的資本市場之必要。(詳見本年八月三十日聯合報)嚴陳兩氏對於此一問題之發言，可以不折不扣的代表官方的政見，中央政府及地方政府之政見既趨一致，則設立證券市場，在意志上可算已表示得足夠了，本已無待他求。惟此事對國民經濟關係太大，尙應徵詢民間尤其是工商業者的意見。在工商界，我們首須請教束雲章先生。束雲老已是七十以上的高齡，致力於金融及工商事業四十餘年，現任雍興實業公司、嘉禾麪粉廠、及嘉新水泥公司董事長，同時兼任中國生產力中心、全國工業會及工商協進會理事長，對於財經問題具有豐富的經驗及卓越的見解，並以忠愛國家敢向當軸進言著稱於時，他可算是最能代表民間工商業界的人。本年八月九日，他在臺北西區扶輪社發表演說，建議政府採納其對於經濟治標治本的方策多條，其中即強調「建立證券市場，吸收社會零星資金，充實長期投資」。(見本年八月十日新生報) 政府及工商界同意之事，學者們往往不予同意。蓋政府及工商界偏於現實，而學者們則忠於學理。關於設立證券市場之事，政府及工商界雖已同意，而學者們的意見究竟如何？這也是應當進一步追問的。對於證券市場之設立，發表意見的學者甚多，我們可先推周德偉先生。周先生現任財政部關務署署長，本是一位官員，但是他能讀書，肯想問題，我們毋寧稱之爲學者。他的意見值得重視。他在本年八月四日臺灣省雜誌協會主辦的「如何戢止工商業倒風安定金融問題」座談會內，提出解決當前經濟問題的辦法，其中即主張「建立證券和票據的市場，造成更安定的投資環境」（見本年八月五日中央日報及臺北各報），除了周德偉先生外，在同一座談會席上，還有一位羅長闓先生。羅先生以翻譯凱因斯的「就業、利息及貨幣之一般理論」一書而知名，現任教省立法商學院，其性格與周德偉先生不同。性格不同而所持的見解及可能亦不同，但在設立證券市場一事上，羅先生與周先生却不謀而合。他說因爲沒有供給長期資本的資本市場，才造成了高利貸的局面。要挽救工商業的困難，須建立長期的資本市場。（見同日臺北各報）

由以上所引述的各方的言論，對於亟須設立證券市場，可謂「詢謀僉同」。目前在臺灣，地小人多，立場各別，意見分歧，在很多問題上，政府與民間不一致，在政府方面，中央與地方不一致，在民間方面，工商界與學者們不一致，而學者與學者間更難一致。只有在設立證券市場這件事上，各方面的意見却統統是一致的。對於某一件事尤其是有利害關係的關於財經之事而各方的意見能夠如此一致，恐怕找不出其他相類似的事項足以與之比擬吧。像這樣各方意見一致的事，就應該早已付諸實行。各方籲請設立證券市場，「久矣夫，已非一日」！至少在五年以前，我們就已呼籲過了，孰意時至今日，中間經過了執政四年多的財經內閣，這件有關財經要政的事，仍然停留在「各方呼籲」的階段上，其對於我國經濟發展之阻滯及損害，殆有不可勝言者。前引聯合報的社論在論及當前經濟困窘時說：「經濟的興衰那是一天一晚的事，這毋寧是若干年來財經措施的總結果」。其太息於前財經內閣之失政，眞是「慨乎言之」！陳副總統在本年七月十五日行政院新舊接交儀式後，招待新聞記者時聲稱：「今天是百廢待舉百弊待除的時期」。有人認爲這「兩百」可作爲前財經內閣施政四年考績之評分，其立論或未免過於苛刻；但前內閣「得君如彼其專（就財經言），行乎國政如彼其久」，沒有將證券市場建立起來，雖然未便謂其「禍國」，但「誤國」的罪名，恐終難逃「歷史上客觀的判斷」（前行政院長兪鴻鈞答立法委員之用語）

新任行政院長在宣佈施政方針時說：「爲政不能憑着自己的主觀去做，一定要依據大家的需要去做」。當前財經上大家所最需要的，似乎無過於設立證券市場這件事吧！陳院長在交接儀式中致詞又說：「求其所當爲，盡其所能爲」。設立證券市場是一件「當爲」的事，應該是已無疑義，各方現正大聲呼籲，更無待尋求。至於是否「能爲」，查建立證券市場，並不像製造核子武器或人造地球衞星那樣困難，近代文明國家莫不有證券市場之設立，若說非我國所「能爲」，那我國就未免太「無能」了，有何顏面躋於近代文明國家之林呢？我們認爲證券市場之設立，是「當爲」的，也是「能爲」的，問題只在其「能爲」是否能「盡」而已。這個「盡」字在這篇社論中姑解釋爲「行政效率」。

在一個行政效率鬆弛懈怠及權責失去平衡的狀態下，往往有許多大家意見不一致的事，却能夠悍然的做得出來，（即陳院長所說的「憑着自己的主觀去做」），而大家「所需要的」「所一致要求的」事反而因循的不動手去做。例如「初中免試升學」是中央政府要做而地方政府不甚同意之事，終於在新竹、高雄兩處先後實行了。「修改出版法」是政府要做而民間反對之事，却很輕率的照案如期通過、公佈施行了。惟有建立證券市場這件各方面意見一致而爲大家所需要的事，則是「只聽樓板響、不見人下來」。這件事本來是財經內閣所優爲之事，而財經內閣竟將它拖延了數年之久。現在新內閣成立未久，對於這件大家所需要政府所當爲而又能爲之事，能否由「坐而言」進到「起而行」的地步？我們有這樣的期待，但尚不敢抱「不加分辨的樂觀」（借用蔣夫人對美國律師公會演講詞）。誠如吳忠信資政在行政院交接儀式中所說：「新任陳院長有膽、有識、有爲、有守，能做他人所不能做的事，敢做他人所不敢做的事」。（見本年七月十六日中央日報及臺北各報）以陳院長雷霆萬鈞之力，區區證券市場之設立，當能「輕而易舉」的實行起來。惟新內閣的財經首長及可能擔當督導設立證券市場之當事人，仍然是前任內閣的舊班底，他們習於過去的作風，能否因新任院長之「振臂一呼」而「疲兵奮戰」？尚有待於將來的事實證明。他們在口頭上，對於證券市場一則曰「甚有需要」，再則曰「必須建立」，到了要他們「劍及履及」的實踐時，他們說不定會提出種種駭人聽聞的理由或託辭來，以將此事擱置在「議而不決」「決而不行」的悶葫蘆裏面。茲爲預先掃除障碍並以覘新內閣的行政效率起見，特將當事者可能提出的理由或託辭加以分辨及剖析。

當事者可能提出的第一個理由，即是證券市場設立後，勢將引起一般人的投機，而導致經濟的不安，因爲民間奸猾投機者多，而誠意投資者少。此種說法，如以臺北現有證券行號之營業情形爲例證，似亦不無可資採信之處。惟最近大同製鋼機械公司發行公司債，其認購之踴躍，可使「投機者多投資者少」之說不攻自破。大同公司此次發行公司債，首期爲新臺幣二百五十萬元，自八月廿九日起，委託各地郵局代爲招募。第一天僅在臺北一處，即認購了一百一十萬餘元，發出了債券五千五百餘張。那一天適值舊俗的中元節，且有小型颱風，臺北市整日豪雨，但市民仍冒着風雨前往郵局認購。這該是如何夠刺激的一幅踴躍投資的畫面！當局者對此如非完全「無動於中」，則必不至以「引起經濟不安」爲理由而拖延證券市場之設立，倒要進一步的察覺證券市場更有設立的必要。因爲產業缺乏資金而投資又無市場，才是經濟不安的根源。

當事者可能提出的第二個理由，就是「時局緊張」。最近結滙證市場之暫緩設立，就是基於「時局緊張」這個理由。結滙證券市場只可算是證券市場之一小部份，小部份證券市場尚因時局緊張而緩辦，大規模的證券市場自未可「孟浪的」建立起來。證券市場之「神經過敏」爲有衆皆知之事。世界上偶有變亂發生，反應最速者卽爲證券市場，這也是在報紙上常常可以看到的。最近匪共發動侵略，厦門一帶匪砲開始二十六天之內，向我金門各島狂射三十萬零八千一百九十八發，臺灣海峽局勢之緊張，已爲全世界所關注。在此種情勢之下，將拖延已久的證券市場建立起來，自非適當的時期，這是無可否認的。惟自大陸淪陷，中央政府播遷來臺以來，中經海南島之撤退，舟山定海之撤退，以及大陳、一江山之撤退，我國無時不在時局緊張之中，最近金門馬祖等外島慘挨砲轟，時局緊張更達到了高潮，可以說在將匪共消滅淨盡、光復大陸以前，我們的時局總是緊張的。甚至縱使反攻勝利，收復了大陸，我們還要重整破碎的家園，安撫流亡，防緝反側，其時局還是要一直緊張下去的。若是以時局緊張爲藉口而不設立證券市場，則證券市場恐將永無設立之一日，所以所謂「時局緊張」，實有其程度之差。政府行政應視其程度而因時制宜，未可徒假時局緊張之名，以掩飾其鬆弛懈怠之實。

上面引述的結滙證市場之所以要暫緩設立，除了「時局緊張」的理由外，還有一個事實上的困難，那就是結滙證市場的交易場所找不到適當的地點(見本年八月廿八日聯合報)。這個事實上的困難，在設立證券市場時，或將成爲當事者可能提出的第三個理由。這理由就大體說來雖然有點令人可笑，但在目前臺灣却是一個相當有力的理由。證券市場所需要的場所要比結滙證市場大得多，結滙證市場既找不着適當的場所，證券市場的場所豈不是更加無法找到？在現有的房屋中既找不着適當的場所，則惟有從新建造；但新建房屋又恐舞弊重重，重踏中興新村的覆轍。加之，現正厲行疏散，市區內已禁止新建房屋。此種禁令何時始能解除，不得而知。所以找不到適當場所，勢將成爲緩設證券市場的一個有力的理由。不過，以一個堂堂的現代化的文明國家，若是因爲沒有適當的房屋而就不設立證券市場，總未免有些「說不過去」。況且我們對於房屋缺乏，頗富有「克難」的精神，例如：國民小學校敎室不敷，可以施行兩部制、三部制以至四部制。監察院在未經撥到省府餘屋之前，一直都是假某校禮堂開會，已數年如一日。最近經濟部遷到木柵埤腹，因房屋不敷而全體職員改行「隔日上班制。」所以沒有場所的困難，應當是可以克服的。尤其是在新任陳院長認眞嚴格領導之下，這種「貽笑大方」的理由，可望不致提出。

嚴部長在聲稱建立證券市場甚有需要時，附帶的告訴了我們一件事。他說：「政府爲了建立證券市場」已派員赴美考察，俟考察人員歸來，卽可着手建立」。(見本年八月廿一日聯合報) 這幾句話在有意無意之間爲緩設證券市場下了一個「伏筆」。這可能是當事者將來要提出的第四個理由。在目前美國對外援助及我國接受美援的情形下，事無鉅細，凡是經美國友人建議、同意或是向美國學習而來的，都可以令人「折服」或「慴服」。所以「派員赴美考察」，不僅可作爲緩設證券市場的「理由」，簡直是緩設證券市場的一種最好的「推拖戰術」。因爲赴美考察的人員，何時「學成歸國」，並無定期，他們可能遲遲不歸。(臺灣肥料公司派赴美國考察管理鍋爐的人員，就一直沒有回來，足資佐證) 縱然能依限返國，並不一定會「滿載而歸」，可能無甚所得。(這類事例，恕不列擧)假定所派的「深慶得人」，返國之後提出洋洋灑灑的報告，亦可被解釋爲「不合國情」，或竟推說美國人未予贊同或對此不甚熱心。如此一來，雖有「游夏」，誰還敢多「贊一詞」？可是，話又得說回來，我國的財經大政，一擧辦起來，就得要派員到美去考察，並且要等考察的人回來纔能開辦，這未免太顯得「秦無人」了！那些歇歷財經高位的袞袞諸公，連這件事都要「乞諸其鄰」，如非「妄自菲薄」，就難免要蒙受「尸位素餐」之誚。在新任陳院長嚴明督察之下，當事者不敢使用此種「推拖戰術」，亦未可知。

除了上述各點之外，當事者還可能提出其他種種理由，此處不及一一枚擧，但我們可以斷言，那都是一些經不起分辨及剖析的「託辭」。

最後還有一點，不得不鄭重提出的，那就是設立證券市場這件事，如果經各方面熱烈的呼求，達到了成熟的階段，時局轉變得不太緊張，而赴美考察的人員也回來了，加以陳院長尊重輿論，採納了各界的意見，毅然決然的期其必辦，一如限期裁撤經濟安定委員會及工業委員會者然，於是，當事者自知再也「無可推諉」，只得「手忙脚亂」的籌辦起來；到了那時，他們還有最後的「一套花槍」。他們可擬訂一些奇特的條欵，作種種不合理的規定。例如苛刻的限制經紀人的資格，要繳納鉅額的保證金，不准買賣期貨，禁止隔日交割，成交單上須加註客戶的國民身份證號碼，甚至還要覓妥保人，對於每筆交易重複的課以重稅等等，繁文厲禁，使得證券市場之門雖然大開，却令一般人裹足不前，望門興嘆，除了少數特殊者外，無人登門領敎。最近爲挽救倒風而訂立的「工廠營運資金臨時貸欵辦法」，公佈已兩閱月，實際上並未貸出分文。(雖已核准了兩筆，但尙在辦理手續中，本社論截稿時止，尙未貸出欵項) 就是一個活生生的例子。像那樣變質的設立證券市場，與不設立何異？

綜上所述，設立證券市場，是大家所需要的，各方面的意見已完全一致；至於當事者可能提出推拖的理由，都是經不起分辨及剖析的，可見這是一件「當爲」而又「能爲」之事。惟現內閣究竟能否把證券市場設立起來，並且能否使之設立起來而不變質，那就要看現內閣之行政效率如何而定。現內閣之能够發揮行政效率，乃爲海內外羣倫之所期待。此次前內閣改組，新內閣成立，大家之所以歡欣鼓舞，全在於期待新內閣之能一反前內閣鬆弛懈怠的「泄沓」作風而發揮高度行政效率。值此百廢待擧，百弊待除的時期，新內閣之行政效率實爲國運前途之所繫，固不僅區區「證券市場之設立」一事而已，惟新內閣之行政效率如何，恰可由證券市場設立一事以覘之。

人口增加與資本累積

瞿荆洲

我國新任經濟部部長楊繼曾氏，於本年六月二十日，在行政院新聞局記者招待會上，對於當前的經濟情況，作了一番詳盡的分析，其中曾談及人口增加與資本累積的問題。他說：「臺灣目前每年人口增加百分之三，如何使此增加的人口充份就業，實爲一嚴重問題。實行節育似乎是很少。將來爲了使人民能以充份就業，極需要降低我們的生活水準，以增加資本的形成」。(見六月二十一日聯合報第四版)。作爲一國的經濟部長，注意到人口增加與資本形成的問題，並强調其嚴重性，可算是指出了我國經濟問題癥結之所在，實在是很正確的。不過，這個問題的內涵頗爲繁複而曲折。爲了明悉問題之眞諦，而使其所採取的政策能够行之較爲有效起見，對於此一問題，似有更作進一步的研討之必要。茲不揣學識之膚淺，略予申述，聊備省覽。

一

我國在臺灣的人口，據臺灣省政府主計處統計，民國四十二年爲八百四十三萬餘人，四十三年爲八百七十四萬餘人，四十四年爲九百零七萬餘人，四十五年爲九百三十七萬餘人，四十六年爲九百六十九萬餘人。以上各年的人口，均不包括軍人及外國人在內。如以四十二年爲基期，則在其後的四年，各年的人口指數，順次爲一〇三點七，一〇七點六，一一一點一，一一四點八。試按其每連續的兩年，就後一年較前一年增加人口之實數計算之，則可知臺灣人口之年增率，最低爲百分之三點三，最高爲百分之三點七，平均爲百分之三點五。如依照這個平均年增率推計，則民國四十七年(卽本年)，我國在臺灣的人口，卽將突破一千萬的大關了。人口增加如是之多，在現代各文明國家中，實在是「罕有其匹」。

通常研究人口問題者，多注重各國人口總數對各該國領土面積(較正確言之爲可耕地之面積)之比。用土地面積單位數去除人口總數，以算出土地每單位面積內有若干人口，稱之爲「人口密度」(density of population)。臺灣的土地面積爲三萬五千九百六十一平方公里，人口總數如超過一千萬，則每平方公里內可能有二百八十二人，這已是一個很高的人口密度。臺灣的山地面積佔總面積百分之四四點八二，平地面積僅一萬九千八百四十三平方公里，而土地之使用面積(卽有收穫的面積)截至民國四十二年爲止，計爲一萬七千一百七十五平方公里，其可用而未用的土地，所餘無幾。如照此推算，則臺灣的人口密度將可駕凌以最高人口密度著稱的比利時及荷蘭了。

照人口密度的說法，是認定土地能够出產各種食用的物品，對於人口具有給養力。在一定的生活水準上，土地面積愈廣大，則其可給養的人口亦愈衆多。昔人歌頌太平盛世，每以「廣土衆民」爲言，卽是由此而發。反之，如土地面積狹小，則因人口增加過多，以致人口密度太高，其人民的生活勢將趨於貧困，就形成所謂「人口過剩」問題。蓋土地對人口之給養力，須受到經濟學上「收穫遞減律」(Law of Decreasing Returns)的支配。在一定面積的土地上，投下的資本及勞力如見增加，則其收穫亦可隨之增加，但投下的資本和勞力如超過一定的限度時，則投下的勞力和資本愈是增加，其所獲得的收穫之比例，反爲減小，亦卽土地對人口的給養力漸次減少，這就是所謂收穫遞減律。人口在受到收穫遞減律的支配時，卽謂之人口過剩。時人謂臺灣經濟爲海島經濟，而海島經濟之特徵有二，一爲土地面積狹小，一爲物產的種類偏而不全。按物產種類之偏而不全，亦係由於土地面積之狹小，故土地面積之狹小，實爲海島經濟的主要特徵。臺灣的土地面積狹小，而人口之年增率又大，其人口過剩，對於當前經濟帶來壓迫力之嚴重，殆可不言而喻。

二

近代的經濟學者對於人口問題的看法，並不大重視土地面積之廣狹，而是以國民的「生產力」(productivity)之大小爲着眼點。在相同的國土上，如國民的生產力提高，則不僅能給養較多的人口，且能提高人民的生活水準。英國亦爲一島國，其現有的人口，約爲其十九世紀初葉的四倍。但英國不僅未感到人口過剩的困擾，而其人民的生活水準且大大的提高。蓋在此期間，英國的人口固然增加甚多，但其生產力之增加更超過了其人口之增加。印度的人口密度爲平均每平方公里一百二十一人，荷蘭的人口密度爲平均每平方公里三百二十四人，荷蘭的人口問題並不比印度的人口問題來得嚴重，揆厥原由，實因荷蘭國民的生產力遠較印度國民的生產力爲高之故。

人口論者之所以重視土地面積之廣狹，殆係基於孤立經濟的觀點。所謂孤立經濟係在交通未發達的時代，國際間無甚交易，一國能够給養多少人口，完全要倚賴其國內農業生產數量而定。而農業生產要受到土地及其他自然條件的支配，收穫遞減律可以發生最犀利的作用。加之農業生產力之提高，又不如其他產業之容易而迅速；故當人口增多時，卽感覺人口過剩，馬爾薩斯 (T. R. Malthus) 氏以恐怖的眼光所眺望的貧困與饑饉的景象，就可能出現。但由於事實的進展，馬爾薩斯氏悲觀的預言，並未應驗。最顯明的例子，就是馬爾薩斯氏的本國——英國。英國因其工業生產品之有餘剩，並以有利的條件與外國的農產品相交換，結果其國內大量增加的人口，都得以給養而綽然有餘。由此可見人口問題之解決，土地面積雖不失為因素之一，但各種產業的生產力之提高，實爲最有力的因素。土地面積之大小係天然的，現在自由世界既不許侵略他國，又無新大陸可資發現，一國的領土無法擴張，在此情形之下，欲解決人口問題，除了節制生育及移民海外外，其最有效的方策厥唯提高各種產業之生產力。民國四十四年五月，工業委員會主任委員尹仲容氏，發起籌設「中國生產力中心」(The China Productivity Center)，由高禩瑾氏主持其事，其後並成立董事會，使其成爲有力的民間獨立團體，其目的卽在提高自由中國工業之生產力。此舉頗可有助於臺灣人口問題之解決。

三

節制生育與移民海外都是抑制人口增加的方法，如能廣爲推行，當可減輕人口之壓力。惟「節制生育」一事，與我國的傳統觀念不相符合。我國以「多男子」與「多福壽」同爲華封之祝，男女婚嫁之初，親友卽以「螽斯衍慶」、「瓜瓞綿綿」爲賀詞，故節制生育，實在非我國人所樂聞。我中央政府播遷臺灣以來，正致力於生聚敎訓，以爲反攻復國的準備，爲兵源人力之充裕計，毋寧歡迎有較多的人口。又據專家研究，在出生率特高而生活水準較低的地區，如厲行節制生育，則有減削民衆生活向上的意志之虞。且實施節制生育，需用藥物或器具，所費不貲，殊非貧苦小民所能負擔。近閱香港報紙，報導大陸匪區內有「吞蝌蚪」避孕及出租「墮胎器械」等情事，草菅人命，跡近兒戲，簡直是一種不可原恕的罪惡。故節制生育，除了俟文化程度提高，人民自覺自願外，是未可輕言施行的。惟依照優生學的原則，爲防止白癡、癲癇、及身心缺陷的人數目增多，徒然增加社會的痛苦及消耗起見，對於有遺傳性的惡疾者以及母體孱弱不宜再事生育者，頗有加以限制之必要。猶憶錢昌祚氏任行政院經濟安定委員會秘書長時，曾將日本推行優生限制生育之法規，譯備參考，似係有鑒及此。惟此事之推行不易，收效不宏，殆可預卜。前引楊部長的談話中，有「實行節育似乎很少」等語，因報紙記事，語意不明，就其上下文推之，或係指節制生育不易推行，縱然推行亦很少有效而言。

至於移民海外，我國現有華僑一千數百萬人，可算是移民海外的顯著成績。但是，凡研究華僑問題者，都知道我國僑胞之能立足於其僑居地，已是一部有血有淚的慘痛奮鬪史。現在各國對於移民入境，限制綦嚴。例如美國、加拿大及澳洲等處，原可容納大量的移民，但僅允許其同文同種而並不爲人口問題所苦的歐洲人之遷入，對於有色人種不啻已鎖閉了門戶。拉丁美洲對於有色人種之移民，雖然尙不拒絕，但其聽任入境者僅以赴其內地墾荒的農民爲限，對於在都市從事工商業者却不甚歡迎。盱衡國際情勢，再揆諸我國現行的出入境之規定，只見每年有反共的義士義民大量的投奔到這自由寶島上來，欲移民海外以減輕人口的壓力，實在是無從說起。當局者雖然很重視華僑問題，但對於移民與人口的關係，却只能存而不論。

四

照以上三節所述，可知當前人口之年增率很大，又因土地面積狹小，人口密度亦甚高；而解決人口問題並不能乞靈於節制生育及海外移民，其唯一有效的途徑只有提高各種產業的生產力。提高一國的生產力，除了土地之外，應有兩個因素：一爲技術水準之提高，一爲投資數量之增加。關於技術水準之提高，須有大專學校以上的研究所從事於理論的研究(例如我國最近設立的淸華大學原子研究所及交通大學電子研究所)，及各種規模宏大而又完備的實驗所從事於實際的試驗(例如糖業試驗所及工業試驗所)，並須聘請專家開班訓練，或遣派多數人員赴先進國去實習，更須添用新式的機器和改良的設備。前述的中國生產力中心其所努力者大抵在訓練及實習兩方面。至於研究所、實驗所、及新式機器設備之添置等，連同訓練及實習，在在需款，如普遍的推行，則更需用鉅額的資金。所以所謂提高生產力的兩個因素，其實可歸併爲一個因素，那就是投資數量之增加。爲提高國民的生產力，其需增加投資之數量，須按人口數計算，卽是對每人的平均投資額之增加。人口如增加得太多，則其所需要的投資額亦愈大。如此鉅額的資本，究係從何處得來？

照楊部長所說的「極需要降低生活水準以增加資本的形成」那句話看來，增加資本的形成是目的，降低生活水準是手段，我們極需要用降低生活水準爲手段，以達到增加資本形成之目的。換言之，卽是提高生產力所需要的資本可從降低生活水準以得來。降低生活水準就是節約消費，申引楊部長的論旨，就是資本的累積可自節約消費以得來。楊部長此論一出，各方面已有許多評論，最具有代表性的爲聯合報本年六月二十五日的社論，題爲「論消費節約」，接着七月三日又有一篇題爲「節約、儲蓄、投資」的社論，另外在七月十日出版的工商月刋上，更有署名一個「珹」字的先生寫了一篇「節約消費抑鼓勵消費」的短評。他們都講述得明白曉暢，此處不擬重複引證。茲僅就在人口增加之狀態下，降低生活水準對於資本形成之效果如何，略補充說明之。

爲了說明此點，須將有關此點的經濟學理，先作簡略的介紹。在經濟發展的過程中，企業家投下資本，僱用勞工，以經營任何產業，其目的皆在於獲得大量的貨財之生產以賺取利潤。這是大家所公認的。在人口增加過多時，企業家採取某項經營方式，僱用一定數的勞工，按其所僱用的勞工人數計算，其對於每一勞工所投下的資本額如較其採取其他經營方式爲多時，則其所採取的經營方式必係多用機器設備，卽所謂「機械化」。例如我國高雄硫酸錏廠，當你進去參觀時，除了少數的技工在那裏照顧機器外，只見全廠的機器自行轉動。在「機械化」的經營方式下，每一勞工之生產力自比「非機械化」者爲高。於是，企業家在①財貨之生產量，②投下的資本額，③僱用勞工人數，④及其工資率之大小，這四項之調配對於利潤率之影響上，要縝密的加以考量。假設實質的工資率爲ω，實質的資本額爲K，僱用勞工人數爲N，財貨正常的生產量爲O，再設π以代利潤率，則可得次列公式：

$$\pi = \frac{O-\omega N}{K}$$

蓋由財貨之值減去工資之值，其餘額爲利潤，再以資本額除之，即可算出利潤率來。爲使問題簡化起見，假設一國的各種產業爲一綜合的企業，其生產所必需的機器及原料皆可由內部自行供給，再假設對於每一勞工所投下的資本額之增加率(即K/N)爲α，勞工生產力之增加率(即O/N)爲β，企業家按一定的工資率，如欲使其利潤率達到最高時，則其投下的資本額及其僱用勞工的人數，必須滿足次列「微分式」的條件：

$$\frac{d\beta}{d\alpha} = \frac{O-\omega N}{K}$$

依照上述原理，企業家採用某項經營方式時，其僱勞工的人數，可由其投下的資本額以自相決定。惟企業所能僱用的勞工人數，與全國所能供給的勞工人數，二者並不一致，後者多於前者時，即是人口過剩。此時投下的資本額如不增加，而又欲維持一定的工資率不使其減低，則唯有減少其僱用勞工的人數，於是必導致失業，並且人口愈見增加，則失業者亦隨之增多。惟在此種情形之下，工資率不易牢固的維持在一定水準之上。蓋勞工們與其慘遭失業的痛苦，毋寧忍受低廉工資的待遇。因此，由於人口過剩的壓力，而先使貨幣工資率減低，其結果實質工資率自亦減低。實質的工資率之減低亦可解釋爲消費財價格之上升，其結果使企業之經營方式發生變化，那就是多僱用低廉工資的勞工以取代機械化的傾向。海耶克(F. A. Hayey) 氏稱之爲「李嘉圖效果」(Ricardo effect)。

由於人口增加，以致實質的工資減低，平均每人的國民所得減少，國民的生活水準自會因以降低。這樣的低降生活水準，雖然是事勢之所必至，但楊部長所說的降低生活水準，恐非指此而言，因爲這樣的降低生活水準，並不能增加資本的形成。

五

照上節所述，因人口增加而導致的生活水準之降低，並不能增加資本的形成。相反的，正是因爲資本形成之未能增加，纔降低了其生活水準。然則楊部長何以說要降低生活水準以增加資本的形成呢？他的這句話中之「降低生活水準」，一定別有所指。

一般的說來，資本係來自國民所得，較正確的言之，資本係來自國民所得中之儲蓄。凱因斯氏有一個儲蓄等於投資的公式，是大家所悉知的。蓋國民所得之大部份係用於經常消費支出，其餘部份即用以儲蓄。故儲蓄等於國民所得減去經常消費支出後之餘額。在一定的國民所得之內，經常消費支出如減少，則儲蓄即可增加。儲蓄既等於投資，儲蓄之增加即是資本之增加。又儲蓄之增加既是由於消費之節約而來，而節約消費也就是降低生活水準。故降低生活水準，即可增加資本的形成。這是很「順理成章」的，楊部長的論旨，殆係以此爲基礎。老實的說來，除此以外，似亦別無基礎。說到這裏，我們所要再加研討的，不是降低生活水準與增加資本形成的關係之問題，而是降低生活水準本身的問題，或者說是「李嘉圖效果」以外的降低生活水準之問題。

關於經常消費或生活水準的問題，凱因斯氏提出了「消費性向」(propensity to consume)一詞，以供研討。所謂「消費性向」，乃是消費在國民所得中所佔的百分比。消費與儲蓄是密切相關的，二者互成反比，即消費性向大，則儲蓄少，消費性向小，則儲蓄多。儲蓄僅係一個餘額，故凱因斯氏甚至有以消費性向取代儲蓄性向之提示。在普通的情形下，所得較多的國民即富足的國民，只須用其所得之一部份，即可滿足其經常消費上的需要，度其優裕的生活。他們在經常消費之外，另有種種企求(例於創業或投資)，故其消費性向較小。至於所得微薄的國民，認爲將其所得用於經常消費，尚嫌其不足以維持最低限度的生活，故其消費性向特大。在人口過剩的國家，國民的生產力較爲低劣，其國民所得因以微薄。國民所得微薄，其消費性向自亦較大，此係自明之理。照凱因斯氏的說法，消費性向，係由消費的決心所決定。如此決定的消費性向，除了俟其國民所得增高外，實在是不易變更的。楊部長欲由降低生活水準以增加資本形成，固然是「語重心長」，其奈因消費性向之決定，降低生活水準之事不易辦到何？

楊部長爲了增強其論點，對於降低生活水準，在前引的同一談話中，舉出了一個例證。他說：「我們全國全年的小麥消費量共爲十五萬噸，僅調味粉一項即耗用了六萬噸，實在等於浪費」。六萬噸的小麥折合五百萬美元，就我們這個貧苦的國家說來，不是一個小數目，若是把它浪費掉了，只要是心神正常的人，未有不感到痛惜而要加以糾正的。不過，這六萬噸小麥之配售於調味粉業後，是否全數用於調味粉之製造？有無因配售價格低廉而發生套購流用情事？不得而知。又是否由於人口增加，菜蔬價格昂貴，一般人僅能以粗糲佐餐，實際上增加了調味粉的需求？其中或有若干細節，尚待研究。要之，此種小麥的消費，如係由國民的消費性向所決定，而形成了生活水準，則此一生活水準是不易降低的。我國的人口如繼續增加，則此種消費不但不易減少，反而需要增加。調味粉業者，不是還嫌現在配售的六萬噸不敷應用，而希望增加到七萬噸嗎？我們很有理由認定此種消費小麥的生活水準係由國民的消費性向所決定，是不易輕言降低的。否則，配售小麥之事，行之已歷有年所，如係浪費，則美援運用委員會及經濟安定委員會諸公，早經發覺了，決不會任其浪費這麼多年。再退一步言之，只要此種消費係由消費性向所決定，縱然被當局者硬性的把它限制住了(例如禁止進口或停止配售之類)，它還會以走私的方法或其他方法穿過限制的空隙，迫不得已，也會轉變爲其他類似的消費。很不容易使那五百萬美元的小麥消費，因政府一紙的命令禁止，就會轉變爲五百萬美元的資本形成。因爲此一生活水準是由消費性向所決定，所以不能、至少是不易使其降低的。

六

上節敍述消費性向所決定的生活水準，不易使之降低，曾附帶的提及所得微薄的國民，其消費性向特高之一點。惟語不詳，尙有補充之必要。關於此點，都省培理 (J.S. Duesenbery) 氏在其所著「所得、儲蓄與消費者行爲之理論」(Income, Saving and the Theory of Consumer Behavior) 一書中，有進一步的說明。他認定在一國之內，國民實質的所得之水準與消費行爲的方式之間，有一種「差隔」存在。卽一國的國民之一部份，其所得微薄，謂之低所得層，另一部份，其所得優厚，謂之高所得層。高所得層之消費性向雖小，但其生活却甚富裕甚至豪華。低所得層對於高所得層之消費生活，享受舒適，不勝羨慕，儘可能的設法倣傚，不惜將其所得「盡行花費」。因此低所得層之消費性向，必較高所得層之消費性向爲高。

另有努克色 (R. Nurkse) 氏，著有「落後國家資本形成之問題 (Problems of Capital Formation in Underdeveloped Countries) 一書，套用了都省培理氏的說法，把國內擴大爲國際。略謂所得微薄的多是落後國家，所得優厚的多係先進國家，落後國家的人民，多艷羨先進國家的舒適豪華的消費生活，所謂「美式裝備」及法蘭西趣味的貨品，落後國的人民多爲之心醉。因此，落後國家之消費性向，必較先進國家之消費性向爲高。此種事象，努克色氏並稱之爲『炫耀』效果」(demonstration effect)。

在一國國內，「低所得層」的消費性向較「高所得層」爲高，如全人口中低所得層人數過多，則該國的消費性向特高，其不利於資本的形成，固不待言。落後國家的消費如貪戀先進國的製品，則不特其消費性向較高，而且其「輸入性向」(propensity to import) 亦高。輸入性向太高，其消費未能促成國內的「有效需要」，照「乘數理論」(theory of multiplier) 推論之，則其對於落後國家尤爲不利。關於此點，凡具有近代經濟學的知識及涉獵過國際貿易理論者，類能言之，此處恕不詳述。

低所得層將所得掃數用於消費，據研究社會問題的專家調查，西方人尤其是美國人確有如此情形，近年來市場上盛行「分期付欵」辦法，有許多人不但將所得掃數用罄，而且「寅吃卯糧」。但東方人尤其是我們中國人素以吃苦耐勞崇尙儉樸著稱，或不至如此。可惜在這二十世紀六十年代，東方人亦濃厚的染上了西方浮靡的習氣，都省培理氏的說法，或仍可應用於東方。至於經濟落後國家的人民愛好產業先進國家的貨品，幾乎成了第二天性。試就臺北而論，衡陽街及西門町一帶，「舶來品」甚至是禁止進口的「來路貨」充斥市面，就是鐵一般的事實的證明。憂時之士認爲此乃「世紀末」的迷惘，究係一種病態。凡是病症，都是可以醫治的。自然，像在世界大戰期內，各國厲行的「日用品配給制度」，甚至像鐵幕內的國家，強暴的控制人民的消費，如能行之澈底，當然能够降低國民的生活水準。不過，如此硬性的使用政治權力，又與楊部長在另一場合所主張的「經濟事情不應以非經濟的手段去干涉」的原則不符。此外，如運用教育、宣傳或社會運動的力量，高呼現在是「非常時期」，大家應該刻苦節約過着「戰時生活」，勸導人民改善其消費態度，或亦不無效果。惟轉移風氣，化民成俗，需要很長久的時間，終恐「河淸難俟」。總之，低所得層尤其是落後國家的低所得層，其消費性向特高，其生活水準不易降低，由於都省培理及努克色二氏之研究而益信。故楊部長欲由降低生活水準以增加資本的形成，實在是未可期待的。

七

人口問題之解決，旣有賴於資本形成之增加，但國民所得微薄，生活水準不易降低，在國內得不到充足的資本形成。其另一救濟辦法，就是吸收外國資本。以我國在臺灣的情形言之，除了已有大宗的美援外，現正設法導致與我相友善的外國人來華投資，同時，還有許多熱愛祖國的華僑回國投資。近年來當局者在這方面耗費了不少的心力，據官方發表及新聞報導，我國吸收僑資及外資，也已有相當的成效。僑資及外資均是外國資本，關於外國資本問題，學者及專家們亦已有很多的評論，此處不及一一引述，本文所擬特別提出者，卽是無論外國人如何與我友善，僑胞如何熱愛祖國，其將資本投來，終是以追求利潤爲目的。如無特別有利的投資環境，則外國資本是不大會投來的。經濟落後的國家，對於有利的投資環境尙不易安排，更遑論特別有利的投資環境。所以在經濟落後的國家，縱然因某種關係或其他不平凡的關係而有外國資本投來，其數額恐不會太多；尤其是與因人口增加而需要的資本總額比起來，必定是微不足道，無濟於事。據聯合國報告：如欲使落後國家的國民所得每年每人平均提高百分之二，則各落後國家每年共需新投資一百九十億美元。而各落後國家本身的儲蓄，在一九四九年，總共不過五十億美元，其餘一百四十億美元必須仰賴各先進國家的投資。但在第二次世界大戰後，各先進國對各後進國的投資，包括贈與及貸欵在內，每年平均不超過十五億美元。(詳見 United Nations, Measures for the Economic Development of Under-Developed Countries) 十五億美元尙不及一百四十億美元之一成，由此可見一國資本之累積，還須求之於國內，外國資本是很靠不住的。楊部長在前引的談話中，有「依賴美援終非長久之計，何況美援現有逐年減少的趨勢」等語，可謂「一針見血」。美援不以營利爲目的，尙且如此，何況追求利潤的僑資及外資呢？

綜合以上各節所述，我國在臺灣的人口，其年增率既高達百分之三點五，人口密度接近每平方公里二百八十人，節制生育及移民海外均無法施行，其解決人口問題之方法惟有賴於國民的生產力之提高。但提高國民的生產力需要足夠的資本，而資本的累積，因國民所得微薄，消費性向特高，既無可期待於生活水準之降低，亦未便倚賴外國資本之投來。長此遷延下去，豈不是要愈陷於貧困的境地麼？前述之努克色氏，描寫此種貧困爲「惡性循環」。因爲人口過剩的國家，國民的生產力低劣，國民所得微薄，消費性向特高，儲蓄甚少，資本形成不足。再由於資本形成之不足，產業難以適度的發展，人民未能充份就業，以致人口陷於過剩。像這樣的惡性循環，難道我們就甘心安處其中而無法自拔嗎？曰：是又不然。貧困之惡性循環，可由國民的生產力之提高以打開。提高生產力所需的資本，雖不能期待於生活水準之降低以及國外資本之投來，卻可由國民所得之增加以累積。蓋國民所得如獲增高，則其消費性向較小，即可由此以增加儲蓄而累積資本。其理由在前論所得微薄者其消費性向特高時已可反證。惟國民所得如何纔能提高？這是我們緊接着要追問的。此一問題的答案，乃是要當局者拿出政策來！降低生活水準，祇能期於衆人，增加國民所得，則其責在政府。然則政府要拿出什麼樣的政策呢？其內容如何？此處限於篇幅，不及詳論；但可將政策的名稱提出來，那就是「擴大國際貿易」。楊部長在前引的談話中，開宗明義就說：「臺灣爲一海島，繁榮經濟有依賴於對外貿易」（見前註的聯合報），這句話已將問題的眞諦把握住了，實在毋待他求。不意其後竟牽涉到「降低生活水準」上去了，故不可以不辨。惟由擴大國際貿易以解決人口問題，仍須以資本累積爲中心，先決的加以考量。把資本累積的問題放在一旁，而先謀所以擴大國際貿易，在作爲刺激經濟繁榮的政策（俗所謂「景氣政策」）時，固然有效，但恐無補於人口問題之解決。關於此點，尙須另作一番理論的硏討。盼海內外宏達之士有以指教。必要時，當再撰一稿，以就正於高明。總而言之，論到人口增加與資本累積的問題時，不在「降低生活水準」上着想，而從「擴大國際貿易」入手，較能把握住問題的眞諦，而其採取的政策方能正確而有效，這卻是可以斷言的。採取「降低生活水準」政策，其政策是「緊縮與管制」，過去數年我國就是採取這樣的政策，美其名曰「安定中求進步」，其實是「困守中之枯萎」。採取「擴大國際貿易」政策，其政策是「調劑與發展」，是第二次世界大戰後西德及日本所採取的政策，他們已獲得了復興與繁榮。此乃經濟政策選擇方向的問題，關係至爲重大。筆者久不爲報刊撰文，頃鑒於內閣改組後之新機運彌足珍貴，特敢不憚辭費，坦率拉雜陳之。

四十七年八月三日脫稿。

從華沙談判談到美國「不得使用武力」政策

宋文明

美國與中共的大使談判，已於九月十五日起在波京華沙恢復舉行。這一談判正如過去三年多來的日內瓦談判一樣，主要目的就在要求中共放棄對臺使用武力，以緩和臺灣海峽緊張局勢。從一九五五年八月一日至一九五七年十二月十二日，日內瓦談判曾舉行了七十三次的會議，其中五十四次會議即爲放棄對臺使用武力而舉行。可是直至最後這一會議宣布無限期休會時止，對這一放棄使用武力的目標，始終未能獲得任何的協議。目前臺灣海峽危機的如何發展，就要看這次華沙談判以及其他相關的會議對此作何決定，而這些會談的能否取得一種決定，又全看對放棄使用武力一問題的商談情形如何。所以美國的要求在臺灣海峽放棄使用武力這一建議，不僅代表年來美對臺峽政策的一個主要基石，而且也是決定遠東大局的一個關鍵性問題。

把放棄使用武力作爲一個美國的堅定政策，鍥而不捨，這是一九五四年下半年後杜勒斯國務卿對臺峽局勢的一項主要作法。但這一放棄使用武力的原始概念，絕不自一九五四年下半年才開始，也非出於杜勒斯國務卿個人的創意。早在一九四九年八月發表的「對華關係白皮書」中，我們已經注意到美國設法迫使中共對外放棄使用武力，來交換對中共事實上的承認。在「白皮書」序文中有一段說：「中共政權若竟爲蘇俄帝國主義之工具，而企圖侵犯中國隣邦，則吾人及其他聯合國會員國，勢將面臨一破壞聯合國憲章原則及威脅國際和平與安全之局勢」。這一警告隨後便成了美國對中共的基本政策，並在韓戰中及其他事件中不斷付諸實際行動。但一九五四年下半年度美國的要求中共放棄使用武力，不僅是根據聯合國憲章原則，希望中共不以武力解決一般國際爭端，而且主要的是要求中共完全放棄對臺灣的武裝行動。美國對這一問題的基本態度是：不論臺灣是否爲中國領土，是否一如中共所說爲一「內政問題」，中共若要對臺灣使用武力，都是一樣的非法的。若說臺灣地位不同於中國大陸，一如美國某些時候所暗示者，那麼中共的武力進攻臺灣，便構成一種侵略罪。若肯定臺灣爲中國領土但其最後歸宿須先經當地居民首肯，一如美國另些時候所表示者，那麼中共對臺灣使用武力，就如中共對西藏使用武力一樣，美國也是認爲不應當的。所以美國的要求中共對臺灣放棄使用武力，並不是基於某種相對條件，而是基於一種絕對的信念，即中共必須以實際行動，證明其對國際和平的誠意與尊重。茲將年來美國對這一問題所持態度及努力，扼要加以敍述：

㈠是一九五四年十一月二十九日美國致蘇俄的那件照會。在這一照會中，當時美國卽明白希望蘇俄能採取與美國同樣的平行行動，設法穩定及和緩臺灣海峽的緊張局勢。這一呼籲無異一面要求蘇俄，運用其影響力量，促致臺峽停戰，一面亦要求蘇俄阻止今後中共在臺灣問題上使用武力。雖然在美國這一照會中，並未有「臺峽停戰」及「阻止中共使用武力」的明顯字樣，但這一照會的基本精神及含義，無疑是面向這兩個目標的。由於這一呼籲是經過蘇俄，而非直接訴諸中共，所以這一照會是一種試探的性質，所用的字眼也比較含蓄隱晦，不便把美國的態度予以直接了當的表示。

㈡是一九五五年二月十六日，美國務卿杜勒斯在紐約「外交政策協會」所發表的演講。這時正值大陳撤退後不久，安理會邀中共列席辯論臺峽停戰未果，杜勒斯的演說便在重新澄清美國對臺灣問題及臺峽局勢的基本態度。杜勒斯在這篇演講中說：「要想中共放棄它們的野心是很困難的；不過，它們不可以放棄以武力達成它們目標的努力嗎？擯棄使用武力，是聯合國基本原則之一，而美國過去希望，現在仍然希望聯合國能促致現時這一敵對行動的終止。……我們誠懇希望中共這一決定並不是不可以修改的，也希望它對聯合國原則的遵守，比以武力向我們的義務挑釁更重視」。杜勒斯這一演講，是他在這一問題上對中共直接發出的首次呼籲，雖用字極爲審愼，態度極爲溫和，但他的眞正的用意所在，是明白而有力的，這就是除非中共誠意遵守聯合國的非武力原則，那麼中共的一切行動，卽將面臨美國爲履行其義務而採取有力反擊的危險。

㈢一九五五年三月三日，美國務卿杜勒斯由菲抵臺，於參加中美共同防衞條約換文後在臺北所發表的對華政策聲明。杜勒斯在這一聲明中說：「目下臺灣爲中共積極侵略計劃的中心目標。中共先爲韓國的武裝侵略者，及後又以大規模援助，支持越共的武裝叛變及對寮國與柬埔寨的軍事侵略，現又聲稱以武力奪取臺灣，企圖對美協防下的地區予以武裝攻擊的公開威脅。……這是美國的熱烈希望，卽中共勿必堅持以戰爭作爲其政策工具。……中共曾經常聲稱它們對和平的愛好，現在便有了一個機會來考驗它們這種說法究竟如何」。杜勒斯這一聲明，當然會牽涉到對華政策的各方面，尤其對剛行生效的中美條約及外圍島嶼問題，曾有重要的闡釋。不過，就在這種似專對自由中國發表的外交聲明中，仍不忽略對中共的呼籲，一再要求中共放棄使用武力，可以更進一步看出美國對這一政策的重視程度。

㈣一九五五年三月十五日，杜勒斯在華府記者招待會上的談話。在這一談話中杜勒斯如此說：「要國共雙方放棄使用武力，並非要它們放棄各自堅持的合法要求」。杜勒斯這一談話，比他過去以前所作的表示，又有了幾點新意義：㈠在過去要求放棄使用武力，是單對中共而言，而現在這種要求，又擴大到臺灣的中國政府方面。在杜勒斯的想法，若僅片面的要求中共不進犯臺灣，而不同時要求國軍停止反擊大陸，可能會予中共一個拒絕這一呼籲的有力藉口。㈡在過去要求中共放棄使用武力時，並未附帶有一個關於合法要求的解釋，而現在則說放棄使用武力，並不涉及雙方所堅持的合法要求者，便是在打消中共因放棄使用武力而卽失去對臺灣的合法要求的恐懼。杜勒斯這一說法，實際上既未取銷中共對臺灣的合法要求，亦未肯定它對臺灣的合法要求；因他當說到並不損害中共對臺灣的合法要求的同時，亦說到並不損害臺灣自由中國政府對大陸的合法要求。杜勒斯這一態度就是說，不論雙方堅持何種要求，總得先行放棄使用武力才行。歸根究底，這不過是誘導中共放棄使用武力的又一說法而已。

㈤一九五五年八月二日，杜勒斯對記者所發表的談話。這時美國與中共的日內瓦大使會談剛行開始，而全世界正陷入四巨頭會議後的「日內瓦精神」中，所以杜勒斯這時的談話，也難免不受這一氣氛的影響。在這一談話中，杜勒斯明白要求中共「向全世界表明願放棄武力擴張的野心」。從這裏我們注意到的是，在過去美國要求中共放棄使用武力時，總是着重於使用武力的危險性這方面，而現在則要求中共「向全世界表明」云云，並不表示美國對中共的要求更多，而是表示杜勒斯對中共的希望增大。在杜勒斯看來，美國與中共的大使會議，給中共一個表明和平誠意的機會，中共若乘此機會，向全世界作一個公開的表白，對洗刷中共的侵略罪行，將有很大的幫助。

㈥一九五五年九月二十二日，美國務卿杜勒斯在紐約聯大第十屆大會上所發表的演講。在這一演講中杜勒斯對要求中共放棄使用武力，及對中共的一般態度，作了一次生動的解釋。杜勒斯說：「中國地區目下情況，較已往稍見和緩。我們希望中華人民共和國能注意到國際社會的一項明顯的意願，卽不能以武力來達成其國家目標。這一共黨政權的歷史紀錄，是充滿着罪惡；它在韓境與聯合國爲敵，致被宣佈爲侵略者；它以武裝力量取得西藏；它以全力支持越共企圖武裝爭取越南；繼越南停戰以後，它又轉注意力於臺灣。它現威脅以武力奪取這一地區，並已在這一方向開始積極的軍事進攻，而這一攻勢又被明白宣稱爲征服這一地區的第一步驟。中共這一行動，對我們所遵守的聯合國憲章原則是一種經常不斷的主要威脅，對美國本身也是一種直接與特殊的挑釁。我們對於這些島嶼具有一種顯然的關係，而這種關係又以中美兩國的互助防衞條約而更見增强」。杜勒斯這番話，在內容上並無特殊之處，但因這是發表在聯合國，所以辭意之間，便把要求中共放棄使用武力，與聯合國的使命聯繫起來。換句話說，要求中共在臺灣放棄使用武力，不祇是美國的希望，抑且是聯合國的職責，聯合國應以共同行動，支持美國這一外交努力。

㈦一九五五年十月十日，杜勒斯在佛羅里達州邁阿密退伍軍人協會席上的演講。杜勒斯在這一演講中說：「我們希望中共能够接受廢棄武力的原則。直到現在，中共仍然主要是靠着武力而存在的。也許中共現已開始瞭解，繼續使用武力，必將帶來慘禍」。杜勒斯這一演講，正如過去許多次他在這一問題上所發表的談話一樣，是用「期望」與「警告」的兩種口吻。但有一點是，與過去說法顯然不同的。在過去，杜勒斯沒有表示過中共有放棄使用武力的跡象，而這次他竟說：「也許中共現已開始瞭解，繼續使用武力，必將帶來慘禍」云云，表示杜勒斯已經認爲中共態度已有若干轉變。杜勒斯這一認識可能由於受了當時日內瓦談判在這一問題上所獲初步良好進展的影響。但後來事實證明杜勒斯這一認識是沒有根據的。

㈧一九五六年上半年美國與中共在日內瓦對廢棄武力問題的鄭重討論。是年一月十二日，在日內瓦會談的第三十二次會議中，美國正式提出一項草案，要求在不妨碍個別或集體的自衛權利的前提下，在臺灣及其他地區廢棄使用武力或武力威脅。接着在同月十八日，中共發表一長達兩千五百字的聲明，表示願在對美關係上廢棄使用武力，唯不包括臺灣地區在內。後來經過三個月的互相指責與僵持，美國復於同年四月十九日又提出另一草案，這一草案主文爲：「雙方應經由和平談判，而不在臺灣地區訴諸武力的威脅或使用，以解決兩國的爭端」。同年五月十一日，中共向美國提出它自己的草案，其主要點爲：「兩國應經由和平談判，而彼此不訴諸武力的威脅或使用武力，以解決兩國在臺灣地區的爭端」。這兩個草案代表美國與中共在日內瓦對廢棄武力談判的最高潮，也反映了它們在此問題上的根本分歧所在。美國的草案明白要求「不在臺灣地區訴諸武力」，而中共的草案，則祇說不以武力來解決雙方在臺灣地區的爭端。從表面去看，這兩個草案似並無重要區別，但稍加仔細分析，便知中共之意在分化美國與臺灣自由中國的關係，答應雖不以臺灣問題對美作戰，却不放棄進攻臺灣。日內瓦的廢棄武力談判，便在這一點上膠着不動了。

㈨本年九月四日杜勒斯所發表的聲明，和同月十一日艾森豪所發表的演講。杜勒斯這一聲明說：「中共現在想奪取此等據點或其中任何據點的任何企圖，將爲對世界秩序所賴以爲基礎的各項原則的一種蠻横的破壞。此項原則即爲，任何國家均不得使用武裝力量以奪取新的領土。……我們相信文明世界社會永不會寬恕以公開的軍事征服作爲一種推行政策的合法工具」。艾森豪總統的演講說：「組成我們武裝部隊的那些人——我亦相信全體美國人民——確是都已準備獻身於保衞不得以武力使用於侵略目的之原則。……如果我們不準備保衞此一原則，那麼我們必將遭遇層出不窮的禍患」。這兩件聲明和演講的所以重要，就因這些文件中特別强調提出了「永不會寬恕」及「以實力保衞這一原則」的堅强決心。換言之，美國今日已公開表示，爲了確保臺峽地區不致出現使用武力的情勢，必要時亦不惜以武力來制服武力。

以上所舉出的這些說法和行動，說明了要求中共在臺灣地區放棄使用武力已形成了美國在這一地區外交政策中的一項主要目標，正想盡一切辦法要求實現這一目標。我們並且看出美國在推動這一政策時，正如推動美國的其他外交政策一樣，是運用了極大的外交技巧與忍耐。第一，美國在推動這一政策時，從未忘記强調其實力外交的立場。卽美國的這種要求中共放棄使用武力，並非基於對中共和戰爭的恐懼，亦非基於美國本身的軟弱，而是基於美國的尊重聯合國憲章原則及愛好和平的信念。如此中共若拒絕美國要求，對臺灣竟而訴諸武裝行動，不祇將與美國正面爲敵，有遭受美國大力還擊的危險，而且將使中共要接受破壞聯合國憲章原則及國際和平的罪名。這種精神與實力上的壓力，使中共在這一問題上不得不三思而行。第二，美國在推動這一政策時，從未忘記與自由世界的主要盟邦及聯合國的聯繫。尤其美英兩國之間，對於要求中共放棄使用武力，可以說是始終具有完全一致的看法。這一作法使美國把大多數自由國家，巧妙的團結在自己的周圍，使它在對臺灣問題上不致陷於孤立。若一旦臺峽爆發戰爭，中共以武力進犯臺灣時，中共所將面臨的，不祇是美國的一國干涉，而是一如韓戰一樣，以聯合國爲名義的多數國家的集體制裁。中共基於韓戰經驗，決力求避免這一情勢的。第三，美國在推動這一政策時，一面雖强調實力外交，一面亦未忘記運用溫和的字眼，處處替中共設想。如杜勒斯在上述聲明中所稱，放棄使用武力一事並非中共片面義務，同樣亦適用於臺灣自由中國政府方面，以及放棄使用武力亦並非放棄各自堅持的合法要求云者，便是在和緩中共的政治恐懼，顧全中共的面子，使中共便於接受美國的這一要求。

總之，要求中共放棄使用武力一事，是一九五四年下半年後攸關臺峽局勢的一個最重要課題。過去的日內瓦談判主要爲此，今日華沙談判也是爲此，將來恐怕還有其他談判也將爲此而舉行。在直接的意義上，若中共宣佈接受不使用武力的原則，表示臺峽地區的國際和平將不成問題；在間接的意義上，祇要中共宣佈不在臺峽地區使用武力，亦便表示它已暫時接受了這一廣泛的基本原則，明示今後絕不以武力作爲其推行外交活動的憑藉。所以美國的要求中共放棄使用武力，是美國對中共政策上的一個一勞永逸的行動，其目標是現實的，直接的，其影響則是廣泛的，深遠的。從某一角度說，美國的這一要求中共放棄使用武力，不啻要中共在全世界公衆面前舉行一次和平宣誓，卽現在不對臺灣使用武力，將來亦永不許對任何其地區使用武力。中共若作此表示，那麼這一行動便對中共自己發生了約束力，今後若再有對外的武力擴張，中共除了要遭受現時所有的各種可能譴責與制裁外，更將接受一個違反自己諾言的罪過。這說明美國爲何要堅持這一政策，堅持要求中共放棄使用武力的道理。而由於美國這一政策對臺峽大局及臺灣前途具有重大關係，所以我們也不能不對這一問題的演變予以密切的注視。

九月二十日。

勉新任大法官

李聲庭

第二屆新任大法官十五人已經監察院投同意票通過，且由總統任命，而正式就職視事。作者以國民一份子除致慶賀之意外，尚有一點意見特寫出來，以貢獻于新任的十五位大法官。

我國一般人對成文憲法的精義尚無多大認識，卽知識份子所持的觀念亦不免模糊。以爲倘有人評論某某法律違憲，便是「別有用心」，或「破壞政府威信」，或「思想有問題」，或「故作危言聳聽」。這些現象之所以在此時此地發生，不能不歸咎于以前大法官會議規則之定得不當。以致結果誠有如謝瀛洲博士在其大著「中華民國憲法論」（第一八一頁至一八二頁）所論：

「（第四條）依照上述條文有請求解釋之權者，只限中央及地方機關……假使中央或地方機關誤解憲法、法令，或發佈違反憲法之法律，違反憲法或法律之命令者，一般民衆亦只有隱忍服從之一途……故限制重重，已將請求解釋之機會限制至極小之範圍……故大法官會議成立數年，解釋普通法令之案件絕不多見……不特此也，違憲之法令多侵及人民之自由權利。是人民爲直接被害人。依據大法官會議規則，被害人不能請求解釋，大法官不能自動解釋；而所謂中央或地方機關又以事不干己不願爲之請求解釋。如是則違憲之法令可以永存，而人民之自由權利將失其保障。」

因此我國行憲十年，一部成文憲法並未能如所期望的發揮其爲基本大法的功用。殊不知成文憲法經制定後，如不經修改，便須經解釋，方能盡其爲最高法律的原始性能。我國憲法第一百七十一條及第一百七十二條明文規定：「法律與憲法牴觸者無效。」「命令與憲法或法律牴觸者無效。」第一百七十一條第二項及第一百七十三條且分別規定：「法律與憲法有無牴觸發生疑義時，由司法院解釋之。」「憲法之解釋由司法院爲之。」第七十九條第二項又規定：「司法院設大法官若干人掌理本憲法第七十八條規定事項。」可見大法官會議的唯一任務在解釋憲法及統一解釋法律與命令。不幸的是：第一屆大法官會議因大法官會議規則的約束不願替人民服務本身便違憲外，十年來的解釋引起各界評論的有好幾件。所以作者認爲我國行憲十年到今天止並無多大成就，第一屆大法官會議本身不能辭其咎。（以前大法官會議規則係由大法官會議自行制定，何以起意自絕于人民一點值得我們特別注意。）好在立法院已于本年七月將大法官會議法制定通過，亦經總統于七月二十一日公布于同日起施行。按新法第四條規定：有左列情形之一者，得聲請解釋憲法：㈠中央或地方機關於其行使職權適用憲法發生疑義，或因行使職權與其他機關之職權發生適用憲法之爭議，或適用法律與命令發生有牴觸憲法之疑義者。㈡人民於其憲法上所保障之權利遭受不法侵害，經依法定程序提起訴訟，對于確定終局裁判所適用之法律或命令發生有無牴觸憲法之疑義者。今後人民至少可以申請大法官會議解釋憲法，不致如謝博士所指「違憲之法令可以永存，而人民之自由權利將失其保障」了！

不過作者始終認爲紙上的文字無論寫得如何堂皇而冠冕是沒甚意思的，最重要的還得看今後大法官會議所表現的行動是不是眞意想把有四十七年歷史的中華民國成爲一個名副其實的「民有」與「民治」的民國，這是作者作本文的動機與目的。

一提及民主與法治，我們無論如何不能否認美國是民主國家中實行成文憲法最好的國家，同時也是法治精神表現得最完善的國家。可是美國憲法條文並沒有明白規定由那一個機關來解釋憲法或宣佈違憲的法律與命令無效。幸運的是：憲法于一七八九年實行之後，不到十四年便發生了一件劃時代的案子，爲大家所熟悉的 Marbury V. Madison。那時 John Marshall 爲美國最高法院首席大法官，馬本人是屬于聯邦派的。一千八百年選擧結果，民主共和黨大勝，Jefferson 當了總統，兩派之間免不了有意氣之事。這個案子原先是由政治問題而引起的，但結果則出人意料之外：收到了美國法院解釋憲法的優良效果，奠定了美國以後一百五十餘年來民主與法治的堅强基礎。如果當日的馬歇爾欠缺膽識與氣魄，不敢毅然冒彈劾的危險開此一先例，許多美國人至今尚懷疑美國今日的民主與法治會不會到現在這樣的一個程度。所以許許多多對馬歇爾的稱讚無論如何是不過譽的。一百五十多年來，美國最高法院幾乎成了憲法解釋法院；而人民的權利與自由之受到充分與完全的保障是沒有人敢加以絲毫懷疑的。

其後因解放黑奴而引起的南北戰爭期中在美國憲法史上又出現了兩件值得一提的案子。第一件是因當時軍事當局濫用職權非法逮捕、審問、處罰人民。按英美法七百年來（至少從一二一五年大憲章開始）的傳統，人民被任何機關（包括國王及法院在內）非法逮捕、拘禁時，受害人或其親友可向有管轄權法院請求人身保護狀 Writ of habeas corpus 將被拘禁之人立卽移送法院。由法院依法定程序審理。審理結果：如屬有罪依法判處；如無犯罪情事當卽釋放（無條件釋放，不要交保）。人身保護狀的要旨在承認受害人有權對逮捕、拘禁的機關或人（包括國王與法院在內）抗議其合法性 Challenge the legality。美國憲法且明文規定：「人身保護狀之特權不得停止。」南北戰爭時期，北方軍事當局常常于非戰爭區域逮捕同情南方的北方人，加以軍事審判並處刑。一千八百六十一年發生了 Ex parte Merryman 案子。當時最高法院首席大法官 Taney 雖簽發人身保護狀于軍事機關，而軍事當局則以奉總統令停止人身保護狀爲詞拒絕將 Merryman 移送法院。最後最高法院判決：根據美國憲法，總統無權停止人身保護狀，總統令軍事當局于非戰爭區域內停止人身保護狀之行爲違憲。Taney 並將判決書的副本送一份給林肯總統，還附了一信說：「總統的神聖任務在眞實執行法律。希望美國的法治精神不因爲這次的行爲而受到損害。」林肯總統當時並沒有生氣，僅僅在致國會的國情書中間接申辯他的行爲精並沒有違反憲法與法律。西洋民主法治國家的大法官與政治家這種公正獨立神與恢宏氣度，我們在此可領略到一些。

到一八六六年又出現第二個判例 Ex parte Milligan。案情與第一案相同。案子發生于南北戰爭時期，不過到一八六六年戰事已完才判決。當時最高法院八位大法官全體一致同意認爲軍事法庭無權審判 Milligan。普通法院沒有關門的地方，軍事法庭不能審判非軍人。而動筆寫這次判決書的大法官 David Davis 是林肯生前的好朋友，而且是林肯總統所任命的。其中有五位大法官甚至表示在 Milligan 案的情形之下，卽使國會亦無權停止人身保護狀。作者並查出八位大法官之中尙有四位 Miller, Swayne, Field, Chase（首席大法官）也是林肯總統所任命的。但他們秉着在法言法的精神，確實做到了公平獨立審判的地步。

再有一件案子是發生于六年前的。一九五一年底，美國正在韓國與共匪打得難解難分的時候，鋼鐵業因工資問題而醞釀罷工。杜魯門總統認爲鋼鐵爲軍火工業的基本原料，國家正在外面作戰期間，若因罷工而減少鋼鐵產量對軍火生產也有影響，於是下令勞工部出面調解。不料遷延數月，勞資雙方均不讓步，最後勞工宣布以罷工威脅廠方。杜魯門便以政府將接管鋼鐵業爲威脅想勞工讓步。不料勞工方面竟接受了這一挑釁終于宣佈罷工。老杜爲維持其威信起見，眞的命令商業部長接管鋼鐵業。鋼鐵業資方當卽向哥倫比亞區地方法院請求發令阻止。按英美衡平法傳統：各級法院都有權發令制止任何人（包括部長在內）的非法行爲。Pine 法官下令制止商業部長接管鋼鐵業。最高法院于一九五二年六月二日以六對三的多數判決維持地方法院裁定。認定杜魯門無憲法上的授權或法律上的根據命令商業部接管鋼鐵業，宣佈其命令爲無效。這時最高法院九位大法官都是民主黨執政二十年內所任命的，其中有四位是杜魯門總統所任命的。而此四位大法官之中卽有兩位 Clarke, Burton 同意法院的判決。更值得我們注意的一點是，六月二日最高法院宣判總統無權令商業部長接管鋼鐵業，杜魯門于當天便下令商業部長將鋼鐵業退還原主。由這一點我們可以知道：美國的總統在一百年前是不免有幾分濫權，有時還不十分守法；但現在則確遵憲法及誓言：「眞實執行法律」了。這件事給予有民主素養的美國人及全世界尊重法治的人士以何等光明磊落的表現以及何等的歡欣與鼓舞呢！

新任大法官之一洪應灶敎授與作者同在一大學講授法律，且蒙其贈送作者一本大作「中華民國憲法新論」。洪敎授于那書第三編第五章關于法官獨立審判一事有很精彩的幾句話，值得在這裏加以引用（見原書一九一頁至一九六頁）：

「在權力不分的時代，行政、立法、司法等權常操諸君主一人，是審判難得獨立。在歷史上各國法官曾經忠勇的奮鬪，始從君主手上獲得審判獨立。如十七世紀初葉英國大法官柯克 Lord Coke 因英皇詹姆斯一世干預審判，不爲所屈，奉召進宮。柯克曾對英皇說：『皇上聰明才智，固爲上帝所賜，但法律則關係臣民的生命財產，須有專長的技術和經驗，方能運用自如，非僅天賦才智所能爲也。』他並且說：『皇上不在任何人之下，唯在上帝與法律之下。』此後，英國就步上審判獨立之路，建立法治的基礎。又如日本，在明治二十四年五月二十一日津田三藏毆擊遊日的俄國皇太子一案，當時日本大審判長兒島惟謙，不顧一切，拒絕行政官對審判的干涉和威脅，法官亦多能盡忠職守，爲司法獨立而奮鬪，以維護日本憲法保障司法獨立及人民權利的規定，時至今日，一般國家的元首或行政首長多能尊重司法獨立，而不致妄加干涉。」「最後，司法應該配合政治……這並不是說司法失其獨立，而受政治的支配。司法在配合政治的原則下，仍不失獨立審判的精神。」

我們作主人的人民只希望誠如洪敎授所信：並不是說「司法失其獨立而受政治的支配」。不過，司法在「配合政治」的原則之下，如何仍能不失其獨立審判的精神，作者非常懷疑。所以還期望新任大法官多「獨立審判」，少「配合政治」。唯有如此，民主與法治才有眞正實現的一天。至于洪敎授說「時至今日，一般國家的元首或行政首長多能尊重司法獨立而不致妄加干涉」，也只觸及事件的一面；人民最怕的不是行政首長妄加干涉（以美國爲例，行政首長無法亦不能妄加干涉）；而是司法的人「先意承旨」或「逢君之惡」。這樣的結果比行政首長妄加干涉還要糟糕，這其中的道理想爲十五位新任大法官所完全了解。

此外，洪敎授又說：（見一九二頁）「至於行憲以前的規章，是否有背審判獨立的精神，亦值得研究。如地方法院及分院處務規程第十六條規定：『配受案件之推事擬定裁判書後應送院長審閱，合議庭推事擬定裁判書經審判長核定後亦同。』又如高等法院及分院處務規程第十九條規定：『配受案件之推事擬定裁判書經審判長核定後應送院長察閱。』地方法院院長或高等法院院長對於院中的推事固有司法行政的監督權，但應以行政事務爲限，不得干預審判……該處務規程等乃公佈施行於行憲以前，如上述等條之規定，是否有違背憲法第八十條規定之精神，有無修正的必要，實在值得注意和研究。」這些意見與作者年來講授憲法時明白指出許多法律與憲法精神違背所持的理由相吻合，因之作者對洪大法官寄以特別深切的期望。

作者還得抄一段古書以作本文的結論。司馬光在「監院題名記」說：「夫以天下之大，四海之衆，使言之（解釋），其爲任亦重矣。居是官者，當志其大，舍其細，專利國家而不爲身謀，彼亟亟于名者猶亟亟于利也，其間相去何遠哉？……後之人將歷數其名而議之曰：某也忠，某也詐，某也賢，某也直。嗚呼，可不懼哉？」何不懼哉！

論赫魯雪夫其人及其為政

董鼎山

赫魯雪夫于七月在北平與毛澤東的四日秘密會談，至今仍引起自由世界時論家的議論紛紛。大部份人士甚至認爲毛澤東在共黨世界的地位已提高至與赫魯雪夫相齊；以爲最近蘇俄外交政策的變幻不測，自相矛盾，乃是中共干涉之故。當然，這僅僅是西方國家人士的看法。我的意見是：對蘇俄與中共的關係問題的見解，目前已生了兩個極端。一個極端是西方人士的一般觀點，把中共與毛澤東看得過重，以爲中共對蘇俄外交政策已有左右的力量。一個極端是我國人士一般的看法，把中共與毛澤東在共黨世界的地位看得過輕，以爲中共完全是蘇俄的附庸，所有作爲完全聽命于莫斯科。這兩個極端的主觀的立場容易造成偏見，而結果反有不能認淸敵人的危險。研究國際問題的人們，欲澈底瞭解一個令人迷惑的局勢，必需平心靜氣，不是道聽途說，也不是自我安慰，而應搜集各方面的資料，來作客觀的研究，才能達到「知己知彼，百戰百勝」的目的。

赫魯雪夫上臺後，他的政策令外人捉摸不定，在自由世界人士心目中一向是一個謎。這個謎到最近更爲顯明。他對高階層會議立場的反覆無常，即是一個證明。有人說他是受了毛澤東的約束，這當然是過份誇張，把問題看得太簡單。我覺得自由世界在應付赫魯雪夫之時，必須先對他個人作一個估量與分析。我們不妨在這裏提出供讀者大家討論。

鐵幕之後，近來流傳一個故事。據說史大林在死前曾留下二個錦囊妙計，供他的繼承者所用。一個錦囊備「緊急」時期拆看，另一個備「特別緊急」時期拆看。一九五六年二月，赫魯雪夫拆看第一個錦囊，妙計云：「將所有罪惡責任推在我的身上」。赫魯雪夫乃照計行事，發表鞭屍史大林的演說，攻擊史大林是一個萬惡的暴君。同年十月匈牙利人民革命之時，赫魯雪夫拆看第二個錦囊，內中有稱，「依照我的方法幹」。于是他乃調動紅軍，壓滅匈人革命。

這故事雖只是一個諷刺性的傳說，可是對赫魯雪夫的性格則有一個啓示，即他是一個翻臉無情反覆無常的人。他的一忽兒建議在聯合國擧行高階層會議，一忽兒又表示反對，也是他這種人格的流露。赫魯雪夫的謎，也正是共產主義的神秘的產物。

爲認識赫魯雪夫其人起見，我們首先必須除去目前自由世界所流行的對他二個錯誤印象。一個錯誤印象是將他目爲一個在外交酒會中狂言漏露蘇俄秘密的酒徒。根據美國駐莫斯科記者的意見，赫魯雪夫雖曾醉酒，可是不常發生，有時他的伏特加酒杯中只裝蘇打水。他在莫斯科酒會中予人以自我控制的印象。在談話時通曉百事，對歷史文件要點記憶力極强。他也有幽默感，常與外交使節講笑話。美國民主黨領袖史蒂文生最近曾在莫斯科與他會面。史蒂文生在八月廿七日紐約時報所發表的訪問記，也稱赫魯雪夫談笑自若，講話有分寸，並顯然爲一掌權者。

另一個錯誤印象是將赫魯雪夫目爲僅是另一個史大林。這二人事實上有不同之處。史大林好大喜功，甚至相信自己的宣傳，例如看見農民豐收的電影，洋洋自得，但赫魯雪夫則較實際。他不僅明瞭蘇俄缺乏糧食與房屋，而且公開討論研究。史大林不重視核子武器。赫魯雪夫則瞭解原子時代的意義。史大林如在世，也許會不顧一切發動原子戰爭。赫魯雪夫則理解原子戰爭會毀滅全人類。史大林是一個高傲不屈的「鋼人」；赫魯雪夫雖亦無情(例如其在匈牙利的作爲)，可是並非頑固不屈。例如他在鞭屍史大林之後，治政手腕較爲和婉。今年他訪匈牙利時，爲求獲得人心，竟降身與羣衆混合。這種行爲史大林決做不到。史蒂文生的文中也說，赫魯雪夫認公衆意見 (public opinion) 很是重要。他在與史蒂文生談話論及黎巴嫩問題時，稱美軍的干涉黎巴嫩，「已觸怒阿拉伯人的公衆意見」，反而對美國不利。

赫魯雪夫的性格是多樣性的，其構成的成份大略如下：

第一、他是農民出身。俄人一提到農民二字，馬上想到帝俄時代數百年來令人憎惡的農奴制度。赫魯雪夫于六十四年前出生于哥斯克省一個窮困村莊的農民草舍中。這個村莊目前已變爲全俄集體農場中最興盛的一個。他由農民出身而成一國總理，一面仍保存農民的樸實，可是一面也學上了虛榮，他的衣服係向羅馬一個著名裁縫定製。他經常在理髮店裏修指甲。他在眞理報所發表的照片經過修改，除去臉上痣瘰。在社交方面而言，赫魯雪夫甚喜與各國國王、王后、總統、首相爲伍。

第二、他身體健康强壯。赫魯雪夫雖矮(五尺五寸)，可是體格强壯，猶如一個退休不久的角力家。他的精力極爲充沛。某次他在外國訪問之時，隨行的西方記者問他是不是疲倦。他回答說：「我並不倦，我是一個强壯的人。生命太短促了，我要努力活下去。」有一個烏克蘭官員曾在赫魯雪夫屬下任事。據他告一美國記者稱，「尼基太(赫氏小名)從不覺滿意，將生產目標定得甚高，使工人拼命工作還不够，有時還親自前來視察。」

第三、他反覆無常，惟利自圖。一九三五年至一九三八年期間蘇俄秘密警察恐怖時代實施大淸算時，赫魯雪夫是莫斯科市黨部書記。他在當時支持淸算，有謂：「我們蘇維埃世界的所有布爾希維克，所有工人與公民必須認清，我們之能擊敗法西斯特務、托洛茨基派、布哈林派及布爾喬亞民族份子而獲得成功，必須歸功于偉大的領袖史大林同志。」赫魯雪夫因支持清算而成為史大林親信，身價百倍。可是于一九五六年時，他又利用對史大林的鞭屍，來助長其在共黨世界的領袖地位。

第四、他是一個共產主義者。赫魯雪夫無疑相信共產主義必獲最後勝利，世界最終必將完全赤化。不久以前，他在向美國人民廣播的電視節目中稱：「歷史站在我們一邊。你們兒孫們將在社會主義下生活。」（可是他所說的社會主義不一定是蘇俄式的。他在西德總理亞登諾訪莫斯科時，曾向亞登諾漏露焦慮心情，說是中共的工業與軍力如果建設成功，共黨世界將又發生問題。）

第五、他在外交上喜用賭博手段。過去數年來的蘇俄政策特別顯出赫魯雪夫愛擲賭注。一九五六年十一月蘇彝士運河危機之時，赫魯雪夫冒了大戰之險，公開聲言蘇俄可能用裝了輕氣彈頭的火箭轟炸英法。莫斯科宣傳機構至今尙自誇英法的停止攻擊埃及，及「埃及人的獲得獨立」，是由于赫魯雪夫用此種威脅唬人之故。在內政方面，他也用賭博手段。他曾派遣五十萬青年赴西伯利亞開墾九千萬畝土地，耕田下種。當時他不知該地區是否有雨。但天公幫忙，果然下了雨。這個開墾處女地的計劃果有成效，造成一九五六年的空前豐收。這類賭博如果失敗，他今日當然不會保留首腦之位。

第六、他是一個天生的宣傳家。除了喜用賭博手段之外，赫魯雪夫的宣傳手段使資本主義美國最能幹的廣告商也相形遜色。他堅信世界共產主義最終必獲勝利。他的外交政策主要目標是在利用自由世界每一個弱點，來增加蘇俄的地位與勢力。同時他也知道，為達到這個目標起見，他必須盡量建設蘇俄來引誘世界落後國家。赫魯雪夫外交政策的基礎已將列寧思想修改。列寧曾謂：「蘇維埃共和國與帝國主義國家的長期共存是不可想像的。其中之一最終必須取勝。在勝利達到之前，蘇維埃共和國與布爾喬亞國家間的流血衝突乃是不可避免的。」可是赫魯雪夫的宣傳路線則是：戰爭並不是不可避免的。

根據赫魯雪夫多次的發言，他的理論是，在核子時代，戰爭是不可想像的，共產主義的勝利可不必用戰爭來達到。在第二次大戰後的東西雙方「冷戰」時代中，赫魯雪夫利用長期性的政治、經濟與宣傳攻勢來與西方作對。他曾說過一句話，「我們利用和平攻勢、和平競爭來威脅你們美國人。」

第七、他是一個圓滑的外交家。赫魯雪夫的外交手段以圓滑出名，他有時猙獰無情，有時故作尊嚴，有時擺出一副友好的笑臉。他能隨機應變，有時採用軟硬兼施的手法。他曾經邀請世界不少國家巨頭首腦訪莫斯科，希望能用蘇俄建設的成就及其個人的笑臉來造成一個良好的印象。受他隆重禮待的包括印度總理尼赫魯，印尼總統蘇迦諾，埃及總統納塞，西德總理亞登諾，緬甸總理宇奴等。而他本人也曾到處赴各國遊歷。無論是在莫斯科、日內瓦、倫敦或新德里，他開口和平，閉口友誼，開口貿易，閉口經援，他的目的無非是不斷的向世界造成一個印象，即蘇俄是一個仗義助人的國家。

可是赫魯雪夫並非一帆風順，亦曾碰了不少釘子。最明顯的例子是南斯拉夫。他在訪問英國時，也與左翼的英國勞工黨領袖發生過舌戰。就大體而言，他在訪問落後國家時最為順利。在印度時，他遊歷華麗的藩王宮殿，一面恭維印度的藝術與文化，一面攻擊建造這類宮殿的藩王不顧民生。這種宣傳方法，給予印度廣大的窮苦民衆印象很深。

赫魯雪夫的宣傳方法，不出幾個簡單的基本原則。第一，他自命為世界和平的發言人。第二，他僞裝為仗義協助所有謀求獨立自由的殖民地人民的俠客。可是他的說謊程度不下于史大林。在匈牙利革命六個月之後，他告西方國家記者稱，「你們好像以為若干國家的共產主義制度必須由我國軍隊來扶持。但我不要保護這類共產主義制度。共產主義制度必須基于人民意志，如果人民不要這個制度，人民應建立另一個不同制度。」在他發表這項言論時，布達佩斯特街巷間的血跡尙未乾。

赫魯雪夫並有一種兩頭下手的特別才能。例如，一九五五年七月，首次高階層會議在日內瓦進行之時，他一面却派使者與納塞談判以軍火供給埃及。以最近的例子而言，莫斯科發動十萬人向美國使館示威抗議美軍干涉黎巴嫩的次日，數萬俄人在莫斯科河旁鼓掌歡呼，稱揚美國大學生與俄人競賽划船的勝利。

就其對內政策而言，赫魯雪夫不斷向蘇俄人民聲言他們已走上共產主義的路，蘇俄將為世界最富强的國家，人民將可享受過去血汗犧牲的果實。但是今日赫魯雪夫所對付的俄人已與革命初期的俄人性質不同。今日的青年俄人係在蘇維埃立國後出生，受有八年教育，不是工人便是機械化集體農場的農人。今日俄人的智力及其對生活需求已非當年沙皇時代的農奴所可相比。因此他們如有對現狀不滿，當政者更難應付。可是赫魯雪夫的手段也不錯。為瞭解民情起見，過去四年來，他曾在全國各地區巡遊，親自在農場、工廠、礦場與工農人民握手談話。他的重視公衆意見，可于下面一個例子見之。去年六月他在清算莫洛托夫與馬林可夫時，也宣佈廢止農業稅。他說莫馬等係因反對廢止農業稅而遭清算。這樣，受惠的農民對莫馬之被清算，自然就沒有話說了。

赫魯雪夫雖然曾經數度的反覆其對聯合國安全理事會舉行高階層會議的立場，可是他對實現大國高階層會議的野心仍然未變。下次如再提出，可能要求中共參加。他為什麼這樣關切于舉行世界巨頭會議，眞實用意未明。可是至少有一點我們知道，他顯然是在借用高階層會議為名，不斷與英美法首腦交換信函，因此而達到其向世界進行和平宣傳攻勢的目的。這無非又是他宣傳家本色的流露。

但是就另一方面而言，宣傳不一定是他的惟一目的。與西方領袖的相會，不但能抬高他的身份，也能使他與「冷戰敵人」當面較量。一般的意見常常認為，獨裁者較民主國家的政治家在施政方面更為自由，因沒有政治方面的牽制，沒有民生經濟問題的束縛，沒有道德方面的顧慮。可是其實不然。我們欲明瞭赫魯雪夫的外交手腕，首先必須研究蘇維埃制度。

蘇維埃制度雖是獨裁的性格，可是無論是誰握有獨裁權，亦必須經受黨內各方面的干涉與壓力。希特勒與史大林也許確是個人專權獨裁。史大林死後，莫斯科最高當局的性質已有轉變，創出所謂集體領導制。首先露出頭角的馬林可夫即是在這種制度下被迫退位。目前赫魯雪夫所握的權當然較馬林可夫為大，可是他未始不受克里姆林宮內部各派別的指摘與約束。莫洛托夫、馬林可夫等雖已下臺，仍隨時在旁監視，躍躍欲試，找捉錯處。

此外，蘇俄有時也不得不受外界的約束。這裏試舉一個例子：美國在決定一個重要外交決策前，必先與英法盟國商討，希望能夠獲得一致立場。當然，美國有時也不顧英法反對而自定決策。以蘇俄而言，其外交政策多半是自作主意而命附庸國家追隨的。可是有時在內外壓力之下，赫魯雪夫不得不與中共相商。如果說是毛澤東能夠左右赫魯雪夫政策，這套言論未免過份。但近來傳說莫斯科的史大林派份子與毛澤東聯合，主張實施對內對外嚴峻政策。以理言之，這次赫魯雪夫在克里姆林宮史大林派壓力之下，不得不訪問北平與毛澤東討論，聽取意見，並非不可能。美國施政必須顧到公衆意見、兩黨爭端、盟國立場、及國內經濟狀況。而蘇俄施行外交政策，為求達到共黨陣營的團結一致起見，也未始不討求其盟國的意見。

我們在研究蘇俄時，往往單是專心于其外表形式，而忽略蘇俄政治生活的實質。即使是獨裁政府，有時也不得不稍顧慮與遷就民意。尤其是赫魯雪夫在鞭屍史大林後自命開明，他當然必須較史大林更顧到民衆情緒。

這種情勢可在今日的蘇俄見之。俄國民衆在經歷第二次大戰的恐怖與犧牲以後，目前最憎惡的是戰爭。曾在蘇俄訪問回來的各式美國人士發現各階層俄人幾乎一致反對戰爭。因此莫斯科乃不斷放出和平宣傳，赫魯雪夫的和平宣傳攻勢不但是對付自由世界的，而且也是應付國內民衆的，使民衆相信當前政府正在努力于和平。蘇俄人民如果發現政府有發動侵略戰爭的眞意，不是不可能發生傾覆政府的革命。因此我們也可以說，蘇俄統治者之不敢驟然發動侵略戰爭，實是受其本國民意的約束。

蘇俄各階層人民（我們這里指的是人民，並非共黨統治者。）除了反戰之外，也企求提高生活水準。過去四十年來，人民在共黨甜言蜜語之下苦苦工作與犧牲享受。最近人民對良好生活慾望的表示更為顯明。蘇俄顯然是在共產制度之下，但民間中等階級與高等階級已慢慢成型。這類進益較佳的人民多是工程師、技師、科學家、作家、藝術家等。他們的進益既多，對生活享受的需求

當然也提高。另一方面，普羅階級的工人與農民，也在逐漸要求縮短工作時間，提高工資與生活水準。跟着而來的是希求增加個人自由與權利。這乃是人類的天性，共黨政府決不能永遠以理論及統治方法來壓抑這種人類天性。面對這種猶如睡獅醒覺的威脅，赫魯雪夫與其他莫斯科領袖的前途頭痛困難問題正多。共產主義本身經濟問題的矛盾的嚴重，實在使資本主義的矛盾相形遜色。

此外，赫魯雪夫必須記住，蘇俄人口目前的增加率為每年四百萬人。這就發生糧食缺乏的問題。最近蘇俄糧食生產量較二十年前並不增加多少。赫魯雪夫派遣五十萬青年前往西伯利亞開墾九千萬畝處女地的節目，幕後原因即在于此。

當然，除了外交、內政、經濟、民生各項問題之外，赫魯雪夫尚須顧到軍事。現代的軍事問題已不再是兵工廠或飛機廠的興建，而是促進火箭、噴射機、洲際飛彈、人造衞星的研究與生產。不但如此，而且還必須與美國的標準競爭。為要搶先美國，必須多耗財力。多耗財力又要影響民生。而他不但要顧到民生，又要應付中共與諸國對蘇俄經援軍援的需求。此外，他又擴展對亞、非、中東各國的經援。蘇俄經濟是不是吃得消這些負擔，實在是一個大問題。

在這些各種壓力之下，赫魯雪夫是不是會返入史大林政策的嚴峻路線，向人民加緊壓榨呢？史大林派份子與中共皆主張回返史大林路線。赫魯雪夫另一條可走的路即是鬆弛世界緊張局勢。這樣不但可以減輕武器製造的競爭，而且對外而言，提高其在亞非二洲的外交身價，對內而言，恰能迎合國內人民反戰心理。高階層會議的舉行雖然不能解決赫魯雪夫所面臨的各項難題，至少可使他的負擔暫時減輕，透一口氣。

這也許是赫魯雪夫念念不忘舉行大國高階層會議的原因。但同時，上述各項問題及史大林派與中共方面的壓力，也可能是他在外交上變幻不測、反覆無常、不能當機立斷的原因。

八月廿七日于紐約。

臺灣省政府教育廳秘書室來函

敬啓者頃閱貴刊第十九卷第七期短評㊂「誰在『强銷』書刊！」一文，關於各校購買「國民知識叢書」有稱：「教育廳爲何要代爲『義務』强銷？」乙節，經查該叢書第一輯至第五輯過去曾承中華文化出版事業委員會函請省府轉令介紹，其中有關學校部份，依照決議由本廳辦理，惟自現任劉眞廳長到職後，爲體念各級學校經費困難並杜絕强銷書刊之流弊起見，對於任何書刊之介紹，業已停止辦理，誠恐外間不明眞相，易滋誤會，特爲函請

查照！並將本函賜予披露，毋任感荷！

此致

自由中國半月刊社

臺灣省政府教育廳秘書室啓　十月二日

當前僑務的檢討與策進

香港通訊．九月廿一日

喬適南

我國僑胞移殖海外，源遠流長，歷史悠久，迄於今日，足跡遍世界，其人口之衆，分播之廣，世界各國，無出其右。今日華僑人口達一千四百餘萬，無論過去或現在，對於祖國及居留國家，均有其不可磨滅的功績。

由於華僑力量之宏大，對于國家有偉大之貢獻，故中央特設僑務委員會，以掌理僑務行政及輔導僑民事業。僑務委員會成立迄今，已廿六寒暑。自政府播遷臺灣以來，初期的僑委會，僅屬一象徵性的組織，人力和財力，均不足以言推展僑務。及中共鎮壓內部工作完成之後，即注力爭取海外華僑後，我朝野人士，亦開始認識開展海外僑務的急切；於是僑委會的組織日漸擴大，經費亦日漸增加。可惜鄭彥棻氏好大喜功，凡事只求急功近利，缺乏遠見，工作重點，輕重倒置，在臺灣似乎作得轟轟烈烈，而在海外却是冷冷清清。以致僑務之推行，毁多於譽，未達理想。作者「固步自封的僑務」（本刊十八卷十期）中，已略有論述。

此次內閣改組陳淸文氏繼鄭彥棻氏而接長僑務委員會，陳氏爲新嘉坡華僑，本身的條件是足够的。但據作者所知，陳氏不是搞政治的能手，在玩弄權術或政治技術運用方面，無可諱言的不及鄭氏；而「僑務」二字，又多少需帶有組織運用與政治技術，方可以展開新局面。因此有人認爲陳氏用非所長，正爲僑務工作前途擔心。但我以爲僑務之成敗，不能全繫於委員長一身，如果陳氏能羅致人才，善用幹部，充實領導組織，加强行政效率，則僑務工作，在陳氏領導下，仍有其前途。如仍「固步自封」，不求改進，則日陷困境的僑務，自必難一新面目也。作者本愛之深責之切之義，對今後僑務的改進，仍寄予懇切的冀望。

一　充實組織，加强陣容

僑務委員會組織法第一條規定，「僑務委員會掌理僑務行政，及輔導僑民事業事項」，所以，僑務委員會是海外僑務工作的領導機構，由於歷年僑務工作之不能盡合理想，我們發現這個領導機構本身，有若干地方尚需要加以充實加强。

僑務委員會之不同于各部，就是除正副首長之外，尚設有若干委員和常務委員。立法的用意，是認爲僑務工作複雜，環境特殊，必須羅致僑賢，一面增加號召力，一面集思廣益，爲決策之依據。

依據僑務委員會組織法第二條、第三條、第四條及僑務委員會常務委員會議規則第二條以及第五條規定加以研究，可知僑務委員會常務委員會，是僑務委員會的決策機構，不但可以決定僑務方針，而且可以決定工作計劃及預算，交委員長執行；委員長有意見，亦須交議討論而後施行；而委員長的第一項職權，則是執行常務會議之決議。作者所以强調這點，無意削弱委員長的職權，其意在强調僑務工作，繁複特殊，須賴羣策羣力，非可個人專斷獨行，所能收理想之效。所以主張僑委會的常務委員，應該充實加强。

但是，原有僑務委員中，常務委員僅余超英一人，且據聞余氏久已不在僑務委員會辦公，而被借調大陸救災總會工作。果如此，即此碩果僅存的常務委員亦形同虛設。由此，可以想見法令規定每週開常務會議一次，是無從舉行的。常務會議無法舉行，則法令所規定的職權，無從實施，其所作爲，就只有憑藉委員長個人的能力與意志。其能力强者，固可發揮個人才智，但有時會陷于獨斷專行，玩弄手段；能力弱者，則泄沓因循，敷衍塞責，文過飾非，固步自封。過去僑務工作的缺點，其主要關鍵實在于此。

因此，爲充實並加强僑委會的決策機構，作者主張依照法令規定，充實僑務委員會常務委員的名額（七人至九人），加强其陣容，按期集會，用民主的方式，討論會議規則第八條各項事務，使常務委員會議眞正成爲僑務委員會的決策機構，而委員長成爲這個決策的執行人。至於這些常務委員的任用或指定，自然權屬於委員長；不過我們却有一個意見：其人選應不是人情的安排，而應該羅致眞正歸國僑領，或與華僑有密切關係，而對僑務有深切研究，眞正瞭解僑情而志願爲華僑服務者充任爲原則。

僑務委員會委員，係照該會組織法第二條規定，並無名額之限制。立法的本意，是付給委員長以伸縮的權力，可以視客觀環境的需要，爲適宜之羅致。這個客觀情況，特別重要，除了要注意人才外，還要注意地域性。因爲華僑分佈世界各地，各有各的特性，必須因利乘便，方可以使各地華僑易於領導。我們無意提倡分贓制度，但僑務委員之遴選，却不能忽視各地華僑的情況與人數。今日世界華僑人口，據僑務委員會民國四十五年三月底彙計，爲一四、一五八、〇五五人，內亞洲一三、七八〇、九六四人，約佔百分之七九．三二，美洲二六六、〇一三人，約佔百分之一．八八；歐洲一三、七九四人，約佔百分之〇．一〇，大洋洲六六、七四五人，約佔百分之〇．四七；非洲三二、四三九人，約佔百分之〇．二三。而亞洲方面一三、七八〇、九六四人中，東南亞（包括馬來亞、星加坡、印尼、菲律濱、泰國、越南、緬甸、柬埔寨、寮國及英屬北婆羅洲、葡屬帝汶），計一〇、八九九、七三九人，約佔百分之七九．〇九，佔全世界華僑總人口百分之七六．九八。是可見世界華僑人口，多集中於東南亞。如果僑務委員會的工作對象是華僑，則僑務重點應放在亞洲，尤其是東南亞，當爲不爭之論。既如此，則對于僑務委員之任用，自應重視亞洲①尤其東南亞華僑人士的遴選，方足以配合僑務之進展。但是我們研究分析僑務委員會現有一百二十五委員中，美國華僑佔了三十二人，佔百分之二五．六〇，美國有華僑一一七、六二九人，卽三、六七六人中有一委員；加拿大華僑有委員五人，佔百分之四．〇〇，加拿大有華僑三八、七八四人，卽七、七五七人中有委員一人，其他古巴二人，巴拿馬一人，秘魯二人，爪地馬拉一人，哥倫比亞一人；合計美洲共有僑務委員四十四人，佔百分之三五．二〇，平均六千人中有一僑務委員。亞洲方面，泰國有華僑三百六十餘萬人，只有僑務委員二人，則一百八十餘萬人始有委員一人；越南有華僑一百萬人，只有僑務委員一人；緬甸有華僑三十萬人，有僑委二人；柬埔寨有華僑二十萬餘人，有委員一人；印尼有華僑二百萬人，只有僑務委員七人，約三十萬人有一人；馬來亞有華僑二百二十二萬餘人，有僑務委員八人，約二十七萬人中有一人；星加坡華僑九十二萬餘人，有僑務委員九人，十萬人中有一人；菲律濱有華僑約十四萬人，有僑務委員十三人，十萬人中有一人；香港有華僑二百六十萬人，有僑務委員三人、八十六萬人中有一人；日本有華僑四萬四千餘人，有僑務委員三人；南韓有華僑二萬二千餘人，有僑務委員一人；印度有華僑二萬二千人，有僑務委員一人。以上亞洲地區計僑務委員五十一人，佔百分之四〇．八〇，平均二十七萬人中有一僑務委員。其他大洋洲六人，非洲五人。此外在臺灣者有十九人，佔百分之一六．二〇，大概是列爲僑務專家之流。

由此項分析，可以看出僑務當局對于僑務委員之安排，輕重倒置，有失公允，難怪亞洲方面的華僑，要指摘僑務工作重美輕亞，所有措施，亦隨此種輕重倒置而陷于偏頗。若果把全體僑務委員的籍貫加以分析，可以發現最大多數是鄭前委員長的同鄉；難怪閩籍華僑常說，出錢是閩僑；作官是粵僑。

我們無意提倡地域主義，相反的我們主張加强團結全世界華僑爲一體，唯其如此，所以我們主張，僑務委員之遴選，應比照各地區的華僑人口爲原則，使各地華僑有在國家之前一概平等之感；亦讓各地華僑有他們自己的僑委爲領導團結的中心。

僑務委員依其性質，應屬于領導幹部，其任用水準，亦有別於工作幹部。但是在臺灣的十九名委員中，却有四人兼任參事，有二人兼任處長，鄭彥棻氏時期如此，今日尚未改變。我想，這應有別於政務委員兼部會首長；難道他們都具有兩人的智慧與才能，而必須兼任兩份以上的工作。適於作決策工作者，應該作委員，適於作事務工作者，應該作處長，參事；適人適事，人盡其才，方可有機會多羅致一些熟悉僑情的人才，充實僑務委員會的人事陣容，替華僑多作一些事。

僑務委員會組織法第十二條規定：「僑務委員會置秘書四人至六人，其中三人簡任，餘薦任，分掌機要、文書、翻譯外國文件，外事之聯繫，會議紀錄及長官交辦事項」；未明文規定秘書室及主任秘書的設置。但僑務委員會分層辦事細則第六條却有主任秘書職責的規定。組織法是母法，辦事細則是子法，母法未規定有主任秘書之設，子法却規定主任秘書的責任，略同於幕僚長之職責；在立法方面不免有些漏洞。照條文言之，辦事細則第六條第一項所定第一欵、第四欵、第八欵、第十一欵等事宜，均屬於幕僚長應負的工作，而實際上僑務委員會亦早已實行此種幕僚長的制度。所以作者主張修正僑務委員會組織法，明文規定設置主任秘書，付予幕僚長應負的職責，減輕主管對一般行政的分心，以多作一些政策性大事的思考。

僑務委員會簡任職以上的高級職員，在鄭任時期計有秘書二人(內一人指定爲主任秘書)、參事四人、處長四人，視察二人，專門委員(簡派)十一人，合計二十三人。其中除福建籍三人，浙江籍二人，湖南籍一人，安徽籍一人外，其餘十六人屬廣東籍，在福建籍三人中，二人屬閩東的林森縣，一人屬閩東的壽寧縣，而有僑鄉之稱的閩南地區，竟無一人。這是高級職員籍貫的分析，其餘中下級職員，自更不待言。僑務委員會的工作對象是華僑，華僑最重鄉土觀念，因此僑務委員會不免帶些鄉土性的地方色彩。所以歷屆委員長，幾乎非粵籍卽閩籍，兩個副委員長亦必閩粵各居其一，中央的人事政策，就是要適應僑胞的鄉土觀念，以同籍的人士，辦理僑政，較易推展工作。作者無意提倡地方主義，對僑委會的用人標準，亦無意批評，不過閩籍尤其閩南籍華僑之在東南亞者，不但人數不亞于粵僑，其經濟力且有過之，其在自由中國之地位及其貢獻，似應同受重視；若以適人適事的原則言，則此種用人標準，似有失其平。鄭氏愛才，但尤忌才，眞有能耐者，未必能放懷容納；故其所用，大多非同鄉卽學生，陳淸文氏接長後，雖有羅致人才之心，但由於人事制度之限制，除更易主任秘書及第四處處長(原有主秘調參事，處長調專門委員)外，亦甚難有所調整。故今後如何羅致人才，加强工作幹部陣容，尚有待陳氏之睿智與魄力而定。

二　調整服務機構，使僑務行政與華僑服務分開

僑務委員會的任務，是掌理僑務行政及輔導僑民事業；但過去的僑務工作，却專力注意華僑歸國觀光之接待，以致有僑務委員會變爲「華僑招待所」之譏。我們非不主張華僑回國，而人地生疏，應予適當接待。但僑務委員會年費鉅額國帑，而專力辦理華僑招待工作，未免失之過奢。要改變這種情形，作者主張將僑務行政，與華僑服務兩事分開，僑務委員會多做些僑務行政及政策性的工作，而將服務工作交給服務機構去辦理；這樣，行政與服務才不會混淆，「招待所」之譏才可以洗掉。

說到華僑服務機構，僑委會在北投有一個僑園

，專門招待歸國華僑膳宿。此外，民間有一些假華僑之名的華僑俱樂部及華僑之家等設立，亦純屬營利性質，與眞正爲華僑服務無關。作者以爲華僑服務機關，應該有如國際旅行社那樣的組織，不以營利爲目的，但以便利華僑爲要務，一應水陸接送，觀光導遊，托運代辦，均可由服務機構辦理；僑胞回國觀光，身邊帶的是美金，只求便利，並不怕化錢，招待費用，無須政府代付，服務機構，可以照成本收費。這樣，僑務委員會官員，可以不必每日僕僕于機場碼頭車站間，以迎送來往僑胞爲苦；而僑胞仍可得到來往的便利與招待。所以作者主張僑務委員會和臺灣旅行社合作，將北投的僑園歸併到臺灣旅行社去，若果臺灣旅行社能够改稱中國華僑服務社，自然是名符其實，十分理想；如果不能，卽保持固有名稱，亦未嘗不可以爲華僑服務而招待華僑。臺灣旅行社在臺灣各重要地區均設有分支機構，未設機構的地方，可以特約具有國際標準的飯店旅社代理；在機場，在碼頭，在車站，旅行社均可設立服務機構，辦理服務工作，這樣華僑到任何地方觀光，只要先去一個電話，或一道電報，一應招待服務，都可以得到很週至的安排，上下飛機車船的接待工作，一樣可以得到旅行社妥貼的服務。若能如此，則僑務委員會每年可以節省一筆極大的招待費，轉用于其他實際的僑務工作。臺灣旅行社是臺灣省政府交通處所辦的公營事業，過去曾有行將出售民營的消息，僑委會若能出資收購，則以中國華僑服務社名義，出爲僑胞服務，自屬確當。否則將服務華僑的事務，合併該社辦理，則該社的業務必將日益發達，成爲華僑服務中心。陳清文委員長於交通處長任內，曾兼任臺灣旅行社董事長之職，對該社的人事關係與業務情形，均稱瞭解，以華僑服務工作合併該社辦理，其技術問題，想必無甚困難。

三　華僑銀行，讓華僑自行募股籌設

華僑信託公司的籌設，作者在「固步自封的僑務」一文中，曾有所論述。由於實質上的問題發生疑難，所以政府決定改「華僑信託公司」爲「華僑銀行」，由華僑投資創設。但其籌備工作，則仍然由僑聯總會所推定的籌備人繼續負責。「華僑信託公司」之籌備，由僑聯總會推人負責，當時已引起立法院之反對，認爲應由僑界中遴選有信望人士來籌組，並建立良好制度與信用，乃能取信於華僑，然後才有發展的希望。今日改辦「華僑銀行」，此項原則，更屬重要。但因僑務委員會不恤人言，我行我素，以致籌備工作，迄未能迅速完成。

今日在臺灣辦銀行，乃是一種有利可圖的事業；「華僑銀行」，可以在海外設立分支機構，融通海內外資金，更是一種絕對有利的事業，所以不管與華僑有關係無關係，有不少人都想乘機染指。僑務委員會基于輔導華僑事業的立場，不讓「華僑銀行」的利益，落于少數人之手，而主張股本由華僑普遍認股，利益由華僑均沾，原則是不錯的；但如果在普遍參加，利益均沾的幌子之下，安排下由自己圈內的少數人操縱把持的局面，那就大錯特錯了。海外華僑或者由於懷疑僑務當局個人對于華僑銀行的籌備有這種傾向，所以大家對此有利可圖的事業，反應並不熱烈，因此，僑務委員會乃不得不更進一步越俎代庖，派一批大員到海外募股，希望能趕于今年華僑節之前成立。但據可靠消息，募股工作，並未能令人滿意，看樣子，華僑節成立「華僑銀行」之議，恐難如期實現了。

依我們看來，籌設「華僑銀行」乃是海外僑胞所一致要求的，何以現在開始籌備，僑胞反不積極認股投資？這是僑委會昧于自身的工作立場，和主事者不瞭解海外僑情所致。僑委會的職掌，是輔導僑民事業，「輔導」與「主持」應該有別。「華僑銀行」是有限公司組織，並非官營，依照公司法，其籌備工作，應由申請設立的發起人，推出籌備人，負責募股及創設事宜，僑委會站在輔導的立場，僅可就設立的原則，提供意見，輔導其早日實現。但僑委會轉輔爲「主」，逕行決定由僑聯會推人籌備，逕行派員到海外募股；而所派募股大員，又忽視適人適地的原則，大都不識當地僑情，與當地華僑亦無深切關係，募股工作之不合理想，尤可想見。須知華僑的經濟事業，大都屬于獨資或合夥經營，不習慣于股份公司的組織；他們寧願獨資或合夥以創辦華僑銀行，自行經營管理；而不願零星加股，由人代營。這種弱點，乃爲今日華僑經濟敵不住西方大企業經營的原因。加之今日各僑居地國家，大多實行外滙管制，華僑資金之輸出，極感困難，派員公開募股，將引起當地政府對加股僑胞的惡意監視，此亦華僑不踴躍認股原因之一。我們不希望「華僑銀行」胎死腹中，亦不希望「華僑銀行」爲若干政客或少數僑棍所把持，所以主張僑務委員會立于輔導地位，會同財政部規定設立的原則，與限制的辦法，依照公司法，由申請設立的華僑，自行推人募股籌設；只要負責者眞爲具有資力德望之僑領，二億元股本之募集，相信並無困難。僑委會所言僑聯會推出的七十五位籌備委員，無一不是各地區僑界知名人士，但不知這些僑界知名人士，正在臺灣負籌備之責者有幾？而其眞正熱心於此者，又有幾個眞正爲有資力有德望的僑領？陳氏爲經濟專家，對海外情形亦頗熟悉，當有魄力加以改善也。

四　鼓勵僑胞取得僑居地國籍

我國國籍法，採取血統主義，華僑最多的東南亞各國，則多採屬地主義，因此僑胞甚多具有雙重國籍，自二次大戰結束後，東南亞地區民族主義勃興，若干新興國家，由於狹隘的民族意識，多採取一種排斥外僑政策；因爲華僑在當地具有地位，排外政策遂集矢於僑胞；在經濟上、教育上，都有苛刻的歧視與限制，使華僑在僑居地的處境，日感困厄，影響到今後的生存問題。這種民族化政策，若僑胞能取得僑居地國籍，則可獲得保障。

僑胞在先天上具有靈敏的智慧，誠實的品德，儉約的行爲，儲蓄的習慣，爲僑居地土著所不及；凡土人所不能爲者，僑胞均能勝任愉快；歐美僑民認爲蠅頭之利所不爲者，我僑胞均可爲之。故凡所積聚的資財，純爲克勤克儉、以血汗換來的應得報酬；而非搾取他人的不當利得。但若干國家的淺見之徒，誤認今日華僑的財富是剝削諸僑居地人民，因而以「厭人富貴」的卑劣心理，企圖取華僑的經濟地位而代之。因此，越南有禁止外僑經營十一種行業的禁令，規定㈠：魚、肉商販；㈡雜貨業；㈢柴炭業；㈣汽油、火油、滑機油等商販；㈤平民當舖；㈥布匹、綢緞、棉紗業；㈦廢銅廢鐵業；㈧米廠；㈨五穀業；㈩水陸運輸業；⑪經紀業等，非越南籍民不得經營。易言之，華僑如要繼續經營此十一項行業，非入越南籍不可。柬埔寨與寮國情形，亦復如是。印尼有外僑稅的征收，規定每一家長年徵一五〇〇盾，家長之妻年征七五〇盾，未成年之子女年征三五〇盾，其他家庭成員年征七五〇盾。印尼籍民，則可獲免。印尼又有民族化經濟政策，規定印尼籍民，始可獲得輸入外滙，紡織品、洋雜貨、麵粉、水泥、玻璃器皿、文房用品、燒碱、蘇打、五金、鋅板、照相器材、車胎及其零件等的進口權利，均須具有「民族輸入商」的資格始得享受。非僑胞要經營此項事業，必須取得印尼籍民身份。菲律濱的菲化案，規定某一種營業或某一種職業，只容許菲人經營，外僑如已從事這種營業，或執行這種職業者，必須依法定的期限退出。現已實施的有菜市菲化案，勞工菲化案，及已經菲總統簽署生效正由華僑抗爭中的零售商菲化案。此外，若干種職業如律師、會計師、工程師、建築師、藥劑師等，只有非人才能執業，依其性質而言，亦屬菲化案的一種。華僑要經營執掌這些事業，亦非設法取得非籍，或娶非女爲妻，由妻出面經營不可。泰國有保留職業法令，先後規定三十餘種職業，限定泰人始得操作；凡非泰人而操此項職業者，須於限期內退出。華僑要繼續從事此種職業，只有設法取得泰籍。其他如緬甸，亦有細化經濟事業的限制，不過其執行未盡澈底而已。凡此情形，如不設法挽救，不但華僑經濟將受影響，僑胞的生存亦將發生問題。

基于經濟上的壓迫，我們主張華僑應設法取得僑居地國籍，避免僑居地政府與人民的歧視，免除經濟上生存的威脅。我們無意鼓勵華僑忘本，我們相信華僑最富國家觀念與民族意識；若干已具雙重國籍的僑胞，他們在當地社會中是僑居地籍民，但在華僑社會中却是中國僑民，回到祖國來則仍是國民一份子，熱烈地愛護國家。所以即使僑胞都取得僑居地國籍，仍無損於對國家的忠誠與貢獻，而對于僑胞的生存，却有無限的幫助。

印尼與中共現正進行有關華僑雙重國籍問題的解決。「雙重國籍」問題，是導源於一九五四年中共與印尼簽訂的所謂「關於雙重國籍問題」的條約，限定具有雙重國籍的華僑，須就中共僞政權及印尼兩國中選定一個爲國籍，不准再保有中國國籍。此項陰謀將推及于東南亞各國。過去華僑不入印尼籍，亦不承認中共國籍，仍以中華民國人民自居。但自印尼政變以後，對正義僑胞壓迫特甚，所有被認爲中國國籍僑胞，被迫須于限期內入中共國籍，否則將被以無國籍人民，不受歡迎，或被驅逐出境；在此情形之下，僑胞被迫承認中共國籍者必多。在政治上言，我們的對策，亦必須鼓勵僑胞設法取得僑居地國籍，以免僑胞被迫走入中共的圈套。

五　指導僑胞學習僑居地語文

我僑遠離祖國，僑居異域，不爲他族所同化，且或進而同化其他民族者，乃由于中國文化歷史悠久，文化種子早遠播于海外；而維繫中國文化于不墜；指導華僑社會文化生活日就向上的，就是僑民教育。海外僑胞爲着教養子女，保持與祖國的傳統關係，都自動集資，創辦僑校，教授子弟讀書、識字，以助理其商業，分擔其責任。是故海外華僑教育，甚爲鼎盛。二次大戰後，東南亞新興國家，多先後頒訂限制華僑教育法令，以致若干地區的僑教，頗受其影響。益以新興國家，都列當地語文爲「國語」及「國文」，新成立的馬來亞亦不例外；因此，華僑爲適應當地社會與謀生的環境，自應進而研習僑居地的國語與文字。語言方面，因爲平日與當地人民接觸頻繁，多數僑胞，多已耳熟能言，自可應付裕如，惟文字方面，則非進僑居地的學校讀書，實無從研習；但進當地學校，又不能研讀國文，則過猶不及。不識當地文字，不但當地政府法令規章，盲然不知所以；即商場中會計賬目，因多數國家規定須以當地文字記載，亦不能記載，而必需雇用當地人代勞。如此，實不足以應付僑居地社會環境，滿足謀生的需要。所以我們主張應鼓勵華僑學習僑居地語文，於海外各級學校中，加列僑居地語文科目，使海外華僑學生，有機會於研讀祖國文化之外，研習當地的語文，以適應謀生的環境。

中共現在亦正積極進行鼓勵華僑學習當地語文的工作。中共的陰謀，主要是想藉此遂行其文化滲透，披上「學習當地語文」的外衣爲掩護，進而向僑居地學校，和文化界人士，進行滲透活動，以遂其混水摸魚的詭計。而我們主張華僑學習當地語文，是要使華僑熟習僑居地文字，充實華僑謀生的條件，而不致因此被陶汰。目的既異，作法也就不必盡同。莫以爲中共作了，我們就不能作；問題只在我們是不是能够作得比人家好，讓僑胞不致因不識當地語文，而致其生存受威脅。

九月廿一日於香港。

賣麵茶的哨子

聶華苓

每天晚上，大概在巷口吧，吱——吱——，飄起了賣麵茶的哨子，細細的，悠悠的，一忽兒就消失了。

「今兒晚上賣麵茶的不來了嗎？」艾眉坐在窗口，看了看手錶，已經九點三刻了。自從一個星期以前，她租下了這間屋子，搬到這兒來以後，每天晚上，不遲不早，她準會在九點三刻聽見那賣麵茶的哨子。她並不喜歡那淒涼的聲音，小時候，在黑夜中醒來，噹——噹——，聽見了那遠處蕩來的更鑼聲，她就會抖索着叫一聲：「媽！」現在，每晚孤燈獨坐的時候，聽見了那賣麵茶的哨子，她仍然感到依稀的恐懼——不止是恐懼，還有一陣煙雨般的愁緒。雖然如此，她聽見了那哨子，總覺得有點兒親切，在這鼎沸的市聲中，那一絲幽微的、單純的哨子，不也就是這茫茫人寰中一個踽踽獨行的孤女的心音嗎？有誰聽得見呢？

艾眉坐在靠近窗口的床沿上，雙手擱在窗臺上，偏着頭，望着兩排屋脊之間的一小塊天空。天，是冷冷的、幽幽的藍；月亮還沒昇起來。她惘然看了看自己這間空寂的屋子。以前她常常希望能有一間屬於自己的小屋，夢想着如何把它佈置成一個「小綠洲」；現在，她總算有了一間小屋，但並不是一個「小綠洲」，房裏只有一張斑駁的書桌和一張褪色的小木床。書桌是一位結了婚的女友送給她的；床是以前那個房客扔下來，房東太太當個大人情借給她的。艾眉的手現在正搭在床架上，床架上有香煙燒焦的黑印子，有深深淺淺胡亂刻畫的刀痕，艾眉一眼就看出了那個歪歪斜斜的「珍」字。她一抬頭，眼睛剛好碰上了窗台角上一個生銹的刀片。

一個人要是能有個名字讓他刻在木上、刻在心上，該多幸福！

突然，咯嚓一下，隔壁房的門開了，咚——咚——咚——，過道裏響起了一陣脚步聲，艾眉一聽就知道，那是一種「脚踏實地」的人的脚步聲，每天晚上，在賣麵茶的哨子響過之後，那陣脚步聲準會在過道裏響起來。「今兒晚上，辛先生到厨房煮咖啡去了，賣麵茶的還沒有來。」艾眉這樣想。

她知道那個每晚煮咖啡的人姓辛，他已經在這兒住了三年了，這都是她第一天搬來的時候，住在對面房的房東太太告訴她的。他每天上午出去教書，回來後就整天關在房裏，也不知在幹些什麼，偶而出來一下，便在屋後那塊小小的空地上栽一株花，或是拔拔野草。房東太太沒有爲他們介紹過，他們在過道裏碰見過兩三次，兩人都非常尷尬，他總是目不旁視地閃在一旁，她就低着頭、搭下眼瞼走過去。有一次，她由他門前走過去的時候，向他房裏瞟了一眼，亂糟糟的，書架上、書桌上、地板上，全堆着書，牆上掛着一把舊提琴，一個摺攏的行軍床豎在牆邊，他就在那些書堆之中，躺在房中間空出的一小塊地板上，雙手枕在腦後，翹着兩腿，望着窗外的藍天出神。艾眉直想笑，咬着下唇，碎步跑回自己房裏，關上門，靠在門上，心裏想：「那個人很有趣！」

咚——咚——咚——，那脚步聲又在過道裏響起來了，辛先生把咖啡壺放在爐子上又回來了。門關上了。過了一會兒，有一星火光，像流螢似的，在窗外一閃，落在地上，是一顆煙蒂。四周是絕對的靜，像海底一樣沉沉的靜。牆角的鳳凰木一動也不動，一絲兒風也沒有。這個世界好像停頓了一樣。艾眉坐在那兒，不知從什麼時候起開始低聲哼着一首歌，哼着哼着，忽然停止了，她發覺在沉寂中傾聽自已的聲音比沉寂更可怕。幸好隔壁房的門又咯嚓一下開了，辛先生到厨房取咖啡去了。「嗯！好香！」艾眉又聞着了，但今晚可不是咖啡香，而是紅茶香。「哼！咖啡喝不起，改喝紅茶了。瞧他身上那件汗衫，破得跟蛛網一樣！」艾眉一想到辛先生那件破汗衫，她就想笑。「這位先生大概是寧可餓肚子，也要保留一點可愛的小嗜好的人。想這個幹什麼？無聊！」艾眉又伏在窗臺上去看天，天是澄明的藍。月亮昇起來了。

在一天的生活之中，艾眉只喜歡小聰獨坐的這一刻時光。白天，在辦公室裏，所聽到的只是嗒、嗒、嗒的永無休止的打字聲，所看到的只是些被生活鞭笞得麻木無情的面孔，只有晚上在這窗前一坐，她的心情才是舒散輕鬆的。月亮已經移到對面屋脊上了，夜空藍得越來越清明了，她彷彿是在一個藍色的水晶盒裏，盒子裏流瀉着藍色的光。

嘩、嘩、嘩，是辛先生抖動報紙的聲音，過了一會兒，颼的一下，一朵帶泥的大白花，由他窗子裏飄了出來，艾眉彎身向窗外看了一下，原來是一團搓皺的報紙。「看報看得好好的，幹什麼扔了？也是無聊？」艾眉笑了一下。隔壁房裏又響起了那沉重的、緩慢的脚步聲。叮呤呤——叮呤呤——，巷口來了一輛三輪車；轟——，一輛大卡車在大路上駛過去了；呱噠呱噠，炊事的女孩子與她的小伙子在牆角幽會之後回來了。那藍色的夜，東一個洞，西一個洞，被戳得稀破了。

「一天又過去了！」艾眉嘆了一口氣，站起身來。「睡覺吧！還等什麼？」

然而，就在這個時候，隔壁房裏突然傳來了小提琴的聲音。她又不知不覺坐了下來。她是眞的在等這小提琴嗎？也不是。等什麼呢？她也說不上來。她成天就是在這種茫茫然的等待的心情中，也許是等一個人吧，一個能够聽得見她心靈細語的人，

也是秋天(續完)

於梨華

苑若泡了茶，仍回到沙發上躺下，正明還是坐在地上，忽然之間，倆人都覺得沒有話講，正明愈是想找些不關緊要的話來講，愈是想不起來，就低頭喝茶，苑若想到這是他們最後一次在一起，更是迴腸千轉，不知從何說起，熱茶在臉頰旁冒熱氣，她就欠身把羊毛衣脫了，正待躺下，正明突然站起身來把她緊緊抱住。

「哦，苑若，苑若。」

「正明，什麼事？」

「我不能和妳分手，我需要妳，我們不能就此分手，我不能。」

苑若忙愛憐地低聲說，「我們不會分手的，正明，你不要自己折磨自己，我願意等你的，只要你好好唸書，我可以等你的。」

「但是我不能讓妳等，我不是沒有良心，」他狂吻着她的臉說。

「我們可以馬上結婚，我可以做事維持家庭，我不是說過的嗎？」

「但是我不忍看妳吃苦，我沒有錢結婚，我不要妳吃苦。」正明一面吻她，一面痛心地說。

「你是傻孩子，我去做事怎麼能算吃苦呢？我現在不是也在做事嗎？」

「我不要你做事養家，我不要妳等我，但是我又不能沒有妳，呵，苑若，我怎麼辦才好呢！」

苑若難過地讓他緊貼着自己，用手撫摸着他的頭髮，默不做聲，她知道正明對她的感情以及他不肯接受她的原因，他太驕傲同時又太自卑了，她不知道怎麼樣去勸解他才好，只好把他緊緊的偎着她自己，她的胸部透過一層薄綢貼在他身上，使正明覺得自己的心劇烈地撞擊着，他開始不顧一切地狂吻着她，把她吻得透不過氣來往後一仰，失去重心就和他同時躺倒在長沙發上，苑若像一隻馴順的小貓似的貼伏在他的胸前，脈波如水，似羞非羞地睇着他，正明的酒興，加上他對她不能排遣的戀情以及當前的鬢香玉軟，使他完全失去了平時的理智，他只覺得自己的喉嚨逐漸發脹，額角的筋跳着，血在脈管裏狂亂地奔流着，從鼻子裏衝出來的熱氣，短促而迅速，一直噴到苑若的臉上。

「苑若，苑若？」他哽聲低喚着她。

她的眼睛答應了。

「妳不後悔？」

她的眼睛否認了。

他伸手去關長沙發旁小茶几上的燈，燈旁邊的電話鈴響了，他嚇得幾乎從沙發上跳了下來，酒與、戀情，被清脆的鈴聲擊得粉碎，溶在空氣裏消失了，他羞愧地放開苑若，低聲說。

「感謝這個打電話來的人。」

來電話的是葉葦，他問正明是不是還在她公寓。

「他還在，你怎麼知道他在我這裏？」苑若鬢髮低垂，紅着臉問道。

葉葦說小張在七點左右看見他提了菜走向她的公寓。

「你找他有事嗎，葉葦？」

葉葦說正明還有幾本書在宿舍裏忘了拿，要他在回去前再到學校，去拿一下。

「哦，他今天不回長島了，你明天送來好不好，你有脚踏車，比他方便些，好不好？」

那邊半晌沒有接話。

「葉葦，你能不能明天送來？順便來吃早中飯，我做鷄蛋餅給你們吃。」

那邊勉强答應了一聲，掛了。

一個與她靈魂有着共鳴的人。曾經遭她拒絕的男孩子批評她是個「個性倔强」的女孩子，她聽見了這一類的評語，便撇撇嘴，心裏想：「要是有一天，我碰着了那個人，在他面前，我就會變成一個最沒個性的人了。」

隔壁房的小提琴仍繼續的拉着，拉的是舒伯特的小夜曲。艾眉喜歡聽小提琴，尤其喜歡聽小提琴所奏出的小夜曲，那使人想到一條琤琮的藍色的小溪，流到一個開滿了小藍花的幽境。但是，現在那位辛先生所拉的提琴聲却是那麼乾澀、急燥，甚至於有點兒刺耳，那琴聲好像缺少點兒什麼。縱令如此，有點兒聲音總是好的。艾眉坐在床沿上靜悄悄地聽着。然而，驀地一下，琴聲中斷了，彷彿是拉琴的人感到他心愛的提琴也塡補不了一個孤獨者心靈的空虛，乾脆就不拉了。

艾眉一怔，想起了他雙眉緊蹙的神情，也許他此刻就是皺着眉心把琴扔在一旁的吧！她現在可沒有一點兒笑意了。沉寂從四周泛來，像一片無波的海，她就在那海中向下沉、沉、沉。對面屋脊上，一隻貓走過去了；牆角的鳳凰木有一小片葉子無聲地飄落了；隔壁窗子裏又扔出了一顆煙蒂，落在地上，熄了。艾眉擺了擺頭，彷彿是要把這汪洋一片沉寂攪動一下，沒有用，她只看到牆上自己的映影，像幽靈似的幌動着。

突然，隱隱約約的，吱——吱——，艾眉抖了一下，站起身來，手扶着床架。是錯覺嗎？怎麼那賣麵茶的哨子又不響了呢？但是，吱——吱——，那哨子好像又響起來了。艾眉跑到房門口，驀地打開了門。就在這同時，隔壁房的門也砰然打開了。

「喂，賣麵茶的來了嗎？」辛先生探出頭來問道。

「嗯，賣麵茶的來了！」艾眉探出頭來微笑着回答。

吱——吱——，那賣麵茶的哨子，細細的，悠悠的，一忽兒就消失了。

「苑若，妳發瘋了嗎？何必告訴他我不回長島了呢，人家會怎麼想？」

「我這樣一說比小張他們在背後亂造謠言大方得多，我自己說你留在這兒就表示我們是正大光明的，不是嗎？」

「但是誰會相信呢！」

「信不信由他，」苑若有點不耐地說，「如果你不再猶疑不決，我們可以馬上結婚，人家愛怎麼說就怎麼說？」

正明看了她良久，然後搖搖頭，沒有接她的話。

「怎麼回事，你覺得我的話不對？」

「妳的話很對。」

「那麼你同意了？」

「不，苑若，讓我想一想，妳也該睡了，我們一切明天再講。」

苑若知道他的脾氣，就不聲不響的進臥室把客用的毛毯床單拿出來，幫他把長椅放下，舖好，然後走到他面前吻了他一下，說了晚安，就進房睡去了。

她的淺灰羊毛衣冷落地掉在地上，他把它拾起來，貼在自己臉上，想起剛才的事，不覺慚愧了一陣，傷心了一陣，悵惘了一陣，喜歡了一陣，竟是不能自解，最後把頭埋在毛衣裏，輕嘆一聲說。

「還是讓我們分手吧，苑若，妳是自由的，飛得遠，飛得高，帶着我的祝福！」

第二天起來，他看見苑若眼睛下一圈黑，知道她一夜不會睡好，就不敢把他的決定說出來，只找日常的話和她聊着混時間，十點左右葉羣來了，他像得了解救似地上前歡迎他。

「葉，怎樣，好吧！我昨天回宿舍沒有看見你，大概在忙是不是？」

「唔，這一陣忙着趕完一個實驗，然後該忙論文了。」

正明一聽他說論文，觸到自己失學的隱痛，就沒有話說。

「晚上回去看見你的字條，還當你來了又走了呢！虧得小張告訴我；你看，這幾本書可是你的？」

「唔，謝謝，他們都好？」

「都好。」

苑若從廚房出來和他招呼了，就把他們帶進去吃早中飯，葉羣有意無意地多看了苑若幾眼，苑若假裝不知道，忙着讓他們吃飯後，葉羣說。

「你今天回家不？」

「當然，我打算趁十一點那班車。」

「我今天借了車，本來想出去兜兜的，老呆在實驗室裏悶死，現在正好送你回去，你覺得怎麼樣？」

「眞的？那再好也沒有了，我正在愁這許多書上下火車不方便呢！你眞的可以送我？」

「當然眞的，苑若如果想出去散散心也歡迎。」

「她當然來，她可以送我回家，是不是，苑若？」

苑若看了他一眼，點點頭。

三人坐在車裏，談些學校及日常的事，苑若多數的時間是沉默的，快到中村時，正明悄悄的、緊緊的握住她的手，她的手是冷的，他不敢轉頭看她，她也沒有看他，因爲她已經知道他的決定是什麼，車子在離陸家房子不遠處停了下來，苑若留在車上，葉羣幫着正明把書送進去，然後兩人一起出來，等葉羣進了駕駛座，正明對他說。

「謝謝你，葉，祝你論文成功，我來參加你的畢業典禮。」

「謝謝你，希望你明年能回普大來，陸，我過一陣再來看你。」

「再見了，苑若，一切小心。」正明含着笑對苑若說。

「再見，正明，一切保重，」苑若的聲音低而微弱，「什麼時候來普城先通知我。」

「我曉得，再見，苑若。」

「再見，正明。」

車子走了，由近而遠，由慢而快，不一刻就流入千千萬萬的車子之間，分辨不清了，正明看着看着，臉上的微笑就慢慢的變爲苦笑，然後是慘笑。

「再見，再見，何時再見!?」

十

別了苑若，正明回到他樊籠似的家，生活中唯一可以安慰的只有他的二姐。但是他的二姐一天比一天瘦下去，兩個瘦嶙嶙的顴骨很刺目地突了出來，把眼睛襯得像兩顆孩童們在地上滾着玩的彈子似的又圓又空洞，眼神日漸散亂，漫無目標地分射到各方，嘴唇不休地搐抽着，好像一個快要哭泣的小孩。除了正明和她的看護以外，別的人她幾乎都不認識了，後來看護辭職他去，就只有正明和他的大嫂文英日夜不休地看護着她，正明除了下樓吃飯以外，平時總在樓上，不是在房裏看書，就在他二姐房裏陪着她，雖然對這個家他已憎恨厭倦得無比，爲了正雲他還是一天挨一天似地呆下去。

對于苑若的思念他是無時或釋的，但爲了減少他自己的痛苦，他十分用功，腦筋一休息下來時又連忙跑到他二姐房裏聽她前後不連貫的話。日子雖然過得苦悶，久了，倒也麻木了。

那年秋天，有一個星期日早晨，陸家的人像往常一樣圍坐在飯桌上，吃早飯，一桌坐着陸老夫婦、正剛夫婦、正明和正芬。正芳已出嫁了，家裏少了一個搬嘴弄舌的人，竟是比以前靜寂得多。

「阿明，看看你四姐的結婚啓事登出來來沒有？沒有的話，阿剛明天一定要打一個電話到報館去問，究竟是什麼理由，消息和照片送進去已兩個多禮拜還不登，哼！這些毛子！」

正明放下碗筷，找出婦女社會那一部份，一頁一頁地翻着看，有了，正是他四姐陸正芳，不，現在是曲太太了，得意地在笑着，他看着看着，眼珠就不轉動了。

「怎麼啦，有沒有？」

「……」

「阿明，有沒有你四姐的結婚相片，聽見沒有？怎麼一清早就是這副獃像！」陸太太說。

「嗯，有，有，當然有。」

「文英，到我房裏去把我眼鏡取來，我要仔細看看。」陸老太太連聲說。

但是正明卻拿了報紙站起身來，一搖一幌地離了飯廳，往樓梯走去，嘴裏訥訥地說，「有，有，當然有，我知道會有的。」

「阿明，我們還沒有看，你拿上樓去做什麼？」陸志聰詫異地問。

「眞是家門不幸，一清早就這樣瘋瘋癲癲的！」陸母咬着牙說。

「五哥要拿去給二姐看呢，哼…」正芬插嘴道。

「不要放屁，！妳二姐能看報紙就好囉！」她母親斥她道：「阿明，你把報紙拿回來呵，我們等着看哪！」

「這孩子！」陸老嘆口氣道：「怎麼會變得這樣子！眞是沒有想到，妳讓他拿上去吧，他會拿回來的。」

正明拿着報跌跌衝衝地進了正雲的房，正雲正半張着眼直直地躺着，也沒有看見他進來。

「二姐，妳看。」正明抖着雙手把報紙送到正雲臉上，「妳看，二姐，這是誰？妳看，這不是簡苑若嗎？這是葉羣，妳看二姐，這個女的妳不是看見過的嗎？他們：妳看，他們：妳看呀！」

他二姐半張着眼卻沒有看，她看不見了，他把報紙丟在床上，兩手去推她。

「二姐，二姐，二姐，妳醒醒，二姐…」

他二姐平靜地直躺着，也不看他，也不作聲，也不移動。

「二姐，二姐。」一種空前未有的驚懼捉住了他整個身子。他悽厲地大叫着，死命地搖着她。他的聲音一直送到樓下，樓下的人像一陣急雨似的奔上樓。

「阿雲，阿雲」陸母顫顫抖抖地一面叫一面抓着正芬的手。

「奇怪，我早晨喂她鷄湯時，她還很好，她還叫了我一聲大嫂。」文英喃喃地說。

正明並沒有聽見他們上樓的聲音，也沒有聽見他們說話，他聽不見任何聲音。他只聽見他二姐，他唯一愛着的手足的聲音。

「我要等你結了婚才走，阿明，別的人我不在乎，我要看你快樂地結了婚才能放心，你懂嗎？阿明？」

「二姐。」他大聲叫她道：「二姐，妳怎麼不等我，你怎麼不等我結婚呢？結婚！哈！哈！結婚。」他突然放開她的身體雙手推開他的家人衝出房門去了。「結婚，妳等我，二姐，妳等我……」

陸太太一進正雲的門，就一把抱住她哭道：「阿雲啊，苦命的阿雲呀，妳要早聽妳娘的話，也不會有今天了！哦，阿雲呀，妳年紀輕輕的就走了，叫我怎麼捨得呀……」

文英和正芬站着床邊也嚎啕大哭起來，文英想起正雲往日的溫柔可親處，及她的遭遇，眼淚似斷線般地滴在散攤在床上的報紙上，滴在陸正芳和曲文炳的結婚相片上，也滴在另外一張結婚照上，滴在苑若和葉羣的臉上，一滴，兩滴，無數滴。

照片上的苑若，披着白紗，輕倚在葉羣的臂上，臉上含着笑，笑裏沒有淚，但是文英的淚却一顆顆地滴進她的眼睛，乍一看，好像她也在哭，她在為死了的正雲哭還是為活着的正明哭呢？，還是為她自己哭呢？

她當然不會為她自己哭的，葉羣是一個理想的丈夫，雖然常常愛臉紅，不愛交際，他對苑若却是無微不至的。

六月中，他順利地畢業了。因為成績優異居然被系裏留下。行畢業典禮的那一天，他家裏的人都來了，葉羣因為自已忙就央求苑若替他照顧他的家人。葉太太對苑若十分慈愛，不嫌麻煩地把葉羣從小到大的細節都說給苑若聽。最後說：

「從前有人給羣看相，說他將來會有很大的成就呢！他爸爸不信這一套，我可是記得挺清楚的。妳看，現在他一畢業，學校就要了他啦。他爸爸說這個學校在美國是數一數二的，能够被學校留下來可眞不容易呵！這一下子我可放了心，羣做了事，底下幾個也慢慢兒到這兒來唸書，我們倆老也有出頭的日子啦！」

苑若見她這樣興奮，也打起精神來和她說話。當天晚上，葉家大慶祝，葉太太堅邀苑若一起回紐約，苑若不能推托，就跟着去了。葉羣的幾個姐姐都很會招待客人。所以苑若玩得很好。

暑假中，葉羣留在普大開始做一個實驗。因為愈祥生長在北方，很喜歡葉羣，常邀他來家吃便飯，他有時在愈家碰見苑若，就在一起玩，有時他們和愈家夫婦打橋牌，很晚，由他送苑若回家。他的舉止言語都有分寸，苑若和他在一起也不窘迫，何況他和正明是好朋友，她自然而然對他更覺親切。但是他們很少提起正明，苑若曾經寫了幾封信給他，沒有回信，很有點失望和傷心，雖然私下還希望正明有一天會改變主意，表面上則毫不提起他。葉羣在畢業前忙論文，一直不曾去看過正明，他畢業時正明寄了一張賀片給他，片上一句話也沒有說。畢業後，他又忙着做實驗，又借不到車，所以始終未去看他，就更不會在苑若面前提起他來。

有時週末他母親來電話要他回家休息兩天，他也就回家了，但是每次葉太太總是要他帶苑若一起回去，他先兩次不肯，葉太太就親自打電話給苑若邀她去玩，後來葉羣和她混得熟了，也敢去邀她。週末總是玩得很好，葉太太沒有受過什麼教育却是做得一手好菜，每個週末挖空心思做新鮮的菜給他們吃。葉先生雖然不說話，看見苑若倒也和悅可親，不時和她攀談幾句，所以苑若漸漸地覺得葉家人上下待她如自己人一樣，使她在心理上得到無上的安慰與溫暖。

葉羣向苑若求婚的勇氣完全是由他母親再三鼓勵催促才產生的，暑假過一半時，他母親對他說：

「羣呀，像簡小姐這個模樣兒，性情兒，走遍天下都怕還找不到呢，你還等什麼呀。我看哪，她對你也挺有意思的呢，準不會括你鬍子……」

「媽！人家是陸正明的女朋友。」

「那是從前，我聽堯公說陸家的老五現在呆在家裏，像一個大傻瓜似的，早沒跟她來往啦，並且他父母親也不許他和簡來往，她現在是自由的，怕什麼！」

「可是她心裏還在等他。」

「你問她呀，你可以去問她是不是還在等他，如果她還是在等她，就不會答應你的，如果她不等他了，你們倆不是一對兒嗎？」

「媽……」

「聽媽的話去試試看。」

葉羣終于紅着臉問苑若。苑若並不覺得驚訝，但也沒有答應，她要葉羣給她一個星期的時間去考慮。考慮的結果，她接受了他的戒指。現實到底是一道推不到的巨牆，沒有勇氣鑿牆而過的人只好在巨牆前低頭，苑若不是烈女，也不是以愛情爲麵包的癡情人，她是一個現實的女孩生活在現實得幾乎殘酷的美國，夢的彩色在現實的巨鏡照耀之下，原來是一張無它不能生存的支票！講容貌，葉羣雖不如正明那麼男性，却有他自己的文雅，講學業，他已經爬完了一段知識的扶梯，正明却失足滾下去了。講性情，葉羣的脾氣只有太懦，不會太倔，雖然苑若已習慣于被正明的倔所征服，她當然不會拒絕可以征服懦的機會，講事業，那不用講了。

她結婚了，在秋天。

她婚後的生活快樂不快樂呢？快樂不是一個具體的東西，無從測量起，它像一個在滾動的水珠，滾到某一處，水珠是圓的，快樂的圓形滾到某一處，水珠缺殘不圓，不快樂的殘缺。

他們結婚後住在普城，普城是充滿了她對正明的記憶，愉快的記憶是圓形的快樂；不愉快的記憶正像殘缺的水珠，流進她心裏來，很不容易流出去。

正雲死的第二天，她和葉羣從紐約回來，舊的記憶加上新的駭人的消息像一注狂流，把那圓形的快樂的水珠擠得無影無跡了。她無聲地坐在葉羣的身邊一句話也沒有。

「苑若，還在難過？」

「我不是鐵石心腸。」

「也許堯公的消息不確，到家後讓我打一個電話到陸家問問。」

「堯公怎麼會騙人呢？我在想他可能去的 地方。」

「他也許暫時在朋友家住兩天就會回去的。」

「他也許會……你不知道他對他二姐的感情有多深，她這樣一死給他的刺激，會有多大，眞是令人難以想像的。」

「他不會做出傻事來的，妳放心，苑若，他對他的前途有他的計劃，也許他到他三哥那兒去了。」

「我們可以去問問他三哥。」

「妳有他的地址嗎？」

「沒有，但是我們可以問正剛的太太的。」

「這樣兒很好，反正我們能找到他的消息的。妳也別太難過。」

回到普城已夜深，苑若一夜不能入睡，窗外是深秋了，葉子索索地落到地上，像是一聲聲的嘆息。秋天，秋天，多事的秋天。正明的二姐在秋天裏發了瘋，如今她在秋天裏死了。正明呢？正明撞車出事是在秋天，如今他又在秋天出走，像一片秋葉似的飄得不知去向！呵，多事之秋，呵，苑若嘆息道，爲什麼偏對陸家姊弟這樣不留情呢！

但願他安然無恙，但願他依然活着，但願他明年秋天能回到普城來看她，但願他……

一陣秋風帶着她的願望遠去了，她輕吁了一聲。

「還沒睡，苑若？」葉羣反過身來朦朧地說：「不要難過，我們明兒寫信給他三哥，睡吧！」(完)

讀者投書

(一) 關於教育部的機構和人事

李 偉

編輯先生：前見報載：教育部裁撤了八個委員會，就想寫點感想，投登貴刊，祇因瑣事拘擾，遲至今天，才得提筆，茲分爲二項，略述於後：

㊀機構：教育部在前任張部長任內新增了無數機構，貴刊第十九卷第四期社論中所提及者不過其中一小部份。只就部內委員會而言，已從前任程氏任內的四個委員會，增加到張氏的四十幾個委員會，共有委員一千四百餘人，其中兼任者雖甚多，但每月支出交通費（或編輯費）已在四、五萬元以上。最可怪者，全國機關首長，除總統、副總統外，多聘爲該部委員會委員（如五院院長張道藩、于右任、兪鴻鈞、莫德惠、王寵惠皆爲該部學術審議會委員，戰略顧問會主任委員何應欽爲該部獎學基金委員會委員，餘略。）現在雖然裁撤了八個委員會，尙不及那些應該裁撤的四分之一。例如貴刊曾經提及的電影輔導委員會便是其中之一。這個委員會不獨無事可做，徒然安插多數冗員，空耗公帑。縱令認有必要，亦可和該部的廣播委員會合併設置，稱爲電化教育委員會，內分「電影」，「廣播」等組。再如已裁撤的世界名著譯述委員會，其業務並未移交國立編譯館，仍係由部指派專人辦理。而那個最成問題的中學標準教科書編印委員會，尙未見裁併。這還是對前任有所顧慮呢？還是由部統籌全局，尙有其他意義呢？以梅部長之大公無私，我想是應該繼續有所行動吧！

㊁人事：①這次教育部雖然裁撤了八個委員會，但這八個委員會的專任人員仍然一個不曾裁減，全體留在部內，併入其他單位，只是將那八個委員會的牌子取下而已！我想梅部長把「精簡機構」和「裁減人員」分爲二回事，或許另有「苦衷」吧！②梅部長此次接長教育部，確有一種新作風，不用過去「一朝天子一朝臣」的手法，大大更動人事，連「出納」、「庶務」二科科長亦是調用部內的舊職員充任，可見梅氏之用人無私。不過「不更動人事」仍有一個限度，例如前任的高等教育司司長既然辭職到外國渡假去了，就應該物色一位適當的人選繼任，現在還是派人暫代，就顯得人事方面不够健全。偌大的自由中國，難道找不到一個可以繼任的人選嗎？這幾年來，國家教育行政弄得一團糟，我們所希望於梅部長者，是要他把那些弊政改革過來。

以上幾點感想，願借貴刊予以披露，藉供教育當局參考，耑此順頌

撰祺 讀者李偉敬上 九月十三日。

出版法條文摘要

立法院第二一會期秘密會通過
總統於四七年六月廿八日公布

第六章 行政處分

第三十六條 出版品如違反本法規定，主管官署得爲左列行政處分。
一、警告。
二、罰鍰。
三、禁止出售、散佈、進口或扣押、沒入。
四、定期停止發行。
五、撤銷登記。

第三十七條 出版品違反第三十二條第三款及第三十三條之規定，情節輕微者，得予以警告。

第四十條 出版品有左列情形之一者，得定期停止其發行。
三、出版品之記載違反第三十二條第一款之規定者。
四、出版品之記載違反第三十二條第二款及第三款之規定，情節重大者。
五、出版品之記載違反第三十四條之規定，情節重大者。
六、出版品經依第三十七條之規定連續三次警告無效者。

第四十一條 出版品有左列情形之一者由內政部予以撤銷登記。
一、出版品之記載，觸犯或煽動他人觸犯內亂罪、外患罪、情節重大，經依法判決確定者。
二、出版品之記載，以觸犯或煽動他人觸犯妨害風化罪爲主要內容，經予以三次定期停止發行處分而繼續違反者。

第四十二條 出版品經依法註銷登記或撤銷登記或予以定期停止發行處分後，仍繼續發行者，得沒入之。

編者按：在此項出版法未廢止之前，本刊決將上項條款繼續刊登，一方面用以自我警惕，一方面讓世人知道我們的出版自由，受到怎樣的限制。

(二) 請看如此兼職！

楊 生
陳 名

編輯先生：

我們係 貴刊二年多長期讀者，我們是無黨派的自由人身份，總認爲今天毛匪禍害，侵剝人權，迫使我們忠貞流亡，爲的是反共復國，維護人權，各盡職守，專精重業，不受威脅利誘。……因此我們有抑鬱問題一個，敬祈惠賜一隅而刊露向各界就教，簡申如下：

國家立校設教，爲百年大計，一切應爲莘莘學子多受完整優良教育知識爲準，我請問專任教員是否應兼救國團支隊部秘書？又該隊兼任組長又多，爲團務致秘書奔西走東，繁忙不堪，排定課程，校方畏懼權勢，又另找人代課，但總遭學生怨憤，却又不敢說。據云連南投支隊長還要讓他三分，他是某副主任心腹，苗縣黨部委員，校方大隊長（校長）都隱忍（前後任皆此），我們又怕秘書加帽子「觀念不正確而退學」（或受害），在校更不敢哼一聲。今天我們畢業了，但爲千百在校同學幸福不得不言，敢請 貴刊宏申利害，籲請蔣主任、梅部長、劉廳長革興，切不可再誤人子弟，則「投中」及同窗和家長稱幸，否則救國團豈不是攪亂學校行政施教嗎!? 祝

撰安！

一羣投中畢業生 楊生 陳名 等九人上 十月二日

短評

(一)共產黨也談「人道主義」！

「魔鬼也能爲着自身的目的而引用聖經。」沙士比亞這句名言，用之於共匪的停火「文告」，眞是一針見血。

僞國防部長彭德懷在所謂「告臺灣同胞書」中說：「十三萬金門軍民，供應缺乏，饑寒交迫，難爲久計。爲了人道主義，我已命令福建前線，從十月六日起，暫以七天爲期，停止炮轟。」

好一個「人道主義」！金門軍民，供應缺乏，饑寒交迫，這一淒慘的場面，是誰造成的？在四十多天當中，用五十萬發炮彈轟炸這一小島，是誰幹的？現在，濫肆殺人的劊子手，把血淋淋的屠刀暫時夾在脇下，而大談「人道主義」。這種勾當，只有顛倒是非、混淆黑白的共產黨才做得出。也只有厚顏無恥、欺世盜名的共產黨才敢於這樣做。

(二)早該取消慶典！

行政院近爲厲行儉樸生活，規定「凡不必要之紀念會、慶祝會、晚會等，一律停止。」這件事，在這多慶多典的十月裏提出來，似乎特別有意義。

這些年來，臺灣雖說是在準備「雪恥復國」的戰時，但大小公私慶典，却花樣翻新，層出不窮，一片歌舞昇平。尤其是每年十月，一連串慶典，接踵而來，忙煞了在臺三軍將士、各級機關學校，員生、乃至於海外的僑胞、明星、名伶、歌女，好一派國泰民安的調調兒！那有絲毫臥薪嘗膽的樣子？

其實，大陸上全面慘敗，於今已整整十年，非但反攻遙遙無期，而且金馬，臺澎也危於累卵，痛哭恐怕還來不及，尚有何可慶之言？

政府今有此覺悟，爲時雖晚，總算不壞，且看事實如何？能否從今年十月開始，便說到做到？

(三)「通信週」和「通信自由」

最近由於第二屆「世界通信週」到來，交通部郵政總局便乘機大事宣傳「通信」的好處，而鼓勵大家多多寫信。

按常情說，人與人之間，只要事實上有需要，多半會自動去「通信」。是否還需要另加宣傳和鼓勵，我們固不得其詳，但有一點我們是知道的：假使我們在郵電「通信」部門，竟特別指派大批人員，成立甚麼「郵電檢查組」，專司「查信」、「抄信」、「扣信」、乃至「把信拍照」之職，使人民的「通信自由」，全被剝奪，人民總是不敢多「通信」，也不願多「通信」的！

所以，假使不是僅僅乎爲了多賣幾張郵票，與其搞甚麼宣傳和鼓勵，倒不如使得憲法所定「人民有秘密通信之自由」，切實得到保障。

(四)誰奢誰儉？

行政院近在倡導公務人員實行儉樸生活中，規定公務人員不得有奢侈、放蕩、冶遊、賭博、以及進入酒家等類行爲。其立意，確不能算壞。

然據我們所知，一般下級軍公教人員，由於待遇過於菲薄，早已儉樸得無法再儉樸，那裏還談得上甚麼奢侈之類？豈不聞三軍戰士連「香蕉牌」的香烟都抽不起？豈不聞高雄縣合作室股長被生活所迫，而不得不讓愛妻到妓女戶工作？豈不聞嵩山嘉興國校教員爲了貼補家用，又不得不利用暑假代農戶噴藥液？

老實說，今日公務人員中，尚能奢侈揮霍者除掉能拿巨額「特支費」或享受無限「供給制」的，極少數特殊人員外，還有誰？

(五)執法者違法

關於省政府中興新村市場開放民營一事，原不過是個很小的問題，居然鬧了幾個月，乃至於臨時省議會和南投縣議會都爲此提過建議案，至今尚未能爲省府所接受。省府福利社爲何要堅持掌握此一市場？實在令人費解！

近據「聯合報」透露：原來福利社因此而向省府「借到」了爲數三百萬元之多的福利基金，「據說這筆錢現在存入銀行裏生息？」甚至省府福利社之所以要掌握此一市場，是否就是爲了這「三百萬元」？我們固未便揣測。但撥付福利基金問題，既早經省府一再「令飭各機關停止撥付，如已撥付者，還須限期繳還。」爲何省府本身却做出這種違反規定的事來？

我們高喊了多少年的「法治」，其所以至今還像是個十八世紀的古老「王國」者，便是壞在此類「執法」者「違法」的行動上！

(六)「惡性補習」的原因何在？

取締惡性補習問題，近又被大家所提出，於是政府方面，這單位來一套規定，那單位也來一套辦法，似乎只要一紙命令，即可坐收取締之效。

其實，問題那有這樣簡單？諸如教材選擇、時間配當、乃至於教師待遇之類，現在姑且不談，僅以「教室荒」一事來說，全省各國民學校，正普遍的實施二部制、三部制、以至於四部制，甚至嵩山梓官鄉的梓官國校，近因缺乏課桌，而弄到八九歲的學童，不得不蹲在地面上聽課。假使像這種問題都不能妥爲解決，竟想憑一紙命令取締惡性補習，豈非痴人說夢？

我們的政治，便是這樣的只重形式，所謂「官僚政治」者，其斯之謂歟！

(七)防空洞與公共厠所之間

在這臺北市正決定開鑿水井千口以備防空的今日，臺北市議會，忽有議員提案：請將缺乏公共厠所地區的防空洞，正式改建爲公共厠所。

這一提案，對臺北市政府而言，是否跡近諷刺，臺北市市長諒必心裏有「數」，不消多說。現僅就實際情形而論，臺北市的防空洞，其中十之七八，由於建築不够標準，到現在，有的毀損，有的倒場，有的滿洞臭水，早已不成其爲防空洞！小市民在缺乏公共厠所的現實環境下，每將廢物利用，在此等處所，臨時行個方「便」，更早已是司空見慣！

現在，防空洞既不成爲防空洞，公共厠所又不成爲公共厠所，假使還不趕早修補，一旦空襲到來，大家避入其中，不誤以爲走進了公共厠所者，幾希！

自由中國　第十九卷　第八期　內政部雜誌登記證內警臺誌字第三八二號　臺灣省雜誌事業協會會員　二五六

給讀者的報告

由於這次臺灣海峽戰爭的發生，當前的形勢一天比一天嚴重。關於如何應付臺灣海峽的這場戰爭，我們已先後發表過兩篇社論，冷靜的提出了一些看法和意見，但總覺得意有未盡，特再發表社論㈠「認清當前形勢．展開自新運動」，坦白指出無論就國際形勢或敵我軍事力量的消長而言，我們所日夕企求的「反攻大陸」之事，顯非如政府以往朝夕宣傳的輕易快速。在這種情勢之下，我們認爲自由中國政府所能優爲之事，應該是向大陸上作政治進軍。簡言之，即從極權的死路上回過頭來，展開一個自新運動，而走向民主的活路。

證券市場之應設立，至少在五年以前，我們就呼籲過了，孰意中經四年多的財經內閣，這事仍停留在「各方呼籲」階段，其對於我國經濟發展之阻滯及損害，殆不可勝言。我們現特再發表社論㈡「由證券市場之設立以覘新內閣行政效率」，懇切指出設立證券市場之必要，現更爲各方面所共認，而當事者所可能提出的推拖理由，又都經不起分辨及剖析，足見其爲「當爲」而又「能爲」之事。但現內閣究竟能否把證券市場設立起來，並且能否使之設立起來而不變質，那就要看現內閣的行政效率如何而定了！

臺灣的人口問題，已逐漸嚴重，而且嚴重到政府已束手無策。瞿荆洲先生的「人口增加與資本累積」一大文，即在對此問題提出高見。瞿先生指出在目前情形之下，節制生育及移民海外，均無法施行，其解決辦法，唯有賴於國民生產力之提高；而提高之道，便是由國民所得之增加以累積，但此必須政府拿出「擴大國際貿易」的政策來。其見解之精深和辦法之正確，但願政府主管當局能特別予以重視。

在臺灣海峽局勢緊張聲中，美國與中共的大使談判，顯爲各方面所關注。宋文明先生在「從華沙談判談到美國『不得使用武力』政策」的大文內，指出要求中共放棄使用武力一事，是從一九五四年下半年後美國對臺峽局勢所採取的一項堅定政策；過去的日內瓦談判爲此，今日華沙談判亦爲此，將來恐怕還有其他談判爲此而舉行。其敍述詳盡，其分析深刻。

第二屆新任大法官，在若干人選方面，雖爲大家所普遍失望，但現在既已到職，我們仍願其好自爲之，不要使大家完全失望，所以特願在本期發表李聲庭先生的「勉新任大法官」一文。李先生在其大文內，指出大法官會議所表現的行動，關係法治前途甚大，尤其希望新任大法官多「獨立審判」，少「配合政治」，眞是語重心長，但願大法官們努力以赴！

從赫魯雪夫上臺後，其爲人及其爲政，關係當前反極權爭民主者至深且鉅，所以我們樂於發表董鼎山先生「論赫魯雪夫其人及其爲政」一大文，希望從董先生的客觀估量和分析中，幫助大家獲得進一步的認識。

我們今天退守臺灣，雖號稱一千萬軍民，但欲求「反共復國」，顯更需一千四百萬的海外僑胞發揮力量，僑務工作也應比以往更值得重視，所以我們特再發表喬廼南先生「當前僑務的檢討與策進」大文，深望僑務當局切實改進。

從本期起，爲使讀者閱讀方便起見，將「短評」固定在封底裏頁。同時，遵照讀者的指示，將「出版法條文摘要」版面縮小，以求節省篇幅，特此一併敬告讀者。

自由中國　半月刊　第十九卷第八期　總第二一五號

中華民國四十七年十月十六日出版

發行人兼主編：『自由中國』編輯委員會

出版者：自由中國社

社址：臺北市和平東路二段十八巷一號

Free China Fortnightly, 1, Lane 18, Ho Ping East Road (Section 2), Taipei, Taiwan.

電話：二 八 五 七 ○

航空版：友聯書報發行公司（香港九龍新圍街九號）

總經銷者：自由中國社發行部

經售者：
美國　紐約友方圖書公司 Hansan Trading Company, 65, Bayar D Street, New York 13, N.Y. U.S.A.
　　　紐約光明雜誌社 Sun Publishing Co., 112, Mulberry St., New York 13, N. Y. U. S. A.
韓國　漢城裕昌德號
馬尼剌　新疆書店
印尼　泗水文光圖書公司
緬甸　仰光振成書報店
印度　阿拉哈巴中印文化出版社
北婆羅洲　西利亞坡青年書店
星加坡　友聯書報發行公司（小坡大馬路四六九號）
吉隆坡　友聯書報發行公司（馬華公會大廈三樓七室）
怡保　友聯書報發行公司（希尼華沙甘街十六號）
檳城　友聯書報發行公司（林連登律七十二號）
澳門　友聯圖書公司

印刷者：精華印書館股份有限公司
廠址：臺北市長沙街二段七一號
電話：二 三 四 二 九 號

本刊經中華郵政登記認爲第一類新聞紙類　臺灣郵政管理局新聞紙類登記執照第五九七號　臺灣郵政劃撥儲金帳戶第八一三九號　（每份臺幣四元，美金三角）

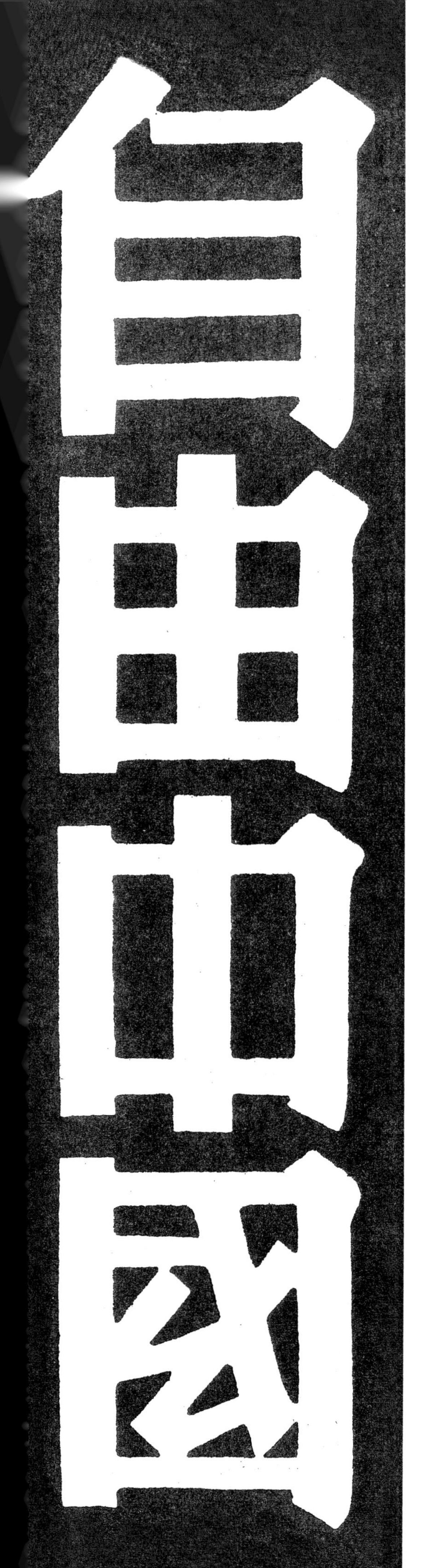

FREE CHINA

第十九卷 第九期

目錄

社論

(一) 呼籲從速召開反共救國會議
——並請蔣總統釋疑

(二) 論放棄主動使用武力之承諾

營利事業所得稅應該廢止……趙岡

分析中美會談結果及「不使用武力」聲明……施治華

讓胡適牽着鼻子走是好漢嗎？……金承藝

評蘇俄集團與南共「綱領」之爭……金一鴻

通訊

西歐輿論對臺灣海峽事件的反響……紀夢平

聯合國匈牙利問題特別調委會特別報告……孫靜琪譯

梅老師……童眞

發薪日……勞影

讀者投書

(一) 請外滙貿易審議會答覆……一羣大學生

(二) 關於省立大學教師送審問題……張祿真

短評

(一) 兩「口」才可交流

(二) 國慶與僞國慶之在香港

(三) 看人家・想自己

(四) 市長不懂得「法人」這個名詞

(五) 節約歟？浪費歟？

(六) 政治花瓶推行花瓶政治

(七) 考察熱

中華民國四十七年十一月一日出版

社址：臺北市和平東路二段十八巷一號

半月大事記

十月九日（星期四）

義大利、阿根廷、突尼西亞當選爲安理會理事國。

十月十日（星期五）

美國拒絕共匪所提臺灣海峽的「和平」條件：即美軍自臺灣地區全部撤出。

聯大政治委員會辯論有關裁軍的三項問題；美警告俄下月如再試驗核子武器，美所提停試一年的建議將歸無效。

黎巴嫩總統謝哈布着手組織新閣，俾便阻止該國導向內戰的激流；總理卡拉米揚言不辭職。

十月十一日（星期六）

美發射第一枚月球火箭「先驅」駛入太空。

十月十二日（星期日）

美國防部長麥艾樂今來華，重申對匪決不姑息；如匪再砲擊或採其他侵略行動，美在臺海軍力將不以現有爲限。

共匪強迫推行「人民公社」。

十月十三日（星期一）

共匪電臺廣播，延長停火兩週。

阿拉伯聯合共和國與伊拉克訂立數項協定，包括經濟、商務及技術合作。

希臘外長演說暗示，塞島局勢如繼續惡化，希臘可能退出北大西洋公約。

英空軍士兵布朗洩漏火箭機密，被英當局逮捕，傳該機密洩向蘇俄。

美「先驅」月球火箭，回落地球大氣層中，雖未能如所計劃的達成探測月球的任務，但該火箭上升八萬哩，創下了人類發射的物體升空最高記錄。

英駐聯合國代表狄克在美提警告：匪以廉價商品傾銷亞洲市場。

十月十四日（星期二）

戴高樂令阿爾及尼亞的法陸軍放棄一切政治活動。

法屬馬達加斯加島宣布爲自治共和國，稱爲「馬爾加希共和國」，仍爲新的法國邦聯之一。

美國務卿杜勒斯發表聲明，表示遵守中美防禦條約，此乃對於共匪要求美軍自臺灣地區撤退的答覆。

十月十五日（星期三）

黎巴嫩成立新內閣，卡拉米仍擔任總理；長槍會領袖蓋米耶擔任副總理。

突尼西亞決定與阿拉伯聯合共和國絕交。

十月十六日（星期四）

美國在內華達州試驗場舉行地底原子試爆。

阿爾及尼亞右翼的公安委員會已取消總罷工，戴高樂對阿政策獲勝利。

十月十七日（星期五）

黎巴嫩內閣獲國會信任，卡拉米保證使黎國獨立自主；貝魯特市面已恢復正常。

歐洲協商大會通過決議，斥責蘇俄統治中歐東歐，嚴重威脅世界和平，要求准許附庸國家自由選舉。

中美軍方宣佈，女神飛彈供我使用，我成立飛彈營由美方協助訓練，並將逐步接收駐臺美飛彈裝備。

十月十八日（星期六）

俄境發現傳單揭發赫魯雪夫罪狀，要求赫魯雪夫下臺，斥之爲「工人的沙皇」。

共匪推行一種名爲「兩放一包三統一」的財貿新體制，剝削榨取工商農民。

十月二十日（星期一）

美空軍在今日開始的世界性武器大會中，試驗用練習原子火箭攻擊超音速的無人飛機。

俄要求舉行外長會議，商討終止核子武器試驗的問題，美予以斷然拒絕。

共匪藉口美艦護航，重新砲擊金門。

艾森豪發表競選演說，表示美決不姑息共黨侵略，決不許可武力擴張，並謂美不會捨棄其朋友。

十月二十一日（星期二）

杜勒斯今來華，發表書面聲明，希望中美會商，增強互賴互信。

十月二十二日（星期三）

杜勒斯發言人格林闡明中美會談主題，爲檢討目前軍事政治情勢；美艦恢復護航問題亦曾涉及。

乃沙立元帥領導下的革命委員會在接收政府四十小時後，已穩固地控制泰國。革命委員會保證效忠泰王。

俄建議美、英、法、俄四國削減軍事預算。蔣廷黻予以駁斥，謂俄生產分配由政府經營控制，削減軍事預算對俄並無何意義。

艾森豪在電視節目談話，反對共匪武力擴張，認爲對於協防金馬兩島問題，係維護反對武力侵略的原則。

十月二十三日（星期四）

中美發表聯合公報：雙方僉認在當前情況之下，金門、馬祖與臺灣、澎湖在防衞上有密切關連；「美國確認中華民國爲自由的中國之眞正代表，並爲億萬中國人民之希望與意願之眞正代表」；並明確表示：「中華民國政府認爲恢復大陸人民之自由乃其神聖使命，並相信此一使命之基礎，建立在中國人民之人心，而達成此一使命之主要途徑爲實行孫中山先生之三民主義，而非憑藉武力。」

『自由中國』的宗旨

第一、我們要向全國國民宣傳自由與民主的真實價值，並且要督促政府（各級的政府），切實改革政治經濟，努力建立自由民主的社會。

第二、我們要支持並督促政府用種種力量抵抗共產黨鐵幕之下剝奪一切自由的極權政治，不讓他擴張他的勢力範圍。

第三、我們要盡我們的努力，援助淪陷區域的同胞，幫助他們早日恢復自由。

第四、我們的最後目標是要使整個中華民國成為自由的中國。

社論

(一)

呼籲從速召開反共救國會議

——並請蔣總統釋疑

海內外的自由反共人士，對於反共救國會議之召開，早因政府再三拖延而不願再談，但最近自金馬戰事發生以來，大家鑒於反共鬪爭已面臨空前嚴重關頭，深感欲應付目前以及今後的危局，非從速團結一切反共力量不可，才不得不又把舊事重提。然而，對於這樣一件關係反共團結的大事，國民黨黨政當局近來却守口如瓶，以至於連「適當時機」之類的敷衍話也不說了。行政院陳院長在向立法院提出施政報告時，雖也提到「必須團結國內外一切可能團結的力量」，但對此一足以促進團結的具體辦法，却無一字一句的說明；同樣的，蔣總統在雙十節「告全國軍民同胞書」中，雖也提到「團結一致，奮鬪不懈」，仍沒有對此加以說明。

提到反共救國會議，相信大家一定能很清楚的記得，這是國民黨黨政當局過去所提出的政治主張。

遠在四十二年五月，由於國民黨第七屆二中全會通過了一個方案：「建議政府召開反共救國會議，建立反共救國聯合陣線」，大家便知道國民黨當局有召開反共救國會議的政治主張。但這一主張第一次出現後，並未獲得海內外自由反共人士的普遍響應。直至四十二年雙十節，蔣總統又在「告全國軍民同胞書」中正式表示：「要從速籌開反共救國會議」，把國民黨的主張變為政府的主張後，才引起海內外一部分人的關注和討論。到了四十二年十一月，國民黨第七屆三中全會又對此作成決議稱：「本黨二中全會此項決議，業經中常會審愼辦理，已完成初步準備工作。其所定政策與辦法，亦至妥善。本案關係反共救國，至重且鉅，自應繼續努力，俾竟全功。」在四十三年一月十八日，又進一步由當時的行政院長陳誠，在其寓所邀集各政黨中央負責人及無黨派人士，舉行過一次座談會，就有關反共救國會議的議題、日期、籌備委員會、乃至組織綱要及其基本認識等類細節，廣泛交換意見後，並相繼以國家最高行政機關首長的身份，在同年二月九日向立法院提出施政報告時，更肯定的負責表示說：「召開國民大會和反共救國會議，是今年要做的兩件大事。」沒想到，國民大會雖按期在四十三年二月十九日召開，把正副總統改選完成了，而反共救國會議却一直被拖延下來，到現在已經拖了五年之久！

不過，五年來，反共救國會議雖被一再拖延，到底沒有被聲言取消，祇說是在那裏等待「適當時機」而已。可是，直到最近，正當海內外反共人士認為是「適當時機」的時候，我們却又從國民黨的朋友們口裏，聽到另一種新的說法。

對此說法，起先我們還以為祇是一部分國民黨黨員的意見，並沒有權威的根據，所以也沒有十分重視。後來，我們知道它是根據一本談到反共救國會議的訓詞而來，並且也親眼看到了那本訓詞，乃不得不感覺甚大的驚異與惶惑。雖然如此，我們原也想隱忍不提，但今日，反共團結的需要一天比一天迫切，我們憂慮那種說法一旦積非成是，非但反共救國會議永遠不會召開，甚至反共團結的基礎亦將被澈底摧毀，勢將無法對共匪的政治攻勢作有力反擊，因此才不忍緘默，願坦率而誠懇的把它提出來談談。

這裏所說的訓詞，其名稱為「革命民主政黨的性質與黨員重新登記的意義」。這是蔣總統以國民黨總裁的身份，在今年七月十六日對中央評議委員第一次會議所作的重要指示。在這一訓詞內，當提起共匪於四十五年至四十六年之間，企圖策動「國共和談」時，說到「海外一部份民主人士果因此引起了特殊興趣，反在側面為共匪竭力推動『國共和談』」，終至於表示「不合作」的態度，除此之外，並據此而進一步對於原為國民黨黨政當局所主張的「反共救國會議」，發表了這樣一種新的觀點：

「由於民主人士積極推動這一幕『國共和談』一舉來看，又不能不使我們聯想到這些民主人士當時所主張召開『反共救國會議』的用意，實令人發生一種疑慮。這種疑慮或許是多餘的，也不一定正確，但我們對於其為匪推動『和談』運動無法不抱杞憂。後果所及，必將動搖我們反攻復國的國策，故又不能不將昔日『國共和談』的後果，及其共匪今日所要策動『國共和談』的內容予以澈底揭破。他們的內容是甚麼？第一步就是要以『反共救國會議』為其契機，而成立其變相的『政治協商會議』。這個變相『協商會議』的結果，最後勢非要約共匪參加在內不可。第二步就是以這變相的『協商會議』的方式，來組織其『聯合政府』。而最後一步亦就必然要毀棄今日中華民國憲法，取消今日民主憲政，而將我們今日在臺灣唯一的反攻復國基地與全部軍民斷送給共匪，以實現其共匪所謂『人民共和國』來統制全國的幻夢。這種亡國滅種的陰謀，如果得以實現，豈啻陷害我們整個黨國於萬劫不復之境！」

這一番話，出人意外的把國民黨黨政當局自己所率先主張的反共救國會議，解釋為導源於「民主人士」的「陰謀」，而從根本上予以取消。何以對反共救國會議一下子提倡，一下子又看得如此可怕？那是因為對它生出了一種新的「疑慮」。那種疑慮，蔣總統非常保留的說，「或許是多餘的，也不一定正確」，但祇要有此疑慮存在，就已經夠嚴重了。

反共救國會議爲海外民主人士所贊同，那是事實，但這祇是響應國民黨的號召而已。至於海外人士想藉此以推動「國共和談」一節，我們卻發現不出一點點跡象。我們知道，海外反共人士對「國共和談」表示過意見的，有左舜生先生，然統觀左先生在四十五年七月七日「自由人」發表的「請看周恩來的新玩意」一文，以及在四十六年二月十六日「自由人」發表的「關於和謠」短評，實無法找出所謂推動「國共和談」的意念；相反的，倒是看到左先生指明其爲「揭穿了不值一個大」的「統戰」，乃至主張「爲了澈底澄清這個和謠，還是不如把他們的來信公開，堂堂正正加以駁斥要來得有效。」假使所謂推動「國共和談」云云，確是指左先生那些人而言，那大概是由於蔣總統沒有親自看過這兩篇文字。

要說反共救國會議會導致「勢非要約共匪參加在內不可」的「政治協商會議」，那實在超出我們所能理解的範圍。會議既開宗明義的名爲「反共救國」，前提業已不可動搖，意見縱有參差，也不過是關於反共救國的方法與手段而已，又怎樣能要約共匪一起來「反共」？共匪又如何會應邀來一起「反共」？至於「政治協商」，我們知道，國民黨人聽了這個名詞都是頭痛的，當然以不用爲妥。但實際上，祇要是爲着反共而協商，想穿了，也就沒有什麼可怕之處。再進一步說，也許所憂慮的是，可能有一些粉紅色分子，僞裝反共，混跡其間。但以國民黨三十年的鬪爭經驗，未見得會發現不了，何以到三十年後的今日，連這一點自信也動搖了呢？爲擴大反共團結，我們不得不在此以極沉重的心情，籲請蔣總統釋疑。

何以國民黨對反共救國會議，倡導於前而又反對於後？這看起來有點不可思議，實際上卻仍有其脈胳可尋。坦白說，國民黨由於以革命起家，先天上帶來某些缺陷，加以民國後戰亂頻仍，後天上又失去適當調養，以致造成其在政治上的急功近利。尤其是一度「聯俄」「容共」的結果，終於沾染了反民主的氣質。直至抗日戰爭勝利，在世界民主潮流的激盪之下，爲了應付共匪的政治攻勢，緩和馬歇爾的政治壓力，及安撫民主黨派的政治要求，黨內才有一部分具有現代政治眼光與政治智慧的人士，開始覺悟，有了一點改革的動機，才有一部民主憲法的制訂。但這些人士畢竟爲數太少，絕大部分的國民黨人，對此則抱持兩種不同的想法：一種人因感受潮流之不可抗，認爲多少應該作一些民主點綴，在形式上做得像一個樣子，也就可以向國民交代。而另一種靠搞特務、喊革命、呼萬歲起家的，則甚至對一種形式的民主都不能容忍，硬是要倣效共匪的作風，走歷史的回頭路。更不幸的是，環繞在蔣總統周圍，能給予蔣總統以最大影響的，正就是這些人。由於觀念上的徬徨失據，國民黨乃顯出種種作法與說法不同，而說法又與想法不同的矛盾表現。對反共救國會議前後立場之不同，正就是這種矛盾的結果。

海內外反共人士，對國民黨此種矛盾性格，早就有所瞭解，所以在國民黨提出反共救國會議主張的初期，各方反應相當冷淡，只是有條件的支持。國民黨第七屆二中全會第一次提出這種主張，是在四十二年的五月，直遲至同年九月五日左舜生先生始在「自由人」發表「略論『反共救國會議』」的文章，還鄭重的「檢討有無召集的必要」，而在最後表示：「我決不是根本不贊成有這樣一個會議，我所希望的只是特別慎重而已。」直到同年雙十節再經蔣總統正式强調這項主張後，大家才漸漸增加了對國民黨誠意的信心。我們談到這一問題的第一篇社論：「寫在反共救國會議之前」，也就是發表在四十二年十月十六日。同時，大家正因爲信心之加强，也生出了對國民黨厲行改革的迫切期望。所以，反共救國會議雖尚未召開，各方面就對國民黨提出了甚多批評與建議，更願國民黨領導的政府先做幾件一新耳目之事，以改變世人觀感。由於期望之迫切，言詞就難免率直而不夠含蓄。國民黨應該能夠懂得，在一種迫切求好的動機之下，再要審慎選擇言詞，是一種非常困難的技巧，縱在無意中有開罪之處，祇要聽者存心忠厚，不要想入非非，就應該能夠諒解。誰又想到，這些愿直之言，又傷害了國民黨黨政當局的感情，於是在一種忿怒情緒的衝動之下，把剛開了一條縫的門重行緊閉。再加上一些搞特務、喊革命、呼萬歲者流，從中播弄，蒙蔽視聽，更生出了種種不必要的疑慮，不是說民主人士想分一杯羹，就是說他們想從內部來進行顚覆，經此一想，那有不對反共救國會議懷抱恐懼之理，那有不再走極權政治的回頭路之理。眞是不幸之至，反共救國的新機運，就在這樣的一念之間給扼殺了。

爲解除國民黨黨政當局的疑慮，我們更要指出，今天反共鬪爭慘敗到如此地步，區區臺灣，還有什麼羹可分！再根據過去慘痛經驗，稍有政治抱負的人，正深以爲分一杯羹之想爲可恥，不知國民黨如何會想到這上面去。至於組織反對黨的主張，可能是國民黨對之最感疑慮的。但事實上提倡者一再聲言，組織反對黨僅僅爲使中國政治眞正走上民主的常軌，僅僅是爲對國民黨發生在野的監督作用，促使其進步，以免其自我毀滅而連帶殃及全國人民。願國民黨能夠冷靜的看一看各方面所發表的文字，更願國民黨不要老是以「僞」度人，認爲大家都說的是假話。經常以僞度人，是會損害自己的德性的。

如果說，國民黨黨政當局始終認爲祇有環繞在所謂「領導中心」周圍的那一小圈子人是眞正反共的，此外都居心叵測，那就無話可說了。果眞如此，也就不必談什麼反共團結。如果仍有擴大團結的動機，那麼首先應該改變的，就是那種狹隘而多疑的心理狀態。召開反共救國會議，縱不是達成團結的唯一方案，卻確是一項最爲具體而有效的方案，其理由，國民黨自己必然知之甚稔，要不然，它當初也不會率先提倡號召。現在是不是因爲金馬的砲火而使反共救國會議喪失了其重要性呢？絕對不是。正相反，它是因金馬砲火越發而顯見其重要。

何以故？因爲金馬砲火已澄清了過去所未能澄清的問題。其中最關緊要的一項，就是連國民黨黨政當局亦已確認，今後的反共鬪爭，將以政治作戰爲其主要形態，而軍事則退處次要的地位。蔣總統曾公開宣布我們不以金馬爲反攻基地，我們的反攻基地，是在大陸人心。在敵人方面，僞國防部長彭德懷在所發表的第二次「停火命令」中，更明白表示對我們「要做政治工作」，且自信「積以時日，成效自見」。儘管共匪後來又取消「停火」，但並不是把「政治工作」也一併取消，祇是要把軍事與政治交互運用，以期擴大效果而已。又據十月十八日美聯社華盛頓的電訊報導，此次美國杜勒斯國務卿之所以專程來華，原就是「致力於與蔣總統在反擊中共對臺政治攻勢的重大決策上取得一種明確諒解。」這種諒解，即表現於蔣總統與杜卿在會談後所發表的聯合公報，那裏再度重申，我們將不以軍事爲光復大陸的主要手段。由此可見政治作戰，更將成爲我國今後以至整個世界反共鬪爭的基調。但是，政治作戰並不是空喊喊口號就可以了事的，它必需有具體的方案與具體的行動。現在，臺灣與大陸是處於隔離狀態，我們與大陸反共人士之間無法接觸，而唯一可能成爲溝通之媒介者，厥爲海外反共人士。今天共匪要對我們採取政治攻勢，要經由海外，我們無論爲主動的出擊或被動的還擊，也必需全力爭取海外那些重要據點，然後才能把我們的政治力量透入大陸，打動大陸人心。試問在這樣的情形下，反共救國會議豈非正好是一個最有效、也最具體的政治反攻方案？這個會議，已打出了「反共」旗號，凡來參加者，至少表示接受這個前提，這本身就是一個再明確不過的號召，無人可以把它曲解，無人可以使它走樣，何以國民黨黨政當局如此放心不下，終至於連提也不准人提起？難道眞願意讓政治反攻永遠停留在喊口號的階段？至於一部分人害怕，如果召開會議，勢必人多口雜，發言盈庭，反而弄得莫衷一是，自己錯亂了步驟。我們可以想像得到，果眞召開會議，大家除了提供對大陸的政治攻勢方案以外，縱對政府有所要求，也祇是籲請政府實行民主而已，斷然偏差不到那裏去。除非國民黨政府堅持拒絕民主，會議絕不致帶來任何可憂慮的後果。但國民黨若眞要拒絕民主到底，則我們敢於說，政治反攻是根本無從着手，它就祇可能永遠是一個空洞的口號而已。

最近，由於金馬炮轟的爆發，由於共匪的瘋狂，海內外自由反共人士已很誠懇的表示支持政府，並希望團結反共。香港文教新聞界的自由反共人士三八九人的聯署宣言，不過是較爲顯著的一例。事實上，即連若干從未獲得政府允許銷臺的海外自由反共報刊，諸如「聯合評論」、「自由陣線」、「再生」等所發表的意見，據「自由人」間接報導說，也全無例外。可以說，這是幾年來反共力量重趨團結的一大轉機。金馬戰局的緊張，既帶來了這樣一個有利於反共團結的轉機，假使國民黨黨政當局眞有謀求團結的誠意，自應抓住這一時機，從速召開反共救國會議，而促成它自己所提出的主張之實現。

社論

(二)

論放棄主動使用武力之承諾

美國杜勒斯國務卿與主管遠東事務的勞勃森副國務卿，於十月二十一日應蔣總統之邀來華，與我國政府當局連續作了三天的會議。會議結束後，雙方共同發表聯合公報，首先說明此次會議是根據中美共同防禦條約第四條之規定而舉行，聯合公報實可視爲條約的一個附件，其重要性自非單方面的聲明或政府官吏的普通談話可比。對這樣一個重要的外交文書，我們感覺必需鄭重研究，並密切注意各方面所作的反響。

此次中美會議，一般都認爲我們有所收穫，但同時也付出了相當可觀的代價。我們的收穫是中美兩國合作與互信之加强，以及美國政府事實上的宣布協防金馬。公報一則曰：「雙方僉認在當前情況之下，金門、馬祖與臺灣、澎湖在防衛上有密切之關連。」再則曰：「中美兩國政府面對中共現時恢復砲轟金門之新侵略行動，重新聲明其團結一致。此項中共之新侵略行動及其宣傳攻勢，並未如其所預期而分化中美兩國，且反而促使中美間之合作更臻密切。中美兩國政府相信彼此團結一致抵抗侵略，實不僅爲本身之利益，而亦係爲和平而效力。」這似乎已經是我們所能獲得的最明白的詞句，表示一旦共匪嘗試以武力攫取金馬，美國必將協同抵抗。共匪最近數週內在金門打打停停，停停打打，詭計百出，其主要目的，即在於離間中美兩國的關係，以期衝破自由世界在西太平洋地區的這條防線；他知道必需先把中美兩國拆散，才可以予取予求。甚至在强調團結的聯合公報發布以後，他還在那裏宣傳說是「美國決心搞兩個中國」，以期挑撥我們的感情，叫我們對美國提防與戒懼，要我們在戒懼與提防中使中美關係蒙上暗影。我們今天眞正需要提防戒懼的，還是共匪的離間陰謀，而非美國。對美國，我們還是要繼續强調互信、互賴、以至互諒。

一般對此次會議不滿意之處，當然是關於反攻大陸的那一點。公報原文沒有使用「反攻」字樣，而祇是說：「中華民國政府認爲恢復大陸人民之自由乃其神聖使命，並相信此一使命之基礎，建立在中國人民之人心，而達成此一使命之主要途徑，爲實行孫中山先生之三民主義，而非憑藉武力。」對這看法，有些人是率直的解釋爲軍事反攻之放棄，但也有人看出這裏面多少保留「活結」，因爲公報祇是說憑藉武力不是「主要」途徑，似乎它尙不失爲「次要」途徑。不幸，這個活結却被外交部長黃少谷氏事後的發言所扯死。黃氏在公報發表後的當天，即對合衆國際社記者發表談話稱：「中華民國政府並未宣布放棄一旦遇到大陸爆發布達佩斯那樣的革命時，使用武力光復大陸。」不發表這一談話還好，一發表這談話，反而證實了我國確已放棄軍事反攻大陸之主動，而僅保留響應大陸革命而使用武力之權。政府八九年來天天在高喊反攻，不料金門砲聲一起，竟來這麼一個一百八十度的轉向。

臺灣的報紙，過去也天天跟着政府高喊反攻，這次政府突然轉向，也非常迅速的跟着政府轉向，這可能是「新出版法」的功效，我們且不去說它。但是海外報紙究竟處境不同，就沒有把這一點輕易放過，我們於此且引香港工商日報十月二十五日的社論「評中美聯合公報」中的兩段話，以概其餘：

「……這一段話（按指前引公報中關於使用武力一段文字），自會使人解釋爲中華民國已放棄其軍事反攻大陸的計劃，已由『反攻大陸』一變而爲『援助大陸人民革命』，把恢復大陸的主要責任推到大陸人民身上，而臺灣的政府軍隊，只是居於旁助地位，一如美國之援華，甚至一如東歐流亡政府之對東歐共黨附庸而已。如其這樣解釋，則我當局迭次所發『隨時反攻大陸』的諾言，不是一筆勾消了嗎？

「……這種解釋（按指前擧黃外長的談話），不啻更引起人對臺北當局已取消了軍事反攻大陸的計劃，而寄其希望於假設的『布達佩斯式的革命』，事實也就是把國家的命運託於不可知之數。九年了，『遺民淚盡胡塵裡』，所望於政府者，有一天『王師』返旆，解救他們，然而，這個希望完了，海外流離瑣尾的同胞們回鄉之夢，也從此碎了！臺灣袞袞諸公多年來日言反攻反攻，現在何前言之不對後語呢？」

我們誠然不能完全同意工商日報的看法，但究竟也不能全部不同意。無論如何，海外反共報紙有此論調，總值得重視，何況這種論調，可能正代表了多數反共人士的意見。

說起反攻這個問題，確實相當微妙。本刊在去年八、九月間，曾經發表過兩篇關於此一問題的社論，指出在反攻時機尚未成熟，條件尚未具備之際，空喊無益，轉不如先行勤修內政，儲備力量。我們從頭到尾並未主張取消反攻，祇是估計反攻行動一時尚不易實現而已。不料此論一出，招來各方面的反對，執政黨與政府所控制的報紙，更抓住機會，痛加攻擊，甚至不惜誣蔑爲替共匪舖路，種種惡言，不一而足。我們至今還認爲當時所發表的意見，並無錯誤。我們之所以不再行申辯，主要是由於有人提醒我們這種論點可能影響海外以至大陸的民心。一個民間刊物偶爾提出反攻一時難於實現的看法，與代表國家的政府在重要外交文書上白紙寫黑字的承諾放棄主動使用武力的權利，這兩件事的分量之輕重，是不能同日而語的。如果我們發表的那點意見已經要算是冒天下之大韙，則政府作此種承諾該算是什麼呢？難道在這些事上，也是祇許州官放火，不許百姓點燈？

我們雖看到反攻一時不易實現，但我們也像每一個中國人一樣，希望它能有一天實現。所以看到公報上那段文字，心情也與每一個中國人一樣的沉重。我們認爲，目前是否以至最近將來是否反攻是一件事，像這樣幾乎等於宣布了放棄反攻大陸的權利，卻是另一件事。我們並且認爲，我們應該可以避免作此承諾，而且美國也不必強迫我們作此承諾。退一步說，我們與美國政府成立一個秘密的諒解，不必見諸公開文字，也比較好一點。再退一步說，如果我們僅承諾如共匪作類此承諾，我們也可承諾，這樣也可以把問題擱開，因爲共匪大概是不會承諾的。而現在，我們居然先共匪而付出代價，其所以致此，實有其更深遠的原因在。

據道路傳聞，杜卿此次訪華，主要目的，正就是要我們承諾放棄武力反攻，其它一切均猶在其次。杜卿之所以如此作法，也未必是出於他的本願，而是爲了實在無法應付國內反對分子的壓力，而那些反對分子，是正以我們要把美國「拖下水去」爲最重要的一項反對理由。當然，這可能出於那些反對者眞實的恐懼，也可能祇是故意找尋出來的藉口。即使祇是藉口，這個藉口也正是我們政府自己所供給的。政府這幾年來毫無事實根據天天高叫反攻，這就使得國際人士把我們看作危險分子，把駐紮在金馬的重兵看成可能惹是生非的戰爭導火線。他們千方百計的要我們撤回部分金馬駐軍，要把金馬中立化，甚至荒謬到要把金馬送給共匪，就是從這種心理或這種邏輯發展出來的。我們常常聽到說「操諸在找」，這表示反攻不反攻，完全是我們自己的事，你美國管不着。我們又常常聽到說「寧爲玉碎」，這表示你美國怕氫氣彈，我們不怕。這些說法，都成爲人家對我們恐懼，甚至對我們反感的根源。這些說法，今天終於使我們自己，也使支持我們的艾森豪、杜勒斯領導的美國政府，陷於非常困難的境地。我們作此責難，絕非過甚其詞。多少年來，無論政府官員也好，民間人士也好，如遇到外國人，一百次中總有九十次會逢到「你們憑什麼反攻？」一類的問題。我們如果聰明一點，早就應該參透此中消息。至於其它更令人難堪的批評，我們實不忍在此引用。我們的政府，事實上明知時機未成熟，條件未具備，就早該注意到國際反應，少事叫囂，今天可能就不會受這樣屈辱，可能不會要自己親口來取消自己的立場。

政府的錯誤是在過去，但到了今天，實在處於無法抵抗壓力的地位，終於作此承諾，紙好不予深責。我們更不能因此責難杜卿、懷疑杜卿，他實在是受了我們政府的牽累，弄得無法替我們辯護，非拿這張白紙上寫黑字的聯合公報回去交代不可，我們豈能對杜卿的苦衷不予諒解！

這件事給予了我們一個深切的教訓。我們今後切不能安肆宣傳，爲了口頭之一時快意，而忽略了世界輿情之反應。現在，連美國也不敢違背世界民意，我們何能時時與世界輿情挑戰？而且，空口叫喊的宣傳效力，也是非常有限的，其得不償失，顯然可見。宣傳政策沒有改善，將來還會發生比這一次更爲嚴重的問題。

至於放棄主動使用武力這個問題本身，政府現已作了承諾，就祇有誠意的遵守。我們不僅在道義上不應對友邦作僞，我們的處境也不容許我們對友邦作僞。我們祇好保持一個也許較爲遙遠的希望：說不定有一天世界局勢會改變，到那時候友邦人士的觀念也會隨之而改變，並且自動的取消對我們的約束。至於在今天，我們焦急無用，催迫政府行動亦屬無利而有害。我們甚盼海內外反共人士都能認清現實，不要感情用事，以高調來增加當前國家處境的困難。我們現在，還剩有一個不受任何約束的前線，可以進行反共鬭爭，那就是政治的前線。本來大家早就說，反共鬭爭是三分軍事，七分政治，軍事既已不能主動，我們祇有設法在政治方面多加努力才是。

營利事業所得稅應該廢止

趙　岡

國內少數人士一再指出臺灣歷年來的稅制改革走錯了方向，新的稅制愈來愈注意內容的華麗，而忽略了實行這些稅制的經濟條件和社會基礎，愈來愈注意如何使稅制符合一個崇高遙遠的理想，而忽略了目前迫切的實際需要。許多人在討論或批評各種稅制的時候也往往不加思索地隨便就接受一個原則或目標。先進國家有的稅制我們就要千方百計去建立起來，否則便不足以表示我們經濟的進步。外國人認爲是好的稅制，在臺灣也一定是好的，雖然我們與人家的經濟社會條件有着巨大的差異。舉一個例子來說吧，一般人都覺得直接稅優於間接稅。其實這個原則並不是永遠正確。在某些條件下直接稅是優於間接稅，但在某些環境下直接稅未必優於間接稅。我常常想，在過去數年中，臺灣財政的最大功臣不是別的，而是我們的關稅收入。如果當初沒有這樣一個可愛的間接稅，如果當初我們就用現行的綜合所得稅或是營利事業所得稅取代了關稅，今天的財政，甚至於整個經濟是否能够維持現在這樣的一個小康局面，就是一件很值得懷疑的事。我們的關稅差別稅率符合公平原則，它的經征費用比各種各樣所得稅都小，征收確實，逃稅漏稅少。更重要的是它降低了臺灣的國民消費傾向，而沒有妨害投資與經建，對於經濟成長有甚大貢獻。這是所得稅所無法企及的。如果有人不相信我的推斷，儘可以做一次調查和研究。事實上我們確實有對各項租稅做一次通盤調查與研究的必要，作爲我們今後改善稅制的根據。譬如說，我們可以做一次小規模的分析工作，把各個樣本家庭的毛所得分爲若干階層(bracket)，然後根據各所得階層的消費內容，計算出各所得階層實際負擔關稅的有效稅率(effective rate)。其次我們再將各所得階層實際繳納的所得稅折合成有效稅率，然後比較兩種租稅的實際累進程度。更進一步，再從實際繳納的關稅中扣除估計的平均經征費用以及被稅吏吞沒的數額。從實際繳納的所得稅中減去估計的平均經征費用及被中飽的數額，將兩者的淨收入做一比較。如果我們能够有這樣一個統計數字，兩種租稅孰優孰劣立可判然。

我不接受直接稅絕對優於間接稅的說法，可是我也並不是斷然反對直接稅。將各種租稅的優劣短長加以綜合比較，綜合所得稅尚不失爲一種可取的稅制，儘管它不易公平實施，儘管它經征費用浩大，但仍然值得我們去努力建立。可是，有的「直接稅」，則沒有提倡的必要，甚至於應該反對。營利事業所得稅就是應該加以反對的一種直接稅。營利事業所得稅的缺點甚多，現在擇其關係最重大的幾點，簡單提出說明如下：

第一　臺灣現正從事生產建設，進行經濟開發。由於國民儲蓄薄弱，投資基金缺乏，我們的生產增加不够迅速。爲了要加速經建的步伐，我們應該動員各種可供使用的資金。但是營利事業所得稅却恰巧與我們目前的需要相違背。它打擊了投資的誘因，懲罰經營最有效率的企業而優渥經營效率不佳的廠商。一個商店和工廠的利潤收入，一部份可能做爲紅利分給各股東和投資人，另一部份則可能被用來從事擴充營業的再投資。如果政府對這二部份不加區分，一併課征所得稅，投資者的個人所得與其可能的消費固然被削減了，而用於再投資的基金也將同樣被削減。其結果將減緩經濟成長的速度。目前政府正費盡心血，傷透腦筋，要從各處羅掘資金，爲什麼偏偏用租稅政策來冲銷一部份這種努力的效果。除非是有更重大的理由，除非是毫無其他稅源可供利用，我們實在不應該對這筆可供投資的基金加以課稅。

第二　根據現行營利事業所得稅法，借貸欵項之利息，其應在本期內負擔者應予以減除，但資本之利息爲盈餘之分配者，不得列爲費用或損失而加以減除。這樣的一項規定將要嚴重地影響企業經營與籌措資金的方式。營利事業所得稅推行的結果，一定是鼓勵各企業採取借貸的方式來籌措所需要的資金，而減少以征募股金籌措資金的辦法。對於企業本身來說這是一種最不穩健的經營方式。企業倒閉與破產的可能性因此而加大。對於整個社會的金融市場來說，在沒有公司債市場的情形下，不可避免地將增加對短期流動資金的需求，迫使利率上昇。

第三　營利事業所得稅課稅的對象(或稱稅基)，不是實體而是帳面上一個複雜的會計概念。要對帳面上的利潤作一個精確的定義，或是要計算出利潤的確數，需要很多的「減免」和「減除」的步驟。納稅者往往就利用這許多「減除」定義的漏隙，零零星星的逃稅。更澈底的辦法根本是將整個的帳目加以更改，製造所謂「假帳」。既然是根據帳面上的數字課征，這許多逃稅漏稅的辦法就很難杜絕。而且稅務人員查帳、核算等手續煩瑣，經征費用甚大，而成績却未必理想。這許多都是人所共曉的事實，無須我在此多談。

第四　營利事業所得稅實際上是累退稅，它的稅負可以轉嫁，因此並不符合按能力納稅的公平原則。一般人往往以爲營利事業所得稅不發生轉嫁，其實這個看法不對。臺灣一般工商業的規模都很小，他們在決定商品售價時絕大多數是採用最簡單的平均成本計價辦法。在這種計價方式下，按營業總額課征的營業稅，與按純利潤課征的營利事業所得稅在實質上沒有什麼區別。現在讓我舉一個例子來說明這種情形。假設有某工廠製造並銷售一種商品，在課稅前該商品的單位成本是九十元，而這個工廠將售價定爲一百元，預留十元的 profit margin。再假設此時政府開始課征營利事業所得稅，和營業稅。營利事業所得稅是按純利潤課征百分之五十，在我們的例子中就是每單位商品獲利十元，而要繳納五元稅金。營業稅是按總營業額課征百分之五。在我們的例子中，每單位商品售價百元，將繳稅五元。此時兩者的情形完全一樣，一種租稅是按一百元總收入課征五元稅金，一種稅是按一百元中的某十元課征五元稅金。我實在想不出有什麼理由可以假設這個廠主將對每一百元總收入課征五元的營業稅轉嫁給消費者，而不把對這一百元中的某十元收入課征五元的營利事業所得稅轉嫁給消費者。這位廠主如果因營業稅之課征而將售價提高五元，他就有同樣充份的理由因營利事業所得稅之課征而將售價提高五元。在這種定價方法下，兩種租稅對於納稅後淨利，對於商品銷售量，對於生產成本等之影響完全一樣。我們沒有理由一口咬定營利事業所得稅是直接稅而營業稅是間接稅。這就好像是，當一個强盜在一家住戶中搶了東西逃去，如果强盜從窗子逃走失主就報警，如果强盜從大門逃走失主就不報警，一樣的滑稽，一樣的沒有道理。除非這位廠主有充份的把握可以利用其他途徑逃避營利事業所得稅，則一定會將這筆稅金轉嫁給消費者。既然營利事業所得稅不是直接稅，而可以轉嫁，我們何必對它如此偏愛？既然營利事業所得稅可以轉嫁，納稅人不是最終負稅人，累進稅率除了徒自增加征收與核算的手續外又有什麼意義？

以上所列舉的只是營利事業所得稅的幾點大弊病。此外尚有許多小缺點。但是營利事業所得稅與其他各種稅相比較，長處只有一個，那就是它的名字美麗動人。只要是被稱為「所得稅」的租稅，往往特別受人歡迎。

因此，我建議廢止現行的營利事業所得稅，而將利潤被當做紅利而分配給資本主的一部份（也就是變成資本主個人所得的部份）併入個人綜合所得稅中按某種標準重課之。這是比較澈底的解決辦法。萬一政府覺得已無可供利用的其他稅源，但為了收支平衡起見整個稅收又不能減少的話，我們也可以用另一種方式向營利事業課稅。下面我就提出一個新的稅制供財政當局參考，這個新的稅制雖然不能完全避免現行營利事業所得稅的全部弊病，但起碼可以避免一部份的弊病。

我所提議的稅制是按各營利事業的固定資本財（包括房地產、機器設備、生財器具）之數量課征定額租稅。這種稅制其實是一種「老式」的稅制，它與財產稅和淨值稅 (net worth tax) 很相像，却又不完全相同。某些人會覺得採行這種稅制是一種開倒車和不進步的做法，但是它實際上具有很多優點，下面我也分條加以簡單說明。

㈠福利經濟學家曾經根據學理構想出一種理論上的理想租稅，這種稅是 taxation according to the faculty principle。這種租稅一方面不是邊際課稅(marginal tax)，也就是說應納稅金之數額不因納稅者的經濟活動之多寡而變動，所以它只有所得效果 (income effect)，而沒有代換效果 (substitution effect)。因此，此種租稅之課征只會促使人民增加經濟活動，而不會減低工作的誘因，投資的誘因，也不打擊承擔風險、努力經營的企業家。在另一方面，這種租稅是以納稅人本身內在的或所具有的賺取所得的能力為根據來制定稅率，它可以根據納稅者賺取所得之能力(earning power)大小來定出差別稅率或累進稅率，所以它又是絕對符合平等原則的租稅。當然這是理論上的理想稅制。在勤勞所得 (earned income) 方面，這種稅制很難實施，因為人們賺取所得的能力極不易衡量。這種賺取所得的能力受智力、體力、教育程度、技術與知識的種類、社交能力、本人的特性 (personality)、家庭背景等等因素所共同決定，在理論上及實際都不可能有一個統一衡量與比較的標準。但是在財產所得方面，這種稅制的理想尚有幾分實現的可能。在一個自由競爭資源流動性完全的境界下，所有固定資產和財產賺取所得的能力與其本身價值的比例應該都是一致的。新的資財不算，既有固定資財的價值是由其孳息能力經過 capitalization 而決定的。如果能夠以既有固定資財的十足價值為標準來課稅，在理論上是符合上述原則。當然啦，在現實社會上，由於市場之不完全，資源流動性不大，未必能夠達到這種理想的境界。可是從另一方面來看，任何其他所謂公平的租稅也都未能達到絕對公平的境界。所以按營利事業的固定資產總值課稅，也不能算十分不公平。

這樣的一個租稅制度，不易發生轉嫁。一個工廠應該繳納的租金一旦由稅務機關按其固定資產總值而釐定後，則變成了該工廠的 overhead cost，它的生產量逾大，則單位產品負擔的稅金便愈少，如果廠主希望抬高售價而將稅金轉嫁，則銷售量將減少，而每單位產品負擔的稅金便愈大。換言之，這種租稅負擔變成了工廠固定成本的一部份，而不是可變成本的一部份。稅金不因總營業額或利潤額之變動而增減。而且這種稅制獎勵有效率的企業經營。假設現在有甲乙兩家紡織廠，機器設備與其他固定資產數量完全一樣，兩家工廠所負擔的稅金便也一樣多。但是甲乙雙方經營效率高低不一。甲的經營效率高，生產量多，利潤多；乙的效率低，生產量少，利潤也少。此時租稅便是對甲的一種鼓勵，對乙的一種懲罰。如果甲工廠能夠負擔租稅而還有大量盈餘，但乙工廠則將因負稅而虧蝕，那正足以證明乙沒有能力有效利用這些機器與生產設備。站在整個社會福利的立場上，乙正應該退出生產而將工廠盤讓與他人。政府的租稅不應格外去體恤乙工廠，反之正應該促使他早日退出生產界。

㈡這種租稅的第二種好處是它對於兩種企業籌措資金的方式無所歧視。這一點與營利事業所得稅不同。也與淨值稅不同。營利事業所得稅是優待以借貸方式籌措資金的辦法。淨值稅亦然。淨值稅是依據企業的淨值和股金而課稅，對於其他各種負債 (liability) 則減除之。這類租稅對於經濟都會產生不良的效果。如果我們改按企業的固定資產課稅，則無此種弊病。這種稅是從一個企業的資產 (assets) 種類來判斷其孳息能力，而淨值稅則是從企業的負債種類來判斷企業的孳息能力。很顯然的前者是比較合理的標準。企業的生產能力決定於該企業有多少機器設備和生財器具，而不是決定於籌措資金購買機器的方式。如果我們能夠採行按固定資產課稅，而對於企業籌措資金的方式無所歧視，則最後工商業一定將漸漸採取穩健的經營方式，多募集股金，少舉債或借貸。這樣的一個轉變對於金融市場和整個經濟的安定都大有裨益。

㊂這種稅制的第三個好處是不易逃稅和漏稅。營利事業所得稅是對會計上的一個概念或帳簿上的一項數字來課稅，這是一種很不易掌握與控制的稅基。如果只有在納稅者誠實不欺，企業會計制度普遍而健全時征收效果才能良好。如果這些條件都不具備，只企圖靠稽征人員「查帳」的辦法來防止逃稅漏稅，希望實在很渺小。造一本完整的假帳固然不是一件簡單的事，可是要去發現一本假帳，也是相當困難的事。而且這其間可能附帶發生的其他弊病還很多。如果根據營利事業的固定資產課稅，逃稅漏稅的情形不能說是完全沒有，但至少要少得多。固定資產如房屋機器、生財器具都是實體的東西，納稅人不容易將其藏匿，這樣的一個稅制改革，不但逃稅漏稅將減少，經征費用也要大爲降低。在新稅制下，應繳納稅金之多寡，都是在事先就可以根據固定資本數値而確定，然後每年分爲數期如數征收。於是估計、改正估計、暫繳、結算、退稅、復查這一大套煩瑣的手續都可以避免。財政當局如果就現在營利事業所得稅稽征的經驗，對逃稅、漏稅、稽征人員人力的消耗，各種報表印刷費用等項做一估計，就可以看出兩種稅制之間的懸殊。

㊃也許有人會提出質問，有的行業固定資產的比例大，有的行業則比例甚小，如果根據企業的固定資本量課稅，豈不是不利於固定資產比例大的工商業嗎？對於這個問題我的答覆是：這正是我所要提出這種稅制的第四個優點。大家都知道臺灣國民所得水準低下，儲蓄能力薄弱，可供投資的基金缺乏。在這種條件下，要使經濟成長的步伐加快，要想使一定數量的投資能創造最多的國民所得，就應該儘可能地多從事人力集約 (labor-intensive) 的生產事業，而少投資於資本集約 (Capital-intensive) 的工業。可是人力集約的工業並不一定就能提供最大的利潤。站在資本家追求利潤的動機下，有的時候願意從事固定資本比例大利潤率也大的工業。這就是私人利益與社會利益發生衝突的地方。在這些地方上就需要政府某種程度的干預。我們政府既然不能用計劃的方式指定私人投資的方向，那麼便只能利用各種政策，包括租稅政策在內，來影響與誘導私人投資的方向。假如今天臺灣有人想要投資建立一個「無人工廠」，政府的租稅政策便首先應該拿這個人開刀。原因很簡單，這樣的一個「無人工廠」除了能使資本主一個人賺錢以外，不能養活一個工人。(從馬克斯經濟學的觀點來看，這樣的資本家也許還值得獎勵，因爲他雖然沒有養活一個工人，可也沒有剝削一個工人)。我們對營利事業的固定資本課稅，正足以達成這種理想。建立了這種稅制以後，政府不但可以獲取收入，而且還可以影響私人投資的方向，使之符合整個社會的需要。

㊄也許有人會認爲對企業的固定資產課稅，不免與土地稅、房捐等稅捐重複，而造成重複課稅的不良現象。對於這個問題，我可以略加解釋。「重複課稅」是一個很糟糕的名詞，過去的經濟學家被它矇蔽了很久，最近十幾年來才逐漸弄清楚了這個問題，而擺脫了「重複課稅」的約束。事實上，百分之九十九點九的租稅都是對國民所得的重複課稅，以不同的名目，不同的形式，透過不同的繳納人對國民所得重複課稅。我們隨便翻開一本有關國民所得會計的書，就可以發現從國民生產 (national product) 走到可處分所得 (disposable income)，中間在不同的階段上減除了所有的間接稅和直接稅。這表示這許多間接稅和直接稅都是來自國民所得，不過方式不同，名目不同而已。當你從會計處領到本月份薪金的時候，你的所得在個人所得稅的名目下被課稅了。當你拿着薪水到大世界看電影的時候，你的所得便在娛樂捐的名義下被重複課稅了。當你在街上買東西的時候，你的所得又在營業稅、貨物稅、營利事業所得稅諸名目下被重複課稅了。當你的太太拿着你的薪水上菜場時，你的所得又在屠宰稅名義下被重複課稅了。總之，重複課稅的事是隨時隨地都在發生。甚至於累進稅率本身就是一種變像的重複課稅。所謂「五千元以下者課征百分之五，超過五千元至一萬元者，就其超過額課征百分之六」，不過等於是「五千元以下者課征百分之五，超過五千元至一萬元者，就其超過額課征百分之五，再重複課征百分之一」而已。「重複課稅」無法避免，也無須避免。主要的關鍵是：我們希望以什麼方式，依什麼標準，對什麼人來重複課稅。

以上是我所建議用以代替現行營利事業所得稅的一個新稅制，以及它的諸種優點。當然世界上沒有十全十美的稅制。這樣的一個稅制也有它的缺點和困難。它和一般財產稅一樣，主要的困難在資產估價的問題上。如果要依賴各企業的資產負債表作爲根據，則將發生許多營利事業所得稅所遭逢到的難題。如果由稅務機關獨立估計，則牽涉到許多技術上的問題，例如估價人的能力和訓練。對各種機器設備的知識，估價人的廉潔和操守等等，都是重要的條件。我在此提出這一個問題，並不是覺得這個缺點無法解決和消除，而是覺得這點特別值得注意。萬一將來有一天施行這種稅制，在資產估價問題上就要愼重考慮。也許可以沿用舊有的評議委員會的方式或是其他的公平估價辦法。其次是稅率的問題，原則上應該儘量求其低。我們不妨採取固定一致的比例稅率。如果大家認爲有採取差別稅率的必要，或是對「累進稅率」有特別的好感，則採取差別稅率與累進稅率也未嘗不可。

前面所談的是有關營利事業所得稅的一些理論問題。瞎摸索固然不好，儘憑理論來建立稅制也是不妥。我們需要一些實地的資料。一種租稅的效果與影響，隨各國的社會環境、經濟條件以及其他因素之不同而互異。單憑一點概括的理論和印象來建立稅制是不够的。最好的辦法是多搜集實地的資料和統計數字，透過了科學整理與經濟分析，然後找出今後改良稅制應該遵循的方向。僅僅是把每年稅收數字加到一起，編製出每年各種稅收總額的報表還不够。最好能够把原始的稅務資料，按各種需要，經過某種整理的過程，這樣就可以供經濟分析之用。希望財政當局今後在這方面能多努力。好的研究工作，與創辦稅務人員訓練班的工作相比較，同樣的具有其重要性。

分析中美會談結果及「不使用武力」聲明

施治華

美國務卿杜勒斯與主管遠東事務助理國務卿勞勃森，於十月二十一日至二十三日這三天期內，在臺北與中國當局舉行了一次中美防衞條約第四條所規定的高級理事會議。這一會議雖說仍在中美防衞條約的範疇內舉行，但這一會議的眞正性質及其所商討問題的重大，顯然不是中美防衞條約過去幾次理事會議所能比擬的。

在這一會議沒有開始之前，全世界曾對這一會議作過各種各樣的揣測。在這一會議進行期中，發自臺北的外國電訊，也曾對這一會議有過不同的傳說。現在這一會議已正式結束多日，聯合公報也已公諸於世，而各方對於這一會議的看法與解釋，顯然亦是並不一致的。在此我需要先表明一點：至本文執筆時止，除了從參與這一會議的各方所公開發表的談話及聲明，以及最後那一聯合公報外，我對於這一會議的實際內容，所知者並不比其他人更多。我不知道這一會議在實際問題上還討論了些什麼，也不知道在某些重大問題上這一會議商討經過情形如何。但僅就會後所發表的聯合公報之內容來作瞭解，這一會議有非常成功而使人感到滿意的，也有非常失敗而使人感到沮喪的。尤其站在外交談判的立場來說，我們在某些重大問題方面的缺乏堅持，遽作不必要的讓步，使我們今後在政治及外交上實處於一種非常困難的地位。

這一會議使我們深感滿意的是，就是經這次會議之後，中美兩國間的互信互賴及團結合作的信心，遠比過去更爲加强。事實再一次證明，中美兩國的友誼是顚撲不破的，不會被別人挑撥離間所中傷的；事實也再一次證明，中美兩國之間沒有什麼誤會和意見爭執不可用開誠佈公的會談來解決的。最近不久，大陸共匪政權因鑒於美國當局對臺灣問題所發表的若干含義欠淸的辭句，竟動起邪惡腦筋，揚言美國將不忠於中華民國政府，橫施誘騙威脅慣伎，忽而宣布停火，忽而又恢復炮轟，並製造「直接談判」謠言，企圖在海內外造成一種錯誤印象，離間我們與美國盟邦間的情感。共匪甚至自我欺騙，想入非非到如此程度，竟至於在彭德懷所發的第二次停火令中，用「不懂」「不懂」這類得意忘形的字句麻醉其下級幹部，以爲北平這些「活寶」將會玩出什麼大花樣。現在事實證明，共黨這一離間詭計是完全錯了。正如中美這次會議的聯合公報所表示，不但中共的炮火及軍事威脅無傷於中美團結的毫毛，即共黨這種慣常所用的政治把戲，也在中美兩國共同團結一致的面前宣告澈底崩潰。中共這種離間之計的失敗，正如它對金門外島炮轟失敗是一樣的慘。

就事論事，共黨用離間之計來企圖破壞中美雙方情感，是最笨拙不過的。因國與國間，政府與政府間，正如人與人間一樣，要想完全免除一切爭執與歧見，簡直是根本不可能的。今日中美兩國之間，假若要說對任何問題都具有一致的看法，雙方毫無爭執，那亦不是事實。但中美兩國間過去和未來所產生的任何誤會和爭執，都將不會成爲妨害兩國友好合作的一種障碍，這在過去如是，今日如是，將來亦如是。共匪沒有看淸這一問題的本質，亂扯一陣，所以結果不但沒有達到破壞中美合作的目的，反而使中美兩國間的誤會和爭執由此更易得到補救。假若它將來還要使用這一慣伎，那麼它的必然失敗亦是照樣。何以中美兩國間的這一友誼是不能被離間的？第一，中華民國現在這個政府已和美國合作了數十年，大家都有一種息息相關的感覺。第二，美國今日的艾森豪與杜勒斯的外交，是一個有原則的外交，絕不會輕易犧牲一個盟邦。第三，今日中美兩國之間對於國際間若干重大問題，如恪遵聯合國憲章和維護國際和平等，都有一種共同認識。第四，也許最重要的，中美兩國之間具有一種互信互諒的精神。我們信任美國政府，美國政府亦信任我們；我們諒解美國的處境，美國亦諒解我們的想法與希望。這次聯合公報又一次充分證明中美之間有這種互信互諒精神存在。祇要中美之間這種基本精神能善加維護並不斷予以加强，我們相信沒有一種什麼外力會破壞和離間中美兩國團結的。中美兩國的團結不被破壞，中國與自由世界的團結亦不會被破壞。

在談過這一會議的成功與滿意的一面之後，讓我再來談這一會議的失敗與不能令人滿意的一面。這就是在這次聯合公報中，我們比過去任何一次的官方表示更露骨的宣布我們不對已失去的大陸使用武力。這一段聯合公報的原文如此說：「中美兩國政府重申其維護聯合國憲章原則之決心，並鑒及兩國現正履行之條約係屬防禦性質。中華民國政府認爲恢復大陸人民之自由，乃其神聖使命，並相信此一使命之基礎，建立在中國人民之人心，而達成此一使命之主要途徑，爲實行孫中山先生之三民主義，而非憑藉武力 (not the use of force)」。這一段話說得委曲婉轉，相當考究用字的藝術，但終究無法掩飾文中眞正的含義，要我們正式宣布對大陸放棄使用武力。老實說，當我看到這一聯合公報中赫然出現「不使用武力」字樣時，我眞有一種說不出的震驚。我絕未想到在這次會議中會認眞討論到這一問題；亦絕未想到在這一聯合公報中會公開提出這一問題；更絕未想到我們在這樣一個重大問題上竟作如此草率決定。我實在想不出政府爲什麼要在這樣一個會議，在這樣一個時間，對這樣一個問題作了如此的讓步。政府也許覺得這一說法根本無關緊要，沒有多大意義，那麼我要明白指出政府這種態度是錯誤了。政府也許覺得雖然有此聲明，我們於必要時對大陸使用武力亦可作別的解釋，那麼我亦要指出政府是錯了。

不論政府對此問題的實際看法如何，不論政府是否已充分瞭解到這一聲明的嚴重含義，我深切覺得政府已鑄成了一項歷史性的大錯。

這一聲明發表之後，我看出政府對這一事情猶採取一種自我解釋與輕描淡寫的作法，認爲聯合公報僅指出「主要途徑」不使用武力，我們還可用「次要途徑」使用武力，還可等待大陸上匈牙利情勢的發生。我認爲這種解釋，也是無補實際的。我不相信美國在未來會把「使用武力」解釋爲「次要途徑」，也不相信大陸上一有匈牙利情勢發生我們就有使用武力的機會。因要把匈牙利情勢解釋爲大陸同胞對共黨統治的抗暴運動，那麼這種情勢在過去和現在經常發生，我們就應該早已使用武力；假若把匈牙利情勢解釋爲一種全大陸普遍性的武裝反共運動，一如一九五六年底匈牙利所表現者，那麼大陸上發生這種情勢的可能至少在眼見的將來就並不太大，那麼我們竟要等待到何時？反共鬪爭固然需要審愼持重，以腳踏實地的作風，先培養充沛的實力，準備作長期持久打算，但我絕不願見我們「公開」對大陸放棄使用武力。同樣我也認爲反共戰爭是七分政治，三分軍事的戰爭，政治效用比軍事力量更重要，但絕不是說要完全不要武力。能否具備以武力實行立卽反攻的條件是一個問題，根本放棄以武力反攻大陸的權利又是另一問題。我很難想像我們對大陸宣布放棄使用武力，並最後導致中共對臺灣宣布放棄使用武力後，我們的反共戰爭勢將演變成何種僵局。

退一萬步說，假若環境逼迫我們最後非對大陸宣布放棄使用武力不可時，我們也得提出我們的條件。我們應要求美國更進一步的保證，在十年至十五年以內根本不談承認中共的問題，而且要在這一方面要求得美國兩黨一致的諒解，使其不承認中共政策成爲一個美國的兩黨政策。同時我們亦應要求美國有一個堅定不移的臺灣政策，不論在任何時候都不能因受外來壓力而行動搖。在這次談判中，我們顯然沒有提過這些要求，甚至根本就沒有想到由付出這一重要代價而爭取更有利於我們作長遠奮鬪的條件的任何打算。當十月廿四日美國務院官員向衆院外委會小組會報告過這一會談公報的內幕以後，有記者問該小組會主席薩布勞基：「誰是這一會談的勝利者？」薩略一沉思：「我想是杜勒斯。」這可見當杜勒斯從中華民國手中取得一種重大的外交讓步時，他並未對我們付出像樣的報酬。有人也許覺得我們也得到了報酬，那卽是「美國確認中華民國爲自由的中國之眞正代表，並爲億萬中國人民之希望與意願之眞正代表。」但這話說得太抽象了。在我個人看來，我們對大陸的應否放棄使用武力，是我們對美外交談判中的一項主要武器，是一襲護身甲；今我們在還未正式走進與美國的主要談判以前，就已先放棄了這一外交武器，而未換得我們所需要爭取的條件，正如在上牌棹以前就先攤牌一樣，試問這種外交是怎麼辦的？試問在未來長久的歲月中，假若美國因抵不住外界壓力而繼續有求於我，我們又將如何肆應？

從美國一方面說，在這次臺北會談公報中竟要求公然寫出「非使用武力」字樣，在外交上亦犯了同樣的錯誤。據近來若干跡象表示，美國現正亦要求中共對臺灣放棄使用武力，並從各種途徑迫使中共對此實行退讓。我雖然不瞭解華沙會談的詳盡情形，但以常情判斷，中共亦同樣以此作手段，向美國施用敲詐詭計。果如是，那麼美國現在竟先壓迫臺灣公開表示對大陸放棄使用武力，豈能謂之爲一種明智？事實很明顯，假若過去共匪是以臺灣放棄對大陸使用武力作爲它放棄對臺灣使用武力的條件的話，那麼現在它便可提出新的條件了。所以我覺得縱使這次臺北會談不能不觸及這一不使用武力問題，也祇能把這一點作爲雙方一個秘密諒解，以待局勢發展，絕不能立卽公開形諸於官方文書。因此，就是單從外交技術來講，杜勒斯國務卿的這種燥切急迫，顧得東來顧不得西的態度，也是一種大錯特錯。

我現在非常不解的是，何以在這次會談中杜勒斯一定要提出這一問題？何以一定要把這一協議予以公開？我不相信目下一種流行說法，認爲這一做作是爲了應付美國的選舉。但我却相信一個事實，卽今日艾森豪政府實在不願見因我們反攻大陸而引起三次大戰，而把美國拖下水去。我們過去曾一貫表明，我們恢復大陸自由的鬪爭，根本不會牽涉美國在內，根本不需要美國的人力支援。這自然也是事實。不過我也得着重指出，今日美國這種傾向，多少也和我們官方過去亂喊「反攻」與「三次大戰」以致在美國輿情中造成一種錯誤印象有關。反攻是一種有計劃、有步驟、穩紮穩打運用機智的工作，絕非祇是口頭上亂喊亂叫的工作。這次臺北會談的結果，對我們這種態度便是一個很大的教訓。

固然說放棄使用武力並未改變反共抗俄的基本目標，但它實質上改變了達到這一目標的戰略與策略，也改變了這一鬪爭的基本形勢，不啻公開承認共匪僞政權爲一事實上的，接受了和平共存的這一說法，一如東西德南北越，和南北韓的情形一樣。我堅信今日中華民國政府是代表整個大陸的政府，今日立委諸公也是代表大陸四億五千萬同胞而非代表自己，因此我覺得立法院實在有權對這一問題說話。因爲這種事情假若要發生在西方各國，不僅將引起外交政策的激烈爭論，而且還可能會造成一次嚴重的倒閣危機。

總之，我這種說法，並非故意給政府爲難，蓄意從鷄蛋中找骨頭，我完全沒有這種意思。相反的，我是非常體諒政府的處境，非常瞭解在此時此地決定一個政策，實在頗不容易，實在有說不出的苦衷。但我仍然要說在這一放棄使用武力一事上，政府是犯了原則上的錯誤，犯了外交技術上的錯誤，也犯了認識上的錯誤。

讓胡適牽着鼻子走是好漢嗎？

金承藝

胡適之先生常說：「讓孔夫子牽着鼻子走，不是好漢；讓朱夫子牽着鼻子走，不是好漢；讓馬克斯、恩格斯牽着鼻子走，更不是好漢。」正因爲他常說這句話，所以一些一向就反對胡適的人，在他們看到很多人受了胡適之先生的影響，對胡適之先生表示崇敬的時候，這些人之中有的就在說：「難道讓胡適牽着鼻子走，就是好漢了嗎？」對了，這說法看上去好像也有道理，因爲，既然讓孔夫子、朱夫子、馬克斯、恩格斯這些人牽着鼻子走，都不是好漢，現在如果讓「胡夫子」牽着鼻子走，又將做何解釋呢？

我以爲這個問題實際上包括着兩點：第一是胡適之先生是否有意的、甚或是無意的用他日常的言論和主張，在牽着別人的鼻子走？第二是很多受胡先生影響、對胡先生崇敬的人，他們是不是在被胡先生牽着鼻子走？

爲要瞭解這兩點，我以爲我們首先應該先看一看胡適之先生日常的主張是甚麼？和他特別强調的一些觀念是甚麼？

自五四以來，也就是自胡適之先生開始對中國文化界能够發生影響以來，直到今日，不應被人曲解的胡適主張是：他一向强調的「大膽的假設、小心的求證」。他認爲做學問、求眞理應有懷疑和挑戰的態度；他特別鼓勵「重新估定一切價值」的精神。他時常强調著「東萊博議」的呂祖謙的話—「善未易明，理未易察」。他時常闡揚他的同鄉先輩戴震（戴東原）的警語：「勿以人蔽己，勿以己蔽人」。他自己常說：「一切主義，一切學理，都該研究，但只可認爲一些假設的待證的見解，不可認作天經地義的信條，只可認作參考印證的材料，不可奉爲金科玉律的宗教；只可用作啓發心思的工具，切不可用作蒙蔽聰明停止思想的絕對眞理」。他自己常說：「我提倡懷疑，我一生反對武斷主義，反對一切教條主義。我相信，一個自由獨立的人，對於一切思想、一切主義、一切信仰，必須先懷疑而後可以相信，必須仔細考究而後可以相信。我到處宣傳科學大家赫胥黎 Huxley 的話，我們『必須要嚴格的不信任一切沒有充分證據的東西』，對於一切信仰，必須說：『拿證據來』，凡是經不起懷疑的東西，都是靠不住的」。

從胡先生常說的這些話，從他經常强調的這些意見，我們不難對前面的兩個問題都得到解答：

一　胡適之先生希望任何人不要被人牽着鼻子走，這其中自然也包括着不被胡適牽着鼻子走。他非但不要牽着別人的鼻子走，而且他不斷的給人提醒，給人吃「抗毒劑」、給人打「預防針」，生怕人陷入「被人牽着鼻子走」的錯誤途徑。這正如他在民國十九年所寫「介紹我自己的思想」一文中最後一段所說的：我自己決不想牽着誰的鼻子走，我只希望盡我微薄的能力，教我的少年朋友們學一種防身的本領，努力做一個不受惑的人。

二　胡適所以能在近代中國文化界發生這樣大的影響，相信他的提倡白話文與他的把紅樓夢考證出來是出於曹霑（曹雪芹）之手，把醒世姻緣的作者考證出來，原來就是寫聊齋誌異的蒲松齡等等還都是「小焉者也」，而一般人之所以崇敬他，就是因爲他給人吃「抗毒劑」，打「預防針」，他啓示人以科學的方法和態度，使人不致被別人牽着鼻子走。雖然，科學的方法和態度，並不是胡適發明的，但他却是近代在中國大聲疾呼、發聾振聵的提倡這種方法和態度的人。他給了青年們開啓眞理和知識之門的「金鑰匙」，儘管有了「金鑰匙」也還須要不斷的努力才能採取那寶庫中的果實，但他至少引導人們選擇了一條最正確的道路，讓人們不致陷入武斷主義的陷阱，不致誤入教條主義的迷途！胡適這個人，就是給人吃「抗毒劑」、打「預防針」的大夫。他使很多可能受瘟疫傳染的人，得到了免疫性。

胡適闡揚的這種精神，實際上可以說是求知求學的不二法門，它讓我們要極小心、極審愼、不可輕易的對學問、對事物求下結論。即或是一個有證據支持的結論之獲得，這個結論也還要時時與新的、更進一步探討所得的證據和結果相印證和修正。所以，凡是一個具有胡適所闡揚的精神的人，他都應該修養成客觀的、冷靜的、理性的、探討的、經驗的、實證的、獨立的、批評的、反權威的、反盲從的、反武斷的、反教條的精神和特質。

在提倡科學方法的同時，胡先生更不遺餘力的宣傳民主與自由的眞義，在目前，有識見的人士雖已公認民主與自由是全世界所要選擇的正確方向，但在四十年前的中國，雖已經過「立憲」的風潮，雖也有「民權」之說的提倡，但在骨子裏仍是張之洞「中學爲體，西學爲用」的謬誤思想，對於民主和自由並無正確的深入的了解。即使在今日的中國，民主和自由又何嘗無時無地不在被惡意的曲解或詆毀着。胡氏可以說是近代中國最早發現西方近三百年來文化長足進步的基本原因—民主政治與自由主義，民主政治使國家的政治制度納入流弊最小的常軌，自由主義使個人能力得到高度的解放，因而產生近代科學和學術的激進。胡適之先生獨具慧眼的看到了西方文化的精髓，他一貫的、不懈的鼓吹和闡揚民主與自由，認爲中國要想進步，要想現代化，也必須要走這一條道路不可。這一點是最值得我們崇敬的。四十餘年的努力，中國如果還能有一點民主幼苗的孕育，胡適的功勞是不可抹殺的。這也就是國內和世界人士所以把他這「一介書生」目爲中國自由主義的代表人物和象徵的原因。

（下轉第21頁）

評蘇俄集團與南共「綱領」之爭

金一鴻

一　引　言

共產黨人的思想發展，到了目前階段，可說已經進入了一種「瘋狂型」的狀態了。

所謂瘋狂型的狀態，就是說：對于世界一切事物的理解，祇有共產黨人的獨裁者的話才是「眞理」，反之則否。

因此，在行動上，你積極一點，它說你是左傾；你消極一些，它說你是右傾。在言論上：共產黨人以外人的批評，它說是資產階級的理論；共黨集團以內人的指責，它說是修正主義者！

可是不幸得很！這個瘋狂型的共黨思想的領域中，最近却發生了一件十分尷尬的醜事，那是有關與南斯拉夫「綱領」問題底爭論。

就南斯拉夫來說，它一方面自稱爲共產主義者聯盟，而且，它又是一九五七年十一月莫斯科共黨集團會議的「和平宣言」的六十四個簽字國之一。因此，說它是屬于共黨集團範疇的國家也不爲過。另一方面，南共綱領上却一再否認它是屬于「東西兩個集團」體系以內的國家，同時，根據五月十七日美國「星期六晚郵報」編輯涅斯特．豪塞爾的「我們對南斯拉夫的賭注是否上算」一文上的報導：「美國到現在爲止，對狄托的獨立，投資了將近十五億美元：約七億美援的經濟援助，加上七億八千萬美元的軍事援助」。而一九五八年六月一日出版的中共的「紅旗」第一期上，陳伯達的「南斯拉夫修正主義是帝國主義政策的產物」一文又把它誇大成爲三十億美元。因此，你說它是全面地屬于共黨集團一環的國家也不很恰當。在這樣一個綜錯複雜的關係中，唯一可以解釋的：它是從共黨集團中分裂出來，加上美援的培養而逐漸地形成了的一個「民族共產主義者」，同時，它也是一個從理論走向實踐過程中的「機會主義者」的國家。

就共黨集團來說，南共的存在和發展，確是一個四十年來所遭遇到最感頭痛的一件大事！誠如南共綱領序言上所說：「南斯拉夫共產主義者聯盟綱領是對現代世界矛盾的分析。它確定了南斯拉夫共產黨人對世界的社會、經濟和政治關係一般問題的觀點和立場。」所以，對于蘇南綱領之爭的問題，似乎不能單純地把它看做是兩國外交關係上的惡化，因爲它不僅在行動上撕破了莫斯科會議所形成的所謂共黨集團的團結新陣容；而且它在理論上還深深地掘掉了馬克斯、列寧、斯太林主義思想體系的老根！

蘇南綱領之爭是這樣形成的：一九五八年三月十三日，貝爾格萊德發表了一個「南斯拉夫共產主義者聯盟綱領草案」，準備提出于四月二十二日舉行的南共第七次代表大會加以討論，事前南斯拉夫並曾邀請共黨集團的蘇俄及以次的各附庸國派遣代表團參與會議。其中除了阿爾巴尼亞、羅馬尼亞、東德等三國因爲另有原因拒絕出席外，所有蘇俄集團的共產黨和工人黨的代表團，均經應邀到達了貝爾格萊德。可是在四月十九日蘇共中央的「共產黨人」雜誌第六期上，忽以費多謝耶夫、波麥洛夫、契普拉科夫等三人的名義，發表了「評南斯拉夫共產主義者聯盟綱領草案」一文，把它認爲是同馬克斯列寧主義的理論與實踐，同世界共產主義運動的理論與實踐顯然是有分歧的。」「在一系列極重要的問題上，是同一九五七年十一月各國共產黨和工人黨代表會議上通過的宣言和和平宣言中的估計相違背的」的東西。接着，蘇俄又脅同了它的附庸國們，包括中共、波蘭、匈牙利、保加利亞、北韓、蒙古、北越、以及瑞典、法國等共產黨，拒絕派遣「兄弟」代表團出席會議，作爲抵制。

蘇俄共黨集團的這兩下子手法，無疑地在顯示着一種企圖：一面想以理論上的指責，影響正在討論中的南共綱領草案―從而修正其觀點；一面用行動上的威脅，迫使南共知難而退，重行對共黨集團低頭。

但是蘇俄共黨集團的這種企圖，在實際生活上是落空的。反之，南共綱領却順利地通過了大會，並交「定本工作委員會」作最後之處理。而南共第二書記兼南國副總統的蘭科維克，于四月二十三日在大會上所作的反擊，也是辭鋒銳利，咄咄逼人。因此，馬上引起了當時以觀察員資格列席大會的蘇俄駐南大使查姆契夫斯基，以及其他附庸國的大使們的憤而退席。之後，蘇俄又宣布終止了伏羅希洛夫的南國訪問，與蘇南貿易協定會議的再擧行，和赫魯雪夫在索菲亞保共大會上對狄托的攻擊。南斯拉夫對于蘇俄共黨集團的這種挑戰：一面是狄托于六月十五日在伊斯特里亞礦工大會上的反駁，他說：「蘇俄集團所發動的反南斯拉夫運動，主要理由是：因爲我們去年十一月拒絕簽署莫斯科的十二國共黨宣言，並因我們反對將世界分成數個陣營而拒絕參加社會主義陣營之故。」狄托又總結地說：「南斯拉夫做了俄國自己想做的事――自美國獲取借款――而受俄國譴責，那是非常不合理且是可笑的。……眞理終必獲勝，我們決不因俄國攻擊南國之故，而脫離我們的社會主義組織的路線。我們不欲鬪爭，但當事情臨到我們頭上時，我們必起而奮鬪。」另一方面，南共並大擧拘捕南國的親蘇份子，用以淸除反側。接着，蘇俄又以「殺鷄嚇猴」的方法，于六月十七日處決了前匈牙利總理納琪，和國防部長馬萊特諸人作爲報復。而狄托的反擊，是對匈的抗議和對蘇的譴責。于是蘇南之間的關係，從一九五六年赫魯雪夫于蘇共第二十次大會上批判斯太林，和移樽就敎貝爾格萊德所換取得來的一度彌縫的裂痕，雖然在莫斯科會議時就已經露出齟齬了，但由此始正式地再度陷入了「大交惡」之中。

二　蘇南爭執的幾個基本問題

依據近日的資料來看，蘇南綱領之爭，主要地牽涉到如下的幾個根本問題。

甲　關于國際關係的矛盾問題

一九五七年十一月莫斯科共黨集團會議結成了兩個重要宣言：一個是執政的十二個共產黨和工人黨的宣言；另一個是在野的六十四個共產黨、工人黨和社會黨的和平宣言。其中唯一例外的是南斯拉夫，它是個執政的共黨，却簽字于在野黨的和平宣言之上。

在這兩個宣言中，有一個相同之點，即是把目前國際關係上之所以形成矛盾的一切責任都推給了西方國家，尤其是美國方面。十二國共黨宣言上說：「美國的帝國主義侵略集團，力圖依靠所謂『實力地位』政策統治世界上的大多數國家，並且企圖阻撓人類按照社會發展規律前進。它們打着反共的幌子，力圖消滅民主自由，威脅發達的資本主義國家的民族獨立，想要以新的形式給已經解放了的人民重新套上殖民枷鎖，並且經常不斷地對社會主義國家進行敵對的顚覆活動。」和平宣言上又說：「對和平事業的威脅，對各國人民安全的威脅是來自何方呢？熱中于戰爭的和幻想戰爭的是在兩次世界大戰中，在目前的軍備競賽中大發横財的壟斷資本集團。……一些資本主義國家的統治集團在壟斷資本，尤其是美國壟斷資本的壓力下拒絕關于裁軍，禁止核子武器及其他防止新戰爭的措施等建議。」費多謝耶夫等「評南共綱領草案」一文上也說：「大家知道，戰爭威脅的根源在于帝國主義的本質。」凡茲說法，都是本諸列寧的「帝國主義論」而來的。可是這個論點都給南共綱領一一加以否定了。南共綱領認爲：一切的存在，完全是由于「利益範圍」和「勢力範圍」的作祟。南共綱領上說：「劃分勢力範圍的方法和其他類似的政治形式早已在德黑蘭、雅爾達、和波茨坦同盟國首腦會議上就已經出現，而且戰後繼續存在着。」又說：「勢力範圍毒化了（並繼續毒化着）國際關係。德國、朝鮮、和越南的人民生活在分劃爲擁有不同社會制度和人爲界限的國家裏，它們是公開衝突潛在的策源地。」南共綱領上並直截指出：「北大西洋公約組織之所以形成，完全是斯太林侵略政策的結果。」南共綱領這種論點，不僅否定了它在一九五七年十一月所簽署的莫斯科和平宣言，同時，也否定了一九五六年六月二十八日狄托訪蘇之後在貝爾格萊德羣衆大會上所發表的演說。這是蘇南綱領論爭的焦點之一。

乙　關于資本主義過渡社會主義問題

關于從資本主義過渡到社會主義的問題，在共產黨人的理論上，馬上接觸到如下的三個要領：

第一、關于無產階級革命問題；

第二、關于無產階級專政問題；

第三、關于共產黨領導問題。

首先，是無產階級革命問題。從資本主義過渡到社會主義，無產階級的獲取政權，必須經過革命這一步驟，這原是馬克斯恩格斯的主張。例如恩格斯致丹麥社會民主黨人特里爾的信上說：「無產階級不經過暴力革命不能奪取自己的政治統治（這是到新社會的唯一門戶），這點，我是同意的。」（馬克斯、恩格斯書信選集」，一九五三年版第四一六頁）列寧又說：「資本主義自己替自己造成了掘墓人，自已造成了新制度底原素，但同時這些單個的原素若不經過『突變』，便絲毫也不能改變一般實際情形，不能觸動資本的統治。」（列寧全集第十六卷，第三一八頁）接着，斯太林在「論列寧主義的幾個問題」一文中說：「如果以爲可用和平方式，在適應于資產階級統治的資產階級民主制範圍中來實現這樣的革命，那就是精神錯亂，神經失常，或者是公然無恥地背叛無產階級革命了。」（列寧主義問題第一六九頁）但南共綱領把這些論據又加以否定了。南共綱領上說：「在革命的社會主義改造的同時，還進行着資本主義改造爲社會主義的進化過程。」這就是說，南共綱領一方面不否認蘇俄已經存在的事實；但另一方面又說：「近幾十年來馬克斯主義思想落後于現代社會的發展了。」因爲馬克斯主義思想是一種「過時」的貨色了，所以，現代從資本主義過渡到社會主義就不應該用暴力革命的方式，有它的「進化過程」。這個進化過程的道路，主要是由于「國家機構爲獲得其獨立職能，往往把自己置于社會之上，並且表現出限制私人資本作用和工人階級作用的傾向」。因此，就資產階級方面來說：「壟斷資本巨頭在他們掌管的某些部門中日益喪失其原有的完全獨立的作用，而壟斷資本的某些職能在越來越大的程度上轉交給國家。」就工人階級方面來說：「工人階級，爭取政權中的領導作用，將國家機器變爲社會的公僕，可以實現從國家資本主義向社會主義的過渡。」

其次，是無產階級專政問題。所謂無產階級于奪取政權之後必須實行「專政」之說，並非馬克斯的論據。反之，它倒是列寧的教條。列寧在「國家與革命」上說：「必須了解，一個階級的專政不僅爲一般階級社會所必需，而且爲從資本主義過渡到『無階級社會』過渡到共產主義的整個歷史時代所必需。」（列寧全集第二五卷，第三八四頁）。斯太林在「論列寧主義的幾個問題」上又說：「沒有强力革命，沒有無產階級專政，是否可以實現這種根本改造資產階級舊制度的事業呢？當然是不可以的。」（列寧主義問題一書第一六九頁）可是南共綱領又把這個觀點否定了。南共綱領上說：「解決從資本主義向社會主義過渡時期的矛盾，首先意味着解決這些問題，這就能够保證社會主義建設的各種形式不斷前進。」那末，這些「矛盾」是什麼呢？就是「行政集中領導是過渡時期，歸根結蒂也就是社會主義本身所固有的矛盾。」而且南共綱領把反對官僚主義和發展民主制聯系起來。這就是說：因爲專政，所以沒有民主；由于沒有民主，于是就產生了官僚主義。爲要反對官僚主義，必須發展民主；爲要發展民主，所以反對專政。因此，南共綱領上認爲：行政集中領導(卽專政)是資本主義過渡社會主義的本身固有的矛盾。要不得！

再次，是共產黨領導問題。共產黨人不僅主張無產階級專政，而且一口咬定這個「專政」必須要由共產黨來領導。列寧說：「黨——這是無產階級直接掌握政權的先鋒隊，是領導者。」(列寧全集第三二卷，第七六頁) 費多謝耶夫等的「評南共綱領草案」一文又說：「歷史經驗告訴我們，用馬克斯、列寧主義立場對現代社會發展所作的分析表明：無產階級在它的先鋒隊的領導下奪得國家政權，建立工人階級的政治統治，建立這種或那種形式的無產階級專政，依靠這個政權把生產資料變爲全民的、國家的財產，進行社會主義改造。」這一提示已經非常明顯地指出：所謂無產階級革命，與無產階級專政，乃是共產黨利用它的名義，作爲奪取政權的手段。但南共綱領上大力地反對這一說法。南共綱領上說：「認爲共產主義政黨可以壟斷社會主義運動的每種形式，並認爲社會主義只有在這些黨裏也只有通過這些黨才能體現出來的觀念，在理論上是不正確的。在實踐中也是十分有害的。」。所以，南共綱領堅決地反對「黨」的領導。南共綱領不僅反對「黨」的領導，它尤其反對「個人崇拜」。它說：馬克斯、列寧主義……變成了斯太林的「個人獨裁」，而且說蘇俄領導人「在理論上與思想上爲個人崇拜辯解」。這是蘇俄綱領論爭的焦點之二。

丙 關于國際主義問題

國際主義是目前共黨集團認爲非常重要的一個課題。列寧說：「眞正的國際主義，只有一種：這就是竭誠工作來發展本國的革命運動和革命鬥爭，毫不除外地幫助(以宣傳、同情和物質來幫助)所有各國中同樣的鬥爭，同樣的路線，而且只有幫助這種鬥爭和這種路線。」(列寧全集第二四卷第五四頁)去年十一月莫斯科會議並把它結成了一種新形勢：「十二國宣言」上說：「世界社會主義體系各國之間以及世界各國共產黨和工人黨之間相互關係的基礎，是爲生活所考驗過的馬克斯列寧主義原則，是無產階級國際主義原則。」和平宣言上又說：「會議是在密切合作和眞誠的氣氛中進行的，這種情況表明了馬克斯列寧思想的一致，以無產階級國際主義原則聯合在一起的各兄弟黨的相互關係。」可是南共綱領對于這些說法都加以否定了。南共綱領認爲這種趨向必然將會成爲「思想壟斷」和「政治霸權。」南共綱領具體地指出：南斯拉夫獨立的威脅，不是來自帝國主義，而是來自「某個社會主義國家。」這是南共在實際生活上指出蘇俄利用國際主義征服波蘭、匈牙利人民革命的鐵案。而「評南共綱領草案」一文所謂「無產階級國際主義在某種情況下要求一個國家的無產階級鬥爭的利益服從世界規模的這種鬥爭的利益。」更替南共綱領上的說法做了註脚。所以南共綱領的這種指責，它不僅從基本上推翻了一九五七年十一月莫斯科會議所通過的：「社會主義國家陣營以蘇俄爲首的決定」有極大的作用；而且它的要求「必須建立在獨立，完全平等和尊重每個國家特點等原則上。」這對毛澤東在莫斯科所叫囂的「以蘇俄爲社會主義的黨與國家的頭」的說法眞是一個當頭的棒喝！這是蘇南綱領論爭的焦點之三。

丁 關于國家消滅問題

關于社會主義國家消滅問題，列寧曾經作這樣的解釋：「當社會已實現各盡所能各取所需的原則時，就是當人們已如此習慣于遵守公共生活的基本原則，而他們的勞動生產率已如此發展，致使他們自願地盡其所能工作時，國家才會完全消滅。」(列寧全集，第二五卷、第四四〇頁。) 列寧這段話是從「經濟因素」來解釋國家的消滅問題。換言之，在社會主義「各盡所能，各取所值」的時期，國家仍應存在，到共產主義「各盡所能，各取所值」時，國家就應該消滅了。但這一段話到了斯太林手中，已經把它解釋成爲「政治因素」了。斯太林在蘇共第十八次代表大會上說：「到了共產主義社會，如果資本主義包圍不存在了，如果外來的軍事侵犯的危險消除了，國家就要消失；到了共產主義社會，只是當資本主義包圍還存在的時候，當外來的軍事侵犯的危險還沒有消滅的時候，才需要暫時保留國家。」南共綱領認爲這個觀點完全不對。它說：「某種官僚主義國家主義傾向——有把國家機構變爲社會的主人。」南共綱領一面把國家在共產主義社會以前還必須存在的看法說這是「對馬克斯主義所作國家主義——實用主義的修正」；另一方面，又認爲在工人階級取得政權鞏固後，國家的逐漸消滅，應該是社會主義社會的「基本的」，「決定的意義」。雖然費多謝耶夫等的「評南共綱領草案」這樣的反擊說：「要求在黨的綱領草案中提出社會主義改造的第一階段國家消滅的論點，這在現代共產主義運動中完全不是什麼新東西。遠在一九一八年，蘇俄的某些理論家在討論俄國共產黨(布爾什維克)新黨綱草案時就提出這種要求。當時列寧反對這種要求，列寧說：『過早地提出國家消亡，將會破壞歷史前景。』(列寧全集，第二七卷、第一二三頁)」可是這種教條主義的說法，並沒有使南共誠服。這是蘇南綱領論爭的焦點之四。

蘇俄對于南共綱領之爭，除了費多耶夫等的「評南共綱領草案」一文而外，接着陸續地出現幾個文件。第一個是蘇俄中央書記波斯別洛夫于一九五八年四月二十二日在莫斯科列寧八八誕生紀念上的報告，題爲「列寧主義是共產主義的勝利而鬥爭的不可戰勝的旗幟」。這個報告上，認爲南共綱領，乃是「集現代修正主義者的大成」。第二個文件是一九五八年五月九日「眞理報發表的」馬克斯、列寧主義政黨的團結一致是世界社會主義體系取得進一步勝利的保證」一文，該文認爲南共綱領是「削弱社會主義國家的團結」，「破壞無產階級國際主義的原則」，「歪曲蘇俄外交政策」，「對美國卑躬屈節」的東西。第三個文件是赫魯雪夫于一九五八年六月三日在保加利亞第七次代表大會的講話。赫魯雪夫批評南共綱領部分說：「談到在現代條件下創造性地發展馬克斯列寧主義理論的時候，不能夠對南共綱領草案中所包含的極端錯誤的論點置若罔聞。這個草案中說，似乎『近九十年來馬克斯主義思想落後于現代社會的發展了』。……因此：在對現代社會問題作進一步的科學和馬克斯主義的闡明方面，特別是在闡明從資本主義向社會主義過渡時的規律和矛盾方面出現了很多空白。這是無視蘇俄歷史，和中國以及其他兄弟黨的經驗」。赫魯雪夫文說：「南斯拉夫同志認為，社會主義國家的共產黨和工人黨把自己的主要力量放在擬定和實現保證經濟文化發展和提高人民的實際措施上面，這就是實用主義。」這是「南共綱領草案和南斯拉夫領導人在南共第七次代表大會上的發言企圖給其他社會主義國家共產黨扣上實用主義的帽子。」

三　西方國家與蘇聯附庸國的反應

自從蘇俄與南斯拉夫綱領之爭展開之後，值得一提的，是西方國家與蘇俄附庸國(黨)的動向。大體說來，西方國家一般地都是站在一種觀察者的地位注視着事態的發展。

在西方國家之中，特別是美國和英國的反應。根據美國負責歐洲事務的助理國務卿埃爾布里克于一九五八年六月三日在參議院外交委員會作證時對南斯拉夫「綱領」指責蘇俄共黨集團的做法說：「做得很不錯。」，又據美國「紐約郵報」透露，負責歐洲事務的助理國務卿幫辦弗雷德里克，詹德里在一份給國務卿杜勒斯和國會領袖們的備忘錄中要求繼續對南斯拉夫進行援助。詹德里說：「南斯拉夫領導人目前採取的立場對西方有極大的價值，南斯拉夫過去在東歐已經發揮了『超過正常作用的影響』，給予南斯拉夫的援助非常明顯地是符合我們的利益的。在倫敦方面，一九五八年六月八日「星期日泰晤士報」發表了派駐貝爾格萊德記者安東尼・召里的一篇電訊，他說：「南斯拉夫今天正在發展成為一種巴爾幹的意大利。」

可是，在共黨集團的其他國家的情形則反此。即當蘇俄對南共攻擊開始之後，這些附庸國們就站在各種不同的程度上對南共加以一致的譴責，表示它是蘇俄的應聲蟲。例如一九五一年四月二十六日匈牙利「社會評論」刊物發表了題為「對南斯拉夫共產主義者聯盟綱領草案的必要的評論」一文上說：「狄托美化資本主義醜化社會主義，居然把資產階級國家說成是超階級的立場，同我們不一致。」六月十一日羅馬尼亞「火花報」社論說：「羅馬尼亞堅決拒絕了修正主義的反馬克斯主義理論；修正主義認為社會主義自發地發展而反對社會主義的國家，在經濟方面根據民主集中制原則進行有組織的活動和計劃管理之說，是為壟斷資本服務。」四月二十五日阿爾巴尼亞勞動黨中央第一書記霍查評南共綱領說：「南共綱領草案很多地方是修正主義的，是反馬克斯、列寧主義的。實質上，這一文件是反對社會主義各國的團結和國際共產主義運動。它同各國共產黨、工人黨在莫斯科通過的宣言相矛盾的。」四月二十六日出版的捷克的「創造」周刊指出：「南共綱領草案不利于共產主義運動，在許多地方把資產階級國家理想化了，而對社會主義國家却作了片面、歪曲的描述，僅僅强調它的消極方面並加以誇大。」五月二十九日，越南共產黨政治局委員梨筍在一千多個幹部前，做了關于批判南斯拉夫修正主義的報告時稱：「南共領導人把世界緊張局勢歸因於兩大『集團』，是歪曲了現實，為帝國主義好戰政策做掩護；所謂『意識形態霸權』，是為了破壞社會主義陣營國家間的團結；所謂『逐漸論』，完全符合資本主義者和帝國主義者的需要；南共綱領否認共產黨和社會主義國家在社會主義建設中的領導作用，是從資產階級改良主義看問題；南共綱領的發表，是為了破壞世界革命運動。」英共于五月三日出版的「世界新聞」上說：「南共綱領對美國侵略活動保持沉默，却不顧事實地攻擊蘇俄的和平政策。」二十八日法共「人道報」發表了政治局委員居約「評南共綱領」說：「南共綱領給了敵人以武器，資產階級報紙已用它來打擊工人階級的事業。」比利時共黨「紅旗報」上報導：「比共領導機構在研究了南斯拉夫共產主義者聯盟綱領草案後，表示特別不能同意其中關于兩種軍事、政治集團的估計。」六月十日意大利共黨副總書記隆奇在意共中央全會所作政治報告稱：「南斯拉夫共產主義聯盟在世界分為對立集團問題上的立場使人感到吃驚。南共領導人企圖把資本主義國家和社會主義之間的關係和矛盾說成是大國之間為劃分勢力範圍和爭奪世界統治地位的矛盾，這是荒謬的，違背歷史的，也是反馬克斯主義的。」「荷蘭真理報」發表的荷蘭共產黨政治局公告指出：「提交南斯拉夫共產主義者聯盟第七次代表大會討論的南共綱領草案，同社會主義國家共產黨和工人黨莫斯科宣言的精神顯然是相違背的。」六月十四日北韓「勞動新聞」發表題為「同現代修正主義進行鬭爭是一切共產主義者的神聖義務」社論上說：「各國人民把蘇俄當作社會主義的强大堡壘和和平旗手，而南共領導人却一再對它中傷和誹謗；蘇軍幫助匈牙利維護社會主義成果，而南共領導人則庇護納琪之流變節者。」日本共產黨中央委員會于六月九日在「赤旗報」上發表聲明說：「南共綱領完全替美國效勞」，「必須加强國際主義運動團結」，「對修正主義進行毫不妥協的鬭爭。」丹麥共產黨機關報「國土與人民報」上說：「根據南斯拉夫的意見，造成建立軍事集團的原因，應當從蘇俄在戰時及戰後的『錯誤的外交政策』中去尋找，這種看法是錯誤的。」無疑地，這些附庸黨與國的對南指責，都是和蘇聯一鼻孔出氣的。

在蘇俄這些附庸國的反應中，值得注意的，是保加利亞、波蘭、和中共的態度。

保加利亞在蘇南綱領論爭之初，雖然有部分保共人員跟隨蘇俄展開對南攻擊，但保共中央委員會却決定：關于對南斯拉夫的政策，不必跟隨蘇俄。因此，迫得保共領導人日夫科夫于六月初召開第七次代表大會，加上赫魯雪夫親自出席的壓力，始扭轉這一危局。根據日夫科夫于六月七日在保共大會上的總結報告說：「繼續沿着社會主義道路躍進，反對修正主義是黨的頭等重大任務。關于「保南關係」部分，日夫科夫又說：「南斯拉夫共產主義者聯盟的領導對國際共產主義運動和工人運動的基本問題所採取的反馬克斯主義的立場，是兩國和兩黨之間建立眞正友好關係的障碍。保加利亞今後將繼續努力改善同南斯拉夫的關係，特別是在國家方面。至于談到黨的方面接觸和互相關係，那末這種關係只能在馬克斯列寧主義的基礎上發展。」這就是說，保共雖然在黨的方面跟隨蘇俄之後反對修正主義，但在國家方面，仍舊希望和南斯拉夫保持友好和改善關係。從這裏也可以看出來，赫魯雪夫這次的索菲亞之行，也沒有得到全面的收獲。

波蘭對于蘇南綱領之爭，遲至四月二十八日，始由波蘭「人民論壇報」發表社論，說明波蘭統一工人黨當局，對于南共綱領採取了一種「嚴重保留」態度，並不隨聲附和蘇俄叫囂。而且當四月二十三日蘇俄共黨集團的大使們在南共大會上退席時，而波蘭大使格洛楚爾斯基却仍然穩坐席次。及後波、匈兩國會議于五月十二日發表聲明說：「兩國本着莫斯科宣言原則發展合作，認爲修正主義是工人運動的最大危險。」說來既很勉强，而且也並非直指南共之名而言。由此可見波、匈對于南共的態度絕非完全和蘇俄一致的。

中共對于蘇南綱領之爭，雖然「人民日報」自四月二十二日之後，每日均有轉載共黨集團各國批判南共的文字，但中共官方迄至五月五日，即當中共第八屆第二次代表大會開幕之日，始由「人民日報」社論以「現代修正主義必須批判」爲題，對南共展開攻擊，它說：「最近結束的南斯拉夫共產主義者聯盟第七次代表大會，通過了『南斯拉夫共產主義者聯盟綱領草案』，這是一個反馬克斯列寧主義的徹頭徹尾的修正主義的綱領。」其中並說：「我們認爲，一九四八年六月共產黨情報局『關于南斯拉夫共產黨狀況的決議』中，對于南斯拉夫共產黨脫離馬克斯、列寧主義原則而陷入資產階級民族主義的錯誤所進行的批評，基本上是正確的；但是當時情報局對于這個問題的處理，在方法上是有缺點和錯誤的。」儼然以一個大國裁判者自居。五月二十三日，中共八屆二次大會決議對南共進行批判之後，認爲它是「現代修正主義的代表——南共綱領」。跟着，陳伯達發表于「紅旗」第一期的「南斯拉夫修正主義是帝國主義政策的產物」一文，第二期「紅旗」上的「美帝國主義在南斯拉夫的賭注」一文，康生的「南斯拉夫的修正主義恰恰適合美帝國主義者的需要」一文（六月十四日人民日報），陳大可的「評南共的『置身集團之外』的論調」一文（六月十日人民日報），六月四日「人民日報」社論「對現代修正主義必須鬭爭到底」一文等等，對南共攻擊，不遺餘力。大體說來，中共對于南共綱領有關「無產階級革命」、「無產階級專政」、「共產黨領導」、「國際主義」等部門，依附蘇俄之後，對南共採取批判態度，已無疑問。至于對待南共的處理手法，似並不十分贊成蘇俄那樣魯莽從事，它有可能與波蘭採同樣主張，即把「黨」與「國」的關係分別來處理，等待南共「定本綱領」發表之後再作行動上的決定。換言之，也就是南共「綱領」上所說的，「黨是思想因素」，「國家是政治因素」的註釋。尤其關于蘇俄處決匈牙利納琪、馬萊特諸人一事，使毛澤東與赫魯雪夫之間，不能說沒有距離。否則，中共一九五六年發表的一論再論無產階級專政歷史經驗二文，不啻對自己打了一個耳光；而且事實上，毛澤東的所謂「關于正確處理人民內部矛盾的問題」，也是屬于修正主義的本質。所以，最近狄托反擊中共說：「中共已經變成了蘇俄的走卒，」和「毛澤東並不站在修正主義範圍之外」。

四　結論

關于蘇南綱領之爭，從共黨集團觀點來看，確是一件難于處理的問題，在理論上，它們非跟蘇俄走必須對南採取批判，但是在方法上，它們一面不想重演一九四八年的覆轍，一面又有兎死狐悲之感！而且南共綱領，在不同程度上，已經對波蘭、捷克、保加利亞、乃至于匈牙利諸國起了影響作用，這種趨勢是無法可以遏止的。從自由世界方面來說，它是對蘇鬭爭的攻心上計，如能妥爲運用，它是逐步瓦解蘇俄附庸國的先聲。

可是我們也不能過份樂觀，因爲蘇南關係絕交的可能性還不大。例如五月二十五日狄托六十三歲壽辰時，赫魯雪夫致電狄托說：「余希望南斯拉夫共產黨主義者聯盟與蘇俄共產黨及其他兄弟黨之間現時存在的歧見，將可獲得克服。」以及赫魯雪夫于六月初在保共七次大會上的發言，雖則對南攻擊，但在語調上還有某種保留，就是這種意向的表示。最低限度，在目前，赫魯雪夫還不想把蘇南關係推到決絕的邊緣，尤其在南共未正式公布「定本綱領」之前。

一九五八年六月二十二日于九龍。

西歐輿論對臺灣海峽事件的反響

巴黎通訊・十月七日

紀夢平

在近東阿拉伯世界因伊拉克政變所引起的危機形將平息的時候，共匪突自八月二十三日起以密集砲火，瘋狂轟炸金門，使遠東局勢突形緊張。共匪在大陸大肆戰爭準備，蘇俄一再叫囂，使一些敏感的人認爲大戰在卽，因此臺灣海峽局勢引起世界各國朝野的注視。就西歐各國而言，除英國外，各國政府雖迄未對臺峽事件公開採取立場；但是各國間與論對臺峽緊張局勢的重視及關切的程度，却是自韓戰後所僅有。報章所發表的意見並不代表各該國的官方態度，然而在西方自由國家中，報章的意見往往代表某些階層或某些勢力的利益，或是說讀者所希望說的話。同時又因報導事實以促成公論 (public opinion)，督促政府，使政府不能不注意。因此彼等所持言論實頗值得我們的注意。

西歐輿論對臺灣海峽事件的看法雖各有不同，各國報紙自事件發生後却均卽一致以顯著地位及巨大標題披露有關消息，或撰著評論。當時法國朝野雖集中其注意力於阿爾及利亞「民族解放陣線」份子在阿境及法本土內從事的破壞與恐怖行動，以及九月二十八日行將付諸公民複決的「第五共和」新憲法問題的爭辯，致各報對中共砲轟金門等島嶼的評論，在數量上遠不及英國或西德；但仍不忽略此一緊張局勢的發展，時以首頁報導有關新聞。在西歐方面，在國際政治經濟佔有重要地位者除英法外，尚有戰後復興的西德。兹將該三國報章對臺峽緊張局勢演變的反應，及其所持的態度綜析如後，藉以了解各該國人士對我的態度與看法。

一般說來，法國與西德報紙所載的評論文字雖有多寡的不同，但甚少有採取明顯立場者，在開始時多就事態演變予以分析，或預測有關解決辦法；如法國右派日報「費伽羅報」九月二日發表的法名政論家阿隆 (Raymond Aron) 的論文，他在文中首先敍述其個人對美國對自由中國政策的意見，自謂其並非嚴厲批評美國對華政策的人，何況臺灣可供東南亞地區千萬華僑選擇北平以外的途徑。並云十年來美國民主黨及共和黨政府既先後在外交和軍事上援助蔣總統，當不能再迫後者放棄臺灣，或任由中共予以攻佔；惟沿海島嶼情形不同，金馬兩島與大陸近在咫尺，則難於固守，而此等島嶼對厦門及福州又有封鎖作用，故中共對該島嶼勢難坐視。今美蘇雙方因臺灣海峽相互提出警告後，如中共決以武力攻佔金門，則美國迫而應付，致於其對策則似將不出以下三途，而此三途均各有其害。阿隆所推測的美國三個可能的對策爲：①命令第七艦隊僅僅保護國軍協助撤退金馬；但此一辦法的採行可能給予臺灣以嚴重的打擊，並在遠東方面因之證實美國爲紙老虎的說法。②命令第七艦隊以非原子武器協助國軍，如此辦法能阻止中共軍隊登陸則是最妥善的計策。③利用戰略原子武器擊退中共的來犯；但此辦法却是最受世人責難的一個；但在阿隆看來，美國如果眞採此對策，認爲並無引起世界大戰的危險。又謂在上述三個辦法中，第一個辦法並不見得比第三個辦法好，然而就其觀察，認爲美國將採行第一個辦法的成分當較多。「世界報」(Le Monde) 在八月二十六日卽撰社評論述中共炮轟金門的企圖，謂中共如欲佔領金馬實非不能之舉，然北平方面此次發動實力較量原在對付美國，其希望則寄託於美國務院與國防當局的歧見及美英兩國有關意見的矛盾。且在八月二十三日杜勒斯國務卿發言並未說明美國是否欲守衛沿海島嶼；但中共若能迫使國軍撤退，則將使國軍士氣受嚴重的打擊。該報在八月三十日的社評明白述出在中共對金門守軍下最後通牒前，有關金馬戰訊多發自臺北，而中共當局却堅持沉寂，使西方輿論臆測我政府有意渲染，擴大事態。該社評中謂自北平廣播對金門守軍的最後通牒，使中共與美國間的實力較量進入新的階段；北平今日此擧的主要目的或在使臺灣問題再度現實化，俾蘇俄在本年聯合國大會中發動攻勢，促中共進入聯合國。九月六日該報又以「神經戰繼續在臺灣區進行」(La guerre des nerfs continue à Formose) 爲題，首引述一九五四年中共砲擊金門時美國與東南亞聯防組織國家的反應及所持的態度，旋認爲今日美國對沿海島嶼的態度頗有改變，而趨向於保衞金馬。該社評則謂就新武器射程而論，對美國今日的立場當難予支持。至於中共宣佈擴展其領海至十二浬，社評却僅謂其具有海空軍實力來維護其主張，不論此擴展領海事是否能符合於國際法的規定，金馬兩島緊連大陸，且一向屬於大陸所管轄，所以將該島嶼併於中共是有不可駁拒的理由的，如果因此引起大戰，則纔是不可思議了。

法國其他報紙因彼等政治立場及所代表的利益的不同，所以彼此間的看法亦頗有出入。法報中銷路最大的「法蘭西晚報」向不撰載評論，僅報導有關於臺峽局勢演變的消息。其八月三十一日星期版刊有該報駐北平特約通訊員溥達 (Lucien Bodard) 的專電，謂駐北平的外交團及外籍人士多認爲中共此次製造臺峽的緊張局面，其目的在掀起國際輿論，爲避免戰禍而迫美國對中共進入聯合國問題不再予以阻止，及爲挽救亞洲和平而促使召開有毛澤東參加的大規模的高層會議，使國際間承認其爲世界巨頭之一的地位。九月一日「廻聲報」的社論題名「中國號炸彈」(Bombe "C")，謂由於蘇俄警告的公佈，所以衝突一旦發生當難能維持局部化；屆時中共有蘇俄爲其後盾，而我政府將陷於孤立，因美國在北大西洋及亞洲方面的盟友均不願支持美國負擔防守金馬的任務。雖樂觀人士認爲金門事件爲神經戰，但不論中共是否擁有原子彈，任何裁軍或對核子武器管制的協定非得有中共加入不可。法國社會黨機關報「大衆報」亦先後於九月一日及八日刊載署名杜薩爾 (Henri Dusart) 的短評兩篇，首先作者提示臺灣地區局勢的嚴重將構成威脅和平的一個新課題。其後又謂美國當局應顧及臺灣海峽戰爭擴大的世界性後果，而不宜輕易聽從韓戰中主張轟炸鴨綠江北岸未獲成功的若干美國軍人的意見。更稱美國不應任由我方行動而被捲入漩渦，但中共亦不宜捨棄和平途徑。至周恩來表示願與美國談判以謀解決臺峽事件，法右派報紙「震旦報」於九月八日薄尼 (Robert Bony) 撰著評論，認爲中共之要求舉行大使級會議，似係因赫魯雪夫勸告所致。又謂由於西柏林事件及韓戰的結果，世人當覺悟以武力威脅是無法獲得任何所欲的果實。中共表示願與美國談判並非欲放棄對沿海島嶼的企圖，實乃因其明知威脅無法使杜勒斯讓步，所以採「和平」辦法以便贏得其所欲求得的目的；更何況今日蘇俄內部困難重重，無能支持中共進行世界大戰。但當納瑟在蘇彝士運河方面破壞國際協定的時候，如杜勒斯肯支持我們，則中東以及未來的遠東方面秩序當均已實現了。同日「巴黎報」亦有評論，謂是時赫魯雪夫在雅爾達召集東歐共產國家首要，旨在使彼等對當時國際局勢的演變加以了解，以便配合行動。該報對共產集團將此決定的可能原因分析爲：①使美國接受與中共談判爲前者在事實上作進一步的承認中共。②中共倡議談判在配合共產集團「崇尚和平」及「帝國主義好戰」的宣傳。③在設法促使美國對華政策的軟化。「巴黎倨强報」於九月三日發表有游拉里 (Marcel Giuglaris) 來自東京的通訊，該記者除首於文中介紹我軍在金門建設的成績，指出金門地位對中共而言，猶如喉中骨骾，並謂西方國家支持自由中國乃爲反共的原則及象徵問題。對於臺灣海峽事件的報導,法共方面當不會落後,然其態度則更是不言而喻，其機關報「人道報」所撰著的有關評論且又顧此而不失彼，於評論臺峽局勢時，尙不忽略對戴高樂政策的攻擊。如對戴高樂將軍前赴非洲時，在赤道非洲 Brazzaville 城的演詞儘加斥責。因戴高樂當時於敍述非洲所遭遇的威脅時稱：「於今日世界下，尤其是亞洲擁有億萬人口的國家，因國內沒有充分的生存辦法，致企圖向外擴張……」並言：「該國家以理想主義作其帝國主義利益的掩護，並欲以此便利其建立橋頭陣地，必要時以進行侵略，」其言外之意，指責共匪對非洲的野心企圖。因爲八月三日赫魯雪夫與毛澤東公報有「解放非洲」的狂言。

及至美國與中共大使級會議在波蘭華沙召開，繼有美總統退回赫酋荒謬信函發生後，九月二十二日「費伽羅報」記者馬西普 (Rogér Massip) 撰論云「赫魯雪夫的信件只以宣傳爲目的，絲毫沒有謀求局勢和緩的誠意，以便利困難問題的解決，故而美國政府不予詳究立即退還，此實屬理所當然的事。」又稱「赫魯雪夫的作用，想係受其好鬪性所驅使，並且犯着嚴重的估計錯誤。」文中並贊揚美國，謂「美國已充分表現其善意，所以至此實有權要求莫斯科作威脅和漫駡以下的報償。」「戰鬪報」九月二十二日亦就赫酋致艾森豪總統的荒誕信函撰著社評，並稱：「今世人生存在冷酷的世界裏，聯合國及若干政府會議中已無理智存在，故此法國應在國際間，以理智的言論和開明的措施採取示範作用。」「世界報」的有關評述發表的較他報爲早，其九月二十一日社評對赫魯雪夫行動的可能解釋爲：「自一九五五年以來，國際局勢已有改觀，今中共政權已趨形穩固，且蘇俄與中共間的聯盟加强，蘇俄的人造衞星又已成功，美國當不能再事閃躱與北平間的高層會議。」該報於二十五日再撰社評批評美國的立場，並認爲美國反對中共進入聯合國實乃不合邏輯的擧措；今又準備將臺峽局勢問題提交聯合國大會討論。社評謂「於一九五五年時中共拒絕出席聯大安全理事會的原因，即在避免使『兩個中國』的說法獲得法律上的依據，此點亦即美國與中共日內瓦會談中不得結果的原因。今若雙方仍各持其原有立場，則華沙會議當不可能有何成就，如美國再將臺峽問題提出聯大，使通過對中共予以譴責，則其進入聯合國事當更難解決。」並又結論稱「今日赫魯雪夫的態度實難臆斷,其是否在阻止抑或鼓勵中共目前的行動，吾人迄難猜測。」法報中指責共匪狂炸的言論則有「費伽羅報」於九月二十三日載出反共政論家牟爾聶 (Thiery Maulnier) 的文字，以譏斥法國左傾份子保衞人權論者的虛僞言行。該文中指稱：「因中共砲擊金門，使每日有成百成千的不願順從共產黨的軍民因而死傷，但世界輿論聞之竟感不關痛癢；豈因中國革命已有數百萬人死亡，而對中共行動竟曲予原宥。相反地，法軍前爲執行報復，轟炸突尼西亞村莊卻曾引起擧世的抨擊及憤責。（筆者按：此事係指本年二月八日法空軍轟炸突尼西亞邊境 Sakhiet-Sidi-Youssef 村事件）今對「解放者」的砲火熟視無睹，足可證明世人心臟的跳動實不正常。」「巴黎倨强報」九月二十四日亦刊載有題名「在金門砲火下亦有孩童」(Sous les obus de Quemoy il y a aussi des enfants) 一篇文章，該文作者布遇賴 (Claude Brulé) 於評論中甚附和牟爾聶的見解，他更說：「在聯合國中所發表的關於民族平等一類的漂亮言論實在了無價值。」法國輿論如上所述，雖不少報章主張沿海島嶼得歸屬中共，或支持中共進入聯合國，但如與昔日相比，各報態度因中共的措施已不像過去對我不利，轉而對遠東問題趨向於中立。況「世界報」兩次摘譯中央日報的社論，這是十年來僅有的現象。

法國政府當局直至九月二十五日由法外長庫屋得米爾威魯 (Maurice Couve de Murville) 在聯合國大會席上發表演說闡明法國政策時，始述及遠東局勢。對臺峽問題彼稱「法國在遠東沒有任何承擔，致對目前局勢的判斷是不受任何牽制的。因目前的衝突可召致嚴重的後果，故法國甚望此一軍事衝突能儘早終止。何況運用武力決非解決政治糾紛的良好辦法……。因此我們希望在華沙進行的談判能夠成功，或至少謀求一維持現狀的辦法，以便消減遠東戰禍的威脅，若談判不幸失敗，則應由聯合國根據其憲章的精神處理。」至於中共在九月四日聲明擴展領海至十二浬事，九月十二日法外部發言人僅聲明重申法國不承認片面的、或未經法國參加而達成任何足致變更國際慣例所承認的領海範圍的協議。

西德報紙對臺峽事件的評論在數量上較法國為多，其各報所持態度，自亦因其各自背景及對問題看法角度的不同，而有出入。在西德內富有代表性的重要報紙中，作風左傾的「德文世界報」(Die Welt) 對臺峽問題所撰著的社評及專論多對我立場予以抨擊。在事件發生時，該報八月二十五日社評對中共砲轟金門的企圖，認為中共諒不會為了金馬兩島冒險與美國作戰，使第一顆飛彈落在自己的頭上；至於中共以猛烈砲火轟擊金門的舉動，只不過欲以此打通進入聯合國之途，並期召開遠東問題會議，使得到華盛頓的承認。該報八月二十七日載出的柏普 (Rolf Poppe) 的專論對美國及我自由中國大加抨擊，稱美國國會從未授權總統替我們來保衛金馬外島。同時認為中共此舉一方面以亞洲世界中抵抗「帝國主義」者的先鋒自居，一方面在刺激美國人，使美國輿論感到必須與北平妥協，纔能獲得世界和平，以獲得各國的承認。並引證韓戰、越戰、蘇彝士運河問題，以及最近的近東事件的處理，謂如西方世界不願冒險的話，惟有與中共談判。至中共與美國雙方相繼宣稱願繼續大使級談判後，「德文世界報」於九月八日再刊短評，雖謂目前局勢已呈現曙光，但世人不需抱有過分的樂觀；文中亦稱周恩來所說的話是缺少保證的，何況語中尙多恫嚇的言詞。九月九日該報再刊載柏普的專論，認為臺峽事件捨「和平」之途，實無其他辦法，但於談判中如雙方各持已見則亦不能得到結果；最後並謂當兩大强國所持言詞不能協調的時候，對世界安全而言，實是一種最嚴重的危險。次日該報駐華府特約記者布爾克 (V. Borch) 更指責杜勒斯以金門比作柏林，實與事實不合，謂柏林是北大西洋公約國共同防衛之地，金門的重要性乃我國所製造，實際上遠無柏林對世界和平的重要。至九月二十二日的社評，再論臺峽事件，謂中共根本不願放棄對沿海島嶼及臺灣的佔領，根本不願，且不怕與世界最强的國家作武力的較量。在對目前局勢的發展感到恐懼時，希望問題能在聯合國內，或由雙方承認的國家出面調停來解決。西德反對黨「社會民主黨」的西柏林「電訊報」八月二十六日的社評首先指出中美聯防協定並未括及有關金馬外島的保衛。該報三十日的社評稱中國問題並非毛澤東問題，而是我總統蔣先生問題。華盛頓對此應明確了解，以謀求符合實際狀況的解決辦法。西方世界應知道今日毛澤東已非過去內戰時代的一個小軍閥，而是六億人民的主宰。且對美國政策亦不無指責。至九月五日社評對美國政策更大加抨擊，要求美國政治家制止美國協助我自由中國。九月七日社評則謂「北平將領海擴展至十二浬足使臺峽事件益形複雜。因為這樣一來，美國護航艦隊的行動，因越入中共領海，而被視為侵犯行為。」對中共炮轟金門的舉動又分析為「儘管雙方在臺峽發放了無數的砲彈，但這次的軍事攻勢，可能是莫斯科為配合其外交攻勢所擺佈的一個前奏，周恩來建議與美國重開大使級談判，足看出彼等的企圖。」該社評於結論更謂美國應改變其對中共的態度，及由中共代表中國出席聯合國安理會，和承認臺灣為獨立國為解決臺峽的辦法，期以減除遠東戰爭的危機。」其九月九日的社評更再支持中共進入聯合國。西德大報之一的「福蘭克佛通報」對臺峽事件自八月二十六日亦不斷發表社評或專論。該報首先指出中共因要加强工業化的超越速度，而須借用暴力，致學仿史大林式的作風，儘以「敵人危害其生存」為一切的藉口。但該報認為赫酋在主義上的空泛，致使中共處於精神領導地位；對這種說法，想或是因對中共及共產集團未能澈底認清的錯覺判斷。對於中共進攻金門的企圖，該報見解則同於西方一般的觀察。九月一日「福蘭克佛通報」發表一篇軍事問題評論家威恩斯坦 (Adelbert Weinstein) 的文字，從軍事立場分析臺峽的形勢。威恩斯坦在文中指出臺灣對中共言永遠是一個潛存的威脅，我們可利用此島以一支雖小而實力强大的海陸空軍足可控制中共一大部分海岸。北平雖不因我軍登陸而擔憂，但不得不過問那些足供跳板和警報臺之用的沿海島嶼。彼認為在軍事立場看來，中共對金門不斷進行攻擊，乃擬在經常的戰爭狀態下訓練其軍隊，然三年來中共在軍事上雖有顯著的進步，但仍不能與美蘇媲美。最後謂其雖對我軍的心理情形及中共登陸軍隊作戰能力不得而知，僅就軍事立場而言，中共在組織上、物質上及海軍實力來說，是無法相信其能橫渡寬及二百公里進攻臺灣的；但發動不斷的小規模戰術上的攻勢則是可能的。此外該報在中共公佈願與美國談判時認為局勢逐漸和緩，但由事後的演變則亦表示華沙會談是不會有何結果的。況自艾森豪總統退回無禮且又充滿恫嚇的信函後，九月二十二日的社評中更認為雙方在這次撲克遊戲中賭注的增加，打算尋求一條出路則是愈來愈難了。基督教民主黨的態度，一般說來遠不如社會民主黨的激烈，該黨西柏林「日報」的社評認為中共的行動乃在故意向美國人挑釁，擴大製造國際間的懼戰心理，而使華盛頓當局對其讓步。但即使美國武裝力量撤出臺灣，讓中共佔領遠東亦不能安寧。同時指出目前有一派西方輿論勢力在遠東方面欲求讓步正在對杜勒斯的政策猛烈的抨擊。

至於英國輿論的反應，當然是最值得注意的。英國不但是西方大國中唯一承認中共的國家，同時它在遠東是有其承當的，況在國際政治圈子裏其地位又是比法國和西德要重要多了。但是向以狡滑自私聞名的英國人對臺峽事件的態度，却是西歐各國中對我最不利的一個，英國工黨方面自一九四九年以來，一直在支持中共進入聯合國，在這次中共砲擊金門後，該黨「每日前鋒報」更一再撰論為中共進入聯合國事多方呼籲。工黨領袖凱次克爾 (Hugh Gaitskell) 於九月十九日更致函首相，要求其在必要時應親赴華府勸阻艾森豪總統勿為金門而戰，同時在電視廣播中，以及九月二十五日工黨在 Scarborough 召開的年會中，其執行委員會所通過的外交政策綱領中關於遠東部分為：英國政府應勸阻美國勿為保衛金門而戰，金門應歸屬中共；至於臺澎應在聯合國之下實行中立化，並以公民投票決定其前途，而中共則應進入聯合國。對於凱次克爾的態度，已有澳人苟達(W. C. Goddard)在九月二十八日「星期時報」上撰文予以指責，苟達認為中國問題乃一人道問題，金門五萬居民從未受共產黨的統治，如將彼等交與中共而不徵詢該區居民的意見是否合理？關於由公民投票以解決臺澎前途事，並斥凱次克爾謂為何從未主張在中國大陸舉行人民投票以決定其前途。並稱如大陸人民能秘密投票，則大多數人民將無疑問的會反對現中共政權。英國輿論中最不利我的文字當屬報業鉅子畢威爾布可爵士(Lord Beaverbrook)所有的「星期快報」八月三十一日所披露的一篇文字，同時亦足證實英國自私政治的立場，該文除譏訕美國不承認中共政策，斥責美國政策，並謂「中共並不威脅英美的安全，東方如能實現和平，英美均將獲得廣大的經濟機會。」甚至主張在適當的時機下臺灣亦應歸屬中共。

英國保守黨報紙「每日電訊報」所持立場為英國輿論對我態度較好者，該報評論曾謂金馬事件為中共用來測驗美國防堵中共發展的決心，並提及柏林事件，主張西方應持堅強的態度。及至九月八日著論對北平願與美國舉行談判事，認為可能是一種「笑面虎」的作風，實暗藏陰謀，在和談中，中共可借助於美國與其盟友意見的分歧，如一旦失敗，則又可移過於人以博取國際輿論的支持；故該報促請美國制定一個可獲得其盟友支持的政策，在取得我政府的同意下，以沿海島嶼作為交換中共不以武力侵犯臺灣的諾言。並云在美國輿論現勢下，中共如欲取得美國的承認進入聯合國安理會實屬不可能之舉；且就今日亞洲冷戰局面而言，其後果當亦不堪設想。其他各報如「泰晤士報」，「新聞紀事報」，「觀察報」等均認為金馬不值一戰，如因此而引起大戰實更不值得。後者更謂今日局勢實為美國不承認中共的結果，並於九月二十八日著論稱國軍據守金門等島實一蠢事。雖各報對我軍士氣、民心及空軍的成績均予贊揚，但對問題解決的可能途徑卻多附和工黨意見。況「泰晤士報」九月六日版還在警惕英人，謂中共一方面揚言金門解放在即，一方面對香港當局予以抨擊；綜析之，其用意在制止英國對臺灣作任何支援，否則將在香港加強製造糾紛，況其擴展領海至十二浬，正在表示對香港的一種制裁。

英國政府當局的態度，綜合言之，反對一切軍事行動。英首相麥米倫九月十二日在 Bromley 發表宣言時稱，美國並未企圖獲得英國對其在臺灣區域一切行動的承諾，同時英國亦從未給予美國此項承諾；彼主張各國應一致要求不以武力處理爭端。英外相在聯大席上發言時亦稱英國支持美國在臺峽事件中的和平解決企圖，甚望中共停止轟擊金門，盼我軍亦不採取軍事行動；希望聯合國各會員國一致要求不以武力作為解決爭端的辦法。

及至中共宣佈停戰，西歐輿論一致感到局勢趨向緩和，雖各報所撰評論已不像前時為多，但仍多督促美國讓步以謀求「和平」解決辦法。其一般意見由上述各報言論觀之，除懼戰心理的影響，不和一些不着邊際沈醉於共產和平宣傳者外，亦有不少惟恐喪失中共大好市場的人在，英國姑且不論，在法國來說，自阿爾及利亞「民族解放陣線」在開羅成立臨時政府後，中共首先承認，而法國非但不對中共行為予以指責，而年來法國政界要人中為承認中共而活動者大有人在，他們是因受中共市場的吸引抑或受中共宣傳所惑？或者兼而有之？否則只有說是近視眼太深的緣故，而無法看到稍遠的事物了。

四七、十、七。

（上接第12頁）

也許有人說：相信科學方法，相信自由主義，是不是「也是迷信」呢？我要說：不是的。科學方法之所以是「科學的」方法，就是因為這種方法本身含有自己批評自己、糾正自己、與發現自己錯誤的作用。而自由主義的海耶克(F. A. Hayek)說得好：「在自由主義的基本原理之中，沒有甚麼因素能使自由主義變為一成不變的教條；也沒有永遠固定的神聖不可侵犯的鐵則。我們甚至可以說，自由主義根本就不是個「主義」，它只是個架構，在這個架構中除去反對強制劃一的原則外，你可以隨便持有自以為是的主張，或改變自己的主張；它不具有共產主義、無政府主義、民族主義、社會主義等等，其他一切主義固執於某種看法的特質。所以，對於科學方法和自由主義的信仰，就不算是迷信！

我以為，接受胡適思想陶冶的人，都是值得自豪的，這正表示你是個十足自由獨立判斷的人；你有「重新估定一切價值」的態度；你有瞭解世界最後的知識和眞理是極不容易求得的心理基礎；而且你知道意見上容忍異己的存在與發言，是產生高度智慧的最佳方法。因此，一個受到胡適思想陶冶的人，非但不會被孔夫子牽着鼻子走，不會被朱夫子牽着鼻子走，不會被馬克斯牽着鼻子走，也不會被胡適牽着鼻子走；並且，這種人無論在對眞理的追求、對學問的探討、對事務的判斷上，我以為比起那些被「人民」或「無產階級」大帽子牽着鼻子走的人，比起那些被「國家民族」大帽子牽着鼻子走的人，比起那些被「歷史文化」大帽子牽着鼻子走的人，在起碼的立足點上，已經高出了一層；由於這種人是不容易走入迷魂陣被沙子迷了眼的。

我們不難發現，何以胡適思想是極權反動力量的死敵？何以極權主義者要三番五次的、不斷的清算和鬪爭胡適思想？由於胡適思想本身就隱伏着反抗任何權威、任何主義、任何思想的潛力，而極權主義者卻強調它自己的主義是最後的最好主義，是十全十美的主義，不容許人們對它懷疑和批評，不容許人們在根本上對它問難和討論。所以胡適思想和極權主義在態度上永遠是對立的，永遠如冰炭之不能相容。

一個有自由意志和獨立判斷的人，使極權統治者的「大力宣傳」和「政治神話」的花樣最不容易發生效用，這種精神就代表着一股冷靜而理性的追求理想的力量。這種精神是極權統治者極難使之屈服的，即或是表面上屈服了，實際上也一定會隨時隨地的遇有機會即行反抗，隨時隨地的遇有機會就散佈他的獨立見解。這一點，我們從大陸上知識份子在共產黨的折磨煎熬下八個年頭之後，於去年「鳴放」期間所表現的不折服共產主義、反抗共產主義的事實，就能看到了。

胡適思想不單被極權主義者視為要澈底清算鬪爭、「要連根拔起」的思想，就是一些被極權主義細菌傳染的人們，也都把它視做眼中釘、肉中刺的「毒素」；其中的道理，是很容易明白的，因為——任何具有自由意志和獨立判斷的人，總是專制統治者的絆腳石！

聯合國匈牙利問題特別調查委員會特別報告

孫靜琪譯

前　言

聯合國匈牙利問題特別調查委員會，創立於一九五七年一月十日，負責調查蘇俄干涉匈牙利內政以後，直到現在之事件。

莫斯科宣佈已經秘密審訊和處決匈牙利前任總理納奇，這是完全漠視了匈共政權允許公平處置納奇的保證。特別調查委員會在莫斯科這項宣佈以後，便開始準備這項特別報告。

特別調查委員會是由錫蘭、丹麥、澳大利亞，突尼西亞和烏拉圭等五國會員國家組成的。

聯合國匈牙利問題特別調查委員會在它的第八十和八十一次會議之後，特於一九五八年七月十六日發表特別報告，全文如下：

委員會報告起草人——華爾克博士（澳大利亞籍）

一

一、根據聯合國大會於一九五七年一月十日，第一一三二(十一)號決議案。本委員會之職掌是調查蘇俄使用武裝部隊以及其他手段，干涉匈牙利內政所造成的局勢，搜集一切有關這項局勢的完全和非常有用的情報。並且注意聯合國大會在這項局勢的完全和非常有用的情報。並且注意聯合國大會在這項問題上所委托各項事務的發展。本委員會受命向「目前這屆（一九五七年）聯大」報告它的發見，以後，並應隨時編製新的報告，分送聯合國會員國和正在會期中的聯大。

二、本委員會爲履行本身的職掌，特於一九五七年二月二十日，發表第一份臨時報告。一九五七年六月十二日，本委員會提出一份完全報告，已由第十一屆聯合國大會在同年九月十四日通過第一一三三(十一)號決議案，正式接受這項報告。

三、本委員會在它的主要報告中抨擊蘇俄利用它的武裝部隊和其他各種手段干涉匈牙利的全部情形，這種干涉，已經構成了妨礙匈牙利的政治發展、人權慣例和基本自由。這份報告所敍述的蘇俄部隊在匈牙利領土上所從事的暴行，包括俄軍逮捕梅勒特將軍，誘捕納奇總理和他的同僚。這份報告並參照匈共政權逮捕和審訊參加抗暴運動人士的各項官方宣佈，以及有關秘密審判和處決的各項非正式報告。

四、特別由於看到連續從匈牙利傳來對於抗暴人士已經完成或是計劃中的各項審訊的報告。本委員會認爲必須繼續研究這些可靠的情報，以獲悉前條所述本委員會所關心的各項條件的發展。

五、一九五八年六月十六日晚上，全世界驚悉納奇、梅勒特和另外兩位同僚已被匈共政府殺害。本委員會因爲這項緊急事件而集會，並且在六月二十一日發表公報，惋惜這項最新發生的悲劇事件。在進一步考慮手頭的情報以後，本委員會決定準備一項特別報告，以促進聯合國注意這些殺害抗暴人士的事情。因爲這些殺害，已經引起全世界許多國家內著名人物、許多團體組織、以及無數個人等的強烈憤怒。本委員會也考慮到本會委員所提出的若干建議，這些建議已經列入記錄。

六、本委員會把它的行動，通知聯合國大會匈牙利問題特別代表溫惠泰耶公親王，並且獲得如下的回答：

「我熱烈感佩貴委員會發表的傑出的公報，這份公報已經得到全世界衷心的贊成。在仔細的思想以後，我認爲貴委員會正在從事一項非常準確的工作，以搜集更多的情報報告聯合國大會，唯有聯合國大會能够決定進一步行動。」

二

七、特別委員會回溯自從開始它的工作起，已經不辭勞苦的搜集聯合國大會指定調查的各項問題的完全和確實的情報。爲了這項目的，本委員會反覆和匈共當局接觸，因爲匈共很明顯的在它的地位上，應該答覆本會詢問，提供和它有密切關係的事實。本會同時也要求蘇俄和羅馬尼亞，但是這幾個國家政府，在任何方面都不和本會合作。

八、這幾個政府表示他們堅持主張這個委員會是非法的，以及它的活動違反了聯合國憲章條欵，特別是第二章第七節。無論如何，聯合國大會在一九五七年一月十日，以五十九票對八票，以及十票棄權的投票結果，決議成立本委員會的時候，早已拒絕這項觀點。聯合國大會並且在一九五七年九月十四日，以六十票對十票，以及十票棄權的投票結果，同意本委員會的報告時，再度拒絕共黨國家這項觀點。聯合國大會在上述前一項集會中，要求蘇俄和匈牙利，以及所有其他會員國家，幫助本委員會推進工作。在後一項集會中，對蘇俄和匈共政權在任何方面都不和本委員會合作一事，表示遺憾。

九、茲特縷述本委員會爲了獲得這些國家的合作，曾經採取如下的步驟。

(甲)一九五七年一月二十五日，聯合國以一一三二號(十一)決議案全文通知蘇俄和匈牙利兩國政府。一聯合國秘書長特別要求他們注意有關的一段，在這一段上，聯合國大會要求這幾個共黨國家，允許本委員會人員進入匈牙利，以及向本會人員提供所有適當的合作。這項要求已被悍然拒絕。

(乙)一九五七年三月十四日，本委員會要求羅馬尼亞共黨政府允許本會人員會晤納奇。因爲納奇是匈牙利總理，並且曾經向安全理事會呼籲。所以他是一個非常明顯和重要的證人，但是這項要求，也被悍然拒絕。

(丙)一九五七年三月十九日，聯合國秘書長把本委員會主席的一封信轉遞給匈共政權駐聯合國常任代表團，這封信希望匈共重新考慮他們先前的立場，並且允許本會在匈牙利進行必需的調查。但是，匈共仍舊頑強表示不擬改變他先前的立場。

(丁)一九五七年十二月二十日，本委員會主席致函匈共政權外長，要求對於某些可靠的審訊報告，提供報導，那些報告斷言匈共將審訊那些參加一九五六年抗暴運動的人士，包括梅勒特將軍和柯北凱上校。匈共政權的常任代表拒絕把這封信轉達匈共政權。

十、一九五八年六月二十一日，本委員會向有關政府呼籲，要求他們提供處理關於納奇，梅特勒和他們同僚的被逮、審訊和處決的任何情報。在這項呼籲以後，本委員會分別致函蘇俄、匈牙利和羅馬尼亞三國外交部長，要求他們提供關於這項事務的特別情報。這三個國家都拒絕接受本委員會的信件。由於匈共政權拒絕提供完全的情報，本會特搜集匈共政權官方文件和公報，向共黨政權登記的匈牙利報紙，匈共各部部長、高級官員和共黨領袖們的廣播聲明等件，列入本報告。

三

十一、一九五八年六月十六日—十七日，布達佩斯和莫斯科兩地同時宣佈匈共司法部長發表的公報稱：納奇、梅勒特、吉姆斯和齊萊吉等四人被判死刑，並且已被執行。另外，柯柏西被判終身監禁，杜奈斯十二年徒刑，簡諾西八年徒刑，陶爾廸六年以及范賽萊五年徒刑。納奇、梅勒特、杜奈斯、吉姆斯廸、柯柏西、齊萊吉、簡諾西和范賽萊等被控的罪名是：「組織推翻匈牙利人民民主國家制度罪。」此外，還控告納奇犯了叛國罪。梅勒特和柯柏西犯了軍事暴亂罪。

十二、本報告前已述及，本委員會發現，梅勒特將軍是在一九五六年十一月三日，在西貝爾島都庫爾的俄軍總部被捕的。在那裏，他是以納奇政府的國防部長身份，率領匈牙利軍事代表團，和蘇俄軍司令部進行談判。由於這種情形，使他能够根據國際法原則，享有特殊的保護權利。這裏應該註明：一九五六年十一月三日，安全理事會集會時，匈牙利代表宣佈，並且得到蘇俄代表證實，這些談判正在舉行。

十三、本委員會同時審定納奇和他的同伴在一九五六年十一月二十二日離開他的政治庇護所—南斯拉夫駐布達佩斯大使館以後，被蘇俄軍事人員誘捕的情形。他們離開南斯拉夫大使館的原因是因爲他們已經得到了卡達爾的安全和釋免的保證。卡達爾是匈共部長會議主席，他有資格提出保證。他在一九五六年十一月二十一日，寄給南斯拉夫政府的一封信上說：

「由於有意結束這項事務，匈牙利政府同意南斯拉夫政府，一九五六年十一月十八日寫給我的一封信，第三頁第八段上所列舉的建議。謹此證實，匈牙利政府不欲對納奇和他的集團份子們的過去行爲，進行制裁。茲特照會貴國，給予這個集團的政治庇護，應即終止，他們並應離開貴國大使館，自由回返他們的家園。」

十四、一九五六年十一月二十三日—納奇誘捕的次日，匈共政權的一項公報宣佈，納奇和他的同伴，已經依照他先前的請求，前往羅馬尼亞。

十五、一九五六年十一月二十四日，南斯拉夫政府照會匈共政權，抗議破壞保證納奇和他的同僚安全的書面協議，這項照會並且聲明，納奇早已拒絕一項要他前往羅馬尼亞的提議。這項提議是他仍舊住在南斯拉夫大使館內時提出的。

十六、關於卡達爾向南斯拉夫提出的保證，這裏再引述羅馬尼亞外交部長於一九五六年十二月三日，在聯合國大會發表的聲明。那時，爲了配合匈共對於納奇的說法起見，這位外長聲明說：羅馬尼亞政府保證納奇等一羣人住在羅馬尼亞，將受到殷勤招待的一切常例，並且將採取一切可能的步驟，以保證納奇和他的朋友們的個人安全。同時，羅馬尼亞政府保證將遵守有關政治庇護的一切國際法則。

十七、回溯本會在一九五七年三月，再作種種努力，以求獲得羅馬尼亞政府的協助，使能會晤納奇。本會特別指出，納奇其後被送離羅馬尼亞一事在過去從未透露。確實地，直到他已被殺害的消息，宣佈以後，才是第一次正式透露，他已被送回匈牙利。

十八、當納奇仍舊住在南斯拉夫大使館，以及他被監禁在羅馬尼亞的初期，卡達爾所發表的一些言論，是意義非常重大的。在這段時期中，卡達爾保證他的政府無意控訴納奇的參加抗暴行動，一九五六年十一月十一日，卡達爾宣佈說：

「我—一度是納奇政府閣員之一，謹在此聲明，就我所知，納奇或他的政治集團，從來沒有甘心支持『反革命』。」

一九五六年十一月十四日，卡達爾告訴匈牙利工人代表團說：「他不相信納奇曾經故意和甘心的幫助『反革命』。確切的說，他只是在事件中，失去了操縱。」卡達爾同時補充說：「納奇是在他自己的自由意志下，離開議會大廈，匈共和蘇俄軍隊都無意限制他的行動自由。納奇是否參加政治，完全由他自己作決定。」一九五六年十一月二十七日卡達爾又宣佈說：

「我們已經允諾不進行對納奇的任何懲罰訴訟手續，我們將遵守我們的諾言。」

十九、一九五七年三月中，卡達爾在克里姆林宮發言指責納奇「不但在黨內中傷共黨，並且和反動的『黑軍』結盟，準備在黨外從事破壞」。一九五七年十二月，攻擊納奇到達了新的高潮，那時，匈共發表的白皮書，在第四章中，攻擊納奇「破壞他的就職宣誓，他不保衞憲法秩序，相反地，利用他的總理職位，支持那些破壞和顛覆憲法秩序的企圖。」同一月中，布達佩斯日報編輯南姆斯在科學院發表演說攻擊納奇，又有最高檢察長沈奈西在國民大會，亦攻擊納奇。

二十、一九五八年六月十二日，卡達爾在布達佩斯日報第一版發表論文，輕蔑地說：像納奇這一批人，已經陷入叛逆的泥淖。四天以後，布達佩斯和莫斯科，便宣佈納奇被判死刑，並且已經執行。

二十一、這項宣佈以後，南斯拉夫駐布達佩斯大使在一九五八年六月二十四日向匈牙利外交部遞送一項照會，表示抗議，這項照會宣佈說：「南斯拉夫政府和人民，以強烈憤怒的心情，收到關於秘密審訊和殺害納奇的突然消息」，南斯拉夫的抗議照會，回溯一九五六年十一月十八日和二十一日，南、匈兩國政府交換的信函，在這些信函中，對於獲得在南斯拉夫大使館庇護的納奇和他的同僚的政治庇護問題，達成協議。匈共政權在這項協議中，保證他們的個人安全，以及在他們離開南斯拉夫大使館後，可以立刻自由返回他們的家園。匈共政權並且保證，對他們的過去行動，不加任何的制裁。六月二十四日那份照會並且透露，南斯拉夫政府曾在一九五六年十一月二十四日，向匈共政權提出抗議，指責它沒有履行這項協議。匈共政權在一九五六年十二月一日的答覆中，拒絕南斯拉夫的抗議，匈共政權力陳，有關各人沒有回家的事實，就技術上說這是一個次要的問題，而且這是匈共爲了履行協議而採取的一項步驟。匈共政權同時再度證實，準備保證他們的個人安全，以及宣佈對他們的過去行動無意加以處罰，南斯拉夫在一九五八年六月二十四日的照會上補充說：

「很明顯的，匈共政權曾經兩次嚴重的違反它向南斯拉夫政府提供的義務。其一，匈共政權不使實現納奇和他的同僚能夠自由返回他們的家園。其二，相反地，把他們遣送到羅馬尼亞去暫時居留。根據事實，匈共政權也違反了它所提出的個人自由以及對他們過去行動免予處罰的保證，而對這些人士中的若干人進行秘密審訊，對納奇和他的若干同僚判決死刑，並且已經執行。」

四

二十二、殺害納奇和他的同僚是一件特殊意義重大的事情。因爲納奇曾經以匈牙利政府（卡達爾也是這個政府的一名閣員）總理身份，在一九五六年十一月一日和二日直接向聯合國呼籲。但是，我們也不容許爲了納奇的命運，分散了大家對匈共整個暴行的注意力。自從蘇俄武裝部隊在一九五六年十一月四日干涉匈牙利以後，據匈共政權官方宣佈，有很多參加一九五六年抗暴的人士被判刑。無論如何，我們也不能假定所有的判決都已公佈的。很多的遇害者因爲他們不是著名人物，所以他們的被害，未受到世界注意。本報告附錄中列入一張由匈共登記下的報紙和電臺所宣佈的一批判刑名單。這張名單表示在一九五七年六月二十日本委員會發表主要報告的日子起，到一九五八年六月二十一日止，至少有三十三人被判死刑。

二十三、在這些官方的判決宣告以外，尚收到許多有關審訊消息的非官方報告，表示審訊，正在進行或考慮中。這些非官方報告所列舉的名單，包括：在一九四九年被害的前外長遺孀賴吉克夫人，斐多非俱樂部前任書記談查斯，著名新聞記者哈萊茲蒂和歐杜司，匈牙利電臺臺長，納奇的親密同僚之一烏拉吉伊，布達佩斯前任警察局長柯柏西的公共關係室主任范賽克斯，除了賴吉克夫人，歐杜司和烏吉拉伊三人以外，其他幾位，業經匈共司法部在一九五八年六月十六日發表的公報上提到。指控他們和納奇等人緊密合作。這些消息，雖然未能得到匈共政權的證實，鑒於過去那些有關納奇和梅勒特審訊的非官方報告，本委員會對於目前這些報告，實不能漠視不顧。

二十四、本委員會在主要報告中曾經提到，自從一九五六年十一月以來，匈牙利盛行的「即決裁判權」制度，匈共於一九五七年六月十五日和十一月三日公佈的命令法律，在處刑和即決手續上，一點也沒有眞正的減輕，最少的徒刑仍舊是五年到十年。「人民法庭」的官員仍舊大部份是政治組織的指定人，他們的名字從不公開。被告仍舊被強制在司法部長所編的一張名單上選定他的律師。本委員會的主要報告也把所謂「坦白」的證據列入。這種審訊常用來對付被控不忠於共黨政權的政治犯。由於目前仍舊有外國武裝部隊駐在匈牙利，阻止了匈牙利人民表示反對匈共政權所實施的這些訴訟手續。匈牙利秘密警察的存在，本委員會已在主要報告中指出它的活動。現在，仍舊無法證明它已改變它的態度。這個機構是限制人民自由表示感想的一個主要因素。

二十五、本委員會同溯匈共政權不肯和聯合國特別代表溫惠泰耶公親王合作，以達成聯大決議案所規定的聯合國目標。最近的判刑事件極度令人不安，因爲匈共領袖們在前已經多次提出保證，表示安定的時期已經開始，以及對參加抗暴人士的訴訟手續實際上業已過去。例如：一九五八年四月一日，匈共司法部長納弗爾在國民大會司法委員會發表演說稱：審訊地方反革命份子的刑事案件業已結束，對反革命案件的最後清算和審訊的終結，將在最近完成。但是不管這些保證，仍舊繼續傳來許多進一步審訊和處決的非官方報告。

二十六、審查梅勒特將軍被捕和納奇被誘捕的情形，本委員會強調說明，這兩個案件都是由蘇俄安全人員執行的，並不是由匈共軍隊或安全警察執行的。一九五五年五月十四日的華沙條約，（該約已由納奇支持下的匈牙利政府，於一九五六年十一月一日，致電聯合國正式宣佈廢棄。）和一九五七年五月二十七日的匈俄協議，是俄軍駐在匈牙利所引用的法律根據。這項藉口，是否合法姑置不論。聯合國大會已於一九五七年九月，在第一一三三(十一)決議案中指出「蘇俄破壞聯合國憲章，剝奪匈牙利的自由和政治獨立」，並且重申先前一項決議案，要求俄軍撤離。一九五八年五月二十四日卡達爾宣佈一萬七千名俄軍已撤離匈牙利，但是沒有說明撤軍的性質，以及留駐的軍隊。這項宣佈，以及另外可靠的證據，都不能使本委員會可以斷定，俄軍已經遵照聯大要求，完成它的撤軍工作，相反地，俄軍仍舊駐在匈牙利却是一項無庸辯論的事實。

二十七、當梅勒特將軍被捕，以及納奇和他的同僚被誘捕的事件，正由蘇俄人員着手的時候，宣佈其後審訊和處決的匈共政權，却負起全部責任。這些秘密審訊和處決，證明繼續漠視聯合國大會的決議和世界人權宣言及聯合國憲章所規定的人權要求。而且，據報導說，卡達爾在一九五八年七月一日的最近，還在否認匈共政權已經破壞了它的諾言，但是根據記錄，清楚表示匈共審訊納奇的行動，違反了它的鄭重保證。這些保證是卡達爾代表匈共政府，在先前提出的，他的諾言包括他寫給南斯拉夫政府的證實信件。

二十八、殺害梅勒特和納奇、以及他們的同僚，是驚人的，但是不是單獨性的不幸例證。這是本報告、以及本委員會在先前的報告中所敍述的，目前在匈牙利進行的鎮壓政策的合用例證。

二十九、鑒於繼續不斷傳來各項進一步審訊和處決的非官方報告，本委員會希望匈共政府，聽一聽許多國家公共與論的聲音，停止執行新的死刑，停止目前殘暴的鎮壓，並且重新建立不能讓渡的人權原則。由於這些結論，同時因爲本委員會不能直接向聯大提出，特根據一一三二(十一)號決議案，將本報告分送各會員國政府，以便各會員國適當考慮聯合國大會可能採取的措施，以及各會員國對這項事務的初步步驟。

梅老師

童　真

他所需要的不僅僅是每天的食糧，而是有更甚於此者。他要為別人謀求幸福，給自己尋求孤獨與平靜——格雷漢·格林：「事物的核心」

梅景聖老師站在長廊的邊兒上。他修長、瘦癯，就像他身邊那八角形的水泥廊柱。他出神地望着前面那片大操場，操場邊上的幾株鳳凰木，那葉綠得像碧玉，那花紅得像火，像血……他突然打了一個寒噤，喉頭也就感到癢得出奇，隨即，一陣咳嗽便如緊密的機關槍聲一樣，清脆地迸射出來，而一小口黴痰，也似一只黏膩的鮮蚵，落在他才掏出來的手帕上。他連看也不敢看，就將手帕塞進褲袋裏，但心在猛跳，腿在軟癱，彷彿剛纔跑完了百米賽。他不由得吁出一聲嘆息，輕得像片從枝上飄下來的落葉，消失在五月的蒼昊之下。

這是上午十點多鐘，天色明麗得到處閃熠着光流，但他的心却是陰暗的，外面垂着一幅厚帘，光祇能在外面徘徊，而作為那張厚帘的，實際上祇不過是張薄薄的紙。他忽然用力從襯衫口袋裏抽出那張紙條，展開來，再一次地讀着牠：

梅景聖　男　三十八歲　中學教員　江蘇揚州人　兩肺嚴重肺結核，應悉心調治，避免繁重工作及劇烈運動，經常服用 INAH 或 Dinacrin 及注射 Streptomycin。

他望着那張紙條，那張紙條旋又變成了校長那狹長的臉。他看見他把紙條遞給他時的那股嚴肅神情，他聽見他用緩緩的聲調對他說道：

「梅老師，我非常難過，這次嘉義防癆中心對本校全體師生作X光胸部檢查的結果，竟發現你患有嚴重的肺病。這是你的不幸，也是整個學校的不幸。我考慮再三，為你的健康着想，惟有遵照防癆中心的指示，讓你卸掉繁忙的教書工作，以便你能好好地休養。」

「校長，你竟思是要辭退我？」他原本平展着的雙手，像碰着了滾油的腰花，驀地蜷縮起來。

「啊，你怎能這麼說？我剛才說過，這全是為你自己的健康着想。」

「我想不見得吧，你是怕我會躭誤學生們的學業。」

「這，」校長的目光停在一具筆架上。「自然，一個抱病的人要一絲不苟地擔負起他的工作，不僅是痛苦，而且也是不太可能的。」

「但我相信自己以前不曾躭誤過學生的學業，以後也永遠不會。我在這兒已經教了十二年，不怕窮，不顧健康。我教書，我才會生肺病，我想，我有權利在這兒繼續教下去。」他說完，猛地站起身子，衝出校長室去。憤怒和痛苦就像一個磨子的上下兩部份，牠們合起來，竟把他的理智、神經研軋得支離粉碎了。

這是昨天上午的事，離此刻還不過一整天，但在他看來，彷彿已經很久了。他在這一日夜的感情煎熬裏像老了十歲。從校長室衝出來的那一剎那起，他決定要用全力跟校長的處置作「殊死戰」。昨天中午，他沒吃飯，下午，他躲在自己的小寢室裏，埋首草擬陳情書。那用心的程度簡直可以跟當年寫畢業論文相比。他列舉學校當局不該辭退他的許多理由；最後，他還說，假使他的要求仍然遭受拒絕，那末，以後他如幹出任何影響學校或校長名譽的事情，他將不負責任。譬如說：他要刊登啓事並招待記者，把他本人的近況以及校方對他的殘酷等一股腦兒宣佈出來，籲請他們和社會人士主持正義，促使校方收回成命。那份陳情書簡直是一篇傑出的抒情文，寫出了他的願望，他的歡樂，他的悲哀，他的憤怒。他把牠套進信封裏，封好後，又在封面上寫上「務希于明日十二時前賜復」幾個字，叫工友送給校長去，而他自己，則如一頭用盡了力氣的老牛，祇會倒在床上喘息了。

長夜是在失眠中一分一秒地挨過來的。硬的板床，舊的被褥，簡陋的傢俱，陳舊的服裝以及一叠叠的書籍上，都烙印着他的呼籲。他是用顫抖的心情來迎接這白天的。這個上午對他太重要了，他簡直怕跟校長相見。早晨八點升旗時，他不敢正眼對着校長，但總感到他的目光在不斷地向自己逼視。他下意識地覺得牠是嚴峻的、冷漠的、倨傲的，對于自己那份嘔心瀝血的陳情書根本無動于衷；想到這兒，他險些兒昏厥過去。

他把那張紙條摺好，重又放進口袋裏，現在離升旗時已經有兩個多鐘頭，為什麼校長的答復還不來？是他在反復考慮嗎？他再度把視線放平，茫然地注視着操場。操場如此遼濶，如此光亮，跟十二年前他來時一模一樣。當時，他站在這走廊上眺望牠，感到自己的前途就像那片大操場。那時，他廿六歲，剛從大學出來。結實的身子裏孕育着旺盛的活力，猶如這豐艷的五月。本來，在臺灣剛光復的那些日子裏，憑他的才幹，確有許多的工作任他選擇，但他却偏當上了這最清苦的教員。他在給他父親的第一封信裏，曾經這樣寫道：

「父親：您做了一輩子的窮小學教師，滿心想望我學成之後，能够謀得一個較好的職業，但如今，我却使你失望了。我仍然走着您的老路子：教書。且不說在這光復之初，這兒特別需要國文教員；在這舉世皆濁的環境裏，實在也祇有跟孩子們在一起，才能保持這份眞樸的心，何況我一向是疼愛那些可做我弟妹的大孩子的。這一部份是因為我沒有弟妹；一部份，我想，是得之于您的薰陶。在家鄉，誰不知道您老人家是個好老師？諄諄善誘，誨人不倦。原諒我吧，父親，我衹是個平凡的人，衹願在教導學生上有您那樣熱忱、恆心，好好地培植下一代……

他簡直不敢希望父親眞會原諒他。但在他的回信裏，他不但原諒了他，而且還讚許他。他說他以前叫他謀找較好的位置是他的錯；物質的享受怎抵得上心靈的慰藉？三十年來的粉筆生活使他的心澄淨得像一灣清溪。郵差送這封信來的時候是上午九點，他讀着牠，淚珠就沿着臉頰一顆顆地滾下來。在淚光中，他看到那片大操場正在朝陽下閃爍、熠燿。

是的，這已是十二年前的事了。在這十二年中，他從未離開過這個私立中學。起初，他並不打算在這兒久待下去。他有家，有父母，他終究要回去的，但不久，一切却都變了。家鄉淪陷，父母雙亡。從此，他把學校當作了家，把學生當作了親人。他把自己跟學校、學生聯成一體；缺一，他的生命便不完全。

然而現在，竟有人要叫他離開這兒。這，他以前連想都不曾想到過。他要終老這兒，宛如一個農夫要終老在他自己的土地上一樣。他怎能離開？

天氣越來越熱了，陽光使操場變成了反光鏡，照得人眼睛發花。他轉過身，開始慢慢他穿過長廊，走進辦公室去。大部份的老師都去上課了，那兒，祇剩下寥寥的幾位，佔據着各自的書桌。有的在批改學生的作業，有的則在談天看報。他悄悄地走過去，希望自己的桌上已經躺着校長的答覆：「景聖兄：我已經改變初衷……」然而桌上並沒有增加一樣東西；正跟他離開時一樣，祇有那張壓在硯臺下面、用紅墨水寫着無數個「不能」兩字的紙，被窗口灌進來的陣風中給吹得撲撲作響。那每兩個血紅的字—「不能」兩字都表示着他血的決心。他把牠摺起來，放在一邊。他無心做事，但又極想找些事做。這等待實在太磨人了，正如等待姍姍來遲的愛人一樣。其實，他自己在戀愛上可說一無經驗

他喜歡過一個女人，但他倆的戀情在未開始時就結束了。不，或者說，在應該開始時，竟忽然結束了。那是六年前的事。她是電信局裏的一個接線生，名叫桂明珠。一個白白胖胖的少女，她的聲音很溫柔。他記不得在哪兒有人介紹他倆認識，過後，他却又把她忘得一乾二淨。但有一次，他打電話時，他却無意中發覺那個電話接線生就是她。以後，他每逢打電話時，總先向她問好，再以後，他們在電話裏就有說有笑了。于是，他心裏便常有一種想去看看她的願望。但他的工作很忙，他似乎不可能抽出一整段時間來，而且，他也不知道她是否願意。終于，有一天，她自己竟在電話中對他說：「梅先生，明天是星期六，下午你有空嗎？」

他想了一想。「是的，我想大半有空。」

「那末，明天下午你到我宿舍來看我好嗎？」她把住址告訴了他。她似乎還想說什麽，他等了她一會，但聽不到聲音。他這才說：

「好，一定。還有話嗎？」

「明天見面再談吧。」說了，便掛斷了。

第二天，他很興奮，從早上起，他就不時想起這約會。電話裏的談話到底不痛快，他終于可以跟她暢談一回了。第四堂的下課鐘響了，他輕快地走出去，迎面就碰到初二甲班——他是這一班的導師——的班長。

「梅老師，今天下午我們班裏的同學打算開一次辯論會，題目是『壁報比賽應否廢止？』請你做評判員。」

他記起了昨天約定的事，但眼前這個十五歲的孩子是如此逼切地期待着他，不，全班的學生是如此逼切地期待着他，他可不能叫他們失望。他毫無猶豫地回答：

「好，我一定來，你去告訴他們吧。」

他以爲第二天他可以向她道歉：他不是故意的。第二天上午，他按着地址找去，但却發覺那間房子空空的，一個頭上裹着一塊毛巾的中年婦人正在打掃。

「請問桂明珠小姐是不是住在這裏？」

「噢，她今天早上搬走了。」

他呆在那裏，覺得自身也像一座空房子。他想再問她幾句話，但却怎樣也想不出來。那婦人打量了他一會，問：「你是梅先生吧？」

「是的。」

「你來遲了，梅先生。她昨天一下午都在等你，今天早上還等了你一會呢，但你總是不來，我看她急得幾乎想哭。」

「那她有信留給我吧。」

「沒有。她說，你既然不來，她也不想再等了。」

他轉過身，慢慢走出這房子。輕輕的惆悵從他心頭昇起。「你既然不來，她也不想再等了。」他覺得他倆就像兩只放在兩個地方的電話機，祇因他的失約，沒把線接好，就永遠失掉連絡了。

他回到學校，一羣平日常到他寢室裏談談笑笑的學生正在房門口等他。一看到他，便一窩蜂地湧過來。

「梅老師，你剛才去哪兒？」

「呀，梅老師，你今天穿得這麽挺括，一定去看女朋友來着！」

「梅老師，你怎麽還不結婚哪，我們希望有個梅師母呢！」

……

七嘴八舌的，跳着、嚷着，猶如一羣迎着朝陽歌唱的麻雀。他不由得笑了：

「我怎能結婚呢？我太愛你們了，沒地方容得下她呀。」

他說笑話嗎？才不。以後，他把時間、精力全化在他的學生身上，壓根兒沒有想到他的婚姻，也始終沒愛上一個女人，但他仍感到無邊的快樂。孩子們在他的心中，他在孩子們的心中。校區是他的世界，孩子們是他的鑛藏；在他耐心的發掘下，縱使是最難挖採的，也揚棄了那掩埋在牠上面的土石，顯露出寶貴的實質。但如今，有人竟要他離開；即使他的生活毫無問題，他能够答應、能够容忍嗎？

不能！不能！他內心又在大聲地吶喊；像澎湃的海濤撞擊着岩石，不變地響着他恆一的意念。他眼皮低垂，盯着那斑駁的桌面。他發覺，這仍是十二年前的那張書桌。十二年前，他才來時，那張書桌

是嶄新的，亮油油的，想不到現在它也老了，舊了，醜了，正如他自己在這十二年中走了樣——青春老去，健康損蝕。要不是昨天發生了那件事，縱使早有食慾不振、盜汗、發熱、咳嗽、痰中帶血等現象，他也從沒在意過。他對自己是多麼疏忽呵！

他不忍再看那桌面，他抬起了頭。咳嗽又來了，驟雨似的，嗆得他混身發抖。好幾個同事都轉過頭來看他，猶如躲在屋子裏的人之看屋外淋雨的人，雖與他們無關，總免不了焦躁與同情，何況他們還是朋友。有一個同事還嘆了一口氣，問他：

「老梅，校長有了答復沒有？」

「沒有。」

「無論怎樣，我們支持你，你決定不走？」

「是的。」

大家互相對視着。辦公室裏忽然靜了下來。沉默的網罩住所有在場的人；這網不斷地收緊，收緊，終于又被下課的鐘聲割破了。授課的老師魚貫地從教室回來。

現在，梅景聖想，上午祇剩下這最後一個鐘頭了。在這一個鐘頭裏，一切都將分曉。但，他還是這句話，不管怎樣，他是不走的。他不是一支用禿了的毛筆，一個拍壞了的羽毛球，不要他時，就丟掉他！他從桌上的一叠書上，拿起初二的國文教科書和點名簿。第一節，他曾上了一堂初二乙班的國文，下一節還有一堂初二甲班的國文。他希望校長能在這短短的幾分鐘內有答復給他；這樣，他在上課時，就不致于心猿意馬了。他是一個負責的教師，十幾年來，他認眞地教學，從不肯絲毫馬虎。他仔細地解釋課文，謹愼地批改作業，辛勤地編撰補充讀物。誰不稱讚他學生的國文成績？他不冀望別的，這就是他獲得的最好的報酬。然而，他却從未想到自己竟會染上這可怕的富貴病！

上課鐘響了。他把教科書和點名簿挾在腋下，站起來，走出辦公室。他又一次地穿越那條長廊。多少年了，他在這兒來回往返。他是不能走的。他已在這裏生了根，猶如樹木生根在泥土裏一樣，要把兩者分開，無異是促使生命的迅速枯萎。爲了那些孩子，也爲了他，他是絕對不能走的。

他跨進教室，在班長的「立正、敬禮」聲中，踏上了講臺。幾十雙親切的目光向他射來，使他陰冷的心房起了一陣溫暖的波盪。他從沒有像今天那樣愛過他們，也從沒有像今天那樣覺得離不開他們。他坐下來，翻開點名簿，一個一個地叫着名字；其實，他的心裏早有一本比眼前這本更詳細、更清楚、更講究的點名簿。燒不掉，扯不爛，揉不破；這是藏在永恆的愛的寶庫裏的。

他把教科書翻到第十四課。「同學們，今天上第十四課，陳文述作的『插秧女』……」他像往常那樣地開始，然而，他却感到自己的聲音在微微地戰抖。他一再告訴自己：他不要老想別的，他得專心一意地講書，像他這十幾年來一樣。但他的心祇是不聽指揮，他的思維儘在忽東忽西地飄盪，像根風中的蛛絲，無法固定于某一點上。每當他講完一句時，他總會想到別的事情上去。他記起他第一次上課時站在講臺上的惶恐心情。那下面四五十雙目光直射着他，使他宛似站在荆棘叢中，直想馬上逃開。他也記起了，以後，他和學生們如何像兄弟姊妹般地相親相愛，如何在授課之餘，他進入他們羣中，跟他們談笑、玩耍，教導他們，勉勵他們。這以後，當他站在講臺上時，不但不再怯場，反像站在那俯臨着花園的陽臺上一樣。下面儘是那些欣欣向榮的花木。這感覺使他越講越起勁，常常忽略了下課的鐘聲。他也記起了在有些夜晚和假日裏，他如何爲他們孜孜補習，以及他如何在他非薄的薪水下節衣縮食，去接濟那些貧困的學生，使他們免于失學……他一邊講書，一邊在記憶之海裏掙扎，但記憶却一個浪濤、一個浪濤地向他襲來，使他幾乎招架不住。等到講完了課文，他已是累得滿頭大汗了。

他叫學生先把課文詳細地研讀一遍，可有什麼不懂的地方，等他講第二遍時，再用心細聽。然後，他掏出手帕，拭去了額上的汗，站起來，跨下講臺，在教室的四周走動。他想藉此來平靜他紊亂的心緒。但，沒有用。他又想到校長的答復，爲什麼到此刻還不來？這不是好兆頭，校長一定是堅持原意，逼他走路。如果眞的這樣，那他自然祇有攤出最後一張王牌：訴諸輿論了。他不明白校長爲什麼要逼人走向絕路？是的，一點不錯，他現在已可斷定校長要辭退他，否則，他就不會這樣儘是拖，叫他受苦。想到這兒，他濕身一陣火熱，胸口悶得像要炸開來，隨即，一串抑制不住的咳嗽便從口腔裏衝出來，他雖忙用手帕搗住口，但咳聲還震撼着整個靜靜的教室。學生們幾乎全都轉過臉來看着他。咳嗽停止了，他們還是望着他。他衝動得直想把他的心事告訴給他們聽。他急急走到講臺上。「同學們，我想告訴你們一件事……」不，還是不要說的好，不要把煩惱帶給他們。如果他要跟校長抗爭，還是讓他獨個兒抗爭。「同學們，現在我再把課文講一遍，」他用目光對教室作了一次全面性的掃射，好多學生還睜着烏溜溜的眼睛，在困惑地注視他。他們可已發覺他態度的失常？不要心急，孩子們，以後我自會告訴你們的。以後？當然，他是不會離開的，以後的日子長得很。

他在椅上坐下來，重又大聲地說：「同學們，聽着，大家都專心地看課本。」孩子們的頭都埋下去了，可是今天他自己專心嗎？一點也不。他不應

吾兄健康計耳。倘吾兄仍不以此事爲苦，弟何

該這樣，這一次，他無論如何不要再想別的事情了。他不會走的，這是已經確定了的事。「現在開始講：『朝見插秧女，暮見插秧女……』」他集中思緒，詳詳細細、認認眞眞地解釋、剖析，當他講得正起勁的時候，他忽然聽見有人在叫「梅老師！」，是哪個學生在發問？他用目光向教室中搜索，誰也沒舉起手來。「梅老師！」聲音又來了。啊，是老朱，校長室的工友，他正站在教室的門口，手裏拿着一封信——他等了這麼久的校長的回音！

他站起來，幾乎是跑着走向門口去。

「梅老師，校長叫我送這封信給你。」

他從工友的手中把信接過來，過度的緊張使他接信的手在微微地哆嗦。他不敢馬上拆開來，祇拼命地盯着老朱，希望從他臉部的表情上推測到校長答復的內容。然而老朱的臉完全跟平日一樣，沒有任何表情，空白得猶如寒暑假中學校裏的佈告板。他失望得又把目光跌落在封套上。突然，他撕去了封口，抽出了信紙，並且展了開來。

景聖吾兄：來書敬悉。吾兄十餘年來爲教務鞠

發薪日

勞影

上官課員熟練地理好辦公桌上的印泥、印臺、私章、號碼機、日戳、墨盒、醮水筆、廻紋針；然後到課長桌上（課長不在）揿鈴叫下女倒來一杯熱茶，拿出小算盤，倒上滑粉，搖搖，抖抖，隨手一劃，橫格以上的珠子嘩啦一下溜開了。看看錶，三點五十五分。點上一支紅樂園，這一支提前五分鐘吸，今天發薪。

他先核薪水袋。

「三百廿五，減去個借支扣回五十，減去個保險費兩塊五，減去個互助金六塊五，唔，不少，他奶奶的，還有二百六十六大元！」

上官課員核實了算盤上的數字與薪水袋上的實發數相符，刷的一下，再一度用右手中指劃開了算盤上的珠子，大大地吞了一口熱茶，往椅背上一靠，尖起本來已經够尖的嘴巴，吹開薪俸袋口，輕鬆地開始點數。

「一十，二十，三十……二百二，他奶奶的，五塊，六塊，七塊，七塊五，祇有二百廿七塊五？」

上官課員喫了一驚。抓起薪俸袋來再看，哦，小余那傢伙，字寫得這麼小，又在背後，誰看得到？「送主計主任聚餐費，卅八塊五，小余。」

看看錶，差得遠，還有一刻鐘，才到抽另一支煙的時間。「特別支出，」上官課員告訴自己：「今天發薪。」

唔，得了，也許是煙帶來的靈感，上官課員忽然想起上個月他還加過十二天的班，這一二天內也該發放了，十二，一百二，不壞！假如課長肯批，他倒眞想多加兩天，可是，做人應該知足，知足常樂，能月月有上個十一二天加班也不錯。

「這筆加班費應該合併計算，」他想：「好編預算。」

「二百廿七塊五，加上個一百二，」上官課員一個珠子、一個珠子地小心撥上：「三百四十七塊五，他奶奶的，不壞！」

太太早就通知說，單吃配給的花生油容易上火，這個月無論如何要買點豬油。好，就買。祇要有錢，誰反對喫豬油不是人。上官課員抽出一張稿紙，翻過來，現成的紅格兒。第一筆，固定支出：菜錢，一天七塊，三七廿一，三七廿一，二百一。唔，不對，這個月大，三七廿一，一七得七，二百一十七塊整。第二筆，新科目：豬油廿元，他在豬字頭上畫了個小三角，表示這個項目的重要性。接下去，報紙廿四，唔，又不對，報紙增刊了，報費調整了，三十。老樂園廿包，香煙五十。水電費依照上個月開支，共計四二塊三，零數不計，水電費四二。小二子的奶粉二聽，勒吐精，奧大利亞出品，小孩吃了不拉肚皮。一聽四十三塊五，二聽，八十七，「委任二階八級，他奶奶的還養兒子？」生第一個兒子時，上官課員不曉得罵了自己多少次；等到第二個兒子出世時，上官課員更火了：「他奶奶的，養兩個，憑一個委任二階八級的課員？」「可是，有啥辦法？」唔，再來就是……月季票一次四十八，兩次九十六。理髮兩次，九塊整。肥皂火柴，十元。醫藥準備金，三十。茶葉兩包，四塊。（再來一支煙，今天發薪）唔，小二子學跑路了，要買個木頭鷄，八塊五。老大的木屐已經薄得像片刀葉子，來一雙，三塊五。鏡子給老大摔破了，買一個，兩塊五。還有茶杯四隻，三四一十二，茶杯十二。太太去年住院割盲腸借的一千元利息，三十五。娛樂支出，電影兩場，四張全票，十六塊整。錶帶壞了好幾個月

躬盡瘁，弟固知之甚稔；昨日面談之事，蓋為人斯，敢斥人于千里外耶？……

歡欣像空氣那樣地包圍他，滲透他。他沒有看下去。這已經夠了，他業已達到了願望。他把信揣進口袋，急速地轉過身，走上講臺，面對着學生。他到底是不會離開這些可愛的孩子的。他有一種一個個把他們擁在懷裏的衝動。但現在他是在上課，剩下的時間已經不多，他得趕快把那幾句講完。他繼續講着。但才講一句，因為他太激動了，他的氣管裏像梗着許多根短短的頭髮，咳嗽又來了。這是一次劇烈而持久的咳嗽。一陣過去了，又是一陣。學生們都抬頭張嘴在等他。然而咳嗽還是旁若無人地繼續着，他雖然早已用手帕掩住了口，但總像看不見的雲霧，溶入空氣中，瀰漫開來，統治了全教室的人。他祇是一個勁兒地咳嗽，學生們祇是一個勁兒地望着他，好似他們想把那咳嗽當作字句，吞嚥下去，吸收進去，成為自己的一部份。驀地，一陣比歡欣比咳嗽更强烈的恐懼攫住了他的心。當他靜止下來凝視着前面的空間時，他彷彿看到空氣中全是那蠕蠕欲動的結核菌。

他幾乎迫不及待地從前排的一個學生那兒要來了一張紙，寫了一封回信給校長：

希賢校長賜鑒：來書拜悉。承收回成命，衷心彌感。惟經弟思考再三，仍以即日離校為宜；個中原因，先生當能洞察也。臨書惶悚，不盡欲言……

他把這封信交給一個學生，叫他馬上送到校長室去。等他回來後，他便非常平靜地講完了那一課的最後幾句。下課鐘響了，他站起來說：

「同學們，還有什麼地方不懂的，趁現在提出來問，提出來問！」然而大夥兒都一聲不響。「同學們，大家都懂了嗎？同學們，假如今天不問一個清楚，那末，明天……明天……明天……」他說不下去，他的聲音梗塞了，眼睛濕潤了，在還未被學生發覺之前，他趕緊拿起教科書和點名簿，快步走出了教室。

他在走廊的邊兒上停下來。五月的天氣是如此明麗。向前望去，大操場在中午的陽光下閃爍熠耀！

了，這個月要不要換呢？唔，算了吧，能省得省，下個月再說。上官課員把已經寫上了的，最後一行換錶帶十五元劃了去。祇要錶不掉下來就行，這是最高原則。

「還有沒有？」上官課員問自己：「當然有。唔，以後追加好了。」

人情、添置日用品、意外支付，合計列在準備金項下：六十。眞正的最後一筆。

好了，算算看。

「收入是三百四十七塊五。」他扔掉煙尾，用舌頭吮着燒得發痛的右手的食指和中指。「減去個菜錢，再減去個豬油錢，減去個報費，再減去個香煙錢，減去個——不行！」

上官課員望着算盤上剩下來的、從十位數起的三個珠子，倒抽了一口冷氣。只剩下三十塊另五毛，還有這麼多開支項目，怎麼行！

「再把開支項目加加看！」他熟練地劃清了算盤上的珠子，又一個個珠子撥上去。「乖乖，七百卅二塊五？」他舔了一下乾燥的上唇：「銷去收入三百四十七塊五，還有三百八十五，這一筆透支應該用紅筆寫！」上官課員告訴自己，他對會計內行：「眞他奶奶的。」

祇有再來一支煙了。

上官課員閉上眼，他想，——有了。

一人作主太專制，應該學學各地的縣市議會，站在相對的立場來審核審核。如屬開支不當，大刀濶斧，濶斧大刀，剔除！誰留情的是孫子。一個準則，超過二十元的項目都得重核一遍。

唔，從菜錢起。這是什麼年頭？七塊菜錢一天？太多！吩咐太太一聲，練練嗓門，跟菜販子討價還價不是什麼丟人的事。不過，話說回來，兩個大人，兩個小鬼，一人兩碗飯總得送下去，唔，這樣吧，一天的菜錢減一元，三十一天就是三十一元，上官課員再一次劃清算盤珠子，重新撥上那個應該用紅墨水寫的透支數字：三八五。一面手口並用：

「減去個三十一。」

豬油？那麼多日子都過去了，吃素的長命！現在又沒有發財，哼，剔除！

「減去個二十。」

報紙呢？唯一消遣，保留。瞧，三個月賣一次廢紙，三塊四塊的，太太歡喜得什麼似地。是的，保留。

香煙減五包，抽多了煙說不定生肺癌，健康要緊。

「減去個十二塊五！」

水電公司不是自己開的，減不了，全額保留。小二子的奶粉減一聽，不够時喝米湯，小伙子身體棒，幫幫老子的忙。

「好，減去個四十三塊五！」

車票不能不買，得留點氣力參加公務員健身操。上官課員算到此，臨時又立了一個審查補充辦法，如屬離題太遠，不滿廿元的也一樣刪除。譬如說理髮，老婆早說了，應該改爲一月一次。

「減去個四塊五。」

肥皂火柴，保留。太太的麻煩少惹。醫藥費，去他媽的，誰會生病？

「減去個三十。」

小孩早晚會跑路，木頭鷄不買了。

「減去個八塊五。」

他既不能賴賬，利息錢就不能不付，保留。看電影？要不得。電影，吃小館子，買玩具，水菓，這不是咱們小課員的事，要不得。

「減去個十六。」

最後，人情？遠的寫封信，近的裝病。添置日用品？馬馬虎虎，餓不死，凍不死就行了。意外支付？上帝在窮人這邊。

「減六十！」

沒有啦，上官課員看看算盤，應該用紅墨水寫的透支數，現在是一百五十九塊整。仍舊是入不敷出！

上官課員再度閉上眼，正項收入是三百四十七塊五，是否能有額外收入呢？第一，太太不會養鷄，卽使會，養在床底下也不是事。第二，兒子太小，大的才三歲，送不了報，也賣不了獎券、泡泡糖。自己呢？除了敬悉、奉悉、以及小計、合計、累計外，別無一技之長。

說起來慚愧，上官課員有時候竟會把腦筋動到那每月配來的五十公斤在萊糙米上去，他常打算二個月的米吃上三個月(像他三天抽兩包煙一樣)，勻下一個月的米來賣，可是，太太以前的小姐氣派改不了，看到乞丐，祇要有上幾歲年紀，或者是有點兒殘廢的，一掬米就是大半碗，受不了，受不了又怎麼樣？「你窮，」太太常說：「還不修修好，未必你兩個兒子將來也跟你一樣？」每當這個時候，上官課員就想到淪陷在大陸的媽媽了，他眞想問問她，他今天之所以如此窮，是不是當年他爸爸把米缸看得太緊了？

上官課員還有個小主意，就是……唔，就是，算了，別想了，想了也是白廢，課長說過，的確有很多工作需要在晚上趕趕，不過，預算有限，他要加班，不能批准。是的，上官課員很了解，誰都對，政府有政府的預算，市場有市場的利潤，祇是，唔，祇是……祇是最好再來一支，這算得了什麼？今天發薪！

讀者投書

(一) 請外滙貿易審議會答覆

一羣大學生

編輯先生：我們是一羣正在大學就讀的學生，因爲在臺灣無法購得一些比較專門性的參考書，因此不得不向外國購買，如委託本地書商代購往往比私人直接向外國書商購買貴百分之五十以上，而政府規定私人因研究參考需要，每人每半年可申請美金廿元之外滙向外國購書，申請時只需檢送臺灣省政府新聞處書刊進口審查核准通知書及外國書商之發貨單（報價單）。我們爲了減輕負擔，故以往均依此法辦理申請手續，而外滙貿易審議委員會亦依法審查核准。唯自去年以來，我們對外滙貿易審議委員會核准申請外滙結滙與否所依據之法令爲何，實大惑不解，故特借貴刊篇幅，提出若干問題，請行政院外滙貿易審議委員會滙欵審核組公開答覆。

一、爲何有人只憑省政府新聞處書刊進口審查核滙通知書及外國書店之圖書目錄（並無外國書商之發貨單）一次申請外滙美金廿伍元一角伍分能够核准，而有人依完全相同手續辦理，却不核准？而不核准之理由竟是「欠缺外國書商之發貨單」。我們實在不知道該會對申請結滙核准與否是依據法令，抑係視申請人而定？

二、有人申請時已檢送應繳之證件，而該會尙要申請人前往面試（大多數的申請者却又不需面試）學識程度，爲什麼有些人申請結滙需面試而有些人却不需面試？該會依據何種法令來面試申請者之學識？主試人是否精通理、工、農、醫、文、法各科之專門知識？確有學養面試各種申請者的學識嗎？

三、有人已檢送新聞處書刊進口核准通知書及外國書商發貨單，而該會尙要申請人送申請人就讀學校之證明書，證明申請人確需該參考書，此又根據何種法令？爲何同時申請之另一申請人（亦係同校之大學生）却不需此項證明而能核准？再者，學生課外研究需要何種參考書要學校批准嗎？這是提倡學術研究和學術自由所應有的規定嗎？

四、有人一次申請外滙結滙並未超過規定欵額（美金廿元）而不能如數核准，只核准一部份，此又依據何種法令？有人一次申請結滙欵額十二餘美元（包括書籍之郵寄費），而該會只核准買書欵部份，而不核准郵寄費部份，不付郵寄費給人，難道硬要人寄「免費郵包」嗎？

總之，該會對申請結滙案件之審核，由我們親身體驗的結果，覺得漫無標準，所以擬請該會給我們解釋許多我們無法解釋的事實。專此順請

編安

一羣大學生啓四七、九、十七。

出版法條文摘要

立法院第二一會期秘密會通過
總統於四七年六月廿八日公布

第六章　行政處分

第三十六條　出版品如違反本法規定，主管官署得爲左列行政處分。
一、警告。
二、罰鍰。
三、禁止出售、散佈、進口或扣押、沒入。
四、定期停止發行。
五、撤銷登記。

第三十七條　出版品違反第三十二條第三欵及第三十三條之規定，情節輕微者，得予以警告。

第四十條　出版品有左列情形之一者，得定期停止其發行。
三、出版品之記載違反第三十二條第一欵之規定者。
四、出版品之記載違反第三十二條第二欵及第三欵之規定，情節重大者。
五、出版品之記載違反第三十四條之規定，情節重大者。
六、出版品經依第三十七條之規定連續三次警告無效者。

第四十一條　出版品有左列情形之一者由內政部予以撤銷登記。
一、出版品之記載，觸犯或煽動他人觸犯內亂罪、外患罪、情節重大，經依法判決確定者。
二、出版品之記載，以觸犯或煽動他人觸犯妨害風化罪爲主要內容，經予以三次定期停止發行處分而繼續違反者。

第四十二條　出版品經依法註銷登記或撤銷登記或予以定期停止發行處分後，仍繼續發行者，得沒入之。

編者按：在此項出版法未廢止之前，本刊決將上項條欵繼續刊登，一方面用以自我警惕，一方面讓世人知道我們的出版自由，受到怎樣的限制。

(二) 關於省立大學教師送審問題

張祿真

貴刊十九卷六期社論㈠「爲教師爭人格」一文，說到大學教師送審問題。本人因對省立院校知之較詳，兹就本人所知，奉告如下，敬請貴刊刊登，藉以促請教育部注意矯正。

省立大學和學院的經費是由教育廳發給的；故省立大學教師資格的審查原來也是由教育廳管的。到了張其昀做教育部長的時候，這個職權被教育部拿走了。教育廳失掉了省立大學和學院的教師資格審查權，但却保有經費核發權，本着「官卽是管」的落伍觀念，教育廳就從經費核發權這方面來發揮它「管」的權威。於是它就規定凡是省立大學和學院的教師在受聘後一年以內必須拿出「著作」送審，如逾期不送，則把薪水與研究費降一級核發（如學校聘爲教授者，改發副教授薪水與研究費；聘爲副教授者改發講師薪水與研究費……），此爲教育廳的規定。學校方面是不是嚴格遵守，這又要看校長與有關教師的私人關係如何。如果私人方面有特殊關係，校長可以設法仍照聘書名義發薪水發研究費，否則，縱令該教師在教課方面受學生歡迎，學校方面仍以廳令爲口實，降級發薪及研究費。而其實呢，所謂著作送審也者，其內幕又是不堪聞問的。

短評

（一）兩「口」才可交流

外滙貿易審議會在最近通過了一項「書刊免結滙出口審核準則」。據說這是「爲貫通國外文化交流，便利書籍刊物出口」。在目前，我們固未必有很多够水準的書刊可出口，而受其實惠，但這種措施，畢竟是値得喝采的。

不過，我們如眞想做到文化交流，在書刊出口方面，固應予各種方便，藉收鼓勵之效；然在書刊進口方面，同時廢棄一切無謂的限制，實更有必要。

老實說，以今天臺灣的實情衡量，在文化上，由於多種因素所造成的枯竭現象，有賴於進口者，尤較出口爲多。因此，假使我們對於自由地區的書刊進口，竟用「生意眼」看作一般商品，固不足以成事；若不幸而更進一步用「政治眼」看待，不惜多方限制，甚至聽憑少數檢查人員的任意挑剔、扣押、沒收，則更足以敗事。不知政府當局的看法究如何？是否可得而聞？

（二）國慶與僞國慶之在香港

據香港工商日報報導，本年十月一日僞國慶的那一天，全香港懸五星旗者不過千餘面，而十月十日中華民國國慶懸青天白日旗者，卽青山道一條街已多過僞旗總數。這個事實顯示香港市民眞正的民意是反對共黨政權的。香港市民反對共黨政權尙非因身受其害，不過是受了從大陸逃出的難胞的影響。在大陸身受共黨政權摧殘的百姓，其反共態度自然更爲堅決。此種情勢有利於我們採取一種政治的策略。那就是我們要主張經由聯合國有效的監督，在大陸舉行公民投票以選擇其生活方式。這一主張共黨是不敢接受的。但在我們這方面是一有力的政治攻勢。

香港是一新聞自由言論自由的地區，共黨顚倒是非、混淆黑白的宣傳本領，可以在香港盡量地賣弄，但其結果騙不過香港的市民。這證明言論出版自由之可貴。如新聞出版在不合理的管制之下，共黨反可藉地下耳語運動的幫助，達成他們的陰謀，因此我們主張言論自由，不僅爲了爭取基本人權，而且也是爲了防止赤禍的潛滋暗長。

（三）看人家・想自己

不久以前，美國防部長麥艾樂來臺，在訪問桃園營地的一個美空軍中隊時，有幾個鏡頭會被某報記者用專欄報導。

據說當麥艾樂抵達營地時，那些美軍人員，「有的赤膊，有的剛洗完澡用一條大毛巾橫勒在肚子上，有的光着足，有的衣衫不整，見到他們的國防部長，或叫一聲『哈囉』，或者較尊重一點的叫一聲『部長先生，你好！』沒有人立正，也沒有人見部長駕走過敬禮，各人做各人的，各人吃各人的飯。」更未聞有軍樂隊吹吹打打，但麥艾樂部長却不以此爲忤。

這情形，在美國已不成其爲新聞。不過在我們這裏，確實還該當做大新聞。但不知我們那些常愛出巡視察的軍政首長們，看了這則新聞後又作何感想？

（四）市長不懂得「法人」這個名詞

上月廿三日中央日報臺中訊，報道基隆市長謝貫一建議臺省府將省轄市的區長改爲委派制。謝市長的呈文，一開首就這樣說：「區長既非法人而以民選產生，自施行以來，在工作推行上，發現困難諸多……」

這則消息，使筆者想起民國初年的一個笑話。那時黎元洪的秘書長饒漢祥（以擅長駢體文著名於時），在他初任湖北民政司的一篇文告中，寫上這樣一句妙文：「嗣後祥爲法人，惟法是守」。

事隔四十多年了。四十多年的時光，原不算短；但就我們官場中的知識來看，竟是「四十年如一日」！

（五）節約歟？浪費歟？

行政院近爲厲行節約，訂定了一種「核減公務小汽車實施辦法」，預計核減小汽車四百廿一輛，年可節省二千一百餘萬元。

這一措施，固也顯示出政府想厲行節約根絕浪費，但也充分反映出近年來政府浪費之龐大，以及節約之全爲空談。

據我們所知，節約之類的調調兒，已不知高喊了幾年；卽令核減公務汽車一事，也早就是舊調重彈；但浪費還是照常浪費，公務汽車還是照常增加。甚至有一位部長級的大員，以高價向美國朋友添購了極高貴的小汽車後，爲免耀眼而遭浪費之議，便又把原來可用五年之久的美國烤漆刮去，另換上僅能用一年的黑色臺灣噴漆，而加以僞裝，結果反造成了雙料浪費。所以，這次核減公務汽車的成效如何，還要等待事實證明呢！

（六）政治花瓶推行花瓶政治

近聞省政府爲求「便民親民，加強省府與人民、外賓之公共關係」，決在臺中火車站內設置「聯絡處」，現已考選訓練了六位「身材健美，儀態大方」的聯絡小姐，擔任此項聯絡工作。

這幾年來，各政府機關之紛紛在本單位內添設「公共關係室」，已是事屬創舉，現在省政府又進一步在車站上指派聯絡小姐，更是別開生面。

不過，任何一個政府機關，假使既不知尊重民意機構所代表的民意，也不知探求民間報刊所反映的民意，只知道添置幾位聯絡小姐，在政治上擺擺樣子，像這種政治，其不被譏爲以政治花瓶推行花瓶政治者，難矣！

（七）考察熱

在省政府三令五申的禁止藉名考察下，宜蘭市民代表會近仍組織考察團，浩浩蕩蕩赴各縣市進行其「觀摩工作」。

這件事，猛然看起來，似乎是下級單位故意違抗上級禁令，但仔細想想，却又不盡然。

今日政府上級機關，早把考察當做家常便飯，尤其對於出國考察，只要有可資利用的藉口，便抓來製造出國考察的機會。實際上，大家都清楚，借名遊樂者有之，借名走私者有之，所謂出國考察，通常只是烟幕。充其量，借名考察者，只不過用一紙無關痛癢的報告書了事。

現在，區區市民代表們，既無法製造出國考察機會，自然只有製造出市考察的機會了！此之謂上行下效，可怪而不可怪。

給讀者的報告

關於反共救國會議之召開，已拖延了五年之久，近因金馬砲轟造成的嚴重局面，反共團結之更有必要，大家才不得不又把舊事重提，但我們卻聽說蔣總統對此已發生了一種疑慮。因此，我們特在社論㊀「呼籲從速召開反共救國會議」中，首先指出這原是國民黨自己的主張，請蔣總統釋疑，進而說明現因政治作戰已是反共鬥爭的基調，我們更該從速採取此一最有效、最具體的政治反攻方案。

最近，由於杜勒斯來華與我政府會商後所發表的聯合公報中，我們顯然已做了放棄對於大陸主動使用武力之承諾，因而引起了海內外中國人的一致重視。我們特在發表社論㊂「論放棄主動使用武力之承諾」的同時，並發表施治華先生「分析中美會談結果及『不使用武力』聲明」的大文。我們不謀而合的認為：政府過去天天亂喊「反攻」，顯然是一種錯誤，這一次的事實，便是一個重大的教訓。本期紀夢平先生在「西歐輿論對臺灣海峽事件的反響」—巴黎通訊中，也多少足以說明這一點。現在，海外反共報刊對政府嚴加指責，施先生的大文更同時對中美雙方指責，這都可能代表了多數反共人士的意見。但是，到今天，我們除希望政府重視這些意見外，特別主張應顧及事實，對政府不予深責，同時對美國也要加以諒解；並希望大家不要感情用事，以免增加當前國家處境的困難。但願政府能在不受任何約束的政治前線，加强反共鬬爭。

營利事業所得稅之應存應廢，顯為我國目前稅制上的一個重要問題。趙岡先生的「營利事業所得稅應該廢止」一文，便是平心靜氣的討論此一問題。趙先生在其大作中，指出這種稅制的幾項缺點，而建議予以廢止；接着提出了一種新的稅制，即按各營利事業的固定資本財之數量課征定額租稅，並簡要地說明其優點。雖然趙先生在最後很謙虛的表示，所談的是一些理論問題，但這一番寶貴的理論，顯然也值得財政當局重視。

「難道讓胡適牽着鼻子走，就是好漢了嗎？」這似乎已是某些人心中的一個疑問。金承藝先生的大作：「讓胡適牽着鼻子走是好漢嗎？」便在解答這一疑問。金先生在大作中特別說明兩點：一是胡適之先生希望任何人不要被人牽着鼻子走，這其中自然也包括着不被胡適牽着鼻子走。二是胡適之先生是給人吃「抗毒劑」、打「預防針」的，就在使人不致被別人牽着鼻子走。相信這一簡要的解答，應可以消除某些人的疑慮。

蘇俄集團與南共「綱領」之爭，顯然為足以影響世界局勢的大事。金一鴻先生在「評蘇俄集團與南共『綱領』之爭」的大文中，對這一事件，有極為詳盡的評述，諸如「蘇」「南」爭執的幾個基本問題，以及西方國家，與蘇俄附庸國的反應，均有一般文字所未見的資料。金先生大作寄來甚久，因稿長積壓至今，十分抱歉，務請原諒。但其資料之寶貴，仍極有價值，希望讀者萬勿以「明日黃花」視之。

十月二十三日，是匈牙利革命兩週年紀念日。我們為了紀念這一人類史上可歌可泣的自由日子，特發表孫靜琪先生譯的「聯合國匈牙利問題特別調委會特別報告」，俾便諸位對此一事件，獲得更詳盡的認識。

自由中國　半月刊　第十九卷第九期　總第二一六號

中華民國四十七年十一月一日出版

發行人兼主編：『自由中國』編輯委員會

出版者：自由中國社

社址：臺北市和平東路二段十八巷一號

Free China Fortnightly, 1, Lane 18, Ho Ping East Road (Section 2), Taipei, Taiwan.

電話：二八五七〇

航空版：自由中國社發行部

總經銷：友聯書報發行公司（香港九龍新圍街九號）

經售者：

美國　紐約友方圖書公司　Hansan Trading Company, 65, Bayar D Street, New York 13, N.Y. U.S.A.

紐約光明雜誌社　Sun Publishing Co., 112, Mulberry St., New York 13, N. Y. U. S. A.

韓國　漢城裕昌德號

馬尼剌　新疆書店

印尼　泗水文光圖書公司

緬甸　仰光振成書報店

印度　阿拉哈巴中印文化出版社

北婆羅洲　西利亞坡青年書店

星加坡　友聯書報發行公司（小坡大馬路四六九號）

吉隆坡　友聯書報發行公司（馬華公會大厦三樓七室）

怡保　友聯書報發行公司（希尼華沙廿街十六號）

檳城　友聯書報發行公司（林連登律七十二號）

澳門　友聯圖書公司

印刷者：精華印書館股份有限公司

廠址：臺北市長沙街二段七一號

電話：二三四二九號

本刊經中華郵政登記認為第一類新聞紙類　臺灣郵政管理局新聞紙類登記執照第五九七號　臺灣郵政劃撥儲金帳戶第八一三九號（每份臺幣四元，美金三角）

FREE CHINA

第十九卷 第十期

目錄

社論
(一)如此司法——「奉命不上訴」
(二)教育的轉機
(三)從本屆美國大選看美國政治及外交動向
後設歷史學試論……殷海光
討論「大膽假設、小心求證」之我見……劉家璧
法治與武斷……簡暢
通訊
「人民公社」是怎麼回事？……厚生
緬甸政變與政黨形勢……佘陽
學生時代救國活動的回憶……雷震
聯合國……李經
讀者投書
如此中央日報玉里分銷處主任！……白鵬
短評
(一)保障人權還在「研究」中
(二)七十歲
(三)軍訓已到「武裝睡覺」階段
(四)誰在「胡說」？
(五)輿論制裁與法律責任
(六)加「乾」薪
(七)惡性補習與教室荒

中華民國四十七年十一月十六日出版
社址：臺北市和平東路二段十八巷一號

半月大事記

十月廿四日（星期五）

杜勒斯由臺返美後發表聲明，謂中華民國政府「相信它的任務是恢復大陸人民的自由。它實現這一任務時，不靠使用武力，而是靠一種能維持大陸人心與勇氣使他們不致被征服的行為與榜樣。」

共匪推行「人民公社」，於十月十日至十八日，在西安召集十四省市的負責匪幹會議，研究如何辦好和鞏固「人民公社」的問題，特別着重：「一、開展社會主義和共產主義教育運動，二、加强公社的黨的領導和政治思想工作，三、進一步貫澈階級路線的鬪爭，四、加强對地主、富農、反革命份子和破壞份子的警惕，對他們進行破壞活動的份子，必須給以打擊和加强勞動管制。」

十月廿五日（星期六）

美國駐臺地面部隊司令杜安少將宣佈：最近抵臺的美陸軍「勝利女神力士型」飛彈營，已進入作戰狀態，並謂若干飛彈準備發射，能對任何攻擊立即予以反擊。

共匪廣播金門「每逢雙日停火」。

艾森豪向俄提議，要求自本月底開始，禁止一切核子武器試驗一年。

十月廿六日（星期日）

共匪仍於雙日砲擊金門，揭穿「雙日停火」謊言。

美在內華達州原子試驗場，引發兩次原子爆炸。

美將以現代化武器增强日部隊戰鬪力。

共匪「商業部」已飭令各地幹部，以「突擊——休整——再突擊」的方法，展開「物資摸底，勞動力摸底，儲運摸底」的大搜刮運動。

十月廿七日（星期一）

共匪向東南亞進行惡毒傾銷，集中搜刮所得作饑餓輸出，對東南亞進行滲透與顛覆。

板門店軍事停戰會中，韓共要求聯軍撤離，聯合國總司令部斷然予以拒絕。

十月二十八日（星期二）

杜勒斯在記者會上，拒絕對中華民國在上週於臺北的聯合公報中所聲明的有條件地放棄武力，作一明確的說明。僅表示關於外島駐軍問題，中美並無任何約定，但在軍事方面，現仍繼續研討如何對中華民國的軍事力量作最有效之運用。

美英促俄停試核子一年，遭俄悍然拒絕。

杜勒斯告記者會稱，若俄繼續舉行核子爆炸，美將製定計劃恢復原子試驗。

杜勒斯在美朝聖協會演說，指責蘇俄在北極區有侵略性軍事部署。

十一月一日（星期六）

聯合國政治委員會通過提案，要求美英俄三國，談判期間停止核子試驗。

美、英、俄三國代表在日內瓦秘密集會，以澄清他們對監察禁止核子試驗的立場。

美「義勇兵」洲際飛彈，可能提早發展完成，力能攻擊五千五百哩以外的目標，將為嚇阻第三次世界大戰的力量。

十一月三日（星期一）

美、英、俄三國開第二次核子會議，美英拒絕蘇俄所提立即實施永久停止試驗的要求，但仍敞開談判管制計劃的門戶。

共匪又猛烈砲擊金門。

聯合國政治委員會通過，明年成立裁軍委員會，將由八十一國代表組成，此一行動使裁軍會談的長期僵局宣告結束。

美國主管遠東事務之助理國務卿勞勃森向美人播講，我國即令是一援助大陸之反共叛變潮」，尚須事先獲得美國同意。

十一月四日（星期二）

美國選民投票選舉議員州長。

共匪在大陸大、中、小學校中，大力推行「教育與勞動法令」的措施。

共匪電臺廣播誣我使用毒氣彈。

十一月五日（星期三）

美國國會選舉結果，民主黨已獲得勝利。艾森豪表示，外交政策不致改變，在預算上將與國會有一番鬪爭。尼克森對於選舉結果的批評，認為民主黨獲勝理有應得，勉共和黨即開始為大選準備。

美國務院嚴詞指斥共匪所稱美國曾以毒氣彈供給中國國軍一事全屬「謊言」及「宣傳揑造」。

十一月六日（星期四）

匪砲原有砲位分批後移。

駐臺美屠牛士飛彈舉行發射表演。

十一月七日（星期五）

艾森豪發表聲明，促俄停止試驗核子爆炸。

美國防部長保證，決不容許共匪以武力的威脅奪取金門、馬祖。

十一月八日（星期六）

美施放怪獸飛彈，再度飛越大西洋。

美射出第三枚月球火箭，火箭第三節未引燃，飛行一千哩後墜燬。

杜勒斯表示，相信新國會將撥足款項，有效推行外交政策，繼續執行大規模共同安全方案。

『自由中國』的宗旨

第一、我們要向全國國民宣傳自由與民主的真實價值，並且要督促政府(各級的政府)，切實改革政治經濟，努力建立自由民主的社會。

第二、我們要支持並督促政府用種種力量抵抗共產黨鐵幕之下剝奪一切自由的極權政治，不讓他擴張他的勢力範圍。

第三、我們要盡我們的努力，援助淪陷區域的同胞，幫助他們早日恢復自由。

第四、我們的最後目標是要使整個中華民國成為自由的中國。

社論

(一) 如此司法──「奉命不上訴」

在司法行政部長谷鳳翔任內一天腐化一天的司法界，現在又有一件違法干涉而且涉及更重大罪嫌的案件被揭發出來了。這就是臺中地方法院的首席檢察官居然對本院檢察官所提出的上訴書狀，批示「奉命不上訴」五個大字。

這五個字當中的「奉命」二字，構成了違法干涉的鐵證；而違法干涉的動因，又涉及其他重大的罪嫌。至於涉及罪嫌的人物，從法院組織法來看，高等法院的首席檢察官、最高法院的檢察長、司法行政部長這三個人當中，至少有一人牽涉在內。這是一件縱貫檢察系統而上達司法行政部長的犯罪嫌疑案。其證據，就在這「奉命」二字。從「奉命」二字應可偵察出更重大的犯罪事實來。

目前所已揭發的事實，其經過是這樣：

臺灣省政府在籌備搬到臺中的時候，爲着建築省府新厦，曾在南投縣境的中興村徵購大量的地皮。事後，有人向省府告發，前南投縣長(李國楨)夥同科長及其他經辦人員數人，在徵購地皮的時候集體受賄。省府收到這控告以後，當即移送臺中地方法院辦理。案經臺中地方法院檢察官黃向堅偵察結果，提起公訴。

該案於今年五月十四日判決，除前縣長李國楨外，其餘人等均判有罪刑。黃檢察官收到判決書後，對於李國楨被判無罪這一點，表示不服，於是依法提起上訴。上訴書狀送到首席檢察官延憲諒，延竟留中不發。黃檢察官向延催詢，延的答復是上面授意不要上訴。黃檢察官仍不服，到了上訴期限最後一天──五月二十四日──下午四時，又去問延，延仍勸他不要上訴。黃檢察長不得已就請延明白批示。這時，也許有點什麼冲暈了延的頭腦，他居然把實情批寫在紙上──「奉命不上訴」。

黃檢察官向堅，畢竟是一位硬漢子，好法官！他拿到延的批示以後，趕緊在當日下午辦公時間以內，把上訴書狀依法提出，並將延的批示附卷。現在這件案子在高等法院審理中。

前南投縣長李國楨有罪無罪，現既仍在司法程序中，我們不能講什麼。我們所要追究的，所要申論的，所要指出其嚴重性的，是「奉命不上訴」這一點。

「奉命不上訴」這件事，除本刊收到讀者投書一封，詳述其原委及內幕以外，也有人把它向監察院告發。監察院曾派陳委員大榕前往調查，調查經過，陳委員有詳細筆錄。(黃向堅檢察官還有一封信給陳委員)，其中爲本刊探悉的有這麼一節：陳委員問延首席檢察官，究奉何人之命不讓黃檢察官上訴。延吞吞吐吐地，最後說出一句：「奉我自己的命。」陳委員當斥其「顯爲遁辭！」延憲諒也就沒話可說了。

已揭發的事實，其經過大略如此。現在再講到我們對這件事的分析，對這件事的意見，以及對這件事的感想如下：

根據法院組織法第三十一條、第三十二條、第八十七條、第八十八條之規定，其中屬於「檢察署及檢察官之配置」方面者，則有「檢察官服從監督長官之命令」(第三十一條)及「檢察長及首席檢察官得親自處理所屬檢察官之事務並將所屬檢察官之事務移轉於所屬其他檢察官處理之。」(第三十二條)之規定；屬於「司法行政之監督」方面者，則有：司法行政部長監督最高法院所設檢察署；而檢察長、各級法院的首席檢察官，對於依次所屬的檢察官有監督權(第八十七條第二、六、七、八、九各款)；有監督權者對於被監督人所得行使之處分有二：①「關於職務上之事項，得發命令使之注意」；②「有廢弛職務、侵越權限或行爲不檢者，加以警告。」(第八十八條)

就上述各項條文來看，其中屬於「司法行政之監督」方面者，我們可不去管它，因爲本案不屬於司法行政範圍。我們所要研究的，是屬於「檢察署及檢察官之配置」方面的第三十一條及第三十二條。依據這兩條的規定，延首席檢察官對黃檢察官的上訴書狀，如果認爲不妥，可依法採取的途徑，只有兩個：第一、即以自己的意思(也只能以自己的意思)命令黃檢察官不上訴。第二、把這件案子，從黃檢察官手上拿過來親自處理或移轉本院其他檢察官處理。這兩個途徑，是延首席檢察官可以採用的合法途徑。此外再無其他的合法辦法，現在，延憲諒竟批示「奉命不上訴」。問題就發生在「奉命」二字上。

爲什麼問題就發生在「奉命」二字上呢？理由很簡單。就是黃檢察官提起上訴書狀這件事，不屬於司法行政範圍，而是屬於檢察業務。檢察業務只受本級法院首席檢察官的監督，上級機關不能干涉。現在延首席檢察官批示「奉命不上訴」，這就是上級違法干涉的鐵證。而且這件案子是由臺灣省政府移送臺中地方法院偵察起訴的，現在竟有上級機構出來干涉，這不僅就程序講是違法的，而且還有犯了其他罪刑的嫌疑。因爲在地院檢察官的上訴書還沒有送出地院以前，地院以外的任何上級機構，當然不能了解其案情。既不了解其案情，又憑什麼來下命令？現在，居然有所謂「奉命」的干涉，這裏面顯然有更重大的犯罪嫌疑。

最後我們還要分析的，延首席檢察官所寫下的「奉命」二字，究係奉誰的命。這裏只有三個人是可能的。一是高等法院的首席檢察官，二是最高法院檢察長，三是司法行政部長。這三個人當中至少應該有一個。究竟是誰，最負有澈查責任的，就是司法行政部長。司法行政部長對這件案子，已經佯聾作啞這麼多時，已足够構成失職罪。如果今後還要佯聾作啞下去，那末，除失職罪以外，他本人就不免有爲本案主犯的嫌疑。

我們還要再進一步分析的，就是這次違法干涉的動因是什麼。過去幾次行政干涉司法的事件，如工人報案、林頂立案、何濟周案等等，都是因爲黨政的關係，其中不一定涉及賄賂情事。這次的違法干涉，看不出有何黨政關係夾雜其間。既無黨政關係，干涉的動因又何在呢？目前臺中區的傳說紛紜，而本刊所接到的讀者投書，且確鑿地說出五十萬元和三十萬元的數目來。這種傳說是否百分之百的可靠，我們雖然尚未得事實的確證，不欲輕下結論，但假使有關當局能澈底查究，並不難弄個水落石出，然這又要看我政府有無澄清司法的決心。

上面我們雖然說到司法行政部長對這件案子，負有澈查的責任，但我們知道，這句話是會落空的。近年來司法界的日趨腐化，是司法行政部長谷鳳翔一手釀成的。我們怎能希望他澈查什麼呢？這裏我們只得對監察院及行政院陳述一我們的意見：

監察院是谷鳳翔榮任部長的發祥地。監察委員都是谷部長當年的同事，有些還是他的密友，而監察院長于右任這位黨國元老，尤與谷部長有親密關係，谷部長這次之得以在陳內閣連任下來，得力於這種關係者甚大。這是大家所知道的事實。現在「奉命不上訴」的案件，既到了監察院，我們希望監察院的院長和委員們都能秉大公無私的精神，為國家法治前途着想，再不要循私情，受請托，好好地處理這件案子。我們尤其希望把這件案子的調查結果早點公開出來，讓大家看得清清白白。歷年來有不少官吏違法的案件，都鬼鬼祟祟地彌縫過去了。我們再不容職司監察的監察院這樣做了。輿論是監察院的監察者！

其次，我們要向行政院講的。是因為司法行政部隸屬於行政院，在這件案子上面，最應負責澈查任的司法行政部，既佯聾作啞而不作為，那末，司法行政部長至少就應負失職之咎。除失職外，是否還有更重大的罪嫌，行政院就應該從他的身上澈查起。澈底查明延憲諒所奉的命令是不是奉他的命令？如果是他的命令，他的動因是什麼？是不是還犯有更大的罪嫌。這是行政院對這件案子所應負起的責任，行政院應該主動地儘快地對這個案子有所作為，不必等監察院有何表示。

我們知道，「法治」二字是陳院長所經常強調的。但僅僅是口頭或文字的強調，畢竟不能取信於人。人民所要求的，是拿出事實來給我們看！這裏，我們要把本刊第十九卷第三期社論(一)「新閣的作風與人事安排」一文中的幾段話，再向陳院長重述一遍：

「就陳內閣的人事安排來說，大體上是值得贊許的。這裏，我們不擬對新舊閣員一一加以評論。我們只想指出兩事，以見新閣人事安排中的最大得失，一事是前任教育部長張其昀的去職；一事是司法行政部長谷鳳翔的留任。前者是大家喝采的，後者却叫大家失望。

「張其昀是國人皆曰可去的部長，現在終算去職了，谷鳳翔也是國人皆曰可去的部長，為何要留任？教育行政固重要，司法行政更重要。教育行政辦得不好，後患是漸漸發生的；司法風紀敗壞到了極點，可能逼着人民造起反來。這一危險性，更不容忽視。陳院長是向來標榜法治，主張勵行法治的。……勵行政治，就得從撤換乃至撤查敗壞法治的司法行政部長谷鳳翔着手！」

最後，我們還得說到的，近年來司法界日趨腐敗，這是一個事實，但在這個趨勢中，我們也要知道確有若干守正不阿，窮且益堅的硬漢子、好法官，像臺中地院黃檢察官向堅這種人。我們對於這些法官們，除表示敬佩之意以外，同時我們希望他們都站起來，不要屈服於違法的干涉。民主與法治，是現代化國家的兩大基柱。現代化的國家不是一羣懦夫所可建立起來的。我們大家記取這一句話。

社論 (二)

教育的轉機

近八九年來，在臺灣想說真話做實事很是困難；想有所改進，更是困難萬分。梅貽琦先生自從就任教育部長以來，可說是開始說真話做實事。這是自由中國教育轉機的開端。可是，擺在他面前的有兩重難題：第一是在不太引起摩擦或不愉快的情緒之條件下逐漸收拾前任教育部長所撒下的這場爛污；第二是在不太引起臺灣這種環境的阻力之條件下徐圖改進。這一雙重困難是有待他加倍努力克服的。

要改進臺灣的教育，首須認淸近年來教育中日益加深的弊病。依據梅氏於十月十八日在立法院教育委員會的報告，足見他是深知臺灣近年來教育日漸加深的弊病的。他說臺灣的科學教育實在落後，必須加緊追趕才行。在九月日內瓦原子能和平用途的會議中，許多貧窮落後的小國，都有驚人的展出，而自由中國則付闕如，可見臺灣在科學上跟不上時代。在大學教育方面，此後應注意科學教育，增加科學設備。梅氏認為大專聯合招生弊多於利，將邀請各校院負責人商議改進方法。在中學教育方面，缺點是校舍少，師資差。今後應做的事是改良課程，修正教科書。而「教科書不必全由教部編印，鼓勵資力雄厚之書局編印，經本部審定後發行，這樣競爭便會有進步。」除此以外，還要「充實學校科學設備，並提高數理化博物等科之師資；鼓勵社會人士設立私立中學及職業學校，以解決學生入學困難。」在小學教育方面，梅氏認為「小學教育為整個教育之基礎，故必使其健全。」而小學教育須作的改進計有這幾端：一，計劃增建校舍，逐漸取消三部制四部制。二，提高教師素質，使其有進修的機會；三，改進課程，修正教科書，使學生有健康的身體，更有開啓的思想。」關于免試升學，俟實驗三年後，依據結果再決定是否繼續實施。十月二十四日梅氏在行政院新聞局記者招待會中所作說明，在基本上與這裏所說的相同。

我們從梅氏所作的這一報告中，可以看出他辦教育的根本精神和態度。我們現在將他這種根本精神和態度分析於後：

第一，注重科學。梅氏自長教育部以來，再三再四强調科學教育之重要。本於這一認識，他力求充實科學教育的設備，並提高科學教育的師資。梅氏之所以注重科學教育，並非因爲他自己是研究科學出身的，而係因他的眼光不局促於臺灣一偶，却是放眼環觀世界的一般現勢，默察今後世界的發展趨向使然。他深知不加强科學研究不足以生存於當今競存之世。時至今日，世界上在政治、經濟、和文化方面具有支配力量的國度，沒有一個是靠搬弄搬弄古董起家的，而是以科學稱雄於世的。我們要能競存斯世，除了急起研習科學以外，沒有更踏實的道路可走。而要研習科學，根本的辦法，就是加强科學教育。

第二，正視事實。從梅氏所舉臺灣教育的弊病之報告中，我們可以看出他決不廻避事實，而係正視事實：事實是什麼，他就說什麼。他打破了過去「官官相護」的傳統惡習。非眞心實意爲下一代人的教育着想者，不敢出此。這種報告的出發點，是科學精神。這種與本刊立言的基本設準「是什麼就說什麼」不謀而合。吾人須知，正視事實，乃作實事的「必要條件」，即亦作實事的起點。如果一個人不能正視事實，那末他即令想作實事也無從作起。唯有能正視事實者，才有作實事之可能。

第三，重證驗。具有科學精神的人，沒有不重證驗的。重證驗的人，當着一項試驗尚在實施的過程中而未得到決定性的結果時，是不輕易下結論的。關于免試升學的種種弊害，已經是有目共睹的事。本刊已一再著文論析，社會與論也無不一致指責。對于這些情況，身爲教育部長的梅氏決無不知之理。可是，他一定要等到實施有了決定性的結果以後再作決定。這正是他重證驗的科學態度之表現。我們也同情並尊重他的這種態度。

第四，實行民主。過去官方作事，有幾回是與民間有關人物商討的？有多少官兒是把百姓放在眼裏的？官方別的部門且不說，就連過去辦教育的人也儼然以統治者的姿態出現。他有什麼舉措，從不與民間有關人士眞正商議，一概以命令行之（張其昀做部長所召開的各種會議，都是形式的，是利用會議的名義，爲他個人的意見或辦法負責任）。而這次關于大專聯合招考應否改變的問題，梅氏則邀請有關大專校長切實商議。這是何等的民主風度！假若官方人士的作風一直都是如此，國事何至弄得這麼糟？

不僅如此，近八九年來，官方的「統治意識」在臺灣眞是瀰漫六合。事無大小，唯官是管。教育用書，也無所逃於天地之間。今梅氏表示「教科書不必全由教部編印」，並且認爲有「競爭」才會有「進步」，這種說法，就臺灣而言，眞是空谷足音，淸新可喜！從這種說法出發的精神，根本就是西方近代的開放精神。這種開放精神與中世紀黑暗統治時代的封閉精神，剛好相反。如果臺灣各方面都採取這種近代精神，那末八九年來的進步雖不能趕上西德，但是至少可與西德同樣走上一條有希望的道路。

上述的四點基本精神和態度，就西方世界而論，可說已是家常便飯，已經司空見慣到不值一提的地步。但是，就我們這裏而論，却是稀世之寶，十年難得一遇。

拿第一點來說，從前辦教育的，一味强調「民族精神教育」，實際上是藉教育灌輸狹隘的妄自尊大的民族主義。近八九年來，蒙蔽臺灣青年思想的有兩個迷魂招：一個迷魂招是黨化思想；另一個迷魂招是狹隘的民族主義。這兩個迷魂招罩將下來，弄得臺灣一般青年，除了家庭知識水準深厚的以外，簡直不知此身究在何世。眞是可歎！灌輸狹隘的民族主義，除了一點點情緒上的滿足以外，只是塑造出一批不明瞭世界現狀，不能適應新的環境，不能獨立思考的人物。這樣的人物，沒有「開啓的心靈 (open-mindedness)；而是在「封閉社會 (closed society)」裏所產生的「封閉的心靈 (closed-mindedness)」。這樣的一批人，生於當今之世，怎樣混得下去？眼看這種情形，我們心所謂危，不能不率直指出。教育部長梅先生特別强調科學教育，並且要使小學生有「開啓之思想」，實在可以補救這一危機。我們並且希望梅氏能盡力之所及，更使大學生和中學生有「開啓之思想」。

談到正視事實，目前眞是難能可貴。這八九年來，官方人士說話，有幾個不是大言壯語？有幾個不是自我陶醉？許多大言壯語，毫無事實根據，而一說就是將近十年。這眞是古今未有之奇例，也是人類「語言史」上罕有的材料。除了大言壯語以外，官方人士說話之最根本的出發點，是一味迎合上級心理，揣摩意旨。除此以外，只要不出包蓋不住的毛病，事實如何，他們根本不管，好像天塌下來也不關他事。官方人士的基本意識形態大都如此，所以民間提出的任何「改革」建議，都是充耳不聞的。

極權國邦與民主國邦在意識形態方面最大的分別之一，是前者乃理想主義的，後者乃試驗主義的。抱持理想主義的統治中心人物，又常好談「舉國規模的大建設」。在這一頂大帽子之下，這些人物憑主觀臆想，定出一些偉大的計畫，藉着政治權勢，大力推行。彼等在推行這些計畫時，不管是否行得通，不顧民間有多大的犧牲，不恤民艱。而民主國家的政府從未聞有興辦「舉國規模的大建設」之事。民主國邦的政府有所興革，多採漸進政策，並且在實施中多方試驗，看是否行得通。這種重試驗的態度就是科學的態度。遠的且不說，單就近幾十年而論，如果爲政者都本着這種科學態度來爲政，而不動輒訴諸政治權力，糊塗硬幹，那末我們的犧牲何致如此慘重？

臺灣教育之壞，是從根本上就壞起的。臺灣的教育之壞，是在整齊壯觀的外貌之下和歷年統計數字的增加二者掩飾之中壞下去的。臺灣的教育之壞，在於質的腐潰，而不在量方面。這種情形，好像一個人相貌堂皇，但是肝裏却患了癌症一樣。稍微深入的觀察者，都會感覺到這種現象。

試看臺灣一般小學校舍之佳，學生制服之整齊，遠非過去大陸一般小學所能企及。可是，臺灣一般小學對于小學生心身摧毀之成績，也遠非過去大陸一般小學所可比擬。臺灣一般小學學生的幼小生命，做了時代、政治使命的預備工具，做了過去教育當局統計偉績的墊脚石，和各校之間升學、考績、比賽等等競爭的資本。在這三種無可抗拒的力量摧迫之下，小學生們從黎明到深夜，沒命的向前奔競。他們沒有充分的休眠時間，他們很少遊戲玩耍。我們「一看了那些面黃肌瘦，兩眼失神的『小博士』，就知道這件事會動搖國本的。」誰無子女？誰無弟妹？何忍他們幼小的生命折磨在這「時代的錯誤」之中？今日的政治，「除弊」應先於「興利」。我們懇切希望教育部長梅先生以仁者之心，趕快救救這些可憐的孩子們。

中學教育接受了小學教育的這些弊端，更加上一些無謂的政治負擔。在政治壓力之下，學生讀些枯燥無味無益心身的東西。近幾年來許多人常常侈談「人性」。不懂心理科學，拿「性善」「性惡」這些空洞的「價值名詞(value-terms)」，談什麼「人性」?「人性」快被這些空談「人性」的先生們壓死了！人在少年時期，無窮的精力須要發洩，充沛的情感有待寄託，新鮮的想像力有待發展。我們這裏過去辦教育的人所優爲之事，就是把這些嫩苗壓得整整齊齊，納入極其狹窄的政治軌序中去。可是，這一套東西是大不合少年人的「人性」的。我們從來沒有聽到有中學生在課外自動背「主義」，讀「訓詞」的。他們壓惡這些東西。但是他們的精力無處作有益的發洩，他們的情感得不到適當的寄託，他們的想像得不到正當的發展，於是西部影片就成爲他們的導師，於是太保太妹相繼大批出籠。我們的中學，從訓導方式到課程內容，應該大大整理一番了。

中小學教育的弊病無可避免地被帶進大學，浮現在大學生的臉上。我們這裏的大學生，和美國大學生比較起來，只好比作一個一個壓扁了的乾柿子，一串一串整整齊齊地放在箱子裏。政治的恐怖開始侵襲着他們。他們的「安全感」與他們的「現實感」一樣發達得早，一樣銳敏。他們一個一個過分早熟地「謹於言而愼於行」。我們的大學生，論「守規矩」眞是够守規矩了。可是，比起西方世界的大學青年來，他們的創導能力到那裏去了？他們獨立的思想和判斷能力到那裏去了？他們的自信力到那裏去了？他們對于自己的前途怎麼大都失去美麗的憧憬？我們不能苛責青年。恰恰相反，我們無寧以悲憫的心情看着他們。人類學不能證明西方人先天地優於東方人。同樣是大學生，我們的大學生和西方大學生之所以有這樣大的差別，唯一合理的解釋，就是所處境遇不同。臺灣這個樣子的環境，就塑造出這樣的大學生。他們在沒有美麗的遠景和「動輒得咎」二者的作用之下，一部分往書本裏死鑽，另一部分存着混文憑的心理打發四年的歲月。大部分的青年原來都是對于人生存着熱望的。我們不應使這創造新社會之火熄滅。我們希望教育當局今後逐步想出一個切實的辦法來替他們開拓一條光明的出路。

照一個正常國家社會的常態來說，大學教師是青年思想和知識的啓導者，是社會的靈魂，是創造的先鋒。可是，我們這裏的大學教師是處于什麼光景之下呢？我們這裏沒有羅益斯 (J. Royce) 的踪影，沒有史賓諾薩 (Spinoza) 的踪影，也沒有愛因斯坦的踪影。自愛的大學教師們，大都小心翼翼，唯恐有失，各守本行。爲了保護自己，他們傾向於把學問和現實絕緣。爲了安全，他們放棄了正常社會中學人應享的尊嚴和權利。現實生活的折磨，使他們更顯得憔悴和萎縮了。「人窮志短」。士人「以天下爲己任」的聲音，我們好久沒有聽到了。自愛的大學教師碰到了這樣的冬天，他們都冬眠去了。剩下的就是一些不知有春秋的蟪蛄。蟪蛄的咶咶噪音，代替着雄雞唱曉。這是今日臺灣知識界的眞實景象！

我們在上面所說的，都是官方那一層新聞粉飾後面的眞相。我們比任何人體驗得更淸楚：我們在這裏所說的，大不合乎今日瀰漫臺灣全島的自我陶醉之風。然而，面對這樣的「僞」風，我們實在有點惶惑，我們禁不住要問：人能够一輩子在自我陶醉中打發日子麽？在這種風氣之中過日子如何是了局？我們在以上所說的臺灣近年來的教育之嚴重危機，是一一有事實作對證的。像這個樣子的教育，豈不等于葬送下一代？難道是將來一走所能了事的？「積重難返」。臺灣的教育之所以弄成今天這種狀況，不是單方面的原因造成的。不過，現在梅部長開始察覺到這些病癥，並且眞心實意地開始醫治。這眞是撥雲霧而見靑天的好徵象。中國前途有無一線生機，端視教育的成敗而定。我們樂觀梅部長不受反動的阻碍而一步一步走上成功之路。

社論

(三)

從本屆美國大選看美國政治及外交動向

美國本屆大選中民主黨的獲勝，本不足驚異；可是民主黨這一勝利的具有壓倒性者，却多少出乎世人意料之外。甚至美國最大膽最極端的觀察家，事先亦未預料到民主黨的勝利將有如此的巨大。除了一九三六年那屆大選，羅斯福以排山倒海之勢，幾乎蓆捲整個美國(東北部數州除外)之外，這次大選中民主黨的勝利，可說是二十多年來僅有的一次。一九三六年民主黨的空前勝利，是靠了四年新政的成果和羅斯福個人的動人的魔力，使許多國會議員沾了羅斯福的光。可是這次美國大選，民主黨是處於在野黨地位，又缺乏有力的領導人物，何以竟能有這種巨大的勝利？

一般人認爲美國任何期中選舉，都是對在野黨有利的，這一說法在某些方面是對的，但並不全對。一九四六年是期中選舉，在野的共和黨獲勝，總算對的；但一九五零年也是期中選舉，勝利的却仍是執政的民主黨，而非在野的共和黨。同樣，一九五四年的期中選舉，民主黨以在野而獲小勝，本屆選舉民主黨政治地位未變，而勝利形勢則又大爲懸殊。相反的，期中選舉不一定對執政黨不利，正如總統大選之年也不一定對在野黨有利。一九四零年是總統大選年，執政的民主黨照樣取得國會的控制；一九五六年也是總統大選年，執政的共和黨就不能贏得國會的多數，可見問題的關鍵並不在這裏。

另一種說法是，從去年年底開始的美國經濟衰退，對這次選舉發生了嚴重的影響。認爲經濟衰退，造成五百萬以上工人失業，農產品價格降低，人民收入減少，使部份選民對現政府發生不滿。這種說法在某種程度內絕對正確，但亦並不全然。因爲根據美國各方所發表的調查統計資料，美國這次經濟衰退現象，除了時間拖延較久以外，其程度並不比一九五四年那次的衰退更嚴重多少，而且至本月初舉行大選以前，這種經濟衰退現象已大見好轉，失業人數正在減少，農民收入已在增加，照理這一經濟衰退也不致成爲這次選舉的決定性因素。相反的，艾森豪政府在擊退這一經濟衰退的鬬爭中，以其未採取激烈的通貨膨脹辦法，經由穩健的途徑改善經濟情況，所以反而把這種經濟問題當爲是一種成功的政策，作爲競選的本錢來大事宣傳。

其次，也有人提出勞工的「工作權利」問題及外交問題，來解釋這次美國大選的結果，其實這些問題縱使對這次選舉有影響，也是不太重要的。因工作權利問題只有在幾個州內才成爲一個選舉所爭辯的對象，根本不是一個全面性的問題。至於外交方面，本年以內全世界雖曾數度面臨危機，使艾森豪政府的作法引起部份人民非難，但本年世界情勢若與一九四零年那次大選相較，則顯然是平靜多了。那麼影響本屆美國大選的基本因素究竟是什麼？

第一、我們從這次選舉中再一次得到一個證明，即美國的共和黨實際已成了一個少數黨，或正在向少數黨的不幸地位演變。我們只舉出一些簡單的事實，從一九四零年至本屆大選的十八年期間，共和黨眞正控制美國兩院國會者只有一九四六年和一九五二年的兩次。前者是由於戰後美國選民對民主黨政府的背叛，一如英國選民的背叛邱吉爾，和法國選民的背叛戴高樂一樣；後者由於大戰英雄艾森豪的個人聲望，使當年共和黨國會議員得以攀附驥尾，連帶受益。除此之外，不論總統大選之年或期中選舉，共和黨都是居於少數的。由於共和黨似已逐漸成爲一少數黨，所以除非在特殊有利情形之下，如一九四六年和一九五二年所表現者，共和黨是很難有機會控制國會的；相反的，假若在一種不利情況下，共和黨又勢無可免的將要遭遇重大慘敗。本屆選舉便屬後一情形。這一情勢是近二十年來美國政治上的一大演變，除非共和黨從此改變其基本政策路線，擴大其社會基礎，否則，共和黨這一慘狀將不會改變。美國大選的情況亦將不會改變。

第二、從這次選舉中我們亦可以看出，美國一般選民的想「換換口味」的習慣對這一選舉有重大作用。「換換口味」是一項沒有十分根據的事情，却是有大道理在。任何再好的政黨和政府，祇要執政時間一久，選民就會逐漸對它發生厭倦。這種厭倦簡單祇是一種心理上的反應，有時甚至和執政黨的政策好壞沒有關係。嚴格的說，艾森豪政府的若干內政政策亦不太壞，要說比過去杜魯門政府更健全，亦無不可。但美國人民給了共和黨六年的統治，看看大戰英雄艾森豪亦不過如此之後，便對現政府開始生出想「換換口味」的念頭。這種情勢適用於共和黨的政府，適用於民主黨的政府，亦適用於世界上任何民生國家任何政黨的政府。所不同者，對一個眞正爲大多數人民所擁護的政府，選民們的這種「換換口味」念頭要較遲一點發生，對一個少數黨政府，這種想法來得較快而已，其必欲「換換口味」則一也。世界上任何政府任何統治機構，事實上都受這一規律所支配，甚至我們相信卽使允許上帝來組織政府，在經過一較長時間以後，選民亦照樣對它發生不滿，照樣要求「換換口味」。假若世上有一政黨和政府，硬說它的統治可以行諸百世而不必改變，那只有共產極權統治才有這種勇氣，也只有不實行眞正自由選舉情況下才有可能。美國這次選舉再一次指出了這一簡單的眞理，在任何選舉中都會發生作用的眞理。雖然我們並不能說美國這次選舉結果是受了這一因素的決定，但我們也不能完全否認這一影響。

站在自由世界內美國盟邦的立場，今天美國以外各國所最關心的，便是這次選舉結果會不會影響美國的外交政策。關於這一問題我們的回答是：對於基本的整個外交政策，這一選舉不會有何影響；對於個別的部份的外交政策，就可能有影響但並不一定有影響。這次選舉所以不影響根本的美國外交政策者：由於①民主黨實際上也是一個反共政黨，而非姑息主義政黨，②民主黨是一個比共和黨更國際主義的政黨，③美國的外交政策基本上是一個兩黨政策。共和黨所不能改變的，民主黨亦不能改變，民主黨所能改變的，就是共和黨也能改變，④無論如何，共和黨仍是執政黨，而民主黨仍是在野黨，民主黨由這一選舉可提高其對外國問題的發言權，但機動執行權利仍在共和黨政府手中。同樣我們所說這次選舉可能影響某些個別的外交政策者，亦是由於：①民主黨比較强調以與共黨集團舉行談判而解決僵局的主張，②民主黨對中立主義有較多好感，較有政治見解，③民主黨的反共方法强調政治經濟重於軍事，④這次選舉結果完全改變了美國會小組會的組成比例，使今後共和黨政府在未取得民主黨的充分同意前，既無法與任何國家簽訂任何條約與協議，亦不能採取任何重大的外交行動。從以上這兩種情勢作一比較，我們便可得知這次選舉後的美國外交政策，是更進一步加强兩黨政策，而非削弱兩黨政策。現在不可能變的，將來亦不會變，現在有可能變的，將來可能變得較爲厲害而已。

總之，由這次美國選舉，我們可明顯看出美國的政府是在兩黨輪流執政的形式下進行。任何一個政黨絕不會一直執政得太久。民主黨不會長期主白宮，共和黨機會更少。因此爲了國家長遠的利益，我們的對美政策也不應建立於對美國的一黨基礎上面，而應建立於兩黨基礎上面。換言之，我們一面應和共和黨有往來，另一面亦應和民主黨有聯繫，若不此之圖，竟執一而捨他，這種外交的結果沒有不慘敗的。不過在今天我們國內政治情況下，如何才能有效運用這種兩黨外交，也是一件頗不簡單之事。主要困難無他，便是我們自身並不具有兩黨政治的基本條件。

後設歷史學試論

殷海光

一　引論

「後設歷史學」這個名詞是從作者鑄造的「metahistory」這個名詞翻譯出來的。metahistory 這個名詞底字頭與 metaphysics（玄學）這個名詞底字頭相同：二者都是 meta。從這一字頭底相同，若干讀者也許以爲 metahistory 與 metaphysics 有何有旨要的共同之處。沒有。雖然二者底字頭相同，可是二者並無有旨要的共同之處。metaphysics 這個名詞底字頭 meta 現在是什麼意義，我們不擬討論。metahistory 這個名詞中的字頭 meta 底意義，與時下 metalogic，metamathematics，以及 metascience 這些名詞中的 meta 底意義相同。這些名詞所指的學科不是哲學，至少不是東方一般人習慣稱謂的哲學。所以，metahistory 並非一般人心目中所意謂的哲學底一支。

從邏輯結構觀察，後設歷史學是後設科學底一個「分殊（specification）」。既然如此，後設歷史學是做什麼的呢？後設科學在歷史範圍做些什麼，後設歷史學便做些什麼。這也就是說，後設歷史學所做的工作即是後設科學在歷史範圍裏所做的工作。不多也不少。後設科學在歷史範圍裏所做的工作是什麼工作呢？它是形式的工作。在一般情形之下，學問底入手法有二：一是「勤材料」；另一是「精理論」。自來從事歷史研究的人，大多以爲「歷史學就是材料之學」，於是「研究歷史」就是「搜集材料」或「整理材料」。但是，在這一類底人士之中，很少進一步對于「搜集」或「整理」這類運作加以思究。這類運作並非材料，亦不能直接產生于材料。任何一組材料當着而且只有當着拿一個或一個以上的歷史概念去觀照時，才能說是否「歷史的材料」。「歷史的材料」不就是歷史學。任何一組或一組以上的「歷史的材料」只有經過方法學的處理或製作以後才能說是否爲歷史學。在這類處理過程中，我們所做的工作是要發現或採用哪些基本概念，採用哪些程序（procedures），作哪些演證，等等。從事這類工作的科學之一支，就是後設歷史學。從前弄歷史的工作主要地可以說是「勤材料」。後設歷史學的工作可以說是「精理論」。我們底認知作用與材料接觸時就可能產生理論。材料如無理論之光來照耀便是盲目的。我們有了精良的理論以後，就能對材料產生更大的掌握力。這種掌握力不是未經正式的形式訓練者所可企及的。

中國沒有講理論的傳統。中國人講理論的天賦能力多散漫而未自覺地潛藏于倫敎、玄思、和藝術品鑑之中；但極少從這些界域裏有意地吐露出來。中國許多人一提起「理論」二字，多認爲係「空談」之別名，或是「主張」一類的東西。這些誤解或輕視，使中國人迄未走上理論建構之途，因此也就無以自動地建構知識。時至今日，沒有知識的人不能生存下去。理論既非「空談」，亦非「主張」。理論乃邏輯建構（logical construction）與記述變數合成之產品。邏輯建構有謹嚴的「章法」。我們要能建構這種謹嚴的章法，必須有相當方法學的訓練才成。從前的學人摸索數十年，還不一定能成爲理論家；只有幸運兒才有作理論家的希望。現代西方敎育方式底效率大增。像劍橋、牛津、哈佛、普林斯頓這類學術傳統穩固的大學之畢業生，只再需五年的時光就可以完成作一個理論家所必具的基本訓練。

二　源起

現代科學底發展指向一個很明顯的趨勢：所有的科學都是或可能是統一而相通的。這話底意謂就是說，無論哪一門科學，它底基本設定，它底基本方法，它底邏輯構造，它底基本語言，都是與別一門科學相同的，或者趨向于與別的科學相同的。這一門科學與那一門科學之不同完全在題材方面。題材之不同構成科學之不同的部門。除了題材不同以外，所有的科學在基本上都是同一的。可是，這話並不涵蘊科學不可以依層級而劃分。如果依照層級來劃分，那末科學可以分做物理科學，生物科學，及行爲科學。人理科學（俗稱「人文科學」）是行爲科學底一支。歷史學是人理科學底一支。所以，歷史學被包含于人理科學裏面。

科學方法在知識領域之獲致重大的勝利，這只是晚近的事。在亞里士多德時代，物理學尙係玄學的目的觀之附屬品。卽令到了近代，生物學內充滿了「引得來兮（entelechy）」和「生機主義」這些旣無法證實又無法否證的名詞。生物世界或生命現象是神秘思想和傳統底捕逃藪。至于人理世界，更是玄幻思想底大本營，及玄怪名詞底繁殖所。可是，時至今日，科學方法在物理世界獲致了決定性的勝利，在生物世界已經獲致重大的成功。現在，「生物化學」，「數理生物學」，等等已經不是新鮮名詞。目前，「生機主義」和「引得來兮」這些名詞應用在生物世界之事，日在銳減之中。當前行爲科學之發展，正是方興未艾。這一現象指出，科學方法又向人理世界進軍。在這一趨勢之下，我們沒有不將歷史學變作科學底一支之理由。

顯然，有一種人士會說：「自然現象固然可用自然科學的方法來研究，歷史則不能。因爲歷史中有精神因素存在。」

這種反駁是不能成立的：

第一、這種人士以爲有所謂「自然科學的方法」，而且這種方法只適于用來研究自然現象，不適于用來研究「人文」或「精神因素」。

第二、這種人士認爲在「自然現象」與「人文」或「精神因素」之間有一條鴻溝。

第三、這種人士所說的「精神因素」究竟是什麼，或者，它底界定性質 (defining properties) 是什麼，從來沒有弄清楚。

我們很容易看出：

第一、世界上並沒有「自然科學的方法」。這也就是說，世界上並沒有一組科學方法而這一組科學方法只特殊地對于「自然現象」行之有效而對于非自然現象則先天地行之無效。通常所說的「自然科學的方法」之意義應該是「有一組科學方法而且這組方法一直行之于研究自然現象奏效」。但是，我們說這組方法一直行之于研究自然現象奏效，這話並不涵蘊行之于研究其他現象一定無效。

科學方法所用爲行使的據點是變數，可以是而不必是任何變數可以代入的定值 (value)。既然如此，於是科學方法引用的範圍或級距 (range) 沒有邏輯的限制。我們絲毫找不出邏輯的根據來說科學方法先天地能而且只能適于研究「自然現象」。科學方法用來研究「人文」的成績不若它被用來研究「自然現象」的成績優良，這是事實。然而，這一事實不能證明科學方法應用時到了「人文」或「精神因素」就必須「行人止步」。恰恰相反，現代文化人類學、社會學、及心理學底進步，告訴我們科學方法應用于「人文」或「精神因素」的成效遠非玄思默想或常識觀察可比。

第二、「自然」與「人文」之間的「鴻溝」是虛擬的。它起源于知識不够，或被凝固于語言的形式所致。其實，沒有人能在二者之間劃一條幾何的界線。所謂「內在」與「外在」的劃分亦然。

第三、如果所謂「精神因素」不是可直接或間接觀察的心理活動，那末它究竟是什麼，頗不易思議。如果所謂「精神因素」是可直接或間接觀察的心理活動，那末無疑是行爲科學底對象。行爲科學底對象當然可用科學方法來研究。目前行爲科學底展進可以充分證實這一點。

當然，我們說要將歷史學引導到科學之路，這話並不等于說我們要將歷史學變成通常所說的「自然科學」。這不僅是不可能，而且也不需。我們在前面說過，一切科學在基本上都是共通的。但是，除了這共通的部分以外，每一門科學各有它特具的研究題材。這特具的研究題材，由于處理或把捉上的種種便利，不可化約而爲其他科學底題材。歷史學有它底獨立性。

三　本　錢

後設歷史學建立的本錢有二：一是現代解析技術；二是歷史學的基本習作。這裏所說的現代解析技術，包含邏輯解析，設準技術 (postulational technique)，以及語意學。

歷史學並非一門像物理學一樣的「通則科學」；而是一門「紀事科學」。在人類知識底領域中，科學底建構條件之顯明與否是有程度差別的。這裏所說的「科學底建構條件」，都是可以化約而成邏輯元目 (logical entities) 的元目。愈是高級的通則科學，它底建構條件顯露的程度愈大。物理科學雖然迄今未能完全設理化(axiomatize)，但是它底建構條件顯露的程度遠大於生理學。等而上之，到純數學或符號邏輯，它底建構條件就是這門學問自己：它底建構條件完全顯露出來。等而下之，愈是低級的通則科學，它底建構條件愈不明顯。因此，其中隨意添減因子的情形容易發生。我們知道，歷史中所紀的事每一個都是特殊的。歷史學不能亦不必將建構條件顯露到物理科學那種程度。因此，在歷史學中，最易「攙雜」。情感因素、想像因素、玄學因素，是最常見的幾種。

我們可以從另一個角度來觀察這一層。我們現在要問：歷史所紀的特殊事件是否可理解的？如果不可理解，那末我們必須承認它底發生是偶然的。如果我們承認它底發生是偶然的，那末我們對之作考據以釐定其「眞」或「僞」，決定它與其他事件有何關聯，等等，都是自相矛盾的事。因爲，這些工作必須在假定歷史所紀事件是可理解的前題之下才可進行。如果我們假定歷史所紀事件是可理解的，那末我們就得承認我們據之以理解所紀事件的那些通則。既有通則，就含有建構條件。在而且正在這一關聯上歷史這一門紀事科學與通則科學鎔接起來。研究這一鎔接情形，不是歷史學底任務，正好是後設歷史學底任務。

不僅如此，後設歷史學所研究的是歷史的「理論背景 (theoretical background)」。歷史的理論背景，除了邏輯以外，尙有文化人類學、心理學，等等。相對于這一理論背景而言，歷史是一「前景」。我們要這一前景建立得牢實，易于被我們所把捉，必須弄清楚這一理論背景。從理論背景來觀察，每一紀事可以看作一叢理論底指示 (an indication of a complex of theories)。

我們在這裏爲什麼說每一紀事可以看作「一叢理論底指示」呢？因爲，在實際上，歷史紀事之出現常常不是一個單獨理論所能無遺漏地說明的，而是須要一叢理論聯合起來才能說明。世界上沒有兩個陳圓圓。陳圓圓是一特有人物。但是，我們要說明陳圓圓在歷史中所扮演的脚色，必須通曉性心理學，並且明瞭當時的經濟發展，和當時的政治情況，等等。性心理學不是單爲陳圓圓而設的。性心理學可以引用的範圍也不只陳圓圓一人。它是普遍的。我們用來說明當時的經濟發展的理論也是普遍的。……

我們討論到這個地步，很容易發生一個問題，就是：無論我們「徵調」多少理論，總不足以窮盡地說明歷史紀載中某一事件爲什麼不前不後、不左不右、不在此不在彼、而恰好于某時某地發生于某人身上。這就是歷史事件底單一性(uniqueness of historical event)。從邏輯上着想，無論多少理論皆不足以窮盡地說明這種單一性。這個問題與傳統哲學上無論多少共相 (universals) 加起來不等于一個殊相 (particular) 這個問題有共同的根。因此，特殊主義(particularism)有滋生之藪。這樣的特殊主義也許有滿足情感和排外的功用，但與認知毫不相干。從認知方面着想，知識乃一逼近的系統 (Knowledge is an approximative system.)依此，對于某一特殊事件X，設有兩個說明系統 S_1，S_2。如果 S_1 較 S_2 更能逼近地說明X，那末我們選擇 S_1 而不選擇 S_2。因爲，我們所要的是說明，而不是「再造（reproduction）」。

四　目　標

我們建立後設歷史學底目標可從兩方面來敍述：一方面是消極的；另一方面是積極的。消極的目標是消革（to eliminate）歷史學中認知以外的因子（extra-cognitive factors）。這種工作就是掃清的工作。積極的目標是建立科學的歷史學。我們先談前者。

歷史學是最易藏含認知以外的因子的東西。歷史學中所藏認知以外的因子甚多。而且，許多人提出不少的說法來使這些認知以外的因子在歷史中佔合理的地位。於是，這些因子就被精鍊了（elaborated）。這些因子一旦被精鍊了，就更不易清除于歷史以外。

爲了便利起見，我們現在從兩種不同的觀標來看這些因子；於是也可以將這些因子分作兩類來討論。第一類是民族情感，政治中心觀，和價值評斷這一類的因子。第二類是屬於知識建構這一層界的。我們先討論第一類。

A　第一類

從民族情感出發，或蒙上民族情感的色彩，來寫本國底「國史」，自來視爲當然之事，並且受到鼓勵。可是，從科學的史學眼光看來則不然。因爲，這樣寫出的歷史，也許有壯氣的作用，也許給排外主義以資據，也許可作向外侵略的藉口，但卻幾乎不能使我們明瞭這個民族底過去眞相。我們並不否認共同的情感對于共同生活的重要作用。意大利愛國詩人鄧南遮所作的詩在激勵意大利人時對于意大利人是需要的。寫詩可以這樣，然而以紀事作建築原料的歷史學卻不可以這樣。如果每一民族底歷史都與詩不分，那末考訂事實之眞僞便成多餘的事。這樣的歷史和傳說、軼事、野史、神話，是沒有多大分別的。

從政治中心觀出發來寫歷史同樣不易得到信史。近幾十年來，中國許多人好修談「革命」。可是，中國底寫的歷史，還是帝王中心的（emperor-centric）一堆產品，或朝代中心（dynastic-centric）的一堆產品：帝王中心觀念或朝代中心論像一根繩子。過去的事件像一個一個有孔的銅錢。寫歷史的作家，依照歷朝底起伏或演變，把這些事件串起來。這個樣子的歷史寫法，是否須要「革命」一番呢？我們知道，選擇各組不同的設理（axioms），可以構成各個不同的演繹系統。依同理，我們選擇不同的中心或層界，也可以寫成各種不同中心的歷史。於是，我們可以得到衆多核心的歷史（multi-nuclear history）。除了政治史以外，我們沒有像樣的社會史。近來有關中國工藝史的鉅著，則是英國人用英文寫作的。

中國帝王中心的歷史，到了近三十年來，出現了一個變形（a modified form）。這個變形就是黨派中心的歷史（party-centric history）。我們知道，在帝王中心的歷史中爲帝王所作的「忌」與「諱」等等將史實掩飾或「歪曲」了。這使後世史家添加無限的麻煩。「黨派中心主義者」底「忌」、「諱」、「歪曲」的技術較之帝王中心時代不知高出多少倍！「黨史」是爲宣傳而寫的。過去的事實是爲現在的宣傳而寫的。有許多人似乎容忍這種現象。他們說：「黨史當然是這個樣子的」。這是見怪不怪的說法。我們這一塊兒的人，已經習于把許多多反常的事當做正常的事了。如果黨派活動是人際活動（inter-personal activities）底一種，而人際活動應有信史，爲什麼黨史獨可不信？

人底行爲常攙入價值觀念所發生的作用。因此，史事紀載常不免含有價值觀念所發生的作用。但是，「紀載」價值觀念在歷史中所發生的作用是一件事，對于歷史事實作價值評斷是另一件事。紀載價值觀念在歷史中所發生的作用，可以有過去的事實與之對照。因此，這樣的紀載有眞假可言。對于歷史事實作價值評斷沒有過去的事實與之對照，無所謂是否與過去的事實符合。因此，這樣的價值評斷無眞假可言。就應否作價值評斷而言，一個嚴格的歷史家只可紀述歷史事實，不可對這些事實作價值評斷，尤其不可經意地或未經意地將二者混爲一談。價值評斷的工作，最好留給道德家去做。無論怎樣，我們要對歷史作價值評斷，總不能無的放矢地憑空臆造，而必須有個被評斷的對照者。這一對照者是或者必須是獨立于價值評斷的。歷史家底本格任務就是儘可能地將這一對照者底本來面目弄清楚。如果我們要對這一對照者作價值評斷，即令它涵蘊了價值觀念的作用，其爲可記述，與人底心理活動所產生的結果之可記述，毫無不同之處。無論是否尚有未能依心理學定律說明的心理活動，至少在原則上，人底心理活動都可依心理定律來說明：如果不能依常態心理學定律來說明，那末便可依變態心理學定律來說明。如果有人底心理活動既不能依常態心理學定律來說明，又不能依變態心理學定律來說明，那末這是一羣很奇怪的人。

B　第二類

我們在以上所說的①民族情感，②政治中心觀，和③價值評斷這三種認知以外的因子之攙入歷史，雖然中國舊式弄歷史的人士很少不犯，可是稍有科學方法訓練的人可以不犯，或者可以減到最低限度。然而，藏于知識建構以內的非認知的因子卻頗不易排除。

知識底建構很少是平面的，而在最大多數的情形之下是層層相因的。同是基料（data）有層次的相對高下之分。相對于歷史基料而言，心理基料，社會基料，等等基料是原始基料（primary data）。相對于心理基料、社會基料、等等基料而言，歷史基料是次級基料（secondary data）。然而，相對于生理基料和生物基料而言，心理基料便是次級基料。普遍地說，在從物理科學到生物科學再從生物科學到行爲科學這一序纙中，後面的一種基料以前面的一種基料爲其原始基料。這種情形，作者叫做「基料底層疊（stratification of data）」。基料底層疊對于我們有很重要的意義：在這一序纙中，物理科學底基料是第一種原始基料。它可以化約而成可觀察項，距離第一種原始基料愈近的基料「攙雜」愈少，因而可靠程度愈大；反之距離第一種原始基料愈遠的基料可「攙雜」愈多，因而可靠程度愈小。我們這裏所謂「攙雜」，意即「在知識建構之中攙入知識以外的因子」。第一種原始基料不易攙雜；卽使攙雜，也易藉其特有的精密語言符號和比較顯露的建構來發現。在這一序繼中，歷史基料居于最末端。它如有攙雜，則頗不易發現。

有人說，物理學中有許多高度抽象的概念。這些高度抽象的概念至少不能化約而成直接的可觀察項(direct observables)，而它能達到這樣精確的程度。由此可見並不一定是靠近直接的可觀察項的經驗基料之可靠程度才大。

這種想法係由于不明科學的理論構造內情所生。固然現代物理學中有許多高度抽象的概念至少不能化約而成直接的可觀察項，可是物理學有一套精密的語言，有數學推演法，有準確的計算制度，和高度精確的觀察方法。這些概念之建構，必須受這些工具底約制；它們在物理學中是否需要，要看它們在物理學中是否可工作；而且最後還是須交付經驗的證實——無論是技術的，還是在原則上的。因此，物理學稍一攙雜，在最大多數的情況之下，從它所用語言、推演程序、和計算制度就可以發現出來。歷史則不然。歷史底基料是一種次級基料。歷史沒有專用的語言。嚴格地說，所有的歷史陳敍詞 (historical statements) 都是「被推出的元目 (inferred entities)」。從認知的觀點着想，「現在 (the present)」是一切底起點。沒有「現在」就沒有「過去」，因此也就沒有歷史可言。因此，在歷史建構的程序中，如果攙雜前面所說①，②，③三種因子之中的任何一種，便頗難察覺。

我們要建立科學的歷史學，在着手之先，就得盡力之所及，將上述種種認知以外的因子從觀念中掃除。

我們再談積極的目標。

掃除認知以外的因子之工作只是消極的工作。除此以外，後設歷史學還要做一種積極的工作。

自古至今，支配歷史寫作的基本思想是特殊主義 (particularism)。後設歷史學底工作是要分析特殊主義底蘊涵 (implications)。不僅如此，後設歷史學尤其要將潛伏在 (underlying) 歷史的特殊事件背後的理論、原理、原則、定律這些普遍的東西晒露出來。這麼一做，整個的歷史學，就成爲從普遍看特殊之學。於是乎，我們就可將歷史學從特殊主義的巢窩之中解放出來。這一解放，使歷史學因吸收心理學，社會學，文化人類學等現代人理科學底成就，而步入嚴格的科學之林。

在過去，社會學、心理學和文化人類學這些歷史的背景科學或未發生或不發達，以致歷史學不是停於「一堆材料」的階段，便是其「說明」被「歷史哲學」所佔領。現在，這些科學已經發達了，而且發達得提供我們很有希望的進窺人理世界之門徑。於是，歷史學不應再停滯在「一堆材料」的階段；而且歷史底說明不再乞憐于「歷史哲學」，而可利用這些科學。當然，在這一關聯上，我們需要「科學底整合 (integration of sciences)」。

五　組　成

後設歷史學底組成要素有二：一是形式的層面 (formal aspect)；另一是基本概念。後設歷史學底形式層面純然是邏輯的。後設科學底形式層面也純然是邏輯的。二者不能有何不同之處。因此，我們將它陳列出來，不足以標別後設歷史學與後設科學有何不同。足以標別後設歷史學與後設科學不同的因子是後設歷史學所特有的基本概念。所以，我們在這裏所須陳列的是後設歷史學底基本概念。後設歷史學底基本概念計有：一、因果 (causality) 或函數 (function)；二、聯續；三、分組，四、准重演性 (meso-recurrence)。聯續，是通史所假定的概念。分組，是斷代史及各種專門史所假定的概念。這裏所說的「組」涵蘊「可劃分」這一概念。「可劃分」，可以直行，也可以橫行。所謂「准重演性」，意卽「可以重演而不必然重演」。這裏，不肯定歷史可以重演，但也不否認歷史可以重演。作者底意思是說：如果歷史重演的話，那末它是一適然函數 (a contingent function)。

這樣，我們完成了寫的歷史底理論背後結構底全部幅度(the total sphere of the theoretic backstructure of written history)。

六　證據底身分問題

「拿證據來！」這句話在近幾十年來成爲一句很有力量的話。治史學的人尤其奉這句話爲圭臯。

但是，「證據」並沒有帖一個條子在它身上，我們到什麼地方去「拿」呢？什麼東西是「證據」呢？我們要確定Y是否X底證據時，究竟是靠證據或不靠證據呢？

這都是頗爲困難的問題。我們可作下列的考慮：

①任何一個元目(entity)X，對于Y而言，無所謂是一證據或不是一證據。這裏所說的「元目」，可以是一個命辭，也可以是一個事物。

②任一證據不能證明它自己是一證據或不是一證據。人不能自見其面。壯士不能自舉其身。

③任何一個元目X必須與Y在同一架構 (frame) 中才可以說是Y底證據或不是Y底證據。

這樣的架構必須明文說出。對于大家或某歷史家習以爲常的架構之不明文說出或未明文說出，乃錯誤之一源。

④這樣的架構乃X以外的東西。因此，在其中的X不能證明它。

⑤這樣的架構不是純邏輯的，而是歷史事實的報告語句嵌在邏輯架構中形成的。

⑥架構之上可能有架構。架構之下可能有架構。架構之外可能有架構。架構之內可能有架構。這樣，形成歷史底全部架構。

這樣的架構，可以是工作的架構，也可以是記述的架構。

七　歷史的說明

爲了使人易于了解「歷史的說明 (historical explanation)」在歷史學裏的地位，我們列舉在歷史學中或與歷史說明相隣的三種活動：

a，歷史的記述 (historical description)

b，歷史的說明 (historical explanation)

c，歷史的解釋 (historical interpretation)

上列a，b，c只表示三個有序的層級，並不表示在歷史中純粹的記述 (pure description) 是否可能，也不表示歷史的記述與歷史的說明是否可截然劃分。在實際上，作歷史的記述時多多少少是得假定歷史的說明的。如其不然，歷史的記述沒有指導原則。沒有指導原則而行的記述，只能說是盲目的記述。無論是歷史的記述或歷史的說明，都在科學底範圍以內。歷史的解釋則在玄學底範圍以內。這裏所說的歷史的解釋，係指通常所謂「歷史哲學」中的那些說法而言。例如，唯物史觀、唯心史觀，等等。

這些歷史的解釋之中的任何一個是「無所不包的單一原理 (an all inclusive single principle)」。像這樣的解釋，具有下列的性質：

第一、它是一種選擇的注意 (selective attention) 底產品。如果某一種選擇的注意底題材或因子可以同樣地瀰漫於全部歷史之中，那末每一種由選擇的注意所得到的題材或因子可以構成一部「史觀」。人底選擇的注意可以不止一種。因此「史觀」也就可以不止一部。某甲藉唯心史觀的架子造出唯物史觀。某乙爲了和他唱對臺，可以翻回去造唯心史觀。如果一位性心理學家熟悉史料，那末他未嘗不可至少以自克利阿培垂 (Cleopatra) 以降性的因子之瀰漫作用來貫串全部歷史。如果有人願意著作這樣的一部大書，那末他一定「名利雙收」。

可惜，這類的思想都是「片面的思想 (one-sided thinking)」。然而，這類的思想者却以爲他們看到歷史發展底基本原理原則，於是自認爲他們底「史觀」是「唯一的眞理」，和最圓滿的解釋。我們現在以H表示歷史；以I_1……表示對于歷史的解釋。茲將它們之間的這種關係表示在後面：

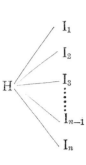

$$H \begin{cases} I_1 \\ I_2 \\ I_3 \\ \vdots \\ I_{n-1} \\ I_n \end{cases}$$

這種關係，顯然是「多對一 (many-one)」的對應關係，並非「一對一 (one-one)」的對應關係。由此可見並沒有一種史觀是「江山獨佔」的。

第二、過於寬泛。科學要求任一理論必須不多也不少地說明所要說明的題材。「史觀」不能滿足這一要求。所有的史觀說的都是「過頭話」，或是空泛無邊之詞。從有利的方面着想，我們可以將「史觀」看作「說明的概略」。但是，可惜已有的「說明的概略」過分概略：概略到任何異質的元目 (heterogeneous entities) 都可以容納到這樣的概略之中去。一個「正，反，合」的公式可以無所不包。唯物史觀、唯心史觀，都是如此。什麼都能包含進去的概略等於什麼也沒有說明的概略。這樣沒有說明作用的概略，在歷史學中是沒有用處的。

第三、史觀是多餘的東西。如果史觀或歷史哲學確乎對歷史有所斷說，那末我們就要問：它是怎樣建立起來的呢？它是否生自對歷史的事實之所「見 (vision)」呢？如果是的，那末它與歷史的經驗陳敍詞之推廣有什麼不同呢？如果它與此不同，而歷史發展得跟循它走，那末相對于歷史發展而言，它是先驗的。這個樣子的先驗原理，怎樣證明其爲可能或必然的呢？如果它與歷史的經驗陳敍詞之推廣並無不同，那末何需乎多此一說呢？

八　預料底可能性

我們常常聽到人說：「讀史可以鑑往知來」。我們依據歷史事實來預料未來的事變有時可以混含地 (vaguely) 言中；有時却不靈。這麼一來，我們就發生一個問題：在什麼意義之下或在什麼情況之下「讀史可以鑑往知來」？

歷史的預料與先知的預言二者是不同的。歷史的預料是以比擬 (analogy)，歷史事件所徵象的普遍律則，及蓋然理論爲根據的。先知的預言以什麼爲根據，作者不是先知，愧不能答。

每一歷史事件是獨一的 (unique)。獨一的事件，依界說就不可復現。所以，我們不能依據任何獨一的歷史事件來作任何預料。

但是，如果這獨一事件徵象着一個或多個普遍律則，而且我們又能藉此獨一事件來知悉其所徵象的普遍律則，那末我們便可依據這普遍律則來作預料。比如說，太平天國暴動這一事件係由當時饑荒引起。「饑荒引起暴動」這一普遍律則，在「一切其他條件不變」的假設之下，是可以成立的。如果現在某地饑荒嚴重，那末我們可以依據這一普遍律則來作預料，說某地大概也會發生暴動。

如果在某些情形之下我們沒有發現獨一事件所徵象的普遍律則，而這一個獨一事件底結構或發生的傾向 (disposition) 或作用或形態與當前的事件相似，而歷史中的某一個獨一事件會引起什麼結果，那末我們可藉比擬方法推論，說當前的這一事件在將來大概也會產生什麼結果。

從這條路想下去，我們發現歷史的預料，如果可能，那末也是經驗的和邏輯的。既然如此，歷史的預料，在基本上，與一般科學並無不同之處。所不同者，歷史的預料所牽涉的變數更多，因此蓋然的程度較低。

歷史哲學，只是玄想的遊戲而已。

附記：關于史料鑑定的問題，新近科學性的論著，就作者所知，爲李濟教授所作『論「道森氏•曉人」案件及原始資料之鑒定與處理』一文。這篇文章載在現代學術季刊第一卷第二期。讀者如對作者本文所論列的種種發生興趣，可將這篇饒有趣味的文章一並參讀。

討論「大膽假設、小心求證」之我見

劉家璧

最近幾個月來，在香港出版的「祖國週刊」中，有關討論「大膽假設、小心求證」的文章，已經連續的發表了許多篇，目前在紐約能看到該刊是第一九五期爲止，除何浩若先生的「從經濟學看大膽假設與小心求證」一文外，還有李璜、陳伯莊、殷海光、許冠三、陳綏民諸先生的大作。本來「大膽假設、小心求證」既是治學的科學方法，當然是值得大家討論的一個好問題，同時也是對於自由研究學術思想的一個好現象。然而在提出討論問題的第一篇何先生的大文，其中記述有不確實之處，批評也摻雜了一些情感的成份在內，這便引起了我寫本文的動機。

何浩若先生的第一篇文章，是從一九五七年春天在紐約擧行李楊吳三位科學家的歡迎會談起的：當時筆者也曾參加了那次歡迎會，現在回憶一下，認爲何先生所記的與當時的事實頗有出入之處。那次歡迎會的主席是程其保先生，致歡迎詞的也是程先生，而不是何先生，我記得程並提到過去有外國某學者寫信給他，詢問中國何以不能產生大科學家的理由，程卽復信請其等待並保證日後必有最偉大的中國科學家出現，現在李楊吳三位科學家推翻了「對等律」，震動全世界，證明他的期望完全實現等語。程致歡迎詞畢，接着經胡適之先生介紹三位科學家給大家。胡在掌聲中起立講話，他說吳健雄女士是他在中國公學時的學生，成績很優良。他認爲他能有像吳這樣出衆的學生，引爲非常光榮，同時李楊二位均出身於西南聯大，北京大學是西南聯大的一個分子，尤其楊先生的父親楊武之是他的老朋友，他更感到光榮與高興。胡先生特別提到北大物理學教授吳大猷先生如何特別提拔李政道先生，把他從西南聯大的二年級直送到芝加哥大學的研究院。胡先生說，李政道先生的科學天才可以說是吳大猷先生很早就認識，就留心培植的，這是中國教育史上最美的一個故事。那天胡先生根本未談到與「大膽假設、小心求證」有關的話。胡先生說完後，大家歡迎李政道及吳健雄二位科學家講話。（那天楊振寧先生因事未能出席。）李先生以不善在公衆場合講演爲辭，表示感謝大家盛意卽坐下。吳女士的講話大意是，她是胡先生的學生，謝謝胡先生過去對她的指導，她說到這次他們研究的結果，並沒有什麽特別的地方，不過是根據胡先生平日提倡的「大膽假設、小心求證」的科學方法等語。吳女士說完以後，大家自由交談，李吳二位科學家與大家交換寒喧一番，本來不久卽可散會，但當時大家興緻很濃，因爲那是中國人在國際科學界第一次大出風頭，所以特別興奮。後來有人提議請何浩若先生講笑話，因爲何講笑話在紐約很有名，何卽連續的講了兩個笑話，其一便是何文中引述的。何講笑話畢，乃邀胡健中先生報告臺灣情況，因該時正是胡適之先生的祝壽文章，在臺灣遭到某些人的攻擊，胡健中先生乃乘機予以解釋一下。何又請胡適之先生發表感想，因此引起了胡先生的感觸，連續講了約一小時，這便是「何文」中所說因「討論民主和政黨政治而引起胡先生的不愉快」，也是「三天後胡先生因胃病入院開刀」的大原因。（其實集會是在二月四日，胡先生開刀是在二月十九日。）

我之要把那次開會的經過情形作敍述得較詳的理由，決不是爲了證明那次歡迎會的主席是程其保先生而不是何浩若先生，因爲那是一件無關重要的事情，與「大膽假設、小心求證」無甚相干；我的目的在說明祇是吳健雄女士自己承認他們的研究結果是應用「大膽假設、小心求證」的科學方法。那天胡先生根本未談到與「大膽假設、小心求證」有關的話。

因爲何先生在他的那篇文章中，說那是他「第一次聽胡適之先生講『大膽假設與小心求證』的故事」，而且他的記述與感想是：「接着便是胡先生致詞，他說的話很風趣，博得全場不少的掌聲。主要的他說他在五四運動的時候，提倡『大膽假設和小心求證』的科學方法，現在李政道楊振寧先生便是『大膽假設』，而吳健雄先生則是『小心求證』。我以爲胡先生的話，太適於那個場合了，也可以說是恰到好處。不過我同時想到的是把『大膽假設、小心求證』稱爲科學方法，未免太簡單一點。」何先生這種說法，是與當時實際情況完全不符的。

現在我也願意在討論「大膽假設、小心求證」中發表幾點小意見。我認爲這是一個「不成問題」的「問題」，所謂「不成問題」的「問題」，就數學的意義說，譬如二加二等於四，但有人認爲這是一個「問題」；而認爲一加三才等於四，或認爲一加一再加二才等於四。如果大家對於一、二、三、四等數字本身名詞上的性質與意義，熱鬧地討論研究一番，也不能說對學術思想毫無補益的。

在參與討論的許多篇大文中，「問題」是由何浩若先生提出來的。「何文」的毛病，許冠三先生對之批評得很中肯。許說：「讀完『何文』以後，不免會覺得，何先生對於科學方法似乎很生疏，對於科學方法論上若干基本概念，如『假設』、『證明』、『理論』、『事實』、『抽象』、『眞』、『假』等，似乎也很模糊」。其實不止此耳，何先生把義和團的唸咒避槍說，堪輿家的眞龍地穴說，也列入「大膽假設」的範疇中，是完全屬於「詭辯術」(sophistry) 的方法，討論科學的邏輯方法是應該把詭辯術完全分開的。

何先生是研究經濟學的，但他認爲「現在經濟學的趨勢，是要研究事實，分析事實，解釋事實，把事實放在前面，用歸納的方法，具體的研究一番再加以解釋，便用不着去求證了」。現在經濟學的趨勢，果眞是如此簡單嗎？是能「用歸納的方法，具體的研究一番再加以解釋，便用不着去求證」了嗎？何先生的這種說法，未免把現在的經濟學的趨勢，說得太簡單了。近年來美國社會科學各部門，凡是講求搜集材料，用統計學的方法研討其結果，我們稱之為統計的研究法(statistical method)，並不單是經濟學一門獨有的現象，經濟學的統計學派祇是經濟學中的一派，不能說是現在經濟學的趨勢。譬如我們可以說民主政治是現代政治的趨勢，但不能說西班牙的弗朗哥式的政治是現代政治的趨勢。同時何先生也懂得「歸納法」與「演繹法」都是科學的治學方法，他還引用施莫拉 (Gustav Schmoller) 與孟額 (Karl Menger) 論戰的故事。了解「歸納法」與「演繹法」有同等的重要性。然而他又認為那是七十年以前的現象，現在則不用着「演繹法3」。胡先生在他有關談治學方法的著作中，則從未否認過歸納法的價值，卽如在何文所引用胡先生所說，「近來的科學家和哲學家漸漸的懂得『假設』和『證驗』都是科學方法所不可少的主要份子，漸漸的明白科學的方法不單是歸納法。是演繹和歸納互相為用的，忽而歸納，忽而演繹，忽然又歸納，時而由個體事物到全稱的通則，時而由全稱的假設到個體的事實，都是不可少的」，但何先生又硬指胡先生祇注重「演繹法」。何先生說「大膽假設當然是演繹而不是歸納」，又說「胡先生很不滿意倍根和彌兒，說他們太重視歸納法」。這與胡先生的原意是大不相同的，胡先生的確很不滿意倍根和彌兒，因為「倍根和彌兒都把演繹法看得太輕了」。太看輕「演繹法」而太重視「歸納法」，或太看輕「歸納法」而太重視「演繹法」，都不是科學的治學態度，這是極顯而易知的。

討論胡先生的「治學方法」，同時也必須討論到他的「治學態度」，因為那是一套分不開的東西。他的治學方法卽所謂「科學的方法」，他的治學態度卽所謂「歷史的態度」。科學的方法卽是「尊重事實、尊重證據」和「大膽假設、小心求證」。歷史的態度是什麼呢？胡所說的是「凡對於每一種事物制度，總想尋出它的前因與後果，不把它當作一種來無踪去無影的孤立東西。」胡是主張實驗主義 (Pragmatism) 的，而實驗主義的創始者是皮爾斯 (Charles Sanders Peirce 1839-1914)，推廣者是詹姆斯 (William James 1842-1910)，由杜威發揚而光大之。他們都是美國人，故可認為代表美國文化的思想。遠在一八八三年，皮爾斯發表「邏輯的研究」一文，卽主張「以科學實驗室的態度與方法去研究事物與人生」。後來詹姆斯更發揮為有系統理論的實驗主義。除此之外，杜威思想所受的影響更有達爾文與赫胥黎，因為達爾文與赫胥黎的治學方法，都是注重假設的。杜威稱之為實驗邏輯 (Experimental Logic)，而且他認為實驗邏輯是自成一系的，卽既不偏重於歸納法亦不偏重於演繹法。

在何先生與陳綏民先生的二文中，均再三強調馬克斯的階級鬪爭說是「大膽假設」的例子，須知「大膽假設、小心求證」雖是科學方法，但運用時的時間與空間的不同與其結果是大有區別的。譬如在自然科學的範疇中，物理學的計算，如果數字材料的不一致，結果則不能一致。化學中的成分配合不一致，結果也不一致，其他如溫度濕度等因素都大有關係。但我們並不能否認用物理學或化學的方法不是科學方法。在運用任何一種科學方法中，要看採用的材料與數量的內容如何，自然科學是如此，社會科學也自不例外。

陳綏民先生所提出的意見，我認為有兩點是特別需要商榷的。一、陳先生認為「陳獨秀向左轉，為中國帶來了俄式的共產主義，胡先生向右轉，為中國帶來了美式的自由主義」，而自由主義「演進推移的偏向，遂變為放任主義與無政府主義、和世界主義的觀念」。把放任主義、無政府主義、世界主義均認為是自由主義演進推移的結果，這種推論是不合事實的。當然更不是美式的自由主義所能演進與推移的。凡是讀過政治思想史的人，都可以知道放任主義、無政府主義、世界主義是什麼時代的產物。二、陳說：「連愛因斯坦的相對論(也是他基於大膽假設的判斷與推理而得的結論)，也被中國的兩個年青小伙子推翻了」。李楊二位科學家所推翻的是對等律 (Law of Parity)，並未推翻了愛因斯坦的相對論 (Relativity)，「對等律」與「相對論」是兩回事。

陳伯莊與李璜兩先生的大作，立論甚為公允。陳以為致知無二致，演繹法與歸納法在科學方法中是同等的重要。他說：「假設與求證在邏輯上實為最基本的運作，數百年來，久已行之有效，是最家常便飯不過的東西。胡適之先生加上『大膽』和『小心』這兩個屬於心理性而不屬於邏輯性的形容詞，並不能使這兩種運作變質，大膽無非是讓想像力充分發揮的意思，這和杜威說不可剪想像之翼，要讓他高飛的意思相彷彿。『小心』乃『粗心』的反面，任何事都不可以粗心，何止求證！」是極中肯之論。李璜先生並引證法國數學家亨利、潘加賚 (H. Poincaire) 所說，「科學家如能以明敏的精神，超出其眼前手中的實像，則隨時腦筋中會有閃電般的靈機引動，得着新的領悟。」充分說明了假設的重要性。李先生覺得感慨的是，「胡先生自五四提出懷疑精神，主張打倒偶像，到今天已四十年，而胡先生還是在做啓蒙運動的前期工夫。」這的確是大家一致的感慨。然而啓蒙運動的前期工夫在目前還是極重要的，君不見現在有些人還認為民主的意義是「愛民、教民、養民」的妙論嗎？

在殷海光先生的大文中，他應用邏輯學的理論解釋「假設」與「求證」本身名詞上的性質與意義，這種工作也是屬於啓蒙運動中的工作，確是需要學術界大家來共同做的，不能依賴胡先生一個人再去做這類的工作。如果像許冠三先生那樣的批評，是很不恰當的。他的批評是：「為什麼胡先生的科學方法說來說去還是『大膽假設、小心求證』這句對聯式的口號呢？民國以來，我們的口號太多了，口號時代還不該過去嗎？以中央研究院院長之尊，在就職典禮上重喊四十年前的簡單口號，總不能算是很得體吧。」有意義的話是永遠的，何止四十年後便不能再提了。孫中山時代喊民主自由，我們現在不還在喊着麼。

本來任何名詞要用得有一定意義，必須有一定的「指謂範圍」。也就是說「假設」與「求證」在科學方法中的意義有其一定的「指謂範圍」，與義和團唸咒避槍或堪輿家的眞龍地穴的假設是完全不相干的兩回事，是不能混為一談的。

「假設」一詞，在英文中是 Hypothesis，本爲拉丁文，而是由希臘文變化而來。它在科學方法中的意義，與我們中文「假設」的日用意義是大不相同的。我們中文「假設」的日用意義是「假定」Supposition，可能是眞假之「假」，也可能是眞假之「眞」。「假設」在科學方法中的意義，比較通俗的解釋，以魯貝 (Lional Ruby) 的解釋爲恰當。他認爲「假設」乃是「解決問題的工具」，但他認爲一個好的「假設」必須有三個要件；一、對已知事實有正確的估計，二、對事實有可證明性，三、簡單明瞭。

根據實驗邏輯的說法，凡是發生了任何問題之後，爲了要解決問題，必然要運用思想，便產生出五個步驟：「一、感覺困難；二、尋出疑難所在；三、暗示的湧現；四、評判各種暗示的解決，假定一個最適用的解決；五、證實。」換句話說，「假設」必須求其最大可能的正確性，從那些暗示的湧現中，去掉那些可能正確性最小的而留下可能性最大的去加以證實，這樣求出來的結果，當然不是一成不變的，更不是永遠的眞理。一九一九年杜威來中國講演，講到實驗邏輯最後一講時，他特別聲明說：「還有一句話在結束時要特別申明的，什麼話呢？就是一切公理原則，都不是最後的目的，都不是永久不變的，這許多已經成的公理原則，還要常常用新狀況新方法來試驗，看看它們對於新狀況適合不適合，因爲試驗的態度沒有成見，不承認什麼公理原則是永久不變的。這些公理原則，不過是一種工具，可以解釋特別事實的，這種工具必須常常修理，使能對於新狀況適合，這就是實驗的態度」。根據杜威此一解釋，更可了解實驗邏輯的科學方法了。

科學方法中的「假設」一詞，在我們中文中的正確意義，我以爲不如用幾何學中的「假設」來解釋較爲恰當而易了解。幾何學中的「假設」，在英文中爲 Postulate，原爲拉丁文，意爲「公理之預定」。幾何學的「假設」是不能亂來的，尤其在證明的過程中，必須有公認的證據與邏輯的推論，才能求出大家認爲正確的結果。

「假設」與「求證」在科學方法中的意義是正確的。至於各加上「大膽」與「小心」二字，是否會影響「假設」與「求證」本身的意義呢？我同意殷海光先生的解釋，他說：「第一，小心求證，比武斷或輕率地堅持一個結論致誤之蓋然程度小得多，我們與其武斷，不如小心。第二，中國這個傳統尙權威，權威把學人底膽壓扁了。假定有一個人因此而過於謹愿，有人提出『大膽假設』來助一臂之力，可使依理論構造當向前一步使徒因被權威所壓而退縮者據理挺進，這是頗有益學術進步的。」

同時我們知道，做啓蒙工作是不宜用太艱深難懂的術語的，必須通俗化以增速其效果。胡先生曾說他考據紅樓夢等通俗小說是爲了提倡科學方法。並且他說那是一種「偷關瞞稅」的辦法。至於說「大膽假設、小心求證」像對聯式的口號，祇要它本身的意義正確，像對聯也好，像口號也好，都不是可以作爲非難的口實的。

讀者投書

如此中央日報玉里分銷處主任！

白　鵬

編輯先生：貴刊爲維護人權，疾惡如仇，過去有不少篇幅大張打伐。現鵬有一痛心疾首之事，被人無故侵奪人權，無法無天，嗾使惡徒來店騷擾，毆打成傷，請將下列事實公佈社會，敬請賢明的政府，司法機關及中央日報社主持正義，保障人權，應派員澈查現惡劣無耻的分銷處，另派賢能。

我流落東部，在玉里開了一個書店，安分守已，崇法尙實，爲文化服務，已有八年歷史。不料禍從天降，九月十四日下午八時後，有中央日報玉里分銷處主任嚴長玉，命報差來鵬店內金聲電料行（一店二家生意）購電池，該行負責人不在，由鵬代售，即在玻璃櫃內選了二支無敵牌電池交給報差，貨欵收訖後，停十數分鐘，該報差又來購電池，鵬看無鐵皮電池，其他購否，報差即返向老闆請命。第三次又來，拿來四支電池，言叫鵬試驗有無電光，驗後即稱二支有電，二支無電。第四次報差和一個衣服不整不知姓名一人同來店，氣勢洶洶，張口即言鵬「欺騙他的報差」。鵬答辯電池是他人的，我售電池，並叫報差看過是新貨，我們做人很老誠，況且中央日報玉里分銷處報差並非傻蛋，恐怕任何人也騙不了他。他們來找麻煩，鵬再三告訴他們，「請你們老闆來」，我代售電池沒有錯。他們囉嗦不走，妨碍我營業，我即云「豈有此理」。中央日報玉里分銷處派來的打手劉金華，即叫我出店，我認謂玉里繁華之區，往來行人甚多，我就出去，劉暴徒即動手將我一陣毒打，有省立花蓮醫院玉里分院診斷書第一一九九號，內開前胸部及左前頸部有擦過創，均有皮下出血，並各壹拾、零公分，鼻柱左側部有擦過創，約貳、零公分等。我的衣着撕破不堪，中央日報玉里分銷處主任嚴長玉聞聲趕來，即給我一個下馬威，斯時驚動左右隣舍數百人，擁擠街頭看熱鬧，嚴當衆稱：「你欺騙我們報差，打我們報差」，這種肆無忌憚勾當，顚倒是非，竟敢在數百雙眼睛下即動手動脚打我，威脅我，幸被隣人拉開。查嚴某(刪)兼任中央日報主任，不會寫作，處今日玉里，可以當道拿着這張大報紙可以護身，許多人而向惡霸低頭，以上我被人無理由侮辱一次，雖是我個人的事，實在反映着現社會、禍國擾民的流氓，法律不能制裁他們。保障人權，還是一個好聽的口號。我遭人一場毒打，兇犯現逍遙自在，司法機關不知費了多少十行紙，費了多少人口供，屈死不告狀，身兼一個大報紙的主任，竟無惡不作。(刪)我忠貞流亡臺灣，已有十數年，終日爲三餐問題奔忙，不幸殘遭惡霸毆打成傷，生活困苦，因爲他們依中央日報爲護身符，有許多人不敢講公道話，我的感覺社會寒涼，人慾橫流，有什麼法治，有什麼人權，使我的痛苦欲哭無淚。敬請貴刊予以揭露，藉供社會一切愛好論理道德的人士賜予同情。順頌

撰安

讀者　白　鵬　敬啓　十月廿七日

（另附來「臺灣省立花蓮醫院玉里分院診斷書」一份，係四七年九月十六日診字第一一九九號。現存本社——編者。）

法治與武斷

簡暢

現代民主政治本質上是公意政治。所謂公意政治，就是國家政治的運作應依人民的公意而爲之。我們知道政治卽是管理衆人之事，政治的正當目的在爲人民謀福利，使最大多數人的幸福得到最大可能的增進。至於「什麼是人民的福利」？「怎樣去增進最大多數人的幸福」？這個問題的解決，便不能不以人民的公意爲歸依。因爲人類都是有利己心的，各人最能知道什麼是自己的幸福，而又最能努力去增進自己的最大幸福。所以政治問題若交給少數人去決定，少數人認爲妥當的，未必有利於多數人。政治問題若交給多數人去決定，多數人認爲妥當的，必定有利於多數人，則最大多數人最大的幸福當然可以得到。既然政治要以人民的公意爲歸依，但是人民公意的表示方法如何？便成爲最關重要的問題。這個問題的解決，現代民主國家共同的辦法，無非法律的制定必出於民選議員組織的議會，政府的重要負責人須由人民選擧。所以公意政治與選擧制度是分不開的，沒有選擧，便談不到民主。而政治問題與生活問題，也是息息相關。政治不尙空談，必須適應現實，滿足人民生活的需要。又因爲客觀上社會的現實情況是隨時變動，並非一成不變，所以人民的公意也必隨現實生活之需要而發生變化。因此，各種選擧，就有定期或不定期擧行的必要，否則卽不足言政治問題的解決，確係以人民的公意爲歸依。依照我國憲法也具有民主政治的形式，但本質上是否公意政治？其實際情形如何？顯已大成問題。因爲我國行憲未久，整個大陸卽告淪入鐵幕，政府撤遷臺灣，侷促海島已將近十年，主要的民意代表立法監察兩院委員任期早已屆滿，該項選擧因事實上困難不能依法辦理。依照司法院大法官會議四十三年一月二十九日釋字第三十一號解釋：「憲法第六十五條規定，立法委員之任期爲三年。第九十三條規定，監察委員之任期爲六年。該項任期本應自其就職之日起，至屆滿憲法所定之期限爲止。惟値國家發生重大變故，事實上不能依法辦理次屆選擧時，若聽任立法監察兩院職權之行使陷於停頓，則顯與憲法樹立五院制度之本旨相違。故在第二屆委員未能依法選出集會與召集以前，自應仍由第一屆立法委員、監察委員繼續行使其職權」。可見時至今日，只要大陸還沒有收復，立法監察兩院委員的任期便將無限期延長。該項選擧既已不能按期擧行，人民無法控制民意代表，而反爲民意代表所控制。是其雖然號稱民意代表，但早已名存實亡。這種局面，怎樣還能談得到公意政治，民主政治的本質上既已有如此根本重大的缺陷，所以本文專就法治來討論。因爲法治政治的目的，在於保護人民的自由權利，也是有切身利害關係的。

所謂法治，就是法律主治，政府權力的運用必須依法律規定而爲之。人民惟受法律治理，法律上人人平等，任何武斷權力都爲法律所排斥。一人犯法，此人卽應由法院依照法律明文規定予以制裁，但除法律之外，再無任何理由可將此人治罪。所以要談法治，先要說明什麼是法律。

法律可有形式與實質兩種意義，依照中央法規制定標準法第二條規定：「法律應經立法院通過，並由總統依法公布之」。這是單純就形式上以確定法律的範圍；卽凡是經立法機關通過立法程序所成立的一切決定，都可以稱之爲法律。其效力優於行政命令，對於行政機關有絕對的支配力，卽法官審判民刑訴訟案件，亦應受其拘束。又依同法第四條第二、三兩欵規定：「關於人民權利義務及國家機關組織之事項，應以法律定之」。同法第五條規定：「應以法律規定之事項，不得以命令定之」。這是從實質方面來劃分法律與命令的範圍；法律的要件，在能影響人民的權利義務，成爲社會生活的規範。而人民的權利義務，與政府機關的組織及權力，又是有對待關係的。法治的目的在於保護人民的自由權利，而分權制度則爲其必要的前提。非將國家權力分屬於幾個不同的機關，每個機關只得行使其依法享有的權力，每個機關應嚴守自己的界域，互相制衡，人民的自由權利便無從免於受到侵害。所以有關人民權利義務及政府機關組織之事項，必須以法律定之，而法律的制定，則應經民選議員組成的立法機關通過立法程序，始告成立。其目的卽在制定法律的權力既操諸民選議員之手，政府必受其控制，而人民的自由權利遂不致橫遭侵害。

更須知者，法律的特質在其普遍性。所謂普遍性，卽法律係以一般的或抽象的規則爲內容，不是對於某一件事或某幾件事所下的決定，而是對於將來凡適合法律條文所規定的未來一切事件所訂立的規則；同時，法律也不是對於某一個人或某幾個人所下的決定，而是對於凡適合法律條文所規定的任何人所訂立的規則；因爲法治政治乃對於一切的人欲依同一的法律規定，作平等的統治。而且制定法律，並不是單單拘束人民，同時也拘束政府機關，行政權的活動須依法律的規定，法官審判訴訟案件須依法律的規定，要限制人民的自由權利，尤須依法律爲之。政府機關的官員如違法侵害人民的自由權利，被害人卽得依法向國家請求賠償其所受損害。政府機關的官員也不得憑藉命令去作違法的事情，如明知命令違法而仍據以執行，卽不能因而免除刑事責任。總之，法律之可貴，卽在其普遍性，確立一般原則，沒有例外。

再進一步言，從表面上觀察，法律雖是經立法機關通過立法程序，由總統公布，關於人民權利義務的規定。但一經研究其發生之淵源，便可發現絕非立法機關單憑立法者的意志卽能創造法律。因爲法律之生命，並不在白紙黑字的條文，重在其實際運用，確有規範社會生活的功效。所以法律能有效成立，必有賴於社會上一般人民的共同確信。往往雖未經明文制定，而事實上由於習慣而成爲社會生活的規範，一般人民早已確信必然如此，然後經由立法機關通過立法程序成爲法律。因此，法律實在可以說是全民族的產物，充滿着時代思想，必隨當時社會文化所支配的觀念與概念而進止，決不是僅爲少數立法者的意志所左右，尤非統治者個人的命令。

根據上面各點，我們闡明了法律的性質，而崇尚法治，多少年來向爲政府當局叫得很響亮的口號，現在試借兩個實例，加以檢討，看看我們的法治究竟是什麼樣子。

人民身體自由，爲一切自由權利的基礎；沒有人身自由，則其他一切自由權利，都將落空。關於人身自由，憲法第八條設有明文規定：「人民身體之自由，應予保障。除現行犯外，非經司法或警察機關依法定程序，不得逮捕拘禁。非由法定程序，不得審問處罰。人民因犯罪嫌疑被逮捕拘禁時，其逮捕拘禁機關應將逮捕拘禁原因，以書面告知本人及其本人指定之親友，並至遲於二十四小時內，移送該管法院審問」。依刑事訴訟法第二百零七條至第二百十條規定，除檢察官爲法定偵查機關外，司法警察機關僅有協助檢察官偵查犯罪的職權。同法第七十七條規定：「拘提被告，應用由法院推事或檢察官簽發之拘票」。同法第一百零一條規定：「被告經法院或檢察官訊問後，認爲其犯罪嫌疑重大，並有下列情形之一者：①無一定之住居所。②逃亡或有逃亡之虞。③有湮滅僞造變造證據或勾串共犯或證人之虞。④所犯爲死刑、無期徒刑或最輕本刑爲五年以上有期徒刑之罪。且於必要時，始得羈押之」。可見司法警察機關執行拘提犯罪嫌疑人，依法應用拘票，逮捕後至遲應於二十四小時內，移送該管法院審問。非經法院或檢察官訊問後，認爲有法定羈押原因，不得將犯罪嫌疑人羈押。但按諸實際情形，司法警察機關執行拘提犯罪嫌疑人，絕少持有檢察官或推事簽發的拘票。逮捕後亦常常超過二十四小時，未將犯罪嫌疑人移送該管法院審問。甚至援用行政院於三十七年七月十六日修正公布檢察官與司法警察機關執行職務聯繫辦法第七條規定：「司法警察機關將刑事案件移送檢察官辦理後，如認爲尚有偵查之必要或由檢察官委託偵查時，得對原案繼續偵查」。聲請該管法院檢察官准其將犯罪嫌疑人延長羈押，而檢察官亦每每不爲訊問，遽卽准許司法警察機關將犯罪嫌疑人延長羈押。凡此種種；司法警察機關協助偵查犯罪，顯已逾越法律規定的範圍，法院檢察官辦理這一類案件，竟未依照刑事訴訟法的明文規定，憲法第八條所設保護人身自由的規定，不知已置於何地！我們要大聲疾呼，標榜崇尚法治，務須脚踏實地，先從尊重人權做起，爲人民確立不處恐懼的自由。

民主政治本質上是公意政治，應該服從多數，但對於少數人的自由權利也應尊重，尤其是言論出版講學著作的自由，絕對不能加以壓制。憲法第十一條規定：「人民有言論講學著作及出版之自由」。同法第二十三條規定：「以上各條列舉之自由權利，除爲防止妨碍他人自由，避免緊急危難，維持社會秩序或增進公共利益所必要者外，不得以法律限制之」。可見憲法對於人民的言論講學著作出版自由，是採直接保障主義，除非爲維持社會秩序或增進公共利益的必要，立法機關也不得制定法律加以限制。所以民國二十六年七月八日公布施行的出版法，在行憲後是否還有繼續存在的必要，本來已不無研究的餘地。但是號稱國家最高立法機關的立法院，竟不顧海內外輿論一致斥責，於本年六月二十日以秘密會議的方式，通過了出版法修正案，授行政機關得以撤銷登記的大權，顯然是摧殘言論自由，更談不到什麼「公意政治」，簡直令人難解。假使我們再去研究一下修正出版法的條文，立刻就可發現，法治政治的基本原則也已經動搖，實在是一個非常嚴重的問題。

修正出版法第三十二條規定：「出版品不得爲下列各款之記載①觸犯或煽動他人觸犯內亂罪外患罪者，②觸犯或煽動他人觸犯妨害公務罪妨害投票罪或妨害秩序罪者，③觸犯或煽動他人觸犯褻瀆祀典罪或妨害風化罪者」。同法第三十七條第三十九條第一項第三款第四十條第一項第三、四兩款第四十一條分別規定，出版品之記載如有違反第三十二條所列各款的情形，主管官署按其情節之輕重，得爲予以警告、禁止其出售及散佈、予以扣押、定期停止其發行、甚至予以撤銷登記等行政處分。由此可知，行政機關執行出版法時，得依其自己判斷而作自由裁量，並依行政權之作用對於出版品爲行政處分。但是出版法第三十二條所列舉的七種罪名，刑法上已設有明文規定其犯罪構成要件。法治政治最基本的原則是任何人的行爲，非經法院按照法定程序，依刑法明文規定判決有罪，不得認爲此人犯罪。現在依照出版法的規定，行政機關對於出版品的記載，竟可依其自己制斷，認定是否觸犯上述七種罪名。不但人民的言論出版自由，已經在有無之間，而且使司法權也受到行政權的侵害，法治將爲武斷權力所排斥，幾乎使人懷疑我們是否又將回到行政與司法不分的時代！

總之，我們在形式上雖然有一部憲法，但實際上法律只能拘束人民，政府的權力往往不受法律的限制，距離民主法治的路程，甚爲遙遠。但是我們也不必過分失望，因爲法律的目的雖是和平，但欲達此目的，則非經奮鬪，其道末由。人民要取得法律，必須努力，我們保障自己的權利，就是維護法律，只要大家共同努力，總有一天，法治行將代武斷權力而興起！同時，負實際責任的政治家也應該覺悟，培養民氣是立國的根本，只有法家拂士，今日不畏權勢爲憲政法治而奮鬪，他日亦必肯爲國家的存亡、民族的利益，而犧牲自己的生命。至於那些耽於安樂，怯於抗爭的人們，平時唯唯諾諾，早已養成了盲從的習慣，喪失了鬪爭的精神。一旦遇到危急，也必萎靡不振，忍氣吞聲，不敢反抗，甚至於再去盲從敵人。

「人民公社」是怎麼回事？

香港通訊・十月廿一日

厚生

中共在大陸農村中驅使農民建立人民公社，其理由是千篇一律的，即所謂形勢已經變了，現在的農業生產合作社已不能適應形勢的發展和需要，所以有小社合併成爲大社的必要。其實，所謂形勢，很難分辯得出它的主客觀的界線，明明客觀的形勢並非如此，而中共中央及其領導人偏要說是如此，處於被統治者的人民有什麼辦法呢？形勢變，政策和路線也變，這是人民莫測共產黨高深的地方，也是共產黨不可信賴之處。九年多來，中共假藉形勢已變爲理由，政策反覆無常，人民大上其當，吃盡苦頭。現在，新的花樣——人民公社——出來了，更多的花樣將會層出不窮。

人民公社的建立是在河南的信陽專區開始的。今年四月間，遂平、平輿兩縣已開始小社併大社的工作，兩縣各辦了一個六、七千戶的大社。到五、六月間，兩縣的小社，先後都合成了大社，其他各縣也有併大社的行動。至七月底，全信陽專區五千三百七十六個農業社的併社工作基本結束，共建成大型的人民公社二百零八個，每社平均八千戶。

除河南外，遼寧也是建立人民公社的較早省區，繼起的計有北平、河北、黑龍江、吉林、四川、安徽、江西、廣西、青海、內蒙古、甘肅等省市。江蘇、浙江、福建、廣東等沿海省區的建社行動比較緩慢，根據九月三日人民日報社論「高舉人民公社的紅旗前進」所稱：「河南和遼寧已經基本上實現了全省公社化。河北、黑龍江、安徽等省的人民公社運動也正在高潮中。東北和黃河流域其他省份、長江流域和長江以南各省，正在準備在秋收前後分期分批地建立公社。」

到八月底，大陸農村中已經建立的人民公社共有八千六百九十四個，參加這些公社的農戶達到了三千七百多萬戶，佔大陸農戶總數的百分之卅以上。至九月下旬，公社增加到一萬多個。（以上根據中國新聞社九月廿一日北平電訊）但據新華社九月卅日北平的電訊所稱，情形就大不相同了。新華社說：「現在，全國農村共有人民公社二萬三千三百八十四個，參加的農戶達總農戶的百分之九十點四，平均每社四千七百九十七戶。」新華社的電訊顯然有着誇大之處，而誇大之目的，莫非是爲「十、一」的「僞國慶」增添宣傳資料而已。

一九五七年二月當毛澤東發表「關於正確處理人民內部矛盾的問題」的講演時，他曾承認：「現在有一些人却在說合作化不行，合作化沒有優越性，吹來了一股小颱風。」去年還有人說合作化不行，今年却由合作化更進一步，而躍進人民公社的階段，可見中共中央和毛澤東的急躁冒進態度始終未改。

大陸上有農業生產合作社的組織，最早也在一九五四年的春天，當時的合作社還是初級的。到一九五六年年底，中共開放自由市場，無異承認合作化的失敗和此路不通，但中共中央的領導人如毛澤東已驕妄到了冥頑不靈、好大喜功之程度，不以失敗爲教訓，反變本加厲，由初級合作社發展成爲高級合作社。這是去年的事。時隔一年，而中共中央忽然心血來潮，又大發夢囈，說形勢已經變了，高級農業社（整個大陸約有七十五萬個）已不能適應變了的形勢，應速由小社併成大社——人民公社（據中共農村工作部預計，公社化後，大陸農村的人民公社約有二萬五千到二萬六千個）。所謂人民公社，中共認爲是一個由社會主義邁向共產主義的社會變革。試想一想，中共盤踞大陸還不到十年，竟然能由新民主主義而過渡到「社會主義」，現在且要由「社會主義」而過渡到共產主義，這不是速成和特別快車是什麼？改造社會而能憑速成的方法達成，這確實是古今中外歷史上的奇談了！

中共中央既已決意要辦人民公社，自然，需要大力地宣傳公社的好處、特點或優越性，藉此可以推動農民去申請入社或併社。九月四日，人民日報發表社論，陳述人民公社的特點有六項：

一、與農業生產合作社不同，人民公社不是單純的農業生產組織，也不單是農林牧副漁全面發展，而且要像城市工礦區一樣，同時興辦工業。除了生產，公社還要自己經辦商業（交換）、信用（銀行業務）。在經濟活動以外，公社還學辦文化教育（包括小學、中學、專科、科學研究等）事業。公社還實行全民武裝，適齡的男性青年和復員退伍軍人都要編成民兵，經常進行軍事訓練。這樣就是說，人民公社是工農商學兵的統一體。

二、公社以鄉爲範圍，規模當然比原來的農業社大得多，這樣，在人力物力財力的集中使用和統一調配上增加了方便。

三、既然一鄉一社，鄉和社就合而爲一，再沒有分立的必要，因此，鄉人民代表大會代表可兼任公社社員代表大會代表；鄉人民委員會委員兼任公社管理委員會委員；正副鄉長兼任正副社長；公社管理委員的辦事機構兼任鄉人民委員會的辦事機構。

四、在所有制方面進一步向「公有」發展。全部自留地、私有的房基、牲畜、林木等逐步轉爲全社公有，私人暫時留下小量的家畜和家禽，也將逐步轉爲公有。這樣，個體經濟的殘餘就進一步消滅了。

五、收益分配勞動報酬方面，將逐步實行工資制，以代替按勞動日分紅制。糧食分配方面，在全體社員一致同意的條件下，實行糧食供給制。

六、生活更進一步的集體化，社員公共福利事業加速發展，這裏包括為了便利生產和解放婦女勞動力而設立的公共食堂、托兒所、縫紉組等等。

人民日報這篇社論是針對河南遂平縣衞星人民公社的簡章（草案）而撰寫的，衞星人民公社成立於今年四月二十日，可說是大陸上第一個粗具規模的公社，它由四個鄉二十七個農業生產合作社合併組成，全社有九千三百多戶，四萬三千餘人。人民日報四日的社論即在推薦它的簡章，謂「人們看了衞星公社的簡章，不難對人民公社的面貌得到一個輪廓」。

下面，我將衞星人民公社的簡章作一番簡要的介紹。

簡章全文共二十六條，第一、第二條是官樣文章，說人民公社是勞動人民在共產和人民政府的領導下，自願聯合起來的社會基層組織，它的任務是管理本社範圍內的一切工農業生產、交換、文化教育和政治事務。人民公社的宗旨是鞏固社會主義制度，並且積極地創造條件，準備逐步過渡到共產主義制度。從第三條起的要點列述如下：年滿十六周歲的公民可以入社做正式社員，對於過去的地主、富農、反革命分子以及其他被剝奪了政治權利的人，允許他們入社做非正式社員。各個農業合作社合併為公社，應將一切公有財產交給公社，多者不退，少者不補。原來的債務，除了用於當年度生產周轉的應當各自清理外，其餘都轉歸為公社負責償還。在已經基本上實現了生產資料公有化的基礎上，社員轉入公社，應該交出全部自留地，並且將私有的房基、牲畜、林木等生產資料轉為全社公有，但可以留下小量的家畜和家禽，仍歸個人私有。社員私有的牲畜和林木轉為全社公有，應該折價作為本人的投資。公社必須盡快地發展工業，首先是建立開採礦產、冶煉鋼鐵、製造滾珠軸承、加工農產品、製造農具、製造肥料、修理機器等。公社要建立供銷部，它是國營商業的基層機構。供銷部參加縣供銷合作社為社員。公社要建立信用部，信用部是人民銀行的營業所。公社實行與勞動密切結合的普遍義務教育，要普遍地設立小學和業餘的補習學校、業餘農業中學、專科學校或者大學。公社實行全民武裝，適齡的男性青壯年和復員退伍軍人應編成民兵，經常進行軍事訓練，並且擔負國家所分配的任務，民兵在受訓和執行任務期間，工資照發。公社按照鄉的範圍建立，一鄉一社。為了便利工作，實行鄉社結合。公社的最高管理機關是社員代表大會，公社的重大事務，由社員代表大會討論決定。社員代表大會選舉管理委員會管理社務，管理委員會由社長一人、副社長若干人、委員若干人組成，下設若干部或者委員會（如農業、水利、林業、畜牧、工業交通、財政糧食、商業、文化教育、內務勞動、武裝保衞、計劃、科學研究等），分別掌握有關的工作，各部和委員會的人選由管理委員會提名，社員代表大會通過。管理委員會可以推選常務委員，處理日常工作。社員代表大會選舉監察委員會監察社務，監察委員會由主任一人、副主任若干人、委員若干人組成，在工作上接受國家監察機關的領導。社員代表大會、管理委員會和監察委員會的任期均為兩年，對於極不稱職的個別人員，在任期未滿以前，原選舉單位可以撤銷他的職務。公社實行集中領導，分級管理，以便實現生產當中的責任制。全社劃分為若干生產大隊，每一大隊又劃分為若干生產隊，生產大隊是管理生產、進行經濟核算的單位，盈虧由社統一負責。生產隊是組織勞動的基本單位。大隊設立社員代表會議，由本大隊的社員代表大會代表組成。大隊社員代表會議選舉大隊長一人、副大隊長若干人及委員若干人組成大隊管理委員會，選舉監察主任一人、副主任若干人和委員若干人組成監察委員會，任期均為一年。生產隊由隊社員大會選舉隊長一人、副隊長若干人組成隊委員會領導工作。公社實行工資制，按照每個勞動力所參加工作的繁重和複雜程度，以及本人的體力強弱、技術高低和勞動態度好壞，由羣衆評定他們的工資等級，按月發給不同的一定的工資，有特殊技術的，可以另加技術津貼。逐月所發的工資可以有多有少。在公社收入較多和社員需要較大的月份，工資可以多發，其餘的月份可以少發。遇到特大的災害，可以酌情少發工資。實行工資制以後，曠工照扣工資，但每人每月可以請假兩天，婦女可以請假三天，工資照發，婦女生孩子可以休假一個月，工資按半數發給。在糧食生產高度發展，全體社員一致同意的條件下，實行糧食供給制。全體社員，不論家中勞動力多少，都可以按照國家規定的糧食供應標準，按家庭人口得到免費的糧食供應。實行工資制和糧食供給制的基礎是全體社員「各盡所能」，每個社員都應該自覺地遵守以下的勞動紀律：㈠積極參加勞動；㈡愛護公共財產；㈢保證工作質量；㈣服從指揮調動；㈤自動進行協作。公社要加強政治工作，加強共產主義的思想教育，依靠貧農、下中農的積極分子開展共產主義的勞動競賽和勞動評比，逐步使「各盡所能」成為每個社員的自覺行動。公社要組織公共食堂、托兒所和縫紉小組，使婦女從家務勞動中解放出來。公共食堂和托兒所一般地以生產隊為單位建立。不願意參加食堂和托兒所的，聽其自便。參加食堂的，也可以自己另備小菜。公社要逐步建立和健全醫療機構。公社實行合作醫療，社員按照家庭人口多少，每年交納一定數量的合作醫療費，就診不另交費。公社要建立公墓。公社每年的全部收入，按照以下的項目進行分配：一、扣除當年度消耗的生產費；二、扣除公共財產的折舊；三、向國家納稅；四、支付社員的口糧；五、支付社員的基本工資和獎勵工資；六、留下公益金，用於教育、衞生、文化及其他福利事業；七、其餘部分，全部作為公積金，用於儲備和擴大再生產。

到了九月九日，中共中央公佈了關於在農村建立人民公社問題的決議，這個決議不僅指出人民公社是「形勢發展的必然趨勢」，且指出人民公社建成以後不要忙於改集體所有制爲全民所有制，「在目前還是以採用集體所有制爲好，這可以避免在改變所有制的過程中發生不必要的麻煩。實際上，人民公社的集體所有制中，就已經包含有若干全民所有制的成分了。這種全民所有制，將在不斷發展中繼續增長，逐步地代替集體所有制。由集體所有制向全民所有制過渡，是一個過程，有些地方可能較快，三、四年內就可完成，有些地方，可能較慢，需要五、六年或者更長一些的時間。」

從這個決議看來，人民公社的建立還是初步的工作，更加「共產化」的步驟還要在今後的三、五年之內採取。

有人說，中共建立人民公社是一種冒險的舉動，農民將起來反抗。這話在筆者看來，只有小部分的理由。農民不願意成立人民公社是眞的，但農民又何嘗願意組織前此的農業生產合作社呢？中共運用高壓和饑餓政策，渡過了農業合作化這一關，當然也可能安然渡過建人民公社這一關。又有人說，中共此舉破壞了人民的家庭生活。這話也是對的，農民將對中共此舉懷恨在心，但在大形勢的威迫下，實在也不易採有效的反抗行動。筆者常想，我們反共的人士或政府，對於中共的一舉一動，不宜時抱樂觀的看法，錯誤地認爲中共的任何措施都是對它自己不利的，對它來說是自掘坟墓。我以爲，除非大陸上發生嚴重的大災難和大饑荒，人民公社對中共却有控制上的便利，因爲只有在普遍饑餓的情形下，農民始有集體暴動的決心和可能。就公社的組織來看，鄉社已經合一，公社的辦事機構即是鄉人民委員會的辦事機構，易言之，公社管理委員會的本身即是政府，即是統治機關。同時，參加公社管理委員會爲社長、副社長和委員的人，一定是所謂積極分子。尤其不應忽略的，是黨、團組織在公社中的活動和作用，將來決定工資多少或地位升遷的，絕對不是體力强弱、技術高低或工作繁重之類，而是參加黨、團生活的積極程度。照現在的情勢發展來說，大陸上人民自由活動的餘地已日漸縮小，私有經濟取消了，旅行的自由已因經濟問題而受到約束，一個農民，離開公社，幾乎別無謀生之所。即使在公社裏面，生活和勞動也是恐慌和戰戰兢兢的，因爲勞動紀律就是無形中的枷鎖。消耗糧食過多或在食堂自備小菜等事，在共產黨的心目中便是不愛護公共財產或保持資產階級的享樂態度而不改，都有被檢討的危險。這種奴隸營式的集體生活，固然不合人性，非人類所能忍受，但在歷史上，奴隸制之維持數十年至數百年之史實很多。因此，我們不能因爲公社制是歷史上奴隸制的翻版，而過於樂觀，認爲農民羣衆終將起來，實行革命。

顯而易見的，我們站在反共人士和政府的立場上來說，當然不能期望中共之崩潰於數十年或數百年之後，大陸人民所要求的，以及我們所負的歷史使命，是在盡速和盡短的時間以內推倒中共暴政，解除大陸同胞身上重重的桎梏。因而，我們對於中共建立人民公社之舉，不能只以樂觀的心情待之，應鄭重地研究公社建立以後，人民反抗的可能性，對我們光復大陸發生何種障碍，與光復大陸的時間上發生何種影響。

根據紐約十八日美聯社的電訊，謂蘇俄當局正以懷疑和不滿的目光，注視中共所從事的公社制度。這項消息或許是事實，美聯社將事實報導出來，未可非議，但是這項消息顯然可助長自由世界政治界中的不正確的樂觀想法，以爲在公社制度這一點上，中共和蘇俄可能發生爭吵。如果美國政府根據此類事實，抱持共產集團內部必生變故的看法（現在的國務院頗受這種看法的影響，其政策有一大部分是依賴共黨集團的內鬨的），還情有可宥，因爲美國的領土和人民都在自由世界這邊，未嘗陷落於共黨的統治。所可憂的，是我們的反共人士和政府也抱樂觀和等待的態度，而不能主動地積極地做拯救大陸同胞的工作。在今天，沒有外力，人民的確很難行動。只要收成不壞（今年似有豐收跡象），毛澤東就不怕人民行動，公社制度的基礎，還是奠立在豐收之上的。

十月廿一日於香港。

香港通訊．十月十七日

緬甸政變與政黨形勢

佘　陽

九月廿六日，宇努宣佈下野，邀請國防軍總司令貌尼榮將軍出任聯邦內閣總理，宇努並提出「八條件」請貌尼榮接納；其中主要的一項是明年四月舉行新大選。

不流血政變

這樣的政變，雖發生得有點突然，但却是不流血的、平和的、且幾乎是程序井然的；緬甸政變之所以會有這樣的現象，有三個易見的原因是：

一、政變雖然是突而其來，但事實上已有很久的醞釀；

二、陸軍握有充分的控制力量，且有着周詳的佈置；

三、特別是，那是自由同盟內部的領導勢力的轉移；是自由同盟中的鞏固派壓倒了廉潔派，其情形有點像日本自由民主黨的鳩山系的被壓倒。他們——鞏固派與廉潔派在施政方針上雖然有劇烈的爭執，但尚不致於採取自相殘害的恐怖手段。

上月間宇努的强將國會解散及取消國會例會，鞏固派雖大爲不滿，結果祇是發表聲明予以申斥；現在，貌尼榮的政權，宇努亦有機會提出八條件且仍呼籲人民支持貌尼榮；這些，都可說是內部領導勢力轉移的「好現象」。

政變發生的原因

此次緬甸的政變，原因頗爲複雜，表面上是由於宇努解散國會，並計劃於新大選（原定十月舉行）前夕召開國民大會。

據鞏固派副首腦宇佐榮的公開指責，宇努的解散國會是有其原因的：

第一、宇努明白他將提出的「新財政預算案」不易被通過，索性一不做二不休，決定解散國會；待新國會選出後才將預算案提出；

第二、宇努知道他的廉潔派在國會中力量薄弱，他希望在新的選舉中改變此一形勢。

自由同盟鞏固派領袖宇巴瑞亦指責宇努的解散國會，是不民主的行動，他說國會的威權已經被宇努所綁架！又說：宇努完全爲了擴充其個人的勢力，而不是解決當前國家的困難問題。

鞏固派並特別針對召開國民大會一事發出聲明稱：我們相信聯邦國家憲法中，已充分地給予民主權利，但宇努總理却號召國民大會來實現「民主政體」，我們認爲宇努因此而傷損了國家憲法中的民主精神。

宇努爲何被反對

鞏固派的聲明又稱：根據我們的觀點，有充分民主的聯邦憲法，是由民族領袖昂山在全國人民支持下所擬定的，現在宇努要用國民大會來實現民主政治，是抹煞了昂山將軍手創民主的國家憲法，而另圖獨樹一幟以掩飾其昭彰罪惡，我們絕不能予以支持：……實際上召開國民大會，不外是宇努意圖在大選中作爲拉票的本錢而已。

宇巴瑞且揭露稱：宇努的解散國會及召開國民大會，是受左翼民族團結陣線的脅迫所使然。

對於宇努決定在國會再前召開國民大會之原因，宇努的副手——自由同盟廉潔派副主席德欽陣解釋說：那是要把政權交還給人民，然後依民主方式由人民重新公選新政府。宇努自己則說：取消兩院例會及解散兩院，並非恐怕失敗，乃爲恐怕有人擾亂和破壞，使議會得不到好的結果。宇努又强調說：他的行動並未受到民族團結陣線的任何要脅。

事實上，宇努解散國會等行動，除了民族團結陣線不加反對外，自由同盟鞏固派和其他黨派，都表示不滿。

廉潔派因感勢孤，想以非常手段改變國會形勢，但結果宇努仍不免被迫下臺。

宇努的領導地位動搖

宇努在緬甸政壇上，過去是四平八穩的，現在竟然因爲「財政預算案」而解散國會，而引起政變，可見宇努的地位已大不如前，緬甸已產生比宇努更强的勢力和人物了。

過去，宇努的廉潔派與宇巴瑞的鞏固派是合而爲一的，在此一政治組合中，宇努本來是個當然的領導者，但是，自一九五六年宇巴瑞一度執政後，自由同盟的領導形勢，就開始發生變化，至去年宇努再度出任總理，不斷施用壓抑宇巴瑞的手段，自由同盟終於避免不了分裂爲以宇努、德欽陣爲中心的廉潔派，和以宇巴瑞、宇佐榮爲中心的鞏固派。

據德欽陣（曾任宇巴瑞總理時的第二副總理）指出：鞏固派在一九五二年至五三年就開始通過各種方法培養其勢力，一九五六年是該派發展的重要時機。

鞏固派就是緬甸的社會黨，一九四四年八月宇努組織「反法西斯人民自由同盟」（本文簡稱自由同盟）以後，社會黨整個組織，合併於自由同盟中，宇努雖爲自由同盟主席，但社會黨仍歸宇巴瑞領導而非由宇努所領導。宇巴瑞等亦表示他們的鞏固派是正統派（意謂緬甸的正統的社會黨），宇巴瑞另任亞洲社會黨執行委員會主席，宇巴瑞的地位是顯明的凌駕在宇努之上了。

偏左與偏右之爭

分裂後的自由同盟，宇努的廉潔派，在態度上是中立偏左，而鞏固派是中立偏右

宇努在接受蘇俄中共經濟文化滲透之餘，要考慮接受美國的經濟援助，須通過左翼政團的同意。

宇巴瑞的政策，是盡力避免與蘇俄中共發生經濟上及文化上之關係，而主張接受美援，因爲後者是沒有附帶顚覆野心的。

最顯見的例子是：宇努政府於八月初與美國簽訂了一項向美國貸借二千四百八十萬美元的關於發展經濟建設的條約，而爲爭取左翼政團的同情，同時做成了幾項討好左派的事：其一是應蘇俄的邀請，組織考察團於八月廿八日前往蘇俄研究其行政制度，途次將在中國大陸逗留一星期，考察中共的行政制度；其二是八月廿八日接受蘇俄贈送一千二百本英文、俄文、及緬文的有關蘇俄科學、工業等書刊(交仰光大學圖書館)；其三是頒佈大赦令，據宇努的副總理兼國防部長貌巫旺和司法部長宇揆茂於八月五日在記者招待會上解釋說：「不究既往大赦令」的意義，是使共黨地下武力放下武器走向法律範圍內的配合措施，使白旗共軍「回頭是岸」，不再兵連禍結；其四是於八月十六日起，承認以白旗共軍改組而成的「人民同志黨」爲合法政黨。(白旗共軍是緬共地下武力最大的一支，六月三日與宇努成立協議，白旗共軍放棄武裝鬪爭路線，放下武器後的白旗共軍及其各級領導者，獲得大赦令之保護，且允其組織政黨，從事公開政治活動)。

緬共沒有放棄顚覆陰謀

宇努討好左翼的民族團結陣線的種種行動，引起宇巴瑞及陸軍方面的極端不滿與不安，宇巴瑞說宇努已經完全落入左派及共產黨的包圍；陸軍方面則一再指證白旗共軍放下武器是一個騙局，許許多多的共軍將武器藏着不交出，亦有許多的共軍借此流竄到於其有利的(防範力較弱的)地區。陸軍在有些地區，且被迫採取單獨行動。

事實上緬共祇是有限度的利用宇努，不管宇努如何討好左派，緬共依然有其不變的顚覆方針。在致緬甸工人先鋒黨的「特別函件」中，緬共顯露了對宇努的眞正面孔，該特別函件的結語這樣說：宇努派與宇巴瑞派的分裂，是資產階級的分裂，所以一方面要阻止宇巴瑞派的上臺，另一方面要與宇努派進行鬪爭。

緬甸的左翼黨派包圍着宇努，而在翼黨派則幾乎隨時受緬共的操縱，有一個顯見的例子是這樣；由於「民族團結陣線」中之公平黨領袖宇揆茂出任宇努的司法部長，與宇努合作得較爲密切，緬共即指宇揆茂爲投機份子，發動該陣中極左的緬甸青年先鋒隊、工人先鋒黨及人民鋼鐵黨等攻擊宇揆茂。並於九月廿五日另組所謂「革命的民族團結陣線」，要求宇努政府與共黨地下武力開對等性的「和平協商」，幾乎否定了宇努前此對共黨所作的讓步——承認緬共的人民同志黨爲合法組織並頒佈不究既往的大赦令。

宇努中立偏左的政策，既遭遇到緬甸右派的愛國勢力所反對，同時亦受狡詐的共黨在背後踢了一脚！

宇巴瑞與貌尼榮

宇巴瑞於出任總理以前，是緬甸最有權威的國防部長，他與貌尼榮有密切關係；他們被目爲緬甸的右傾勢力(中立右傾)，貌尼榮的接管宇努政權，說是宇巴瑞右傾力量的勝利，並不爲過。

根據既往的事實，宇努之所以能安定緬甸，最大的因素是依賴着宇巴瑞和貌尼貌尼榮等堅決打擊緬共的活動。現在宇努捨宇巴瑞而遷就共產黨，這是宇巴瑞和貌尼榮等所不能容忍的。

據仰光方面熟知自由同盟內爭內幕者指出：因鞏固派與陸軍實力派之貌旺奇上校及貌茂冒上校等向有密切聯絡，而此等軍人在政治上一向支持宇巴瑞，他們亦認爲宇努的解散國會及遷就民族團結陣線擬召開國民大會等行動，實在有過份壓迫鞏固派之嫌，因此經過貌尼榮同意之後，九月廿五日在「革命的民族團結陣線」組成之同時，貌旺奇及貌茂冒兩上校即往晤宇努，提出限期宇努於廿四小時交出政權，否則難免爆發流血政變。

左派散放惡意宣傳

政變發生後，緬甸左派政黨及緬共，即放出謠言，說鞏固派是受「美帝」所指使，又說宇努已失去自由，親宇努之民族團結陣線且於九月廿九日集十數政治組合在仰光市政大厦召開羣衆大會，公開抗議軍人干政，攻擊宇巴瑞等是美國的爪牙。

針對左翼黨派之惡意宣傳，貌尼榮立即發出警告並列舉數項聲明稱：

一、他(指貌尼榮)之出任總理，只是暫時性的，且是爲了籌備公平的大選；

二、他的過渡內閣，將無軍人參加，不但宇努的廉潔派不會參加，即宇巴瑞的鞏固派亦不會參加其內閣；

三、至於外傳的所謂他受某派或某外國(美國)幕後策動，純係惡意中傷，以後如再有此種謠言散放，他將加以追究。

又宇努九月卅日的記者招待會及十月二日向仰光大學發表演說，亦都否認軍人干政，否認貌尼榮受某派某外國之策動。他一再強調貌尼榮之出任總理，可以保證來年四月的大選，會公平進行。

宇努的下臺，即使不是宇巴瑞所造成，但局面的發展會有利於宇巴瑞等的政治主張，且避免了左派政團進一步控制政權。這在自由世界上看，該是個好的現象。

學生時代救國活動的回憶

雷震

我在學生時代參加學生運動、獻身於救國工作，還是在民國四年的春天。這是因爲受了日本政府提出二十一條的無理要求的刺激而開端的。

如衆周知，日本於民國四年一月十八日乘歐戰方殷、美法諸强無暇東顧、英國爲了印度問題、尙需日本相助之際，竟冒天下之大不韙，公然向我國提出亡國條件二十一條而强迫我國承認。且竟於同年五月七日，公然用「哀的美敦書」方式，限我政府於四十八小時內答復。其目無道義，蠻橫無理，視中國爲非獨立的國家，已充分暴露其野心了。在這樣關係國家存亡的嚴重關頭，而我政府當局袁世凱氏偏偏稱帝心切，不遑據理力爭，竟違反國民公意而於五月九日如限秘密簽字。在這個時候，凡稍有國家觀念和民族意識者，誰也不能忍氣吞聲、茹辱含垢了。所謂「是可忍，孰不可忍也」。尤其像我們這些血氣方剛的青年學子，身上熱血的沸騰好像已升到攝氏百度以上，心臟五腑快要爆裂似的，再也無法心安理得的在教室內平心靜氣的上課了。當時我在中學裏還是三年級的學生，因爲四年級這一班正在忙於畢業大考的準備工作，空閑的時間不多，只願從旁協助，無力率先倡導，於是我們這一班學生就自然而然成爲反對日本二十一條的「救亡運動」的領導分子了。我們除結隊遊行示威和在街頭上大聲疾呼的講演日本人的野心、以冀喚醒國人同仇敵愾之外，還展開了廣大而普遍的抵制日貨的運動。我們爲求這一運動能够深入民間起見，復派人到湖屬各縣各鄉鎭去宣傳和推動，希望他們了解日本帝國主義的兇狠面目；並聯絡各鄉各鎭的學校，要求他們一致奮起，共同參加這種運動。中國人民之痛恨日本和仇視日本，其根源實深植於這次日本提出二十一條的事件。日本政府當局之無知、愚蠢和缺乏遠見，只顧眼前利益，不計後果得失，由於這一次的荒謬舉動，可以說是暴露無遺了。由於日本之繼續不斷的侵略，終至釀成中日兩國間出於最後的一戰，其結果是日本一度陷於亡國，而中國則爲共黨造成機會。「人無遠慮，必有近憂」，或即此之謂歟！

我們當時所散發的傳單和聯絡的通訊，不僅要自己撰寫，還須自己油印。筆墨紙張和印刷費用，以及往各縣各鄉的川資用費，都是自己掏腰包，而由熱心者湊集，從未要求任何機關補助分文。所以大家不僅出了力，而且還要出錢，惟有錢有力的則多出一些，錢少力小的則少出一些，彼此通力合作，毫無怨言。我們的校長潘師廉深是一位留學日本早稻田大學而穩健持重的老教育家，儘管省教育當局一再嚴令學校制止學生的反日運動，但他深知大勢所趨，從未採取高壓政策，當然也未積極的來幫助我們。那個時候，學校裏面也沒有什麼黨部和青年團、救國團一類的組織，故此時的學生運動，也沒有這類組織在背後策劃支助，可是大家搞得井井有條，誰也不想出風頭，那個也不打算做領導人物。每次開會時去做主席和作報告的人，總是一再被推、被迫得不得已而後才勉强登臺，因爲那個人也不想靠此而起家。相反的，大家生怕有人說他要出風頭，故總不願過份露面，其潔身自愛的心理則充分流露了。一切行動既是完全出於「自發」、「自動」，所以也就沒有一點越軌的行爲，大家常常工作到深更半夜，自己拿錢出來買點心吃。有時爲一點小小問題，彼此常常爭得面紅耳赤，但馬上就平靜下來，很少有意氣用事；工作分派到身上，也從不推諉取巧。如果說，教育的目的是在養成學生能「自律」、「自治」而有氣節、有操守的話，那時的教育，則庶幾乎近之。平情而論，我國的教育自從實施「黨化教育」和「學校設立黨部、團部」，利用學生爲政治工具之後，一切開始惡化而每況愈下，於今則登峯造極了。因爲這類組織進入學校之後，則挑撥離間、無中生有、爭權奪利、派系軋轢等等副產品，均應運而生矣。此中情形，凡是辦過教育的人類能道之。我於民國十六年主持浙江省立第三中學校的時候，無論用人或施教，已受到當地黨部不少的干涉和牽制。學生年輕氣盛，富於情感，本來容易衝動，再加上這類組織滲雜其間，自易發生波瀾和裂痕。波瀾進而愈浪愈大，而裂痕則愈陷愈深，其結果則是損毁了整個的教育。將來撰寫中國教育史的人們，當然不會忽視這一政策——黨化教育——對於中國實際教育之惡劣影響，而自會下一公平正確的裁判。

我們反對二十一條的運動，雖未達成拒簽該約的目的，惟以後不簽字於巴黎和約，乃至舉行「華盛頓會議」以謀挽救山東問題等等的行動，可以說都是受了這一運動的影響，由這一運動而產生出來。

我們每個人經過一陣狂熱、緊張和忙碌之後，大家的感情就自然的平靜下來，而身體和精神則極度感到疲倦，功課和學業因之荒廢很多，儘管我們每次開會，都是選擇在星期天或夜間。這一年的暑期考試，我的成績平平，總算勉强及格。好在學校的考試，想考得特別的好，可能不很容易，若只求及格，似乎並不困難。

我第二次參加學生的愛國運動，乃是反對袁世凱推翻民國、改稱帝制之事。我們於民國四年冬已獲悉此事的經緯，大家乃暗中集會，討論進行策略，並和其他各地中學秘密聯絡，以冀造成廣大的反對陣營。可是這一次却非常危險，不意軍警密探們竟在暗中對我們加以監視，幾乎被捕而坐牢。由於反對二十一條的運動的緣故，我們這批人已經聲名大噪，自爲當地軍警和密探所密切注意。幸學校當局備加愛護，沒有搞出岔子。

像中國那時的情形，外受帝國主義的侵略壓迫，內受軍閥的割據暴政，人民心中原已積鬱極深，而知識分子接受西方敎育，深受民族主義勃興的激勵，故一旦遇到外交上喪權辱國的事件發生，做學生的實在無法安心在課室內用功讀書。此時大家只知國家民族的榮辱，而未計行動的實際效果。讀書與救國孰重，實爲當時做學生的一個大難題。我們那時尙未發明「讀書不忘救國」的巧妙口號，故對於這個難題，始終未能獲致一個「兩全其美」的答案。因爲每屆運動結束之後，擺下一大堆功課亟待補習，尤其像數學理化等類功課，沒有聽到先生講過一遍，簡直無法補習。等到需要補課、補考的時候，我就常常反省到我們青年學生去搞這樣的救國運動與愛國運動是否與國家有益？又是否與自已有益？究竟應不應該由學生來做？……？

中國的學生運動，在中國近代政治史上確實放了一道輝煌的光彩。一般人說明中國的學生運動，每自「五四運動」時開始，若從歷史的事實來觀察，近代中國學生之參加救國運動，實應自反對日本二十一條要求的運動時開始。當時全國學生的遊行示威和抵制日貨，其聲勢之浩大，地區之普遍，時間之持久，實可以比得上五四運動而無遜色。因爲袁世凱要做皇帝，乃硬軟兼施的把那個運動壓制下來。也可以說五四運動之發生，直接間接的乃是受了這次運動的影響所致。以湖州一地來說，反對二十一條要求情況之熱烈，眞可以說是空前的。祇就抵制日貨一事而言，一時湖州城內的洋貨店，誰也不敢再出賣日本的貨物。這就是一個很好的明證。此時內地的洋貨店所出售的貨物，大部分都是美觀價廉的東洋貨，儘管使用起來，遠不如西洋貨和本國貨之堅固耐久，而一般鄉下人却貪圖價錢便宜，反而樂於購用。中國是世界上磁器著名的國家，而洋貨店裏所出售的磁茶壺、磁茶杯等等，均是日本出產的品質低劣的所謂「東洋貨」。

× × × ×

我於民國五年夏，畢業於浙江省立第三中學。次一階段的升學計劃，原擬到當時的北京去讀大學，藉此可以觀光和瞻覽歷朝的文物和建築。我的家鄉距離上海很近，水路不過三四百華里的路程，輪舟來往尙稱便利，當時我爲什麼不打算進上海的學校而硬要捨近求遠去上北京進大學呢？這裏面有兩個緣故：第一，我個人對於學校的敎育，不是科班出身，而內地中等學校，英文程度極低，故不敢進上海的洋派學校（敎會學校之意）。我當時以爲上海的學校都是洋派學校。第二，我們家鄉對於上海這個碼頭的看法，極不正常，認爲上海是個「玩」（嫖的意思）、樂、吃、喝的地方，以「四馬路」（妓院所在地）來代替整個的上海。而對「四馬路」的觀念，尤其不正常。故母親深不欲我進上海的大學，怕的是會被惡俗沾染而趨於墮落。因爲家鄉裏有許多富家子弟帶了很多洋錢到上海去玩，不久錢是花光了，還帶了一身惡病回家。我記得我初去日本道經上海的時候，第一次和朋友去逛四馬路，在未去時，心中忐忑不安，大有臨深履薄之感，及來回走了一趟，毫無奇異和興奮的感覺，也沒有遇到一點兇險，正和逛上海其他馬路的心情一樣，倒發現了許多新舊書店。可見世間的事，很多是百聞不如一見。

就在這一年——民國五年——七月間，我去杭州打聽北京各大學的升學考試時，在旅次偶然碰到幾位要往日本讀書的朋友。他們異口同聲的對我說，由浙江往北京的路費，要比去日本還貴，而在日本念書，一年的費用，並不比北京多得好多。故上北京進大學，遠不如去日本留學，因爲日本的大專學校，辦得好的很是不少。還有幾所有名的大學和專門學校，我國政府且設有官費名額，每年招考新生一次，我們只要專心刻苦的預備一年，就有考取官費的希望。何況到日本去念書，名義上究是一名「留學生」，縱不能算得上是「鍍金」，「鍍銀」總比不鍍好（當時稱留學歐美爲鍍金，去日本爲鍍銀）。在當時社會的流行觀念上，留學生總比本國大學畢業的要吃香一些。

對於這一套頭頭是道的如意說法，儘管是庸俗膚淺，但很合我當時的味口，所以略加考慮就全盤接受了。剩下來的問題，就是如何去說服母親，要她也相信這一套大道理。故在杭州略事盤桓和訪友之後，即返里籌備出洋。在風氣相當閉塞的我們鄉里，把出洋留學看做了一件大事，母親爲我籌措一筆留學的經費，確實費了不少的苦心。經過三個多月的籌備階段，終於是年陰曆九月初五日由家鄉起程。所謂籌備工作，大部分還是爲了籌錢。我出門時帶了五百元光洋，在農業社會裏，眞不是一件容易的事情。母親因爲不放心，親自陪我到湖州，和我同行的伙伴劉師式玉、同學潘震餘和新交金正容三人會合而同往上海去日本。這次在湖州遇到一件小事，對我此行頗爲有益。他們三人家住在梅溪鎭及其附近，我們約好在湖州會齊。我和母親先去二日在湖州等候。我們從家鄉雇了一艘小船到湖州，晚上睡在船上被賊把母親的水烟袋偷去了，她半夜醒來要吃烟而找不到水烟袋，故加緊戒備，不然可能損失更大。因此，母親心中不免有些芥蒂，次日逛遊城隍廟時，母親在測字攤上拆了一個字，詢問我是去東方好，還是去西方好。我當時生怕測字先生說去西方好。那樣，母親可能不要我去，或者縱然讓我去，她心中不免有個疙瘩。而測字先生把兩個字用毛筆在洋鐵皮板上左拆右畫之後，很肯定的說我是到東方去好，並且還加上幾句很吉利的話。我當時心中愉悅之情，很想手舞足蹈一番。

我們一行抵滬後，住在後馬路（在大馬路南京路之後，故有此名）盆湯弄「致遠旅館」。這是湖州幫的旅館，對於同鄉客人，例有特別優待。尤其方便的是：茶房大多是湖州人，飯菜全係湖州的家鄉口味。這一帶湖幫旅館有好幾家，「致遠」之外，還有「振興旅館」和「謙泰旅館」等等。蓋以此地距離蘇州河岸甚近，而湖州開來的輪船，均停泊在蘇州河岸，旅客上下極爲便利故也。我是第一次來到這個聞名世界的十里洋場，故所看到、所聽到和所接觸到的事事物物，均感到特別新奇，眞是目不暇接，大開眼界。昔在鄉裏常聽人言，上海碼頭壞人特多，婊子竟敢在街上公然拉客，還有大騙子、白相人、拆白黨、仙人跳、淌白、放鴿子、剝猪玀和小癟三、大流氓之類，故一個人簡直不敢出外遊覽。

爲整備行裝、定購船票諸事，在滬住了上十天。我們四人要卸除中裝改穿夷服起見，特別到虹口舊西服舖裏各人購買了舊西裝一套和大衣一件。我一身西服價錢最高，亦僅十七元大洋。那裏舊西裝之多和價錢之賤，殊出人意外。舊西裝舖子門口，終日有人站在那裏和顏悅色的向來往行人打躬招呼，請行人進內看看，頗使顧客不曉得要進那家才好。人謂舊西裝乃是「窮嫌富不要」的東西，信不誣也。我們又在近外灘的英大馬路惠羅公司裏買了皮鞋、襯衫和領帶等物。我們一行都不會打領結，當場請敎公司售貨員面授機宜。我們這次出門，抱定不恥下問的態度，凡是不明白的事物，務必打破砂鍋問到底，問個水落石出，不必怕人譏笑我們是鄉下佬，橫直一切要從頭學起。據我當時的觀感，外國公司的售貨員，要比中國商店店員親切禮貌得多。那時上海商場上許多洋貨店的店員，對於顧客，尤其對於我們這些土頭土腦的顧客之無禮貌，有時簡直令人不能忍受。如果顧客進去看過或翻過幾件東西而不購買，當顧客還未出店門時，他們就在背後指手劃脚的罵你爲「促佬」（我至今未明其眞意）「瘟生」或「癟三碼子」或說「鄉下人勿論貨」，或說「啥人和你打窩（瞎扯之意）呀」。因此，許多人望之却步，寧可到外國公司去買。外省人討厭上海人，甚至江浙人，這也是一個原因。自從百貨公司次第開設之後，商場競爭日趨激烈，這類惡習慣乃逐漸減少了。

× × × ×

我們乘日本郵船公司的「筑島丸」放洋東渡。此輪航線係從上海出發，經過門司神戶兩埠而至橫濱，那裏是終點。我們的船票都是買到橫濱，擬在那裏登岸後轉乘火車至東京，因爲人地生疏，言語隔閡，途中轉折是愈少愈好。不料輪舟甫離黃浦江之後，即遭遇大風，而筑島丸只有二千多噸，船小浪大，致船身波動猶如簸篩一般，浪頭打至甲板上，船內器具傾倒，客人睡在艙內左右翻動不已。我們是第一次坐海船，眞正把我們駭倒了。尤其是我們「支那人」坐的三等艙，正在貨艙的隔壁（註二），貨物裏發出了各種各樣的臭氣、黴氣乃至怪氣，其刺鼻薰人，在風平浪靜之時，已足令人作嘔而有餘，遇到風浪衝擊船身顚簸時，更是助長暈船者之惡心而嘔吐。同行的潘君震餘日夜嘔吐不停，我們三人趟在艙裏不能起身，甚至不能抬頭，也就無法照料他。潘君聽到人家說，太平洋靠日本海岸的風浪更大，故船抵神戶時，他堅持捨舟登陸，改乘火車前往東京，藉維健康。我們三人雖不若潘君嘔吐之盛，但自登輪後五日以來，飲食銳減，精神萎頓，身體困乏不堪，好像生過一場大病似的，故亦願與潘君採取一致行動。且潘君年紀最輕，他一人登岸改道獨行，我們也是不放心的。神戶有一家專門接待中國學生上下輪船的日本旅館，叫做「田中旅館」，當由中國碼頭開去的輪船抵埠時，照例派人上船招攬生意。我們遂由他們接待上岸，並將行李運至海關檢查後運至車站扣好牌子，交火車輸送，代購車票。日本人服務之親切週到，實在值得我們稱許的。

我們中國人在船上三等客艙裏，依然吃的中國飯菜，惟係寧波口味，腥氣逼人，僅可果腹而已。三等艙裏服待中國旅客的茶房，全是浙江寧波人，他們招待工作極爲馬虎，而客人下船時，勒索酒資，則毫不客氣。日本茶房對於客人小帳酒錢，完全聽任客人之隨意，絕不開口要錢，更無強索情事，其風度之大方而彬彬有禮，其待人之親切而有禮貌，處處表現出文明國家的國民的態度，眞令素稱禮義之邦的中國人感到慚愧。這是明治維新後教育之功，也是由於在教育上養成國民自尊、自愛、自重之所致。

我們在田中旅館第一次嚐到日本菜的風味。他們曉得我們一行都是初來旅客，故未拿出日本的第一道名菜「刺身」（生魚）來吃，可是晚餐的正菜，則端出一盤生的醃猪肉，似火腿而醃的時間不够，我雖鼓勇夾了一塊放在口中，終因生肉嚼不爛而又吐出來，他們三人簡直不敢動箸，又令厨房炒熟後再吃。生的鹹猪肉這道菜，以後我在日本未曾碰到過，可能是神戶一帶有此吃法。八高同學董君道寧的父親，在神戶開洋服店，生平喜吃此菜，後來胃腸生病開過刀，發見病源的寄生蟲，就是由猪肉裡頭傳來的。

同伴金君正容係吳興縣立中學畢業，其校長沈譜琴先生與當時中國駐日公使章宗祥爲同鄉好友，曾致函介紹，托其照料。我們原擬到神戶後將該信發出，並另附一信說明此船何日何時可抵橫濱，請公使館派人至碼頭照拂，因爲我們四人中無一人會說日本話也。現在變更計劃，由神戶上岸改乘火車至東京，故此函無法寄出，而到東京站後亦無人來接。又杭州浙江甲種工業學校（後改爲專科，最後併入浙大爲工學院）校長許緘夫先生有信給他的學生蔡君繼曾（字定武），托其照顧我們。此信亦因中途改變路線而無法寄出。蔡君係半年前來日，住神田錦町錦輝館，現正準備功課，擬於明春投考東京高等工業學校。我們在火車中決定亦暫住錦輝館，俾便就近請敎，可是下車後竟不曉得應該怎樣去才是。

我們正在車站前面廣場上徘徊瞻望的時候，忽有日本高等刑事（即今之特務）二人前來盤問，奈彼此言語不通，不得已只有以筆代口，寫明我們是來日留學，現擬往錦町錦輝館找朋友。他們瞭解我們的意思後，很週到的代雇人力車四輛拉我們前往。迨到達旅館之後，我們又不曉得要付多少車錢，而館主對於四位不速之客的光臨也莫明其妙，蓋事不湊巧，蔡君恰恰到補習學校上課去了。我們又擬再用筆寫表達意見之際，適有一位浙江溫州的學生周君拯（次年入早稻田大學，抗戰前在甘肅做過縣長，聞在抗戰中客死於甘肅），也是住在這個旅館，正由補習學校返寓，看到我們的尷尬情形，遂前來問話，由他詢明車資，並向館主覓妥房間。於是我們四人都住在錦輝館。我住的一間僅有三疊蓆子。午間蔡君返寓晤面。他因忙於趕課，而且日語不佳，乃介紹嘉興學生葛君志元爲我們照顧一切。我們定製和服、購置桌椅及辦理進入補習學校諸事，統統由他伴往照料。次年葛君考入一高特別預科，後分發至五高肄業，繼入東京帝大習農科。聞現在臺中農學院教書，惜來臺已十年，我們尚未晤面一次。我們這樣橫撞直衝的作法，今日思之，殊覺魯莽可笑，而中國人移植海外，廣佈於世界各地，當係由於這種蠻幹的冒險精神所致。年輕人無謀而有勇，可能就是剏造的原動力。

× × × ×

我們抵日後不過一個多月就過陽歷年。我當時的目標，是準備於民國七年夏天投考東京第一高等學校特別預科，由此升入高等學校，再進當時日本最高學府的帝國大學。我初到日本的時候，尚不認識日本文字片假名五十字母，故須先學日本的語言，然後再學入學考試所必需之英、算、理、化等學科。當時日本各高等的入學試驗，對英文一科只考英譯日和日譯英兩種，故對翻譯一道必須精研一番，因爲日人對於翻譯工作有其獨到之處。數學須考算術代數幾何諸科，亦須用日語從頭至尾學習一遍，方可了解試題的意義和寫作答案之方式。中日兩國雖然使用同一漢字，而術語用法究有若干地方不盡相同，所以到日後卽入「東亞高等預備學校」，學習日語和英語，半年之後復入「研數學館」，學習數學和物理化學。

民國六年五月七日，留日學生在東京大手町衞生院開會，以紀念日本政府對其所提二十一條而發出哀的美敦書的「國恥日(註二)」。我到日後這是第一次參加留日學生大會。我對日本提出二十一條的無理要求而迫我承認一事，懷恨極深，故每次遇到這個紀念會，總是要去參加的。是日出席者大約有一千人左右，樓上樓下，座無虛席，幾乎全部爲留學生。

紀念大會於上午九時正學行，由東京帝國大學學生王兆榮氏擔任主席。他報告二十一條及紀念會之意義後，卽介紹張繼和戴天仇(日人稱戴季陶爲戴天仇)二先生講演。張先生先講。他穿着白膠布學生裝，精神奕奕，容光煥發，講演時捶棹頓脚，口中白沫四飛，慷慨激昂，語驚四座。戴先生則穿着極其考究的日本和服，外罩「羽織(haori)」(註三)，說話時慢條斯理，用上許多學術上的名詞，頗有教授先生在課堂內講書析理的風味。

紀念大會約於上午十二時散會。這個會當然是東京的國民黨(通常稱爲民黨，亦稱革命黨)在幕後主持，故散會後張戴二先生邀約到會的許多人去談話。我遂於是日加入了國民黨。同時加入者還有若干人。這個時候入黨手續極其簡單，只要寫上自己名字、年齡、籍貫和通訊地址，就算是入黨了，黨部旣未頒發黨證，我們也不用繳納黨費，更無宣誓等等形式。我們這些年輕的學生，深深痛恨北京政府之腐敗無能，和各地軍閥之割據自私，看到整個的國家快要被他們斷送殆盡。在這種悲觀和憤慨的當兒，我們相信國民黨是一個具有現代政治意識的政治團體，如果國民黨一旦能够掌握政權，一切改革均可立卽進行，而民主政治就可建立起來，國家自然富强，人民也就康樂。爲求挽救國家的危亡，我們常把一切的希望寄托於國民黨，故當時之入黨者，對於國民黨眞是五體投地的信仰，黨部如有工作分配去做，大家都爭先恐後的去幹，卽令赴湯蹈火，亦所不辭。不僅一切工作出自己心願，所有費用都是自己掏荷包，從未接受黨部的任何津貼。黨部開會，大家認眞討論，可謂知無不言，言無不盡，眞是民主之至，誰也不想領導誰，誰也不敢領導誰。我因晝夜預備升學考試，每天要上六小時至八小時的功課，故入黨之後，很少參加當地黨部會議。

× × × ×

民國七年三月中旬，日本的留學生中間，忽然醞釀着北京政府要和日本秘密簽訂「膠濟鐵路」一條約的問題。事情的經過，大致是這樣的。

前述日本所提出的二十一條，其中第一號就是「山東問題」。內容括有左列四欵：

日本國政府及中國政府互願維持東亞全局之和平，並期將現存兩國友好善隣之關係，益加鞏固，茲議定條欵如左：

第一欵　中國政府允諾日本國政府擬向德國關於山東省依據條約或其他關係，對中國政府享有一切權利、利益、讓與等處分，概行承認。

第二欵　中國政府允諾凡山東省內，並其沿海一帶土地及各島嶼，無論何項名目，概不讓與或租與他國。

第三欵　中國政府允准日本國建造由烟臺或龍口接連膠濟路線之鐵路。

第四欵　中國政府允諾爲外國人居住貿易起見，從速自開山東省內各主要城市，作爲商埠。其應開地方，另行協定。

日本政府鑒於中國人民之始終反對二十一條，對於山東問題雖有上列四項條欵的簽訂，但恐怕中國政府將來在大戰結束的和會上又會臨時變卦，乃於民國七年(一九一八年)春，用金錢誘惑北京政府，再和日本秘密簽訂「濟順」、「高徐」二條鐵路的借欵合同，以圖保障二十一條之澈底實施。這個合同裏面，不僅明示日本應在山東省內繼承德國過去所享有的權利，並括有斷送膠濟鐵路的交換條文。

這個消息——將要簽訂膠濟鐵路的密約——傳出之後不脛而走，立刻轉播到寄居留學生的各個宿舍和宿留學生讀書的學校裏面，包括正式學校和補習學校。留學生中間，立刻現出極度的騷動和不安。此時無論是官費生抑或自費生，又無論是已經入學或正在準備入學的學生，都不能安心讀書，猶如滔天大禍快要臨頭似的。其悲慟的心情，正如喪考妣。大家不僅在私下談論，見面就問到事情發展到了什麼地步，而且三三五五，到處集會，商討應付辦法。這樣或明或暗、半公半私的醞釀了兩個多星期之後，留日學生總會乃召集全體留學生大會，決議「罷學歸國」，要求留日學生全體尅日返國，以後不再留在日本讀書，表示要與日本斷絕文化的關係，以抗議日本的無理勒索。這些活動的幕後，當然是當地的國民黨黨部和專搞留學生總會的人們，在暗中策劃指揮，惟因大家懷恨二十一條的緣故，同時也恨日本政府的侵略和北京政府的無能，故反對膠濟鐵路密約乃至罷學歸國之決議一出，馬上就得到大多數同學的響應和擁護了。

我此時住在東京市內（那時東京市與東京府是分開的）留學生最集中的神田區三崎町。因爲預備投考大專學校的各種預備學校，幾乎全部設立在這一區域之內。這一喪權辱國的密約傳出之後，許多朋友幾乎天天來到我的宿舍商討研究，互相報告新發展的消息。讀書和投考等等，此時已經置諸腦後而不能再佔據我的心靈了。大家此時所想到的，是軍閥政府如何腐敗無能和喪權辱國，東洋這個小鬼如何在處心積慮的侵略我國。

自從留日學生總會決定「罷學歸國」的通告發出之後，我每天分別訪問留學生的宿舍，勸導同學們棄學返國，不要再受日人的侮辱。而我自己更痛下決心，把來到日本這一年多中間所購買的書籍、桌椅、和服和應用物品，掃數出賣個一乾二淨，伺機歸國，賭咒發誓，不要再到日本這個蠻橫無理的國家念書。至於回國之後有什麼用處？能不能阻止政府簽訂喪權辱國的條約？將來升學問題又怎麼辦？這樣半途廢學怎好去告訴年輕守寡、茹苦含辛來培植兒子讀書的母親？這一切的一切，簡直不去考慮，即令有人提醒我，也不能降低我的高度狂熱而使我回頭細細想一想。

梅溪兩級小學時代的校長劉師式玉（名以璋），民國五年底和我同去日本留學，前已述及。他到後即入日本大學學習法律。他看我過去夜以繼日的下苦功準備升學的功課，而立志於今年暑假投考一高，現在學校未考而竟棄學歸國，未免太爲可惜，勸我不必這樣興奮的自暴自棄，要放冷靜些考慮考慮自己的前程，以免將來後悔莫及。我不僅完全置之不理，而且還有一套自圓其說的解釋。這位老師是一位忠厚長者、人情練達的人，不止勸過我一次，因爲我來日本的時候，我的母親是千祈萬懇的拜托他來照料我和教導我的。我的這樣固執，除與我的個性有關係外，多少也是受了幕後人操縱的影響，而年輕人更是重信義，富感情，以爲中途退縮，乃是莫大的恥辱。劉老師當時則頗感意外。

在這段期間，我眞像發了狂的瘋子一般，只想到如何完成我擔負的任務，每日到各處宿舍找同學們談話，傳達留學生總會的意旨（黨部未公開露面），好像多多能回國一人，我就多一份光榮似的，我對國家就多一份功勞似的。這時候那個人反對歸國，不僅遭到「賣國賊」（那個時候還沒有漢奸這類稱呼）的辱罵，還有遭受「挨揍」的危險。因爲學生中間組有「鐵血團」、「歸國隊」、「糾察組」之類的東西，不僅要和平勸導同學回國，還要用武力脅迫同學返國。

罷學返國的目標，除了表示不再在日本讀書以示與日人決絕外，還派人赴北京請願，說明留日學生對於此事的憤慨態度，請求政府不可簽訂斷送山東的「濟順」、「高徐」二條鐵路的借欵合同。另外又派人赴廣東、武漢宣傳，以冀喚起當地學生和國人注意此事，共同來要求政府終止簽訂這個條約。歸國團總部爲方便起見則設於上海，俾便聯絡南北，進行工作。

× × × ×

我從東京坐夜車至神戶，再轉乘「八幡丸」輪船於五月下旬到達上海。每次由日本開來的輪船抵埠時，就有許多先前回來的熱心的同學們，在虹口、滙山各碼頭迎接照料。這裏面當然有許多國民黨員在熱心服務，使同學們樂於歸國。我到滬後就住在前述的後馬路盆湯弄振興旅館。這是湖州幫的旅店，對於同鄉客人，照料親切，折扣優待。

到了上海之後，我馬上就向由日遷滬之留日學生總會報到，聽候分配工作，因爲頭一批返國的學生已到了一個多月。這個時候在總會負責的是東京帝大法科三年級學生而正要參加畢業考試的王君兆榮（字宏實，四川人，時任歸國團團長，後任四川大學校長、參政員及立法委員）和一高三年級學生沅君湘（湖南人，聽說早已去世）。我滿以爲回國之後，立可擔任反日救國工作，詎料事與願違，一切均與在日時的想像相去甚遠。國內各方面，包括教育界和學生界在內，對於此次留日學生爲反對膠濟路密約而罷學歸國的舉動，既未予以深切之同情，亦未給以及時的援助。故回國團到滬後竟至一籌莫展，工作既不能展開，而返國的學生身邊都沒有多少錢，在滬的食住行都成問題，故不久之後，大家只有如鳥獸散而各奔東西。

回國團第一批抵滬後，不久即發行一份報紙，叫做「救國日報」，起初還算順利，不久就無法維持。我此時僅僅擔任推銷報紙的工作，對於上海社會既不熟悉，所以推銷工作無法展開，其他又無投效之事可做，眞是「盲人騎瞎馬，夜半臨深池」，簡直不曉得今後要怎麼辦才好。可是大家決不懊悔，誰也不想到再回到日本去念書。

長安大不易居，我離開日本前變賣東西所得的幾個錢，除掉路費開銷之外，所餘已經不多，而在上海洋場上住旅館連吃飯，每日花費確實可觀。及至一個月之後，已經囊空如洗，不僅旅館欠帳不能支付，連坐車子的零錢都沒有了，不得已寫信向母親告急，請求寄點錢來滬應用。

在長興鄉間的母親，對於我這次正要報考官費學校而忽然中途放棄、未及事前禀准而匆匆返國的事情（我在日本時，原已函禀母親，說明今年七月間將投考第一高等學校特別預科，預計大約可以考取），感到萬分的詫異，乃囑三弟用國（民國十二年春，患肺炎去世）帶了一百五十塊錢到上海來。這筆錢支付了旅館各項欠帳之後，還可維持相當的時期，無如三弟暗中負有使命，堅持我必須回家一趟。其理由是，一則母親很想念我，要看看離開了她膝下一年多的我；二則母親怕我在上海流浪，甚或參加「亂黨」（當時政府和老百姓對民黨、國民黨、革命黨均呼爲亂黨）的工作。恰恰在這前一年，即民國六年夏天，友人韓裕峯（我和韓君於民國二年同在湖州讀書，我入第三中學，他入我校隔壁之凌揚法政專門學校攻讀，我們當時過從甚密）自滬回湖，栽上亂黨分子的罪名，被湖州鎮守使王桂林捉去槍斃於湖州。我在日本已接到此項噩耗，我於是始悟出母親不從郵局滙欵而着三弟親自送來的緣故。我已有一年半未親慈顏，也想返家一走，而回國團此時在上海已屆無事可做、大家正要各奔前程的階段，我只有啓程返里，打算在家中住上個把月後，再來上海考慮今後求學事宜，遂於七月底隨三弟回到家鄉。

我回到鄉里之後，第一個難於回答的問題，就是親朋們紛紛問我進了什麼學校，和念的什麼學科，我竟瞠目不知所對。衣錦還鄉固是榮耀，而失敗返里處處感到恥辱。我既不願扯謊，又無法據實答復。我去日本已有一年多的光陰，他們以爲當然早已進了正式學校，詎料我到日本後既不想進私立學校，而投考國立學校，以當時中國內地中學畢業的程度，並不是一件很容易的事情（就是日本學生投考國立專門以上的學校，尤其是高等學校，在當時也是在很多名中考取一名）。而我却立志要投考政府設有官費之帝國大學所屬第一高等學校的特別預科，更是難上加難。第二件使我難於應付的是，他們詳細盤問我這次回國，究竟爲了什麼事情，有什麼必須回國的道理。我雖說了一大篇道理，他們依然不能明白。因爲這次回國的動機和目的，決不是三言兩語就可解釋清楚，何況我們的行動已屆臨完全失敗的階段。他們尤其不能了解的，是我們對於當時政府的「敵對」態度，總認爲這一切的一切，定是受了亂黨的煽動和指使。第三使我難於說明的是，他們認爲我放棄即將到來的入學考試而昧然返國，對於求學言，等於前功盡棄，爲個人前途計，未免考慮欠周。最後是我母親的不樂和不安，使我陷於極度的苦惱和懊喪。她雖然不會想到我做了什麼大不了的錯事，但總認這樣的作法，等於拋棄學業，完全出於一時的衝動，於國家無補，於個人有害。到日本已有一年多尚未進入正式學校而居然中途棄學歸國，使她「望子成龍」的滿腔熱望，幾乎爲之毁滅。那幾年我們家鄉穀賤傷農，母親爲我籌措一筆留學經費，煞是費了很大的苦心。

我到了這個進退維谷、萬方責難的時候，始反省到我爲什麼要中途放棄學業？留學生總會爲什麼要決議「罷學歸國」？而在背後策動的國民黨黨部和專搞學生運動的人，又爲什麼來這樣一個荒謬絕倫的學動？因爲反對政府簽訂膠濟路密約，大可不必採用這樣一個自損、自滅的手段。

由於一年多離開了家鄉的緣故，親友們多來招飲約餐，而應酬竟無虛日。八月底隣鎮梅溪的同學邀我去盤桓。我於民國元年上半年曾在梅溪兩級小學校讀過半年書，加以中學時代的同學，和這次由日返國的同學，所以那個地方的同學特別多。家中無事可做，我即應邀前往，東家飲，西家餐，竟留連至兩個禮拜之久。很不幸的是，在某一友人應酬的酒席上，竟碰到湖州鎮守使署的「密探」（即今日的特務）二人。他們因此獲悉我是這次爲反對膠濟鐵路密約而罷學返國的反日分子，很可能就疑心我與亂黨有關係。因爲他們在酒席上，一再諦視我和注意我的談吐。

從梅溪返家後生了一場大病，大概是應酬過多而傷害了腸胃的緣故，病癒後正考慮次一步的求學計劃，不料堂兄子才因與湖州鎮守使署密探朱阿二爭風吃醋而打架、而被捕。其被栽誣的罪名，是「亂黨嫌疑分子，拒捕行兇」。這種亂黨的罪名，在當時是可大可小，重則槍決，輕則坐牢。好在沒有作亂造反的證據，只能稱爲「嫌疑分子」。其實，完全是爲了爭奪一個土娼式的女人。可見「栽誣」、「搆陷」、「戴紅帽子」等等，實不自今日始也。

堂兄在被捕的前幾日，他和堂叔文初公、心齋公等在我家吃過一次飯，堂兄還住了一晚。由於他的口供，鎮守使署遂將文初、心齋二人一齊逮捕，意欲擴大事態，以圖邀寵立功而獲加官晉級。由於他們三人的口供，鎮守使署乃曉得我是此次留日學生反對北京政府簽訂膠濟鐵路密約而罷學歸國的激烈分子，再加上在梅溪鎮上邂逅到的密探回署後所上的捕風捉影（中國的特務大都是捕風捉影）的情報，兩相對合，鎮守使署遂斷定我是「亂黨分子」，乃派遣大批密探來我家捉人。恰巧這一天我往和平鎮（我家住宅的行政區域，屬於和平鎮管轄）表叔丁鶴人家，商量營救堂叔堂兄的事情。因爲他們在鎮守使署的監獄中，受盡了拷打炮烙各種苦刑（堂叔後來被科十五年有期徒刑，堂兄被科無期徒刑。民國十五年底革命軍北伐攻克浙江後，始行釋放，而堂叔心齋公於釋放後已成殘廢），在情誼上我應該設法營救。

這一天我母親非常機警，當大隊密探到家問起我的行踪之時，她毫不猶豫的回答說，我去上海已有好幾天了，打算在滬小作勾留即去日本念書。在談話中她並流露着，我這次返國，是趁着學校暑假之便而返國省親一趟。還把我買回去的日本「赤玉牌」葡萄酒兩瓶拿給他們看，以示所言不虛。可是密探小子們都不肯輕易放鬆，却異口同聲的說，今天天時已晚，可不可以在我家裏借宿一宵，次晨即起程返湖。說完後就坐下來聊天，看樣子誰也不想馬上離開似的。表面上說是借宿，骨子裏是要探明我究竟是不是去上海。我母親猜中了他們的用意，一面虛與周旋，茶烟酒飯，殷勤招待；一面暗中派人通知我，囑我不要逕行返家。

我家往和平鎮原有二條路可走，一條是平坦大道比較遠些，一條係山蹊小徑較爲近些。因此母親派了兩批人循着兩條路來和平鎮通知我，叫我速往附近的親戚家暫避。如果我已經動身回家，他們在路上可以截住，不致有失。兩批人到和平鎮後，我還在丁家商討營救之事。我既獲知密探的行動，故回程不敢走大路，乃翻山越嶺奔至親戚家中。因爲半夜過後才走到，故不能不說明投奔的緣由，不料親戚家却十分害怕，竟把我安頓在後閣樓上，連大小便都不讓我下樓來。那個時候容留亂黨分子在家，也和今日在臺灣容留匪諜一樣，是要連帶的受到嚴重的處罰。我在親戚家住了兩天，幾乎把我悶病了。於是寫信稟告母親，說明要立刻離開家鄉。母親囑我暫到蘇州吳縣渡村鎮姑父家躲避再說。

我家往蘇州的路程，在當時係由小溪口鎮坐航船到湖州，再換乘帶有拖駁的小火輪到蘇州。因爲鎮守使衙門在湖州城內，而堂叔堂兄又都關在那裏，我生怕在街上碰到密探人員，故不敢經過湖州城，乃由親戚處專雇一艘小舟繞過湖州城外直駛南潯鎮（湖州過去約有六十華里，屬於吳興縣），再換乘小火輪前往蘇州。

× × × ×

姑父沈文卿公住在吳縣渡村鎮。渡村距離蘇州城約有六十華里，靠近太湖洞庭山，由蘇州前往，木船一日可達，以後輪船開行，來往更爲便捷。

姑父原在小溪口附近南淙圩種我家的田，光緒三十一年底遷居來此，仍以種田爲業。從那個時候起到現在，相隔已有十三年，我因在校讀書，路途遙遠，往返費事，從未去探望問安。此次突然光臨，姑父及其家人都感到相當的詫異，以爲我這一位不速之客，一定有其特殊的原因，惟因多年未曾見面，他們還是非常高興，問長話短，叨絮不停。姑父有三個兒子。第二個兒子卽幼卿（名本魁）二表兄，係我在私塾發蒙時的業師。這是光緒二十九年的事。從那時起接連從二表兄在私塾裏讀過三年書。

在姑父家裏住了約莫兩個星期之後，蘇州有一門遠房親戚敖雲翹先生接我去盤桓。我有一個遠房的侄女嫁給他第二個兒子爲妻。蘇州我還是第一次來到，他家住在城內，故每天得以盡興縱情地逛遊各處名勝，如留園（按留園係遜清盛宮保宣懷購買劉家花園而從新佈置的。內部陳設書籍字畫古玩甚多。留劉二字同音，爲保存其舊名，故改稱留園）、虎邱、滄浪亭、獅子林等處。起先他陪我遊玩，以後隨其興之所至，一人閒遊探勝，故每處不止遊覽一次。我們家鄉有一句讚美蘇州的話是：「上有天堂，下有蘇杭」。這不僅是說蘇州風景美麗，人文會萃，還含有富庶安樂的意思，好像一個人到了蘇杭，就等於上了天堂一樣。我們在小的時候，那眞是寤寐以求的地方，以爲人生遊過了蘇杭，也不枉做人一場。但以我當時遊後的眼光觀察之，杭州西子湖邊，風景秀麗，山水明媚，不僅可以引起遊人的興趣，而且到處顯露着朝氣蓬勃、令人奮發前進的景象，而蘇州的名勝和古蹟，則到處均呈現着一片衰頹蕭條的氣氛，猶如大家庭要衰敗的時候一樣，以紅樓夢後半部的大觀園來比擬當時蘇州的景色，大致相差不多。

初到蘇州，使我有一個奇異的感覺，就是男子說話的聲音，聽起來和女子一模一樣。一般人稱爲「吳儂軟語」者，大概是指蘇州人說話的音調柔和之意。我初到茶樓酒館的時候，每次聽到隣座說話的聲音，總以爲是女子在聊天，不料抬頭一看，盡是男人在說話，而無一個女子在內。以後聽到女子的講話，嬌滴滴的聲音好像燕語鶯歌，聽起來如唱歌一般。很多人願意娶蘇州小姐爲太太，恐怕就是這個緣故。當然蘇州小姐性情溫和，亦爲追求的原因之一。

我在蘇州這段期間，的莫有兩個月，雨天無處可遊則常至茶樓品茗，分享蘇州人的樂趣。敖親家最喜歡上茶館，幾乎天天非去不可。他到那些地方，可以碰見許多舊雨新知，談天說地，打聽消息；而我可以到茶館看看報紙，瞭解內外大事。蘇州茶館之大而且多，在中國則是鼎鼎有名的。蘇州人上茶館，似乎等於每日經常工作之一。早晨起來跑到茶館去洗臉吃茶，家中用不着升火燒開水，飯後可以躺在茶樓的坑場上休息午睡，夜間可以在茶館找朋友閒聊談天。泡上了一碗茶可以過上一天，隨到隨吃，走時關照一聲，堂倌自會收留，用不着另外花錢。所以茶館也者，乃是蘇州人交際應酬、呼朋會友、商場交易和消閒休息的場所，也可以說是各色人物會萃集中之地，等於外國人的俱樂部一樣，找人極其方便。就是遊覽名勝古蹟，也還離不了吃茶一事，不論虎邱或留園，隨地都設有茶樓、茶亭，高尙的或簡單的，遊客遊畢一地時，必定坐下來吃茶休息。這確比喝汽水有味道得多。我記得在日本遊覽名勝的時候，遊畢時常常求一飲茶解渴之處而不可得，益使我想到蘇州茶樓的好處。

蘇州人除掉喜歡坐茶館品茗之外，還喜歡吃零食，如粽子糖、松子糖、瓜子之類。蘇州的甘草瓜子，味道深長，遐邇馳名。其他如桃片、棗糕、菓脯之類，無不精製味美。我常常看到一個人從口袋中掏出十幾個銅子，走進稻香村等糖食店，買上五六包各色糖食，帶至茶館邊談邊吃，津津有味。時間對於他們，似乎是一件值不得計算和珍貴的東西。中國人常常說美國人太忙了，忙得透不過氣來；走路像跑快步似的，而中國人實在太閒了，閒到要把消磨時間、打發日子看成一件要特別加以安排的大事。麻將在中國之所以盛行，歷久而不衰，當與時間空閒有關。

我到蘇州後馬上寫信給母親，告訴她我決定再去日本念書，並說明我過去準備投考學校的工作已經做的差不多，此番前去一定可以考上官費學校，所以需要用費不多，請她趕快爲我籌措，並希望年前趕到日本，俾可趕上明年的入學考試。對於此項要求，她當然很贊成，不僅使我可以繼續求學，且把我送出國了，她更可以放下了一場心思。所以馬上回信應允。

此時新穀雖已登場，但家鄉一般的習慣，農家是賣米而不售穀，因爲賣米比較合算。由穀子變成白米，則需要一段時間。因爲晒穀要靠天氣，晒一場又需要好幾天，而每場只不過出得六石或七石糙米。這也是聽天由命的事情，無法趕工速成。家鄉——湖州一帶——還有一個特殊的習慣，就是把收割起來的穀子用蒸籠蒸熟後再來晒乾，然後礱去稻殼而碾成白米。鄉人除煮稀飯用生米（未蒸過之米曰生米）外，平常都吃這種「蒸穀米」（註四），亦名「熟米」。據說這種米容易消化，可是味道殊不佳。

我母親想把穀子做成白米出售後給我做川資學費，故一直等到陽曆十二月初旬，她始帶着欵子和我的衣服、被褥、書籍等物來蘇州渡村姑父家，然後一同赴滬。我於十二月底再買舟去日本。到日不久就過陽歷年。此時距離第一高等特別預科的入學考試，不過幾個月，於是夜以繼日的準備升學考試的功課。經過半年的荒廢，很多東西忘記了，必須從頭至尾復習一遍。而我一生最感痛苦的失眠症，就是在這段開飛快車的期間得到的。

× × × ×

民國八年七月底，東京第一高等學校中國學生特別預科的入學考試放榜，我幸被錄取。今後不僅求學有所，且係進入過去朝夕所祈求的學校，衷心之快慰可知。而考取之後即可享受官費待遇，按月領取生活費用，直至大學畢業時爲止。如欲再進研究院，官費還可以繼續二年。自茲以後，毋須再向家中要錢，減輕了母親的負擔，更使我感到十分慶幸。中國當時社會的經濟情況，以一個農家的收入來供給一個留學生，即令日本的生活比較歐美便宜，亦殊非易事。

九月初旬學校正式上課。此時我乃痛下決心：今後不再盲目的參加學生救國運動，必須好好的念一點書，求一點有用的知識，俾他日可以自立於社會，以免依賴社會或貽害社會。經過一度創鉅痛深的我，在當時是這樣想的：國者人之聚，個人如能自立，也就是對國家、對社會有貢獻的地方。惟個人要怎樣才能自立，又必須具備怎樣的條件才能對國家和社會有貢獻，經過半年流離反省的結果，認爲每一個人必須具有淵博的知識，和高深的學問，而後才能自立，才能有所貢獻。蓋讀書求知即所以救國，尤其在科學昌明的時代，「知識即權力」，無知識則不能對事物有正確之認識，無學問則不能對問題下正確之判斷，故無知識無學問，不僅貽誤個人，而且貽害國家。那個時候我在補習功課之餘，很喜歡讀易卜生的作品，當我讀到：「你若想有益於社會，最好的方法莫如把你自己這塊材料鑄造成器」，益使我覺得像過去那樣「罷學歸國」的輕舉妄動，簡直是幼稚荒唐、自暴自棄的行徑，無益於國家，而有損於個人，今後必須痛自戒愼。故入學後的第一步，就是設法住進一高日本學生的宿舍，使事搞學生運動的批人，不容易找到我，俾可避免留學生總會諸君子遇事來拉夫派差。

儘管我個人的決心是如此的堅決，但是只要留在東京一天，舊的關係是無法擺脫的，留學生總會開會的時候，多多少少還是要去應卯當差，或被拉夫去湊數的。例如，就在這一年(民國八年)的四月底，我爲準備升學的考試正在加油開足馬力之際，有一天下午忽然有一位總會的朋友來通知我，說駐日公使章宗祥氏今晚坐夜車離開東京回到北京，叫我晚上七時前准到東京火車站候車室會齊，然後同去送行，其目的是要狠狠的侮辱他一頓。在一部分同學的心目中，認爲他是「親日派」的首要分子之一，如過去的二十一條和膠濟鐵路密約的簽訂，他是經辦人員；如參戰借欵等等，他乃是促成的人；去年留學生回國團的大失敗，也是由於他極力從中破壞的緣故。於是大家把他看做「賣國賊」，必須大大的捉弄一番，出掉這一口怨氣而後快。據說他這次返國還負有報告對日外交的使命。因爲巴黎和會的消息傳來，主張公理戰勝強權而提出十四點(內中最重要的一點，即民族自決)作爲和會談判基礎的美國總統威爾遜先生，在和會中竟至一籌莫展，竟屈服於各國的秘密外交。所以日本的無理要求已爲巴黎和會大部分國家所接受，而青島問題，山東鐵路問題，我國的意見竟無由伸張。此時國內輿論沸騰，壓迫我國出席和會的代表團拒絕簽字。北京政府爲研討這些問題，遂電令章公使返國述職，考慮對策。

我到東京火車站候車室的時候，尚不到七點鐘，總會辦事人馬上給我一面小旗幟，囑我塞在口袋之內，不要聲張，候章氏坐車快要開頭的時候再拿出來示威。旗幟上面寫着：「賣國賊章宗祥」、「驅逐賣國賊」、「取消二十一條」、「取消膠濟鐵路密約」、「收回青島」、「收回山東省權利」等等。

章宗祥氏抵站後，看到有許多學生前來送行，心中很是高興，和同學們握手話別，非常忙碌，而毫未覺察到將有一場極其尷尬的惡作劇要臨到頭來。正當火車鳴放汽笛、車子將要蠕動開行的一剎那間，送行的學生羣忽然把懷中、袋中、袖中藏着的小旗幟取出揮舞，一面高呼旗幟上所書的口號，一面將旗幟抛擲到他的身上。他看到事情不妙，始知這些學生是有計劃的來搗亂侮辱，馬上跑到臥車裏面躲避起來。此時火車業已開頭，警察立即出動干涉，使館送行人員也參加勸解，我們乃陸續退出車站。這一齣好戲，我也是演員之一，儘管是幫腔和搖旗吶喊的脚色。惟此事正足以說明只要我未離開東京一天，我就無法完全避開這種反日救國運動的牽涉。

這一晚學生總會的工作人員由車站回來後，立即打電報給北京各大學的學生會，報告章公使這次回京，携有對日交涉各項秘密文件，希望他們迎頭予以截擊。章公使返國的路程，係經由朝鮮和南滿鐵路而轉至京奉路(後改爲北寧路)。據說他在路上一直不敢公開露面，到天津後還是銷聲匿跡的隱藏起來，然後偷偷的溜到北京。不料五月四日這一天，還是在曹汝霖的公館裏被學生們拖出來狠狠的揍了一頓。「禍不單行」，俗語說得一點也不錯。

× × × ×

民國九年七月第一高等學校特別預科畢業後，我被分發至名古屋第八高等學校肄業。按照當時中日兩國關於留學生設置特別預科的規定，中國學生在第一高等特別預科一年修完後經過考試及格者，須分發至其他高等學校與日本學生同班肄業，然後再與日本學生一樣的升入帝國大學。故在預科畢業考試舉行之前，每人必須塡明志願分發之學校，因爲此時日本全國從本島到九州，高等學校已有十餘所。我的第一志願塡入京都之三高，第二和第三志願均塡名古屋之八高。我此時極想離開東京，俾可好好的讀一點書。而京都和名古屋這些地方，氣候溫和，風光明媚，交通便利，文化發達，所以特別選擇這兩塊地方。惟三高和一高的文科，設有以法文爲第一外國語的班級，故文科特預科畢業者，非擬在高等學校第一外國語選修法文的學生，頗不易分發到這兩個學校。又畢業名次非在前面的幾個人，亦不易按其志願而分發，因爲大家都不願意往邊遠地方的學校讀書。這一年文預科畢業生分發至八高者，僅我和羅君鴻詔二人耳。

在八高三年當中，除最後一年參加名古屋的華工共濟會分會的工作外，我未參加過學生救國運動。但八高的中國學生於每年五月七日之國恥紀念日和雙十節國慶日均學行紀念會，我還是擔任籌備和主持的工作。

我於一高特別預科畢業後，堅決要想離開東京的原因，除由於民國七年受人鼓動、放棄即將學行的入學考試而昧然返國，不僅荒廢學業與光陰，而且險遭不測外，更由於我在一高特別預科的肄業期間，有一天今井教授講述日本近代史，特別講到明治初期的一位教育家福澤諭吉先生在討幕戰爭中勉勵學生專心讀書的一段話，令我深受感動。這是使我覺得「今是而昨非」，決定今後在求學時期不再參加學生救國運動的主要原因。

今井教授用作教本的，是日本文學家兼新聞記者德富蘇峰氏所著的「近世日本國民史」。這本書是把日本的近世歷史事實用現代日本口語文寫得很有趣味，文筆則極其生動流暢。德富氏寫這本書的目的，是用以鼓勵日本國民向上進取的意思。學校用這本書作教材的目的，是因其文字平易暢達，特當作日本話的課本來教授我們的。今井先生所述福澤先生當時勉勵學生的一段話，大意是這樣的：

「福澤諭吉先生於慶應四年（一八六八年）將其所辦之『蘭學塾』，依慶應年號(註五)改名爲『慶應義塾』。並將義塾塾址由鐵砲洲（在東京灣裏）移至芝（區）的新錢座。當地址遷移之時，正值討幕軍東征江戶之時。是年五月十五日，討幕軍與幕府軍在江戶城內上野公園一帶作戰，自晝至暮，砲聲不絕。其時外國勢力已在日本活動，即法國助幕府，英國助薩長二藩。在戰爭劇烈之時，砲聲隆隆，學生從窗中看出，頗欲廢課而參加討幕軍作戰。福澤先生覩之極不以爲然，不許學生出外參加活動。並且勉勵學生說：『現在還是好好的讀書，他日報國之機會正多……。』結果，學生未出去參加。這批學生大都在明治維新時代擔任建國工作，對於國家的建設貢獻甚大……。」(註六)

在這裏我還想敍述一件小事：即臺北市的影戲院正擬上映的「環遊世界八十天（Around the World in Eighty Days）」的影片，正是我在民國八年特別預科時候的英文教本之一。這部影片是根據那本書攝製的，原著是法文，我們讀的是英譯本。四十年後的今日，我將可在臺北看到電影了。光陰如箭，不覺老之「已」至也。

八高三年畢業後，我於民國十二年春再入距離東京更爲遙遠之京都帝國大學法學部肄業。十五年三月京大畢業後，復入研究院從森口繁治博士專攻憲法，惟只讀了一學期，即於是年冬季返國，而求學的生活，遂從此終止矣。

在這六年當中，我雖未參加學生的救國運動，惟與國民黨(註七)的關係，則仍保持着一個未擔任職務的普通黨員的關係。民國十二年春三弟去世，母親悲慟過甚，曾昏厥數次，我乃返國省親，道經上海時，還參加了國民黨主持的五月九日的國恥紀念會。是日開會地點，似在法租界環龍路四十四號，而主席確爲居覺生先生。他這一天穿着黑色常禮服（不是普通西裝），致詞時慷慨激昂，聽衆無不動容，與民國二十一年以後，任司法院院長兼國民黨中央常務委員時代，每逢國民黨擧行中央全體會議或全國代表大會而作黨務報告的時候，調子平板低沉，沒有一點抑揚高下，好像和尚念經一樣，直使下面聽衆的我們，昏沉欲睡的情形相比，眞不可同日而語。說者謂他係由於民國十九年在滬被囚後而變成這個樣子的。這一天我並帶有留日華工共濟會的報告書，說明華工在日遭受迫害與歧視，希望國人予以援助。我除將事先印就之報告書當場散發外，並在大會上作簡單之口頭報告。此次在滬並晤及國民黨人徐謙黃宗漢諸先生。

× × × ×

民國十三年十一月間，孫中山先生應段祺瑞張作霖二氏之邀，北上道經神戶時，我和同學許君世墉(註八)金君庸二人，於十一月二十八日到神戶謁見。我們抵神戶後先至田中旅館訪李烈鈞先生，請其代約會晤時間。他即打電話給戴季陶先生，渠回答說：俟孫先生於當日下午講演完畢後到Oriental Hotel談話。這一天李烈鈞給我們的印象十分惡劣。他和我們講話的時候，官僚氣十足，不像革命黨領袖，故我返國後始終未去看過他。

我們三人遂於是日下午二時至神戶高等女學校聽孫先生講演。這所女學校建築在神戶山下町，校舍宏巍，禮堂寬敞，座位可容近千人，而我們到達時已座無虛席，大多數都是日本人，臨時在椅子前面水泥地上舖滿草蓆子，我們三人就盤膝趺坐在草蓆上聽講。這一天當地政府對孫先生很有禮貌，當孫先生一行往高等女學的時候，有數名穿着制服的警察，騎着高頭大馬在前面引導，便衣和穿制服的警察更是必恭必敬的沿途照料。這一天孫先生坐的是跨有雙馬之馬車。在當時的日本，天皇出巡、大臣入宮覲見和大使公使呈遞國書時，才乘坐這種馬車，比較汽車顯得更爲高貴。這是我們過去在日本所未見過的日本政府當局對中國在野的政治領袖有如此的禮貌。我們三人目擊此情此景，竊議日本當局可能對國民黨的態度將有所改變了；也可能預料國民黨快要得勢了。

這一天孫先生講「大亞細亞主義」，呼籲亞洲人要團結起來以對抗白種人的侵略。時戴季陶先生任翻譯，宋慶齡也同去參加的。孫先生這一天講演，態度誠懇，技術高明，開頭一段大捧日本人，說明日俄戰爭一役，日本人打敗了俄國人。日本人戰勝俄國人是亞洲民族在最近幾百年當中第一次打敗歐洲人，替有色人種爭了一口氣。並說他在日俄開戰後不久由歐洲坐船回國，經過蘇彝士運河的時候，便有許多阿拉伯土人看到他是黃種人，便歡天喜地的來問他說：「你是不是日本人？」他答應說：「

不是的。我是中國人，你們有什麼事情呀？你們爲什麼現出這樣高興呀？」這些阿拉伯土人說：「我們新得了一個極好的消息：聽說日本消滅了俄國新由歐洲調去的海軍，不知道這個消息確實不確實呀？我們住在運河的兩旁，總是看到俄國的傷兵，一船一船的運回歐洲去，這一定是俄國打了大敗仗的樣子。從前我們東方有色的民族，總是受西方民族的壓迫，總是受痛苦，以爲沒有出頭的日子。這次日本打敗了俄國，我們當作是東方民族打敗西方民族一樣。日本人打勝仗，我們當作是自己打勝仗一樣。這是一種應該歡天喜地的事。所以我們便這樣高興，便這樣喜歡。」孫先生並說：日本打敗俄國的結果，便生出亞洲民族獨立的大希望，如阿富汗、阿拉伯、印度等都要求獨立。日人聽了這段話非常高興，不僅講畢一句就大拍其掌，還手舞足蹈，把整個禮堂都轟動起來了。等到後面孫先生批評日本人自己強盛之後，未能扶助亞洲人的獨立運動，有些地方反來欺侮同種人，很辭嚴義正的責備了日本人一番，儘管措詞婉轉，語氣溫和，此時日本人仍舊掌聲不絕。我們當時曾竊竊私議，深深佩服孫先生講演技術之高明，因爲日本人的感情，已被他捧得「得意忘形、失去控制力」了。

惟講演到快要結尾的一段，孫先生忽然把話題一轉，對於革命後實行共產主義和階級鬥爭的「赤俄」則大大地恭維了一番。他說革命後的俄國是主張王道，不主張霸道；講仁義道德，不講功利強權；主持公道正義，扶助弱小民族幫助其獨立，所以便要來和我們東方人携手，而和西方分家。並以很堅定的態度作結論說，歐洲人恐怕俄國的新主張成功，打破了他們的霸道，故不說俄國是仁義正道，反誣他是世界的叛徒。這一段話大家聽到很不順耳；尤其日本人特別感到驚異。因爲他們過去從未聽到有人這樣彰明較著地捧過俄國，我們也是未之前聞，今竟出諸孫先生之口，當然不是外交詞令，而是眞心誠意的把赤俄當做一個主張公道、鋤強扶弱的國家。故聽衆則一度停止拍掌，靜靜諦聽孫先生的講演。

總之，孫先生這天講演的主旨，是痛斥英美這些國家，靠着飛機大砲的物質文明，橫行霸道來壓迫亞洲民族，而俄國則專行仁義王道，正是弱小民族的救星，日本因學習歐美已經強盛了，就是得到了歐美的霸道文化，可是日本民族原已具有亞洲王道文化的本質，今後對世界文化的前途，究竟是做西方霸道的鷹犬，抑是做東方王道的干城，那就要靠日本國民自己去審慎選擇了。所以，這天晚上孫先生在應神戶各團體歡宴的席上，特別地呼籲日本應幫助中國來廢除不平等條約。這兩篇講演，可以說是連貫一氣的。

我們聽到孫先生稱讚俄國的事情，和我們過去在日本報紙上所看到的事實完全相反，我們當時很感詫異，不曾想到孫先生現在竟變成這個調子了。我們當時是這樣議論的，可能由於革命多年，革到走頭無路，看到俄國革命成功，於是饑不擇食，要接受俄國的援助，仿照俄國革命再幹一番。第二天日本的報紙，對孫先生這一段講話，就紛紛加以評論，認爲國民黨要實行赤化而走俄國的路線了。

× × × ×

今天有許多國民黨要員常常對日人大聲疾呼的叫「日本人當心赤化」和「不要被共匪滲透」。日本人聽到這些話非常好笑，常常在背後譏笑他們「觀念混淆」、「認識不清」，至今尚不能了解共黨和反共的界限在那裏。並且說，他們(國民黨)自己天天走的盡是共產黨路線，步共黨的後塵，如一黨獨裁、特務政治、黨化軍隊、黨化教育、設立青年團以控制青年、設立政治部使軍隊效忠於一黨、排斥異黨、操縱選舉、黨費出自國庫、行政干涉司法、主張國家自由、反對個人自由、控制言論機關、把持經濟事業等等。這一切的一切，其仿效共黨作法，惟恐不能維妙維肖，自己不能覺悟，還要警告別人，天下事之最滑稽者，眞莫過於此也。所以這些日本人並說(國民黨以外人士過去也常說過)，大陸淪陷時，許多國民黨員投了共，這是不足爲奇的，因爲國民黨與共產黨的觀念（idea）是完全一致的，其見諸行動也是大同小異的。所以反共反了三十幾年而毫無效果，反把大陸丟掉。今天依然舊調重彈，變本加厲，反共云乎哉，在外人看起來，這不過是爭奪政權罷了。他們的結論說：由現在型態的國民黨來反共，那是「反共無望」的。因爲大陸人民既然反對共黨統治，是反對其不民生的極權政治，當然不會再要他們這一套貌離神合的反民主的一黨專政的統治。至於今日日本的政治，完全遵守憲法，實行民主政治，尊重言論自由及個人自由，保障人民權利和司法獨立，這眞是對共黨政治反對的正道。惟有對共黨一切作法，反其道而行之，與民主國家型態一致，才是眞正的反共。口頭上反共，形式上反共，又有什麼用處！這些話我在臺北不知聽了多少遍，希望國民黨當局要正視事實，以後對日人說話，不要不顧實際，信口開河，使日人笑你們愚蠢，以爲把他們當傻瓜。日本會不會赤化，那是另外一回事，可是你們實在沒有下警告的資格，徒惹人家在背後譏笑你們。

由於這次講演，我們始了悟孫先生聯俄容共政策的中心主張和「民生主義就是共產主義」的來路了。我們在這天以前，雖然也常常聽說孫先生的容共政策，是容許共產黨員仍舊保留黨籍而參加國民黨，惟大家認爲這是不可思議的事情，可能是傳聞上有些出入，故始終採取懷疑的態度，而不予置信，儘管在報紙上看到過他和俄國特使越飛對中國問題的宣言。但經過這次聽講之後，再問明戴季陶先生，始明瞭聯俄容共政策之眞相，難怪當時在日本的國民黨員，有很多是很激烈的反對孫先生這一政策的。日本政府和報刊的評論，一向對俄國之共產主義，視之爲洪水猛獸，而京都帝國大學河上肇教授開講馬克斯經濟理論的時候，常有「高等刑事(即特務)」來課堂聽講，而京大學生所組織之「社會科學研究會」，亦經常有刑事來會監視和盤詰。日本政府當時對付共產黨態度之嚴厲，由此可見一斑。

這一天的講演會上，還有三件小事，值得在此提一提。第一，這一天的氣候很有些寒冷，孫先生去時穿的深藍緞面狐皮長袍子，外罩黑色緞子馬掛。因為禮堂裏擠滿了人，室內溫度驟然增高，在講演中間，孫先生熱了把馬掛脫下，在臺上有許多伺候的日本人馬上伸手去接，不料孫先生却置之不理而親自轉過身子去放在坐在後面的宋慶齡身上，使人感到孫先生伉儷情篤。第二，這一天跟隨孫先生的日本人很多，前扶後擁，寸步不離，好像孝子賢孫一樣。還有幾個日本人穿上不三不四的中國長袍子，頭戴結有小紅頂子的瓜皮小帽，在講演會上東奔西竄，活像舞臺上的小丑一般，看到令人有點作嘔。第三，孫先生講了一個多鐘頭從未喝一滴水，未吐一口痰，甚至未咳嗽一聲，態度從容不迫，而擔任翻譯的季陶先生，每次譯完必定大喝其水，喉嚨咳嗽不已，而且滿頭大汗，顯得非常緊張吃力。惟這次的翻譯，算是很不錯的。我們退出後私下慶幸孫先生身體康健，國事前途有望，不料他到北京之後，竟至一病不起，與世長辭。

講演完畢後我們三人同至東方飯店。其時季陶先生在客室照料。他穿着淺綠色湖縐駝絨袍子，外罩黑色緞子背心，依然翩翩年少，態度瀟灑輕盈，比起民國六年在東京見到時略顯胖了一些。他一面和我們談話，一面和一家日本書商喋喋不休。原與我在八高同過二年學而現已入東京帝大商科之李君德釗在那裏剪報，就是要把孫先生在日本行動的消息剪下貼起來。我們到時孫先生因講演出了一身大汗正要洗澡，洗畢後才邀我們三人到樓上一間客室內談話。孫先生態度和藹可親，看樣子似乎很疲勞，而講話依然精力充沛。我們問他怎樣才可以廢除不平等條約，在外交上應該採取什麼步驟。他還是一套極其樂觀的看法，說只要開成國民會議，一切就有辦法。我們接着又問他國民會議開得成功麼。他只是回答說，人心厭戰，和平統一的國民會議一定可以開成，要我們聯絡海外各處留學生盡力贊助，通電全國各界促成此事。談話約有四十分鐘，因他還要參加神戶各團體的歡宴，我們遂辭去。我們在回程的火車中，大肆討論孫先生的談話，認為他太不切實際。因而聯想到許多人稱他為孫大砲的由來。我們去時滿以為孫先生對國民會議定有錦囊妙計，故對其回答頗感失望也。

註一：日本人坐的三等艙在甲板下面，貨艙上面，故空氣很流通，而中國人坐的三等艙，在最下層緊靠貨艙，空氣惡劣，穢黴難聞。兩者相比，殊有天壤之隔。惟中國學生能說流利的日本話而遇日本人住的艙位有空時，可雜住在日本人住的艙裏。其不公平的待遇有如此者，常使我感到國家衰弱的痛苦。

註二：中國方面以五月九日為國恥紀念日，留日學生則以五月七日為國恥紀念日。蓋五月七日為日本政府對二十一條向我國政府提出「哀的美敦書」之日，留日學生則於是日舉行大會紀念國恥。而五月九日則為袁世凱政府簽字承認該約之日，故中國各地在七七抗戰以前，則以此日為國恥紀念日而舉行大會紀念之。

註三：「羽織」頗像中國衣服之馬掛，罩在衣服外面。夏天非上層社會的人，或出入隆重禮節之場所，則不穿此服。夏季之羽織，都是用絲織品的紗做成的。

註四：我曾研究過湖州一帶為什麼要吃「熟米」（蘇州府屬如吳江縣、吳縣等地方也有一部分有此習慣）。熟米亦名「蒸穀米」。據鄉人傳說，越王勾踐被吳王夫差放回後，正埋頭於十年生聚、十年教訓，準備大舉復仇之際，而吳國，即今之湖州一帶，因水災之故，大鬧荒歉，缺乏稻種，乃向越國商借。越人建議越王把穀子蒸熟晒乾後再送給吳國。吳人不察，用此穀作種子，第二年接着又鬧荒歉。因此，民不聊生，吳國遂戰敗。湖州人為紀念此事，以後遂將穀子蒸熟晒乾後再做米吃。故名之曰蒸穀米，又稱之曰熟米。這是一種傳說，姑誌之以待考證學家之考證。惟熟米比起生米味不佳而易於消化，其營養價值如何則不詳。據我所知，穀子因一度蒸熟，致碾米時碾去糠皮較少，而維他命B可能較多也。

註五：慶應四年即明治元年，蘭學塾於明治未改元前改稱慶應，實則年份相同。蘭學乃研究荷蘭語之學。

註六：慶應通信版福澤諭吉著的「福翁自傳」第一八八頁有左列一段。

「那個時候，我正在用英文書解釋經濟問題（係教 Fraucis Wayland: The Elements of of Poitical Economy, Boston, 1866）一課，外面似乎很為騷動紛亂，學生們以為可以看到火烟升起而高興起來，使用梯子爬上屋頂看熱鬧。聽說，這種情形自中午起繼續到黃昏，不過，祇要它和這邊沒有什麼關係，倒是沒有什麼可怕的。當時我告訴塾中的人說：『昔日拿破崙亂，荷蘭國家的命運陷於絕地，其本國固不用說，甚至連印度亦盡為拿氏所攫去，致荷蘭無懸掛國旗之地，但當時荷蘭在全世界上只剩下一塊地方容其懸掛國旗，這就是日本長崎的「出島」。出島（註九）久為荷蘭人之居留地，當時因歐洲的戰亂未延及日本，而出島的荷蘭國旗則繼續不斷地一直翱翔於百尺竿頭，致荷蘭人迄今得以荷蘭王國一直未曾滅亡而誇耀於世。由此觀之，以日本之洋學研究而言，本塾與荷蘭的出島同樣，無論世界上任何騷擾事件或者變亂發生，迄今未曾將洋學研究之命脈斷絕，而慶應義塾至今未曾停過一天。祇要本塾存在一天，大日本仍是世界的文明國家。不必拘泥於世界表面上的事情。所以現在還是好好的讀書。』我以這段話，向衆多的青年們予以鼓勵。」這和胡適之先生於本年四月十日在中央研究院院士會議的開幕典禮中，強調「研究亦即報國」，是同一旨趣。惟福澤氏晚年也是一個誇大狂者。

註七：我和國民黨的關係，一直維持至民國四十三年十二月底被其「註銷黨籍」時為止。緣國民黨第七次全國代表大會後，對黨員又重新舉辦登記一次，我起初不擬參加登記。因為想到過去為了「自由中國」雜誌上發表了我的一篇文章，題為「監察院之將來」，曾批評了「以黨歌做國歌一事，是一件極不聰明的作法」的緣故，而被總政治部檢舉，幾乎被開除了黨籍，今後為着這個雜誌的文章，可能有一天因言論有觸犯忌諱而被開除黨籍，故不打算去登記。但當時國民黨中央負責組織的人派人來找我，並把表格帶來，堅囑填表登記，而同事劉君也勸我接受好意，並代為填表，不久就接到國民黨中央委員會通知，謂我的登記已奉總裁核准，囑持相片二張去領取黨證，而我始終沒有勇氣去領。四十二年春，某日我與湯恩伯徐佛觀二兄在臺糖大樓（今為美國顧問團租用）宴請來臺訪問之日人安岡正篤先生。這一天也約有黨部主持組織的某君，他極力勸我去領取黨證。我鄭重的回答說：「我的黨籍將來總會被你們開除的，倒不如自己先開除好。」這雖是一句開玩笑的話，我是深知國民黨當局的作風。果然不出所料，四十三年十二月十六日這一期「自由中國」上登載了一篇余燕人等「搶救教育危機」的投書，說明目前中學生的課業已夠繁重，還要規定學生來念：三民主義、總理遺教、總統訓辭、青年救國團

聯合國

李　經

聯合國本部設立在紐約市區。是一座現代化的長方形建築物。終年開放，供人參觀。聯合國美籍職員享有豁免所得稅的特權。

過去的沒有過去，未來
已經無聲地到來。就在
這過去和未來的會合點，
現在，迎接過去的暗示，
開啓未來的可能；現在
是時間對於經歷的熱愛，
在自覺裏尋求秩序和圖案。

鋼柱、銀燭、大紅氈——
昏花的古鏡前，蕩漾着
斑白的權力和智慧。
三會諸侯的雄主久已歸於
黃土。廛封的史册裏，
持節的使臣仍繼續
他們足智多謀的私語。
只爲遺忘了一條簡單的眞理，
白領高冠的紳士，徒然攜入
滿皮包的雄辯。
張開和平的黑傘，
戰爭鳴砲禮葬國聯。

當我們濶步入這巍巍的高堂，
多禮貌的是：穿制服的導遊
愉快的電梯引着我們升降，
這裏淺草拱高樓；
斑駁的帶劍的侯主。
峨特式宮堡的廻廊，有
成行的多利安石柱；
希臘古廟前，陳列着

暗示與可能化成一片圖案。
現在是過去和未來的交織，
未來，也已經無聲地到來，
但是，過去，並沒有過去，
每一個不可補救的錯誤。
追悔也勢將植根於
而，那些渺茫的日子豈不令人膽怯心悸？
那麼，奢望和懷戀都有了依據；
如果，未來永遠不會到來，
如果，過去眞的已經過去，
雷達眼，獵犬般，四出察看：
距離終於日夜加速度地縮短，
今年優待豁免的所得稅。）
還在精明強悍地計算，
（那邊，金髮的打字員，
脚跟後可拖着多少牽累？

發下來的必讀小册子等等，不料碰到國民黨六十週年紀念，還要學生恭讀黨部發給的「國民黨的認識」等類的論文，「我對中國國民黨的認識」等專刋」，要他們作「我對中國國民黨的認識」等類的論文，殊不合理。就在這個月二十八日蔣總統所主持的「宣傳會報」上有人檢擧此事，認爲「自由中國」雜誌竟敢反對學生讀「黨義」和總統訓詞等等，實爲大逆不道……。蔣總裁聞之大爲震怒，吩咐把我的黨籍開除。而主持組織業務之某君亦在座，頗想沖淡此事，說我沒有登記。蔣總裁堅持的說：「沒有登記也要開除」。結果就用「註銷黨籍」的方法，把我的國民黨黨籍開除了。

我做了三十七年有半的國民黨黨員，對黨雖無貢獻，也未靠黨吃飯，在黨內始終是獨來獨往，未參加任何派系的活動，縱然無益於黨，也未爲害於黨。惟國民黨把統治了二十多年的大陸搞丟了，使同胞慘遭共匪的虐殺，我是國民黨黨員，而且當時還是中央監察委員，我是不能不負責任的。及到臺灣之後，政治仍無進步，我又無力糾正，此次註銷黨籍，倒使我減除了責任，故不無多少輕鬆之感。還有因爲保有黨籍的關係，對於國民黨的政策及其政府的施政批評，不無若干保留之處。人總是人，人總是感情的動物，對於自己現在參加的團體，不無若干偏愛之情。經「註銷黨籍」之後，對於政治的批評，倒可以「少」保留一些。惟今日忌諱實多，究仍不能暢所欲言，對許多問題，我們欲言而又中止，所謂「話到口邊留半句」，就是我們今日說話的心情。不過我們所發表的一字一句，都是負責任的良心話。

註八：同學許世壙兄，湖北天門人，在八高習理科，比我高一班，後入京大習化工。他是國民黨黨員，而黨性之强，在我生平所遇到的還是第一人。他常常爲國民黨之事而與同學爭辯不休，有幾次辯論不過而幾至於用武打架。其時京大同學中，國民黨黨員佔極少數。這些非黨員的同學常常稱孫先生爲「孫大砲」，譏其所言，不切實際。許君一聞此語，立即揮拳相向，其忠實耿直有如此者。民十四年京大畢業返國後竟找不到適當工作。民國二十一年石蘅青先生任南京市長時，他在市工務局某科下面任一股長之職。我們在南京相遇，談及國民黨往事，他的熱情竟減低了百分之九十九。我詢問其故。他說國民黨無是非、無原則，一切講關係，用人亦復如是。抗戰中他在成都抑鬱逝世。

九：出島係日本在閉關時代建築於長崎港中，作爲唯一與外國貿易地的「人造小島」。

四十七年八月

短評

（一）保障人權還在「研究」中

省級檢察機關與警察機關，最近為了保障人權，特會同全省其他治安機關，組織了一個「檢警刑事案件加强連繫辦法專案研究小組」。

在我們這個國家，政府常愛以「國家自由」的烟幕來剝奪個人自由，有關單位居然忽又發現保障人權的重要，竟當做「專案」而成立「小組」來「研究」，確該算是一種進步。

不過，聯合國通過的世界人權宣言，於今已整整十年，而我們制定憲法來保障人權，迄今更有十二年之久，今天還只進步到「研究」階段，豈止令人感慨而已！

（二）七十歲

這次美國「期中選擧」，民主黨大勝。有人躭心艾森豪總統今後兩年將更難於對付國會。於是有位記者在白宮記者招待會上問他：如果憲法不限制總統連任三屆，那末，再一次可能的競選，是不是會加强總統今後兩年，對付國會的力量呢？艾森豪答稱，過了七十歲的人，就不應該再保有他的公職。艾氏認為七十歲是美國總統的年齡限度。當他屆滿兩任總統任期的時候，剛好是七十歲零三個月。

上面這段新聞，與兩年前臺北報紙所登的一則新聞相比較，倒是滿有趣的。那則新聞報導，我國總統府秘書長張羣對人說：「七十歲是人生的開始。」

偉大哉，中國人的精神！我們友邦的元首能無愧乎！

（三）軍訓已到「武裝睡覺」階段

據青年戰士報報導花蓮師範的情形說：「近幾天，同學們的情緒非常緊張，每天總要注意着教官的臉色。因為夜間緊急集合在最近就要擧行哩！更有些同學竟乾脆實行『武裝睡覺』。」

「武裝睡覺」，這眞是軍訓中的新階段！

今天學生課業負擔之重，早已透不過氣來，而軍訓竟還要弄到學生「每天總要注意着教官的臉色」，乃至於不得不「武裝睡覺」，難怪一向負有為軍訓捧場使命的青年戰士報，也禁不住說一聲「何苦來？」

其實，該報有所不知，青年救國團在各學校搞的軍訓，原就是「一、二、三」、「立正、稍息」、以至於「武裝睡覺」這一套，除此之外，難道眞還能搞出甚麼正經名堂來？

（四）誰在「胡說」？

駐美大使葉公超在參加中美會談後返美時，忽在上飛機前用「憤怒的語調」，對那些把中美聯合公報的規定解釋為對大陸已經「放棄使用武力」的海內外報刊，而嚴詞痛斥為「荒謬之論」，甚至於說這些說法根本是「胡說」。

葉大使之說一出，接着便立刻看到香港「星島日報」發表社論，指出「『放棄使用武力』，在全世界報紙都明白是如此。」臺北「聯合報」並社論中引用紐約時報華府特派員的專電後，責問葉大使「是否也能斥之為『胡說』與『荒謬』？」臺北「大華晚報」更乾脆以「葉大使失言」為題而發表社論，臺北「公論報」且進一步指明一切口頭或文字的解釋都是多餘的。

但我們總還是假定葉大使之說多少帶有一兩分權威性，最少不至於自己「胡說」。直到最近看到美國副國務卿勞勃森發表的談話，指明即令是「援助大陸之反共叛變潮」，仍須事先獲美國同意，才知道葉大使痛斥報紙「胡說」之說不確。

那麼，究竟是誰在「胡說」？

其實，白紙上寫下的黑字，誰想「胡說」都不行，不知葉大使以為然否？

（五）輿論制裁與法律責任

高雄市警察局長李達福，近以「公然侮辱」及「誹謗」的名義，控告省議員李源棧一案，雖已引起各報紛紛議論，但究竟誰是誰非，我們不願多說。

不過，據說司法院及內政部對此已加以解釋稱：「議員在議會發言辱罵，如確已達到侮辱程度，仍應負刑責。」而引起屏東縣議會的指責。這顯非李源棧個人問題，而是議員言論保障問題。

其實，「議員在會議發言，對外不負責任。」此乃民主政治之下，用以保障議員勇於盡代言責任的基本原則，誰都無權用解釋而推翻。所以說，任何議員在議會發言，如對他人確已達侮辱程度，仍應受輿論的嚴厲制裁，甚或是議會本身的制裁，而不應負法律責任。這一界限，我們必須劃分清楚。

（六）加「乾」薪

政府在各方面呼籲之下，好容易大發慈悲，決定從今年八月份起，用研究費的名義，給中小學的窮教員們加薪一百元。

這區區之數，本已無濟於事，但如能按時發下，總還不無小補。遲至十一月份，我們還從報紙上不斷發現：苗栗的三千多位國校教員始終未領到這筆錢；而雲林縣直至最近才準備暫發八月份，至於九、十兩月份還沒有着落；臺南市政府由於「將此款挪用」，也直到日前才決定開始發放。類此情形的縣市，想必還不止這幾個，只要省政府一查便知。

目前，中小學教師們由於待遇太低，拖家帶小的教員，早已吃了早餐沒有晚餐，而不得不東挪西借，寅吃卯糧，各縣市政府居然還要陽奉陰違，專在窮教員頭上動腦筋，難道眞想叫他們喝西北風過日子？

（七）惡性補習與教室荒

關於取締惡性補習一事，最近自中央以至省、縣、市政府，已紛紛由議論進而為行動，這確是可喜的現象。

但就在南投縣督學下鄉取締惡性補習聲中，那裏卻有國校教員指出，這是由於教室荒所造成。當然，我們對於這種出於當事人的話，還可以不必盡信，然據說那裏的家長也贊成這種說法，卻又不能不信了。

事實上，惡性補習的形成，原因固然很複雜，但教室荒鬧到二部制、三部制、乃至四部制，畢竟為主要因素之一，希望教育主管當局在取締惡性補習的過程中，不要忘了同時解決教室荒問題。

自由中國　第十九卷　第十期　內政部雜誌登記證內警臺誌字第三八二號　臺灣省雜誌事業協會會員　三二四

給讀者的報告

在谷鳳翔部長任內日趨腐化的司法界，現又有一件違法干涉而且涉及更重大罪嫌的案件被揭發出來了！這就是臺中地方法院的首席檢察官延憲諒居然對本院黃檢察官所提出的上訴書狀，批示「奉命不上訴」五個大字。我們特發表社論㈠「如此司法——『奉命不上訴』」，除略述此一案件的內幕外，並提出我們對這件事的分析、意見、及感想。我們特別希望監察院能好好地處理這件案子，並把調查結果早點公開出來；尤其希望行政院應從谷部長身上澈查起。對於若干守正不阿的司法人員，我們除表示敬佩外，更希望大家能站起來，不屈服於違法的干涉。

教育部長梅貽琦近在立法院及記者招待會中，坦白說明了臺灣近年來在教育方面應興應革之事，而獲得輿論界的普遍讚揚。我們在社論㈡「教育的轉機」中，指出梅部長辦教育的基本精神和態度。我們認為這是中國教育轉機的開端，深望在梅部長的主持下，能把近幾年來的教育弊病革除，而一步步走向進步之途。

最近美國的期中選擧，顯然是一件轟動世界的大事。我們特發表社論㈢「從本屆美國大選看美國政治及外交動向」，分析民主黨獲勝的若干政治因素及今後的美國外交動向。我們特別希望我國的對美政策，應該建立在兩黨基礎上面，即一方面要與共和黨有往來，一方面要和民主黨有聯絡。

殷海光先生的「後設歷史學試論」一文，是一篇說理嚴謹的學術論文。殷先生在其大文中，從引論，而說到後設歷史學的源起、本錢、目標、組成、證據底身分問題、歷史的說明、預料底可能性，都極為扼要而深刻，相信必能引起讀者對這一問題的興趣和重視。

自何浩若先生的「從經濟學看大膽假設與小心求證」一文，在香港「祖國周刊」發表後，會引起若干先生為文討論。劉家璧先生「討論『大膽假設、小心求證』之我見」大作，便是有感於此而發。劉先生除明白指出第一篇引起討論的何浩若先生大文，其中記述有不確實之處、批評也摻雜情感的成份在內之外，並針對各先生的大作，而提出了自己的意見。其敍事之客觀及態度之公正，顯然值得自由研究學術思想者所重視。

簡暢先生在其「法治與武斷」的大作中，首先說明一個基本原則：「所謂法治，就是法律主治，政府權力的運用必須依法律規定而為之。人民惟受法律治理，法律上人人平等，任何武斷權力都為法律所排斥。」進而指出我們在形式上雖有一部憲法，但實際上法律只能拘束人民，政府的權力每不受其限制，距民主法治之境甚遠。這眞是一針見血之言。希望大家正視此一問題，並為法治而努力。

雷震先生的「學生時代救國活動的回憶」大文，是回憶其在三、四十年前留學日本參加救國活動的一段眞實經過。今天在臺灣的青年學生，正有若干人和雷先生的情形相仿，但願其能靜靜的看看這一篇文章，並細細的想想該如何去努力讀書來救國，一切不要再被幾個空洞的口號所愚弄，而做了某些政治販子的政治資本。

本期是「本刊第十年特刊」，比原來的篇幅增加四頁，但仍由於稿擠，而將扼殺言論自由的「出版法」摘要停登一期，謹此向讀者報告。

本刊上期第四頁下半欄第一行倒數第七字「共」字是多餘的，及第六頁下半欄第十二行第六字「找」字是「我」之誤，特此一併更正。

自由中國　半月刊　第十九卷第十期　總第二一七號

中華民國四十七年十一月十六日出版

發行人兼主編：『自由中國』編輯委員會

出版者：自由中國社

社址：臺北市和平東路二段十八巷一號

Free China Fortnightly, 1, Lane 18, Ho Ping East Road (Section 2), Taipei, Taiwan.

電話：二 八 五 七 〇

航空版：友聯書報發行公司（香港九龍新圍街九號）

總經銷：自由中國社發行部

經售者：

	經售者
美國	紐約友方圖書公司 Hansan Trading Company, 65, Bayar D Street, New York 13, N.Y. U.S.A.
	紐約光明雜誌社 Sun Publishing Co., 112, Mulberry St., New York 13, N.Y. U.S.A.
韓國	漢城裕昌德號
馬尼刺	新疆書店
印尼	泗水文光圖書公司
緬甸	仰光振成書報店
印度	阿拉哈巴中印文化出版社
北婆羅洲	西利亞坡青年書店
星加坡	友聯書報發行公司（小坡大馬路四六九號）
吉隆坡	友聯書報發行公司（馬華公會大廈三樓七室）
怡保	友聯書報發行公司（希尼華沙甘街十六號）
檳城	友聯書報發行公司（林連登律七十二號）
澳門	友聯圖書公司

印刷者：精華印書館股份有限公司　廠址：臺北市長沙街二段七一號　電話：二 三 四 二 九

本刊經中華郵政登記認為第一類新聞紙類　臺灣郵政管理局新聞紙類登記執照第五九七號　臺灣郵政劃撥儲金帳戶第八一三九號（每份臺幣四元，美金三角）

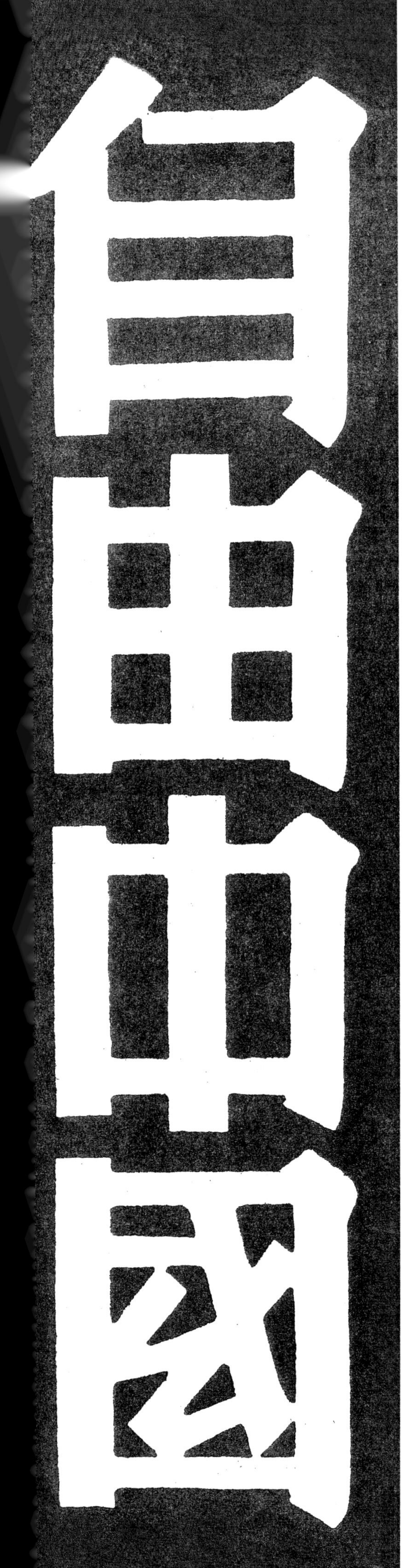

FREE CHINA

第十九卷 第十一期

紀念特刊

目錄

社論

(一) 你要不要做人?
(二) 共產統治與人權
(三) 從官方的報道再論「奉命不上訴」
(四) 政府不應用經濟方法打擊民營報紙!

世界人權宣言之淵源及其意義 …… 胡秋原
理論與事實—漫談人權保障問題 …… 朱文伯
世界人權宣言十週年 …… 李聲庭
如何保障基本人權 …… 李鈞
請政府切實保障人權! …… 王建邦
紀念人權節應把臺灣建爲保障人權模範省 …… 金承藝
世界人權宣言(附錄)

讀者投書

(一) 從人權保障談到孫秋源被捕 …… 汪文瑞
(二) 「奉命不上訴」的新論證 …… 史濟人
(三) 請看這樣無法無天的事! …… 宇俊英

短評

(一) 打人的是警察!
(二) 看監察院的!
(三) 只准警官罵人?
(四) 政治相聲
(五) 保障出版自由
(六) 三叉路口

中華民國四十七年十二月一日出版
社址:臺北市和平東路二段十八巷一號

半月大事記

十一月九日（星期日）

美國軍援計劃團蒞華。

十一月十日（星期一）

艾森豪對十八國可倫坡會議演說，提出國際經濟援助亞洲國家的五點計劃，保證美將充份合作，樹立「反抗暴政及暴政所釀成的戰爭的壁壘」。

為期五週的防止突擊會議今在日內瓦開幕，美主張在此會議中討論純技術性的問題，蘇俄要求澈底的核子裁軍，以及裁撤駐外軍事基地，作為其接受防止突擊的國際警報系統之代價。

赫魯雪夫呼籲終止四强之分佔柏林；杜勒斯稱不惜以武力堅守西柏林。

諾貝爾和平獎金，比神父比瑞膺選。

十一月十一日（星期二）

敍利亞噴射機截約旦國王胡笙座機；約旦指責敍利亞蓄意侵略，盼聯合國採取行動。

阿聯共和國聲明，否認攻擊約機，反控約機違反國際公約。

聯大政委會通過議案，自由選擧統一韓國。

十一月十二日（星期三）

東德揚言與俄談判俄自東德撤軍問題，企圖迫使西方同時自西德撤軍。

蘇俄、波蘭發表公報，建議召開高階層會議，商討裁軍與歐洲問題，兩國並對北大西洋公約組織妄加攻訐。

防止突擊問題會議，在蘇俄要挾之下，已陷入更深僵局，東西代表對議程尚未獲協議。

美將加入可倫坡計劃會議，成為正式會員。

十一月十三日（星期四）

日內瓦停試核子會議中，美代表提出一項關於有管制的停止核子武器試驗的計劃；防止突擊會議第四次會議因蘇俄作梗，仍難達協議。

可倫坡計劃會議發表公報，十八國將負責推行改善亞洲人民生活。

杜勒斯在西雅圖商會演說，譴責中共「人民公社」的落後的集體奴役制度。

美澳等廿國家正式建議，由聯合國設立特別委員會，處理和平使用太空問題，制止各國競爭探測及控制太空。

赫魯雪夫誇耀新「七年計劃」，該計劃主要工作為金屬生產。

十一月十四日（星期五）

西方向蘇俄重申立場，東西防止突擊會議不容變成冷戰場面；美所提停試核子計劃被俄拒絕。

聯合國大會通過議案，在韓舉行自由選擧，以達成韓國的和平統一。

十一月十五日（星期六）

就停試核子與管制制度，俄提出五點計劃，包括三國政府不作任何種類核子試驗，各强國在境內建立管制站。美國聲明拒絕接受俄國所提建議，因該建議未說明適當管制制度。

俄兵在柏林邊界扣留美軍卡車；東德共酋要求美與東德接觸。

赫魯雪夫談柏林問題，竟促杜勒斯對柏林要「冷靜」。

十一月十六日（星期日）

據紐約每日新聞報導，俄國前總理馬林可夫已被槍決，因拒絕在審判中做偽證。

十一月十七日（星期一）

北大西洋公約組織各國議員第四屆年會在巴黎總部揭幕，商討俄在德國冷戰攻勢，並商改組北約組織機構事宜。

蘇丹發生政變，阿布德已取得政權，下令解散所有政黨，表示將與阿拉伯聯合共和國達成良好關係。

俄在防止突擊會議中建議，飛機載核子武器時，禁止飛越他國領土。

西德已照會蘇俄，德國與其第二次世界大戰敵國間之和約，須由全德政府簽訂。

俄在停試核子會議中提議，對停試與管制應分別訂條約。

波羅的海及日本海上空俄機對美國飛機施以未經警告的危險攻擊，美照會蘇俄提出警告，俄機倘再無理挑釁，美決採取自衛行動。

十一月十八日（星期二）

蘇丹成立新內閣，阿布德掌握立法、行政、司法權力，被捕政治人物均已釋放。

防止突擊會議與東西方核子會議均無達成協議，希望，惟西方與蘇俄皆不願中止會議，恐被利用作不利於自己之宣傳。

杜勒斯呼籲自由世界堅强反抗共產主義，警告勿僅為緩和東西方衝突而變更政策，美國應擇善固執堅守正確原則。

聯合國商討太空問題，蘇俄立場突告軟化，放棄要求應以美放棄海外軍事基地為國際太空合作的一個條件。

十一月十九日（星期三）

西方提出探測突擊辦法，又遭俄波代表拒絕。

聯合國決撤回駐黎巴嫩的聯合國軍事觀察團。

十一月二十日（星期四）

西方二十國同意接受蘇俄所提建議：即設立國際機構研究和平使用太空，但對俄所提的組成該一團體名單，不予理會。

俄正式通知西德政府，俄將結束佔領柏林。

『自由中國』的宗旨

第一、我們要向全國國民宣傳自由與民主的真實價值，並且要督促政府（各級的政府），切實改革政治經濟，努力建立自由民主的社會。

第二、我們要支持並督促政府用種種力量抵抗共產黨鐵幕之下剝奪一切自由的極權政治，不讓他擴張他的勢力範圍。

第三、我們要盡我們的努力，援助淪陷區域的同胞，幫助他們早日恢復自由。

第四、我們的最後目標是要使整個中華民國成為自由的中國。

社論

(一)

你要不要做人？

一九四八年十二月十日，聯合國大會通過並公布了「世界人權宣言」。聯合國爲了紀念這一宣言和伸張人權，決定這一天爲「人權節」。自有史以來，這個節日應該視爲全人類最偉大而且最關重要的節日。人類自有文字記載以來，有多少不同的文明興與興滅滅，有多少帝國由崛起而衰亡，有多少英雄人物在人生的舞臺上表演一陣而寂然入墓。這些事件，曾經給人帶來歡欣、鼓舞、喝彩，與渴望；也給人帶來痛苦、沮喪、咒詛、與失望。然而，無論怎樣，這些事件所造成的影響，總是局部的，也是暫時的。唯獨「人權宣言」之制定，所關係的是人類全體之自由或奴役，所涉及的是人類永久的禍福枯榮。在這個地球之上，在陽光普照之下，從北極到南極，從東半球到西半球，從高山到巨澤，只要有人類生息，只要人類的繁衍一日不絕，無一人不應享有「世界人權宣言」所宣示的基本權利，因而也無一日沒有人權宣言所涵蘊的問題。

我們閱讀「世界人權宣言」，發現了下列的義蘊：

第一、它所表徵的基本精神，是「自由，平等，博愛」。我們可以說，一部「世界人權宣言」，是這種精神的直接演繹。在這充滿了奴辱、不平、和殺戮的世界裏，是多麼需要自由、平等、與博愛來救治。因此，這一部「世界人權宣言」是救世良方。只有這一救世良方才能使人類眞正走上和平、繁榮、康樂之境。

第二、基本人權是每個人所固有的。這也就是說，我們既然生而爲人，就先天地具有人權。這人權是與生俱來的財產。這份財產，既非任何人所能賜予，又不能轉讓給任何人。商人可以創造財富，但不能創造人權。科學家可以發明地球衛星，但不能發明人權。如果我們一定要說人權係由賜予而來，那末我們只能說它是上帝賜予的。在天上地下，除了上帝以外，沒有任何人能夠賜給我們以人權。國王也是人。他沒有資格賞賜人權。他也造不出人權。

當然，從人權演進的實際歷史觀察，人權之保持與發展，以及人權觀念之醒覺，不是這麼單純的。我們只看英國自一二一五年六月十五日大憲章 (Magna Charta) 簽訂以後一部人權演進史，便可知道純淨而完整的人權之獲得保障是一件多麼艱難的工作。到了近幾十年，地球上有幾個「羣衆革命」的巨浪掀起。在這幾個巨浪之中，出現了一個一個的「革命組織」，以及浮現在這些組織之上的「領導巨人」。這些巨人們如列寧等，無論是什麼顏色，無論是打起什麼招牌，無論是憑藉哪一股力量起家，一概是吃喝人權的惡魔。他們靠着打擊人權來保持其統治。誰向這些人物講人權，等于在老虎口裏掏肉。然而，從邏輯的觀點看，基本人權既非食人間煙火的任何人所賜予，於是它乃人之所以爲人的始基條件 (primitive conditions)。我們必須保有並且伸張這一始基條件，才能算是一個人。

第三、基本人權是作爲一個人的必要條件。既然基本人權是每一個人所當固有的，於是我們必須完全享受它，也必須發展它。當我們享受並且發展基本人權時，一點也不能受到妨害與侵奪，一絲一毫也不能打折扣。如果我們的基本人權受到妨害與侵奪，那末便是我們作人受到妨害與侵奪。如果我們應享的基基本人權被打折扣，那末便是我們作人打了折扣。如果我們的基本人權遭到全部沒收，那末便是作人之宣告完結。我們只聽到說「人權」，從來沒有聽到說「牛權」，「馬權」的。如果我們作人的必須條件「人權」橫遭剝奪，那末我們除了行屍走肉以外，還剩下一些什麼？我們就算活着，與牛羣馬羣何異？

第四、基本人權包括着人生之全部。我們知道，我們對于人生無論賦予什麼意義，我們對于人生無論作何價値判斷，維持我們的生活總是人生在一切方面的根本起點。如果我們不能維持生活，那末所謂人生意義，所謂道德價値，一定都會落空。所以，基本人權之一，必須是維持生活的權利。這包括着經濟人權。但是，維持生活一事，人類自洪荒時代以來就不是一件輕鬆的事。時至今日，誰要在共產世界之中維持生活，眞是一件辛酸的事。我們要能維持生活，必須不受到任何個人、任何團體、或任何制度的妨害及限制。這麼一來，我們要有維持生活的人權，就必須享有政治人權。人僅僅活着，如果時常受到別人的威脅，他的安全一年到頭都發生問題，這個滋味是不好受的。爲了安全之確保，我們必須享有安全人權。在現代國邦機構之中，我們要能享有安全人權，必須能參加政府，制定法律，所以又必須享有政治人權。然而，如果人僅僅有吃有喝、安全無虞，這還不能算一個人。美國牧場中的羊羣有吃有喝，安全有牧人和牧羊犬爲之保障。作爲人的我們，是否願意終吾之生與美國羊羣看齊呢？問題逼到這一步，人生的意義和價値問題就逼出來了：我們不僅是要活着，而且是要有意義有價値地活着。人生的意義與價値由何而表現及發展呢？從言論自由，思想自由，集會結社之自由等等來表現及發展。所以，我們必須有這些自由。這些種類的自由就是這些種類的人權。「諸自由卽諸人權」。離開了人權，沒有自由可言。有了這些自由，我們的人生才可能是完整的人生。

問題討論到這裏，我們要追問一句：人類已否獲得了這些人權呢？

依照我們在上面所陳示的，從邏輯的程序着眼，人權之於人是最始基的條件；可是從歷史的發展觀察，人權之正式宣示，遲至一九四八年才實現。在這個地球上，人類的生存史簡直是一部奮鬭史。在較早的歲月，人類與水災、旱災、蟲災、疾疫，等等自然界的危害抗鬭。自從科學昌明以後，人類對于這些危害幾乎已經獲致決定性的勝利。時至今日，人類最大的敵害是人自己。哪些人是人類最大的敵害呢？就是那些侵奪人權的。

人權的意識，是高度文明演進的結晶。古代的酋長之不識人權爲何物，這是不用說的。在迷信、神權、巫術，等等因素所構成的勢力統治之下，人常常作了愚昧的犧牲品。在專制帝王之下，人是成羣成堆地爲了築金字塔，爲了建萬里長城，爲了修運河而受奴役，甚致於死亡。在帝王時代，我們能碰到「慈惠的專制(Benevolent Despotism)」，那就像中頭獎一般的幸運。無論如何，在「普天之下，莫非王土；率土之濱，莫非王臣」的觀念之下，最多只能浮現「民本」思想：人民像牛羣羊羣被當作帝制建築的本錢。「民主」的觀念是無從產生的。人權更是無從說起。人權的觀念在近代西方汩汩流出。西方人大都享有人權了。可是，現代的獨裁者和極權者則無一不視人權爲不服鎮壓的表現。他們動員了一切反人權的思想和學說來剷除人權觀念；他們藉着屠殺、逮捕、監禁，……來扼制人權。他們爲什麼要這樣做呢？因爲，有了人權便無獨裁權，有了自由卽無極權。二者之間絕無折衷妥協之餘地。

中國人爲人權所作的奮鬪更是一部艱險坎坷的歷史。早在一九〇四年，孫中山先生宣佈滿清罪惡十大條。內中有兩條是說滿清「抑遏吾人智識之發展；禁止言論自由。」這可以說是中國人在近代爭人權之正式的開始。中華民國元年三月十日，袁世凱在北京就任臨時大總統職。在這一天袁氏作這樣的宣誓：「民國建設造端，百凡待治。世凱深願竭其能力，發揚共和之精神，滌蕩專制之瑕穢，謹守憲法，依國民之願望，達國家於安全強固之域，俾五大民族同臻樂利。凡此志願，率履勿渝。俟召集國會選定第一期大總統，世凱卽行辭職。謹掬誠悃，誓告同胞。」同年三月十一日，由孫中山先生將參議院議決的臨時約法公布。這個約法中有關人權的條欵如下：「第二條，中華民國之主權屬於國民全體。第六條，人民得享有左列各項之自由；一、人民之身體，非依法律不得逮捕、拘禁、處罰；二、人民之家宅，非依法律不得侵入，或搜索；三、人民保有財產及營業之自由；四、人民有言論著作刊行及集會結社之自由；五、人民有書信秘密之自由；……第十條，人民對於官吏違法損害權利之行爲，有陳訴於平政院之權。第十二條，人民有選舉及被選舉之權。」這些條欵本是袁氏宣誓遵守的。到了中華民國三年，袁氏提出增修臨時約法案七條。其中關于人權的一條是：「關於人民公權之褫奪回復，總統應自由行之。」除此以外，又有一條是「總統應有緊急命令權。」這兩條聯合起來，就無異於說人民之生殺予奪，一唯總統之意所欲。這是自有民國以來，中國人民的人權遭受摧殘的第一次。

民國十三年，中國國民黨在廣州召開全國代表大會，並發表第一次全國代表大會宣言。這篇宣言中對內政策第六項說：「確定人民有集會、結社、言論、出版、居住、信仰之完全自由。」從這一項可以反映當時中國在北洋政府的統治之下，並無完全的集會、結社、言論、出版等自由。當時中國國民黨的勢力蹈促於廣東一隅。它所提出的主張和它的存在與發展，確乎爲當時中國新生希望之所寄托，和中國廣大人民嚮往之象徵。可是，到了北伐成功，國民黨勢力奄有全國，氣焰萬丈，建立「革命秩序」，厲行一黨專政。厲行一黨專政之開始，卽是人權遭摧毁之時。在那一段時期，「反革命分子」，「反動分子」，「土豪劣紳」，「帝國主義走狗」，等等帽子滿天飛，當之者披靡，受打擊者如海上泡沫之消失。我們且擧一個例子以想見當時中國國民黨藉「實行革命」所製造的氣氛。民國十八年三月十六日，上海報紙刊出一個專電，載中國國民黨上海特別市黨部代表陳德徵在該黨第三屆全國代表大會的一個提案。這個提案的目標是爲了「嚴厲處置反革命分子」。提案說：「凡經省黨部及特別市黨部書面證明爲反革命分子者，法院或其他法定之受理機關應以反革命罪處分之。如不服，得上訴。惟上級法院或其他上級法定之受理機關，如得中央黨部之書面證明，卽當駁斥之。」這無異於說，「黨部」認定誰是「反革命分子」，誰就是「反革命分子」。是「反革命分子」的人，「黨部」如果命令司法機構治以「反革命罪」，司法機構就得「遵照辦理」。布爾希維克化的精神，衝霄而起！這種氣氛，當時引起普遍的不安，學術敎育界尤爲不滿。維護人權的言論四起。於是，同年四月二十日，國民政府下了一道保障人權命令。令文說：「世界各國人權均受法律之保障。當此訓政開始，法治基礎亟宜確立。凡在中華民國法權管轄之內，無論個人或團體均不得以非法行爲侵害他人身體、自由、及財產。違者卽依法嚴行懲辦不貸。着行政司法各院通飭一體遵照。此令。」雖然這道命令措詞頗多混合，且只禁止「個人或團體」侵犯「人權」，而未提及政府；但是以一個「革命政府」而不忘「人權」，已頗令人產生望梅止渴之感了。

從民國十八年到現在正好是三十個年頭。三十年的歲月實在不能算短。在這三十年間，世界發生了空前激劇的變化。人類已由原子時代而向太空時代躍進。我們在人權運動的途程中有什麼進步呢？說起來眞令人慚愧。這三十年來，我們陷於兩個大戰爭中。一個是抗日戰爭；另一個是反共戰爭。從一九三七年直到現在，這兩個戰爭接連着將三十年的歲月消耗了二十一年。戰爭像一個巨大的輪子，人權運動的幼苗幾乎全被它輾碎了！大陸赤色勢力之泛濫，更是中國人權運動之摧命符。到了「人民公社」之出現，簡直是人權之全盤否定。赤色分子由否定政治人權而否定一切人權。他們剝奪了中國人民思想、言論、集會、結社，和謀生的自由，以及一切的自由。這眞是中國有史以來空前無比的浩刼。

我們怎樣應付這一浩刼呢？

狹隘而妄自尊大的民族主義反不了共。民族主義，只有橫梗在共產世界帝國建立的道路上時才受到共黨打擊。民族主義，只有在構成對莫斯科離心的傾向時才受到共黨反對。這是鐵托與俄共不和的中心癥結之所在。除此以外，他們無寧歡迎民族主義。以莫斯科爲中心的世界共黨高興拿各地區多元的民族主義來圍困「資本主義的國家」。因此，依共產黨徒的衡斷，民族主義與共產主義是敵還是友，這完全是一個技術尺度上的問題，而不是一個「實質」問題。然而，共產主義與民主之間的衝突，則是一個「實質」問題。蘇俄自斯達林當政以後，卽回頭向着彼得大帝的舊路走。克姆林宮中高掛着「恐怖的伊凡」等人的照片。他們被當作民族英雄崇拜着。中國大陸的赤色分子强調「民族形式」、「翻印古籍」。世界許多地區的民族主義正被蘇俄共黨策導着作為「反對西方帝國主義」的一大動力。民族主義的力量老早被他們抵消了。

世界共產統治在策略上是一種有高度彈性和機動性的統治形態，在他們認為必要時，對內可作各種讓步。在對外方面，忽强忽弱，或輭或硬，時進時退，朝敵夕友，尤其極盡波譎雲詭之能事。可是有一個核心他們却堅持不變。這就是，他們不能對人權要求讓步。如果他們對人權要求讓步，那末他們就得讓大家享有自己的言論、思想、信仰、教育、集會、結社、選擇政體、營謀生活，諸般自由。當着大家享有這些自由之日，豈非共產統治從內部崩潰之時？那一個極權統治者願意自動放棄他的統治呢？所以，為了他們的統治，他們可以在一切面前讓步，但不能在人權要求面前讓步，簽字於「世界人權宣言」的有四十八國。蘇俄及其附庸則不敢簽字。可見共產統治者對于人權要求畏懼之深。阿奇力士（Achilles）雖强，但他的脚後跟却很脆弱。巴利斯（Paris）找到他的脚後跟一擊，他便倒下了。我們反共，為什麼不從他這弱點下手？試看在「鳴放」期間大陸赤色分子內部之惶恐與騷動，就可知道當他們的脚後跟暴露在人權要求的襲擊之下時，他們是多麼脆弱！如果反共者不尋找敵人的弱點進攻，而一味從事渺不可期的武力解決，甚至欣羨敵人的作法而模倣之唯恐不及，那末，這個樣子的反共，是令人十分困惑的。

近八九年來，自由中國的人民之人權享受的情形怎樣呢？這個問題的解答，不能求之於文字宣傳，必須求之於事實，尤須體會之於近年由一個中心所製造並且瀰漫全島的一股氣氛。

從世界人權宣言第一條，我們知道宣言開宗明義就是强調「人的尊嚴」。在臺灣，除了極少數人享有代價奇昂的「人的尊嚴」以外，誰還有「人的尊嚴」？我們是否真正享有「世界人權宣言」所說的言論、思想、集會、結社、謀生，諸種自由？在臺灣，「凡受刑事控告者，在未經依法公開審判證實前」，是「視為無罪」，還是假定他「已經有罪」？他被審判時是否享有「答辯上所需之一切保障」？人民在未定讞之前，是否時遭非刑拷打？第二十條第二款說：「任何人不容强使隸屬於某一團體」。可是，在我們這裏，成千成萬的青年，在大中學校入學的同時，於被指定填寫表格之間，無一例外地隸屬於青年救國團。這種入團手續，據說是「志願加入」。組織青年救國團的人說，凡有良心有血性的愛國青年都當加入。這一說詞反面的意義陰影好像是說：「凡不加入青年救國團的青年就是無良心無血性而又不愛國的青年。」誰個青年敢做「無良心無血性而又不愛國的青年」呢？因此，你如怕背「無良心無血性而不愛國」之名，那末只有加入青年救國團了。這一文字魔術是不難指穿的：誠然，青年應該「有良心」，「有血性」，並且「愛國」；可是在强迫青年加入青年救國團時搬出這一大套，就有藉此驅迫青年之嫌。如果一個青年「有良心」，「有血性」，並且「愛國」的話，他為國效勞的機會多得很。為什麼只有加入青年救國團才算是愛國呢？為什麼不加入青年救國團而專心讀書就是「無良心」，「無血性」，「不愛國」呢？無論怎樣辯護，這是「强使」人「隸屬於某一團體」。强使人隸屬於任何團體，是違背人權宣言第二十條第二款的。又第二十六條第二款說「教育之目標在於充分發展人格，加强對人權及基本自由之尊重。」臺灣教育的目標，是把下一代製造成一黨工具呢，還是「充分發展人格」？這是有目共睹的事。

以上所說的還只是可以分條列舉的並且易于直接感受的事項。而臺灣八九年來最嚴重的情勢，是在種種大的藉口和大帽子之下所造成的一種乖謬非常的意識形態和疑忌的空氣。人民一天二十四小時之內暴露於警察權力之下和特殊勢力的掌握之中。種種可大可小可輕可重的帽子和藉口，隨時左右着大家的禍福安危。這一股力量，像一隻冥冥之手，它宰制着島上最大多數人的命運。因此，它構成對于「人人」的「生命，自由與人身安全」的威脅。在這年頭，有幾個人不考慮自己的安全？於是，八九年來，大家形成一種「人在屋簷下，不得不低頭」的心理狀態。大家小心小膽，不求進取，但願禍不從天而降，只想苟全性命於亂世。我們的人權好像嚴冬裏蟄伏的草蟲。我們現在來紀念人權節，眞正說來是應該紀念「人權受難節」。

我們很容易想像得到，對于我們依據事實所作的這一報告，有一個現成而又經官方頒製且普遍流行於訓練機構的反駁：「現在是戰時，如果人人講思想、言論、集會、結社，等等自由，豈不意志分歧，力量分散？為了反共戰爭得以順利進行，只有大家暫時犧牲這些自由。」是的，在任何時候和任何地區，摧毀自由者都可拿「戰時」作藉口。但是，我們不要忘記，這是一個最無根據的藉口。我們現在請問：戰時要不要吃飯呢？要不要結婚呢？要不要看電影呢？……如果都要的話，那末可以證明即令是在戰時，人還是不可放棄人權。人權，無論在何時何地，無論在什麼情形之中，無論因何理由，都是不可放棄的。因為，我們放棄了人權，就不是完整的人。如前所述，世界共黨是人權最大的剋星。所以，我們反共就是為了保衞人權。如果我們說正因要保衞人權，所以必須放棄人權。這豈非自相矛盾？反共者摧殘人權，是反共者最顯明的諷刺。

在人類所居住這個地球上，「人權」是一切問題的基礎。沒有了人權，一切便失所依托；因而也就沒有意義，沒有價值可言。我們現在可從三個方面來考察這個道理：第一、舍棄人權而講民族主義，結果就變成君王，專制者，獨裁者鞭策之下的順民。這有什麼值得欣幸的？希特勒之流何曾不强調日爾曼民族高於一切，何曾不强調「德意志高於一切」。但是，他蔑視德國人民的生命，無視他們的基本人權。他藉着仇英仇法的情緒來驅策德國人民作他個人滿足權力意志的工具。在這一驅策之下，德國民族確曾放過光耀的火花。但是，結果何如？第二、舍棄人權而講「民治」，到頭來一定徒具形式，內容全失：所謂「人民的公僕」，既不「公」更非「僕」。選舉變成耍猴戲。政府官吏說話可以叫做「諭示」。第三、舍棄人權而講「民享」，結果是大家變成配給制度之下的新奴工。三四十年來蘇俄共黨的試驗提供了最好的證據。總而言之，沒有了人權，一切將會變成空談，一切希望都會變成泡影，我們的生命變成受人擺佈的可憐蟲。所以，我們究竟是否完整的人，端視我們是否保有人權而定。凡願意做個人的，都應該為伸張自己的人權而奮鬥。

社論

共產統治與人權（二）

十年以前聯合國通過「世界人權宣言」，蘇俄及其東歐衛星國家的代表們曾以國家主權論來與人權論相對抗，並於表決時棄權，拒絕在這一個神聖的文件上簽字。那些代表們當時還不敢直接主張不要人權，而是說人權保障應該屬於各個國家法律的範圍，用不到一個超越國家的國際組織來過問。在這十年以來，那些共產政權曾經犯了許多數不清的損害人權的暴行，當聯合國或其所屬的委員會準備援引人權宣言來予以調查或譴責之時，那些政權照例是以「內政不容干涉」來予以拒絕。在這個國家主權論的掩護之下，即使有一個暴虐的政權把自己統治下的人民斬盡殺絕，也祇是它自己的「家裏事」，外邊人絲毫沒有置喙的餘地。

國家是不是能夠保障人權呢？就理論說，國家擔任對內維持秩序之責，如果張三的人權被李四所侵犯，國家應該能夠對張三給予充分的保障。這是國家的基本功能，事實上也是國家的一項最重要的存在理由。但，如果一個國家的政治腐敗，司法黑暗，那就連這個基本功能都無從發揮。這還不是最重要的。更重要的是，很可能張三和李四等的人權，統統都被一些暴虐的統治者假國家之名來予以有計劃的侵犯，這就會構成一種比政治腐敗、司法黑暗更為嚴重的災禍。如果我們認為人權應為全人類所享有，則對這一類國家存在，又豈能視若無睹？事實上，統治者有計劃的侵犯人權的國家，在今天確實是存在的，共產主義的國家本身就是一個活生生的例子。

聯合國通過人權宣言，如果要使這一紙宣言眞能發生效果，那就必然要求着舊式的國家主權論以及傳統的內政不容干涉的說法有所修改。因為，人權觀念與國家絕對主權的現念，這二者在本質上互不相容。共產政權之所以堅持國家主權論，其眞正目的，正是在於可讓它在侵犯人權的暴行上放手幹去而絲毫不受到文明世界的干涉。

也許有人會感覺奇怪，何以一個政權居然會有計劃的侵犯人權？他們認為，權力者在無意中偶然作下一些侵犯人權的罪行那是可能的，何致於竟把侵犯人權當做政策目的？事實上，統治者有計劃的侵犯人權，為歷史上常有之事，祇是其政策效率未見得會發揮到今日共產政權那樣的高度而已。這並不是由於統治者以虐害人民為樂事，而是由於他們所把持的一種特殊的價值觀念。如果一個統治者，他把某一個特殊的價值放在個人的價值之上，他就有了蔑視人權的初步的動機。如果他感覺上帝至上，他就會主張個人的生命、自由、與財產都可以為上帝而犧牲。如果他認為國家的榮譽至上，他就會感覺個人的生命、自由、與財產在國家的光榮之前都不值得一顧。誠然上帝與國家等都具有，為某一羣人所珍視的價值，但我們却不能讓一個單獨的價值凌駕其它一切價值，更不能使它凌駕個人。一旦有一個特殊的價值凌駕個人，人權就開始成為無足重輕的東西。如果那個統治者迷信那個特殊價值達到了狂熱的程度，他就會心安理得的踐踏人權，而絲毫不會感到一點內疚。

共產主義的統治正就是這麼一個東西。它是把共產主義之建立認為具有至高無上的價值，並且準備着讓其它一切都服務於這個目的，為這個目的而犧牲。他們的罪行，不一定是由於天性殘暴，而是由這一種可怕的倫理觀念。甚至於，文明人類所指認的罪行，在他們看來却正是最高的道德。這個不僅剝奪個人自由與財產為共產主義之當然，甚至於連屠殺人民也是有道理的。

無知軍閥如張宗昌之類的殺人並不十分可怕，因為他沒有殺人的哲學基礎，他殺人的數量畢竟也還有限。史大林、毛澤東的殺人是更為可怕的，他們有哲學基礎。張宗昌之流的殺人是衝動，而史大林、毛澤東之殺人則有一種計劃性的。毛澤東曾坦然承認中共政權所處決的「反革命」分子，為數是八十萬人，一般估計死於共黨迫害的人數當在二千萬以上。就算它是八十萬吧，毛澤東敢於承認這樣一個龐大的數字，其膽量已經可驚。史大林生時，曾經對國民黨的一位委員親口說：「你們的革命（指國民黨革命）是不澈底的，我們為革命曾經殺了四百萬人，這才澈底。」我們說共產統治者的殺人是計劃性的，一點也不是過甚其詞。

在各項人權保障之中，以個人生命的保障最為重要。一個人連生命都無法保全，自由與財產等又何所依託。共產統治如此的蔑視生命，當然對其它人權也不會有一絲一毫的尊重。聯合國的人權宣言，總共列舉了三十多個人權項目，如果我們一一去分析，簡直沒有一項不已被共產統治所澈底的摧毀。共產統治之蔑視人權，甚至超越了那三十幾個項目所能包括的範圍。譬如，在它統治下的知識分子，沒有不說話的自由。又如中共目前正推行人民公社，人們甚至連在家裏吃飯的自由，夫婦間性生活的自由，都一併喪失了。這些都是人權宣言的起草人所沒有意料得到的，現在居然在這個世界上眞眞實實的存在的。我們並不是主張要把人權宣言所包含的項目擴大。現在這個宣言既然對共黨統治是無用的，則即使把項目擴大也仍然無用。但我們不能不感覺奇怪，通過並公布了人權宣言的聯合國組織，眼看着共產統治的這許多蔑視人權的暴行，何以竟沒有設法予以有效遏制。聯合國所曾經做到的，至多不過是譴責而已，不僅沒有有效遏制，甚至還沒有把犯有罪行的政權從聯合國組織清除出去。

文明人類實不應容許此類事態之繼續存在，但它居然存在着，而堂堂聯合國組織也居然對之束手無策。這是整個文明人類最大的恥辱。我們由此想，世界性的人權運動，還應該繼續以大力去推行，決不能拿這一份人權宣言作個聊勝於無的點綴就算了事。我們還要使宣言成為公約，成為憲章，並且發揮出眞實實的力量來，先約束共產主義的發展，既而把它消滅，務使我們所珍視的眞人權，絕無例外的為全人類所共享。

社論

(三)

從官方的報道再論「奉命不上訴」

「奉命不上訴」案，經本刊在上期的社論(一)首先揭發以後，當晚(即十一月十五日——本刊雖標明十六日出版，事實上每逢十五日下午就在臺北市各書攤出售)，臺中地方法院的首席檢察官延憲諒又奉命趕來臺北，密商對策。於是從十一月十七日起，臺北的官方報紙接二連三地以「本報訊」的方式發表了官方送登的「新聞稿」數則。這些所謂「新聞稿」，實際只是官方的自我辯護書。可是這些辯護書漏洞太多，外行人也許會被騙過，但在有法律常識的人面前，只顯得「欲蓋彌彰」，只顯得「心勞日拙」，只顯得司法行政部長更無法逃避他的責任，更無法掩飾他的罪嫌。

現在我們一一剖析如下：

㊀十一月十七日的官方報道：

「最近『自由中國』雜誌，刊載臺中地方法院檢察官與首席檢察官對於李國楨瀆職一案，應否上訴發生歧見一節，記者經向臺灣高等法院夏首席檢官探悉，上項事件，該處曾奉司法行政部本年六月十八日令，嚴飭派員前往查明經過具報。惟因該瀆職案尚在審判中，不論該承辦人措置是否適當，如此際加以處理，間接足以影響該案之審判，故須俟判決後再行處理。外傳司法行政部對該事件未予過問，實屬誤會。」(中央日報、中華日報)

這是延憲諒奉命來臺北與有關方面密商以後，急急忙忙拿出來的第一件官方報道。在這裏，我們要注意三個要點：第一、「奉命不上訴」這一嚴重關鍵，用了很輕鬆的字眼——「歧見」二字來掩蓋。第二、關於這一「歧見」曾經司法行政部令飭臺灣高等法院檢察處調查過，但未提到最高法院檢察署。第三、關於這一「歧見」案，須俟涉及的訴訟案件(即李國楨案)二審終結以後再行處理。

上述的第一點(即以「歧見」掩蓋「奉命不上訴」)，是站不住的。因為延憲諒五月二十四日向臺北請示，是經由長途電話。長途電話有紀錄在，賴不掉。所以後來官方又不得不向聯合報的記者承認一半，說是：「……臺中地方法院刑庭，諭知李國楨無罪後，對於上訴與否，延首席曾以電話向上級檢察官請示，但其所得的回答是『應就事論事』」(見十一月十九日聯合報第四版)。所得的回答究竟是句什麼話，我們可不去管它。我們所要問的是，依照法律程序，凡判決無罪的案件應否上訴，是否都要向上級請示？這個問題，凡是懂得法律的人都會給以否定的答覆。既然如此，那末延首席為什麼偏偏為這件案子要向上級檢察官請示？這顯然是上級有指示在先，所以延首席不得不再請示於後。儘管你可以隨便地說，請示所得的答覆是「應就事論事」，但只要你承認請示這一事實，即可想見「奉命不上訴」的批示，就是從那天的請示而來的。

上述的第二點，使得最高法院檢察長深感不快。他覺得：這一報道，只是司法行政部和臺灣高等法院檢察處的自我解脫，而最高法院檢察署卻涉嫌違法了(據悉，延憲諒奉命北來密商對策的時候，最高法院檢察長未曾參與)。於是最高法院檢察署就採積極態度，於十一月十九日斷然下令臺灣高等法院檢察處偵查具報(「偵」查與「調」查二詞的法律意義是有很大區別的。據悉，當時有一方面主張用「調」查，但因檢察長的堅持，仍用「偵」查)。此項命令包括三點：㊀說明該署從未下令李國楨案不上訴。㊁令高檢處呈報說明，是否曾下達此一命令給臺中地檢處首席檢察官。㊂如高檢處亦未下達此類命令，則臺中地檢處首席檢察官延憲諒是否涉及有僞造文書或公務員行使僞造文書之嫌疑。這項命令的發出，是上述官方報道的第二點逼出來的。今後本案在法律程序上的發展，就看高檢處對於這一命令能否忠實地執行。

上述的第三點(即本案須俟李國楨案終結後才能處理云云)，是本文所要特別申論的重點。這裏，暫時擱置一下，讓我們看看另外幾則相關的官方報道以後，再給它一併剖析。

㊁十一月二十三日的官方報道，除發表上述最高法院檢察署那道命令以外，又說到：

「據司法行政部官員透露，該部對本案(指「奉命不上訴」案)早在本年六月間即已接獲報告，並曾於六月間及七月間兩次下令調查此事。但因李國楨案迄今尚在高院審理中，為恐影響審判，故迄未做一處斷。據悉該部將於李案訴訟程序終了後，再對此事做一行政上處理。」(中央日報)

這一報道，我們也要注意三個要點：第一點與上述十一月十七日那個報道的第二點大同小異，即司法行政部曾經調查過這一案件。第二點與上述的第三點相同，即本案的處理必須等到李國楨案審判終結以後。第三點，就是最後那一句「再對此事做一行政上處理」，這句話比以前的報道多了「行政上」三字，其用意是想把刑事上的罪嫌輕輕地抹掉，只從行政上課責任，免得過於辜負了延首席一人。萬一逼得他說出眞話來，大家都吃不消。

㊂十一月二十五日的官方報道：

「司法行政部表示，關於臺中地檢處首席檢察官延憲諒在上訴書上批『奉命不上訴』一節，不管延首席是否有刑事責任或行政責任，均待李國楨案完成二審上訴審結後再行處理。

「李國楨上訴案……原起訴檢察官黃向堅不服判決，未經延首席批閱而直接呈出上訴，延首席在另份上訴申請書上(上訴高院的業經黃檢察官送出)批二『奉命不上訴』

「司法行政部下令該部所屬的調查局調查臺中地院之判決李國楨無罪是否因李國楨曾行賄而獲得無罪，調査的初步結果，已否定了以上的疑問。」(中華日報)

這個報道的第一段，我們仍留待以後再講，這裏要特別指出兩點：㈠第二段所講的話，是故意將事實的經過前後顚倒。想藉此來減輕延憲諒的罪嫌。這顯然是在玩法弄法。這一點請大家特別注意，在現階段，我們尤其要把目光注射到高院地檢處。㈡司法行政部的調査局，在法律上的地位，不是一個有權「偵」査的機關，僅是一個輔助的「調」査機構。它的調査結果只能供檢察官參考之用，不能作爲有無罪嫌的根據。司法行政部在這件案子上面，一再說及它曾經調査過。這種說法，只能騙外行人。懂得法律的人，是不會被這種煙幕迷住的。

㈣十一月二十六日的官方報道：

「司法行政部長谷鳳翔昨日表示，臺中地檢處首席檢察官延憲諒向李國楨案承辦檢察官批示『奉命不上訴』，及該案承辦檢察官黃向堅之上訴申明書未經首席檢察官核定卽行發出的行政責任，均將於李國楨案的訴訟程序終了後做一處理。谷部長稱，李國楨瀆職案現正由高院處理中，因此，如現在卽對臺中地檢處首席檢察官延憲諒及檢察官黃向堅追究其行政責任，則將影響審判。」(中央日報)

這一報道，除把黃向堅也扯上行政責任以外，仍然是司法行政部長谷鳳翔重申他處理本案的立場，卽是要等到李國楨案終結後，再行處理本案。這是他一而再，再而三地宣布過的立場；也是他自以爲最堅强的立場。但在法律上講，這一立場是最脆弱的，是最站不住的。本文將要詳細討論這一點。

爲討論方便起見，我們假定延憲諒之批示「奉命不上訴」，並不是眞的奉到了上級的命令，只是受了李國楨人情上的請託而爲之。換句話說，批示「奉命不上訴」這個行爲，其目的只是接受請託(且不說受賄)。在這個假定下，延憲諒所犯的就是刑法第二百十三條的罪嫌，卽：「公務員明知爲不實之事項，而登載於職務上所掌之公文書，足以生害於公衆或他人者，處一年以上七年以下有期徒刑。」如果延憲諒明知李國楨案之上訴爲有理由而又以「奉命不上訴」來阻撓，那就併犯刑法第一百二十五條一項三欵的罪嫌，卽：有追訴或處罰犯罪之公務員明知爲有罪之人，而無故不使其受追訴或處罰者，處一年以上七年以下有期徒刑。如果延憲諒還有受賄情事，那末，他就觸犯了刑法第一百二十二條第二項的罪嫌，卽：公務員或仲裁人對於違背職務之行爲，要求期約或受收賄賂，或其他不正利益者，處三年以上十年以下有期徒刑。得併科七千元以下罰金；因而爲違背職務之行爲者，處無期徒刑或五年以上有期徒刑，得併科一萬元以下罰金。

延憲諒批示「奉令不上訴」這一行爲，無法逃避上述那些罪嫌之一(至少其中之一)。罪嫌既經構成，最高監督長官司法行政部長谷鳳翔在獲得報告的時候(據谷鳳翔自已說是在六月間)，卽應很快地根據調査所得發交最高法院檢察署或高等法院檢察處轉令依法積極偵査，決不能等待涉及的訴訟案件(卽李國楨案)二審終結後再行處理。等待涉及的案件審判終結後再行處理，這一立場，谷鳳翔有何法律根據？如說恐怕影響李國楨案的審判，這更是胡謅。李國楨是否犯罪是一回事，「奉命不上訴」又是一回事。因爲在「奉命不上訴」一案中所要追究的是「奉命」二字，不是李案應不應該上訴的問題。所以前者的審判，決不會受後者的影響，有法律常識的人都會知道。谷鳳翔以李案未終結作藉口，來掩蓋其違法失職的責任，這是他大膽地在欺騙國人。

我們再退一萬步來假定延憲諒批示「奉命不上訴」這一行爲，不涉及任何刑事上的罪嫌，只是行政上的違法失職，那末，司法行政部長谷鳳翔在獲悉這一行爲的時候，就應該遵照公務員懲戒法第十一條後段及第十六條第二項的規定，將延憲諒先行停職逕送公務員懲戒委員會審議，也決不能等待涉及的訴訟案件終結後再行處理。請問谷部長：卽假定延憲諒只負行政責任，那末你要等到李案終結後再行處理，這又有何法律根據？如果李案二審終結後(其實二審終結也需要很長的時間)，還有一方不服上訴的話，是不是還要等李案最後判決以後才來處理「奉命不上訴」案呢？

由於以上的分析，可見谷鳳翔現在用以解脫違法失職責任的理由，是絕對站不住脚的。總而言之，「奉命不上訴」案在本年六月間谷鳳翔既已知道，到了十一月間還沒有依法處理(所謂兩度調査，或兩度下令査明具報云云，都不是正式進入法律程序的偵査，只是敷衍敷衍欺騙國人而已)，這顯然是他的違法失職。至於在這違法失職的背後，有沒有其他罪嫌，我們暫不管它。不過，在這裏，我們可附帶向讀者報告一個消息，卽監委陳大榕與黃向堅的談話筆錄中曾紀錄下這一事實：延憲諒曾經告訴過黃向堅，說是谷部長指示不要上訴的。這一點，在高檢處偵査本案的時候，不能輕易放過。積極而忠實的偵査，不能專把眼睛看下面，最重要的要向上面偵査。

本文脫稿的時候，監察院彈劾谷鳳翔的案子已經審査擱淺了。今後的發展如何，不僅爲谷鳳翔個人之官運問題，而是政府威望或信譽又一次的大考驗。監察院到了今天能否代表民意？能否明辨是非？行政院在這應該收攬人心的關頭，有沒有勵行法治的決心？有沒有去腐洗汚的打算？都可從這件案子的發展看得出來。

社論

(四)

政府不應用經濟方法打擊民營報紙！

國民黨黨政當局由於對言論自由缺乏認識，爲了制定出版法，從今年四月到六月，鬧得舉國騷然。這種企圖摧毀言論自由的做法，固早爲天下人所共見，然此卻只是大家所熟知的一例而已！

事實上，國民黨黨政當局之企圖摧毀言論自由，是有一套完整辦法的。關於此項辦法，據國民黨的朋友透露：早在四十三年，國民黨的宣傳決策負責人，雖已在暗中開始計議，但卻直到今年二月四日的「宣傳會談」，及二月五日的「第八屆第二十六次中央常會」後，才完全成熟而作最後決定，並進一步開始積極推行。

國民黨當局在這兩次會議以後，除動員一切力量從速修正了出版法，對民間報刊加以政治壓力外，同時，並進一步透過政治力量，對民營報紙在經濟上進行打擊，企圖先使民營報紙在雙面夾攻之下，只有走上死路一條。這種經濟的打擊，雖由於在暗中進行，更由於被出版法的浪潮所淹沒，始終未被外界所知，然對民營報紙來說，其嚴重性並不下於出版法所加的壓力。

大家都知道，政府在制定出版法以後，忽又決定從今年九月一日起，放寬報紙篇幅的限制。對於此項措施，本刊當即在第十九卷第六期中，以社論「扼殺民營報紙的又一辦法」指出：「其目的是在於拿一種『割喉式』的競爭，把一些經濟基礎較爲薄弱的民營報紙致於死命。」我們並進一步說明：官報黨報其所以能對民報進行惡性競爭，是由於憑藉了政治力量，而其中主要憑藉之一是：「在資金方面：官報黨報常能從臺灣銀行或其他金融機構獲得大量低利貸款，而民報則獲得貸款甚爲困難，因爲臺銀及其他金融機構都掌握於政府之手。」

現在，關於這貸款一點，我們特再根據若干最近的事實，對於這一關係言論自由的大事，加以進一步的說明。

遠在今年二月十一日，在國民黨當局積極推行摧毀言論自由的辦法下，臺灣省政府便對臺北市聯合報等九家民營報紙，及臺北市以外民衆日報等十一家民營報紙之請求准向臺灣銀行貸款一事，給臺灣銀行及省新聞處下達了一項指「令」，而「核定貸款原則六項」，其中第一項「貸款數額」規定：「臺北市民營各報貸款數額共計不得超過新臺幣二百萬元（臺北市民營各報請求貸予四百萬元），臺北市以外各縣市民營各報貸額共計不得超過新臺幣一百六十萬元（各縣市民營各報請求貸予三百三十萬元）。」其後又經過若干公文來往，直至六月十八日出版法制定前夕，臺灣銀行在致函「臺北市民營報業聯誼會」時稱：「查以前各報社貸款，因還款困難，往往形成長期貸款，此次期限，規定一年，還款財源，應請各報社預爲籌劃見告。再貸款押品，依照慣例，必須辦理設定登記，必要時可予處分者，應先洽商各報社後再爲辦理。」然據說臺北市各民營報紙在四十三年所舉借的疏借貸款，都能按期還本付息。這是由臺北市民營報業聯誼會集體負責，所以債信很好。現在臺灣銀行所稱，只不過是藉口刁難罷了。但這一臺北市民營報紙貸款案，被一拖再拖的拖到十一月，又被臺灣銀行以常務董事陳漢平未出席會議爲由，歷四次董事會而不討論，於是就這樣擱置了下來。

以上所說，便是在出版法制定聲中，民營報紙向臺灣銀行請求貸款所遇阻礙的大概。

其實，我們對於臺灣銀行是否應貸款給報社？又究竟該用何種手續？都無一定成見，我們也決不爲民營報紙貸款說話。甚至我們還認爲，如有適當的理由，貸款根本可以停辦。但我們堅持一項前提，就是對於貸款的對象，必須不問是官報黨報抑或是民營報紙，要做到無分彼此，一律平等，才算是合理合情合法。

但是，目前的事實卻證明，臺灣銀行對於報紙貸款一事，儘管對民營報紙藉故刁難，再三拖延，然對黨報卻予以特別的方便，一再的優待。例如國民黨機關報的「中央日報」貸款案，早在九月一日由臺灣銀行董事會通過，准許獨借一百萬元之數。又如國民黨另一份黨報「中華日報」，原已直接向臺灣銀行借過六十五萬元之多，雖由於該報之沒有銷路而無力還債，但最近卻又借國民黨中央財務委員會名義，再向臺灣銀行另借到一百萬元之多。

事實已經極爲明顯，臺灣銀行對於黨報和民營報紙之間的貸款，處理得極不公平極不合理。臺北市九家民營報紙的貸款額，雖然合計只到「中央」「中華」兩家黨報一次的貸款額，但黨報的貸款早已到手，而民營報紙的貸款還遙遙無期。據說這是由於國民黨當局的實際負責人從中作梗，究其動機，又是爲了貫澈國民黨當局澈底摧毀言論自由的辦法。因爲出版法雖已通過，國民黨面對着海內外的猛烈抨擊，究不便輕易使用，而免永爲全國人民所共棄，所以才透過黨的「權威」，由臺灣銀行出面，在貸款方面給民營報紙經濟上施以嚴重的打擊。因爲這種經濟上打擊的辦法，較之利用出版法來扼殺民營報紙，還可以收到「殺人不見血」以至掩飾天下人耳目的功效。

記得胡適先生在四十一年十二月九日向臺北市編輯人協會發表題爲「言論自由」的講演時曾說過：「比如在自由企業發達的國家，尤其像美國，他們的報紙，是不靠政府津貼的。」又說：「在美國，就沒有一個報紙可以說是國家的，政府絕不辦報紙，政黨也不以黨的資格來辦報。」其實，美國政府非但絕不辦報，且對於任何與政府持反對言論的民間報紙，也絕不至於利用政治或經濟力

（下轉第16頁）

自由中國　第十九卷　第十一期　世界人權宣言之淵源及其意義

世界人權宣言之淵源及其意義

胡　秋　原

本年十二月十日，爲聯合國大會通過「世界人權宣言」十週年紀念日。雷震先生要我寫一文談談。雖然這宣言只是一個宣言，並無法律效力（因這必須各國批准），然無碍其爲聯合國憲章以後一最重大文獻。他是西洋以及世界人權思想的最近發展；同時對今後個人、國家、以及國際社會的生活方式，提出種種問題。此文略論其歷史淵源，及其哲學意義。又此宣言週年紀念時，我曾譯爲中文，刋于「香港時報」，這也許是第一次的漢譯，曾附入我的文集中。手頭無他資料，如有引用，係用拙譯文字。

西方人權觀念之發展

「世界人權宣言」原文是 "Universal Declaration of Human Rights"。此包括三個概念。一是「人」，二是「權」，三是「世界的」或「普遍的」人權。這三個觀念之連結及其內容之形成，在西洋是經過四千年左右之發展，三四千年間仁人哲士、英雄豪傑之思考、努力和奮鬪而來的。而「人權」開始獲得確切勝利，至今還不到三百年。至于「世界人權」運動，現在剛剛開始而已。

人出現于世，據說至少有幾十萬年乃至百萬年。然而，人之觀念，人意識其爲人，那是文化相當發達以後的事。一般而言，人類進入新石器時代後，在認識神的時候，意識到人之存在。不過此所謂「人」者，只是神之附屬，且是集體的人。許多民族或部落之名稱，本來即「人」之意（如匈奴之匈，即人之意）。故所謂人者，最初只是一個部落神之子孫之自稱。繼而人對神獨立，意識人的地位站在人的立場來看世界，這是人類文化一大進步。眞正哲學的思考，由此開始。此在近東埃及，開始較早。在歐洲，不過是距今二千五六百年前的事而已。一個希臘「聰明人」普洛大哥拉斯以說「人是萬物尺度」知名。這句話且爲今日實用主義之出發點。他是蘇格拉底前輩，約與子思同時。人本的思想，是此後才大爲發展的。

但不要以爲希臘時代「人」的觀念，與近代的相同。那相隔甚遠。他們所謂人，第一是本鄉本城本邦的人，即在同一神廟中祭祀的人。因爲人類社會，無分中外，總是由宗教開始的。所以我們亦稱國家爲社稷。「異邦人」與蠻夷是一個意思。語言文化之擴張，商業與戰爭的作用，慢慢形成「希臘人」的概念了。然一切「非希臘人」只能算是蠻夷。第二，並非一切希臘人都能算人。其初只有少數貴族才算眞正的人。其後一般有財產的人，在希臘各城市中有權過問公共事務的人，即所謂「自由人」者，才能算人。至于奴隸，在希臘人古典的定義中，只是一種工具，一種「說話的工具」或傢伙而已。此外，婦女、兒童，也不能說是完全的人。婦女只是一種財產。所以主張共產的柏拉圖，也主張公妻。

等到希臘本土淪亡以後，馬其頓之亞歷山大藉希臘文化之力從事東征，建大希臘帝國。如是開始「大希臘風」時代。在東西世界之接觸與紛爭中，產生兩派新哲學，即快樂派與克己派（斯多噶派）。他們對人的觀念大有貢獻，特別是後者。塞普魯斯島之柴諾，懂得希臘的學問，但有更博大的眼光。他開始提倡一種思想，即世間一切，都是一個「統一而大全」的一部分。此「一而全」者，是上帝，是自然，是天道，亦即天命。由此演繹出兩個重要觀念，即人都是人。此即「世界人」(Cosmopolites) 之觀念。二是人「應照自然之道」生活，以求幸福。這本來不過四海一家，聽天由命之意。然與其他事實結合，就演進而爲人類平等的觀念，自然法（自然法律，自然法則）的觀念；而近代民主與科學之根據，也都可溯源于此。

此後西洋人關于人的觀念，直到文藝復興，並無進步，甚至只有倒退，重複這一思想過程。但即在重複中，也並非沒有新的因素。此指羅馬時代。現且放下，略說「權」的觀念。

權利觀念，是與人的觀念同時發生的。人的觀念，表示人類對于自己在宇宙間地位之認識。權利的觀念，表示人類相互關係之要求，以及各成分對全羣體地位之認識。權利是各成份應得之分（去聲，等于 due，職分 duty 由此轉來）。這應「恰如其分」，恰如其所值（直）。如是發生「公正」「公平」「正當」「正直」，「正義」的觀念。故權利二字之在各國，幾乎皆與「正當」同義（如 right）。公正的辨法，即所謂法律。然則誰主持公正呢？上帝。所以權利、法律觀念，亦起于宗教。最初的法律，總是一部落中「通神」的人，將一部落共同生活習慣，用神的語言組織起來的公約。道德法律皆由此分化而出。中國古無所謂法，只有禮，即說明此一事實。西洋最古的漢謨拉比法，以及猶太人的法，都是宗教與習慣之混合。猶太的耶和華乃宇宙正義之主宰者。他們所謂公平正義者，主要有兩個原則。一是有福同享，有禍同當。一是以牙還牙，以眼還眼。原始的立法院和法院都在神廟中，立法裁判，是秘密的。祭師即立法家與法官，猶之行政領袖之出于會打的武士；所謂「國之大事，在祀與戎」者是也。又所謂同享同當以及以牙還牙的原則，是只以「同人」爲限的。對于非我族類，以及奴隸之類，有福不必同享。而如果他們打掉自家人一枚牙齒，也不能以還一枚牙了事。那是要一條命或很多命才能償還的。

等到社會範圍擴大，人事日繁，這一套不够用了。在西洋，財產問題更受重視。於是有法律之公布，以及專門研究法律的人。「同人」範圍擴大，因而法律適用範圍也擴大。此即「人」與「權」以同心圓形式擴大。這在羅馬法發展上，尤其分明。羅馬初期法律，原只是羅馬市邦參加祭禮的貴族家長之間的習慣法。為了對外擴張，必須平民當兵，納稅。如是公布十二銅表法，此即「民法」。受此法保護與享此法特權的，由貴族擴張到平民，二者皆為「自由人」。此後羅馬人到處征服屠殺。羅馬市民在各處成為主人。然外國人，特別是希臘人，亦漸藉助戰與賄賂，得到羅馬市民資格。如是民法擴大，有所謂「萬民法」。此後羅馬帝國成立，版圖更擴大，同時克己派哲學更為流行。這一派的哲學家伊皮克特圖說，「四海之內，皆兄弟也」；他本人本為奴隸。他們影響當時法學家。羅馬皇帝為了擴大財源，兵源，不得不和法學專家創制新的法律，於是有所謂「自然法」。三世紀時，羅馬公民權普及于羅馬帝國，而在「自然法」中，奴隸制度也不被承認了。羅馬人平等了。不過這無碍羅馬皇帝，以「第一公民資格」，享有至高無上的權力。所謂羅馬皇帝，都是將軍，但不世襲。其中好的少，壞的多。有羅馬人，也有蕃兵將領。但一做了皇帝，是最高的行政首領，也是最高的立法家，同時又是宗教（皇帝教）的主祭人。查士丁尼帝所編「羅馬法綱」是帝王獨裁與克己派思想的混合物。其中有「帝王帝志是法律淵源」之格言，也有「人類生而平等」的自然權利之主張。今日所謂 “Constitution” （憲法）一語，原指羅馬皇帝之勅令。又西方人所謂公民（Citizen），原由羅馬市民一字而來。此外民法刑法之區別，民政軍事之區別，也是由羅馬傳統而來的。

古代西洋人權觀念，到「羅馬公民權」為止。今日西洋人每自矜誇其自由傳統，追溯到希臘羅馬。這是不足信的。法國大史學家古朗士說：「信古人有自由權，在近人誤解中，實一奇異之大錯。古人卽這種觀念亦未會有。對邦及神，他們不信人有任何權利。」（李宗侗譯希臘羅馬古代社會史）。

此後進入中古時代。歐洲蠻族（今日文明的歐美人祖先），藉基督教士之教化，漸有文字，進入開化。然一般文化，一時更為倒退。中古初期，只有教權。他們對于人的觀念，只是「基督教徒」，西教會東教會信徒而已。他們除了封建義務以外，亦無權利觀念。

但不可忽視，給與近代西洋人權觀念的基礎者，基督教義實比希臘羅馬文化為多。

在羅馬帝國成立之日，出了猶太教之改革者耶穌。在他許多名言中，我以為最重要一句是「上帝的歸上帝，愷撒的歸愷撒。」他本來的意義或不過對世俗禮勢之反抗，但其影響確極重大。在耶穌說這話時，勿忘羅馬皇帝同時是活上帝。耶穌此語，教人堅持正義，對上帝（正義，良心，與眞理之象徵）負責。而這句話，在中世教權形成後，為政教分離開路。而在王權濫用後，又為人權開路。

又基督教原只流行于猶太人間。克己主義一面影響羅馬法律，一面也影響基督教義之形成。特別是保羅，將希伯來正義觀念與希臘克己哲學之平等觀念聯合起來，宣稱「為上帝所召的，不但是猶太人，也是外邦人。」這使基督教成為一世界運動，獲得極大的勢力。基督教不問現世的法律。保羅教人要以「內心服從上帝的法律。」這良心觀念之提出，亦使人類精神，得到一種道德的勇氣。此一良心自由，是自由之動力。在全部基督教的教義中，他們對「人」的觀念，是較希臘思想遠為落後的。然一旦基督教徒對「人」的性質形成一個正當觀念時，良心就產生一種活潑的力量。人類之進步，非宗教所能為力。人類之勇氣，亦不一定由宗教來。我只是說基督教的良心觀念，對西方人之爭自由，曾有莫大鼓舞作用。

一連串的變化，首先是回教之衝擊，十字軍之反擊，以及蒙古西征，重開歐亞交通，給歐洲以機會，開始覺醒：「人之覺醒」。過去歐洲歷史家將歐洲此一覺醒始于十四五世紀文藝復興。但今天許多人將文藝復興上推到十二世紀，不無理由。事實上十三世紀以來，歐洲人關于「人」和「權」之新觀念，是在孕育和發展之中了。首先，國語文學之出現，民族之衝突，促進「民族國家」之產生和「國民」觀念之形成。過去只有羅馬公民、基督教徒。此後有法國人，英國人，匈牙利人的觀念了。其次，大學之設立，學究哲學中普遍與特殊之論辯，羅馬法之研究，以及政教之衝突，王侯之衝突，在十三世紀初期，有兩個有意義的運動發生。一是英國的「大憲章」之宣布，一是匈牙利的「金牛憲章」之宣布。 這都是封建貴族對國王的權利要求，與今日人權運動內容大有不同之處。但這成為後來人權運動之榜樣，故歷史家仍不忘其開路之功。而匈奴之後在世界上為人權運動之先驅，此不僅是東方人的榮譽，也可知道今日匈牙利人為反抗蘇俄帝國主義之先鋒而震動世界，並非偶然的。

沒有哲學，一切實際運動盲目。沒有實際運動，一切哲學空虛。此後十四五世紀人文主義與文藝復興，十五六世紀宗教改革，以及繼此而來的宗教戰爭，航海運動，以及因此而起的技術之進步，自然科學之研究，相輔相成，才逐漸為近代人權思想和運動開路。此處必須鄭重指出，近代所謂「人」者，首先不僅是有血有肉的人，而且是一個一個的具體的人。這種世俗的個性的人之發現，是人文主義文藝復興才開始的。其次，近代所謂「人權」運動者，首先乃指個人的天然權利而言，而此一權利，又是對帝王之「神授權利」（Divine right）說而起。兩者都援引自然法為理論根據。後者援引「帝王意志為法律淵源」說，前者則援引「人類生而平等自由」說。這一人權運動，是開端于荷蘭與英國，到美國獨立而彰明昭著，到法國革命而擴大影響的。

民族國家之形成以及航海運動，促進歐洲絕對王政。此以西班牙為模範。如是有英國之「王權神授」，及路易十四之「朕卽國家」。宗教改革原是一種民族運動。「德意志超乎一切」，卽路德提出的。同時也是一種良心自由運動。人類可藉良心面對上帝，並無須教皇教會「介紹」。最重要者，也是一種個人謀生之信仰。加爾文派的人相信自食其力，是對上帝義務；而勤勞致富，亦上帝之恩惠。過去只有聖徒，王侯，才被尊敬。現在，每一個農工商都自覺其人的地位了。特別是商人，曾爲耶穌所毆打，歷爲社會所輕視，至是了解發財有理。如韋伯所云，「清教主義實近世資本主義之父母。」這幾種新信仰結合起來，使荷蘭人對西班牙王兼皇帝宣布獨立(一五八一)；這是美國獨立之先驅。這新信仰又使英國會中清教徒反抗英王之橫征暴歛。幾經衝突，一六二八年英國會向英王提出「權利請願書」。主要之點是「不得國會同意不得徵稅和獻金，如無特別起訴，不可監禁任何人。」

這衝突繼續發展爲內戰。一六四九年，民黨領袖克倫威爾將英王查理判處死刑，而且斬首了。但事情並未終結。王黨還能復辟，並還有許多學者爲王權辯護。培根之高足霍布士，近代第一個唯物論者，依據自然法及契約說，認爲個人權利衝突不已，才有國家。而最有效政府，是將主權交與一人云。

因此，需要哲學家和政治家努力。第一個給「個人」觀念以哲學基礎者，是笛卡兒。因此，他成爲近代哲學之祖。爲其出發點的「我思故我在」，即一面肯定「我」，同時指出「思」—理性，乃是人之本質。他發展數學與機械論的自然觀。荷蘭斯賓諾莎發揮同一觀念。三個英國人對于人權貢獻最大。米爾頓力倡言論思想自由。牛頓繼加利略笛卡兒之後，對自然法則作系統研究，奠立近代自然科學根基。他雖與人權思想無直接關係，但他使自然法不能爲王黨假借。而同時洛克則將此一觀點應用于哲學和政府論。洛克認爲契約有效在于「同意」，故政府必經人民同意。爲使政府不致濫用權力，立法、行政、司法三權必須分開。此外，自新舊教之爭，在法國有南特詔書(一五九八)，事實承認新舊教之並存；至是洛克對信仰自由及寬容作學理之討論。此所以他被認爲近代自由思想之祖。當洛克著書之日，英國發生一大事件。當時英王詹姆士二世勾結法國準備破壞英國人已經得到的權利。英國的七個大臣，包括羅素之祖在內，繼而邱吉爾的祖先也加入其中，驅逐英王，邀請英國駙馬，荷蘭監國威廉爲王。詹姆士逃走，將璽王丟擲入泰晤士河；威廉以接受「權利宣言」(Declaration of Rights)之條件，來作英王。宣言肯定「此土人民之眞實古老而毫不容疑之權利」如下：不得國會同意頒布法令爲非法；不得國會同意招兵徵稅爲非法；請願合法；携帶武器合法；國會選擧及辯論必須自由，且須經常集會，等等。繼而通過一聯串法案，如寬容法案，「權利清單」(Bill of Rights)。此一清單將權利宣言內容法案化，還有關于人民被控犯罪，必經公平審判；不得使用殘忍及非常懲罰等；此外則涉及王位承繼問題者。此即所謂名譽革命。自此英國成立政黨政治，確立預算。三島統一，產業發達。國家也日益富强了。

這些理論傳到法國，傳到美國。如是有一七七六年美國之獨立宣言，此亦首據自然法立論。繼而各州憲法，大多有人權條文。其後有一七八七年聯邦憲法，其後一七九一年特列「人權清單」，作爲憲法補充條欵。其中最重要者爲：

國會不得制定任何法律，創設或禁止宗教；或限制言論出版自由，以及和平集會請願；軍隊在平時不得屋主同意不得進駐；人身家室，不受無理搜索；在刑事案訴訟中，不得强迫犯人作證反對自己；不經法律程序，不得剝奪生命財產及自由；不得將私產移作公用而不賠償；等等。

此時法國發生革命。一七八九年法國依照英美方式，提出「人與公民權利宣言」。繼而起草憲法。自此以後，各國都在憲法中將人民權利列入。而人權之大義，也就如日中天了。

自美法革命到二次大戰

到此爲止，西方人所謂「人」者，指個人；此所謂個人，指男人；男人限於納稅人，即所謂「主動國民」。此法國人權宣言所謂 "Man and citizen" 者。所謂「權」者，指自由；所謂自由者，以幸福之追求爲主；而幸福之中，財產當然是一主要項目。因此，私有財產之保護是法律之基本原則。而政治自由權，如選擧、言論、集會等，不免視爲達到財富的幸福之手段。然所謂個人者，其性質是什麼呢？自笛卡兒以來，「理性」被認爲人的特性，在法國革命前夕，即所謂啓蒙時代，成爲口頭禪。人是理性動物，靠理性，照自然法以求進步；進步即幸福之增進。而自然法者，乃是像機器一樣的。如是文藝復興時代有血肉之人，至此成爲「理性人」，一種抽象的人；經此一轉，又成爲一種「機器人」，如啓蒙時代一本書所表現的，「人者機器也」。此時一個大的運動已經發生，此即工業革命。同時也有一大思想完成，此即亞丹斯密的經濟自由主義。兩者對十八世紀的人權觀念加以鞏固，加以補充。補充者，「理性人」，「機器人」之外，就是「經濟人」。此實即各國「紳士」。宗教已成一種例行儀式或者「傳播文化」的媒介，十誡已不足成爲西方人的道德原理了；如是「開明自私」，是最高道德信條。

然而理性不碍法國人在革命中進行狂熱的恐怖。如何的自私才算「開明」，也沒有一標個準。及工業革命開足馬力進行以後，在產業革命初期，勞動者之待遇，其殘忍有不可否認的。同時歐洲各國對外擴張，發展殖民主義。在這過程中，在自由平等博愛之故鄉，即有哥賓諾者，倡「人種不平等」論，認爲只有阿利安人特別優秀。(當時尙不知印度人亦阿利安種)。至十九世紀末，又有吉卜林「白人負擔」之說。而在哥賓諾發表種族論時，一位德國猶太人馬克斯，說普羅階級最優秀；他的朋友恩格斯又補充說，德國普羅最優秀。後來列寧之流學舌，說俄國布塞維克又是「人類先進之先進」。這樣一來，人的觀念，反而又退到部落主義了。

這便是因爲對于所謂「人」，缺乏一種新觀念，以適一個擴張的世界。說到此處，我必表彰康德的偉大。他在十八九世記之際，思考科學與道德問題。他認爲人之所以爲人，在有一種「人格」。此人格使人超乎自然之上，而有一種「人格尊嚴」。今日所習用之人格尊嚴一語，主要是他提出的。他覺得理性(純粹理性)是不够的，還有一種實行理性(道德)站在更高地位。爲了實現人格尊嚴，他提出道德三格言，一是「對人一如對己」，二是「無論對己對人應當視人類爲目標，不可視爲手段。」他糾正財產的權利觀念，視人權爲人道的義務，因而人權思想因得有道義根據而普遍化了。本此見解，他相信人類史之目的，在實現一種政治制度，使在國內及國際，充分發展人類之才性。他提出世界永久和平計劃。其基本前提是：「無論國之大小，不能爲他國所有」；「逐步廢止軍備」；「一國不能以暴力干涉他國」，「亦不得在他國進行暴動煽動」等。其基本條件是：「各國憲法必須是共和的(意卽民主的平等的)」，其標準是凡施于人者亦可施于己。其次，「國際公法必基于國家之自由聯合。」復次，「要有一種世界公民法，以普遍善意爲原則。」此文作于一七九五年。第一個對今日聯合國憲章與人權宣言有所提示者，是這一個一生足不出其小鎭的哲學敎授。

康德淵博哲學著作，爲近代哲學分水嶺，其書在各國大學中和學界翻來復去的研究。但他根本思想，對人更深，對人權更廣，對人類前途更遠大的思索抱負，則不甚爲人注意。反之，在思想上，歐洲大抵循兩條路線發展。一是經由黑格爾發展爲唯歷史主義(Historicism)，一是經由孔德實證哲學發展爲新實證哲學，亦卽所謂唯科學主義(Scientism)。此外，非二者之混合，卽二者之支流。人格尊嚴之義，沒有充分的發揚。雖有新康德派，也只變成一種註疏之學而已。(唯美國實用主義及人格主義稍爲例外)

人權思想沒有進一步發展，另一方面，政治家亦復短視者爲多。因爲這兩個原故，自美法革命，實際，雖然一方面對各國發生衝擊，產生各種不同結果；另一方面，也在歐美諸國之內產生各種改革效果；然全體而言，西方人權思想與實際，一直沒有重大進步。美國憲法雖甚民主，然當初婦女及黑人並無選舉權。人權、自由，大抵受財產限制。在其他各國，勞動者權利較美國尤爲不如。此所以有社會主義之勃興，不僅要求勞動者之權利，且對私有財產制度作根本的挑戰。婦女亦要求平權。這些國內問題，在十九世紀中葉後僅多由歐美先進諸國藉立法逐步解決中；此卽人權在國內之普及。但是，除美國以，列强在對外帝國主義擴張與殖民主義競賽中，很少承認有色人種與弱小國家是有人權的。人權只是西方「機器國家國民」之權利。然美法革命是民主革命，亦民族與國民革命。他的影響先在歐洲(如義，德，以及東歐)發生，繼而傳到亞洲非洲。而歐洲諸强或僅加利用反對其競爭者，或加壓迫，鞏强其特權。此卽所謂「强權政治」。這造成第一次大戰，而這對于勞動運動民族運動也發生大的衝動。

在第一次世界大戰中，威爾遜總統提出「十四點」，民族自決和國際聯盟方案。這是將人權運動推向世界化的第一個步驟。然歐亞强權認此爲「敎授迂談」。他們不但在亞非諸地分割殖民地，卽對于戰敗的德國人，也是無善意，不平等的。這增加了世界的衝突、矛盾和仇恨。

這就是本世紀新式獨裁帝國產生的背景。法國革命以後歐美各種思想一方面在東歐、亞洲發生影響，另一方面亦在俄國發生影響。自由主義，立憲主義，帝國主義，社會主義，在此古老專制之國，發生奇異之混合。于是在本世紀初產生布塞維克主義，而在第一次大戰失敗中發生蘇維埃革命，終循其歷史傳統，變爲一種對內獨裁對外侵略的內外殖民主義之新形式；並在義德變爲法西斯主義，納粹主義。此三者之共同特點，乃對十七世紀以來西方文化所培養的人權觀念，爲根本之否定與摧殘。同時並企圖利用東方西方之衝突，取舊帝國主義而代之。他們的奴役與征服，都是世界規模的。於是第二次大戰發生。

這是人類之厄運。但此新獨裁帝國主義不是舊日人權思想所能對抗的。洛克福祿特爾的子孫，早已實行帝國主義，卽不能以此新帝國主義野心過大爲反對之理由。至于他們在國內奴役人民，那是「內政」問題。照古典國際法，那是不能干涉的。納粹和蘇維埃都能發展新的技術，他們的奴役和征服，都是十分科學的，至少在他們看來十分理性的。而這也足見得「人」的觀念，不能停在「理性人」，「機器人」，「經濟人」的水準；而人權問題也不能限于國內，限于歐洲，限于白種，自然也不能說限于阿利安，限于普羅列特利亞。

至此，我們便很容易回想到康德的深思，和了解世界人權宣言的價值。

世界人權宣言之要義

二次大戰中，美國羅斯福總統以四大自由號召于世。一九四一年秋，羅斯福與邱吉爾發表「大西洋憲章」。這包括後來聯合國憲章與世界人權宣言的原始概念。無論羅斯福在政治上有如何錯誤，由此憲章所表現的他的政治遠見，代表美國一代的智慧，畢竟是值得推許的。

現單說宣言。我以爲這宣言有三個重要之點，是十七八世紀人權觀念未曾到達境界而代表一新發展的。

世界人權宣言前文開始宣稱「人類社會一切份子固有之尊嚴，平等而不能讓與之權利，乃世界自由、正義、和平之基礎；言論信仰之自由，免于恐怖及匱乏之自由的世界之出現，應宣言爲人類最高之願望；人類對于專制與壓迫不得不訴諸反抗爲最後手段，如欲避免，則人權必以法律之治則以保護，至爲重要。」卽此數點，已看出這宣言所注目者，不但是一國內問題，而且是全世界正義和平。至此「世界的人權」，才見于國際正式文獻。宣言第二條說，「任何人，不拘人種、膚色、性別、言語宗敎及政治意見之不同，以及出身，財產門第或其他地位之一切差別，均有享受此宣言中一切權利與自由之權利」；「個人所屬之國家或地區，不問其爲獨立地區，託管地區，非自治地區，均不得設立任何差別待遇。」這是人權觀念之普遍化和世界化。人權不是任何國任何人或集團之特權，是全世界人類每一個人之通權。此宣言要點之一。

在全文三十條中，自第三條至二十一條，大體上是有關政治權利的，卽人身、居住、通信、信仰、言論、結社自由，以及公開審判等。這大抵是近代各國憲法關于基本人權的條文，特別是世界最民主，而爲希特拉所毀棄的威馬憲法上多少提出的。值得注意的是請求政治避亂的權利，家庭受社會及國家保護。比較有趣的是「任何人不得受强制加入任何結社。」自二十二條至二十五條則是有關經濟的權利。這多少受社會主義影響。二次戰後義大利憲法，亦有經濟權利的條文。我們知道，所謂社會主義如以廢止私有財產之名，行獨裁之政並以暴力爲手段，國營爲目標，是有害的；但如以尊重勞動權利爲目標，民主方法爲手段，應有其價值。這宣言包括政治經濟人權在內，且欲藉「國家努力及國際合作」實現，又有新的意義。此處我想提到，有若干極端派根本反對國家對于經濟的任何干涉。但我想，爲了保障人人自由，有時需要干涉干涉者。只有這以外的干涉，才是不可以的。其次，我想提到根本反對私有財產，也就是根本反對個人人權，是不可以的。而任何「一國社會主義」，都是不通之路，最危險而有害的。一國社會主義必然下者是官僚資本，上者是極端帝國主義。而以國際合作，促成世界經濟平衡發展，則資本主義社會主義之爭論，即可解決。這是這宣言值得重視的第二點。

這宣言不但將人權觀念放大到世界，擴張到經濟，而且將人權觀念提高或深入。這便是開始便提到人類「一切份子固有的尊嚴」，第一條「一切人類生而自由，在尊嚴與權利方面普遍平等。人類均賦有理性與良心，應以同胞精神，相互行動。」第二二條說到「實現對于自己尊嚴，自己人格之自由發展的權利。」最後五條（廿六—三〇）大抵關于受教育的權利，創造及欣賞文化的權利。又「教育應以人格之完全發展「與人權及基本自由之尊重之强化爲目標」；並在國際間「增進理解，寬容及友好關係。」同時，「任何人對于必在其中始得自由及完全發展之社會，負有義務」；我們亦當尊重若干法律，此即以尊重人權及「充實民主社會之道德，公共秩序，及一般福利爲正當目標」之法律。這是一種人生觀或人生哲學。而其康德的色彩，是非常顯明的。所謂人格之尊嚴，便在人類有對人類的善意；這便是道德核心。由這立場出發，我們便知道解放全人類每一個人的才性，造成一個「萬人友愛萬人」的世界，以轉而協助人類才性之發展，是人類應有的崇高目標。這也就是一個人人發展而不相妨的世界，也就是「萬物並育而不相害」，「人人爲我我爲人人」的世界。以非宗教的語言，將道德的原理復活，作爲人權之堅實出發點，是這宣言第三亦最重要之點。

這宣言起草委員會的主席是羅斯福夫人，但參加起草的人有各國學者在內。所以內容是很豐富的。由上述此一宣言之三大要義，我相信此一宣言還有兩大現實政治價值。其一，世界人權是對抗國際共產主義之道義武器。當這宣言開始提出之時，蘇俄即表示反對。可知其中所包含的觀念，正是針對共產集權的思想和制度的。其二，世界人權是國際和平不可缺乏之基礎。聯合國憲章說的是國與國的關係。宣言所說的，是世界上人與人的關係。今日憲章因蘇俄之破壞而不能有效。但即令不然，即令沒有蘇俄，倘無一個世界人權之保障，亦即世界還有人民不自由不平等的國家，則世界亦不過有暫時之和平，而無永久和平。這是康德烱眼早已看出的。

然則如何才能促進普遍人權之實現呢？宣言中提到「希望社會各個人及機關常將此一宣言置于心中……藉教育與教化，以促進此種權利與尊重，並藉國內及國際之漸進措施，確保其世界的有效承認與遵守。」任何實際運動不可缺乏思想運動之準備。在此意義上，這並不消極。然而不應該使這一世界人權能在各國切實實現嗎？是的。依據原來計劃，繼宣言之後，還要起草一個「人權公約」(Convention on Human pights)，這一公約，則是希望在聯合國通過後，再由各國立法機關批准的。

然而這不是沒有問題，甚大問題的。這便是新的世界人權觀念，與舊的國家主權觀念之衝突。十分顯然，一個世界人權，無論涉及個人，或涉及殖民地，都可遇到「不得干涉」內政觀念之反對。蘇俄集團必定反對，而其反對亦必以不干涉內政爲藉口。所以宣言之本身，只是一個思想之提出，希望形成一個有力運動，至少能在民主國家之間，得到普遍的贊助；然後壓迫蘇俄集團，對這問題表示態度。

事實正是如此。十年以來，人權公約之起草遲遲未能成功。這一方面是蘇俄之阻撓，另一方面，就是「內政干涉」問題引起的爭論。甚至美國也有人以此爲理由表示反對。蘇俄未能在聯大阻止宣言通過，如是在公約起草委員會極力設法破壞。破壞之法（如我在一九五二年的草案一部分中所見的），即在每一條欵之後，加一些尾巴，諸如「僅受法律之限制」，或「不受法律以外之限制」等語。而這樣又便是美國人不願其通過的。美國憲法無此限制，故美國有人說，如此限制，那要破壞美國憲法了。還有若干國家也不願涉及「非自治區」問題。最近的情形不甚清楚。據聯合國同志會的一位朋友告訴我說，「公約仍在起草過程中尚未竣事。據聞內容將甚簡單，只列有關民族自決及若干人權條欵。若干國家認爲該項公約勢將干涉其內政，其進行也就很慢了。」我相信蘇俄的破壞，是意料之中的，即使他不破壞，也決不能期望其兌現。當前的困難，是要使一切民主國家都能熱忱的接受這一宣言的原則。然如過去所謂主權問題，亦即不干涉內政這一原則究應如何加以評價的問題不能解決，則我們所欣賞的世界人權宣言，不過是一個思想而已；雖然思想也常爲事實之母。

中國過去在人權方面所達水準

在說了西方的人權觀念之發展與實績及其最近達到的思想境地以後，我想略談幾句關乎我中國人過去在這一方面所達到的水準。

中國文化歷史上有一甚奇事實，即在任何方面，我們的開端都比別人爲早，然而進步的速度，却異常遲滯。在自然科學(如天文，數學等)如此，在人權觀念與成效方面亦如此。

春秋以來，我們文化卽以人本主義爲主要特色。孔子尤極力提高人的價值；如：「道不遠人」，「人能弘道」，「人者天地之心」，「人情者聖人之田」。我們雖然也有夷夏觀念，然「夷狄進于中國則中國之」，這界限是非常開放的。我們更富于天下精神。雖然此所謂天下不一定是全世界，但總指中國人所知的世界。由于夷夏界線不嚴，同時也沒有奴隸制度，沒有自由民與奴隸的界線；因此，沒有公民和公民權的觀念。代替的，是同胞與五倫。因此，關于權的觀念顯得薄弱。權在我國本爲秤錘之稱，轉爲權柄之意。今日西方所謂人權之權，在我國是尙無恰當名詞的。不過，人權乃對抗特權而起。我們不承認法定的特權，濫用特權，概曰無道。春秋時代還在封建社會。在封建身份關係中，有相互義務。此卽所謂名分。大體而言，孔子所謂仁義，包括人與權的觀念。孔子特別提到人人相與之道的原則，此卽是恕：「己所不欲，勿施于人」。這正是康德第一道德律「施于人者必爲已之所欲」之對當說法。而忠信篤敬，也是人人相與的標準，甚至對于「蠻貊」都當如此。

恕的觀念，已預想戰國平民（齊民）社會。孟子說，「道二，仁與不仁而已」。不以人待人自待，皆爲無道。他認王與民應該同樂，而人皆有良知；實平等自由博愛之理，而又全無宗敎色彩。孟子心目中的人，已經是個性的人。如：「是非之心，人皆有之。」「舜何人也，予何人也。」「殺一不辜而取天下不爲。」「天下之本在國，國之本在家，家之本在身。」「萬物皆備于我。」他的思考方法是「反求諸己」，求諸一己之心。這是很近代的。此後董仲舒力說「天地之性人爲貴」，周敦頤講「人極」。到了陸象山，尤重個性，如「吾心便是宇宙」，「堂堂地做一個人」。陽明更爲徹底。他從「自己良知」出發，認爲「個個心中有仲尼」。又說，「視民之饑，猶己之饑。一夫不獲，若已推而納諸溝中。」一般而言，中國思考方式是與康德類似的。近人有謂個人自由不足重視者。其實中國文化要義就是個人精神。我們認爲一與萬相通，並且重視原則，而且防微杜漸。孟子說得好，「如其非義」，一天偷一隻雞改爲一月偷一隻雞，都是不可。偷一隻雞且不可，何況傷一人呢？所以唐甄說，「有天下者無故而殺人，雖百其人不足以抵一人之罪！」

中國素來尊重勤勞的人，並且認爲無人不當勤勞。我們認爲士農工商四民平等。士雖在前，然也有漁樵耕讀的說法。一般觀念中不免重農而輕商。不過漢代最大天才太史公，推崇商人。此後公然提高商人地位的，是王陽明。他認爲商賈比許多無聊官吏，更有益于國家。他說「滿街皆是聖人」，很受非議，被譏爲「狂禪」。其實試與加爾文等言論一比較，就頗容易看出是市民精神之表現，是非常近代的。

中國也沒有自由這個名詞，有之，與西方 freedom, liberty 之義，也不相同。此亦由我們無自由人與奴隸之區別而來。不過，近代自由原指人民對政府關係而言。而我們則是素來不主張政府干涉的，這就是「無爲」論。無爲並非要無作爲，而是政府不可隨便干涉人民的事。又無爲不但道家主張，而是孔子首倡的。「無爲而治者，其舜也歟？」一般而言，道、義與無爲，卽是人權與自由。

道家亦有功勞，這便是自然的觀念。老莊之法自然，卽是西洋自然法。此後太史公揚雄都極力提倡，張衡等依據「太玄」研究自然科學，表現極大成就。到了宋人，又想將自然之道發展爲普遍宇宙觀與人生觀，此卽周敦頤「通書」，張載「正蒙」所努力的，亦卽二程「天理」二字所包含的。可惜他們沒有從實驗方面去發展，反成苛細，乃有陽明之改革。到了戴東原，說「自然之極則是謂理」；「通天下之情，遂天下之欲，權之而分厘不爽，謂之理」；此與美國獨立宣言所說的自然法，已非常接近了。

以上所言，意在說明我們在人權思想方面，名詞術語，因社會制度不同之故，與西洋大有不同。然而內容實質，我們很早就超過了西洋古代中世的水準，一般而言，海通以前也達到西洋十七世紀乃至十八世紀的程度。

在人民自由權利的具體效果方面，則落在思想之後。秦漢以後，中國有一皇帝，權力超乎萬民之上。這情形，與羅馬帝國末期相似。不過羅馬帝國終于崩潰，而中國皇朝則不斷重建而中國文化依然維持下去者，畢竟因爲這些皇朝除了末期以外，較之羅馬帝國健全太多，亦卽人民權利有保障得多。中國不曾有成文憲法，也沒有人權清單。但幾部經書，仍有不成文憲法作用。首先，輕徭薄賦，是天經地義。人民居住擇業，均無限制。遷移也沒有問題，只要「自占」（登記）一下。除專賣事業外，營業及將本求利並無限制。我們承認私有財產，不過田地不能太多。言論自由在原則上是承認的。除完糧納課以及征兵之外，大抵皆由人民自治，不應受到苛擾。我們是一尊重自治的民族。自然，這並非沒有受到干涉破壞。但這種干涉破壞，我們總稱爲暴虐無道的。所可惜者，我們的祖先還沒有想出一個限制皇權預防無道的方法。丞相、御史、封駁之制，究竟不能十分有效。然我們承認革命權。最後只有對無道革命。此事後懲罰。然革命的犧牲太大了。可惜我們沒有想出名譽革命的辦法。這是必須承認的。

就近代標準而言，我們的刑法不是很好的。我們起碼的刑法是笞杖（不過亦可贖）。特別是秦朝帶來了許多野蠻方法，其中最傷天害理的卽是「夷三族」。以後暴君往往擴張，到明成祖竟有「夷十族」之事。不過這畢竟是內戰時候對付政敵的行爲，在通常狀況下，一般人命之事看得至重的。唐律可作一標準。只有謀反，通敵，殺父母，謀殺他人，亂倫，大不孝等，才有死罪。徒刑，流刑，死刑以上，都要逐層上報，歸大理判決。重大問題還要「三司」會審。自立春至秋分，不得奏決死刑。還有卽令造反，「口陳欲反之言，心無眞實之計，而無狀可尋者，流二千里」；並且，還應從輕發落。雖然事實上有更壞的事，然和平忠厚，總是我民族之傳統。

以如此開化極早，富于人道民主精神之國，不能很早的想出一種方法來控制皇權，是很奇異的。我想，西洋人與國王講價（如大憲章及權利請願等），大抵先有一個很強大封建階級開端，後來有一個勃興的市民階級繼起。我們封建社會結束較早。而以中國之大，不是歐洲能由一二都市的力量對抗皇帝的。更重要的，一般而言，西洋專制時代的王權較我們的皇權還要無法無天。壓迫厲害，對抗的方法也就周密了。我們則因知識份子之參加政府，發生一種緩衝作用。一般情形之下，不是那麽惡劣。何況最後，還有革命的一條路呢？

還須知西洋進步之速，是十五世紀以後之事。而這恰恰是中國不幸時期。中國政治最壞的時期，由明朝成化開始。這便是太監，廠衞，八股，各種罪惡，一齊併發，而繼在嘉靖時代開始閉關，除隆慶萬曆之際外，一直閉到鴉片戰爭，塞斷了新生機運。而這正是西洋人熱烈從事海上活動的時代。中西隆替關鍵，實在于此。然而就在明朝末年，中國有兩位大學者提出他們限制皇權保障民權的方案。一是顧亭林之郡縣說。他是想中央地方均權。二是黃黎洲的學校說。他是想以學校來主持政府，國事由學校公決，皇帝也應在學校聽講。這即是議會政治的計劃。二者相較，黎洲是更爲近代的。惜乎這一思想提出太遲，清人業已入關。而又不幸清朝又完全繼續明朝政策，就使中國在近代世界中落伍下來。海通以後，中國也實在多災多亂。民國之創立，原以建一亞洲最大民主國家爲目標。不幸我們經驗不足，阻力特多，尤其是外患內亂層出不窮，在我們還沒有充分接受西洋人關于人權憲政經驗，使舊邦一新之時，共產獨裁主義之惡不斷襲來，終將大陸淹沒了。

三點感想

由于文已冗長，交稿時間迫促，最後只能簡單的提出三點感想：

一、技術的進步，已使世界縮小。世界必須統一，才能保障人類生產力之進步，全球之和平繁榮。不論聯合國現在如何無力，他是人類趨于統一的一大步驟。但要世界永久和平，還必須有一世界的人權。而今日世界統一障碍，是蘇俄共產主義。這亦必有一全球人權運動才能抵抗。這便是世界人權宣言之重大意義。他是新世界先聲，大「大同」基礎。

二、今日要使世界人權實現，一靠大家對這新觀念之支持，一靠將此觀念，首先在自由世界成爲國內法。今日最大問題在過去主權觀念與新世界人權觀念之衝突。不是修正主權觀念適應世界人權；就是維持主權觀念，拒絕世界人權。但我們須知，聯合國之憲章已預定主權觀念應予修正。第二、如康德所預見的，人權問題是一人道問題，他與世界和平問題不可分，不能看作一個純內政問題。我們能忍心不干涉共產集團之「內政」嗎？第三、尙須知道，拒絕世界人權，將無對抗共產主義之道義武器。第四、世界人權與國家主權也不是不可協調的；這便是各國將其人權實施提高到世界人權宣言水準。

三、十八世紀以來，中國即在舊人權觀念方面，已經落後。但幸而中國富于自由人道之傳統。所以西洋人權觀念民主政體傳到我國，對我們並不陌生。雖然雙方用語不同，一經翻譯，中西道理是相通的。(例如，他們叫言論自由，我們叫開言路；他們叫人權，我們說仁義；他們叫自由，我們說道，說無爲。）我們又特別富于天下精神。我們素來有一人到天下的大觀念。反之，西洋人的民族國家，民族主權，倒是我們多少生疏的。所以，當世界進到一個世界人權階段時，尤其是在我們在對世界共產獨裁帝國主義這死敵作生死鬪爭時，我們對於世界人權有容易接受之可能，也有迅速接受之必要。那麽，我們曾在國民人權階段落伍者，也可在世界人權階段上趕上他人了。這就是說，我們宜于在實施世界人權宣言以及世界人權公約方面，不但力予贊助，而且以身作則。且莫專門責備聯合國無力。聯合國是要人支持才有力的。我們如何支持聯合國呢？我們的兵力財力不足語此。這就尤要掌握道義。一方面，我們要支持，便亦當以道義自見于世，並以道義支持聯合國。一方面，大家贊助這一種思想，使他在我國首先充分實行；另一方面，由我們以及其他首先實現世界人權標準的國家，支持聯合國，充實其權威，以促成新人權在全世界的實現，包括對蘇俄集團之號召在內。新的「治國平天下」之道，亦始于此。

（十一、廿五、夜半）

（上接第9頁）量橫加干涉。紐約時報在激烈反對羅斯福以至杜魯門之下，仍能照樣銷售無阻，這只是衆所週知的一例。難怪馬星野先生當年以國民黨機關報的「中央日報」主持人身份，在四十一年八月「報學」第三期發表「紐約時報成功的幾個因素」時，也不得不感慨的說：「二十年來，紐約時報的言論，總是反對羅斯福、杜魯門的新政，如果在獨裁的國家，這樣反政府的報紙，連存在都會發生問題的。羅斯福總統雖然討厭紐約時報，但是在第二次世界大戰之中，紐約時報還能在前線發行十幾個航空版。這個自由的環境，實在值得世界辦報的人羨慕。」

雖然，胡先生在上一講演中又坦白的表示過：「我個人的看法，感覺到勝利之後，政府把上海幾個私家報紙都收爲政府辦黨辦，至少是黨或政府的股東佔多數，這個政策我想是不對的。我認爲政府應該多容私營的報紙存在，而且應該扶助、鼓勵私營報紙，讓他們去發展，因爲這也是養成言論自由的一個方向。政府要靠政策行爲博取輿論的支援，而不靠控制來獲取人民的支持。」但是，近幾年來，國民黨黨政當局由於對民主缺乏信心，連帶的對言論自由也缺乏認識；根本不願扶植和鼓勵民營報紙，更不知道從民營報刋上探求民隱，進而以其爲政治改革的憑藉；卻企圖用盡一切辦法打擊民營報刋，以求一味利用黨報和官報來控制和操縱民意，進而作爲掩飾政治上一切腐化惡化貪贓枉法現象的工具。老實說，這是近年來政治不進步的主要原因，也是國民黨黨政當局之所以漸漸失去民心的主要因素。

今天，國民黨黨政當局如果還有一兩分尊重言論自由的誠意，非但對於民營報紙的此一貸欵問題，應速予公平合理的解決，更應廢止摧殘言論自由的出版法，並放棄對於一切民營報刋所加的任何壓力和打擊，乃至澈底取消黨辦官辦的各種報章雜誌，讓報刋都能反映民意，眞正成爲民間的喉舌，而非只是國民黨黨政當局的傳聲筒，完全成爲欺騙人民和愚弄人民的統治工具。這是我們在「世界人權宣言」十週年紀念前夕，要特別向政府提出的一點。

理論與事實──漫談人權保障問題

朱文伯

任何一種政治學說政治主張，如果缺乏實踐性，沒有事實佐證，縱然說得天花亂墜，言之成理，也將是徒託空言，或竟變成欺人之談。我對於人權保障問題，也作如是觀。人權應該保障，理論上是正確的，東西各國很多思想家政治家發揮了不朽的名言讜論，可是，聯合國世界人權宣言，通過發表，迄今已有十年，各國的實際情形如何呢？說來未免令人短氣。

共產極權國家，對於其本國人民，奴役迫害，無所不用其極，蔑視人權，舉世皆知。蘇俄一方面以暴力鎮服匈牙利的革命運動，但仍在鐵幕以外，指斥帝國主義者如何壓迫弱小民族，煽惑被殖民國家的人民爲獨立自由而戰。在鐵幕以內，人權不許伸張，鐵幕以外，人權必須保障，矛盾謊言，目的只在世界革命。

大戰以後，新獲獨立的國家，痛定思痛，對於人權自由，原應特別珍視，但因主政者的無能短視，相率趨向軍事獨裁，社會秩序之亂，人民生活之苦，竟有甚於被殖民時代。在東南亞地區的新興國家，更由於民族偏見，嫉視迫害中國僑胞，出於法律與情理之外。其中以印尼的情況最爲嚴重，該國政府對於僑校僑產，竟公然施行刼掠。在南非，白人統治者對於土着黑人之殘害，公然拒絕聯合國之干涉。他們似不知世間有所謂人權保障問題。

就是所謂文明先進國家，如英如法如美，對於人權保障問題，也都有其黑暗面。英法兩國在其本土以內，由於政治民主，人權是獲得相當保障的，任何政治力量不能損害人民的權益。但在海外殖民地，情況就大不相同了。同屬人類，如果因種族不同而施以差別待遇，所謂人權保障，也難自圓其說。在美國，政治民主，思想自由，又不是殖民國家，在人權保障方面，應該是理想天國了，可是南部諸州的黑白之間，不能一視同仁，仍然是美中不足。

說到我們自己的國家，更有令人悽愴之感。有五千年的歷史文化，而此歷史文化又是人本主義的，儒家的傳統思想是「民貴君輕」，「民之所好好之，民之所惡惡之」。歷代的去政者又都以此作爲敎育訓導人民。演進了五千年，人權保障，原應毫無問題。可是事實上，在大陸，共匪政權血腥統治之下，毫無人權可言。到了最近的「大躍進」，實行「人民公社」制度，人已經不成其爲人，如牛如馬如蟻如蜂，五萬萬同胞，遇的是這種生活，何等令人傷心？在臺灣，反共抗俄是基本國策，反者應該是反其道而行之，共匪行極權，我們應該重自由；共匪行專政，我們應該重憲政；共匪以人民爲奴役，我們應該視人民爲主人。但事實上並不如此。自由中國政府權力所及的區域內，比起大陸來，人民的日常生活誠然好得多，只要你有錢，愛吃什麽就吃什麽，愛穿什麽就穿什麽，人民的行動，在臺灣以內是自由的，家庭組織，政府更不加限制。可是政治生活就不然了。「日出而作，日入而息，鑿井而飲，耕田而食，帝力於我何有哉？」這是五千年以前的理想境界。時代進步到現在，人不是吃飽穿暖就算事。除了物質享受以外，還有他們的精神生活與政治生活。「士可殺，不可辱」，「不以五斗米折腰」，過去專制時代尚且如此，現在民主時代，自由與麵包比起來，自由還更重要。因此保障人權，不僅需要保障人民的日常私生活康樂自由，更重要的，國家憲法所賦與人民的各項基本權利，必須獲得保障，才能算盡了人事。如果就這一角度看，我們政府的作風，可議之處就多了。這裏擬對照憲法條文，說明政府對於人權保障未免漠不關心。

在一黨訓政時期，在野黨人不能公開活動，受壓迫歧視，除含垢忍辱外，無地伸訴，無法伸訴。現在行憲了，憲法對於人民之權利義務，有保障的明文規定，在野的青年黨民社黨，是政府承認的合法政黨，並且由於合作抗日，合作反共，合作制憲，承執政黨稱爲「友黨」，異於訓政時期「異黨」「奸黨」「敵黨」的稱號。依常理，青民兩黨黨員的合法權益，應該受到憲法保障了，實際上却大謬不然。政府遷臺以來，不自反省檢討，愧悔過去施政的失當，反將大陸淪陷的責任，歸罪於「民主人士」，不恤民情，不顧憲法，決心走一黨訓政的回頭路，視青民兩黨如同眼中釘，不僅滲透分化，企圖瓦解其組織，復藉口反共防諜，藉口安全保密，對於在野黨黨員，任意迫害。憲法第八條詳盡規定了人民身體自由的保障辦法，但人民及在野黨人的被非法逮捕、拘禁、審問者，不遑枚舉。雖經監察院迭加糾彈，治安機關仍然視若無睹，聽而不聞。這可由本月監察院總檢討會議的記錄加以證明，不必再列舉事實。

憲法第九條規定：人民除現役軍人外，不受軍事審判。現在軍法機關審訊非軍人的案件很多，雖經民意機關一再呼籲改善，政府也曾有劃分軍法司法審判範圍的明令，但治安機關軍法機關我行我素，政府並未加以究懲。憲法第十條規定人民有居住及遷徙之自由。事實上，治安人員，警察人員，不依法定程序，進入人民住宅擅自搜查的事，所在多有。關於遷徙，在臺灣境內，還沒有什麽限制，但出境入境，不僅要保人，還要經調查，有些人並非役齡男子，也非匪諜或罪犯，只是政府不喜歡他，入境困難，出境也不容易。憲法第十一條規定人民有言論、講學、著作及出版之自由。關於這一點，不僅今春立法院審議修正出版法案，曾經掀起海內外輿論界軒然大波，終未能使政府改變立場。這還是表面的，暗地裏，黨政機關治安機關打擊言論自由的措施早就不斷發生。我們主持的民主潮半月刊，一開始就被政府機關認爲「思想錯誤，言論荒謬」，一方面不許公敎機關訂購，即贈送也不准陳列供閱，一方面由治安人員禁止書報攤販銷售。經交涉後，臺北方面的銷售已經解禁，邊遠縣鄉，仍然視同禁書。三年以前，青年黨部分朋友，曾申請發行自由論壇三日刊，新聞機構藉口限制報紙發行，三日刊視同報紙，不准登記。臺灣民間發行的「民主」、「自治」、「自治研究」等刊物，以言論多批評政府，始則發售遭查扣，終則發行被禁止。憲法第十二條規定人民有秘密通訊之自由。事實上，郵電檢查乃至扣留，現已成爲公開的秘密。憲法第十三條規定人民有信仰宗敎之自由，這在臺灣是做到了的，無論佛、回、道、耶穌、天主，均無限制。憲法第十四條的規定人民有集會結社之自由，這和前一條正相反，信仰宗敎有完全自由，集會結社却全無自由，下文將另加說明。憲法第十五條規定：人民之生存權、工作權、及財產權，應予保障。在臺灣，生存權並不像大陸匪區那樣受迫害，但失業貧困，既無保險，也無救濟，人民一天沒有工作，一天就有餓飯的可能。加以工作權受到黨籍的限制，這在在野黨人的受的打擊最大，痛苦最深。公敎機關，事業機關，非執政黨黨員，不能任大小主管，如有在野黨籍的嫌疑，在軍警機關，就有牢獄之災，其他機關，也必冷落排擠，逼你走路了事。失業就餓飯，工作權失却保障，等於生存權受到迫害。至於財產權，由於經濟政策是管制的，雖直接的侵害，只是少數不肖官吏的事，但政令朝三暮四，間接的影響，普遍及於農工商礦各業，無法作長久打算。憲法第十六條規定人民有請願、訴願及訴訟之權。這些權，在臺灣，人民是有的，但如涉及政治關係，則黨權高於一切，民權就大打折扣了。法院及政府主管機關，於受理人民訴狀時，不能就事論事，必須仰承黨的意旨作爲處理準則。「司法配合國策」，「奉命不上訴」，乃至監察委員何濟周案，嘉義縣長李茂松案，臺中縣議員陳壬申案等（均青年黨黨員），以及多數選舉訴訟，其演變軌跡，都是導源於此。憲法第十七條規定人民有選舉、罷免、創制及複決之權。創制複決，現尙無法律可資依據，罷免事不常有，最重要的要算選舉權了。臺灣人民的選舉有無自由，只要看去年第三屆省臨時議會議員暨各縣市縣市長的選舉實況就可明瞭。推測政府及執政黨的意旨，人民只有選舉執政黨提名候選人的自由，除此以外，選舉也好，被選也好，都要受到壓迫。至於造成「一人競選」的局面，採取「安全措施」的手段，則所謂選舉權者，更是無關宏旨了。憲法第十八條規定人民有應考試服公職之權。如前所述，服公職受黨籍的限制，則所謂應考試服公職，嚴格說來，只有國民黨黨員才有權，非國民黨黨員，如果不滿政府，則有也等於沒有。

從憲法第八條到第十八條，只有信仰宗敎之自由一項是名符其實的受的保障，第餘十條有關人民權利的規定，不是全被否定，就是大打折扣。關於集會結社自由問題，我想就中國地方自治研究會的某些發起人所遭遇的困擾略加說明。參加去年選舉的無數在野黨及無黨派候選人，爲了選舉的公平待遇，曾於選舉期前在臺中集會，決定要求政府准許由在野黨推派人員參加各投開票所，與政府所派人員共同監察投票開票工作，政府藉口「法無明文規定」，公然拒絕。選舉以後，這些候選人無論當選落選，又在臺北集會，僉認該次選舉經過空前惡劣，爲爭取以後地方自治選舉的公平自由，爲謀求現行地方自治法規的合理修正，彼此有經常連繫，研商具體意見的必要，因而決定籌組中國地方自治研究會，希望擴大範圍，使大陸來臺人士之同情者，也有參加研商的機會，我就是被邀參加爲發起人的一個。嗣因各人公私事務所牽，沒有積極進行，遲至今年夏季才始正式向臺北市政府申請登記。正在這個時候，胡適之先生曾在自由中國雜誌社宴席上，發表演說，鼓勵知識分子組織在野黨，輿論界和政府，多誤會這個地方自治研究會就是胡先生所倡組的在野黨。若干報刊故意渲染，更增加政府和執政黨的疑忌，於是臺北市政府藉口全國性的人民團體，市政府無權受理，囑逕向臺灣省政府申請。迨改向省政府申請時，省政府却延不批復。其實，地方自治研究會，名義上實質上只是一個政治性的學術研究團體，而非一種政黨，發起人中間，很多是有青年、民社，乃至國民黨黨籍的，我就是中國青年黨黨員，作爲一個政黨工作者，深深知道應該具有政黨道德，就是不能跨黨，不能同時企求兩種政治主張的實現，自居於二重人格的卑劣地位，除非極權主義者的工具，被派滲入他黨從事分化離間工作，凡屬正人君子，在加入新黨以前，必先退出原屬政黨。我們這些有黨有派無黨無派，有相當社會地位的人，依法聯名向政府申請組織學術研究團體，其非新黨運動與秘密結社，彰彰明甚，然而政府却以另一種眼光看待，除延不批准外，當共匪第二次宣佈停止砲擊金門兩週以後，十月十四日中央日報發表社論，裏面有一段說：「共匪對我們反共抗俄陣營，企圖施行其政治工作。這就是說，他要在我們的內部，使用各種方式，來分化我們的力量，並動搖我們的決心。如中立主義，失敗主義，乃至於民主鬪爭，都是共匪分化與動搖我們內部的工作」。十月十五日，警備總司令部發表破獲匪諜案，關於張孝懷部分有一段說，共匪曾交代不足二十歲的張孝懷：「就像我們過去對付國民黨一樣，我們鑽進國民黨的內部，用盡種種方法，使他們腐化消沉，然後又揭發他的腐敗無能。我們拉攏國民黨的左派，去打擊他的右派，而左派也就到了我們的一方。同時，一般人總是愛出風頭，愛好自由的，於是我們又在背後提出民主自由的口號，對那些愛出風頭，意氣用事，失意無聊，或者本來與國民黨有距離的人，替他們戴上各式各樣的帽子，讓他們向國民黨去爭取民主自由，使一般人與國民黨形成對立，而對我們也就有良好的傾向，不致再幫助國民黨來抵抗我們了」。十月十七日，警備總司令部發言人發表談話：「本省近來各地發現有未經呈請籌組的團體，招收會員，斂財聚會等情事，殊値注意。查臺灣省自民國三十八年五月二十日零時起，已宣告戒嚴，戒嚴期間，依據戒嚴法第十一條的規定，一切集會結社，乃至任何社團的組織與活動，均應依法辦理。否則，即依該條規定予以取締。本部肩負全省警備與戒嚴之責，際此海峽風雲日緊，全省進入全面備戰之時，如有此種違法活動，自應依法取締。爲此特提出警告，並籲請我全體同胞，遵守戰時法令，共體時艱，切勿受少數不法分子的誘惑欺騙，而致誤蹈法網爲要。」四天之間，接連發表這樣三篇文字，是否巧合，抑有預定計劃，不得而知。但在敏感的人看來，「項莊舞劍，志在沛公」，可能是對自治研究會的一種嚇阻政策。這個時期，外間盛傳治安機關手中有不少黑名單，準備在局勢緊張的時候，將一些可疑的人物先行管制起來。究竟是否事實，局外人自無法佐證。但已經知道政府和執政黨決心拆散這一組織，分別派員用利誘威迫手段，壓迫一些發起人聲明退出。有兩三位國民黨籍的省議員，因拒絕脫退自治研究會發起人而被開除黨籍，有一位無黨派的省議員也因此被借故控訴，其至領銜發起的李萬居兄，也有人勸他退出。此外監視行動及其他被壓迫情形也時有所聞。自治研究半月刊編輯孫秋源君的被捕，聽說也與此有關。集會結社，是憲法賦與人民的自由，我們依法向政府申請組織地方自治研究會，自然不會故意與政府爲難。政府既不批准，復加嚇阻與破壞。我有三十多年的反共經歷，眞不明瞭政府和政黨爲什麼一定要將民主自由運動，和共匪的政治工作聯一起？這就人權保障而言，也是一種不幸的作法。

寫到這裏，看到報載幼獅社訊：「中華民國各界，爲慶祝十二月十日聯合國世界人權宣言十週年紀念日，教育部、外交部、聯合國中國同志會等單位，頃正式成立籌備委員會，決定舉辦六大慶祝活動。同時郵政局亦將於是日發行自由火炬環繞地球作圖案之人權紀念郵票，藉資紀念。各界基於人權宣言之目的，介紹人權宣言之意義以舉辦之慶祝活動：第一項爲人權座談會；第二項爲漫畫比賽；第三項爲放映電影；第四項爲公演話劇；第五項爲廣播講演會；第六項爲慶祝大會。上項活動均於是日分別展開。世界人權宣言法案，是民國卅七年十二月十日聯合國大會通過。這個宣言所揭櫫的共同目標爲保障全世界人人享有生命自由，人身安全之自由，受敎育，信仰宗敎等之權，及在法律上一律平等之權。十年來，這個人權宣言，在自由民主國家內積極推行，均已收到良好效果，惟共產國家則始終未遵行，致鐵幕內人民依然未能享受『人權』的權利。」

我們看到這項新聞，和上述實際情形對照起來，實在感到一個極大的諷刺。誠然，「鐵幕國家的人民，依然未能享受『人權』的權利」，但自由中國境內，是眞正在積極推行呢？還是反其道而行之？我們希望主持紀念會的先生們，當開座談會和舉辦廣播講演會的時候，除發揮人權保障的理論，指責匪黨政權的殘暴以外，也針對臺灣的實際情況，呼籲政府和執政黨有所改善，使人民眞能享受「人權」的權利。

孫中山先生說：「凡事之順乎天理，應乎人情，合乎世界潮流者必然成功，反之必然失敗」。儘管國內國外，對人權保障問題有待努力之處還很多，但我並不悲觀，因爲這是一件「順乎天理，應乎人情，合乎世界潮流的事」，與中國的文化傳統又相符合。鐵幕國家那種非人性的統治，最後必將崩潰，因爲人民的忍耐是有限度的，到了某種時期，必然發生反共革命，恢復民主自由的生活。殖民國家，自從兩次大戰以來，已經飽受教訓，除逐步後退，任由被壓迫民族陸續宣告獨立外，也沒有其他途徑可走。新興國家在人民知識水準生活水準逐步提高以後，決然不甘受軍人獨裁統治。自由中國本身，今後既然決心採取政治途徑，以光復大陸拯救匪區同胞，除厲行民主憲政的途徑以外，並無其他道路，否則就等於自毁光明的前途。目前若干執政黨人雖尙戀戀於黨權的伸張，但當發覺此路不通的時候，必然會有所尋悟。因而我們相信；十年前聯合國大會通過世界人權宣言的理想，必有完全達成的一日。那時候，理論與事實相符，人類的幸福才算圓滿。

十一月二十五日

世界人權宣言十週年

李聲庭

邱吉爾說過這樣一句話：「聯合國不能把你昇到天堂上去，但却阻止你墮入地獄。」這說明了聯合國所能做的工作是消極方面的。其實全世界的人民並沒有存絲毫昇天堂的奢望，只要不永墮地獄，萬刼不復，便心滿意足了。可是事實上，從聯合國設立到現在，千千萬萬的人墮入了國際共產的十八層地獄中，是邱吉爾的一雙老眼所看不見的。因此，中國共產黨在大陸豎立僞政權時，英國人首先獻䚾，加以承認。他所謂的地獄是原子戰爭的毀滅性。至于在鐵幕內(竹幕內也一樣)過着水深火熱的非人生活，則非邱老頭的所謂地獄。因此我們可以知道地獄也有英國式與其他式的不同。

不過聯合國却始終沒有放棄把人民昇到天堂去的志願。至少在保護人權方面，聯合國確在努力，不過力不從心而已。作者想在世界人權宣言十週年的今天，把這紙宣言的成立經過加以簡單敍述，湊成一份菲薄的生日禮物。

遠在一九四六年聯合國大會第一次集會時，古巴和巴拿馬兩國便聯合提出建議：應由聯合國出面制定一個國際人權清單。後來經美國的附議把這事交給經濟社會理事會中的人權委員會去加以研究。人權委員會于一九四七年初集會選擧美國的代表羅斯福夫人爲主席。當由主席指定澳大利亞、智利、中國、法國、黎巴嫩、蘇俄、英國及美國等八國爲起草委員，並決定八項原則，以起草一個可以提出于一九四八年的聯合國大會討論的國際人權清單草案。

當時美國提出一項建議只制定一個宣言。而英國則提出一個公約草案，經簽字國批准之後即變成一多邊公約，當事國政府即受其拘束。美國即表示反對，認爲這樣一個公約性質的文件不易得美國參議院的批准，而一個宣言則容易得全體或大多數聯合國會員國所接受，如以公約形式出之則恐只極少數國家能接受。英國代表則認爲如果只是一個宣言對各簽字國無法律上的拘束力，那末有無實際效果，實值得懷疑。人權委員會把徵求得各會員國政府的意見作成建議書送交社會經濟理事會。到一九四七年底經過許多次的會議與商討並由各會員國代表交換意見，最後決定提出一個世界人權宣言，把所有當時參加聯合國的五十八個國家的不同的宗教傳統、政治思想、法律制度、經濟、社會以及文化的類型加以研究與考慮。同時又參考一九四八年三月到五月在巴哥達 Bogotá 開會的美洲國家第九屆國際會議所發表的「美洲人民的權利與義務宣言」。這個宣言包括二十八項個人的權利與十項個人的義務。總括了一個人的私權及政治上、經濟上、社會上與文化上的各種權利。到一九四八年六月人權委員會完成了起草工作：包括一個序言與二十八條條文，再經經濟社會理事會核准交由聯合國大會討論。一九四八年秋在巴黎擧行的第三屆聯合國大會把這個草案又交給一個社會人文及文化委員會加以研究。幾經商討與修改之後，始于一九四八年十二月十日經四十八國投票通過。洪都拉斯與葉門缺席。白俄羅斯，捷克斯拉天、波蘭、沙地阿拉伯、烏克蘭、南非聯邦、蘇俄及南斯拉夫棄權。沒有一個國家反對。事後洪都拉斯宣稱：如果該國參加了這次大會，一定投票贊成。到今天爲止恰好十年。十年的時間，從歷史上看並不算長；但從個人來看却也不算短。好像一個小孩子十年前生于巴黎，現在是長足十歲了，在小學已讀書四年了。當我們祝賀他的十歲生日時還得仔細研究一下，看看這個小孩子長得如何。

這個世界人權宣言(Universal Declaration of Human Rights)除前面有一個序文敍述發表這次世界人權宣言的旨趣外，接着便說：「聯合國大會於此頒佈世界人權宣言，作爲所有人民與所有國家共同努力之標的，務望個人及社會團體永以本宣言銘諸座右，力求藉訓導與教育激勵人權與自由之尊重。」全宣言共有三十條。擧凡人民在政治上、社會上、經濟上、教育上、文化上所應享有的自由與權利無不一一列擧。其中值得一提的是第一條宣稱：「人皆生而自由。」(All human beings are born free.)從這一點我們可以知道：所謂天賦人權或人有自然的權利的理論不但是十七和十八世紀的產物，同時也遺留到了二十世紀的五十年代，仍舊爲四十八個文明國家的代表所接受與承認。因爲只有假定「人皆生而自由」，才能說明何以人民要有各種的自由。按狄驥 Duguit) 的意見認爲「人因爲具有人的資格便有種種的自然權利。這些權利具(有一種力量可以强制國家對之加以尊重」。世界人權宣言開宗明義于第一條便如此規定，可見得「人皆生而自由」一觀念不僅是美國獨立和法國革命時期的理論，也是今日爲大家所公認的眞理。這樣的一個包羅萬象的宣言最後能夠經過四十八個國家通過而無一反對票，至今還被認爲是一個奇蹟。因爲世界上各國的宗教、文化、歷史背景、立國規模彼此不同，而要他們在一個共同的文書之內放棄他自己一部份的傳統而接受另一社會或國家的思想是不可想像的。例如就世界人權宣言第十八條所稱：「人人有思想、良心與宗教自由之權。此項權利包括改變宗教或信仰之自由。」這一點便爲回教國家所反對。因根據可蘭經的教義是禁止信回教的人改信別的宗教的，而各地基督教徒引誘回教徒改變信仰一事爲回教國家所大大反對。沙地亞拉伯就因爲反對這一條而最後棄權。

其中比較沒有爭論的是私權與政治上的權利的保護。因爲各會員國的憲法或多或少總規定人民有某些權利。這些包括生命、自由及安全權，禁止奴隸及買賣奴隸，不受非刑拷打、虐待及非人待遇與處罰，法律之前人人平等，有權享受司法上的有效救濟，不受無理的逮捕、拘禁與放逐，有權享受公平而獨立的司法公開審判，個人、家庭及信件不受無理的干涉，個人的榮譽與信用不受攻擊，遷徙自由，避難之權，取得國籍權，男女關于婚姻平等，意見與表示自由，和平集會與結社自由。最後一點作者要鄭重提出的卽西洋人所謂的「對犯罪嫌疑人假定其無罪」是東方文明所難于接受的。在東方，凡被指爲有犯罪嫌疑的人在審訊之前便假定其有罪，因此加被告以擧證之責强迫其自己洗刷其罪名。反之，在西方則假定被告是無罪的，除非檢察官用壓倒式的證據完全證明被告有罪無可懷疑之後，被告始有擧證之責證明其無罪。否則，按英美的法律陪審團卽應宣告被告無罪。並且陪審團一經宣告被告無罪之後，卽使檢察官發現新證據也不能要求重審，更不能因不服而上訴。這一點的出入關係很大。東方的文明不尊重個人。所謂人權這些理論東方的聖賢哲人便從來沒有提及過；這完全是西方的洋玩意兒，傳過來之後大多數人對之也都漠不關心。當政的一直認爲寧可枉死千萬，不可輕放一人。因此在東方不宜佈罪名關人一年半載或枉死三五個人簡直不算一回事。而在西洋則認爲是一件驚駭的事 (a shock)。至於官方隨便加老百姓一個什麼妨礙公務罪名不經審判關他個十天半月還得交保放出來，尤其是司空見慣的事，毫不足怪。誰叫你不自量力衝官衙府的冒冒失失去喊寃。結果是青天大老爺沒有遇着，反而碰上了地獄閻羅王。這是東西文明分界的分水嶺。這些奧妙處西方人始終不了解東方，正猶如東方人始終不了解西方一樣。因爲彼此的哲學基礎不同，彼此對人生觀的態度兩樣，而要在一個文書之內爲全世界四十八個國家接受一整套的觀念，事實上有困難的。不過奇怪的是當時並沒有一個國家表示反對通過。好在這個爲許多國家所事實上不能接受的所謂人權宣言只不過一個宣言而已。至于簽了字之後是否遵照實行，既然沒有一個世界組織來糾察，來調查，也就樂得在面子上好看訓令其代表在上面簽字。所以有人統計這十年來蹂躪人權的事幾乎無日無之，我們實不能不佩服英國人當時的高見了。十年之後居然尚有許多國家來紀念這一張紙，甚至發行郵票來加强宣傳，實際上大家心照不宣，至多不過宣傳而已！

據說蘇俄及共產集團當時反對這樣的一個宣言的理由是蘇俄認爲所有各種自由應由國家保障，而第十八條的宗教信仰自由應符合那一國的法制與公共道德，第十九條的言論與出版自由不應當用之於宣傳法西斯主義及侵略以及煽動國與國之間的仇恨。從這幾點來看，蘇俄所提出來的似乎有他的道理，但細心研究之後便發現他的唯一目的就在不讓人民有自由。第一，自由應由國家保障，等於說請猫看守魚一樣好笑。國家既可保障自由，當然也可不保障自由；既可不保障自由，當然也更可剝奪自由。如果說自由眞的能由國家保障的話，幾百年來爭自由是不必要的了。反正國家會保障的，何必去爭呢？第二，宗教自由應符合那一國的法制與公共道德，那是說，在某些地方某一宗教應當獨占，不容人民有選擇的自由。第三，言論與出版自由不應當用之于宣傳法西斯主義等，試問共產主義與法西斯主義有何分別？而且，人民的言論或出版也可任意誣指其宣傳法西斯主義而加以壓制，結果只能宣傳共產主義替共產黨作應聲蟲。幸而蘇俄這一錦囊妙計沒有爲起草委員所接受，所以蘇俄及其集團便沒有簽字于這個宣言上。這十年來，保加利亞及羅馬尼亞蹂躪人權的事層出不窮。蘇俄扣留第二次大戰中的戰俘並虐待至死；雖經聯合國大會幾次指名譴責，但並沒有因此而改善。尤其近三年來匈牙利的大屠殺更證明共產國家對這個宣言不加以重視也個宣言上，自始便不存好心。至于其他簽了字的國家之不簽字于這是鐵一般的事實。凡受害過的當地人民都心中十分明白，只是有時候說不出口或不敢聲張，或者尚未控訴到聯合國大會爲全世界人士所知曉而已；本國的輿論界與民意代表經常提出質問與糾正，則爲一不可否認的事實。正有如哈佛大學教授翟非 (Zechariah Chafee, Jr.) 一九五一年在波斯頓大學演講人權問題時所說：「聯合國的世界人權宣言儘量把各種的自由與權利塞滿在一張紙上是不必要的。有許多國家簽了字便忘得一乾二淨。南美洲的阿根廷和亞洲的一個大國便是其中的好例。就我個人言，只要能够建立起一道全世界的高牆堵住半夜三更敲門的魔鬼，那末其他的自由都可放棄。」事實上，美國沒有半夜三更敲門抓人的事發生。翟非教授是指許多號稱民主與法治國家的作風，它們對付人民的不滿所採的手段是抓捕與拘禁。因此，他說，如果要在世界人權宣言所列擧的三十項自由中選擇時，他只選擇一樣——人身自由，卽不受無理逮捕拘禁的自由。然而這一項自由正是許多地方的人民所不能享受的。今天逢世界人權宣言簽字十週年，凡自命是民主與法治的國家除了由官方發表一些文告之類的應景點綴之外，最堪玩味的便是發行紀念郵票。但當人民的親戚、朋友、鄰居無緣無故經抓去之後尚枯坐在鐵欄柵後面備受非人性的虐待，不知還得等待多久方能見天日時，有什麼心情去買這枚花花綠綠的郵票來紀念這一張不免現的宣傳支票？孔子曰：「予欲無言！」

如何保障基本人權

李鈞

一

基本人權是人人應該享有的權利，是人人生存的必要條件，也可以說是人之所以異於禽獸者的基本差別。這種權利之所以應予保障和尊重，最初被認爲是天賦的權利，與生俱生的，既是人，就必有的，在法律制定以前就已經存在的權利。十八世紀人權運動者，受了這種思想的啓示和激動，便前仆後繼的奮鬪爭取，使這自然法上的權利成爲法律上的權利，由憲法及其他法律予以保障。

什麼是基本人權？它的內容如何？本來是不易解釋的問題，現在我們可以借「世界人權宣言」予以說明。開宗明義，我們看第一條如何堂皇：「一切人，生而自由；尊嚴與權利完全平等。」以下將其內容摘要。即不問人種、皮色、性別、言語、宗教、出身、財產、政治上及其他意見、門第及其他地位等一切差別，任何人都享有一切權利與自由。人人都有生命、自由、身體安全的權利。禁止奴隸制度。禁止拷問及非人道的措施。法律之前人格的承認。法律之前人人平等。基本權利受侵害時有向法庭求助的權利。不受任意逮捕、拘禁、追放的權利。要求獨立公正的法院作公平的公開審理的權利。刑事方面，判決有罪前作無罪推定，及不得根據事後法處罰。不干涉私事的權利。居住、遷徙、及退出或重歸國家的自由。有受庇護的權利。有選擧國籍的權利。婚姻自由。私有財產制的承認。意識及信教自由。思想、表現及報道的自由。集會結社的自由。參政權的承認。接受社會保障的權利。工作權的承認及接受公平報酬的權利。工人團結權的承認。工作時間的限制，享受休息及餘暇的權利。母子的健康安全應予保障。接受教育的權利。參加文化生活的權利。

這些內容都是從歐美民主各國憲法及其他保障人權的法律中引伸出來的，有的國家早已行之有素，完全兌現了，並無新奇之處，只是向來不知人權爲何物而現在仍不被政府所尊重的亞非國家，距離尚遠。至於極權國家，那更不在話下了，無怪當世界人權宣言表決時，他們都是棄權的。

我們不難想像當一個人享受自由到如此的深度，享受權利到如此的廣度，他的人格和尊嚴是如何的被重視和尊敬，他生活在這種環境中是如何的舒適和安逸，免於一切恐懼的自由，他才是一個正正堂堂的「人」。

二

人有權力，無不濫用其權力，這是自孟德斯鳩以來誰都相信的事了，所以欲求人權的尊重和保障，還在人民的奮鬪爭取。絕對專制主義時代，沒有一位國王曾覺悟到人權不得蹂躪，直到他上斷頭臺爲止。現在很少有一位負實際政治責任的人能恰守權力的界限而不侵犯人權的，只是程度的差別。握有統治權的人和政府，誰不想便宜行事，古今中外皆然，問題在於人民的自覺和鬪爭的力量，以及對付的方法。爲了保障基本人權，過去所用的方法是流血革命，和對國王的直接行動，現在鬪爭的方法，用選票就可以決定政府的去留了。

歐美民主國家政府的重視人權，保障人權，無疑地是西方文化中最使人心醉的遺產。但是，我們看近三百多年來，各國爲人權而流血的史實，可以明瞭他們的今天的收穫決不是偶然的。同時也可以證明，凡是在人民沒有能力和興趣爭取人權的國度，人權的保障決不會有效。爭得了法律上的權利，變成了憲法中的條文，還須不斷地勇敢地奮鬪。英國在一六四九年把國王查理一世處死刑，一六八八年把詹穆斯二世驅逐了，到一六八九年才發表了有名的「權利宣言」。美國於一七七六年發表的獨立宣言，是天賦人權思想的正式宣示，經過八年的苦戰，才脫離了喬治三世所施於十三州的暴政。法國的「人權宣言」發表於一七八九年，雖然革命黨把路易十六送上斷頭台，還是不够，一八三〇年七月的革命又把查理十世趕跑了。一八四八年二月的革命，又把路易腓力普放逐了，第二共和成立，專制政治才告結束。這一年，史稱「瘋狂之年」，歐洲各國都受到革命的洗禮。他們和法國一樣，要取消國王或限制國王的權力，保障人權。

自法國大革命後，歐洲大陸各國革命的目標，不外兩個，一是要求制定憲法，一是要求設立議會。有了憲法，國王的權力才有限制，政府的權力才有範圍。有了憲法，天賦人權的主張才變成法律的條文，政府必須實行。設立議會就是人民自己要參加政治，必須政府的統治出於人民的同意，人權才有保障。以民意決定政府去留的政治，就是民主政治；民主政治是保障人權的最好的制度，也是唯一的制度。因爲只有民主政治才能監督政府不得濫用權力，只有民主政治才能使爲政者有所畏懼而不敢濫用權力。一旦人民失去這個有效的武器，那就是法西斯主義，納粹主義，共產主義，談什麼人權呢？無民主的地方，就無人權，民主的程度多一分，人權的保障就多一分。

英國國民對於個人尊嚴的自覺本來是最強烈的，所以自中古以來每當人權被國王所蹂躪時，代表民權的議會必起而與之鬪爭，勝利多屬於議會，所以從暴戾恣睢甚至無惡不作的國王，變爲今日「統而不治」的國王。國王要拍一通賀電也要獲得首相的同意。法國是有名的「朕即國家」的發源地，到今天，唯議會之命是聽。美國從殖民地各種壓迫的桎梏中翻過身來，徹底實現其獨立不羈的民主自由理想。這些國家對人權的保障無疑地是世界之冠，就是民主政治之功。也是長年奮鬪爭取的結果。

三

人權的發展隨民主政治而異。近代民主政治發自西歐國家，然後及於北歐。所以這些國家民主的基礎最鞏固，民主的信仰最堅强。歐洲中原的德國，缺乏民主政治的基礎，僅有的黃金時代是威瑪憲法的時期，到希特勒上台而告結束。德國以東的東歐及東南歐各國的人民，則幾乎沒有嘗到民主政治的滋味，更不知基本人權的可貴。今日歐洲極權與民主的鬪爭，剛巧以德國爲界，和這種歷史的背景大有關係。俄國之所以轉變爲共產國家，亦可作如是觀。東南亞、中東、北非成為今日共產勢力侵略目標，更可作如是觀。今日的問題發生在不知人權為何物的非民主的地區。健全的民主政治的區域，他們認識人權的價值，更認識民主制度是保證人權的必要條件，所以能屹立不動很勇敢的和極權抗爭。這種界限眞是涇渭分明，絲毫不含糊。

民主政治的受到威脅和挑戰並非自今日始。路易喬治，克萊孟梭，威爾遜所領導的第一次世界大戰，消滅了中歐及其以東的四個專制的帝國。威爾遜的口號是為保衛民主而戰。他建設新世界的理想以各國的民主政治為基礎，和平的世界必是民主世界，因為獨裁者對於挑發戰爭太不負責任。所以他堅持民主的德國才有和協約國講和的資格。當莫索利尼的法西斯主義，希特拉的納粹主義的東條的軍閥主義和民主政治挑戰的最盛時期，世界上正有不少的一知半解之徒，對民主政治發生輕視之念，以民主政治為陳腐迂闊，和那雷厲風行的瘋狂的獨裁政治比較起來，已經是過時的制度了。世界各地素無民主修養的國度，也應運而產生了不少的小希特勒。一般無聊的政客，也以獨裁為風尚，世界各地也出現了不少的法西斯黨。民主政治在這種政治攻勢之下，不消說受了極大的摧殘。甚至被懷疑民主國家是否有作戰的能力，因此引起了獨裁者的軍事攻勢。反之，在民主國家方面，他們仍舊坦然自若，維持原樣，並不因為法西斯勢力的囂張而對民主政治的信心有所動搖。他們堅持人權第一，民主至上。我們看民主國家動員的情形，充分地考慮到每個入伍者的私人生活。動員的速度誠然較差，因為人不是機器，各人有些私事，政府考慮到人的處境，所以任何緊急的情勢下，徵集令必留有若干時間料理私事。然而獨裁者流何會想到這種出乎自動自發的自由人所產生的力量是何等偉大！他們知道為何而戰。大西洋憲章給基本人權賦于新生命，他們知道是為保衛人權而戰。請看大西洋憲章的宣示。

大西洋憲章發表於歐洲戰局極度緊張，英國勉力撐持，美國參戰迫於眉睫之時。可是這兩位領袖並沒有拿民族或國家的存亡問題來號召，他們所强調的依然是平易而切實的人權的保障和尊重。他們主張「領土的轉移不得違反當地人民所自由表示的願望」。「尊重人民有選擇國體的權利。被剝奪了主權與自治地位的人民，恢復其主權與自治地位」。「英美兩國願在經濟方面和一切國家合作，以保障勞工待遇的改善，經濟進步，與社會安全。」「美英兩國希望建立一種和平狀態，使各國能在其境內安居，亦足以提供全世界的人民以無恐懼無匱乏的保證。」「此種和平狀態應使全世界人民可以在公海上航行，而不受任何阻礙。」

在這種戰爭極端緊張的當兒，這兩位國家的最高行政首長，冒險犯難極秘密地跑到遙遠的大西洋上，所決定的竟是人民的權利、自由、安全、福利、自治、尊嚴等的保證，總而言之，就是基本人權的保證。每一句裏都有「人民」二字。他們作戰的目的，並無「替天行道」的氣概，只是很簡單而平實地在提高人權而已。在不重視人權的人們看來，太平淡無奇了。再看聯合國憲章的規定，更可證明作戰的目的在提高人權。

聯合國憲章的草案是美國國務院完成的，所以對於人權如此重視。先提交中、英、蘇三國政府，然後在鄧巴敦橡園會議才作為具體的提案而予以確定。聯合國憲章一再强調人權和基本自由的尊重，是聯合國活動的目標。在其序言中，認為「確認基本人權和人類尊嚴和價值的信念」是設立聯合國的動機之一。「不問人種、性別、言語、宗教的差別，尊重一切人的人權及基本自由」，成為經濟和社會的國際合作的具體方向。此外，規定大會任務的第十三條B，規定經濟和社會的國際合作基本方式的第五五條C，規定經濟社會理事會任務的第六二條，規定託管制度的目的的第七六條C，都以同樣字句强調尊重基本人權和自由的重要。聯合國憲章成於對德、意、日法西斯國家作戰的過程中，尊重人權是聯合國家作戰的目的，是國際合作的基礎，也是保障和平的必要條件（第五五條）。

四

如上所述，民主政治是經得起考驗的，因為它是保證人權最有效的制度。他們既然為了爭取人權付出如許的代價，現在要他們放棄，接受任何極權的統治，是決不可能的事。當獨裁與民主，奴役與自由鬪爭的今天，民主政治是立於「眞金不怕火」的地位。鐵幕是他們自己張起來的，因為怕他們的人民看到民主世界人權的可貴。歐美的民主國家的大門是敞着的，歡迎鐵幕內的人民來參觀、訪問、遊歷、學習。民主國家並不怕鐵幕的人宣傳共產主義，反之，鐵幕之所以存在，就是恐怕其人民一旦與民主的空氣交流之後，會改變其奴隸的性格而想作一個「人」。眞正的反極權力量出於自由人的珍視人權和保衛民主制度，這種力量是自發的、自願的、所以是無限的，經得起洗鍊的。所有享受自由最多，民主政治最發達的地區，就是共產勢力最無法滲透的地區。北美、西歐、北歐之安然無恙，而且是反極權勢力的中流砥柱，保衛西方文化的健將，就是因為他們有堅決防守民主制度的決心。這種制度保證他們不會陷於奴役狀態，保證他們正正堂堂作一個人。他們反對任何極權的統治，反共也是為此，反法西斯也是為此，保衛民主才是眞正目的。有目的地反共才有力量。亞、非、及中南美洲地區對抗共產力量的所以薄弱，窮不是主要原因，而是不民主。固然，這些地區的國家很多，不能一概而論，但在這些區域內有多少軍閥用武力奪取政權，有多少軍閥實行獨裁的統治。國王也好，總統也好，有的美援在手，有的油井在手，自己過的是窮奢極慾的豪華生活，而人民不但政治上無發言權，而且窮得要死。國王、總統本人何嘗不反共，然而要他的奴隸式的人民為獨裁者的利益而反共，簡直等於痴人說夢。美國的經濟援助，如果不是先民主而後援助，那末，美金只能供給獨裁者的大少爺在好萊塢和女明星揮霍而已，與人民無關，與反共更無關。

民主政治是自由人的政治，是保障人權的唯一政治。珍視人權的自由人是抗拒極權和奴役的眞正鬪士，有目的才有力量。今後世界問題的關鍵，就在這些所謂落後地區的人民能否獲得人權的保障，能否澈底實行眞正的民主政治，能否改善他們的生活。這三個問題中，最重要者為民主政治，只要眞正民主了，其他兩個問題也就迎刃而解了。

請政府切實保障人權！

王建邦

「世界人權宣言」由聯合國在一九四八年十二月十日通過公布以來，到現在，即將是整整十年。但人權的原則雖因此而獲得了澈底的闡揚，却由於共產極權所造成的廣大災難，使人類的這一代以至下一代，在人權方面仍受到嚴重的威脅。

今天，共產極權之所以成爲全人類的公敵，主要的便在其從根本上否定了人權的原則。中共政權之所以也成爲人類的生死大敵，就是因其不承認人權。

在我們自由中國來說，非但憲法早已確定了人權原則，而且政府更口口聲聲要保障人權，但就在三個月以前，我們却從報紙上看到一個事關人權的糾正案。這是監察院司法委員會以司法警察官署，對於人民之傳喚、逮捕、拘禁、審問尚多未依法定程序辦理，而提出糾正的。監察院在這項糾正案中指明：「現臺灣省司法警察機關對於犯罪嫌疑人之逮捕，既未切實依照法定程序，逮捕後又不於規定時間內移送法院審問，竟藉口聯繫辦法以聲請延長羈押爲規避非法拘禁之依據。就司法警察機關言，實係侵越檢察官職權，就法院方面言，非違法授權即放棄職責，於法均有未合，而警察機關用通知單飭關係人到案訊問，訊問後又飭交保候傳，尤顯屬違法。」

由監察院的這一糾正案，固已可以證明人權並未受到充分的保障，但就此案所根據的資料而言，案件還只限於臺北、臺南、高雄等地方法院的七十九件提審案，時間又只限於四十五年一月到四十六年十二月，因此，我們還無法以此推斷關於侵犯人權的事件，究已到了何種嚴重的程度。

現在，我們僅就這幾年來發生的幾個重大案件提出來說說，便不難獲得進一步的認識。由於這幾個案件，早已是衆所週知，只要找一點現成的資料，便可加以較爲客觀而具體的說明。

第一件是關於龔德柏和馬乘風案：這兩個人，一個是國大代表，一個是立法委員，都是堂堂的中央民意代表。但在四十四年三月四日的立法院，據立法委員成舍我在「『人權保障』與『言論自由』」的質詢中指稱：「龔德柏「於三十八年隨政府撤退來臺以後，三十九年三月八日，忽然失蹤。從那時算起，再過三天，就整整滿了五年，這五年中，他的老婆兒子，都從來沒有見過他一面，老婆兒子生死存亡，他也無從知悉。他的老婆急到把頭髮禿成光頂，一家大小，啼饑號寒。這五年中，他究竟犯的甚麼罪？關在甚麼地方？誰都不知道。但似乎誰都知道，這五年中，他沒有受審，沒有判罪，沒有槍斃，却也總沒有回家。……誠然，他人緣不好，朋友不多，不過，我相信龔德柏沒有人緣，龔德柏却有人權，龔德柏縱無朋友支援，像這種不審、不判、不殺、不放、却可以激起天下公憤。」成委員在提到馬乘風被捕時又說：「這一案件的經過，本院同仁都知道，政府也不會不知道，他被捕到現在，也已快滿三年……馬乘風無論是尙未起訴，或尙未判決，也早應該有資格享受『視爲撤銷羈押』的浩蕩國恩。」

成委員的質詢，當時便轟動了整個立法院。據三月十九日「自由人」發表的唐煌年先生報導說：「那次四十五分鐘的質詢。會場肅靜的空氣，和一陣一陣的掌聲，一段一段的嘆息與喝彩聲，尤其他提到龔德柏案所說：『不審、不判、不殺、不放』幾句話時，旁聽席上有人流淚。提到馬乘風案時，他剛說出馬乘風三個字，會場接着雷動的掌聲。」接着就在三月十六日這一天，「自由中國」和「自由人」同時把成委員的質詢原文發表，「自由人」並且還另外發表了一篇左舜生先生的專文「讀立委成舍我先生的質詢全文書後」而響應，到了三月二十八日，「祖國周刊」也相繼以「臺北近聞二三事」爲題發表社論而支援。這種種，更可以說明海內外的看法爲如何。

但是，龔德柏雖於質詢後一年多被保釋了，但究竟所犯何罪？爲何坐牢將近七年之久？都成了一大秘密。像這樣不明不白的坐牢，而又不明不白的釋放，究竟於法何據？誰還能說這不是摧殘人權？至於馬乘風案雖由判決死刑而由總統特赦減爲無期徒刑。但罪狀還是宣佈得不明不白，是否在法律上根本都不能成立？這已成了自由中國保障人權方面的一大疑案，實是無可否認的事。

第二件是關於孫立人和郭廷亮案：孫立人是總統府的參軍長，郭廷亮是國家的一個陸軍軍官，但在四十四年八月二十日，中央社正式發表了孫立人將軍因郭廷亮匪諜案引咎辭職，而經總統令准免職的消息。同時，政府並特派陳誠等九人，組織了一個調查委員會，命其「就共諜郭廷亮案澈查具報」。此項措施，的確表現政府相當的鄭重。

到了十月二十日，雖由政府把調查委員會的報告書公布，並把總統已准許孫立人自新而毋庸議處的消息宣布，使此案告一段落，但却無法消除各方面的疑慮和不滿。例如李秋生先生便在十月二十二日「自由人」表示：「此次公佈的報告書僅以孫案部分爲限，但問題的中心却是郭廷亮案。在郭案內容未經公佈前，我們無法知道此一軍事陰謀到底怎樣，例如『苦諫』與『兵諫』的內容，與彼等準備如何從『兵諫』激成『兵變』。如報告書所指出：『郭廷亮的意圖，顯在利用孫將軍於四十四年五月底隨總統前往南部校閱部隊之機會，上下勾串鼓煽，造成事變，引起混亂局勢，以遂其製造大變亂，實行顚覆政府之陰謀』，也還嫌籠統；如有較具體詳細的說明，當更能使國人了解此次事件的重大危險性。」接着在十月三十一日，「祖國周刊」更發表「孫立人案件獻疑」的社論說：「我們對於政府公佈調查報告全文，非常贊同。……至於孫立人案件的本身，調查報告的公佈，雖能使民衆比較了解案情的輪廓，但細讀調查報告却也不無令人疑慮之處。」又說：「關於郭廷亮案件部份，在調查委員會報告中，並未能舉出確鑿證據，證明郭廷亮確是匪諜。這一部份，既無證人，又無證物，所舉證詞，似乎只是郭廷亮本人的供詞。」甚至認爲：「這次『九人調查委員會』的調查工作，自始至終是秘密進行的，而事後的報告中，又未能提出更多更確鑿的實證來，相反的，在字裏行間都用了很多假定的語氣。這種調查，在基本上已失去了法治的精神。」由此可知，政府對於孫立人和郭廷亮案的處理，由於尙有不少漏洞，因此，孫立人案雖似乎已經了結，但郭廷亮究竟犯了甚麼罪？有沒有證據？甚至是否眞的有罪？從保障人權的觀點看，誰能否認這不是又一大疑案？

第三件是關於何濟周案：何濟周是堂堂監察委員，按照憲法第一〇二條的規定。「……除現行犯外，非經監察院許可，不得逮捕或拘禁。」但終因涉嫌貪汚，於四十五年十一月十日，在未經監察院許可之下，即被司法行政部調查局逮捕並移送法院審判。

但何濟周是否有貪汚罪嫌是一事，而是否爲「現行犯」却又是一事。於是監察院對於以「準現行犯」名義逕行逮捕何濟周一案，議論譁然，都認爲監察委員被控受賄，承辦員警在距其受賄時間四月之久，及離開受賄地點數百里之遠，雖發覺其持有非爲原贓的鈔票，實難確認其爲「現行犯」而逕予逮捕。同時，該院在推派監察委員二人切實調查後，在四十六年二月十日提出院會報告時指稱：「何委員濟周被捕當時之經過情形，與司法行政部轉據調查局之復函及檢察官起訴書所稱各節，顯有出入。」並提出意見稱：「司法方面對於何委員濟周不特處心積慮，爲有計劃的設局取證，而且自始即曲解法條，終更至變造事實，推其用心，無非圖强加以現行犯之名，以避免憲法上應循之程序。」難怪到了四十六年五月二十日，中國青年黨中央黨務委員會終於發表了一項聲明，也就是「中國青年黨對有關機關處理何濟周案涉及違憲問題之聲明」。這一聲明中公開表示：「可知本案之構成，乃由於調查局事先設計安排，以圖造成以現行犯論，而逕予逮捕，其爲違反憲法，忽視人權，更爲明顯。」何濟周今天雖被判刑八年，但像這樣一個爲海內外關注的案子，一至於對監察院請求解釋「現行犯」一事，大法官會議也在壓力之下，只有置之不理。試問大法官會議爲何不理？此種做法，豈非正反證其爲摧殘人權？

第四件是關於「五、二四」騷動案：這是由於劉自然被殺而引起的空前騷動案件，爆發在四十六年五月二十四日。事後政府曾逮捕了肇事份子百餘人，到了六月十七日，除宣佈被捕人犯中除大部份釋放外，其餘四十一人，因爲犯有重大嫌疑，決予軍法審訊。到了六月十八日，在四十一名被提起公訴的肇事份子中，除有一人因涉及另一案而另行審理外，其餘四十人便由臺北衛戍司令部軍法處成立軍事法庭，分由三個審判庭公開審訊，並在六月二十五日正式宣判。這類措施，顯得政府有相當的愼重。

但是，按照審訊期中各報紙的報導，却發現了用刑迫供涉及摧殘人權的消息。據六月二十日臺北「聯合報」的記載，例如關於被告薛細命：「他說是刑警隊叫他承認參加過暴行，他說刑警隊告訴他：『你不承認打也要打得你承認』，他說他當時沒有辦法，只有承認了。」又如關於另一被告楊庇：「他又重說一片向警察作承認口供是受不了刑罰，在軍事檢查官偵查時也是怕不承認又會被送回保安處去再挨打，他說實在受不了那種刑罰，所以承認了。」另據六月二十一日臺北「聯合報」的記載，被告蘇戌初也說：「證人之言，全是虛假，我是在警局受刑不過才說的，初供時我並沒有說。」另一被告林李學宜又說：「一進到刑警總隊他們就是一頓打，我身體不好，難以受刑，只有承認，事實我是寃枉。」大家既異口同聲的說到受刑逼供，仍未聞政府有何適當措置，這簡直是放縱與鼓勵執行人員摧殘人權。難怪近來酷刑迫供的事越來越多，一至於民命不保了！

第五件是關於倪師壇和路世坤案：倪是臺北「公論報」的總主筆，路是臺北「新生報」的編輯，都同時在四十六年十一月六日被治安機關逮捕，由於案情不明，而引起國內外的一致疑慮以至抨擊。香港「工商日報」即首先以「有待整飭的臺灣法治」爲題而評論此事說：「我們實不忍見臺灣報人，仍有動輒得咎，而毫無保障的事實，因爲這種現象，對政府的法治精神，實爲莫大的諷刺。」到了十一月十五日，政府軍事發言人終於加以公開聲明，特別强調「本案是根據戡亂時期檢肅匪諜條例第六條辦理的」，而認爲本案所拘的對象是匪諜分子，其違法被檢肅，乃倪路兩人個人行爲，與彼等所服務的報社及其「職業無關」。

但這種公開聲明，雖在十一月十六日臺港各地報紙刊登，却未能收到澄清疑慮和中止抨擊的效果。例如在十一月二十七日的「自由人」上，還有雷嘯岑先生發表「臺灣拘押記者案平議」說：「倪氏如其沒有從事匪諜工作的證據，而只是過去在大陸上參加過共黨的組織，即不構成『匪諜』罪行，應該交由法院偵訊裁奪，是否予以起訴的處分。」最後又明白的表示：「所以，我們最注視的，就是倪等犯罪事實如何，官方的簡略聲明決不足以消解各方面的疑團。」「自由中國」相繼在十二月一日「倪路案亟待澄清」的社論中指明：「當然，整個自由中國，以至整個自由世界，沒有人願意袒護匪諜。但問題是：絕對大多數的人，都不相信倪路兩君是匪諜，而懷疑當局別有動機。」而左舜生先生在十二月七日的「自由人」上，更不勝感慨的說起另一件事：「尤其是公論報，"該報社長李萬居，年來曾陸續接過五封恐嚇信，每信照例附有一顆子彈，總是問他『要死還是要活？』李接到這類信件以後，照例送交治安機關，可是從來不曾破獲過一次。還有一次，李社長的住宅起火，起火的原因，至今不曾查出，似乎與多次的恐嚇信也不無關係。我們把這類事實和倪主筆被拘合起來看，眞是感慨系之。」誠如「祖國周刊」在十二月九日的社論「倪師壇案的疑雲」中說：「於是在海外又引起紛紛議論，重重疑雲，咸認爲是繼龔德柏案、任顯羣案、孫立人案之後又一大驚人疑案。」像這樣以「莫須有」之罪而拘人，並又據以判刑的行爲，眞是欲加之罪，何患無辭。但大家都知道，倪師壇雖然參加過共黨的組織，却早於民國三十年在大陸上便辦理過自首手續，而且接受其自首的，也正是現在這個政府，今對於一個自首過的人又治之以罪，請問這是根據甚麼法律？難怪有人說這根本就是「文字獄」。至於路世坤不但是服務於官報，而且還有反共著作，也不明不白的加以判刑，怎能說不是摧殘人權？

事實上，以上所說的五大疑案，還只是犖犖大者而已！沒有說到的案子，當然還有很多很多。記得在四十五年立法院的第十八會期中立法委員胡鈍俞鑒於寃獄太多，曾在詢時向司法行政部長要一張寃獄名單。部長在答詢時却表示人數「沒有統計」，而要把過去已經各案一件一件的查，恐怕很難。」到今天，可能由於寃獄之多，更無從統計了！但僅由上面所說的五大疑案觀之，雖不能據以肯定政府對人權沒有絲毫尊重，然要說人權已有了保障，恐怕誰也不會相信。很明顯，僅僅在保障人民身體自由方面，有待政府切實檢討並努力改善的地方還多。這裏其所以不憚煩地引用這些舊資料，固在說明海內外人士對於這些案件的憤怒，但更大的目的，還只是希望能引起政府的注意和改善。

近幾年來，由於政府對人權沒有加以充分保障，固然使各有關當事人受到了直接的損害，但政府因此而間接受到的損失，實在是更大更深。據雷嘯岑先生在四十六年十一月二十七日「自由人」指出：「四年以前，美國共和黨名人杜威訪問臺灣後，漫遊香港時，曾對人說臺北有七個特務機構存在，細問之下，乃知道他把警察局和派出所等，皆列爲特務機構，理由是這些機關可以隨便拘押人民啊！」難怪美國的百科全書，竟誤把我們和否定人權的蘇俄極權國家相提並論了。這些話，都是五年十年以前出諸美國朋友的看法，似乎不必過分重視。不過，到了今年，我們却又不止一次的聽到民意代表若干更令人可怕的說法。一次是在今年六月十日，中央行政改革委員會考察團在臺灣省議會舉行座談會時，省議員郭雨新便公然把流氓、警察、稅務員、特務人員、司法人員說成今日社會的五害，這一問題，顯然已經很嚴重。又一次是在九月十九日，立法委員彭善承又把警察、稅務員、司法人員、治安人員說成社會上「四大害」，而陳院長在答詢時雖也略加解釋，認爲「弊病在所難免」終也不能不表示：「至於少數警察人員的不法行爲，周主席亦表示重視」，問題演變到這地步，顯然就更爲嚴重了！時至今日，政府必須澈底改革，使這種流行於社會的「四害」或「五害」的說法失其根據。但要想做到這一步，必須從切實尊重人權、保障人權做起，尤其要從切實保障人民身體自由做起。

平心靜氣的說，政府似非完全不知道保障人權的重要，也似非完全不知道如何保障人權。相反的，政府當局老是口口聲聲要保障人權，尤其是在立法院的質詢會議中，司法行政部長谷鳳翔答詢時，非但再三的宣稱保障人權，而且無數次的說到要依法切實保障人權。但是，話雖如此，事實似乎恰恰相反，以致立法院的每次會期中，還是照例有保障人權方面的嚴厲質詢。甚至到了最近，監察委員陶百川在十一月二十四日的監察院檢討會中還不得不說：「人身自由，仍時被剝奪」，而大聲疾呼的呼籲政府保障人權！

說到這裏，我們便不能不追究到問題的癥結。要解釋這一問題，也許說來話長，但追本窮源的說一句，最後的癥結，便是政府當局的內心深處沒有眞正建立一項現代法治的觀念。因此，我們雖然已有了各種足以範圍行政權的法規，終由於濫用行政權的結果，一至於爲了政治上的某種需要，甚至只不過爲了政治當局主觀的好惡喜怒，乃不惜以行政干涉司法，要求司法盡其所謂配合國策的任務，終至於如同監察委員葉時修所說：「目前的司法成了政治的工具，根本說不上獨立分立。司法捲入政治漩渦，製造不平，製造寃獄，以致怨氣沖天，政治上要對付一個人，便利用司法羅織人罪。此類例子甚多：以何濟周一案來說，就是政治的報復。他如林頂立案，也是有着政治成份在內的。司法聽政治的支配，爲政治的附庸。所謂配合國策，眞不知從何說起！」由於政府當局有以行政干涉司法的行爲，而使憲法的尊嚴受到損害。於是下級執行人員，更不知道法律尊嚴爲何物，有時爲了某種特殊的方便或企圖，便乾脆不依法定程序，而對人民進行傳喚、逮捕、拘禁、審問。這結果，便是所謂「法之不行，自上犯之」。

很明顯，今天我們希望政府切實保障人權，並不必另制定甚麼法，而只需要一切的政府機關和人員，都能「依法」行使權力，尤其是涉及人民基本自由權利的行爲，更必須百分之百的做到「依法」二字。

行政院外滙貿易審議會來函

頃閱

貴刊第十九卷第九期（本年(47)十一月一日出版讀者投書欄內，載有一羣大學生投函：「請外滙貿易審議會答復」一文，經查適與最近某君致本會主任委員一函內容大體相同，早於上月廿三日答復矣，用特函達，即請　台洽爲荷。

此致

自由中國編輯部

行政院外滙貿易審議委員會啓

紀念人權節應把臺灣建為保障人權模範省

金承藝

一

一九四八年十二月十日，在巴黎召開的聯合國大會通過了「世界人權宣言」，到今年十二月十日已經是整整的十週年了。

第二次大戰以後的聯合國組織與第一次大戰以後國際聯盟的組織，它們最大的不同點，就是國際聯盟的着眼點只注重國家，而聯合國已經着眼於組成國家的每一個眞實個體——個人。這在「聯合國憲章」的「前言」中，一開首卽極明確的道出：「我聯合國人民同茲決心欲免後世再遭今代人類兩度身歷慘不堪言之戰禍，重申基本人權、人格尊嚴與價值、以及男女與大小各國平等權利之信念，……促成大自由中之社會進步及較善之民生，……用是發憤立志，務當同心協力，以竟厥功」。聯合國在這篇莊嚴的文字中，已經把「個人」置於「國家」的前面；這正如杜勒斯所說的：「聯合國創立之目的，不但是在於保護國家，而且在於保護個人」。

本來，自由制度的本意，是在於它說明了「國家爲人民而存在；人民不是爲國家而生存的」。假使一個國際組織只爲了保障各國家的主權，但其中有些國家却以迫害、屠殺、歧視，和不公平的手段對待其本國人民，則此一國際組織豈不是成了這些極權專制政府的幫兇!?

國家的權利，必須要在它是一個尊重人權的政府，這樣它才應獲得世界組織的保障。

二

「世界人權宣言」產生於聯合國組成後三年半的時間，可是遠在一九四六年起，聯合國卽已組織以提倡人權爲目的之各種委員會，集合專家們熱烈研討，其間在聯合國所組成的各委員會中，經過八十五次的會議，一千二百次的投票，前後歷時三年，最後於一九四八年十二月在巴黎召開的聯合國大會中正式通過。

「世界人權宣言」在起草時，當時代表們的意見卽分裂爲二，一派主張此項宣言僅具勸告的價值，俾聯合國大會向其會員國提出之用，無强制性；另一派則要求應立卽成立一國際公約，由大會通過後，對於簽字國發生約束力。就目前的聯合國來說，它是採納了前一派的意見而摒棄了後一派的意見。不過，聯合國不能强制會員國對於「世界人權宣言」普遍的實施，可以說聯合國就相當的失去了最初創立的目的。自聯合國成立後的十多年來，固然它在各方面比昔日的國際聯盟爲强，但所以它沒能有大的成就，不能發揮出它據以成立的重視人權與基本自由的光輝，正是因爲它遷就事實，不敢對眞理做最勇敢的追求所致！

張佛泉教授在「自由與人權」（一九五五年出版）一書中，曾認爲「世界人權宣言未能當做聯合國的元始構成條件」是很錯誤的事。他說：「聯合國憲章在舊金山起草時曾有人主張冠以人權宣言。這個主張未被接受，這實在是一件很可惋惜的事。此主張如被接受，聯合國籌備會議便須先草成一超國界的人權宣言，以當作聯合國之更具體、更詳盡之目標。接受這個宣言便成爲加入聯合國的基本條件。聯合國如經這樣程序組織起來，則它的情形必與今日的大不相同。蘇聯集團必從始不肯加入。此自由國際組合必沒有今日聯合國的大而無當，而它會成爲一更有效力、更有作爲的機構，亦必無疑」。

三

這一次臺灣準備擴大慶祝第十屆人權節，我以爲在此時此地實是非常有意義的事；尤其是當我們的政府於金馬問題後，在「中美聯合公報」裏明白表示決意配合自由世界對共黨的鬪爭，以政治競賽的方式爲擊敗共黨極權統治、光復大陸主要途徑的時候。

前此，當十月二十三日「中美聯合公報」發表之初，海內外甚多人士以爲政府公開聲明光復大陸的主要途徑爲「非憑藉武力」，是一種屈辱和錯誤，認是很遺憾的事。其實，大部份人士均忽略了民國四十三年「中美共同防禦條約」的內容及其後的補充文件，「中美共同防禦條約」的第五條是這樣寫着：「每一締約國承認對在西太平洋區域內任一締約國領土上之武裝攻擊，卽將危及其本身之和平與安全，茲並宣言將依其憲法程序採取行動，以對付此共同危險。任何此項武裝攻擊及因而採取一切之措施，應立卽報告聯合國安全理事會，此等措施應於安全理事會採取恢復並維持國際和平與安全之必要措施時，予以終止」。在同年十二月杜勒斯致葉外長的「中美共同防禦條約」補充文件中，更特別說明「鑒於兩締約國在該條約下所負之義務，及任一締約國自任一區域使用武力，影響另一締約國，茲同意此項武力使用，將爲共同協議之事項」。由這些條文中，我們不難發現，政府想要單獨武裝反攻大陸是要報告聯合國，是要經過美國同意的；也就是說單獨武裝反攻大陸是早在民國四十三年後卽受到約束和限制的。這次「中美聯合公報」中說光復大陸的主要途徑是政治的而非軍事的，不過是給以前「中美共同防禦條約」的一個再補充和再確定而已。

但是，是不是在民國四十三年時我們已經種下了屈辱和錯誤的種子了呢？

這一點，我想凡是稍有識見、稍微冷靜和理智一點的人，都可以看出，以臺灣本身所據有的條件，再環顧今日世界的形勢，談反攻則政治重於軍事的這一事實，是極其明顯的事！這也就是這幾年來海內外許多明智之士和「自由中國」半月刊不斷爲文提供給朝野人士參考的意見。如今事實可以證明，那些一向把「今年是反攻年」或「準備隨時反攻大陸」字句掛在嘴邊上的人，其心雖可嘉，但其結果則是浪擲時光於製造無味的緊張，而把修明政治的大好機會白白虛度了。

現在，由於「中美聯合公報」的發表，我以爲非但不是可悲的事，而且正可欣喜政府在這些年盲人騎瞎馬的反共鬪爭中，總算有了覺醒，總算摸索到了最正確的途徑，並且正式承認反攻大陸、擊敗共黨極權力量的基礎，主要途徑是憑藉政治力量而非軍事力量。

如何能達成政治反攻的目標？

如何使臺灣能够以小尅大？以少尅衆？

如何使臺灣成爲自由的燈塔？使大陸上受痛苦的四億到五億同胞對臺灣存嚮往的誠意？

此無他，唯有把臺灣建成爲中國的民主模範省！

四

民主政治就是以達成尊重人權、保障人權爲目的的政治。我們慶祝人權節，並不能以多開幾個紀念會，多發一些有關「世界人權宣言」的小册子，就算是重視人權節了；就自我安慰的以爲我們已經是尊重人權的民主國家了。我們的人民和政府(尤其是政府)應該深自反省，我們與「世界人權宣言」有無距離？我們的人民是否享有「世界人權宣言」中所列擧的諸項權利？政府在決意選擇以政治力量爲主要反攻復國的途徑以後，是否在從事把臺灣建立爲民主模範省的努力？是否在從事把「世界人權宣言」中所列諸項權利使每個在自由中國的人民均能享有的努力？

政府自遷臺以來，雖然在很多方面都力求改善，可是如果我們打開「世界人權宣言」，隨便翻看一些內中列擧的權利，很容易就能發現我們與「世界人權宣言」的距離還相當遙遠，就如宣言中第五條：「凡人均不得加以酷刑，遭受殘忍非人或毀傷人品之刑罰」。第十一條第一欵：「凡人被控爲刑事罪犯者，在未依法審訊，並經必要辯護而判爲有罪，均得有權視同無罪」。回顧我們這裏呢，治安機構還經常對涉嫌的證人使用刑訊。從報紙上的記載，僅就八德鄉血案一案來說，到現在法院還沒有定讞，但證人中一個已毒死於刑警總隊的獄中，另兩個被拷打成殘廢。

再如宣言中第七條：「凡人於法律之前一律平等，享有法律一視同仁之保障……」。但回顧我們這裏呢，政治經常的干涉司法，司法界已被攪得烏煙瘴氣，使人們在法律之前已經沒有、「一視同仁」的待遇。

再如宣言中第八條：「凡人之基本權利爲憲法或法律所授與者，如一旦遭受損害時，有權自所屬國家法庭獲得有效之補償」。但回顧我們這裏呢，直到今天寃獄賠償法還沒有訂立。老百姓與政府打交道時如果吃了虧，也只好是自認倒霉。

再如宣言中第十九條：「凡人均得享有言論之自由，此項權利包括保持其主張不受干預之自由，並得採用任何工具，不受國境限制，尋求、接受、暨給予報導與思想」。但回顧我們這裏呢，半年前尚通過了與論界所一致反對的「出版法修正案」，來箝制言論自由並限制報刊的登記。

再如宣言中第二十條第二欵：「凡人不得被迫加入任何社團」。但回顧我們這裏呢，高中到大學的學生在名義是「志願參加」，但實際上却被强迫的必須要參加「青年反共救國團」的組織。

再如宣言中第二十一條第三欵：「人民公意實爲政府權力之所本，此等公意應以普遍平等之選擧，由不記名方式，或由相等之自由投票方式，於定期與眞正之選擧中表示之」。但回顧我們這裏呢，每一次地方選擧，政府黨都在盡力的利用職權做非法的活動，使選擧變成了充滿舞弊和不公平的競爭。

我們隨便翻看「世界人權宣言」中的一些條文，就可能發現我們與「世界人權宣」言還有着一段不算近的距離。我以爲，我們的政府如重視政治反攻的途逕，重視人權節，重視「世界人權宣言」，首要的工作，應該是縮短我們的國家與「世界人權宣言」的距離！

胡適之先生以前常說：「我們在民主、自由方面能够多努力一分，我們在自由世界的地位就增加一分；我們在民主、自由方面多努力一分，就多有一分的號召力量，多收回一部分人心。」我們現在可以給胡先生這句話作個補充：「我們與『世界人權宣言』的距離能够縮短一分，也就是我們在民主、自由方面多努力了一分」！

紀念人權節，應把臺灣建成爲保障人權模範省。應盡力縮短我們與「世界人權宣言」的距離。這樣做，才能使全世界的人們和我們的盟國承認自由中國眞正履行了一個自由民主國家的基本條件。才能樹立起我們與對面的共產極權敵人間極明確的對立標誌。

這樣做，非但是眞正的紀念了人權節，而且也增高了我們光復大陸、重返家園的希望！

世界人權宣言（附錄）

聯合國大會於一九四八年十二月十日通過並予公佈

弁言

茲鑒於人類一家，對於人人固有尊嚴及其平等不移權利之承認確係世界自由、正義與和平之基礎；

復鑒於人權之忽視及侮蔑恆釀成野蠻暴行，致使人心震憤，而自由言論、自由信仰、得免憂懼、得免貧困之世界業經宣示爲一般人民之最高企望；

復鑒於爲使人類不致迫不得已鋌而走險以抗專橫與壓迫，人權須受法律規定之保障；

復鑒於國際友好關係之促進，實屬切要；

復鑒於聯合國人民已在憲章中重申對於基本人權、人格尊嚴與價值，以及男女平等權利之信念，並決心促成大自由中之社會進步及較善之民生；

復鑒於各會員國業經誓願與聯合國同心協力促進人權及基本自由之普遍尊重與遵行；

復鑒於此種權利自由之共同認識對於是項誓願之澈底實現至關重大；

大會爰於此

頒佈世界人權宣言，作爲所有人民所有國家共同努力之標的，務望個人及社會團體永以本宣言銘諸座右，力求藉訓導與教育激勵人權與自由之尊重，並藉國家與國際之漸進措施獲得其普遍有效之承認與遵行；會員國本身人民及所轄領土人民均各永享咸遵。

第一條　人皆生而自由；在尊嚴及權利上均各平等。人各賦有理性良知，誠應和睦相處，情同手足。

第二條　人人皆得享受本宣言所載之一切權利與自由，不分種族、膚色、性別、語言、宗教、政見或他種主張、國籍或門第、財產、出生或他種身分。

且不得因一人所隸國家或地區之政治、行政或國際地位之不同而有所區別，無論該地區係獨立、託管、非自治或受有其他主權上之限制。

第三條　人人有權享有生命、自由與人身安全。

第四條　任何人不容使爲奴役；奴隸制度及奴隸販賣，不論出於何種方式，悉應予以禁止。

第五條　任何人不容加以酷刑，或施以殘忍不人道或侮慢之待遇或處罰。

第六條　人人於任何所在有被承認爲法律上主體之權利。

第七條　人人在法律上悉屬平等，且應一體享受法律之平等保護。人人有權享受平等保護，以防止違反本宣言之任何歧視及煽動此種歧視之任何行爲。

第八條　人人於其憲法或法律所賦予之基本權利被侵害時，有權享受國家管轄法庭之有效救濟。

第九條　任何人不容加以無理逮捕、拘禁或放逐。

第十條　人人於其權利與義務受判定時及被刑事控告時，有權享受獨立無私法庭之絕對平等不偏且公開之聽審。

第十一條　（一）凡受刑事控告者，在未經依法公開審判證實有罪前，應視爲無罪，審判時並須予以答辯上所需之一切保障。（二）任何人在刑事上之行爲或不行爲，於其發生時依國家或國際法律均不構成罪行者，應不爲罪。刑罰不得重於犯罪時法律之規定。

第十二條　任何人之私生活、家庭、住所或通訊不容無理侵犯，其榮譽及信用亦不容侵害。人人爲防止此種侵犯或侵害有權受法律保護。

第十三條　（一）人人在一國境內有自由遷徙及擇居之權。（二）人人有權離去任何國家，連其本國在內，並有權歸返其本國。

第十四條　（一）人人爲避迫害有權在他國尋求並享受庇身之所。（二）控訴之確源於非政治性之犯罪或源於違反聯合國宗旨與原則之行爲者，不得享受此種權利。

第十五條　（一）人人有權享有國籍。（二）任何人之國籍不容無理褫奪，其更改國籍之權利不容否認。

第十六條　（一）成年男女，不受種族、國籍或宗教之任何限制，有權婚嫁及成立家庭。男女在婚姻方面，在結合期間及在解除婚約時，俱有平等權利。（二）婚約之締訂僅能以男女雙方之自由完全承諾爲之。（三）家庭爲社會之當然基本團體單位，並應受社會及國家之保護。

第十七條　（一）人人有權單獨占有或與他人合有財產。（二）任何人之財產不容無理剝奪。

第十八條　人人有思想、良心與宗教自由之權；此項權利包括其改變宗教或信仰之自由，及其單獨或集體、公開或私自以教義、躬行、禮拜及戒律表示其宗教或信仰之自由。

第十九條　人人有主張及發表自由之權；此項權利包括保持主張而不受干涉之自由，及經由任何方法不分國界以尋求、接收並傳播消息意見之自由。

第二十條　（一）人人有平和集會結社自由之權。（二）任何人不容强使隸屬於某一團體。

第二十一條　（一）人人有權直接或以自由選舉之代表參加其本國政府。（二）人人有以平等機會參加其本國公務之權。（三）人民意志應爲政府權力之基礎；人民意志應以定期且眞實之選舉表現之，其選舉權必須普及而平等，並當以不記名投票或相等之自由投票程序爲之。

第二十二條　人既爲社會之一員，自有權享受社會保障，並有權享受個人尊嚴及人格自由發展所必需之經濟、社會及文化各種權利之實現；此種實現之促成端賴國家措施與國際合作並當依各國之機構與資源量力爲之。

第二十三條　（一）人人有權工作，自由選擇職業，享受公平優裕之工作條件及失業之保障。（二）人人不容任何區別，有同工同酬之權利。（三）人人工作時，有權享受公平優裕之報酬，務使其本人及其家屬之生活足以維持人類尊嚴，必要時且應有他種社會保護辦法，以資補益。（四）人人爲維護其權益，有組織及參加工會之權。

第二十四條　人人有休息及閒暇之權，包括工作時間受合理限制及定期有給休假之權。

第二十五條　（一）人人有權享受其本人及其家屬康樂所需之生活程度，舉凡衣、食、住、醫藥及必要之社會服務均包括在內；且於失業、患病、殘廢、寡居、衰老、或因不可抗力之事故致有他種喪失生活能力之情形時，有權享受保障。（二）母親及兒童應受特別照顧及協助。所有兒童，無論婚生與非婚生，均應享受同等社會保護。

第二十六條　（一）人人皆有受教育之權。教育應屬免費，至少初級及基本教育應然。初級教育應屬强迫性質。技術與職業教育應廣爲設立。高等教育應予人人平等機會，以成績爲準。（二）教育之目標在於充分發展人格，加强對人權及基本自由之尊重。教育應謀促進各國、各種族或各宗教團體間之諒解、容恕及友好關係，並應促進聯合國維繫和平之各種工作。（三）父母對其子女所應受之教育，有優先抉擇之權。

第二十七條　（一）人人有權自由參加社會之文化生活，欣賞藝術，並共同襄享科學進步及其利益。（二）人人對其本人之任何科學、文學或美術作品所獲得之精神與物質利益，有享受保護之權。

第二十八條　人人有權享受本宣言所載權利與自由可得全部實現之社會及國際秩序。

第二十九條　（一）人人對於社會負有義務；個人人格之自由充分發展厥爲社會是賴。（二）人人於行使其權利及自由時僅應受法律所定之限制，且此種限制之唯一目的應在確認及尊重他人之權利與自由並謀符合民主社會中道德、公共秩序及一般福利所需之公允條件。（三）此等權利與自由之行使，無論在任何情形下，均不得違反聯合國之宗旨及原則。

第三十條　本宣言所載，不得解釋爲任何國家、團體或個人有權以任何活動或任何行爲破壞本宣言內之任何權利與自由。

讀者投書

（一）

從人權保障談到孫秋源被捕

汪文瑞

本年度監察院工作檢討報告：內有黃寶實等十一委員，為臺灣省保安司令部對於無軍人身份之人民及官吏，往往輒加逮捕，經長期間之扣押、偵訊，然後移付法院，不僅逾越軍法劃分之權限，抑且有損法院檢察處之偵查權；因此提案糾正。

據行政院函復監察院稱：其中有兩點解釋：㈠臺灣省戒嚴時期軍法機關自行審判及交法院審判案件劃分法規定，應由法院審判之案件，應認為包括偵查訊問逮捕權在內，軍法機關今後不得行使此項職權。㈡關於匪諜牽連案件，依戡亂時期檢肅匪諜條例第十一條之規定（匪諜牽連案件不分犯罪事實輕重，概由匪諜案件審判機關審理之），自應由軍法機關審判，非匪諜之其他案件，如牽連犯中有一罪應受軍法審判者或非軍人與軍人共犯者，不得以先行拘禁為調查之方法。

監察委員陶百川對行政院糾正案的兩點解釋，復提議請司法委員會繼續注意下列三事：㈠軍法機關以外之軍事機關，是否可以司法警察官署之身份，逮捕應屬法院審判之案犯，其逮捕是否皆有法院之拘票？㈡軍法機關受理軍人案件及匪諜案件以外之案件，例如依據懲治走私條例，受理走私案件，是否牴觸憲法第九條「人民除現役軍人外，不受軍事審判」之規定？㈢法院依據提審法向非法逮捕機關提審人犯之執行效果如何？有無違法失職情形？嗣經監委金越光等調查結果；認為司法警察官署對於人民之傳喚逮捕拘禁審問，尚多未依法定程序辦理；因此又再提案糾正。

若干年來，軍法機關及軍事機關暨司法警察官署對於人權任意侵害與刑求口供，事例太多了。有了監察院的糾正案及行政院的解釋後，情形是否好轉一點呢？

事實答覆我們：是否定的。過去不必說了，現在尚有一重大案件，即前自治半月刊編輯現任中國地方自治研究會幹事孫秋源於上月下旬被治安機關逮捕，其罪名連他的太太都不得而知，現尚未移送法院（孫非軍人）。

至於孫秋源為何與政府交惡？而被軍事機關逮捕拘禁？查其遠因；可能係孫君於四十六年八月間主編「自治」時，轉載省議會公報中部份議員對省府施政的嚴厲質詢文字，因此觸怒當局。在第四屆縣市議員競選之際，「自治」公佈國民黨臺北市黨部（46）北市陳二字第四一九三號代電的密件，並且著論「與陳雪強先生『論怎樣爭取民心？』」毫不客氣地抨擊國民黨，於是國民黨惱羞成怒，視孫秋源為「反政府黨份子」，非除之而心不甘。

黨政方面：咸認為省議員不捧場的嚴厲質詢之詞，是反政府的。所以，省議會在每次大會舉行之前，照例必須由議長柬邀各報採訪大會新聞的記者及黨方的主管，共同聚餐時，由黨務人員關照一番。是故部份省議員嚴厲質詢的話，報紙上不是「完全封鎖」，即是「語焉不詳」，有時候，甚至來個「反質詢」。但是，孫秋源主編的「自治」，毫不保留地把「完全封鎖」的嚴厲質詢轉達給選民知道，這本是民主政治的常軌，然而國民黨人則認為是大逆不道。起初，自治半月刊因而橫遭非法查扣。繼之，「自治」在統治者權力下，在「司法配合國策」下，終於被取締了。

孫秋源遭此壓迫，心實不甘。今年又與友人合作，發行「自治研究」半月刊，其編法與「自治」相同，因而又為當局不容，乃藉發行權不得「轉讓」之詞，由治安機關加以逮捕拘禁。當時孫秋源本人與他的太太都不知道犯的甚麼法？但據臺北市民間的傳說，逮捕時根本就未依法定程序，治安人員在其家中搜索達三小時以上，並未發現證物云云。這些若是監察機關能夠澈底查究，當不難弄個水落石出，然這又得看有關機關有無決心。

而孫的太太，曾懇求民意代表幫忙，向關係方面查詢其夫究竟犯甚麼法？但道路傳聞，治安機關負責人聲稱：孫秋源因刊物糾紛，涉嫌勾結某部事員及某新聞官員，私下授受雜誌發行權，並未涉及有關軍事案件或其他類似政治案件，治安機關擬將其送往管訓機關管訓等語。若是此語不假，則孫秋源㈠非軍人，㈡非匪諜，㈢非牽連犯，㈣非軍人與軍人共犯，㈤非戒嚴時期嫌疑犯。而軍事機關何得越權逮捕無軍人身份的人民拘禁和到人民家中搜索？如果因刊物發行權私下非法授受，這是屬於司法範圍，軍事機關無權逮捕拘禁審詢，如果逮捕且任意拘禁而不依法移送管轄法院，這是違憲違法的。民主政治就是法治，守法不是人民單方面的，政府人員亦不例外。

逮捕孫秋源的軍事機關，為何敢違憲違法？又為何敢蔑視監察院的糾正案？更為何敢漠視行政院的解釋令？[illegible]機關必須受其約束，[illegible]違抗命令的罪是死刑，這些難道都不知道嗎？不是不知道，我們在前面曾說過，孫秋源主編「自治」時，曾罵過國民黨，目前又支持「自治研究」半月刊，[illegible]

[illegible]要大叫大嚷，叫到光明。

四七、一一、二四寫于寶島

讀者投書

（二）

「奉命不上訴」的新論證

史濟人

按上有所好，下必有甚，是爲理之必然，如認爲延憲諒的「奉命不上訴」傑作，僅係其個人行爲，未免過於天眞。試想延首席年逾半百，浮沉法曹一、二十年，雖未必有實學，但官場起碼經驗總是有的，既非白癡，豈有確未奉命而膽敢自干責咎，亂批「奉命」之理？就情理推斷延之所以出此，必有人授命，實屬毫無疑義之事。至於事後不惜貽笑天下，用「奉自己之命」一語作荒謬絕倫之搪塞，徒見心虛情急，欲蓋彌彰而已。進而就延某毫無顧忌，在卷上明批「奉命」的粗線條作風以觀，似乎其心理有恃無恐，並不視此爲稀罕之事。可見「奉命」行事，在延或認係家常便飯，無何嚴重。不料碰到俗語所謂「上得山多終遇虎」，若不遇硬漢黃向堅，此一醜劇又將無從洩漏也。不見主管部門猶圖掩飾廻護嗎？據聯合報消息，主管部表示「奉命不上訴」案，該部於半年前即着手查辦，惟恐影響李國楨本案之裁判，故遲遲不作處置，亦未向外發表。準此，請問問姜一鳴、巴天鐸案發時，爲何不待其各該原承辦之本案結束後再行採取行動呢？何欺人若甚！如果不經輿論之揭發，恐怕連這一點意見也吝於表示吧！非有意掩飾而何？據自立晚報消息：主管單位認爲「奉命不上訴」案，延、黃均有責任，指黃未經首席批准擅自上訴爲不合，指延雖有對黃之上訴書抑留不核之事實，但其批示「奉命不上訴」五字已在黃逕行上訴之後，並未發生實際影響，言詞間頗有挑剔黃向堅，而替延憲諒廻護之意思。殊不知若無黃的堅毅精神，「奉命不上訴」早已達到目的，且又人不知鬼不覺也。

檢察官代表國家訴追犯罪，原以堅持己見鍥而不捨爲稱職。試問黃之提出上訴既受延之百般阻撓抑留，欲求不遲誤上訴期間，除了逕行上訴而外又有何途可循？黃之急中生智毅然出此，正是忠於職責之表現，何忍責備？檢察官雖屬一體，但檢察官究非軍人應以服從爲天職，而以有獨立之見解及獨立之辦案權限爲貴，故延之「奉命不上訴」行爲必須嚴究，否則，無疑助長歪風，司法獨立之前途，益將不堪設想矣！

更應注意者，今「奉命不上訴」醜劇既經暴露，授命之幕後人勢必力圖彌縫。彌縫之法不外：㈠令延一肩擔負，先使大事化小，所以延已有「係奉自己之命」之騰笑千古的解釋。㈡希望高院判決上訴駁回，以證明「奉命不上訴」在原則上係屬正確，減輕延之責任，終使小事化無。因此與高等法院之承辦推事頗有關係。按法院推事之分受案件，以抽籤或輪分爲原則，旨在防止因人分案而杜弊端，且臺灣高院現因配合政府疏散政策已成立臺中分庭，暫留臺北辦公。依規定李國楨案原應由臺中分庭推事受理爲正當，今報載係由徐幼祚推事受理。徐何許人也，係剛剛由臺灣高等法院檢察官職務調任福建高等法院廈門分院推事再調高院辦事者（到職未滿一月）。此一「奉命不上訴」怪劇之毛病，本來就在於「檢察一體」四字之上，今特又調臺灣高檢處夏首席手下紅員，徐檢察官去充任推事審理此案，眞是不折不扣的「檢察一體包辦」，可謂妙極。固然不能空言指責分案有手脚，不過司法部似此「巧合」之人事措施，能不令人拍案稱奇？而且福建高院推事可否調臺灣高院辦案，在法律上亦尚缺乏明確根據。請監察委員把這些有關節的地方詳細調查一下。請行政院陳院長把這些地方加以推敲推敲。

今「奉命不上訴」之責任，可能將由延一人肩負。查延既認未奉他人之命，他人亦不承認有下令之事，則延在卷內批明「奉命不上訴」之行爲，顯屬將明知爲不實之事項登載於職掌之公文書上，殆無疑義。此對於他人或公衆有損害乎？參照解釋判例，所謂足生損害者，不以實質上已有損害發生爲限，凡客觀認爲有足以發生損害之虞者均屬之。延假借奉命爲由壓迫下屬不要上訴，有使案件發生不正確之虞，也有延誤上訴期間的危險，在在足生損害於他人或公衆，至爲灼然。再說今因「奉命不上訴」五字，造成舉國譁然，使人誤信有行政干涉司法之事，誤信司法果如傳說般黑暗，對於司法名譽，政府威信的損害，眞不可以道里計。若竟有人爲之袒護而抹煞事實，認無損害發生，天良何在？

司法部谷部長與延憲諒爲朝大同學，谷接任部長之初，即將延自澎湖調升臺中，關係自非尋常，臺灣高檢夏首席及最高檢署劉檢察官與延也是朝大同學。爲了司法前途，希望上述諸公能一秉至公，澈查此案，尤其希望監察院行政院嚴究此案，庶足挽回司法威信於萬一。

讀者投書

（三）請看這樣無法無天的事！

字俊英

編輯先生雅鑒：

我抱着沉痛的心情，寫就了我對「民間充滿黑暗」不滿的一點粗見，敬請貴刊惠予登載爲感。詳情摘抒於下：

屏東縣佳冬鄉昌隆村中正路五十號居民賴滿郞，一向樸實守法，務農維生。不幸！該民之住屋于本（四十七）年八月一日，被屏東縣農會技術員戴捷英（現住屏東市公勇路九九號）指使他的人工强行拆毀！

據悉：賴滿郞的座基是屬於毀屋者戴捷英之堂兄戴壽英的。因戴壽英與賴滿郞的友誼甚深，因此戴壽英把他自已的地，義讓予賴滿郞一分五厘，作爲建屋之用。於四十四年八月份，賴滿郞付出了全力在該地建造了一棟能供人生安息的住屋，建成而遷居後，過着他安份守己的務農生活。不料戴壽英於四十五年十二月份病故後，他的堂弟戴捷英利用家族關係和死無對證的前提下，想不勞而獲地覇佔賴滿郞用血汗累積成的這棟房子，所以戴壽英去世不久，戴捷英就用種種手段去脅迫賴家搬離。又於四六年度謬控賴滿郞爲竊佔一案，經屏東地方法院李檢察官鳳媛偵查終結後，於四十六年七月二十六日（46）不字七七五號裁判書稟理判爲：「不起訴處分」在案。

此後戴捷英的覇欲仍未幻滅，還是不斷地脅賴家搬離住屋。賴滿郞在這無理而蠻橫的脅迫下，亦向屏東地方法院申訴他不堪忍受的寃屈，並且省衣節食地按期繳納了訴訟費。不料屏地院不但久擱未辦；而且訛以延期未繳訴訟費爲由被退訴！因此又轉訴至臺南高分院。據高分院七月十七日（47）民忠字一四三五四號通知稱：「已向屏東地方法院調卷核辦」等云。不幸高分院還未處理此事，而又遭受到戴捷英的毀屋暴行！因此賴滿郞的全家老幼就在素稱爲模範省的社會裏，過着晝晒夜露，風吹雨打的黑暗生活！

假若賴家建住的座基與戴捷英有任何權利關係的話，他爲何不採取下列幾點措施？

一、爲何賴方建屋時未干涉或上訴？

二、爲何戴壽英在世時，戴捷英未提出此問題？

三、爲何戴捷英謬控（戴壽英去世後）賴滿郞一案內，所具列的房號不符合賴方的房號（見屏地院裁判書）？

四、爲何屏地院判爲：「不起訴處分」後，不繼續複訴？

五、爲何有理不循司法途徑作合法地解決，而用橫蠻越法的手段去破壞賴方的房屋!?

以上各點已證實賴方建住之地與戴捷英毫無權利關係。他顯然是運用他蠻橫卑劣的行爲，去覇佔貧弱無能者的私產來滿足他的貪欲而已！

我是終身獻予國家，從不好多事的一個尉級軍人。此次聞悉賴家在暴徒的摧殘下，形成了有理無錢而失去法律保障的慘息後，甚感驚奇！因此在正義感的迫使下，特向立場超然爲民喉舌的「自由中國」借一角之白，代被害者賴滿郞向主害者戴捷英提出嚴重的抗暴！並呼籲立監諸委員及各級議員一致惠予弱者的救援是盼。

字俊英四十七年十月八日屏東

再批：我爲了對此粗鹵的言論負確切的責任起見，特附上毀屋後慘況照片一張和我個人的半身照片一張，以供貴刊佐證。

（另附立監委員函略去，照片現存本社。本投書因稿擠延至現在發表，甚歉！——編者）

出版法條文摘要　**立法院第二一會期秘密會通過 總統於四七年六月廿八日公布**

第六章　行政處分

第三十六條　出版品如違反本法規定，主管官署得爲左列行政處分。
一、警告。
二、罰鍰。
三、禁止出售、散佈、進口或扣押、沒入。
四、定期停止發行。
五、撤銷登記。

第三十七條　出版品違反第三十二條第三款及第三十三條之規定，情節輕微者，得予以警告。

第四十條　出版品有左列情形之一者，得定期停止其發行。
三、出版品之記載違反第三十二條第一款之規定者。
四、出版品之記載違反第三十二條第二款及第三款之規定，情節重大者。
五、出版品之記載違反第三十四條之規定，情節重大者。
六、出版品經依第三十七條之規定連續三次警告無效者。

第四十一條　出版品有左列情形之一者由內政部予以撤銷登記。
一、出版品之記載，觸犯或煽動他人觸犯內亂罪、外患罪、情節重大，經依法判決確定者。
二、出版品之記載，以觸犯或煽動他人觸犯妨害風化罪爲主要內容，經予以三次定期停止發行處分而繼續違反者。

第四十二條　出版品經依法註銷登記或撤銷登記或予以定期停止發行處分後，仍繼續發行者，得沒入之。

編者按：在此項出版法未廢止之前，本刊決將上項條款繼續刊登，一方面用以自我警惕，一方面讓世人知道我們的出版自由，受到怎樣的限制。

短評

(一) 打人的是警察！

最近一個月，自臺北市警察局第四分局鄭某等三人，於生光皮鞋店用槍柄擊傷羅某以來，全省各地警察，便紛紛以行動響應，相繼而有臺中警一分局刑警痛毆失落巨欵之王某，及宜蘭蘇澳派出所主管巡佐白某毆傷羅東蘇婦產科院長等案發生。

據警察當局一貫的說法：「警察不打人，打人非警察。」但現在看將起來，似該說成「打人的是警察，不打人的非警察」了！

在這「世界人權宣言」十周年紀念前夕，臺灣正成立籌備會，準備大事慶祝一番，各地的警察，却有志一同，先造成一片打風，這是蓄意諷刺？抑或是存心示威？只有請教警察當局了！

(二) 看監察院的！

司法界自谷鳳翔上臺以來，是愈來愈糟，由張金衡的所謂「屍諫」案，而林拔的懸樑自盡案，而巴天鐸的貪污受賄案，而監察院的糾正案，眞可以說是貪污枉法，兩醜俱全。

所可怪者，像這樣一個國人皆曰可去的部長，却還是高踞司法大厦，好像這些個事件，都與他毫無關係。

現由於所謂「奉命不上訴」的違法案，又鬧得轟動一時，引起海內外的警駭惶惑。監察委員陳大榕，終因此而對谷部長提出了彈劾案，雖由於審查會中部份委員，認爲應進一部搜集證據而未獲結論，相信監察委員們該不至在衆目睽睽之下，竟想借此一拖了之。

今天，已到了非整飭法治不可的地步了！現在大家都把這最後一線希望，寄托在監察院。很顯然，監察委員們又面臨考驗了。且看如何向人民交卷？

(三) 只准警官罵人？

高雄警察局長李連福，以省議員李源棧罵他「流氓」爲理由，而提起控訴。近正當該案在控訴期中，另有省議員葉炳煌，却指出李連福從前在新竹警察局長任內，非但罵他是「流氓」鄉長，並且還指派警員「監視」過他。

據我們所知，省議員在議會發言，對外不負責任，是憲法有明文保障的。至於警察局長之任意罵人，是否也有法律保障，倒還沒有聽說過，不知李局長能否說出來聽聽？

難道說：「只准警官罵人，不許百姓發言」？至於派人「監視」別人行動，其性質更爲嚴重，這當然已經侵犯了人權，尤值得澈底追究。

(四) 政治相聲

臺北市議會近在進行質詢警政議程時，議員們集體拒不質詢，對警察局表示「無言的抗議」。據議員們說，他們之所以如此，是因爲警察局長根本不理會他們的話，所以不如不講。

在今天的臺灣，上自中央民意機構，下至省、縣、市民意單位，雖然每逢質詢時，形式上總是有問有答，顯得熱鬧認眞，像煞有介事。但事後仔細想想，有幾個問題不是問了再問？更有幾個問題不是一答了之？

其實，各級政府人員，假使根本沒有尊重民意的誠意，甚至根本便不知道民意必須尊重，則儘管這問那答，搞得十分動人，充其量，只不過是一齣政治相聲而已！又與民主何干？

(五) 保障出版自由

近接李小岑先生來函稱：「先父李石岑（民國二十三年去世），會有『中國哲學講話』遺著一冊，近爲啓明書局印行，據稱臺灣警備司令部認爲『爲匪宣傳查扣禁售』。」

這「爲匪宣傳」四字，罪名可眞不小啊！假使事實果眞如此，當然是「扣」得應該，「禁」得有理。

不過，這「爲匪宣傳」的罪名，却不能任意亂加，必須有憑有據，方可使得。但據李先生來信中聲明，這是「純學術性著作，並非爲匪宣傳」，且不明警備司令部所指，是「屬此書全部，抑屬某一部份」？假使果如所說，則警備司令部這種措施，顯有侵犯出版自由之嫌，實大可追究。

說句傷心話，目前臺灣的出版界，已到只有用翻印舊書來撐持場面的地步了！還不够貧乏可悲嗎？我們的政府，假使並不想採取「愚民政策」，實不該在制定扼殺言論自由的「出版法」之後，又對書籍胡「扣」亂「禁」，而該盡力鼓勵和扶植出版事業了。

(六) 三叉路口

據「自由人」報導，左舜生先生近在香港「聯合評論」發表的「三叉路上的中華民國」中指出，臺灣今後可走的路只有三條：一是沿着九年來所走的路，加强黨治，澈底黨化。二是一反過去所爲，避去空洞的主義不談，澈底實施民主憲政。三是口頭上避居「兩個中國」之名，事實上容忍「兩個中國」之實。

雖然，左先生又認爲其中第一條已「此路不通」，只有第二條是坦坦大道，但「追溯過去，展望將來，默察現實」，却一天天與第三條路接近。

這第三條路究是何種景況呢？據左先生說：「口頭上避居『兩個中國』之名，事實上容忍『兩個中國』之實；名義上避免『托管』，事實上仰人『保護』；乃至美國承認中共也罷，中共竄進聯合國也罷，依舊抱着一種高度的阿Q精神，一切以不變應萬變；只要金馬猶存，臺澎無恙，『小朝廷』可以自娛，夜郎可以自大，但求老者得盡其天年，少者壯者仍有所依附，世界十年不變拖十年，世界二十年不變拖二十年，看，中華民國不猶是中華民國？毛澤東其奈我何？」

其然歟？其不然歟？只有請大家拭目以待。

自由中國　第十九卷　第十一期　內政部雜誌登記證內警臺誌字第三八二號　臺灣省雜誌事業協會會員　三五八

給讀者的報告

在十一月二十日的晚上，本刊舉行慶祝創刊九周年聚餐，到有在臺北的編輯委員胡適之先生等十餘人。聚餐之前，我們還舉行了一次編輯會議，大家說到胡先生於民國十八年編的「人權集」，而談到十二月十日即將屆臨的「世界人權宣言」十週年紀念日，感覺我國對於人權之無切實保障，今猶如昔，故一致認爲對於這樣一個偉大的節日，在臺灣實在還有大加檢討與闡揚的必要，於是決定在本期出一次特刊。

但由於籌備的時間過分匆忙，我們只臨時邀請了幾位先生寫稿，沒有能更普遍的多請幾位先生執筆，很感到遺憾。不過，對於這次臨時爲我們漏夜趕稿的諸位先生，眞是十分的感激，特致謝意。

諸位先生的大作，有的是純理論的探求，有的是偏重於事實的檢討，有的是兩者兼而有之，各不相同。我們無法在這裏一一介紹，只有請大家細心閱讀。

我們認爲：「世界人權宣言」，非但是一件可慶祝的事，尤其是一件應從理論與現實兩方面澈底發揚的事。我們尤其希望我們的政府，必須切實檢討，並眞正從尊重人權，做到保障人權。只有這樣，我們才能反共。也只有這樣，我們才能並列於自由民主國家之林。

這一期，我們因爲出特刊的緣故，增加兩頁，但因稿擠，却把通訊及文藝停登。事非得已，敬請鑒諒。

不過，我們除發表㊀㊁兩篇社論，專門討論人權外，並另發表了社論㊂「從官方的報道再論『奉命不上訴』」，及社論㊃「政府不應用經濟方法打擊民營報紙」。社論㊂是針對官方在對「奉命不上訴」案所作報導，而作的進一步追究。這似乎與人權無關，其實，今日人權之無保障，主要正在司法之暗無天日。所以，我們希望監察院行政院能趁此機會，整飭司法。至於社論㊃更是事關言論出版自由，顯然也是屬於人權的範圍，因此，特一併提請政府注意。

自由中國　半月刊　第十九卷第十一期　總第二一八號

中華民國四十七年十二月一日出版

發行人兼主編　『自由中國』編輯委員會

出版者　自由中國社

社址：臺北市和平東路二段十八巷一號

Free China Fortnightly, 1, Lane 18, Ho Ping East Road (Section 2), Taipei, Taiwan.

電話：二 八 五 七 〇

航空版　友聯書報發行公司（香港九龍新圍街九號）

總經銷　自由中國社發行部

經售者

美國　紐約友方圖書公司 Hansan Trading Company, 65, Bayar D Street, New York 13, N.Y. U.S.A.

紐約光明雜誌社 Sun Publishing Co., 112, Mulberry St., New York 13, N.Y. U.S.A.

韓國　漢城裕昌德號

馬尼剌　新疆書店

印尼　泗水文光圖書公司

緬甸　仰光振成書報店

印度　阿拉哈巴中印文化出版社

北婆羅洲　西利亞坡青年書店

星加坡　友聯書報發行公司（小坡大馬路四六九號）

吉隆坡　友聯書報發行公司（馬華公會大廈三樓七室）

怡保　友聯書報發行公司（希尼華沙甘街十六號）

檳城　友聯書報發行公司（林連登律七十二號）

澳門　友聯圖書公司

印刷者　精華印書館股份有限公司

廠址：臺北市長沙街二段七一號

電話：二 三 四 二 九

本刊經中華郵政登記認爲第一類新聞紙類　臺灣郵政管理局新聞紙類登記執照第五九七號　臺灣郵政劃撥儲金帳戶第八一三九號（每份臺幣四元，美金三角）

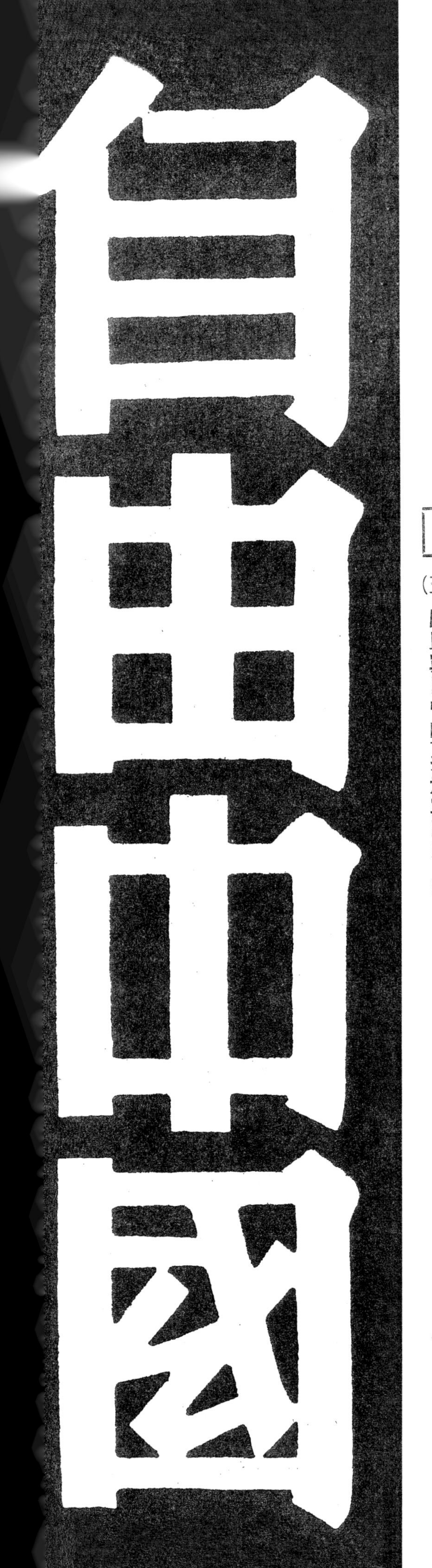

FREE CHINA

第十九卷 第十二期

目錄

社論

(一)從憲法保障人身自由說到取締流氓辦法

(二)三論谷鳳翔對「奉命不上訴」案應負的法律責任

——又一證據谷鳳翔難逃教唆罪嫌

(三)日美修約談判與遠東大局

蔡元培先生對我國教育的貢獻……沈雲龍

儲蓄與儲蓄存款……楊志希

國是問題與出版法……屈莞庭

「亞洲畫報」六十四期讀後感

從「齊瓦哥醫生」論蘇俄知識份子……董鼎山

通訊

暴力國會與日本人……郭恒鈺

紅樓夢後四十回的考證問題(上)……嚴明

——對林語堂先生的翻案提出商榷

讀者投書

(一)如此省立大學——省立法商學院……求直

(二)省立農學院學生的哀鳴……王有守

(三)請勿製造少年犯……凌天賜 貴仁

短評

(一)這就是大家的需要

(二)冤獄如何了？

(三)伍藻池闖下「言禍」

(四)誰該負責？

(五)國民黨眼中的「共產黨同路人」

中華民國四十七年十二月十六日出版

社址：臺北市和平東路二段十八巷一號

半月大事記

「自由中國」的宗旨

第一、我們要向全國國民宣傳自由與民主的真實價值，並且要督促政府(各級的政府)，切實改革政治經濟，努力建立自由民主的社會。

第二、我們要支持並督促政府用種種力量抵抗共產黨鐵幕之下剝奪一切自由的極權政治，不讓他擴張他的勢力範圍。

第三、我們要盡我們的努力，援助淪陷區域的同胞，幫助他們早日恢復自由。

第四、我們的最後目標是要使整個中華民國成為自由的中國。

十一月二十一日（星期五）

美、英、法對於當前柏林危機一致協議，避免承認東德共黨。

俄已告知西德總理，願放棄佔領東柏林。

西德政府敦促西方強硬應付柏林危機。

十一月二十二日（星期六）

西方停止與俄談判和平使用太空問題，二十個西方國家另提修正建議案，主張由十八國組成研究委員會。

俄與東德混合委員會，商討改變柏林政策。

美國務院播告美商人，重申對匪禁運政策。

十一月二十三日（星期日）

法蘭西第五次共和今選擧首屆國會。

十一月二十四日（星期一）

聯合國政委會投票通過，決成立十八國組織，研究太空和平用途。

美正式告知蘇俄，將繼續佔領西柏林。

法國選擧首次投票結果，右翼政黨領先，當選四十議員，法共僅佔一人。

柬埔寨突通知泰國，暫時斷絕兩國關係。

十一月二十五日（星期二）

柏林美軍事當局下令，往返柏林美國車輛，不受德共邊界管制，囑美車輛在德共檢查時應折返，此卽表示不承認東德有管制權。

德共促西方盟國，須從柏林西區撤出。

尼克森表示，對國際共產主義，美決採取強硬態度，保證西方國家繼續留駐柏林。

泰柬關係惡化，泰國封閉邊境。

十一月二十六日（星期三）

杜勒斯在記者會表示，西方將繼續促使蘇俄負責柏林繼續開放，決使柏林通路暢通無阻；盟國已同意視東德爲俄代理人。

蘇俄外長葛羅米柯至東柏林晤德共頭目，討論目前政治問題。

十一月二十七日（星期四）

俄照會西方國家，要求四國撤出柏林，並建議使西柏林成爲「自由市」，定六個月內就本問題獲致協議。

赫魯雪夫在記者招待會表示，不管西方國家反應如何，俄將促請除去「西柏林那塊毒瘤」。

西柏林市長聲明拒絕柏林成自由市。

西方拒絕俄建議，決不廢棄柏林協定。美英重申對西柏林有神聖承諾，願與俄討論自由統一德國問題。

尼克森在英倫舌戰工黨人士，重申反對承認共匪，並阻共匪入聯合國。

十一月二十八日（星期五）

美太空火箭「雷神」飛彈，卽將進入作戰部位，四個「雷神」中隊將駐於英國。

日內瓦防止突擊會議中，俄提有限的地面及「開放天空」的視察制度，以防止突擊，西方已嚴正拒絕。

十一月二十九日（星期六）

美發射擎天神飛彈，完成全部洲際射程。洲際飛彈試射已告成功，威力可達蘇俄全境，將在世界產生遠大影響。

十一月三十日（星期日）

法國議員選擧今第二次投票。

艾森豪與杜勒斯會議後，對西柏林問題，重申美國堅定立場，保證決不放棄對西柏林所負責任。

十二月一日（星期一）

法國衆院選擧揭曉，戴高樂獲壓倒性勝利，共黨僅在新衆院中獲十席，新共和聯盟則已獲得一八八席。

十二月二日（星期二）

美國會聯合原子研究小組主席透露，美國科學家在發展核子動力飛機方面已到達「一個關係重大的階段」。美決策階層將擧行會議討論加速原子飛機計劃。

十二月三日（星期三）

西方在防止突擊會議中建議，建立國際監察制度，防止彈道飛彈突擊，俄立卽表示拒絕。

俄致日照會，促日採「中立政策」，要求勿與美簽訂新軍事條約。

對俄促日本「中立」照會，日外相藤山予以抨擊，斥俄圖干預日內政。

十二月五日（星期五）

東西防止突擊會議中，西方國家建議，控制各國地面部隊，計劃以地面與空中視察技術，監督地面部隊之動員與突擊。

十二月六日（星期六）

聯大請管理託管地國家，對於屬地各項發展，應訂定目標與日期，使各屬地儘早自治或獨立。

美發射第一枚月球火箭「先驅三號」，重落入地球大氣層。

十二月八日（星期一）

西方在防止突擊會議中警告，俄共集團如不合作，該會決無任何進展。俄悍然拒絕西方所提計劃，並主張建立世界性監察站網。

西柏林市選擧揭曉，共黨得票僅佔百分之一點九，未獲得議會席次，布蘭德市長之社會民主黨獲壓倒性勝利，此等於德人堅拒俄「自由市」之要求。

社論

(一) 從憲法保障人民身體之自由說到取締流氓辦法

「中國地方自治研究會」發起人之一、前爲「自治」半月刊、現爲「自治研究」半月刊的編輯孫秋源，突然於今年十月二十七日深夜，被特務抓走了。據孫秋源之妻蘇好子說：「孫秋源究竟犯了甚麼罪？又究竟抓到甚麼地方去了？因爲當時搜查的人旣沒有拿『傳票』出來看，也沒有用口頭說明，所以一點也不淸楚。」

直至十一月二十八日，臺北各報才登載了一項警備總部發佈的消息，說孫秋源是惡性重大的甲級流氓。其事實眞相究竟如何，我們固然不得其詳，但據孫秋源之妻蘇好子最近發出的公開信「請趕快救救我的丈夫孫秋源」中指出：「警備總部說我的丈夫是惡性重大的甲級流氓，這實在是一百個寃枉呀！」又說：「我想來想去，這流氓的罪名是假的，因爲他在去年做了『自治』的編輯和『中國地方自治研究會』七十八個發起人之一，而惹下了今天的這場禍是眞的。」對於這一說法，蘇好子並進一步保證說：「我說這話絕不是推測，因爲李立柏先生(前保安司令部副司令，現任警備總司令部保安處處長。——編者註。)親自告訴過李萬居社長說，我的丈夫經常在刋物批評政府、罵政府的，李社長還與李立柏先生替我丈夫辯過。」今天兩位李先生都近在臺北，這話應不至於是憑空揑造。

我們無意爲孫秋源個人辯護，也無意爲任何有流氓行爲的人辯護。但我們身爲中華民國的一分子，鑒於政府機關非法侵犯人權的事例實在太多了！所以不得不爲全自由中國人民的人身自由着想。因此，我們願站在主張政府必須切實保障人權的立場，對于政府今天逮捕流氓所根據的四十一年四月二十九日由臺灣省政府和臺灣省保安司令部會銜公布的「臺灣省戒嚴時期取締流氓辦法」(附錄在本文後)，依據憲法的規定來加以冷靜檢討，看看今天政府據此辦法所採取的逮捕流氓措置，是否違法？

憲法列舉人民之自由(第十、十一、十二、十三、十四各條)，並謂「除爲防止妨礙他人自由，避免緊急危難，維持社會秩序，或增進公共利益所必要者外，不得以法律限制之」(第二十三條)。顯然的，政府祇有在具備上述各種條件之一時才能限制人民的自由，而且須經立法院制定法律，嚴格規定限制之範圍與方法。易言之，單純的具備了憲法所擧之條件，而未經立法程序，政府仍無限制人民自由之權。反過來說，雖然制定了法律，而其限制不合乎憲法所擧的條件，則政府不能從因違憲而無效的法律取得限制人民自由之權。

憲法對於人民身體之自由特予保障，以第八條詳細規定其保障之方法，立法機關祇能制定法律使憲法第八條之規定得以充分的有效施行，但不能變更該條內容。例如憲法第八條第一項明定：「人民身體之自由應予保障，除現行犯之逮捕由法律另定外，非經司法或警察機關依法定程序，不得逮捕拘禁；非由法院依法定程序，不得審問處罰；非依法定程序之逮捕拘禁審問處罰，得拒絕之」。刑法、刑事訴訟法、與違警罰法的規定，便是那裏面所稱司法或警察機關逮捕拘禁及法院審問處罰的法定程序。憲法第八條第二項明定：「人民因犯罪嫌疑被逮捕拘禁時，其逮捕拘禁機關應將逮捕拘禁原因，以書面通知本人及其本人所指定之親友，並至遲於二十四小時內移送該管法院審問，本人或他人亦得聲請該管法院於二十四小時內提審」。提審法便於第一條規定：「人民被法院以外之任何機關非法逮捕拘禁時，其本人或他人得向逮捕拘禁之地方法院或其所隸屬之高等法院聲請提審」。又於第二條規定：「人民被逮捕拘禁時，其執行機關應即將逮捕拘禁之原因以書面告知本人及其本人指定之親友，至遲不得逾二十四小時，本人或其親友，亦得請求爲前項之通知」。憲法第八條第三項明定：「法院對於前項聲請不得拒絕，並不得先令逮捕拘禁之機關查覆；逮捕拘禁機關，對於法院之提審不得拒絕或遲延」。提審法便於第五條規定：「法院對於提審之聲請，認爲有理由者，應於二十四小時內向逮捕拘禁機關發提審票，並即通知逮捕拘禁機關之上級機關」，並於第七條規定「執行逮捕拘禁之機關，接到提審票後，應於二十四小時內將被逮捕拘禁人解交，如在接到提審票前已將逮捕拘禁人移送他機關者，除即聲復外，應即將該提審票轉送受移送之機關，由該機關於二十四小時內逕行解交。如法院自行移提，應立即交出。執行逮捕拘禁之機關，在接到提審票前，已將被逮捕拘禁人釋放者，應將釋放事由及時日，速即聲復」。提審法是民國二十四年第一次公布的，當時有一條(舊法第四條)是這樣規定的：「法院接受聲請後認爲有必要時，得摘錄聲請要旨，通知逮捕拘禁機關，限期具覆。」但這是違反憲法第八條第三項的，所以行憲後，於三十七年修正提審法，便將這一條刪去了。提審法第九條規定：「執行逮捕拘禁之公務員違背第二條第一項或第七條第一項之規定者，處二年以下有期徒刑、拘役、或一千元以下罰金」。這便是爲了使憲法第八條得以充分的有效施行而定的。

憲法之所以對人民身體之自由特予重視，詳細規定其保障之道，實因身體自由爲一切自由之本，失去身體之自由，非但其他自由無從說起，任何權利也都失其意義。有關保障人民身體自由的法律不止於刑法、刑事訴訟法、違警罰法和提審法，不過這四者特別重要。提審法極簡單，共才十條，却與憲法第八條的關係最深，所以將它們互爲比較，藉以說明人民身體之自由應該澈底保障。

憲法第九條也不能不特別提出，因它是與第八條如血肉之不可分的。其文曰：「人民除現役軍人外，不受軍事審判」。這一條並不受時間或空間的限制。那就是說：無論平時或戰時，如在戰時，無論在前方或後方，軍事審判祇能對軍人適用。戒嚴法第八條規定在接戰區域內：㈠內亂罪、㈡外患罪、㈢妨害秩序罪、㈣公共危險罪、㈤僞造貨幣、有價證券及文書、印文各罪、㈥殺人罪、㈦妨害自由罪、㈧搶奪强盜及海盜罪、㈨恐嚇及擄人勒贖罪、㈩毀棄損壞罪、以及這十項以外其他特別法之罪，一律得由軍事機關自行審判，這絕對是違憲的。第一任陳誠氏內閣以最大決心公布了臺灣省戒嚴時期軍法機關自行審判及交法院審判案件劃分辦法，限制軍法機關的管轄範圍爲：㈠軍人犯罪、㈡犯戡亂時期檢肅匪諜條例、懲治叛亂條例所定之罪。雖然這個辦法不盡符合憲法，但不能否認其爲一長足的進步。戡亂時期檢肅匪諜條例與懲治叛亂條例的罪與罰，其實祇是刑法內亂與外患罪的加重，前者規定由當地最高治安機關審判，後者規定在戒嚴區域概由軍事機關審判，自由中國朝野上下對共匪莫不深惡痛絕，似乎沒有人感覺到這類案件劃歸軍法之不妥，司法機關對於憲法所賦予之職權不能據法力爭，陳氏以軍人組閣，竟能自動將軍法管轄範圍大量縮小，自是值得贊許的。

軍法機關自行審判案件的限制，其重要不止於在審判，而在既不屬軍事審判的案件，便不應由軍事機關行使偵查訊問或逮捕之權。這一點行政院在給監察院的覆函中已經說的很明白了。監察委員陶百川對行政院上述解釋，提請注意軍法機關以外之軍事機關是否可以司法警察官署之身份逮捕應屬法院審判之案犯？其逮捕是否皆有法院之拘票？我們認爲：㈠軍事機關不皆是司法警察官署，㈡司法警察官署施行逮捕縱有法院的拘票，仍應於二十四小時內解送法院，不得擅爲延長，自行偵訊。所謂司法警察官及司法警察應以刑事訴訟法第二百零八條、第二百零九條及第二百十條所規定者爲限。茲照錄於下：

第二〇八條　左列各員於其管轄區域內爲司法警察官，有協助檢察官偵查犯罪之職權：

一　縣長、市長；

二　警察廳長、警務處長或公安局長；

三　憲兵隊長官。

前項司法警察官應將偵查之結果移送該管檢察官，如接受被拘捕或逮捕之犯罪嫌疑人認其有羈押之必要時，應於二十四小時內移送該管檢察官；但檢察官命其移送者，應卽時移送。

第二〇九條　左列各員爲司法警察官，應聽檢察官之指揮，偵查犯罪：

一　警察官長；

二　憲兵官長、軍士；

三　依法令關於特定事項得行司法警察官之職權者。

前項司法警察官知有犯罪嫌疑者，應報告前條之該管檢察官或司法警察官；但得不待其指揮，逕行調查犯人犯罪情形及必要之證據。

第二一〇條　左列各員爲司法警察，應受檢察官及司法警察官之命令，偵查犯罪：

一　警察；

二　憲兵；

三　依法令關於特定事項得行司法警察之職權者。

司法警察知有犯罪嫌疑者，應報告該管檢察官或司法警察官，但得不待其命令，逕行調查犯人及犯罪情形，並蒐集證據。

由上引條文，可見何人有司法警察官或司法警察的身份，法律一一列舉，不容任意擴大。所謂依法令關於特定事項得 行司法警察官 或司法警察之職權者：必須㈠有法律或命令的根據；㈡法律自不容違背憲法；㈢命令自不容違背憲法與法律。第一〇九條與第二一〇條之所稱調查，絕對的不容誤解爲包括逮捕拘禁之權在內。根據第一〇八條第二項所爲拘提或逮捕，亦應于二十四小時內移送該管檢察官。

刑事訴訟法第一〇八條所稱之司法警察官應協助該管檢察官，第一〇九條及第二一〇條所稱之司法警察官及司法警察應聽檢察官之指揮與命令，很明顯的檢察官是主體。國民政府於三十四年公布、並經三十六年修正的調度司法警察條例，及行政院於三十四年公布、並經三十七年修正的檢察官與司法警察機關執行職務聯繫辦法，都爲加强檢察官之指揮命令（前者第九條第十一條）。調度司法警察條例中，除了刑事訴訟法所擧之地方政府首長及憲警人員外，又增列二類人員：爲鐵路、森林、漁業、礦業或其他專業警察首長、警長、警士；其二爲海關、鹽場之巡緝隊官長、員警。但規定這兩類人員受檢察官之指揮命令，以與其職務有關之事項爲限（第三及第四條）。本來這二類人員實是警察，如此規定，更給予所謂「依法令關於特定事項得行司法警察職權者」的身份。調度司法警察條例又規定：「檢察官推事辦理刑事案件，於必要時，得商請所在地保安機關、警備機關協助」。這當然是說保安機關、警備機關必受司法機關的囑托，始得協助調查犯罪，蒐集證據。如係緝捕人犯仍應於二十四小時內移送司法機關，而不是說他們可以喧賓奪主，任意參預司法工作。檢察官與司法警察機關執行職務聯繫辦法，是依調度司法警察條例第十條之規定制定的（該第十條文曰「檢察官與司法警察機關於職務之執行，應密切聯繫，其辦法由行政院定之」）。這個辦法中有幾條是值得提出介紹的。

第二條　各級法院檢察官與司法警察機關對於該管區刑事案件，應隨時交換意見，並指定聯絡人員切實聯繫，必要時得召集聯席會議或擧行司法會報。

第三條　各院轄市及其他刑事案件較多之省市，由警察機關之申請，該管法院得酌派檢察官於警察局設立辦事處，以直接指揮該局刑事警察，辦理偵查程序。

其他刑事案件較少之縣市，得由警察機關之申請，准警察局派遣刑事警察官一人警察若干人，於該管法院設立刑事警察聯絡處，受該管檢察官之指揮，辦理偵查及聯繫事宜。

第六條　司法警察機關解送刑事案犯時，司法機關應不受辦公時間之限制，隨到隨收。

第十條　凡現役軍人與普通人民共同犯罪，爲司法警察機關一併捕獲時，應同時移送該管檢察官偵查，再由檢察官將現役軍人部份轉解軍事法庭辦理；但法律另有規定或由軍事法庭囑托傳拘者不在此限。

從這些條文可以看出對於同屬司法警察之憲兵與警察，聯繫方法並不一樣。警察機關可以申請法院派檢察官駐局指揮，或派警官前往法院接受指揮，其他司法警察機關則僅與法院隨時交換意見，派員聯絡或舉行會議。我們尤其應注意，現役軍人與普通人民共同犯罪，爲司法警察機關(包括憲兵隊在內)一併捕獲時，應同時移送該管檢察官偵查，再由檢察官將軍人部份轉解軍法機關。

調度司法警察條例及檢察官與司法警察機關執行職務聯繫辦法，都是行憲前，而且是抗戰勝利前後半年間所定的，却能明辨司法機關與司法警察機關間的主從，又能分別司法警察機關中軍警間的輕重。雖然各該條例或辦法未見得爲軍警機關所遵行，至少是一個指針，曉喻大家應走的方向和目標。行憲於今，業逾十年，後來的法令對人民身體的自由與司法機關的權職反不如以前之尊重。調度司法警察條例及檢察官與司法警察機關執行職務聯繫辦法並未失效，但是整個憲法無論關於人民權利或機關權責的規定尚且未爲政府所遵奉，其他爲保障人民之自由而定的法令焉得不等於具文？前面已經說過，軍事機關本不都是司法警察機關，更具體一點說，保安機關、警備機關、除依調度司法警察條例，受司法機關之請求協助外，不得逕行司法警察之職權。現在保安機關警備機關非但均以司法警察機關自命，且又侵犯司法機關的職權，甚至檢察官反而協助他們，塡發拘票，授權羈押。人民身體自由的保障雖載在憲法，但是執行保障任務的實爲司法機關，任何機關，以任何原因，逮捕拘禁任何人，均應於二十四小時內移送該管法院。人犯的羈押、審問與刑罰是專屬於司法機關的權力。如果司法機關竟將其特有的權力任聽軍事機關摧殘之餘，復假人以柄，自毀威信，人民的身體自由還有什麼保障可言？

司法機關爲了行使其權職，得請求司法警察機關協助，本非不可囑托拘傳人犯，但是不可以將偵查審問之權一併囑托出去。其實檢察官推事之拘提羈押嫌疑人犯並非毫無條件，蓋必被告犯罪嫌疑重大，而有下列情形之一者始得爲之：㈠無一定之住居所者；㈡逃亡或有逃亡之虞者；㈢有湮滅證據、變造證據、或勾串共犯或證人之虞者；㈣所犯爲死刑或最輕本刑爲五年以上有期徒刑之罪者（刑訴法第七十六條、第一百零一條）。羈押於其原因消滅時，應即撤銷，將被告釋放(刑訴法第一百零七條)。羈押被告，偵查中不得逾二月，審判中不得逾三月。其有繼續羈押必要者，得於期間未滿前，由法院裁定延長之•在偵查中延長羈押期間，應由檢察官聲請所屬法院裁定。延長羈押期間，每次不得逾二月。偵查中以一次爲限。如所犯最重本刑爲三年以下有期徒刑以下之刑者，審判中以三次爲限。羈押期間已滿，未經起訴或裁判者，視爲撤銷羈押(刑訴法第一零八條)。羈押之被告，有下列情形之一者，如經具保聲請停止羈押，不得駁回：㈠所犯最重本刑爲六月以下有期徒刑、拘役或專科罰金之罪者；㈡懷胎七月以上或生產後一月未滿者；㈢現罹疾病，非保外治療，顯難痊癒者（刑訴法第一百十四條）。司法警察機關逮捕人民，縱有檢察官簽發之拘票，仍應於二十四小時內移送法院。倘遷延數月，甚或經年，既不移送，又不釋放，縱有檢察官簽發的押票，仍係以非法方法剝奪人民之行動自由。刑法第三百零二條這樣規定：「私行拘禁，或以非法方法剝奪人之行動自由者，處五年以下有期徒刑、拘役或三百元以下罰金」。

臺灣省政府與臺灣省保安司令部會銜公布的「臺灣省戒嚴時期取締流氓辦法」所稱之流氓，當然不是軍人。其所定構成流氓條件的情形(第三條)即使達到犯罪的程度，也無一是屬於軍事審判的範圍。流氓，就字義上看，本祇是無業游民。雖然在社會的意識裏含有爲非作歹、兇横霸道的觀念，但是站在法的立場，祇能就事論事，看他們的行爲是否犯罪或違警分別按照法定程序，適當懲治。若由政府機關登記，給人一個官定的流氓頭銜，實無法律的根據。警察負維持治安之責，對管區居民的生活性行，明查暗訪，分類密存，我們用不着有所批評。但該辦法第五條規定「經調查登記之流氓，由保安司令部審查不法事實明確後，通令各縣市警察局執行逮捕，解由臺灣省警務處轉解保安司令部核辦」，這便與憲法第八條及第九條直接衝突。一項事實既須經過登記審查，才知其爲不法，則其非現行犯，已不待論。司法警察機關在這種情形之下，不依照刑事訴訟法第二零九條第二項與第二一〇條第二項報告該管檢察官，而由保安司令部通令逮捕；逮捕不解送法院，而解轉保安司令部，無一階段不是非法剝奪人民身體之自由。

該「取締流氓辦法」第六條又規定保安司令部對於被逮捕之流氓，按其情節輕重，或依刑法規定予以保安處分，或依違警罰法施以矯正或令其學習生活技能，彷彿他們的處置都有法的依據似的，眞令人閱之啼笑皆非（今年十二月一日出版的第九卷第十二期法令月刊有一篇何任清君的「論保安處分」，對於刑法與刑事訴訟法有關保安處分的條文以及有關的判例引述甚詳，值得參考）。保安處分雖不是刑罰，却仍是一種刑事處分，通常應於裁判時一併宣告（刑法第九十六條前段、刑事訴訟法第三百零一條第六款）。至於因假釋或於刑之赦免後始發覺有付保安處分之必要者，應由檢察官聲請法院裁定之（刑訴法第四八五條）。我們不瞭解，保安司令部這種代行法院職務的權力是怎樣取得的。須知保安司令部銜名上之「保安」與刑法保安處分之「保安」是絕對兩事，不可相混。這個「取締流氓辦法」是四十一年四月廿九日公布的，恰在行政院公布臺灣省戒嚴時期軍法機關自行審判及交法院審判案件劃分辦法前十一天，也許那時還勉强可以說，保安司令部是根據戒嚴法第八條授權審判十項犯罪而行使其施保安處分之權，但在同年五月十日行政院明令劃分司法與軍法在臺灣省戒嚴時期審判範圍以後，他們應該知道「取締流氓辦法」第三條所擧情形無一是屬於軍事審判範圍的了。

違警罰是一種行政處分，其管轄專屬於警察機關，祇有在未設警察局之地方，始由地方政府行使違警罰權（違警罰法第三十二條）。違警事件與刑事案件很容易互相牽連，同一行爲，經法院判罪後，卽不得再予以違警罰。倘經不起訴處分或免刑不受理或無罪之判決，違警部份仍得處罰。但法院不能於裁判時逕代警察局行使其裁決權。軍人違警者由所在地憲兵機關管轄，無憲兵機關時，由普通警官署管轄（同法第三十五條）。本來人民不必爲軍人，但軍人必爲人民，管轄軍人的機關管轄人民便違憲，管轄人民的機關管轄軍人並不違憲。所謂流氓，盡是人民，其刑事行爲應爲法院審判，前論已詳，不贅。違警行爲應由警察機關處分，違警罰法亦有明確規定。儘管戒嚴法第六條規定「戒嚴時期，警戒地域內地方行政官及司法官處理有關軍事之事務，應受該最高司令官之指揮。」却沒有說軍事機關可以代行警察職權。保安司令部直接引用違警罰法之規定，無論是對流氓或是對君子，都是侵犯警察職權，違背了違警罰法，違背了戒嚴法，更是違背了憲法。

陳誠氏第一任內閣時公布了「臺灣省戒嚴時期軍法機關自行審判及交法院審判案件劃分辦法」，使戰時的臺灣，憲法的效力不至全部摧毁，人民的自由不至全部剝奪，但未命令臺灣省政府臺灣省保安司令部廢止其「取締流氓辦法」。保安司令部對於該辦法之不應再予施行，明知故昧，繼續援用，違法抗命，實屬辜負了陳氏維護憲法，保障民權，推行法治，打擊共匪的一片苦心。現陳誠氏二度組閣，對於當年的劃分辦法函達監察院，補充解釋，足見其政策未變，貫澈有心。我們希望司法機關因此膽壯，爭取主動，做到指揮命令司法警察，而不要太阿倒持，任人播弄。在案未移送到法院前，不可應軍警的要求簽發拘票，爲其非法逮捕的護符，不可簽發押票，淆亂非法監禁的眞象。我們希陳誠氏能嚴令廢止這個違憲、違法、違令的「臺灣省戒嚴時期取締流氓辦法」，免得自由中國的人民有隨時被帶上一頂「黑帽子」，成爲官定流氓，遭受非法逮捕拘禁，失却身體自由之厄。同時，我們更希望立監兩院，對此能加以特別重視，共同促使行政院早日廢止。

（附錄）臺灣省戒嚴時期取締流氓辦法

中華民國四十一年四月二十九日臺灣省政府
臺灣省保安司令部會銜公佈

第一條　爲鞏固本省地方治安維持社會秩序及預防流氓犯罪，特依本省保安計劃第十三條，訂定臺灣省戒嚴時期取締流氓辦法（以下簡稱本辦法）。

第二條　戒嚴時間本省各縣市對於取締流氓，除法令別有規定外悉依本辦法辦理。

第三條　有左列各欵情形之一者爲流氓；
一、非法擅組幫會招徒結隊者；
二、逞强恃衆要挾滋事或佔據碼頭車站勒收陋規搬運費者；
三、武斷鄉曲欺壓善良或包攬訴訟者；
四、不務正業招搖撞騙或包庇私娼者；
五、曾有擾害治安之行爲未經自新或自新後仍企圖不軌者；
六、曾受徒刑拘役之刑事處分三次以上仍不悛改顯有危害治安之虞者；
七、因游蕩或懶惰而爲違警行爲之習慣者。

第四條　本辦法實施後，各縣市（局）警察局（所）應即舉行轄區流氓總調查，嗣後每三月覆查一次。各縣市（局）警察局（所）對於所調查之流氓，應嚴密監視並造具名冊四份，分報保安司令部及警務處密存，名冊格式如附表。

第五條　經調查登記之流氓，由保安司令部審查不法事實明確後，通令各縣市警察局執行逮捕，解由臺灣省警務處轉解保安司令部核辦。各縣市解送流氓時，應塡造捕送流氓不法事實指紋冊四份，分送保安司令部及臺灣省警務處及職業訓導總隊，刑警總隊。

第六條　保安司令部對於被逮捕之流氓，按其情節分別爲左列處置；
一、依刑法規定予以保安處分；
二、依違警罰法規定施以矯正或令其學習生活技能；
三、無不法事實者予以釋放。

第七條　凡包庇利用流氓活動，意圖造成地方權勢之私人或團體，其本人或團體主持人爲首要流氓由保安司令部予以逮捕法辦。

第八條　人民得檢擧流氓，被檢擧之流氓經調查屬實後，分別列入流氓名冊，如有不法事實者，依第五條第六條規定辦理。

第九條　檢擧人或第四條執行任務人員如有挾嫌誣報，應予依法懲處。

第十條　被列冊之流氓如能改過遷善在三年內無不法行爲者，得予除名。

第十一條　本辦法自公佈日施行。

社論

（二）三論谷鳳翔對「奉命不上訴」案應負的法律責任

——又一證據谷鳳翔難逃教唆罪嫌

關於「奉命不上訴」案，本刊已經發表過兩篇社論（上月十六日出版的第十九卷第十期及本月一日出版的同卷第十一期）。現在我們又知道在這個案件中還有一段關係重大的經過，爲我們以前所未論及，也爲大家所未特別注意的，這一段經過爲「奉命不上訴」這一批示中的「奉命」二字，提供了硬硼硼的鐵證，證明司法行政部長谷鳳翔應負法律上的責任。

這一段經過是這樣：

李國楨案的上訴期限是五月二十四日。黃檢察官向堅在期限以內依法提出的上訴書狀，一直被首席檢察官延憲諒擱置不發。延的意思是想拖過上訴期限，以達成「奉命不上訴」的任務。所以他在二十四日那天下午故意不到公，以免黃向堅向他催促，殊不知黃向堅到了最後關頭，爲爭取時間，毅然依法塡具「聲明上訴書」一份（聲明上訴書有一定格式，檢察處已印妥備用，只須檢察官塡寫幾個項目，簽名蓋印後，即具備法律效力），趕緊於當日下午辦公時間以內送到了原審刑庭（即臺中地院刑庭）。這時，李國楨案的上訴，實已完成了法律上的程式（依照「辦理刑事訴訟案件應行注意事項」第六十一項的規定，上訴第二審者，並不以敍述上訴理由爲必要條件，此與上訴第三審者不同）。可是後來，延憲諒除在黃向堅提出的「上訴書狀」上批示「奉命不上訴」以外，又違法用一紙「行政公文」向刑庭抽回黃向堅的「聲明上訴書」，而刑庭方面，也居然違法把那份「聲明上訴書」讓地檢處抽回（「抽」回與「撤」回不同。「抽」回爲一普通行政手續。「撤」回爲法律程式。依照刑事訴訟法第三百五十條的規定，「撤」回上訴，應以「書狀」爲之。）

已正式進入法律程序的「聲明上訴書」，經「院」「檢」兩方共同違法抽出了以後，黃向堅就把上訴書狀連同延的「奉命不上訴」批示，直接呈送臺灣高等法院。高等法院經查明黃的「聲明上訴書」雖被違法抽回，但這份「聲明上訴書」，是在法定期限以內向原審刑庭提出的，於是也就不得不受理這一上訴案。高院既受理這一案件，更是確定了「聲明上訴書」的抽回是違法的。

這裏我們要特別注意的，就是臺中地院與地檢處兩方面在同一案件上共同違法抽出黃向堅「聲明上訴書」這一段經過。由於這一段經過之被揭發，我們就可進一步修正本刊在上述第一篇社論中的論斷。在那篇社論（如此司法——奉命不上訴）中，我們說：

「延首席檢察官所寫下的『奉命』二字，究係奉誰的命，這裏只有三個人是可能的。一是高等法院的首席檢察官，二是最高法院檢察長，三是司法行政部長。這三個人當中至少應該有一個。」

現在有了新發現的事實，發現臺中地院「院」「檢」兩方在這件案子裏面敢於「共同」違法，這就可以論斷司法行政部長谷鳳翔無疑地是下命的人。他再也不能逃脫法律責任了！我們何以這樣講呢？因爲地檢處的上級長官有三個：一、高等法院的首席檢察官，二、最高法院的檢察長，三、司法行政部長。地方法院的上級長官有兩個：一、高等法院院長，二、司法行政部長。由此可知，在司法行政部長以下，「院」方與「檢」方是各成體系的。僅爲「院」方的上級長官不能命令「檢」方；僅爲「檢」方的上級長官也不能命令「院」方。能夠命令「院」方，同時也能夠命令「檢」方的，只有「院」「檢」兩方共同的上級長官，司法行政部長。現在在這個「奉命不上訴」案中，臺中地院「院」「檢」雙方敢於「共同」違法，就可看出他們所奉的命顯然不是「檢」方一方面的上級命令，也不是「院」方一方面的上級命令。如果只有一方面的上級命令，另一方面是不敢共同違法的。只有他們兩方共同的上級長官有命令，他們才敢於「共同」違法。他們兩方共同的上級長官，只有司法行政部長。所以我們就斷定「奉命不上訴」案中的「命」，是司法行政部長谷鳳翔所下的。這一論斷，是以上述臺中地院「院」「檢」兩方共同違法的行爲作一鐵證。這一鐵證，就足够證明監察委員陳大榕筆錄中所載的那句話的眞實性——陳的筆錄中寫下，黃向堅說延憲諒曾告訴過他，說是谷部長指示不要上訴。不僅如此，我們也可由此斷定臺中地院對李國楨的宣判無罪，也是谷鳳翔的指示。後來臺中地院敢於違法讓「檢」方抽回「聲明上訴書」，不過是同一指示的延續而已。

至此，我們可以根據我們的刑法找出谷鳳翔所犯的罪嫌是教唆罪，教唆別人觸犯刑法第一百二十五條第三款後段的罪（有追訴或處罰犯罪職務之公務員，明知爲有罪之人，而無故不使其受追訴或處罰者，處一年以上七年以下有期徒刑）。教唆罪犯與其所教唆之罪同罰。

延憲諒批示「奉命不上訴」所觸犯的罪嫌，顯然是瀆職罪，不能視爲「僞造文書」罪。如認爲是僞造文書的罪嫌，那就是假定延所批示的「奉命」二字是虛僞的。這一假定，顯然是錯的。因爲僞造文書只是一個手段，手段是有其目的的。就「奉命不上訴」這個案子講，延憲諒的目的是要黃向堅不上訴。這個目的，延憲諒原可依法達到，用不着偽造文書。即他以首席檢察官的身份，直接命令黃向堅不上訴就行了。換句話說，如果延只批示「不上訴」三字，而不寫下「奉命」二字，黃向堅得照這一批示不上訴。延憲諒既有合法的手段可以達到目的，他爲什麼不採取合法手段，而要偽造文書呢？除非有充分的科學的證據，證明延憲諒是一個精神病患者。否則我們就不能認爲延所犯的罪嫌是偽造文書罪而不是瀆職罪，這是就我們大家所公認的事理來講。現在既有了上述的這個新發現的事實(臺中地院「院」「檢」雙方共同違法的事實)，那就不僅證明延憲諒所批示的「奉命」確有下命的人，而且證明下命的人以谷鳳翔的嫌疑爲最大。我國刑法是採取自由心證主義，而不是採取法定證據主義。我們不必要有谷鳳翔親筆的命令或口頭命令的錄音帶，才能斷定谷鳳翔的罪責。本刊三篇社論所引的事實，所作的推理，以及所依據的法條，已百分之分地具備自由心證的條件了。

我們再從另一方面來看：

「奉命不上訴」案據谷鳳翔自己說是六月間就知道的，他既早已知道，不僅不即時下令偵查，而且到了這案子鬧得輿論沸騰，最高法院檢察署下令偵查以後，谷鳳翔對於被偵察的延憲諒，也不給以停職處分（去年十月間張金衡自殺案發生的時候，被偵查的臺北地方法院院長趙執中曾受停職處分），這顯然是存心庇護。至於說要等到李國楨案終結後再行處理，這一點我們在本刊上一期的社論中已經駁斥，這裏不必再講。我們知道，過去數年臺灣高等法院的審判，是經常接受行政干涉而唯命是聽的。今後是不是還像過去一樣，李國楨案的二審宣判，就是一大考驗。目前谷鳳翔的用心，是想等到李國楨案按照他的意思，二審宣判維持原判以後，他就可以來些說詞爲延憲諒解脫，也就是間接爲自己解脫。其實，即令高院二審宣判維持原判，谷鳳翔也不能在「奉命不上訴案」中擺脫他的法律責任。「奉命不上訴」案的違法瀆職罪，決不因李案的如何終結而受影響，因爲上訴與否的決定，是基於四點考慮：㈠原判決認定的事實有無錯誤；㈡適用法則是否正當；㈢訴訟程序有無瑕疵；㈣量刑標準是否適當（辦理刑事訴訟案件應行注意事項第六十一項）。所以即令依照谷鳳翔的意願，二審判決李國楨仍爲無罪，也不能說黃向堅不應上訴，更不能說「奉命不上訴」的批示是無罪的。谷鳳翔把李國楨案與「奉命不上訴」扯在一起，只是他渺視國人、欺騙國人的胡說八道。

最近，谷鳳翔在立法院答覆質詢時，說「奉命不上訴案」之擴大，幕後有陰謀在；有人迫他下臺。(見十二月二日自立晚報)陰謀？我們不知道谷鳳翔口中的陰謀作何解釋。事實上，「奉命不上訴」案之擴大，是由於案情的嚴重性。而案情的嚴重性，是谷鳳翔自己造成的。怎能說有人陰謀？輿論界對這件案子講話，有事實，有法理作根據。谷鳳翔如認爲受了委曲或冤枉，儘可拿出事實來，從法理上答辯。如果想以「陰謀」兩字來嚇唬人，實不值識者的一笑。至於說有人迫他下臺，這倒是我們正正堂堂毫不含糊的公開的主張。否則我們也就不會一而再，再而三爲這件案子寫文章了。我們辦政論刊物的人，對於國人皆曰可去的官吏，我們必得挺身來撻他。這是我們道義上的責任。至於撻得掉，或撻不掉，倒不是本刊的得失問題，而是我們政府要不要收攬人心的問題。就「奉命不上訴」這件案子講，國人所注目的，不止於谷鳳翔是不是會受行政處分，我們大家還要看谷鳳翔是不是會受法律制裁。

玉里書局來函

編輯先生：頃閱貴刊第十九卷第十期讀者白鵬投書「如此中央日報玉里分銷處主任」一文，其內容與事實完全不符，爲恐混淆社會人士視聽，特將經過情形臚陳於後，請以同樣地位刊載不勝企幸。

長玉爲一間籍正當商人，在玉里鎮中山路開設玉里書局，兼銷中央日報。九月十四日因機器脚踏車所用喇叭無電不響，乃由店員鄭竹清前往白鵬附設之電器行內購置乾電池二只，經裝置後仍屬不響，疑該電池可能漏電，仍由鄭店員持請檢查，原屬尋常交易合理之事，不料白鵬以小孩可欺（按鄭年僅十二歲小孩）竟置不理，鄭返店後告另一店員，劉金華前往理論，斯時白鵬態度仍屬橫硬，嗣雙方由口角變爲互毆，結果各負輕傷，白鵬請省立醫院玉里分院驗傷取得診斷書，劉金華請玉里鎮衛生所驗傷亦取得診斷書，雙方互控於司法機關、（九月十五日玉里派出所偵查，十月十一日案移花蓮地檢處偵查）依法辦理，經過情形概如上述。查本案乃係白鵬與劉金華兩人之間私人糾紛，已於九月十五日由司法機關受理，孰是孰非自應靜候司法機關之調查以及法律公正之裁判，始符合民主國家之國民風度，詎料白鵬缺乏國民應有之常識，投書貴刊顛倒事實，以圖擾亂視聽，此純爲個人私事，竟牽涉於中央日報之信譽，尤所不解。又白鵬曾向玉里派出所玉里分局、花蓮地檢處控訴長玉唆使毆人，案經以上機關查明並非事實在案，並以奉陳，以上事實眞象及經過情形，敬請　貴刊依法更正，幸甚，順頌

撰安（附劉金華診斷書乙紙）

嚴長玉敬啓　十一月廿五日

住玉里中山路七十八號玉里書局

（三）

日美修約談判與遠東大局

臺灣海峽戰事，在國際方面產生了許多副作用。而日本要求修改一九五一年簽訂的日美安全條約，便是這種副作用的表現之一。因臺峽戰事一起，美國，爲應付這一地區的緊急局面，曾從遠東各基地趕調一部份兵力及裝備集中臺峽，這一行動便引起了蘇俄及北平偽政權的宣傳叫囂，因而也招來了日本內部有些人的不安，於是修改日美條約之聲浪便隨之而起，企圖由此使日本完全擺脫臺峽及其他遠東地區的戰爭漩渦之外。

所以從根本上講，這次日本要求修改一九五一年日美安全條約，其動機原本是消極的，其目標亦在擴大日本對其境內美基地的發言權，限制美國的行動，而非加強日美兩國更進一步的聯防。然則日美決定商修這一條約後，何以蘇俄及北平偽政權再三叫囂要反對這一行動？這一點我們可從中共匪政權及蘇俄先後所作的表示中略能得知一二。本年十一月十九日，匪政權的「外長」陳毅對日美修約一事，會正式發表一項聲明，其中有云：「此時美國在形式上可能作一些讓步，以換取日本爲它作更大的犧牲」。本月二日蘇俄致日本的抗議照會亦會提到：「日本和美國如簽訂新的條約，將增加遠東軍事衝突危機。……此即蘇俄人民對於日美關係愈益形成一個由美國所指揮的侵略的軍事集團的事實不得不感驚恐的原因」。這就是說這次修改日美條約雖出於日本要求，動機原屬消極，但事情發展的結果，却證明消極中有積極，片面的要求變成了雙方的互相要求，要想限制美國行動的同時亦在加強日本的軍事承擔和日美兩國的共同合作。本年八月底日本產生了這一修約的念頭，九月一日外相藤山愛一郎在衆院首作正式表示，九月十一日，杜勒斯與藤山華府會議公開協議修約，直至十月四日在東京開始談判，這一順利演進主要就得力於雙方對此一事的一種共同諒解。假若雙方事先沒有一種原則性諒解存在，那麼這一攸關東北亞洲安全與和平的重大行動，絕不會如此輕易獲致決定。

不過，這一修約行動因日本內部所遭遇的政治困難而日漸趨於複雜。第一、日本社會黨自始就對這一問題採取反對態度；第二、對日美安全條約的任何重大修改，勢必要牽涉到同時修憲問題，而修憲一事以今日日本政情來說時機顯尚未成熟。日本社會黨的反對修約，本來不是一項致命的困難，但以近來日政府在處理警察法案上的失當及蘇俄的加意離間破壞，便使社會黨的反對作用隨而更加顯著。根據本月六日岸信介與美大使麥克阿瑟會談的結果，日本似有意將這一談判進行步調放緩下來，但緩慢並不就是停止進行或放棄。現在日本政府對此一事的基本態度，就是在不牽動修憲與設法緩和社會黨激烈反對的情況下，能達到修改美日安全條約的目標。在這一前提下，儘可能使這次修改能符合自民黨政府及美國的要求，但即使達不到各方所預期的理想，這一修約縱使稍有延緩，亦勢在必行。

我們現在不知這一談判進行的情形如何，也不知日美兩國的實際見解是否已很接近，但從十一月二十五日日內閣所通過的五點修約大綱來看，這一修改後的日美安全條約究屬何種性質，亦不難窺知一個梗概。這五點綱要，便是：㊀鑒於日本憲法的規定，日美共同防衛地區應以日本本部爲限，不包括琉球及小笠原羣島。㊁爲協防日本領土並保持遠東的和平目的計，美國應被准許在日本及其周圍維持它的軍事基地。㊂就日美共同防衛地區而論，駐在日本的美國軍隊得自由採取行動。㊃至於共同防衛地區以外的遠東其他地方一旦發生戰事，美國軍隊應不使用它們在日本的基地，從事直接軍事行動；不過，如係爲軍隊及設備的調動等非直接軍事目的而使用它們的基地，當被認可。㊄當美國駐日軍隊在遠東發動軍事行動之時，關於在日基地的使用以及軍隊的分配，日美兩國間應事先會商。從以上這五點綱要中，我們可以看出日本目下對於修約一事，採取一個介乎兩極端之間的折衷立場；即一面在不修改憲法和尚未修改憲法的情況下，絕不擴大日本的共同防衛地區；一面又肯定日本本部以內及其周圍美國基地的存在，以及美對這些基地的充分自由權利。至於日境美國基地被用於遠東其他區域戰事問題，亦分成兩種情況來講，其一不准作直接使用，其二却准許作間接使用，而這種直接或間接，戰爭行動或非戰爭行動之間的區別，又要在日美兩國於當時所舉行的事先會商中才能決定。換言之，日境美國基地的究否被允許使用於其他遠東地區的戰事目的，並不硬性決定於未知的現在，而是取決於事件發生後雙方對當時情況所作的判斷與瞭解。另外，我們知道日本所以要求修改日美安全條約，還有一個限止美國在未取得日本同意前，把原子武器擅自運入日境基地的動機，今日閣所通過的談判綱要竟不提及這點，而承認在共同防衛地區內美軍得自由採取行動，便可見日本有意在此方面作點讓步。蘇俄及北平偽政權的所以再三叫囂，不斷提出反對，這可能也是重要原因之一。

從日本這一談判底牌中看出，要想這次修改日美條約就能導致一個東北亞聯盟，那是不可能的。中共偽外長陳毅的所指此次修約將使日軍將來能參加臺峽戰事，證明更是胡說。不過，這次日美商談修約的結果，間接確是提高了日本在東北亞洲爲美同件的地位，加強了對其自身防務的發言權，也無形中加重了它對西太平洋安全的承擔。日本絕不會因爲這次修約一躍而爲東北亞的強國，準備於美國逐漸撤退後代替美在這一地區的地位，但日本無疑正向這一方向走，美國無疑亦扶持日本向這一方向走，希圖最後以日美聯合形勢來對抗蘇俄與北平偽政權間的同盟。此次日美商談修約，便是這一步調的一個開端。

正因大勢如此，所以蘇俄、匪共對此一事的反對，現正集中於要求日本中立化，以美蘇日及匪共四國集體安全條約來代替日美協定；而日本社會黨方面所提對案，便是要求修改蘇俄、匪共同盟條約，取銷其中以日本作假想敵的含義與規定。因此現在看來，此次日美修約一事正如目下柏林危機一樣，爲一項足以牽動全局的大事件，我們不能不密切注意及之。

蔡元培先生對我國教育的貢獻

沈雲龍

本月十七日爲國立北京大學六十週年紀念日。胡適之先生六旬晉八的壽辰，也恰好是這一天。對於北大校友來說，實具有雙重祝賀的意義。我們細數北大的歷史，其前身爲康有爲、梁啓超的戊戌「維新運動」所策劃，而由遜清光緒帝下詔變法所創立的京師大學堂。如果再說遠一點，應該推溯到乙未訂立馬關和約時康、梁公車上書後倡設之強學會，以遭言官彈劾封禁，一變而爲官書局，京師大學堂就是由這個官書局所改設。慈禧太后推翻戊戌變法的一切新政措施，祇有京師大學堂仍能保留，未被殃及。可是入民國以後，北京大學則有過兩度「蒙塵」：一是抗戰時期，北大內遷與清華、南開合辦西南聯大於昆明，但華北僞政權仍資用北大招牌，照舊維持，以示其「弦歌不輟」；二是大陸淪陷，中共奸僞政權篡竊北大名義，施行俄化教育，使這一所歷史最久的著名大學，面目全非，迄至現在尚在繼續蹂躪之中。今年在自由中國，沒有人紀念戊戌變法六十年，而北大創立六十年紀念，北大校友們自將有一番盛大慶祝，但北大與戊戌變法的一段歷史淵源，是值得我們追憶的。

世人皆知蔡元培先生和北京大學有其密切不可分的關係。北大之所以成爲學術領導中心，影響及於全國，要不得不歸功於校長蔡先生。然而蔡先生對我國教育的貢獻，並不限於北大，尤其重要的是蔡先生擔任民初教育總長時提出的教育意見，和他畢生爲學術思想獨立研究自由而奮鬪的精神，以及他不滿意於現實政治，隨時以去就抗爭的偉大人格，在「言敎」和「身敎」兩方面，都足以爲後人的楷模。所以，在紀念北大六十周年舉行慶祝的此時此地，寫一篇文章來紀念蔡先生，是絕對有其意義的。不過，筆者並非北大校友，祇是和蔡先生的公子無忌，過去在上海曾有一度公務上的接觸，覺得是位克承家學的謙謙君子，對蔡先生本人，從無一面之雅，自更沒有受敎請益的機會。有此原因，寫紀念蔡先生的文字，我可能是不太合適的。但由於我近幾年來喜歡研究近代中國政治人物，對蔡先生有關的史料，曾有若干搜集，爰加整理，鼓起勇氣，撰寫本文，作爲個人對蔡先生崇敬的微意。

一　蔡先生是出身八股的教育家

蔡先生，字鶴卿，號孑民，浙江紹興人。生於淸同治六年十二月十七日(西曆一八六八年一月十一日)，歿於民國二十九年(西曆一九四〇年)三月五日，享壽七十四。蔡先生於十七歲應院試，補諸生。二十三歲(光緒十五年己丑)鄉試中式。次年，聯捷成進士。二十六歲以翰林院庶吉士，授職編修。所以，在他三十歲以前，完全致力於帖括八股和中國的舊學。三十歲後，鑒於甲午中日戰爭的失敗，始閱讀新學書籍。三十二歲，與友人合設東文學社，學習日文。適是年發生戊戌政變，蔡先生知淸廷之不足與有爲，乃拋棄京職，回鄉辦理敎育。是時紹興邑紳徐氏創辦中西學堂，自任堂董，蔡先生應聘爲監督。這是他從事新式敎育的開始。

次年，蔡先生因爲在學堂中提倡新思想，與舊派敎員發生爭論，舊派敎員訴之於堂董，堂董乃將當時淸廷所頒正人心的上諭，請蔡先生恭書之而懸於學校禮堂，蔡先生認爲對他是一種侮辱，遂憤而辭職。三十五歲，至滬，應聘擔任南洋公學特班講席。是年暑假，往遊日本。歸而與章太炎、黃宗仰、吳稚暉等發起組織中國敎育會及創設愛國女學於上海，由蔡先生自任校長，時爲光緒二十八年。中國敎育會以編訂敎科書及改良敎育爲名，實則爲聯絡志士策動革命的機關。蔡先生以科舉出身的翰林，從事革命的活動，在我國革命史可說是最特出的人物。

中國敎育會成立不久，南洋公學學生因敎員無理壓制，發生學潮。蔡先生主持正論，力助學生與學校當局抗爭，爭之不得，學生皆罷學，蔡先生亦自請辭職。退學者百餘人，謀自建學社，推舉代表赴敎育會請求贊助。會中允負擔經費，並由會員擔任敎課，乃於光緒二十九年春成立愛國學社以容納之，由蔡先生任校長。自校長以至敎員，皆爲義務職，別以譯著自給。蔡先生復兼任敎育會長，以鼓吹革命爲己任，時時開會演說，抨擊時政，並發表於陳範所主辦之蘇報，影響所及，風靡全國。而蘇報更延聘章太炎、吳稚暉、蔣維喬諸人分任撰述，措詞激昂，大爲淸廷所嫉視，終命兩江總督魏光燾指名拘捕，引起著名之蘇報案，章太炎、鄒容就逮，吳稚暉、黃宗仰、陳範則逃往歐洲或日本，蔡先生亦北去靑島以避之。因是愛國學社遂告解散，僅愛國女學尚能由會員維持，蔡先生之敎育事業，頗受嚴重打擊。

是年蔡先生與一部分留日軍國民敎育會會員之歸國者，別組一秘密團體，名光復會，被推爲會長，聲勢寖盛，隱爲東南各省革命志士之領袖。當時如章太炎、陶成章、鄒容，以及不久死於刺恩銘之役的徐錫麟、馬宗漢、陳伯平、就義於紹興的秋瑾，行刺載濤不成殉難於吉林的熊成基，辛亥光復被害於安慶的吳春暘，都曾隸籍於光復會。至光緒三十一年七月，光復會與興中會、華興會合組中國同盟會於東京，蔡先生自是遂爲同盟會會員。後來民國成立，蔡先生和黃克強、王寵惠代表同盟會參加臨時政府，分長敎育、陸軍、外交三部，在內閣所設之九部中，同盟會僅此三席，其他則爲立憲派及同情於革命的淸末大官。更由於其時上海光復軍司令陶成章、浙江都督蔣尊簋、江浙聯軍攻克南京的浙軍支隊長朱瑞，都是原屬於光復會的，故蔡先生之參與政府，實際上多少還又代表光復會一部分勢力。由此可見開國之初的規模，頗具有廣大包容的政治氣象，同盟會是決沒有「以黨治國」或「一黨專政」的打算的。

先是蔡先生往青島避禍之次年，因日俄戰爭發生，特返滬創「俄事警聞」日報，以俄禍警告國人。旋改組爲警鐘日報，自任編輯，並重主愛國女學校務。逾年，至北京，擔任譯學館國文教員，兼授西洋史，及研習德語。至光緒三十三年，蔡先生已四十一歲，而求知慾甚强，乃毅然赴德讀書，入萊比錫大學聽講，達四年之久。蔡先生雖是從中國傳統的博學風氣中陶鎔出來，受儒家和理學的影響最大，但對學問的興趣極爲廣泛。至德以後，開始接受西方思想，學凡哲學、文學、文明史、人類學、實驗心理學、美學等等，無不研究涉獵。由是而奠立了他貫通中西文化的學術基礎，也由是而建立了他致力於近代教育和學術研究自由的堅强信心。入民國以後，他未能完全擺脫實際政治關係，不得不爲教育和文化事業而做官，但決不是爲做官而做官。他一面做事，一面讀書，孜孜不倦的向新知方面力求開拓。他雖是出身科學八股，但能够跳出圈子以外，而不爲科學八股那一套所錮蔽，這份勇氣和毅力，就不是普通人所能趕得上。更因爲蔡先生是一位近代教育家和熱烈的愛國者，他在這方面頗能給予青年們以袪除陳腐觀念與從事政治改革的感召。同時蔡先生又是一位强烈的知識追求者，從這方面他又鼓勵青年們朝民主、科學、美育、文藝各個思想不同的方向去發展，而他自己却成爲一個「引路人」，這種對青年人的重大啓發，細數當代知名人物中，似乎很少有人能與之抗衡的。

左舜生先生說蔡先生也是「中國新舊過渡時代的一個人物，但別人過渡或者永遠在過渡中，或者永遠渡不過去，而他却是一個眞正渡過去了的人物。」這句話是非常恰當的。我們祇要看現在有許多並不是出身科擧八股的人，而偏喜歡向黨八股裏面鑽，甚至還要拿黨八股來嚇唬人，就可知道中華民國雖然立國近半世紀，依舊承襲着專制時代統制思想的餘毒，還是一個半新不舊的過渡時期，仍需要大大的費一番「滌舊布新」的工夫哩！

二　蔡先生的「新教育意見」

民國元年一月(卽辛亥十一月)，臨時政府成立於南京，蔡先生時年四十五歲，受任爲教育部首任總長，次長爲景耀月(帝召)。蔡先生偕同蔣維喬(竹莊)及另一會計兼庶務職員共三人，由滬赴寧就職，首先拜訪江蘇都督府內務司長馬良(湘伯)，商借碑亭巷內務司樓上三大間房屋，爲辦公處，是卽開國之初教育部成立時的官署，其仄隘簡陋可知。蔡先生目的在做事，而不是做官，所以也就不講排場和考究衙門形式。

教育部辦公地點解決了，投效者卽紛紛而至，蔡先生把部內瑣屑事務，一以委之蔣維喬。而自己則往來寧、滬、浙之間，參與建國大計。是時臨時政府各部，皆依照官制草案，呈薦人員，蔡先生獨主張：「辦理部務，當與辦社會事業一例，在正式政府未成立，官制未通過參議院以前，不必呈薦人員。除總次長已由大總統任命外，其餘各人，概稱部員，不授官職，爲事擇人，亦不必多設冗員。」故臨時政府各部人員，多或至百餘人，惟教育部連繕寫職員僅三十餘人，其薪津自總長下至錄事，不分等級，每月一律給三十元，全部開支，每月祇及千元。蔡先生自奉儉約，並沒有什麽總長特別辦公費的名目，也從不肯利用公家經費作私人宴客應酬，或是辦一些刋物替自己宣傳，更說不上乘機大興土木建築一些外表堂皇而內容空無所有的什麽研究館舍之類，作爲個人政績的標榜。因此，教育部內，上下融融洩洩，每日分工作事，毫無間言。擧凡小學、中學、專門、大學各項學制，部員各就所學，擔任起草，一如書局中之編輯所，絕無官署意味。臨時政府三個月結束，而中華民國全部學制草案，業已大致完成。迨南北和議成立，孫中山讓大總統於袁世凱，教育部遷移北京，次長景耀月辭職，由范源濂(靜生)繼任，再將學制草案修正，於暑假期內，召集臨時教育會議，提出通過。然後在民元的秋天，陸續以部令頒布全國。可見開國之初蔡先生主持下的教育部，其治事精神和行政效率，確是有一番蓬勃氣象的。

蔡先生就任教育總長以後，他於元年二月卽發表其「新教育意見」，這篇文章，可說是他對我國教育的具體主張，也可說是他對教育的最高理想，原文甚長，玆加節引，他說：

「教育有二大別：曰隸屬於政治者；曰超軼乎政治者。專制時代，教育家循政府之方針以標準教育，常爲純粹之隸屬政治者。共和時代，教育家得立於人民之地位以定標準，乃得有超軼政治之教育。

「淸之季世，隸屬政治之教育騰於教育家之口者，曰軍國民教育。夫軍國民教育者，與社會主義僢馳，在他國已有道消之兆；然在我國則强鄰逼處，亟圖自衞，而歷年喪失之國權，非憑藉武力，勢難恢復，且軍人革命以後，不保無軍人執政之一時期，非行擧國皆兵之制，將使軍人社會永爲全國中特別之階級，而無以平均其勢力，則如所謂軍國民教育者，誠今日所不能不採者也。

「雖然，今之世界所恃以競爭者，不僅在武力而尤在財力；且武力之豐，亦由財力而孳乳。於是有第二之隸屬政治者，曰實利主義之教育，以人民生計爲普通教育之中堅。……我國地寶不發，實業界之組織尙稚，人民失業者至多，而國甚貧，實利主義之教育，固亦當務爲急者也。

「是二者，所謂彊兵富國之主義也。顧兵可强也，然或溢爲私鬬，爲侵略，則奈何？國可富也，然或不免智欺愚，强刼弱，演而爲貧富懸絕，資本家與勞動家血戰之慘劇，則奈何？曰：教之以公民道德。何爲公民道德？曰：法蘭西之革命也，所標揭者，曰自由、平等、親愛，道德之要旨，盡於是矣！孔子曰：『匹夫不可奪志』，孟子曰：『大丈夫者，富貴不能淫，貧賤不能移，威武不能屈』，自由之謂也，古者蓋謂之「義」。孔子曰：『己所不欲，勿施於人』，子貢曰：『我不欲人之加諸我也，吾亦欲毋加諸人』，平等之謂也，古者蓋謂之「恕」。……孟子曰：『鰥寡孤獨，天下之窮民而無告者也』，孔子曰：『己欲立而立人，己欲達而達人』，親愛之謂也，古者蓋謂之「仁」。三者誠一切道德之根原，而公民道德教育之所有事者也。

「教育而至於公民道德，宜若可爲最終之鵠的矣！曰：未也。公民道德之教育，猶未能超軼乎政治者也。世所謂最良政治者，不外乎以最大多數之最大幸福爲鵠的，最大多數者，積最少數之一人而成者也，一人之幸福，豐衣足食也，無菑無害也，不外乎現世之幸福，積一人之幸福而爲最大多數，其鵠的猶是。……蓋政治之鵠的，如是而已矣！一切隸屬政治之教育，充其量亦如是而已矣！雖然，人不能有生而無死，現世之幸福臨死而消滅，人而僅僅以臨死消滅之幸福爲鵠的，則所謂人生者，有何等價值乎？……且人既無一死生破利害之觀念，則必無冒險之精神，無遠大之計劃，見小利急近功，則又能保其不爲失節墮行身敗名裂之人乎？諺曰：『當局者迷，旁觀者淸』，非有出世間之思想者，不能善處世間事，吾人卽僅僅以現世幸福爲鵠的，猶不可超軼現世之觀念，況鵠的不止於此者乎！

「以現世幸福爲鵠的者，政治家也，教育家則否。蓋世界有二方面，如一紙之有表裏，一爲現象，一爲實體。現象世界之事爲政治，故以造成現世幸福爲鵠的。實體世界之事爲宗教，故以擺脫現世幸福爲作用。而教育者，則立於現象世界，而有事於實體世界者也。故以實體世界之觀念爲其究竟之目的，而以現象世界之幸福爲其達到於實體觀念之作用。……其現象世界間所以爲實體世界之障礙者，不外二種意識：一、人我之差別；二、幸福之營求是也。人以自衞力不平等而生強弱，人以自存力不平等而生貧富，有強弱貧富，而彼我差別之意識起，弱者貧者苦於幸福之不足，而營求之意識起。……軍國民，實利兩主義所以補自衞、自存之力之不足，道德教育則所以使之互相衞，互相存，皆所以泯營求而忘人我者也。由是而進以提撕實體觀念之教育。

「提撕實體觀念之方法如何？曰：消極方面使對於現象世界無厭棄，亦無執着；積極方面使對於實體世界非常渴慕，而漸進於領悟，循思想自由，言論自由之公例，不以一流派之哲學，一宗門之教義梏其心，而唯時時懸一無方體無終始之世界觀以爲鵠。如是之教育，吾無以名之，名之曰：『世界觀教育』。

「雖然，世界觀教育，非可以旦旦而聒之也。且其與現象世界之關係，又非可以枯槁單簡之言說襲而取之也，然則何道之由？曰：由美感之教育。美感者，合美麗與尊嚴而言之，介乎現象世界與實體世界之間，爲之津梁，此爲康德所創造，而嗣後哲學家未有反對之者也。在現象世界，凡人皆有愛惡驚懼喜怒悲樂之情，隨離合生死禍福利害之現象而流轉：至美術，則卽以此等現象爲資料，而能使對之者生美感以外，一無雜念。……故教育家欲由現象世界而以引到達於實體世界之觀念，不可不用美感之教育。

「五者，皆今日之教育所不可偏廢者也。軍國民主義，實利主義，德育主義三者，爲隸屬於政治之教育（吾國古代之道德教育，則間有兼涉世界觀者，當分別觀之）；世界觀、美育主義二者，爲超軼政治之教育。……

「滿淸時代，有所謂欽定教育宗旨者，曰忠君；曰尊孔；曰尚公；曰尚武；曰尚實。忠君與共和政體不合，尊孔與信教自由相違，可以不論。尚武卽軍國民主義也，尚實卽實利主義也，尚公與吾所謂公民道德，其範圍或不免有廣狹之異，而要爲同意。惟世界觀及美育，則爲彼所不道，而鄙人尤所注重，故特疏通而證明之，以質於當代教育家，幸教育家平心而討論焉！」

蔡先生這篇「新教育意見」，眞可說是「萃中土文教精華於身內，泛西方哲思之變衍於物外」。發表以後曾引起教育界的熱烈討論，然終無有勝過蔡先生之主張者。後來教育部北遷，蔡先生於是年六月出席北京參議院，報告政見，他指出「教育方針，應分爲二：一、普通；一、專門。在普通教育，務順應時勢，養成共和國民健全之人格；在專門教育，務養成學問神聖之風習。」可謂言簡意賅，深得其要。及至七月間，教育部在北京召開爲期一個月的臨時教育會議，集全國教育家於一堂，討論民國之教育事業，以後之各項教育設施，胥由此會議所決定。開幕之日，蔡先生以教育總長地位，出席致詞，復重申其教育主張，有謂：

「民國教育與君主時代之教育，其不同之點何在？君主時代之教育方針，不從受教育者本體着想，用一個人主義或用一部分人主義，利用一種方法，驅使受教育者遷就他之主義。民國教育方針，應從受教育者本體着想，有如何能力，方能盡如何責任；受如何教育，始能具如何能力。從前瑞士教育家沛斯泰洛齊有言：『昔之教育，使兒童受教於成人，今之教育，乃使成人受教育於兒童。』何謂成人受教於兒童？謂成人不敢自存成見，立於兒童之地位而體驗之，以定教育之方法。民國之教育亦然。君主時代之教育，不外利己主義，君主或少數人結合之政府，以其利己主義爲目的物，乃揣摩國民之利己心，以一種方法投合之，引以遷就於君主政府之主義。如前淸時代承科舉餘習，獎勵出身，爲驅誘學生之計，而其目的，在使受教育者，皆富於服從心、保守心，易受政府駕馭。現在此種主義，已不合用，須立於國民之地位，而體驗其在世界在社會有何等責任，應受何等教育。……

「當民國成立之始，而教育家欲盡此任務，不外乎五種主義，卽軍國民教育、實利主義、公民道德、世界觀、美育是也。五者以公民道德爲中堅，蓋世界觀及美育皆所以完成道德，而軍國民教育及實利主義，則必以道德爲根本。我國人本以善營業聞於世界，僑寓海外忍非常之困苦以致富者常有之，是其一例。所以不免爲貧國者，因人民無道德心，不能結合爲大事業以與外國相抗；又不求自立，而務僥倖；故欲提倡實利主義，必先養其道德。至於軍國民主義之不可以離道德，則更易見；我國從前有『怯於公戰，勇於私鬪』之語，現在軍隊時生事端，何嘗非尚武之人由無道德心以裁制之故耳！教育者非爲已往，非爲現在，而專爲將來，從前言人才教育者，尚有『十年樹木，百年樹人』之說，可見教育家必有百世不遷之主義，如公民道德是。其他因時勢之需要，而亦不能不採用，如實利主義及軍國民主義是也。又有一層，我中國人向有一弊，卽是『自大』，及其反動，則爲『自棄』。自大者，保守心太重，以爲我中國有四千年之文化，爲外國所不及，外國之法制，皆不足取，及屢經戰敗，則轉而爲崇拜外人，事事以外國爲標準，有欲行之事，則曰『是某某國所有也！』遇不敢行之事，則曰『某某等國尚未行者，我國又何能行？』此等幾爲議事者之口頭禪，是由自大而變爲自棄也。普通教育，廢止讀經，大學校，廢經科，而以經科分入文科之哲學、史學、文學三門，是破除自大舊習之一端。……」

蔡先生出席臨時教育會議後數日，便因內閣總理唐紹儀辭職的政潮，他和司法總長王寵惠、農林總長宋教仁、署工商總長王正廷四人，爲貫徹同盟會政黨內閣之主張，聯帶去職。雖經袁世凱的慰留，其他國務員的勸說，教育部全體員司的請求，臨時教育會議員的挽駕，但蔡先生辭意甚堅，決然以去，並且出國赴德，仍到萊比錫大學聽講世界文化史，繼續進修，旋且移居巴黎，學習法文。是年九月，教育部公佈中華民國教育宗旨爲「注意道德教育，以實利教育、軍國民教育輔之，更以美感教育完成其道德。」則大體仍是本諸蔡先生的教育主張。自民元到民十六，教育總長多次易人，而教育宗旨迄未改變。蔡先生主持民初教育部不到七個月，時間極短，而影響全國教育却如此之深。直至民十七以後，進入一黨專政時期，厲行黨化教育，才開始捨正途而不由，而走入邪道！

我們於四十七年後的今天，重讀蔡先生的「新教育意見」和他出席臨時教育會議的致詞，眞是歷久而常新的名言讜論。蔡先生的教育主張，豈止是博大精深，爲國家百年樹人大計之最高原則，尤其重要的，是他指出純粹隸屬政治之教育與超軼政治之教育，兩者有其嚴格之分野，前者爲專制時代所注重，後者則爲共和時代所必須致力。他列舉軍國民教育、實利主義、公民道德、世界觀、美育主義，五者不可偏廢。他所主張的世界觀教育，是「循思想自由、言論自由之公例，不以一流派之哲學，一宗門之教義梏其心」，而後來勵行黨化教育的革命家們，則是力求桎梏思想自由，束縛言論自由，企圖教育隸屬於政治，而把思想定於一尊，正是反其道而行之，以致流毒至今未已。其次，蔡先生更明白指出「君主時代之教育方針，不從受教育者本體着想，用一個人主義或用一部份人主義，利用一種方法，驅使受教育者遷就他之主義。」又說：「君主或少數人結合之政府，以其利己主義爲目的物，……如前淸時代承科擧餘習，獎勵出身，爲驅誘學生之計，而其目的在使受教育者，皆富於服從心、保守心，易受政府駕馭。」近三十年來黨化教育的結果，正坐此弊害，幾乎是以黨八股代替科擧八股，回復到專制時代教育的老路。我們且看今天在學術、政治、或事業能夠卓然有所成就的人，大抵以民元到民十六這一時期學校教育所培植出來的爲最多，民十七以後，凡是黨化意味愈濃而最能聽命於黨的學校，則愈是大小黨官和口號專家的養成所，祇有尚能傳統地保持學術思想獨立研究自由的學校，才可以產生一些特出人才，如楊振寧、李振道之出身西南聯大者是。這是顯明的强烈對照。事實擺在眼前，我們不妨平心靜氣想一想。

還有一點必須特別注意的，就是沿着黨化教育一脈相承而來的一黨訓練制度，一方面以利祿爲驅誘役使的工具，任何大小公教職務，均非入黨不能擔任，否則不是公開排斥，便是暗中給你戴上一頂思想有問題的帽子，使你不安於位，精神上感到極大威脅。另一方面，下而至於鄉鎭里幹事，小學教員，上而至於高級文武官吏、大學教授、立監委員，都要接受一黨所擧辦的短期訓練，天天背誦教條，天天口喊「效忠」，形式上竭力做到服從恭順，實際上則是各打各的主意，如何保持長期飯碗，如何藉此出身拉關係，取得更高位置，於是鬧派系，造黨口，爲目的不擇手段，以爭取個人榮寵，你排擠我，我傾軋你，攘利唯恐不先，表功豈敢或後，而推卸起責任來，總是旁人不聽話的過錯，大家相率於欺僞狡詐，專以矇上騙下爲能事，不知廉恥爲何物，是以無待赤禍之彌漫，道德精神實已全部崩潰。我們推究大陸之淪陷，黨化教育之戕賊人性，一黨訓練之製造順民，不能不負極大責任。撤退臺灣以後，並未能凛然於此種慘痛教訓，反而變本加厲，更是樂此不疲。在受訓者本人對於不斷的「調訓」，多已發出「前程有限，後患無窮」的怨言，而當事者決不之顧。我們實在無法了解此種錯幹到底的做法，難道眞的要把國家民族置於萬刼不復之地而後已嗎？

筆者其所以不惜篇幅引述蔡先生在民初的言論，就是要讓在民主憲政時代，還講愛民、教民、養民爲民主政治的眞諦那一套妙論；在原子科學時代，還講原子核的自然現象，卽是孔子所說中庸之道；那一類的頭腦冬烘先生們，以及迷戀於黨化教育及一黨訓練的革命家們，看看開國之初，教育界的先輩是如何的主張，其理論是何等的正確，這對他們未嘗不是一種教育。如果能由此而促起他們的澈底反省，那眞是國家前途之大幸！

三、蔡先生與北京大學

民國五年冬天，北方正是研究系和段祺瑞合作的局面，蔡先生應教育總長范源濂之請，出任北京大學校長，原任校長胡仁源因赴美調查工業辭職。范源濂是梁啓超在淸末主講湖南時務學堂時代的學生，也是蔡先生擔任民國首任教育總長時期的次長。范氏之所以請蔡先生做北大校長，一方面在人事上有其歷史淵源，他方面也是爲事擇人，並不含有絲毫黨派成見的臭味。但國民黨內部却有很多人持異議，不贊成蔡先生去就任。幸而孫中山先生能夠力排衆議，不肯贊同那種深閉固拒的偏狹見解，其目光比較是深遠的。假使蔡先生不去就北大校長，民六的文學革命運動和民八的五四運動，怎麼能受到他的間接鼓勵而以北大爲領導中心，掀起如火如荼之勢，影響及於全國？

蔡先生任北大校長期間，在學校行政方面，確能表現一種民主作風，他實行了教授治校的辦法，教務分任，事務合議。聘請教授，只問學力，不講資歷，也不問思想的派別，保持了講學研究的絕對自由。教育部既沒有由部聘派教授或勒令解聘，以及審查教授資格以不發研究費爲挾制的那種荒謬絕倫的辦法，學校以內更沒有自成系統的訓導長、軍訓教官、和官辦青年救國團之類的組織敢去干擾他。在他所聘的教授中，舊的方面：有籌安會的發起人劉光漢，有拖着辮子的復辟派辜鴻銘，有章太炎的高足弟子黃季剛，有主張邏輯古文的章士釗；新的方面：有在新青年雜誌樹起文學革命大纛提倡白話做文章的陳獨秀、胡適之、李大釗、錢玄同等，也有後來爲中共大捧特捧的革命文學大師周樹人(魯迅)和做過華北僞政權的教育總署督辦周作人(知堂)兩弟兄，可說是冶新舊於一爐，無所不容，無所不包，祇要其本身學問站得住，其他皆在所不問。這樣子，蔡先生就把自清末京師大學堂以來無聲無臭生機殆盡的北京大學，辦得有聲有色，生意盎然，到民六暑假，全校學生驟增至兩千人以上，成爲國內當時首屈一指的著名大學，其得力於蔡先生學術思想研究獨立自由風氣之開創，自然是極重要的因索。

蔡先生這種辦學方針，很容易引起一般自命爲衞道之士的先生們所不滿，於是一位遜清孝廉公而以「遺臣」自居的桐城派古文大家林紓(琴南)，就用文言文發表了兩篇小說，對提倡白話文的新文學運動，大肆譏刺和攻擊，一篇叫做「妖夢」，內中人物以光緒影射蔡先生，陳恆影射陳獨秀，胡亥影射胡適；另一篇「荆生」，則以田心美假託陳獨秀，金心異假託錢玄同，狄莫假託胡適。這篇小說的末尾，說是：「如此混濁世界，亦但有田生、狄生足以自豪耳！安有荆生？」他盼望能有荆生那樣人挺身出而衞道，但始終沒有荆生其人出現。於是林紓便在民八的三月，親自出馬在公言報上致書蔡先生公開提出質難，有謂：「……天下唯有眞學術，眞道德，始足獨樹一幟，使人景從，若盡廢古書，行用土語爲文字，則都下引車賣漿之徒所操之語，按之皆有文法，不類閩廣人爲無文法之啁啾；據此則凡京津之稗販，均可用爲敎授矣！若水滸、紅樓皆白話之聖，並足爲敎科之書，知水滸中辭吻多采岳珂之金陀萃篇，紅樓亦不止爲一人手筆，作者均博極羣書之人。總之，非讀破萬卷，不能爲古文，亦並不能爲白話……大凡爲士林表率，須圓通廣大，據中而立，方能率由無弊。若憑位分、勢力而施趨怪走奇之敎育，則惟穆罕默德左執刀而右傳敎，始可如其願。今全國父老以子弟託公，願公留意以守常爲是。況天下溺矣，藩鎭之禍，迫在眉睫，而又成爲南北美之爭(筆者按：其時以護法之役，南北分裂)，我公爲南士所推，宜痛哭流涕助成和局，使民生有所蘇息，乃以淸風亮節之躬，而使議者紛集，甚爲我公惜之！此書上後可以不必示覆，唯靜盼好音爲國民端其趨向。故人老悖，甚有幸焉！」

蔡先生看到這封信以後，即以長函作答，並提出他辦大學的主張，其中有謂：「……白話與文言，形式不同而已，內容一也！天演論、法意、原富等原文，皆白話也，而嚴幼陵君譯爲文言。少仲馬、迭更司、哈德等之所著小說，皆白話也，而公譯爲文言。公能謂公及嚴君之所譯，高出於原本乎？……公謂『水滸、紅樓作者，均博極羣書之人，總之，非讀破萬卷，不能爲古文，亦不能爲白話，』誠然誠然！北京大學敎員中，著作白話文者，爲胡適之、錢玄同、周啓孟諸君，公何以證知爲非博極羣書，非能作古文，而僅以白話文藏拙者？胡君家世漢學，其舊作古文，雖不多見，然卽其所作中國哲學史大綱言之，其了解古文之眼光，不讓於淸代乾嘉學者。錢君所作之文字學講義，學術文通論，皆古雅之古文。周君所譯之域外小說，則文筆之古奧，非淺學者所能解。然則公何寬於水滸、紅樓之作者，而苛於同時之胡、錢、周諸君耶？至於弟在大學，則有兩種主張如左：㈠對於學說，仿世界各大學通例，循『思想自由』原則，取兼容並包主義，與公之提出『圓通廣大』四字，頗不相背也。無論爲何種學派，苟其言之成理，持之有故，尙不達自然淘汰之運命者，雖彼此相反，而悉聽其發展。……㈡對於敎員，以學詣爲主；在校講授，以無背於第一種之主張爲界限。其在校外之言動，悉聽自由，本校從不過問，亦不能代負責任。例如復辟主義，民國所排斥也；本校敎員中有拖長辮而持復辟論者，以所授爲英國文學，與政治無涉則聽之。籌安會之發起人，淸議所指爲罪人者也，本校敎員中有其人，以其所授爲古代文學，與政治無涉則聽之。嫖賭娶妾等事，本校進德會所戒也；敎員中間有喜作側艷之詩詞，以納妾挾妓爲韻事，以賭爲消遣者，苟其功課不荒，並不誘學生與之墮落，則姑聽之。夫人才至爲難得，若求全責備，則學校殆難成立。且公私之間，自有天然界限。譬如公曾譯有茶花女、迦茵小傳、仁礁畫槳錄等小說，而亦曾在各學校講授古文及倫理學，使有人詆公爲以此等小說體裁講文學，以挾妓姦通爭有夫之婦講倫理者，寧値一笑歟？然則革新一派，偶有過激之論，苟於校課無涉，亦何必强以其責任歸之於學校耶？」蔡先生本人也是主張白話的，他曾在北京男女高師講演，認爲中國文言同拉丁文一樣，不能不改用白話，雖然現在白話的組織不完全，但決不可錯了這個趨勢，並且斷定白話派一定佔優勝，將來應用文一定全用白話。所以在答覆林紓的信中，完全針對其攻擊之點，以子之矛，攻子之盾，辭婉而多諷，理直而氣壯，使得林氏無法還手，不能再繼續辯論下去。我們再看看蔡先生堅定的說明他辦大學的兩點主張，第一點，直言人之所未道；第二點，更是驚人之論。這不但使當時衞道之士感到「斯文將喪」，卽後來主張定思想於一尊實行黨化敎育的革命家們，也爲之搖頭咋舌不置。然而蔡先生所說的畢竟是顚撲不破的眞理，你有什麼理由能加以否認嗎？

林紓本人並不通西文，而和他通西文的友人王壽昌合作翻譯西洋小說，王口述，林筆譯，在他致書蔡先生函中，自稱：「積十九年之筆述，成譯著一百二十三種，都一千二百萬言，」可說是譯界奇才。四十年前，能夠使中國若干不通西文的讀者，有與西洋文學接觸的機會，藉以增進對西方文化的了解，不能不歸功於林氏。今天有某人僅僅爲了一篇拜倫哀希臘詩的漢譯，便自以爲遠勝過胡適之、馬君武、蘇曼殊，並且化名捧場說是「論神韻、風格、音節、氣魄，胡譯都絕對不是它敵手！」但經過蘇雪林教授的評定，認爲某人所譯「句法軟弱，格調卑下，不惟遠不及胡，也不及蘇、馬，拜倫原詩竟給他糟蹋盡了！……對不住，我祇有屈他坐紅椅子了！」其實，以一個學力趕不上林紓萬分之一的人，而要抄林紓的老路，想對胡適之先生「加遺一矢」，行見其太不自量，徒令人噁心而已。況當民七雙十節，徐世昌由安福國會推選爲大總統就職以後，正是安福系炙手可熱的當政時期，而安福系鉅子多奉林紓爲國學大師，且有躬執弟子禮者。林氏既然公開反對以白話文爲中心的新文學運動，甚至箭頭子直接指向蔡先生所主持的北京大學，未嘗不可以運用政治權勢施以壓力，但林氏究竟是讀書人，不願如此做，而安福系的政客們，以清議可畏，也不敢如此做。可是四十年後的今天，却有人暗中憑藉某種政治力量，到處散布發售「胡適與國運」初集、續集之類的小冊子，甚至假借所謂「學術講演」之名，在各學校機關黨部和民衆服務站所主持的集會之中，作有計劃的肆意漫罵，這種等而下之的怪現象，居然出現於自由中國，證明時代是在向後倒退，而令人有一代不如一代之感！

在蔡先生和林紓那次「新舊之爭」的筆墨官司以後，大概隔了一個多月的時間，由於巴黎和會山東問題交涉的失敗，打倒曹(汝霖)、陸(宗輿)、章(宗祥)賣國賊的著名「五四運動」，便由北京大學學生的領導而開始爆發了，事後各校學生被捕者約三十餘人，而以北大爲最多。其時政府主張頗有以嚴厲手段對待學生及解散大學之說，教育總長傅增湘深自引咎，約各校長同行辭職，辭呈凡三上，政府始稍覺悟，卒賴傅之力爭，撤回懲處首事學生之命令，而解散大學令亦因傅之不肯副署而不發表，但大總統徐世昌仍於五月九日下令，將傷人焚宅的滋事學生，送交法庭依法辦理。於是蔡先生便以本人辭職出京爲條件，換取被捕學生於三天限期內全體釋放，臨行前留下一傳誦人口的辭職啓事，謂：「吾倦矣！『殺君馬者道旁兒！』『民亦勞止，訖可小休！』吾願少休矣！北京大學校長之職，已正式辭去，其他向有關係之各學校各集會，自五月九日起一切脫離關係，特此聲明，惟知我者諒之！」這種爲愛護學生而自我犧牲的偉大精神氣魄，與後來藉口把學生運動統一於黨的指揮之下，而實際上則以摧殘學生運動爲能手的黨棍們的作風，其間相去何啻霄壤之別！蔡先生既憤而辭職，教育總長傅增湘亦繼之而去，北京各校學生更爲激昂，猛烈展開遊行講演及罷課運動，到六月三日，被捕者有一百七十八人，北大法科校舍爲軍警佔據，作爲臨時拘留所，把被捕學生拘囚於內，北大文理科校舍亦被軍警包圍，被捕學生陸續增加，先後達千人以上，於是消息擴及全國，引起震驚中外的全國罷市、罷課、罷工運動。政府迫不得已，始釋放被捕學生，並於六月十日下令免除曹、陸、章的職務。出席巴黎和會代表亦於六月二十八日拒簽和約，致電報告國內，全國人心方漸趨平靜，而轟動一時的愛國學潮亦戢然而止。因此，政府乃派員會同北大教職員學生代表南下挽留蔡先生復任校長。蔡先生以情誼難却，終於應允，並發表其告北大同學及全國學生書，其中有謂：「諸君自五月四日以來，爲喚醒全國國民愛國心起見，不惜犧牲神聖之學術，以從事於救國之運動。全國國民，既動於諸君之熱忱，而不敢自外，急起直追，各盡其一份子之責任。卽當局亦瞭然於愛國心之可以救國，而容納國民之要求。在諸君喚醒國民之任務，至矣盡矣！……諸君自身，豈亦願永羈於此等聯帶關係之中，而忘其犧牲之重任乎？……乃近有恢復五四以前教育原狀之呼聲，各方面遂紛加責備，迫以復出，僕遂不能不加以考慮。夫所謂教育原狀者，寗有外於諸君專研學術之狀況乎？……讀諸君十日三電，均以力學報國爲言，勤勤懇懇，實獲我心。自今以後，願與諸君共同盡瘁學術，使大學成爲文化之中心，定吾國文明前途百年大計，諸君與僕，當共負其責焉！」

從這篇文字中，可以看出蔡先生對於學術救國的宏願。在此後數年中，蔡先生曾迭赴歐洲各國，或出席會議，或接受學位，或爲退還庚欵的運動。到了民國十二年一月十七日，適財政總長羅文幹(鈞任)因奧國借欵合同展期案，引起政潮，由衆議院議長吳景濂、副議長張伯烈密控，要挾大總統黎元洪下手諭，飭步軍統領捕羅入獄，而其時教育總長又是一個阿附權勢不孚衆望的無恥政客，於是蔡先生藉羅案提出抗議，憤而辭職。在辭呈中，他說：「數月以來，報章所紀，耳目所及，舉凡政治界所有最卑汚之罪惡，最無恥之行爲，無不呈現於國中。國人十年以來最希望之司法獨立，乃行政中樞竟以威權干涉而推翻之。最可異者，鈞座尊重司法獨立之明令朝下，而身爲教育最高行政長官之彭允彝卽於同日爲干涉司法獨立與蹂躪人權之提議，且已正式通過國務會議，似此行爲，士林痛恨。……元培目擊時艱，痛心於清明政治之無望，不忍爲同流合汚之苟安，尤不忍於此種教育當局之下，支持教育殘局，以招國人與天良之譴責，惟有奉身而退，以謝教育界及國人。」同時，並在各報刊登啓事，說：「元培爲保持人格起見，不能與主張干涉司法獨立蹂躪人權之教育當局再生關係。業已呈請總統辭去國立北京大學校長之職，自本日起不再到校辦事。」蔡先生雖然從此離開北大，出國繼續研究學問，到民國十五年才歸國，但他這種不畏政治權勢敢於抗爭的精神，却使後來主持北大校務的人，仍能一貫的保持此一優良傳統於不墜，可見其影響之深遠了！

四　蔡先生特別值得今人效法的幾點

筆者扼要的引述蔡先生對我國教育的貢獻如上，個人覺得蔡先生特別值得今人效法的，還有以下幾點：

第一：蔡先生畢生致力於教育文化事業，始終爲維護學術思想獨立研究自由而奮鬪，可說是守道不移的君子。他不滿袁世凱的玩法弄權，可以捨棄教育總長不做，拂袖而去。他痛恨安福系的橫行無忌，認爲祇有「一班稍有人心稍爲自愛的人，肯拋棄各人的官位差使，相率離開北京政府，北京政府也就倒了！」因此，他毅然辭去北大校長，以示消極抵制。他爲了抗議黎元洪違法下令擅捕羅文幹，和羞與卑鄙無恥的彭允彝爲伍，便再度辭去北大職務，以顯其高潔的人格。他雖然也講社會主義和不反對研究馬克斯，但完全是從學術自由的觀點出發，而對於中共之存心不軌，陰謀叵測，則首先於民國十六年提議國民黨清黨，堅決反共。及至國民黨統一全國，厲行黨治，開始運用一種特設機構來箝制言論自由並打擊異己，蔡先生雖然也曾先後擔任過大學院長、司法部長、監察院長等職務，但他基於民主主義和人道主義，發起組織「民權保障同盟」，對侵犯人民基本權利的「危害民國緊急治罪法」，尤竭力主張廢止，由是而與當道齟齬，亦在所不顧。後來對日抗戰發生，蔡先生在名義上還是中央研究院院長，但他對黨政當局若干措施不滿，寧可死在香港，不去重慶。這種「不淫、不屈、不移」的偉大風範，給予後來者一個好榜樣，不愧是傳統的中國眞正讀書人本色。

第二：也許有人要批評蔡先生的作風，不免過於矯激，但是當現實政治瀕於晦盲否塞，大家感到極度失望的時候，正需要少數特立獨行之士如蔡先生這樣的矯激作風，敢於直道危言，大聲疾呼，才能使垂死的人心，振奮而昭蘇，也才可以激頹風於旣扇，挽大命於將傾。握有實際權力的執政當局，如果還不能由此深切覺悟，自必走上失敗之途。蔡先生很像後漢書獨行傳中狂狷一類型的人物。狂者進取，狷者有所不爲。蔡先生之所以獨往獨來，不謹隨流俗，時時以力挽滄海橫流自任，絕無黨人與官僚的陋習，就是一種志行高亢的狂狷精神之表現。他無論在軍閥專政時期，在一黨專政時期，總是保持着「不降志，不辱身」的精神，和提倡那爲要做人而有所不爲的犧牲精神，但這決不是偏於消極的一面，而有其更積極的一面。他早在民國十一年五月，曾和王寵惠、羅文幹、梁漱溟、張慰慈、高一涵、丁文江、胡適等十六人署名發表「我們的政治主張」，其中提出政治改革的三個基本原則，一是要求一個「憲政的政府」，因爲這是使政治上軌道的第一步；二是要求一個「公開的政府」，因爲深信公開是打破一切黑幕的唯一武器；三是要求一種「有計劃的政治」，因爲計劃是效率的源頭，一個平庸的計劃勝於無計劃的瞎摸索。同時更認爲中國政治之所以敗壞，「好人自命清高」是一個重要的原因。因此，政治改革的第一步在於好人要有奮鬪的精神，凡是社會上的優秀份子，應該爲自衞計，爲社會國家計，出來和惡勢力奮鬪。民國初元的新氣象，就是國中優秀份子加入政治運動的效果。蔡先生們並且沉痛的呼籲：「做好人是不够的，須要做奮鬪的好人；消極的輿論是不够的，須要有決戰的輿論，才是政治改革的第一步下手功夫。」現在距離蔡先生們發表這篇政治主張已逾越三十六個年頭，看看今天我們寄身海隅號稱實行憲政而實際與憲政相違的如此政治局面，和遙念隔海的大陸人民爲匪僞政權所蹂躪的那些慘絕人寰的萬惡暴行，再想想當日蔡先生們卓越的見解與堅決的態度，我們實應該以痛自疚責的心情，勇敢的接受其鼓勵，繼續奮鬪。袖手旁觀國事，以「好人」「順民」自命，那是最卑劣最怯懦的行爲！

第三：蔡先生說：「教育者非爲已往，非爲現在，而專爲將來。從前言人才教育者，尙有『十年樹木，百年樹人』之說，可見教育家必有百世不遷之主義，如公民道德是。」這是每個教育工作者所必須服膺的基本信條。但自從模做極權國家的「以黨治國」以來，在「黨權高於一切」的口號之下，祇有「黨權」而無「人權」，祇有「奴性」而無「人性」，不但沒有批評及合法反對的言論自由，（稍有批評的刊物國民黨卽下令軍隊等禁止閱讀），卽學術思想獨立研究自由更爲之窒息。教育者並不從受教育的人本體着想，而是以「一流派之哲學，一宗門之教義」，迫使大家遷就。學校裏主要的工作，在於培養主義的信徒，製造黨團的預備隊，教員之中，不管你是教什麼的，必須時時灌輸教條和歌頌一黨歷史的光榮成就，其他學科都算是附帶的。這樣子，救育就成爲純粹隸屬於政治的工具，祇求其把受教者歸入於同一模型之內，養成其服從心、保守心，以便於驅使，自然無暇顧及公民道德教育之培養了！多年來，所謂「自由、平等、博愛」，固然早已成爲空洞的口號，卽中國儒家所說「義」「仁」「恕」三者爲一切道德之本原，亦復是「高頭講章」，大家徒然說說而已，從未躬踐，甚且言不符行，毫無愧怍。於是青年學生祇好跟着在「打倒」「擁護」之中打滾，滾來滾去，滾得了功名富貴，自然也有，但多少人白白的滾掉了自己生命，也還是莫名其妙。而對於所謂主義理論的了解，由於張三有張三的說法，李四有李四說法，解釋並不一致，尤其「民生主義就是共產主義」那句話，以及當初爲什麼要「聯俄容共」，引鬼上門？更是越說越不清楚。圈子兜來兜去，兜得人頭昏腦漲，愈搞愈糊塗。其影響所及，我國教育久已呈現一片淺薄浮囂空虛凌亂之象，早就該「回頭是岸」了！然而政府播遷臺灣以後，仍未覺悟，依然照抄「黨化教育」的老路，以青年救國團來控制大中學生，主持最高教育行政的人，除了一切聽命於黨而外，祇注意粉飾門面，求其形式好看，製造統計數字，重量不重質，以表現其功績。好容易等到陳內閣成立，才請那位教育部長下臺，而由著名老教育家梅貽琦氏繼其任，這是大家公認爲目前教育上一大轉機。但我們希望梅氏不祇是枝節的爲前任辦理「善後」，補苴彌縫，而是要緊守着蔡先生所說「教育者非爲已往，非爲現在，而專爲將來」的這句名言，從根本上廢止黨化教育下手，解除一切黨團的箝制與束縛，以養成國民健全的人格和學問神聖的風習爲主，才能爲國家奠立百年樹人之大計，否則我們的教育前途，還是無生路可言的。

第四：蔡先生辦理北大，提倡「教授治校」，聘請教授，以學詣爲主，不講資歷，其在校外的言論如何，概置不問，並且冶新舊於一爐，不管其思想派別。對於各家學說，循着思想自由原則，採取兼容併包主義，雖然彼此相反，亦悉聽其發展，以保持講學研究的絕對自由。北大之所以爲北大，其主要精神在此。而在當時的全國公私立各大學，差不多都受到蔡先生這種開明作風的影響，雖不能完全做到和蔡先生一樣，但絕沒有走到和蔡先生相反的路上去，所以在民十六以前全國保持着學術思想獨立研究自由的優良學風，由是而培育了不少的人才。及至進入黨化教育時期，思想以「一個主義」爲準則，其他皆視爲「邪說」，對於教授則儘量吸收「於一個政黨」之內，凡是非我同志，其心必異，思想言論幾於處處可疑，聯帶着飯碗也就可以隨時發生問題。到了民國二十年，教育部就首先越俎代庖以部令代大學解聘教授，此一惡例既開，接着教育部便以爲官大就是學問大，提出由教育部「審查大學教員資格」的辦法，不向你有無學問，祇問你是不是國民黨員，如果是的，卽使學問不够，也就順利通，過這種昧着良心的做法，純粹以利己爲目的，又怎能不產生教育上的惡劣後果？現在的大專學校，更是專以折磨學生與教授的人格爲能事，不但學生每年要換一次保證書，卽連教授有些學校也需要塡具保證書，保證其「絕非共匪」。辦教育辦到使人人失去自信，幾乎可以隨時令同舟變成敵國，大家提心弔膽於「紅帽子」的危險，除了讀死書、死讀書、教死書、死教書之外，自然說不上什麼講學研究自由。但是一個大學，失去了講學研究自由，而教授的延聘，又多側重其是否爲國民黨員，並不完全以學詣爲主，縱然是濫竽充數，也在所不問，這還算是什麼大學？一國教育到了如此地步，豈不是死氣沉沉，全無生機？今天的大學教育，如果不能打開學術思想獨立研究自由之門，擺脫一切黨化的桎梏，我們對於下一代的青年，還能存什麼奢望？

第五：教育與司法，是近代國家立國的兩大支柱，必須超然獨立於黨派關係之外，才是百年長治久安之道。過去在軍閥專政時代，儘管是擁兵自衛，據地稱雄，橫征暴歛，胡作非爲，但對於教育與司法兩部門，決不敢輕易去碰它，隨便加以壓制和干涉，大體上還能保持相當的崇敬與尊重，而當時中央以至於地方的教育工作者和司法人員，亦大多能够表現其遒勁的風骨和不屈不移的精神。所以蔡先生爲了反對主張干涉司法獨立與蹂躪人權的教育總長彭允彝，能够不惜以辭職來表示抗議，甚且公開登報聲明與之不再發生關係。而在司法界本身，對於違法擅捕羅文幹一案，也有東三省特區法院李家鏊等致電痛斥司法總長程克，認爲「違法之舉動，竟出首善之當局，使上行下效，相率而不守法，是爲無法之國家。」這類不怕摔破飯碗的抗爭事件，可以發生於北洋軍閥時代，而絕不容出現於今日。在過去四年那位「個人創覇、好大喜空」的教育部長當政時代，就沒有一位大學校長像蔡先生一樣的公開抗爭，現在司法方面發生「奉命不上訴」的千古奇聞，也沒有類似李家鏊那樣的法官，敢於公然指駁司法行政部長的過錯，甚至監察院連彈劾案都提不出來，社會正義消沉，大家噤若寒蟬，這是何等可憂慮的現象！所以單從這一點來看，蔡先生的事蹟雖已俱成歷史陳跡，但他的精神是不朽的。

近幾年來，大陸上著名大學在臺復校之風甚盛，國立方面，由國民黨中央黨務學校蛻變而來之政大，首先復校，繼之以清華、交大，先後恢復成立研究所，而中大也已獲准復校，現正積極籌備中。私立方面，已經復校的有東吳，準備復校的有嶺南、輔仁。祇是具有六十年歷史而且一向保持學術思想獨立研究自由傳統的北大，在匪僞政權蹂躪之下已將十年，似乎從未聞有在臺復校之說。現在旅臺北大校友們，隔海遙慶母校六十週年，不知作何感想？決不能因爲大陸淪陷就眼看着北大歷史長此中斷？我們希望平素以北大精神自豪的北大校友們；對此一問題，是應該加以考慮的。

四七、十、二六。

儲蓄與儲蓄存款

楊志希

一　儲蓄的涵義

所謂儲蓄，乃指貨幣所得中未被消費的部份而言。個人有儲蓄，營利公司或其他社團也有儲蓄，整個國家的儲蓄，我們稱爲國民儲蓄，卽國民所得中未被消費的部份，如以Y代表國民所得，C代表國民消費，S代表國民儲蓄，則$S=Y-C$。由國民儲蓄得來的資金，爲資本形成的主要內涵，必須將它導入正當用途，方有助于國民經濟的發展。依照某一時期儲蓄等于投資的說法，所有儲蓄，必須全部用作投資，才能產生或增加下一期的國民所得，在變成投資的過程中，如果漏損（leakage）太多，必然影響下期國民所得的產生。在資本市場完備的國家投資方式，大部份透過資本市場，購進各種證券，公司債或股票，不但安全，而且富于流動性，最適合小額投資者的口胃。

就儲蓄的種類而言，可分爲自願儲蓄與强迫儲蓄兩種，自願儲蓄，卽是滿足消費需要所剩餘的部份，至于强迫儲蓄，係採用各種方法，以實行節約，限制消費，使儲蓄被迫增加。國家在平時因可推行强迫儲蓄，戰時尤屬需要，例如消費品的分配（Rationing）以及銀行採用封鎖帳戶（Block Account）等皆是。美國爲自由經濟國家，近數十年來，也盛行强迫儲蓄，最顯著的例子，爲人壽保險的普遍展開，和養老退休金制度的建立，這兩種方式，都是經常在收入中扣除一小額金錢，納入儲蓄範圍，時間長久，積少成多，其總額則異常龐大。根據統計，一九五七年全美保險資金已達九百八十億美元，退休基金也有一百六十億美元，而且此兩項資金，年有增加，前者每年約可增加四十億美元，後者每年約可增加二十億美元；一九五七年，全美儲蓄貸欵公司所有儲蓄存欵，約爲四百億美元，互助儲蓄銀行存欵及其資本公積，不過六十億美元，兩者合計，約佔人壽保險與退休基金總額的百分之四十，人壽保險和退休基金，均屬强迫儲蓄性質，基于上面所述美國數字，可見其效用之宏。在人壽保險制度和養老退休基金辦法不甚發達的國家，自願儲蓄額度既不甚高，專靠消費品分配與銀行封鎖帳戶以推行强迫儲蓄，難收立竿見影之效。

二　儲蓄與利率及國民所得

儲蓄所獲資金，乃資本形成的骨幹。換言之，長期生產資金需要，端賴儲蓄供給。根據正統學派的說法，可貸資金 (Loanable funds) 的供給與需要相適應，產生資金運用的價格——利率（指純利率而言）。資金供不應求，則利率上升，反之，則利率下跌，其情形有如圖一所示。在圖一中，直軸oR代表利率，橫軸oL代表可貸資金，於是利率變動的軌跡爲曲線RR'。但是正統學派的說法，未被凱因斯所接受，凱因斯認爲，國民儲蓄的多寡，決定于國民所得水準的高低，其情形有如圖二所示。在圖二中，直軸os代表儲蓄，橫軸oY代表國民所得，於是國民儲蓄移動的軌跡爲SS'，因爲在正常情況下，一國的平均消費傾向相當穩定，同時，在比率方面，平均消費傾向和邊際消費傾向都小于一，所以，國民所得愈高，以及增加的國民所得愈多，都足以使國民儲蓄累積。依照凱因斯的理論，儲蓄與國民所得關係密切，利率高低所發生的影響，甚爲微弱。假定一國的國民所得很低，平均消費傾向接近于一或等于一，根據S=Y−C的簡單公式，則國民儲蓄必近于零或等于零；又假定消費增加，快過國民所得增加，即是邊際消費傾向大于一，其結果不但沒有新的儲蓄，而且會發生反儲蓄 (dissavings) 的現象。

圖一

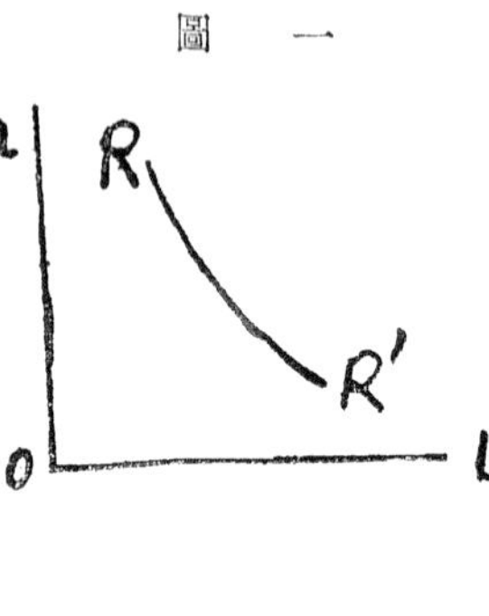

圖二

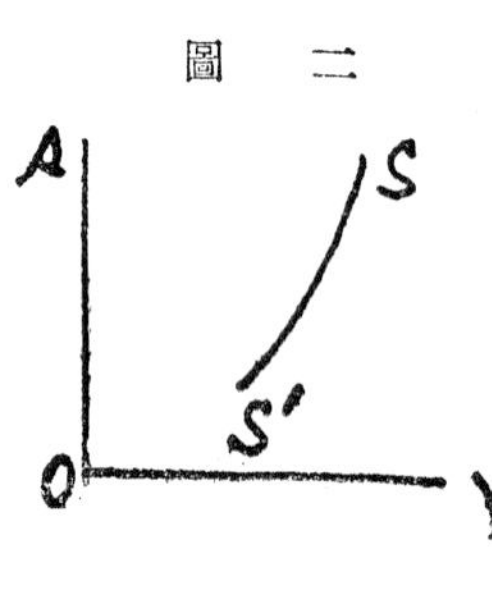

美國的平均消費傾向，大致爲百分之八十，即每年有五分之一的國民所得儲蓄起來，例如，一九五七年三月份，國民所得爲三千六百卅億美元（見本年四月份聯邦準備月報第四九〇頁），其儲蓄額可達七百廿六億美元，加之資本市場發達，儲蓄可循一定途徑變成投資，資金的供給和需要，不難溝通。我國情形，與此大相逕庭，國民所得總額甚低，大多數人收入微薄，不够維持日常消費需要，遑論儲蓄？根據民國四十至四十四年資料計算，臺灣的平均國民消費傾向（即C/Y）即約爲〇·八六（參閱本年七月份財政金融月刊第四頁趙岡：臺灣的消費傾向一文），換言之，臺灣的儲蓄傾向約爲〇·一四。假定今年臺灣的國民所得爲二五〇億元，則一年的國民儲蓄至多不會超過四億元。因而，欲使國民儲蓄增加，不外兩途，一爲努力生產，以增加國民所得總額，其次爲限制消費，壓低消費傾向，提高儲蓄傾向循此推論，提高利率，在積極方面，無法使國民所得總額增加，但在消極方面，基于高利的引誘，可使人們放棄部份流動偏好，減少呆滯資金 (Idle funds) 的額度，並可加强節約力量 (Force of thrift)，使若干消費轉爲儲蓄。再加上銀行存欵安全和便利種種因素的補償，也能使部份市場資金，轉成儲蓄存欵，這雖屬于形式的轉換，對金融實況仍屬有所裨益，目前臺灣的情形便是如此。總之，國民儲蓄的多少，與國民所得水準關係大，其作用是積極的，與利率高低的關係小，其作用是消極的。

還有一點，足以影響儲蓄的心理和行爲者，厥爲幣值是否穩定，此點非常重要。在上次中日戰爭期中，以及戰事結束之後，我國通貨惡性膨脹，幣值日瀉千里，往事非遙，餘悸猶在。數年來臺灣經濟繁榮滋長，幣值堪稱穩定，但物價指數，以卅八年改幣時爲基期，平均上漲約八倍，新臺幣發行額，年有增加，迄今約爲限內發行的十倍，目前外滙官價，也超過當年官價的七倍，從較長期趨勢着眼，通貨膨脹的威脅，依然存在，在恐懼貨幣貶值的心理狀態之下，從事鼓勵國民儲蓄，非常不易奏效。

三　新頒儲蓄存欵辦法及其展望

近年來臺灣金融方面，最感覺困擾的現象，厥爲生產資金不足，市場利率隨而扳高，前者復爲後者的造因。金融當局，因顧忌物價上漲，通貨膨脹，不敢過份擴張銀行信用。處在這種環境，想打開一條出路，決非輕而易舉。提倡儲蓄，自不失爲辦法之一，此項辦法，不僅不新穎，而且應屬于「古典」類型。在國民所得水準甚高的國家，國民儲蓄有水到渠成之妙，在經濟未開發地區，其情形便迥不相同。

財政部基于客觀需要，早在一年以前，令飭臺北市銀行公會研議儲蓄存欵問題，並擬訂儲蓄存欵辦法。經過反覆考慮修正，卒于本年八月十九日由財政部核定公布，其主要內容如左：

㈠方式——包括零存整付，整存零付，存本付息，整存整付等四種；

㈡期限——儲蓄存欵分爲一年期，二年期，三年期三種；

㈢利率——一年期月息一分八厘，二年期月息一分九厘，三年期月息二分；

㈣責任——各行局庫舉辦儲蓄存欵，應專設儲蓄單位，劃撥獨立資金，設置獨立會計，負責人對此項存欵，依銀行法負無限責任，以保障存戶權益；

㈤提取——儲蓄存欵存滿一年以上時，可准存欵人提取，並仍酌付利息；

㈥所得稅——儲蓄存欵利息所得稅扣繳率，由百分之三減爲百分之一。

上項儲蓄存欵辦法，俟各行局庫將細則擬妥後，卽行付諸實施，並自實施之日起，除現行非質押三個月期及半年期優利存欵，仍准照辦外，其餘一年期以上的優利存欵，一律停辦。

看了上列儲蓄存欵辦法內容以後，無論就其方式、期限、利率等方面，計議堪稱妥善周到，並且，爲了保障存戶利益，舉辦銀行依法對儲蓄存欵負無限責任，又爲鼓勵儲蓄興趣，存欵期限最長定爲三年，並規定存滿一年便可提取，如此二年期以上的儲蓄存欵，實際上均可視爲一年期，對存入資金，無長久呆滯之虞，自可袪除存戶心理方面若干恐懼因素。新頒儲蓄存欵辦法六項內容（另有一項關于儲蓄存欵的運用，未予列舉），就其將來吸收儲蓄存欵的效果而言，以第㈠項「方式」和第㈢項「利率」最爲重要，茲擬就此兩點略加分析。

財政當局核定公佈儲蓄存欵辦法其主要目的，在多吸收長期性資金，同時將市場高利貸導入銀行，變成儲蓄存欵。欲實現此雙重目的，採用何種方式，關係至大。譬如，零存整付，積少成多，確能使一般小市民養成儲蓄的習慣。某甲手頭有現金卅至五十元，在銀行沒有舉辦儲蓄存欵以前，很容易花掉，有了儲蓄存欵辦法以後，某甲可能願意將零星餘欵存入銀行，這筆資金，係從節制消費而來，消費傾向壓低，儲蓄傾向相對提高，假以時日，必可吸收一筆新的資金，發揮儲蓄存欵的效用。另外三種方式，卽整存零付，存本付息和整存整付，當然不會限定存入的數額，但最初存進的欵項，不甚零星，自可斷言。換言之，以此三種方式吸收儲存的對象，必非貧苦市民，而是中上之家。他們的資金來源，不外三種，一爲窖藏金鈔，二爲已放出的高利貸，三爲已存入銀行的優利存欵。在幣值未臻十分穩定的經濟社會裏，窖藏金鈔的習慣普遍存在，有錢人寧可損失利息收入，以達保值目的，窖藏現金乃資金逃避方式之一，對資金供給，影響甚鉅，通貨膨脹的威脅如不澈底解除，要想用鼓勵儲蓄的方法，將窖藏金鈔引導出籠存變成銀行存欵，事實上恐難見效。其次談到高利貸，因爲資金（包括銀行信用）供給不足，需要者只好乞靈于市場，高利貸于焉形成。高利貸猖獗，爲害甚烈盡人皆知，金融當局，正在採取措施，如由銀行保證發行公司債，以期消滅高利貸；新頒儲蓄存欵辦法，亦係循此目標，配合運用，其意至善。不過，若就零存整付以外的三種方式而言，對高利貸可能發生正反兩種結果：反面的結果，是高利貸債務人願出更多利息，以求與儲蓄存欵競爭，此當非吾人所樂聞；正面的結果，是若干高利貸資金被提出，變爲銀行儲蓄存欵，同時銀行的支票存欵，必有相當額度的減少，使銀行存欵作形式上的轉換。再次談到銀行優利存欵，根據臺銀統計，臺灣六行庫（中信局不在內）各種優利存欵總額近十億元，其中一年期及二年期者約佔百分之五十四，若就存戶而言，個人存額也佔百分之五十四。儲蓄存欵辦法實施後，一年期以上的優利存欵，卽使不停辦，亦會轉爲儲蓄存欵，至于三個月和半年期的優利存欵，如果存戶願意等待較長期限，換取較多利息，也有一部份轉爲儲蓄存欵。綜上所述，新頒儲蓄存欵辦法實施後，最顯而易見的效果，是將原有的優利存欵取而代之（對普通定期存欵當然也會發生同樣效果），並轉換一部份活期存欵，至于存欵總額能否鉅幅增加，尙有待時間和事實證明。

現在來討論有關利率問題，上節曾經說過，國民儲蓄的多寡，與利率的高低，關係甚少。純利率水準，決定于資金的供求。工業先進國家，資金供給充裕，資金來源流暢，故利率低，例如，美國銀行短期放欵年息平均未超過百分之六，一九五七年底中央銀行貼現率，英國爲百分之七，日本爲百分之九，希臘爲百分之十（詳見本年四月份聯邦準備月報）。我國金融，經常被高利所困擾，目前銀行質押放欵月息一分六厘五，無質押放欵一分八厘六，臺銀對公營企業放欵月息九厘九，均較其他國家爲高，至于市場利率，更高達月息三分至三分五左右。金融當局，也曾苦心孤詣，推行低利政策，但在資金供給不足和貨幣貶值等客觀情勢下，利率始終無法壓低。我們知道，利率水準，包涵三種成份，一爲純利率，受資金供求所左右，一爲風險補償，視借貸風險大小而定，三爲貨幣貶值補償；決于幣值穩定的程度。依此分析，目前臺灣黑市利息扳高，除資金（包括銀行信用）供給不足的因素外，實由于所冒風險太大和恐懼貨幣貶值的心理有以致之，此二者所佔成份愈多，則黑市利率愈形扳高。

新頒儲蓄存欵辦法的中心，仍係以提高利率爲吸收資金的手段。一年期存欵月息定爲一分八厘，較同期優存提高一厘五；二年期存欵月息定爲一分九厘，較同期優存提高一厘，此項利率與市場利率之間，仍有相當差距。儲蓄存欵，對存戶權益保障周密，絕無吃倒帳的危險，自無再求補償，消除了利息三種成份中的一種，其餘資金來源不豐和恐懼幣值下跌的心理，似非儲存辦法本身所能完全解決。

總之，儲蓄存欵辦法，業經財政部核定公佈，不管將來在金融方面的成效如何，至少有節約消費的作用，此時付諸實施，可稱符合戰時生活原則，如能在金融方面發揮預期效果，更是吾人所翹首企望的。　四十七年十月廿七日。

國是問題與出版法

——「亞洲畫報」六十四期讀後感

屈堯庭

我向來不看那些花花綠綠的畫報。並非對於那些「惹火尤物」之類的圖片不欣賞，實在是因爲窮公務員生活太苦，每天爲仰事俯畜發愁，再沒有賞心悅目的餘暇。不過昨天我却破了例，竟然大破慳囊，買了一本香港出版的亞洲畫報第六十四期。因爲看到廣告上說，這一期特闢「國是論壇特輯」，並且是「因故延遲發行」的。旣關「國是」，當然非注意不可，加上一點對於「因故」的好奇心，我於是毫不躊躇的流用了兩包新樂園香煙的預算。

這一次「國是論壇」討論的問題，共有五個，由亞洲畫報提出，分別徵答。五個問題是：一、有關憲法問題。二、成立反對黨問題。三、舉行國是會議問題。四、反共復國的原則問題。五、反共復國的技術問題。

整個特輯幾十篇文章的作者，對於這五個問題，有的是全部都談到，有的是就其中某一二問題單獨論列。他們的看法和主張，參商仁智，各別不同。但在我一一拜讀之後，覺得也不外年來聽慣了的那幾套，並不如廣告所說，有何「特別精彩」之處。不過最少也有一句是値得特別欣賞的，那就是任卓宣先生大文中的：「只有目無憲法的人纔提出國是會議問題來」。如前所引，這問題正就是亞洲畫報提出的，任卓宣先生的大文正就是應亞洲畫報之徵而作答的，那豈不就是說亞洲畫報「目無憲法」嗎？這還了得！在從前考八股的時代，這樣作法叫做「罵題」，那是犯大忌的。不過任卓宣先生是政論家，政論當然不可以比作八股。

比特輯更能引起我的注意的，倒是放在特輯前面的那一篇社論，題目是「亞洲畫報第一屆『國是論壇』的綜合與分析」；由督印人張國興先生署名。這一篇社論，提供了很多耐人尋味的資料。

首先，使人深詫於多數人對於「國是」的漠不關心；進而懷疑到特輯中幾十篇文章的代表性。據社論報告，這一次共發出徵求信四百二十七件，而響應答復者僅四十五位。社論對此一結果，表示「惋惜」與「震驚」，但仍說這四十五封復信，對前列五個問題，「可成當代思想十分廣泛的代表」。我覺得此一認定是頗有疑問的。我不懂統計應用之學，但按普通的想法，對若干人發出問題，得到答復的人數僅佔原人數十分之一多一點，例如，被發問的是十個人，而作答的僅有一個半人還差一點，準此而認定此一個半人具有「十分廣泛的代表性」，這說法恐怕是不大可靠的。再進一步看，如社論所示，在「憲法應否修改？」「目前應否成立反對黨？」「是不是應該召開反共救國會議？」這三個問題的答案中，其「不置可否」者的百分比，依次序爲：「五五·五」「四〇·〇」「四六·七」。我們再加以平均，則這「不置可否」者應佔百分之四七·四，亦即是與半數相去不遠。所謂「不置可否」，可能是「無意見」，也可能是「有意見不說」，亦卽是等於「不答復」。我們不妨推定此種變相的不答復也佔上擧百分之四七·四的一半，那麼這什一之衆的代表性就更要低了。我不知道亞洲畫報會否徵詢到下列這些人，如：錢穆、徐復觀、左舜生、李璜、張君勱、蔣勻田、夏濤聲、朱文伯、王雲五、張佛泉、胡適、俞大維、王世杰、曾寶蓀、錢思亮、梅貽琦……等？我想，這些位先生都應該是會被徵詢的；他們對「國是」也應該不會沒有意見。其不答歟？其未被徵詢歟？總之在特輯中沒有他們的文章。以區區什一之數，且又少掉如許理所應有之人，而竟認爲「十分廣泛的代表」，我看是近乎武斷了。

問題在於「這種對國家問題的冷漠」。我們應該探究此中的原因。這很簡單，其一、再多說也沒有用，其二、說多了還有麻煩。對於「國是」，知其不可而爲之和以身殉道的人，畢竟都是少數。於是，可怕的沉默就成爲普遍的現象了。這豈只是可「惋惜」可「震驚」的？「淸議亡而干戈作」，（我不得不引用這一句成語）眞正關心國家問題的人，應該有刺心的警惕和切膚的痛楚！

在五個問題與答復當中，社論特別選出三項，加以分析，並提出它自己的意見。㈠憲法應否修改？社論的意見是，把憲法「凍結」起來，使蔣總統得以留任直至收復大陸爲止。㈡目前應否成立反對黨？社論的意見是，理論與原則上應該有一個反對黨，但現在似乎不該有也不能有，而寄望於重回大陸之後。㈢是不是應該召開反共救國會議？社論的意見不甚具體，大概是贊成召開的。

關於「修憲」問題，主要的就是蔣總統可否三屆連任的問題。（如果修憲准其競選，則必可當選連任。）這問題早爲全國所注意，而公開提出，似以亞洲畫報此次爲始。反對修憲者的理由，盡人能言，不待細說。而希望蔣總統得以連任者，也不能說完全是逢迎佞幸之輩，其中也有不少是出於公忠謀國經權酌用的苦心。這問題應該鄭重討論。不過如社論所主張的「凍結憲法」，似乎欠妥。其所擧戴高樂凍結法國憲法之例，似乎也跟我們的情況不切合。

反對黨應不應該有呢？什麼時候成立呢？這大半年多，我們已經聽到了很多的不同的意見，這裏也不必詳引了。社論主張等候重回大陸之後，可能胡適先生要歎一聲「人壽幾何」？我則對這一份耐心也頗能欣賞。不過社論對於雷震先生主張應該成立反對黨的文章，加以「措辭激烈」四個字的考語，我認爲這是不好的。因爲這不像一個有風度的刊物的社論的口氣，而倒像通常所指的「官腔」。對於一位應徵作復的執筆者，這是失態的。雷震先生的原文，社論所引寥寥數十字，我們無法知道張先生認爲究該如何措辭，說這話的眞意又何在。例如下面這幾句：「執政黨還缺乏誠意和信心，始終沒有順從與情，放棄黨化武力，黨化憲警特務，黨化各級教育，以及利用國庫來支持黨費」。這些話，如果所說的不是事實，那就是造謠誣衊，無所謂激烈不激烈的問題。

反共救國會議僅屬諮詢性質，它所要達成的是「心靈」的團結。這種話，就「國是」而言，雖然似乎太空洞太玄妙，但對於某些畏鬧反共救國會議的人，倒不失爲最悅耳的「措辭」。

社論的重點，在於最後幾段。它首先重申亞洲畫報的立場，是支持中華民國政府及蔣總統領導的。它說支持並非認爲政府與蔣總統已經十全十美，也發現有弱點。但它與「第三勢力」不同，並不利用這些弱點來從事攻擊中傷，只用善意建議促使改善。關於爭取民主及指摘自由中國不够民主，它說民主自由不是仙丹妙藥。在國家危機及緊急時期，對人民自由暫時加以限制，甚至是絕對必要。它認爲，對於自由中國所允許的民主自由程度，實已無須多有爭辯。

像這一類話，我們實在也聽得多。在臺灣的官方報紙上，對於爭取民主自由和批評政府的人，經常是指爲「共匪滲透」，亞洲畫報僅僅搬出「第三勢力」的帽子，實在也算够「民主」的了。究竟是否凡爭取民主者，皆係「第三勢力」？凡批評政府者，皆係「攻擊中傷」？這本來也是「實已無須多爭辯」的。但社論接着又說：

「最近修正出版法事件，有人視爲自由中國政府壓制自由的最新例證。此事正可作爲分析這類指謫是否恰當合理的良好實證。近年來，反政府的風波，沒有一次比修正出版案所引起的軒然大波更烈。自由中國內外一切報紙雜誌幾乎一致攻擊修正案箝制新聞自由，且指爲自由中國缺乏民主最明顯例證。

「現在，風波差不多已告平息，我們不妨嚴肅客觀地思考分析一下，也不妨自問：『修正案是不是眞正壞到可以視爲鎭壓新聞自由及扼殺自由的中國的民主？』反對者的主要攻擊目標是：『內政部有行政權警告及查封報紙雜誌。』我們經仔細客觀的研究，認爲這種行政權力不過是一切民主國家在國家危機及非常時期都可以容忍及准許的關於人民自由的一種限制。這種行政權存在於香港，也存在於星加坡及泰國，而法國及自由世界其他許多國家也都有。中國政府擁有這種權力，不能算是希奇反常，重點不在政府擁有這種權力，而在政府如何加以運用。

「至於修正辦法中提高誹謗及藐視法庭的懲處，我們又能從什麼法律觀點加以質疑？誹謗與藐視法庭之所以須加懲處，原是以民主原則爲基礎，卽一個人實行其自由，不應妨害他人的合法權利。以前自由中國對誹謗及藐視法庭的最高罰鍰僅合美金二元，顯然需要予以提高；卽使根據新例，提高後的最高罰鍰，據說也還不到二十美元。」

這一段社論太重要了，所以必須全引。談到此次修改出版法，凡屬有識之士，無一不認爲是政府遷臺以來的第一件「逆政」。和平忠厚如胡適先生，也歎息不該碰這塊「金字招牌」。就像我這樣交游不廣的人，也親自聽到不止一位立法委員，向我訴說「奉命舉手」的內心痛苦。却萬萬想不到世界知名的老記者張國興先生，竟在他督印的刊物上寫出了如上的文章。「也還不到二十美元」，好大的口氣。張國興先生須知，在臺灣的這些報紙雜誌，除黨營官辦者外，無一不是幾個窮書生在苦撐度日，豈能與張先生的得天獨厚相比？我要請問張先生，像你督印的這第六十四期亞洲畫報，大概「立場」沒有問題吧，爲什麼八月份出版，到臺灣要「因故延遲」至十二月纔能發行呢？爲什麼第四頁上要被用油墨塗掉一大塊呢？是否在香港、星加坡、泰國，都是這樣情形呢？須知民主國家對於誹謗罪是由法院決定，此次修正的出版法，是以行政處分代替法院，故大家力爭。

關於誹謗，張先生提出了兩項例證。其一是張先生的一位好友梅先生，去年在臺北逝世，報紙上說是死於自殺，並說是由於經濟關係。其二是幾年前，臺灣有一份「內幕」雜誌，描寫影星某某如何由東京而沖繩而臺灣「卿追」張先生，而事實上某某旅行期中，張先生並未離開香港一步。我絕對同意張先生的看法，這兩件事都是嚴重的誹謗，我也承認人家告訴張先生的話：「臺北報紙雜誌如爲誹謗或藐視法庭案被控，則幾乎每天都難免發生這種官司」。這兩句話，大體上是正確的。但我願意爲張先生指出：卽令如此，刑法上早有處罰誹謗罪的明文，決不應該對出版法作苛峻的修改。況且，張先生竟然眞會如此天眞以爲修改出版法就是爲了對付「內幕」雜誌嗎？既然是每天都可能有的官司，何以很少人告狀呢？(梅先生的家屬和張先生都沒有提出告訴)因爲，在一個並非眞正民主法治的國家中，一切人權皆無堅强的保障，人身自由都不大靠得住，何況那無形的名譽呢？碰上了一位可以「奉命不上訴」的司法人員，自己的人格尙且不要，還會依法律保障別人嗎？「黃色出版物」的充斥，也與人心苦悶有關聯，只有自由而健康的輿論纔能逐漸淘汰掉它。出版法修正已久，臺北街頭的「內幕」雜誌，不還是很多嗎？秦始皇的烈火，燒不完天下詩書，出版法其奈黃色何？何況醉翁之意，本來不在乎此呢？

這一篇小文，是我讀了亞洲畫報國是論壇特輯之後的若干感想，並就張國興先生的大文稍事商權。作爲國民一份子和忠實讀者一份子，聊自附於芻蕘直諒，望邦人君子與張先生共鑒之！

四十七年十二月七日燈下。

從「齊瓦哥醫生」論蘇俄知識份子

董鼎山

蘇俄作家「齊瓦哥醫生」作者巴斯特納克的拒絕諾貝爾文學獎金一案，轟動國際，不但在共黨對外宣傳上起了反作用，而且透露了莫斯科及國際共黨對知識份子政策的矛盾。這個矛盾是：共黨當局一面欲給知識份子以相當的自由，使能產生共黨政權所需的作品，一面却又不得不將知識份子牽制，使不致成爲放縱的奔馬。印度總理尼赫魯在不久以前向印度國會黨所發表的演說中曾經說過，共黨國家如有革命，關鍵可能是在知識份子。因爲知識份子最敏感，最易對現狀不滿，最易爲其自身的自由被束縛而抗爭。在組織嚴密紀律嚴正的共黨社會中，知識份子是最不易操縱的自由主義者。這次巴斯特納克案的發生，就共黨本身而言，是一件不幸的打擊。巴斯特納克雖在共黨壓力下忍辱吞淚，可是鐵幕以外的人士却可借此對共黨國家內知識份子與統治者之間的關係，作一個更深切的估量與瞭解。

蘇俄各文學團體及報紙目前的侮辱及毀害巴斯特納克的運動，不過是將蘇俄政權與知識份子間的緊張局勢加以戲劇化。實際上，這類衝突一向存在。（中共區不斷鬪爭與清算過去成名的老作家，即是知識份子不能與共黨政權安然相處的明證。）赫魯雪夫即使在外交政策及物質建設上有所成功，却尚未能發現一個能够應付知識份子的有效方式。「齊瓦哥醫生」一書因爲批評政府，在蘇俄被禁發行，可是在西方世界却早在諾貝爾文學獎發表之前風行一時。讀過這本小說的人知道，作者巴斯特納克的思想之相近于蘇俄知識份子，爲赫魯雪夫或任何蘇俄政治領袖所不及。

赫魯雪夫在鞭屍史大林後一時期，在共黨世界中或西方世界中，有蘇俄政治領袖中開明者之稱，爲了責難史大林的暴政，赫魯雪夫當時不得不予知識份子以相當的自由。可是這種一面加以放縱，一面加以約束的政策，更容易造成統治者與被治者之間的矛盾衝突，共黨文藝幹部越是干涉作家的創造自由，作家越是對幹部充滿敵意。而幹部本身却是奉上級命令而任事，時緊時寬，捉摸不定。這樣一來，知識份子更覺迷惑，由迷惑而產生怨憤。最近蘇俄有一個青年教師與美國記者說到不斷修改的官方蘇維埃歷史時說：「我們不知他們（指統治者當局）所信的是什麼，又怎可知道我們應該怎樣想怎樣教書？」知識份子的這樣怨憤態度並非不平常的現象。蘇俄青年作家之中，有不少對巴斯特納克甚具景仰，其中有一個尙在莫斯科訪問之哈佛大學歷史系副教授畢靈頓指出，赫魯雪夫在史大林暴政時代受惠，直至史大林死後才敢敍明他的態度，而巴斯特納克却相反，一直保持其在文學上之靜默。這個青年作家稱揚巴斯特納克在「道義上尊嚴」，這無異是說赫魯雪夫缺乏這種尊嚴。

蘇俄的所謂知識份子是那一類人呢？嚴格而言，知識份子社會包括科學家、作家、大學教授。教授多是科學院院員，作家多是作家協會會員。這類高級知識份子的進益及所受的公共榮譽，較美國的同類人士所獲者尤佳。可是他們必須付予一種他國知識份子不能容忍的代價，即是他們工作目標須是替國家服務。這裏所謂國家當然是指共黨政府。蘇俄的知識份子社會除職業性的教育家、科學家與作家以外，也包含受教育的一般人民。所謂「知識份子」，在蘇俄意即深思遠想的人物。「受過文化薰陶的」較「受過黨化的」這一形容詞更具恭維性。這個現象似表明一般人民對「文化」較「黨化」更爲重視，而使共黨幹部深感頭痛。

蘇俄知識份子共分二類。一類爲老年的，一類爲極年青的。老年知識份子，包括巴斯特納克及不少全國第一流科學家、作家、歷史學家在內。他們在革命前即具有根底。青年的則皆是第二次大戰後所產生。老年的目睹蘇維埃制度成長，青年的雖出生在蘇維埃社會內，可是也對現狀不滿。他們雖無合一的宗旨，可是却一致對中年的共黨官僚發生惡感。此等中年官僚幸得在史大林恐怖時代偷生，洋洋自得，在黑海的別墅中偷閒渡假，自命爲革命有功。青年知識份子則將他們諷刺爲「小布爾喬亞的共產黨人。」青年作家對現狀不滿天下一律，在美國產生不修邊幅的波希米亞式的作家（"Beat Generation"，無適當譯詞），英國產生「發怒的青年」作家（"Angry Young Men"），蘇俄則產生這類諷刺共黨官僚的青年作家。

這類青年知識份子還有一個特點：他們對外面世界有一種難以滿足的好奇心。美國國務院在蘇俄編印的俄語「美利堅」雜誌在蘇俄極爲風行。可是因爲發印本數不多，不能人手一冊，有一個青年學生在無意中作譏諷性的評論說，「你如欲要購到一本，必須與共黨高級方面溝通。」青年知識份子對外面世界的好奇心，又可以下列這個例子觀之。哈佛大學歷史學副教授畢靈頓最近在訪問莫斯科時，將他隨身携帶的一份美國報紙贈與一個學生。這學生後來告畢靈頓謂，由于供不應求，他不得不將該份報紙剪爲七十五份，分發同學共讀。美國青年鋼琴家范·克萊邦（Van Cliburn）不久以前在蘇俄受極熱烈的歡迎。但據莫斯科一個青年音樂學生表示，范·克萊邦的受歡迎，不僅是因爲他的技能高巧，而且亦是因爲青年知識份子想借此表示他們欲與美國文化發生接觸與溝通的强烈慾望。美國訪客之在蘇俄受民衆包圍，詢問各種問題，亦是蘇俄青

（下轉第28頁）

東京通訊・十一月十八日

暴力國會與日本人

郭恒鈺

一九五八年度日本「國會定期爭霸戰」，因「警職法修正案」[註]之審查，刻正在自民、社會兩黨「果敢肉搏攻擊」（現已由自民黨撤回——編者註）之下，熱烈展開。繼一九五四年「亂鬪國會」之後，日本新聞界在一九五六年回顧中，曾把社會黨大鬧國會事件列爲該年度的十大新聞之一。而且輿論一致認爲這是日本實行民主政治的「汚點」，深以爲恥，而稱之爲「暴力國會」。但言猶在耳，記憶尙新，不意十月十四日因社會黨阻止警職法修正案審查程序之進行，自民社會兩黨又三度展開「肉搏攻擊」。而社會黨竟動用由社會黨議員六十二人所編成的「特別行動隊」分第一波、第二波、第三波、第四波的人海戰術，接連攻擊，佔領審查該法案的地方行政委員會的委員長席及大臣席達兩天之久，藉以阻止審查程序的進行，俾使自民黨撤回修正法案。消息傳來，令人不無感慨。

民主是一條漫長而艱難的路。就民主而言，人類今天的努力與成就，也許祇是一個開端而已。英國實行民主政治最早，所以有了較爲令人滿意的成就，但是一八三二年以前的選舉也是穢不可聞的。就是美國，在國會裏也有所謂壓力組織的腐化現象，以及政黨控制選舉、包庇地方惡勢力的黑暗事實。但是，在野黨使用「暴力」阻止反對法案的審查，執政黨不甘示弱，以牙還牙，甚至動用警察彈壓「暴力」，這種做法未免有失民主政治的常軌。我們也無法在民主國家的議會史中找出先例。忝爲人民代表的國會議員，竟在莊嚴的國會議事堂裏大打出手，不論如何解釋，我們總覺得那是對於民主政治的一大諷刺。放下屠刀，立地成佛。說來簡單，做起來就不太容易。從「武士道」的「軍國主義」到民主政治，對日本而言，無異是一極痛苦的蛻變。

民主的原則有一基本的假定，就是相信人人的道德價值相等，而人人的理智亦能不斷的進步。所以，一個合理的主張，在和平的闡述之下，必可爲多數人所接受；一個違反民情的方案，在討論中亦必爲多數人所淘汰。惟有如此，多數表決的原則才有實現的可能，民主的政治才有意義。認爲祇有自己的意見代表眞理，用暴力實現自己的主張，這是馬克斯的想法，共產黨徒的作風。在民主的國家，訴諸暴力就是破壞民主基礎的敵人。英國工黨用和平的方法闡述其主張，取得了執政的機會，而且工黨所建樹的楷模，亦多爲保守黨所接受。英國工黨的作風，不啻說明了一個民主國家的政黨所應具有的基本態度。

有人說民主政治是以選票代替槍彈的政治。我們不妨這樣說，民主政治是一種以和平方法討論的政治。執政黨尊重在野黨的合法地位，通過討論、表決以求其政策的實現；用健全的政策爭取選民，維持政權，這才是政黨政治的正常途徑。在野黨爲了自己的前途亦應以闊大的胸襟，對政府作積極性的批評與監督。至於執政在野兩黨互用「暴力」以期達成自身的目的，尤其超出政黨政治的軌道。

民主不是理論上的政治假說。它應該是民主的制度、民主的思想、民主的生活方式三者的綜合。在民主的生活方式之中，容忍尤爲不可或缺的要件。否則，所謂大多數的意見，勢將無法產生。因此，民主有着不可抄襲的特殊精神，不斷成長的特性，而且是一條遙遠而艱難的路。在走向民主政治的道路上，需要人人都有着積極的合作與貢獻，才能一步一步的底於實現。制度化的民主，模倣的民主，都與眞正的民主有着一段距離。如何把「武士道」的「玉碎」精神收斂在容讓、合作的民主精神之內，也許是今日日本國民值得三思的課題。

有人用日本畫來說明日本人的性格。日本畫的對象，多半局限於一座山，一枝花，一條魚，很少有一幅幽邃深遠、大氣磅礡的山水。日本政壇上多是政客，難得有高瞻遠矚的政治家，這種地理上的「島國根性」，不無影響。這種性格在政治上的擴大解釋是，黨派之間的翻雲覆雨，縱橫捭闔，斤斤計較於個人的名利得失，置國家的前途利益於不顧，使政局永在風雨飄搖之中。

從軍國主義到民主政治，對於日本而言，那是一個非常痛苦的蛻變，因爲屠刀畢竟是被人家給拿下來的。戰後日本社會，上自國會議員，下至販夫走卒，對於任何問題，不問曲直，無分巨細，概以「實力行使」爲解決爭端的唯一手段。報載以總評爲鬪爭中心，國有鐵道勞動組合、炭勞、機勞、全遞信、全電通、全專賣、全造幣、新產別、私有鐵道、中立組合等工會團體爲反對警職法修正案「統一行使實力」起見，竟動員了四百五十萬人之衆，於十一月五日展開日本戰後規模最大的「政治罷工」。在勤務時間召開職場大會，罷工示威，妨碍業務的正常運營，顯然違反「公勞法」。至於工會把列車司機從卽將出發的機車上拖下來，以及全國學生聯盟的學生「佔領」信號所，以期阻止列車運行，置千萬人之生命與權利於不顧，這種做法與暴徒的行爲又相去幾希？在日本像這樣的「行使實力」已經成了一種不可收拾的風氣。諸如「暴力國會」、「暴力警官」、「暴力罷工」、「暴力賣春」、「暴力之街」等等不一而足。因此，「肅淸暴力」亦成爲岸信介政府的施政方針之一。日本——這個被人稱爲「有禮貌的大國民」，現却處處予人以「力」的感覺了。

註：「警職法修正案」係政府根據「公共之安全與秩序」（第五條）之觀點而提出修正者。惟反對者認爲「公共之安全與秩序」的另一解釋不外是對「勞動運動的彈壓」；倘通過修正法案則有使日本恢復戰前「警察國家」之虞。而贊成者謂：爲防止兇惡犯罪，應賦予警察較大的權力，俾能維持「公共之安全與秩序」。

——十一月十八日於東京。

自由中國　第十九卷　第十二期　紅樓夢後四十回的考證問題（上）

紅樓夢後四十回的考證問題（上）

——對林語堂先生的翻案提出商榷

嚴　明

（一）

十月廿四日林語堂先生在臺灣大學以「紅樓夢的考證」爲題，作了一次學術講演。這次講演的中心，是在推翻紅樓夢後四十回爲高鶚所續的舊案。林先生在講演開始卽聲明要翻這個案。

紅樓夢後四十回是否爲原作者曹雪芹所寫，百餘年前，早就有人懷疑，胡適之先生在考證紅樓夢之餘，對此亦提出疑點，後經由俞平伯先生提出許多考證上的意見，認定後四十回非曹雪芹原著而是高鶚改寫，由於俞平伯對這一方面的考證比較週詳，致其所提的結論，雖不能算是鐵案（俞平伯自己認爲已成鐵案），但已爲一般研究「紅學」的人所承認。因之，關於紅樓夢後四十回非曹雪芹原著一節，雖然百餘年來有多人提過，然而加以有力考證予以肯定者，應以俞平伯爲最。因此之故，林生先要翻這個案，也以俞平伯的所論爲主要對象。

林先生首先認爲，紅樓夢爲中國一部偉大的文學作品，一部有價値的文學巨著，必然有它的中心，並且應是一部完整的作品。紅樓夢的中心，是在敍述賈寶玉之由愛，而癡，而迷，而悟的經歷。賈寶玉生活在富貴榮華的賈府，到賈府的衰敗，大觀園羣芳死的死，嫁的嫁，散了之後，一切皆空，寶玉由此而悟而出家，這才是一個完整的結構與篇幅。如果沒有後四十回，則紅樓夢所寫的只是一些飲酒、賦詩、看花、賞月、唱歌、演戲等風花雪月的碎事，這樣就很難說出紅樓夢的價値了。前八十回所寫的一切，到後四十回一一分曉，一一得到歸結，這才是完整的敍述。紅樓夢一書旣是作者的自敍，則這種盛衰的苦痛經歷，決不會在八十回中尚未顯出主題卽行中輟。因爲前八十回中，賈府尚未衰落，黛玉亦尚未死，淚債未淸，羣芳未散，在這好景正盛之時卽停住不寫，則紅樓夢的主題何在？作者寫這部書的意義何在？在這種情形下，無論如何是停不住的，作者也無法停住不寫，眞所謂「欲罷不能」。

基於這個立論，在考證上林先生提出了五點來認定他：

一、紅樓夢在一七五四年時卽有善本出現，此時距作者曹雪芹之死（一七六三年），尚有八九年之久，胡適之先生對此點亦曾指出說：「如果曹雪芹只寫了八十回，那末，這八九年中，他寫的甚麼書呢？」胡先生的治學方法是很科學的，他提出這個疑問是很有道理的。曹雪芹寫紅樓夢一共寫了九年，如果只寫了八十回，則還有八九年的時間足以完成四十回。

二、紅樓夢最早的鈔本是脂硯齋評本，人指脂硯齋主人卽史湘雲，是可信的。因這個名字與史太君家的「枕霞閣」有關，史湘雲在海棠詩社中的別號叫「枕霞舊友」。史湘雲生來孤苦伶仃，所以在書中述及湘雲身世時，脂評有痛哭流涕的批語，湘雲爲脂硯齋主人則脂評本當屬可靠。在紅樓夢第四十二回前脂評有一總批云：「今書至三十八回時，已過三分之一而有餘」。原稿的第三十八回，合鈔本的四十二回。四十二回卻爲一百二十回的三分之一而有餘，由此可以證明曹雪芹手寫的紅樓夢，實爲完整的一百二十回，非僅八十回而已。是則後四十回實係曹雪芹一手寫成，並非高鶚所續，可以確定。

三、在一百二十回本行世時，高鶚和程偉元均說紅樓夢原本目錄一百二十卷，今所藏僅八十卷，殊非全本，爰爲竭力搜羅，得二十卷後又偶於鼓擔上得十餘卷，始鈔成全部鐫板。高鶚和程偉元的這話爲什麼不能相信，胡適之在一百多年後能得到脂評鈔本，爲什麼距作者三十年後就不能得到他的遺稿呢？高鶚得到散失的遺稿，予以補訂校勘而成，這是很可能而自然的事。

四、在壬午春作者尚未死時，有人卽看到過全書，末回爲警幻情榜，如同水滸的石碣，大概經由高鶚校勘時刪去。然旣有人看到過一百二十回的末回，則原稿之有一百二十回是很明顯的了。高鶚只是補訂校勘，並非續寫。

五、以曹雪芹之才，寫紅樓夢寫了九年，如果只寫了八十回，而高鶚僅一年多時間就能够寫出四十回，則其才學必有過曹雪芹，高鶚旣有如此才能，又爲什麼不自己寫一部書而要去續人家的未完之章呢？我沒有看到過高鶚寫的書，也不相信他能在一年多內能够寫出紅樓夢的四十回。

此外，林先生對胡適之、俞平伯等關於後四十回之疑點，提出分辯：

一、王熙鳳（鳳姐）的結局，在第五回鳳姐的冊子中有一句「一從二令三人木」。這是一句無人打得出的啞謎，後四十回沒有打出這句啞謎，然而也不能說它打錯。

二、金麒麟的「伏白首雙星」。後四十回說湘雲成寡，不合「白首雙星」之說。其實湘雲早寡，在八十回中卽曾說明，如有不合照應，則其錯應在八十回中，不能責之後四十回。

三、香菱應被夏金桂害死，此在第五回香菱的冊子曾有提示，而後四十回則述其相伴寶釵，一年以後因難產而死。其實這也沒有錯，香菱受夏金桂虐待，已得不治之症，雖說後因難產致死，而其所以難產係因受金桂之虐待，折磨成病而致，仍可說是死於金桂之手。

此外，林先生對俞平伯之論點，特別予以嚴厲指責，如：

一、關於寶釵與寶玉成婚後，以手段籠絡寶玉，始成夫婦之好（事見一百九回），這是夫妻間應有之行爲，寶釵應該如此，寫也沒有寫歪。而平伯指爲「弄什麼移花接木之計，又何必寫寶釵如此不堪」，這種批評實在沒有道理。

二、關於黛玉勸寶玉讀書取功名，也沒有十分錯（事見八十二回），那是因爲寶玉兩番入家塾，賈政珍重囑托賈代儒嚴格管教，黛玉知此事之不得已，爲恐寶玉因不好好讀書而受到賈政的責罰，纔勸寶玉，其用心還是爲了寶玉之免惹賈政生氣而遭受責罰所致。至於黛玉勸說：「況且你要取功名，這個也清貴些」。這話也沒錯，以讀書取科擧得功名，當然較之世襲和捐班要清高些。以賈府先代的功勳，當時的權勢及其和朝庭的關係，可說取功名的途徑和做官的門路很多，但是以讀書考試得到的功名，總較其他途徑要清貴些。平伯認爲贊美八股文字和學業取功名，是非常的俗，以黛玉的性情，決不會出此俗言，因而認定後四十回非作者之筆。想必平伯以爲如此俗筆，只有高鶚才會寫出，因爲曹雪芹不俗，所不會寫此俗事。高鶚是科擧出身是俗，才寫得出這樣的俗言俗語，如此認定後四十回爲高鶚所寫。這實在太過武斷。

三、寶玉赴試失蹤後，賈政由金陵趕回，於舟次途中，見寶玉身披大紅猩猩氈斗篷，光頭赤脚，向賈政拜了四拜之後，由一僧一道挾住而去（事見一百二十回）。這也並無不合之處，雖說寶玉出家爲僧，而其向賈政四拜，以報父母養育之恩，這有什麼說不過？以平伯之見，認爲既然出家遁入空門，何又牽動俗情，實在多此一俗擧。想必寶玉出家爲僧必定要一去無蹤，毫不回顧，毫無痕跡才算不俗，這實在胡鬧。

四、關於寶玉入試中擧，平伯指爲這是「祿蠹」行爲，說寶玉向來罵這些談經濟文章的人是「祿蠹」，怎麽自己會學着去做「祿蠹」？其實寶玉之中擧，完全爲了圖報父母，書中明明寫着：寶玉入場赴試，臨行所言：「只有這一入場，用心作了文章，好好的中個擧人出來，那時太太喜歡喜歡，便是兒子一輩子的事也完了」（事見一百十九回）。入試中擧獲取功名即使非寶玉所願，但爲了在出家爲僧之前報答父母之養育和期望，應該如此，亦不得不如此。平伯沒有見到此點，是其讀書粗心處。

最後林先生又提出後四十回若干優點，如五兒承錯愛（一百九回）寫得很好。又如寫紫鵑之忠，自黛玉死後始終不理寶玉很爲感人。以及寫遭變故後賈母的表現，亦非常好。使人見到眞正的賈母，如果沒有後四十回，則讀者對賈母的印象只是一個說說笑笑享福的老太太，經過後四十回的表現，才使人看到眞正的賈母。

林先生的結論是認爲紅樓夢一書若沒有後四十回，則黛玉的淚沒債有償還完，許多人物與情節都沒有歸結，不能成爲一部完整而有價值的文學作品。今流行的一百二十回本才是一部完整的有價值的作品。應是作者曹雪芹的原著，決非高鶚所續，只是經由他補訂罷了。俞平伯以其後四十回之俗，而認定非作者原著，實在是無理取鬧。

林先生這次演講的正式紀錄未曾發表，以上所述的是其全部內容的大意，如有出入，可以臺大錄音爲準提出，林先生亦可提出更正。

（二）

根據以上所述林先生這次對紅樓夢後四十回的翻案，其所論各點是很清楚的了。林先生論點中最主要的是認爲紅樓夢是一部極有文學價值的作品，它必須是完整的，有其中心的。因此推定作者必然是寫完了一百二十回，現行百二十回之書也必然是作者一手的原著，非高鶚之續。關於這種考證的態度和立論的觀點，是值得商榷的。我們認爲林先生這種說法，一如他之批評俞平伯先生以後四十回之俗，來認定惟有高鶚之俗才寫得出——以作者曹雪芹之不俗不會寫這種俗書，因而確定後四十回非作者原著——是犯了同樣毛病，因爲百二十回的紅樓夢雖然把全書敍畢，而其是否即爲作者一手著成，仍是問題。即使說百二十回的紅樓夢，構成了它的完整以及它的文學價值，然其後面三分之一的四十回是否爲作者原著，仍是兩回事，不能併爲一談。很明顯的，說後四十回非作者原著，並不是說作者沒有寫完，雖有人說過曹雪芹只寫了八十回就死了沒有寫完，然而也有人說曹雪芹是寫完的，只是自八十回後的稿子散失了。如果曹雪芹完成原著，而將後數十回（是否爲四十回見後論）的稿子遺失了，則現行的百二十回本之後四十回就必爲他人所補續。至於續得好不好是另一問題，我們不能以後四十回之俗或者不俗來斷定，同樣的我們也不能以其寫得好或者不好來斷定。如果指俞平伯犯了這個錯誤，林語堂先生也同樣犯了。因之我們不能以紅樓夢完整性的價值來斷定後四十回即爲作者原著。這個關鍵應在原著自八十回後之是否遺失。

林先生所說：胡適之先生可以在一百多年後能夠得到脂評的鈔本，難道高鶚距作者三十年後就不能尋覓到遺失的原稿嗎？這是對的，我們承認這是可能的。不過高鶚有可能找到原稿，並不能認定高鶚的續書就一定是他找到的原稿，因爲高鶚找不到原稿而自己補續的可能更大。高鶚和程偉元所說：「爰竭力搜羅，自藏書家，甚至故紙堆中積有二十餘卷。一日偶於鼓擔上得十餘卷，細加釐剔，截長補短，鈔成全本」。又說：「惟按其前後關照者略爲修輯，使其有應接而無矛盾。至其原文，未敢臆改，再得善本，更爲釐定，且不欲盡掩其本來面目也」(均見百二十回程本高序)。這話可以信嗎？高鶚能够修輯，並且裁長補短，難道他就不能代爲補續嗎？從這些可能與不可能的方面來討論是無法得到結論的。對於後四十回的問題，我們不必在書外的立論上多加討論，還是從作者和書的本身來考證來求得結論。林先生這篇翻案講演，很少談到作者本身，多是談的書中之事，我們爲針對林先生所講的起見，也就着重於書的內容方面來談論，不過必要時也還得述及作者的情形。

（三）

談到紅樓夢的考證問題，涉及甚廣，現在所要談論的是後四十回是否爲作者原著問題，亦卽是林先生所要翻的這個案。

關於紅樓夢一書非出於一人之手，指出者不乏其人。在清代有張船山的船山詩草和紀曉嵐的閱微草堂筆記中均說過。民國以來有臞蝯筆記的紅樓佚話(刋於民國十年的上海晶報)，兪平伯的紅樓夢辨，苕狂的紅樓夢考等均指出過，胡適之在紅樓夢考證中亦提出過。而其中以兪平伯的考證功夫最深，所論亦最豐富。林先生這篇講演能否推翻過去許多人所認定的疑案，是值得討論的。尤其對於兪平伯有過嚴的指駁，雖然兪平伯不在自由世界，不能聽林先生的翻案講演和對他的批評，也不能提出辯論，然而林先生的批評能否使他心服，也值得討論。這倒不僅是平伯個人的問題，而是一件文學上的公案應當付諸公論。廿餘年來，我對紅樓夢問題的探討，雖然有許多地方的見解不與兪平伯先生同，然而對於後四十回非曹雪芹原著的看法則是一致的。我想目下許多研究「紅學」的同好中也有看法相同，並對於林先生的翻案持有異議的。筆者對於兪平伯在紅樓夢探討上許多不同意見，另文論述，現在就否認後四十回爲作者原著的同一觀點。對於林先生論證以及對平伯的批評，代爲共同向林先生提出商權之處。

（四）

後四十回疑問之發生

如果經過高鶚補訂的百二十回眞是原書的話，我想百餘年來應該早就認定，不會有問題發生，其所以使人置疑者，當然有其原因。

第一個原因是原書殘缺，各家鈔本均祇有八十回。

按紅樓夢的鈔本經發現約有三種：①過錄甲戌脂硯齋重評本，時在一七五四年爲最早的鈔本，僅有十六回。第一至第八(八回)，十三至十六(四回)，廿五至廿八(四回)，胡適之先生所藏的卽此本。②過錄庚辰脂硯齋四閱評本，時在一七六〇年，有七十八回，缺第六十四和六十七兩回，燕京大學藏有此本。③戚蓼生序本，時在一七六〇年之後的二三年間，已將第六十四和六十七兩回補上，成八十回本，此本經有正書局石印後流傳。以上三個鈔本都有脂硯齋主人之評。至乾隆辛亥(一七九一年)時高鶚補續而成的百二十回本才出現。此本係用活字排行，在清代最流行，後來坊間各本，均由此翻出。現在所流行的和目下臺灣世界書局所印行都是這個本子。

三個鈔本中，戚蓼生序本和庚辰本大致相同，只是庚辰本缺了兩回。缺兩回的原因，想必有二：一是原稿不全，抄寫時連接不上，因而空着。一是抄寫時根本漏了或是抄好後散失了。庚辰本所缺的第六十四和六十七兩回，後六年的戚蓼生序本已把這兩回補上，應是原作者之筆。因爲當時曹雪芹尚在世。至於甲戌本祇有十六回，我想這與原稿無關，應是鈔本本身散失。因爲我們尚未曾發現兩個只有十六回的鈔本。想必抄成之初是只缺一二回，經過輾轉多人之手借閱或收藏中弄失了，其間經過一百六七十年之後到胡適之先生手中，已不完整了。

上述三種鈔本的時間，均在作者生前，因之鈔本的八十回是可靠的。然而也只有八十回，至於爲什麼只有八十回？大約不外三種情形：

一、曹雪芹只寫了八十回便死了。

二、八十回後，繼續在寫，已寫成的八十回被先抄出，猶如先出版上集，再續出下集。

三、全書寫成，但八十回之後的稿子遺失了。

第一種說法兪平伯和顧頡剛討論時曾以爲是如此：兪平伯在「八十回後的紅樓夢」一文中寫過「曹氏爲什麼只做了八十回書便憂然中止？以我揣想，是他在那時病死了。紅樓夢到八十回並不成一段落，以文章論，萬無可以中止之理，可見那時必有不幸的偶然事發生，使著書事業爲之中斷」。顧頡剛也這麼揣想，他說：「不久他竟死了，所以這部書沒有做完」。這一說有討論之處，因爲最早的鈔本出於乾隆甲戌(一七五四年)，距作者之死(一七六三年)尚有九年之久，胡適之先生曾提出作者於此九年中，寫些什麼？此點值得注意。而林先生則認爲有九年的時間足够寫完全書，這也是林先生這次翻案中强調的一點。

第二種情形也還得研究，因爲在甲戌和庚辰的兩個鈔本的脂評中，已顯示出後數十回的情節，亦卽證明脂硯齋主人已經看到過後部文稿。茲擧幾節如後：

1. 第二十回寶玉替麝月篦頭說笑話一段脂硯齋有評：「故襲人出嫁後云好歹留着麝月」。
2. 第二十一回寶玉續南華經，脂評曰：「故後文方有『懸崖撒手』一回，若他人得寶釵之妻，麝月之婢，豈能棄而爲僧哉，玉一身偏僻處」。
3. 第四十二回黛玉和寶釵嬉戲脂評：「……故寫是回使二人合而爲一，請看黛玉逝後寶釵之文字，便知余言之不謬也」。

由此可知脂硯主人已看過後部文稿，是則作者已大體把全書寫成，殆無異議。

第三種情形，比較可以確定，亦可以從脂硯齋主人筆下來證明，見甲戌鈔本脂硯齋二十回眉批：「茜雪在獄神廟方呈正文，襲人正文標昌(昌字應係「目」字之誤)花襲人有始有終。余只見有一次謄清時，與獄神廟慰寶玉等五六稿，被閱者迷失，嘆嘆！丁亥夏畸笏叟」。又同書二十六回脂硯硃批：「獄神廟紅玉茜雪一大回文字惜迷失無稿」。又同書同回總評「前回倪二、紫英、湘蓮、玉菡四樣俠文皆各得傳眞寫照之妙，惜衛若蘭、射圃文字迷失無稿嘆嘆」！獄神廟慰寶玉，花襲人有始有終，衛若蘭、射圃等均屬八十回後的事。由此可知八十回後的稿子，有迷失的情形。

脂硯齋主人的話是可信的。（林語堂先生的翻案亦有以脂硯評爲據的。）

其實紅樓夢後四十回續書不只高鶚一本，已知道的還有其他本子。

據續閱微草堂筆記載：「紅樓夢……自百回以後脫枝生節，終非一人手筆，戴君誠甫曾見一舊時眞本，八十回之後皆不與今同。榮寧籍沒後均極蕭條；寶釵亦早卒；寶玉無以爲家，至淪爲擊拆之流；史湘雲則爲乞丐，後乃與寶玉成夫婦，故書中回目有『因麒麟伏白首雙星』之言也。聞吳潤生中丞家尙藏有其本，惜在京邸時未曾談及，俟再踏軟紅，定當假而閱之，以擴所未見也」。

此本有人看過，且有人收藏，收藏者爲曾任巡撫的有名人士，應當不假。

很顯明的，如果說吳潤生藏的這部所謂「舊時眞本紅樓夢」眞是原著的話，則高鶚的書必是僞續，如果說吳潤生的藏本也是他人代續的，則高鶚的書也必然不是原著。因爲如果高鶚的補本是原著眞本的話，則別人不會也不敢來僞續了。而這個所謂「舊時眞本」我們認爲也應該是補本，如果眞是原著眞本的話，則這個本子必然會流傳的。其所以沒有流傳，應當也不是眞本，不但不是眞本，而且一定寫得還不如高本。

由此可知自八十回後續書的不只是高鶚，還另有其人，我們已經知道的有上述的吳潤生所藏的本子，可能還有其他不同的補本，也冒稱眞本。爲什麼有這些補本都冒稱眞本，那就是因爲原著眞本不見，所以你來續，我也來續，都來冒稱。在續書的當時，想紅樓夢一書已經風行，膾炙人口，然而全書未終卽輟止，使人掃興。誠如高鶚所說：「……今所藏祇八十卷，殊非全本，卽間有稱全部者，及檢閱仍祇八十卷，讀者頗以爲憾」（見程本高序）這個「讀者頗以爲憾」可說是續書的動機，好比現在流行的一句話「循讀者要求」「循觀衆要求」一樣。而高鶚的補本和吳潤生藏的補本，自八十回後才逈然不同，由此可見兩補本都是從八十回後補起的，此亦可證明自八十回後的原稿不見了。

至此，對於原書爲什麼祇有八十回，有一點是可以確定的，卽是後面的文稿遺失了。兪平伯先生後來也持這種看法，林語堂先生似乎也並沒有反對此說。不過我認爲以上所列的三種情形可能都有，而且都有關係。第一是作者在繼續寫後部時，將已寫好的八十回先抄了出來，可能是淸稿一篇，亦可能是有人索閱，後來又有人願出價購買，因而繼續抄出。從乾隆一九甲戌年（一七五四年）開始，到乾隆二七壬午（一七六二）年在這八九年的光景中，作者一面繼續在寫八十回後的稿子，一面還增刪八十回的稿子，所以原著上說「披閱十載增刪五次」。作者在撰寫後稿時仍不斷增刪前稿，同時抄本也不斷的抄出，這時的抄本已經漸漸傳閱開了，亦有人定購，雖八十回書尙未定稿，作者爲生活所迫，不得不一面增刪一面抄出。因爲一再增刪，致各次抄本亦多少有不同之處，如程本引言所說「書中前八十回，抄本各家互異」。又如庚辰的鈔本第六十四回和六十七回尙不完整，留待增補之處很多，致因抄錄困難而付缺。到戚蓼生序的鈔本才將此兩回補好，不過此兩回書雖增訂好，但是全篇八十回還未曾最後定稿，甚至直到作者去世仍未定稿。原著上所謂「披閱十載」可能卽此。關於這點，可再舉脂評爲證。

1. 第二十二回只到惜春的詩謎爲止，以下全闕，脂評批：「此後破失俟再補」後空一頁，次頁有脂評記：「暫記寶釵製謎云『朝罷誰携兩袖煙……風雨陰晴任變遷』。此回未成而芹逝矣！嘆嘆。丁亥夏，畸笏」（按脂評此誌在乾隆三十一（一七六六）年，時作者已逝三年）

2. 第七十五回前空一頁，記有「乾隆二十一年五月初七日對淸」。又記有「缺中秋詩俟雪芹」。（按乾隆廿一年距作者之死，尙有七年餘）。

第七十五回所缺寶玉和賈蘭的中秋詩，在雪芹的大筆之下，應該是並不困難的事，可是等了七年多，竟還沒有補上。由此可見作者在這幾年中的筆，是不很勤的，亦可看出作者那幾年中的心緒身體都不好。當然還有別的原因，那就是忙於後數十回的撰寫。

八十回後的稿子寫到怎樣一個情形，是有人知道的，除脂評主人之外，當還有其人，因爲後稿的迷失，是經人借閱之後迷失的，這借閱的人也看過，但不知何人。前述第二十回眉批有「余只見有一次謄清時，與獄神廟慰寶玉等五六稿，被閱者迷失，嘆嘆」，這不僅脂評主人嘆嘆，後世千萬人都爲此而嘆嘆。這個借閱而將原稿遺失的人，眞如平伯所說：「眼福奇絕，卻無端成爲千古罪人」！脂評此記只說出遺失了五六稿，這五六稿應卽是五六回文稿。脂評另有幾條述及後數十回之批，一是記寶玉爲僧有「懸崖撒手」一回，不過沒有寫好。故脂評又說「嘆不能得見玉兄懸崖撒手之文字爲恨」。一是末回的「警幻情榜」（卽林先生在演講中提到的此一情榜），這是脂評主人所看到的後稿，是否還看到別的，因未記述，無法知道。不過就脂評所記，可以認定後數十回的稿子較八十回零亂，沒有八十回完整，須待增補的地方很多，如「懸崖撒手」一回文字尙全缺，既然八十回尙且不是已定稿，八十回以後的稿子當必離定稿的程度更遠。不過雖然零亂有缺，大體上卻也已寫好，否則末回的「警幻情榜」不會出來。由於這些，我們可以想像到作者當時的情況。

1. 作者在一七五四年至一七六三的九年中間，是繼續在寫後數十回的稿子，並一面披閱增刪已寫成的八十回稿，時且作畫換錢，如敦敏贈雪芹詩中有「尋詩人去留僧壁，賣畫錢來付酒家」之句。

2. 作者當時的景況非常窮困而潦倒，窮得很不像樣，如敦誠懷雪芹詩中有「於今環堵蓬高屯」的形容，並且常遭冷眼，敢敦誠在同詩中有「勸君莫彈食客鋏，勸君莫叩富兒門，殘杯冷炙有德色，不如著書黃葉村」的勸戒。因而牢騷抑鬱，縱酒排遣。

窮而貪飲，常因無錢沽酒而愁悶。敦誠曾作「佩刀質酒歌」記有：「雪芹酒渴如狂，余因解佩刀沽酒而飲之，雪芹歡甚，作長歌以謝余，余亦以此作答。」此詩作於一七五七年，正是作者披閱增刪和繼寫之時。到乾隆壬午作者死的前一年（一七六二年）時，在敦誠所贈的詩中已說出作者擧家食粥的苦況。作者的生活，每況愈下，到死前已至不堪溫飽，紅樓中的賈寶玉到了這步田地，眞是不勝悽慘了！

3.作者是病死的，在死的前些年中，由於貧困、抑鬱和縱酒，心情身體必定都非常的壞，可說是在長年憂鬱愁悶中拖死的。在這種景況下，雖嘗縱酒放歌，然而要埋頭撰文，情形就不同。我們所指的那九年中，是愈到後來景況愈壞，貧病交愁，興綴頹廢，尤其北方冬天奇寒，日短夜長，在北風穿戶，手足僵凍之下，又如何能握筆覘墨呢！以「環堵蓬高屯」的情形推想，不要說是冬天必須的炕沒有，即連門窗也不全了。由此可知，作者在這九年中雖也不斷撰寫後書，當不如前八十回之順暢，而且後數十回多半是作者的傷心事，提筆更加沉重。致所寫之稿，必很零亂，有回目而無內文的固然有（如懸崖撒手有目無文），斷篇詩文沒有歸入回目的以及回目未題妥的想也不少。在「環堵蓬高屯」中又無處妥爲存放，只是散亂地擱着。在未加整編之前，由於零亂，致閱者借去迷失，也難查考了。作者爲生活所迫，在貧病中，除披閱增刪前稿，還忙於抄錄，以求換取買酒錢。因之在各家抄本中，我想一定有作者自己手抄的本子。

從上述想像的情況，對於作者在去世前的九年中寫些什麼書，可以得知大概。因之說作者沒有把全書寫完就死了，這也不能算錯。作者雖然寫了後數十回，但是寫得不完整，並且已寫就的稿子，在零亂中又遺失了。

談到這裏問題很清楚的歸結到高鶚補本的後四十回，是否即是作者曹雪芹所遺失的稿子？是否眞如高鶚所說的，他是從藏書家、故紙堆中、甚至鼓擔上找回到迷失了的原稿而加以補訂合成全書的呢？

（待續）

（上接第22頁）

年知識份子對外界好奇的一個明證。

上面所說赫魯雪夫曾給予知識份子相當自由。這種自由是怎麼樣的自由呢？這裏試擧一個例子。以建築師而論。過去蘇俄所一向着重的是紀念碑、紀念堂、大厦一類的建築，忽視有急切需要的平民房屋，近來蘇俄至少已在大興土木，建築民居公寓。而若干曾被送往國外研究西方建築術回去的建築家，已不再對公式化的蘇俄建築物發生興趣，而醉心于西方的建築術。西方建築術適應于個別的趣味與需要，着重于光線與簡單樣式，適合地面形勢。目前蘇俄建築也在逐漸走這一路線。

蘇俄官方近來喊出一個口號：「回入列寧主義」。知識份子對官方公式理論的厭倦，已產生若干流傳甚廣的故事。其中有一個笑話如下：列寧自墓中復活，出外購報，欲知他逝世以來的蘇俄發展情況，他向報販說要「眞理」報，「蘇俄」報，及「工作」報。（這三報都是共黨與政府機構的機關報）。報販答稱：「眞理已經沒有了；蘇俄已經賣光；所剩下來的只有工作。」這個故事敍明知識份子的心情。可是他們雖對政治不滿却是消極性的。因此這類流傳的故事，也僅含無可奈何的諷刺性質，而不是張口大駡。

共黨官僚與科學專家之間的鬬爭，又可自莫斯科大學的建築見之。莫斯科大學爲首都最高大厦，在數里外也可望見：大學雖是爲科學家及知識份子而建，可是建築樣式是一套莫斯科公式化，爲科學家所不喜。

在宗教方面，知識界並沒有熱心于回入任何宗教信仰之勢，但青年們對過去文學遺產已甚注意。比如陀斯托也夫斯基的著作最近曾出新版，銷路不壞。他的小說「痴子」改製電影，也頗受歡迎。陀斯托也夫斯基生前對宗教甚具虔誠。當然，共黨官僚在發掘過去「遺產」之時，特別小心。文學作品中至少在理論上須與目前蘇俄政權並不衝突，始可復活。

蘇俄立國四十餘年以來，在物質建設上的進展，我們無可否認。但同時我們也不可否認另一相並的事實，即蘇俄此種物質上的進步，如無革命前的知識份子的合作，不可能有今日的地步。尤其是近年的發展，大大依靠了新一代的科學家與技術專家。蘇維埃科學，特別是在近期的火箭研究，噴射機航空工程及核子科學方面，無疑溯源于英、美、德及西歐諸國的理論科學；但其本國學者之成就，也不可一筆抹殺。蘇俄知識份子深知這點，不免引以爲榮。他們雖對現狀不滿，但自知本人命運與其本國聯在一起。這是又可引巴斯特納克案爲例。巴在接受而又拒絕諾貝爾文學奬後，赫魯雪夫及莫斯科各報揚言，巴斯特納克如對本國不滿，可以自由離境赴外國渡其餘生，政府當局決不截阻。巴斯特納克立即惶恐不堪，祈求赫魯雪夫勿將他放逐。赫魯雪夫這種揚言實是對知識份子一握一放的約束策略，他無疑是在利用知識份子對本國鄉土留戀的情感。最近赫魯雪夫發起一項新的運動，他認爲學生們與「現實生活」過份脫節，迫使學生赴工廠或農場服役。這個徵象表示俄共當局又在加緊對知識份子的約束。可是赫魯雪夫不致完全返入史大林主義，以免自打嘴巴，同時他又不得不依靠科學家來實現其建設計劃，巴斯特納克案已引起蘇俄國內的廣大注意。民衆已對被禁發行的「齊瓦哥醫生」發生好奇。赫魯雪夫知道，此後在對付類似的案件時，必須小心從事，以免發生宣傳效果的反作用。一般青年知識份子的燥急不安，雖不致在可見之將來直接影響蘇俄共黨的政治與政策，但至少證明共黨政府不能百分之百的控制他們。

在鐵幕後的黑暗角落，知識份子是不是會引起一道曙光，終而普照大地呢？這我們目前還不能預測。可是在巴斯特納克獲奬之訊傳出的同日，波蘭作家協會立即致電向巴氏道賀。波蘭作家並不是不知道「齊瓦哥醫生」一書的內容，年前且曾將該書節錄在波蘭一本文學雜誌發表。這又是什麼意義呢？讓讀者自作揣測吧！

十一月八日于紐約。

讀者投書

(一)

如此省立大學——省立法商學院

求直

本年六月廿三日清晨，省立法商學院忽有廿五位同學，發起請求改善環境的簽名請願運動，僅於短短的二小時後，全校千餘名同學便簽成了五份名冊，推定代表十人，擬就請願書五份，每份各附簽名冊一份，正本致教育部張部長，副本並致省府周主席、教育廳劉廳長、及本院周院長，並由代表自執一份。其請願書的內容，大致是說我們的學校簡陋不堪，環境惡劣，行政效率不理想，致使教授不能安於位，紛紛離院另謀高就；學生不能安於學，紛紛重新投考其他大專院校，請當局給我們以援手，救救我們千餘名學生。

這一次全面性的請願運動，其所以能如此輕易的完成，是有其客觀原因。茲分析如下：

先談法商學院的環境：法商學院地處臺北市郊合江街，四面皆是密集的違章建築，一條馬路從腹心穿過，整日雞啼犬吠，小販叫喊，嬰孩哭鬧，潑婦罵街，此浩然的交響樂，不論在課室，或圖書館，隨時皆清晰可聞。且學校大門口即有一條臭水溝橫行，跨過水溝，正對着大門的是一個菜場，故每當溽暑，教授員工同學不但要受臭水之薰，且要備嘗魚腥肉臭之味。如此環境，幽雅寧靜自然是談不到，即連最低限度的衞生要求，亦很難達到。堂堂一座大學學府，環境竟然如此糟糕，教授們如何能鑽研學問？同學們如何能安心求學？

再談法商學院的設備。法商學院的面積小得可憐，原來只有幾排平房，最近兩年，才費了九牛二虎之力，蓋了一座二層樓和一座圖書館。迄至現在，平面上已無發展的可能，否則同學們戶外活動的操場，即將不能保存；然在立體方面的發展，似乎也不太可能，因爲所有的平屋樓房當初並無加高的打算，其地基自然不能負擔加高建築，故如要立體發展，財力物力之浪費將不可估計。現任周院長是一位都市計劃專家，然而對發展一個學院，却似乎毫無計劃之可言。即新建的那座樓，花的錢似乎並不算少，可是其外貌既談不上美麗壯觀，即其內部，也牆垣壁裂，粉面剝落，而且電線縱橫（電線本來砌在牆壁及天花板中，但未用即壞了），儼若年久失修的危樓。而雨天漏水，樓上有幾間教室竟成澤國。連建築本身的設計，也不無問題，如一樓的兩排教室，走廊在中，各教室上課時聲息相通，坐在後座的同學，同時可聞四位教授諄諄教誨，大有使人無所適從之感。

有教室給同學們上課，尚屬萬幸，最不幸的是，數以千計的外埠同學，竟無一間宿舍。因之附近居民的違章建築，便高價待沽，每每五六人租一小房，以避風雨。就經濟觀點言，家庭環境好的同學，還勉能應付，多數的公教人員子弟，家庭收入有限，供給子女學費膳食零用，已感困難，再要支出數十元甚至上百元的房租費用，豈不近於殘忍!?而所租小屋，又極其簡陋，光線不足，空氣不暢，數人共居，其情況可以想見。至於居住在學校附近的同學們的伙食問題，學校當局也沒有負起責任，僅僅供給了一間小廚房，其他伙具、伙夫，皆由同學們自買自僱；而數百名搭伙同學，更食無餐廳，先則利用一四無牆壁的洗面棚，後來屢經請求，才被安排在大禮堂裏站立進餐。及至本年七月，方開始建造一小小「飯廳」，然而飯廳屋架才搭好，包建飯廳的包工却倒閉了，這樣一來，同學們又只好望着屋架嘆口氣了！在這種食、宿兩大問題成年戚戚於心的慘況下，試問，他們怎麼不被逼得重新投考其他大專院校？

最後要談的是法商學院的學校行政。內部派系的紛爭情形，我們不知其詳。但平日所見，也許是經費困難的關係，似乎一切都百廢待整。工人無專人管理，以致挾欵潛逃。同學們最重要的選修制度，竟有名無實，不能實施。而法商學院既是一座有八大系的學院，一點都沒有學術風氣，各系研究室沒有，系圖書館更是沒有，各教授的研究室自然更談不上。即是一份領導學術風氣的定期刊物，也從來沒有讀到過，最多逢到什麼重大節日，出一張四開的讀物應應景，便似乎是非常地滿意了。而學校方面很多措施，也實在不高明到了極點，例如把僑生宿舍和上課教室安排在同一座上，歷年校慶節日毫無舉動，今年第一屆畢業生不學行畢業典禮等等，都實在令人不解。

法商學院，是政府遷臺以後唯一的一座從頭辦起的公立學院，從開辦行政專校算起已有十年，改辦法商學院也已經有四年，今天竟弄成這樣的情形，眞是令人費解。政大、臺大是國立大學，我們不和他們比較，但師大成大却同樣都是省立大學，爲什麼師大成大每年大興土木，而不見法商學院有所動作？甚至師大成大的建築費用不完，在修建學生聯誼中心及游泳池，而法商學院連學生宿舍都沒有一間！再看師大成大的建築，說得難聽一點，即連一間廁所的考究程度，都比任何一間法商學院的教室好！

如果教育廳說，這並不是厚此薄彼，而是因爲師大成大有美援，法商學院沒有美援。那麼請問，如果沒有美援，我們就不能辦出一所像樣的大學來！如果說師大成大有先天條件，法商學院沒有先天條件，那麼爲什麼不先來調補先天不足的法商學院，而先給其他的大學錦上添花？如果說，法商學院的性質不重要，那麼，同樣性質的政治大學，爲什麼還要花許多心血來復校？如果教育當局不重視這所學院的存在，那麼，就立即解散這所學院，讓現有的同學，分發到其他同性質的學校去求學。如果說，我們今日的教育行政乃屬人治而非制度化的法治，法商學院的今天完全是因爲周院長沒有作爲，缺少背景，無力爭取預算，那麼，請調走周院長，請一位有作爲的院長來整頓法商學院！

總之，教育當局該正視現實，迅整理法商學院的行政，改善法商學院的環境，增加法商學院的設備，因爲在進步的自由中國裏，像現有的法商學院這種學校，是不應該存在的！

讀者投書

（二）省立農學院學生的哀鳴

王有守
凌天賜

編輯先生：一個好的大學須備四項要件：一曰教授，二曰設備，三曰建築，四曰校風。首項爲最重要。數年前臺中省立農學院，堪與前師範學院、臺南工學院並駕齊驅。現在後兩者改大，蒸蒸日上。相反，農學院却日趨沒落，教授陣容更江河日下。

臺中農學院教授陣容的衰頹，可從兩方面來看。一方面是優良教授被迫離開或自動辭職，人數達十三員之多……。這些人是農學院的精華，然以不見容於院當局，先後遠走高飛，同學們只能哭送了事。人以類聚，物以羣分，聽說又有五六位好教授將要離開。同學傳說，王院長對好教授之走，一概不加挽留。

農院教授陣容衰頹的另一方面，原因頗爲複雜，第一、王院長作宜蘭農校校長八年，所接觸的多爲教中學者，四年來中學教員至農院任教者達二十八人之多。第二、農院總務主任每學期至少變動一次。四年半共更易九人。依規定總務主任必須由副教授兼任。農院總務主任不易幹，幹者之目的在獲得副教授名義。院當局以名義誘引人作總務主任，對方則以作總務主任換取副教授名義，迨副教授名義到手，卽辭去總務主任之職。既爲副教授就須任課，由此道而來的副教授有七人之多。第三是兼課教員佔教員總額的三分之二以上，兼課者又可分作兩類，一是應付人情面子，以教授與副教授名義送禮，如立委、國代、主秘或副主管之類。一是爲課程所必需，如臺大師大等校教授來校兼課者多，對學生課業的指導，不復有人注意。第四、因爲兼課者多，並多在臺北，每兩週來一次，卽四週之課，集中於一週一天講授，如每週是三小時，上課之日則爲上六小時。先生固不能支持，學生亦疲蔽不堪，名爲六小時的課，連四小時的效力也沒有。

我們行將畢業，四年來受盡痛苦，不敢有任何表示。這苦衷諒編輯先生深爲瞭解，爲恐這一頹勢愈演愈甚，在校同學蒙受更大損失，迭經商討將這不得不訴的苦情，哀鳴於我們愛讀的「自由中國」記者之前，敬祈不吝篇幅，賜予披露。

我們誠懇的希望教育主管局，能注意到農學院今天的情形，而加以澈底整頓，使農學院不至長此衰頹下去，衰頹到不成其爲大學。則我們雖卽將畢業，我們的寶貴求學時代雖被浪費已無法挽救，但現在還在讀一二年級的同學，以及未來的無數農學院學生，總不至於也有我們今天這樣的悲哀了！

讀者臺中省立農學院四年級學生
王有守
凌天賜　等敬叩
四十七年十一月五日

出版法條文摘要

立法院第二一會期秘密會通過
總統於四七年六月廿八日公布

第六章　行政處分

第三十六條　出版品如違反本法規定，主管官署得爲左列行政處分。
一、警告。
二、罰鍰。
三、禁止出售、散佈、進口或扣押、沒入。
四、定期停止發行。
五、撤銷登記。

第三十七條　出版品違反第三十二條第三款及第三十三條之規定，情節輕微者，得予以警告。

第四十條　出版品有左列情形之一者，得定期停止其發行。
三、出版品之記載違反第三十二條第一款之規定者。
四、出版品之記載違反第三十二條第二款及第三款之規定，情節重大者。
五、出版品之記載違反第三十四條之規定，情節重大者。
六、出版品經依第三十七條之規定連續三次警告無效者。

第四十一條　出版品有左列情形之一者由內政部予以撤銷登記。
一、出版品之記載，觸犯或煽動他人觸犯內亂罪、外患罪、情節重大，經依法判決確定者。
二、出版品之記載，以觸犯或煽動他人觸犯妨害風化罪爲主要內容，經予以三次定期停止發行處分而繼續違反者。

第四十二條　出版品經依法註銷登記或撤銷登記或予以定期停止發行處分後，仍繼續發行者，得沒入之。

編者按：在此項出版法未廢止之前，本刊決將上項條欵繼續刊登，一方面用以自我警惕，一方面讓世人知道我們的出版自由，受到怎樣的限制。

（三）請勿製造少年犯

貴　仁

編者先生：

少年犯罪在臺灣雖時有發生，但與外國比較實不嚴重。希望新聞界勿繪聲繪影，過事渲染，尤其希望主管當局不要放棄切實可行的辦法，而做些演習之類來自我宣傳工作成績。因爲這類做法，往往會生不良的暗示作用，實非所宜。

今天(十一月廿五日)中央日報載有「不良少年械鬬，殃及新竹遊客」新聞一則，初讀時，誤信爲事實，直至最後，始知警察局太閒，在街頭開個玩笑。

這種演習可能有幾個副作用：㈠敎導青年犯罪；㈡啓示今天的青年，都不長進，無惡不作；㈢對一般青年爲侮辱；㈣擾亂街頭治安。

青年在發育期間，易受衝動，這是生理上必經的階段，我們過來人不要忘記，我們在少年時沒有犯罪是幸運。預防少年犯罪，要從教育及鼓勵兩方着手，所以，遇有眞實的犯罪情形，隱諱還來不及，豈可更無中生有，將青年繪成魔鬼樣子。少年犯的罪犯，是我們成年人的責任，尤其是整個政府的責任，假使各方面不自加檢討，只知把一切責任放在少年犯身上，顯然是不公平的，更是不合理的。願大家清醒一下，不要製造少年犯。剪報附奉　此請

撰安

讀者貴仁謹啓　十一月廿五日。

短評

(一) 這就是大家的需要

監察院近在檢討會閉幕前，曾愼重通過了政治小組所提「一般政治設施意見」。此一意見書，共包括三十四項，全文長達四千餘言。舉凡保障人權、整頓司法、把握預算、改善軍公敎人員待遇、縮短大專軍訓時間，以至加强政治反攻等等，大體上說來，可謂應有盡有，洋洋大觀。

然而，此項意見，雖都能切中時弊，且甚爲各方面所喝采，然若不能在現實政治上起作用的話，只不過是在字紙簍中徒增一些廢紙而已。

現在，這一意見書既已送達行政院，我們只有看陳內閣如何用事實來答覆。陳院長在就任時曾說：「一定要依據大家的需要去做」，這就是「大家的需要」，且看如何去做。

(二) 冤獄如何了？

關於「治安機關羈押疑犯申請延長羈押規定」，雖早爲各方面所指責，但一直到了最近，臺灣高等法院檢察處才擬廢止，而另訂新辦法，以保障人權。

有人說，這是我們保障人權方面一個不太小的進步。其實，此項規定，在三十九年訂頒時，根本違反了早經制定的憲法、提審法、刑事訴訟法、及羈押法等，而成了保障人權史上的一大退步。所以，今天那裡算得上是眞的進步？

現在，姑不論其是否可算進步，但我們却不得不追問：近八九年來，由於這一規定，治安機關利用「延長」的方便，對疑犯可盡量嚴刑逼供之下，究竟已造成了多少冤獄？對冤獄又是否還想補償？更如何補償？希望司法當局都有一個明白的交代。

(三) 伍藻池閣下「言禍」

香港「亞洲畫報」第六十四期，早在八月份出版問世，我們當卽收到了。然到了十月三十日，「自立晚報」却傳出該刋有一部份「被扣」，並指出是由於伍藻池之言，官方「極爲憤怒」云。

最近，該刋又大登廣告發售，並以「因故延遲發行」字樣以廣招徠，但見與我們所收到的原本所不同者，是前立法委員伍藻池的照片及其所發表的「爲甚麼我們主張成立反對黨」？已全被用黑油墨塗去。

我們詳讀伍先生之言再三，認爲其基本主張：「我是一個篤信民主政治的人。並相信，祇有在中國領土之內，實施民主政治，才能挽救中國當前的危局。」甚爲正確，似無「極爲憤怒」必要。

不過，伍先生文內還有這樣一段：「今日我們面對的實際政局，在大陸，共產黨一黨專政，毛澤東一個人獨裁。在臺灣，國民黨一黨專政，蔣介石一個人獨裁。」接着又說：「然而，臺灣蔣先生政權，豎起民主反共的招牌，而自己個人的作風，與毛澤東一模一樣，却又呼籲全國人民跟他反對共產黨獨裁。那是天下最滑稽不過的事。」該刋此次由「被扣」達三月之久，以至於「被塗」始能發售，是否便由於這幾句話，就不得其詳了！

果如是，這種作風實在太不高明了，叫人家看到我們究是一個什麼樣子的國家啊！

(四) 誰該負責？

當此輿論界及民意機構同聲呼籲保障人權聲中，司法行政部長谷鳳翔近在立法院公開辯稱：「我曾向最高當局建議，治安機關不得違法逮捕人犯及以自白書爲犯罪證據。」

這樣說來，諸如此類的違法行爲，谷部長似乎倒沒有責任了！

不過，身爲司法行政部部長的人，由於職責所在，僅憑「我曾向最高當局建議」一句話，怕不能把責任推得個一乾二淨吧？假使說司法行政部長沒有責任，則請問責任又該誰負？

谷部長說這話的意思，是否認爲此類違法行爲，都該由「最高當局」一人負責？那只有請谷部長加以進一步的說明了。

(五) 國民黨眼中的共產黨同路人

香港「自由人」於本年十一月二十六日刋載田心先生「反共的基本態度」一文，一開頭就說：「最近從臺灣吹來了一陣陣『帽子風』，最簡易的就是給人扣『共產黨同路人』嫌疑的帽子了。其實，海外知識分子的反共，不論從那一方面來論，也決不在臺灣人士之下。若因爲海外說話有較寬的尺度，就認爲海外的反共人士是『共產黨同路人』，足見這些大人先生之陋了……時至今日，尙執迷於盲目反共，而不思重加檢討，重訂政策，甚至鬧到敵友不分，亂扣帽子，也足見其積重難返了！」

其實，田心先生所見不廣，只知道臺灣方面給香港反共人士扣帽子，請看看左列消息一則，可見這頂紅帽子，國民黨人也給在臺灣而與他們意見不同的反共人士亂扣的啊！

臺北縣第三十三區黨部第三次小組長聯席會議內容摘要(油印散發)，第一項爲報告事項，其中第一條說：

「民靑兩黨議員，以中國地方自治研究會名義爲號召，羅致失意政客，參加配合匪的政策，用合法掩護非法與香港『第三勢力』勾結，其目的在反黨、反政府」。

自由中國　第十九卷　第十二期　內政部雜誌登記證內警臺誌字第三八二號　臺灣省雜誌事業協會會員　三九〇

給讀者的報告

政府今天取締流氓，我們很贊成。但站在維護憲法的立場，我們認為政府對於流氓的取締，必須切實依法而行。所以，對於政府據以取締流氓的「臺灣省戒嚴時期取締辦法」，我們特發表社論㊀「從憲法保障人民之身體自由說到取締流氓辦法」加以客觀檢討，深感此一辦法，非但違背了違警罰法和戒嚴法，而且更違背了憲法。當此各方面同聲呼籲保障人權聲中，我們懇切希望陳院長能速廢止，以免自由中國的人民，有隨時被帶上這頂「黑帽子」的危險，成為官定流氓，遭受到非法逮捕拘禁。同時，我們更希望立監兩院對此加以重視，並共同促使行政院早日廢止。

關於最近轟動海內外的「奉命不上訴」案，本刊已在上兩期連續發表過兩篇社論。現在，我們又知道在此案件中還有一段關係重大的經過，特再發表社論㊁「三論谷鳳翔對奉命不上訴案應負的法律責任」，根據新發現的事實，即臺中地院「院」「檢」兩方在此案中敢於共同違法的事實，而論斷司法行政部長谷鳳翔，無疑是「奉命不上訴」案的下命人，顯已觸犯了教唆罪的罪嫌。這便是我們提出的又一鐵證，證明谷鳳翔應負法律上的責任。

最近，日本要求修改一九五一年日美安全條約，顯為足以牽動全局的大事，因此，我們特發表社論㊂「日美修約談判與遠東大局」。我們指出，日本之要求修約，其動機原是消極的，其目標原在擴大對其境內美基地的發言權，但其發展結果，却證明消極中有積極，片面的要求變成了雙方的互相要求。這事雖不可能便導致東北亞聯盟，但其結果，間接足以提高日本在東北亞的地位，而無形中加重其對西太平洋安全的承擔，則是十分顯然的。

蔡元培先生對我國教育的貢獻，是值得這一代中國人所永遠重視和追念的。因此，在國立北京大學六十周年紀念日前夕，我們樂意用較多的篇幅，發表沈雲龍先生的大文：「蔡元培先生對我國教育的貢獻」，用以追念這位中國教育史上的一大偉人。我們更希望某些迷戀於黨化教育的黨政幹部，能平心靜氣的看看，中華民國開國之初這位大教育家的主張。

楊志希先生在其「儲蓄與儲蓄存欵」的大文中，論述了儲蓄的涵義、儲蓄與利率暨國民所得、以及新頒儲蓄存欵辦法及其展望，極為客觀而簡要，甚望讀者注意及之。

香港「亞洲畫報」第六十四期早在今年八月份出版問世，我們早就看到過那篇題為「亞洲畫報第一屆『國是論壇』的綜合與分析」的社論，深感其意見大有商討必要，總思該刊當另有特別苦衷，所以樂於緘默。現因該刊又大登廣告發售，而引起了一部分人的注意，屈堯庭先生適送來「國是問題與出版法」的大作，提出了一些感想，我們因見屈先生的感想冷靜而客觀，所以願予刊登，想必能獲得我們海外同業的諒解。

董鼎山先生「從『齊瓦哥醫生』論蘇俄知識份子」的大文，謂蘇俄一般人民對「受過文化薰陶的」如巴斯特納克保有「道義上的尊嚴」，較對「受過黨化的」人物，更表示尊敬。這使共黨幹部深感頭痛。

三春先生的賜稿，已收到，請釋念。尊稿說得太露骨，刊否須慎重考慮。大安先生的來信，也已拜讀，限於篇幅，歉難遵辦。統此一併奉告。

自由中國　半月刊　第十九卷第十二期　總第二一九號

中華民國四十七年十二月十六日出版

發行人　兼主編　『自由中國』編輯委員會

出版者　自由中國社

社址：臺北市和平東路二段十八巷一號

Free China Fortnightly, 1, Lane 18, Ho Ping East Road (Section 2), Taipei, Taiwan.

電話：二　八　五　七　〇

航空版　友聯書報發行公司（香港九龍窩打老道一二〇號）

電話：五九一六四、五九二六五

總經銷　自由中國社發行部

經售者

美國　紐約友方圖書公司　Hansan Trading Company, 65, Bayar D Street, New York 13, N.Y. U.S.A.

紐約光明雜誌社　Sun Publishing Co., 112, Mulberry St., New York 13, N.Y. U.S.A.

韓國　漢城裕昌德號

馬尼刺　新疆書店

印尼　泗水文光圖書公司

緬甸　仰光振成書報店

印度　阿拉哈巴中印文化出版社

北婆羅洲　西利亞坡青年書店

星加坡　友聯書報發行公司（小坡大馬路四六九號）

吉隆坡　友聯書報發行公司（馬華公會大厦三樓七室）

怡保　友聯書報發行公司（希尼華沙甘街十六號）

檳城　友聯書報發行公司（林連登律七十二號）

澳門　友聯圖書公司

印刷者　精華印書館股份有限公司

廠址：臺北市長沙街二段七一號

電話：二　三　四　二　九號

本刊經中華郵政登記認為第一類新聞紙類　臺灣郵政管理局新聞紙類登記執照第五九七號　臺灣郵政劃撥儲金帳戶第八一三九號

（每份臺幣四元，美金三角）